第七届中国肿瘤内科大会

2013 年 7 月 3 日～7 日，第七届中国肿瘤内科大会暨第二届中国肿瘤医师大会在北京国家会议中心举行，大会执行主席石远凯教授主持开幕式

中国癌症基金会彭玉理事长致开幕词

孙燕院士在开幕式上致词

华中科技大学同济医学院附属同济医院肿瘤中心于世英教授，北京军区总医院刘端祺教授，中国医学科学院肿瘤医院吴晓明教授、罗健教授主持学术专场报告会

湖北省肿瘤医院于丁教授做学术报告

（本版图片摄影：张立峰，详细报道见 431 页）

1. 2013 年 1 月 21 日，中国癌症基金会救助北京抗癌乐园 63 名贫困患者

2. 2013 年 1 月 24 日，全国政协科教文卫体委员会一行考察我会

3. 2013 年 2 月 23 日，在北京召开六届八次理事会

4. 2013 年 3 月 8 日，为了姐妹们的健康和幸福——庆三八大型公益活动主会场在重庆举行，活动由重庆市肿瘤医院承办

中国癌症基金会

5. 2013 年 4 月 19 日，我会加入中国慈善联合会，当选首届理事单位

6. 2013 年 4 月 20 日，由我会主办、中国医学科学院肿瘤医院承办的肿瘤防治宣传周在肿瘤医院拉开帷幕

7. 2013 年 4 月 23 日，第九届抗癌京剧票友演唱会在北京长安大戏院举办

（本版图片详细内容见 409 页）

2013年大事记

8. 2013 年 4 月 27 日，在昆明举办第十一次全国子宫颈癌防治协作组工作会议暨专家组会议

9. 2013 年 4 月 30 日，乔友林副秘书长作客北京卫视《养生堂》节目，与北京协和医院营养科主任医师于康一起主讲《你吃对了吗》

10. 2013 年 4 月，控烟部支修益主任在各大媒体以及深入基层进行控烟与肺癌防治科普讲座

11. 2013 年 6 月 1 日，赵平秘书长做客中央电视台《天涯共此时》栏目

12. 2013 年 6 月 7 日～9 日，在宁夏银川举办培训班和抗癌预警健康大课堂

13. 2013 年 6 月 15 日～16 日，在中国医学科学院肿瘤医院举办第七届全国抗肿瘤药物 GCP 培训班暨质量控制研讨会

中国癌症基金会

14. 2013 年 6 月 26 日，中国癌症基金会与西安杨森签署万珂患者援助项目

16. 2013 年 7 月 4 日，财团法人台湾癌症基金会执行长和蔡丽娟副执行长一行三人访问基金会

15. 2013 年 7 月 3 日～7 日，第七届肿瘤内科大会暨第二届中国肿瘤医师大会在北京国家会议中心举行

17. 2013 年 7 月 6 日，在珠海召开基金会索坦患者援助五周年总结会议

18. 2013 年 7 月，赵平秘书长参加了由政协和基金会等单位联合主办的河北阜平义诊与捐赠活动

（本版图片详细内容见 409 页）

2013 年大事记

19. 2013 年 8 月 10 日，六届九次理事会在北京康源瑞廷酒店召开

20. 2013 年 9 月 21 日，由我会和北京抗癌协会联合主办，建生专项基金承办的晚期癌症患者关怀和治疗报告会在北京内蒙古大厦召开

21. 2013 年 9 月 28 日，北京第十五届希望马拉松在北京朝阳公园举办，并获得世界纪录证书

22. 2013 年 10 月 15 日，中国癌症基金会老牛专项基金签约仪式在中国癌症基金会举行

中国癌症基金会

23. 2013 年 10 月 26 日，由我会乳腺健康专项基金主办，福建省肿瘤医院承办的国际乳腺癌防治关注月——健康与美丽同在爱心健走和第四届护理培训班活动在福州举行

24. 2013 年 10 月 28 日，彭玉理事长等六人赴台湾与财团法人癌症基金会签署合作协议

25. 2013 年 11 月 15 日～16 日，在北京政协礼堂举办第六届中国肺癌南北高峰论坛

（本版图片详细内容见 410 页）

2013年大事记

中国医学科学院肿瘤医院

图 1

图 2

图 3

图 4

图 5

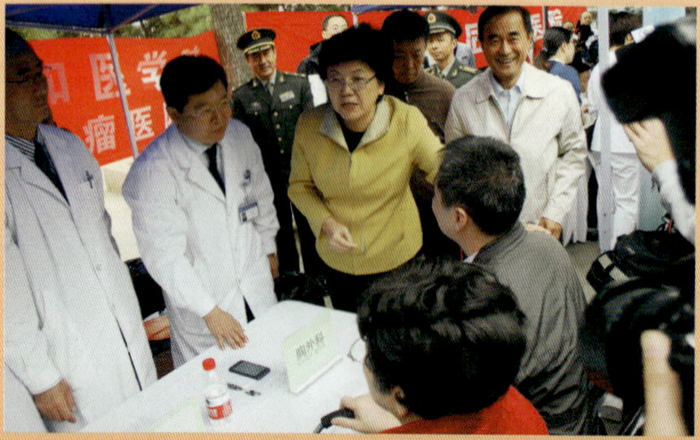

图 6

图 7

肿瘤研究所2013年大事记

图 8-1　赫捷院士

图 8-2　林东昕院士

图 10

图 9

（本版图片文字说明见410页）

中国医学科学院肿瘤医院肿瘤研究所
地址：北京市朝阳区潘家园南里17号
邮编：100021
电话：010-67718863
http：//www.cicams.ac.cn

中国抗癌协会临床肿瘤学

图 1

图 2

图 3

图 4

协作专业委员会（CSCO）

图 5

图 6

图 7

图 8

图 9

图 10

图 11

（本版图片文字说明见 417 页）

中国老年学学会老年肿瘤专业委员会

开幕式由储大同教授主持

赫捷院士致辞

孙燕院士

詹启敏院士

张伟京教授

年会暨第七届中国老年肿瘤学大会

石远凯教授

沈琳教授

徐兵河教授

程刚教授

储大同教授

（本版图片摄影：张立峰，详细报道见426页）

第六届中国肺癌南北高峰论坛

论坛开幕式由石远凯教授、支修益教授主持

中国癌症基金会理事长彭玉致辞

国家癌症中心副主任董碧莎致辞

孙燕院士做学术报告

程书钧院士做学术报告

赵平教授做学术报告

于金明院士做学术报告

叶玉坤教授、宋瑞霖教授、王绿化教授主持学术报告会

王长利教授做学术报告

邹小农教授做学术报告

支修益教授做学术报告

（本版图片摄影：张立峰，详细报道见446页）

第九届全国癌症康

大会开幕式

解放军八一医院副院长、全军肿瘤中心主任秦叔逵教授在开幕式上致辞

CRPC主任委员、华中科技大学同济医学院附属同济医院肿瘤中心主任于世英教授致欢迎辞

专题报告会

秦叔逵教授做学术报告

本次大会秘书长、解放军八一医院肿瘤中心华海清教授做学术报告

复 与 姑 息 医 学 大 会

秦叔逵教授、于世英教授、姚阳教授主持专题研讨会

复旦大学附属肿瘤医院李进教授做学术报告

北京大学肿瘤医院唐丽丽教授做学术报告

北京军区总医院李小梅教授做学术报告

华海清教授、刘爱国教授主持分会场报告会

分会场主持人刘端祺教授、史柏年教授（来源：汕头大学医学院网站）

分会场主持人于世英教授、刘晓芳主任

分会场主持人李萍萍教授、陈嘉教授

（本版图片摄影除署名外：张立峰，详细报道见499页）

晚期癌症患者关怀与治疗报告会

报告会于2013年9月21日在北京内蒙古大厦举行

中国癌症基金会彭玉理事长致词

北京大学肿瘤医院游伟程教授主持报告会

中国医学科学院肿瘤医院董志伟教授

北京军区总医院刘端祺教授

北京中日友好医院李佩文教授

中国医学科学院肿瘤医院吴晓明教授

北京建生药业有限公司李建生董事长

（本版摄影：常青云　张立峰，详细报道见501页）

中国肿瘤临床年鉴

2013 CTCY

中 国 癌 症 基 金 会

《中国肿瘤临床年鉴》编辑委员会 编

中国协和医科大学出版社

图书在版编目（CIP）数据

中国肿瘤临床年鉴. 2013 / 中国癌症基金会《中国肿瘤临床年鉴》编辑委员会编.
—北京：中国协和医科大学出版社，2014. 9
ISBN 978-7-5679-0146-9

Ⅰ. ①中…　Ⅱ. ①中…　Ⅲ. ①肿瘤-临床医学-中国-2013-年鉴　Ⅳ. ①R73-54

中国版本图书馆 CIP 数据核字（2014）第 171771 号

2013 中国肿瘤临床年鉴

编　　者：中国癌症基金会《中国肿瘤临床年鉴》编辑部
责任编辑：张立峰　韩　鹏

出版发行：中国协和医科大学出版社
（北京东单三条九号　邮编 100730　电话 65260378）
网　　址：www.pumcp.com
经　　销：新华书店总店北京发行所
印　　刷：北京佳艺恒彩印刷有限公司

开　　本：787×1092　　1/16 开
印　　张：42. 375
彩　　图：14
字　　数：900 千字
版　　次：2014 年 9 月第 1 版　2014 年 9 月第 1 次印刷
印　　数：1—2000
定　　价：200. 00 元

ISBN 978-7-5679-0146-9

（凡购本书，如有缺页、倒页、脱页及其他质量问题，由本社发行部调换）

本卷《中国肿瘤临床年鉴》作者名录（以文章先后为序）

孙　燕	龚守良	王志成	刘　扬	方　芳	董丽华
李　戈	龚平生	刘　芹	李茹恬	钱晓萍	禹立霞
刘宝瑞	孙　蔚	杨宏钧	陈　中	胡尚英	陈万青
赵方辉	张思维	郑荣寿	乔友林	陈昌荣	孙秀华
陈功博	程书钧	赵　平	邹小农	程　刚	韩宝惠
支修益	林　皓	罗清泉	季加孚	高　巍	刘尚梅
鲁海珍	梁　晶	王明荣	徐　昕	万德森	陈　功
于　丁	吴辉菁	闫文姬	吴孔明	James G.	Herman
Malcolm V.	Brock	François	Fuks	朱宏斌	杨云生
郭明洲	马　军	管立勋	高春记	张伯龙	徐　赫
高晓虹	陈俊峰	刘植华	徐小玲	高丽敏	刘启贵
马　莉	刘怡君	李冬艳	石菊芳	马俊飞	宁　岩
李　静	陈　汶	康乐妮	陈　凤	郭董平	李八一
王　慧	王　彤	张　询	潘秦镜	章文华	李　凌
张韶凯	徐兵河	林洪生	朴炳奎	李建生	李佩文
潘敏求	刘嘉湘	曲育莹	王秋玲	岳贵娟	李　娜
黄　卉	于世英	史鹤玲	李雪冰	张同梅	胡范彬
吕嘉林	孟弃逸	李宝兰	王少明	杨增和	胡兴胜
韩晓红	石远凯	徐瑞华	沈　琳	陈　芸	廖新波
陈伟斌	徐立凡	李秋萌	潘之望	吴一龙	杨　翎
贾春实	李绍林	代　妮	陈永红	乔斯斯	樊征夫
张立峰					

中国癌症基金会

《中国肿瘤临床年鉴》编辑委员会

前　言

本卷《中国肿瘤临床年鉴》是1993年创刊以来出版的第21卷。亦是本届编辑部编辑出版的第6卷。

在过去的2013年，媒体上出现频率最多的词汇是“中国梦”，那么，中国肿瘤界同道的“梦”又是什么？孙燕院士告诉我们：“现在，大家都在谈梦想和如何实现梦想。我们共同的梦想就是通过大家的努力使我国常见肿瘤死亡率迅速下降。”

2013年，中国肿瘤界同道期盼已久的一件事便是国家卫生计生委任命了国家癌症中心领导班子。自2007年时任国务院总理和副总理批示同意成立国家癌症中心以来，大家翘首以盼，希望尽快组建国家癌症中心，整合中国癌症防控的资源，应对中国癌症严峻的态势。进一步提升我国癌症防控的能力。

2013年，许多全国性的肿瘤学术会议将“转化医学”定为会议的主题，转化研究已经成为肿瘤研究的热点之一，即从实验室到临床，再从临床回到实验室，通过基础研究到临床的转化，不断发现新的治疗药物和新的给药途径。吴孟超院士指出：“转化医学的核心就是在从事基础科学发现的研究者和了解患者需求的医生之间建立起有效的联系。从临床实践中发现问题，将其凝练成基础医学研究内容进行研究，再将研究成果应用到疾病诊断、治疗和预防过程中，使其真正发挥作用。”恶性肿瘤是医学最难以攻破的堡垒，美国M. D. Anderson癌症中心提出“科研引领癌症诊治（Rearch driving the medical care）”。在本卷《年鉴》中，我们特地邀请在美国国立卫生研究所从事研究工作的华裔学者撰写了相关内容的文章，以强化研究与临床相结合的理念。

编好一本书，是编辑与作者共同努力的结果；同时读者们的意见亦非常重要。殷切地希望各位作者、广大读者，及肿瘤界的同道们为本《年鉴》的编纂，提出建设性的意见。

《中国肿瘤临床年鉴》主编

2014年6月

目　录

❖ 肺部肿瘤 ❖

❖ 基础研究 ❖

❖ 转化医学 ❖

❖ 头颈肿瘤 ❖

❖ 第六届中国肺癌南北高峰论坛专家报告精选 ❖

❖ 消化系统肿瘤 ❖

❖ 血液肿瘤 ❖

❖ 妇科肿瘤 ❖

❖ 乳腺肿瘤 ❖

❖ 神经系统肿瘤 ❖

❖ 肿瘤中医治疗 ❖

❖ 肿瘤姑息治疗 ❖

❖ 肿瘤流行病学与预防 ❖

❖ 肿瘤康复 ❖

❖ 恶性肿瘤规范化诊疗指南 ❖

❖ 肿瘤科研新动态 ❖

❖ 医学泰斗、医者楷模 ❖

❖ 热点与争鸣 ❖

❖ 大事记、工作总结 ❖

❖ 肿瘤会议纪要、信息 ❖

❖ 他山之石 ❖

❖ 国际交流 ❖

附录

❖ 肺部肿瘤 ❖

小细胞肺癌诊疗概述

孙 燕

中国医学科学院肿瘤医院 北京 100021

肺癌是原发于支气管和肺的恶性肿瘤的统称，小细胞肺癌（small cell lung cancer，SCLC）是其中的一个特殊类型。经过几十年的研究和临床实践，多数学者认识到小细胞肺癌和其他类型的肺癌在组织发生、临床特点和对治疗的反应和治疗策略等很多方面都有一定差异。人们逐渐认识到，发生于支气管纤毛假复层柱状上皮的肿瘤是腺癌或肺泡癌；在长期各种刺激作用下，支气管上皮化生后癌变成鳞状细胞癌；而小细胞肺癌则是发生于神经内分泌细胞恶变。因之，在临床可以发生于各个年龄，临床表现上常常可以伴有神经内分泌综合征，发展相对较快，容易通过淋巴和血行播散，尤其是转移到颅内。但在另一方面，小细胞肺癌对化疗、放疗敏感，处理适当在一定病期可得治愈。所以有些学者认为，小细胞肺癌和奇特类型肺癌不同，是一类应当以内科治疗为主的疾病，甚至成为肺癌中的“内科病”。我本人认为，这种观点至少是不全面的。我们主张综合治疗，各种诊疗手段就像一场好戏一样，根据医生对病人的需要的理解，演好一场戏获得最佳疗效就是大家的目的[1-4]。

第一节 小细胞肺癌有趣的历史

我想从临床肿瘤学一个古老的故事谈起，就是欧洲的“Bergsucht”或称矿山病（Mountain Sickness），这可能是职业致癌最早的报告。矿山处于德国和捷克之间，德国名为Schneeberg，在莱比锡以南50英里（80.5km）；捷克一侧则是在布拉格西北60英里（96.6km），名为Jachymov。德国大约在14世纪开始，捷克在1516年开始从这里开采，当时主要是银。以后逐渐发现含银、铜、铁、钴和砷的矿藏。从1789年Martin Klaproth发现铀以后，开始在Jachymov开采沥青铀矿，含铀量可达1%。但很快发现矿工们患有一种奇特的病，称为“矿山病”。我们可以从德国历史学家和矿物学家Georgius Agricola在1556年的描述中知道：“矿石具有腐蚀性，通常先从肺开始蔓延到全身。因此妇女们通常结婚7次，因为丈夫常常早死。”

大家记得，到了1675年，荷兰生物学家列文虎克发明了光学显微镜。德国病理学家鲁道夫·魏尔啸（Rudolf Ludwig Karl Virchow）1858年建立细胞病理学以后，人们才开始懂得肿瘤病理学。那时，虽然统计Schneeberg矿工在1869~1877年间约75%死于肺癌。而1878年德累斯顿大学病理研究所的尸检资料，肺癌只占全部癌症的1%。所以到1879年才确定矿工的死因是肺癌，到1920~1930年间，确定了矿工患肺癌是由于接受过量的放射线。Victor Archer估计Schneeberg矿工接受的放射量高达 6480WLM（Working Level Month，每月吸入的剂量），Jachymov 矿工则大约是 3840WLM。

后来的研究说明，多数矿工患的是小细胞肺癌。

在 1890 年以后，美国和其他发达国家开始开采铀和其他放射性矿以后，也都注意到矿工肺癌的增加。进一步确定了放射性物质是癌症的病因[5]。

我为什么对这些比较熟悉？原因是我们从 1975 年以后根据周恩来总理的指示，开展了云南矿工肺癌的调研防治工作。云南个旧是我国的“锡都”，早在两千多年前的西汉时代就有开采的记录，到 20 世纪上半叶，锡的年产量最高达 1 万多吨。但从 20 世纪 50 年代开始，人们注意到工人患肺癌的很多，根据 70 年代我国开展的肿瘤死亡回顾调查所编写的《中华人民共和国癌症死亡分布地图集》，个旧是我国肺癌死亡率最高的地区。经过我们组成的多学科调研发现，在开采的井下氡含量很高，而且矿石中的砷含量以及个旧空气和水中砷的水平也都很高。所以那时争论很激烈，一派认为矿工肺癌致癌因素可能和欧洲的“矿山病”一样，主要是氡；另一派认为不但矿工，个旧地区居民肺癌的发病率也高，所以主要原因是砷。后来通过用矿石能诱导出大鼠肺鳞癌，加之个旧整个地区肺癌发病率明显高于云南其他地区，而且主要是鳞癌。特别是发现有的矿工肺癌病人同时患有皮肤鳞癌或砷性皮炎。因之在 1984 年，我们组织的 8 国职业癌专家和我国专家共同论证认为，个旧职业性肺癌的主要原因是砷、氡和吸烟[6,7]。令人特别感兴趣的是，云南东北曲靖地区还有另一个肺癌高发区——宣威女性肺腺癌，那里的男人因为日间在户外劳动，肺癌发病率虽然也很高，但略低于女性，经过研究发现与居室内小环境空气污染有关。我们到过那里调研，由于是滇东北高寒地区，居民整日在室内用“火塘”取暖、做饭，又没有烟囱。室内各处，包括挂在梁上的玉米，苯并（a）芘的含量严重超标。

在常见的职业性肿瘤中，呼吸道肿瘤占较高比例。目前已知致人类呼吸道肿瘤的物质有：砷、石棉、煤焦油类物质、氯甲醚类、铬、镍、芥子气、异丙油（isopropyl oils）、放射性物质等。吸烟已被证明是肺癌发生的最危险因素，吸烟对职业性呼吸道肿瘤可有明显影响或协同作用。如调查发现，吸烟者肺癌死亡的相对危险度为 11，接触石棉的工人为 5，而接触石棉同时吸烟者则为 50 以上。

在临床常见的肿瘤中，职业癌所占比例不大，但在癌症病因研究中，职业癌取得的成就是令人瞩目的。我国在调查研究的基础上，确定的职业病名单中职业肿瘤有 8 种：①联苯胺所致膀胱癌；②石棉所致肺癌、间皮瘤；③苯所致白血病；④氯甲醚所致肺癌；⑤砷所致肺癌、皮肤癌；⑥氯乙烯所致肝血管肉瘤；⑦焦炉逸散物所致肺癌；⑧铬酸盐制造业所致肺癌。

我并不是说临床上多数 SCLC 都和放射性物质相关。目前由于多数肺癌发病过程较长，所以比较复杂，致癌因素与病理类型的关系还不是很清楚。但生活中有些因素还是值得重视的研究课题。

第二节　SCLC 的病理细胞分型

WHO 将肺癌的组织学表现分为：

（1）鳞状细胞癌：简称鳞癌，占所有肺癌的 30%～35%，鳞癌以中央型肺癌为主，周围型的鳞癌较少。

（2）腺癌：占 35%～40%，包括腺泡状腺癌、乳头状腺癌和细支气管-肺泡细胞癌 3 个亚型。腺癌既可以是中央型，也可以是周围型，以后者稍多。

（3）大细胞癌：约占10%，包括巨细胞癌和透明细胞癌两个亚型。

（4）腺鳞癌：为一种具有鳞癌、腺癌两种成分的癌。

（5）小细胞癌：占15%~25%，包括燕麦细胞癌、中间细胞癌和混合燕麦细胞癌3个亚型。此型肺癌的生物学特性是恶性程度高，容易发生转移。

（6）其他类型的肺癌还有支气管腺癌、类癌、癌肉瘤等，均较少见。

一般认为小细胞肺癌起源于支气管黏膜或腺上皮内的Kulchitsky细胞（嗜银细胞），属APUD（amine precursor uptake decarboxylation）瘤。也有人认为，其起源于支气管黏膜上皮中可向神经内分泌分化的干细胞。小细胞肺癌是肺癌中分化最低、恶性程度最高的一型。多发生于肺中央部，生长迅速，转移较早。光镜下，癌细胞小而呈短梭形或淋巴细胞样，胞质少，形似裸核。癌细胞密集成群排列，由结缔组织加以分隔，有时癌细胞围绕小血管排列成团。电镜观察超微结构，瘤细胞胞质中含有典型的轴样神经内分泌颗粒，但颗粒的量多少不等，并证明和5-HT及ACTH有关。从免疫组织化学研究看，瘤细胞对NSE、5-HT、CgA，另有部分病例（10%）对Sy呈阳性反应，证明小细胞癌具有神经内分泌的功能。另外，在同一肿瘤中同时对CK和EMA呈阳性免疫组织化学反应。

2011年，国际肺癌研究学会（IASLC）、美国胸科学会（ATS）、欧洲呼吸学会（ERS）联手在《胸部肿瘤学杂志》（J Thorac Oncol）上公布了关于肺腺癌的国际多学科分类新标准。从肺癌的分类历史看，其分类逐渐由粗放型向精致型演进。先是20世纪小细胞肺癌（SCLC）和非小细胞肺癌（NSCLC）的简单分类；之后是早期、局部晚期、晚期肺癌的分类；接下来是病理学家对各种亚型的进一步形态学分类。在相当长的一段时间内，临床医生只要依据SCLC和NSCLC这一粗放的分类就可以进行无差别的治疗了，这也是半个世纪来肺癌治疗进展不大的重要原因之一。进入了21世纪，随着大家对新的诊断技术、新的治疗药物，特别是对肺腺癌分子生物学的深入了解，新的治疗模式不断诞生，因此对肺癌的分类需求就显得特别迫切了。目前，IASLC正在着手肺癌的分子生物学分类。只有这样才能实现我国传统医学“同病异治、异病同治”的目标。

目前SCLC治疗领域仍然停留在美国退伍军人医院肺癌研究小组制定的SCLC分期系统：如果肿瘤局限于一侧胸腔（包括其引流的区域淋巴结，如同侧肺门、纵隔或锁骨上淋巴结）且能被纳入一个放射治疗野，即为局限期（Limited Disease，LD）；如果肿瘤超出局限期范围即为广泛期（Extensive Disease，ED）；其中前者约占1/3，后者占2/3。这种分期方法简单、易行，与治疗疗效及预后相关。TNM分期目前也用于SCLC的分期。过去几十年中SCLC发生的分子机制的研究提示，SCLC的发生可能包含多种基因的参与。有研究认为，抑癌基因p53、RB基因（视神经母细胞瘤基因），癌基因Bcl-2基因、Myc基因、PI3K/AKT/mTOR信号转导途径等均与SCLC的发病有一定关系。但可以看出，这些明显落后于肺腺癌的分子生物学研究。我们希望大家不断开展研究，使得SCLC的靶向治疗进入规范。

我们从多年来的临床实践也体会，病人的内因在SCLC的预后上是一个不可忽视的因素。

第三节　SCLC 的症状

小细胞肺癌早期可无症状，诊断时最常见的症状为乏力（80%）、咳嗽（70%）、气短（60%）、体重下降（55%）、疼痛（40%～50%）、咯血（25%）[8]。这些属于由原发肿瘤引起的症状和体征。SCLC 由于肿瘤播散导致的症状和体征特别值得注意的有：

（1）上腔静脉综合征：多为上腔静脉受压迫或较少见的腔内瘤栓阻塞所致，表现为颜面、颈部、上肢水肿，颈静脉怒张，胸前部淤血及静脉曲张，可伴头晕、头胀、头痛。

（2）咽下困难：肿瘤侵犯或压迫食管，引起吞咽困难。

（3）呛咳：气管食管瘘或喉返神经麻痹引起饮水或进食流质食物时呛咳。

（4）声音嘶哑：肿瘤直接压迫或转移致淋巴结压迫喉返神经（多为左侧）时出现。

（5）Horner 综合征：位于肺上尖部的肺癌称为肺上沟癌（Pancoast 癌），当压迫颈 8、胸 1 交感神经干，出现典型的 Horner 综合征，患侧眼睑下垂、瞳孔缩小、眼球内陷、同侧颜面部与胸壁无汗或少汗；侵犯臂丛时出现局部疼痛、肩关节活动受限，称为 Pancoast 综合征。

（6）转移至脑：可由于颅内病灶水肿造成颅内高压，出现头痛、恶心、呕吐的症状。也可由于占位效应导致复视、共济失调、颅神经麻痹、一侧肢体无力甚至偏瘫。

另外，SCLC 的非特异性表现也较常见，如：

（1）Eaton-Lambert 综合征：即肿瘤引起的神经-肌肉综合征，包括小脑皮质变性、脊髓变性、周围神经病变、重症肌无力和肌病。

（2）类癌综合征：因 5-羟色胺分泌过多导致哮喘样呼吸困难、阵发性心动过速、水样腹泻、皮肤潮红。

（3）抗利尿激素分泌不当综合征（syndrome of inappropriate antidiuretic hormone secretion，SIADHS）：表现为稀释性低钠血症，食欲欠佳、恶心、呕吐、乏力、嗜睡，甚至定向力障碍。

（4）肥大性肺性骨关节病：多侵犯上、下肢长骨远端，杵状指（趾），指端疼痛，肥大性骨关节病。

（5）库欣综合征（Cushing syndrome）：肿瘤分泌促肾上腺皮质激素样物质，脂肪重新分布等。

有的病人常常因这些表现来就诊，如果医生不警惕常常延误诊断。另一方面，这些症状也常常可以作为复发的征象。

第四节　SCLC 的综合治疗

一、药物治疗

20 世纪 70 年代以前，针对许多药物单药对 SCLC 疗效的研究较多；从 80 年代起，多数肿瘤中心对 SCLC 的联合化疗做了研究。目前的结论是：2～3 种药物的联合化疗方案最好。目前各国诊疗规范对于 SCLC 的一线方案都是卡铂或顺铂加依托泊苷（VP-16），二线方案是铂类加伊立替康（CPT-11）。近年来阿柔比星加铂类疗效也较好，但需要病人一般状况较佳。我们过去应用 COME（环磷酰胺+长春新碱+甲氨蝶呤+VP-16）也取得了很好的疗效[9-15]。看来，SCLC 化疗的发展空间还很大，很多药物还没有经过临床试验。耐药和 SCLC 的异质性是化疗发挥疗效的最大障碍。我们倡导应用几种互不耐药的方案交替应用，但需要更多的临床对比研究。但由于 SCLC

的播散性很高，化疗在目前仍然是最重要的治疗手段。

二、放疗

放射治疗同样在 SCLC 的治疗上占有主要地位。胸内肿瘤包括肺门和纵隔的照射常常是必不可少的。预防性颅照射经过反复的讨论，最终结论：在已经控制较好的 SCLC 病人是值得的[16]。

三、手术治疗

我们参加过 K. Karr 组织的全球多中心临床研究，对于能手术切除的 SCLC 病人，手术加化疗可以明显提高治愈率。但在确诊时能手术切除的病人相对较少。我们最感兴趣的是在放、化疗后的手术切除。这样，一是可以将最后对放、化疗抗拒治疗的残存细胞清除；另一方面是将可能存在的其他细胞成分切除。大家知道，肺癌有 20%以上是混合癌，在混合成分中最常见的是 SCLC。我们手术后发现残存的 NSCLC 已经有多例；放、化疗后复发的病人活检时发现其他细胞成分也屡见不鲜[17,18]。

四、生物免疫治疗

在肿瘤发生与发展的过程中，病人本身抗病能力的衰减是一个重要因素。一方面，细胞癌变是一个多因子、多步骤参与的生物学过程，它的发生可分为致癌、促癌、癌变三个不同而又连续的过程。另一方面，并不是每一个接触物理、化学等致突变、致癌因素的人都会罹患肿瘤，说明人体中有一个另外存在的因素最终决定了肿瘤的发生和进展。我国传统医学早就有“邪之所凑，其气必虚”的论述，强调了病人内因的重要性。目前，我们对各种免疫“逃逸”机制已经有了一定认识。同时，对于手术、放疗和化疗对机体免疫功能的损伤也有了认识。

由于多数化疗药物对肿瘤的杀伤是指数杀伤模式，所以最有效的化疗方案，也不可能通过药物杀灭所有的肿瘤细胞而治愈。多数研究者明确在 10^6～10^8之间的瘤细胞可以通过提高免疫功能解决。所以各种治疗中最大限度地保护病人的免疫功能和治疗后免疫功能的重建就成为治愈的关键。

非特异性细胞免疫（固有免疫）中的主要成分包括吞噬细胞、NK 细胞和各类其他白细胞；适应性免疫（特异性免疫）主要由 $CD4^+$、$CD8^+$等 T 淋巴细胞实施，而抗原提呈细胞（如 DC 细胞）则是启动获得性免疫的关键，并发挥核心调控作用，协调先天免疫和获得性免疫各环节的相互作用关系和免疫平衡。

我们的研究说明，有些扶正中药可以提高固有免疫（非特异性免疫）细胞功能的恢复，从而有利于病情的稳定。现阶段，正在研究的则是适应性免疫（特异性免疫）功能，希望能在 SCLC 的治疗中发挥一定作用而提高治愈率[19]。

SCLC 对化疗、放疗如此敏感，理应获得像睾丸肿瘤、滋养细胞瘤和淋巴瘤那样较高的治愈率。失败的关键在哪里？值得我们深思和开展创新性的研究。我想除了异质性以外，化疗尽管有效，但多数可能对小细胞肺癌的干细胞影响不大，成为复发的基础；另一方面重视化、放疗后免疫功能的恢复和更为合理的综合应用现有的手段，应当是临床肿瘤学的发展出路。

参 考 文 献

[1] Pass HI, Carbone DP, Johnson DH, et al. Principles & Practice of Lung Cancer. 4th ed. Lippincott Williams & Wilkins, USA, 2010.（周清华，孙燕主译. 肺癌. 北京：科学出版社，2013：3-84，518-532，1245-1312.）

[2] 廖美琳，周允中主编. 肺癌. 第 3 版. 上海：

上海科学技术出版社，2012：5-22，291-298，586-594.

[3] 周清华，孙燕主编. 肺癌新理论新技术进展. 成都：四川大学出版社，2003：3-17，376-409.

[4] 徐振晔，杨宇飞主编. 肺癌中西医综合治疗. 北京：人民卫生出版社，2002：3-5，38-40，243-248.

[5] Watkin SW，Green JA. Small cell carcinoma of the bronchus：historical perspective of a treatable disease. J R Soc Med，1990，83：108-110.

[6] Sun Y，et al. Epidemiological and clinical studies of lung cancer in a tin mine in China. Proc AACR & ASCO，1981，22：496.

[7] Sun Y. Occupational lung cancer in a tin mine in south china. Gann Monograph on Cancer Research，1987，33-36.

[8] 邢祖林，孙燕. 小细胞肺癌. 中华结核和呼吸系疾病杂志，1983，6：371-374.

[9] 孙燕，殷蔚伯，冯奉仪，等. COMV方案治疗小细胞肺癌106例总结. 中华肿瘤杂志，1987，9：302-305.

[10] 孙燕，殷蔚伯，王奇路，等. 小细胞肺癌综合治疗的远期结果. 中国肿瘤临床，1987，14：323-326.

[11] 殷蔚伯，陈东福，孙燕，等. 局限期肺小细胞未分化癌的治疗. 中国放射肿瘤学杂志，1989，3（3）：178-179.

[12] 陈东福，殷蔚伯，王禄化，等.442例局限期小细胞肺癌综合治疗分析. 中华放射肿瘤学杂志，2003，17（1）：14-16.

[13] 苏嵋，孙燕，殷蔚伯.114例广泛期小细胞肺癌疗效及预后分析. 实用肿瘤杂志，1991，6（1）：12-15.

[14] 张湘茹，孙燕. CE-CAP方案治疗小细胞肺癌的近期疗效. 中华肿瘤杂志，1994，16（4）：302-305.

[15] 王宏羽，张湘茹，屈风莲，等. 复发或难治性小细胞肺癌的化疗进展. 癌症进展，2004，2（4）：237-239.

[16] Sun Y，Zhang XR，Yin WB，et al. Prospective multimodality treatment of SCLC-experience during the past 18 years. Jpn J Cancer Chemother，1995，22（Suppl Ⅲ）：222-225.

[17] 张湘茹，孙燕，黄镜，等. 小细胞肺癌术后辅助化疗的远期结果分析. 中华肿瘤杂志，1997，19（2）：137-139.

[18] 刘复生，孙燕，殷蔚伯，等. 小细胞肺癌的临床病理与预后. 癌症进展，2003，1（1）：53-56.

[19] Sun Y，Huang JY. The role of TCM in clinical oncology. In Liu XY，Pestka S. Shi YE.（eds）. Recent Advances in Cancer Research and Therapy. Elsevier，Amsterdam. 2012. 405-450.

（原载：程颖，孙燕主编. 小细胞肺癌. 北京：人民卫生出版社，2013.）

❖ 基础研究 ❖

肿瘤干细胞辐射抗拒性的研究进展

王志成　刘　扬　龚守良　方　芳

吉林大学公共卫生学院卫生部放射生物学重点实验室　长春　130021

【摘要】 肿瘤干细胞是肿瘤内存在的一小部分具有干细胞特性，能无限增殖、分化及具有致瘤性的细胞群，被认为是肿瘤复发/转移，以及肿瘤放、化疗抗拒的重要原因。肿瘤干细胞辐射抗拒性的产生涉及细胞生命活动的多个环节，包括DNA损伤和修复、细胞周期调控、自由基清除、细胞自噬、乏氧微环境，以及相关的信号调控通路等，是一个复杂的过程。因此，对肿瘤干细胞的辐射抗拒机制的探讨将为肿瘤的放射治疗提供新的视角和方向。

【关键词】 肿瘤干细胞；辐射抗拒；信号通路；自噬；DNA

肿瘤的临床治疗手段主要包括手术、放疗和化疗，此外还有内分泌治疗、分子靶向治疗、生物治疗和中医药治疗等。作为肿瘤三大治疗手段之一，放疗一直以来对许多疾病的治疗显示出较好的疗效，提高了部分患者的生存率。但是，肿瘤放疗后的复发、转移，以及肿瘤多次照射后的辐射抗拒性仍是肿瘤放射治疗的重要难题。肿瘤干细胞（cancer stem cell，CSC）理论提出已有150余年，直到2012年2月，Nguyen等[1]在《自然综述——肿瘤》上给肿瘤干细胞作出以下定义：肿瘤干细胞是指具有恶性增殖能力的、能促进肿瘤生长的细胞群，若要彻底治愈肿瘤，必须清除这类细胞。这个概念表明，所有具有恶性增殖能力的细胞都来源于肿瘤干细胞，但这个定义没有明确肿瘤的发生起源于肿瘤干细胞或肿瘤的恶性度首先是由肿瘤干细胞表现出来的。关于肿瘤干细胞的确定存在已经被证实，并证实其可以驱动肿瘤的生长[2-4]。近年来，关于肿瘤干细胞的研究逐渐成为肿瘤领域的热点之一，尤其是靶向肿瘤干细胞的治疗有望显著提高肿瘤治疗的效果，甚至彻底治愈肿瘤。肿瘤干细胞的提出为理解肿瘤提供了一个新的视角，为肿瘤放疗抗拒所致效果欠佳提供了充分的证据。而且随着研究的不断深入，关于肿瘤干细胞导致辐射抗拒的原因被不断揭示，为靶向肿瘤干细胞的治疗提供了诸多参考。

一、肿瘤干细胞自身调节影响辐射效应

（一）DNA损伤修复与细胞周期阻滞导致辐射抗拒

DNA是辐射的主要靶点，细胞接受电

通信作者：方芳，吉林省长春市新民大街1163号，130021

离辐射后可造成 DNA 双链断裂，继而激活一系列的信号通路，阻滞细胞周期，从而促进 DNA 的修复，DNA 是否修复成功决定细胞是否死亡[5]。Eyler 等[6]的研究表明，在胶质瘤干细胞的富集区与非富集区接受相同剂量的射线照射后表现出放射抗拒作用，是因为辐射所造成的 DNA 损伤，在肿瘤干细胞富集区的修复要比非肿瘤干细胞富集区迅速的多；其机制是在癌细胞通过激活复杂的检测和修复机制修复 DNA 损伤。另外，DNA 损伤后机体启动 p53、ATM-Chk2 和 ATR-Chk1 等 DNA 损伤应答通路，引起细胞周期阻滞，使受损细胞有足够的时间来自我修复，从而产生辐射抗拒性。这种现象也发生在肿瘤干细胞内，田允鸿等[7]用无血清悬浮法富集 MCF-7 细胞系中肿瘤干细胞，探讨其细胞周期与射线照射后产生抗拒之间的关系，流式细胞仪分析细胞照射前后其细胞周期变化，Western blot 法测定照射前后 G_2 期相关蛋白质磷酸化 CDC25C（pCDC25C，ser216 位点）含量，发现乳腺癌干细胞在经射线照射前后 G_2 期细胞含量分别为（22.03% ± 2.12%）和（45.83% ± 2.25%，$P<0.01$），在照射后表达明显增高，而贴壁培养的乳腺癌细胞照射前后细胞周期及周期相关蛋白质均无明显差异，可见乳腺癌干细胞经射线照射后出现的 G_2 期阻滞可能与其辐射抗拒特性相关。Bao 等[8]对胶质瘤研究发现，$CD133^+$与 $CD133^-$ 的胶质瘤干细胞相比，在受到辐射后细胞周期检查点相关蛋白质 Chk1 和 Chk2 活性增强，DNA 损伤诱导的修复更加有效。当阻滞了 $CD133^+$的胶质瘤干细胞中 Chk1 和 Chk2 检查点激酶的活性后，对电离辐射的敏感性则增加。Wang 等[9]研究 $CD133^+/CD44^+$ 的前列腺癌干细胞，下调 Chk1 表达后，辐射导致的 G_2/M 期阻滞消失，DNA 损伤修复减少，细胞凋亡增加。Yin 等[10]从乳腺癌 MCF-7 和 MB-MDA-231 细胞中分离出 $CD44^+/CD24^-$ 细胞，经照射后 ATM 信号通路的活性比 Non-$CD44^+/CD24^-$细胞增加，阻滞 ATM 后这种辐射抗性降低。这些研究证明，细胞周期调控和 DNA 损伤的修复在肿瘤干细胞辐射抗拒中确有重要作用，这也为以后放射治疗肿瘤，消除和减少肿瘤干细胞提供了可能的靶点和新的思路。

（二）自身氧化损伤的清除

任何形式的辐射，诸如 X 射线或 γ 射线及带电或不带电粒子，被生物物质吸收产生的辐射效应主要通过直接作用或间接作用。直接作用即射线直接与细胞靶点 DNA 发生作用，而间接作用则是射线导致细胞内其他原子或分子（特别是水分子）相互作用，产生自由基，这些自由基对靶点 DNA 产生作用。自由基，包括氧化活性很强的羟自由基（•OH）、水合电子和氢原子等反应性很高的自由基，这些自由基与生物大分子作用可破坏这些生物大分子的结构，使细胞质膜破坏，导致 DNA 的碱基和脱氧核糖发生化学变化，引起碱基改变、破坏或脱落；脱氧核糖分解、磷酸二酯键断裂，以及 DNA 核苷酸链的单链和双链断裂等[11]，最终引起细胞死亡或遗传学的改变。Phillips 等[12]发现，乳腺癌 MCF-7 细胞中肿瘤干细胞活性氧自由基水平比未分离肿瘤干细胞的 MCF-7 细胞低，经 10Gy 照射后，MCF-7 细胞系中的 ROS 水平明显增高，但从 MCF-7 细胞中分离的肿瘤干细胞却未见明显改变。提示肿瘤干细胞自身可能有很强的氧化清除系统，因此在经照射后肿瘤干细胞比普通的肿瘤细胞更容易在 ROS 引起的损伤中存活。Diehn 等[13]在乳腺癌中分离肿瘤干细胞后，给予 ROS 清除物抑制剂，发现肿瘤干细胞的增殖能力减弱，对放射敏感性增加。氧化损伤是辐射杀伤肿瘤细胞的重要作用机制。细胞自身有一套氧化清除的系统，包括超氧化物歧化酶（SOD）、过氧化氢酶和谷胱甘肽等，起到清除自由基作用，可减少氧化损伤。Croker 等[14]在 ALDH（hi）CD44$^+$乳腺癌干细胞的研究中发现其具有明显的辐射抗拒性，与其细胞内高表达谷胱甘肽 S-转移酶和 P 糖蛋白等有关。可见明确靶向清除自由基，将有利于肿瘤放射治疗的进展。

（三）自噬与辐射抗拒

自噬（autophagy）是不同于细胞凋亡的另一种程序化细胞死亡方式，是细胞内维持自身代谢平衡的重要机制，是一种进化上保守的细胞内的分解代谢过程，能够降解长寿命的蛋白质和受损细胞器，如内质网、高尔基体和线粒体[15]。自噬体由一种双层或多层膜结构以封存细胞质，然后空泡结构与溶酶体融合，并将内容物传递到细胞器的管腔中，其内容物将被降解，使大分子物质得以循环利用。自噬可通过多种细胞应激，包括营养缺乏、代谢紊乱、氧化和基因毒物等诱发，而且也可以被低氧、电离辐射和化疗药物诱导[16-20]。自噬在生物体的发育和组织重构等方面发挥作用，更在肿瘤的形成和进展中具有重要意义。自噬与肿瘤的关系颇为复杂，在哺乳动物细胞中，自噬扮演着双重角色，首先作为一种肿瘤抑制机制，防止细胞损伤和肿瘤发生；其次，促进细胞生存和对各种恶劣条件耐受，是一种促存活作用[21]。一般认为，在肿瘤的早期形成阶段抑制自噬可对肿瘤造成抑制[22]，而随着肿瘤的生长，其消耗物质增多，在供给不平衡的情况下，自噬可作为一种补偿机制，使癌细胞通过自噬重新利用其中衰老的细胞器中的营养物质进而维持其生长，此时认为自噬对肿瘤生长有促进作用[23]。特别当癌细胞接受射线照射后，自噬可发挥作用清除其中被损伤的物质，如 DNA 和线粒体等，避免其累积而使细胞免于凋亡[24]。对于肿瘤干细胞，自噬在其中的作用可能更为复杂。Alexandre 等[25]认为，自噬在干细胞的干性维持和分化中起重要作用。Zhuang 等[26]发现，恶性胶质瘤细胞（GBM）经照射后，CD133$^+$ 细胞比 CD133$^-$ 细胞自噬较少，用 mTOR 的阻滞剂雷帕霉素作用于 CD133$^+$细胞后，发现其产生分化，辅以照射后，比单纯照射 CD133$^+$细胞放射敏感性增强。提示减少自噬有助于肿瘤干细胞维持干性和相对静止的状态，造成辐射抗拒性，而增强自噬可能引导肿瘤干细胞的分化，增强放射治疗的效果。

二、肿瘤干细胞与非肿瘤干细胞的双向转变

分化潜能也是肿瘤干细胞的重要特征之一。肿瘤干细胞在体外及体内均具有分化能力，其子代细胞呈现分化特征的表型及其相应标志[27,28]。例如，肝癌干细胞分化成具有甲胎蛋白（AFP），细胞因子 8（CK8）、CK18、CK7 和 CK19 等肝细胞（肝细胞或胆管细胞）分化标志物的癌细胞。另外，肿瘤细胞也可以向肿瘤干细胞转化，Ghisolfi 等[29]将肝癌细胞 Hu-7 和 HeG2 中的非肿瘤干细胞经 4Gy 照射，7d 后发现微球细胞数增加，侧群细胞增多，SOX-2 和 OCT-3/4 等干细胞干性相关因子表达上调，表明辐射促进了非肿瘤干细胞向肿瘤干细胞的转化。类似的，Lee 等[30]通过用 TNF-α 也诱导出非肿瘤干细胞向肿瘤干细胞的转化。过去，人们认为肿瘤干细胞是肿瘤中一群特定的细胞，是肿瘤干细胞向非肿瘤干细胞的不断分化才促使肿瘤的形成。这样，当用辐射杀伤非肿瘤干细胞的同时，也促使了一部分肿瘤干细胞的生成，而这部分转化而来的肿瘤干细胞

又重新形成肿瘤，这种新形成的肿瘤由于之前已经受照射，具有一定辐射抗性，使新形成的肿瘤对原剂量的辐射敏感性下降。如此，在这此消彼长之间，两者不断打破平衡又形成新的平衡，最终使肿瘤干细胞及其构成的肿瘤辐射抗性越来越高，甚至促进了肿瘤的转移。

三、肿瘤干细胞微环境与辐射抗拒

一般认为，肿瘤的发生、发展是一个综合和复杂的过程，除了肿瘤细胞自身遗传学的改变和信号通路的异常外，其周围的环境也在其中发挥了重要的作用。肿瘤微环境（tumor microenvironment）与肿瘤的辐射抗拒已经得到证实，其中涉及乏氧、细胞因子和细胞外基质等。虽然肿瘤干细胞的辐射抗拒与肿瘤微环境关系仍不确定，但是研究表明，肿瘤干细胞所处的乏氧微环境能够导致其辐射抗拒性。Deng[31]等研究表明，大多数的肿瘤细胞可以被辐射杀死，但是肿瘤干细胞可以逃避辐射杀伤，这可能与其存在于乏氧微环境有关。他们从几种人类间质肿瘤干细胞模型中获取细胞，即包括致瘤性和非致瘤性的肿瘤干细胞，进而分析致瘤性、辐射抗拒和干细胞性的关系，结果显示，肿瘤干细胞表现出更大的辐射抗拒性。研究者还发现[32]，当局部肿瘤组织氧浓度低于25～30mmHg时，肿瘤细胞的放射敏感性呈现进行性下降；当低于8～10mmHg时，能够观察到肿瘤细胞对低氧刺激所产生的变化；当低于0.5mmHg时，肿瘤细胞能够达到对致死量辐射的最大抗拒能力。Philips等[12]发现，乳腺癌MCF-7细胞中肿瘤干细胞活性氧自由基水平比未分离肿瘤干细胞的MCF-7细胞低，10Gy照射后，MCF-7细胞系中ROS水平明显提高，而肿瘤干细胞中却未见明显改变，提示经照射后肿瘤干细胞比肿瘤细胞更容易在ROS引起的损伤中存活。

另外，乏氧与肿瘤干细胞的干性维持密切相关，可能是调节其干性的一个重要机制。乏氧可通过降低细胞内外的接受照射后的活性氧自由基[33]，诱导乏氧相关的转录因子HIF等减少辐射对肿瘤细胞的损伤，促进其存活。Li等[34]对比了胶质瘤干细胞与非胶质瘤干细胞之间HIF-2α和HIF转录的相关基因水平，发现胶质瘤干细胞高出非胶质瘤干细胞。而且，干扰了HIF表达之后，降低了肿瘤干细胞的干性。但乏氧与肿瘤干细胞辐射抗拒的直接研究还比较欠缺，其之间的关系还需要更多的实验来证明。Heddleston等[35]发现，肿瘤干细胞的生存和扩增需要HIF。HIF活性降低的肿瘤干细胞不能形成肿瘤，体外生存期短。Li等[36]研究胶质瘤干细胞时发现，乏氧能够诱导胶质瘤干细胞中HIF蛋白的表达上调，其中HIF-1α在肿瘤干细胞及非肿瘤干细胞中均表达，而HIF-2α只在肿瘤干细胞中表达。HIF表达变化的同时，伴随着Oct-4、PGK1、Glut1、VEGF和SerpinB9、TGFα等相关基因表达的变化，肿瘤干细胞的增殖及成瘤能力也有所加强；而对该肿瘤干细胞采取shRNA法敲除HIF基因后，细胞的增殖生长能力受抑，体内外成瘤能力下降，荷瘤小鼠的存活时间延长。此外，肿瘤微环境中对肿瘤干细胞影响较多的是各种细胞外分泌因子，包括血管内皮生长因子（VEGF）、TGF-β和EGF等。有研究报道[8]，肿瘤干细胞可通过分泌VEGF来促进肿瘤周围血管的生成，同时VEGF也可通过激活Akt/mTOR通路促进肿瘤干细胞的存活。因此，在肿瘤干细胞受到照射时，两者可通过相互之间的作用，使肿瘤干细胞得以幸存。这个过程中乏氧也可导致VEGF的分泌增多，提高肿瘤干细胞的抗凋亡能力。总之，乏氧微环境是导致肿瘤干细胞辐射抗拒的一个原因，如何通过靶向微环境提高肿瘤干细胞的辐射敏感性，则将大大提高杀伤肿瘤的效果。

四、肿瘤干细胞调控信号通路与辐射抗拒

肿瘤干细胞一般可认为来源于正常细胞，因此其信号传导系统和正常细胞之间存在相似性，无大的差别；参与调控肿瘤干细胞辐射抗拒的信号通路包括 Wnt/β-catenin 通路、Notch 通路、JAK/STAT 信号通路和 PI3k-mTOR 信号通路等[33,37]。这些信号系统参与肿瘤干细胞的辐射抗拒性，靶向这些信号系统有望改善辐射抗拒。

（一）Wnt/β-catenin 通路

Wnt 通路包括经典的 Wnt 通路和非经典的 Wnt 通路，前者即 Wnt/β-catenin 通路，后者包括 Wnt/Ca^{2+}通路、通过 JNK 传导的细胞极性通路以及 PKA 通路。Wnt 通路是肿瘤干细胞中非常重要的通路，对维持细胞自我更新、抑制分化、增殖迁徙、极性和凋亡起到重要作用[38]。Wnt/β-catenin 通路的调控失常是多种类型细胞发生癌变的主要原因之一，β-catenin、APC 和 Axin1 的突变可导致 β-catenin 异常积累，进入细胞核内激活 Wnt/β-catenin 通路靶基因的转录，改变细胞迁移能力和细胞极性等，从而诱导肿瘤发生，在多种肿瘤中均能发现 Wnt/β-catenin 信号通路的异常激活[39-41]。Wnt/β-catenin 信号通路与肿瘤对微环境的适应性也密切相关，在肿瘤微环境中，由于肿瘤细胞的高度扩增和血管生成不足所导致的缺氧，可拮抗 β-catenin/TCF4 复合物的形成，抑制转录活性，导致细胞周期阻滞在 G_1 期，同时 β-catenin 还可以作用于乏氧诱导因 1α（HIF-1α）的启动子区域，提高其转录水平，从而使肿瘤细胞获得在微环境中生存能力和适应乏氧的能力[42]。Wnt/β-catenin 信号通路对调控肿瘤干细胞方面也起到关键作用，在多种肿瘤干细胞中都发现其异常激活。Nicolist 等[43]发现，在干细胞中，即使不发生 Wnt/β-catenin 信号通路的突变性激活，β-catenin 也常在脑肿瘤细胞中过量表达，表明 Wnt/β-catenin 信号通路可能在从前体细胞分化产生肿瘤干细胞过程中或是维持肿瘤干细胞特性中发挥重要作用。Wnt/β-catenin 在肿瘤干细胞对辐射的影响研究中，Woodward 等[44]在乳腺癌悬浮培养的微球细胞中发现其具有更强的辐射抗性，这种抗性与 DNA 损伤修复能力的增加密切相关，而 Wnt/β-catenin 信号通路正参与了这种 DNA 修复的调节。Kendziorra 等[45]报道了在对放、化疗抗拒的直肠癌肿瘤细胞中，Wnt 转录因子 TCF4 表达量的升高。沉默 TCF4 后，这种细胞对放射的敏感性增加。这些说明阻滞 Wnt/β-catenin 信号通路可能是一个增加肿瘤干细胞敏感性的靶点。

（二）Notch 通路

Notch 信号是一个在进化过程中高度保守的信号通路，Notch 受体为单链跨膜蛋白，其 C 末端裂解产物在 S3 位点被 γ-secreatase 蛋白酶复合体作用后释放，并活化而形式 NICD，进入细胞核发挥作用。Notch 信号通路通过调控细胞的分化、增殖和凋亡，影响正常组织和细胞的生长、发育，因此也是肿瘤发生的非常关键的环节。在很多组织肿瘤的发生过程中，均出现 Notch 信号通路的异常，在前列腺癌、乳腺癌和子宫颈癌等多种肿瘤细胞及其衍生的细胞系中，均存在 Notch 受体及配体的异常表达，说明肿瘤的发生和发展与 Notch 信号通路的异常关系密切。Dontu 等[46]发现，乳腺干细胞中 4 种 Notch 受体的表达均为分化细胞的 2～4 倍，随着细胞的分化而表达下

调，Notch 信号的激动剂使原代乳腺干细胞球的体积明显增加；相反，加入 Notch4 抗体则明显变小，甚至完全阻断了两代细胞的生长[47]。Zhang 等[48]报道，神经胶质瘤 SHG44 细胞中 Notch1 的过表达能促进 SHG44 细胞的生长；当有生长因子存在时，还能增加神经球的形成，这些神经球可表达巢蛋白。研究提示，Notch 信号在人神经系统肿瘤干细胞形成中具有潜在作用。另外，Notch 信号通路促增殖抑凋亡的分子机制主要涉及激活 PI3K/Akt[49] 和 NF-κB[50] 通路以及下调肿瘤抑制基因 p53 的表达等。该信号通路在肿瘤干细胞中的作用首先被 Phillips 等[12]报道，发现 $CD44^+/CD24^{-/low}$ 的乳腺癌起始细胞受照，Notch 活性增高。Fan 等[51]用 γ-分泌酶抑制剂后，可抑制 $CD133^+$ 细胞的增长。同样的结果也出现在 Wang 等[52]的研究中，他们用 γ-分泌酶抑制剂作用胶质瘤，发现增加了胶质瘤干细胞对放射的敏感性。但 Notch 信号通路下游分子繁多，对细胞的作用也复杂，尚需更为明确的实验证实肿瘤干细胞辐射抗拒性与其信号通路之间的关系。

（三）JAK/STAT 通路

JAK/STAT 信号通路是近年来发现的一条由细胞因子刺激的信号转导通路，广泛参与细胞的增殖、分化、凋亡、炎症与肿瘤等多种病理生理过程，并对机体产生重要影响作用的信号转导途径[53]。JAK/STAT 信号通路主要由 3 个成分组成，即酪氨酸激酶相关受体、酪氨酸激酶 JAK 和转录因子 STAT 组成。肿瘤的生长中，具有内在酪氨酸激酶活性的生长因子受体，如表皮生长因子受体（EGFR）和血小板源性生长因子受体（PDGFR）等可直接磷酸化 STAT3 蛋白，促进抗凋亡基因如 Bcl-2 等的转录，维持肿瘤的生长。JAK/STAT 在肿瘤干细胞的干性维持和辐射抗拒中具有重要作用。Hsu 等[54]从非小细胞肺癌（NSCLC）中分离得到的 $CD133^+$ 细胞是具有辐射抗性的细胞，与 $CD133^-$ 相比，发现 $CD133^+$ 细胞高表达 OCT-4，具有更高水平的磷酸化 STAT3（pSTAT3）；给予 STAT3 的阻滞剂葫芦素Ⅰ，$CD133^+$ 细胞中 pSTAT3 水平降低，干性减少，凋亡增加。在头颈部鳞状细胞癌（HNSCC）研究中[55]，用葫芦素Ⅰ阻滞 STAT3，也能有效降低 $CD44^+/ALDH1^+$ 细胞对辐射的抗拒性。

（四）PI3K-mTOR 通路

PI3K-mTOR（phosphoinosmde-3-kinase/the mammalian target of rapamycin）信号通路即哺乳动物细胞雷帕霉素靶位点（mamalian target of rapamycin）通路，在细胞的生长、分化和凋亡等方面都发挥着重要作用。由于营养缺乏或生长因子剥夺，细胞的 mTOR 信号就会受到抑制，从而发生自噬；可以负性调节自噬[56]，自噬抑制剂 3-甲基腺嘌呤（3-MA）可通过抑制 PI3KⅢ的活性抑制自噬。mTOR 主要通过 2 个机制抑制自噬：mTOR 可级联信号传导，通过下游因子调控 mRNA 的转录和翻译；另外 mTOR 能够作用于自噬相关蛋白，抑制自噬体的形成[57]。PI3K 激活后可磷酸化下游分子 Akt，激活后的磷酸化 Akt 蛋白再到胞质中或胞核内，将磷酸化一系列底物，进而发挥促进细胞增殖、抗凋亡及放、化疗耐受等作用[58]。此外，PI3K 还可激活 mTOR，抑制自噬，抑制细胞凋亡，增强辐射的抗拒性[59]。Zhan 等[60]将经 8Gy 照射过的 $CD24^-/CD44^+$ 的 MCF-7 细胞与 $CD24^+/CD44^+$ 的 MCF-7 细胞对比，发现 $CD24^-/CD44^+$ 细胞的 Akt1、Akt2 蛋白和 mRNA 水平明显增加，提示 PI3K/Akt/mTOR 通路在肿瘤干细胞辐射抗拒中发挥作用。

五、结语

肿瘤干细胞理论提出 150 余年，近年

来逐渐成为肿瘤领域的研究热点，为了解肿瘤、治疗肿瘤提供新的视角和方向。尤其是随着肿瘤干细胞研究的深入，肿瘤干细胞对辐射抗拒机制的研究也日益增多，研究者以此为基础逐渐尝试新的方法逆转肿瘤干细胞的辐射抗拒，提高肿瘤的放射治疗效果。但还存在很多问题亟待解决：

（1）目前，国际上研究较多的为乳腺癌和胶质瘤等少数肿瘤，这不仅不利于其他肿瘤的研究发展，也不利于肿瘤干细胞在整个肿瘤学中规律的揭示，随着研究的开展和深入，其他类型肿瘤的肿瘤干细胞的鉴定将有助于不同肿瘤类型的肿瘤干细胞辐射抗拒机制的研究。

（2）肿瘤干细胞辐射抗拒性的机制研究，基本都是在以往已经明确的肿瘤辐射抗拒机制上进行，因此揭示肿瘤干细胞、非肿瘤干细胞和正常组织干细胞三者之间的区别和联系，将对以后临床治疗，尤其是特异性抗肿瘤干细胞药物的研发提供重要指导。

（3）大多数的研究往往只检测了对肿瘤干细胞干扰后经辐射的活力、增殖情况，却极少有涉及对肿瘤干细胞导致的肿瘤复发、转移程度的检测，对这两方面的研究则更加贴近于解决临床治疗的实际问题。

总之，肿瘤干细胞辐射抗拒性机制的研究对于肿瘤放射治疗无疑将起到巨大的推动作用，因此也成为近年来的研究热点。但肿瘤干细胞与辐射抗拒机制尚有许多未知之处。相信随着研究手段的创新，新的理论知识的增加，我们对于肿瘤干细胞与辐射抗拒关系的理解将更加深入，为最终解决肿瘤干细胞辐射抗拒性，改善肿瘤放射治疗开辟有效的途径。

参考文献

[1] Nguyen LV，Vanner R，Dirks P，et al. Cancer stem cells：an evolving concept. Nat Rev Cancer，2012，12（2）：133-143.

[2] Chen J，Li Y，Yu TS，et al. A restricted cell population propagates glioblastoma growth after chemotherapy. Nature，2012，488（7412）：522-526.

[3] Driessens G，Beck B，Caauwe A，et al. Defining the mode of tumour growth by clonal analysis. Nature，2012，488（7412）：527-530.

[4] Schepers AG，Snippert HJ，Stange DE，et al. Lineage tracing reveals Lgr5+ stem cell activity in mouse intestinal adenomas. Science，2012，337（6095）：730-735.

[5] 燕丽，乔田奎，范卫. 肿瘤干细胞（CSCs）放疗抵抗机制的研究进展. 复旦学报（医学版），2013，40（1）：116-120.

[6] Eyler CE，Rich JN. Survival of the fittest：cancer stem cells in therapeutic resistance and angiogenesis. Clin Oncol，2008，26（17）：2893-2845.

[7] 田允鸿，谢国柱，任陈，等. 悬浮培养乳腺癌干细胞放疗抵抗与 G_2 期阻滞相关. 南方医科大学学报，2011，31（1）：53-56.

[8] Bao SQ，Wu RE，Hao MY，et al. Glioma stem cells promote radioresistance by preferential activation of the DNA damage response. Nature，2006，444（7120）：756-760.

[9] Wang X，Ma Z，Xiao Z，et al. Chk1 knockdown confers radiosensitization in prostate cancer stem cells. Oncol Rep，2012，28（6）：2247-2254.

[10] Yin H，Glass J. The phenotypic radiation resistance of $CD44^+$/CD24（-or low）breast cancer cells is mediated through the enhanced activation of ATM signaling. PLoS ONE，2011，6（9）：e24080.

[11] 刘树铮. 医学放射生物学. 北京：原子能出版社，2006.

[12] Phillips TM，McBride WH，Pajonk F. The response of CD24（-/low）/$CD44^+$ breast cancer-initiating cells to radiation. J Natl Cancer Inst，2006，98（24）：1777-1785.

[13] Diehn M, Cho RW, Lobo NA, et al. Association of reactive oxygen species levels and radioresistance in cancer stem cells. Nature, 2009, 458 (7239): 780-783.

[14] Croker AK, Allan AL. Inhibition of aldehyde dehydrogenase (ALDH) activity reduces chemotherapy and radiation resistance of stem-like ALDH (hi) CD44 (+) human breast cancer cells. Breast Cancer Res Treat, 2012, 133 (1): 75-87.

[15] Levine B, Kroemer G. Autophagy in the pathogenesis of disease. Cell, 2008, 132 (1): 27-42.

[16] Sahu R, Kaushik S, Clement CC, et al. Microautophagy of cytosolic proteins by late endosomes. Dev Cell, 2011, 20 (1): 131-139.

[17] Shintani T, Klionsky DJ. Autophagy in health and disease: a double-edged sword. Science, 2004, 306 (5698): 990-995.

[18] Kroemer G, Mariño G, Levine B. Autophagy and the integrated stress response. Mol Cell, 2010, 40 (2): 280-293.

[19] Li W, Yang Q, Mao Z. Chaperone-mediated autophagy: machinery, regulation and biological consequences. Cell Mol Life Sci, 2011, 68 (5): 749-763.

[20] Singh R, Cuervo AM. Autophagy in the cellular energetic balance. Cell Metab, 2011, 13 (5): 495-504.

[21] Lin CS, Wang YC, Huag JL, et al. Autophagy and reactive oxygen species modulate cytotoxicity induced by suppression of ATM kinase activity inhead and neck cancer cells. Oral Oncol, 2012, 48 (11): 1152-1158.

[22] Yu L, Alva A, Su H, et al. Regulation of an ATG7-beclin 1 program of autophagic cell death by caspase-8. Science, 2004, 304 (5676): 1500-1502.

[23] Raveh T, Droguett G, Horwitz MS, et al. DAP kinase activates a p19ARF/p53-mediated apoptotie checkpoint to suppress oncogenic transformation. Nat Cell Biol, 2001, 3 (1): 1-7.

[24] Ogier-Denis E, Codogno P. Autophagy: a barrier or an adaptive response to cancer. Biochim Biophys Acta, 2003, 1603 (2): 113-128.

[25] Vessoni AT, Muotri AR, Okamoto OK. Autophagy in stem cell maintenance and differentiation. Stem Cells Dev, 2012, 21 (4): 513-520.

[26] Zhuang W, Li B, Long L, et al. Induction of autophagy promotes differentiation of glioma-initiating cells and their radiosensitivity. Int J Cancer, 2011, 129 (11): 2720-2731.

[27] Huff CA, Matsui W. Multiple myeloma cancer stem cells. J Clin Oncol, 2008, 26 (17): 2895-2900.

[28] 尤琪，陈晨，张苑珑，等. 肿瘤干细胞研究进展. 国际妇产科学杂志，2009，36 (3)：228-230，241.

[29] Ghisolfi L, Keates AC, Hu XW, et al. Ionizing Radiation Induces Stemness in Cancer Cells. PloS ONE, 2012, 7 (8): e43628.

[30] Lee SH, Hong HS, Liu ZX, et al. TNF-α enhances cancer stem cell-like phenotype via Notch-Hes1 activation in oral squamous cell carcinoma cells. Biochem Biophys Res Commun, 2012, 424 (1): 58-64.

[31] D'Andrea FP. Intrinsic radiation resistance of mesenchymal cancer stem cells and implications for treatment response in a murine sarcoma model. Dan Med J, 2012, 59 (2): B4388.

[32] Höckel M, Vaupel P. Tumor hypoxia: definitions and current clinical, biologic, and molecular aspects. J Natl Cancer Inst, 2001, 93 (4): 266-276.

[33] 刘虎，蔡建明. 肿瘤干细胞辐射抵抗机制的研究进展. 辐射研究与辐射工艺学报，2013，31 (3)：1-7.

[34] Li ZZ, Bao SD, Wu QL, et al. Hypoxia-Inducible factors Regulate tumorigenic capacity of glioma stem cells. Cancer Cell, 2009, 15 (6): 501-513.

[35] Heddleston JM, Li Z, Lathia JD, et al. Hy-

poxia inducible factors in cancer stem cells. Br J Cancer, 2010, 102 (5): 789-795.

[36] Li L, Neaves WB. Normal stem cells and cancer stem cells: the niche matters. Cancer Res, 2006, 66 (9): 4553-4557.

[37] Tsai RY. A molecular view of stem cell and cancer cell self-renewal. Int J Biochem Cell Biol, 2004, 36 (4): 684-694.

[38] Johnson ML, Rajamannan N. Diseases of Wnt signaling. Rev Endocr Metab Disord, 2006, 7 (1-2): 41-49.

[39] Pearson HB, Phesse TJ, Clarke AR. K-ras and Wnt signaling synergize to accelerate prostate tumorigenesis in the mouse. Cancer Res, 2009, 69 (1): 94-101.

[40] Takigawa Y, Brown AM. Wnt signaling in liver cancer. Curr Drug Targets, 2008, 9 (11): 1013-1024.

[41] Kojima T, Shimazui T, Hinotsu S, et al. Decreased expression of CXXC4 promotes a malignant phenotype in renal cell carcinoma by activating Wnt signaling. Oncogene, 2009, 28 (2): 297-305.

[42] Kaidi A, Williams AC, Paraskeva C. Interaction between beta-catenin and HIF-1 promotes cellular adaptation to hypoxia. Nat Cell Biol, 2007, 9 (2): 210-217.

[43] Nicolis SK. Cancer stem cells and "stermness" genes in neuro-oncology. Neurobiol Dis, 2007, 25 (2): 217-229.

[44] Woodward WA, Chen MS, Behbod F, et al. WNT/b-catenin mediates radiation resistance of mouse mammary progenitor cells. Proc Natl Acad Sci USA, 2007, 104 (2): 618-623.

[45] Kendziorra E, Ahlborn K, Spitzner M, et al. Silencing of the Wnt transcription factor TCF4 sensitizes colorectal cancer cells to (chemo-) radiotherapy. Carcinogenesis, 2011, 32 (12): 1824-1831.

[46] Dontu G, Abdallah WM, Foley JM, et al. In vitro propagation and transcriptional profiling of human mammary stem/progenitor cells. Genes Dev, 2003, 17 (10): 1253-1270.

[47] Dontu G, Jackson KW, McNicholas E, et al. Role of Notch signaling in cell-fate determination of human mammary stem/progenitor cells. Breast Cancer Res, 2004, 6 (6): R605-615.

[48] Zhang X, Zheng G, Zou L, et al. Notch activation promotes cell proliferation and the formation of neural stem cell-like colonies in human glioma cells. Mol Cell Biochem, 2008, 307 (1): 101-108.

[49] Calzavara E, Chiaramonte R, Cesana D, et al. Reciprocal regnlation of notch and PI3K/Akt signaling in T-ALL cell in vitro. J Cell Biochem, 2008, 103 (5): 1405-1412.

[50] Shin HM, Minter LM, Cho OH, et al. Notch1 augments NF-κB activity by facilitating its nuclear retention. EMBO J, 2006, 25 (1): 129-138.

[51] Fan X, Matsui W, Khaki L, et al. Notch pathway inhibition depletes stem-like cells and blocks engraftment in embryonal brain tumors. Cancer Res, 2006, 66 (15): 7445-7452.

[52] Wang J, Wakeman TP, Lathia JD, et al. Notch promotes radioresistance of glioma stem cells. Stem Cells, 2010, 28 (1): 17-28.

[53] Minakhina S, Tan W, Stewasd R. JAK/STAT and the GATA factor Pannier control hemocyte maturation and differentiation in Drosophila. Dev Biol, 2011, 352 (2): 308-316.

[54] Hsu HS, Huang PI, Chang YL, et al. Cucurbitacin I inhibits tumorigenic ability and enhances radiochemosensitivity in nonsmall cell lung cancer derived CD133-positive cells. Cancer, 2011, 117 (13): 2970-2985.

[55] Chen W, Chen KH, Huang PI, et al. Cucurbitacin I suppressed stem-like property and enhanced radiation-induced apoptosis in head and neck squamous carcinoma-derived CD44 (+) ALDH1 (+) cells. Mol Cancer Ther, 2010, 9 (11): 2879-2892.

（下转第 31 页）

肿瘤的电离辐射生物效应

董丽华[1] 李 戈[2] 方 芳[3] 龚守良[1,3]
刘 扬[3] 王志成[3] 龚平生[4]

1. 吉林大学白求恩第一医院放疗科 长春 130021
2. 长春市中医院 长春 130041
3. 吉林大学公共卫生学院卫生部放射生物学重点实验室 长春 130021
4. 吉林大学分子酶学工程教育部重点实验室 长春 130012

【摘要】 肿瘤细胞是一种特殊的细胞群体。一些种类肿瘤细胞对电离辐射敏感，这是肿瘤临床放疗的基础。然而，由于肿瘤细胞及其基质环境的复杂性和电离辐射性质、剂量、剂量率及作用方式的不同，其电离辐射生物效应存在许多不确定性，这也是肿瘤放疗必须考虑的问题。本文通过近期文献的复习，简要综述肿瘤对电离辐射反应、肿瘤细胞的辐射剂量效应曲线、电离辐射诱导肿瘤细胞死亡、肿瘤的辐射免疫效应、电离辐射对肿瘤基质和微环境及转移和侵袭的影响以及肿瘤放疗的分割照射效应等内容，以便指导肿瘤放射治疗的实际应用。

【关键词】 肿瘤细胞；电离辐射；生物效应

一、肿瘤对电离辐射反应

（一）肿瘤细胞的放射敏感性

肿瘤放射治疗的策略是有效地清除肿瘤细胞，但可对邻近的正常组织引起毒性作用。这种策略的机制是 Withers（1975）确认放疗的“R”，即细胞放射损伤的修复、周期内细胞再分布、氧效应及乏氧细胞再氧合和再群体化，以 repair、redistribution、reoxygenation 和 repopulation 4 个单词的词头字母 R 而命名的[8]。后来，Steel 等增加了第 5 个“R”，即辐射敏感性（radiosensitivity），是不同肿瘤细胞的内在易损性存在明显的差异[1]。

1. 各种肿瘤细胞的放射敏感性差异

肿瘤细胞和正常细胞的放射敏感性具有一定的差异，而各种肿瘤细胞的放射敏感性差异很大：

（1）对辐射高度敏感的肿瘤，包括恶性淋巴瘤、精原细胞瘤和肾母细胞瘤等；

（2）中度放射敏感性的肿瘤，包括多种鳞状上皮癌、分化差的腺癌和脑胶质瘤等；

（3）对辐射不敏感的肿瘤，包括恶性

通信作者：龚平生，吉林省长春市前进大街 2699 号，130012

黑色素瘤、胃癌和软骨肉瘤等。体外培养的肿瘤细胞株，放射敏感性差异也很大。

对于2Gy照射后的存活分数（SF2），培养的肿瘤细胞株可变动在0.01~0.90之间。即使是同一类型的肿瘤细胞株，其间的差别也很大。有报道，人宫颈癌细胞的SF2在0.38~0.55，人神经胶质瘤细胞在0.02~0.64，黑色素瘤细胞在0.10~0.82。

孙建湘等[2]观察8种不同组织来源癌细胞株的辐射敏感性有较大的差异，D_0为0.65~2.15Gy；不同细胞株20Gy γ射线照射诱发产生的DNA双链断裂（DSB）原初损伤有一定的差别，但与细胞辐射抗性无相关性。辐射敏感的小鼠乳腺癌SX-10细胞DSB修复缺陷发生在早期快速修复相，而人卵巢癌A2780细胞的修复缺陷发生在晚期慢速修复相。20Gy照射修复2h后，DSB残留量与肿瘤细胞辐射敏感性指标D_0或SF2值有显著的相关性。不同个体患者脑肿瘤原代细胞之间，辐射诱发DSB的修复反应存在明显差异，修复2h后残留损伤的个体差异性分布类似于癌细胞株。因此，作者提出DSB残留损伤与癌细胞辐射抗性有显著相关性，可作为生物指标预测肿瘤组织细胞对放疗的反应性。

体外γ射线照射16种人肿瘤细胞株，观察其辐射敏感性；其后，用不同剂量去甲基化剂（5-aza-dC）和染色质修饰剂（曲古抑菌素A，TSA）处理辐射敏感和抵抗肿瘤细胞株。在照射前用5-aza-dC和TSA处理的细胞，DNA链断裂、G_2/M期细胞阻滞和细胞凋亡增加；接触γ射线后，导致肿瘤细胞全去甲基化，并呈时间依赖性，与肿瘤辐射抵抗性和敏感性有关，伴有$p16^{INK4a}$和ATM启动子的激活。提示，DNA甲基化的改变决定电离辐射效应，可能与改变的基因表达有关[3]。用电离辐射处理的成胶质瘤预后不良，归因于辐射抗性的原发胶质瘤细胞。成胶质瘤产生大量的TGF-β，应用TGF-β抑制剂，联合照射，可改善成胶质瘤病人的治疗反应[4]。

2. 电离辐射对肿瘤细胞缺氧的反应

细胞对电离辐射的效应强烈地依赖于氧的存在，人们将氧在辐射和生物体相互作用中所起的影响称为氧效应。由于乏氧细胞的存在，肿瘤的放射敏感性差，因此成为影响放疗疗效的重要原因之一。

当肿瘤体积很小，即直径<1mm时，肿瘤内细胞充分氧合，没有乏氧细胞。但肿瘤增长超过这一数值，便会处于乏氧状态。研究显示，当一次大剂量照射后，肿瘤内氧合好的细胞明显减少。同时，由于对放射的相对抗拒，乏氧细胞的减少程度较小。照射刚结束时，乏氧细胞比例上升到几乎接近100%。随着时间的推移，细胞从乏氧转向氧合好的状态，乏氧细胞比例又下降到肿瘤照射前的水平，有时甚至更低。分次照射将为肿瘤乏氧细胞提供再氧合的机会，从而采用分次放射治疗方法使其乏氧的肿瘤细胞不断的氧合，并逐步杀灭再氧合的肿瘤细胞。

研究者观察缺氧诱导自噬及乳腺癌细胞对电离辐射反应。结果显示，缺氧诱导自噬体明显的堆积，伴有自噬相关基因（beclin 1、Atg5、Atg7和Atg12）mRNA的表达增加。这种自噬活性的增加与肿瘤细胞辐射抵抗性增强有关。通过药理学抑制或beclin 1的siRNA阻断自噬，可延迟DNA双链断裂（DSB）修复，明显增强辐射敏感性[5]。

3. 照射后肿瘤细胞的修复与增殖

由于正常细胞有自动稳定控制系统，因此，每次照射后正常细胞和肿瘤细胞的修复及增殖情况都不相同，也就是：

（1）正常细胞受照射后，细胞增殖周期的恢复较肿瘤细胞为快，实验肿瘤照射

后可见 G_2 期有显著的延长，这是由于肿瘤组织内一部分细胞处于慢性乏氧状态，因此亚致死损伤的修复较慢。

（2）照射后肿瘤可能有暂时的加速生长，但这种生长速度比不上正常细胞为修复损伤所出现的增殖加速。

（3）肿瘤细胞群内的生长比例原来就较正常组织为大，处于细胞周期活动的细胞多，受致死损伤的就比正常组织多，受其他不同程度损伤的也较正常组织多。在分次放射治疗中，可利用正常组织和肿瘤组织放射效应的不同，达到杀灭肿瘤细胞、保护正常组织的目的。

4. 影响肿瘤细胞对电离辐射反应的因素

肿瘤细胞受照后，具有与正常细胞不同的反应系统，在不同肿瘤之间的反应也极为不同。这种对射线反应上的差别是临床上能够利用放射治疗肿瘤的理论基础。影响肿瘤细胞群对电离辐射的反应至少有以下几方面的因素：

（1）多数肿瘤细胞周期较短，处于增殖期的细胞较多，生长比率较大，对射线敏感，因此受致死性损伤或其他损伤较正常细胞多。

（2）照射后肿瘤细胞群内细胞周期各时相的再分布可改变细胞群的放射敏感性。

（3）肿瘤细胞增殖比较活跃，潜在致死性损伤修复较少。

（4）分次照射之间细胞的再增殖可部分抵消照射的杀伤作用。

（5）有一些肿瘤增长较慢，是由于细胞丢失率太高造成的。

（6）肿瘤组织受照射缩小后，可能有再生长加速现象，因此治疗疗程不宜过长。

（7）肿瘤细胞受照后恢复较慢，实验肿瘤在照射后可见 G_2 期有显著延长，这可能是由于肿瘤组织内一部分细胞处于慢性乏氧状态，亚致死性损伤修复较慢的原因[6,7]。

（二）肿瘤血管对电离辐射反应

肿瘤内血管是非常丰富的，良好的血运可以供给肿瘤细胞生长所需的必要营养物质和氧。当肿瘤组织受到照射时，不同时期对血管的影响也不同。电离辐射可引起肿瘤细胞的直接丢失，随着肿瘤体积的缩小，将伴有肿瘤内血管的改变。首先，原来造成静脉和淋巴管闭塞的膨胀压力，以及可能存在的反射性循环变慢或绞窄的病理变化，均能得到缓解。其次，当肿瘤继续缩小时，组织中毛细血管密度增加，可以使肿瘤内血管成分从10%~25%增加到25%~30%，反过来又可以使肿瘤细胞有较好的血运及氧合。肿瘤进一步缩小时，毛细血管大多数会消失，仅留一纤维瘢痕。在放射抗拒的肿瘤内，照射后肿瘤细胞的死亡相对较少，从而在血管系统损伤出现前很少有肿瘤缩小。因此，许多肿瘤细胞的丢失很可能是间接的后果，即因血管的逐渐变窄及阻塞而造成贫血及缺氧。这时，肿瘤的缩小可能主要是由于照射造成毛细血管阻塞而产生的间接反应。

有些肿瘤受到照射而缩小前，有一个暂时的增大，这是由于血管渗透性的改变及细胞死亡的结果而产生水肿所致，可引起肿胀、毛细血管闭塞及细胞的进一步死亡。这期间，可产生细胞的进一步缺氧，因此应避免在这一时期再次照射。

肿瘤受到照射时的一系列变化，也影响肿瘤细胞群营养物质的需要和供应，从对照射的反应来看，主要是对氧合的影响。肿瘤的氧合取决于供求之间的平衡，照射引起的血管变化，使营养供应增加的速度不能满足需求，从而影响肿瘤的生长，使其增长率降低。在分次治疗时，肿瘤增长率的降低可使以往因供求不平衡而造成的乏氧细胞趋向再氧合[6,7]。

二、肿瘤细胞的辐射剂量效应曲线

（一）体外和体内肿瘤细胞的辐射剂量效应曲线

1. 体外肿瘤细胞的辐射剂量效应曲线

放射治疗主要是利用放射线对各种组织器官的正常细胞群和肿瘤细胞群的不同损伤和不同修复能力的差别来进行的，即正常组织能够耐受的条件下，最大限度地杀灭肿瘤细胞。虽然正常细胞和肿瘤细胞对射线的内在敏感性不同，且不同肿瘤对射线的效应也不相同，但正常组织和肿瘤组织均有一个S形的剂量效应曲线（图1），随着剂量趋于0，辐射效应发生率也趋于0，在高剂量时辐射效应趋于100%；在肿瘤致死效应为80%~90%处的照射剂量能使肿瘤细胞全部被消灭，该剂量点以上，剂量显著增大而致死效应只略微增高。当照射剂量达到一定数值，虽可使肿瘤细胞全部死亡，但该剂量往往已超过正常组织的耐受量。显然，如果人们了解正常组织和肿瘤对射线反应的不同，阐明产生各种现象的机制，并能深入理解和利用这些现象时，就有希望进一步提高放射治疗的效果，使肿瘤细胞和正常细胞的两条S形剂量存活曲线分离得越远越好。

2. 体内肿瘤细胞的辐射剂量效应曲线

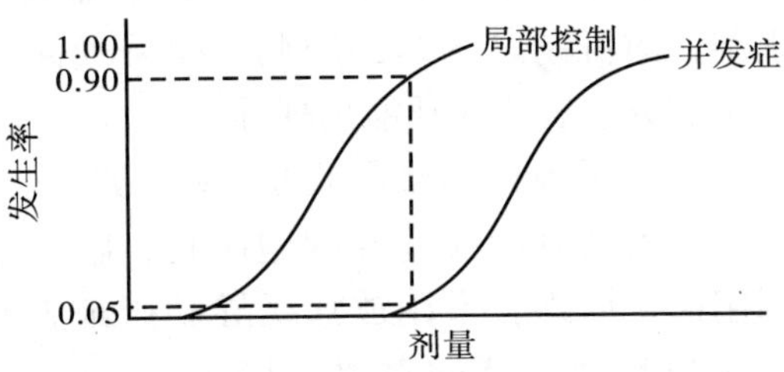

图1 肿瘤局部控制率和正常组织并发症控制率与剂量的关系

图2是WHT/Ht小鼠自然发生的鳞状上皮癌在照射后癌细胞的存活曲线。由此可见，体内照射后肿瘤细胞的存活曲线是双相性。已证实，有氧细胞和缺氧细胞的放射敏感性相差3倍，所以小剂量照射时，死亡的细胞大部分是有氧细胞，缺氧细胞则死亡不多，所以存活率主要与有氧细胞的改变有关；但大剂量照射时，有氧细胞几乎全部死亡。因此，存活率在很大程度上取决于缺氧细胞的变化。在空气中照射荷瘤动物时，得到的存活曲线表现为双相性；如果使动物处于完全缺氧状态下（即肿瘤处于缺氧状态时）进行照射，所有的肿瘤细胞均处于缺氧状态，这些细胞的放射敏感性也变为一致，所以存活曲线不再出现双相性，与培养细胞所得的存活曲线相似。据此可推断，存活曲线的第2相可能主要与缺氧细胞相关。

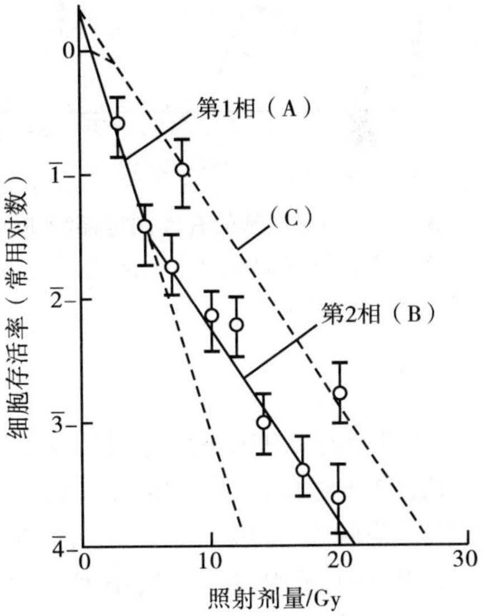

图2 WHT/Ht小鼠鳞状上皮癌的存活曲线

（二）有效剂量存活曲线

目前的肿瘤放射治疗方法，通常采用

的是常规分割照射技术，即将总的照射剂量被平均分割成较小剂量，进行多次的分次照射。由于在每次分次照射的间隔时期，将有足够的时间使细胞的亚致死性损伤得以修复。因此，分次照射细胞的剂量存活曲线中存在多个肩区，当将各肩区的起始点相连时，存活曲线则呈一条直线（图3），此直线被称之为有效剂量存活曲线（effective dose survival curve），此时的存活曲线与剂量呈指数函数关系。

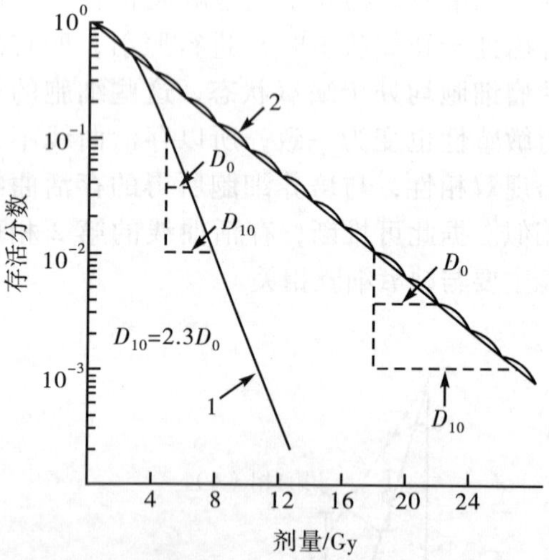

图3　分次照射细胞的有效剂量存活曲线

1为单次照射的剂量存活曲线；2为有效剂量存活曲线

有效剂量存活曲线的 D_0 值定义为，在分次照射中细胞存活37%所需要的照射剂量。就人类肿瘤细胞而言，D_0 值通常为3Gy；这是一个平均值，其大小因肿瘤种类而异。为了便于计算，在有效剂量存活曲线中又引入了另一个参数 D_{10}，此值定义为使肿瘤细胞死亡90%所需要的剂量，可经下式计算：$D_{10}=2.3\times D_0$，式中2.3为10的自然对数[6-8]。

三、电离辐射诱导肿瘤细胞死亡

（一）电离辐射诱导肿瘤细胞凋亡及其在放疗中的应用

1. 电离辐射诱导肿瘤细胞凋亡

有人认为，肿瘤不是由于细胞生长增殖过快所致，而是由于凋亡细胞数目减少引起的。在正常情况下，细胞凋亡是在复杂的信号调节下进行的，当这些信号出现异常时，如编码参与信号传导的某些物质的基因突变，导致本应凋亡的细胞“非法”存活，使得这些细胞具有明显的生长优势；当附加有另外的遗传物质改变，如控制细胞增殖的基因突变时，就很可能产生一个高度恶化状态的细胞。肿瘤的转移能力也与细胞凋亡率下降有关。肿瘤的大小取决于癌细胞的增生及细胞死亡的平衡。从肿瘤治疗考虑，抑制肿瘤细胞的增殖只能延缓肿瘤的进度（不再继续长大），不能治愈癌症，而诱导肿瘤细胞凋亡才能使肿瘤缩小或消失。故研究电离辐射所致肿瘤及正常细胞凋亡，对了解受照细胞死亡的分子机制及其对临床肿瘤放射治疗的应用等具有重要的意义。

细胞凋亡是阻止细胞无序增生并清除有害细胞的生物学过程。肿瘤细胞极少出现自发凋亡，而电离辐射能够诱发肿瘤细胞发生凋亡和坏死。小鼠卵巢癌细胞经2.5~25Gy照射后，凋亡峰值发生在照射后的4h，此后凋亡数量下降[9]。肿瘤细胞发生凋亡的机制之一是细胞凋亡信号通路中的调控分子表达或功能出现异常。

2. 肿瘤细胞凋亡在放疗中的应用

电离辐射能够诱导细胞凋亡，临床上利用这一原理，采用放疗诱导肿瘤细胞凋亡成为肿瘤治疗的重要手段之一。但是，肿瘤细胞对放疗易产生耐受，从而导致疗效降低。如促进凋亡蛋白表达增强，可提高肿瘤细胞辐射敏感性。Teng 等[10]将外源性的 Bax-α 转染到乳腺癌细胞系中，经照射后，乳腺癌 MCF-7 细胞凋亡增多，辐射敏感性显著增强。Gougeon 等[11]将 Bax cDNA 转染到辐射敏感性较低的食管癌 TE-1 细胞株，显著增强了 TE-1 细胞对电离辐射的敏感性，TE-1 细胞凋亡增多。上述实验结果表明，将 Bcl-2 家族促凋亡分子转入到肿瘤细胞中，可以提高肿瘤细胞的辐射敏感性，促使其凋亡。同理，抑制抗凋亡蛋白的表达也能够提高肿瘤细胞对电离辐射敏感性。近年来，以抗凋亡蛋白为靶点，抑制其在肿瘤细胞内的表达，正在成为肿瘤放射治疗的一个新方向。

然而，许多研究已证实，放疗时可明显增加正常组织细胞（如小肠隐窝细胞、淋巴细胞、各期精原细胞、胎儿中快速增长的细胞、腮腺及泪腺细胞等）的凋亡。例如，对正常小鼠的胸腺细胞照射后凋亡的研究，可观察到凋亡细胞所特有的梯形条带的出现。放疗中正常组织的凋亡反应可影响肿瘤的治疗疗效，给患者的生活质量带来很大的困难。例如，唾液腺在头颈部肿瘤放疗中，易发生唾液分泌减少，出现急性口干，可用细胞凋亡予以解释。因此，在放疗中，降低正常组织细胞凋亡是研究放疗防护的一个方向。

ΔNp73 是新发现的肿瘤因子，与肿瘤细胞凋亡有关。研究观察碳离子束对人宫颈癌 HeLa 细胞 ΔNp73 表达的影响。高 LET 碳离子束辐射后，与 4Gy X 射线照射比较，HeLa 细胞 G_2/M 期明显阻滞，凋亡明显增加，ΔNp73 明显降解。研究发现，ΔNp73 表达对不同的 LET 辐射反应不同，下调 ΔNp73 表达在促进肿瘤细胞周期阻滞和凋亡起到关键的作用[12]。提示，ΔNp73 在肿瘤放疗中起到潜在的作用。

（二）自噬及其主要作用

1. 自噬在肿瘤中的作用

某些肿瘤细胞的自噬（autophagy）能力要低于周边部位正常细胞，而且在营养缺乏或细胞高密度的情况下，肿瘤细胞的自噬能力也不会增加。在肿瘤的动物模型中也观察到了同样现象。于是，人们将细胞自噬能力的降低同肿瘤的发生联系起来。研究发现，有些肿瘤细胞，如肝癌细胞，在癌变前期自噬能力已经开始下降[13]。因此，可以认为，大多数肿瘤细胞（如肝、胰腺和乳腺癌等）尽管癌变前自噬能力各不相同，但在癌变后其自噬能力出现减弱现象。提示，细胞自噬能力的减弱可能是肿瘤发生的原因。

多数肿瘤细胞的自噬活性降低，但也有些肿瘤细胞自噬活性会升高，如大肠癌、肺癌及人宫颈癌 HeLa 细胞等[14]。研究发现，在营养缺乏的情况下，HeLa 细胞的自噬发生率从 4%上升到 37%。提示，肿瘤细胞高自噬活性对肿瘤细胞在恶劣环境下生存起到了保护作用，这一特点也可能是某些肿瘤药物的作用减弱的原因[15]。

实验证实，电离辐射联合自噬抑制剂和泛凋亡抑制剂有促进乳腺癌 MCF-7 细胞和人宫颈癌 HeLa 细胞增殖和抑制凋亡的作用；电离辐射联合自噬诱导剂能够促进这两种细胞发生凋亡和自噬性死亡，减缓细胞增殖，其结果为肿瘤放疗提供提供了实验依据[16,17]。

2. 电离辐射诱导肿瘤细胞自噬的双重作用

根据电离辐射诱导肿瘤细胞自噬的双重作用，对肿瘤治疗需采取不同的策略，即可通过促进或抑制细胞自噬，达到肿瘤放疗的疗效。

（1）电离辐射诱导肿瘤细胞自噬性死亡：6Gy 碳离子束照射人脑胶质瘤细胞 NP-2，出现细胞衰老，诱导自噬性细胞死亡，细胞生长受抑。10Gy 照射人乳腺癌细胞

MCF-7后，其细胞自噬泡增加，LC3-Ⅱ水平增加，口服哺乳动物雷帕霉素（mTOR）直接底物p70S6K及翻译起始因子4E-BP1去磷酸化，导致mTOR通路受抑，进而引起细胞自噬性死亡。由此说明，电离辐射可诱导肿瘤细胞自噬性死亡，促进肿瘤的放射治疗。

为了利用自噬作为细胞死亡机制的功能，在前临床或临床试验中，证实许多种试剂（自噬诱导剂）可增加放疗和化疗的效果。最常用自噬诱导剂是mTOR抑制剂，如依维莫司（Everolimus），诱导自噬，增加前列腺癌（prostate cancer）和非小细胞肺癌（non-small-cell lung cancer，NSCLC）细胞对辐射的敏感性。多聚（ADP-核糖）聚合酶1［poly（ADP-ribose）polymerase-1，PARP1］抑制剂Veliparib（ABT-888）诱导H460 NSCLC细胞自噬，并对电离辐射敏感。这些结果提示，自噬诱导剂对于改善肿瘤放疗和化疗具有很大的潜力[18]。

（2）电离辐射诱导肿瘤细胞自噬的保护作用：然而，在某些情况下，自噬可能保护细胞生存，使肿瘤细胞免于死亡。例如，2Gy γ射线照射人咽鳞癌细胞HTB43后4h，细胞内双层膜自噬泡增加，GFP-LC3荧光增强，自噬相关基因beclin 1和Atg3表达水平增高，而抑制自噬后细胞生存率下降，自噬可保护肿瘤细胞免于死亡。而且，5Gy γ射线诱导胶质瘤干细胞自噬，可保护其细胞生存，降低细胞辐射敏感性。电离辐射对肿瘤的这种双重作用，推测与辐照种类、强度、肿瘤类型、肿瘤基因和辐射敏感性等因素有关。因此，根据辐射对肿瘤的这种双重作用，可通过促进或抑制细胞自噬，达到肿瘤放疗的疗效[19]。

自噬信号是抗肿瘤治疗的重要靶点。为了研究自噬对肿瘤细胞抵抗电离辐射的作用，应用不同的内在辐射敏感性乳腺癌细胞株MDA-MB-231和HBL-100进行实验。通过LC3-Ⅰ和LC3-Ⅱ蛋白生成实验证实，MDA-MB-231细胞具有辐射抗性，HBL-100细胞对辐射敏感。分析LC3-Ⅱ/LC3-Ⅰ两者比值，电离辐射明显诱导MDA-MB-231细胞自噬，但不诱导HBL-100细胞自噬。通过间接免疫荧光分析LC3-Ⅱ阳性空泡证实两种细胞的不同效应。用自噬抑制剂3-MA预处理，对抗电离辐射诱导的自噬。同样，用3-MA或氯喹（chloroquine，CQ）预处理MDA-MB-231细胞，明显降低照射细胞的克隆存活。这些结果提示，辐射抗性乳腺癌细胞明显显示辐射诱导的自噬，这在辐射抗性细胞中起到保护和促存活的作用[20]。

研究显示，抑制自噬，肿瘤细胞对DNA损伤抗癌物敏感。siRNA介导的沉默自噬相关的基因，如Beclin 1、Atg3和Atg4b基因，使抗性肿瘤细胞对电离辐射致敏。提示，自噬可能通过肿瘤细胞获得对放疗和化疗提供一种机制。肿瘤干细胞（tumor stem cell，TSC）对电离辐射具有高度的抗性，推测其放疗的敏感性可能是由于在干细胞亚群中自噬增加的原因。例如，恶性神经胶质瘤的干细胞，CD133阳性，表达较高水平自噬相关蛋白，包括LC3、Atg5和Atg12。照射后，诱导$CD133^+$ TSC自噬高于$CD133^-$细胞。提示，具有自噬活性增高的TSC可能提供一种肿瘤放疗的机制[18]。

四、电离辐射对肿瘤免疫的效应

电离辐射是一种肿瘤微环境的复杂调节物，并且在放疗中不足以诱导明显的抗肿瘤免疫反应，因电离辐射也激活免疫抑制通路。临床前的治疗模式，即几种局部照射和免疫治疗联合应用，明显诱导抗肿瘤免疫，但最佳的治疗策略仍未确定。在体内应用时，辐射效应依赖分次照射次数、每次照射剂量和总剂量。并且，这3个变量的相互影响因肿瘤情况而定，即临床前和临床期间应用。为了能够修复肿瘤旁正常组织损伤，通常给予多次照射，每次2Gy。到目前为止，不同剂量和分次照射方案是否对抗肿瘤免疫反应具有特殊的影响，了解的尚少。然而，一些证据表明，联合特异的免疫治疗，电离辐射促进抗肿瘤免疫依赖于照射剂量和分次照射[21]。

已证实，每次2Gy分次照射的常规放疗，免疫受到抑制。17例前列腺癌患者给予编码前列腺特异抗原（PSA）的痘病毒疫苗，并总外照射剂量≥70Gy，每次1.8~2.0Gy。放疗后，8例患者对PSA免疫反应降低，6例免疫反应稳定，2例增强。因此，这种照射方案不能提供最佳的放疗方案[22]。

然而，有证据表明，放疗支持肿瘤特异免疫性。电离辐射可诱导新的蛋白合成和增强抗原递呈。放疗后，促进肿瘤免疫识别，增加淋巴细胞浸润。在体外，20Gy照射各种肿瘤细胞株和活检肿瘤后，诱导癌-睾丸（cancer-testis，CT）抗原和MHC-Ⅰ高表达，并呈时间和剂量的依赖性。重要的是，照射肿瘤细胞增强其肿瘤特异$CD8^+$ T细胞的识别[23]。电离辐射诱导或上调细胞表面分子，涉及细胞毒T细胞（CTL）的识别和（或）杀伤肿瘤细胞。这些包括MHC-Ⅰ、Fas/CD95、细胞间黏附分子1（ICAM-1）和NKG2D配体。单次10或20Gy照射，至少上调91%的23种人肿瘤细胞株1种分子，说明肿瘤表型分子变化可能影响肿瘤免疫原性[24]。电离辐射也能上调其他的分子，如Fas、MHC-Ⅰ及其他分子，增强CTL杀伤肿瘤细胞的效果，使肿瘤退变[25,26]。

照射后，细胞发生程序性死亡，包括凋亡、坏死、自噬和有丝分裂灾难等。重要的是，电离辐射诱导免疫原性细胞死亡（immunogenic cell death，ICD），其特点有促进树突状细胞摄入死细胞、肿瘤衍生抗原交叉呈递到T细胞及激活抗肿瘤T细胞的3个分子信号：钙网织蛋白（calreticulin）暴露于肿瘤细胞表面、释放高迁移率族蛋白B1（high-mobility group protein B1，HMGB-1）和ATP。在体外，单次75Gy照射后，钙网织蛋白出现在小鼠结肠癌细胞。然而，单次10Gy照射后，HMGB-1释放在EL-4淋巴瘤细胞[27-29]。应用临床治疗剂量局部照射，激活一些固有和适应免疫系统。然而，经过ICD的肿瘤细胞比例是可变的。类似，照射后可变的是重塑肿瘤微环境类型，如补充更多功能性DC，而不是免疫抑制髓样细胞和调节性T细胞[30]。

肿瘤和（或）正常组织受照后，诱导许多前炎性细胞因子和趋化因子的表达，反映炎症类型，作为辐射诱导组织损伤的急性或慢性反应。并且，电离辐射激活抗炎性通路，如单次5和10Gy照射后多效免疫抑制细胞因子TGF-β被激活。TGF-β可抑制树突状细胞和效应CD8 T细胞功能，而促进CD4 T细胞转为调节性（Treg）细胞（Wrzesinski et al.，2007）。因此，照射后增强激活TGF-β可能阻止抗肿瘤T细胞的发生及其功能，抑制其活性是临床治疗肿瘤的策略[31]。

五、电离辐射对肿瘤基质、微环境及转移、侵袭的影响

（一）电离辐射对肿瘤基质和微环境的影响

肿瘤基质主要包括基底膜、成纤维细胞、细胞外基质、免疫细胞和脉管系统。虽然大多基质中的宿主细胞具有一定的抑制肿瘤的能力，但是在细胞恶变期间基质

将会改变，并促进肿瘤细胞的生长、侵袭和转移。基质可严重地影响对放射治疗的反应。另一方面，电离辐射可释放细胞外基质内的许多炎性细胞因子，激活肿瘤特异性抗原的递呈，激发放疗后引起抗肿瘤作用的免疫反应。在其他方面，基质引起肿瘤的辐射抗性，也增加转移的危险。成纤维细胞是一种影响基质对肿瘤反应的主要因素，涉及调节肿瘤细胞增殖、细胞死亡、对缺氧的反应、DNA 修复系统及间质-皮质转换的自分泌和旁分泌分子信号通路的激活；也是肿瘤旁促结缔组织增生反应的原因，降低肿瘤辐射敏感性。放疗后，肿瘤基质也通过肿瘤血管形成促成肿瘤复发。因此，增加考虑肿瘤基质和对电离辐射反应间的问题可能有助于对放疗抗肿瘤效应的策略[32]。

肿瘤组织受照后，出现创伤愈合性反应，涉及细胞外微环境的重塑。这种反应直接引起基质蛋白和导致细胞外基质局部结构蛋白水解酶分泌及活化的损伤。其后，创伤部位可能经历完整的修复，可能进入长时间强烈的蛋白水解，或可能过度产生纤维化的基质蛋白。肿瘤基质降解酶活性可能来源于肿瘤细胞和肿瘤间质。另外，从组织巨噬细胞、肥大细胞和侵入的炎性细胞中释放的蛋白水解活性很复杂。局部产生的生长因子，包括 VEGF 和 TGF-β，在协调反应中起到关键的作用[33]。电离辐射可能直接刺激来自于肿瘤和（或）肿瘤基质细胞的一些细胞因子和趋化因子，如 TNF-α 和 CXCL16[34]。

大多受照细胞在有限的时间内存活，经历应激反应，通过多条信号转导通路传送到周围组织。这个过程与特异基因表达（取决于组织来源、宿主基因背景、肿瘤 p53 状态及照射类型和方案）的变化有关。在照射后上调基因中，是一些生长因子、细胞因子、趋化因子和细胞表面受体调控肿瘤与免疫系统相互作用。肿瘤微环境作为一种重要的调节因素，电离辐射能够改变带有照射野外的肿瘤微环境[35,36]。

（二）电离辐射对肿瘤转移和侵袭的影响

由不同人体器官来源的 6 种肿瘤细胞株，接受 ^{60}Co γ 射线 2Gy 照射，观察与上皮-间质转换（epithelial-mesenchymal transition，EMT）的相关指标的变化。照射后，肿瘤细胞呈现间质表型，上皮标志物表达降低，间质标志物表达增加，肿瘤细胞的转移和侵袭能力增强，TGF-β 蛋白表达增加。提示，在 TGF-β 介导 EMT 的电离辐射诱导肿瘤细胞转移和侵袭能力中起到关键的作用[37]。

分次照射期间，可能促进肿瘤的转移和侵袭。而且，肿瘤周围的组织也受到低剂量照射。研究发现，≤0.8Gy 照射，可增加内皮细胞转移而不影响其增殖或存活；并且，证实低剂量照射诱导几种内皮细胞蛋白质迅速的磷酸化（包括 VEGF 受体 2）以及缺氧环境的 VEGF 的产生。通过激活 VEGF 受体 2，低剂量照射增强内皮细胞转移。同时，发现低剂量照射加速胚胎血管的萌发，促进成年血管生成。应用小鼠白血病和乳腺癌实验模型，发现低剂量照射促进肿瘤生长和转移，在照射前立即给予 VEGF 受体酪氨酸激酶抑制剂可阻止这些效应的发生[38]。

六、肿瘤放疗的分割照射效应

（一）肿瘤分割照射的剂量率效应

不同剂量分割模式所产生的辐射效应是不同的。电离辐射可根据其剂量率效应的不同，分为急性照射、慢性照射和迁延性照射。急性照射是指剂量率在 2 Gy/min 以上的照射，其特点是在多数真核细胞系统中，有生物学意义的剂量照射将在数分钟内完成，在照射过程中极少或不发生DNA单链断裂（SSB）的修复。慢性照射是指剂量率低于2×10^{-3}Gy/min，其特点是在多数真核细胞系统中，有生物学意义的剂量照射在数小时内完成，SSB的修复大致是完全的。迁延性照射是介于急性照射和慢性照射之间。不同病理类型的肿瘤细胞，对不同射线、不同剂量分割模式和不同剂量的照射，其效应是不同的。

放射治疗对不同病理类型和临床分期的肿瘤控制率不同。临床上，淋巴瘤对射线敏感，给予较小剂量（30～50Gy）即可治愈；而脑胶质瘤和骨肉瘤等辐射抗拒的肿瘤，临床上需要给予60～80Gy才能有效地控制肿瘤生长。

不同的剂量分割模式和总剂量对肿瘤细胞的杀伤效应也不相同。在肿瘤治疗中，分次照射剂量的大小与全疗程的总剂量相比，对影响肿瘤体积缩小的作用更大。当肿瘤处于再生长速度加快期间，再给一次照射剂量，所造成的肿瘤体积缩小，比同样剂量对未照射过的肿瘤所起的作用要大。总之，分次照射期间及以后肿瘤放射反应的差异，与肿瘤本身各种不同的动力学参数有关。

目前，临床上常用的剂量分割方式有常规分割、分段放射治疗、超分割、后程加速超分割、连续加速超分割和大分割6种。分次照射的选择是来自于照射期间和照射后促进正常组织修复的需要。临床常用的剂量率为1～5Gy/min，体外放射治疗常规照射每次分割剂量为2Gy，通常照射时间不会超过几分钟，总剂量45～50Gy。在这一照射过程中，肿瘤细胞受照射后引起的初始化率的下降，随照射时间的延长，照射期间将可能发生一些生物效应。在肿瘤切除后的大多数肿瘤类型采用上述标准的方案，在适宜位置的肿瘤需要加大照射剂量。总剂量低于35～45Gy可足以控制大多淋巴瘤，具有相对辐射抗性的肿瘤，如黑色素瘤和肉瘤，需要给予较高的剂量[39]。

应用小鼠B16黑色素瘤证实，单次20Gy或15Gy分3次照射，其细胞生长延迟，CD8 T细胞几乎被耗竭。提示，2种处理方案能够交叉启动抗肿瘤T细胞。对比，5Gy×4照射，2次间隔2周，肿瘤生长抑制较差。另外，3Gy×5照射不能明显地抑制肿瘤的生长[40]。

随着影像引导放射治疗（image-guided radiotherapy，IGRT）的发展，靶体积的不确定性明显减少，实施较小的、更多的适形照射野，减少正常组织受照，并在可接受的并发症情况下给予较大单次照射剂量[41]。特别是确保治疗方案固定时，减少分次照射间隔和分次照射内的变动，单次照射已证明是安全有效的。例如，对于脑转移，立体定向放射外科（stereotactic radiosurgery，SRS）采用20Gy的单次剂量照射，可控制余生的损害[42]。

（二）肿瘤分割照射效应的机制

比较3种照射方案，即20Gy×1、8Gy×3和6Gy×5，在单次和分次照射之间存在明显的差异。8Gy×3照射，产生抗肿瘤反应的效果最高，80%被照射的肿瘤和40%照射野外的肿瘤完全退变。Schaue等[43]（2012）证实，低分次照射方案，即2次照射，每次7.5Gy，在小鼠B16黑色素瘤模型中，促进T细胞交叉启动肿瘤抗原和相对诱导Treg细胞数量之间，提供了较佳的治疗方案。

Wersall等[44]报告，28例有转移肾细胞癌中的4例，伴有远位效应（abscopal effect）：其中2例接受8Gy×4照射原发肿瘤，另2例接受15Gy×2照射转移部位肿瘤。Postow 等[45]（2012）报告，经局部 9.5Gy×3 照射黑色素瘤，与 8Gy× 3 照射比较，显示与抗溶细胞性 T 淋巴细胞相关抗原4（CTLA-4）抗体最佳的协同作用，原发灶和转移灶出现完全的临床缓解。另外，Brody 等[46]用 2Gy×2 处理低度 B 细胞淋巴瘤，并给予 Toll 样受体 9（Toll-like receptor 9，TLR9）激动剂 PF-3512676，激活 B 细胞和抗原提呈细胞，出现远位效应。

在体外，小鼠 B16 黑色素瘤细胞接受 2Gy/d 照射，5d/周，总剂量 50Gy。照射第 2 周后，总剂量 20Gy，MHC-Ⅰ表达增加；这种增加持续分次照射后 5 周，与 MHC-Ⅰ重链 mRNA 表达增加有关[47]。Tsai 等报道[48]，体内和体外单次 10Gy 对应 2Gy×5 照射，对人乳腺、前列腺和胶质肿瘤细胞显示不同的分子反应。分次照射可选择性上调 IFN 相关基因，而单次照射则不能。John-Aryankalayil 等[35]在人前列腺癌细胞证实，与单次照射比较，分次照射明显上调调节免疫和应激反应基因、细胞周期和凋亡。

BALC/c 小鼠接受每天低剂量 0.01、0.02 或 0.1Gy X 射线全身照射后 14 d，5d/周，共 2 周；然后，静脉内注射 L1 肿瘤细胞，14d 后处死，发现肿瘤克隆数降低脾 NK 细胞毒性和活化的 Mφ 增强。提示，低剂量分次照射小鼠，明显降低诱导的肿瘤克隆数，可能通过 NK 细胞和（或）细胞毒 Mφ 介导的刺激抗肿瘤反应的结果[49]。

七、肿瘤干细胞的电离辐射抗拒性

（一）乳腺癌干细胞的电离辐射抗拒性

肿瘤的放射治疗是目前临床常用的疗法，但由于肿瘤存在辐射抗拒性，往往影响其疗效[50]。自肿瘤干细胞（TSC）学说提出以来，人们推测其对放疗的抗拒性可能是重要的因素。理论上讲，TSC 属于慢分裂细胞，大部分处于细胞周期的 G_0 期，具有周期长、代谢慢的特点[51]，因此对放射线具有天然的耐受性。放射线杀死了大多数分化的肿瘤细胞，留下少数 TSC 成为日后复发的根源。大量研究证实，放疗耐受性是 TSC 的特性之一，乳腺癌干细胞（breast cancer stem cell，BCSC）的存在是乳腺癌放疗治疗失败和复发的一个最为重要的原因。

2007 年，美国临床肿瘤学会（ASCO）会议上，Chang 等[52]第一次从临床的角度有力地证明了存在化疗抵抗性的 TSC。同样，发现给予放疗后乳腺癌干细胞（BCSC）比例也明显增加[53]。Phillips 等[54]将乳腺癌细胞悬浮培养制备乳腺球和贴壁培养，两种培养来源的细胞均制备成单细胞悬液，经 2Gy X 射线照射后，乳腺球来源的细胞具有更强的抗辐射性，二者中位存活率相差近 20%。Woodward 等[55]将 Wnt 转基因小鼠来源的和 β-catenin 转染的两种乳腺细胞经 X 射线照射后发现，侧群（side population，SP）细胞和 BCSC 比例增加，且照射后激活的 β-catenin 在 BCSC 中选择性高表达，提示 Wnt 和 β-catenin 可能调控 BCSC 的抗辐射能力。通过 SP 细胞获得的结果证实，TSC 对低 LET 辐射（^{60}Co γ 射线，1~10Gy）有明显的抵抗性，而对高 LET 辐射（中子，0.1~4.7Gy）敏感[56]。

Matchuk 等报道，BCSC 的辐射抗性与胶质瘤相反，辐射引起高表达的自由基清除剂基因表达，因而产生较低的 ROS。从 MCF-7 乳腺癌细胞分离的 CSC 存活曲线显示明显的肩区，可能是 DNA 修复增强，在辐射反应中不能磷酸化 H2AX，发生最小的损伤或另类机制。电离辐射通过上调 Notch 受体配体，以 PI3K 依赖方式激活乳腺 CSC 的 Notch 通路，维持 CSC，并使其活化，增加其数量[57]。

目前认为，Notch 通路和 Wnt-β-catenin-survivin 信号[58]的活化、ROS 和组蛋白 H2AX 磷酸化水平降低及 DNA 损伤检验点激活等，均与 BCSC 的放疗抵抗性密切相关[59]。而且，与分化细胞相比，干细胞基因不稳定，DNA 修复能力更为强大，这使干细胞更容易适应环境变化，如在放疗时 DNA 损伤更小，导致治疗逃逸、抵抗。由此看出，传统的治疗方法仅能杀死肿瘤细胞中的敏感细胞，一旦治疗停止，TSC 仍会继续增殖和分化，导致肿瘤的复发或转移，这就是所谓的“蒲公英”现象。因而，抑制或逆转 BCSC 的放疗耐受是目前 BCSC 研究的热点。

从乳腺癌患者样品中分拣非 BCSC，发现电离辐射程序性分化乳腺癌细胞为诱导 BCSC（iBCSC）。这种 iBCSC 显示增加乳球的形成和肿瘤的生成，并表达同样的干细胞相关的基因，如同未照射样品的 BCSC。程序重排发生在多倍体亚群细胞，与转录因子 Oct4 及性决定域 Y-box 2、Nanog 和 Klf4 再表达一致，可通过 Notch 抑制作用而部分阻止。因此，电离辐射可诱导分化乳腺癌细胞的 BCSC 表型，这种机制归因于在经典的抗癌治疗中见到的 BCSC 数量的增加[60]。

（二）胶质瘤干细胞的电离辐射抗拒性

Wang 等[61]发现，脑胶质瘤和乳腺癌是辐射抗拒的肿瘤，Notch 通路是其中重要的信号通路；通过 γ-分泌酶抑制剂（γ-secretase inhibitor，GSI）抑制 Notch 通路后，胶质瘤细胞具有很高的辐射敏感性，并且能够增强辐射诱导的胶质瘤干细胞（glioma stem cells，GSC）死亡和克隆源活性，而对非胶质瘤细胞无此特性。另外，GSI 不能改变胶质瘤辐射后的 DNA 损伤效应。

柯金等[62]研究发现，脑胶质瘤细胞系 SHG-44 和利用 CD133 筛选的脑 GSC 经过相同剂量的 X 射线照射，表现出不同的细胞杀伤效果，GSC 凋亡明显低于 SHG-44 细胞系。电离辐射优先激活 DNA 损伤检查点，能够富集体内和体外的 $CD133^+$ GSC，在异质性癌细胞诱导干细胞样性质的细胞。电离辐射作用于非癌干细胞，增加球形细胞的生成，上调多潜能基因 Sox2 和 Oct3/4 mRNA 的表达。敲除 Sox2 和 Oct3/4 基因，抑制辐射诱导的球形细胞的生成，降低存活克隆数，并增加细胞的辐射敏感性。提示，电离辐射能够在异质性癌细胞激活 TSC 通路，产生具有对辐射较高抗性的 TSC 亚群[63]。

Takebe 等[64]认为，靶向 Wnt、Notch 和 Hh 信号通路的药物研究对肿瘤治疗具有美好的前景。电离辐射损伤 GSC 后，大多可能由于其延长细胞周期，降低 FancD2（一种 Fanconi 贫血通路的重要参与者，当复制叉停顿在 DNA 损伤部位被诱导）活性，抑制肿瘤的存活[65]。

原发的干细胞样胶质瘤细胞（stem-like glioma cell，SLGC）接受照射（甚至达到 10Gy）开始的 4d，未发生凋亡；但在 5 或 10Gy 照射 4d 后，其中部分细胞株死亡，伴有无功能 p53、有丝分裂灾难和凋亡的发生。SLGC 照后早期凋亡的抵抗性与低表达 γ-H2AX 有关。然而，γIR 可诱导 SLGC 有丝分裂灾难和延迟其细胞死亡[66]。

Bao 及其同事报道，胶质瘤中的 $CD133^+$细胞具有辐射抗性，这归因于 DNA 修复检查点的激活及其细胞相应激酶的抑制。在 γ 射线照射 24～48h 内，诱导 $CD133^+$GSC 自噬，表达较高水平的自噬相关蛋白 LC3、ATG5 和 ATG12，并轻度降低细胞的活力。自噬抑制剂和沉默 ATG5 和 beclin 1 使 $CD133^+$细胞对 γ 射线照射敏感性，明显降低其活力和形成神经球（neurosphere）的能力[67]。

参 考 文 献

[1] Steel GG, McMillan TJ, Peacock JH. The 5Rs of radiobiology. Int J Radiat Biol, 1989, 56: 1045-1048.

[2] 孙建湘，孙伟建，隋建丽，等. DNA 双链断裂残留损伤与癌细胞辐射敏感性研究. 中华放射医学与防护杂志，2008，28（5）：495-499.

[3] Kumar A, Rai PS, Upadhya R, et al. γ-radiation induces cellular sensitivity and aberrant methylation in human tumor cell lines. Int J Radiat Biol, 2011, 87 (11): 1086-1096.

[4] Hardee ME, Marciscano AE, Medina-Ramirez CM, et al. Resistance of glioblastoma-initiating cells to radiation mediated by the tumor microenvironment can be abolished by inhibiting transforming growth factor-β. Cancer Res, 2012, 72 (16): 4119-4129.

[5] He WS, Dai XF, Jin M, et al. Hypoxia-induced autophagy confers resistance of breast cancer cells to ionizing radiation. Oncol Res, 2012, 20 (5-6): 251-258.

[6] 刘树铮，主编. 医学放射生物学. 第 3 版. 北京：原子能出版社，2006.

[7] 龚守良，主编. 肿瘤基因放射治疗学基础. 北京：人民军医出版社，2013.

[8] 朱广迎，主编. 放射肿瘤学. 第 2 版. 北京：科学技术文献出版社，2005.

[9] Moscat J, Diaz M, Maria T. P62 at the crossroads of autophagy, apoptosis, and cancer. Cell, 2009, 137 (6): 1001-1004.

[10] Teng BT, Pei XM, Tam EW, et al. Opposing responses of apoptosis and autophagy to moderate compression in skeletal muscle. Acta Physiol (Oxf), 2011, 201 (2): 239-254.

[11] Gougeon ML, Piacentini M. New insights on the role of apoptosis and autophagy in HIV pathogenesis. Heidelberg, 2009, 14 (4): 501-508.

[12] Di CX, Yang LN, Zhang H, et al. Effects of carbon-ion beam or X-ray irradiation on anti-apoptosis ΔNp73 expression in HeLa cells. Gene, 2013, 515 (1): 208-213.

[13] Colie S, Van Veldhoven PP, Kedjouar B, et al. Disruption of sphingosine 1-phosphate lyase confers resistance to chemotherapy and promotes oncogenesis through Bcl-2/Bcl-xL upregulation. Cancer Res, 2009, 69 (24): 9346-9353.

[14] Martinez-Outschoorn UE, Trimmer C, Lin Z, et al. Autophagy in cancer associated fibroblasts promotes tumor cell survival: Role of hypoxia, HIF1 induction and NFκB activation in the tumor stromal microenvironment. Cell Cycle, 2010, 9 (17): 3515-3533.

[15] Mestre MB, Fader CM, Sola C, et al. Alpha-hemolysin is required for the activation of the autophagic pathway in Staphylococcus aureus-infected cells. Autophagy, 2010, 6 (1): 110-125.

[16] 齐亚莉，王俊，李岩，等. 电离辐射联合自噬诱导剂或抑制剂对人宫颈癌 HeLa 细胞的作用. 中国辐射卫生，2010，19（3）：263-265.

[17] 齐亚莉，王俊，李岩，等. 电离辐射联合自噬和凋亡抑制剂或诱导剂对 MCF7 细胞的影响. 中华放射医学与防护杂志，2010，30（3）：263-266.

[18] Zeng XH, Kinsella TJ. Impact of autophagy on chemotherapy and radiotherapy mediated tumor cytotoxicity: "to live or not to live". Front Oncol, 2011, 1: 30.

[19] 陈清凤，朱永坚，曾群力. 射线诱发的细胞自噬效应的研究进展. 中国劳动卫生职业病杂志，2011，29（6）：473-475.

[20] Chaachouay H, Ohneseit P, Toulany M, et al. Autophagy contributes to resistance of tumor cells to ionizing radiation. Radiother Oncol, 2011, 99 (3): 287-292.

[21] Demaria S, Formenti SC. Radiation as an immunological adjuvant: current evidence on dose and fractionation. Front Oncol, 2012, 2: 153.

[22] Lee Y, Auh SL, Wang Y, et al. Therapeutic effects of ablative radiation on local tumor require $CD8^{+}$ T cells: changing strategies for cancer treatment. Blood, 2009, 114 : 589-595.

[23] Sharma A, Bode B, Wenger RH, et al. γ-Radiation promotes immunological recognition of cancer cells through increased expression of cancer-testis antigens in vitro and in vivo. PLoS One, 2011, 6 (11) : e28217.

[24] Chang CC, Ferrone S. Immune selective pressure and HLA class I antigen defects in malignant lesions. Cancer Immunol Immunother, 2007, 56 : 227-236.

[25] Vesely MD, Kershaw MH, Schreiber RD, et al. Natural innate and adaptive immunity to cancer. Annu Rev Immunol, 2011, 29 : 235-271.

[26] Wang E, Uccellini L, Marincola FM. A genetic inference on cancer immune responsiveness. Oncoimmunology, 2012, 1 : 520-525.

[27] Ghiringhelli F, Apetoh L, Tesniere A, et al. Activation of the NLRP3 inflammasome in dendritic cells induces IL-1beta-dependent adaptive immunity against tumors. Nat Med, 2009, 15 : 1170-1178.

[28] Obeid M, Tesniere A, Ghiringhelli F, et al. Calreticulin exposure dictates the immunogenicity of cancer cell death. Nat Med, 2007, 13 : 54-61.

[29] Apetoh L, Ghiringhelli F, Tesniere A, et al. Toll-like receptor 4-dependent contribution of the immune system to anticancer chemotherapy and radiotherapy. Nat Med, 2007, 13 : 1050-1059.

[30] Formenti SC, Demaria S. Radiotherapy to convert the tumor into an in situ vaccine. Int J Radiat Oncol Biol Phys, 2012, 84 : 879-880.

[31] Wrzesinski SH, Wan YY, Flavell RA. Transforming growth factor-beta and the immune response: implications for anticancer therapy. Clin Cancer Res, 2007, 13 : 5262-5270.

[32] Chargari C, Clemenson C, Martins I, et al. Understanding the functions of tumor stroma in resistance to ionizing radiation: emerging targets for pharmacological modulation. Drug Resist Updat, 2013, 16 (1-2) : 10-21.

[33] Atkinson MJ. Radiation treatment effects on the proteome of the tumour microenvironment. Adv Exp Med Biol, 2013, 990 : 49-60.

[34] Matsumura S, Wang B, Kawashima N, et al. Radiation-induced CXCL16 release by breast cancer cells attracts effector T cells. J Immunol, 2008, 181 : 3099-3107.

[35] John-Aryankalayil M, Palayoor ST, Cerna D, et al. Fractionated radiation therapy can induce a molecular profile for therapeutic targeting. Radiat Res, 2010, 174 : 446-458.

[36] Formenti SC, Demaria S. Systemic effects of local radiotherapy. Lancet Oncol, 2009, 10 : 718-726.

[37] Zhou YC, Liu JY, Li J, et al. Ionizing radiation promotes migration and invasion of cancer cells through transforming growth factor-beta-mediated epithelial-mesenchymal transition. Int J Radiat Oncol Biol Phys, 2011, 81 (5) : 1530-1537.

[38] Vala IS, Martins LR, Imaizumi N, et al. Low doses of ionizing radiation promote tumor growth and metastasis by enhancing angiogenesis. PLoS One, 2010, 5 (6) : e11222.

[39] Khan N, Khan MK, Almasan A, et al. The evolving role of radiation therapy in the management of malignant melanoma. Int J Radiat Oncol Biol Phys, 2011, 80 : 645-654.

[40] Lee Y, Auh SL, Wang Y, et al. Therapeutic effects of ablative radiation on local tumor require CD8 + T cells: changing strategies for cancer treatment. Blood, 2009, 114 : 589-595.

[41] Verellen D, Ridder MD, Linthout N, et al. Innovations in image-guided radiotherapy. Nat Rev Cancer, 2007, 7 : 949-960.

[42] Frazier JL, Batra S, Kapor S, et al. Stereotac-

tic radiosurgery in the management of brain metastases: an institutional retrospective analysis of survival. Int J Radiat Oncol Biol Phys, 2010, 76: 1486-1492.

[43] Schaue D, Ratikan JA, Iwamoto KS, et al. Maximizing tumor immunity with fractionated radiation. Int J Radiat Oncol Biol Phys, 2012, 83: 1306-1310.

[44] Wersall PJ, Blomgren H, Pisa P, et al. Regression of non-irradiated metastases after extracranial stereotactic radiotherapy in metastatic renal cell carcinoma. Acta Oncol, 2006, 45: 493-497.

[45] Postow MA, Callahan MK, Barker CA, et al. Immunologic correlates of the abscopal effect in a patient with melanoma. N Engl J Med, 2012, 366: 925-931.

[46] Brody JD, Ai WZ, Czerwinski DK, et al. In situ vaccination with a TLR9 agonist induces systemic lymphoma regression: a phase Ⅰ/Ⅱ study. J Clin Oncol, 2010, 28: 4324-4332.

[47] Reits EA, Hodge JW, Herberts CA, et al. Radiation modulates the peptide repertoire, enhances MHC class I expression, and induces successful antitumor immunotherapy. J Exp Med, 2006, 203: 1259-1271.

[48] Tsai MH, Cook JA, Chandramouli GV, et al. Gene expression profiling of breast, prostate, and glioma cells following single versus fractionated doses of radiation. Cancer Res, 2007, 67: 3845-3852.

[49] Nowosielska EM, Cheda A, Wrembel-Wargocka J, et al. Anti-neoplastic and immunostimulatory effects of low-dose X-ray fractions in mice. Int J Radiat Biol, 2011, 87 (2): 202-212.

[50] Morrison R, Schleicher SM, Sun Y, et al. Targeting the mechanisms of resistance to chemotherapy and radiotherapy with the cancer stem cell hypothesis. J Oncol, 2011, 2011: 941876.

[51] Smith GH. Label-retaining epithelial cells in mouse mammary gland divide asymmetrically and retain their template DNA strands. Development, 2005, 132 (4): 681-687.

[52] Chang JC, Li X, Wong H, et al. Therapeutic resistance and tumor-initiation: molecular pathways involved in breast cancer stem cell self-renewal. 2007 ASCO Annual Meeting Proceeding Part Ⅰ, J Clin Oncol, 2007, 25 (18S): 528-540.

[53] Yu F, Yao H, Zhu P, et al. let-7 regulates self renewal and tumorigenicity of breast cancer cells. Cell, 2007, 131 (6): 1109-1123.

[54] Phillips TM, McBride WH, Pajonk F. The response of CD24-/low/CD44+ breast cancer-initiating cells to radiation. J Natl Cancer Inst, 2006, 98 (24): 1777-1785.

[55] Woodward WA, Chen MS, Behbod F, et al. WNT/beta-catenin mediates radiation resistance of mouse mammary progenitor cells. Proc Natl Acad Sci USA, 2007, 104 (2): 618-623.

[56] Matchuk ON, Zamulaeva IA, Selivanova EI, et al. Sensitivity of SP cell line of melanoma B16 to low-and high-ionizing radiation. Radiats Biol Radioecol, 2012, 52 (3): 261-267.

[57] Vlashi E, McBride WH, Pajonk F. Radiation Responses of Cancer Stem Cells. J Cell Biochem, 2009, 108 (2): 339-342.

[58] Chuthapisith S, Eremin J, El-Sheemey M, et al. Breast cancer chemoresistance: Emerging importance of cancer stem cells. Surg Oncol, 2010, 19 (1): 27-32.

[59] Diehn M, Cho RW, Lobo NA, et al. Association of reactive oxygen species levels and radioresistance in cancer stem cells. Nature, 2009, 458 (7239): 780-783.

[60] Lagadec C, Vlashi E, Della Donna L, et al. Radiation-induced reprogramming of breast cancer cells. Stem Cells, 2012, 30 (5): 833-844.

[61] Wang J, Wakeman TP, Lathia JD, et al. Notch promotes radioresistance of glioma stem cells. Stem Cells, 2010, 28 (1): 17-28.

[62] 柯金，何杰. 脑肿瘤干细胞放射敏感性的实

验研究. 现代医学, 2009, 37 (3): 192-195.

[63] Ghisolfi L, Keates AC, Hu XW, et al. Ionizing radiation induces stemness in cancer cells. PLoS One, 2012, 7 (8): e43628.

[64] Takebe N, Harris PJ, Warren RQ, et al. Targeting cancer stem cells by inhibiting Wnt, Notch, and Hedgehog pathways. Nat Rev Clin Oncol, 2011, 8 (2): 97-106.

[65] Cappelli E, Vecchio D, Frosina G. Delayed formation of FancD2 foci in glioma stem cells treated with ionizing radiation. J Cancer Res Clin Oncol, 2012, 138 (5): 897-899.

[66] Firat E, Gaedicke S, Tsurumi C, et al. Delayed cell death associated with mitotic catastrophe in γ-irradiated stem-like glioma cells. Radiat Oncol, 2011, 6: 71.

[67] Lomonaco SL, Finniss S, Xiang C, et al. The induction of autophagy by gamma-radiation contributes to the radioresistance of glioma stem cells. Int J Cancer, 2009, 125 (3): 717-722.

(上接第 15 页)

[56] Shoshana P, Na-Young L, Charles N, et al. Rapamycin-sensitive pathway regulates mitochondrial membrane Potential, autophagy, and survival in irradiated MCF-7 cells. Cancer Res, 2005, 65 (23): 11061-11070.

[57] Souza EC, Figueiredo AS, Braga WM. MTOR downregulates iodide uptake in thyrocytes. J Endocrinol, 2010, 206 (1): 113-120.

[58] Martelli AM, Evangelisti C, Chiarini F, et al. The phosphatidynositol 3-kinase/Akt/mTOR signaling network as a therapeutic target in acute myelogenous leukemia patients. Oncotarget, 2010, 1 (2): 89-103.

[59] Apel A, Herr I, Schwarz H, et al. Blocked autophagy sensitizes resistant carcinoma cells to radiation therapy. Cancer Res, 2008, 68 (5): 1485-1494.

[60] Zhan JF, Wu LP, Chen LH, et al. Pharmacological inhibition of AKT sensitizes MCF-7 human breast cancer-initiating cells to radiation. Cell Oncol, 2011, 34 (5): 451-456.

(上接第 41 页)

[37] Wu JH, Wang HF, Wang ZC, et al. Conditionally replicating adenovirus combined with gene-targeted radiotherapy induces apoptosis via TRAIL death receptors in MDA-MB-231 cells. Mol Med Rep, 2013, 8: 299-305.

[38] 王剑锋, 方芳, 刘扬, 等. Egr1 介导的人截短型凋亡诱导因子表达载体的构建及其在乳腺癌 MCF-7 细胞中的辐射诱导表达规律. 吉林大学学报 (医学版), 2012, 38 (3): 521-527.

[39] 侯如蓉, 翟光胜, 李文辉, 等. 放射增敏剂的研究进展. 中国辐射卫生, 2007, 16 (4): 507-509.

肿瘤放射增敏剂

李　戈[1]　龚平生[2]　刘　扬[3]　王志成[3]
方　芳[3]　龚守良[3,4]　董丽华[4]

1. 长春市中医院　长春　130041
2. 吉林大学分子酶学工程教育部重点实验室　长春　130012
3. 吉林大学公共卫生学院卫生部放射生物学重点实验室　长春　130021
4. 吉林大学白求恩第一医院放疗科　长春　130021

【摘要】　各种正常细胞和肿瘤细胞的放射敏感性有很大的差异，因此对放疗的反应不同。在放疗中，能够改变细胞放射反应（即细胞敏感性）的化学物质，称为化学修饰剂（chemical modifier）。这种化学修饰剂可分为放射增敏剂（radiosensitizer）和放射防护剂（radioprotector）两大类，前者不影响正常组织细胞，而选择性地增强辐射对肿瘤细胞的杀伤效果；后者仅保护正常组织，而对肿瘤细胞不产生同等的保护效应。本文简要阐述肿瘤放射增敏剂具备的条件及其种类，并简要阐述各类放射增敏剂的最新进展，为协同肿瘤放射治疗提供更为理想的有效方案。

【关键词】　放射增敏剂；肿瘤；放射治疗

放射增敏剂主要指肿瘤放射增敏剂，与其肿瘤细胞类型、细胞分化程度、细胞周期、临床分期和解剖大体分型等诸多因素有关。为增强射线对肿瘤细胞的杀伤效应，提高肿瘤的控制率和治愈率，应用一些药物或物理等方法来提高肿瘤细胞对射线的敏感性，这一过程称为放射增敏（radiosensitization）。

一、放射增敏剂具备的条件及其种类

（一）放射增敏剂具备的条件

放射增敏剂的作用常用增敏比（SER）表示，即单纯照射时达到一特定的生物效应和电离辐射联合应用放射增敏剂后达到同样生物效应所需照射剂量的比值；用放射增敏剂后，要达到单纯照射的特定生物效应，能够降低一定的照射剂量。

一个好的放射增敏剂必须同时具备下列条件：

（1）治疗剂量对正常细胞无毒或毒性很低，并对正常细胞增敏作用小或无增敏作用。

（2）易溶于水，不易与其他物质起反应，性质稳定。

（3）渗透性强，能向无毛细血管区域

通信作者：董丽华，吉林省长春市新民大街 71 号，130021

内的细胞渗透。

（4）有适当长的生物半排期，以保证药物在体内的浓度，并可到达肿瘤组织。

（5）对增殖和静止的肿瘤细胞，特别是肿瘤乏氧细胞有较强的致敏作用。

（6）在常用的放疗分次剂量内有效。多年来，已经发现了许多能够增强辐射细胞效应的化合物，但其大多数未能满足上述条件，而限制其应用。

（二）放射增敏剂种类

放射增敏剂包括许多种类，研究比较深入的有DNA前体碱基类似物、亲电子放射增敏剂（包括硝基咪唑类、硝基芳香烃及硝基杂环类化合物）、乏氧细胞放射增敏剂、生物还原化合物、放射损伤修复抑制剂、巯基抑制剂、氧利用抑制剂、类氧化合物、黄酮类化合物、细胞毒类增敏剂、靶向放射增敏剂、与基因有关的肿瘤放射增敏剂和中药等。多年来，已经发现有多种能够增加哺乳动物细胞放射敏感性的化合物，但是绝大多数都不能用于肿瘤放射治疗的临床实践，其原因是其对肿瘤及正常组织的作用没有差别[1]。

二、亲电子性和非亲电子性放射增敏剂

（一）亲电子性放射增敏剂

自从英国Adams及其同事提出亲电子理论后，极大地推动了放射增敏剂的研究，已经对大量的化学物质进行了离体和整体的筛选，对其中增敏效应明显的化合物进行了深入的作用机制研究和临床疗效的观察。

有关亲电子性放射增敏剂列举如下：

（1）DNA前体碱基类似物：5-碘脱氧尿嘧啶和5-溴脱氧尿嘧啶的分子结构与正常细胞内DNA前体胸腺嘧啶很类似，在DNA复制时可取代相应的胸腺嘧啶掺入DNA链，抑制DNA合成，或使这种被取代的DNA链变得比较“脆弱”，从而提高放射敏感性；放射增敏作用的程度，将随胸腺嘧啶被替代的百分率的增加而加大，由于其可能影响正常组织细胞代谢，因此目前尚不能在临床上推广使用。

（2）生物还原化合物：这是在乏氧条件下能还原生成一种具有细胞毒作用的代谢产物，并能直接引起肿瘤组织内乏氧细胞的死亡，也可增加某些抗癌药物的细胞毒性作用，如化疗药物丝裂霉素C、AQ4N（一种醌类化合物）和替拉加明（一种不含硝基的氮氧化物）。

（3）修复抑制剂：这类抑制剂包括对潜在致死损伤修复的抑制物和对DNA修复酶的钝化物，如阿糖腺苷（Ara-A）对肿瘤细胞的潜在致死性损伤的修复有很强的抑制作用，从而起到放射增敏作用；同样，阻断受照射肿瘤细胞DNA链断裂修复以及钝化DNA修复菌，也能达到增敏的目的，这类化合物有放线菌素D和利福霉素等。

（4）巯基抑制剂：这类抑制剂包括巯基耗竭剂和细胞内巯基合成抑制剂，前者如N-乙基马来亚胺和顺丁烯二酸二乙酯化合物，能与细胞内的巯基结合，耗竭细胞内起防护作用的谷胱甘肽，使其含量降低，增加放射对细胞的杀灭，达到增敏的目的。

（5）氧利用抑制剂：其结构中常带有硝基苯及其衍生物，能抑制细胞呼吸，增加氧在组织内的扩散距离，从而增加细胞中可供利用的游离氧，如鱼藤酮能抑制肺细胞球体的氧摄入量，增强细胞对放射线的敏感性。

（6）类氧化合物：这类化合物有一定的亲电子性，能形成稳定的自由基，夺取电子，使乏氧细胞增敏，如一氧化氮（NO）能使乏氧细胞增敏。

（7）黄酮类化合物：这类化合物主要

是通过抑制放射损伤修复、调节细胞周期进程、诱导肿瘤细胞凋亡、抑制新生血管生成和调节活性氧（ROS）等，增强肿瘤细胞的放射敏感性

（二）非亲电子性放射增敏剂

近几年来，从中药中筛选有效的放射增敏剂，已研究的有活血化瘀类药物提取物、马蔺子甲素及其衍生物等，实验室研究及临床应用均显示有一定的放射增敏效果[2]。

三、DNA 前体碱基类似物和乏氧细胞放射增敏剂

目前，按照对正常细胞和肿瘤细胞具有不同反应的特征，临床放疗实际应用的放射增敏剂只有两个类型：一种是卤化嘧啶，细胞增敏在某种程度上取决于所结合的类似物量，由于肿瘤细胞周期较快，比周围正常组织能结合更多的药物；第二种类型是乏氧细胞增敏剂，只增加肿瘤组织乏氧细胞的放射敏感性，而对正常有氧细胞没有或很少影响。

（一）DNA 前体碱基类似物放射增敏剂

1. 卤化嘧啶类

卤化嘧啶类放射增敏剂属于 DNA 前体碱基类似物，其中以 5-碘-2’-脱氧鸟苷（5-iodo-2’-deoxyuridine，碘苷，疱疹净）和 5-溴脱氧鸟苷（5-bromodeoxyuridine）为代表，其分子结构与 DNA 前体胸腺嘧啶类似，在 DNA 复制时可取代相应的胸腺嘧啶掺入 DNA 链，抑制 DNA 合成，从而提高细胞的放射敏感性。卤化嘧啶类化合物的放射增敏作用首先在细菌中得到证实，以后在整体及离体照射的哺乳动物细胞中也得到证实。放射增敏作用伴有细胞存活曲线斜率和肩区的变化。卤化嘧啶类放射增敏剂作用的程度取决于掺入量的多少，肿瘤细胞周期快，掺入量多，因此其放射增敏作用高于正常细胞。

2. 硫代寡核苷酸类

岑彦艳等[3]（2013）报道，他们所在的实验室研制的高效放射增敏剂，即含有 12 个碱基的硫代寡核苷酸 CpG ODN107。经药效学研究表明，CpG ODN107 联合电离辐射，可抑制神经胶质瘤细胞生长，诱导其细胞自噬性死亡，延长动物生存时间，是一种治疗神经胶质瘤的新型放射增敏剂。

3. 脱氧胞苷酸类

在表观遗传学方面，DNA 甲基化可能介导肿瘤治疗的敏感性。研究证实，去甲基化剂 5-Aza-2’-脱氧胞苷酸（5-Aza-CdR）对人骨肉瘤细胞的放射敏感性发生影响。5-Aza-CdR 能够使 3 种骨肉瘤细胞以时间依赖的方式产生放射敏感性，作用 48h 达最大效应。用 5-Aza-CdR 预处理 G_2/M 期同步化 SaOS2、HOS 和 U2OS 细胞，增强电离辐射诱导的凋亡。5-Aza-CdR 可恢复 3 种细胞 14-3-3σ、CHK2 和 DAPK-1 mRNA 表达，伴有其启动子去甲基化。这些研究证实，由 5-Aza-CdR 所致的去甲基化，通过阻滞 G_2/M 期细胞和增加细胞凋亡而增强某些骨肉瘤细胞的放射敏感性，部分是通过上调 14-3-3σ、CHK2 和 DAPK-1 基因介导的结果，提示 5-Aza-CdR 对于改善骨肉瘤的治疗效果可能是一种潜在的放射增敏剂[4]。

（二）乏氧细胞放射增敏剂

大量的研究表明，动物实验肿瘤以及人类肿瘤内部均存在一定比例的乏氧细胞，对低传能线密度（LET）辐射相当抗拒，是肿瘤治愈的障碍之一。为了克服这一问题，曾经提出过许多方法，如应用高压氧仓和高 LET 射线等克服和改善乏氧细胞的放射抗拒状态。乏氧细胞增敏剂亲电子化合物是解决此问题的最新途径，这类化合

物能选择性地作用于肿瘤组织中的乏氧细胞，而对有氧细胞没有作用。乏氧细胞增敏剂大部分为硝基咪唑类化合物，临床上已经广泛推广使用的放疗增敏剂甘氨双唑钠（希美纳）属于乏氧细胞增敏剂。已被证实，对头颈部肿瘤、食管癌、肺癌和子宫颈癌等实体肿瘤均有一定的放疗增敏效果，能提高肿瘤局部控制率。

乏氧细胞放射增敏剂的研究始于20世纪60年代，在放射增敏剂中研究最多，占比例最大。乏氧细胞放射增敏剂只作用于肿瘤细胞中的乏氧细胞，而对正常组织细胞无影响。其作用机理可用亲电子性假说解释，认为乏氧细胞放射增敏剂具有很强的电子亲和力，可以从靶分子上夺去电离产生的电子，从而减少靶分子复原的概率，使之成为自由基，造成稳定的细胞损伤。这类增敏剂包含硝基的芳香族和杂环化合物，具有共轭羰基化合物和非硝基类化合物；其中，以硝基咪唑类化合物研究的较多，也较深入。在研究硝基咪唑环的不同取代位置的化合物中，发现其增敏效应因硝基位置而异：2-硝基咪唑>5-硝基咪唑>4-硝基咪唑。甲硝哒唑（metronidazole）是最早用于临床研究的5-硝基咪唑类化合物，有中等程度增敏作用，在组织内分布广，生物半存留期较长。有人采用30Gy/19d照射9次的方案治疗恶性胶质细胞瘤，每次照射前合并用增敏剂组较单纯照射组患者的中位生存期提高。然而，要产生明显的增敏作用，需要的药物浓度很高，而其对神经系统的毒性作用限制了该增敏剂的用药次数和剂量。2-硝基咪唑类的电子亲和作用比5-硝基咪唑类强，此类药中的米索硝唑（misonidazole，MISO）是一种作用非常强的增敏剂。已经证明，当乏氧细胞中MISO浓度达10mmol/L时，细胞的放射敏感性可近于充氧细胞。在欧洲和美国，MISO已用于临床治疗各种肿瘤，对头颈部肿瘤治疗有明显的放射增敏作用。但由于MISO SR-2能通过血脑屏障，对中枢神经系统和周围神经均有毒性作用，因而限制其应用。SR-2508和R_0-03-8799亦属于2-硝基咪唑类药物，此两种新药的毒性作用低，亲电子性更强，至少比MISO强5倍[1]。

大多数临床实验证实，硝基咪唑衍生物作为放射增敏剂具有神经毒性作用。新一代硝基咪唑核苷衍生物doranidazole（PR-350）作为理想的放射增敏剂进行了大量研究。doranidazole对照射后5种结肠癌细胞的生长起到显著的抑制作用，其放射增敏比为1.79，并诱导细胞凋亡。这种增敏作用具有显著的时间和剂量相关性[5]。

实验研究显示，doranidazole明显增强体外缺氧情况下辐射诱导增殖性神经胶质瘤细胞死亡，但在常氧情况下无作用。在脑荷C6胶质瘤大鼠的血脑屏障完全受到破坏，^{14}C-doranidazole特异地穿入肿瘤区域。doranidazole与X射线联合应用，明显抑制C6胶质瘤的生长。这些结果证实，荷胶质瘤大鼠血脑屏障破坏，使不能穿透血脑屏障的嗜缺氧的doranidazole浸润和分布靶区，达到抑制胶质瘤细胞的目的[6]。

四、细胞毒类增敏剂

在临床试验中，与放疗联合应用的部分具有放射增敏作用的细胞毒类增敏剂包括铂类、紫杉醇类、嘧啶类似物、有机砷化合物、DNA拓扑异构酶Ⅰ抑制剂和阿克拉霉素几种。

（一）铂类和紫杉醇类

铂类中的顺铂具有细胞毒性，能直接杀伤肿瘤细胞，并可诱导癌细胞DNA结构的改变，具有抑制亚致死损伤修复的能力。

紫杉醇可激活p53磷酸化，导致肿瘤细胞有丝分裂延迟、G_2/M期阻滞及细胞凋亡，对正常细胞的放射增敏作用远小于对肿瘤细胞的作用。纳米粒子的化学治疗易于积聚在肿瘤部位。纳米粒子 Genexol-PM 为23.91±0.41nm，表面电荷-8.1±3.1mV。体外（非小细胞肺癌细胞株）和体内（小鼠异种移植非小细胞肺癌模型）实验证实，Genexol-PM 比紫杉醇抗肿瘤药物更有效，并控制释放紫杉醇而治疗肿瘤[7]。

多西他赛（多西紫杉醇，docetaxel）是广泛应用于各种肿瘤的放射增敏剂，但其治疗效果仍未得到改善。研究者基于白明胶酶介导的多西他赛负载纳米粒子（docetaxel-loaded nanoparticles，DOC-NPs），使3种白明胶酶过表达的胃癌（GC）细胞放射敏感性明显增高，其增高与增加 G_2/M 阻滞、活性氧（ROS）、DNA 双链断裂（DSB）和细胞凋亡有关。因此，DOC-NPs 在白明胶酶过表达的肿瘤中是必要选择的放射增敏剂[8]。

（二）嘧啶类似物和有机砷化合物

嘧啶类似物中的吉西他滨（gemcitabine）作为放射增敏剂，主要用于胰腺癌、非小细胞肺癌及膀胱癌的治疗，通过损耗 dATP 和延迟 S 期而增加肿瘤的放射敏感性。

有机砷化合物 darinaparsin（DPS）是体外肿瘤细胞和皮下异种移植肿瘤的细胞毒素和放射增敏剂。然而，DPS 保护电离辐射所致克隆死亡的正常肠隐窝上皮细胞[9]。

（三）DNA 拓扑异构酶Ⅰ抑制剂和阿克拉霉素

喜树碱类是 DNA 拓扑异构酶Ⅰ抑制剂主要的肿瘤放射增敏剂，通过形成稳定的 DNA 拓扑异构酶Ⅰ双链复合物，阻断 DNA 链断裂的修复，使可修复的 DNA 单链断裂（SSB）成为不可修复的 DSB，即作用于拓扑异构酶Ⅰ而产生细胞毒性作用[10]。

阿克拉霉素（aclacinomycin，Acm）是糖基化的化合物，最初用于治疗难治性急性髓性白血病。Acm 可通过抑制拓扑异构酶Ⅰ和Ⅱ或通过产生的活性氧（ROS）损伤 DNA。通过高通量筛查证实，Acm 可降低糖蛋白质膜的表达，包括表皮生长因子受体（EGFR）和甲硫氨酸（Met），但不抑制 N 连接糖基化和泛蛋白转位；并且，Acm 积聚在内质网（ER）部位。用 Acm 预处理，可致敏电离辐射作用 EGFR 突变的非小细胞肺癌（NSCLC）HCC827 和 HCC2935 细胞，但不影响受体酪氨酸激酶（RTK）非依赖的和 KRAS 突变的 A549 NSCLC 细胞。因此，Acm 及其类似化合物可能作为放射增敏剂，依赖于 RTK，靶向 ER，致敏肿瘤细胞[11]。

五、黄酮类化合物放射增敏剂

黄酮类化合物（flavonoid）具有放射增敏作用的有黄酮类、黄酮醇类、异黄酮类、黄烷醇类和查耳酮类等。

（1）黄酮类包括芹黄素、木犀草素和白杨黄素等，是以2-苯基色原酮为基本母核，在3位上无含氧取代的一类化合物，分别对肺癌和胃癌细胞等具有放射增敏作用。

（2）黄酮醇类包括槲皮素和漆树黄酮等，是在黄酮基本母核的3位上连有羟基或其他含氧基团，分别对直肠腺癌上皮细胞、宫颈癌细胞、乳腺癌细胞、前列腺癌细胞和结直肠癌细胞等具有放射增敏作用。

（3）异黄酮类包括染料木黄酮、黄豆苷元和黄豆黄素等，其母核为3-苯基色原酮结构，主要存在于豆科植物中，是黄酮类放射增敏剂研究较早、较深入的一类；这类化合物与哺乳动物雌激素结构相似，具有雌激素样作用，尤其对激素相关疾病的乳腺癌和前列腺癌等具有放射增敏作用，对宫颈癌细胞、肾癌细胞和非小细胞肺癌细胞也有一定的放射增敏作用。

（4）没食子儿茶素没食子酸酯是黄烷醇类的衍生物，其结构中C环上的3或4位上存在羟基，对肝癌细胞、脑癌微血管上皮细胞、胶质母细胞瘤细胞和乳腺癌细胞均有不同程度的放射增敏作用。

（5）查耳酮类包括2'，5'-二羟基查耳酮和2，2'-二羟基查耳酮，为二氢黄酮C环的1和2位键断裂生成的开环衍生物，对结直肠癌细胞和胰腺癌细胞具有放射增敏作用。

另外，夫拉平度（flavopiridol）是一种合成黄酮类放射增敏剂，也是一种细胞周期依赖性激酶抑制剂，对多种肿瘤细胞具有放射增敏作用。

通过大量的实验证实，黄酮类化合物对不同肿瘤细胞具有较强的放射增敏作用，其机制主要是通过抑制放射损伤修复、调节细胞周期进程、诱导肿瘤细胞凋亡、抑制新生血管生成和调节活性氧（ROS）等，增强肿瘤细胞的放射敏感性；同时，具有抗氧化、抗炎、镇痛和保肝等作用，使其具有降低电离辐射对正常细胞的损伤作用。虽然实验研究显示黄酮类化合物可通过一些途径起到放射增敏作用，但其机制尚不十分明确，目前多集中在体外细胞实验研究阶段，对模拟人体内环境的动物实验较少。因此，应进一步加强增敏机制和动物实验研究，以便逐步进入临床前实验，应用于临床病人[12]。

六、靶向放射增敏剂

利用对肿瘤具有一定靶向性的结构，作为药动团，对效果确切的放射增敏剂进行结构改造，使其富集于肿瘤部位，如将抗肿瘤药物以共价键与对肿瘤具有一定亲和力的卟啉类化合物连接，制成具有靶向性的放射增敏剂，可取得减毒、增效的作用。可设计用脂质体包被和输送放射增敏剂，或用纳米药物粒子或载药纳米颗粒，以不同方式使增敏剂选择性富集于特定的靶部位。近年来，随着对放射增敏机制研究的不断深入，分子靶向增敏剂的研究也逐渐受到重视，许多潜在的放射增敏分子靶点与细胞凋亡、细胞周期调控及DNA损伤修复密切相关，从而为肿瘤的放射治疗提供了新的思路。

（一）以肿瘤新生血管、环氧合酶和细胞表面抗原或胞内核苷酸为靶点

（1）以肿瘤新生血管为靶点：对于调控肿瘤血管生成的因子，如表皮生长因子（EGF）、成纤维细胞生长因子2（FGF2）、整合素αvβ3和αvβ5等，均可参与肿瘤放射治疗的增敏剂。

（2）以环氧合酶（COX-2）为靶点：COX-2是体内前列腺素合成的限速酶，在多种肿瘤中高表达，应用其抑制剂塞来昔布作为增敏剂可提高肿瘤的放射敏感性。

（3）以肿瘤细胞表面抗原或胞内核苷酸为靶点：这类放射增敏剂分子可直接定位于肿瘤细胞表面或细胞内，如采用RNAi技术阻断survivin基因的表达，可诱导肿瘤细胞的自发凋亡，显示其明显的放射敏感性[1]。

（二）以肿瘤放射敏感性相关通路中的关键节点为靶标

肿瘤细胞对辐射的敏感性受多条通路的控制，涉及肿瘤细胞微环境的调节、辐射抗性基因表达的激活及DNA损伤的修复，通过影响肿瘤放射敏感性通路中的关键节点，达到增敏作用，如应用PI3K/PKB抑制剂阻断PI3K/PKB信号通路、选择性阻断NF-κB家族的RelB向核内转运、增强

一氧化氮合酶（NOS）活性及抑制乏氧诱导因子 1（HIF-1）基因活性或其蛋白向核内转运等，均成为靶向放射增敏的研究方向[13]。

（三）靶向 Aurora 激酶抑制剂

一种分子靶向 Aurora 激酶（一种与有丝分裂调控有关的蛋白激酶）抑制剂 VE-465 联合放疗，进行体外（Huh7 和 PLC-5 细胞株）和体内（异位和常位荷异种移植肝细胞癌的重度联合免疫缺陷小鼠）治疗肝细胞癌（HCC）的研究。研究发现，VE-465 明显增加辐射诱导 HCC 的死亡率，其机制涉及增加抑制组蛋白 H3 的磷酸化及阻断细胞周期变化。在荷异位异种移植 HCC 的重度联合免疫缺陷小鼠，用 VE-465（20mg/kg/d×9d）预处理，明显增强放射治疗（5Gy/d×5d）抑制肿瘤的效应（增加 54.0%）。对常位模型的 Huh7 肿瘤生长，其抑制效应可增加 17.2%，其机制涉及肿瘤细胞凋亡的增加。通过上述实验证实，VE-465 作为一种治疗 HCC 放射增敏剂的潜在 Aurora 激酶抑制剂[14]。

（四）双 mTORC1/2 抑制剂

哺乳动物雷帕霉素靶蛋白（mTOR）是辐射致敏的靶标。放射治疗是胶质母细胞瘤的最初治疗模式，mTOR 在神经胶质母细胞瘤（GBM）常失去调控作用。AZD2014 是一种双 mTORC1/2 抑制剂，应用 AZD2014 处理胶质母细胞瘤干样细胞（GSCs），mTORC1 和 2 活性受抑。根据克隆存活分析，在照射前 1h 将 AZD2014 加到培养基，增强 $CD133^+$ 和 $CD15^+$ GSCs 的放射敏感性。然而，用 AZD2014 处理，对开始的 γH2AX 焦点水平无效，辐射诱导的 γH2AX 焦点明显地被延迟。AZD2014 联合照射荷常位异种移植 GSCs 小鼠，明显延长其存活。由此说明，AZD2014 增强体外和体内 GSCs 的放射敏感性，其效应涉及 DNA 修复的抑制。这些结果提示，双 mTORC1/2 抑制剂可能是应用治疗 GBM 的放射增敏剂[15]。

七、与基因有关的肿瘤放射增敏剂

（一）自杀基因放射导向治疗

自杀基因（suicide gene）是指来自原核或低等生物（主要是某些病毒和细菌）的前药转换基因或细胞毒因子受体基因，该类基因的表达产物是一些特殊的酶，可以将原先对哺乳动物无毒或低毒的前体药物转换成毒性产物而致细胞死亡。将自杀基因作为治疗性目的基因用于肿瘤的治疗过程，即为自杀基因治疗。自杀基因联合放疗，主要是利用辐射来时空调控自杀基因的体内表达，提高自杀基因靶向转移的效率，从而提高肿瘤对辐射的敏感性，可以在治疗中减少照射剂量，减轻对正常组织的毒副作用[16]。

（二）抑癌基因联合放射治疗

抑癌基因（tumor suppressor gene）有 10 多种，其编码的产物广泛分布于细胞各个部位，主要包括 Rb、p53、p16、PTEN、APC、NF1 和 NF2 等，其主要功能包括稳定染色体、调节细胞周期、转导细胞信号、构建细胞骨架及调控细胞生长及迁移等。一旦抑癌基因失活，则导致肿瘤的发生。一些抑癌基因联合放射治疗收到明显的效果。p53 基因是 DNA 链损伤最早、最关键的反应分子，细胞受到射线照射后发生的一系列变化与该基因有关；选用人源性 p53 基因，应用脂质体转染 p53 基因的人肺腺癌 A549 和人卵巢癌 SKOV-3 两种细胞株，有效抑制肿瘤细胞增殖和促进凋亡，使肿瘤生长受抑。10 号染色体缺失的磷酸酯酶活性和张力素同源基因（phosphatase and tensin homologue deleted on chromosome ten gene，PTEN）和放疗联合疗效显著，通过诱导肿瘤细胞凋亡和抑制血管增生实现的。将人源性肿瘤抑制基因 PTEN 克隆于可被辐射激活的 Egr-1 启动子下游，通过目的基因的转入提高细胞的放射敏感性，降低等效照射剂量，发挥基因辐射的协同作用，提高放疗疗效。p16 基因联合放疗时也可改变细胞的放射敏感性[17-20]。

（三）血管内皮抑素和血管抑素联合放射治疗

血管内皮抑素（endostatin）能够特异地抑制血管内皮细胞生长，血管抑素（angiostatin）也是抑制血管生成因子，两者通过抑制血管内皮细胞增殖和迁移，促进凋亡，从而抑制肿瘤组织内新生血管的生成，进而起到抑制肿瘤的生长而达到治疗肿瘤的目的。实验证实，endostatin 基因和 angiostatin 基因单独与放疗联合，增强放射敏感性，对肿瘤有明显的抑制作用，两者与放疗联合效果更佳[21,22]。

（四）细胞因子基因联合放射治疗

细胞因子（cytokine）包括多种类别，在肿瘤的发生、生长和转移过程中起到重要的作用。干扰素 γ（interferon γ，IFN-γ）是细胞因子 IFN 超家族的重要成员，具有广泛的生物学功能，其抗肿瘤作用早已得到充分肯定，具有抑制血管生成作用。肿瘤坏死因子（tumor necrosis factor，TNF）是迄今为止发现抗肿瘤活性最强的细胞因子，但由于其强烈的毒副作用使其临床应用受到限制。然而，大量的实验表明，TNF-α 靶向性导入治疗可以较好地解决这些难题。应用 pEgr1-IFNγ 和 pEgr1-TNFα 重组质粒分别与放射联合作用，均可激活免疫功能，使某些细胞因子和细胞毒活性增强，促进抗肿瘤作用[23-25]。IL-2、IL-4、IL-10、IL-12、IL-18 和 IL-24，参与机体的多种生理及病理反应，在肿瘤的发生、发展及其治疗方面具有密切的关系；其中，应用 pEgr1-IL-24 质粒，联合照射对肿瘤细胞生长具有明显的抑制作用[26]。

（五）共刺激分子基因联合放射治疗

共刺激分子（costimulatory molecule）B7（B7.1 和 B7.2）参与 T 细胞活化的间接抗肿瘤作用及 IL-12 和 IL-18 的细胞毒作用，并参与黏附分子调节和抑制肿瘤血管生成等抗肿瘤作用。通过构建双基因表达质粒 pEgr1-IL18-B7.1、pEgr1-IL18-B7.2 和 pNEgr1-mIL12，将具有辐射诱导表达特性的基因质粒转入肿瘤细胞内，在电离辐射作用下，对荷瘤小鼠恶性黑色素瘤生长发生明显的抑制作用，其抗肿瘤作用机制可能与免疫功能增强有关[27-29]。

（六）凋亡诱导基因联合放射治疗

细胞凋亡相关基因较多，靶向这些基因的研究都取得了明显的效果。肿瘤坏死因子相关凋亡诱导配体（TNF related apoptosisinducing ligand，TRAIL）具有大量、快速诱导凋亡的作用，但仅诱导转化细胞、肿瘤细胞和病毒感染细胞凋亡，使正常细胞逃逸其杀伤作用。构建的 TRAIL 表达载体 pEgr1-shTRAIL 具有辐射诱导基因表达增强的特性，与辐射联合应用发挥基因与辐射的协同作用，提高抑制肿瘤效果。第 2 个线粒体衍生的半胱天冬蛋白酶激活剂（second mitochondria-derived activator of caspase，Smac），促进肿瘤细胞凋亡时，还可通过增强肿瘤免疫及影响肿瘤细胞周期等机制发挥抗肿瘤作用，在肿瘤治疗中具有较好的应用前景。构建的全长型人 Smac 表达载体，转染人乳腺癌 MCF-7 细胞，联合 X 射线照射，可明显增强凋亡，抑制细胞增殖。另外，通过不同方式，构建的 TRAIL 或 Smac 载体，或两者共构建的载体，联合照射，均具有明显的抑瘤效应。凋亡诱导因子（apoptosis inducing factor，

AIF）作为一种多功能性分子，既有氧化还原活性，又有促凋亡活性的特点，其截短型 $AIF_{\Delta 1\text{-}480}$也具有诱导细胞凋亡的作用，利用 Egr-1 介导的截短型 AIF 真核表达载体 pEgr1-$AIF_{\Delta 1\text{-}480}$，转染乳腺癌 MCF-7 细胞，并联合电离辐射，可以增强诱导细胞凋亡的作用[30-39]。

目前，正在研究的放射增敏药物还有很多。我国的放射医学工作者在这方面做了大量工作，除了研究筛选新的有效放射增敏作用的化学药物以外，对中草药的放射增敏作用也进行了有益的探索。

参考文献

[1] 戴昌世，王秉伋. 抗辐射药物研究. 北京：军事医学科学出版社，2003.

[2] 龚守良编著. 辐射细胞生物学. 北京：中国原子能出版社，2014.

[3] 岑彦艳，郑江. 新型放射增敏剂 CpG ODN107 在小鼠体内的药代动力学研究. 中国药理通讯，2013，30（3）：14-15.

[4] Li Y，Geng P，Jiang W，et al. Enhancement of radiosensitivity by 5-Aza-CdR through activation of G2/M checkpoint response and apoptosis in osteosarcoma cells. Tumour Biol，2014，Epub ahead of print.

[5] 张利，宫爱民，纪军，等. Doranidazole 对结肠癌细胞的放射增敏作用. 中华实验外科杂志，2007，24（1）：55-57.

[6] Yasui H，Asanuma T，Kino J，et al. The prospective application of a hypoxic radiosensitizer，doranidazole to rat intracranial glioblastoma with blood brain barrier disruption，BMC Cancer，2013，13：106.

[7] Werner ME，Cummings ND，Sethi M，et al. Preclinical evaluation of Genexol-PM，a nanoparticle formulation of paclitaxel，as a novel radiosensitizer for the treatment of non-small cell lung cancer. Int J Radiat Oncol Biol Phys，2013，86（3）：463-468.

[8] Cui FB，Li RT，Liu Q，et al. Enhancement of radiotherapy efficacy by docetaxel-loaded gelatinase-stimuli PEG-Pep-PCL nanoparticles in gastric cancer，2013，Epub ahead of print.

[9] Tian J，Doi H，Saar M，et al. Radioprotection and cell cycle arrest of intestinal epithelial cells by darinaparsin，a tumor radiosensitizer. Int J Radiat Oncol Biol Phys，2013，87（5）：1179-1185.

[10] 叶娟平，刘韬，戴昆怡，等. 放射增敏剂的临床研究进展. 医药导报，2009，28（7）：893-896.

[11] Bennett D，Charest J，Sebolt K，et al. High-throughput screening identifies aclacinomycin as a radiosensitizer of EGFR-mutant non-small cell lung cancer. Translat Oncol，2013，6（3）：382-391.

[12] 宋梦姣，刘宏，申玉莉. 黄酮类放射增敏剂的研究进展. 中国医院药学杂志，2013，33（12）：997-999，1002.

[13] 王浩，周晓靓，施培基，等. 靶向放射增敏剂的研究进展. 中华放射医学与防护杂志，2011，31（2）：243-345.

[14] Lin ZZ，Chou CH，Cheng AL，et al. Radiosensitization by combining an aurora kinase inhibitor with radiotherapy in hepatocellular carcinoma through cell cycle interruption. Int J Cancer，2013，Epub ahead of print.

[15] Kahn J，Hayman TJ，Jamal M，et al. The mTORC1/mTORC2 inhibitor AZD2014 enhances the radiosensitivity of glioblastoma stem-like cells. Neuro Oncol，2014，16（1）：29-37.

[16] Freytag SO，Barton KN，Brown SL，et al. Replication-competent adenovirus-mediated suicide gene therapy with radiation in a preclinicalmodel of pancreatic cancer. Mol Ther，2007，15（9）：1600-1606.

[17] 董丽华，刘锋，李艳博，等. 体外稳定转染的重组质粒 pEgr-hp53 联合辐射对人卵巢癌 SKOV-3 细胞周期进程及增殖的影响. 吉林大学学报（医学版），2008，34（3）：357-360.

[18] 董丽华，许一多，刘锋，等. pEgr-hp53 稳定

转染联合 X 射线诱导人肺腺癌 A549 细胞凋亡及相关凋亡蛋白表达变化. 中国免疫学杂志，2008，24（6）：521-525.
[19] 田梅，朴春姬，刘林林，等. pEgr-hPTEN 稳定转染联合辐射诱导人胶质瘤 SHG-44 细胞凋亡及 Bcl-2 表达下调. 中华放射医学与防护杂志，2006，26（2）：106-109.
[20] 田梅，吴丛梅，刘林林，等. PTEN 基因稳定转染联合辐射对肿瘤细胞周期进程及 G_1 期激酶抑制蛋白 P27kip1 表达的影响. 吉林大学学报（医学版），2007，33（2）：195-199.
[21] 李秀娟，李治国，田梅，等. PEgr-ssEndostatin 的构建及其在体外的辐射诱导表达. 辐射研究与辐射工艺学报，2004，22（1）：35-38.
[22] 李秀娟，宋祥福，杨巍，等. PEgr-angiostatin 基因辐射诱导表达特性及其抗肿瘤作用. 吉林大学学报（医学版），2003，29（5）：543-546.
[23] Wu Congmei，Li Xiuyi，Huang Tianhua. Antitumor effect of pEgr-IFNγ gene-radiotherapy in B16 melanoma-bearing mice. World J Gastroenterol，2004，10（20）：3011-3015.
[24] Yang W，Zhao JG，Li XY，et al. Anti-tumor effect of ^{125}I-UdR in combination with Egr-1 promoter-based IFNγ gene therapy in vivo. Radiation and Environmental Biophysics，2010，49（4）：705-714.
[25] Wu Congmei，Li Xiuyi，Tian Mei. Effect of pEgr-TNFα gene radiotherapy on mice melanoma. Melanoma Res，2005，15（3）：185-190.
[26] 刘永哲，吴丛梅，倪冠英，等. IL-24 基因联合电离辐射对前列腺癌 PC-3 细胞凋亡的影响. 吉林大学学报（医学版），2008，34（2）：171-174.
[27] Yang JZ，Jin GH，Liu XD，et al. Therapeutic Effect of pEgr-IL18-B7. 2 Gene Radiotherapy in B16 Melanoma-Bearing Mice. Human Gene Ther，2007，18：323-332.
[28] Jin GH，Jin SZ，Liu Y，et al. Therapeutic effect of gene-therapy in combination with local X-irradiation in a mouse malignant melanoma model. Biochem Biophy Res Comm，2005，330（3）：975-981.
[29] Yang Ying，Liu Shu-Zheng，Fu Shi-Bo. Antitumor effects of pNEgr-mIL-12 recombinant plasmid induced by X-irradiation and its mechanisms. Biomed Environ Sci，2004，17：135-143.
[30] 朴春姬，田梅，杨巍，等. 携带人可溶性 TRAIL 基因的重组腺病毒在肺癌细胞中的转染效率及表达特性研究. 中国实验诊断学，2010，14（10）：1515-1518.
[31] 梁硕，李艳博，郭彩霞，等. X 射线对转染 Smac 基因重组质粒的 MCF-7 细胞表达及增殖和凋亡的影响. 中国老年学杂志，2010，30（18）：2599-2601.
[32] Li YB，Guo CX，Wang ZC，et al. Radiosensitization of breast cancer cells by TRAIL-endostatin-targeting gene therapy. Neoplasma，2013，60（6）：613-619.
[33] Li YB，Guo CX，Wang ZC，et al. Enhanced effects of TRAIL-endostatin-based double-gene-radiotherapy on suppressing growth，promoting apoptosis and inducing cell cycle arrest in vascular endothelial cells. J Huazhong Univ Sci Technol（Med Sci），2012，32（2）：167-172.
[34] 王宏芳，龚守良，刘扬，等. CRAd. pEgr1-Smac 联合照射对 MDA-MB-231 肿瘤细胞的抑制效应. 2011 中国肿瘤临床年鉴. 北京：中国协和医科大学出版社，2012，19：16-30.
[35] Liu WW，Liu Y，Liang S，et al. Hypoxia-and radiation-induced overexpression of Smac by an adenoviral vector and its effects on cell cycle and apoptosis in MDA-MB-231 human breast cancer cells. Experimental and Therapeutic Medicine，2013，6：1560-1564.
[36] 刘扬，龚守良. CRAd. pEgr1-Trail 联合放疗对人乳腺癌细胞杀伤效应的实验研究. 长春：吉林大学博士生学位论文，2012.

（下转第 31 页）

小非和长非编码 RNA 与肿瘤

龚平生[1] 李 戈[2] 王志成[3] 方 芳[3]
刘 扬[3] 董丽华[4] 龚守良[3,4]

1. 吉林大学分子酶学工程教育部重点实验室 长春 130012
2. 长春市中医院 长春 130041
3. 吉林大学公共卫生学院卫生部放射生物学重点实验室 长春 130021
4. 吉林大学白求恩第一医院放疗科 长春 130021

【摘要】 人类基因组序列有5%~10%被稳定转录，其中绝大多数为非编码转录物，即非编码 RNA。在非编码 RNA 中，除 siRNA 和 miRNA 外，小非编码 piRNA 和长非编码 lncRNA是当前研究的热点，并与肿瘤的发生、发展密切相关。本文简要阐述 piRNA 和 lncRNA基本生物学特性及其与肿瘤相关的有关问题，以便深入开展这一领域的研究，揭示其复杂的机制，在肿瘤治疗中探索有效的途径。

【关键词】 piRNA；lncRNA；肿瘤

非编码 RNA 分为看家非编码 RNA（housekeeping noncoding RNA，hncRNA）和调节非编码 RNA（regulatory noncoding RNA，rncRNA）。hncRNA 包括 rRNA、tRNA、核小 RNA（snRNA）和核仁小 RNA（snoRNA），具有组成型表达的功能；rncRNA 包括小非编码 RNA（small non-coding RNA，sncRNA）和长非编码 RNA（long non-coding RNA，lncRNA），前者包括小干扰 RNA（siRNA interference，siRNA）、微小 RNA（microRNA，miRNA）及 Piwi 相关 RNA（Piwi-interacting RNA，piRNA）等，这些非编码 RNA（noncoding RNA，ncRNA）在机体生理和病理情况下发挥着重要的作用。

一、小非编码 piRNA 与肿瘤

（一）小非编码 piRNA

2006 年 7 月，*Nature* 和 *Science* 杂志几乎同时报道了一类新的小非编码 RNA，与生殖细胞发育密切相关，即与 Piwi 蛋白相互作用的 RNA 称为 piRNA（Piwi-interacting RNA）。在生殖细胞中，piRNA 富集现象和 Piwi 突变导致的男性不育表明前者在配子形成的过程中起重要的作用。Piwi 蛋白为 Ago 蛋白（argonaute）家族中的一个成员，在果蝇中首先被发现，具有调节生殖干细胞的作用。Ago 是一类庞大的蛋白质家族，是组成 RISC 复合物的主要成员，不同的 Ago 蛋白有不同的生物学功能。Ago 蛋白家

通信作者：龚守良，吉林省长春市新民大街 1163 号，130021

族中的成员均含有2个RNA结合结构域，即PAZ（Piwi argonaut and zwille）和Piwi结构域，两者可导致目标mRNA的切割或翻译抑制。人Ago样蛋白有8种，其中4种为eIF2C/Ago亚家族，即eIF2C1/hAgo1、eIF2C2/hAgo2、eIF2C3/hAgo3和eIF2C4/hAgo4；其余的为Piwi亚家族，即Piwil1/Hiwi、Piwil2/Hili、Piwil3和Piwil4/Hiwi2[1]。piRNA与Ago家族蛋白结合来调控mRNA的稳定性、蛋白质的合成、染色质组织和基因组的结构[2]。

piRNA是非编码单链RNA，长度为24~33nt，绝大多数在29~30nt，5′末端也具有强烈的尿嘧啶倾向性（约86%）；主要存在于基因间隔区，很少存在于基因区和重复序列区。piRNA在小鼠染色体上的分布很不均匀，主要分布在2、4、5和17号染色体，很少分布于1、3、16、19和X染色体，基本不分布于Y染色体。人类piRNA的分布相对均匀，但在13、20、21和性染色体分布较少。piRNA的另一个特点是，成熟piRNA 3′末端的2’氧被甲基化修饰。在果蝇中，这个反应是由Hen1 RNA甲基转移酶催化。表观遗传学的甲基化修饰具有重要的生物学意义，piRNA通过DNA甲基化，沉默转座子，维持基因组完整性，尤其在生殖干细胞中[3]。

研究表明，piRNA主要存在于哺乳动物的生殖细胞和干细胞中，通过与Piwi亚家族蛋白结合形成piRNA复合物（piRC），调控基因沉默途径。对Piwi亚家族蛋白的遗传分析以及piRNA积累的时间特性研究发现，piRC在配子发生过程中起着十分重要的作用。只有17%~20%的哺乳动物piRNA对应于标记的重复序列，包括转座子和逆转录转座子[4]。因此，piRNA从后生程序化和抑制转录到转录后调控可能会有不同的功能[5]。

（二）小非编码piRNA与肿瘤

1. piR-651和piR-853与肿瘤

小非编码RNA中的siRNA和miRNA与肿瘤的发生、发展密切相关，已有大量报道；piRNA与肿瘤的关系，也逐渐引起人们的注意。应用real-time RT-PCR技术研究发现，piRNA与胃癌的发生相关，piRNA中的piR-651在胃癌组织中表达增加，其表达水平与肿瘤TNM期相关。在结肠癌、肺癌和乳腺癌组织中表达上调，但在结肠癌、肺癌、间皮瘤、乳腺癌、肝癌和宫颈癌细胞株中表达不上调。piR-651抑制剂可抑制胃癌细胞的增殖，并阻滞在细胞周期的G_2/M期[6]。同样，应用real-time RT-PCR技术研究发现，piR-853在胃癌组织中表达水平明显低于非胃癌组织中表达水平；如增加胃癌细胞中piR-853的表达水平，其细胞生长明显受抑。通过异种移植裸鼠模型进一步证实，piR-853抑制肿瘤的发生。上述结果说明，piR-651和piR-853在胃癌中均发挥重要的作用[7]。

2. Piwil2与肿瘤

值得注意的是，piRNA必须与特定的Piwi蛋白结合，才能发挥生物学功能，在进化过程中高度保守。Piwi样蛋白（Piwi-like protein）有几个成员，其特异性蛋白基因mRNA仅表达于动物腺组织，具有组织特异性[8]。人Piwi直向同源物（ortholog），即Hiwi，在许多人肿瘤中异常表达[9]。研究发现，Piwil2仅表达于正常的睾丸和造血干细胞，但表达于许多肿瘤组织和肿瘤细胞株，在干细胞分化和肿瘤形成和发展中起到重要的作用。人Piwil2基因在睾丸精原细胞瘤中表达增加，但非精原细胞瘤睾丸组织其表达不增加。Piwil2与piRNA结合形成复合体，在转座子沉默中起到重要的作用。转座子的沉默确保了生殖细胞基因组的稳定性和完整性。研究者在宫颈癌细胞中检测到 piRNA，同时通过原位杂交技术发现 Piwil2 过度表达，反转录转座子元件 LINE1 明显减少，与后者相关的小 RNA 也明显受抑，表明 piRNA 在宫颈癌细胞中对转座子的抑制作用产生重要的影响[10]。

Piwi 参与生殖细胞的维持和增殖，而其过表达可能引起肿瘤的发生。Hiwi 为人 Piwi 基因，是编码干细胞自我更新的蛋白质。通过 Hiwi mRNA 在精子发生过程中表达水平发现，成年精原细胞瘤患者睾丸中其表达水平明显增加。应用 RT-PCR 技术检测 65 例原发软组织肉瘤患者 Hiwi mRNA 表达水平，发现这种高风险死亡率患者其表达水平明显增高，而其低水平表达对死亡率的增加不明显，是一种有意义的负向预后因子[11]。另外，男性 Hiwi mRNA 表达水平的下调或上调，明显增加胰腺癌相关的死亡率危险；然而，Hiwi mRNA 表达水平增高，对总体其死亡率危险无影响[12]。

Piwil2 在结肠癌中表达水平明显高于其他肿瘤，并与临床一些病理指标相关[13]。Piwil2 在原发结肠癌组织和淋巴结转移处表达明显增高；并且，与 5 年无转移存活者和总存活者的进展性临床和病理参数相关。Piwil2 沉默明显降低肿瘤细胞增殖、克隆形成能力，增加体外细胞凋亡，抑制体内肿瘤的生长。研究者进一步实验证实，敲除结肠癌细胞中的 Piwil2，经基质金属肽酶 9（MMP9）转录活性作用，可显著降低肿瘤细胞的迁移和侵袭[14]。与癌旁组织比较，Piwil2 mRNA 和蛋白质在甲状腺乳头状瘤（PTC）表达均明显上调，也与 PTC 侵袭和转移有关[15]。

Piwi 基因家族通过保守的 PAZ 和 Piwi 结构域而确定，在干细胞自我更新、RNA 沉默和转录调节中起到重要的作用。Piwil2 在许多种肿瘤，包括人前列腺癌、乳腺癌、胃肠道肿瘤、卵巢癌和子宫内膜癌，以及小鼠乳腺肿瘤、胃肠道肿瘤和成神经管细胞瘤。因此，Piwil2 可能归类于一类肿瘤/睾丸抗原的新成员。研究证实，Piwil2 分别作用于 STAT3/Bcl-XL 和 STAT3/cyclin D1 两条信号通路，当其过度表达时，调控这两条通路基因的表达，激活内源性 RNAi 机制，直接导致 STAT3/Bcl-XL 通路的激活，并增强 STAT3/cyclin D1 通路，使凋亡抑制因子和细胞分裂调控因子的上调[16]。免疫沉淀分析显示，Piwil2 可能通过 PAZ 结构域直接与信号转导和转录活化蛋白 3（STAT3）相关，并形成 Piwil2/STAT3/c-Src 三联蛋白-蛋白复合物。而且，STAT3 被 c-Src 磷酸化，转位到胞核；然后，与 p53 启动子结合，抑制其转录。由此证实，Piwil2 对肿瘤细胞起到抗凋亡作用，是通过 p53 调节 STAT3 信号通路实现的[17]。这些研究结果均可指出，Piwil2 在抑制细胞凋亡的基础上，可能将会引起肿瘤的发生。

二、长非编码 lncRNA 与肿瘤

以往认为，lncRNA 不具有任何生物学功能。近年来研究表明，lncRNA 参与 X 染色体沉默、基因组印记、染色质修饰、转录激活、转录干扰和核内运输等多种重要的调控过程。lncRNA 表达异常与人类肿瘤关系密切，在肿瘤发生过程中起到类似癌基因或抑癌基因的作用；而且，特异性表达的 lncRNA 可作为肿瘤诊断的标志物。

（一）长非编码 lncRNA

1. lncRNA 的生物学特性

2002 年，Okazaki 等[18]在小鼠全长 cDNA 文库的大规模测序过程中首次发现一类新的转录物，即 lncRNA。人类基因组中有 7000~23 000 个 lncRNA，>200nt，其编码基因可能位于编码 mRNA 基因的外显子和内含子中，或编码 mRNA 基因之间的序列。

lncRNA具有局部高度保守的序列元件、特定的空间二级结构、组织和细胞特异性表达及明确的亚细胞定位，位于胞核或胞质中。很多lncRNA来自具有染色质特征信号的基因位点，其转录受到动态的调节，具有明显的细胞特异性，部分lncRNA具有5′帽子和Poly（A）尾巴，通过剪接而成熟。有些lncRNA在不同的物种间相当保守，可能调节不同物种间共有的信号通路，使这些物种具有某些保守的重要生物学功能；有些非保守的lncRNA功能具有种系特异性，可能受限于不同种系的环境选择压力和表型分离相关的进化。与mRNA比较，lncRNA无开放阅读框架，因此无蛋白质编码区域，即不能编码蛋白质。

研究者最早发现的第一个非编码RNA-XIST，20年前被确定为沉默因子，可降低X染色体基因的活性，以确保该基因的适度表达。Engreitz发现，XIST与附近染色体环相互作用，即XIST基因与染色体卷曲和转角共定位。这一发现支持了lncRNA通过影响染色质（缠绕DNA的蛋白复合体）的形态来调控染色体活性。XIST基因位于X染色体上，当其转换为RNA，在X染色体上扩展并沉默基因，而不是序列特异性。Engreitz等[19]将XIST的50万个碱基移动到X染色体下方，并将这个改变的染色体置于小鼠胚胎干细胞中，进一步证实XIST基因与一套新的DNA环相互作用，并证实其基因在不同的染色体，出现类似的结合迁移现象。这些结果表明，长链非编码RNA可能改变染色体的三维结构。

2. lncRNA的分类

lncRNA大致分为5类，即同义lncRNA（与同一链上与另一转录物的1个或多个外显子相重叠）、反义lncRNA（与另一条反义链上的转录物外显子相重叠）、双向lncRNA（其表达起始位点与其互补链上相邻编码转录物的表达起始点十分接近）、基因内lncRNA（即内含子lncRNA，来源于另一转录物）和基因间lncRNA（位于两个基因间的间隔中）。

3. lncRNA的产生

对于lncRNA的产生有许多看法，主要包括：编码蛋白质的基因结构发生一次框插入，转变成有功能的lncRNA；染色质重组后，即两个未转录的基因分隔很远的序列区并排重组而产生多个外显子的lncRNA；非编码基因通过反转录转座作用复制，产生有功能的非编码逆基因或没有功能的非编码反转录假基因；在ncRNA内部相邻的串联复制子产生lncRNA；基因组中插入一个转座成分而产生有功能的lncRNA[20]。

4. lncRNA的基因表达调控

lncRNA可以作用于转录激活因子或转录抑制因子，并作用于RNA多聚酶Ⅱ的不同组分，也可以直接与DNA双螺旋相互作用，从不同方面影响基因转录表达。因此，在真核细胞中，存在由lncRNA参与构成的复杂而重要的基因表达调控网络，精细地调节基因表达。

（1）转录水平调控：lncRNA是重要的基因转录表达的调控元件，而且调控基因表达方式具有多样性，主要依赖其基因与所调节的靶基因在基因组中的相对位置或序列特性。lncRNA激活转录因子，促进靶基因表达。lncRNA与转录因子形成复合体，引发蛋白的表达。lncRNA转录对邻近基因具有干扰沉默的功能。穿过下游蛋白编码基因启动子区域的lncRNA，直接干扰转录因子与启动子的结合，并阻止蛋白编码基因的表达。

（2）转录后水平调控：lncRNA介导的转录后调控，包括剪切、转运、翻译和降解等，主要以自身序列与靶mRNA序列互补配对，形成 RNA 二聚物，以掩蔽 mRNA 分子上与转录加工过程相关因子的作用位点，达到调控 mRNA 转录后加工的目的[21]。

（3）表观修饰水平调控：lncRNA 的启动子位于各种甲基化印迹控制区域内，该区域位于蛋白编码基因的序列内。因此，lncRNA 可作为表观遗传的调节因子，尤其是特异地调控同座和等位基因。lncRNA 可引起组蛋白修饰，抑制重叠基因起始转录，从而阻止假基因的转录。lncRNA 对基因的表观遗传调节在诱导多能干细胞（iPSC）和胚胎干细胞（ESC）的诱导分化和细胞周期调节中起到关键的作用。lncRNA 不仅通过表观遗传方式改变染色质结构，也可通过结合 DNA，成为染色质的组成成分，影响染色质的构象[22]。lncRNA 可特异地与 miRNA 结合，影响后者表观遗传修饰作用[23]。

（二）lncRNA 与肿瘤

1. lncRNA 在肿瘤中的异常表达

lncRNA 调控基因的异常表达，使机体发生严重的病理变化，包括肿瘤等疾病的发生。lncRNA 的特定保守元件在人类肿瘤细胞中存在广泛的表达。这类保守元件与正常细胞的原癌基因有关，起到抑制细胞凋亡的作用；在正常细胞中有很多拷贝，分布在染色体脆性位点和肿瘤相关区域。说明这类超保守元件在正常个体发育中发挥重要的作用，而其异常表达会导致细胞恶性转化[24,25]。lncRNA 也可作为某些特殊类型肿瘤的液体分子标志物[26]。在 12 例胃贲门腺癌（GCA）患者尸检组织中发现 lncRNA 转录子，并伴有淋巴结转移[27]。上皮细胞向间质细胞转化（EMT）与肿瘤转移相关。Twist 是 EMT 关键转录因子之一，通过诱导广泛的 lncRNA 转录和功能及信号转导通路而促进 MCF10A/Twist 细胞的侵袭和转移[28]。

在常氧和缺氧条件下，胃癌细胞 lncRNA 出现差异表达。与常氧条件下比较，缺氧诱导的 3 种胃癌细胞中 lncRNA 变化在 1.5 倍以上的共 254 条，占所有 lncRNA 的 3.6%，其中上调的 136 条，下调的 118 条；2 倍以上上调的 30 条，下调的 25 条；3 倍以上上调和下调的各 5 条。这种差异表达的 lncRNA，可能参与缺氧环境下胃癌细胞胃癌细胞多种恶性表型的变化[29]。

应用 lncRNA 芯片技术检测正常肝和肝癌组织 lncRNA 表达谱的变化。与正常肝组织比较，肝癌组织 2 倍以上差异表达的 lncRNA 共 837 条，占总 lncRNA 的 4.3%，其中上调的 325 条，下调的 512 条；5 倍以上差异表达上调的 47 条，下调的 69 条；10 倍以上差异表达上调的 7 条，下调的 6 条。并且发现，在肝癌组织差异表达的 lncRNA 中，包括相当一部分促癌 lncRNA 和抑癌 lncRNA，参与肝癌分子调控机制的关键环节[30]。

王瑛等[31]研究显示，肺鳞癌组织与正常肺组织比较，在 38 361 个 lncRNA 探针中有 28 055 个表达一定水平的改变，其中 3460 个具有显著差异表达（倍数变化绝对值≥2），1559 个表达下调，1901 个表达上调。进一步构建了 lncRNA 和 mRNA 的共同表达网络，对 lncRNA 可能的靶基因进行预测，得到 33 个 lncRNA-mRNA 对，发现 TERC 可能是非小细胞肺癌的诊断标志物，其对应的 2 个 incRNA：ENST00000363312 和 sno-RNA_ scaRNA_ 0_ 548 也可能作为非小细胞肺癌的诊断标志物。因此，肺鳞癌组织中差异表达的 lncRNA 可能参与肺癌的发展过程，也可能作为非鳞癌的潜在治疗靶标。

2. MALAT1 与肿瘤

MALAT1（metastasis-associated lung adenocarcinoma transcript 1），位于染色体 11q13，在许多肿瘤中表达上调，并与肿瘤的转移和复发相关。MALAT1 与许多肿瘤相关，如乳腺癌、胰腺癌、肺癌、结肠癌、前列腺癌和肝癌等。有关 MALAT1 调控肿瘤发生、发展的机制可能是其特异性位于细胞核小体的核心，参与聚集、修饰和储存、加工[32]。MALAT1 可作为非小细胞肺癌（NSCLC）潜在生物标志，可在人外周血细胞部分检测到[33]。

在前列腺癌组织和细胞株中，MALAT1 表达上调，其表达与高 Gleason 评分、前列腺特异抗原、肿瘤分期和去势抵抗前列腺癌相关。通过 siRNA 下调 MALAT1，可抑制前列腺癌细胞生长、侵袭和转移，诱导去势抵抗前列腺癌细胞周期 G_0/G_1 期阻滞。因此，MALAT1 具有维持前列腺致瘤性的潜能，并涉及前列腺癌的演进过程，另外，重要的是，瘤内给予治疗 siRNA 靶向 MALAT1，导致去势雄性裸小鼠异种移植前列腺癌的肿瘤生长延迟和转移降低，伴随荷瘤小鼠生存期的延长[34]。

研究发现，在 2 种肝癌细胞株和肝细胞癌组织样品中，MALAT1 表达上调。有 MALAT1 高表达水平的患者，肝移植后肿瘤复发的危险明显增加，尤其是超过 Milan 标准的患者。根据多变量分析，MALAT1 是肝细胞癌复发的独立预知因子。此外，抑制 HepG2 细胞 MALAT1 可有效降低细胞生存力、活力、侵袭力及对凋亡的敏感性增加[35]，并促进早期非小细胞肺癌（NSCLC）的发生和参与肿瘤细胞的转移[36]。

hsa-miR-125b 模拟物下调癌基因 SIRT7 和 MALAT1 的表达，而 hsa-miR-125b 抑制剂上调后两者的表达。已确定，hsa-miR-125b 和 SIRT7/MALAT1 的结合位点。上调 hsa-miR-125b 或下调 SIRT7，可抑制细胞的增殖和活力，增加细胞凋亡。上调 hsa-miR-125b 效应类似于沉默膀胱癌 MALAT1。这些结果提示，hsa-miR-125b 通过抑制 SIRT7 和 MALAT1 而抑制膀胱癌的发生[37]。

3. HOTAIR 与肿瘤

研究发现，lncRNA HOTRIR（Hox transcript antisense intergenic RNA）在肝细胞癌、乳腺癌和胰腺癌等肿瘤中过表达，说明其作为一种原癌基因在许多种肿瘤中发挥可能的作用。同时发现，HOTRIR 在胃癌的表达水平高于癌旁组织，并与淋巴结转移和肿瘤 TNM 分期明显相关。而且，高表达水平的 HOTRIR 预示胃癌患者存活不佳。在体外，抑制胃癌细胞 HOTRIR 表达，可能降低肿瘤细胞的侵袭及 MMP1 和 MMP3 的表达。此外，抑制 HOTRIR 表达，可能逆转上皮细胞向间质细胞转化（EMT）过程[38]。HOTAIR 可介导染色质重塑，改变组蛋白赖氨酸甲基化状态，促进乳腺癌的侵袭和转移[39]。

在食管鳞状细胞癌（ESCC）组织中，HOTAIR 表达水平增加，这种高表达水平与临床阶段、肿瘤 TNM 分期、组织分化和生命体征正相关。在 ESCC 患者，HOTAIR 表达是一种独立的预后因子。对于表达高水平 HOTAIR 的 ESCC 患者，较 ESCC 阴性患者，总的 5 年生存率降低。体外分析证实，HOTAIR 介导 ESCC 细胞增殖、克隆形成和迁移能力[40]。

HOTAIR 表达与神经胶质瘤分期和不良的预后密切相关，是多形性成胶质细胞瘤患者独立预后因子；其表达与神经胶质瘤的分子亚型相关，也与细胞周期进程的基因组合相关。HOTAIR 降低，诱导克隆形成抑制、细胞周期 G_0/G_1 期阻滞和常位的肿瘤生长抑制[41]。

HOTAIR 与多梳抑制性复合物关联，可促进肿瘤进展。研究证实，HOTAIR 在耐受顺铂 A549/DDP 细胞中表达明显上调。通过 RNAi 敲低 HOTAIR，在体外和体内可能重新致敏 A549/DDP 细胞对顺铂的反应。相反，HOTAIR 过表达，可能降低 A549 和 SPC-A1 细胞对顺铂的敏感性。同时，发现 siRNA/HOTAIR1 介导化学药物敏感性，与抑制细胞增殖、诱导 G_0/G_1 期细胞阻滞及通过调节 $p21^{WAF1/CIP1}$ 表达增加细胞凋亡有关。pcDNA/p21 或 siRNA/p21 也能模拟 siRNA/HOTAIR1 或 pcDNA/HOTAIR 对肺腺癌（LAD）细胞对顺铂敏感性的效应。重要的是，siRNA/p21 或 pcDNA/p21 能够部分恢复 siRNA/HOTAIR1 或 pcDNA/HOTAIR 对 LAD 细胞 p21 表达和顺铂敏感性的作用。进一步研究证实，HOTAIR 在顺铂应答的 LAD 组织中可明显下调，并且其表达与 p21 mRNA 表达呈负相关。由此说明，上调的 HOTAIR 归于顺铂耐受的 LAD 细胞，至少部分是通过调节 p21 表达实现的[42]。

4. H19 与肿瘤

lncRNA H19 在多种人类肿瘤中高表达，通过干扰 HIF1-α 的活性，在缺氧应激的条件下明显上调，具有致癌特性，与抑癌基因 p53 的表达呈负相关。野生型 p53（wt-p53）阻止 H19 对缺氧的诱导作用，并阻止其对无效突变 p53 细胞的诱导作用。敲低 HIF1-α，可消除 H19 的诱导作用；其过表达，可明显增加 H19 在无效突变缺氧细胞中的表达。在 wt-p53 缺氧细胞中，需要同时抑制 p53 和过表达 HIF1-α，可诱导 H19 表达，说明 p53 抑制效应对 H19 的分子机制可能至少部分涉及干扰 HIF1-α 的活性。在体内，发生在肿瘤中 H19 表达明显增加，是来自于无效突变的 p53 细胞，但不是 wt-p53 细胞。提示，p53、HIF1-α 和 H19 之间存在功能的联系，这种联系决定 H19 在缺氧的肿瘤细胞中表达增加，在肿瘤的发生、发展中起到重要的作用[43]。

H19 在胃癌发生中上调，并起重要的作用。H19 的成熟产物 miR-675 与 H19 均表达于胃癌细胞，并在 H19 促进胃癌细胞生长中是关键的介导子。肿瘤抑制因子 RUNX1（runt domain transcription factor 1）是 miR-675 直接的靶，介导 H19/miR-67 诱导胃癌细胞表型的改变。但是，RUNX1 和 H19/miR-675 在胃癌组织和胃癌细胞的表达之间存在负相关。这些结果提示，新的通路 H19/miR-675/RUNX1 调节胃癌发生，可能作为治疗胃癌的潜在靶而起作用[44]。

5. 与前列腺癌相关的 lncRNA

前列腺癌是一种雄激素依赖性恶性肿瘤，去除雄激素和（或）拮抗雄激素的内分泌治疗已成为雄激素依赖性前列腺癌最有效的治疗手段。然而有 90% 的前列腺患者在内分泌治疗 1~2 年后，都会发展为雄激素非依赖去势抵抗型前列腺癌（castration resistant prostate cancer，CRBC），导致治疗的失败。研究显示，敲除一种 plncRNA-1 的 lncRNA 表达，可下调前列腺癌细胞雄激素受体（AR）及其下游靶基因的表达。龙雪梅等[45]报道，应用雄激素依赖和非依赖的前列腺癌细胞株，经体外研究证实，plncRNA-1 在前列腺细胞中通过调节 AR 影响细胞的增殖、凋亡及细胞的侵袭力，plncRNA-1 可能在前列腺癌 CRPC 进展中起到重要的作用。

lncRNA SChLAP1（second chromosome locus associated with prostate-1，也称 LINC00913）在前列腺癌亚类过表达，其表达水平可单独预示前列腺癌的不良后果，包括其转移及其死亡。在体外和体内的功能获得和功能丧失的实验中，发现 SChLAP1 对于癌细胞的侵袭和转移是关键。SChLAP1 对抗基因组普遍的定位和 SWI/SNF 染色质修饰复合物的调节功能。因此，

SChLAP1 促进致死性癌症的发生，至少部分是因为对抗 SWI/SNF 复合物的肿瘤抑制功能[46]。

大量的研究表明，lncRNA 与前列腺癌密切相关，在肿瘤发生、发展过程中起重要的作用。lncRNA DD3/PCA3 长度为 3.7kp，为过表达的生物标志物，可能与组织的增殖有关。DD3/PCA3 在正常前列腺组织和前列腺癌组织中差异表达，与前列腺癌包膜外浸润程度有一定关联性[47]。

在前列腺癌易感性染色体 8q24 的着丝粒区域被转录长为约 13kb 无内含子的 lncRNA，命名为 PRNCR1（prostate cancer non-coding RNA 1）。PRNCR1 在一些前列腺癌细胞和损伤的前列腺内皮新生物前体中表达上调。通过 siRNA 敲低 PRNCR1 可减弱前列腺细胞的生存能力和雄激素受体的转活活性，说明 PRNCR1 可能通过受体活性而涉及前列腺癌发生的可能性[48]。

6. 与乳腺癌相关的 lncRNA

lncRNA 在调节大量基因中具有形成 lncRNA-蛋白（核糖核蛋白）复合物，如 lincRNA RoR 在 DNA 反应中通过与 hnRNP I 相互作用而抑制 p53。研究证实，hnRNP I 也能与 lncRNA UCA1（urothelial carcinoma-associated 1）形成功能性核糖核蛋白复合物，增强 UCA1 稳定性。hnRNP I 磷酸化形式（主要在胞质）与 UCA1 相互作用。虽然 hnRNP I 通过与 p27 mRNA 的 5′-UTR 相互作用而增强 p27（Kip1）的翻译，但是 UCA1 与 hnRNP I 相互作用可通过竞争性抑制而降低 p27 蛋白水平。提示，UCA1 在体外和体内具有致乳腺癌作用[49]。

研究证实，DNA 损伤后，以 ATM 依赖的方式诱导 lncRNA JADE 表达。JADE 转录激活 Jade1，后者是 HBO1（human acetylase binding to ORC1）组蛋白乙酰化复合物的关键组分。其后，JADE 诱导 DNA 损伤反应（DDR）中组蛋白 H4 乙酰化。在人乳腺肿瘤中 JADE 表达水平明显增加。敲低 JADE，可明显抑制体内乳腺肿瘤的生长。提示，JADE 是 DDR 联结组蛋白 H4 乙酰化的关键功能环节，其失调可能促进乳腺肿瘤的发生[50]。

7. 与肝细胞癌相关的 lncRNA

lncRNA HEIH 在乙型肝炎相关的肝细胞癌（HCC）细胞中显著上调，促进肿瘤细胞的增殖，具有致癌性；在细胞周期的 G_0/G_1 阻滞中起到关键的作用，与 zeste 同系物 2（EZH2）增强子有关，这种相关性需要抑制 EZH2 靶基因[51]。

与正常干细胞比较，lncRNA MEG3（maternally expressed gene 3）在 4 种肝细胞癌中表达明显降低；并发现，MEG3 在非肿瘤肝组织原位杂交的胞质中明显表达，而在肝细胞癌组织中不表达或表达很弱。例如，增强肝细胞癌细胞的 MEG3 表达，将会降低其细胞生长，诱导其细胞凋亡。miRNA-29a 过表达，增强 MEG3 表达。来自于肝细胞特异 miR-29a/b1 敲除小鼠的肝组织，GTL2（小鼠 MEG3 的同系物）降低。这些资料提示，在 miR-29a 调控下，启动子超甲基化，从而在肝细胞癌中表达下调，是 2 种非编码 RNA（miRNA 和 lncRNA）相互作用的结果[52]。

lncRNA HOTTIP 在肝细胞癌（HCC）明显上调，其基因与 HOXA13 接近，通过与 WDR5/MLL 复合物的相互作用直接调控 HOXA 位点基因。HOX 基因编码调节胚胎发育和细胞命运的转录因子。在 HCC 中 HOXA13 显著上调。研究证实，HOTTIP 和 HOXA13 水平与 HCC 患者临床进展和疾病预期后果相关。应用肝癌细胞株 HuH-6 和 HuH-7 实验发现，HOTTIP 和 HOXA13 之间存在双向调节环路。在 HCC 进展中，HOTTIP 和 HOXA13 的关联表达对 HCC 患者的肿瘤转移和存活起到关键的作用[53]。

lncRNA 是超保守 ucRNA（ultraconserved lncRNA），在肝细胞癌发生转录，其表达发生改变。从肿瘤细胞释放的外囊泡，如外体（exosome）和微泡（microvesicle），能够横跨细胞转移生物活性蛋白和 RNA。研究证实，ucRNA 的囊泡介导转移作用，对于肿瘤细胞行为，可能潜在影响细胞间信号转导。HCC 产生的细胞外囊泡可从培养的细胞分离，被邻近细胞接纳。几种 ucRNA 表达在细胞外囊泡内明显的改变。在 HCC 产生的细胞外囊泡中，表达最明显的 ucRNA 被克隆，鉴定为 1198bp，命名为 TUC339，其功能涉及调节肿瘤细胞生长和黏附作用。通过 siRNA 抑制 TUC339，降低 HCC 细胞增殖、克隆源生长及在软琼脂中生长。因此，TUC339 在细胞间转移，代表唯一的信号转导机制，在这一机制中肿瘤细胞能够促进 HCC 生长和扩散。这些发现，支持了 lncRNA 从细胞中输出的机制，暗示细胞间囊泡介导 lncRNA 转移的机制，使细胞能够对微环境内的其他细胞发生遗传影响[54]。

8. 与消化道肿瘤相关的 lncRNA

研究发现，lncRNA GHET1（gastric carcinoma high expressed transcript 1）在胃癌中上调，并与肿瘤大小、肿瘤侵袭和患者存活时间有关；GHET1 过表达，促进体内和体外胃癌细胞的增殖。敲低 GHET1，可抑制胃癌细胞的增殖。进一步研究证实，GHET1 与胰岛素样生长因子 2 mRNA 结合蛋白 1（IGF2BP1）结合，增强 c-Myc mRNA 和 IGF2BP1 相互作用，结果是增加 c-Myc mRNA 及其表达的稳定性。GHET1 和 c-Myc 在胃癌组织中表达密切相关。耗竭 c-Myc，可消除 GHET1 对胃癌细胞增殖的作用。因此，GHET1 经 c-Myc mRNA 稳定表达，在胃癌细胞增殖起到重要的作用[55]。

lncRNA HULC（highly upregulated in liver cancer）与肝细胞癌发生和进展有关；在胃癌（GC）也起到致癌作用，在 GC 细胞和组织中过表达，并与淋巴结转移、远处转移及进展下肿瘤转移阶段相关。过表达 HULC，促进 SGC7901 细胞增殖、侵袭，并抑制凋亡，而敲低 HULC，显示 SGC7901 细胞凋亡效应。过表达 HULC，能够诱导 SGC7901 细胞自噬；并且，抑制自噬，可增加细胞凋亡。沉默 HULC，可有效逆转上皮细胞向间质细胞转化（EMT）表型[56]。

lncRNAs PlncRNA-1 在食管鳞状细胞癌（ESCC）的表达明显高于癌旁组织，并与肿瘤进展的临床阶段和淋巴结转移明显相关；如敲低 PlncRNA-1，将抑制体外肿瘤细胞增殖和凋亡。这些结果证实，PlncRNA-1 可作为预后的标志，并作为治疗 ESCC 的靶点。lncRNA UCA1（urothelial cancer-associated 1）在舌鳞状细胞癌（TSCC）表达明显增加，并与淋巴结转移密切相关。UCA1 过表达，可促进其转移，但不增强其增殖的能力[58]。

lncRNA PRNCR1 位于 8q24，对结肠直肠癌（CRC）敏感。研究发现，PRNCR1 单核苷酸多态性（SNP）rs13252298 和 rs1456315 与降低 CRC 风险有明显的关联性。CRC 患者携带的 rs1456315G，肿瘤可能>5cm。携带 rs7007694C 和 rs16901946G 具有降低发生不良分化 CRC 的风险[59]。

9. 与其他肿瘤相关的 lincRNA

lincRNA p21 是低氧反应 lincRNA，对缺氧增强糖酵解是必要的。缺氧/HIF-1α 能够诱导 lincRNA p21 与 HIF-1α 和 VHL（von Hippel-Lidan diswase gene，一种抗癌基因）结合，阻断 VHL-HIF-1α 的相互作用。这种阻断作用，减弱 VHL 介导的 HIF-1α 泛素化作用，并引起 HIF-1α 的累积。这些资料指出，在 HIF-1α 和 lincRNA p21

之间存在正反馈环路，促进缺氧情况下的糖酵解。lincRNA p21促进肿瘤生长的能力在小鼠异种移植模型中得到证实。因此，lincRNA p21可作为肿瘤治疗的靶标[60]。在p53抑癌机制的研究中，发现p53可以直接诱导lncRNA p21的转录，后者与hnRNA-K相互作用，调控下游基因的表达，形成一个调控网络，从而发挥p53抑制肿瘤或促进异常细胞凋亡的作用[61]。

一种重要的转录因子E2F1能够诱导细胞的增殖和死亡，是肿瘤抑制基因（RB）的关键下游靶。视网膜成神经细胞瘤信号转导通路在人的肿瘤中常被灭活，导致E2F1活性失调。一种lncRNA XLOC 006942命名为ERIC，通过E2F1调节，可能也受E2F3调节。研究证实，激活外源性E2F1和E2F3或内源性E2Fs，将增强ERIC的表达水平。而且，敲低E2F1或E2F3，将会降低ERIC表达水平和内源性E2F1结合ERIC启动子。ERIC表达水平是以E2F1依赖的方式调节细胞周期，并在G_1期达到最大值。抑制ERIC表达，可增加E2F1介导的细胞凋亡，提示E2F1和ERIC构成了调节E2F1活性的负反馈环路。此外，应用依托泊苷（Etoposide，VP-16）化疗药物损伤DNA后，增加ERIC表达水平；抑制ERIC表达可增强依托泊苷诱导的细胞凋亡[62]。

lncRNA MEG3在非小细胞肺癌（NSCLC）组织中表达低，与进展的病理阶段和肿瘤大小相关，对于MEG3表达水平较低的患者预后不佳。过表达MEG3，NSCLC细胞增殖降低，诱导体外细胞凋亡，阻止体内肿瘤发生。在体外，通过MEG3过表达，影响MDM2和p53蛋白表达水平。提示，MEG3在NSCLC组织中明显下调，部分经过激活p53所致。因此，MEG3可能作为NSCLC不良预后的新标志，是潜在治疗NSCLC的靶点[63]。

研究发现，骨肉瘤组织lncRNA TUG1及其转录变异体之一的n377360表达明显高于匹配的非肿瘤组织；通过siRNA抑制TUG1和n377360，明显损伤人U2OS骨肉瘤细胞株的增殖潜能。而且，抑制TUG1表达，明显促进骨肉瘤细胞凋亡。这些结果为其应用提供了重要依据[64]。

lncRNA DQ786227在BEAS-2B细胞转化时表达高，发生了改变。沉默恶性转化BEAS-2B细胞DQ786227的表达，可抑制细胞增殖和克隆形成，使凋亡增加。lncRNA-DQ786227具有明显促进体外BEAS-2B-T细胞克隆形成的能力，在裸小鼠发生肿瘤。研究发现，DQ786227在苯并（a）芘［benzo（a）pyrene］诱导恶性转化BEAS-2B细胞中起到癌基因的作用[65]。

参 考 文 献

[1] Oh SJ, Kim SM, Kim YO, et al. Clinicopathologic implications of PIWIL2 expression in colorectal cancer. Korean J Pathol, 2012, 46 (4): 318-323.

[2] Aravin A, Gaidatzis D, Pfeffer S, et al. A novel class of small RNAs bind to MILI proteinin mouse testes. Nature, 2006, 442 (7099): 203-207.

[3] 成佳，肖丙秀，周辉，等. 新型非编码小RNA——piRNA的生物学功能研究进展. 中国细胞生物学学报，2010，32（3）：465-470.

[4] Houwing S, Kamminga LM, Berezikov E, et al. Arolefor piwi and piRNAs in germ cell maintenance and transposon silencing in zebrafish. Cell, 2007, 129 (1): 69-82.

[5] Seto AG, Kingston RE, Lau NC. The coming of age for piwi proteins. Mol Cell, 2007, 26 (5): 603-609.

[6] Cheng J, Guo JM, Xiao BX, et al. piRNA, the new non-coding RNA, is aberrantly expressed in human cancer cells. Clin Chim Acta, 2011,

412 (17/18): 1621-1625.

[7] Cheng J, Deng H, Xiao B, et al. piR-823, a novel non-coding small RNA, demonstrates in vitro and in vivo tumor suppressive activeity in human gastric cancer cells. Cancer Lett, 2012, 315 (1): 12-17.

[8] Kowalczykiewicz D, Pawlak P, Lechniak D, et al. Altered expression of porcine Piwi genes and piRNA during development. PLos One, 2012, 7 (8): e43816.

[9] Siddiqi S, Matushansky I. Piwis and piwi-interacting RNAs in the epigenetics of cancer. J Cell Biochem, 2012, 113 (2): 373-380.

[10] Lu Y, Li C, Zhang K, et al. Identificantion of piRNAs in HeLa cells by massive parallel sequenceing. BMB Rep, 2010, 43 (9): 635-641.

[11] Taubert H, Greither T, Kaushal D, et al. Expression of the stem cell self-renewal gene Hiwi and risk of tumour-related death in patients with soft-tissue sarcoma. Oncogene, 2007, 26 (7): 1098-1100.

[12] Grochola LF, Greither T, Taubert H, et al. The stem cell-associated Hiwi gene in human adenocarcinoma of the pancreas: expression and risk of tumour-related death. Br J Cancer, 2008, 99 (7): 1083-1088.

[13] Oh SJ, Kim SM, Kim YO, et al. Clinicopathologic implications of PIWIL2 expression in colorectal cancer. Korean J Pathol, 2012, 46 (4): 318-323.

[14] Li D, Sun X, Yan D, et al. Piwil2 modulated the proliferation and metastasis of colon cancer via regulation of matrix metallopeptidase 9 transcriptional activity. Exp Biol Med (Maywood), 2012, 237 (10): 1231-1240.

[15] Yin DT, Li HQ, Wang YF, et al. Expression of Piwil2 and its relationship with tumor invasion and metastasis in papillary thyroid carcinoma. Chin J Otorhinolaryngol Head Neck Surg, 2011, 46 (3): 237-239.

[16] Lee JH, Schutte D, Wulf G, et al. Stem cell protein Piwil2 is widely expressed in tumor and inhibits apoptosis through activation of Stat3/Bcl-XL pathway. Human Mol Genet, 2006, 15 (2): 201-211.

[17] Lu Y, Zhang K, Li C, et al. Piwil2 suppresses p53 by inducing phosphorylation of signal transducer and activator of transcription 3 in tumor cells. PLoS One, 2012, 7 (1): e30999.

[18] Birney E, Stamatoyannopoulos JA, Dutta A, et al. Identification and analysis of functional elements in 1% of the human genome by the ENCODE pilot project. Nature, 2007, 447 (7146): 799-816.

[19] Pennisi E. Long noncoding RNAs may alter chromosome's 3D structure. Science, 2013, 340 (6135): 910.

[20] Ponting Cp, Oliver PL, Reik W, et al. Evolution and function of long noncoding RNAs. Cell, 2009, 136: 629-641.

[21] Houseley J, Rubbi L, Grunstein M, et al. A ncRNA modulates histone modifacation and mRNA induction in the yeast GAL gene cluster. Mol Cell, 2008, 32: 685-695.

[22] Guttman M, Donaghey J, Carey BW, et al. lncRNA act in the circuitry controlling pluripotency and differentiation. Nature, 2011, 477 (7364): 295-300.

[23] Wang J, Liu X, Wu H, et al. CREB up-regulates long non-coding RNA, HULC expression through interaction with microRNA-372 in liver cancer. Nucleic Acids Res, 2010, 38 (16): 5366-5383.

[24] Tsai MC, Spitale RC, Chang HY. Long intergenic noncoding RNAs: new links in cancer progression. Cancer Res, 2011, 71 (1): 3-7.

[25] Lai MC, Yang Z, Zhou L, et al. Long intergenic noncoding RNA MALAT-1 overexpression predicts tumor recurrence of hepatocellular carcinoma after liver transplantation. Med Oncol, 2012, 29 (3): 1810-1816.

[26] Ochiai A, Okihara K, Kamoi K, et al. Prostate cancer gene 3 urine assay for prostate cancert in Japanese men undergoing prostate biopsy. Int J Urol, 2011, 18 (3): 200-205.

[27] Wang Y, Feng X, Jia R, et al. Microarray expression profile analysis of long non-coding RNAs of advanced stage human gastric cardia adenocarcinoma. Mol Genet Genomics, 2014, Epub ahead of print.

[28] Hu P, Yang J, Hou Y, et al. LncRNA expression signatures of twist-induced epithelial-to-mesenchymal transition in MCF10A cells. Cell Signal, 2014, 26 (1): 83-93.

[29] 王亚芳，刘理礼，靳海峰，等. LncRNA 在缺氧诱导的胃癌细胞中表达谱的变化. 现代肿瘤医学，2013，21 (2): 225-228.

[30] 潘延凤，冯磊，魏凌雁，等. 长链非编码RNA 在肝癌中表达谱的变化. 中华实验外科杂志，2011，28 (3): 406-407.

[31] 王瑛，尹继业，李湘平，等. 肺鳞癌全基因组 lncRNAs 表达研究. 肿瘤药学，2013，3 (4): 319-320.

[32] Hutchinson JN, Ensminger AW, Clemson CM, et al. A screen for nuclear transcripts identifies two linked noncoding RNAs associated with SC35 splicing domains. BMC Genomics, 2007, 8: 39.

[33] Weber DG, Johnen G, Casjens S, et al. Evaluation of long noncoding RNA MALAT1 as a candidate blood-based biomarker for the diagnosis of non-small cell lung cancer. BMC Res Notes, 2013, 6: 518.

[34] Ren S, Liu Y, Xu W, et al. Long noncoding RNA MALAT-1 is a new potential therapeutic target for castration resistant prostate cancer. J Urol, 2013, 190 (6): 2278-2287.

[35] Lai MC, Yang Z, Zhou L, et al. Long noncoding RNA MALAT-1 overexpression predicts tumor recurrence of hepatocellular carcinoma after liver transplantation. Med Oncol, 2011, 32: 4.

[36] Ji P, Diederichs S, Wang W, et al. MALAT-1, a novel noncoding RNA, and thymosin β4 predict metastasis and survival in early-stage non-small cell lung cancer. Oncogene, 2003, 22: 8031-8041.

[37] Han Y, Liu Y, Zhang H, et al. Hsa-miR-125b suppresses bladder cancer development by down-regulating oncogene SIRT7 and oncogenic long non-coding RNA MALAT1. FEBS Lett, 2013, 587 (23): 3875-3882.

[38] Xu ZY, Yu QM, Du YA, et al. Knockdown of long non-coding RNA HOTRIR suppresses tumor invasion and reverses epithelial-mesenchymal transition in gastric cancer. Int J Biol Sci, 2013, 9 (6): 587-597.

[39] Gupta RA, Shah N, Wang KC, et al. Long non-coding RNA NORAIR reprograms chromatin state to promote cancer metastasis. Nature, 2010, 464: 1071-1076.

[40] Lv XB, Lian GY, Wang HR, et al. Long noncoding RNA HOTAIR is a prognostic marker for esophageal squamous cell carcinoma progression and survival. PLoS ONE, 2013, 8 (5): e63519.

[41] Zhang JX, Han L, Bao ZS, et al. HOTAIR, a cell cycle-associated long noncoding RNA and a strong predictor of survival, is preferentially expressed in classical and mesenchymal glioma. Neuro Oncol, 2013, 15 (12): 1595-1603.

[42] Liu Z, Sun M, Lu K, et al. The long noncoding RNA HOTAIR contributes to cisplatin resistance of human lung adenocarcinoma cells via downregualtion of p21 (WAF1/CIP1) expression. PLoS One, 2013, 8 (10): e77293.

[43] Matouk IJ, Mezan S, Mizrahi A, et al. The oncofetal H19 RNA connection: hypoxia, p53 and cancer. Biochim Biophys acta, 2010, 1803: 443-451.

[44] Zhuang M, Gao W, Xu J, et al. The long non-coding RNA H19-derived miR-675 modulates human gastric cancer cell proliferation by targeting tumor suppressor RUNX1. Biochem Biophys Res Commun, 2014, Epub ahead of

print.

[45] 龙雪梅，郭远新. PlncRNA-1 在雄激素非依赖去势抵抗型前列腺癌细胞中的作用. 现代肿瘤医学，2013，21（7）：1458-1462.

[46] Prensner JR, Iyer MK, Sahu A, et al. The long noncoding RNA SChLAP1 promotes aggressive prostate cancer and antagonizes the SWI/SNF complex. Nat Genet, 2013, 45（11）: 1392-1398.

[47] Ifere GO, Ananaba GA. Prostate cancer gene expression marker 1（PCGEM1）: A patented prostate-specific non-coding gene and regulator of prostate cancer progression. Recent Pat DNA Gene Seq, 2009, 3（3）: 151-163.

[48] Chung S, Nakagawa H, Uemura M, et al. Association of a novel long non-coding RNA in 8q24 with prostate cancer susceptibility. Cancer Sci, 2011, 101（1）: 245-252.

[49] Huang J, Zhou N, Watabe K, et al. Long non-coding RNA UCA1 promotes breast tumor growth by suppression of p27（Kip1）. Cell Death Dis, 2014, 5: e1008.

[50] Wan G, Hu X, Liu Y, et al. A novel non-coding RNA lncRNA-JADE connects DNA damage signalling to histone H4 acetylation. EMBO J, 2013, 32（21）: 2833-2847.

[51] Yang F, Zhang L, Huo XS, et al. Long noncoding RNA high expression in hepatocellular carcinoma facilitated tumor growth through enhancer of zeste homolog 2 in humans. Hepatology, 2011, 54: 1679-1689.

[52] Braconi C, Kogure T, Valeri N, et al. microRNA-29 can regulate expression of the long non-coding RNA gene MEG3 in hepatocellular cancer. Oncogene, 2011, 30: 4750-4756.

[53] Quagliata L, Matter MS, Piscuoglio S, et al. lncRNA HOTTIP/HOXA13 expression is associated with disease progression and predicts outcome in hepatocellular carcinoma patients. Hepatology. 2013, Epub ahead of print.

[54] Kogure T, Yan IK, Lin WL, et al. Extracellular Vesicle-Mediated Transfer of a Novel Long Noncoding RNA TUC339: A Mechanism of Intercellular Signaling in Human Hepatocellular Cancer. Genes Cancer, 2013, 4（7-8）: 261-272.

[55] Yang F, Xue X, Zheng L, et al. Long non-coding RNA GHET1 promotes gastric carcinoma cell proliferation by increasing c-Myc mRNA stability. FEBS J, 2013, Epub ahead of print.

[56] Zhao Y, Guo Q, Chen J, et al. Role of long non-coding RNA HULC in cell proliferation, apoptosis and tumor metastasis of gastric cancer: A clinical and in vitro investigation. Oncol Rep, 2014, 31（1）: 358-364.

[57] Wang CM, Wu QQ, Li SQ, et al. Upregulation of the Long Non-coding RNA PlncRNA-1 Promotes Esophageal Squamous Carcinoma Cell Proliferation and Correlates with Advanced Clinical Stage. Dig Dis Sci, 2013, Epub ahead of print.

[58] Fang Z, Wu L, Wang L, et al. Increased expression of the long non-coding RNA UCA1 in tongue squamous cell carcinomas: a possible correlation with cancer metastasis. Oral Surg Oral Med Oral Pathol Oral Radiol, 2014, 117（1）: 89-95.

[59] Li L, Sun R, Liang Y, et al. Association between polymorphisms in long non-coding RNA PRNCR1 in 8q24 and risk of colorectal cancer. J Exp Clin Cancer Res, 2013, 32（1）: 104.

[60] Yang F, Zhang H, Mei Y, et al. Reciprocal regulation of HIF-1α and LincRNA-p21 modulates the Warburg effect. Mol Cell, 2014, 53（1）: 88-100.

[61] Huarte M, Guttman M, Feldser D, et al. A large intergenic noncoding RNA induced by p53 mediates global gene repression in the p53 response. Cell, 2010, 142: 409-419.

[62] Feldstein O, Nizri T, Doniger T, et al. The long non-coding RNA ERIC is regulated by E2F and modulates the cellular response to DNA damage. Mol Cancer, 2013, 12（1）: 131.

（下转第 74 页）

智能型DOC/miR-200c双药明胶酶靶向纳米粒子的制备、抗肿瘤效果及机制研究

刘 芹 李茹恬 钱晓萍 禹立霞 刘宝瑞[1]

南京大学医学院附属鼓楼医院肿瘤中心暨南京大学临床肿瘤研究所
南京 210008

【摘要】 为了将药物更有针对性地投递到肿瘤组织和细胞，提高抗肿瘤效果，延缓肿瘤的复发及转移，本论文制备具有明胶酶（基质金属蛋白酶2/9）靶向性的高分子药物载体，用于实现miR-200c/DOC双药共同投递。近红外活体成像实验表明，纳米粒子在人胃癌皮下移植瘤内长时间聚集；体内研究显示，miR-200c/DOC双药纳米粒子通过提高细胞内miR-200c的含量，降低TUBB3的表达，对DOC具有增敏作用，因而miR-200c/DOC双药纳米粒子的抗肿瘤作用较DOC单药粒子明显增强。同时由于miR-200c明显提高了E-cadherin的表达，并降低胃癌干细胞标志物CD44的表达，肿瘤组织的增殖活性明显降低，凋亡比率升高；将这些剩余的肿瘤组织重新移植到裸鼠皮下，双药纳米粒子组第二次种植的肿瘤生长速度最慢，小鼠的生存期最长。此研究证实，miR-200c/DOC双药纳米粒子通过对肿瘤干细胞和肿瘤细胞的双重抑制作用，达到显著持久的抗肿瘤能力，为化疗药物和微小RNA的联合使用提供了新的思路。

【关键词】 多西他赛；纳米粒子；肿瘤干细胞；胃癌

胃癌是全世界发病率最高的肿瘤之一，也是我国最常见的消化系统恶性肿瘤，大多数胃癌患者诊断时已处于中晚期，相当一部分患者已失去手术机会，需要依赖化疗等手段，然而进展期胃癌患者，即便化疗有效，也是短暂的。氟尿嘧啶类、铂类和紫杉类药物是胃癌最常用的化疗药物，但其单独使用疗效有限，大多在5%~20%，胃癌的联合化疗已逐渐被接受，但是有效率仍然低于50%，总体来说胃癌患者的预后较差[1~3]。提高胃癌的疗效，减少化疗过程中的毒副反应，是迫切需要解决的问题之一。

紫杉烷药物主要包括紫杉醇（PTX）和多西他赛（多西紫杉醇，DOC）等，具有明确的抗肿瘤效果，是20世纪具有里程碑意义的抗肿瘤药物，2007年，美国NCCN将DOC纳入进展期胃癌的使用药物。紫杉烷属于二萜类化合物，不溶于水，单药治疗胃癌的有效率小于25%，并且会引起骨髓抑制、过敏反应、神经毒性反应、发热、中性粒细胞减少、腹泻及严重的嗜

[1] 通信作者：刘宝瑞，南京市中山路321号 鼓楼医院肿瘤科 210008，Tel：025-83105082 E-mail:baoruiliu@nju.edu.cn

睡等副反应[4]，因而该药在临床使用具有一定的风险和不便[5]。

为了能够更好地在临床使用多西他赛，我们采用自行合成的具有明胶酶（基质金属蛋白酶 2/9）靶向性的高分子药物载体用于实现 miR-200c/DOC 双药共同投递，通过体内外实验对其抗肿瘤进行了评价。

一、材料与方法

（一）主要材料

miR-200c，ε-己内酯（ε-CL）；miR-200c mimics 及 mimics negative control（mimics NC），分为 FAM 标记和非 FAM 标记；用于实时荧光定量 PCR 的 miR-200c 和内参 U6 的引物探针（美国 Applied Biosystem 序列）。

多西他赛（DOC），明胶酶底物肽段（序列 HOOC-PVGLIG-NH_2），甲氧基聚乙二醇乙酸 NHS 酯（mPEG-NHS），异硫氰酸根 NIR-797，新生牛血清，焦碳酸二乙酯（DEPC），1640 培养液，逆转录试剂盒 ExScriptTM RT reagent Kit（Perfect Real Time），兔抗人抗 TUBB3 抗体，兔抗人 GAPDH 抗体，兔抗人 β-actin 抗体，BCA 法蛋白定量检测试剂盒，HRP 标记的羊抗兔 IgG，Trizol Reagent，Quant-iT^{TM} RNA Assay Kits 等。

（二）细胞系

人胃癌细胞株 BGC823 购自中国科学院上海细胞生物学研究所。

（三）负载 miR-200c 的 PEG-Pep-PCL 纳米粒子的制备、粒径及形貌

根据文献合成了具有明确明胶酶靶向性的嵌段共聚物 mPEG-Pep-PCL 后[6]，采用改良的双乳液法制备 miR-200c/DOC 双药纳米粒子[7,8]。整个操作过程注意 RNA 酶的去除。将制得的纳米粒子的粒径和形貌通过透射电镜评价，将 1 滴纳米粒子分散液滴在覆盖硝酸纤维素膜的铜网上，在空气中干燥后，用 1%磷钨酸钠染色，然后电镜下观察。

（四）明胶酶靶向纳米粒子在荷瘤小鼠中的实时分布

我们选用近红外荧光分子异硫氰酸 NIR-797 标记明胶酶靶向纳米粒子。人低分化胃腺癌细胞 BGC-823 0.2ml（含 5×10^6 个细胞）细胞悬液接种于 BALB/c 小鼠右侧腋下，细胞种植后每天测量肿瘤体积，当肿瘤体积约为 400mm^3 的时候，进行实时近红外荧光显像。将 NIR-797 标记的酶靶向纳米粒子分别由尾静脉注射入小鼠体内，小鼠在异氟烷的麻醉下平躺于动物板上，置于近红外活体成像仪中进行观察，采集近红外荧光信号，曝光时间定为 2s，扫描时间点为静脉注射后 1h、4h、8h、24h、48h、72h、96h、120h 及 144h。在实验结束后，取出肿瘤、肝、脾、肺、肾、心、脑、胃及肠道，检测纳米粒子在各主要器官中的分布情况。

（五）miR-200c+DOC 双药纳米粒子的体内抗肿瘤效果评价

在体重为 18~22g 的 BABL/C 雄性裸鼠（SPF 级）的右侧腋下种植胃癌 BGC-823 细胞 5×10^6/只，当肿瘤的体积达到 100~200mm^3 时，将小鼠随机分为 6 组，每组 6 只：空白对照组（生理盐水组）、酶靶向空白粒子组、DOC 组、miR-200c 单药粒子组（10nmol/kg）、DOC 单药粒子组（10mg/kg）、miR-200c+DOC 双药粒子组（miR-200c 50μg/kg+DOC 10mg/kg），给药体积为 0.4ml，第一次给药日记为 d1，其后在 d8 和 d15 各给药一次，在第一次给药后隔天用游标卡尺测量小鼠的肿瘤的长径（a）和垂直于长径的最大横径（b），瘤体积 = $0.5\times a\times b^2$，同时隔日称量小鼠体重，观察它们的饮食、活动度等情况。在给药后第 21 天，将小鼠统一处死，留取肿瘤组织，

留待后续实验。

（六）肿瘤组织切片中的增殖和凋亡细胞的测定

在实验结束后，从各个实验组中随机选取小鼠，每组 3 只，取出肿瘤组织，10%中性甲醛固定，常规脱水、石蜡包埋、切片。对于增殖测定，用 PCNA 染色，在光学显微镜下观察并拍照，阳性细胞为棕色，正常细胞为蓝紫色。

对于细胞凋亡测定，用 TUNEL（TdT-mediated dUTP nick end labeling）染色：肿瘤组织在中性甲醛中固定 24h 后，常规脱水、包埋、组织切片，按照说明书进行 TUNEL 染色，在光学显微镜下观察、拍照，凋亡细胞为棕色，正常细胞为蓝紫色。

（七）Q-PCR 检测 miR-200c 和目的基因 mRNA 的表达

1. miRNA 提取及定量检测

（1）RNA 专用试剂及器材准备：将饭盒及玻璃制品在 180℃烘烤至少 6 h，离心管等塑料用品为无 RNAase 的进口产品，在 126 ℃下高压蒸汽灭菌 30min。0. 1%DEPC 水充分搅拌后，126 ℃下高压蒸汽灭菌 30min。

（2）RNA 的提取：取各组抗肿瘤治疗后的 50~100mg 组织至事先被液氮预冷过的研钵中，用眼科剪尽可能将组织剪碎，加入 1ml Trizol 研磨 1min，将研磨后的组织和 Trizol 收集到 EP 管中。每管中加入 0. 2ml 氯仿，剧烈震荡混匀后，在 4 ℃下 12 000rpm 离心 10min，小心吸取上清至另一离心管中；加入等体积的异丙醇，充分混匀后，在-20℃至少放置 1h（可过夜），在 4 ℃下 12000rpm 离心 10min；小心的吸去上清，加入 0. 5ml 70%乙醇洗涤，在 4℃下 10000rpm 离心 5min，去除上清，用 70%乙醇洗涤，再洗涤一次，晾干；加入 DEPC 水溶解 RNA，取 1μl RNA 溶液稀释 50 倍后在核酸定量仪上定量。剩余的 RNA 进行逆转录或-80℃保存。

（3）Q-PCR 定量检测：其中 mRNA 的定量检测采用 SYBR-Green 方法。

2. mRNA 的定量

（1）逆转录：在冰上配置逆转录反应液，总体积为 20μl，反应循环条件为：37℃ 45min，95℃ 5min，4℃ forever，cD-NA 于-20℃保存。

（2）实时荧光定量 PCR：采用 SYBR-Green 方法进行 PCR 反应，为避免可能存在的 DNA 对荧光定量 PCR 结果的干扰，所有引物均为跨内含子设计。

在冰上配置 PCR 的反应液，总体积为 20μl，β-actin 为内参，药物作用前的细胞 RNA 为对照，计算药物作用前后 TUBB3 mRNA 的表达变化，反应循环参数为 95℃ 10s，95℃ 5s，60℃ 30s，40cycles，记录每个循环的荧光信号。

3. miRNA 的定量

（1）逆转录：在冰上配置逆转录反应液，总体积为 10μl，反应循环条件为：25℃ 5min，37℃ 45min，95℃ 5min，4℃ forever。

（2）实时荧光定量 PCR：在冰上配置 PCR 的反应液，总体积为 20μl，U6 为内参，反应循环参数为：95℃ 1min 1cycle，95℃ 15s、60℃ 45s 40cycles。

miRNA 定量以药物作用前的细胞 miR-NA 的表达为对照，计算药物作用前后 miR-200c 的表达变化。

（八）Western blot 检测目的蛋白质的表达

1. 总蛋白的提取

在动物实验结束后，将一部分肿瘤组织在液氮中预冷后迅速送至实验室，保存于-80 ℃冰箱中，进行 Western blot 实验。首先提取组织蛋白：将少量组织块尽量剪碎，置于 1~2ml 匀浆器中，加 300~500μl 含 PMSF 的去污剂裂解液在冰上进行匀浆，使组织尽量碾碎，裂解 30min 后，将裂解液转移至 1.5ml 离心管中，在 4℃下12 000 rpm 离心 5min，留取上清，并用 BCA 蛋白定量试剂盒定量，具体步骤按照厂家说明书进行。测定蛋白浓度后调整各组蛋白浓度保持一致，加入 5×上样缓冲液，沸水浴加热 10min，上样置-20℃保存。

2. SDS-PAGE 电泳

根据所测蛋白浓度上样，每孔蛋白量 30~100μg，接通电源，开始用 80V，约 30min 到达分离胶后改用 110V 跑至溴酚蓝到底端后终止电泳。

3. 转膜

选用一张比胶的面积略大的 PVDF 膜（0.45μm），做好正反面标记，将切好的膜置于甲醇溶液中 10s，然后按照 3 层滤纸、凝胶、PVDF 膜、3 层滤纸的顺序放入转膜夹中，并且 PVDF 膜向阳极的方向装入转膜槽；恒流 200mA，时间 120min。

4. 孵育抗体

PVDF 膜经 5%的脱脂奶粉封闭 1h 后，浸泡在 TUBB3 的一抗稀释液中（1：1000），或者 E-cadherin 一抗稀释液（1：750）、CD44 一抗稀释液（1：500），4℃孵育过夜，经 TBST 洗涤 10min×3 次后，室温孵育 HRP 标记的二抗（1：5000）2 h。

5. 化学发光、曝光

二抗孵育完成后，PVDF 膜经 TBST 洗涤 10min×3 次后，滴加 ECL 发光液，于暗室中曝光。采用 quantity one 4.4.0 软件测定蛋白条带的灰度值，目的蛋白的表达强弱=目的条带灰度值/相应的内参灰度值之比。

（九）抗肿瘤治疗后残余的肿瘤组织的成瘤率、生长速度以及生存期的观察

将抗肿瘤治疗后的残余肿瘤组织通过组织块肿瘤法重新接种到 BABL/c 裸鼠右侧皮下，实验分组为生理盐水组、DOC 单药纳米粒子组和双药纳米粒子组，观察这些残余组织的成瘤能力，并隔日测量肿瘤的瘤径，考察生长速度以及对小鼠的生存期进行观察。

（十）统计学处理

所有统计分析均通过 SPSS 11.5 统计软件完成，采用 *t* 检验比较差异。数据均用均值±标准差（Mean±SD）表示。

二、结果

（一）纳米粒子的粒径及粒子形貌

图 1 为酶靶向双药纳米粒子的扫描电镜图片，可见双药纳米粒子为形态较规则的球形，粒子大小较均一，粒径约为 156 nm，而用动态光散射所测得的纳米粒子的粒径为 188.8±3.5nm，多分散性为 0.130，粒子的大小与扫描电镜的结果基本一致。

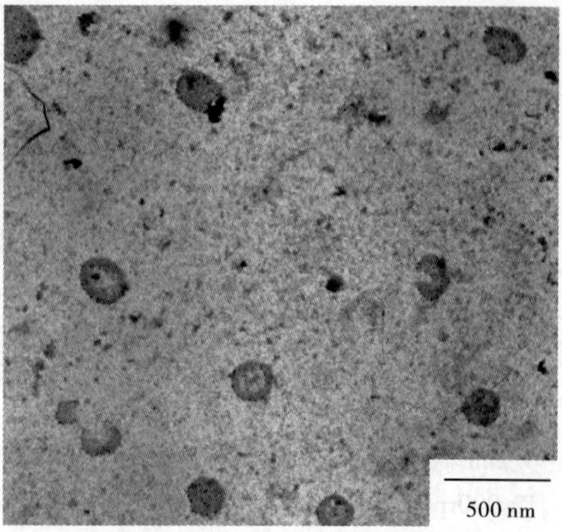

图 1　双药纳米粒子的透射电镜照片

（二）近红外荧光活体成像技术检测纳米粒子在 BGC-823 荷瘤小鼠中的实时分布

接下来考察靶向纳米粒子在 BGC-823

荷瘤小鼠体内的实时分布，BGC-823 是一种高表达明胶酶的细胞株，尾静脉注射标记了 NIR-797 的酶靶向纳米粒子后，在 1h、2h、4h、12h、24h、48h 和 72h、96h 内进行无创性的近红外荧光活体成像，以追踪纳米粒子在荷瘤小鼠中的分布。在彩图 2（见 661 页）中，不同的荧光强度由不同颜色表示，荧光强度代表了粒子的多少。从图中可以看出，在静脉注射后 4h，大部分荧光信号在小鼠腹部聚集，但是在种瘤部位已经开始出现 NIR-797 的信号，说明有少量的纳米粒子在肿瘤局部，但是大部分纳米粒子分布于肝、肠道等器官。而随着时间的推移，小鼠种瘤部位的荧光逐渐增加，肝部荧光强度逐渐减少，到静脉注射后的 120 h，肿瘤部位的荧光强度已经大于肝部。在实验结束后，将肿瘤、心脏、肺、胃、脾、肾、肠道、脑及肝离体取出并进行显像，发现肿瘤组织中的荧光强度远高于其他组织。

（三）肿瘤生长曲线观察

图 3 为皮下种植胃癌细胞的 BALB/c 裸鼠接受尾静脉注射治疗后各组肿瘤的生长曲线。结果显示，与生理盐水组相比，空白纳米粒子组的肿瘤生长速度无明显差异，而 miR-200c 单药纳米粒子组中肿瘤的生长略微受到抑制，到实验结束时大约为生理盐水组中肿瘤体积的 75%，DOC、DOC 单药纳米粒子组以及 miR-200c/DOC 双药纳米粒子组的肿瘤生长速度均明显低于对照组。比较 DOC 组和 DOC 单药纳米粒子组，在给药的前 7 天，DOC 载药粒子组的抑瘤效果基本与 DOC 组相似，随着时间的延长，两者差距开始扩大，靶向纳米粒子的抗肿瘤优势逐渐明显。将 DOC 单药粒子组和双药纳米粒子相比较，在给药后的前 7 天，这两组的抗肿瘤效果相似，但是此后双药纳米粒子组中小鼠的肿瘤基本停止生长，显示出比 DOC 单药粒子更好的效果，并且随着时间的延长两者差距更加明显，到第 21 天，双药组肿瘤体积平均为 161. 77mm^3，而单药粒子组的肿瘤体积平均为 435. 96 mm^3，经过统计学分析两者差距具有统计学意义（$P<0.01$）。彩图 4（见 661 页）为实验结束后各组肿瘤的实物照片，比较各组肿瘤的大小，双药纳米粒子组肿瘤体积最小。此外，双药纳米粒子组表面血管少于其他各组，说明肿瘤血供不丰富，生长不旺盛，这一点可以从免疫组化病理切片（彩图 5 和 6，见 662 页）中得到证实。

（四）肿瘤组织细胞凋亡和增殖的检测

接下来考察各组肿瘤组织在治疗结

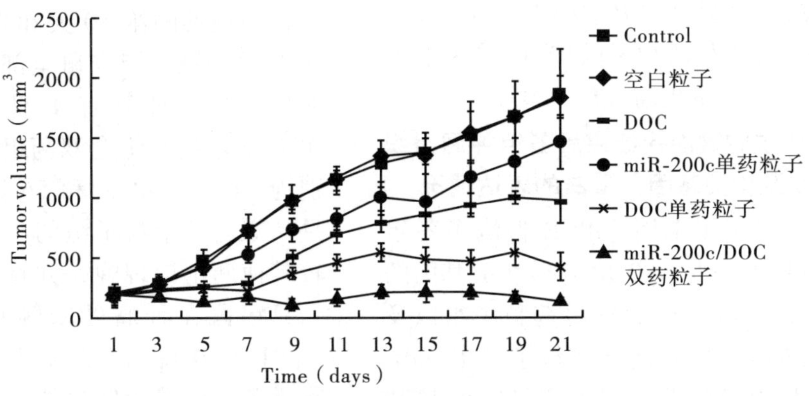

图 3 胃癌裸鼠的肿瘤生长曲线

束后细胞的增殖和凋亡情况。增殖细胞抗原（Proliferating cell nuclear antigen，PCNA）是反映肿瘤细胞增殖状态的良好指标，PCNA 阳性细胞的细胞核会被染成棕黄色，代表细胞增殖能力旺盛。如彩图 5（见 662 页）所示，在生理盐水组和空白粒子组的组织切片中，可以看到大量核被染成棕黄色的肿瘤细胞，而 miR-200c/DOC 双药载药纳米粒子中黄染细胞比例最少（16.66%±3.75%），代表组织的增殖能力最低，并且该组有增殖活性的细胞所占的比例显著低于 DOC 单药纳米粒子组（31.98%±3.07%，$P<0.01$）。

凋亡细胞的 DNA 会发生断裂产生大量的3'-OH 末端，脱氧核糖核苷酸末端转移酶介导的缺口末端标记法（terminal-deoxynucleotidyl transferase mediated nick end labeling，TUNEL）基于这一原理可以对凋亡细胞进行原位染色（凋亡的细胞被染成黄褐色），兼顾了细胞形态学和分子生物学两方面的要求，在检测细胞是否发生凋亡的研究中被广泛使用。由彩图 6（见 662 页）所示，DOC 组、DOC 单药纳米粒子组和 miR-200c/DOC 双药载药粒子中凋亡细胞占全部肿瘤细胞的比例分别是（16.57%±2.50%）、（19.57%±4.98%）和（30.84%±5.54%），DOC 组与纳米粒子组凋亡率差异具有统计学意义（$P<0.01$），而 miR-200c/DOC 双药载药粒子较 DOC 单药纳米粒子凋亡发生率也更高（$P<0.05$）。

（五）抗肿瘤治疗结束后各组肿瘤组织 miR-200c 及相关基因、蛋白的表达情况

图 7A 显示了采用 Q-PCR 检测了各组作用后 miR-200c 以及 DOC 疗效相关基因的表达情况，发现 miR-200c 单药粒子组以及 DOC+miRNA-200c 双药纳米粒子组中 miRNA-200c 较对照组分别上升了 11.96 倍和 11.24 倍，而 TUBB3 下调了 31.2% 和 20.4%，CD44 相对于对照组下降了 8% 和 34.1%，E-cadherin 则上调了 2.65 倍和 4.73 倍。

图 7B 分别是用 Western blot 方法检测各组作用后肿瘤组织 TUBB3、E-cadherin 及 CD44 的表达情况，发现与对照组相比，miR-200c 单药组明显下调 TUBB3 的表达，这种下调作用在 DOC+miRNA-200c 双药纳米粒子组中同样可见。TUBB3 是 DOC 的目的蛋白，其表达量与 DOC 的疗效呈负相关，因此 miR-200c 会下调 TUBB3，从而能够增加 DOC 的抗肿瘤效果。与对照组相比，CD44 蛋白的表达，在裸药组和 DOC 单药粒子组并没有明显的变化，miR-200c 单药纳米粒子组以及双药纳米粒子组中 CD44 的表达则显著降低。

（六）第二次移植小鼠的成瘤率、生长曲线以及生存期

为了进一步观察双药纳米粒子对肿瘤细胞生物学行为的影响，我们将 Control、DOC 单药粒子及 miR-200c/DOC 双药组抗肿瘤治疗结束后的残余组织重新接种到 BABL/c 裸鼠上，考察成瘤率、生长速度以及生存期的变化。我们从种植后第 6 天开始测量肿瘤的大小，从图 7C 中可以看出双药纳米粒子组的肿瘤生长速度最慢（$P<0.01$）。图 7D 显示了各组的生存时间，到观察的第 50 天和 52 天，对照组和 DOC 单药粒子组老鼠全部死亡，而双药组在第 49 天时只有 1 只死亡。对照组、DOC 纳米粒子组合双药组的中位生存期分别为 44 天、48 天和 56 天，值得注意的是，双药纳米粒子组的小鼠肿瘤出现时间较其他两组出现晚，并且实验结束时尚有一只小鼠在种瘤处未触及明显的实体瘤（表 1）。这说明双药纳米粒子组对肿瘤细胞增殖、侵袭及转移能力的影响在第二代肿瘤中仍能体现。

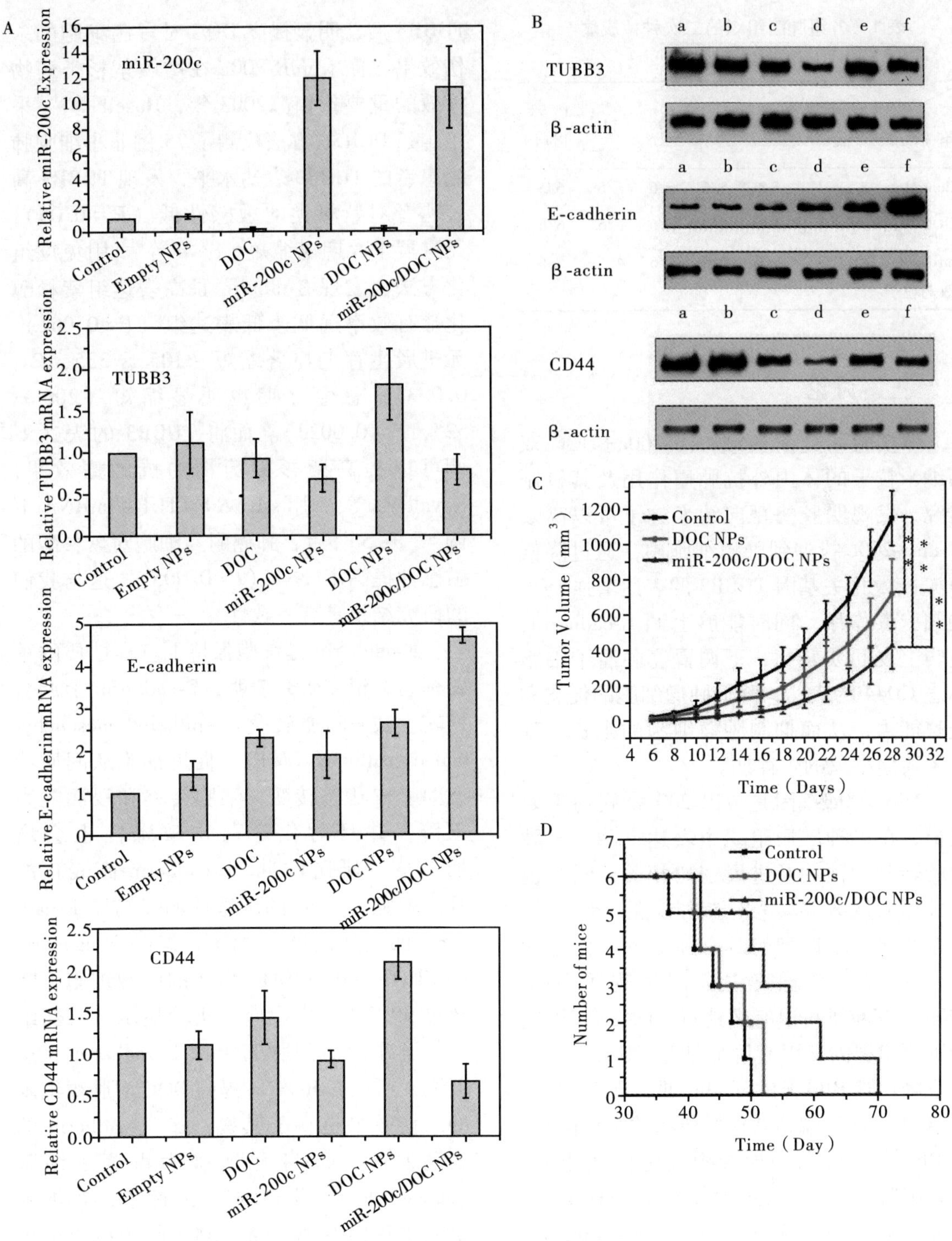

图7 A：抗肿瘤治疗后残留的肿瘤组织各基因的表达；
B：抗肿瘤治疗后残留的肿瘤组织 CD44 的表达；
C：二次种植的肿瘤生长曲线图；
D：各组肿瘤二次种植后的生存期。

表 1　各组肿瘤组织的二次种植成瘤时间及成瘤率

组别 \ 天数	5	7	9	11	15 天以后
Control	5/6	5/6	6/6	6/6	6/6
DOC 单药粒子	3/6	4/6	5/6	6/6	6/6
miR-200c/DOC 双药粒子	2/6	2/6	3/6	4/6	5/6

三、讨论

本实验研究了负载 miR-200c+DOC 双药纳米粒子的体内外抗肿瘤作用及其机制研究，发现明胶酶靶向纳米粒子可以高效将 miR-200c 投递到肿瘤细胞内，通过降低 DOC 疗效相关基因 TUBB3 的表达增强 DOC 的细胞毒作用，同时能够上调 E-cadherin，逆转上皮间质转化，下调胃癌肿瘤干细胞标志 CD44 的表达，降低肿瘤细胞的侵袭和迁移能力，从而抑制肿瘤细胞的生长，延长了荷瘤小鼠的生存期。

MiR-200c 基因是 miR-200 家族的重要成员，在多种肿瘤组织中表达下降，与肿瘤的转归、预后及进展密切相关，同时也对肿瘤的侵袭和转移、紫杉类的药物疗效关系密切，是典型的具有肿瘤抑制作用的 miRNA[9,10]。在研究中我们发现了 miR-200c 载药粒子可以有效地将 miR-200c 投递到肿瘤组织内，引起肿瘤细胞 TUBB3 的表达下降。TUBB3（β-tubulin Ⅲ，Ⅲ型 β 微管蛋白）的 N 端是紫杉类药物的结合位点，TUBB3 不仅可以增加肿瘤细胞侵袭能力、延长细胞周期，并且会降低微管的稳定性，提高 p-gp 和多药耐药基因（multi drug resistance，MDR）的表达，在很多肿瘤中如乳腺癌、宫颈癌、肺癌，均发现 TUBB3 表达上升是紫杉类药物的耐药的重要机制[11~13]。我们发现 miR-200c 显著下调 TUBB3 后，明显提高 DOC 对胃癌细胞的杀伤效果，提示 miR-200c 在增敏紫杉类药物疗效的重要价值。2003 年，Rosell 等[14]采用定量 PCR 的方法检测了 75 例非小细胞肺癌患者的 TUBB3 表达水平，发现 TUBB3 高表达者对紫杉类的敏感性低（$P=0.05$），无进展生存期也缩短。Sève 等[15]用免疫组化方法也发现 β-tubulin Ⅲ 高表达组紫杉醇化疗有效率远低于低表达组（$P<0.001$），无进展生存期显著缩短（105 *vs* 335，$P=0.003$），总生存期也明显缩短（206 *vs* 525，$P=0.0023$）。而将 TUBB3 的表达下调可以提高紫杉类药物的抗肿瘤效果，Kavallaris 等[16]用 siRNA 将 TUBB3mRNA 下调 40%~50%后，肺癌耐药细胞对紫杉醇的敏感性提高了 39%（$P<0.005$），这与我们的研究结果具有一致性。

E-cadherin 是细胞保持上皮样性质的重要标志，很多研究表明，E-cadherin 上调会逆转上皮-间质转化（epithelial mesenchymal transitions，EMT），促进细胞从间质状态向上皮状态转变，细胞转移和浸润能力下降，并且对化疗药物敏感性也会增加[17~21]。研究表明，E-cadherin 高表达的肿瘤细胞对 DOC 的敏感性明显高于 E-cadherin 低表达的肿瘤细胞，编码 E-cadherin 的 CDH1 基因在 DOC 耐药的肿瘤细胞下降超过 99.7%[22,23]。抑瘤实验显示，双药纳米粒子作用后的肿瘤组织 E-cadherin 表达上调，所以 miR-200c 提高 DOC 对肿瘤细胞的杀伤效果也在于其提高了 E-cadherin 的表达水平。CD44 已明确为胃癌干细胞（cancer stem cell，CSC）的标志，在本项研究中我们发现，miR-200c 单药粒子组可以明显下调 CD44 的表达，说明双药纳米粒子组在一定程度上可以抑制胃癌干细胞，或者促使胃癌干细胞向非肿瘤干细胞的肿瘤细胞转变。胃癌干细胞比例的下降与

miR-200c/DOC 双药纳米粒子显著上调 E-cadherin，逆转 EMT 密切相关。

双药纳米粒子抗肿瘤的优势还在于明胶酶靶向粒子的靶向和缓释效应可以较长时间使得肿瘤细胞 miR-200c 的表达上调，能够持续调控与肿瘤细胞增殖、侵袭和转移能力密切相关的指标 E-cadherin 和 CD44 的表达。这是因为 miR-200c 和 DOC 从纳米粒子中释放呈现先暴释后缓释的特点，有利于持续保持肿瘤组织内的高浓度。且 miR-200c 包裹在内水相中，DOC 在外层的油相中，因而 DOC 先从粒子中释放出来，miR-200c 释放稍微延迟，所以 miR-200c 的释放较 DOC 慢，这样 DOC 先杀死部分敏感的细胞后，而 miR-200c 进入对 DOC 相对不太敏感的肿瘤细胞中，下调 TUBB3 和提高 E-cadherin，恢复肿瘤细胞对后面释放的 DOC 的敏感性。在我们的实验中，可以看到二次种植的残余组织，miR-200c/DOC 载药粒子的成瘤率、肿瘤生长速度及小鼠生存期均较 DOC 有明显差异，此结果与治疗后的肿瘤组织 E-cadherin 的表达高，CD44 表达水平较低，细胞的增殖能力旺盛，凋亡率提高具有一致性。

2009 年，抑癌基因和 EMT 与干细胞关系的发现者 Weinberg 在《Nature Medicine》上撰文提出[24]，理想的抗肿瘤药物应当对于非 CSC 和 CSC 都具有杀伤效应。然而对于 CSC 的研究表明，传统的抗肿瘤药物和 CSC 抑制剂之间并不存在重叠性，即抗肿瘤药物对于肿瘤不能抑制 CSC 的增殖，反之，CSC 抑制剂也不具备抗肿瘤作用。我们的 miR-200c/DOC 正好符合这种新型的抗肿瘤治疗模式，化疗药物 DOC 可以抑制非 CSC，miR-200c 可以下调 TUBB3 的表达，增强 DOC 的杀伤效应，同时 miR-200c 对 CSC 有抑制作用，或者促使 CSC 向非 CSC 转变，肿瘤细胞对 DOC 恢复敏感性，因此 miR-200c/DOC 显示出很强的抑制肿瘤生长的能力，是一种理想的抗肿瘤“新药”。

参 考 文 献

[1] Hu JK, Li CM, Chen XZ, et al. The effectiveness of intravenous 5-fluorouracil-containing chemotherapy after curative resection for gastric carcinoma: A systematic review of published randomized controlled trials. J Chemother, 2007, 19 (4): 359-375.

[2] Louvet C, Andre T, Tigaud JM, et al. Phase Ⅱ study of oxaliplatin, fluorouracil, and folinic acid in locally advanced or metastatic gastric cancer patients. J Clin Oncol, 2002, 20 (23): 4543-4548.

[3] Wainberg ZA, Lin LS, DiCarlo B, et al. Phase Ⅱ trial of modified FOLFOX6 and erlotinib in patients with metastatic or advanced adenocarcinoma of the oesophagus and gastro-oesophageal junction. Br J Cancer, 2011, 105 (6): 760-765.

[4] Baker J, Ajani J, Scotte F, et al. Docetaxel-related side effects and their management. Eur J Oncol Nurs, 2009, 13 (1): 49-59.

[5] Bissery MC, Nohynek G, Sanderink GJ, et al. Docetaxel (DOC): a review of preclinical and clinical experience. Part Ⅰ: Preclinical experience. Anticancer Drugs, 1995, 6 (3): 339-355, 363-368.

[6] Liu Qin, Li Rutian, Qian Hanqing, et al. Gelatinase-stimuli strategy enhances the tumor delivery and therapeutic efficacy of docetaxel-loaded poly (ethylene glycol)-poly (ε-caprolactone) nanoparticles. Int J Nanomedicine, 2012, 7: 281-295.

[7] Woodrow KA, Cu Y, Booth CJ, et al. Intravaginal gene silencing using biodegradable polymer nanoparticles densely loaded with small-interfering RNA. Nat Mater, 2009, 8 (6): 526-533.

[8] Lamprecht A, Ubrich N, Hombreiro Perez M, et al. Influences of process parameters on nanoparticle preparation performed by a double emul-

sion pressure homogenization technique. Int J Pharm, 2000, 196 (2): 177-182.

[9] Gregory PA, Bert AG, Paterson EL, et al. The miR-200 family and miR-205 regulate epithelial to mesenchymal transition by targeting ZEB1 and SIP1. Nat Cell Biol, 2008, 10 (5): 593-601.

[10] Hurteau GJ, Carlson JA, Spivack SD, et al. Overexpression of the microRNA hsa-miR-200c leads to reduced expression of transcription factor 8 and increased expression of E-cadherin. Cancer Res, 2007, 67 (17): 7972-7976.

[11] Cochrane DR, Spoelstra NS, Howe EN, et al. MicroRNA-200c mitigates invasiveness and restores sensitivity to microtubule-targeting chemotherapeutic agents. Mol Cancer Ther, 2009, 8 (5): 1055-1066.

[12] Kavallaris M. Microtubules and resistance to tubulin-binding agents. Nat Rev Cancer, 2010, 10 (3): 194-204.

[13] Coate LE, John T, Tsao MS, et al. Molecular predictive and prognostic markers in non-small-cell lung cancer. Lancet Oncol, 2009, 10 (10): 1001-1010.

[14] Orr GA, Verdier-Pinard P, McDaid H, et al. Mechanisms of Taxol resistance related to microtubules. Oncogene, 2003, 22 (47): 7280-7295.

[15] Rosell R, Scagliotti G, Danenberg KD, et al. Transcripts in pretreatment biopsies from a three-arm randomized trial in metastatic non-small-cell lung cancer. Oncogene, 2003, 22 (23): 3548-3553.

[16] Seve P, Mackey J, Isaac S, et al. Class Ⅲ beta-tubulin expression in tumor cells predicts response and outcome in patients with non-small cell lung cancer receiving paclitaxel. Mol Cancer Ther, 2005, 4 (12): 2001-2007.

[17] Kavallaris M, Burkhart CA, Horwitz SB. Antisense oligonucleotides to class Ⅲ beta-tubulin sensitize drug-resistant cells to Taxol. Br J Cancer, 1999, 80 (7): 1020-1025.

[18] Ye Y, Xiao Y, Wang W, et al. ERalpha signaling through slug regulates E-cadherin and EMT. Oncogene, 2010, 29 (10): 1451-1462.

[19] Thiery JP. Epithelial-mesenchymal transitions in tumour progression. Nat Rev Cancer, 2002, 2 (6): 442-454.

[20] Katoh M. Epithelial-mesenchymal transition in gastric cancer (Review). Int J Oncol, 2005, 27 (6): 1677-1683.

[21] Eckert K, Fuhrmann-Selter T, Maurer HR. Docetaxel enhances the expression of E-cadherin and carcinoembryonic antigen (CEA) on human colon cancer cell lines in vitro. Anticancer Res, 1997, 17 (1A): 7-12.

[22] Wells A, Yates C, Shepard CR. E-cadherin as an indicator of mesenchymal to epithelial reverting transitions during the metastatic seeding of disseminated carcinomas. Clin Exp Metastasis, 2008, 25 (6): 621-628.

[23] Howard EW, Lee DT, Chiu YT, et al. Evidence of a novel docetaxel sensitizer, garlic-derived S-allylmercaptocysteine, as a treatment option for hormone refractory prostate cancer. Int J Cancer, 2008, 122 (9): 1941-1948.

[24] Gupta PB, Chaffer CL, Weinberg RA. Cancer stem cells: mirage or reality? Nat Med, 2009, 15 (9): 1010-1012.

❖ 转化医学 ❖

建立新型的研究型医院，加速和提高转化医学及临床实验的研究水平

孙 蔚[1] 杨宏钧[2] 陈 中[3]*

1. 美国华盛顿特区医院中心心血管病研究所 华盛顿 美国
2. 中国上海交通大学系统生物医学研究院 上海
3. 美国国立卫生研究院耳鼻喉及交流障碍研究所头颈外科临床基因组学研究室 贝塞斯达 马里兰州 美国

【摘要】 近年来，生物医学科学技术的飞速发展促进了许多基础生物医学研究的重大的突破。医学研究者对许多疾病的发病机制从其分子生物学、细胞生物学、遗传学和基因组学的水平上都有了前所未有的深入理解，并积累了大量的生物学和基础医学研究的数据。然而，如何将这些研究成果迅速转化为可以诊治人类疾病的有效方法，仍然是当今医学科研工作者所面临的难题之一。而新兴的转化医学（Translational Medicine）将医学和生物学等多学科的理论和实践相结合，是解决这些问题的桥梁学科。转化医学旨在建立基础研究至临床实践多学科之间的技术合作及信息交流平台，以加速科研成果至临床实施的进程，即试验台到病床的理念（Bench-to-Bedside）。临床试验（Clinical Trial）作为转化医学研究的重要领域，是由病人参与的复杂、耗时、耗资的，但同时又是任何最终成功应用于临床的诊疗手段必须通过的实验过程。由于转化医学和临床实验的复杂性和多变性，加之以病人为研究对象，所以深入地理解转化医学和临床实验的理论，正确设置需要解决的临床问题，精密地设计转化医学和临床实验的实验进程，以及得出具有统计学意义的结论，是摆在我们每一个参与转化医学和临床实验的科学工作者面前的巨大挑战。在本综述中，简要阐述了转化医学的产生、发展和意义，并介绍了美国国立卫生研究院临床研究中心在转化医学方面的投入和成果。同时，对如何建立临床研究型医院的管理团队及科学透明的决策机制、院级科学顾问委员会及监管系统、医学伦理审查委员会、数据与安全监察委员会、选择杰出的首席临床研究员及组建优秀的研究团队，以及临床研究及转化医学人才的培养，也做出了系统性的阐述。本文还简要介绍了研究型医院医疗设施及运行。由于中国庞大的人口基数以及快速的老龄化进程，心血管疾病、肿瘤及其他慢性疾病的发病率日益增长，并严重危害人群的健康。在中国建立新型的临床试验型医院将会为加速新型医学诊疗方法

* 通信作者：陈中，Email：chenz@ nidcd.nih.gov

的研究开发提供平台，无疑对防治疾病，提高人群的健康水平至关重要。

【关键词】 转化医学；临床研究；临床试验；研究型医院

一、转化医学的产生，发展和意义[1-3]

转化医学是将从基础科学研究中的发现及发明转化成为医学中的实际应用，继而用于改善人类健康、延年益寿的过程。这种对疾病过程的认识通常始于在实验室工作台上对生物分子或细胞的研究，继而这些获得的知识被发展成为药物、医疗仪器或其他方法，再通过临床安全及疗效的检验后，应用于临床病人，治疗疾病，改善健康。科学研究人员愈来愈认识到这种试验室—病床的知识转换实际上是双向的：基础研究为医疗人员提供新的医疗手段用于治疗病人，同时在评估这些医疗手段临床疗效的过程中，临床研究人员又会发现新的疾病发展特征，从而激发进一步的基础研究。

在基础研究模式中，通过严谨的实验设计及高精的检验手段经常会带来许多对生物活动规律的惊奇发现及令人振奋的知识积累。但由于这些精通生物基础的研究人员通常并不具备临床医疗知识，更加上在基础及临床研究领域之间一直缺乏学术交流及沟通，使这些大量人类对细胞、分子的完美认知并没有转化为有效的治疗手段。而从另一个方面，当临床研究人员面对来自基础研究领域如此丰厚的知识信息时，同样不知所措。此外，临床医护人员的繁重医疗活动严重地影响他们参与医学研究的时间和精力。成功建立一个转化医学研究体系，将从基础研究中获得的重大研究成果更迅速地应用于人们的日常生活，已成为现代医学最时尚的发展趋势。

1992 年，美国《科学》杂志首次提出 Bench to Bedside（从实验台到病床）的概念；1996 年，著名医学杂志《柳叶刀》第一次出现“转化医学”（Translational Medicine）一词，促进了此后转化医学的迅速发展。转化医学是国际医学研究的一个新模式，也是一种研究思维。它强调基础和临床之间双向的、开放的交流，促进内涵联系转化，建立基础研究和临床应用研究之间的桥梁，其目的是将基础研究成果尽快转化为现实的医疗效益。这种模式体现了多学科交叉研究的趋势，让医学界重新审视这样一些问题：多年来的基础研究成果多半表现为论文的数量，能真正用到临床、对临床医疗行为产生重大影响的成果有多少？基础研究成果又在多大的程度上改变医生的医疗行为？这些重要及关系国计民生的医疗问题是转化医学要解决的关键所在。

转化医学是一个系统、缜密的研究过程。首先，生物医学科学家在实验室中构思、设计、筛选，并在细胞分子或组织水平上验证新的治疗理念、方法、仪器或药物的有效性。获得成功的产品随之进入动物实验（Animal Study），又称临床前期（Pre-clinical Study），进一步验证它们在整体生物体内的疗效及剂量。这一阶段最为重要的目的是验证这些产品是否会对机体产生任何不良影响。只有安全、有效的产品才能进入临床试验（Clinical Trial），即验证产品对病人的治疗效果。临床试验是分期进行的，一般为Ⅰ~Ⅳ期。在美国，所有各期的临床实验都需要经过食品和药品管理局（Food and Drug Administration，FDA）的审查和批准。Ⅰ期临床研究是在小范围健康志愿者（20~80 人）身上的首次测试；观察受试者是否产生不良反应或毒副作用，以及药物的药代动力学。Ⅱ期临床实验在较大范围的病人（100~300人）中进行测试；初步评估疗效、量效关系、不良反应或毒副作用。Ⅲ期临床实验为新药及新疗法与现有标准治疗方法的大规模比较性临床试验（1000~3000人）；决定是否可以取代现有的标准疗法或药物。Ⅰ~Ⅲ期临床研究阶段也称为关键性临床试验阶段，为产品的审批、上市、销售和注册提供确实的科学证据。当产品获得批准并投入临床使用后，Ⅳ期的临床试验随即开始，售后监督继续评估产品对不同人群的疗效及长期毒副作用。

如何成功实现转化医学模式，国外目前大多采用的方法是在大学医学院及附属医院的组织结构中建立转化医学中心或研究所，通过促进各系统沟通，打破领域间隔阂，建立一个由多学科结合的有效而和谐的科学团队。在整个研究过程中，任何药物、医疗设备，或用于治疗、诊断的生物产品能否最终成功转化为有效的医疗保健手段，其临床试验成功与否起到着关键作用。通常，完成从Ⅰ期至Ⅲ期临床试验需要2~6年或更久的时间，费用约占产品发展总投资的80%。因此，病人定向研究在转化医学研究中占有重大比例，至关重要。为确保临床试验中病人的利益，并为他们提供一个方便、舒适的就医环境，建立一个以转化医学理念为指导，具备完善研究设施的，并有良好组织协调的大型综合研究型医院，作为安全有效的转化医学研究基地，在各国都有很成功的经验和案例。

二、美国国立卫生研究院临床研究中心在转化医学方面的投入和成果[4,5]

位于马里兰州的美国国立卫生研究院（National Institutes of Health，NIH）临床研究中心是美国最大的完全致力于临床研究的大型综合研究型医院。自1953年7月6日建成并收治第一例病人以来，经过60年的发展，至今已有40多万人次参与了共计几千项医学研究课题，其中包括许多具有医学里程碑意义的研究成果。例如：建立癌症化疗中心，率先应用免疫毒素治疗恶性肿瘤，通过鉴定引发肾癌症基因而成功发展了6个治疗晚期肾癌的基因定标治疗方法，证明锂盐促进抑郁症的发展，第一个用于艾滋病的治疗方法，第一个发明了血液AIDS/HIV及肝炎病毒的检测方法以保障供血血源生物安全等。目前，该中心约有1500个研究课题正在同时进行，其中大约一半是研究疾病的自然发生过程，特别是对罕见病的研究，独一无二；另外一半研究属于设计新药及新治疗方法的Ⅰ期及Ⅱ期临床试验，而这些项目通常都是率先应用于人体，用于验证临床使用安全及理想疗效的试验。

中心每年收治约1万名新征募的研究对象（包括病人及健康志愿者），6000住院人次及9.5万门诊人次。中心有1200名专业医生、牙科医生和博士研究员，620名护士，450名医务专业人员，包括药剂师、营养师、医学技术员、图像技术员、治疗师、医疗病案管理员。医院提供支持人员以及1600个临床及基础研究室。NIH临床中心不仅具有先进、完整，用于诊断、治疗及救护的全套医疗设施，同时设有正电子发射计算机断层显像（PET）室、放射学及影像诊断治疗部、临床中心检验室、输血中心及血库、急救治疗部、外科手术护理部、药房、营养部、康复部、信息资源部、临床研究训练及教育办公室、病人及志愿者招聘办公室等部门。不同于其他综合医院，NIH临床中心收治的全部病人都患有临床研究所要求的特定疾病或处于疾病的不同阶段，通常由其他医院或医生诊所推荐进入中心，纳入针对性研究课题中进行治疗。病人的全部检查、住院及治疗均免费。NIH临床中心的研究领域包括：癌症、心血管疾病、血液病、过敏及感染性疾病、医学遗传病、糖尿病、消化系统疾病、肾病、老年病、神经系统疾病及脑卒中、关节炎、皮肤病、肌肉骨骼疾病、儿童健康、慢性疼痛、耳鼻喉及交流障碍、牙齿及颌面疾患、眼睛疾病、精神疾患、酗酒及酒精中毒等。

三、临床研究型医院的管理团队和科学透明的决策机制[6-8]

（一）院级科学顾问委员会及监管系统

1. 院级科学顾问委员会——大团队体制，集思广益决策

以研究型医院作为转化医学临床研究基地在国际上已经实践了几十年，并积累了一套完整及科学的理论体系和实践标准。所以充分借鉴国际上的先进经验，学习科学的管理决策进程是加快建设一流研究型医院，切实展开具有国际认可水平的转化型医学研究项目的重要及先决条件。借鉴国际一流经验，即由国际一流的临床医学及转化医学专家的实际参与，包括介入指导立项及评估、医院组建、领军人才的选拔及团队建设等各个环节。此委员会可由一定比例的国际临床研究及转化医学专家、国内相关领域的专家，以及临床研究医院内各部门主要负责人及首席研究员的代表组成。此委员会将对临床研究的方案提出代表生物学、生物统计学和临床医学的多种建议或指导，不仅能够避免对临床试验的主观臆断，同时可使临床研究的方案更切实可行，并避免对受试者不必要的风险。对于临床医学及转化医学专家的聘请，需根据其实际工作经验和专门对口的领域来挑选，要求他们能对医院的建设提出实质上的指导意见，而不能只是慕虚名的片面追求一人身兼多种头衔，经常在各个国家满天飞，却不能长期给予具体项目进行具体的专业性指导的所谓国际“知名”或“著名”专家。这个委员会不应作为摆设，应起到积极建议、指导、监督、交流的实际功能。这个委员会应和临床试验研究中的首席研究员有着正向的互动关系，具体地参与并指导临床实验和转化医学的重大决策。

2. 医学伦理审查委员会——确保受试者的人身安全和权益

临床研究审查委员会（Institutional Review Board，IRB），又称独立医学伦理审查委员会（Ethical Review Board），起着指导、批准立项，以及监察实施所有类型的临床研究的作用。在美国，此委员会是依据美国健康和人类服务部（Department of Health and Human Service，DHHS）与食品和药品管理局（FDA）的管理条例，由具有临床经验的专科医师、转化医学科学家、医学伦理学家和本地区的社团代表（非医务界人士）组成。任何类型的临床研究（不管资助的来源）通常事先都要经过此委员会的批准才能进行。此委员会首先会对要求立项的临床研究的科学性以及对应试者或病人的风险和受益进行谨慎评估，以决定该临床研究是否符合伦理学标准而给予批准立项，或要求对研究计划进行修改，或不准予立项。委员会的工作重心是保证受试人和病人在临床试验中不受到生理上、身体上和心理上的伤害。委员会的工作要接受政府机构的监督，与数据与安全监查委员会一道共同保证受试者的权益。然而有几种类型的临床研究可以作为特殊情况予以免除临床研究审查委员会的审批程序，

这些研究包括公众行为的研究、教育性的实践研究、数据与个体受试者无关联的研究，以及已有数据的重新分析研究等。

3. 数据与安全监查委员会——确保研究数据的安全和公正性

数据与安全监查委员会（Data and Safety Monitoring Committee，DSMC）是为保护受试者的个人资料安全性角度考虑而设立的监查机构。此委员会应该由临床医学专家、生物统计学家、医学伦理学家和数据管理主管人员所组成。这些成员不能与研究项目有直接的经济关系或其他的利益关系，以保证其管理的严格性和公正性。这个委员会的责任是制订在临床研究过程中应遵守的数据管理和数据保密的详细的伦理学规定，并对临床研究数据管理进行广泛意义上的监查。委员会与上述医学伦理审查委员会一起工作，确保临床研究中获取的数据严格地遵循伦理学原则进行保密和管理。在临床试验进行过程中，这些委员会成员能够获得相对于其他人（包括研究者）保密的数据，使得这些委员会成员能够得到完全而充足的信息而做出正确和公正的决定。在有些情况下，如果这些机密数据被临床研究者得知，有可能影响和误导临床研究人员的思维，使其临床研究的结果失去公正及客观的判断。

（二）选择杰出的首席临床研究员及组建优秀的研究团队

由于临床研究及转化医学的每一个项目都是一个耗资较大、时间较长的系统工程，完成这样的项目，杰出的首席临床研究员和优秀合理的研究团队是进行临床研究的成功关键。

1. 首席临床研究员

临床研究及转化医学的首席临床研究员（Principal Investigator，PI）是每个临床试验方案（Clinical Protocol）的专业领导者、执笔人，以及对相关研究的立项、治疗方案的制订、实施，及各部门督查的首席负责人。他（她）们应该是具有研究某种疾病的10年及20年以上专业研究及医治经验的高级临床研究专家，要熟知试验药物的药理、疗效及可能的毒副作用，同时又是保证临床试验遵循相关规范、政策、法律实施的把关者。临床试验是由研究团队合力执行，而首席临床研究员是最终的责任人。选择优秀的首席临床研究员是临床试验成败的关键。

首席临床研究员是执行临床试验管理规范（Good Clinical Practice，GCP）的主要负责人。临床试验管理规范是对临床试验全过程，包括试验设计、组织实施、监察、稽查、结果记录、数据分析及报告，所制定的质量标准规则。其目的在于保护临床试验参与者的权益及安全，并保证临床试验过程的规范，结果准确可靠。GCP于2003年9月1日起在中国正式实施。确保在临床试验中每一个环节遵循GCP规则就是公开保证我们进行的医疗试验是完全以参与试验者的个人意愿、健康和权益为第一考虑，同时，从临床试验中获得的结果是准确、可信的。只有在严格遵循GCP进行的医学试验中得出的结果才能获得国际同业认可。

首席临床研究员应该是具有医学和科学研究背景的学科带头人，在美国一般是具有医学博士（MD）和生物学博士（PhD）双博士学位的人。他们的教育背景一般是有大学4年生物学或其他自然科学的基本训练，经4年医学院而获得医学博士资格（MD），再经3~4年科学研究训练而获得生物学博士学位（PhD），再经过3~7年住院医生及专科医生训练，及3年左右的博士后训练。在美国，越来越多的这种双博士人才作为临床研究的领军人才。他们在医学和科学的领域都经过严格及长期的训练，完成这些训练以后，很多医生都已经30~40岁了。这些人在50~60岁期间是科研的黄金年龄段，所以，对于这样的领军人才不应用一般的年龄标准来限制这些人才的选择。

这些首席临床研究员应是研究型医院的业务领导和骨干，他们不仅带领自己的团队进行本专业的临床研究，并参与研究型医院的医疗业务开展及管理的决策。若首席临床研究员并没有系统的博士及博士后训练，团队可以吸纳有生物学博士（PhD）训练背景的转化医学科学家参与合作做为智库的互补。

2. 主要合作研究员

主要合作研究员（Co-PI）应该是一位高级转化医学专家，有生物学博士和博士后训练背景和长期相关科研的工作经验。他们应具有丰富的相关领域的临床研究经验，并具体负责研究室相关的研究及运行。他们参与立项和帮助撰写临床研究计划，并在在日常工作中指导青年科研人员的研究计划和培训，负责并监督各项法规、政策的实施和执行，指导具体试验的实施，解决实验中出现的技术问题，指导实验数据的收集、整理、总结，并指导、参与撰写和发表科学论文。首席临床研究员主要是对临床相关的研究负主要的责任，而主要合作研究员可以作为实验室相关研究的主要负责人。

3. 临床研究的科研团队

在美国，在撰写临床研究计划（Clinical Protocol）时，要求以书面形式列出研究团队的成员和他们的工作职责。

（1）中青年临床研究员：此团队可以由数名中级临床及转化医学工作者参与，包括具有博士学位的中青年科学家及主治医师。这些科研人员应具有相关的医学博士及博士后训练及在本领域的科研工作经验。主治医师应具有相关医生执照，并有数年治疗病人及科研的训练。科研人员在统一的临床研究方案中有各自侧重的研究课题，并可以带领博士研究生、博士后科研工作者及住院医生一起作为一个小组进行工作。博士生、博士后科研工作者及住院医生所组成的青年科研人员，可以参与一线病人的治疗、护理、样品采集，进行科研实验、数据整理，查阅文献，撰写进度报告及科学论文的初稿，从中接受临床研究及转化医学的专业训练。在美国，所有涉及临床病人的护理及治疗的工作均需要持有医学或护理执照的医护人员进行操作。

（2）临床研究项目经理（Clinical Project Manager）、临床研究协调员（Clinical Coordinator）或临床试验护士（Clinical Trial Nurse，CTN）：临床研究项目经理或临床研究协调员通常是具有临床试验管理经验的护士，或者是具有临床医学相关的训练和经验的生物学科研工作者。一般拥有学士或硕士学位。临床研究项目管理员或协调员通常负有多种责任：在大型临床研究中起到沟通主办方和试验实施方相互交流，检查实施方临床试验进展的作用。他们的具体责任包括，为研究团队和相关人员提供进行临床试验所需要的常规训练，检查受试者的人选标准及选择程序，安排临床研究所需要的各项实验室及化验室的检查项目，收集检查各项检验结果，以及对药代动力学试验的样品进行采集工作。临床研究项目管理员或协调员可以指导和帮助受试者及家属决定是否参加临床试验，并在试验期间协助照料患者。他们可以监督受试者的用药状况并与患者沟通，这样可以随时了解患者和受试者的不良反应或毒副作用。随着计算机管理系统在临床试验上的广泛应用，大量临床数据在电脑中储存，以及电子病例的实施，临床研究项目管理员或协调员也应当具有电脑数据输入及管理操作的经验和能力。

(3) 临床研究数据管理员（Clinical Data Manager）：随着临床试验数据量的增加和医疗信息系统的日益电子化的发展，临床数据管理员的责任和工作量不断地加大。他们通常需要具备丰富的计算机系统和应用软件的操作经验，以及远程数据采集和质量保证方面的知识。临床数据管理员还应具备一定的生物和医学的基本知识，这样可以和临床研究的医生、护士和科研人员相互交流。他们根据临床研究工作的需要，设计临床研究需要的特殊表格，设计数据填写、储存和查询系统，以及参与实际的数据管理工作。如从源文件中提取数据并填写到研究记录中，准备患者诊疗的常规数据报告，对数据进行质量检查，对试验进行中期监查以及例行报告。数据管理员也可以将研究中的一些新的数据分析的趋势通知研究团队，促使研究团队作进一步的深入研究。作为研究质量保证和监控的一部分，在研究的过程中，若有数据缺失和不同数据出现矛盾的问题，数据管理员应向临床研究协调员和首席临床研究员报告，以得到进一步的核实及检查。临床数据管理员在临床数据质量管理中起到了关键性作用。

(4) 临床研究统计专家（Biostatistician）：临床研究统计专家在临床试验方案的起草阶段及试验的全过程都应起到十分重要的作用。首席临床研究员应和统计专家密切合作，由统计专家在临床试验方案的起草阶段介入研究计划的立项，通过统计学的方法，计算受试者的样本量，及解决在设计临床试验方案所需要回答的统计学问题。这样的合作，可以保证临床试验设计方案的合理性，增加论证通过此临床试验进行立项的概率，以及确定可由此临床试验得出有统计学意义的结论。此外，在临床试验方案实施过程中需要对方案进行修改时，统计学专家可以充当修改方案的审查者。在临床试验研究的分析阶段，试验结果要通过统计专家的计算，以得出具有统计学意义的结论，并写入最终的试验报告和科学论文中。

(5) 其他团队成员：根据临床研究的性质和需要，研究团队的成员还可以包括病理学专家、放射科专家、药剂师、营养学家、生物伦理学者、社会工作者，以及所需要的其他相关医学及生物学专家。在首席临床研究员的邀请下，这些人员可作为辅助合作研究员参与临床研究。

（三）转化医学和临床研究的评估

由于转化医学和临床研究一般是一项长期的工作，其结果可能几年后才可以得到。所以对转化医学和临床研究的评估不能以发表文章的数量为唯一指标。应根据临床研究的进度表分季度和年度来评估临床研究的进展情况。并以严格执行临床研究的各项规章制度为评估的重要内容。

（四）临床研究及转化医学人才的培养

转化医学的人才培养，可以根据我国具体的实际情况，挑选优秀的5年制或8年制医学生，在做完住院医生训练后，送到国外相关对口的大学医学院或转化医学研究所，做2~3年博士或博士后进修。回国后，在转化医学团队中进一步锻炼。这些青年科学家可以作为转化医学的储备力量。另外，像美国国立卫生研究院（NIH）有面向全球的转化医学远程免费授课的课程（一年期）[6]，转化医学的团队成员可以通过自学、集体讨论、专家辅导等方式，进修相关理论及实践和法规。NIH和中国的一些知名大学医学院已在联合举办密集型临床医学研究高级干部进修班，为医院的领导加强相关的理论知识，及认识及决策水平提供第一手的经验和理论。

四、研究型医院医疗设施及运行[6-10]

转化临床研究医院的基本设施结构包括：

（一）中心实验室

临床研究中，病人体液及组织内众多分子生物物质的变化通常被作为重要的疗效检验指标用于评价干预治疗手段的有效性。能够精确测量这些物质的检测核心技术包括：免疫学、免疫荧光及免疫化学分析（Immunoassays，Immunofluorescence and Immunohistochemistry），共聚焦显微镜（Confocal Microscopy），流式细胞仪分析技术（Flow Cytometry），高效液相色谱法（High-performance liquid chromatography，HPLC），质谱分析法（Mass Spectrometry），基因表达及多样性分析（基因表达微阵列芯片，Microarray；基因扩增技术，RT-PCR），基因高通量测序技术（RNA/DNA High Throughput Sequencing），蛋白质组学（Proteomics），代谢物组学（Metabolomics）等。另外，在临床疾病诊断中，必不可少地利用大型精准的图像成型仪器，如CT（Computed Tomography）、MRI（Magnetic Resonance Imaging）、PET（Positron Emission Tomography）用于对病灶的诊断、定位、分级、治疗、监测等疾病发展的不同阶段。因为这些技术能够提供最直接，精确到微米数量级的测量，在临床试验中被广泛应用，并成为一个至关重要的主导部分。为满足研究，除给不同专业领域首席研究员及团队提供临床研究实验室外，中心应具备大型共享特型核心实验室，包括CT室、MRI室、DNA Processing/Genotyping室、免疫分析室等。

（二）中心临床检验室

提供病人临床常规体液、组织样品的检测，负责临床研究项目中采集的生物样品的医学生化学、血液学、免疫学、微生物学及病理学检验，实行24小时全天运行。为确保试验数据准确，仪器需要定期调试、验证、确认。检验结果通过计算机系统传送给研究课题负责人。

（三）生物样品储存库

为保证试验中采集的病人体液及组织样本保持其生物活性，许多样本需要持续保存在0℃～20℃，或-80℃冰箱或冷冻柜中，而冰箱或冷冻柜需24小时不断电。FDA要求所有生物检测样本在药物批准后需要保存两年，以备复查结果。保证样品完整对临床试验结果至关重要，储存室需专人分类、登记、管理及报告，以免样品无意流失。

（四）临床试验中心

提供检查治疗室、护士站、病房、手术室、急救监护室，为参加试验的病人提供像临床医院一样的安全、舒适的治疗环境。同时，建立一个具有大学或研究生学位的临床研究助理员团队，负责协助临床试验实施的全部过程，包括：病人招募注册、病人治疗指导、协助数据采集、质量控制、文件管理、协助上级审查、稽查等。

（五）临床生物医学信息及数据管理中心

临床生物医学信息及数据管理中心（Data Coordinating Center，DCC）负责对收集的临床试验数据进行整合、分档、储存，并进行清理。从病人病历资料保管、试验数据保存、病人教育、生物医学数据库应用操作，到临床试验结果统计分析及报告，临床试验的每一步都同计算机操作及数据管理密切相关。此部门的基本职责是：

（1）维护计算机系统，支持各项数据库建立及管理；

（2）试验数据保存及统计分析；

（3）协助研究人员获得相关研究领域研究信息、参考资料及研究工具查询；

（4）计算机应用程序技术支持。

此中心在数据的质量和机密性管理上必须遵照相关规定进行管理和操作。此中心必须能够收录来自多种形式的数据，包括标准的纸质数据记录、远程数据输入和来自第三方计算机记录的原始资料等。

此外，此中心需要提供与临床研究数据相关的报告，以供各个机构对试验的过程进行监督。

（六）临床研究道德咨询及社会关怀部

为研究人员、医生、护士、参与临床研究的病人及其家庭、健康志愿者，以及其他参与人体研究的人员提供道德咨询服务和相应的社会关怀。通过一对一、团队讨论或讲座形式确保参与研究人员对临床研究过程中的有关道德规范、相关知识、政策制度有完整的认识与理解。确保参与人体研究人员和受试人及病人的安全及利益。

五、转化医学和临床试验型医院的前景

随着人们生活水平日益提高，对保持身体健康、提高生活质量的要求也与日俱增。在发达国家中，数据显示提供医疗保健服务性质的企业，例如制药、医疗设备、保健、医疗等都有很高的经济收益。特别是随着世界普遍性人口老龄化趋势，各国用于治疗老年病、慢性病的医疗费用亦日益增加。除私营企业外，各国政府及非营利卫生组织也积极为公共医疗事业提供大量资金，用于内容包括疾病机制、治疗干预、临床试验和新生物技术的研究发展。建立大型现代综合性研究医院可以为不同水平客户提供一个组织严密的临床研究基地：

（1）承接执行由国际医学卫生组织、国家政府出资的大型疾病研究、新药开发试验，及公共卫生项目。

（2）为生物制药、医疗器材工业、临床研究公司提供临床研究场所。

（3）为其他卫生健康组织提供临床试验服务。

近年，工业国家中的医药研究企业普遍面临研究费用高速提升而造成收益低下的困境。特别是由于在临床试验阶段征募研究病人缓慢，更加重这些企业的医药研究开发支出。这种严重高消耗、低效率的药物开发窘困迫使工业国家走向东方，这无疑为在中国建立综合性大型临床试验医院提供了良好发展空间：

（1）中国独特的人口优势可以保证较短时间招募到研究参与者，特别是对罕见疾病的研究具有无可比拟的优势。

（2）同美国这种由大量不同种族移民组成的人群特征相比，中国人群基因相对集中，因此试验数据误差低，结果更可靠。由于所需参与研究人数的减少，试验费用亦降低。

（3）临床试验可以利用国外资源为中国病人提供更有效，而且通常是免费的药物治疗机会。

（4）随着中国经济发展进入世界前列，中国人的医疗保健花费也大幅提升，各国医疗及制药公司必须在临床试验中采集足够的其产品对中国人群的安全及疗效数据，以利于其后在中国市场上的发展。

（5）通过国际化医学研究合作，利用国际资源快速提升中国医学研究水平。

（6）同其他产业一样，中国独特的低花费、高效率，将吸引大量国外药厂、科

研机构及资金的参与。必须强调的是，医学临床研究的成功不仅要求运作中的低花费、高效率，同时，为保证医药产品安全、有效，在产品临床试验阶段非常强调数据采集过程中严格遵循研究方案，杜绝一切人为错误因素，以确保试验结果精确。在中国建立一个成功的国际化临床试验医院必须从硬件设备、人员素质、执行管理的各个环节都达到国际最优水平。

致谢

在此，作者对本领域的专家学者对本文提出的修改建议表示感谢。她们是袁韶华博士（高级临床实验规管事务专家，临床实验监管事务办公室）和顾新星医生（项目主管，呼吸道传染病学系）。她们供职于微生物学和传染病部门，过敏和传染病研究所，美国国立卫生研究院。

参 考 文 献

[1] Woolf SH. The Meaning of Translational Research and Why It Matters. JAMA, 2008, 299：211-213.

[2] Sung NS, Crowley WF, et al. Central Challenges Facing the National Clinical Research Enterprise. JAMA, 2003, 289：1278-1287.

[3] Zerhouni EA. Translational and Clinical Science—Time for a New Vision. The New England Journal of Medicine, 2005, 353：1621-1623.

[4] http：//www. ncats. nih. gov/about/about. html

[5] http：//www. ncats. nih. gov/research/cts/ctsa/about/about. html

[6] Gallin JI, Ognibene FP. Principle and Practice of Clinical Research. 3rd Edition, 2012.

[7] Littman BH, Krishna R. Translational Medicine and Drug Discovery. Yale Journal of Biology and Medicine, 2011, 84：499.

[8] Robertson D, Williams GH. Clinical and Translational Science, 2008. http://www. sciencedirect.com/science/book/9780123736390

[9] Szalma S, Koka V, Khasanova T, et al. Effective Knowledge Management in Translational Medicine. Journal of Translational Medicine, 2010, 8：68.

[10] U. S. Food and Drug Administration (FDA) Conducting Clinical Trials, 2013. http://www. fda. gov/drugs/developmentapprovalprocess/conductingclinicaltrials/default.htm

（原载：汉斯出版社《生物医学》2014 年，4 卷 2 期）

（上接第 54 页）

[63] Lu KH, Li W, Liu XH, et al. Long non-coding RNA MEG3 inhibits NSCLC cells proliferation and induces apoptosis by affecting p53 expression. BMC Cancer, 2013, 13：461.

[64] Zhang Q, Geng PL, Yin P, et al. Down-regulation of long non-coding RNA TUG1 inhibits osteosarcoma cell proliferation and promotes apoptosis. Asian Pac J Cancer Prev, 2013, 14 (4)：2311-2315.

[65] Gao L, Mai A, Li X, et al. LncRNA-DQ786227-mediated cell malignant transformation induced by benzo (a) pyrene. Toxicol Lett, 2013, 223 (2)：205-210.

❖ 头颈肿瘤 ❖

中国 2003~2007 年口腔和咽喉癌发病与死亡分析

胡尚英[1] 陈万青[2] 赵方辉[1] 张思维[2] 郑荣寿[2] 乔友林[1]

1. 中国医学科学院肿瘤医院/肿瘤研究所流行病学研究室 北京 100021
2. 全国肿瘤防治研究办公室 北京 100021

【摘要】 目的：分析我国 32 个肿瘤登记地区 2003~2007 年口腔和咽喉癌的发病率与死亡率，为口腔和咽喉癌的防控以及公共卫生政策制订提供参考依据。**方法：**选取审核合格的 32 个登记地区 2003~2007 年肿瘤登记数据，计算 2003~2007 年不同地区、不同性别人群的口腔和咽喉癌发病（死亡）率和年龄标化发病（死亡）率（中标率和世标率），不同年龄组的发病（死亡）率以及不同部位口腔和咽喉癌的发病（死亡）构成比。**结果：**口腔、舌、唾液腺是口腔和咽喉癌最常见的好发部位。2003~2007 年，全国 32 个肿瘤登记地区口腔和咽喉癌的发病率为 3.15/10 万，中标率为 1.75/10 万，世标率为 2.26/10 万；同期口腔和咽喉癌的死亡率为 1.37/10 万，中标率为 0.69/10 万，世标率为 0.94/10 万。口腔和咽喉癌的发病率和死亡率标化前后均是男性高于女性，城市高于农村；随年龄的增长呈上升趋势。年龄标化后，广东省中山市口腔和咽喉癌的发病率和死亡率居 32 个肿瘤登记地区之首。2003~2007 年，口腔和咽喉癌的各年发病中标率在不同地区和城乡人群中均略微上升；死亡率各年变化不大。**结论：**虽然 2003~2007 年我国口腔和咽喉癌的发病率和死亡率水平较低，但由于相关危险因素暴露水平居高不下，发病率缓慢升高，因此仍需引起重视。通过改变不良生活习惯、筛查高危人群等措施对其进行预防和控制。

【关键词】 口腔和咽喉癌；发病率；死亡率；肿瘤登记；中国

口腔和咽喉癌（ICD-10：C00 ~ C10，C12~C14）是指除外鼻咽癌，发生于唇、颊、腭、舌、牙龈、口底、下颌、腮腺、唾液腺、扁桃腺、口咽、梨状窝、下咽，以及唇、口腔和咽中其他及不明确部位的恶性肿瘤。WHO 国际癌症研究机构（IARC）2008 年全球癌症报告（Globocan 2008）中估计，全球每年约有 40 万口腔和咽喉癌新发病例和 22.3 万死亡病例，其中分别有 65%和 75%发生在欠发达国家[1]。我国 20 世纪 90 年代[2]和 2004~2005 年死因抽样回顾调查[3]显示，口腔和咽喉癌占恶性肿瘤死亡病例的比例不高。

基金项目：财政部、卫生部公共卫生专项资金肿瘤随访登记项目（财社：［2008］293 号，［2009］193 号，［2010］90 号）

通信作者：赵方辉，Email：zhaofangh@ cicams.ac.cn

但由于我国吸烟和饮酒率居高不下[4-5]，与之相关疾病的发病和死亡分布也会受影响。因此本文对我国32个肿瘤登记地区2003~2007年口腔和咽喉癌的发病死亡数据进行分析，从而了解口腔和咽喉癌近年来的流行特征，为口腔和咽喉癌的防控以及公共卫生政策制订提供参考依据。

一、资料与方法

（一）资料来源及质量评价标准

截至2011年，全国肿瘤登记中心共收到全国44个登记地区上报的2003~2007年肿瘤登记数据。根据《中国肿瘤登记工作指导手册》及国际癌症登记协会（IACR）《五大洲癌症发病率第9卷》对登记质量的相关要求，利用病理诊断比例（MV%）、只有死亡证明书比例（DCO%）和死亡/发病比（M/I）等指标评价肿瘤登记数据的完整性、可靠性和有效性。最终选取数据审核合格的32个登记地区的上报数据进行分析。32个登记地区分布在16个省（自治区、直辖市），其中地级以上城市（城市地区）14个，县和县级市（农村地区）18个。32个登记地区2003~2007年覆盖人口255 430 909人年，约占全国人口总数的4%，城市地区占全部覆盖人口的77.38%，农村地区占22.62%。

（二）数据整理与分析

根据上报数据，分别计算发病（死亡）率，性别、年龄别及地区别发病（死亡）率，标化发病（死亡）率，0~74岁累积发病（死亡）率，35~64岁截缩率和口咽各部位肿瘤的构成比。中国人口标化率（中标率）依据1982年全国普查标准人口年龄构成，世界人口标化率（世标率）采用Segi人口年龄构成。

二、结果

（一）口咽各部位肿瘤的构成比

在不同部位的口腔和咽喉癌新发病例和死亡病例中，最常见的依次均是口腔癌、舌癌和唾液腺癌，分别占新发病例的29.81%、23.42%和19.51%，死亡病例的33.18%、24.92%和11.63%。不同地区和性别人群的发病和死亡病例部位构成顺位与此相同（表1）。

表1　肿瘤登记地区2003~2007年各部位口腔和咽喉癌发病和死亡构成比

部位	发病构成			死亡构成		
	男女合计（%）	男性（%）	女性（%）	男女合计（%）	男性（%）	女性（%）
唇（C00）	3.51	3.29	3.89	1.86	1.98	1.60
舌（C01~C02）	23.42	21.46	26.80	24.92	24.53	25.76
口腔（C03~C06）	29.81	28.40	32.25	33.18	29.53	40.91
唾液腺（C07~C08）	19.51	16.81	24.16	11.63	10.94	13.10
扁桃腺（C09）	3.56	4.00	2.81	4.63	5.09	3.65
其他的口咽（C10）	5.71	6.86	3.72	5.89	6.35	4.90
喉咽（C12~C13）	8.99	12.73	2.54	9.06	11.61	3.65
咽，部位不明（C14）	5.49	6.45	3.82	8.83	9.97	6.42
口腔和咽喉（C00~C10，C12~C14）	100.00	100.00	100.00	100.00	100.00	100.00

(二) 登记地区口腔和咽喉癌发病情况

据全国32个肿瘤登记地区数据，2003~2007年全国口腔和咽喉癌的发病率为3.15/10万（中标率为1.75/10万，世标率为2.26/10万），在恶性肿瘤新发病例构成中列第21位，占全部恶性肿瘤新发病例的1.19%。男性口腔和咽喉癌的发病率是女性的1.69倍，分别是3.95/10万和2.34/10万（表2）。

表2 肿瘤登记地区2003~2007年口腔和咽喉癌发病率与构成

地区	性别	发病率（1/10万）	构成（%）	中国人口标化发病率（1/10万）	世界人口标化发病率（1/10万）	累积发病率0~74岁（%）	截缩率35~64岁（1/10万）	排位
全国合计	男女合计	3.15	1.19	1.75	2.26	0.26	3.93	21
	男性	3.95	1.34	2.24	2.94	0.34	5.28	15
	女性	2.34	0.99	1.28	1.62	0.19	2.57	20
城市	男女合计	3.57	1.32	1.93	2.48	0.28	4.30	21
	男性	4.46	1.53	2.45	3.21	0.36	5.81	15
	女性	2.66	1.06	1.43	1.79	0.21	2.79	20
农村	男女合计	1.72	0.69	1.07	1.40	0.17	2.50	17
	男性	2.17	0.71	1.41	1.86	0.23	3.25	15
	女性	1.28	0.67	0.75	0.97	0.11	1.73	22

全国32个肿瘤登记地区口腔和咽喉癌的年龄别发病率随年龄的增长而增加，在80~84岁组达到高峰为16.38/10万，85岁以上下降到14.54/10万。不同性别人群的口腔和咽喉癌发病率也随年龄的增长而增加，男性在85岁以上年龄组达到高峰（23.32/10万）；女性在80~84岁达到高峰（11.49/10万），85岁以上年龄组的发病率回落到9.60/10万。30岁以下各年龄组的发病率低，男女相差不大；30岁以上组的发病率男性高于女性，40岁以后男女发病率之比在2∶1左右（图1）。

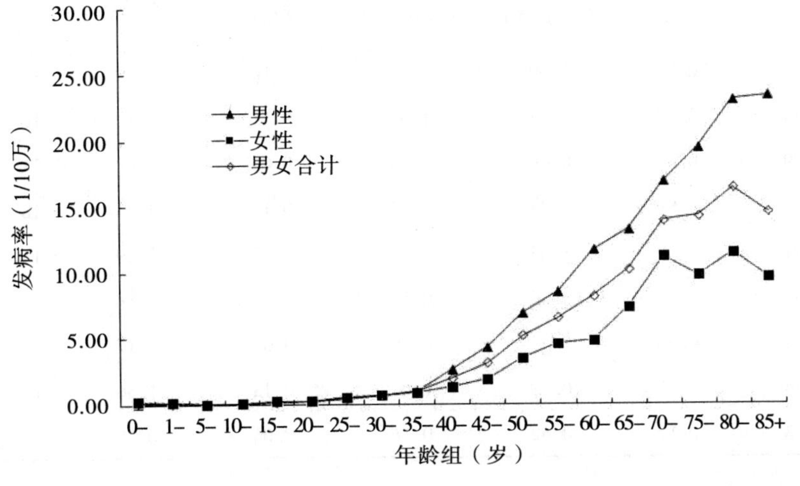

图1 2003~2007年肿瘤登记地区男女口腔和咽喉癌年龄别发病率

城市地区口腔和咽喉癌的发病率为 3.57/10 万（男性 4.46/10 万，女性 2.66/10 万），明显高于农村地区的 1.72/10 万（男性 2.17/10 万，女性 1.28/10 万）。调整年龄结构后，城乡差距缩小，但仍是城市高于农村。城市男性口腔和咽喉癌新发病例占全部的 1.53%，女性占 1.06%，而农村这一比例分别为 0.71% 和 0.67%（表 2）。各年龄别发病率均为城市高于农村，均在 80 岁年龄组达到高峰（图 2）。

（三）登记地区口腔和咽喉癌死亡情况

依据全国 32 个肿瘤登记地区数据，2003～2007 年口腔和咽喉癌的死亡率为 1.37/10 万（中标率为 0.69/10 万，世标率为 0.94/10 万），在恶性肿瘤死亡病例构成中列第 18 位，占全部恶性肿瘤死亡病例的 0.80%。男性口腔和咽喉癌的死亡率是女性的 2.07 倍，分别是 1.84/10 万和 0.89/10 万（表 3）。

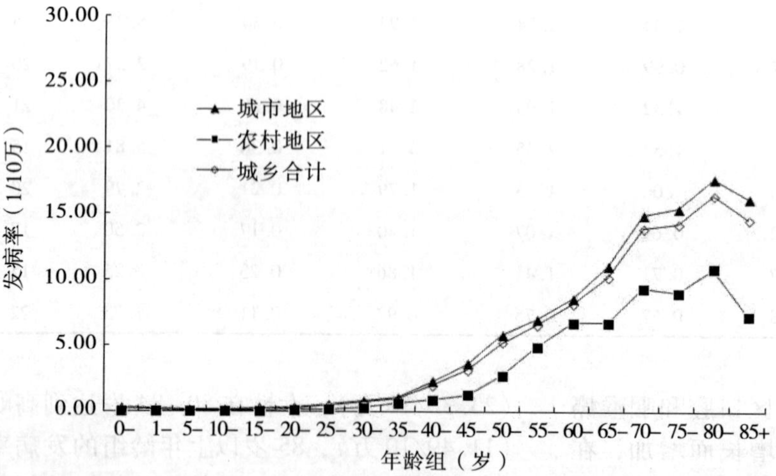

图 2　2003～2007 年肿瘤登记地区城乡口腔和咽喉癌年龄别发病率

表 3　肿瘤登记地区 2003～2007 年口腔和咽喉癌死亡率与构成

地区	性别	死亡率（1/10 万）	构成（%）	中国人口标化死亡率（1/10 万）	世界人口标化死亡率（1/10 万）	累积死亡率 0～74 岁（%）	截缩率 35～64 岁（1/10 万）	排位
全国合计	男女合计	1.37	0.80	0.69	0.94	0.10	1.39	18
	男性	1.84	0.87	0.98	1.35	0.15	2.14	16
	女性	0.89	0.67	0.40	0.56	0.06	0.62	21
城市	男女合计	1.47	0.89	0.71	0.97	0.11	1.44	18
	男性	2.01	1.00	1.03	1.42	0.15	2.29	16
	女性	0.92	0.71	0.40	0.55	0.06	0.58	21
农村	男女合计	1.01	0.53	0.59	0.80	0.09	1.17	17
	男性	1.24	0.51	0.78	1.07	0.13	1.56	17
	女性	0.78	0.57	0.42	0.56	0.06	0.78	19

全国肿瘤登记地区口腔和咽喉癌的年龄别死亡率随年龄的增长而增加，在85岁以上组达到高峰为14.05/10万。在不同性别中，同样随着年龄增长口腔和咽喉癌死亡率增加，男性在85岁以上组达到高峰为22.48/10万；女性在80~84岁达到高峰为9.87/10万，85岁以上组死亡率回落到9.31/10万。35岁以下各年龄组口腔和咽喉癌的死亡率男性和女性差别不大，然而35岁以上各年龄组均是男性高于女性（图3）。

城市地区口腔和咽喉癌的死亡率是1.47/10万（男性2.01/10万，女性0.92/10万），明显高于农村地区的1.01/10万（男性1.24/10万，女性0.78/10万）。调整年龄结构后，男女合计的总死亡率和男性死亡率均是城市高于农村，但女性死亡率城乡差别不大。城市男性口腔和咽喉癌死亡占全部肿瘤死亡的1.00%，女性占0.71%；而农村这一比例分别为0.51%和0.57%（表3）。除10~24岁组、35~39岁组和55~59岁组死亡率农村稍高或与城市持平，其余各年龄组死亡率均为城市高于农村。农村口腔和咽喉癌死亡率在80岁组到达高峰，而城市地区是85岁以上组（图4）。

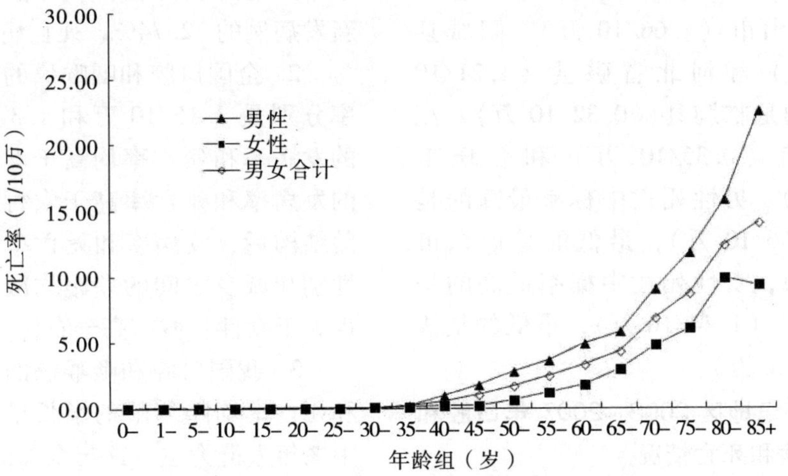

图3 2003~2007年肿瘤登记地区男女口腔和咽喉癌年龄别死亡率

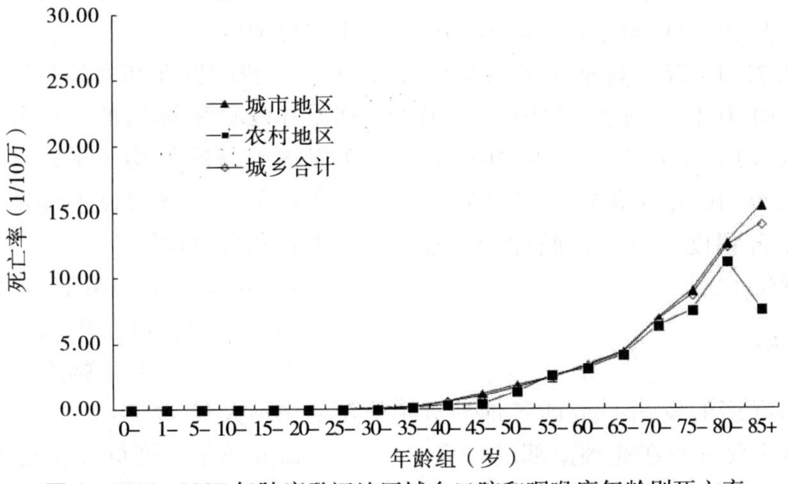

图4 2003~2007年肿瘤登记地区城乡口腔和咽喉癌年龄别死亡率

（四）2003~2007年各登记地区口腔和咽喉癌发病和死亡情况

在32个登记地区中，口腔和咽喉癌发病中标率最高的是广东省中山市（4.02/10万），其次是广州市（3.69/10万）和山西省阳城县（2.35/10万），最低的是山东省临朐县（0.35/10万）、广西壮族自治区扶绥县（0.46/10万）和江苏省金坛市（0.61/10万）。男性发病中标率最高的是中山市（6.52/10万），最低的是临朐县（0.56/10万）；女性发病中标率最高的是广州市（3.00/10万），最低的是临朐县（0.16/10万）。口腔和咽喉癌死亡中标率最高的是中山市（2.66/10万）、阳城县（1.24/10万）和河北省磁县（1.21/10万），最低的是临朐县（0.32/10万）、江苏省启东市（0.35/10万）和金坛市（0.37/10万）。男性死亡中标率最高的是中山市（4.66/10万），最低的是启东市（0.43/10万）；女性死亡中标率最高的是四川省盐亭县（1.44/10万），最低的是扶绥县（0.16/10万）。

（五）登记地区2003~2007年口腔和咽喉癌年发病和死亡情况

2003~2007年间登记地区口腔和咽喉癌的年发病率略微升高，由2003年的2.66/10万上升到2007年的3.58/10万，其中男性由3.37/10万升高至4.47/10万，女性由1.93/10万上升到2.67/10万；城市地区由3.05/10万升高为3.96/10万，农村地区由1.48/10万升高到2.21/10万；年龄调整后上升幅度降低。口腔和咽喉癌的年死亡率变化不大。

三、讨论

口腔和咽喉癌的发病率全球各地差异很大，高发区主要分布在亚洲南部（印度、孟加拉国、不丹、马尔代夫群岛、巴基斯坦和斯里兰卡）和东南部（文莱、中国台湾）、西欧（法国、卢森堡）和东欧（斯洛伐克、匈牙利）、太平洋地区（巴布亚新几内亚），我国属于低发区[1]。我国20世纪90年代[2]和2004~2005年死因抽样回顾调查[3]均显示，口腔和咽喉癌不是我国的主要恶性肿瘤，死亡率水平较低，在恶性肿瘤死因构成中所占比例很小。

根据2003~2007年全国32个肿瘤登记地区数据，口腔和咽喉癌的流行情况具有以下特点。

1. 口腔、舌、唾液腺是口腔和咽喉癌最常见的好发部位，共计占口腔和咽喉癌新发病例的72.74%，死亡病例的69.73%。

2. 全国口腔和咽喉癌的发病率和死亡率分别是3.15/10万和1.37/10万；男性的发病率和死亡率均高于女性；城市地区的发病率和死亡率高于农村地区。调整年龄结构后，发病率和死亡率均降低，不同性别和城乡之间的差距均减小，但仍是男性大于女性，城市高于农村。

3. 我国口腔和咽喉癌的年龄别发病率和死亡率均随年龄的增长呈上升趋势，以中老年人群为主。这与全球的趋势相同[1]。男性的年龄别发病率和死亡率明显高于女性，城市地区的年龄别发病率和死亡率高于农村地区。

4. 我国男性和女性口腔和咽喉癌的发病率和死亡率都远低于世界、发达国家和欠发达国家的平均水平；具有明显的地理分布特征，分布明显不均衡，主要分布在广东省和台湾地区[1]。

5. 2003~2007年间，口腔和咽喉癌的年发病率在城乡以及不同性别中均略微上升，年龄调整后上升幅度降低；死亡率各年变化不大。

研究显示，烟草（包括吸烟、吸鼻烟、咀嚼烟叶、咀嚼蒌叶以及其他方式的吸烟）

和饮酒是口腔和咽喉癌的重要致病因素[6]，发病风险与吸烟量和饮酒量呈正相关[7]，吸烟和饮酒可单独也可协同起作用。据调查，我国男性中约有60%吸烟[4]和39.6%饮酒[5]，远远高于女性，这是男性口腔和咽喉癌发病率高于女性的重要原因[8]；同时吸烟和饮酒率居高不下、人口老龄化，可能是导致年发病率升高的原因。咀嚼槟榔是口腔和咽喉癌的又一主要危险因素[9]。各种槟榔制品中含有的槟榔子，会导致口腔黏膜下纤维性变，并可能转化为口腔癌。巴布亚新几内亚、印度、斯里兰卡以及我国广东部分地区和台湾居民都有咀嚼槟榔的习俗，而这些地区都是口腔和咽喉癌的高发区。此外，有研究显示，病毒感染能引起口腔和咽喉癌，如人类免疫缺陷病毒（HIV）与Kaposi肉瘤的发生相关；人乳头瘤病毒（HPV）感染与口腔和咽喉鳞状细胞癌有关[10-12]。其他危险因素有：过度暴露于紫外线、牙损伤和口腔感染、缺乏维生素A和微量元素锌等。

戒烟、限酒是预防口腔和咽喉癌的重要措施，同时也可以降低其他癌症和慢性疾病的危害。在有嚼食槟榔习俗的地区宣传引导民众戒除槟榔，对于降低口腔和咽喉癌的发生也尤为重要。HPV预防性疫苗的成功研发和上市将降低由HPV感染引起的口腔和咽喉癌。另外，补充水果和蔬菜也证明可以降低发生口腔和咽喉癌的风险[13]。

早期治疗口腔和咽喉癌可以达到较高的存活率，然而目前很多患者发现时已到晚期[9]，因此有必要提高广大群众的保健意识，出现口腔黏膜溃疡长时间不愈合或疼痛、耳痛、咽痛、吞咽困难等症状时应及时就医。另一方面，有研究报道，运用口腔和咽喉黏膜肉眼观察法在高风险人群中进行口腔和咽喉癌的普查，可有效降低口腔和咽喉恶性肿瘤的死亡率[14]。

本研究利用肿瘤登记地区2003～2007年监测数据，首次对我国口腔和咽喉癌的发病和死亡情况进行报道，描述了口腔和咽喉癌在不同性别、地区和年龄段人群中的流行状况，为广大医务和科研工作者的相关工作提供基础数据，也为口腔和咽喉癌防控策略以及公共卫生政策制订提供参考依据。然而，由于登记地区覆盖人口约为全国人口的4%，而且城市覆盖人口多于农村人口，所以结果与实际可能存在偏差。今后还需进一步完善肿瘤登记体系，增加肿瘤登记点，提高登记报告质量，从而获得更具代表性和更高质量的肿瘤发病和死亡数据。

综上所述，口腔和咽喉癌虽不是目前我国主要的恶性肿瘤，但由于我国吸烟和饮酒率居高不下，加之人口老龄化，部分地区发病率缓慢升高，且许多发现时已到晚期，因此仍需重视对口腔和咽喉癌的预防和控制。通过控烟、减少酒的摄入、改变咀嚼槟榔的习惯和化学预防等降低危险因素暴露。另外，对具有高危行为的人群进行普查，也是可行的方法。

（对全国32个肿瘤登记处的全体工作人员，在登记资料收集、整理、审核、查重、补漏、建立数据库等方面的工作，一并致谢）

参 考 文 献

[1] Ferlay J, Shin HR, Bray F, et al. GLOBOCAN 2008 v1.2, Cancer Incidence and Mortality World-wide: IARC CancerBase No.10. Lyon, France: International Agency for Research on Cancer; 2010. Available from: http://globocan.iarc.fr, accessed on 16/09/2012.

[2] 全国肿瘤防治研究办公室. 中国恶性肿瘤死亡调查研究（1990～1992）. 北京：人民卫生出版社，2008：23.

[3] 全国肿瘤防治研究办公室，全国肿瘤登记中心，卫生部疾病预防控制局. 中国肿瘤死亡报告——全国第三次死因回顾抽样调查. 北京：人民卫生出版社，2010，234-245.

[4] 杨功焕，马杰民，刘娜，等. 中国人群 2002 年吸烟和被动吸烟的现状调查. 中华流行病学杂志，2005，(2)：77-83.

[5] 马冠生，朱丹红，胡小琪，等. 中国居民饮酒行为现况. 营养学报，2005，27 (5)：362-365.

[6] Lubin JH, Gaudet MM, Olshan AF, et al. Body mass index, cigarette smoking, and alcohol consumption and cancers of the oral cavity, pharynx, and larynx: modeling odds ratios in pooled case-control data. Am J Epidemiol, 2010, 171 (12): 1250-1261.

[7] Choi SY, Kahyo H. Effect of cigarette smoking and alcohol consumption in the aetiology of cancer of the oral cavity, pharynx and larynx. Int J Epidemiol, 1991, 20 (4): 878-885.

[8] Johnson N. Tobacco use and oral cancer: a global perspective. J Dent Educ, 2001, 65 (4): 328-339.

[9] Lambert R, Sauvaget C, de Camargo CM, et al. Epidemiology of cancer from the oral cavity and oropharynx. Eur J Gastroenterol Hepatol, 2011, 23 (8): 633-641.

[10] Muwonge R, Ramadas K, Sankila R, et al. Role of tobacco smoking, chewing and alcohol drinking in the risk of oral cancer in Trivandrum, India: a nested case-control design using incident cancer cases. Oral Oncol, 2008, 44: 446-454.

[11] Heck JE, Berthiller J, Vaccarella S, et al. Sexual behaviours and the risk of head and neck cancers: a pooled analysis in the International Head and Neck Cancer Epidemiology (INHANCE) consortium. Int J Epidemiol, 2010, 39: 166-181.

[12] Michl P, Pazdera J, Prochazka M, et al. Human papillomavirus in the etiology of head and neck carcinomas. Biomed Pap Med Fac Univ Palacky Olomouc Czech Repub, 2010, 154 (1): 9-12.

[13] Conway DI. Each portion of fruit or vegetable consumed halves the risk of oral cancer. Evid Based Dent, 2007, 8: 19-20.

[14] Sankaranarayanan R, Ramadas K, Thomas G, et al. Effect of screening on oral cancer mortality in Kerala, India: a cluster-randomised controlled trial. Lancet, 2005, 365: 1927-1933.

甲状腺癌靶向治疗研究进展

陈昌荣 孙秀华

大连医科大学附属第二医院肿瘤内科 大连 116027

全球甲状腺癌的发病率平均每年上升4%[1]。甲状腺癌分为：乳头状癌（PTC）、滤泡状癌（FTC）、髓样癌（MTC）和未分化癌（ATC）。PTC和FTC合称为分化型甲状腺癌（DTC），占所有甲状腺癌的90%，大部分DTC患者预后较好。未分化癌的发生率最低，但具有很强的侵袭性，确诊后中位生存期只有约6个月，仅20%的患者能在确诊后存活1年。DTC以手术治疗为主，ATC、MTC和小部分DTC手术、放疗、化疗疗效较差。随着肿瘤分子生物学的不断发展，甲状腺癌信号通路异常逐渐被学者们认识，靶向治疗给晚期甲状腺癌患者带来了生存的希望。下面将甲状腺癌发生伴随的分子事件及临床上治疗甲状腺癌的靶向药物做一简介。

一、甲状腺癌发生伴随的分子事件

近年来，甲状腺癌的信号传导通路异常已被研究出。其中80%的PTC与MAPK信号通路磷酸化突变有关[2]。

BRAF是甲状腺癌最常见的突变。Mingzhao Xing等[3]对1849名患者（其中1411名女性，438名男性）进行研究发现，BRAFV600E突变与PTC患者死亡率相关。Gina等[4]研究发现，BRAF V600E基因突变在不同年龄的发生率相似（41% *vs* 38%，$P=0.67$）、与恶性程度高、甲状腺外扩散、淋巴结转移、临床分期（Ⅲ~Ⅳ期）晚及较高的术后复发风险有关。BRAF可导致VEGF的过表达，而VEGF在肿瘤血管再生起着重要作用。这可成为抗肿瘤治疗的第二靶标。

Ret/PTC重排是甲状腺癌常见的发病机制之一。最常见是Ret/PTC1和Ret/PTC3，分别由H4（CCDC6）基因与NCOA4（ELE1）基因重排所致，是甲状腺癌分子靶向治疗的另一个重要靶点。RET/PTC重排可在30%~40%的PTC患者中找到。该基因特异位点的点突变则与MTC关系密切[5]。据报道，约95%的遗传性MTC和50%的散发性MTC是由RET基因突变引起，特别是M918T点突变提示患者预后差[6]。

RAS突变与甲状腺癌远处转移、复发及高死亡率有关。RAS突变检测可以帮助明确病变性质，尤其是应用FNAB时[7]。

二、治疗甲状腺癌的靶向药物

（一）索拉非尼（sorafenib）

5年前，索拉非尼治疗甲状腺癌的Ⅱ期临床试验已经开展。Ahmed等[8]在英国发现，甲状腺癌患者长期服用索拉非尼耐受性好，疾病控制较好。34例患者（15名MTC、19名DTC）接受12个月的治疗，MTC患者RR=25%，OS：100%，DTC患者RR=18%，OS：79%。Schneider等[9]开展的对放射性碘不敏感的难治性转移性或局部晚期分化型甲状腺癌（IRPTC）患者31例接受索拉非尼治疗（口服，400mg，每日两次），中位PFS为18个月，中位OS为34.5个月。PR = 31%，SD = 42%。Capdevila等[10]发现索拉非尼对所有组织学类型的甲状腺癌均有效，32%的患者达到PR，41%的患者病情稳定6个月以上。MTC：RR = 47%，DTC：RR = 19%，ATC：RR = 33%。中位PFS：MTC 10.5个月，DTC 13.5个月，ATC 4.4个月。Brose[11]开展了一项多中心、双盲、随机对照的Ⅲ期临床试验，417例IRPTC病例，其中207例接受索拉非尼400mg，每日2次的治疗，安慰剂组210例。中位PFS：索拉非尼组为10.8个月，安慰剂为5.8个月，$P < 0.0001$。但没有改善OS。FDA在2013年11月批准了索拉非尼用于治疗IRPTC。

（二）司美替尼（selumetinib）

司美替尼是一种强效、高选择性、口服利用度高、非ATP竞争性抑制的小分子MEK抑制剂。Hayes等[12]应用司美替尼治疗IRPTC，虽然得到的结果是阴性的，但在亚组分析中发现BRAFV600E突变的患者较野生型患者的疗效好，这提示在今后的司美替尼及其他MAPK信号通路抑制剂临床研究中应考虑到BRAFV600E的基因突变情况。Alan等[13]证实司美替尼可增加晚期甲状腺癌患者的放射性碘摄取率，携带RAS基因突变的患者获益可能会更大。该研究接受司美替尼治疗的20例患者中有12例^{124}I摄取增加（9例BRAF突变者中有4例，5例NRAS突变者全部）。这12例患者中又有8例达到了放射性碘治疗的阈值，其中包括所有5例NRAS突变者。在放射性碘治疗的上述8例患者中，有5例PR，3例SD；所有患者的血清甲状腺球蛋白水平均下降（平均下降89%）。研究中未见司美替尼治疗引起的3级以上毒性事件发生。

（三）帕唑帕尼（pazopanib）

Bible等[14]发现帕唑帕尼可治疗晚期DTC。18名患者PR（RR 49%），如持续1年以上RR可能达66%。47%的患者PFS超过1年。针对未分化癌，2012年，Keith等[15]开展了帕唑帕尼Ⅱ期临床研究，单药治疗ATC，结果令人失望，15名患者无一例对治疗有反应。Keith等发现帕唑帕尼联合紫杉醇可使小鼠体内的ATC肿瘤体积缩小。在1例转移性ATC病人身上进行的试用治疗发现，双药联合治疗带来了超过半年的肿瘤显著缩小的疗效。通过延迟动态视频观察癌细胞繁殖的过程，发现双药联合治疗会导致细胞分裂异常，并增加ATC细胞的死亡。此外，帕唑帕尼还抑制一种细胞分裂相关的蛋白质——极光激酶A。双药联合使用引起的疗效加强可能与帕唑帕尼的这一特性有关。

（四）舒尼替尼（sunitinib）

Lopergolo等[16]发现，在MTC中舒尼替尼联合顺铂可协同抑制有RET M918T突变的MZ-CRC-1细胞生长，增强CD95介导的caspase8途径的细胞凋亡的激活。Carr等[17]进行舒尼替尼Ⅱ期临床试验，35名患者（28名DTC，7名MTC）PR 29%，SD 46%。2名患者在抗凝治疗中出现出血副作用。该学者认为应将抗凝血治疗作为招募患者的排除标准。Ravaud等[18]展示了舒尼替尼治疗晚期MTC试验结果。50%达到了PR或SD。2例出现严重的心脏毒性。

（五）阿西替尼（axitinib）

阿西替尼是一种强效选择性的拮抗VEGFR-1、VEGFR-2和VEGFR-3的小分子抑制剂。Cohen等[19]证实阿西替尼治疗转移性甲状腺癌患者，中位PFS达18个月以上，30%的患者达PR，38%的患者病情稳定达16周。

（六）凡德他尼（vandetanib）

凡德他尼是一种多靶点酪氨酸激酶抑制剂，可通过抑制 RET、EGFR、VEGFR 等多种酪氨酸激酶而抑制肿瘤的生长和转移。2006 年，欧洲罕见病药品委员会批准并推荐将凡德他尼用于 MTC 的治疗。2011 年，美国 FDA 批准凡德他尼治疗不能手术切除的局部晚期或转移性 MTC。该批准基于 Thornton 等[20]学者开展的 331 例晚期 MTC 患者随机对照的Ⅲ期临床试验。231 名患者接受凡德他尼 300mg，每日一次，安慰剂组有 100 例。中位随访时间长达 24 个月。该研究显示，治疗组 PFS 明显高于安慰剂组（风险比为 0.46），RR（45% *vs* 13%）、CBR（87% *vs* 71%）均高于安慰剂组。

（七）卡波替尼（cabozantinib）

卡波替尼是一种有效的 RET、MET、VEGFR 等的抑制剂。Kurzrock 等[21]学者证实卡波替尼对 MTC 安全有效。41%的 MTC 患者 SD 达 6 个月以上。Elisei 等[22]纳入了 330 例 MTC 用卡波替尼治疗的研究显示，卡波替尼组 PFS 11.2 个月，而安慰剂组为 4 个月。此外，卡波替尼组有 27%的患者肿瘤体积在 15 个月内有缩小，而安慰剂组肿瘤未出现体积缩小。不过，卡波替尼组患者的 OS 没有延长。

三、展望

凡德他尼、卡波替尼、索拉非尼等药物陆续被美国 FDA 批准应用于甲状腺癌患者，分子靶向治疗已成为晚期甲状腺癌治疗的新模式。随着对甲状腺癌发生、发展机制的不断认识，分子靶向药物治疗甲状腺癌将越来越受到关注。

参 考 文 献

[1] Nix P, Nicolaides A, Coatesworth AP. Thyroid cancer review: presentation and investigation of thyroid cancer. Int J Clin Pract, 2005, 59 (11): 1340-1344.

[2] Iain J, Nixona, Ashok R, et al. Targeted therapy in thyroid cancer. Curr Opin Otolaryngol Head Neck Surg, 2013, 21: 130-134.

[3] Mingzhao Xing, Ali S, Alzahrani, et al. Association Between BRAFV600E Mutation and Mortality in Patients With Papillary Thyroid Cancer. JAMA, April 10, 2013, 309 (14): 1493-1501.

[4] Gina M, Howell, Sally E, et al. Both BRAF V600E Mutation and Older Age (65 Years). Ann Surg Oncol, 2011, 18: 3566-3571.

[5] Antonelli A, Fallahi P, Ferrari SM, et al. RET TKI: Potential Role in Thyroid Cancers. Curr Oncol Rep, 2012, 14: 97-104.

[6] Schilling T, Burck J, Sinn HP, et al. Prognostic value of codon 918 (ATG-ACG) RET proto-oncogene mutations in sporadic medullary thyroid carcinoma. Int J Cancer, 2001, 95: 62-66.

[7] Gina M, Howell, Steven P, et al. RAS Mutations in Thyroid Cancer. The Oncologist, 2013, 18: 926-932.

[8] Ahmed M, Barbachano Y, Riddell A, et al. Analysis of the efficacy and toxicity of sorafenib in thyroid cancer a phase Ⅱ study in a UK based population. European Journal of Endocrinology, 2011, 165: 315-322.

[9] Schneider TC, Abdulrahman RM, Corssmit EP, et al. Long-term analysis of the efficacy and tolerability of sorafenib in advanced radio-iodine refractory differentiated thyroid carcinoma: final results of a phase Ⅱ trial. European Journal of Endocrinology, 2012, 167: 643-650.

[10] Capdevila J, Iglesias L, Halperin I, et al. Sorafenib in metastatic thyroid cancer. Endocrine-Related Cancer, 2012, 19: 209-216.

[11] Marcia S, Rose, Nutting C, et al. Sorafenib in locally advanced or metastatic patients with radioactive iodine-refractory differentiated thyroid cancer: The phase Ⅲ DECISION trial. J Clin

Oncol, 31, 2013 (suppl: abstr 4).

[12] Hayes DN, Amy S, Lucas, et al. Phase Ⅱ Efficacy and Pharmaco-genomic Study of Selumetinib (AZD6244; ARRY-142886) in Iodine-131 Refractory Papillary Thyroid Carcinoma with or without Follicular Elements. Clin Cancer Res, 2012, 18 : 2056-2065.

[13] Alan L H, Ravinder K, Grewal, et al. Selumetinib-Enhanced Radioiodine Uptake in Advanced Thyroid Cancer. N Engl J Med, 2013 February 14, 368 (7) : 623-632.

[14] Bible KC, Suman VJ, Molina JR, et al. Efficacy of pazopanib in progressive, radioiodine-refractory, metastatic differentiated thyroid cancers: results of a phase Ⅱ consortium study. Lancet Oncol, 2010 Oct, 11 (10) : 962-972.

[15] Keith C, Bible, Vera J, et al. A Multiinstitutional Phase 2 Trial of Pazopanib Monotherapy in Advanced Anaplastic Thyroid Cancer. J Clin Endocrinol Metab, September 2012, 97 (9) : 3179-3184.

[16] Lopergolo A, Nicolini V, Favini E, et al. Synergistic cooperation between sunitinib and cisplatin promotes apoptotic cell death in human medullary thyroid cancer. J Clin Endocrinol Metab, 2013 Nov 25 (abstract).

[17] Carr LL, Mankoff DA, Goulart BH, et al. Phase Ⅱ study of daily sunitinibin FDG-PET-positive, iodine-refractory differentiated thyroid cancer and metastatic medullary carcinoma of the thyroid with functional imaging correlation. Clin Cancer Res, 2010, 16 : 5260-5268.

[18] Ravaud A, de la, Fouchardiere C, et al. Efficacy of sunitinib in advanced medullary thyroid carcinoma: intermediate results of phase Ⅱ THYSU. Oncologist, 2010, 15 : 212-213.

[19] Cohen E, Rosen L, Vokes E, et al. Axitinib is an active treatment for all histologic subtypes of advanced thyroid cancer: results from a phase Ⅱ study. J Clin Oncol, 2008, 26 (29) : 4708-4713.

[20] Thornton K, Kim G, Maher VE, et al. Vandetanib for the treatment of symptomatic or progressive medullary thyroid cancer in patients with unresectable locally advanced or metastatic disease: U. S. Food and Drug Administration. Drug Approval Summary. Clin Cancer Res 2012.

[21] Kurzrock R, Steven I, Sherman, et al. Activity of XL184 (Cabozantinib), an Oral Tyrosine Kinase Inhibitor, in Patients With Medullary Thyroid Cancer. J Clin Oncol, 2011 July, 29 (19) : 2660-2666.

[22] Elisei R, Schlumberger MJ, Müller SP, et al. Cabozantinib in progressive medullary thyroid cancer. J Clin Oncol, 2013 Oct 10, 31 (29) : 3639-3646.

❖ 第六届中国肺癌南北高峰论坛专家报告精选 ❖

肺癌诊疗进展 2012~2013

孙 燕 院士

中国医学科学院肿瘤医院

近年来我国各类肿瘤的发病和死亡出现显著上升的趋势，目前男性发病率和死亡率最高的肿瘤为肺癌，女性则为乳腺癌和肺癌。而恶性肿瘤快速上升的主要危险因素为人口老龄化、吸烟和环境污染、感染等。肿瘤的治疗已开始向个体化治疗的方向变革。人们发现肿瘤不是一种单因素疾病；针对肿瘤特殊的驱动基因，研发靶向药物，进行个体化治疗可以改善预后；所有患者均应在治疗前进行检测，以充分了解患者肿瘤的分子学特征。对于肿瘤的综合治疗，人们认识到应该根据病人的机体状况特别是免疫功能状况，肿瘤发生的部位、病理类型和异质性、基因表达及受体情况以及发展趋向，合理、有计划地应用现有各种手段，提高治愈率和病人的生活质量。

对肿瘤防治提出的三点建议：

1. 肿瘤死亡率有可能在 10 年内开始下降。靠的是通过健康检查和常见肿瘤筛查实现“三早”和合理的综合治疗。

2. 在此时期，通过转化医学、循证医学成果提高临床诊疗的规范化和个体化，中西医结合提高抗病能力和生活质量。

3. 肿瘤发病率的下降需要消除目前污染和吸烟造成的危害，逐渐改善其他因素。在 20~30 年后我国的肿瘤发病有可能开始“低头”，达到发达国家目前的水平。

（文：陈功博，图：常青云，中国癌症基金会控烟与肺癌防治工作部供稿）

肺癌防控　战略前移

程书钧 院士

中国医学科学院肿瘤医院

近半个世纪以来，我国肿瘤的流行特征发生了巨大的变化，如今肺癌已成为每年发病

和死亡人数最多的恶性肿瘤。例如：北京在1974~2003年间肺癌的死亡人数增加了250%。研究发现，吸烟者和非吸烟者在突变概率、突变谱和突变基因上存在差异。目前，肺癌的诊治已朝向个体化的方向发展，应根据肺癌的临床亚型、基因谱、受体类型等制订个体化的诊疗方案，以给予患者更有效的治疗。另外，肺癌是一种多基因复杂疾病、分子网络病，人们认识到，当前治疗晚期肿瘤的办法，可能不是最终控制肿瘤的有效途径。中国癌症防治研究需要战略前移。

1. 建立由国家公益性事业持续支持的国家肺癌防治中心，负责国家肺癌发病监控，协调组织国家肺癌防治计划及相关研究。

2. 建立国家级肺癌现场和社区防治示范点，为肺癌防治提供示范基地。采取以预防为主，防治战略前移的综合防控措施。

3. 从幼儿园、小学开始设立包括禁烟在内的健康教育课。

中国肿瘤防控的靶心

赵　平

中国癌症基金会

根据最新的统计数据，我国各类肿瘤的发病率已达285.91/10万，死亡率已达184.67/10万。其中城市居民的肿瘤发病率高于农村居民，死亡率低于农村居民。预计在今后的30年中，我国的肿瘤发病率还会持续上升。其主要原因：人口老龄化是首要因素，生活方式改变的作用日渐突出。

全球癌症发病率最高的国家是丹麦（589/10万），亚洲癌症发病率最高的国家是日本（483/10万）。若以“将中国癌症发病率控制在400/10万以下”确定为奋斗目标，是有可能实现的。

尽管人口老龄化是中国癌症流行趋势迅速变化的首要因素，但生活方式的作用日益显著，不容忽视。在癌症的各类危险因素中，吸烟的作用尤其显著。40年前，肺癌是我国恶性肿瘤的第5位死因，在世界各国中处于较低的水平，而如今，我国肺癌在全部恶性肿瘤的发病和死亡中均处于首位，肺癌已经成为中国肿瘤防控的关键点。同时，中国是世界上最大的烟草生产国和烟草销售国，拥有世界上最大的烟民队伍。我国的癌症防治和烟草控制工作都面临着巨大的挑战。

控烟可减少吸烟相关癌症的发生，显著降低癌症死亡人数，特别是肺癌。世界卫生组织报告，通过控烟减少肺癌发生和死亡已在一些国家获得验证。我们应该制订中国癌症防控的行动计划。成立国家癌症中心指导全国的癌症防控和治疗；推广癌症的早诊早治项目；发挥政府在癌症防控中的作用；加强国际交流，建立防癌统一战线。

肺癌是中国癌症负担之首，其发病人数占恶性肿瘤患者的近 20%，死亡率则占恶性肿瘤的 25%。预防困难，早诊困难，且治疗效果欠佳。中国肺癌防控需要在三个方面率先行动：中国医生的主力兵团——胸科；肿瘤专业——新世纪医学的尖端领域；肿瘤专业学术组织。

政府在肺癌防控中应该起主导作用，抓好控制环境污染和控烟的工作。2007 年，温家宝总理和吴仪副总理批示同意成立国家癌症中心；2009 年，卫生部（现卫生计生委）和中编办批准组建国家癌症中心，2011 年，卫生部批准成立国家癌症中心；2013 年，卫生计生委任命了国家癌症中心领导班子。

早诊早治可以提高癌症患者的 5 年生存率，癌症诊治水平的提高可以延长癌症患者生存时间，医改的深化发展将为越来越多癌症患者提供治疗机会。肺癌防控任重道远。癌症防控的使命光荣且艰巨。

（文：陈功博 邹小农，图：常青云）

晚期非小细胞肺癌的研究进展与思考

程 刚

卫生部北京医院

肺癌的发病率和死亡率在实体瘤中均高居榜首，其中非小细胞肺癌占 85%，而对于大多数不适合手术治疗的晚期非小细胞肺癌患者药物治疗疗效差。近年来随着基础及临床研究的进展和深入，在这方面有了很大的进步，使患者的生存率得以不断提高。药物治疗主要是靶向、化疗、免疫方面的研究。

在靶向药物的研究上主要是基于驱动基因的研究。今年美国临床肿瘤年会（ASCO）和世界肺癌大会（WCLC）都报道了美国科罗拉多肺癌突变联盟（LCMC）的研究，该研究对 1007 肺腺癌用常规方法对患者的驱动基因进行检测，发现 63%的患者存在有驱动基因，在发现驱动基因的患者中有 28%接受了相关的靶向治疗；结果发现，接受了相关靶向治疗的患者的中位生存期达到 3.5 年，明显好于发现驱动基因但未用靶向治疗的患者的 2.4 年；这说明了依据驱动基因治疗的合理性和可行性。这一点在最早用于非小细胞肺癌

治疗的表皮生长因子受体酪氨酸激酶抑制剂 EGFR-TKI 用在 EGFR 基因突变的患者是一致的。到目前为止的对于 EGFR 突变的非小细胞肺癌的 7 个Ⅲ期临床研究中，靶向治疗不管是有效率还是无进展生存期都明显好于传统的化疗。同样针对 ALK 融合基因非小细胞肺癌的 ALK 抑制剂克唑替尼作为新的靶向药物也已经用于临床，而之前的Ⅰ、Ⅱ期临床研究都显示其客观有效率达到 60%，疾病控制率超过 90%；去年欧洲肿瘤年会上报道的有 347 例患者参与的Ⅲ期研究中，对于化疗失败的患者，其中位生存达到了 20 个月；这样的结果都远好于我们过去的治疗。而今年 ASCO 和 WCLC 报道的新一代 ALK 抑制剂 LDK378（Alectinib）的前期研究除了取得类同的效果，更重要的是对克唑替尼耐药的患者也取得了很好的效果，这将使我们把非小细胞肺癌变成一种可控的慢性疾病又近了一步。

但目前仍有 40%左右的肺癌未发现驱动基因，而有些即使发现了驱动基因，仍然还没有合适的靶向药物对其进行治疗，化疗仍然是这类患者的主要治疗药物。如何提高化疗的疗效和针对性治疗是研究的重点。但目前的研究除了发现培美曲塞、纳米白蛋白紫杉醇等一类可针对不同组织学类型的新型药物外，主要是研究药物治疗疗效与预测指标的关系，但不幸的是，虽然早期研究有些迹象显示药物疗效与 DNA 修复酶之间的表达有一定的相关性，但不管是在今年 ASCO 上来自美国的 Bepler 医生，还是在 WCLC 上来自西班牙的 Rossel 医生的Ⅲ期研究结果都显示，目前还没有可靠的标志物可预测化疗的疗效。另外化疗和靶向药物的有效联合也是一个探索领域，过去我们已知道化疗联合抗血管和抗表皮生长因子受体单抗能提高治疗非小细胞肺癌的疗效，而去年在欧洲肿瘤年会上，亚洲学者报道的化疗和 EGFR-TKI 联合治疗非小细胞肺癌的 FAST-ACT2 的结果告诉我们，对非选择人群这种联合延长了 PFS 和 OS；也使我们看到了这种联合存在着继续探索的空间。化疗的研究仍然在继续。

非小细胞肺癌的免疫治疗是近 1~2 年的又一研究热点。尤其是对阻断免疫抑制信号通路的研究。自去年 Lynch 发表了抗 CTLA4 单抗 Ipilimumab 在非小细胞肺癌的Ⅱ期随机研究取得良好的结果，以及 Brahmer 在去年 ASCO 报道了抗 PD1 单抗 Nivolumab 的Ⅰ期研究结果；今年 WCLC 又报道了抗 PDL1 单抗的Ⅰ期研究；所有这些研究的结果显示，其对化疗失败的非小细胞肺癌单药的客观有效率超过 20%，显示了良好的研究前景。目前 Ipilimumab 和 Nivolumab 针对非小细胞肺癌的Ⅲ期研究正在进行，相信其研究结果将为非小细胞肺癌的治疗产生巨大的影响。

非小细胞肺癌二线治疗新的理念
——二线治疗需要进行驱动基因检测

韩宝惠

上海市胸科医院

晚期非小细胞肺癌已经由过去全身化疗为基础的治疗转变到以常规病理结合分子病理驱动基因检测为指导的个体化靶向治疗，使得晚期非小细胞肺癌患者的总生存率获得持续改善。

在20世纪80年代，晚期非小细胞肺癌化疗患者的总生存期（OS）约为5个月；进入21世纪，由于靶向治疗的临床应用，患者的OS已经提高到12个月。而对于EGFR敏感（18、19、21外显子）突变的患者，如果合理使用靶向治疗（EGFR-TKI）其中位OS可达到25~35个月。众所周知，一线治疗对于OS获益有重要作用，同样二线治疗也有明显的价值。

最新版肺癌治疗指南（包括2013年NCCN非小细胞肺癌治疗指南）及中国专家共识推荐所有初治晚期NSCLC患者都应接受EGFR突变检测，由卫生部制定的《原发性肺癌诊疗规范（2011年版）》中也明确指出：Ⅳ期肺癌在开始治疗前，建议先获取肿瘤组织进行EGFR是否突变的检测，根据EGFR突变状况制订相应的治疗策略。这一观点已经较为普遍的被众多的临床医师所接受，并应用到临床实践中。

非小细胞肺癌患者一线治疗进展（PD）后如何选择二线治疗，2013年NCCN非小细胞肺癌指南及卫生部制定的《原发性肺癌诊疗规范（2011年版）》晚期NSCLC二线治疗的标准治疗方案中，其治疗药物包括多西他赛（多西紫杉醇）、培美曲塞，以及靶向药物EGFR-TKI，如厄洛替尼或吉非替尼及国产的埃克替尼（凯美纳）；但无论是哪个指南和规范均没有对如何使用化疗和靶向治疗作出说明和推荐，更没有要求在二线方案实施前进行驱动基因尤其是EGFR基因检测，这一现状已经与循证医学所获得的证据及临床实践有所滞后，根据驱动基因状态来选择和调整二线治疗策略已经成为现在与未来的趋势。

2013年ASCO年会和第十五届世界肺癌大会（WCLC）报告的两项研究DELTA和CTONG0806，分别比较了EGFR野生型NSCLC患者二线化疗和靶向治疗，结果显示：中位PFS（月）分别为2.9 *vs* 1.3（HR=1.45，*P*=0.01），4.8 *vs* 1.6（HR=0.51，*P*<0.001）。再次证实了TAILOR及TITAN二个EGFR野生型二线研究的结果。这些研究的基本结论是：

EGFR 野生型 NSCLC 患者二线治疗：无论是短期缓解率、还是 PFS 及 OS，化疗均优于 EGFR-TKI 靶向治疗。可以看出，对于晚期 NSCLC 一线治疗进展后二线治疗前进行驱动基因突变状态检测是未来个体化靶向治疗必须步骤。具体见下表。

Study	Study drugs	PFS，months	OS，months
DELTA[1]	Erlotinib *vs* docetaxel	1.3 *vs* 2.9（HR＝1.45，P＝0.01）	9.0 *vs* 10.1（HR＝1.13，P＝0.907）
TAILOR[2]	Erlotinib *vs* docetaxel	2.4 *vs* 3.4（HR＝0.69，P＝0.014）	5.4 *vs* 8.2（HR＝0.73，P＝0.05）
TITAN[3]	Erlotinib *vs* pemetrexed	1.4 *vs* 2.0	5.3 *vs* 5.5（HR＝0.96，P＝0.73）
CTONG0806[4]	Gefitinib *vs* pemetrexed	1.6 *vs* 4.8（HR＝0.51，P<0.001）	6.4 *vs* 7.9（HR＝0.69，P＝0.129）
INTEREST[5]	Gefitinib *vs* docetaxel	1.7 *vs* 2.6（HR＝1.24，P＝0.1353）	6.4 *vs* 6.0（HR＝1.0）

1. Ciuleanu T，et al. Lancet Oncol，2012，13：300-308.
2. Garassino MC，et al. Lancet Oncol，2013，[Epub ahead of print].
3. Okano Y，et al. J Clin Oncol，2013，31：Abstr 8006.
4. Yang J，et al. J Clin Oncol，2013，31：Abstr 8042.
5. Douillard JY，et al. J Clin Oncol，2010，28：744-752.

对于晚期 NSCLC，驱动基因突变状态已知并接受靶向一线治疗后进展的患者，在二线治疗前进行生物靶点的检测可阐明获得性耐药的机制。最常见的 EGFR-TKI 获得性耐药的机制是 T790M 突变，约占 60%。其他如 C-MET 扩增及转化为其他细胞类型。而 ALK-TKI 获得性耐药机制有多种，如突变、基因融合、可替代的癌基因。

阐明获得性耐药的机制有助于指导下一步个体化治疗。如获得性 T790M 突变的患者较野生型有明显延长的 post-PFS，且 T790M 无突变的患者更容易有新发器官系统的转移、在进展后有更差的 PS 状态。对于 T790M 突变患者可维持 TKI 治疗基础是加上化疗。

一线化疗后 EGFR 突变状态有可能产生改变，如从突变阳性转变为突变阴性，对比阴性转阳性患者有更好的 EGFR-TKI RR 率（P＝0.037）。也有可能发生病理类型的转变，如从 EGFR 突变阳性腺癌变为小细胞肺癌。因此，对于晚期肺癌在治疗策略变更、调整时实时进行驱动基因靶点的检测，可提供肿瘤细胞特征的实时信息，这对于制订最佳个体化治疗策略具有非常重要的现实意义。

我们也注意到，2013 年一些相关的指南如 CAP（College of American Pathologists）、IASLC（International Association for the Study of Lung Cancer）和 AMP（Association for Molecular Pathology）也推荐一线治疗进展后需再次活检行 EGFR 和 ALK 突变检测。

总之，晚期 NSCLC 一线治疗进展后需要进行驱动基因突变状态的检测，包括再次检测（一线治疗时已经检测获知驱动基因状态），二线治疗前明确驱动基因状态，是提高二线治疗疗效和进行个体化治疗的关键；对于一线治疗检测驱动基因阳性并接受靶向治疗者，一线治疗进展后进行驱动基因突变检测可获知获得性耐药的相关机制，根据耐药机制制订合理的个体化治疗策略。

早期肺癌外科治疗进展

支修益

首都医科大学附属宣武医院

肺叶切除术

1995年一项前瞻对照研究证明了肺叶切除术在IA期肺癌中的生存优势，奠定了其在早期肺癌治疗中的标准地位。2013年版非小细胞肺癌NCCN指南和我国卫生部医政司颁发的原发性肺癌诊疗规范都推荐身体状况允许的患者首选解剖性肺切除术。

VATS肺叶切除术

电视胸腔镜（VATS）肺叶切除术正在逐步取代传统开胸术，成为早期肺癌的重要手术方式。一项纳入21项研究的荟萃分析比较了早期NSCLC患者接受VATS或开胸切除术，结果显示，二者在并发症（手术漏气、心律不齐、肺炎）、病死率和局部复发率上都没有差异，但VATS降低了全身复发率。另一项纳入1362例Ⅰ期患者的荟萃分析也对VATS和开胸肺叶切除术进行比较，结果与前述研究相似。

VATS肺叶切除术在安全性上已显示出了无可争议的优势，目前只是缺乏随机对照研究证明其在预后上的优越性。既往的研究结果不可避免的存在偏倚，通常VATS手术倾向于选择分期更早的患者，这部分解释了VATS组的预后优势。

亚肺叶切除

亚肺叶切除术主要包括解剖性肺段切除术和楔形切除术，被认为会增加局部复发率。研究发现，经过严格选择的部分患者进行亚肺叶切除术同样安全有效。确定适应证对手术成功与否至关重要，目前临床上主要应用于ⅠA期、心肺功能差或有不适合肺叶切除术的合并症，或特殊组织学类型（AIS和MIA）的NSCLC患者。

1. 肿瘤大小

多项研究已证实，亚肺叶切除术用于≥2cm和<2cm的肿瘤会产生不同的预后。2005年一项对1272例患者的回顾性研究发现，肺段切除术和肺叶切除术对≤2cm的肿瘤5年DSF无显著差异。近期Nomori等回顾性分析了179例≤2cm和2~3cm的周围型T1N0M0肿

瘤肺段切除术后的 5 年生存率，分别为 94%和 81%（$P=0.006$），整体 5 年生存率 91%，与既往报道的肺叶切除术相似。

2. 年龄和合并症

最初亚肺叶切除术只用于心肺功能差或高龄的早期患者。国外的一项Ⅲ期研究表明，在中位 FEV1%和 DLCO%分别为 50%和 46%的患者中，亚肺叶切除术 30 天和 90 天的病死率分别为 1.4%和 2.7%。

多项研究证实，心肺功能差的高危患者接受亚肺叶切除术安全有效，与标准的肺癌切除术相比，远期复发率、DFS 和 OS 无显著差异，围手术期死亡率相似。

高龄患者手术的并发症发生率和死亡率都会上升。一项对 SEER 数据库 14555 例患者的回顾性分析发现，75 岁以上老年男性接受肺叶切除术或亚肺叶切除术的生存率无显著差异。另一项回顾性研究结果显示，ⅠA 期 NSCLC 肺叶切除与解剖性肺段切除的生存率和复发率相当，但肺叶切除术在≤70 岁的人群中存在生存优势。

3. 特殊病理类型

毛玻璃样结节（GGO）患者行亚肺叶切除术的研究大部分来自日本。CT 发现的 GGO 是原位癌或早期 NSCLC 的可能性大，因此这部分患者行亚肺叶切除术可能获益更大。行亚肺叶切除术的非黏液型 BAC 患者 DSF 率可达 100%，1.5～2cm 的 GGO 为主的中央型肺癌行解剖性肺段切除联合纵隔淋巴结活检的 5 年 DSF 率为 90.5%

在取舍术式时必须依据肿瘤大小、GGO 成分，依据是否留有足够的切缘。近期一项长达 10 年的研究发现，26 例 T1N0M0 的<2cm 的外周型 GGO 患者行亚肺叶切除术后，最初 5 年的复发率为 0，但是 5 年后有 4 例复发。从而提出了一个新的问题，以 5 年作为终点指标是否合适，对于于预后较好的肺癌是否有必要延长观察期。

4. VATS 亚肺叶切除术

一项纳入 2051 例患者的回顾性研究结果显示，VATS 楔形切除术比开胸楔形切除术更为安全、经济。研究者分别对 104 例和 121 例早期肺癌患者行 VATS 肺段切除术和开胸肺段切除术，VATS 组的并发症发生率更低，但是预后和并发症和开胸组无差异。

亚肺叶切除术能减少创伤，降低并发症发生率，因此在胸腔镜辅助下行亚肺叶切除术能更好地发挥其应用价值。

治疗早期非小细胞肺癌
——亚肺叶切除术崭露头角

林　皓　罗清泉

上海胸科医院肺部肿瘤临床医学中心

亚肺叶切除术包括解剖性肺段切除和肺楔形切除。肺段支气管是肺叶支气管的分支，每一段支气管及其分支和它所属的肺组织构成支气管肺段。右肺分为 10 段，左肺分为 8

段。肺段呈楔形，底在肺表面，尖在肺根。每一个肺段都有相对独立的血液循环体系和独立的支气管分支。因此在解剖学上肺段是独立的功能单位，完全可以做到解剖性切除。

一、亚肺叶切除术应用足迹

亚肺叶切除术最早于 1939 年由 Churchill 和 Belsey 实施完成，当时是为了治疗支气管扩张症而施行的肺段切除术，而同一时期治疗肺癌的首选术式是全肺切除。随着外科技术的进步，从 20 世纪 60 年代开始，肺叶切除加淋巴结清扫术已经成为胸外科医生治疗肺癌的标准术式。在 1995 年，肺癌研究组（LCSG）报道了一项前瞻性随机临床试验的研究结果，全部 247 例周围型临床分期为 $T_0N_0M_0$ 的肺癌患者被随机分为亚肺叶切除组和肺叶切除组，亚肺叶切除组的局部复发率明显高于肺叶切除组，虽然肺叶切除组的 5 年生存率高于亚肺叶切除组，但二者之间差异无统计学意义（73% *vs* 56%，$P=0.06$）。因此，研究结果再次巩固了肺叶切除术作为标准术式在肺癌治疗中的地位。

近年来，螺旋 CT 影像技术的发展提高了肺癌小结节，尤其是非实性结节的检出率，并由此产生大批早期肺癌高危人群。相较于 1995 年 LCSG 的试验组，这批新群体的肺部结节更小、更隐匿，加上高龄和心肺功能受限患者群体的增加，促使我们重新审视判断亚肺叶切除治疗早期非小细胞肺癌的有效性。

1997 年，Kodama 等报道了一项临床分期 T_1N_0 非小细胞肺癌的病例对照研究，该研究以治愈为目的，有计划地实施亚肺叶切除术。所有 46 例研究对象均为肿瘤≤2cm 的周围型肺癌患者，接受肺段切除加淋巴结清扫，对照组 77 例 Ⅰ 期患者评价肿瘤大小 22.9mm 接受肺癌切除。结果表明，肺段切除组 5 年生存率为 93%，与肺叶切除组相似，而局部复发率高于肺叶切除组（2.2% *vs* 1.3%）。

2001 年，Okada 治疗了 70 例 T_1N_0（肿瘤≤2cm）非小细胞肺癌，亚肺叶切除是一种可以替代肺叶切除的术式。

二、亚肺叶切除预后的关键因素

从上述研究得知，影响亚肺叶切除预后有以下 3 个关键因素：

（一）肿瘤大小

1994 年，Warren 等发现肿瘤大小和肺癌的预后密切相关，<2cn 的肿瘤具有明显的生存优势和较少的复发率。在肿瘤≤2cm 患者中，约有 25%能通过局部切除成功治愈，这已由近年多个手术报道重复证明，且该发现帮助了新肺癌分期的制定，依据肿瘤大小 2cm 为限，把 T_1 分为 T_{1a} 和 T_{1b}。最近一些亚肺叶切除的临床试验将肿瘤大小≤2cm 和>2cm 作为分层研究，并得出众多相似结果，即影响预后的独立因素是肿瘤大小，而与其他因素诸如性别、术前纵隔分期、微创或开胸术式，甚至是解剖性段切还是楔形切除均无关。

因而，应将肿瘤大小作为一个影响非小细胞肺癌的独立预测因子，当≤2cm 时，施行亚肺叶切除能取得等同于肺叶切除的疗效，即亚肺叶切除更适合 T_{1a} 期非小细胞肺癌。

（二）淋巴结评估

施行亚肺叶肺段切除的肿瘤一定要局限于肺段的解剖界限内，而不应跨段。尽管肺段切除可以应用于中央型肺癌，但大量实践证明，具有治愈性的肺段切除术应该应用于位于肺外周 1/3 的周围型非小细胞肺癌，这主要是因中央型肺癌往往包含淋巴结转移，预后较差。Ketchedjian 等报道，T_1 中央型肺癌淋巴结检出率达 50%；Lee 等报道，中央型肺癌发生 N_2 淋巴结转移，在肿瘤>2cm 的患者中高达 26.7%，而在周围型肺癌中仅为 2.9%。中央型肺癌有较高的淋巴结转移率表明，肿瘤位于较丰富淋巴引流区域时，表现出更广泛的侵袭性，此时强调肺叶切除术的效果毫无疑问要优于亚肺叶切除。值得注意的是，Sienel 等研究结果发现，$S_1 \sim S_3$ 肺段切除术后复发率明显高于 $S_4 \sim S_{10}$肺段切除（23% *vs* 5%）。

因此，应强调术中冰冻病理检查区域的淋巴结状态，明确是否有局部淋巴结转移，可有效地帮助外科医生正确选择手术方式，提高手术疗效。

（三）解剖性和肺解剖性技术

随着影像学技术的发展，诊断早期肺癌的能力获得革命性的进步，外科手术技术的发展也愈发广泛应用于更多患者群体，甚至包括一些心肺功能受限的人群。微创胸腔镜（AVTS）技术自 20 世纪 90 年代开始日益广泛地应用于胸外科手术，至今已形成了一个全新的微创胸外科时代。VATS 技术和治疗ⅠA 期非小细胞肺癌（≤2cm 肿瘤）的远期疗效已经被证实等同于开放手术，而更少的失血量、更快的术后恢复、更多的肺功能保存和更短的住院时间均是 VATS 的围术期优势。由于技术上的简便，和相对较少的围术期并发症及降低的病死率，VATS 楔形切除常被用于亚肺叶切除治疗非小细胞肺癌。而高龄患者、合并心肺功能不全患者的手术常要求较短的手术时间和较轻的伤口疼痛，这也是促使外科医生选择此类手术的重要原因。Mayo 诊所的 Miller 等专门对≤1cm 肿瘤施行肺叶切除和亚肺叶切除（肺段切除和楔形切除）进步对比。尽管肺叶切除组有明显的生存优势，但在亚肺叶切除的亚组分析中，无论是生存率优势还是局部复发率控制优势，差异均无统计学意义。Okada 等和 EI-Sherif 等在大型回顾性研究中均报道了影响局部复发的关键因素，指出楔形切除后局部复发率较高的原因主要是技术上的局限，包括切缘阳性、肺实质内和肺门淋巴结的不完全切除。

较 VATS 楔形切除，VATS 解剖性肺段切除的生存优势和较少局部复发率主要与 3 个技术特点密切相关：（1）严格按解剖面进行切除；（2）切除范围足够大；（3）肺实质内引流淋巴组织的切除。非小细胞肺癌术后发生局部复发的首要原因包括肺叶内肿瘤残留、肺叶内淋巴结转移和切缘阳性。VATS 解剖性肺段切除较 VATS 楔形切除更接近肿瘤手术切除要求，更好地解决了肿瘤局部复发的难题。但需要指出的是，无论选择何种亚肺叶切除，建议术中评估淋巴结状态，以取得更全面的肿瘤分期，以便和肺叶切除疗效有更完整对比。

三、小结

基于 LCSG 的报道，肺叶切除已成为外科治疗早期非小细胞肺癌的标准术式。肺叶切除+淋巴结清扫能使ⅠA 期肺癌患者得到最大的生存获益，亚肺叶切除主要适合心肺功能受限的患者。最大性荟萃分析结果显示，对于肿瘤≤2cm、周围型Ⅰ期非小细胞肺癌患者应选择实施亚肺叶切除，尤其推荐解剖性肺段切除，这种手术方式安全，远期生存率等同于肺叶切除术，其关键在于术中冰冻病理检查评估淋巴结状态以除外淋巴结转移，完善准确的疾病分期，以正确判断决定合适的手术方式。

中国控烟与肺癌防治

邹小农

中国医学科学院肿瘤医院/肿瘤研究所

一、中国烟草的七个“世界第一”

据有关统计数字显示，目前中国烟草在国际上享有七项“世界第一”，涵盖烟叶种植面积、烟叶收购量、卷烟产量、卷烟消费量、烟草利税、吸烟人数和死于吸烟相关疾病人数。这些数字，尤其是最后一项对于医务人员和健康而言，不是什么好事情。

研究发现，人群吸烟率与吸烟所致男性和女性的死亡率明确相关，可以分为4个阶段（图1）。第一阶段，男性和女性吸烟率均不高，吸烟导致的死亡率也很低。第二阶段，男性吸烟率迅速上升到达峰值。此时男性死亡率开始显示上升趋势，但未到达峰值。女性吸烟率在男性吸烟率上升20年后开展上升，女性因吸烟

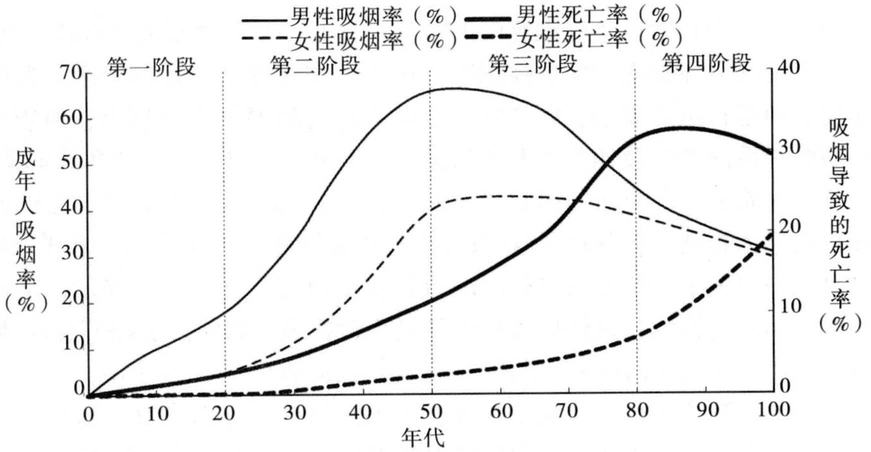

图1 烟草流行的4个阶段

（Lopez AD, et al. Tob Control, 1994, 3 : 242-247.）

导致的死亡率仍在较低水平。第三阶段，男性吸烟率到达峰值后进入平台期，转而下降，男性死亡率仍然在上升；女性吸烟率继续上升，女性死亡率出现上升趋势。第四阶段，男性吸烟率快速下降，男性死亡率到达峰值后出现下降势头；此时女性的吸烟率有明显下降趋势，女性死亡率仍处上升时期。男性人群吸烟率到达峰值（接近 70%）与其死亡率到达峰值（超过 30%）的时间相差 30~40 年。女性吸烟率的升高约比男性晚 20 年，所达到的峰值（40%左右）也低于男性，时间约晚 10 年，下降速度比较平缓。女性因吸烟导致的死亡率在女性吸烟率上升以后数十年升高。由于人群吸烟率的变化与死亡率的变化之间有个时间差，因而吸烟导致死亡的危害及其严重性不易被察觉。这也是造成控烟宣传工作难度较大、效果欠佳的原因之一。

二、肺癌病因及中国肺癌发病的形势与变迁

肺癌是与吸烟关系最密切、最重要的疾病之一。近期国际癌症杂志的一篇文章，对德国、瑞士、法国、意大利、加拿大、美国、英国、俄罗斯等 15 个国家 13 169 例肺癌病例和对照资料做了详细分析，证实吸烟以数倍至数十倍量级增加发生肺鳞癌、肺腺癌、非小细胞肺癌及其他型别肺癌的风险。也就是说，吸烟与肺癌各病理类型都具有增加发病风险的作用。

国际统计数据显示，1950 年时男性的肺癌死亡率处于较高水平（如英国和芬兰）、中等水平（如美国和匈牙利）和较低水平（如日本）的国家中，近 50 余年先后经历肺癌死亡率急剧上升、缓慢上升、达到平台、缓慢下降和迅速下降的趋势。女性肺癌死亡率的变化情况与男性相似，不同的是变化趋势较平缓，在变化的幅度低于男性，发生的时间相对比男性错后数十年。目前我国男性和女性的肺癌死亡率均未到达峰值，正呈现出快速上升的趋势。

在 40 年前的全国第一次死因调查中发现，肺癌在我国恶性肿瘤死因中居第五位，与当时国际水平相比属于比较低的水平。当年我国最常见的恶性肿瘤死因是胃癌、食管癌、肝癌、宫颈癌等，多发生在生活条件差的人群和地区，肿瘤防治重点放在缺乏新鲜蔬菜、缺少动物蛋白质食物、缺乏营养和受亚硝胺、霉菌毒素等致癌物质影响严重的农村地区。医务人员走到田间地头为百姓做食管细胞学的检查；科研人员深入现场调查饮食和饮水情况，检查家禽的患病情况以探索人群的癌症病因。这些工作为降低癌症高发区人群的患病风险起了很好作用。但是，虽然吸烟在西方国家已经公认为肺癌的重要病因，但吸烟与我国人群的肿瘤病因学关系问题以及如果采取预防措施并十分不明确，存在着争议和不同的观点。

中国医学科学院肿瘤研究所与国际研究机构合作，将观察人群死因分布的研究与探讨导致发生死亡的原因相结合，收集了 6700 万人口中在 3 年内发生的 129 万死者的资料，开展了世界上最大一项关于吸烟与人口死因的流行病学研究。分析结果显示，吸烟能够显著地增加我国城市和农村男性和女性居民死于肺癌、食管癌、胃癌、肝癌等恶性肿瘤的风险，能增加呼吸道疾病、血管疾病的死亡风险。尤其是在调查的城乡地区中，吸烟对我国男性和女性居民所增加的肺癌死亡风险大多数具有明确的统计学显著意义。这项研究先后以英文和中文发表在英国医学杂志上，被国际学者和世界卫生组织报告反复引用。

我国三次全国死因调查数据显示，自 1973 年以来，我国肺癌死亡率持续上升，已经跃升为男性肿瘤发病率和死因的首位。中国肿瘤登记地区的数据显示，在 2003~2007 年间，

肺癌的死亡率和发病率均显示出非常明显的升高势头。

三、我国居民对吸烟和二手烟的危害缺乏认识

人群吸烟调查显示，我国有 3.2 亿人为正在吸烟者，有 7.4 亿人暴露在二手烟的烟雾中。其中，有 82%在家中接触二手烟烟雾，67%在公共场所接触二手烟烟雾。

尽管国内外大量的科学证据显示了吸烟对健康的危害，我国公众中目前仍有 3/4 以上的人不能全面了解吸烟对健康的主要危害，2/3 以上的人不了解二手烟的危害；有相当多的医务人员和百姓仍不知晓戒烟可以降低疾病的死亡率和患病风险。需要强调的是，吸烟对健康的危害已经造成，戒烟可以避免继续吸烟对健康造成危害。

四、中国医师的控烟行动

自 1984 年中国人群吸烟调查首次开展以来，我国的医师一直走在中国控烟领域的前列：1997 年，世界烟草或健康大会在北京召开；2005 年，中国肺癌南北高峰论坛发表了《北京宣言》；2007 年，《中国医师戒烟指南》《中国心血管病医生控烟共识》《呼吸科医生控烟宣言》《精神科医生控烟共识》和《无烟——从心做起》先后出台；2012 年，国家卫生部发布《中国吸烟危害健康报告》；中国健康促进联盟发布了第 1 号建议，明确提出“公共场所不吸烟，青少年拒绝吸烟，吸烟者争取尽早戒烟”，以达到预防和延缓慢性病发病的目的。

五、疾病预防策略与人群控烟目标

世界卫生组织（WHO）在关于慢性病防控的预防、治疗、关爱和管理四项策略中，将《烟草控制框架公约》列入预防策略第一条。为了敦促《烟草控制框架公约》在各国持续有效执行，WHO 推出了有证据基础的人群六大控烟措施，即通过监测烟草流行、建设无烟环境、实施戒烟规划、展示健康警语、利用大众媒体、禁止烟草广告和提高烟草税收六大措施，全面有效降低人群吸烟率，保护人群的健康。在 WHO 的这六项控烟措施中，建设无烟环境、实施戒烟规划以及利用媒体宣传控烟知识等，是我国广大医务人员能够很好发挥作用和产生正能量影响的领域。

控制烟草流行是非常艰巨的工作。英、美等国家在实施严格的控烟措施之后，人群吸烟率出现明显的下降。近期中国疾控中心发布的《全球成人烟草调查 2010 报告（中国）》中称，我国医务人员的吸烟率为 17%，在各职业人群中属于低水平。然而，这个数字远远高于 WHO 提出的终结烟草流行，将人群吸烟率控制在 5%以下的控烟目标。

与国际肺癌流行形势相比，目前中国的肺癌死亡率还未到达峰值，吸烟对中国人群健康的影响效应正在凸显。尽管中国医师的控烟行动一直在进行，但是力量不够强大，资源仍然十分有限，社会动员还需进一步扩大和加强。我们不能等待肺癌死亡率在我国继续攀升，而应该在明确知晓导致肺癌发生原病的情况下采取果断行动，遏制烟草蔓延，降低人群吸烟率，防治青少年尝试吸烟和成为规律吸烟者，避免和降低烟草危害，以控制我国人口的肺癌发病和死亡。

（图：常青云，中国癌症基金会控烟与肺癌防治工作部供稿）

❖ 消化系统肿瘤 ❖

我国胃癌防治研究 30 年

季加孚

北京大学肿瘤医院暨北京市肿瘤防治研究所 北京 100142

据 WHO 及《2012 中国肿瘤登记年报》统计，2009 年，胃癌居我国恶性肿瘤发病率第 2 位，死亡率第 3 位。且我国胃癌有发病率和死亡率高、早期胃癌比例低（仅约 10%）、进展期病例为主等特点。近年来，其发病呈年轻化趋势，30 岁以下者比例由 20 世纪 70 年代至今翻了一番，达 3.3%。因此，提高胃癌综合防治水平是关乎公众健康和国计民生的大事，也是我国胃癌领域工作者多年来集中精力研究的主要课题之一。本文将对近 30 年来我国胃癌防治工作的发展和成就作简要回顾和讨论。

1976 年，在徐光炜、张文范、张天泽、张荫昌、林言箴、陈峻青等老一代专家的努力下，成立了中国胃癌研究协作组，由徐光炜教授任组长，并于 1978 年 4 月在北京召开了首届全国胃癌学术会议。会议对 1949 年以后由曾宪九、汪忠镐、顾恺时、付培彬、冯友贤、孟宪民、郑生麟、韩积义、钱礼等老一辈专家所开拓的我国胃癌防治事业进行了重要的总结和回顾，并在此基础上作出了重要的展望和规划。

1985 年，中国抗癌协会成立时，胃癌协作组被重组为隶属于该协会的胃癌专题研究委员会，后被正式更名为中国抗癌协会胃癌专业委员会，成为我国唯一的胃癌专业代表性学术机构。1985～1999 年间，学会分别在济南、沈阳、上海、南京召开了 6 届全国胃癌学术会议。期间，徐光炜、张文范、张天泽、张荫昌、林言箴、陈峻青、金懋林、朱正纲等教授先后承担了学会领导工作。徐光炜、张荫昌教授还被选为 WHO 胃癌协作中心的中国代表，徐光炜教授还当选为国际胃癌学会（IGCA）理事。同时，在胃癌专业委员会的组织下，国内胃癌领域工作者开展了活跃的全国性协作和地区性学术交流，主要包括胃癌病因学和预防研究及与胃癌诊治相关的临床研究。

一、胃癌病因学与预防研究

（一）我国胃癌发病及死亡的地区差异

20 世纪 70 年代初，在全国范围内进行的全死因调查显示，胃癌等部分起源于上皮的恶性肿瘤的死亡率呈非随机分布，具有一定的地理聚集性，如山东省临朐县、栖霞县及辽宁省庄河县的胃癌死亡率显著高于其他地区。尽管患者自身因素在胃癌发病中起一定作用，但大多数研究表明，环境因素是胃癌发生的主要危险因素。

我国胃癌高发区多处于地域相对封闭、经济相对落后的农村地区，当地居民可能长期暴露在一组较强的致病因素下，这造成胃癌发病、死亡的聚集。此外，多数胃癌高发区还有人口流动少、遗传相对稳定的特点。若当地政府组织机构健全、利于管理，则能为研究胃癌发病率的地区差异提供资源优势，从而构成有独特价值的胃癌“高发现场”。

（二）我国学者开展的研究

自1983年起，北京市肿瘤防治研究所在山东省临朐县逐步建立了涵盖20万人群的胃癌“高发现场”，系统进行了胃癌流行因素、癌变病史和干预研究，并通过大样本前瞻性研究证实，胃癌发生是一个多阶段渐变过程，幽门螺杆菌（Hp）感染是重要危险因素。

同时，针对胃癌癌前病变开展了随机、双盲、安慰剂对照的根除Hp感染、补充营养素和大蒜素的干预研究。其中，针对3400例成人进行的根除Hp感染的干预研究是迄今为止世界上样本量最大的胃癌发病干预研究，其结果证实根除Hp感染能使重度癌前病变或胃癌发病危险降低40%。该研究引起了国际肿瘤界的高度关注，获美国国立癌症研究所（NCI）的连续资助及国立卫生研究院（NIH）特别荣誉奖，为胃癌综合防治研究奠定了重要基础。

同期，中国医科大学在辽宁省庄河市进行的现场研究，也相继承担了国家“八五”、“九五”公关课题，并证实了咸猪肉及Hp感染为当地胃癌高发的危险因素。

二、胃癌的诊断研究

20世纪80年代初，在当时的中国胃癌研究协作组的框架内，各专业协作组开展了一系列的全国性协作胃癌研究与地区性学术交流。这些研究成果的发表，为此后30年来我国胃癌的基础和临床工作提供了至关重要的理论和研究基础。

（一）胃镜的价值

全国胃癌内镜协作组收集了19个省市、52家单位共188 044份胃镜资料，发现胃癌14 124例（占7.51%），其中早期胃癌613例（4.35%）。除了少数单位的早期胃癌发现率在10%以上，绝大多数都低于10%。发病人群年龄以41～60岁为主（占73.7%）。胃镜肉眼诊断阳性率为80.7%，误诊率为19.3%，镜下活检阳性率为88.6%。

该研究提示，胃镜可通过肉眼观察初步检出80%的早期胃癌，联合活检阳性率可达88.6%；我国早期胃癌检出率低主要是由于普通人群胃镜检查率低及当时基层医疗机构胃镜普及率低。

因此，要提高我国胃癌的早诊率，需要我们进一步普及胃镜并不断提高胃镜的检查水平。当时提出的胃黏膜染色法，有些至今仍在我国的临床实践中发挥着重要的作用。

（二）病理研究的进展

全国胃癌病理协作组对8800余例各期胃癌的病理形态进行了分析，研究了胃癌病理变化规律、分型和分类问题。尽管当时辅助检查条件非常有限，但广大的胃癌病理医师仍在大量临床数据的基础上结合我国胃癌患者的发病特点提出了更为实用的病理分型。

此后，随着显微分光光度计、自动图像分析仪、流式细胞分析仪和根据体视学原理应用测试网格片等形态定量研究在我国临床工作中的广泛开展，我国胃癌及其癌前病变的病理研究也逐步从传统的常规染色和光镜观察，逐步走向应用物理、化学新技术，使形态的改变与功能相结合，从回顾性研究转向前瞻性研究，从组织学、细胞学水平的研究进一步向分子生物学水平过渡。

三、胃癌的治疗研究

在外科治疗方面，北京肿瘤防治研究所曾牵头汇总并回顾分析了全国28家单位

11 734 例胃癌住院患者的数据，发现总手术率为 83.4%，手术切除率为 54.9%，而根治性切除率仅为 23.6%；手术相关病死率为 3.9%，根治性切除后 5 年生存率为 31.2%；姑息性切除占 27.3%，术后 5 年生存率为 11.7%。

在 986 例接受联合脏器切除的病例中，合并切除胰体尾及脾者的 5 年生存率可达 24.8%，合并脾切除者为 19.6%，合并切除食管下段者为 15.7%，而胰十二指肠联合切除者则无 1 例生存 5 年以上。

该研究还提出，根治性切除辅以化疗的疗效优于单纯手术。Ⅲ、Ⅳ期胃癌患者在接受姑息性切除后联合化疗的 5 年生存率可达 13.5%和 7.6%。这是我国首项多中心大样本胃癌回顾性调查研究，客观真实地反映了 20 世纪 70~80 年代我国胃癌诊治的综合水平，其研究结论的先进性也使我国的胃癌相关研究与国外学术界保持了相对的同步性。

在辅助治疗方面，全国胃癌化疗协作组的研究确立了 5-氟尿嘧啶为基础化疗方案在我国胃癌化学治疗中的主导地位。

而全国胃癌放射治疗协作组则率先开展了胃癌的术前放疗研究。1982 年，通过总结 16 家单位的 161 例患者资料，研究者提出了当时胃癌术前放疗的适应证为浆膜受累、淋巴结转移在第 2 站之内的Ⅱ/Ⅲ期患者；照射野应包括肿瘤及引流的第 2 站淋巴结，以未分化癌及低分化癌效果最佳，有效率约为 60%。对于Ⅲ期胃癌，术前放疗可提高根治性切除率。这一观点即便在今天看来，依然有重要的临床意义。

（来源：《中国医学论坛报》 日期：2013-08-30）

（上接第 108 页）

[9] Carvalho B, Buffart TE, Reis RM, et al. Mixed gastric carcinomas show similar chromosomal aberrations in both their diffuse and glandular components. Cell Oncol, 2006, 28 (5-6): 283-294.

[10] Syrios J, Kechagias G, Agrogiannis G, et al. DNA ploidy: a prognostic factor of response to chemotherapy and survival in metastatic gastric adenocarcinoma. Anticancer Res, 2013, 33 (3): 1209-1214.

[11] Syrios J, Sougioultzis S, Xynos ID, et al. Survival in patients with stage IV noncardia gastric cancer-the influence of DNA ploidy and Helicobacter pylori infection. BMC Cancer, 2012, 12: 264.

[12] Kang JU, Koo SH. ORAOV1 is a probable target within the 11q13.3 amplicon in lymph node metastases from gastric adenocarcinoma. Int J Mol Med, 2012, 29 (1): 81-87.

[13] Gumus-Akay G, Unal AE, Elhan AH, et al. DNA copy number changes in gastric adenocarcinomas: high resolution-comparative genomic hybridization study in Turkey. Arch Med Res, 2009, 40 (7): 551-560.

[14] Kim YH, Kim NG, Lim JG, et al. Chromosomal alterations in paired gastric adenomas and carcinomas. Am J Pathol, 2001, 158 (2): 655-662.

[15] Buffart TE, Carvalho B, Mons T, et al. DNA copy number profiles of gastric cancer precursor lesions. BMC Genomics, 2007, 8: 345.

[16] Bertazza L, Mocellin S, Marchet A, et al. Survivin gene levels in the peripheral blood of patients with gastric cancer independently predict survival. J Transl Med, 2009, 7: 111.

11、20号染色体非整倍体与胃癌临床病理相关性研究

高 巍 刘尚梅 鲁海珍 梁 晶 王明荣 徐 昕

中国医学科学院肿瘤医院/肿瘤研究所 北京 100021

【摘要】 **目的：**探讨11、20号染色体非整倍体在胃腺癌早期病理诊断及预后监测的意义。**方法：**收集49例胃腺癌肿瘤标本，并配对收集癌旁黏膜、距肿瘤远端切缘处黏膜组织进行11、20号染色体FISH检测，对所有病理资料进行整理分析。**结果：**11、20号染色体非整倍体发生率在胃腺癌肿瘤、癌旁、距肿瘤远端切缘处黏膜中分别为83.7%、55.6%、24.2%和87.8%、74.3%、25.0%，且同一染色体在三个不同部位黏膜组织中非整倍体发生率的差异有统计学意义（$\chi^2=28.866$，$\chi^2=35.364$，$P<0.001$）。Lauren分型、淋巴结转移、肿瘤大小与胃腺癌11号染色体非整倍体改变之间差异有统计学意义（$\chi^2=5.079$，$\chi^2=4.577$，$F=10.154$，$P<0.05$）。胃腺癌癌旁黏膜、距肿瘤远端切缘处黏膜组织学形态主要呈慢性炎症、肠上皮化生和不典型增生，随着黏膜组织病变加重，11、20号染色体非整倍体发生率也明显升高。**结论：**检测11、20号染色体倍体改变可能是帮助胃腺癌早期检测，并提示术后复发的有效方法。

【关键词】 胃腺癌；非整倍体；荧光原位杂交

胃腺癌是全球第四大常见肿瘤，居世界癌症死亡性疾病第二位[1]。据《2012中国肿瘤登记年报》公布的数据[2]，我国肿瘤登记地区2009年胃癌发病率为36.21/10万，居恶性肿瘤发病的第二位；死亡率为25.88/10万，居恶性肿瘤死亡的第三位。近年来，随着医疗水平的不断提高，胃腺癌的发病率比预计下降了15%[3]，然而死亡率仍然居高不下，而且大多数胃腺癌患者发现时已是中晚期，总5年生存率不到20%[4]，所以胃腺癌的早期诊断及术后监测和治疗研究一直是医学领域的研究重点。本研究对比11、20号染色体在胃腺癌、癌旁黏膜及肿瘤远端黏膜染色体倍体的改变，分析同一个体不同组织间染色体倍体的差异，从而探讨11、20号染色体非整倍体在胃腺癌病理诊断及判断预后中的意义。

一、资料与方法

（一）标本收集

收集2009年10月至2012年2月中国医学科学院肿瘤医院手术切除的胃腺癌根治标本肿瘤组织49例，同时配对收集了

通信作者：刘尚梅，Email：liu_ shangmei@sina.com

癌旁 2cm 黏膜（11、20 号染色体分别为 36 例、35 例）和距肿瘤远端切缘处胃黏膜组织（11、20 号染色体分别为 33 例、32 例）。取材标本均为当天手术且无坏死的新鲜组织，置于-80℃冰箱备用，统一行间期核处理。全部病例标本均行着丝粒探针双色 FISH 检测（彩图 1、图 2，见 663 页），部分病例因组织退变、自溶等原因使得细胞数太少而舍弃，仅选取每例细胞数大于 30 个的病例进行分析。

（二）临床资料

收集实验病例的临床资料，并对所有病例 HE 切片进行复阅。49 例患者中，男 40 例，女 9 例；年龄范围 33～78 岁；lauren 分型中肠型 32 例，弥漫型 17 例；按照 2010 年 WHO 消化道肿瘤病理 TNM 分期标准，pT1 期为肿瘤侵犯固有层、黏膜肌层或黏膜下；pT2 期为肿瘤侵犯固有肌层；pT3 期为肿瘤侵犯到浆膜下；pT4 期为肿瘤穿透浆膜或侵犯到邻近结构。本组 49 例患者中，pT1 期 0 例，pT2 期 7 例，pT3 期 33 例，pT4 期 9 例。

（三）统计学方法

应用 SPSS 16.0 软件进行统计分析。计数资料之间的比较采用 Pearson 卡方检验、连续性校正的卡方检验和 Fisher's 精确检验；计量资料以均数±标准差表示，多组间比较采用 Kruskal-Wallis H 检验。$P<0.05$ 为结果存在统计学差异。

二、结果

1. 患者情况

本实验 49 例病例中肿瘤大小范围为 2.5～14.0cm，平均值（5.82±0.38）cm。按大体分型分类，其中溃疡型 36 例，浸润型 6 例，隆起型 7 例；分化程度为高分化 1 例，中分化 15 例，低分化 33 例（彩图 3，见 664 页）；肿瘤浸润深度在浆膜内 23 例，浆膜外 26 例；49 例病例中 34 例存在淋巴结转移，16 例可见脉管瘤栓。

2. 胃腺癌肿瘤、癌旁 2cm 黏膜及距肿瘤远端切缘处黏膜组织中 11、20 号染色体非整倍体发生率

11、20 号染色体非整倍体发生率在胃腺癌肿瘤、癌旁、距肿瘤远端切缘处黏膜中呈下降趋势，分别为 83.7%、55.6%、24.2%和 87.8%、74.3%、25.0%，且同一染色体在 3 个不同部位黏膜组织中非整倍体发生率的差异有统计学意义（$\chi^2=28.866$，$\chi^2=35.364$，$P<0.001$，表 1）。

表 1　染色体不同部位非整倍体结果分析

	总数	二倍体	非整倍体	χ^2 值	P 值
Cen11				28.866	<0.001
肿瘤	49	8（16.3%）	41（83.7%）		
癌旁	36	16（44.4%）	20（55.6%）		
远端黏膜	33	25（75.8%）	8（24.2%）		
Cen20				35.364	<0.001
肿瘤	49	6（12.2%）	43（87.8%）		
癌旁	35	9（25.7%）	26（74.3%）		
远端黏膜	32	24（75.0%）	8（25.0%）		

3. 胃腺癌肿瘤组织中 11、20 号染色体非整倍体与临床病理参数分析

分析胃腺癌肿瘤组织中 11、20 号染色体非整倍体与性别、年龄、肿瘤大小、大体分型、分化程度、Lauren 分型、pTNM、有无脉管瘤栓的关系后发现，不同 Lauren 分型与胃腺癌 11 号染色体非整倍体改变之间差异有统计学意义（$\chi^2=5.079$，$P<0.05$，表2），其中 11 号染色体在弥漫型胃癌（17 例）中全部为非整倍体（100%），染色体非整倍体率明显高于肠型胃癌（24 例，75.0%）。11 号染色体非整倍体发生与有无淋巴结转移之间存在统计学差异（$\chi^2=4.577$，$P<0.05$，表 2），其中淋巴结转移病例的非整倍体发生率（31 例，91.2%）明显高于无淋巴结转移病例（10 例，66.7%）。此外，11 号染色体非整倍体与肿瘤大小差异有统计学意义（$F=10.154$，$P<0.05$，表 3），肿瘤体积越大，11 号染色体非整倍体发生率越高。而其他临床病理参数与胃腺癌 11、20 号染色体非整倍体之间无统计学差异（$P>0.05$）。

4. 胃腺癌癌旁黏膜组织中 11、20 号染色体非整倍体与临床病理参数分析

胃腺癌癌旁黏膜组织中 11、20 号染色体与性别、年龄、肿瘤大小、大体分型、分化程度、Lauren 分型、pTNM、有无脉管瘤栓间均无统计学差异（$P>0.05$）。

胃腺癌癌旁组织病理学表现有慢性炎症、肠上皮化生和非典型增生。比较胃腺癌癌旁组织不同形态学表现与染色体非整倍体发现，11 号染色体非整倍体与不同的组织病理形态间差异有统计学意义（$\chi^2=8.958$，$P<0.05$，表 4），非典型增生的染色体非整倍体发生率（76.5%）要明显高于慢性炎症（40.0%）。研究 20 号染色体发现，随着癌旁组织病变加重，染色体非整倍体发生率也有所升高，然而非整倍体发生率与不同组织病理形态间差异无统计学意义（$P>0.05$）。

5. 胃腺癌距肿瘤远端切缘处黏膜组织 11、20 号染色体非整倍体与临床病理参数分析

本实验发现，胃腺癌距肿瘤远端切缘处黏膜组织 11、20 号染色体非整倍体与肿瘤大体分型、性别、年龄、肿瘤大小、分化程度、Lauren 分型、pTNM、有无脉管瘤栓与肿瘤远端黏膜组织染色体非整倍体间无统计学相关性（$P>0.05$）。然而，浸润型腺癌（3 例，60%）距肿瘤远端黏膜组织 20 号染色体非整倍体（4 例，66.7%）发生率要明显高于溃疡型（4 例，1.09%）和隆起型腺癌（2 例，25.0%），但其与 20 号染色体非整倍体间无统计学相关性（$P>0.05$）。

胃腺癌切除标本中，距肿瘤远端切缘处胃黏膜组织 11、20 号染色体均以二倍体为主，病理组织形态同样表现为慢性炎症、肠上皮化生及轻度非典型增生。比较该处黏膜组织染色体非整倍体发现，形态学改变与染色体 11、20 染色体倍体间差异无统计学意义（$P>0.05$，表 5）。此外，距肿瘤远端切缘处黏膜 11 号染色体为非整倍体的病例共 8 例，且均为低分化腺癌，其中 4 例合并有黏液腺癌或印戒细胞腺癌，其余 4 例均有淋巴结转移。距肿瘤远端切缘处黏膜 20 号染色体为非整倍体的病例共 8 例，其中 7 例为低分化腺癌，1 例为中分化腺癌，低分化腺癌中有 3 例为黏液腺癌或印戒细胞癌，其余 4 例均有淋巴结转移。

表 2 肿瘤组织 11 号染色体非整倍体与 Lauren 分型间关系

	二倍体	非整倍体	总数	χ^2 值	P 值
Lauren 分型			49	5.079	0.038
肠型	8	24	32		
弥漫型	0	17	17		
淋巴结转移			49	4.577	0.047
无	5	10	15		
有	3	31	34		

表 3 肿瘤组织 11 号染色体非整倍体与肿瘤大小间关系

	均值	标准差	F 值	P 值
倍体			10.154	0.004
二倍体	5.750	1.934		
非整倍体	6.271	4.365		

表 4 癌旁组织染色体非整倍体与胃黏膜病变的关系

	总数	慢性炎症	肠上皮化生	非典型增生	χ^2 值	P 值
Cen11	31				8.958	0.011
二倍体	14	6 (60.0%)	4 (100.0%)	4 (23.5%)		
非整倍体	17	4 (40.0%)	0 (0)	13 (76.5%)		
Cen20	30				2.609	0.271
二倍体	7	4 (40.0%)	1 (25.0%)	2 (12.5%)		
非整倍体	23	6 (60.0%)	3 (75.0%)	14 (87.5%)		

表 5 远癌胃黏膜染色体非整倍体与胃黏膜病变的关系

	总数	慢性炎症	肠上皮化生	非典型增生	χ^2 值	P 值
Cen11	29				2.592	0.274
二倍体	23	13 (86.7%)	8 (80.0%)	2 (50.0%)		
非整倍体	6	2 (13.3%)	2 (20.0%)	2 (50.0%)		
Cen20	28				0.465	0.792
二倍体	23	13 (86.7%)	7 (77.8%)	3 (75.0%)		
非整倍体	5	2 (13.3%)	2 (22.2%)	1 (25.0%)		

三、讨论

本研究结果显示，11、20 号染色体非整倍体在胃腺癌肿瘤组织（83.7%、87.8%）、癌旁黏膜（55.6%、74.3%）、距肿瘤远端切缘处黏膜组织（24.2%、25.0%）中均可检测到，其中不同部位 20 号染色体非整倍体发生率均高于 11 号染色体。Liu 等[5]研究发现，染色体 11p、20q 的扩增是胃腺癌常见的染色体改变。Furuya 等[6]通过 FISH 染色也发现，60%～80%胃腺癌肿瘤组织发生 11 号染色体非整倍体，Buffart 等[7]研究 58 例胃腺癌标本发现，染色体 20q 的扩增率高达 77.8%。这也进一步证实了 11、20 号染色体 DNA 异倍体是胃腺癌常见的遗传学改变。

分析胃腺癌肿瘤组织中 11、20 号染色体非整倍体与性别、肿瘤大小、大体分型、Lauren 分型等临床病理参数关系后发现，不同 Lauren 分型与胃腺癌 11 号染色体非整倍体改变之间差异有统计学意义（$\chi^2=5.079$，$P<0.05$），其中 11 号染色体在弥漫型胃癌（17 例）中全部为非整倍体，而肠型胃癌非整倍体发生率则相对较低（24 例，75%）。目前认为，Lauren 分型对胃腺癌遗传学改变有着重要意义。Takeno 等[8]研究发现，染色体 11q 缺失是弥漫型胃癌最常见的染色体改变，这也支持本研究中 11 号染色体在弥漫型胃癌全部为非整倍体的结论。而 Carvalho 等[9]提出，胃腺癌 Lauren 分型之间的差异是染色体结构的异常导致的，与染色体倍体改变无关。目前还需进一步研究证实以上结论。

本研究还发现，11 号染色体非整倍体发生与淋巴结转移、肿瘤体积之间存在统计学差异（$\chi^2=4.577$，$F=10.154$，$P<0.05$）。由此推测，在有淋巴结转移或是肿瘤体积较大的胃腺癌中更易发生 11 号染色体非整倍体。目前，多数的研究证实，胃腺癌染色体非整倍体与肿瘤分化、浸润组织深度、转移等预后因素有着密切的关系[10,11]。Kang 等[12]研究发现，11 号染色体非整倍体发生于 75%的胃腺癌合并淋巴结转移的患者。然而 Guvem 等[13]研究发现，尽管染色体非整倍体在胃腺癌中较为常见，但其与肿瘤的进展（主要为病理分期中 pT、pN）、分化等无关。

在本实验中，11、20 号染色体非整倍体发生率在胃腺癌肿瘤、癌旁黏膜、距肿瘤远端切缘处黏膜组织中依次降低，且差异有统计学意义（$\chi^2=28.866$，$\chi^2=35.364$，$P<0.001$）。Kim[14]等配对研究 14 例胃腺癌肿瘤、癌旁组织后同样发现肿瘤组织染色体非整倍体发生率要明显高于癌旁组织，且同一病例的肿瘤与癌旁组织多发生相同的染色体非整倍体。由此提示，如果某条染色体在肿瘤与癌旁黏膜中均有较高的非整倍体率，那么该染色体可能存在胃腺癌发生的关键基因，通过检测该染色体非整倍体可以作为早期胃癌检测和术后复发监测的指标。本实验中 11、20 号染色体肿瘤与癌旁黏膜均有较高的非整倍体率，因此检测以上染色体可能对胃癌的诊断有一定帮助。

本实验比较胃腺癌癌旁黏膜组织在不同病理形态下染色体倍体改变发现，11 号染色体非整倍体率在慢性炎症、肠上皮化生、非典型增生中的差异有统计学意义（$\chi^2=8.958$，$P<0.05$），且当肿瘤旁 2cm 黏膜组织呈非典型增生改变时，11、20 号染色体都有很高的非整倍体发生率（分别为 76.5%、87.5%）。Buffart 等[15]通过研究 21 例非典型增生的胃腺癌癌旁组织发现，染色体 11q（29%）、20q（33%）扩增是其最常见的染色体改变。此外，本研究中即使癌旁组织病理表现为慢性炎症，仍有

40.0%~60.0%发生染色体非整倍体，因此，通过着丝粒探针 FISH 检测胃黏膜（尤其是病理呈非典型增生时）11、20 号染色体倍体改变，对早期和术后胃腺癌的筛查和监测也许有重要意义。

本实验还发现，在距肿瘤远端切缘处黏膜组织中依然可以检测到 11、20 号染色体非整倍体的发生（分别为 24.2%、25.0%），且随着病变程度的加重，11、20 号染色体非整倍体发生率也由慢性炎症 13.3%、13.3%上升到非典型增生的 50%、25%。由此可见，即使肿瘤远端切缘处黏膜也同样存在 11、20 号染色体非整倍体的发生，并且非整倍体不仅发生于肠上皮化生和非典型增生的组织中，同样也发生在慢性炎症的胃黏膜中，而这些是目前的常规病理检查所不能发现的，而染色体 FISH 检测则可以帮助进一步检查。

此外，本实验中距肿瘤远端切缘处黏膜 11 号染色体为非整倍体的病例共 8 例，且均为低分化腺癌，其中 4 例合并有黏液腺癌或印戒细胞腺癌，其余 4 例均有淋巴结转移。距肿瘤远端切缘处黏膜 20 号染色体为非整倍体的病例共 8 例，其中 7 例为低分化腺癌，1 例为中分化腺癌，低分化腺癌中有 3 例为黏液腺癌或印戒细胞癌，其余 4 例均有淋巴结转移。因此，检测胃腺癌（尤其是低分化腺癌和存在转移的患者）11、20 号染色体非整倍体对残胃复发具有提示作用。

目前，临床及病理分期是评价胃腺癌预后的重要依据。而研究发现，一些早期的胃腺癌病人即使进行规范的术后放化疗，仍有 50%会复发。相反，一些中晚期的病人即使术后不进行辅助放化治疗，数年内肿瘤也不会复发[16]。由此可见，仅靠临床相关指标已经不足以帮助胃腺癌病人判断预后，而应用着丝粒探针 FISH 技术检测 11、20 号染色体倍体改变可能是帮助胃腺癌早期诊断，并提示术后复发的有效方法。

（本文荣获第七届中国肿瘤内科大会暨第二届中国肿瘤医师大会优秀论文二等奖）

参 考 文 献

[1] Babaei M, Pourfarzi F, Yazdanbod A, et al. Gastric cancer in Ardabil, Iran-a review and update on cancer registry data. Asian Pac J Cancer Prev, 2010, 11 (3): 595-599.

[2] 赫捷，陈万青. 2012 中国肿瘤登记年报. 北京：军事医学科学出版社，2012，26-28.

[3] Parkin DM, Bray F, Ferlay J, et al. Global cancer statistics, 2002. CA Cancer J Clin, 2005, 55 (2): 74-108.

[4] Zhang D, Wang Z, Luo Y, et al. Analysis of DNA copy number aberrations by multiple ligation-dependent probe amplification on 50 intestinal type gastric cancers. J Surg Oncol, 2011, 103 (2): 124-132.

[5] Liu YY, Chen HY, Zhang ML, et al. Loss of fragile histidine triad and amplification of 1p36.22 and 11p15.5 in primary gastric adenocarcinomas. World J Gastroenterol, 2012, 18 (33): 4522-4532.

[6] Furuya T, Uchiyama T, Adachi A, et al. Relation of DNA ploidy to genetic aberrations detected by chromosomal CGH and FISH in gastric adenocarcinomas. Oncol Rep, 2006, 15 (6): 1491-1496.

[7] Buffart TE, van Grieken NC, Tijssen M, et al. High resolution analysis of DNA copy-number aberrations of chromosomes 8, 13, and 20 in gastric cancers. Virchows Arch, 2009, 455 (3): 213-223.

[8] Takeno SS, Leal MF, Lisboa LC, et al. Genomic alterations in diffuse-type gastric cancer as shown by high-resolution comparative genomic hybridization. Cancer Genet Cytogenet, 2009, 190 (1): 1-7.

（下转第 102 页）

结直肠癌防治研究30年回顾

万德森 陈 功

中山大学肿瘤防治中心 广州 510060

2012年的《中国肿瘤登记年报》数据显示，结直肠癌发病位居全国居民恶性肿瘤发病的第3位，位于肺癌和胃癌之后，而死亡率则位居第5位，排在肺癌、肝癌、胃癌和食管癌之后，这些数据表明大肠癌对中国居民的健康构成了很大威胁。2013年适逢《中国医学论坛报》创刊30周年，借此机会，梳理近30年来结直肠癌的防治领域所取得的那些值得大家记住的成就。

一、外科治疗：柳暗花明再创新高

（一）直肠癌的外科治疗

直肠癌的外科治疗始于1907年1月，英国医生迈尔斯（Miles）根据直肠癌淋巴引流上、中、下3路的观点，成功施行了第1例根治性腹会阴联合直肠癌切除术。

1908年，Miles发表了他的论文，到1923年，他的研究报告65例，手术病死率降至9.5%，局部复发率为29.5%。Miles倡导的腹会阴联合直肠癌切除术有可能治愈直肠癌，称之为“Miles手术”，这是直肠癌外科治疗的第一个里程碑，作为直肠癌的“金标准”手术延续数十年。

但是，Miles手术带来的乙状结肠末端永久性造口使患者十分困扰，例如，排便不能自控及造口术诸多合并症。保肛手术一直为直肠癌患者所祈求。

1939年，迪克森（Dixon）提出前切除术，但是肿瘤远端肠管切除多少才算彻底、安全、不致复发，这是医生和患者关注的焦点问题，争论不休。无论Miles手术抑或Dixon手术，局部复发率仍然较高，平均达到18.5%。

1982年，海尔德（Heald）首先提出全直肠系膜切除，认为“不适当的直肠系膜切除”导致直肠系膜内残留癌细胞，并极易引起癌细胞扩散、种植，成为术后局部复发的祸根。他提出全直肠系膜切除（TME）以达到彻底切除直肠癌，将局部复发率降至最低限度。

1992年，Heald报告152例直肠癌按TME原则切除，局部复发率仅2.6%。其他许多外科医生遵循TME原则切除直肠癌，局部复发率大多数<10%。Heald的TME被誉为直肠癌外科治疗的第二个里程碑。

针对直肠癌术后局部复发原因，1986年，奎尔克（Quirke）等首先指出环周切缘（CRM）对局部复发的重要性。他认为CRM阳性直肠癌术后局部复发率高，后为许多研究所证实。CRM检测具有重要的临床意义，除了能预测预后（局部复发、远处转移、无痛生存），还可以用来评价新辅助治疗的效果，并用于指导术后辅助治疗。

（二）结肠癌的外科治疗

结肠癌手术一般认为只能按传统方法施行，不可能有更多的进展。2009年，德国洪恩伯格（Hohenberger）基于TME的理念提出了全结肠系膜切除（CME）的原则和技术，使5年局部复发率由6.5%降至3.6%（$P<0.05$），5年生存率由82.1%升至89.1%（$P<0.05$）。

（三）微创手术的发展

近30年，有利于患者康复和提高生活质量的微创外科手术在结直肠癌治疗中得到广泛应用和推广。

1984年，博伊斯（Buess）首次报道经肛门内镜显微外科手术（TEM）治疗直肠肿瘤，为早期直肠癌和腺瘤的治疗开辟了一个新途径。

1991年，雅克布（Jacobs）施行了首例腹腔镜结肠切除术。

2004年，美国COST试验和2002年雷斯（Lacy）等分别报告两项结肠癌随机临床试验比较腹腔镜手术与开腹手术结果，表明二者局部复发率、并发症发生率和总生存率无显著差异，认为腹腔镜手术可以替代开腹手术。

迄今，美国国立综合癌症网络（NCCN）直肠癌临床实践指南仍然未推荐腹腔镜下直肠癌切除。事实上，国内外许多单位都已经施行了腹腔镜下全直肠系膜切除术，效果与开腹手术相似，且术后恢复快、疼痛轻、术后肠粘连少、住院日短、降低费用和增加美容效果，但至今尚缺乏大样本的随机研究数据。

（四）机器人手术

更加令人兴奋的微创手术是机器人手术。1994年，发明了伊索（AESOP）机器人手术操作系统；1998年，研发了宙斯（Zeus）操作系统，并完成了世界上首例跨洋的机器人手术。目前应用的是在宙斯系统基础上更完善的达芬奇（DaVinci）手术操作系统，图像清晰、操作便利、准确并可远程操作，受到外科医生青睐，还由于学习曲线短，没有腹腔镜手术基础的外科医生也能在较短时间内掌握。贝克（Baik）等报道，113例低位直肠癌机器人手术与标准腹腔镜手术比较结果，前者并发症更少，切出标本质量更高。

近30年来，内镜下切除术发展也很快，内镜黏膜切除术（EMR）和内镜黏膜下剥离术（ESD）用于结直肠癌前病变和原位癌（Tis）者术后恢复快，肛门功能保存良好。随着上述新技术的发明和应用，手术器械亦不断改进，简单的几厘米手术刀演变出电刀、多功能电刀、超声刀、激光刀、结扎速切割闭合系统（LigSure Vessel Sealing System），以及闭合器、吻合器、切割器、TEM机械系统、机器人手术器械系统等。这些手术器械的创造发明又大大促进了外科治疗的发展。

二、结直肠癌肝转移也能临床治愈

在患者确诊结直肠癌时，20%～25%的患者已发生肝转移；原发灶治疗后，异时性的肝转移发生率多达50%；尸检中，结直肠癌肝转移高达60%～71%。

20世纪90年代以来，学界认为只要原发灶已被控制（切除或根治）、估计切除转移灶后剩余肝>30%、肝外无不可切除转移灶，就可施行外科治疗，其他因素（转移灶大小、数目、部位等）仅对预后有影响，非绝对禁忌证；这使肝转移切除率大大提高，加上外科技术的进步和现代化疗及靶向药物治疗，使肝转移切除率提高到30%以上，患者术后5年生存率达到33%～58%，10年生存率为22%～28%。

汤姆林森（Tomlinson）等对1985～1994年间结直肠癌肝转移者前瞻性数据库进行回顾性分析，从肝切除后开始计算疾病特异性生存期（DSS），10年中，患者中位DSS为44个月；生存10年以后，有1

例患者死于肝转移；生存10年以上的102例患者中，亦存在预后差的因素，包括同时性转移（7%）、无瘤间隔期<12个月（36%）、两叶肝转移（25%）、淋巴结转移（50%）、多于一个部位的转移（39%）、转移灶>5cm（35%）。

作者认为，结直肠癌肝转移术后无病生存超过10年已属临床治愈，在经过仔细选择和精心治疗，就算有不良预后因素，1/6的肝转移者最终都可获得治愈。

三、化疗药物推陈出新，疗效节节攀高

（一）氟尿嘧啶（5-FU）长盛不衰，老药新用

1. 近30年来，氟尿嘧啶类药物在大肠癌的应用进展

（1）持续静脉输注较推注更安全、有效：由于半衰期很短（6~20分钟），既往使用原则为多次重复静脉推注来维持血浆药物峰浓度，但由此也带来了极大的消化道黏膜损伤和骨髓抑制等毒性，影响了药物的安全性。

自20世纪90年代，肿瘤学家格莱姆特（Gramont）发现，通过持续静脉输注氟尿嘧啶类可长时间维持有效的血浆药物稳态浓度，保证了该类药物的疗效，显著减少了消化道黏膜和骨髓毒性，形成了经典的“持续静脉输注双周方案”（sLV5FU2），替代了传统静脉推注方案，迅速成为目前大肠癌化疗方案中氟尿嘧啶类药物静脉使用的标准。可以说，更改使用途径，让老药焕发出了新的光彩。

（2）口服氟尿嘧啶药物的开发：5-FU由于只能静脉使用，且组织特异性低，故临床使用不方便、消化道和骨髓毒性较大，而其前体药物的开发得以实现口服给药，提高疗效并降低了毒性。

最早的口服氟尿嘧啶类药物是1967年合成的第1代口服前体药替加氟，之后1976年合成了第2代前体药去氧氟尿苷，目前最成功的当属第3代前体药物，分别是1992年合成的卡培他滨和1993年合成的替吉奥。卡培他滨目前已经成为治疗大肠癌应用最为广泛的药物，可以替代静脉用5-FU。

2. 伊立替康和奥沙利铂：两大新型细胞毒药物问世，大肠癌化疗三足鼎立

在5-FU独自支撑大肠癌化疗近40年后，1996年，大肠癌化疗药物的阵营里，迎来了新成员——新型细胞毒化疗药物伊立替康（CPT-11，喜树碱半合成衍生物，可特异性抑制拓扑异构酶I）被批准与氟尿嘧啶类药物联合，用于晚期大肠癌的化疗。

2002年，另外一种新型细胞毒化疗药物，奥沙利铂（L-OHP，草酸铂，第3代铂类）也被批准与氟尿嘧啶类药物联合用于治疗晚期大肠癌。

伊立替康和奥沙利铂相继加入到大肠癌化疗药物列表，显著提高了化疗疗效，使得晚期大肠癌患者的中位生存期，从使用5-FU时代的10~12个月，迅速提高到18~20个月。

从此，大肠癌化疗翻开了新的篇章，从单药的5-FU时代进入三足鼎立的后5-FU三药联合方案时代，而氟尿嘧啶类药物分别与伊立替康和奥沙利铂组合形成的标准化疗方案FOLFIRI、FOLFOX和XE-LOX，也一直使用至今。

（二）靶向药物：锦上添花，大肠癌疗效再上一层楼

2004年，抗血管内皮生长因子（VEGF）的单克隆抗体贝伐单抗获批用于联合化疗治疗晚期大肠癌，成为该领域的第一个抗血管生成靶向药物，也拉开了大肠癌靶向治疗的序幕。多项临床研究证明，

和常用的化疗方案，例如 FOLFOX、XELOX 或 FOLFIRI 方案联合，贝伐单抗能延长晚期大肠癌患者的生存。

随后，抗表皮生长因子受体（EGFR）单克隆抗体西妥昔单抗获批成为第 2 个用于晚期大肠癌的靶向药物，西妥昔单抗可单药或与化疗 FOLFIRI/FOLFOX 联合提高晚期大肠癌疗效。至此，大肠癌靶向治疗进入应用抗 VEGF 和抗 EGFR 药物的双雄时代。

此后几年中，分别又有抗 VEGF 类的阿柏西普（Aflibercept，商品名 Eylea）和抗 EGFR 类帕尼单抗（panitumumab）两种药物获批该适应证。

2013 年获批的小分子酪氨酸激酶抑制剂（TKI）瑞格非尼（regorafenib）又掀开了晚期肠癌靶向治疗新一页，在接受过所有 3 个细胞毒药物、抗 VEGF 和 EGFR 两类靶向药物治疗最终失败的终末期患者，瑞格非尼单药能延长患者 1.4 个月的生存，这不但使其成为第 1 个用于治疗晚期大肠癌的 TKI，也为已经进入治疗平台期的大肠癌靶向药物的开发带来了新的曙光和思路。

历经近 30 年的发展，大肠癌的系统化疗药物形成了三类细胞毒药物（氟尿嘧啶、伊立替康、奥沙利铂）、两类前线单抗类靶向药物（抗 VEGF 单抗、抗 EGFR 单抗）和一类末线小分子 TKI 靶向药物（瑞格非尼），正是这些有效的药物，成为肿瘤临床医生手中强有力的抗癌武器，为大肠癌治疗疗效带来一个又一个新的高峰。

（三）综合治疗理念深入人心

1. 新辅助和辅助化疗：显著提高肠癌根治术后疗效

单药氟尿嘧啶被证实辅助化疗可以提高Ⅲ期结肠癌术后的 5 年生存率，正式确立辅助化疗重要地位，让大肠癌的治疗进入综合治疗时代。随着卡培他滨和奥沙利铂被证实可以显著提高辅助化疗疗效，大肠癌的辅助化疗已经成为肿瘤规范化治疗的典范。标准的适应证即高危Ⅱ期和Ⅲ期患者，标准药物即氟尿嘧啶和奥沙利铂，标准方案即氟尿嘧啶类单药或联合方案 FOLFOX，标准的疗程为 6 个月。

2. 局部进展期中低位直肠癌放、化疗进展

盆腔的特殊解剖结构导致该期患者手术的盆腔局部复发率异常高，尽管全直肠系膜切除（TME）手术原则极大降低了局部复发率，但研究发现放疗还能进一步降低手术局部复发率。2004 年，德国 AIO-94 研究证实术前放疗联合同步 5-FU 化疗，虽未提高长期生存，但显著降低局部复发率，且较术后放、化疗毒性明显降低，从此术前放、化疗成为局部进展期中低位直肠癌的标准治疗模式。

3. 多学科综合治疗（MDT）理念的建立

MDT 是以肿瘤特征为基础，结合患者身体状况和社会经济状况，参考当地医疗技术，应用可获得的有效治疗手段，在循证医学指导下多个相关学科合作为患者提供科学、规范、合理的个体化治疗。

目前推荐的大肠癌 MDT 运作核心程序包括，基于治疗目的（治愈还是姑息治疗）而将晚期大肠癌患者先进行分类，转移瘤（尤其肝转移）能完全切除（R0 切除）者，手术切除联合围手术期化疗来寻求疗效最大化；暂不能切除但有望通过化疗转化为可切除者，通过 MDT 寻求最大转化率；没有转化机会的晚期患者，“三药原则、整体规划、治疗的延续”等理念在保证患者生活质量的同时获得生存最优化。

4. K-ras：开启肠癌个体化治疗新时代

2008 年，K-ras 基因突变与抗 EGFR 单抗耐药关系被发现，该基因突变者将不会对抗 EGFR 单抗的治疗产生疗效，治疗前事先预测并甄别出治疗可能耐药的患者，使其免于治疗痛苦。

2009年，发现另外两个分子标志物，MMR（错配修复）蛋白或MSI（微卫星不稳定性），MMR发生突变（即dMMR）或高度MSI者预后良好，但不会从氟尿嘧啶单药辅助化疗中获益，对该群体不推荐单药氟尿嘧啶辅助化疗。

四、筛查挽救患者生命

我国大城市结直肠癌发病率与死亡率年均增加约5%。美国自20世纪80年代中叶开始下降，至90年代中叶更加明显，原因归功于筛查和消除致病危险因素及治疗水平提高。

控制结直肠癌流行的最重要手段就是筛查，可以消除癌前病患；达到“三早”（早发现、早诊断、早治疗），早期结直肠癌治愈率可达90%。美国50岁以下者不推荐筛查，结直肠癌发病率自1994年以来男女合计每年增加2%。我国于2007年开展了大规模人群结直肠癌筛查，2010～2012年初筛人数达46万余人，发现病例数达1455人，早诊率近90%，绝大部分得到及时治疗。

五、阿司匹林：化学预防的奇兵？

阿司匹林被证实可减少结肠腺瘤（结肠癌前病变）的发生风险。COX2抑制剂塞来昔布，也可能具有类似功效。2012年，《新英格兰医学杂志》（N Engl J Med）发表美国研究表明，PIK3CA突变的结肠癌患者，术后接受阿司匹林治疗能显著延长生存期。

六、结直肠癌疗效显著提高

1940～1960年，美国统计结直肠外科患者5年生存率：结肠癌为48%～56%，直肠癌为44%～50%；英国对1960～1987年3万例结肠癌和直肠癌的分析显示，术后5年生存率分别为56.1%和45.1%。

1975～2005年美国统计结肠癌和直肠癌5年生存率分别为66%和69%（20世纪80年代为59%和57%）；挪威癌症中心报告直肠癌根治术后5年生存率>70.0%（80年代为54.9%）；荷兰东南部1995～2000年直肠癌应用TME和术前放疗，5年生存率达61%（80年代为49%）；上海复旦大学肿瘤医院直肠癌术后5年生存率75%。

30年来，全球的结直肠癌防治领域取得了巨大的成就，患者生存率得到明显提高。生命无价，与癌症患者的生存期盼相比，今天所取得的这些成就，还是显得微不足道，结直肠癌的防治仍然任重道远，路漫漫其修远兮，患者的期待就是我们求索的动力！

（来源：《中国医学论坛报》日期：2013-07-02）

转移性结直肠癌的内科治疗优化策略

于　丁　吴辉菁

湖北省肿瘤医院内科　武汉　430079

因遗传及环境因素等的影响，结直肠癌自 1975 年以来新发病例数迅速增加，目前已成为欧美国家的第三常见恶性肿瘤。在我国，结直肠癌的发病率逐年上升，大城市的发病率增速更为显著。结直肠癌治疗的关键目前还是早诊早治。结直肠癌治疗后 5 年生存获益主要来源于外科手术治疗。早期结直肠癌的单一手术治疗的 5 年生存率可高达 90%以上，而晚期非手术患者的 5 年生存率则小于 10%。如何提高晚期转移性结直肠癌（mCRC）的治疗效果，必须从多方面着手，优化其治疗策略。

积极的新辅助治疗，为不宜手术的患者创造可以接受手术的机会，争取达到原发灶和转移病灶的完全切除。研究表明，肝转移灶的切除率与肿瘤的缓解率呈正相关，因此术前的新辅助治疗应选择缓解率较高的治疗方案。目前三药化疗联合西妥昔单抗方案的治疗缓解率较高（79%），在 CRYSTAL、OPUS 和 COIN 等临床研究中显示，化疗联合西妥昔单抗治疗初始不可切除的 K-ras 野生型 LLD 患者的缓解率可达 76%，R0 切除率可明显提高，而且安全性良好。

对于不可手术切除的晚期转移性结直肠癌患者，应尽可能采用内科治疗的方法，并选择治疗方法的优化策略。

一、重视临床风险分层

评价预后风险，有助于在临床实践中为患者制订最佳的治疗策略。高危人群虽然预后较差，但其从化疗联合靶向治疗中的获益更显著，强调了其治疗价值。对 mCRC 患者进行预后风险分层，有助于在临床实践中为患者制订最佳的治疗策略。

Kohne 等的较早研究显示，根据体能状态（PS）、白细胞计数、碱性磷酸酶水平和转移灶数量等 4 个参数，可以将 mCRC 患者分为低危、中危和高危组。

2012 年 ASCO 年会上发表的一项来自德国的研究，利用 CRYSTAL 和 OPUS 研究的患者资料，对这一模型进行验证。结果显示，在接受一线化疗联合西妥昔单抗治疗的 K-ras 野生型 mCRC 患者中，危险度分层同样具有良好的预测价值。特别值得注意的是，在中、高危组患者中，一线化疗联合西妥昔单抗能给患者带来更显著的生存获益（中危：HR = 0.781，95% CI：0.622 ~ 0.981，P = 0.033；高危：HR = 0.765，95% CI：0.506 ~ 1.157，P = 0.203）。

由于在临床实践中，中、高危患者因预后较差，往往得不到最积极、有效的初始一线治疗，然而这一研究结果重申在中、高危患者中，西妥昔单抗联合化疗在初始一线治疗的价值。

二、关注分子标志物检测

根据分子标志物的检验结果制订治

疗方案，可以提高治疗的有效性和患者对治疗的耐受性。尽管研究发现多项生物标志物可能与mCRC的药物治疗疗效（EGFR扩增、N-ras、PTEN突变）或预后（BRAF、PIK3A）相关，但是，K-ras始终是唯一被大量高质量临床研究证据证实的对mCRC治疗有预测价值的标志物。

有35%～45%mCRC患者的肿瘤存在K-ras突变，在第12、13密码子的突变使K-ras蛋白及其下游通路持续活化，从而独立于EGFR及其配体信号。在大量的临床研究证实，K-ras野生型mCRC患者更能从抗EGFR单克隆抗体，如西妥昔单抗的治疗中获益。

Ⅱ期OPUS研究发现，一线化疗FOLFOX联合西妥昔单抗显著改善K-ras野生型患者的反应率（RR）和无进展生存（PFS）（J Clin Oncol，2009）。多中心随机对照Ⅲ期CRYSTAL研究也证实了一线FOLFIRI化疗联合西妥昔单抗的疗效，而且回顾性亚组分析显示K-ras野生型患者是这一治疗的主要获益人群（N Engl J Med，2009）。

Bokemeyer等的另一研究将这两项临床试验的患者数据汇总，使用延长生存数据，着重分析K-ras状态与西妥昔单抗治疗疗效的关系（Eur J Cancer，2012）。结果显示，在两项研究的845例K-ras野生型mCRC患者中，西妥昔单抗加入一线化疗可以显著改善总缓解率（OR＝2.16，$P<0.0001$），并延长OS（HR＝0.81，$P=0.0062$）、PFS（HR＝0.66，$P<0.001$）。而研究未发现BRAF突变状态与治疗的相关性，但BRAF突变提示不良预后。

通过对多项评估mCRC中K-ras基因状态与抗EGFR单克隆抗体疗效间关系的研究进行的系统性回顾，美国临床肿瘤学会（ASCO）推荐，所有准备接受抗EGFR抗体治疗的mCRC患者都必须在被认证的实验室中接受K-ras基因突变的检查，以辨认出那些可能从抗EGFR单克隆抗体，如西妥昔单抗，治疗中获益的患者。

美国国立综合癌症网络（NCCN）的结肠癌治疗指南也再次强调，mCRC患者在确诊之初就应该完成肿瘤K-ras基因状态检测。

除此之外，伊立替康的活性代谢产物需要肝合成的UGT1A酶清除，因此UGT1A基因的多态性可用于临床预测伊立替康药物毒性的大小。氟尿嘧啶类药物代谢相关的基因的遗传多态性均与其疗效和毒副作用相关。常见的包括DPD酶和TS酶。DPD酶活性的高低直接决定了5-FU的失活，而TS酶是5-FU的目标靶酶，活性的高低对于5-FU的敏感性直接相关。这就意味着检测肿瘤组织的DPD酶和TS酶活性，可有助于5-FU的个体化治疗。因此通过临床肿瘤基因组学的研究，可以筛选并发现不同患者对同种药物治疗存在的个体差异。

三、探讨早期肿瘤退缩对治疗的预测价值

减轻肿瘤负荷在mCRC治疗中非常重要，尤其是在瘤负荷较重、疾病进展速度较快、多发转移的患者中，减轻肿瘤负荷可以缓解肿瘤相关症状、改善生活质量并延长总生存。既往已有研究提示，肿瘤在治疗早期的体积缩小或可作为抗EGFR治疗有效的标志，并有可能成为预测抗EGFR抗体疗效的指标。

Piessevaux等分析了CRYSTAL和OPUS研究中，K-ras野生型患者，首次疗效评价时肿瘤缩小程度与疗效的关系。结果发现，在治疗8周时根据影像学评估（RECIST）的肿瘤缩小>20%（早期肿瘤缩小），对于一线化疗联合西妥昔单抗治疗的疗效具有良好的预测价值。在化疗联合西妥昔单抗

组，早期肿瘤退缩的患者与治疗 8 周时肿瘤缩小<20%的患者相比，PFS（11.8 个月 *vs* 7.3 个月；HR=0.368，95%CI：0.256~0.529，*P*<0.0001）、OS（28.3 个月 *vs* 19.6 个月，HR=0.643 95% CI：0.480~0.862，*P*=0.003）均显著延长。而在接受单纯化疗的 K-ras 野生型患者中，则未观察到早期肿瘤缩小有类似的疗效预测作用。

因此，K-ras 野生型患者接受化疗联合西妥昔单抗治疗时的早期肿瘤体积缩小（治疗 8 周时影像学评估的肿瘤缩小>20%），可以作为患者从治疗中获益的预测指标。

在 2012 年 ASCO 年会上，Mansmann 等报告的一项研究，利用肿瘤体积计算（tumor volume algorithm）的方法，再次验证了这一发现，并且这种利用肿瘤的最长径以及最长正交径计算肿瘤体积的方法能够更准确地反应肿瘤早期缩小对治疗的预测价值。

同样在 2012 年的 ASCO 年会上，Kohne 等报告了一项汇总 CRYSTAL 和 OPUS 试验的 K-ras 野生型患者数据，分析肝局限转移（LLD）和非肝局限转移患者（non-LLD）在治疗中获益情况的研究。

结果发现，一线化疗联合西妥昔单抗，在 LLD 患者中，显著改善 RR，并延长 PFS；而在特别值得注意的是，在 non-LLD 患者中，PFS、RR 均显著改善，OS 期也显著延长（22.0 个月 *vs* 17.3 个月，HR=0.76，*P*=0.0023），死亡风险降低 24%。

研究者认为，non-LLD 一线接受含西妥昔单抗化疗在 OS 方面的显著获益，进一步强调了西妥昔单抗在这部分患者中的治疗价值。

四、不要忽略跨线治疗

血管内皮生长因子（VEGF）是肿瘤病程中早期启动且持续作用的促血管生成因子。临床前研究已发现，持续抑制 VEGF 可引起并维持肿瘤退缩。近年来非随机观察性研究 BRiTE 和 ARIES 中，部分一线贝伐单抗治疗的 mCRC 患者在疾病进展后，二线继续接受贝伐单抗治疗（即跨线治疗）的中位总生存期（OS）与疾病进展后停用贝伐单抗治疗者相比有显著延长。提示一线贝伐单抗治疗后，二线继续使用仍可能使患者获益。

TML（ML18147）研究共入组 820 例贝伐单抗联合一线化疗后首次发生疾病进展的 mCRC 患者，随机接受二线化疗联合或不联合贝伐单抗治疗，主要观察终点为 OS。2012 年 ASCO 年会上公布的结果显示：与仅在一线贝伐单抗治疗的对照组相比，贝伐单抗跨线治疗组患者的中位 OS 延长 1.4 个月（11.2 个月 *vs* 9.8 个月，*P*=0.0062），死亡风险显著降低 19%。值得注意的是，两组接受各种后续（三线及以上）治疗的患者比例基本一致，因此认为研究组的生存优势由贝伐单抗跨线治疗本身所带来，而并非由后续治疗的不平衡所引起。亚组分析显示，无论年龄、PS 评分、一线 PFS、一线化疗方案及转移状况如何，患者的获益一致。次要终点分析同样显示了贝伐单抗跨线治疗的优势：研究组较对照组 PFS 显著延长 1.6 个月（5.7 个月 *vs* 4.1 个月，*P*<0.0001），疾病进展风险下降 32%。在可评估肿瘤缓解疗效的患者中，研究组的疾病控制率显著占优（68% *vs* 54%，*P*<0.0001）。

意大利西北肿瘤学协作组（GONO）开展的 BEBYP 研究表明，对于贝伐单抗联合一线化疗后疾病进展的 mCRC 患者，与单纯化疗相比，联合贝伐单抗联合化疗的 PFS 期显著延长（6.77 个月 *vs* 4.97 个月，HR=0.65，*P*=0.0062）。结果为阳性，为贝伐单抗的跨线治疗再添新的证据。

五、探索维持治疗

由于晚期转移性结直肠癌患者完全治愈的可能性极小，但目前总生存期已经超过 2 年，所以在整个治疗期间患者不可能始终接受相同强度的化疗，特别是某些药物长期使用可能导致严重的累积毒性。如始终采取相同强度的化疗方案可能使患者无法耐受不良反应而终止治疗。如奥沙利铂（oxaliplatin）的累积神经毒性已经成为影响该药物继续使用的最重要原因。因此在高强度的联合化疗中间停止化疗或采用单药维持治疗来控制肿瘤的“STOP AND GO”策略现已经逐渐在临床肿瘤医生及其患者所采用。这样的治疗模式的优势是可有降低化疗药物的累积毒性，防止因化疗不良反应导致的提前中止化疗，使患者能够保持继续接受有效治疗的可能性，这样才可以使治疗的时间最大化，并且降低治疗费用及提高患者生活质量。OPTIMOX2 研究和 GISCAD 的另一项研究即在化疗间歇期全部停止所有化疗药物，而 OPTIMOX1 和 CONcePT 试验则是在化疗间歇期只停用那些产生累积毒性的化疗药物。OPTIMOX1 的试验组行 FOLFOX7 化疗 6 周期后改为 5-FU/LV（双周方案）维持 12 个周期，然后再继续使用 FOLFOX7 化疗 6 周期，与持续 FOLFOX4 化疗直至进展的对照组相比，近期疗效、PFS 和 OS 均无统计学差异。但试验组可显著地降低化疗毒性，提高生活质量，OPTIMOX2 的研究在 PFS 和 OS 方面较持续化疗短。但是对于这样的维持治疗策略，目前还缺乏有力的循证医学依据，临床上还需进一步研究观察。如何选择维持治疗的获益患者，如何选择其治疗的观察指标及评判标准等等还需研究。

六、注重特殊人群的处理

随着人口老龄化的发展及治疗手段的提高后，老年患者及晚期多程治疗后体质差的患者在临床上也越来越多了。针对老年人、有合并症及一般状况差，不能耐受联合化疗的患者，临床上往往采取单药化疗。氟尿嘧啶类细胞毒药物作为晚期结直肠癌的基本化疗药物，也是最常用的单药化疗药物。目前在临床上应用较广泛的包括 5-FU、卡培他滨、替吉奥（S-1）、雷替曲塞等。

2012 年 ESMO 中的 ARCTIC 研究值得临床关注，样本量小且为回顾性研究，但具有深远的临床价值。雷替曲塞是胸苷酸合成酶（thymidilate synthase，TS）的特异性抑制剂，之前有多项临床试验证实作用机制和疗效与 5-FU 相似，研究者共收集了 42 例发生心脏毒性后换用雷替曲赛治疗患者的资料（结直肠癌 39 例），所有患者均是在接受含 5-FU 治疗的过程中出现心脏毒性，随后换用雷替曲赛（76% 为联合方案）。所有患者中既往缺血性心脏病病史的占 26%，具有心脏事件高危因素的占 88%，83%的患者在接受含 5-FU 化疗的头 2 个疗程中出现心脏毒性，48%的患者仅表现为典型的心前区疼痛，但心肌酶谱和心电图均正常。发生心脏事件后，其中 9 例患者再次尝试使用了 5-FU，结果所有患者均再次心绞痛发作；而在换用雷替曲塞之后，所有患者均未再出现肯定的心绞痛发作，仅有 1 例为疑似病例。研究结果显示，继续使用 5-FU，心脏毒性的再次发生率约 20%，而换用雷替曲塞后则为 0（$P = 0.001$）。ARCTIC 研究结果表明，在发生 5-FU 相关的心脏毒性后，雷替曲塞是一个安全的替代选择。

七、期盼双重靶向治疗

表皮生长因子与 VEGF 介导的信号传导通路存在广泛的交互作用，以表皮生长因子受体（EGFR）为靶点的单克隆抗体也已被证实对 K-ras 野生型 mCRC 患者有效，临床上尝试以 VEGF 和 EGFR 为靶点对 mCRC 患者进行双重靶向治疗。

DREAM 研究为一Ⅲ期多中心随机对照研究，主要目的是研究厄洛替尼联合贝伐单抗在一线化疗的有效性及安全性。将 700 例接受贝伐单抗联合一线化疗后疾病未进展的 446 例 mCRC 患者随机分组，给以贝伐单抗联合或不联合厄洛替尼行维持治疗直至疾病进展。2012 年 ASCO 年会公布最终数据显示，在贝伐单抗基础上联合厄洛替尼可进一步显著延长患者 PFS 近 1.2 个月（5.75 个月 *vs* 4.57 个月，$P=0.005$）。在不良反应方面，联合厄洛替尼组腹泻和皮疹发生率有所增加，但该组中贝伐单抗的治疗周期数与剂量强度未受影响。

DREAM 研究的结果给临床提出了双重靶向治疗的研究方向，今后有可能形成新的 mCRC 治疗模式，其 OS 和 K-ras 分层疗效数据值得进一步关注。

八、期待新的药物

Zaltrap 是一种血管新生抑制剂（Angiogenesis Inhibitor），能够抑制肿瘤的血液供应。该药用于晚期转移性结直肠癌及对含奥沙利铂化疗方案有耐药性或经含奥沙利铂化疗方案治疗后失败的转移性结直肠癌患者的治疗。

Aflibercept 在 1226 例转移性结直肠癌患者的随机临床研究中，患者均为接受过含奥沙利铂联合化疗，Aflibercept 的有效性及安全性得到了评估。

此研究的目的是观察患者的总生存时间（OS）。结果为：接受 Zaltrap+ FOLFIRI 治疗的患者组，RR 为 20%，PFS 为 6.9 个月；OS 为 13.5 个月，而仅接受安慰剂+ FOLFIRI 治疗的患者组，RR 为 11%，PFS 为 4.7 个月。OS 为 12 个月。

该研究所观察到的最常见副作用为白细胞计数减少、腹泻、口腔溃疡、疲劳、高血压、尿蛋白含量增加、体重减轻、食欲减退、腹痛、头痛。Zaltrap 获批的同时，也附有一个警告信息，提醒患者及医护专业人员留心该药物可能会造成严重甚至致命的出血事件，包括肠胃道出血及肠胃道穿孔。也可能使伤口愈合更加困难。

FDA 药物评价及研究中心主任 Richard Pazdur 教授评价，在 FOLFIRI 中加入 Zaltrap，可以改善 mCRC 患者的平均生存时间（median survival time），同时也改善 RR，并延长了 PFS。

Regorafenib 是 2012 年 9 月 27 日 FDA 批准的抗癌药。为一种多靶点的酪氨酸激酶抑制剂，可阻断促进肿瘤生长的多种酶。用于治疗转移性结肠直肠癌。商品名 Stivarga，开发商 Bayer Healthcare Pharma。

在 CORRECT 研究中，505 名患者被随机分配口服 Regorafenib 160mg，255 名病人进入安慰剂组。患者持续治疗直到疾病进展、死亡或是出现不可耐受的毒性。

除了总生存期改善外，中位无进展生存期也得到改善（2.0 个月 *vs* 1.7 个月），（$HR=0.493$，$P<0.000001$）。疾病控制率也同样如此（44% *vs* 15%，$P<0.000001$）。

最常见的 3+级不良反应是手足皮肤反应（17%），疲劳（15%），腹泻（8%），高胆红素血症（8%），高血压（7%）。

FDA 药物评价和研究中心血液和肿瘤学办公室主任 Richard Pazdur 博士指出，Regorafenib 被证明可以延长 mCRC 患者的生命，但是 Regorafenib 被批准时同时带有黑框警告，指出可能有严重或致命性的肝毒性。

表观遗传学调控下 DACH1 基因的表达沉默参与结直肠癌中 TGF-β 和 Wnt 信号通路的异常激活

闫文姬[1] 吴孔明[2] James G. Herman[3] Malcolm V. Brock[3]
François Fuks[4] 朱宏斌[1] 杨云生[1]* 郭明洲[1]*

1. 中国人民解放军总医院消化内科 北京 100853
2. 华中科技大学同济医学院附属同济医院肿瘤实验室 武汉 430030
3. 霍普金斯大学癌症中心 美国 巴尔的摩 21231
4. 布鲁塞尔自由大学肿瘤表观遗传学实验室 比利时 布鲁塞尔 1070

【摘要】 **目的：**结直肠癌是常见的恶性肿瘤，遗传学和表观遗传学改变都是结直肠癌发病的重要因素，在乳腺癌、前列腺癌和子宫内膜癌等恶性肿瘤中均有 DACH1 的表达缺失。DACH1 在结直肠癌中的表达和功能尚未见报道。在本研究中，我们检测了 DACH1 的表达和启动子区的甲基化状况。5 个结直肠癌细胞系、8 例正常结直肠黏膜、15 例结肠腺瘤性息肉和 100 例结直肠癌组织被纳入本研究。**结果：**DACH1 在结肠癌组织中频繁甲基化，使得其表达沉默。DACH1 的甲基化与其在结直肠癌中表达水平的下降、肿瘤分级（Ⅲ~Ⅳ）、组织分化和淋巴结转移相关。DACH1 在体外和体内实验中均可以抑制结直肠癌细胞的生长，诱导结肠癌细胞 HCT116 在 G2/M 期的阻滞。在结直肠癌细胞中，DACH1 还可以抑制 TGF-β 和 Wnt 信号通路。DACH1 在 HCT116 细胞系中的表达恢复可以增加细胞对多西他赛的药物敏感性。**总结：**DACH1 在结直肠癌中频繁甲基化，DACH1 的甲基化可能可以作为结直肠癌诊断、预后判断的标志物。DACH1 通过抑制 TGF-β 和 Wnt 信号通路抑制结直肠癌的生长。表观遗传学调控下的 DACH1 的表达沉默与结肠癌细胞对多西他赛耐药性相关。

【专用名词缩写】

DACH1：Dachshund homolog 1；

5-Aza：5-aza-2’-deoxycytidine；

MSP：甲基化特异性 PCR（methylation specific polymerase chain reaction）；

NL：正常淋巴细胞 DNA（normal lymphocyte DNA）；

IVD：甲基化阳性对照（in vitro methylated DNA）；

RT-PCR：逆转录 PCR（reverse-transcription polymerase chain reaction）；

---

* 通信作者：郭明洲：Tel：010-66937651；Fax：010-68180325；E-mail：mzguo1@gmail.com
杨云生：Tel：010-66939747：E-mail：sunny301ddc@126.com

TGF-β：转化生长因子（transforming growth factor）；
TCF：T-cell factor；
LEF：lymphoid enhancer factor。

一、研究背景

结直肠癌（Colorectal cancer，CRC）在我国是发病率居第三位的常见肿瘤，也是全球肿瘤相关死亡的第二大主因[1,2]。随着人们生活习惯的改变，CRC在中国的发病率正逐年增加。遗传学和表观遗传学的异常是结直肠癌发生、发展中的重要事件[3-6]。新的表观遗传学标志物的发现或能帮助提高结直肠癌的检出，改善预后和辅助治疗。

TGF-β信号通路在结直肠癌中起着重要作用，但其调控方式是双向的[7]。TGF-β信号通路参与多种生物学过程，包括细胞增殖、分化、迁移和凋亡等。虽然TGF-β信号通路在大多数肿瘤发生早期起着抑癌通路作用，然而在一系列的进展期肿瘤中，其会促进上皮向间质转化（EMT）和TGF-β依赖的肿瘤生长[8-11]。TGF-β信号通路的这种双向调控特性被称为"TGF-β反论（TGF-β Paradox）"[12]。

Wnt信号通路参与调节胚胎发育中细胞增殖分化和肿瘤形成，Wnt信号通路的激活性突变可能引起结直肠癌的发生[13,14]。依赖于β-catenin的经典通路是研究最多、且机制较为清楚的细胞内信号传导通路。Wnt信号通路的激活引起细胞质内的β-catenin集聚并入核，与核内转录因子TCF/LEF（T cell factor/lymphoid enhancer factor）结合可以激活下游靶基因如c-myc、cyclinD1等[15]。Wnt信号通路未激活状态下，β-catenin将和APC、axin和GSK3β（glycogen synthase kinase）等多种蛋白质结合成复合物，最终通过磷酸化修饰被蛋白酶降解[16]。Furuhashi等[17]报道TGF-β信号通路中Smads蛋白的稳定性受axin的调控。另有数篇研究[18-22]报道了TGF-β信号通路和Wnt信号通路在调控细胞增殖、分化和结直肠癌的发生、发展中的协同作用。

Dachshund homolog 1（DACH1），定位于人类13号染色体13q22上。Dac蛋白包含两个高度保守的结构：dachbox-N和1dachbox-C。DACH1在正常组织中广泛表达，研究发现，乳腺癌、子宫内膜癌和前列腺癌中DACH1基因的表达缺失的患者预后较差[23-26]。研究显示，DACH1能够抑制TGF-β信号通路[27]。

在本研究中，我们分析了DACH1基因的表观遗传学调控机制和在结直肠癌中的重要功能；另外，我们研究了表观遗传学调控下的DACH1基因表达的缺失对结肠癌细胞药物敏感性的影响。

二、结果

（一）结直肠癌细胞系中DACH1受启动子区甲基化的调控而表达沉默

虽在一些激素敏感性肿瘤中发现DACH1的表达异常，但其调控机制鲜有报道[28]。半定量RT-PCR发现了DACH1在结直肠癌细胞系LOVO、SW480、HT29和RKO中的表达，同时在HCT116细胞中发现了DACH1基因的表达缺失（图1A）。HCT116细胞中DACH1是完全甲基化的，而LOVO、SW480、HT29和RKO细胞中DACH1是非甲基化的（图1B、1C）。DACH1的表达缺失与启动子区的甲基化密切相关。为进一步研究DACH1是否受启动子区的甲基化的调控，我们用去甲基化药5-aza-2'-deoxycytidine（5-Aza）处理结直肠癌细胞。发现药物处理后 HCT116 细胞中 DACH1 表达恢复，而在 LOVO、SW480、HT29 和 RKO 细胞中药物处理后未发现 DACH1 的表达改变（图 1D）。这些结果提示，DACH1 表达受启动子区甲基化的调控。为进一步验证甲基化特异性 PCR 引物设计的可信性，我们进一步做了硫化测序（Bisulfite Sequencing，BSSQ）（图 1E）。与之前结果一致，BSSQ 验证了 DACH1 在 HCT116 密集甲基化和正常结肠黏膜及

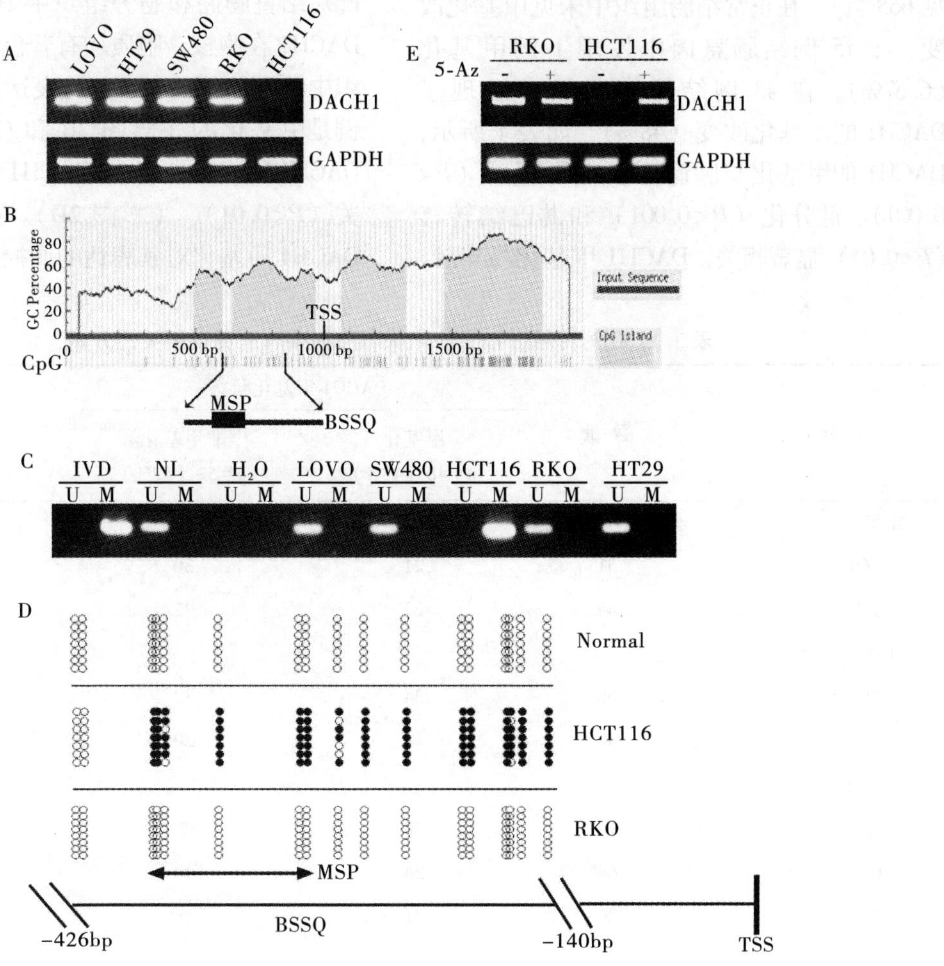

图 1 DACH1 在结肠癌细胞系中受启动子区甲基化调控

（A）利用 RT-PCR 检测 DACH1 在结肠癌细胞系（LOVO、HT29、SW480、RKO 和 HCT116）中的表达。

（B）DACH1 的 CpG 岛经“MethPrimer”（http://www. urogene. org/cgi-bin/methprimer/methprimer.cgi）预测得到，呈现了转录起始位点（TSS）上游-1000 至下游+1000 bp 之间的 CpG 位点（竖线）。甲基化特异性 PCR（MSP）和硫化测序（BSSQ）产物大小同时被标注。

（C）结肠癌细胞系的甲基化状态。甲基化阳性对照（in vitro methylated DNA，IVD）；非甲基化对照（normal blood lymphocyte DNA，NL）。U 代表非甲基化条带；M 代表甲基化条带。

（D）RT-PCR 检测 DACH1 的在细胞系经 2umol/L 5-Aza（+）处理 96 h 前后的表达改变。

（E）DACH1 在 HCT116、RKO 和正常结肠黏膜中的硫化测序结果。

RKO 细胞中的非甲基化。

（二）DACH1 在原发结直肠癌中频繁甲基化

为检测结直肠癌发展中的 DACH1 甲基化改变，本研究使用了 8 例正常结肠黏膜组织、15 例结直肠息肉和 100 例癌组织（彩图 2A，见 665 页）。在正常结肠组织中未见甲基化改变，在 15 例结肠息肉中发现 1 例甲基化(6.67%)，在 48 例结肠癌组织中发现了 DACH1 的甲基化改变（48%）。如表 1 所示，DACH1 的甲基化与肿瘤分级（Ⅲ/Ⅳ）（$P<0.001$)、低分化（$P<0.001$）和淋巴结转移（$P<0.01$）显著相关；DACH1 甲基化与年龄、性别等因素间未发现相关性。这些结果表明，DACH1 甲基化可能与结直肠癌的发生、发展密切相关，同时提示其作为结直肠癌检出和预后指标的可能性。

为验证结直肠癌中 DACH1 表达和甲基化的关系，利用免疫组化（IHC）检测了 30 例配对结直肠癌和癌旁组织中 DACH1 的表达。DACH1 在胞核、胞质均有着色。在 16 例癌组织中检测到了 DACH1 的表达降低，其中 12 例是甲基化的（彩图 2B 和 C，见 665 页）。DACH1 的表达降低与 DACH1 甲基化密切相关（$P<0.01$）（彩图 2D）。进一步证明了 DACH1 甲基化对其表达的调控作用。

表 1　100 例胃癌患者甲基化状态与临床病例资料相关性分析

分组	数量	DACH1 甲基化状态		P 值
		甲基化 $n=48$（48%）	非甲基化 $n=52$（52%）	
年龄				
<60	51	21	30	0.1635
≥60	49	27	22	
性别				
男	66	34	32	0.3269
女	34	14	20	
分化程度				0.0005***
高	10	3	7	1，2>0.05
中	64	24	40	1，3≤0.05
低	26	21	5	2，3≤0.05
淋巴结转移				
无	52	18	34	0.0053**
有	48	30	18	
肿瘤分级				
Ⅰ~Ⅱ	55	18	37	0.0007***
Ⅲ~Ⅳ	45	30	15	

P 值由 chi-square test 获得，**：$P<0.01$，***：$P<0.001$

DACH1 甲基化与结直肠癌低分化（$P=0.0431$）、淋巴结转移（$P=0.0053$）和肿瘤分级相关（Ⅲ~Ⅳ）（$P=0.0007$）

（三）DACH1 的表达恢复抑制结直肠癌细胞的生长

为探索 DACH1 在结直肠癌中的作用，利用细胞活性和克隆形成实验评估 HCT116 在 DACH1 恢复表达前后的细胞增殖差异。发现在 DACH1 表达恢复组其细胞活性和克隆形成能力明显受抑（彩图 3A 和 B，见 666 页）。其结果表明，DACH1 能够抑制结直肠癌细胞增殖。

（四）DACH1 的表达恢复能够诱导细胞周期在 G2/M 期的阻滞和增加 HCT116 细胞对多西他赛的药物敏感性

本研究对 DACH1 不表达的 HCT116 和表达恢复的 HCT116 细胞检测了细胞周差异（彩图 3C，见 666 页）。结果显示，表达恢复组 G0/1 期降低（$P<0.01$），而 G2/M 期明显增高（$P<0.01$）。DACH1 还抑制了促进有丝分裂的 cdc2 和 cyclinB1 蛋白的表达（彩图 3D，见 666 页）。多西他赛（docetaxel）是一个微管抑制剂，与 G2/M checkpoint 相关。本研究发现，DACH1 恢复表达的 HCT116 细胞对多西他赛更敏感（$P<0.01$）（彩图 3E，见 666 页）。

（五）DACH1 能够抑制结直肠癌细胞中 TGF-β 信号通路的激活

DACH1 蛋白包含两个结构域：DachBox-N 和 DachBox-C。人类 DACH1 基因 DachBox-N 结构域和 SKI/SNO 蛋白有 28% 的氨基酸序列一致，所以又被称为 SKI/SNO（DS）结构域[29,30]。两项在乳腺癌和卵巢癌中的研究显示，DACH1 通过 DS 结构域抑制 TGF-β 信号通路的激活[27,31]。本

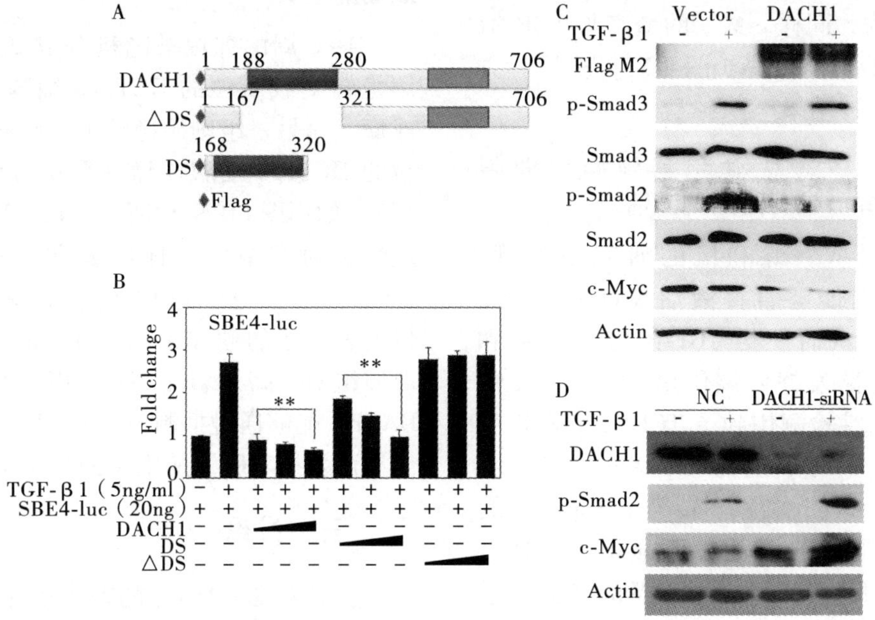

图 4 DACH1 对 TGF-β 通路的抑制作用

（A）DACH1、DS 和 ΔDS 质粒表达蛋白示意图。

（B）荧光素酶活性检测 HCT116 细胞经空载、递增浓度的 DACH1/DS/ΔDS 质粒转染，同时每组均加 5ng/ml TGF-β1 刺激（＊＊：$P<0.01$）。

（C）Western blot 检测转染空载或 DACH1 的 HCT116 细胞经或未经 TGF-β1 刺激后的蛋白表达差异。

（D）Western blot 检测 DACH1 正常表达或敲降的 HT29 细胞中 TGF-β 信号通路相关蛋白的表达。

研究利用双荧光素酶报告基因检测全长DACH1表达质粒，DS结构域表达质粒和去除DS区的ΔDS质粒转染后对于TGF-β信号通路的激活（图4A）。结果显示，SBE4（报告基因的荧光素活性能够被全长DACH1和DS所抑制（$P<0.01$）（图4B），但ΔDS转染组较对照组并无明显改变（$P>0.05$）。这些结果表明，DACH1在结直肠癌中对TGF-β信号通路的抑制作用同样依赖DS结构域。Western Blot结果显示，DACH1能够减低TGF-β1蛋白刺激下Smad2的磷酸化水平，同时DACH1能够抑制c-Myc蛋白的表达，但该抑制作用与TGF-β1蛋白刺激无明显相关（图4C）。提示DACH1对c-Myc蛋白的抑制作用可能依赖于其他信号通路。利用siRNA在高表达DACH1的HT29细胞中将DACH1敲降后，Smad2的磷酸化水平是增高的，同时c-Myc也是增高的，同样c-Myc的增高与TGF-β1蛋白刺激无明显相关（图4D），从另一方面验证了上述结果。

（六）DACH1在结直肠癌中抑制Wnt/β-catenin信号通路的激活

在非洲爪蟾蜍和鼠的研究中发现，TGF-β1蛋白能够直接激活Wnt/β-catenin信号通路，从而使得TGF-β信号通路和Wnt信号通路发挥协调作用[32,33]。Wnt信号通路的活性检测用到了TCF/LEF报告质粒Topflesh和对照组的Fopflesh质粒，图5A证实β-catenin刺激下转染了Topflesh的HCT116细胞荧光素活性明显增高。TGF-β1蛋白刺激HCT116会引起Wnt荧光素活性的增高，而在DACH1表达恢复的HCT116 TGF-β1对Wnt信号通路则不再具有激活作用（图5B）。图5C进一步验证了DACH1对于β-catenin刺激下异常激活的Wnt信号通路的抑制作用，并且该抑制作用具有浓度依赖性（图5C）。这些结果表明，DACH1对于Wnt信号通路的抑制并不依赖于TGF-β1的刺激。经典的Wnt/β-catenin信号通路激活后β-catenin在胞质内集聚入核，入核后进一步激活c-Myc和cyclinD1等下游基因的转录。本研究显示，DACH1表达恢复的HCT116细胞中c-Myc和cyclinD1的表达均被抑制，同时发现磷酸化的β-catenin（p-β-catenin）水平增高（图5D）。P-β-catenin的增高提示可能更多的β-catenin通过该途径降解。上述结果进一步通过在高表达DACH1的HT29细胞中利用siRNA敲降DACH1的方法得到反面验证（图5E）。上述结果表明，DACH1增高β-catenin的磷酸化水平从而抑制Wnt信号通路，并抑制下游靶基因c-Myc和cyclinD1的表达。

（七）DACH1抑制结直肠癌细胞体内成瘤的生长

4~6周的裸鼠被随机分成2组，一组用稳转空载质粒的HCT116细胞皮下注射成瘤，而另一组则用稳转了DACH1表达质粒的HCT116细胞成瘤（彩图6A，见667页）。如彩图6B和C所示，DACH1恢复表达组较对照组的瘤体体积和重量明显小（$P<0.01$）。免疫组化染色发现，DACH1恢复表达组的瘤体组织p-β-catenin表达较对照组明显高（彩图6D）。以上结果表明，DACH1能够通过抑制Wnt信号通路的异常激活而发挥对肿瘤的生长抑制作用。

三、讨论

研究发现DACH1的表达在乳腺癌、前列腺癌和子宫内膜癌中是降低的，但在卵巢癌里其表达是增高的[24,27,34,35]。我们的研究证实，DACH1在结肠癌中的表达是明显降低的，而且其表达受启动子区甲基化的调控，提示其可能为抑癌基因。另外，DACH1甲基化与临床病例资料分析显示，

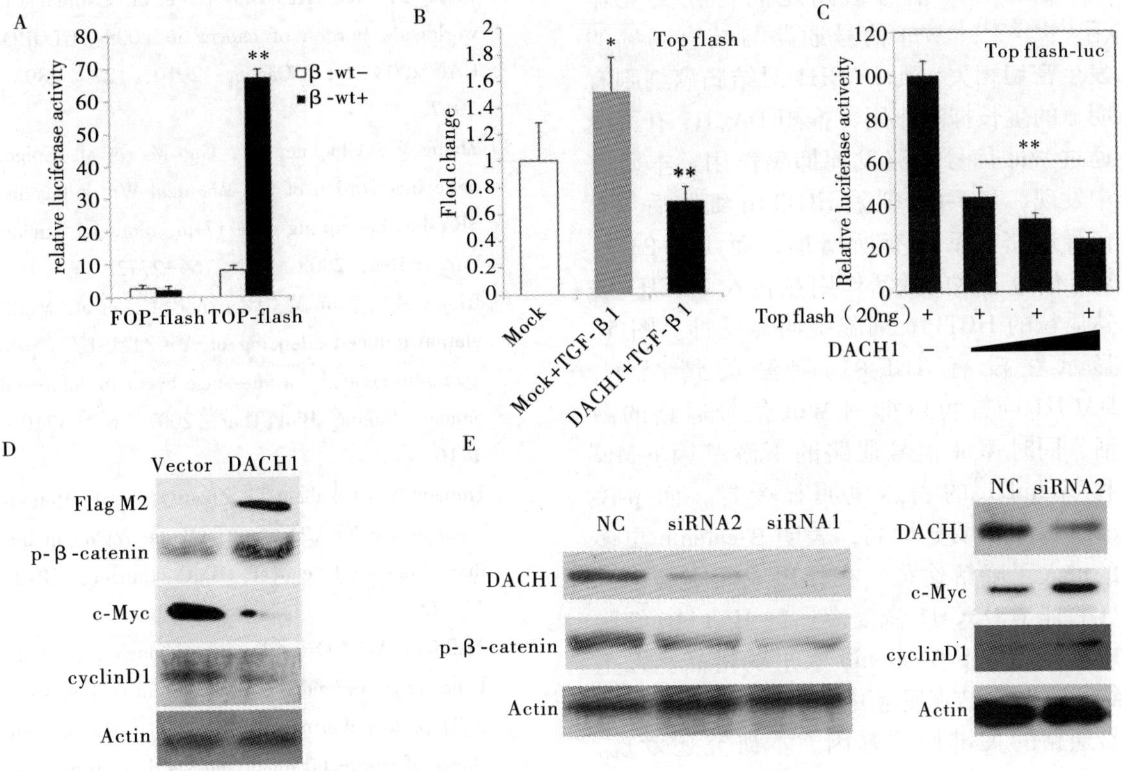

图5　DACH1 抑制结肠癌细胞中 Wnt/β-catenin 信号通路的活性

（A）β-catenin 表达质粒与 TCF/LEF 报告质粒 Topflash 或对照 Fopflash 共同转染 HCT116 细胞（**：$P<0.01$）。

（B）荧光素酶报告基因活性检测空载组，空载+TGF-β1 组和 DACH1+TGF-β1 组 Wnt 信号通路活性（*：$P<0.05$，**：$P<0.01$）。

（C）递增浓度的 DACH1（50ng、100ng、200ng/well）对 Wnt 通路活性的作用（**：$P<0.01$）。

（D）Western blot 示转染空载或 DACH1 的 HCT116 细胞中 p-β-catenin 和 Wnt 信号通路下游靶基因 cyclinD1 和 c-Myc 的表达差异。

（E）Western blot 检测 DACH1 正常表达或敲降的 HT29 细胞中 Wnt 信号通路相关蛋白表达差异。

DACH1 甲基化与肿瘤分级、低分化和淋巴结转移相关。因此，DACH1 甲基化可能可以作为潜在的诊断和预后判断标志物。通过体外、体内试验我们发现，DACH1 能够抑制结肠癌细胞的生长，包括抑制增殖、克隆形成和体内成瘤，进一步提示 DACH1 在结直肠癌发生、发展过程中扮演了抑癌基因的角色。

之前研究表明，DACH1 能够在乳腺癌和卵巢癌细胞中通过与 SMAD4 结合抑制 TGF-β 信号通路[27]。本研究发现，DACH1 在结肠癌细胞中发挥了类似作用，通过抑制 SMAD2 的磷酸化而抑制 TGF-β 信号通路。c-Myc 是 TGF-β 信号通路和 Wnt 信号通路共同的下游基因，在本研究中，虽然发现结肠癌细胞 DACH1 的表达恢复可以使得 c-Myc 的表达水平下降，但结肠癌细胞系在受到 TGF-β1 刺激时却并未发现 c-Myc 在表达上的明显改变，提示 DACH1 并不是通过 TGF-β 信号通路对 c-Myc 实现调控作用。研究显示，在胚胎发育和肿瘤发生中TGF-β和Wnt信号通路之间存在交互作用[17-19,36-38]。Wnt信号通路与结直肠癌的发生密切相关，而DACH1对结肠癌细胞有明显的生长抑制作用，推想DACH1有可能通过Wnt信号通路发挥抑癌作用。本研究中发现，TGF-β1刺激HCT116细胞后Wnt信号通路的活性有所增加，而TGF-β1对Wnt信号通路的激活作用在转入DACH1表达质粒的HCT116细胞中明显受抑。图5C显示在没有TGF-β1刺激的情况下，DACH1同样可以抑制Wnt信号通路的激活，同时Wnt信号通路的下游基因c-Myc和cyclinD1的表达也明显受抑，而p-β-catenin水平明显增高，表明β-catenin更多的进入了降解途径。在裸鼠成瘤实验中同样验证了DACH1恢复表达的HCT116细胞成瘤组织中p-β-catenin水平的增高。以上结果表明在结直肠癌中，DACH1是Wnt信号通路的关键调控基因。本研究还发现，DACH1可以诱导结肠癌细胞HCT116在G2/M期的阻滞。多西他赛是作用于微管结构的细胞毒性药物，可以诱使细胞在G2/M期的阻滞[39]。本研究发现，DACH1可以使HCT116细胞对多西他赛的敏感性增加，提示启动子区甲基化导致的DACH1表达的沉默可能诱导了结肠癌细胞对多西他赛的耐药。

综上所述，DACH1在结直肠癌中频繁甲基化，从而伴随着在癌组织中的低表达。DACH1与肿瘤分级、分化和淋巴结转移相关DACH1通过抑制Wnt/β-catenin信号通路抑制结直肠癌细胞的生长。DACH1甲基化所致表达的沉默促使结肠癌细胞对多西他赛的耐药。

参考文献

[1] Jemal A, Siegel R, Ward E, et al. Cancer statistics, 2009. CA Cancer J Clin, 2009, 59 : 225-249.

[2] Ferlay J, Shin HR, Bray F, et al. Estimates of worldwide burden of cancer in 2008: GLOBOCAN 2008. Int J Cancer, 2010, 127 : 2893-2917.

[3] Zhang W, Glockner SC, Guo M, et al. Epigenetic inactivation of the canonical Wnt antagonist SRY-box containing gene 17 in colorectal cancer. Cancer Res, 2008, 68 : 2764-2772.

[4] Riojas MA, Guo M, Glockner SC, et al. Methylation-induced silencing of ASC/TMS1, a pro-apoptotic gene, is a late-stage event in colorectal cancer. Cancer Biol Ther, 2007, 6 : 1710-1716.

[5] Hanada N, Takahata T, Zhou Q, et al. Methylation of the KEAP1 gene promoter region in human colorectal cancer. BMC Cancer, 2012, 12 : 66.

[6] Dallosso AR, Oster B, Greenhough A, et al. Long-range epigenetic silencing of chromosome 5q31 protocadherins is involved in early and late stages of colorectal tumorigenesis through modulation of oncogenic pathways. Oncogene, 2012, 31 : 4409-4419.

[7] Xu Y, Pasche B. TGF-beta signaling alterations and susceptibility to colorectal cancer. Hum Mol Genet, 2007, 16 Spec No 1: R14-20.

[8] Massague J, Blain SW, Lo RS. TGF-beta signaling in growth control, cancer, and heritable disorders. Cell, 2000, 103 : 295-309.

[9] Azuma H, Ehata S, Miyazaki H, et al. Effect of Smad7 expression on metastasis of mouse mammary carcinoma JygMC (A) cells. J Natl Cancer Inst, 2005, 97 : 1734-1746.

[10] Leivonen SK, Ala-Aho R, Koli K, et al. Activation of Smad signaling enhances collagenase-3 (MMP-13) expression and invasion of head and neck squamous carcinoma cells. Oncogene, 2006, 25 : 2588-2600.

[11] Leivonen SK, Kahari VM. Transforming growth factor-beta signaling in cancer invasion and metastasis. Int J Cancer, 2007, 121 : 2119-

2124.
[12] Tian M, Schiemann WP. The TGF-beta paradox in human cancer: an update. Future Oncol, 2009, 5 : 259-271.
[13] Kongkanuntn R, Bubb VJ, Sansom OJ, et al. Dysregulated expression of beta-catenin marks early neoplastic change in Apc mutant mice, but not all lesions arising in Msh2 deficient mice. Oncogene, 1999, 18 : 7219-7225.
[14] Thorstensen L, Lind GE, Lovig T, et al. Genetic and epigenetic changes of components affecting the WNT pathway in colorectal carcinomas stratified by microsatellite instability. Neoplasia, 2005, 7 : 99-108.
[15] Van der Flier LG, Sabates-Bellver J, Oving I, et al. The Intestinal Wnt/TCF Signature. Gastroenterology, 2007, 132 : 628-632.
[16] Orford K, Crockett C, Jensen JP, et al. Serine phosphorylation-regulated ubiquitination and degradation of beta-catenin. J Biol Chem, 1997, 272 : 24735-24738.
[17] Furuhashi M, Yagi K, Yamamoto H, et al. Axin facilitates Smad3 activation in the transforming growth factor beta signaling pathway. Mol Cell Biol, 2001, 21 : 5132-5141.
[18] Nishita M, Hashimoto MK, Ogata S, et al. Interaction between Wnt and TGF-beta signalling pathways during formation of Spemann's organizer. Nature, 2000, 403 : 781-785.
[19] Labbe E, Lock L, Letamendia A, et al. Transcriptional cooperation between the transforming growth factor-beta and Wnt pathways in mammary and intestinal tumorigenesis. Cancer Res, 2007, 67 : 75-84.
[20] Hussein SM, Duff EK, Sirard C. Smad4 and beta-catenin co-activators functionally interact with lymphoid-enhancing factor to regulate graded expression of Msx2. J Biol Chem, 2003, 278 : 48805-48814.
[21] Letamendia A, Labbe E, Attisano L. Transcriptional regulation by Smads: crosstalk between the TGF-beta and Wnt pathways. J Bone Joint Surg Am, 2001, 83-A Suppl 1: S31-39.
[22] Eger A, Stockinger A, Park J, et al. beta-Catenin and TGF-beta signalling cooperate to maintain a mesenchymal phenotype after FosER-induced epithelial to mesenchymal transition. Oncogene, 2004, 23 : 2672-2680.
[23] Wu K, Li A, Rao M, et al. DACH1 is a cell fate determination factor that inhibits cyclin D1 and breast tumor growth. Mol Cell Biol, 2006, 26 : 7116-7129.
[24] Nan F, Lu Q, Zhou J, et al. Altered expression of DACH1 and cyclin D1 in endometrial cancer. Cancer Biol Ther, 2009, 8 : 1534-1539.
[25] Wu K, Liu M, Li A, et al. Cell fate determination factor DACH1 inhibits c-Jun-induced contact-independent growth. Mol Biol Cell, 2007, 18 : 755-767.
[26] Yamada Y, Arao T, Gotoda T, et al. Identification of prognostic biomarkers in gastric cancer using endoscopic biopsy samples. Cancer Sci, 2008, 99 : 2193-2199.
[27] Wu K, Yang Y, Wang C, et al. DACH1 inhibits transforming growth factor-beta signaling through binding Smad4. J Biol Chem, 2003, 278 : 51673-51684.
[28] Popov VM, Wu K, Zhou J, et al. The Dachshund gene in development and hormone-responsive tumorigenesis. Trends Endocrinol Metab, 2010, 21 : 41-49.
[29] Kim SS, Zhang RG, Braunstein SE, et al. Structure of the retinal determination protein Dachshund reveals a DNA binding motif. Structure, 2002, 10 : 787-795.
[30] Hammond KL, Hanson IM, Brown AG, et al. Mammalian and Drosophila dachshund genes are related to the Ski proto-oncogene and are expressed in eye and limb. Mech Dev, 1998, 74 : 121-131.

（下转第 151 页）

❖ 血液肿瘤 ❖

肿瘤静脉血栓栓塞症的诊断及治疗进展

马　军

哈尔滨血液病肿瘤研究所　哈尔滨　150010

前　言

血栓栓塞性疾病涉及的范围，主要包括：

（1）动脉血栓栓塞性疾病：包括急性冠脉综合征、动脉缺血发作、脑卒中等。

（2）静脉血栓栓塞性疾病：静脉血栓栓塞症（venous thromboembolism，VTE），其中又包括深静脉血栓形成（deep venous thrombosis，DVT）和肺血栓栓塞症（pulmonary thromboembolism，PTE/PE）等。

静脉血栓栓塞症（VTE）是肿瘤的重要并发症之一，发生率为4%~20%，也是导致肿瘤患者死亡的原因之一，仅次于肿瘤的复发。住院和接受积极治疗的肿瘤患者是VTE发生的高危人群。肿瘤患者发生VTE［包括深静脉血栓形成（DVT）和肺栓塞（PE）］的风险比非肿瘤患者高数倍。国外循证医学研究发现，肿瘤患者伴血栓形成风险升高4.1倍，而化疗则升高6.5倍。而在所有VTE患者中，肿瘤患者占20%，其中接受化疗的患者占所有VTE患者人数约为13%。尽管风险如此之高，由于条件限制，还有少部分三甲医院肿瘤科及三甲肿瘤专科医院尚未完全推广VTE的防治。究其原因，一方面是肿瘤患者的VTE防治涉及多学科，循证医学资料多而庞杂，缺少系统归纳；另一方面则是尽管VTE预防的概念已经被普遍接受，但国内尚缺乏针对肿瘤患者的VTE防治的循证医学，因而限制了肿瘤患者的VTE防治工作。本文总结国内外文献中肿瘤静脉血栓栓塞症的诊断及治疗进展，供血液肿瘤医生参考。

一、肿瘤相关血栓

恶性肿瘤本身即为VTE的重要高危因素。恶性肿瘤细胞及其产物与宿主细胞相互作用产生高凝状态，引起机体防御血栓形成的功能减低。恶性肿瘤患者多有凝血机制的异常，表现为纤维蛋白降解产物（FDP）增高、血小板增多、血小板聚集功能亢进、纤维蛋白溶解低下和高纤维蛋白原血症等。肿瘤患者发生VTE的风险较非肿瘤患者至少增加4~6倍，并导致其生存率显著下降。国内一项单中心VTE患者临床资料分析显示，9年内201例VTE患者中有57例（28.4%）基础疾病为肿瘤。若无有效的预防措施，因肿瘤而行外科手术的患者中总DVT和近端DVT的发生率分别高达40%~80%和10%~20%。而肿瘤大手术患者中PE的发生率为4%~10%，致命性PE的发生率为1%~5%。根据尸检资料，胰腺癌患者35%、肺癌20%、泌尿系统癌19%、结肠癌15%、胃癌16%、乳腺癌15%合并肺栓塞。北京协和医院曾回顾

2002~2008 年间 43 967 例恶性实体肿瘤住院患者，其中有 120 例（0.27%）发生肺栓塞，尤其以头颈部肿瘤、肺癌、卵巢癌、乳腺癌、胰腺癌、肝癌的肺栓塞发生率为高。同时恶性肿瘤患者如应用化学治疗可引起血管内皮细胞的毒性反应及损伤，某些化疗药物如环磷酰胺、甲氨蝶呤、丝裂霉素等可使蛋白质 C、S 缺乏，抗凝血酶Ⅲ减少；而某些抗血管生成药物（如贝伐单抗、沙利度胺、来那度胺）可致 VTE 发病率升高，尽管原因尚未明确。肿瘤压迫血管腔、患者长期卧床等因素也可以促使血栓形成。

2012 年，美国医师学院（ACCP）第 9 版《基于循证医学的抗栓治疗与血栓预防临床实践指南》翻新了第 8 版指南，同时加入了血栓栓塞病的预防临床实验的大量新的循证医学证据。建立了 VTE 高危评分系统（caprini）（见表 1、表 2）。

表 1 VTE 高危评分（Caprini）系统

高危评分	病 史	实验室检查	手 术
1	年龄 41~60（岁）		计划小手术
	肥胖（BMI>25）		
	不明原因死产，习惯性流产（≥3 次），早产伴有新生儿毒血症或发育受限		
	妊娠期或产后（1 个月内）		
	口服避孕药或激素替代治疗		
	卧床的内科患者		
	炎症性肠病史		
	下肢水肿		
	静脉曲张		
	严重的肺部疾病，含肺炎（1 个月内）		
	肺功能异常，COPD		
	急性心肌梗死		
	充血性心力衰竭（1 个月内）		
	败血症（1 个月内）		
	大手术史（1 个月内）		
	其他高危因素		
2	年龄 61~74（岁）		
	石膏固定（1 个月内）		
	患者需要卧床>72 小时		
	恶性肿瘤（既往或现患）		

续　表

高危评分	病史	实验室检查	手术
3	年龄≥75（岁）	抗心磷脂抗体阳性	中心静脉置管
	深静脉血栓/肺栓塞史	凝血酶原 20210A 阳性	腹腔镜手术（>45 分钟）
	血栓家族病史	因子 V leiden 阳性	大手术（>45 分钟）
	肝素引起的血小板减少 HIT	狼疮抗凝物阳性	关节镜手术
	未列出的先天或后天血栓形成	血清同型半胱氨酸升高	
5	脑卒中（1 个月内）		择期下肢关节置换术
	急性脊髓损伤（瘫痪）（1 个月内）		髋关节、骨盆或下肢骨折
			多发性创伤（1 个月内）

总分
合计
评分

表 2　手术患者 30 日内发生 VTE 概率

高危评分	发生 VTE 概率（%）（95%CI）
0~1	0.00
2	0.70
3~4	0.97
5~6	1.33
7~8	2.58
9+	6.51

静脉血栓栓塞症（VTE）包括深静脉血栓形成（DVT）和肺栓塞（PE），全球每年发生率约 0.1%，影响着 2%~5%人口的生活。约 20%的 PE 患者在发病的第一天或诊断前死亡。生存期超过 1 天的患者，即使经过充分的治疗，其中 11%的患者仍在 3 个月内死亡，尽管有许多此类患者系死于 VTE 合并疾病（如肿瘤），而不是 PE 本身。VTE 的长期并发症包括静脉炎后综合征（DVT 后）及慢性血栓栓塞性肺动脉高压（PE 后），可分别高达 40%及 1%~4%。虽然抗凝治疗对 VTE 的症状治疗有效，并大大降低了复发风险，却增加了大出血的风险，且高达 25%的出血为致命性。由于 VTE 患者的不良预后以及抗凝治疗的出血风险，及时、准确地诊断 VTE 极为重要。本篇主要对可疑 VET 的处理，包括诊断和早期治疗做一概述。

（一）流行病学及其危险度

约 20%的静脉血栓栓塞症事件发生于肿瘤患者，肿瘤患者发生静脉血栓事件的风险约为非肿瘤患者的 4~7 倍。肿瘤患者中血栓复发的风险以及抗凝治疗的出血风险亦有明显增加。

（二）肿瘤相关血栓的危险因素

肿瘤相关血栓的危险因素包括患者相关因素、肿瘤相关因素及治疗相关因素，如表 3 所示。

表 3　肿瘤患者的 VTE 危险因素

一般性危险因素 • 肿瘤进展期 • 晚期癌症 • 风险更高的癌症类型： ➢ 膀胱癌 ➢ 脑瘤 ➢ 妇科癌症 ➢ 肺癌 ➢ 淋巴瘤 ➢ 骨髓增殖性疾病 ➢ 胰腺癌 ➢ 胃癌 ➢ 睾丸癌 • 局部大面积淋巴结病变伴外部血管压迫 • 家族性和（或）获得性高凝状态（包括妊娠） • 内科合并症：感染、肾病、肺部疾患、充血性心力衰竭、动脉血栓塞症 • 体力状态差 • 高龄	治疗相关性危险因素 • 大型手术 • 中心静脉插管/IV 插管 • 化疗，特别是使用： ➢ 贝伐单抗 ➢ 沙利度胺/来那度胺加高剂量地塞米松 • 外源性雌激素复合物 ➢ 激素替代治疗（HRT） ➢ 避孕药 ➢ 他莫昔芬/雷洛昔芬 ➢ 己烯雌酚 可调整的风险因素 • 吸烟、烟草 • 肥胖 • 活动水平/运动量 多发性骨髓瘤因素 • M 蛋白>16g/L • 进展性 • 高黏状态
如果联合以下危险因素，门诊化疗高危险患者 • 活动性癌症伴 VTE 高发率：胃癌、胰腺癌、肺癌、淋巴瘤、妇科癌症、膀胱癌和睾丸癌 • 化疗前血小板计数>300×10^9/L • 化疗前 WBC>10×10^9/L • 血红蛋白<100g/L • 使用促红细胞生成素（EPO） • 体重指数 35 kg/m^2 或更高 • 曾患 VTE	

（三）肿瘤危险模型

Khorana 危险评分可用于评估肿瘤患者发生 VTE 的危险，并已得到多项前瞻性研究的验证（表 4）。

（四）肿瘤相关 VTE 的预防与治疗

目前对于肿瘤相关 VTE 及其防治指南汇总如表 5 所示。

表 4　肿瘤患者 VTE 的 Khorana 危险评分

特 征	评 分
胃癌、胰腺癌、脑部肿瘤	2
肺癌、淋巴瘤、妇科肿瘤、膀胱癌、睾丸癌	1
体重指数≥35kg/m^2	1
白细胞计数>11×10^9/L	1
血小板计数≥350×10^9/L	1
血红蛋白<100g/L 或需接受红细胞生长因子治疗	1

低危组：0 分；中危组：1~2 分；高危组：≥3 分

表 5　肿瘤相关 VTE 及其防治指南

指 南	NCCN	ICG	ASCO	ESMO
在所有因恶性肿瘤接受大手术的患者在住院期间给予 UFH、LMWH 或磺达肝癸钠的预防性抗凝	√	√	√	√
在接受腹腔、盆腔大手术的肿瘤患者，如伴有残留病灶、肥胖或既往 VTE 史等高危因素，可考虑延长预防性抗凝时间至 4 周	√	√	√	√
在所有非手术的肿瘤住院患者应考虑给予 UFH、LMWH 或磺达肝癸钠的预防性抗凝，除非存在有禁忌证	√	√	√	√
非卧床的接受化疗的肿瘤患者不推荐常规 VTE 预防	√	√	√	√
在接受沙利度胺/来那度胺联合化疗方案治疗的患者应给予 VTE 预防	√	√	√*	√**
不推荐对导管相关血栓给予常规预防	√	√	未提及	√
推荐 LMWH 用于肿瘤患者 VTE 的初期治疗，疗程至少 6 个月	√	√	√	√
对于肿瘤处于缓解期并停止化疗的患者，VTE 抗凝治疗的疗程	DVT（3 个月） PE（6 个月）	≥3~6 个月	≥6 个月	≥6 个月
对于活动性肿瘤患者应考虑长期抗凝治疗	√	√	√	√***
IVC 滤器适应证仅限于因出血或严重血小板减少而无法接受抗凝或充分抗凝仍血栓复发的患者	√	√	√	√

* 推荐 LMWH 或阿司匹林

** 推荐 LMWH、阿司匹林或调整剂量的华法林（INR1.5）

*** 对于长期抗凝，LMWH 剂量可降低至标准剂量的 75%~80%

UFH：普通肝素；LMWH：低分子肝素；IVC 滤器：下腔静脉滤器

NCCN：美国国立综合癌症网络；ICG：国际肿瘤协作组；ASCO：美国临床肿瘤学会；ESMO：欧洲临床肿瘤学会

二、临床诊断

（一）深静脉血栓形成（DVT）

典型的临床症状包括疼痛、静脉血栓形成的同侧下肢远端水肿和沉重或锁骨上区水肿，但并非所有病例均存在上述症状。如果出现任何急性深静脉血栓形成的明显的临床症状/体征，应高度怀疑 DVT，由此而提高对 DVT 的认识。D-二聚体检验用于肿瘤患者的 DVT 诊断可靠性有限。

推荐患者尽可能接受血管超声检查。多普勒静脉超声检查是初步诊断 DVT 的首选静脉影像学方法。多普勒超声可以进行静脉加压分析和静脉血流多普勒成像，目前认为血管加压检查评估更权威。

如果超声检查结果阴性或不确定，并且临床上持续高度怀疑 DVT，建议采取其他成像方法（按优先顺序排列）：

（1）造影剂增强计算机断层扫描（CT）（即间接 CT 静脉造影），但该方法需要浓度相对较高的造影剂。

（2）磁共振成像（MRI，MR 血管造影）可以敏感而特异性地评价盆腔静脉和腔静脉，且无需使用造影剂。

（3）静脉造影，是 DVT 诊断的“金标准”。

确诊DVT患者在抗凝治疗期间和治疗后，临床上应该监测抗凝治疗的疗效。随访检查及影像学评价能让医生及时发现接受抗凝治疗患者的血栓进展和治疗成功后的DVT复发，并确定对静脉系统的慢性损伤。应针对症状性证据进行这些研究（见表6）。

表6　深静脉血栓（DVT）/浅静脉血栓（SVT）的诊断流程

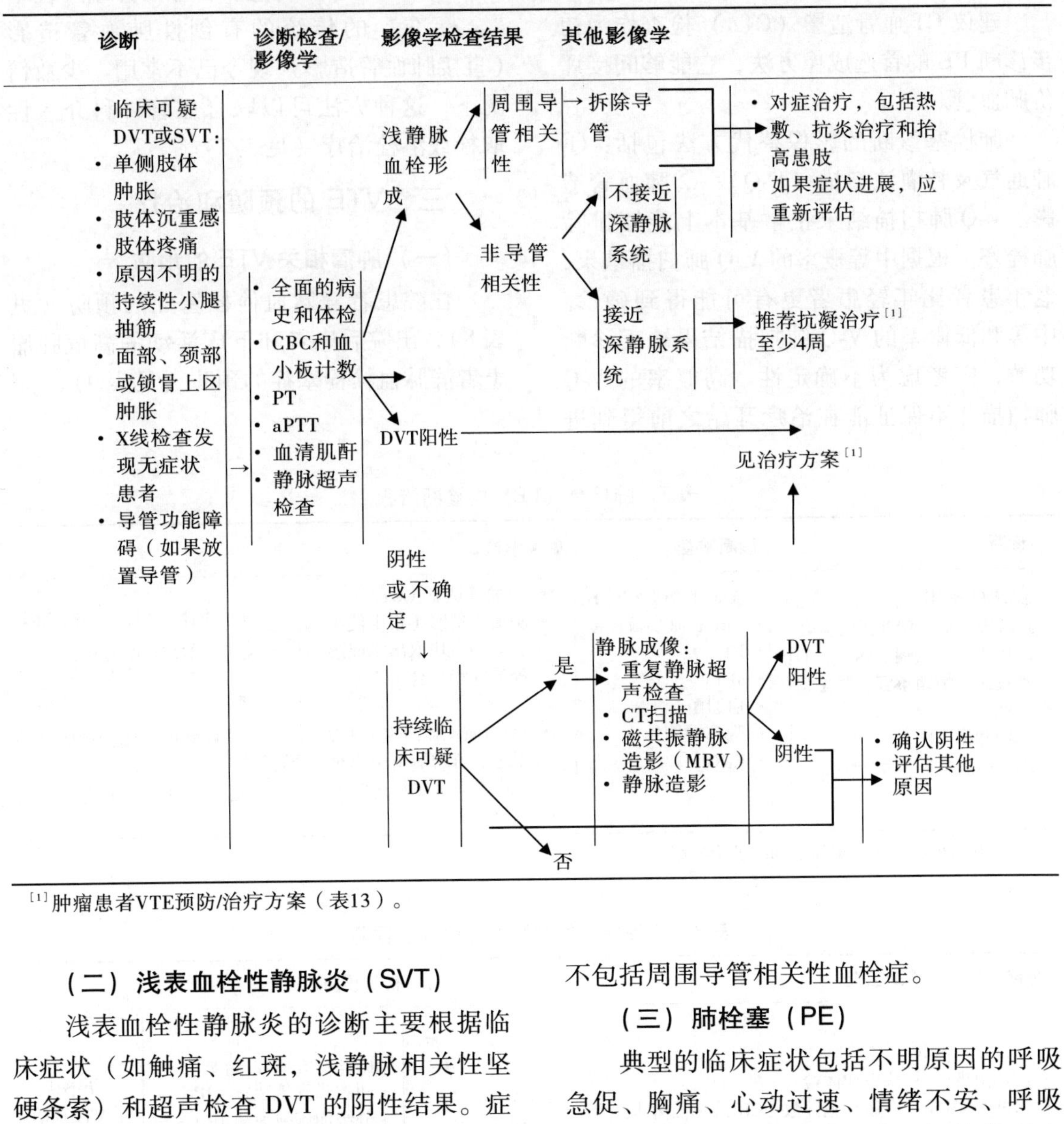

[1]肿瘤患者VTE预防/治疗方案（表13）。

（二）浅表血栓性静脉炎（SVT）

浅表血栓性静脉炎的诊断主要根据临床症状（如触痛、红斑，浅静脉相关性坚硬条索）和超声检查DVT的阴性结果。症状进展期间，应进行随访影像学评价。对于大隐静脉和股总静脉的隐股交界处（交界处2cm内）血栓的患者，鉴于累及深静脉系统和造成栓塞的风险，应接受DVT的治疗。本文中，浅表血栓性静脉炎的定义不包括周围导管相关性血栓症。

（三）肺栓塞（PE）

典型的临床症状包括不明原因的呼吸急促、胸痛、心动过速、情绪不安、呼吸急促、晕厥、氧饱和度下降，但并非所有PE都存在这些临床典型症状。

不推荐D-二聚体检验用于肿瘤患者的PE诊断。胸部X线片或心电图都不足以敏感或特异性地诊断PE。但胸部X线片有助于诊断合并症和有相似临床表现的疾病，也有助于解释肺通气-肺灌注（V-Q）扫描的结果。心电图可提供有关现有心脏疾病和PE相关性改变的信息。而且，大面积肺栓塞的病例可见胸前导联T波倒置。

建议CT血管造影（CTA）检查作为初步诊断PE的首选成像方法，它能够间接评价肺血管。

肺栓塞诊断的影像替代方法包括：①肺通气及肺灌注扫描（V-Q）；②肺血管造影。V-Q肺扫描结果正常基本上能够排除肺栓塞。根据中等概率的V-Q肺扫描结果，老年患者比年轻患者更有可能得到确诊。中等和低概率的V-Q肺扫描结果缺乏诊断功效，应考虑为不确定性。高概率的V-Q肺扫描并不保证能在治疗开始之前得到进一步的确诊。如果V-Q肺扫描结果不能确诊肺栓塞，应评估患者DVT的可能性，如前面所述，最好使用超声检查。如果超声结果为阴性，而且肺栓塞的临床疑似性较低，则PE也不太可能。曾作为诊断肺栓塞"金标准"的传统的有创性肺血管造影（直接肺血管造影）现今已不常用。少数情况下，这种方法可以联合血管外科介入性取栓或溶栓治疗（见表7）。

三、VTE的预防和治疗

（一）肿瘤相关VTE的预防

住院患者静脉血栓栓塞症的预防（见表8），出院后患者和下床活动的高危肿瘤患者静脉血栓栓塞症的预防（见表9）。

表7　肺栓塞（PE）的诊断流程

诊断	诊断检查[a]	影像学检查	结果
临床可疑PE： · DVT现病史或DVT新发病史 · 原因不明的气促、胸痛、心动过速、情绪不安、吸急促 · 昏厥 · 氧饱和度下降 · 无症状患者的X线检查 →	· 全面的病史和体检 · CBC和血小板计数 · PT · aPTT · 血肌酐 · 胸部X线片 · EKG →	· CT血管造影（CTA） · 肺血管造影（很少使用，除非与血块取出术或溶栓治疗相结合）	阴性→评估其他原因 阳性→见PE治疗（表11）
		· VQ扫描（肺扫描）（如果患者肾功能不全或对造影剂有无法纠正的过敏反应）	阳性→见PE治疗（表11） 非诊断性→临床判断 阴性→评估其他原因

a对于肿瘤患者，D-二聚体的诊断效力有限。

表8　住院患者的静脉血栓栓塞症预防

危险人群	诊断检查		初步预防	
· 成年患者 · 诊断肿瘤或临床可疑肿瘤 →	首次诊断检查： · 病史和体检 · 全血细胞计数（CBC）和血小板计数 · 凝血酶原时间（PT） · 活化部分促凝血酶原激酶时间（aPTT） · 血清肌酐 →	抗凝治疗禁忌	否→预防性抗凝治疗（1类） ± 间歇式气压装置（IPC） ± 分级加压弹力袜（GCS）[a] →	出院后VTE预防[c]
			是→机械性预防（选择）[b] ➤IPC ± GCS[a] →	

a 应适当测量患者弹力袜压力并监测不良反应，特别是患周围神经病的活动受限患者。
b大多数数据来自于外科患者；外推至内科患者人群。
c 见出院后患者和能走动的高危肿瘤患者的VTE预防（表9）

表9　出院后患者和下床活动的高危肿瘤患者的VTE预防

危险人群

- 成年患者
- 诊断肿瘤
- 住院期间接受VTE预防性治疗的患者
- 计划出院的肿瘤住院患者
- 能下床活动的高危患者

肿瘤外科手术患者 → 推荐医院外VTE一级预防，直至手术后4周（特别是高风险的腹部或盆腔肿瘤手术患者[f]）

内科肿瘤患者 → 推荐高风险情况下进行VTE预防性治疗[g]；其他高危肿瘤患者应考虑VTE预防性治疗

f高风险的腹部/盆腔癌手术患者包括行消化道恶性肿瘤手术的患者、静脉血栓栓塞病史的患者、麻醉时间超过2小时、卧床休息>4天、晚期疾病和年龄大于60岁的患者。

g对于接受具有高度血栓形成性的抗血管生成治疗的特殊患者，即接受沙利度胺/来那度胺和高剂量地塞米松（≥480mg/月）或多柔比星（阿霉素）或多个药物化疗的多发性骨髓瘤患者，或伴有两个或以上独立的或骨髓瘤风险因素的骨髓瘤患者，推荐的预防性治疗是预防性使用低分子肝素或华法林（调整至INR2～3）。对于伴有一个或以下独立的或骨瘤风险因素的骨髓瘤患者，可使用阿司匹林81～325 mg，每日1次。

（二）机械性预防

对于住院的肿瘤患者，在没有机械性预防禁忌证（如外周动脉疾病、开放性伤口、充血性心力衰竭、急性浅表静脉或深静脉血栓等）的情况下，应考虑采用静脉加压装置（VCD）进行机械性预防。静脉加压装置的主要优势之一是不存在相关的出血风险。但是，缺点包括：可能干扰活动和必须不间断保持设备在附近。分级加压弹力袜作为一种机械性预防方法，可与VCD联合使用。

（三）药物预防

1. 住院患者

鼓励对所有住院肿瘤患者进行VTE风险评估。前面列出了较常用的Caprini评分系统，它的优势在于个体化的评估患者VTE风险，并根据不同的评分结果而提出了抗凝建议。

对于无抗凝治疗禁忌的所有肿瘤住院患者（或临床疑似肿瘤患者），若患者的活动量不足以减少静脉血栓栓塞的危险（例如卧床）或属于静脉血栓栓塞高危患者，则应进行预防性抗凝治疗。抗凝治疗应贯序整个住院期间。推荐的药物列于表13。比较不同抗凝治疗方案对肿瘤患者静脉血栓栓塞症预防作用的研究并没有明确哪个方案的疗效更加卓越。

2. 门诊患者

肿瘤患者出院后仍然存在静脉血栓栓塞风险。在一些外科和内科肿瘤患者中，静脉血栓栓塞风险非常高，应在门诊患者中考虑VTE的预防性治疗。因此推荐高危肿瘤手术患者使用延期（长达4周）的VTE预防性治疗。

虽然没有数据支持内科肿瘤患者的延长门诊预防性治疗，但对于接受高凝化疗方案的患者，也应考虑给予预防性抗凝。研究显示，在多发性骨髓瘤患者，当血管生成抑制剂（如沙利度胺或来那度胺）联合地塞米松或含多柔比星化疗方案时，将导致10%～20%的VTE发生率。推荐的抗凝药列于表13。

（四）VTE的治疗

1. 肿瘤相关VTE的治疗

对于不合并抗凝禁忌证的肿瘤患者，一旦确诊静脉血栓栓塞症，应立即开始治疗（疗程5~7天），可以使用低分子肝素、普通肝素（静脉给药）或磺达肝癸钠。对于合并静脉血栓栓塞的肿瘤患者，低分子肝素长期治疗效果更佳，因此急性期治疗采用低分子肝素更加可取，除非急性期存在使用禁忌证。如果将采用华法林作为长期用药，那么应该有一个短期的、至少 5~7 天的过渡期，在这个期间，联合使用注射用抗凝药物（如普通肝素、低分子肝素或磺达肝癸钠）与华法林，直至 INR≥2。

深静脉血栓形成的肿瘤患者，应接受 3~6 个月以上的低分子肝素或华法林治疗，而合并肺栓塞的患者应接受 6~12 个月以上的治疗。推荐低分子肝素单药治疗（不联合华法林）用于近端深静脉血栓形成或肺栓塞的长期治疗，和无抗凝禁忌证的晚期或转移性肿瘤患者的复发性 VTE 的预防性治疗。对于活动性肿瘤或持续高危的患者，应考虑无限期抗凝治疗（见表 10、表 11）。

2. 肺栓塞的治疗

在无抗凝治疗相对禁忌证的患者，一旦确诊肺栓塞，应立即启动抗凝治疗；诊断肺栓塞的同时或一旦获得相关数据，应立即进行风险评估。当评估了肺栓塞高危患者的肿瘤状况后，医生应考虑溶栓治疗和（或）肺部取栓术，并同时评估患者的出血风险。此外，这类患者可以考虑使用下腔静脉滤器（见表 11）。

3. 浅表血栓性静脉炎的治疗

推荐抗炎药、热敷及抬高患肢作为浅表性血栓性静脉炎的初期治疗。对于血小板计数 $<50\times10^9$/L 或严重血小板功能障碍的患者，应避免使用阿司匹林和非甾体抗炎药（NSAID）。抗炎药物只推荐用于浅表性血栓性静脉炎的对症治疗，而不作为深静脉血栓形成的预防性治疗。对于简单的、自限性浅表血栓性静脉炎，不建议预防性抗凝治疗。对于症状恶化的浅表血栓性静脉炎患者或累及邻近大隐静脉与股总静脉交界处大隐静脉近心端的患者，应考虑抗凝治疗（如：至少 4 周静脉注射普通肝素或低分子肝素）。静脉用药紧急治疗后可以选择过渡到华法林治疗（INR 2~3）。

表 10　深静脉血栓的治疗

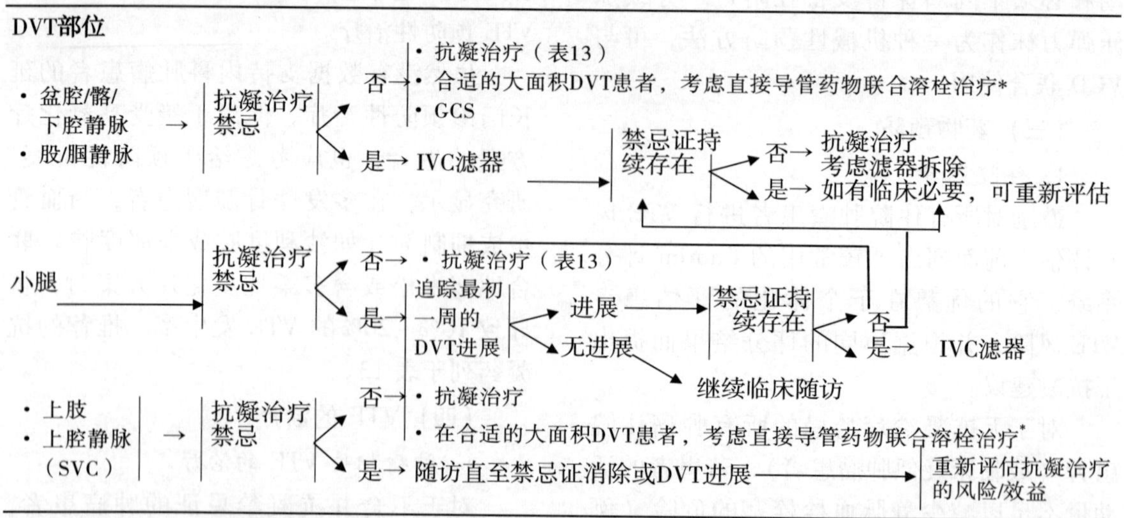

*导管直接溶栓治疗的标准治疗方案包括尿激酶12万～18万单位/小时，重组阿替普酶（rtPA）0.5～1.0mg/小时，重组瑞替普酶0.25～0.75单位/小时或替奈普酶0.25～0.5mg/小时。

治疗疗程：

1. DVT至少3~6个月，PE至少6~12个月。
2. 若发生导管相关血栓，则须在导管放置期内持续抗凝，推荐抗凝期至少3个月。

表 11　肺栓塞的治疗

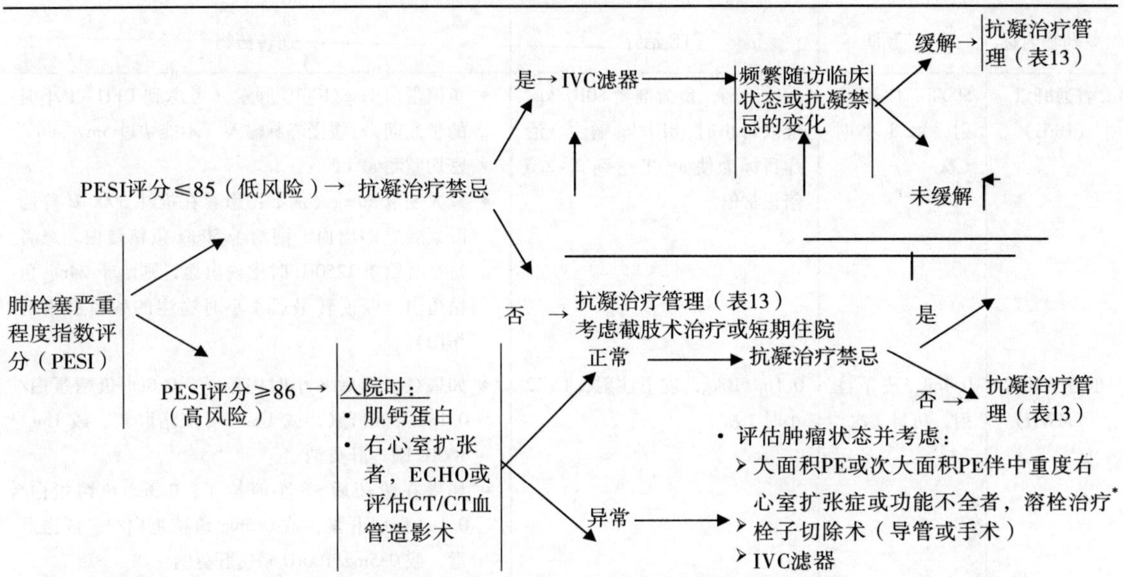

*阿替普酶（t-PA）100mg或50mg，静脉输注2小时以上，是适合溶栓治疗的PE患者的推荐溶栓疗法。

治疗疗程：

1. DVT至少3~6个月，PE至少6~12个月。
2. 若发生导管相关血栓，则须在导管放置期内持续抗凝，推荐抗凝期至少3个月。

表 12　肺栓塞严重程度指数表[1]

预测因素	评 分
年龄，每岁	年龄，岁数
男性性别	+10
心力衰竭病史	+10
慢性肺病病史	+10
脉搏≥110 次/分	+20
呼吸频率≥30 次/分[2]	+20
体温<36℃	+20
动脉氧饱和度<90%[2]	+20
收缩压<100 mmHg	+30
癌症病史	+30
精神状态改变[3]	+60
总分	
低风险（≤85 分）：90 天的病死率 2%	
高风险（≥86 分）：90 天的病死率 19%	

1. Donze J，Le Gal G，Fine MJ，et al. Prospective validation of the Pulmonary Embolism Severity Scale. Throm Haemos，2008，100：943-948.

2. 无论是否予以吸氧。

3. 定义为精神混乱、定向障碍或嗜睡。

表 13 肿瘤患者的 VTE 预防/治疗中常用药物的应用方案

药物名称	VTE 预防	VTE 治疗	逆转药物
普通肝素（UFH）	5000IU 皮下注射，每 8 小时 1 次	静脉给药，负荷剂量 80IU/kg，继以每小时 18IU/kg 输注。治疗目标为使 aPTT 达到 2~2.5 倍正常值	• 鱼精蛋白 1mg/100IU 肝素（考虑到 UFH~1 小时的半衰期），缓慢静脉输入（不能快过 5mg/min） • 密切监测 aPTT • 最大剂量 50mg（例如：患者在推注 5000IU 普通肝素后立即出血，则给予 50mg 鱼精蛋白。患者每小时给予 1250IU 时出现出血，则给予 24mg 鱼精蛋白，以逆转最后 4 小时输注的残留肝素的作用）
低分子肝素（LMWH）	0.4ml，皮下注射，每日 1 次	0.1ml/10kg，皮下注射，每 12 小时 1 次	• 如果在给药后 8 小时内给予，0.6ml 鱼精蛋白/0.1ml 那屈肝素，或 1mg/mg 依诺肝素，或 1mg/100IU 磺达肝癸钠 • 如果在给药后>8 小时给予，0.3ml 鱼精蛋白/0.1ml 那屈肝素，或 0.5mg 鱼精蛋白/mg 依诺肝素，或 0.5mg/100IU 磺达肝葵钠 • 如果在给药后>12 小时给予，则根据临床情况（如 LMWH 剂量、肾功能、出血严重程度）决定是否有鱼精蛋白用药指征 • 鱼精蛋白给药为缓慢 iv 输入（不能快过 5mg/min） • 最大剂量 50mg
磺达肝癸钠	2.5mg，皮下注射，每日 1 次	50~100kg：7.5mg，每日 1 次 <50kg：5mg，每日 1 次 >100kg：10mg，每日 1 次	用重组人第 7 因子（rhFⅦa）90μg/kg iv 逆转治疗剂量的磺达肝癸钠的作用
华法林		5~10mg 口服 每日一次；调整剂量使 INR 在 2~3 之间，用于长期治疗预防复发	华法林的半衰期为 20~60 个小时 INR<5，无出血或 INR 5~9，无出血 • 暂停华法林给药 • 高危出血的患者考虑小剂量口服维生素 K_1（phytonadione）1~2.5mg • 密切监测 INR INR>9，无出血 • 暂停华法林给药 • 考虑小剂量口服维生素 K_1 2.5mg，特别是高危出血的患者 • 密切监测 INR 严重出血（不论 INR 为何值）或威胁生命的出血 • 暂停华法林给药 • 给予维生素 K_1 10mg 经静脉 60 分钟内给药 • 给予浓缩凝血酶原复合物（PCC）25~50 单位/kg+新鲜冷冻血浆（FFP）2~3 单位或 FFP 15ml/kg（如果没有 PCC）或 rhFⅦa 20 μg/kg 静脉给药 • 密切监测 INR，必要时重复给予 PCC 或 FFP

表 14　预防性或治疗性抗凝治疗的禁忌证

- 近期中枢神经系统出血、颅内或脊髓高危出血病灶
- 活动性出血（大出血）：24 小时内输血超过 2 单位
- 慢性、有临床意义的可测量出血>48 小时
- 血小板减少症（血小板<50×10^9/L）
- 血小板严重功能障碍（尿毒症、用药、再生障碍性贫血）
- 近期进行出血风险很高的大型手术
- 凝血障碍基础疾病
- 凝血因子异常（如，Ⅷ因子缺乏症，严重肝病）
- PT 或 aPTT 升高（狼疮抑制剂除外）
- 腰麻/腰椎穿刺
- 高危跌倒（头部创伤）

四、VTE 治疗的其他方法

（一）溶栓治疗

DVT 在常规抗凝基础上进行溶栓治疗可以使闭塞的血管早期开放，但并不影响 PE 的发生率，且重要出血的概率如颅内出血增加。置管溶栓也被报道有增加出血风险。有关溶栓剂引起血管早期再通是否可以降低血栓后综合征目前尚不清楚。DVT 溶栓治疗一般不被推荐，但在巨大血栓引起的下肢严重深层出血肿胀并有可能因肢体内压力增高导致严重缺血而面临失去肢体的风险时推荐使用。

对于 PE，全身溶栓治疗正在进行 2 个随机临床实验，其中一个结果即将公开。就研究的结果来看，并不能减少死亡率。由于具有高出血风险，仅在标准抗凝治疗引起血流动力学危害或病情恶化时使用。

（二）下腔静脉滤器（IVCF）

在下半身发生 DVT 的患者中，在抗凝治疗的基础上用下腔静脉滤器并不能延长患者的生存期。下腔静脉滤器尽管可以防止 PE 的发生，但可以导致 DVT 的复发。当患者存在抗凝治疗的禁忌时，如近期出血或即将手术时，可以使用临时滤器。对高危患者，如心肺功能不足，尚不能确定滤器是否可以降低 PE 相关死亡率。

（三）静脉炎后综合征

是 DVT 常见的并发症，但较少引起关注。有关高危因素及何为更好的预防和治疗尚不清楚。一些研究认为，对 DVT 患者使用弹力袜可以防止发生，但近来一项研究却认为结果并非如此。

（四）新型口服抗凝剂

1. 简介

维生素 K 拮抗剂是近五十多年来曾长期为唯一的口服抗凝剂。不过近几年来已批准了其他多种口服新抗凝剂。其中第一个新型口服抗凝药（NOACs）达比加群酯，在美国被批准用于房颤患者脑卒中的预防已届 3 年，随后利伐沙班和阿哌沙班也批准用于此适应证。目前，利伐沙班亦已被批准用于髋关节及膝关节置换术后的血栓预防及 VTE 的初期治疗和次级预防。在其他一些国家，达比加群酯和阿哌沙班也被批准用于髋及膝关节置换术后 VTE 的预防。依度沙班和贝曲西班是另外两个 FⅩa 拮抗剂，前者Ⅲ期临床试验已经完成，后者正在进行中。

华法林治疗窗口较小，需要根据 INR 值调整个体用量。而 NOACs 同华法林相比，治疗窗口宽，服用剂量固定，不需要实验室监测或根据体重调整剂量。利伐沙班和阿哌沙班主要通过肾清除，肾功能异常的患者应减量使用。NOACs 治疗效果不低于甚至优于标准抗凝治疗。尽管有诸多优点，但其在美国及其他一些国家中的应用并没有预想的那么广泛。有关 NOACs 和华法林孰会作为房颤患者脑卒中预防的首选一线治疗，激烈的争议已经开始并将持续。本部分仅介绍 2013 年中期以来，美国专家已经达成共识的有关 NOACs 治疗的利

与弊，并主要就其疗效、安全性及应用方面做一介绍。

2. 华法林和 NOACs 的药理学特点

华法林、达比加群酯、利伐沙班和阿哌沙班的药理学特点见表 15。

表 15　华法林及口服凝血酶抑制剂和因子Ⅹa 抑制剂的特点（美国公认）

	华法林	达比加群酯	利伐沙班	阿哌沙班
作用靶点	维生素环氧化酶 1（VKORC1） 降低维生素 K 依赖凝性凝血因子水平	凝血酶	Ⅹa	Ⅹa
药物前体	无	有	无	无
生物利用度	>95%	6.5%	80%	-66%
达峰值时间		2h	2.5~4h	3h
半衰期	40h	12~14h	7~13h	8~13h
常规抗凝监测	是	否	否	否
用量	qd（根据 INR 调整）	固定剂量，bid	固定剂量，bid	固定剂量，bid
清除	肝	80%肾	67%肾（一半无活性），33%粪便	25%肾，75%粪便
常规药物相互作用	CYP2C9 3A4 1A2	强效的 P-糖蛋白（Pgp）抑制剂和诱导剂	强的双重 CYP3A4 和 Pgp 抑制剂/诱导剂	强的双重 CYP3A4 和 Pgp 抑制剂/诱导剂

3. 达比加群酯

华法林的治疗剂量个体间差异可达 10 倍以上。遗传多态性（CYP2C9，VKORC1）、影响该药的药代动力学和药效动力学。含有维生素 K 的食物以及药物、饮酒、年龄、体重和疾病的不同状态影响着该药的疗效，需要通过抗凝监测将药物剂量调整至需要的 INR 范围。

达比加群酯是一个口服的前体药物，在体内通过血浆酯酶水解为达比加群，后者为凝血酶的竞争性抑制剂，抑制常数 Ki 为 4.5nmol/L。该药不通过细胞色素 P450 酶（CYP）及氧化还原酶代谢。达比加群酯具有较低的生物利用度，胶囊内含有酒石酸，以促进药物在胃肠道的吸收。达比加群酯的吸收并不受胃肠酸度的影响，因此口服质子泵抑制剂的患者无需调整用药剂量。不过，胶囊必须完整服用，不能被压碎、掰开或者咀嚼后服用，也不能从鼻饲管、胃及空肠造瘘管给药。该药容易受潮。必须在开封后 4 个月内服用。达比加群酯药物与其他药的相互作用较少，但 P-糖蛋白（P-gp）抑制剂如：胺碘酮、维拉帕米（异搏定）和奎尼丁可以提高药物的效果，而 P-gp 诱导剂利福平则应该避免使用，因可降低药物的抗凝活性。对于有中度肾功能损害的患者（肌酐清除率 30~50ml/min），如果正在口服 P-gp 抑制剂（如酮康唑或决奈达隆），可以将达比加群酯减量为每天 75mg，每日 2 次。

4. 利伐沙班和阿哌沙班

二者均是非前体药物，利伐沙班的抑制常数 Ki = 0.4nmol/L，阿哌沙班的 Ki = 0.08 nmol/L。它们可竞争性地结合在因子Ⅹa 的活性部位而起抗凝作用。尽管具有较高的生物利用度，利伐沙班需要较高的剂量（15 或 20mg 片剂），进食时服用以达到最佳疗效。利伐沙班在胃中达到最佳吸收，而阿哌沙班则在肠道吸收。利伐沙班可以被压碎后和食物混合服用。

利伐沙班双重代谢，1/3 以原型通过肾排泄，2/3 经肝（CYP 3A4）转化为非活性代谢产物而清除。在服用强效 P-gp 及 CYP 3A4 双重抑制剂（酮康唑/伊曲康唑，HIV 蛋白酶抑制剂）或增强剂（卡马西平、苯妥英钠、利福平、圣约翰草）的患者，或者有中度和严重肝病（Child-Pugh 分级：B 和 C）的患者中不能用利伐沙班抗凝。

阿哌沙班也是通过肝代谢（部分通过 CYP 3A4 酶代谢），75%通过粪便、25%通过肾清除。同时是 P-gp 及 CYP 3A4 两种酶的强效双重抑制剂可提高阿哌沙班的血药浓度，因此需要将其减到 2.5mg，每日两次。对使用 CYP 3A4 和 P-gp 双重诱导剂的患者，不建议用阿哌沙班。阿哌沙班对于轻度肝损害无需调整剂量，但是不可用于中度及重度肝损害。

尽管 NOACs 所致的强药物相互作用较少见，但应注意确保患者未服用上述药物，最好建立智能化配药系统（computerized pharmacy programs），将患者服用的其他任何药物输入。如果药物相互作用较强，建议停药，而不是调整剂量。目前既没有检测药物浓度的常规实验，也没有基于循证的调整剂量的计算方法。虽然华法林与其他药的药物相互作用较多，但可以根据 INR 调整剂量。在一些接受胃改道或胃束带手术的糖尿病患者以及接受小肠大部分切除术的患者，使用 NOACs 的数据不足，待有充分的调整药物的数据后方能使用。表 16 罗列了凝血酶抑制剂和因子Ⅹa 抑制剂相对于华法林的部分优缺点。

表 16　凝血酶抑制剂和因子Ⅹa 抑制剂相对于华法林的优缺点

优点	缺点
作用速发速止，不需要对急性血栓患者早期静脉抗凝，对需要“搭桥”治疗的高危患者也不需要静脉抗凝	肾功能损害严重的患者禁忌或减量，治疗时间往往较长，出血风险较高
不受食物影响及肝代谢的限制，药物相互作用少。治疗窗口宽，成人药物剂量固定，无需实验室监测	缺乏监测药物浓度的有效方法，也无有效评估方法来阻止剂量调整（滴定）以及确定是治疗失败抑或依从性差
使用方便，具有较大的使用潜能，尤其是房颤患者	可能过度使用（如低复发风险的 DVT 患者长期用药）
在一定的人群或环境中具有较大的性价比（无需监测，很少有需要住院的严重不良事件）	药物费用较高
颅内出血及潜在的出血并发症风险较低，减少了解毒剂的使用影响疗效	半衰期短，如果一剂不服导致抗凝或抗栓作用迅速下降，影响疗效 遇到大出血，或急诊手术等时没有特殊的解毒药

（五）利伐沙班对 VTE 的预防和治疗

根据 RECORD 临床试验结果，在美国，利伐沙班已获批准用于骨科大手术术后 VTE 预防，方案为 10mg/d，术后 6～8h 开始用药。在 RECORD 临床试验中，2 个试验是全髋关节置换术患者，其中之一有不同的治疗时限；另 2 个试验是全膝关节置换术患者，但依诺肝素的剂量不同，一个为40mg，术前12h给药一次，然后是术后40mg，QD；另外的为30mg，BID，术后开始给药。在4个试验中，利伐沙班预防VTE的作用优于依诺肝素，二者大出血的风险相同。但是，4个临床试验综合分析表明，利伐沙班引起出血的概率略高，尽管如此，利伐沙班是预防髋关节及膝关节置换术后静脉血栓形成的一个方便、有效的药物，是其他需要皮下注射（如LMWHs，磺达肝素）或者实验室监测（华法林）的抗凝剂的良好的替代品。

EINSTEIN临床试验主要针对急性VTE及PE患者，一组单用利伐沙班，另一组先用依诺肝素，后用维生素K拮抗剂，疗程分别为3、6或12个月。利伐沙班剂量为15mg，BID，共3周，后改为20mg，qd。利伐沙班在早期的抗凝效果不低于依诺肝素加维生素K拮抗剂组，大出血以及临床相关的非大出血在两组之间没有显著性差异。在后续的治疗中，平均治疗190天，尽管利伐沙班引起的大出血（0.7%）及临床相关的非大出血（5.7%）略高，但同安慰剂组相比，减少血栓复发率达82%。在AMPLIFY试验中，单独服用固定剂量的阿哌沙班6个月，对有症状VTE患者疗效不低于标准治疗组，而且出血明显减少。

利伐沙班单药口服，无需“桥接”治疗（普通肝素/LMWH/磺达肝素后续华法林治疗），简化了有症状的VTE治疗。而且通过减低住院次数和时间、减少凝血监测而节约了经费。

但是，目前哪类VTE患者单独用利伐沙班治疗还是一个亟待解决的问题。对上述2个试验回顾性数据合并分析显示，在一些“脆弱”患者（年龄>75，肌酐清除率<50ml/min，体重≤50kg），癌症活动期以及有巨大血栓的患者，利伐沙班和其他抗凝治疗没有显著差异。入组试验的患者中，体重≤50kg及肌酐清除率<50 ml/min的分别为2%和8%，而癌症患者<5%，主要是因为肿瘤科医师更偏向于长期用LMWH，其疗效要优于标准LMWH后续维生素K拮抗剂治疗。而且，根据已知的代谢途径，肿瘤化疗和免疫抑制药物同NOCAs之间可能存在潜在的药物相互作用。因此，NOCAs尚未被推荐使用于肿瘤相关性VTE。另外，妊娠相关性VTE及哺乳期妇女不应该使用NOCAs。对于伴有血流动力学不稳定的需要重症监护的肺栓塞或广泛的VTE（如股青肿）需要溶栓治疗的患者，应首先考虑标准抗凝治疗。对出血风险较高，体重较低（<50kg），肥胖性糖尿病及肾功能异常的患者使用利伐沙班应特别警惕。尽管在肌酐清除率<50ml/min的房颤患者中，利伐沙班可以减量服用，但是在VET患者中不推荐使用。对于正在用华法林标准抗凝治疗，且INR在治疗范围之内而复发的VTE，尚缺乏资料来证明利伐沙班的疗效。对于这类患者，最佳的治疗应该是标准剂量的LMWH和华法林，在实验室监测下调整药物剂量。总之，随着相关设施的完善，NOCAs将有可能在多数静脉血栓患者的初步治疗中，逐渐取代维生素拮抗剂和肝素而成为标准治疗。

（六）拮抗剂及实验室监测

目前达比加群酯尚无拮抗剂，单克隆抗体正在临床研究中。血液透析可以在2~3小时内清除不到60%的达比加群酯，因此可以用于该药的对抗治疗。利伐沙班和阿哌沙班与蛋白质结合紧密，血透不能清除，迄今为止没有有效的拮抗剂可以纠正其抗凝作用，但是改良的重组因子Xa正在开发中。

尽管新型口服抗凝药无需实验室监测，但是在大出血时对药物浓度的监测仍是非常有用的，可以帮助医生分析出血是因为剂量过高还是存在其他病因，比如肝疾病、DIC 等。而且对术前的评估也有益处。

达比加群酯可通过蝰蛇毒凝血时间（Ecarin Clotting Time，ECT）和稀释的凝血酶时间（Thrombin Clotting Time，TT）进行监测，具有足够的敏感性。TT 对血药浓度的检测过于敏感，但是若 TT 正常，则说明药物尚未达到治疗所需的浓度。达比加群酯可以延长部分凝血活酶时间（PTT），但是非剂量依赖性。PTT 的延长说明达比加群酯在起作用，但不能提供一个精确的抗凝活性水平。

对于口服治疗剂量的因子Ⅹa 拮抗剂，PT 比 PTT 更敏感。PT 对阿哌沙班的监测效果要低于利伐沙班。抗因子Ⅹa 发色法分析将会是一个监测因子Ⅹa 拮抗剂血药浓度的敏感性和特异性较高的检查方法。NOCAs 血药浓度水平的监测应该同时考虑用药时间和药代动力学。

在严重的出血时，可以使用凝血酶原复合物，Ⅷ因子抑制物旁路活性药物及重组Ⅶ因子来对抗 NOCAs 的抗凝作用。但是在面临威胁生命的大出血时，使用上述药物的临床经验尚不足。如果 NOCAs 使用证缺，缺乏有效的对抗剂在大部分出血时可能并不是一个严重的问题，因很少有需要对抗剂的情况发生。

（七）NOCAs 在慢性肾病时的应用

大约 80%、33%和 25%的达比加群酯、利伐沙班和阿哌沙班分别从肾清除。因此，在用药前必须对肾功进行评估，用 Cockcroft-Gault（与体重有关）公式计算肌酐清除率（而其他公式将体表面积估计为 1.73m^2，为平均正常年轻成人水平）。在评估达比加群酯和利伐沙班的 ARISTOTLE 试验中，将肌酐清除率<25ml/min 作为排除标准，而其他试验的排除标准是肌酐清除率<30ml/min。肌酐清除率在 30~49ml/min 之间时，利伐沙班减量至 15mg，而在 RELY 试验中，达比加群酯剂量并没有调整，为 110~150mg。在美国，达比加群酯批准的剂量是 150mg，而在其他国家两个剂量都可以，以便临床医师有选择的余地。根据药代动力学，FDA 批准达比加群酯在房颤患者中的用量为 75mg，bid，当肌酐清除率在 15~29mg/min 之间，缺乏有效性与安全性数据，不过美国 FDA 批准可以在这种情况下用利伐沙班 15mg，QD。在澳大利亚，满足以下情况任意 2 条时，将阿哌沙班减量 50%：高龄、低体重或肾功能损害。FDA 也批准了肌酐清除率在 15~24ml/min 之间，阿哌沙班的剂量为 2.5mg，bid。由于没有有效对抗剂或药物过量时有效的逆转措施，许多有经验的专家对 FDA 这一决定感到吃惊。据此，大多数专家认为，在肌酐清除率<25~30ml/min，不应该使用 NOCAs 抗凝。

（八）依从性、抗凝门诊及药物费用

最受关注的是 NOCAs 的药物治疗依从性。维生素 K 拮抗剂的使用促进了世界许多地方抗凝门诊（所谓的香豆素门诊）的发展。华法林半衰期较长，为 40 小时，患者偶尔一次漏服引起的后果严重性同 NOCAs 相比相对较轻。而且，一天两次的用药比起一天一次，依从性较差，NOCAs 一次服药的漏服所引起的后果更严重。为获得好的疗效，NOCAs 药物的依从性非常重要，特别是那些没有发生过脑缺血而需要长期抗凝的房颤患者。医保体系正在努力解决 NOCAs 的依从性问题，其中之一是抗凝或抗栓诊所的随访。Cushman 近期推荐，在使用 NOCAs 的急性 VTE 患者中，应该关注 6 个重要内容：患者意愿（patient preference），患者的选择（patient selection），药物的相互作用（drug interactions），依从性

(compliance)，随访（follow-up）和监测(monitoring)。

在美国，NOCAs 高花费是一个必须关注的问题。即使是有医疗保险涵盖，也应衡量同华法林相比较患者所需要自付的费用。过高的药费影响患者的依从性，甚至会漏服或者掰开药物服药。华法林虽然较为便宜，但是常规的 INR 监测以及出血并发症的治疗也是一笔不菲的花费。

维生素 K 拮抗剂依然是重要的抗凝剂，用于心脏机械瓣患者抗凝治疗中。值得注意的是，维生素 K 拮抗剂已经应用五十余年，除了引起出血外，很少引起长期的生理性和器质性病变。这一点是 NOCAs 无法比拟的。

五、肝素诱导的血小板减少症的预防和治疗

肝素诱导的血小板减少症（HIT）是一种抗体介导的药物不良反应，可引起严重的血栓栓塞并发症，包括肺血栓栓塞、肢体缺血坏死甚至截肢。对于接受肝素治疗，但临床医生预测其发生肝素诱导的血小板减少症和风险<1.0%的患者，推荐在第 4~14 天内（或直至停用肝素），至少每隔 2~3 天进行血小板计数监测。对于接受肝素治疗但临床医生预测其发生 HIT 的风险<1.0%的患者，不建议进行血小板计数监测。对于 HIT，无论是否合并血栓形成，如肾功能正常，推荐应用阿加曲班、重组水蛭素或达那肝素，优于其他非肝素抗凝剂；对于肾功能不全的患者，建议应用阿加曲班，优于其他非肝素抗凝剂。对于需要立刻进行心脏手术的急性或亚急性 HIT 的患者，推荐应用比伐卢定，优于其他非肝素抗凝剂或肝素加抗血小板药物。需要进一步的研究来评估磺达肝癸钠和新型口服抗凝剂在治疗 HIT 中的作用。

（一）血小板计数监测结合 4Ts 评分在接受肝素/低分子肝素治疗患者中的应用

1. 对于接受肝素治疗，但临床医生预测其发生肝素诱导的血小板减少症的风险>1.0%的患者，建议在第 4~14 天内（或直至停用肝素），至少每隔 2~3 天进行血小板计数监测（2C 级）。

2. 对于接受肝素的治疗，但临床医生预测其发生肝素诱导的血小板减少症的风险<1.0%的患者，不建议进行血小板计数监测（2C 级）。

（二）停止继续应用肝素或开始应用 VKAs 与非肝素抗凝剂治疗的比较

1. 对于出现肝素诱导性血小板减少症伴血栓形成（HITT）的患者，推荐应用非肝素抗凝剂，特别是重组水蛭素、阿加曲班和达那肝素，优于继续应用 UFH 或 LMWH 治疗或开始继续应用 VKA（1C 级）。

2. 非肝素抗凝剂在 HITT 患者中的选择

（1）对于出现肝素诱导性血小板减少症伴血栓形成而且肾功能正常的患者，建议应用阿加曲班、重组水蛭素或达那肝素优于其他非肝素抗凝剂（2C 级）。

备注：其他因素在我们的分析中没有涉及，比如可否得到药物、药品费用和能否进行抗凝效应的监测，可能会影响药物的选择。

（2）对于出现肝素诱导性血小板减少症伴血栓形成而且肾功能不全的患者，建议应用阿加曲班优于其他非肝素抗凝剂(2C 级)。

（三）血小板输注

对于出现 HIT 和严重的血小板减少症的患者，建议只有在出血或者面临高出血风险的有创性损伤时输注血小板(2C 级)。

（四）血小板恢复前应用VKA或比伐卢定或阿加曲班

1. 对于高度可疑或确认的HIT患者，不推荐应用VKA（香豆素类）治疗，除非血小板计数恢复正常（通常至少达150×10^9/L）；优于在血小板计数低的时候应用VKA。VKA初始剂量应小（华法林最大剂量5mg，苯丙香豆素最大剂量6mg），优于大剂量VKA（1C级）。

2. 对于确认的HIT，推荐应用维生素K拮抗（2C级）。

备注：我们高度重视静脉肢体坏疽的预防，并且认为客外天数的非肝素抗凝剂的花费不太重要。

推荐应用比伐卢定（2B级）或阿加曲班（2C级），优于其他非肝素抗凝剂。

血栓性疾病已成为全球最关注的疾病之一，由于发生率较高，可发生在任何人群及疾病，已成为临床最常见的疾病之一，如何研发抗凝强、安全性好、低价的药物是国际的关注焦点。

中国是一个人口大国，血栓性疾病的临床及实验研究均不如欧、美、日等发达国家。今后各科医师特别是血液肿瘤专科医师应关注这一疾病的进展，为中国乃至世界血栓预防治疗研究做出新贡献。

参考文献

[1] Khorana AA, Francis CW, Culakova E. Thromboembolism is a leading cause of death in cancer patients receiving outpatient chemotherapy. J Thromb Haemost, 2007, 5：632-634.

[2] Heit JA, Silverstein MD, Mohr DN, et al. Risk factors for deep vein thrombosis and pulmonary embolism：A population-based case-control study. Arch Intern Med, 2000, 160：809-815.

[3] Silverstein MD, Heit JA, Mohr DN, et al. Trends in the incidence of deep vein thrombosis and pulmonary embolism：A 25-year population-based study. Arch Intern Med, 1998, 158：585-593.

[4] Caine GJ, Stonelake PS, Lip GY, et al. The hypercoagulable state of malignancy：Pathogenesis and current debate. Neoplasia, 2002, 4：465-473.

[5] Heit JA, O'Fallon WM, Petterson TM, et al. Relative impact of risk factors for deep vein thrombosis and pulmonary embolism：A population-based study. Arch Intern Med, 2002, 162：1245-1248.

[6] Blom JW, Doggen CJ, santo S, et al. Malignancies, prothrombotic mutations, and the risk of venous thrombosis. JAMA, 2005, 293：715-722.

[7] 陈爱武，李卉，陈琴，等. 静脉血栓栓塞症201例临床分析. 西部医学，2009，21（3）：412-414.

[8] Geerts WH, Pineo GF, Heit JA, et al. Prevention of venous thromboembolism：the Seventh ACCP Conference on Antithrombotic and Thrombolytic Therapy. Chest, 2004, 126（3 Suppl）：338S-400S.

[9] Treign CL, Maus TP, Sheedy Ⅱ PF, et al. Pulmonary embolism：diagnosis with contrast-enhanced electron-beam CT and comparison with pulmonary angiography. Radiology, 1995, 194（2）：313-319.

[10] Ma SQ, Lin Y, Ying HY, et al. Solid malignancies complicated with pulmonary embolism：clinical analysis of 120 patients. Chin Med J, 2010, 123（1）：29-33.

[11] Cavo M, Zamagni E, Cellini C, et al. Deep vein thrombosis in patients with multiple myeloma receiving first-line thalidomide-dexamethasone therapy. Blood, 2002, 100：2272-2273.

[12] Kabbinavar F, Hurwitz HI, Fehrenbacher L, et al. Phase Ⅱ, randomized trial comparing bevacizumab plus fluorouracil（FU）/leucovorin（LV）with FU/LV alone in patients with metastatic colorectal cancer. J Clin Oncol, 2003, 21：60-65.

[13] Kuenen BC, Levi M, Meijers JC, et al. Po-

tential role of platelets in endothelial damage observed during treatment with cisplatin, gemcitabine, and the angiogenesis inhibitor SU5416. J Clin Oncol, 2003, 21：2192-2198.

[14] Shah MA, Ilson D, Kelsen DP. Thromboembolic events in gastric cancer: High incidence in patients receiving irinotecan-and bevacizumabbased therapy. J Clin Oncol, 2005, 23：2574-2576.

[15] 蔡柏蔷，徐凌，郭淑静，等. 北京协和医院肺栓塞基础病因的变迁. 中华结核和呼吸杂志，2001，24（12）：715-717.

[16] Zierler BK. Ultrasonography and diagnosis of venous thromboembolism. Circulation, 2004, 109 (suppl 1)：19-114.

[17] US Department of Health and Human Service: Agency for Healthcare and Research and Quality. Diagnosis and treatment of deep venous thrombosis and pulmonary embolism. Evidence Report/Technology Assessment, 2003, Number 68.

[18] Birdwell BG, Raskob GE, Whitsett TL, et al. The clinical validity of normal compression ultrasonography in outpatients suspected of having deep venous thrombosis. Ann Intern Med, 1998, 128：1-7.

[19] Fraser DG, Moody AR, Davidson IR, et al. Deep venous thrombosis: diagnosis by using venous enhanced subtracted peak arterial MR venography versus conventional venography. Radiology, 2003, 226：812-820.

[20] Worsley DF, Alavi A, Aronchick JM, et al. Chest radiographic findings in patients with acute pulmonary embolism: observations from the PIOPED Study. Radiology, 1993, 189：133-136.

[21] Ferrari E, Imbert A, Chevalier T, et al. The ECG in pulmonary embolism. Predictive value of negative T waves in precordial leads-80 case reports. Chest, 1997, 111：537-543.

[22] Kanne JP, Lalani TA. Role of computed tomography and magnetic resonance imaging for deep venous thrombosis and pulmonary embolism. Circulation, 2004, 109 (12 suppl 1)：115-121.

[23] Calvo-Romero JM, Lima-Rodriguez EM, Bureo-Dacal P, et al. Predictors of an intermediate ventilation/perfusion lung scan in patients with suspected acute pulmonary embolism. Eur J Emerg Med, 2005, 12：129-131.

[24] Caprini JA. Risk assessment as a guide for the prevention of the many faces of venous thromboembolism. The American Journal of Surgery, 2010, 199: S3-S10.

[25] Berqvist D, ENOXACAN Study Group. Efficacy and safety of enoxaparin versus unfractionated heparin for prevention of deep vein thrombosis in elective cancer surgery: a double-blind randomized multicentre trial with venographic assessment. Br J Surg, 1997, 84：1099-1103.

[26] Debernardo RL, Perkins RB, Littell RD, et al. Low-molecular-weight heparin (dalteparin) in women with gynecologic malignancy. Obstet Gynecol, 2005, 105：1006-1011.

[27] Simonneau G, Laporte S, Mismettip, et al. A randomized study comparing the efficay and safety of nadroparin 2850 IU (0.3ml) vs. enoxaparin 4000 IU (40mg) in the prevention of venous thromboembolism after colorectal surgery for cancer. Journal of Thrombosis and Haemostasis, 2006, 4：1693-1700.

[28] Agnelli G, PROTECHT Study Group. Nadroparin for the prevention of thromboembolic events in ambulatory patients with metastatic or locally advanced solid cancer receiving chemotherapy: a randomised, placebo-controlled, double-blind study. The Lancet Oncology, 2009, 10：943-949.

[29] Weber DM, Chen C, Nievizky R, et al. Lenalidomide plus dexamethasone for relapsed multiple myeloma in North America. N Engl J Med, 2007, 357：2133-2142.

[30] Bennett CL, Angelotta C, Yarnold PR, et al. Thalidomide and lenalidomide-associated throm-

boembolism among patients with cancer. JAMA, 2006, 296 : 2558–2560.

[31] EI Accaoui RN, Shamseddeen WA, Taher AT. Thalidomide and thrombosis: a meta-analysis. Thromb Haemost, 2007, 97 : 1031–1036.

[32] Laporte S, Mismetti P, Décousus H, et al. RIETE Investigators. Clinical predictors for fatal pulmonary embolism in 15, 520 patients with venous thromboembolism: findings from the Registro Informatizado de la Enfermedad TromboEmbolica venosa (RIETE) Registry. Circulation, 2008, 117 (13) : 1711–1716.

[33] Khorana AA, Dalal M, Lin J, et al. Incidence and predictors of venous thromboembolism (VTE) among ambulatory high-risk cancer patients undergoing chemotherapy in the United States. Cancer, 2013, 119 (3) : 648–655.

[34] Gussoni G, Frasson S, La Regina M, et al. RIETE Investigators. Three-month mortality rate and clinical predictors in patients with venous thromboembolism and cancer. Findings from the RIETE registry. Thromb Res, 2013, 131 (1) : 24–30.

[35] Khorana AA, Dalal MR, Lin J, et al. Health care costs associated with venous thromboembolism in selected high-risk ambulatory patients with solid tumors undergoing chemotherapy in the United States. Clinicoecon Outcomes Res, 2013, 5 : 101–108.

[36] Moore RA, Adel N, Riedel E, et al. High incidence of thromboembolic events in patients treated with cisplatin-based chemotherapy: a large retrospective analysis. J Clin Oncol, 2011, 29 (25) : 3466–3473.

[37] Choueiri TK, Schutz FA, Je Y, et al. Risk of arterial thromboembolic events with sunitinib and sorafenib: a systematic review and meta-analysis of clinical trials. J Clin Oncol, 2010, 28 (13) : 2280–2285.

[38] Khorana AA, Kuderer NM, Culakova E, et al. Development and validation of a predictive model for chemotherapy-associated thrombosis. Blood, 2008, 111 (10) : 4902–4907.

[39] Ay C, Dunkler D, Marosi C, et al. Prediction of venous thromboembolism in cancer patients. Blood, 2010, 116 (24) : 5377–5382.

[40] Farge D, Debourdeau P, Beckers M, et al. International clinical practice guidelines for the treatment and prophylaxis of venous thromboembolism in patients with cancer. J Thromb Haemost, 2013, 11 (1) : 56–70.

[41] Lyman GH, Khorana AA, Kuderer NM, et al. Venous thromboembolism prophylaxis and treatment in patients with cancer: american society of clinical oncology clinical practice guideline update. J Clin Oncol, 2013, 31 (17) : 2189–2204.

[42] Cohen AT, Spiro TE, Büller HR, et al. MAGELLAN Investigators. Rivaroxaban for thromboprophylaxis in acutely ill medical patients. N Engl J Med, 2013, 368 (6) : 513–523.

[43] Agnelli G, George DJ, Kakkar AK, et al. SAVE-ONCO Investigators. Semuloparin for thromboprophylaxis in patients receiving chemotherapy for cancer. N Engl J Med, 2012, 366 (7) : 601–609.

[44] Debourdeau P, Farge D, Beckers M, et al. International clinical practice guidelines for the treatment and prophylaxis of thrombosis associated with central venous catheters in patients with cancer. J Thromb Haemost, 2013, 11 (1) : 71–80.

[45] Mandala M, Clerici M, Corradino I, et al. Incidence, risk factors and clinical implications of venous thromboembolism in cancer patients treated within the context of phase I studies: the 'SENDO experience'. Ann Oncol, 2012, 23 (6) : 1416–1421.

[46] George D, Agnelli G, Fisher W, et al. Venous thromboembolism (VTE) prevention with semuloparin in cancer patients initiating chemotherapy: benefit-risk assessment by VTE risk in SAVE-ONCO [abstract]. Blood (ASH Annual Meeting Abstracts), 2011, 118 (21) : 206.

慢性淋巴细胞白血病及部分淋巴瘤治疗迎来一个崭新时代

马 军

哈尔滨血液病肿瘤研究所 哈尔滨 150010

慢性淋巴细胞白血病（CLL）是欧美最常见、多发的白血病，一直备受欧美血液学界的重视。今年美国血液学学会（ASH）报道了有关CLL多项新的靶向治疗药物，如新的抗CD20单抗obinutuzumab（GA101，商品名：Gazyva），靶向PI3K的选择性抑制剂idelalisib（CAL-101），靶向BTK的抑制剂ibrutinib（PCI-32765），Bcl-2拮抗剂ATB-263和ABT-199。由于目前的临床试验观察到的结果显示，这些新的靶向药物的CR率均很低，且这些靶向药物的靶点都是CLL的信号传导通路上的蛋白质（CLL的基因突变率与其他白血病相比明显低），所有美国血液学会的报道更注重新的靶向药物与其他化疗药物或单克隆抗体联合的临床试验。其中最令人关注的有几个临床试验。

（一）Idelalisib（CAL-101）联合利妥昔单抗（Rituximab）与单纯利妥昔单抗比较，治疗难治的CLL有效性和安全性的Ⅲ期随机双盲多中心临床试验

该临床试验的试验组和对照组各入组110例患者，治疗后14个月，实验组的PFS率为65%，明显高于对照组的10%。试验组患者的淋巴结均有明显缩小，而对照组只有2/3的患者淋巴结缩小，且缩小的程度明显小于试验组。中位随访24周后，idelalisib组的PFS率为93%，对照组为46%。在已知危险因素分层的所有亚组中，idelalisib组均获得了更优的PFS。令人瞩目的是，idelalisib组患者总生存（OS）率显著改善（HR=0.28，P=0.018）。

（二）CLL11国际多中心临床试验，即头对头比较obinutuzumab（GA101）联合chlorambucil（Clb）与利妥昔单抗联合Clb治疗CLL的疗效和安全性的大样本Ⅲ期临床试验的第二阶段临床试验结果

214例试验组（GClb）患者接受GClb 2~6个疗程（iv，100mg d1，900mg d2，1000mg d8，1000mg d15），243例对照组（RClb）患者接受2~6个疗程的治疗（iv，375mg/m^2 d1，500mg/m^2 d1）。中位观察23个月后，GClb组的中位PFS为26个月，RClb组PFS仅为16个月；虽然OS的分析结果没有出来，但GClb组OS明显较RClb组长，GClb组的病死率仅为9%，而RClb组为15%，明显高于GClb组。治疗结束时GClb组MRD阴性患者的人数是RClb组的10倍［63/214（29.4%）*vs* 6/243（2.5%）］。GClb组患者只在第一次输液时发生3~4级的输液相关反应，治疗毒性可接受。GClb组与RClb组总体3~4级不良反应的发生率分别为66%和47%；GClb组感染的风险并没有增加。结合本组的临床研究，GClb的临床疗效和安全性均好于RClb。美欧著名血液学专家对该项研究给予了极高的评价，认为这是一个真正针对临床主要患者人群的临床最好的研究。此研究开启了靶向治疗的新纪元。同时表明，CLL 的治疗目标可以由控制疾病转化为追求完美的临床完全缓解（CR）或达到临床治愈水平。Goede 教授说，GA101 是比利妥昔单抗更强的 CD20 单克隆抗体，联合化疗方案的总疗程可能因此减少，从而降低治疗的总体毒性及费用。由于这项研究还将进行更长时间的随访。当前结果表明，GA101 有可能最终取代利妥昔单抗成为治疗 CLL 患者的最主要的靶向药物之一。

德国 Cologne 大学 Hallek 教授在 CLL 专题演讲中预测，随着更多新的靶向药物的应用，未来 CLL 的治疗可能采用三步走的序贯治疗方法。由于新的靶向药物，如 ibrutinib、idelalisib 可以引起外周血白细胞一过性增高，其他药物如 ABT-199 和 lenalidomide 在治疗初期也可引起细胞因子释放综合征，肿瘤溶解综合征等副作用，也应引起临床医生的重视。所谓的序贯疗法第一步，一般采用一个或二个疗程中度剂量的苯达莫斯汀或氟达拉宾，以迅速清除外周血中的 CLL 细胞，为下一步的诱导治疗做好前期准备。为了避免输液的交叉相关不良反应，诱导治疗期首先采用单克隆抗体如 obinutuzumab，约 3 天后再应用酪氨酸激酶抑制剂或 Bcl-2 拮抗剂或其他药物联合，连续应用 4~6 个月。达到 CR 后，每 3 个月监测一次 MRD，直到治疗结束。序贯疗法的第三步维持治疗则是在达到非常好的完全缓解后条件下进行。可应用单药或口服药如酪氨酸激酶抑制剂，Bcl-2 拮抗剂、lenalidomide 等药物，每隔 2~6 个月交替使用。治疗期间要严密监测 MRD，并且在 MRD 阴性 3 个月后方可停药。一般治疗至少要维持一年，最好用药持续二年。尽管三步走的序贯疗法还需要临床试验来证实，但可以预测，随着越来越多的靶向药物进入临床，以及最佳药物联合的应用，CLL 的治疗的新时代即将到了。以上的研究还必须进行反复的临床试验来最终确定它的疗效，但此方案是一种最好的药物联合方案，也预测着 CLL 治疗的新纪元已经开始。

美国 M. D. Anderson 癌症中心苏珊·奥布莱恩教授在 ASH 会议上重新回顾了确立以 FCR 作为一线治疗基础的 CLL8 临床研究，强调了 CLL8 试验具有特定的研究人群：首先是健康状况良好，包含 2 个标准，CIRS≤6 及血肌酐清除率≥70ml/min；然后是年龄，作为 CLL 主要患病人群的≥70 岁的患者仅占到全部研究对象的 11%。基于这样的背景，一系列与 B 细胞受体（BCR）信号通路相关的小分子药物，如 Bruton 激酶抑制剂 ibrutinib、PI3K 抑制剂 idelalisib 和 IPI-145、Bcl-2 抑制剂 ABT-199，以及新近批准用于 CLL 治疗的人源化 CD20 单克隆抗体 obinutuzumab 被研发并开始临床应用。这些药物带来的临床缓解率好的优效与低毒让这次 ASH 年会的讲者及参会者发出一致的声音：CLL 治疗的新纪元已经开始！

“CLL 治疗新纪元已经开始”。德国科隆大学 Hallek 教授首先报道了：“终结 CLL 的信号通路：新的 CLL 一线治疗策略。”讲座中展示的 CLL 一线治疗方案不同于教育文集的内容，对于初治一般状态不佳患者的治疗需要“小心慢行（Slow go）”，而对于伴有 17p-/P53 突变的患者，ibrutinib、CD52 单克隆抗体或大剂量利妥昔单抗、ofatumumab 则写入了治疗推荐及指南；而对于难治复发患者的推荐应采用单抗为主的联合治疗方案。Ibrutinib 则是治疗 CLL 高危但一般状态较好的标准异基因造血干细胞移植前的标准一线治疗。这也是 ASH

首次提示了 CLL 分层及个体化治疗的典范。

Furman 博士在接受 ASH《每日新闻》（Daily News）记者采访时说："我们特别高兴地看到，在既往复发难治的 CLL 患者在状况不佳中能取得了如此好的临床疗效和低毒。我们相信这种治疗方法可适用于所有的 CLL 患者，由此 CLL 治疗可能不再需要进行联合化疗。开创了 CLL 治疗的新纪元。"

更多 CLL、淋巴瘤相关的口头报告在 ASH 会议上报告，PI3Kδ、γ 抑制剂 IPI-145 和 Bcl-2 抑制剂 ABT-199（GDC-0199）等药物都在早期临床研究中显示出疗效与安全性。研究者们热切地期待着这些药物在治疗难治/复发 CLL 中有所作为。

新药的出现固然令人兴奋，但冷静的研究者也提出了深层次的思考。在 CLL 教育专场中，米歇尔·哈勒克教授指出，新药应用需要走联合用药的发展方向，开始 1~2 个月应用温和的化疗药物如苯达莫司汀、氟达拉滨降低肿瘤负荷，然后应用酶抑制剂、单抗或 Bcl-2 拮抗剂的联合方案完成 6~12 个月的诱导治疗，最后单用新药或来那度胺维持治疗大于 1 年用于清除 MRD。另外，新药的价格非常昂贵，对于发达国家可进入国家医保，但对于发展中国家却因经济原因不能应用，这也是专家们顾虑的内容之一。

（三）BTK 抑制剂 ibrutinib 在复发或难治性套细胞淋巴瘤中的应用

最近几十年来，研究人员在寻找套细胞淋巴瘤（MCL）新的治疗方法方面做了诸多尝试。一项Ⅰ期研究提示，Bruton 酪氨酸激酶（BTK）抑制剂 ibrutinib 在多种非霍奇金淋巴瘤中具有抗肿瘤活性，包括 MCL。该项研究的Ⅱ期进一步对 ibrutinib 单药治疗复发或难治性 MCL 的疗效进行了评价。该研究共入组 111 例复发或难治性 MCL 患者，每日给予 ibrutinib 560mg 口服。患者被分为 2 组，一组曾接受过至少 2 周期硼替佐米治疗；另一组接受少于 2 个完整周期硼替佐米治疗或未接受该药治疗。主要研究终点为总有效率，次要研究终点包括疗效持续时间、无进展生存（PFS）、总生存（OS）及安全性。结果发现，最常见的治疗相关不良事件为轻到中度的腹泻、疲乏及恶心，3 级或以上的血液学毒性少见。患者的总有效率为 68%，其中完全缓解为 21%，部分缓解为 47%。此前接受过硼替佐米治疗并未影响有效率。中位随访时间为 15.3 个月，中位疗效持续时间为 17.5 个月，中位 PFS 为 13.9 个月，中位 OS 未达到，18 个月 OS 率为 58%。均为估算值。研究表明，ibrutinib 单药治疗复发或难治性 MCL 的疗效较为持久。期待对 ibrutinib 的进一步评价，包括联合其他有效药物如利妥昔单抗及苯达莫司汀用于初治 MCL 患者的临床研究的开展。

美国 M. D. Anderson 癌症中心 Dr. Wang 介绍了抗 BTK 激酶药物 ibrutinib 的研究进展。Ibrutinib 是 BTK 抑制剂，对多种非霍奇金淋巴瘤（NHL）具有抗肿瘤活性，今年一项Ⅱ期临床试验证实，ibrutinib 在复发性或难治性 MCL 患者中显示出持久的有效性。111 例复发或难治的 MCL 口服单药 ibrutinib 后，取得 21% CR 和 47%部分缓解（PR），中位缓解持续时间为 17.5 个月，中位 PFS 为 13.9 个月，18 个月时 OS 率为 58%，且安全性好。

（四）Obinutuzumab（GA101）单药治疗复发/难治性弥漫大 B 细胞淋巴瘤或套细胞淋巴瘤：Ⅱ期 GAUGUIN 研究的结果

Obinutuzumab（GA101）为糖基化Ⅱ型人源化抗 CD-20 单克隆抗体，在弥漫大 B 细胞淋巴瘤（DLBCL）及套细胞淋巴瘤（MCL）异种移植物模型中优于利妥昔单抗。Morschhauser FA 等已进行的 I 期研究发现，obinutuzumab 具有令人鼓舞的活性，但剂量-效应关系仍不明确，且少数患者为侵袭性肿瘤。这项随机Ⅱ期研究在先前接受过高强度治疗的 DLBCL 及 MCL 患者中评价了 obimutuzumab 的疗效及安全性。该研究共入组 40 例患者，随机分为两组，一组第 1 周期予 obinutuzumab 400mg，d1、8；另外一组第 1 周期予 1600mg，d1、8；第 2~8 周期予 800mg d1。治疗结束时的有效率为 28%（1600/800mg 组为 32%，400/400mg 组为 24%）。1600/800mg 组的最佳总有效率为 37%，400/400mg 组为 24%。25 例利妥昔单抗耐药患者中有 5 例（20%）显示了疗效，其中 4 例为 1600/800mg 组患者。最常见的不良反应为可控制的输注相关反应（IRRs）。3 例患者出现 3/4 级 IRRs，仅有 1 例患者出现 3/4 级中性粒细胞减少。研究表明，在复发/难治性 DLBCL 及 MCL 患者中，obinutumab 1600/800mg 可早期达到血药浓度稳态及临床活性，具有可接受的不良反应，结果支持开展进一步研究。该研究的局限性在于缺乏对照组，目前已有 obinutuzumab 联合化疗的对照试验正在进行中。

（上接第 127 页）

[31] Sunde JS, Donninger H, Wu K, et al. Expression profiling identifies altered expression of genes that contribute to the inhibition of transforming growth factor-beta signaling in ovarian cancer. Cancer Res, 2006, 66：8404-8412.

[32] Zhou B, Liu Y, Kahn M, et al. Interactions between beta-catenin and transforming growth factor-beta signaling pathways mediate epithelial-mesenchymal transition and are dependent on the transcriptional co-activator cAMP-response element-binding protein（CREB）-binding protein（CBP）. J Biol Chem, 2012, 287：7026-7038.

[33] Labbe E, Letamendia A, Attisano L. Association of Smads with lymphoid enhancer binding factor 1/T cell-specific factor mediates cooperative signaling by the transforming growth factor-beta and wnt pathways. Proceedings of the National Academy of Sciences of the United States of America, 2000, 97：8358-8363.

[34] Wu K, Katiyar S, Witkiewicz A, et al. The cell fate determination factor dachshund inhibits androgen receptor signaling and prostate cancer cellular growth. Cancer Res, 2009, 69：3347-3355.

[35] Liang F, Lu Q, Sun S, et al. Increased expression of dachshund homolog 1 in ovarian cancer as a predictor for poor outcome. Int J Gynecol Cancer, 2012, 22：386-393.

[36] Dong Y, Drissi H, Chen M, et al. Wnt-mediated regulation of chondrocyte maturation：modulation by TGF-beta. J Cell Biochem, 2005, 95：1057-1068.

[37] Minoo P, Li C. Cross-talk between transforming growth factor-beta and Wingless/Int pathways in lung development and disease. Int J Biochem Cell Biol, 2010, 42：809-812.

[38] Caraci F, Gili E, Calafiore M, et al. TGF-beta1 targets the GSK-3beta/beta-catenin pathway via ERK activation in the transition of human lung fibroblasts into myofibroblasts. Pharmacol Res, 2008, 57：274-282.

[39] Armand JP. Focus on cellular pharmacology of docetaxel. Bulletin du cancer, 2003, 90：1067-1070.

2013 年有关自体造血干细胞移植治疗恶性肿瘤的新信息

管立勋[1]　高春记[1]　张伯龙[2]

1. 解放军总医院　北京　100853

2. 哈尔滨血液病肿瘤研究所　哈尔滨　150010

通过 Medline 检索 2013 年自体造血干细胞移植（AHSCT）治疗恶性肿瘤相关文献共 300 余篇，与前几年发表的文章数基本持平[1-4]。所研究的内容主要集中在移植相关技术、移植并发症、移植适应证及移植疗效方面，现择其具有代表性、创新性以及对临床工作有一定指导意义的文献分类总结如下：

一、造血干细胞移植技术

（一）自体外周血造血干细胞（APBSC）动员

Plerixafor（AMD3100，普瑞沙福）对造血干细胞的动员作用显著强于粒细胞集落刺激因子（G-CSF）或 G-CSF 联合化疗的其他任何方案，并且安全。Shaughnessy 等[5]发现，Plerixafor 联合 G-CSF 作为动员方案在第 4 天和第 5 天可以将外周血 $CD34^+$细胞数量提高 3 倍，最后 93%的患者获得足够干细胞，期间未发现明显副作用。

造血刺激因子作为动员剂对供者远期是否有损害，一直是研究的重点。多数研究着眼于正常人，而关于孕妇及哺乳期妇女方面的数据相对较少。Pessach 等[6]根据目前现有资料发现，造血刺激因子不能用于怀孕前 3 月，尤其是受精卵着床第 1 周，但在怀孕 6 个月后应用则好像安全，故孕龄>24 周的孕妇可以作为造血干细胞供者。而对于哺乳期的妇女，则需停药 3 天后使刺激因子代谢完全后才能进行哺乳。

Plerixafor 与 G-CSF 联合与以往动员方案相比，对 $CD34^+$亚群及淋巴细胞亚群有无影响尚不清楚。为解决该问题，Varmavuo 等[7]研究发现，在骨髓瘤患者中 Plerixafor+G-CSF 与小剂量环磷酰胺+G-CSF 相比，$CD34^+$细胞中 $CD34^+CD133^+CD38^-$比例更高，但总量并无差异；同时发现 $CD19^+$B 细胞及 NK 细胞数量在 Plerixafor+G-CSF 组多于环磷酰胺+G-CSF 组。Milone 等[8]根据外周血 $CD34^+$细胞作为动员成功与否的预测指标，以决定是否加用 Plerixafor，从而避免进行二次动员，结果发现，动员第 12 天 $CD34^+$细胞$<6\times10^6$/L 或第 13 天$<6\times10^6$/L 的患者需使用 Plerixafor，通过此预测指标可以指导 Plerixafor 的使用。

既往研究表明，利妥昔单抗（美罗华）加入动员方案时会影响干细胞采集及植入。为进一步验证该现象，Kaufman 等[9]进行了对比研究，结果表明，利妥昔单抗+G-CSF+plerixafor 组与 G-CSF+plerixafor 组相比，具有相似的毒性，$CD34^+$细胞采集数分别为 7.4×10^6/kg 和 6.4×10^6/kg，中位采集天数相似，粒细胞重建时间分别为 13.5 天和 13 天，血小板重建时间分别为 22 天和

21天，只有B细胞重建时间在利妥昔单抗组晚于对照组，但并未造成严重感染。

随着放射免疫治疗（RIT）在淋巴瘤中的运用，有学者担心对干细胞采集会有无影响。这种担心在Derenzini等[10]的研究中得到了验证。接受过RIT治疗组$CD34^+$采集量为1.7×10^6/kg，R-CHOP组7.2×10^6/kg，R-FC组4.3×10^6/kg，但RIT治疗组中有8人经第二次动员最后获得成功。由此得出结论：RIT治疗对造血干细胞动员有影响，但经补救动员后依然能成功进行造血干细胞移植。

POL5551为CXCR4新型拮抗剂。Karpova等[11]在动物实验中发现，POL5551可直接作用于造血干细胞及前体细胞，具有快速有效的动员效应，并且在C57BL/6小鼠中观察到造血干细胞动员作用强于Plerixafor及G-CSF。

同往年一样，仍有人报道造血干细胞动员的影响因素。Donmez等[12]发现各种肿瘤动员失败率分别为淋巴瘤25.4%，急性白血病15.4%，淀粉样变性14.3%，多发性骨髓瘤9.6%；淋巴瘤、高龄、体重增加被认为是动员失败的危险因素，需提高警惕，提前要考虑选择更合适的动员方案或给予再次动员。Keser等[13]发现，运动可影响干细胞动员，实验中运动组干细胞采集量为8.15×10^6/kg，对照组为7.3×10^6/kg，从而认为运动对干细胞动员有积极影响，但无统计学显著差异。

（二）APBSC采集技术

儿童肿瘤特别是需要行自体干细胞移植的肿瘤罕见，故儿童自体干细胞移植经验相对较少。干细胞采集中有很多挑战，如儿童血容量小、静脉通路建立困难、抗凝剂使用安全窗窄及在保证安全情况下采集量受限。为儿童造血干细胞采集，Srensen[14]展示了新的采集设备Spectra Optia MNC v. 3.0，其采集效率与成人设备相似，且没有明显的不良事件发生，提示此设备对儿童造血干细胞采集可行，而且安全。儿童自体干细胞采集中血管置管是一个技术难题，中心静脉置管并发症多，如血栓、出血、肺炎等。为解决这一难题，Even-Or等[15]发现经皮桡动脉导管可以迅速安全的为置管困难的婴儿置管，在其置管的208名儿童中，平均年龄为7.9岁，平均体重为28.3kg，其中年龄最小的只有9个月，体重为7kg，在置管过程中，未发现严重副作用。

（三）自体造血干细胞（AHSC）体内、体外净化

Kreissman等[16]对神经母细胞瘤患者外周血干细胞进行体外净化，用携有5种单抗的免疫磁珠对外周血干细胞进行处理，随后进行移植；随访发现，净化与否对患者预后无影响，考虑可能与净化程度不完全或患者体内有肿瘤残余有关，所以高危神经母细胞瘤患者移植不建议行体外净化。

（四）移植物处理与保存

干细胞保存在液氮中为标准程序，但花费较大，且DMSO毒性较大。Calvet等[17]发现，保存在-80℃冰箱6个月内，同时加用3.5% DMSO，此方法不影响干细胞重建功能，同时可减轻输入毒性，且简单价廉。Mitrus等[18]通过比较发现，移植物保存在7.5% DMSO时造血重建较保存在10% DMSO更快。

（五）AHSCT的预处理方案

Vose研究组[19]采用随机对照观察了Viodine-131+BEAM（B+BEAM）与利妥昔单抗+BEAM（R+BEAM）作为预处理方案用于AHSCT治疗弥漫大B细胞淋巴瘤的情况。结果显示：2年无进展生存（PFS）率分别为R+BEAM组48.6%和B+BEAM组47.9%，2年总体生存（OS）率为R+

BEAM 组 65.6%和 B+BEAM 组 61%，两组间患者 2 年 PFS 率及 OS 率均未见统计学显著差异，毒性方面，Viodine-131 组除黏膜炎发生率高于利妥昔单抗组外，未见其他明显毒性。

美法仑（melphalan，马法兰）200mg/m^2 为多发性骨髓瘤（MM）的预处理标准方案，Blanes 等[20]探索了白消安（马利兰）9.6mg/kg 加美法仑 140mg/m^2 的预处理方案，发现与美法仑 200mg/m^2 预处理方案相比，两组 PFS 分别为 50 个月和 63 个月，移植相关死亡率为 4%和 2%，两组最常见的毒性为黏膜炎及中性粒细胞减少。从而认为白消安 9.6mg/kg 加美法仑 140mg/m^2 作为预处理方案有效可耐受。Abu Zaid 等[21]也设计了两种 MM 移植预处理方案的对比研究，方案 1 为依托泊苷、塞替派、美法仑依次使用；方案 2 为单用美法仑，结果显示，方案 1、方案 2 的中位生存时间（MST）分别为未达到和 59 个月，PFS 为 44 个月、14 个月，从中位生存时间及 PFS 来看，方案 1 可能使患者更获益。

二、造血干细胞移植并发症的防治

（一）预防性抗生素应用

脑部肿瘤的患儿，可选择给予大剂量化疗后行 AHSCT，以避免或延缓颅内放疗，然而此类患者移植后相关感染报道较少，Brown 等[22]报道了 115 例儿童移植后感染情况，发现移植后粒细胞植入时间为 11 天，期间共发生 20 例Ⅲ/Ⅳ级感染，其中 14 例为导管相关性感染，71%为革兰阳性菌，50%为混合菌感染，未见真菌及肺炎链球菌，提示患儿移植后如无必要置管，应尽快拔出静脉置管，如发生导管感染，应给予足疗程抗感染治疗。

Duan MH 等[23]发现，在自体移植粒细胞缺乏期间给予患者预防性应用头孢他啶可减少早期细菌感染，且毒性及花费较小，但并不影响感染相关死亡率，故不推荐 AHSCT 期间给予抗生素预防。

（二）口腔黏膜炎（OM）

OM 是造血干细胞移植过程中常见的并发症，Carulli 等[24]以标准预防方案为对照，发现加用茶叶提取物（camelia sinensis leaf extract）后，2~4 级的 OM 发生率从 56.2%降至 25%，提示标准预防方案+茶叶提取物可减轻因预处理方案引起的严重持续的 OM。

（三）真菌感染

Nucci 等[25]观察了移植患者及白血病患者侵袭性真菌感染情况，发现 1 年内曲霉菌、珠镰孢菌病发生率在 AML/MDS、异基因造血干细胞移植（Allo-HSCT）组及 AHSCT 组分别为 13.4%、2.3% 和 0 及 5.2%、3.8%和 0.6%，可见 AHSCT 真菌感染概率较其他两组低。

三、AHSCT 治疗恶性肿瘤

（一）白血病

1. 急性早幼粒白血病（APL）

目前 APL 复发后的治疗仍有争议，Kobayashi 等[26]对 23 例 APL 复发患者经三氧化二砷（ATO）诱导后，进行了自体造血干细胞移植，结果显示：5 年无事件存活（EFS）率及 OS 率分别为 65%和 77%，提示 ATO 及自体造血干细胞移植治疗复发 APL 有效可行。另外，Nagle 等[27]比较了 APL 复发后达 CR2 时给予不同治疗对预后的影响，发现 5 年 EFS 率、OS 率在化疗组分别为 50.7%和 77.4%，AHSCT 组分别为 41.7% 和 83.3%，Allo-HSCT 组分别为 71.1%和 76.2%，故 allo-HSCT 在治疗相关死亡率稍高情况下治疗相对有效。而>40 岁患者未移植组 5 年 OS 率明显高于移植组（78.0% *vs* 40.5%）。

2. 急性髓系白血病（AML）

Zhu 等[28]通过对 RUNX1/RUNX1T1 转录水平进行 MRD 监测以对 t（8；21）的 AML 患者进行危险度分层，发现低危患者行化疗及自体干细胞移植有低复发率及高无病存活率的特点，故 MRD 指导的疾病分层对患者预后及治疗具有重要的意义。

AML 患者第一次完全缓解后最佳的治疗选择仍未明确。既往有资料显示，AHSCT 较 Allo-HSCT 有较高的复发率，但治疗相关死亡（TRM）率低。Keating 等[29]全面比较了 AHSCT 及 Allo-HSCT 的 TRM 率、复发率、EFS 率及 OS 率指标。异基因骨髓移植（Allo-BMT）、异基因外周血干细胞移植（Allo-PBSCT）、AHSCT 组的 5 年 TRM 率分别为 19%、20%和 8%，复发率分别为 20%、26% 和 45%，EFS 率分别为 61%、54%和 47%，OS 率分别为 64%、59% 和 54%。发现 AHSCT 有较低的 TRM 率及较高的复发率，AHSCT 及 Allo-HSCT 组的 5 年 OS 未见明显差异，所以当患者未能找到 HLA 配型全相合供者时，AHSCT 亦是可接受的治疗方案。

数据显示，在没有 HLA 配型相合的供者时，低危及预后好的 AML 患者行 AHSCT 仍是一个有效的选择，Sabty 等[30]研究了 63 例 AML 患者行 AHSCT 后，中位随访时间为 115 个月，10 年 OS 率及 DFS 率为 55%与 51%，TRM 率为 6%，复发率为 38%，提示 AHSCT 仍可作为一种选择。

儿童 AML 行造血干细胞移植（HSCT）效果尚不明确，Hamidieh 等[31]研究了预处理方案中不含 TBI 的 AHSCT 及 Allo-HSCT 对儿童 AML 长期的作用，3 年 OS 率、LFS、复发率、TRM 率分别为 67.6%、62%、27.3%和 10.1%。各指标中 AHSCT 及 Allo-HSCT 未见统计学显著差异，故目前儿童 AML 患者选择何种移植尚不明确。

（二）恶性淋巴瘤

1. 滤泡型淋巴瘤（FL）

因为环磷酰胺加 TBI 预处理方案有较差的预后，FL 的治疗中 AHSCT 如何选择仍是挑战，Montoto 等[32]研究了以 BEAM 作为预处理方案，患者 5 年 OS 率为 71%，5 年进展率为 44%，且第 2 次缓解或第 3 次缓解后行补救移植的 OS 率并无统计学显著差异。

针对 FL 何时选择何种移植，有多个学者进行了对此研究。

为了比较 AHSCT 及减剂量异基因移植（RIST）在 FL 中的作用，Robinson 等[33]比较了 726 例行 AHSCT 及 149 例 RIST 患者的 TRM 率及复发情况，发现 RIST 组 1 年内 TRM 为 15%，AHSCT 组为 3%，但 RIST 组 5 年复发率为 20%，AHSCT 组为 47%，两组之间 OS 未见统计学显著差异。

Evens 等[34]对 184 例经利妥昔单抗（美罗华）治疗后复发的 FL 患者行 AHSCT 或 Allo-HSCT 发现，AHSCT 仍是 FL 有效的治疗方案，危险因素为年龄>60 岁或之前接受 3 个疗程以上治疗，根据危险因素积分（0，1，2）3 年 EFS 率分别为 72%、47%和 20%，3 年 OS 率为 96%、82% 和 62%。而 Allo-HSCT 仍需降低 TRM。

Montoto 等[35]在 EBMT 淋巴瘤工作组共识中写到，对于 FL 患者：

（1）患者第一次化疗缓解后不建议以 AHSCT 行巩固治疗。

（2）患者复发后如对化疗敏感，可行大剂量化疗后 AHSCT，特别是缓解期短及 FLIPI 高分的患者。

（3）第 2 次复发时亦可行 AHSCT。

（4）如患者 AHSCT 后复发，可行 Allo-HSCT。

2. 弥漫大 B 细胞淋巴瘤（DLBCL）

在应用利妥昔单抗后复发的患者行 AHSCT 效果如何？Nagle 等[36]得出了他们的观点，对使用利妥昔单抗后疾病依然进展的患者，行 AHSCT 预后很差，中位生存时间只有 9.9 个月，故仍需更多的探索。

Takasaki[37] 等研究发现，对高危 DLBCL 行 AHSCT 前加用利妥昔单抗治疗可明显改善其预后，5 年 OS 率可达 81%，PFS 率为 73%。

3. 霍奇金淋巴瘤（HL）

AHSCT 治疗复发难治 HL 是常用的治疗方法，但预处理方案如何选择，2013 年中仍有相关的报道。Nieto 等[38] 比较了 3 种预处理方案，白消安（马利兰）+美法仑（马法兰）（Bu-Mel），吉西他滨+白消安+美法仑（Gem-Bu-Mel）和 BEAM。尽管 Gem-Bu-Mel 入组患者预后不良因素较多，但 3 年 EFS 率、OS 率优于 Bu-Mel、BEAM 组（EFS 率分别为 57%、33% 和 39%，OS 率分别为 82%、52% 和 59%）。另外 BEAM 组有 5 例继发 AML。多因素分析显示，没有使用 Gem-Bu-Mel、大剂量化疗时 PET 阳性、使用过二线治疗方案为预后不良因素，提示采用 Gem-Bu-Mel 作为预处理方案可改善复发难治 HL 预后。

Karuturi 等[39] 对结节性淋巴细胞为主型淋巴瘤（NLPHL）复发后行 AHSCT 发现，中位随访时间 50 个月，5 年 OS 率、EFS 率分别为 76%、69%，提示 AHSCT 可作为 NLPHL 复发后的治疗选择。Martínez 等[40] 发现，早期复发、结外大肿块、年龄 >50 岁、体力状态差是 HL 移植失败后行挽救治疗预后差的影响因素。Sucak 等[41] 发现，AHSCT 仍是复发、难治 HL 的标准治疗方案，其中化疗敏感性是影响 AHSCT 最重要的因素。William 等[42] 发现，无病存活（DFS）及存活 2 年以上的患者预后较好，随访发现，使用 BEAM 为预处理方案的 5 年存活率为 92%，CBV 为 73%。但 BEAM 为近年使用的预处理方案，生存期长可能与更好的支持治疗及使用 APBSCT 有关。

4. 原发性中枢神经系统淋巴瘤（PCNSL）

大剂量甲氨蝶呤（MTX）为基础的化疗和全颅脑放疗（WBRT）一直被用于治疗 PCNSL，但由于复发率高和严重的神经毒性作用，人们希望找到更理想的治疗方案。已有报道 AHSCT 用于 PCNSL 取得较好的成绩，近年来又有一些研究提供了支持数据。Schorb 等[43] 回顾性分析了 105 例中枢神经系统淋巴瘤患者，行大剂量化疗后给予 AHSCT，DFS 及 OS 可达 85 个月及 79 个月，2 年及 5 年存活率分别为 82% 和 79%，提示大剂量化疗后 AHSCT 对部分 PCNSL 有效且安全。Choi 等[44] 发现，对大剂量 MTX 后复发难治的 DLBCL 类型的 PCNSL，给予异环磷酰胺、卡铂、依托泊苷、地塞米松治疗后再行 AHSCT，较单纯化疗可明显改善预后（中位生存时间分别为 19.5 个月和 6.7 个月）。

5. 外周 T 细胞淋巴瘤（PTCL）

肠病相关性 T 细胞淋巴瘤（EATL）是 PTCL 中的罕见类型，可选择 AHSCT 作为其巩固或挽救方案。Jantunen 等[45] 回顾性分析了 44 例行 AHSCT 治疗 EALT 的患者，70% 的患者在第一次完全缓解（CR1）或部分缓解（PR）后行 AHSCT，中位随访期为 46 个月，4 年复发率、PFS 率、OS 率分别为 39%、54%、59%。患者在 CR1 或 PR 后行 AHSCT 有较好的存活率，一部分 ETAL 患者通过 AHSCT 可获得较长久的疾病控制期。

Czyz 等[46] 观察了行 AHSCT 的 PTCL 患者预后情况，36 例患者 CR 后行移植，29 例患者 PR 后行移植，中位随访时间为 53 个月，5 年 OS 率和 PFS 率为 61.5% 和 59.4%。多因素分析结果提示，诊断时骨髓受累、诱导治疗后未达到 PR 为影响 OS 的独立预后因素。

Mikesch 等[47]比较了 DexaBEAM 及 ICE 两种预处理方案对复发难治 T 细胞淋巴瘤移植结果的影响，发现 DexaBEAM 及 ICE 组治疗反应率分别为 69%、20%，PFS 为 4 个月、2 个月，疗效方面 DexaBEAM 组优于 ICE 组，治疗相关毒性较高但仍可控。

（三）浆细胞肿瘤

1. 多发性骨髓瘤（MM）

AHSCT 治疗 MM 仍为研究的热点，发表的文章仍较多。

Armeson 等[48]比较了两次 AHSCT 与 AHSCT 后给予 RIST 对 MM 的治疗作用，1192 例两次 AHSCT 及 630 例 AHSCT 后给予 RIST 患者移植的结果显示：两组 OS 率及 PFS 率相当。

为研究 HBsAg 对 MM 移植后存活率的影响，Li J 等[49]的分析结果发现，HBsAg（+）是影响 MM 移植后存活率的独立因素，同时研究发现，标准的抗病毒治疗可以克服此高危因素对预后的影响。

Kozelj 等[50]在对序贯两次 APBSCT 患者 6 年的随访中发现，在接受大剂量环磷酰胺及清髓性美法仑治疗后，患者只有轻微的、慢性的、可逆转的心功能损害。

Lemieux 等[51]回顾性研究了移植后复发的 MM 患者再次行 AHSCT 的疗效。资料显示，患者第 1 次 AHSCT 到第 2 次补救移植中位时间为 47 个月，行补救移植后 93% 患者获得 PR，其中 67% 为非常好的部分缓解（VGPR），另外 20% 的患者接受了巩固治疗，37% 的患者接受了维持治疗。总体来看，中位生存时间为 10 年，补救移植后生存期为 4 年。影响患者生存的主要因素有第 1 次移植后缓解时间短（cutoff 值为 24 个月）、补救移植后未达到 VGPR、补救移植后无维持治疗。故 MM 患者第一次 AHSCT 后复发，行再次 AHSCT 仍是一个有效的治疗手段。

Kröger 等[52]分析了 MM 中携带有 del（17p13）和（或）t（4；14）的高危患者，行自体-异体移植后，约 66% 的患者能达到 CR 或接近 CR，与不含高危因素的患者组比较未见差异，5 年无进展生存率：达到 CR 患者为 41%，mCR 患者为 57%。这些结果提示，自体加异体移植可以克服 del（17p13）和（或）t（4；14）对预后的影响。

为了研究 MM 移植后行沙利度胺及激素维持治疗对生活质量及预后的影响，Stewart 等[54]进行了Ⅲ期临床实验，332 例患者接受了美法仑 200mg/m^2 预处理后行 AHSCT，中位随访时间为 3.1 年，结果发现，使用沙利度胺及激素维持治疗的患者在 OS 率与观察组未见差异，但有较高的 PFS 及血栓发生率。接受沙利度胺及激素维持治疗的患者中有 9 例继发第二肿瘤，观察组则有 6 例。结果表明，沙利度胺及激素维持治疗可控制疾病进展，但患者生存质量下降，且未见 OS 受益。

Kumar 等[55]研究了与 MM 移植预后相关的因素，共 170 例患者进行了 AHSCT，移植后 44.7% 患者达到 CR，24.7% 患者达到 VGPR，21.2% 患者达到 PR，中位随访时间为 84 个月，OS 及 EFS 分别为 85.5 个月和 41 个月，患者对移植有反应的（CR、VGPR、PR）及接受新药作为诱导治疗的有较长的 OS 及 EFS。

对于初治 MM 患者是否行序贯自体及异体移植目前仍存在争议，Kharfan-Dabaja 等[56]通过 META 分析对序贯自体-自体移植及序贯自体-异体移植进行了比较，发现尽管自体-异体移植有较高的完全缓解率，但 OS 并未见明显优势，且非复发相关死亡率高，因此认为，自体-异体移植除作为临床实验外不建议作为治疗选择。

Muta 等[57]研究了老年组（65~76 岁）

与对照组（51~64 岁）相比，在 AHSCT 上的可行性和有效性。老年组有 25 例患者，对照组有 63 例，TRM 老年组有 1 例，对照组 2 例。PFS 在老年组及对照组分别为 17.1%与 20.8%，中位 OS 为 40.8 个月与 72.5 个月。这些结果证明老年患者行 AHSCT 可行有效。

Takamatsu 等[58]认为，移植后给予维持治疗及巩固治疗可使 MM 患者获益。

Michallet 等[59]认为，AHSCT + RIST，同时给予新药免疫调节剂可作为高危 MM 患者的一线治疗方案。

Costa 等[60]统计发现，由于新药及 AHSCT 技术的应用，MM 患者存活率 1995~1999 年为 47%，2000~2004 年提高到 55%，2005~2010 年提高到 57%。

Fu C 等[61]发现，MM 行 AHSCT 可提高缓解率，延长 PFS 及增加 OS 时间，如加用新药包括蛋白酶体抑制剂及免疫调节剂沙利度胺及雷那度胺等，进行诱导、巩固及维持治疗则可进一步提高 AHSCT 的疗效。

2. 其他类型浆细胞肿瘤

Kim 等[62]总结了亚洲人群单中心 24 例系统性淀粉样变性患者接受大剂量美法仑后行 AHSCT 的资料，血液学总反应率为 92%，且能改善受累器官的功能，延长生存期，未见 TRM。

（四）AHSCT 治疗非血液系统肿瘤

1. 神经母细胞瘤（NB）

对于 NB 患者，Chambon 等[63]研究发现，若患者检测出微少残留病阳性，则无论是否行干细胞回输，均较微少残留病阴性的患者预后差，故微少残留病可作为指导 NB 患者预后判断的指标。

Seif 等[64]对高危 NB 患者行序贯大剂量化疗后 AHSCT，3 年 EFS 率和 OS 率分别为 44.8%和 59.2%，得出结论：AHSCT 可作为高危 NB 的治疗方法。

2. 其他肿瘤

对患有高危实体肿瘤儿童，给予巩固治疗后行 AHSCT 可作为一种治疗的选择。Vargas 等[65]总结了 1998~2004 年高危及复发难治实体瘤 19 例患儿行 AHSCT 后的情况，包括 OS 率、EFS 率、病死率等指标。患者的中位年龄 52 个月，随访 3 年 OS 率为 79%，EFS 率为 63%，TRM 率为 21%，移植后复发率为 15.8%，提示 AHSCT 可应用于对传统化疗耐药的实体瘤患者。

参 考 文 献

[1] 张伯龙、高春记. 2004 年有关自体造血干细胞移植治疗恶性肿瘤的新信息. 见：中国癌症研究基金会《中国肿瘤临床年鉴》编辑委员会编，2004 中国肿瘤临床年鉴. 北京：中国铁道出版社，2005. 210-228.

[2] 张伯龙、高春记. 2005 年有关自体造血干细胞移植治疗恶性肿瘤的新信息. 见：中国癌症基金会《中国肿瘤临床年鉴》编辑委员会编，2005 中国肿瘤临床年鉴. 北京：中国协和医科大学出版社，2006. 18-40.

[3] 张伯龙、高春记. 2006 年有关自体造血干细胞移植治疗恶性肿瘤的新信息. 见：中国癌症基金会《中国肿瘤临床年鉴》编辑委员会编，2006 中国肿瘤临床年鉴. 北京：中国协和医科大学出版社，2007. 50-75.

[4] 张伯龙、高春记. 2007 年有关自体造血干细胞移植治疗血液系统恶性肿瘤的新信息. 见：中国癌症基金会《中国肿瘤临床年鉴》编辑委员会编，2007 中国肿瘤临床年鉴. 北京：中国协和医科大学出版社，2008. 65-94.

[5] Shaughnessy P, Uberti J, Devine S, et al. Plerixafor and G-CSF for autologous stem cell mobilization in patients with NHL, Hodgkin's lymphoma and multiple myeloma: results from the expanded access program. one Marrow Transplant, 2013, 48 (6): 777-781.

[6] Pessach I, Shimoni A, Nagler A. Granulocyte-colony stimulating factor for hematopoietic stem

cell donation from healthy female donors during pregnancy and lactation: what do we know? Hum Reprod Update, 2013, 19 (3): 259-267.

[7] Varmavuo V, Mntymaa P, Silvennoinen R, et al. CD34$^+$ cell subclasses and lymphocyte subsets in blood grafts collected after various mobilization methods in myeloma patients. Transfusion, 2013, 53 (5): 1024-1032.

[8] Milone G, Tripepi G, Martino M, et al. Early measurement of CD34$^+$ cells in peripheral blood after cyclophosphamide and granulocyte colony-stimulating factor treatment predicts later CD34$^+$ mobilisation failure and is a possible criterion forguiding "on demand" use of plerixafor. Blood Transfus, 2013, 11 (1): 94-101.

[9] Kaufman JL, Flowers CR, Rados KD, et al. A prospective clinical trial evaluating the safety and efficacy of the combination of rituximab andplerixafor as a mobilization regimen for patients with lymphoma. Transfusion, 2013, 53 (1): 76-84.

[10] Derenzini E1, Stefoni V, Maglie R, et al. Collection of hematopoietic stem cells after previous radioimmunotherapy is feasible and does not impair engraftment after autologous stem cell transplantation in follicular lymphoma. Biol Blood Marrow Transplant, 2013, 19 (12): 1695-1701.

[11] Karpova D, Dauber K, Spohn G, et al. The novel CXCR4 antagonist POL5551 mobilizes hematopoietic stem and progenitor cells with greater efficiency than Plerixafor. Leukemia, 2013, 27 (12): 2322-2331.

[12] Donmez A, Yilmaz F, Gokmen N, et al. Risk factors for a poor hematopoietic stem cell mobilization. Transfus Apher Sci, 2013, 49 (3): 485-488.

[13] Keser I, Suyani E, Aki SZ, et al. The positive impact of regular exercise program on stem cell mobilization prior to autologous stem cell transplantation. Transfus Apher Sci, 2013, 49 (2): 302-306.

[14] Jantunen E, Boumendil A, Finel H, et al. Autologous stem cell transplantation for enteropathy-associated T-cell lymphoma: a retrospective study by the EBMT. Blood, 2013, 121 (13): 2529-2532.

[15] Even-Or E, Grunspan A, Swerdlow Y, et al. Peripheral blood stem-cell harvest using percutaneous arterial lines in children. Pediatr Blood Cancer, 2013, 60 (6): 946-948.

[16] Kreissman SG, Seeger RC, Matthay K, et al. Purged versus non-purged peripheral blood stem-cell transplantation for high-risk neuroblastoma (COG A3973): a randomised phase 3 trial. Lancet Oncol, 2013, 14 (10): 999-1008.

[17] Calvet L, Cabrespine A, Boiret-Dupr, et al. blood stem cell transplantations after cryopreservation in a-80 mechanical freezer and preserved less than 6 months. Ransfusion, 2013, 53 (3): 570-578.

[18] Mitrus I, Smagur A, Giebel S, et al. A faster reconstitution of hematopoiesis after autologous transplantation of hematopoietic cells cryopreserved in 7.5% dimethyl sulfoxide if compared to 10% dimethyl sulfoxide containing medium. Cryobiology, 2013, 67 (3): 327-331.

[19] Vose JM, Carter S, Burns LJ, et al. Phase Ⅲ randomized study of rituximab/carmustine, etoposide, cytarabine, and melphalan (BEAM) compared with iodine-131 tositumomab/BEAM with autologous hematopoietic cell transplantation for relapsed diffuse large B-cell lymphoma: results from the BMT CTN 0401 trial. J Clin Oncol, 2013, 31 (13): 1662-1668.

[20] Blanes M, Lahuerta JJ, González JD, et al. Intravenous busulfan and melphalan as a conditioning regimen for autologous stem cell transplantation in patients with newly diagnosed multiple myeloma: a matched comparison to a melphalan-only approach. Biol Blood Marrow Transplant, 2013, 19 (1): 69-74.

[21] Abu Zaid B, Abdul-Hai A, Grotto I, et al. Autologous transplant in multiple myeloma with

an augmented conditioning protocol. Leuk Lymphoma, 2013, 54 (11): 2480-2484.

[22] Brown RJ, Rahim H, Wong KE, et al. Infectious complications in the first year following autologous hematopoietic progenitor cell rescue for children with brain tumors. ediatr Blood Cancer, 2013, 60 (12): 2012-2017.

[23] Duan MH, Zhu TN, Han B, et al. The prophylactic effect of ceftazidime on early bacterial infection after autologous peripheral bloodstem cell transplantation: a prospective randomized controlled trial. Zhonghua Neike Zazhi, 2013, 52 (11): 956-960.

[24] Carulli G, Rocco M, Panichi A, et al. Treatment of oral mucositis in hematologic patients undergoing autologous or allogeneic transplantation of peripheral blood stem cells: a prospective, randomized study with a mouthwash containing camelia sinensis leaf extract. Hematol Rep, 2013, 5 (1): 21-25.

[25] Nucci M, Garnica M, Gloria AB, et al. Invasive fungal diseases in haematopoietic cell transplant recipients and in patients with acute myeloid leukaemia or myelodysplasia in Brazil. Clin Microbiol Infect, 2013, 19 (8): 745-751.

[26] Yanada M, Tsuzuki M, Fujita H, et al. Hase 2 study of arsenic trioxide followed by autologous hematopoietic cell transplantation for relapsed acute promyelocytic leukemia. Blood, 2013, 121 (16): 3095-3102.

[27] Nagle SJ, Woo K, Schuster SJ, et al. Outcomes of patients with relapsed/refractory diffuse large B-cell lymphoma with progression of lymphoma after autologous stem cell transplantation in the rituximab era. Am J Hematol, 2013, 88 (10): 890-894.

[28] Zhu HH, Zhang XH, Qin YZ, et al. RD-directed risk stratification treatment may improve outcomes of t (8; 21) AML in the first complete remission: results from the AML05 multicenter trial. Blood, 2013, 121 (20): 4056-4062.

[29] Keating A, Dasilva G, Pérez WS, et al. Autologous blood cell transplantation versus HLA-identical sibling transplantation for acute myeloid leukemia in first complete remission: a registry study from the Center for International Blood and Marrow Transplantation Research. Haematologica, 2013, 98 (2): 185-192.

[30] Sabty FA, Demeckova E, Bojtarova E, et al. Is there still a role for autologous stem cell transplantation in acute myeloid leukemia? Neoplasma, 2013, 60 (2): 167-173.

[31] Hamidieh AA, Alimoghaddam K, Jahani M, et al. Non-TBI hematopoietic stem cell transplantation in pediatric AML patients: a single-center experience. J Pediatr Hematol Oncol, 2013, 35 (6): e239-245.

[32] Montoto S, Matthews J, Greaves P, et al. Myeloablative chemotherapy for chemo-sensitive recurrent follicular lymphoma: potential benefit in second relapse. Haematologica, 2013, 98 (4): 620-625.

[33] Robinson SP, Canals C, Luang JJ, et al. The outcome of reduced intensity allogeneic stem cell transplantation and autologous stem cell transplantation when performed as a first transplant strategy in relapsed follicular lymphoma: an analysis from the Lymphoma Working Party of the EBMT. Bone Marrow Transplant, 2013, 48 (11): 1409-1414.

[34] Evens AM, Vanderplas A, LaCasce AS, et al. Stem cell transplantation for follicular lymphoma relapsed/refractory after prior rituximab: a comprehensive analysis from the NCCN lymphoma outcomes project. Cancer, 2013, 119 (20): 3662-3671.

[35] Montoto S, Corradini P, Dreyling M, et al. Indications for hematopoietic stem cell transplantation in patients with follicular lymphoma: a consensus project of the EBMT-Lymphoma Working Party. Haematologica, 2013, 98 (7): 1014-1021.

[36] Nagle SJ, Woo K, Schuster SJ, et al. Out-

comes of patients with relapsed/refractory diffuse large B-cell lymphoma with progression of lymphoma after autologous stem cell transplantation in the rituximabera. Am J Hematol, 2013, 88 (10): 89089-89094.

[37] Takasaki H, Hashimoto C, Fujita A, et al. Upfront autologous stem cell transplantation for untreated high-risk diffuse large B-cell lymphoma in patients up to 60 years of age. Clin Lymphoma Myeloma Leuk, 2013, 13 (4): 404-409.

[38] Nieto Y, Popat U, Anderlini P, et al. Autologous stem cell transplantation for refractory or poor-risk relapsed Hodgkin's lymphoma: effectof the specific high-dose chemotherapy regimen on outcome. Biol Blood Marrow Transplant, 2013, 19 (3): 410-417.

[39] Karuturi M, Hosing C, Fanale M, et al. High-dose chemotherapy and autologous stem cell transplantation for nodular lymphocyte-predominant Hodgkin lymphoma. Biol Blood Marrow Transplant, 2013, 19 (6): 991-994.

[40] Martínez C, Canals C, Sarina B, et al. Identification of prognostic factors predicting outcome in Hodgkin's lymphoma patients relapsing afterautologous stem cell transplantation. Ann Oncol, 2013, 24 (9): 2430-2434.

[41] Sucak GT, Çakar MK, Suyanl E, et al. Outcome of autologous stem-cell transplantation in relapsed or refractory Hodgkin lymphoma patients in a centre from Turkey. Hematology, 2013, 18 (5): 269-276.

[42] William BM, Loberiza FR Jr, Whalen V, et al. Impact of conditioning regimen on outcome of 2-year disease-free survivors of autologous stem cell transplantation for Hodgkin lymphoma. Clin Lymphoma Myeloma Leuk, 2013, 13 (4): 417-423.

[43] Schorb E, Kasenda B, Atta J, et al. Prognosis of patients with primary central nervous system lymphoma after high-dose chemotherapy followed by autologous stem cell transplantation. Haematologica, 2013, 98 (5): 765-770.

[44] Choi MK, Kang ES, Kim DW, et al. Treatment outcome of relapsed/refractory primary central nervous system diffuse large B-cell lymphoma: a single-center experience of autologous stem cell transplantation. nt J Hematol, 2013, 98 (3): 346-354.

[45] Jantunen E, Boumendil A, Finel H, et al. Autologous stem cell transplantation for enteropathy-associated T-cell lymphoma: a retrospective study by the EBMT. Blood, 2013, 121 (13): 2529-2532.

[46] Czyz A, Romejko-Jarosinska J, Helbig G, et al. Autologous stem cell transplantation as consolidation therapy for patients with peripheral T cell lymphoma in first remission: long-term outcome and risk factors analysis. Ann Hematol, 2013, 92 (7): 925-933.

[47] Mikesch JH, Kuhlmann M, Demant A, et al. Dexa BEAM versus ICE salvage regimen prior to autologous transplantation for relapsed or refractory aggressive peripheral T cell lymphoma: a retrospective evaluation of parallel patient cohorts of one center. Ann Hematol, 2013, 92 (8): 1041-1048.

[48] Karpova D, Dauber K, Spohn G, et al. The novel CXCR4 antagonist POL5551 mobilizes hematopoietic stem and progenitor cells with greater efficiency than Plerixafor. Leukemia, 2013, 27 (12): 2322-2331.

[49] Li J, Liu J, Huang B, et al. Hepatitis B virus infection status is an independent risk factor for multiple myeloma patients after autologous hematopoietic stem cell transplantation. Tumour Biol, 2013, 34 (3): 1723-1728.

[50] Kozelj M, Zver S, Zadnik V. Long term follow-up report of cardiac toxicity in patients with multiple myeloma treated with tandem autologous hematopoietic stem cell transplantation. Radiol Oncol, 2013, 47 (2): 161-165.

[51] Lemieux E, Hulin C, Caillot D, et al. Autologous stem cell transplantation: an effective sal-

vage therapy in multiple myeloma. Biol Blood Marrow Transplant, 2013, 19 (3): 445-449.

[52] Kröger N, Badbaran A, Zabelina T, et al. Impact of high-risk cytogenetics and achievement of molecular remission on long-term freedom from-disease after autologous-allogeneic tandem transplantation in patients with multiple myeloma. Biol Blood Marrow Transplant, 2013, 19 (3): 398-404.

[53] Kozelj M, Zver S, Zadnik V. Long term follow-up report of cardiac toxicity in patients with multiple myeloma treated with tandem autologous hematopoietic stem cell transplantation. Radiol Oncol, 2013, 47 (2): 161-165.

[54] Stewart AK, Trudel S, Bahlis NJ, et al. A randomized phase 3 trial of thalidomide and prednisone as maintenance therapy after ASCT in patients with MM with a quality-of-life assessment: the National Cancer Institute of Canada Clinicals Trials Group Myeloma 10 Trial. Blood, 2013, 121 (9): 1517-1523.

[55] Kumar L, Cyriac SL, Tejomurtula TV, et al. Autologous stem cell transplantation for multiple myeloma: identification ofprognostic factors. Clin Lymphoma Myeloma Leuk, 2013, 13 (1): 32-41.

[56] Kharfan-Dabaja MA, Hamadani M, Reljic T, et al. Comparative efficacy of tandem autologous versus autologous followed by allogeneic hematopoietic cell transplantation in patients with newly diagnosed multiple myeloma: a systematic review and meta-analysis of randomized controlled trials. J Hematol Oncol, 2013, 6: 2.

[57] Muta T, Miyamoto T, Fujisaki T, et al. Evaluation of the feasibility and efficacy of autologous stem cell transplantation in elderly patients with multiple myeloma. Intern Med, 2013, 52 (1): 63-70. Epub 2013 Jan 1.

[58] Takamatsu H, Munemoto S, Murata R, et al. Post-transplantation consolidation and maintenance therapy with lenalidomide for Japanese patients with multiple myeloma. Anticancer Res, 2013, 33 (12): 5681-5685.

[59] Michallet M, Sobh M, El-Cheikh J, et al. Evolving strategies with immunomodulating drugs and tandem autologous/allogeneic hematopoietic-stem cell transplantation in first line high risk multiple myeloma patients. Exp Hematol, 2013, 41 (12): 1008-1015.

[60] Costa LJ, Zhang MJ, Zhong X, et al. Trends in utilization and outcomes of autologous transplantation as early therapy for multiple myeloma, Biol Blood Marrow Transplant. 2013, 19 (11): 1615-1624.

[61] Fu C, Wang J, Xin X, et al. Therapeutic effects of autologous hematopoietic stem cell transplantation in multiple myeloma patients. Exp Ther Med, 2013, 6 (4): 977-982.

[62] Kim SJ, Lee GY, Jang HR, et al. autologous stem cell transplantation in light-chain amyloidosis patients: a single-center experience in Korea. Amyloid, 2013, 20 (4): 204-211.

[63] Chambon F, Tchirkov A, Pereira B, et al. Molecular assessment of minimal residual disease in PBSC harvests provides prognostic information in neuroblastoma. Pediatr Blood Cancer, 2013, 60 (9): E109-112.

[64] Seif AE, Naranjo A, Baker DL, et al. A pilot study of tandem high-dose chemotherapy with stem cell rescue as consolidation for high-risk neuroblastoma: Children's Oncology Group study ANBL00P1. Bone Marrow Transplant, 2013, 48 (7): 947-952.

[65] Vargas AO, Luna RR, Garcia MP, et al. Consolidation treatment for high risk solid tumors in children with myeloablative chemotherapy andautologous hematopoietic progenitor stem cell transplantation. Rev Bras Hematol Hemoter, 2013, 35 (5): 343-346.

❖ 妇科肿瘤 ❖

子宫颈癌筛查方法和筛查起始年龄的卫生经济学评价研究

徐 赫[1,2] 赵方辉[2] 高晓虹[1] 胡尚英[2] 陈俊峰[1] 刘植华[3]
徐小玲[4] 高丽敏[1] 刘启贵[1] 马 莉[1] 刘怡君[1] 乔友林[2]

1. 大连医科大学公共卫生学院 辽宁大连 116041
2. 中国医学科学院肿瘤医院肿瘤研究所 北京 100021
3. 广东省深圳市妇幼保健院 广东深圳 518028
4. 江西省靖安县宫颈癌防治研究所 江西宜春 330600

【摘要】 **目的：**对多种子宫颈癌筛查方案终生筛查一次的效果进行卫生经济学评价，并探讨最具有成本效果的筛查起始年龄。**方法：**农村地区选择醋酸/碘染色肉眼观察检查（VIA/VILI）、传统巴氏细胞学检测（PAP Smear）和简易 HPV DNA 检测（*care*HPV）3 种筛查方法；城市地区选择传统巴氏细胞学检测（PAP Smear）、液基细胞学检测（LBC）、简易 HPV DNA 检测（*care*HPV）、HPV DNA 检测（HC2）和 LBC 联合 HC2 检测（LBC+HC2）5 种筛查方法。运用 Markov 模型，预测在不同筛查起始年龄终生筛查一次的远期流行病学和卫生经济学结果。**结果：**在农村和城市地区，各筛查方案队列人群 20 年后挽救的累积生命年分别在 277.97~2727.53 年/10 万人和 134.02~1446.84 年/10 万人之间；与对照组相比，各筛查方案每挽救一个生命年的成本分别在 1520.99~2453.74 元和 3847.35~44 570.35 元之间；增量成本效果分析结果显示，农村地区的优势方案依次为 *care*HPV 40 岁和 *care*HPV 30 岁起始筛查方案，城市地区的优势方案依次为 *care*HPV 40 岁、*care*HPV 30 岁、HC2 30 岁和 LBC+HC2 30 岁起始筛查方案。**结论：**如果妇女终生接受一次筛查，农村和城市地区所有评价方案均具有成本效果，*care*HPV 40 岁起始筛查是我国农村和城市地区最具有成本效果的筛查方案。

【关键词】 子宫颈癌；筛查；Markov 模型；成本效果

子宫颈癌是全球危害女性健康的第三大恶性肿瘤，全世界每年有 53 万新发病例和 27.5 万死亡病例，我国每年也有 7.5 万新发病例和 3.3 万死亡病例[1]，子宫颈癌已成为我国妇女死亡的主要原因之一，并给国家和患者带来了严重的疾病负担。目前，子宫颈

基金项目："十一五"国家科技支撑计划课题（编号：2006BAI02A15）

通信作者：赵方辉，Email：zhaofangh@ cicams.ac.cn；高晓虹，Email：lxb2269@ sina.com

癌预防性疫苗在我国尚处于Ⅲ期临床试验阶段，市场价格较高，因此，在我国大范围推广应用疫苗尚需时日，筛查仍将是较长时期内预防子宫颈癌的主要手段。子宫颈癌筛查方法多样，各种方法的灵敏度、特异度和成本等特征各不相同。我国地区间经济发展也不平衡，在短期内较难实现全国范围内有组织的定期子宫颈癌筛查。我国政府从 2009 年起开展了中央财政转移支付项目——两癌筛查，3 年内完成了 1000 万农村妇女的子宫颈癌筛查[2]。那么，一次性筛查实施后的远期效果如何，各种筛查方法是否具有成本效果，前瞻性研究由于耗时且成本高而开展难度大，本研究利用 Markov 模型对这些问题进行了预测，并进一步从卫生经济学角度对终生筛查一次的筛查起始年龄进行探讨，以期在资金匮乏和技术缺乏的贫困地区，以有限的投资获得最大的远期收益，为卫生决策者制订多样化的筛查防治方案提供科学依据。

一、材料与方法

本文依托于国家“十一五”课题“子宫颈癌与食管癌筛查及早诊早治方案评价研究”，该研究在子宫颈癌高发区山西省襄垣县、江西省靖安县和城市防治点广东省深圳市三个地区开展筛查。在筛查实施医院调查筛查、诊断成本和治疗费用参数，利用既往研究获得多渠道、多人群来源的流行病学参数，通过建立基于子宫颈癌自然史和筛查、诊断及治疗史的 Markov 模型，将成本、费用和流行病学参数代入模型，模拟子宫颈癌自然史和筛查、诊断及治疗史，评价不同筛查方法下不同筛查起始年龄的妇女接受终生一次筛查后的远期流行病学和卫生经济学结果。

（一）筛查方案

参考国家“十一五”课题“子宫颈癌与食管癌筛查及早诊早治方案评价研究”现场筛查方案及筛查诊断和治疗流程。农村地区选择成本较低的 3 种筛查方法：醋酸/碘染色肉眼观察检查（VIA/VILI）、传统巴氏细胞学检测（PAP Smear）和简易 HPV DNA 检测（*care*HPV），城市地区选择 PAP Smear、液基细胞学检测（LBC）、*care*HPV、HPV DNA 检测（HC2）和 LBC 联合 HC2 检测（LBC + HC2）5 种筛查方法。

入组妇女分别接受上述初筛检查，初筛阳性者接受阴道镜检查；阴道镜检查正常的妇女进入正常人群队列，阴道镜异常者接受病理活检；以病理活检结果为“金标准”，活检结果正常者进入正常人群队列，宫颈上皮内瘤变 1 级（CIN Ⅰ）者根据

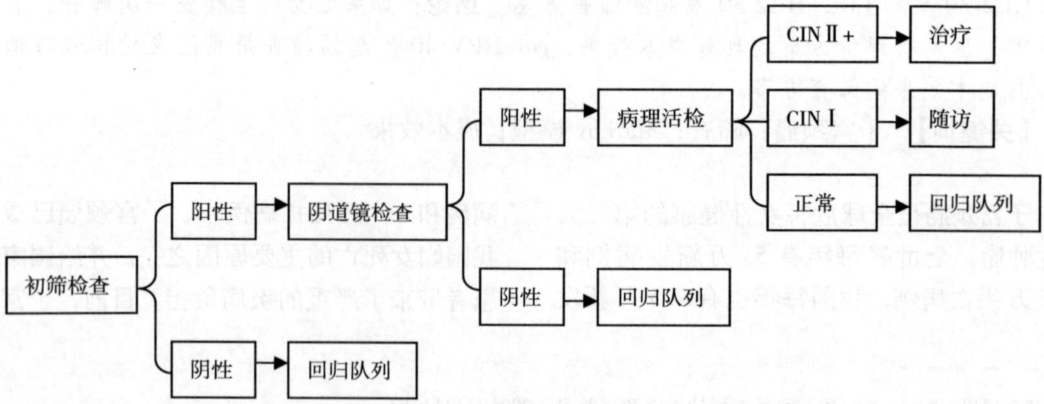

图 1　子宫颈癌筛查流程

当地随诊方案进行随访，CINⅡ及以上病变者按照临床规范接受相应的环切（LEEP）、锥切、手术或放、化疗治疗（图1）。

（二）模型建立和模型参数

Markov模型的原理是将所研究的疾病按其发展过程划分为几个不同的健康状态，并根据各状态在一定时间内相互转换的概率，结合各状态的健康效用值和资源消耗，通过多次循环运算，估计疾病发展的结局和费用[3]。本研究中模型初始状态的设定和各状态一个周期内维持原状、进展和逆转的转移情况等基本构成源于国外既往研究结果[4]，并根据国内情况进行了合理的调整，调整后的结果已在国外文献中发表[5,6]。图2显示了循环周期设置为一年时，模型各状态间的转移情况。

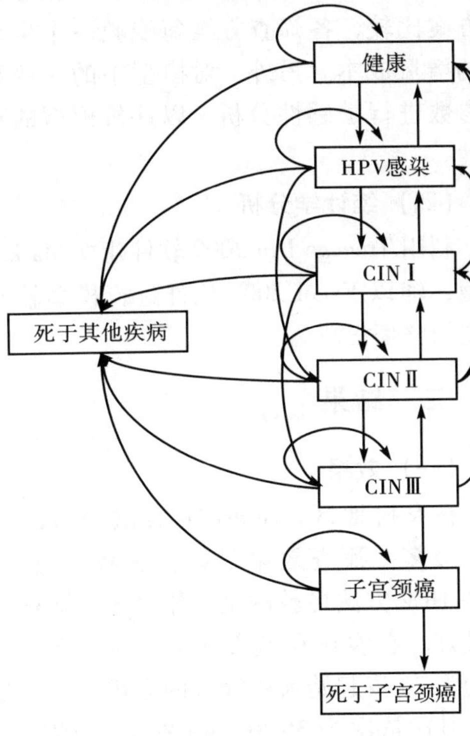

图2 子宫颈癌自然发展史

1. 子宫颈癌自然史模型

根据子宫颈癌自然发展史建立Markov模型。拟合10万名30~59岁妇女的子宫颈癌自然发展史，以每5岁为一个年龄组，各年龄组分别设置了健康（Well）、人乳头瘤病毒感染（HPV）、CINⅠ、CINⅡ、CINⅢ、子宫颈癌、死于子宫颈癌和死于其他疾病8个初始状态，将各状态年龄别初始概率、转移概率、子宫颈癌诊断和治疗费用和治疗比例等参数代入模型，以1年为循环周期，通过多次循环运算，预测自然人群机会性筛查20年后的流行病学和卫生经济学结果。

2. 子宫颈癌筛查、诊断和治疗史模型

基于子宫颈癌自然史模型（图2），结合筛查流程（图1），模拟子宫颈癌的筛查、诊断和治疗史。分别以30岁、35岁、40岁和45岁为筛查起始年龄，以59岁为筛查终点，将前述自然史模型参数、各种筛查方法的灵敏度和成本代入模型，以1年为循环周期，通过多次循环运算，预测不同筛查方法下不同筛查起始年龄的妇女接受终生一次筛查20年后的流行病学和卫生经济学结果。

3. 模型参数

模型重要参数的详细情况见表1、表2。目前国内外利用Markov模型对子宫颈癌筛查方案进行卫生经济学评价研究的模型参数均为多渠道、多人群来源。模型构建所需要的人群年龄别转移概率等参数获得较为困难。本研究团队十几年来开展了近二十项子宫颈癌多中心、大样本研究，结果均已发表，是本文模型参数的主要来源。初始概率即人群各疾病状态的现患率，该参数主要来自于对本课题组前期承担的17项国内外多中心、大样本子宫颈癌及筛查技术评价研究的pooled分析结果[7]。转移概率即人群各状态间在一年内相互进展、逆转或维持原状的概率，该数据需要从前瞻性研究中获得，本课题组开展的一项国内唯一的随访时间长达10年以上的子宫颈癌筛查前瞻性研究（SPOCCS）为本文提供了部分转移概率参数，个别转移概率参数通过查阅国外高质量文献获得[8-10]。各种筛查方法的灵敏度主要来源于本课题组前期多项对筛查方法进行评价的研究结果结合专家意见获得[11-14]（表1）。筛查、诊断成本和治疗费用数据来源于前述“十一五”课题的实施单位：山西省襄垣县妇幼保健院、江西省靖安县妇幼保健院和深圳市妇幼保健院。从社会角度，采用微量成本法从耗材/试剂、设备和人力成本三个方面核算筛查医院的筛查、诊断成本[15,16]。本研究中筛查、诊断成本指直接医疗成本，不包括项目管理成本和误工费等直接非医疗成本和间接成本（表1）。按照标准临床路径下的医疗花费，调查CINⅡ及以上患者的平均治疗费用（表2）。采用3%的贴现率对筛查、诊断成本和治疗费用进行贴现。

表1　筛查方法的灵敏度和成本

	筛查诊断成本（元）		灵敏度
	农村	城市	（%）
VIA/VILI	13.11	—	48.00
PAP	30.00	40.00	52.00
LBC	—	138.00	77.00
*care*HPV	35.00	35.00	90.00
HC2	—	230.00	95.10
LBC+HC2	—	368.00	99.00
阴道镜	29.40	92.00	—
病理活检	61.61	165.00	—

表2　各期别治疗费用和治疗比例

	治疗费用（元）		治疗比例
	农村*	城市	
CINⅡ	1060.00	1300.00	51.40
CINⅢ	1753.20	1975.20	64.40
FIGOⅠ	6115.00	8968.89	100.00
FIGOⅡ	—	12425.00	
FIGOⅢ	—	12050.00	
FIGOⅣ	—	11750.00	

*农村FIGOⅡ及以上患者转至城市接受治疗

（三）评价指标

评价指标主要包括：筛查组与对照组相比所挽救的生命年；与对照组比较，筛查组每挽救一个生命年的成本；与相邻筛查方案比较，各筛查方案每挽救一个生命年的增量成本。另外，对模型中的一些重要参数进行敏感性分析，以评价模型的稳定性。

（四）统计学分析

利用Treeage Pro 2009软件建立Markov模型，辅以Excel 2007软件进行模型输出数据的整理汇总。

二、结果

（一）效果

在农村地区，*care*HPV方法挽救的生命年最多，筛查效果最好。在城市地区，LBC+HC2方法挽救的生命年最多，筛查效果最好。在农村和城市地区，同一筛查方法均为30岁起始筛查挽救的累积生命年最多，其次依次为35岁、40岁和45岁起始筛查，即筛查起始年龄越早、筛查覆盖年龄范围越广，筛查效果越好（图3，图4，表3，表4）。

（二）一般成本效果分析

一般成本效果是指与对照组相比，各方案的增量成本与增量效果之比。本研究中，一般成本效果即与对照组相比，各筛查组每挽救一个生命年所需要的成本。农村地区各筛查方案每挽救一个生命年的成本在1520.99~2453.74元之间（表3）。城市地区各筛查方案每挽救一个生命年的成本在6345.39~44 570.35元之间（表4）。

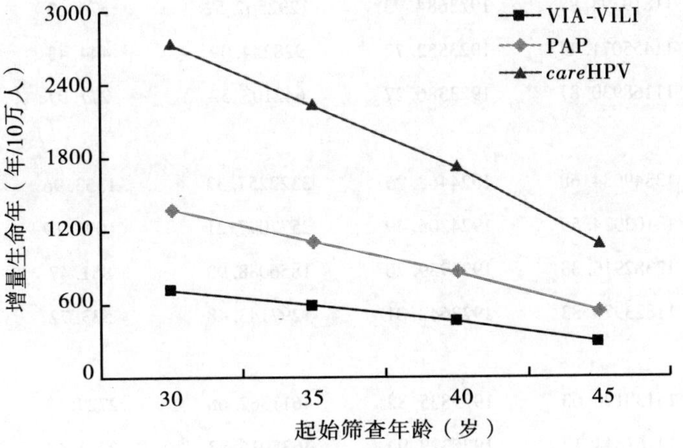

图3 农村地区不同筛查方案所获增量生命年

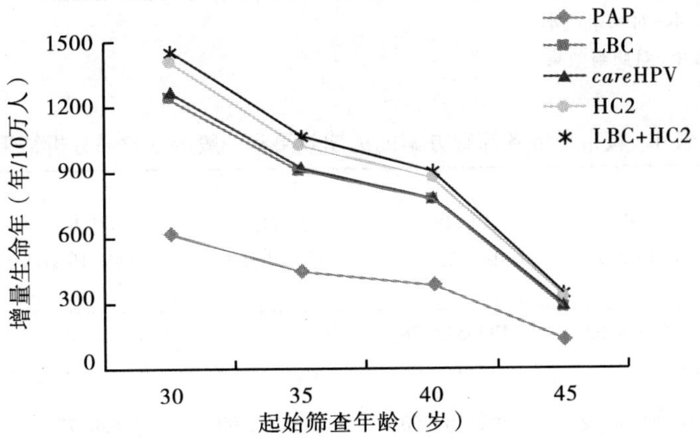

图4 城市地区不同筛查方案所获增量生命年

表 3　农村地区各筛查方案的远期效果和一般成本效果分析结果

筛查方法和起始年龄	成本（元/10 万人）	效果（年/10 万人）	Δ 成本*（元/10 万人）	Δ 效果#（年/10 万人）	Δ 成本/Δ 效果（与对照组比较）（元/人）
对照组	10526827. 35	1923108. 30			
VIA/VILI					
30 岁	12181145. 57	1923810. 76	1654318. 22	702. 47	2355. 01
35 岁	11819394. 87	1923684. 93	1292567. 52	576. 63	2241. 57
40 岁	11455071. 44	1923552. 72	928244. 09	444. 43	2088. 64
45 岁	11168930. 87	1923386. 27	642103. 52	277. 97	2309. 99
PAP					
30 岁	13849084. 68	1924462. 25	3322257. 33	1353. 96	2453. 74
35 岁	13103924. 55	1924205. 49	2577097. 21	1097. 19	2348. 82
40 岁	12382916. 33	1923959. 76	1856088. 98	851. 47	2179. 87
45 岁	11823970. 83	1923642. 01	1297143. 48	533. 72	2430. 40
*care*HPV					
30 岁	15138190. 03	1925835. 82	4611362. 68	2727. 53	1690. 68
35 岁	14161844. 17	1925329. 94	3635016. 83	2221. 64	1636. 19
40 岁	13132018. 74	1924821. 12	2605191. 39	1712. 83	1520. 99
45 岁	12334867. 64	1924190. 40	1808040. 30	1082. 11	1670. 85

*Δ 成本=筛查组成本-对照组成本

#Δ 效果=筛查组效果-对照组效果

表 4　城市地区各筛查方案的远期效果和一般成本效果分析结果

筛查方法和起始年龄	成本（元/10 万人）	效果（年/10 万人）	Δ 成本*（元/10 万人）	Δ 效果#（年/10 万人）	Δ 成本/Δ 效果（与对照组比较）（元/人）
对照组	7857674. 63	1946548. 78			
PAP					
30 岁	12390906. 72	1947169. 50	4533232. 09	620. 72	7303. 18
35 岁	11317509. 02	1946997. 55	3459834. 39	448. 77	7709. 59
40 岁	10307151. 54	1946934. 81	2449476. 91	386. 02	6345. 39
45 岁	9585484. 23	1946682. 81	1727809. 60	134. 02	12891. 77
LBC					
30 岁	22360123. 81	1947784. 99	14502449. 18	1236. 20	11731. 46
35 岁	18901189. 70	1947450. 59	11043515. 07	901. 81	12245. 95

续 表

筛查方法和起始年龄	成本（元/10万人）	效果（年/10万人）	Δ成本*（元/10万人）	Δ效果#（年/10万人）	Δ成本/Δ效果（与对照组比较）（元/人）
40岁	15654912.94	1947319.22	7797238.31	770.43	10120.60
45岁	13383408.98	1946827.71	5525734.35	278.93	19810.41
*care*HPV					
30岁	13400046.88	1947814.98	5542372.25	1266.19	4377.20
35岁	12033741.45	1947473.27	4176066.82	924.49	4517.15
40岁	10876505.88	1947333.44	3018831.25	784.65	3847.35
45岁	9950522.21	1946844.74	2092847.58	295.96	7071.48
HC2					
30岁	33399813.05	1947954.20	25542138.43	1405.41	18174.10
35岁	27212439.96	1947573.74	19354765.33	1024.95	18883.59
40岁	21564503.06	1947420.29	13706828.43	871.51	15727.68
45岁	17592778.67	1946873.90	9735104.04	325.11	29943.82
LBC+HC2					
30岁	47098217.93	1947995.62	39240543.31	1446.84	27121.54
35岁	37612968.89	1947604.25	29755294.26	1055.47	28191.47
40岁	28878302.88	1947445.67	21020628.25	896.88	23437.44
45岁	22828677.94	1946884.68	14971003.31	335.90	44570.35

*Δ成本=筛查组成本-对照组成本

#Δ效果=筛查组效果-对照组效果

（三）增量成本效果分析

将各方案按照成本由小到大的顺序进行排序，增量成本效果是指各方案与成本次小方案的增量成本和这两个方案的增量效果之比。分别以筛查效果和成本为横坐标和纵坐标，绘制各筛查方案的增量分析散点图，相邻两点间的斜率即增量成本效果值，位于散点图右下方优势线上的方案是与相邻方案相比最具有成本效果的方案，即该方案与相邻方案相比每多挽救一个生命年所需成本最小。结果显示，农村地区位于优势线上的方案依次为*care*HPV 40岁和*care*HPV 30岁起始筛查方案，城市地区位于优势线上的方案依次为*care*HPV 40岁、*care*HPV 30岁、HC2 30岁和LBC+HC2 30岁起始筛查方案（图5，图6）。

（四）敏感性分析

结果显示，模型具有较好的稳定性；CINⅢ进展为癌症的概率对卫生经济学结果影响最大；贴现率、筛查诊断成本、治疗费用和筛查方法的灵敏度也对研究结果有较大的影响；而子宫颈癌患者5年生存率等变量对结果影响不明显。

三、讨论

WHO推荐的评价筛查方案优劣的标准

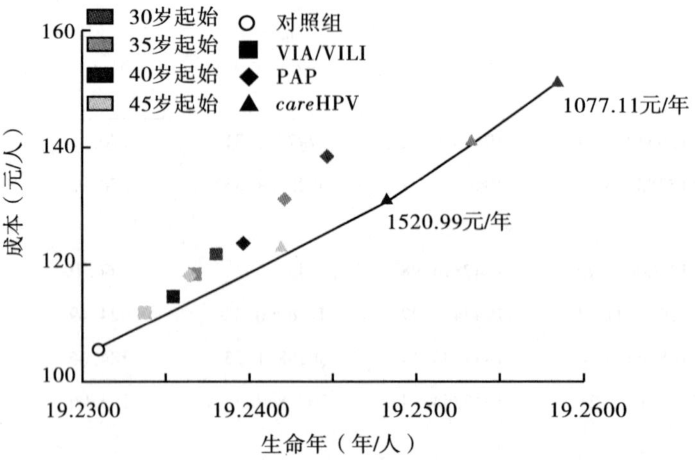

图 5　农村地区增量成本效果

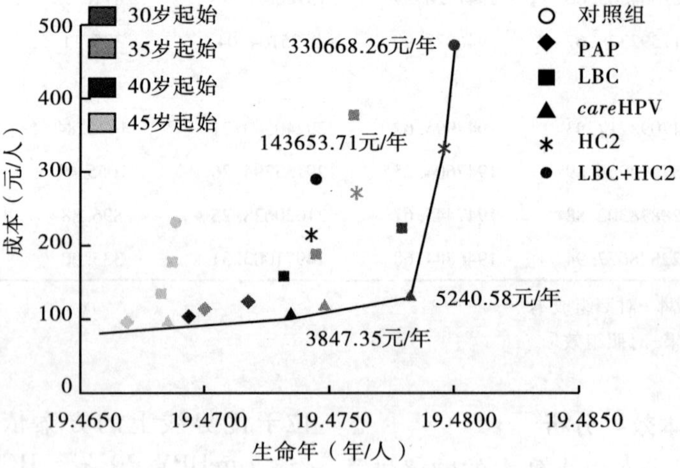

图 6　城市地区增量成本效果

为：若筛查方案每挽救一个生命年的成本低于人均 GDP，则其非常符合成本效果原则；若低于 3 倍人均 GDP，则被认为符合成本效果原则[17]。将农村和城市地区每挽救一个生命年所需成本分别与山西襄垣和深圳市 2008 年人均 GDP（48 643 元[18]和 89 814 元[19]）进行比较，各方案所需成本均低于当地人均 GDP 水平，因此，各筛查方案均非常符合成本效果原则。*Care*HPV 40 岁起始筛查方案是农村和城市地区最具成本效果的方案。在经济条件更好的地区，为了获得更好的筛查效果，农村可以考虑采用 *care*HPV 30 岁起始筛查方案；城市可以依次考虑采用 *care*HPV 30 岁、HC2 30 岁和 LBC+HC2 30 岁起始筛查方案，这三个方案分别是在 *care*HPV 40 岁起始筛查方案基础上，城市地区每多挽救一个生命年所需成本最小的方案。但在实际应用中，由于 LBC+HC2 30 岁起始筛查方案所需成本过高，在我国尚不具有成为组织性筛查初筛方法的可行性。

巴氏涂片检测由于取材、制片、染色方法及读片人员水平等原因，假阴性率较高[20]；LBC 的灵敏度显著高于巴氏涂片检测，但成本较高[13]；VIA/VILI 检测价格低廉，但该方法主观性强，可重复性差[13]。HC2 检测的灵敏度和特异度高，但同样存在成本高、实施难度大、较难作为初筛方法广泛应用的问题[13]。本研究中，城市地区 LBC+HC2 和 HC2 检测获得的效果最好，其次为 *care*HPV 检测，但前两者成本较高。*Care*HPV 检测的灵敏度和特异度与 HC2 检测接近，但成本仅为后者的 1/10，已被证实是一种安全、准确、可靠的筛查方法，且实验技术简单、容易操作，具有广阔的推广空间[14]，本研究从卫生经济学的角度支持了上述观点。

2012 年，美国癌症学会（ACS）和美国预防服务工作组（USPSTF）同时发布了新的子宫颈癌预防和早期筛查指南，两指南均建议对 21~65 岁的妇女进行子宫颈癌筛查。与发展中国家相比，发达国家的筛查方案通常年龄跨度大、筛查频率高。有研究结果显示，发展中国家筛查年龄浓缩在 30~59 岁，要比覆盖更大的年龄范围更加有效[21]。我国一项纳入 30 207 名受试对象的研究结果显示，在我国妇女中，40 岁以上人群的 CINⅡ及以上子宫颈癌和癌前病变患病率最高[7]。本研究结果显示，对于 30~59 岁妇女终生进行一次筛查，农村和城市地区均以 40 岁（*care*HPV 检测）为最具有成本效果的筛查起始年龄。即对高发年龄段人群进行早期筛查、早期诊断和早期治疗，不但能获得更好的筛查效果，且更具有经济性。

目前，国内对子宫颈癌筛查起始年龄的研究非常少，本研究利用 Markov 模型对不同筛查方案的远期流行病学和卫生经济学结果进行预测，弥补了横断面研究不能够预测远期结果、前瞻性研究成本高且实施难度大的弊端。

本文模型中假设：人群筛查参与率设定为 100%的理想情况；筛查组和对照组的所有癌症患者均被确诊并接受治疗；不考虑患者因接受治疗导致的不良后果；癌症患者接受子宫颈全切、放疗、化疗等治疗后不会再次患子宫颈癌。上述理想假设可能导致高估筛查效果，但本研究重点在于对不同起始年龄的筛查方案进行比较，上述假设在各筛查方案间均存在，因此对方案间比较的结论无明显影响。由于 Markov 模型参数是多渠道、多人群来源的，个别较难获得的转移概率来自于国外文献，不同地区和种族人群子宫颈癌自然发展史的转移概率有所不同，这在一定程度上影响研究结果的代表性，但本文相关流行病学和卫生经济学参数主要来自于国内多项大型子宫颈癌研究项目，故研究结果在一定程度上能够反映筛查方案在我国人群中开展的情况特征。

综上所述，对于妇女终生接受一次筛查，*care*HPV 40 岁起始筛查是我国农村和城市地区最具有成本效果的筛查方案。值得注意的是，在卫生决策者制订筛查防治方案的过程中，成本效果评价结果是一项重要的参考依据，但并不是唯一依据。决策者还需根据地区的实际情况，如资源可及性、方案可行性和人群筛查意愿等情况综合分析，制订出最适宜的筛查策略。

参 考 文 献

[1] GLOBOCAN 2008. Cervical Cancer Incidence, Mortality and Prevalence Worldwide in 2008 Summary. Available from: http://globocan. iarc. fr/factsheet. asp.

[2] The Lancet. Women's health in rural China. Lan-

cet, 2009, 374 (9687) : 358.
[3] 王倩，金丕焕. Markov 模型在卫生经济评价的应用. 中国卫生统计，2000，17（2）：86-88.
[4] Canfell K, Barnabas R, Patnick J, et al. The predicted effect of changes in cervical screening practice in the UK: results from a modelling study. Br J Cancer, 2004, 91 : 530-536.
[5] Canfell K, Shi JF, Qiao YL, et al. Prevention of cervical cancer in rural China: Evaluation of HPV vaccination and primary HPV screening strategies. Vaccine, 2011, 29 : 2487-2494.
[6] Shi JF, Canfell K, Qiao YL, et al. Evaluation of primary HPV-DNA testing in relation to visual inspection methods for cervical cancer screening in rural China: an epidemiologic and cost-effectiveness modelling study. BMC Cancer, 2011, 11 : 239.
[7] Zhao FH, Qiao YL, Franceschi S, et al. Prevalence of human papillomavirus and cervical intraepithelial neoplasia in China: a pooled analysis of 17 population-based studies. International Journal of Cancer. Int J Cancer, 2012 Apr 5. [Epub ahead of print]
[8] 慈璞娲，赵方辉，乔友林，等. 宫颈上皮内瘤变自然史转移概率的研究. 中国肿瘤，2011，(9)：694-698.
[9] McCredie MR, Sharples KJ, Paul C, et al. Natural history of cervical neoplasia and risk of invasive cancer in women with cervical intraepithelial neoplasia 3: a retrospective cohort study. Lancet oncol, 2008, 9 (5) : 425-434.
[10] Schiffman M, Kjaer SK. Chapter 2: Natural history of anogenital human papillomavirus infection and neoplasia. J Natl Cancer Inst Monogr, 2003, (31) : 14-19.
[11] Zhao FH, Lin MJ, Qiao YL, et al. Performance of high-risk human papillomavirus DNA testing as a primary screen for cervical cancer: a pooled analysis of individual patient data from 17 population-based studies from China. Lancet Oncol, 2010, 11 (12) : 1160-1171.
[12] Cuzick J, Clavel C, Petry KU, et al. Overview of the European and North American studies on HPV testing in primary cervical cancer screening. Int J Cancer, 2006, 119 (5) : 1095-1101.
[13] Belinson J, Qiao YL, Pretorius R, et al. Shanxi Province Cervical Cancer Screening Study: a cross-sectional comparative trial of multiple techniques to detect cervical neoplasia. Gynecol Oncol, 2001, 83 (2) : 439-444.
[14] Qiao YL, Sellors JW, Eder PS, et al. A new HPV-DNA test for cervical-cancer screening in developing regions: a cross-sectional study of clinical accuracy in rural China. Lancet Oncol, 2008, 9 (10) : 929-936.
[15] Goldhaber-Fiebert JD, Goldie SJ. Estimating the cost of cervical cancer screening in five developing countries. Cost Eff Resour Alloc, 2006, 3 : 4-13.
[16] Goldie SJ, Gaffikin L, Goldhaber-Fiebert JD, et al. Cost-effectiveness of cervical cancer screening in five developing countries. N Engl J Med, 2005, 353 (20) : 2158-2168.
[17] WHO Commission on Macroeconomics and Health: Macroeconomics and health: investing in health for economic development Report of the Commission on Macroeconomics and Health Geneva: World Health Organization, 2001.
[18] 2008 年襄垣统计公报 http://www.tjcn.org/tjgb/201109/20328.html.
[19] 2008 年深圳统计公报 http://www.sztj.com/main/xxgk/tjsj/tjgb/gmjjhshfzgb/200903243520.shtml.
[20] Fahey MT, Irwig L, Macaskill P. Meta-analysis of Pap test accuracy. Am J Epidemiol, 1995, 141 : 680-689.
[21] sherlaw JC, Gallivan S, Jenkins D. Evaluating cervical cancer screening programmes for developing countries. Int J Cancer, 1997, 72 (2) : 210-216.

醋酸和碘染色法筛查子宫颈癌在农村地区开展的经济可行性分析

高丽敏[1] 徐 赫[1,2] 高晓虹[1] 李冬艳[1] 陈俊峰[1] 石菊芳[2]
马 莉[1] 马俊飞[3] 刘怡君[1] 宁 岩[1] 赵方辉[2] 乔友林[2]

1. 大连医科大学公共卫生学院 辽宁大连 116041
2. 中国医学科学院肿瘤医院/肿瘤研究所流行病教研室 北京 100021
3. 山西省襄垣县妇幼保健院 山西襄垣 046200

【摘要】 **目的**：对我国农村地区开展醋酸/碘染色肉眼观察（VIA/VILI）子宫颈癌筛查进行经济可行性分析。**方法**：通过建立Markov模型，预测不同筛查方案实施20年后的人均次筛查诊断成本，结合相关调查数据，进行费用分担机制和经济可行性分析。**结果**：各种筛查方案的人均次筛查诊断成本在12.83~14.08元之间，分别占农村居民年人均纯收入的0.18%~0.20%、人均消费性支出的0.24%~0.51%和新农合人均筹资水平的5.2%~5.7%。**结论**：我国农村地区采用VIA/VILI技术开展子宫颈癌筛查具有经济可行性，可以考虑政府和个人共同承担子宫颈癌筛查费用或将筛查项目纳入到新农合保障系统中。

【关键词】 子宫颈癌；筛查；费用分担机制；经济可行性

卫生经济学评价结果表明，开展子宫颈癌筛查能够降低子宫颈癌的发病风险，并进一步降低子宫颈癌的疾病负担。目前，我国已经开展的子宫颈癌筛查工作主要是由国家投入大量资金进行免费的组织性筛查，但考虑到筛查推广的可持续性，我们有必要探讨筛查成本的筹资可能及其筹资渠道，分析子宫颈癌筛查的长期经济可行性。

VIA/VILI检测是WHO推荐的在发展中国家应用的一种子宫颈癌筛查技术。该技术具有费用低廉，操作简单，检查当时即可得出初步结果，特别适合于农村高发地区大规模人群筛查使用的优点[1]。本文通过建立Markov模型，计算在农村地区采用不同VIA/VILI筛查方案的筛查诊断成本，结合筛查对象的支付意愿、农民收支水平、新农合筹资水平等，对开展筛查的筹资渠道和经济可行性进行分析，为我国农村地区推行子宫颈癌筛查及建立合理可行的费用分担机制提供依据。

---

* 基金项目：“十一五”国家科技支撑计划课题（2006BAI02A15）

作者简介：高丽敏，教授；主要研究方向：医疗保障制度、卫生经济学评价等；E-mail:gao.dl@163.com
通信作者：赵方辉，中国医学科学院肿瘤医院/肿瘤研究所流行病学研究室。电话：010-87788900，
E-mail:zhaofangh@cicams.ac.cn

一、研究方法

（一）研究对象

按照全国第五次人口普查农村妇女的年龄别构成比，以 5 岁为一个年龄组（即 30~34、35~39、40~44、45~49、50~54 和 55~59 岁），模拟 10 万名 30~59 岁的农村妇女初始人群为研究人群。

（二）筛查流程和评价方案

筛查流程设置如下：VIA 检查阴性者接受 VILI 检查，VIA 或 VILI 阳性者接受阴道镜检查，对阴道镜检查结果阳性者进行病理活检，以活检结果为“金标准”，子宫颈上皮内瘤样病变Ⅱ级（CINⅡ）以上患者将按照临床规范接受相应的手术、放疗或化疗等治疗。

对 VIA/VILI 每 1 年、3 年、5 年和 10 年筛查 1 次四种方案的人均次筛查诊断成本进行评价分析。

（三）Markov 模型和参数

根据子宫颈癌的自然发展过程，将其划分为健康、人乳头瘤病毒（HPV）感染、CINⅠ、CINⅡ、CINⅢ、浸润性子宫颈癌、死于子宫颈癌和死于其他疾病 8 个健康状态。

建立 Markov 模型所需要的农村妇女子宫颈癌年龄别初始概率、转移概率、筛查技术灵敏度等参数主要来源于中国医学科学院肿瘤医院/肿瘤研究所前期开展的多项大样本多中心子宫颈癌筛查研究汇总分析而得[2-4]，部分转移概率参数由于国内尚无相关报道，通过查阅文献获得[5,6]。在依托项目的实施医院，采用微量成本法，从耗材、设备和人力三个方面收集筛查成本[7,8]。按照临床路径收集患者的治疗费用，采用 3% 的贴现率对成本和费用进行贴现。

根据上述筛查流程、健康状态和模型参数的设定，建立 Markov 模型，模拟 10 万名 30~59 岁农村妇女的子宫颈癌自然发展史和筛查、诊断及治疗史。将治疗费用归零，以 1 年为周期，59 岁为筛查截止年龄，预测筛查实施 20 年后的人均次筛查诊断成本。

（四）支付意愿调查和文献研究

调查依托项目中接受筛查妇女的筛查意愿和筛查支付意愿情况。通过查阅文献获得我国农村居民收入及消费水平、新农合参合及筹资水平等相关数据。

将各方案的人均次筛查诊断成本，与上述意愿调查和文献研究结果相比较，探讨在农村地区开展 VIA/VILI 筛查的筹资渠道和经济可行性。

二、结果

（一）人均次筛查诊断成本

筛查实施 20 年各方案的人均次筛查诊断成本在 12.83~14.08 元之间（表 1）。筛查总成本的降低、筛查技术灵敏度和贴现率的提高，均可以使人均次筛查成本降低（表 1）。

表 1　不同频率 VIA/VILI 筛查方案的人均次筛查诊断成本（元）

	基本	贴现率为 5%	成本降低 20%	成本提高 20%	灵敏度提高 5%	灵敏度降低 5%
1 年 1 次	12.83	11.58	10.27	15.39	12.15	13.86
3 年 1 次	13.08	11.90	10.46	15.69	12.39	14.13
5 年 1 次	13.56	12.63	10.85	16.26	12.79	14.72
10 年 1 次	14.08	13.46	11.27	16.90	13.22	15.39

（二）筛查支付意愿

98.20%的调查对象认为有必要开展筛查，98.43%的调查对象愿意支付筛查费用，其中，66.60%的调查对象愿意支付10元以上的筛查费用（表2、图1）。

表2　调查对象筛查及支付意愿情况

项 目		人数（人）	比例（%）
是否有必要筛查	有必要	5119	98.20
	没必要	87	1.67
	无所谓	7	0.13
是否愿意支付费用	是	5131	98.43
	否	82	1.57

（三）农村居民收支情况和新农合筹资水平

《中国卫生统计年鉴》2011年统计数据显示：我国农村居民年人均纯收入6977.3元；人均消费性支出5221.1元；全国新农合的参合率为97.5%，人均筹资水平246.2元，筹资总额达2047.6亿元。

三、讨论

（一）个人支付的可行性

从支付意愿角度看，接近100%的调查对象愿意支付筛查费用，接近70%的调查对象愿意支付10元以上的筛查费用，居民具有较高的支付意愿。从支付能力角度看，不同方案的人均次筛查诊断成本仅占年农村居民年人均纯收入和人均消费性支出的0.18%～0.20%（12.83～14.08/6977.3）和0.24%～0.51%（12.83～14.08/5221.1），所占比重很小，即使每1年筛查1次，筛查对象也不会因为支付筛查费用而对其家庭经济状况产生较大影响，因此，在农村地区开展VIA/VILI筛查具有个人支付的可行性。

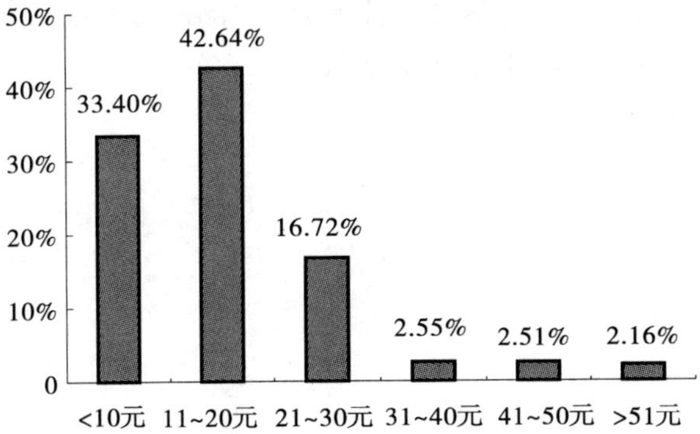

图1　研究对象愿意支付筛查费用情况

（二）新农合支付的可行性

自2006年新农合试点以来，新农合的参合率和筹资水平逐年提升。VIA/VILI人均次筛查成本占2011年新农合人均筹资水平5.2%～5.7%（12.83～14.08/246.2），所占比重较小。可以预见，随着农村经济的发展和政府对农村居民医疗保障的重视，新农合的筹资水平还将逐步提高，因此，将筛查项目纳入到新农合体系中，由其支付部分筛查费用具有经济可行性。

（三）提高筛查技术灵敏度的意义

VIA/VILI技术是完全依赖检查者经验的筛查方法，阴道镜检查的准确性更受医务工作者技术水平的影响，我们应注重培训检查者，提高筛查的准确性，进而降低筛查成本。筛查成本的降低对提高子宫颈癌筛查的经济可行性具有重要意义。

综上所述，我国农村妇女有较高的子宫颈癌筛查意愿，并具有一定的支付能力。除了依靠政府投入外，可以根据当地经济状况，考虑由政府和个人共同承担筛查费用或将筛查项目纳入到新农合系统中，以保证筛查推行的经济可行性和可持续性。

参 考 文 献

[1] Sankaranarayanan R, Esmy PO, Rajkumar R, et al. Effect of visual screening on cervical cancer incidence and mortality in Tamil Nadu, India: a cluster-randomised trial. The Lancet, 2007, 370 (9585): 398-406.

[2] Zhao FH, Lewkowitz AK, Hu SY, et al. Prevalence of human papillomavirus and cervical intraepithelial neoplasia in China: A pooled analysis of 17 population-based studies. International Journal of Cancer, 2012, 131 (12): 2929-2938.

[3] Ci PW, Zhao FH, Qiao YL, et al. The transition probabilities of the natural history of cervical intraepithelial neoplasia. China Cancer, 2011, (9): 694-698. (in chinese)

[4] Belinson J, Qiao YL, Pretorius R, et al. Shanxi province cervical cancer screening study: a cross-sectional comparative trial of multiple techniques to detect cervical neoplasia. Gynecologic Oncology, 2001, 83 (2): 439-444.

[5] Schiffman M, Kjaer SK. Chapter 2: Natural history of anogenital human papill-omavirus infection and neoplasia. J Natl Cancer Inst Monogr, 2003, (31): 14-19.

[6] McCredie MR, Sharples KJ, Paul C, et al. Natural history of cervical neoplasia and risk of invasive cancer in women with cervical intraepithelial neoplasia 3: a retrospective cohort study. Lancet oncol, 2008, 9 (5): 425-434.

[7] Goldhaber-Fiebert JD, Goldie SJ. Estimating the cost of cervical cancer screening in five developing countries. Cost Eff Resour Alloc, 2006, (3): 4-13.

[8] Goldie SJ, Gaffikin L, Goldhaber-Fiebert JD, et al. Cost-effectiveness of cervical Cancer screening in five developing countries. N Engl J Med, 2005, 353 (20): 2158-2168.

(上接第 214 页)

由于有了中医治疗，在肿瘤患者受益不少。例如手术后的肺癌患者服了中药加快康复，接受化疗或放疗的肺癌患者服了中药减轻了这些治疗的毒副反应，有的还提高了治疗效果。还有化疗、放疗间歇期或结束后，长期服用中药提高了他们的免疫功能，改善他们的生活质量。有些不宜手术、放疗、化疗的晚期患者，中药治疗改善他们的症状，延长生命等方面都有一定的作用。实践证明中西医结合在防治肿瘤中起了很重要的作用。

当然，中医药在肿瘤治疗中的作用还有待于进一步探索，中医药的扶正祛邪的内涵仍需进一步挖掘，中医药的疗效评定有待于进一步客观化等。

诚如屈原所言：“路漫漫其修远兮，吾将上下而求索”。

HPV16/18/45 型 DNA 检测在宫颈癌初筛阳性后分流检查中的效果评价

李　静[1]　陈　汶[1]　康乐妮[1]　陈　凤[1]
郭董平[2]　李八一[2]　赵方辉[1]　乔友林[1]

1. 中国医学科学院肿瘤医院/肿瘤研究所流行病学研究室　北京　100021
2. 山西省阳城县妇幼保健院医务科　山西阳城　048100

【摘要】 **目的：**评价 *care*HPV16/18/45 快速检测作为宫颈癌初筛阳性妇女阴道镜转诊分流方法的应用价值。**方法：**招募山西省阳城县宫颈癌高发乡镇年龄 25~65 岁，符合宫颈癌筛查纳入标准的妇女。获得知情同意后，进行问卷调查、妇科检查并取样。采用第二代杂交捕获试验（HC2）、*care*HPV、Avantage HPV E6 和醋酸染色后肉眼观察（VIA）的方法对妇女进行宫颈癌初筛；初筛阳性的妇女做第 2 次 VIA 和阴道镜检查。其中，*care*HPV 初筛阳性者也进行 *care*HPV 16/18/45 分流检测。在阴道镜下可见病变处直接取活检，病理诊断结果为宫颈上皮内瘤样病变 2 级（CINⅡ）及以上病变者按照规范进行治疗。结果在自我取样和医生取样标本中，使用 *care*HPV16/18/45 分流，可使阴道镜转诊率分别下降至 3.2%和 3.1%；灵敏度、特异度和阳性预测值可分别达到 50.0%、97.6%和 26.7%，以及 63.0%、97.9%和 34.0%。**结论：***care*HPV16/18/45 可以作为资源欠缺地区 *care*HPV 初筛阳性妇女的转诊工具。

【关键词】 *care*HPV16/18/45 型；宫颈癌；初筛；阳性；分流

宫颈癌是全球第三大常见女性恶性肿瘤，也严重威胁着我国妇女的健康[1]。在宫颈癌筛查技术中，HPV DNA 检测对于宫颈癌前病变及宫颈癌具有很高的灵敏度[2-7]，并于 2005 年被 WHO 推荐用于宫颈癌的初筛[8]。*care*HPV（QIAGEN Inc，Gaithersburg，MD，USA）是近年研发成功的一种快速、简单、价格低廉的 HPV 快速筛查法，其灵敏度和特异度接近发达国家和地区普遍使用的第 2 代杂交捕获试验（Hybrid Capture-2 technology，HC2）（QIAGEN Inc，Gaithersburg，MD，USA），而费用仅为 HC2 的 1/10[9]。这种简单、快速的 HPV DNA 检测技术作为宫颈癌初筛手段在发展中国家具有广泛的应用前景，这将解决宫颈癌筛查作为一项公共卫生政策的公

基金项目：比尔和梅琳达·盖茨基金会（GAT. 1386-08734-CTA）
通信作者：乔友林，电话：010-87788489，Email:qiaoy@ cicams.ac.en

平性和可及性。但是，由于 HPV DNA 检测技术特异度和阳性预测值有限，容易造成不必要的阴道镜转诊和（或）过度诊疗。如何使用简单快速的方法对 HPV DNA 初筛阳性的患者进行转诊是目前宫颈癌筛查亟待解决的问题。以往研究表明，在所有 HPV 高危型别中，HPV16、18 和 45 型是宫颈癌中最常见的 3 种高危型别，全世界约 75% 的宫颈癌是由这 3 种型别引起[10]。持续感染 HPV16 型和（或）18 型 10 年后罹患宫颈癌前病变或宫颈癌（≥CIN Ⅲ）的风险是感染其他高危型的 17～20 倍[11]。因此，这 3 种高危型别的 HPV 检测方法可将需要转诊或治疗的宫颈癌高危妇女从其他初筛阳性的妇女中分流出来，从而极大地减少不必要的阴道镜转诊和（或）过度治疗。本研究评价了 *care*HPV16/18/45 快速检测作为宫颈癌初筛阳性妇女阴道转诊镜分流方法的应用价值。

一、对象和方法

（一）对象

2010 年 10 月～12 月，随机抽取山西省阳城县两个宫颈癌高发镇 22 个宫颈癌高发村中的年龄 25～65 岁、无宫颈癌既往病史、具有完整的宫颈、非妊娠期、健康状态良好，以及能接受例行宫颈癌筛查的有性生活的妇女，共有 3485 名妇女符合筛查纳入标准，其中有 243 名妇女拒绝参加筛查，筛查的顺应性为 93.0%（3242/3485）。在 3242 名妇女中，有 1 名因妊娠尿检阳性被排除，最终有 3241 名妇女完成了筛查，其中 1194 名（36.8%）被邀请返回做第 2 次醋酸染色后肉眼观察（visual inspection with acetic acid，VIA）和阴道镜检查。在所有被邀请返回进行阴道镜检查的妇女中，有 61 人筛查阳性并且拒绝了阴道镜随访，阴道镜检查的顺应性为 93.2%（1113/1194），最终有 3180 名妇女完成了筛查的全过程，纳入分析。

（二）知情同意和问卷调查

首先由经过培训的阳城县妇幼保健院的医生对筛查对象进行集体宣教，讲述研究的目的、过程及其他注意事项。然后由经过培训的护士对筛查对象在独立的房间内进行一对一的知情同意和问卷调查。

（三）妇科检查及取样

问卷调查结束以后，筛查对象进入指定的妇科检查室，由医务人员指导妇女使用 Qiagen 宫颈取样刷（QIAGEN Inc，Gaithersburg，MD，USA）进行宫颈阴道分泌物自我取样，然后由医生进行宫颈脱落细胞取样。自我取样和医生取样均用于 *care*HPV、*care*HPV16/18/45 和 HC2 检测；医生取样也用于 AV AVantage HPV E6 蛋白检测。取样结束后，医生对筛查对象的外阴、阴道和宫颈进行例行的妇科检查。之后，医生用 5% 醋酸溶液涂抹于筛查对象宫颈表面，行 VIA 检查，并记录检查结果。

（四）第 2 次 VIA 检查、阴道镜检查以及阴道镜指导下活检

将任一初筛（VIA、*care*HPV、E6、HC2）结果阳性和随机抽取的 10% 初筛结果均为阴性的妇女召回进行第 2 次 VIA 检查，并行阴道镜检查。阴道镜检查结果按照四象限记录。对异常部位直接取活检，如果阴道镜不满意，还将进行宫颈搔刮术（ECC）；对阴道镜下表现无异常的妇女，如果初筛阳性，则在其宫颈 2、4、8、10 点处进行随机活检，并进行 ECC。

（五）实验室检测

1. AV Avantage HPV E6 蛋白检测

产品和试剂均由美国 ARBOR VITA 公司提供，具体操作由 ARBOR VITA 公司派专人培训并由当地检验科人员完成。

2. Qiagen *care*HPV™及 *care*HPV16/18/45 检测

利用生物体外核酸杂交检测技术，通过荧光信号放大的手段，在微孔检测板上进行检测，可用于从宫颈样本中检测多种高危型人乳头瘤病毒（HPV）DNA 的检测技术。*care*HPV 检测方法可以检测出 14 种高危型人乳头瘤病毒（HPV16/18/31/33/35/39/45/51/52/56/58/59/66/68 型）。*care*HPV16/18/45 则能检测出最主要的导致宫颈癌的 3 种 HPV 型别（HPV16/18/45 型）。两种检测均可同时检测样本中 HPV DNA 的病毒载量。产品和试剂均由 Qiagen 公司提供，具体操作按说明书由当地检验科人员完成。

3. Qiagen HC2™检测

HC2 是一种应用微孔板化学发光进行信号放大的核酸杂交检测方法。产品和试剂均由 Qiagen 公司提供，具体操作由中国医学科学院肿瘤医院/肿瘤研究所的技术人员完成。

（六）病理诊断

本研究确诊疾病的“金标准”为组织病理结果。制片与初步病理诊断由现场的病理技师和病理医生完成。最终病理诊断由中国医学科学院肿瘤医院的病理医生完成。对于初步诊断与最终诊断不一致的病理片子定期开展病理读片会讨论。

（七）治疗

在研究的任何阶段被诊断为 CINⅡ及以上病变的妇女须接受标准化治疗。

（八）统计学处理

采用 Visual FoxPro 9.0（VFP）软件建立数据库，对原始数据进行两遍录入和逻辑核查，并得到最终数据库。计数资料采用卡方检验或 Fisher's 精确概率法计算；在比较同一组人群干预前后有关变量的分布差异时，使用配对四格表资料的卡方检验（McNemar 检验）；两组计量资料的比较则采用 t 检验；使用卡方趋势检验比较 HPV16/18/45 型 DNA 的阳性率是否随着宫颈病变程度的增加而随之增加；统计分析采用 SAS 8.0 软件，所有 P 值均为双侧检验，检验显著性均采用 $\alpha=0.05$ 水平。

二、结果

（一）筛查人群的基本特征

在完成了筛查第一次访视的 3241 名妇女中，汉族占 99.9%（3238/3241）；97.0%（3143/3241）已婚；农民占 89.3%（2893/3241）；仅 11.0% 的妇女（356/3241）接受过高中及以上的教育；极少数（0.2%）的妇女有吸烟史（6/3241），9.2%有饮酒史（298/3241）（表 1）。

（二）*care*HPV16/18/45 作为自我取样 *care*HPV 初筛阳性妇女分流方法的评价结果

在 3180 名完成了筛查以及必要时接受阴道镜检查和活检的妇女中，共有 462 名妇女的自我取样 *care*HPV 检测结果阳性，经活检确诊有 54 例 CINⅡ（+）。如果不分流，所有自我取样 *care*HPV 检测阳性的妇女都需要转诊阴道镜，阴道镜转诊率为 14.5%。以 CINⅡ（+）作为疾病终点，灵敏度为 88.9%，特异度和阳性预测值分别为 86.8% 和 10.4%。若使用 *care*HPV16/18/45 作为初筛阳性妇女分流工具，阴道镜转诊率可下降 11.3 个百分点，而特异度和阳性预测值分别上升至 97.6%和 26.7%。如果将 *care*HPV16/18/45 检测和 VIA 组合并联使用，阴道镜转诊率明显下降，灵敏度可达到 57.4%，特异度和阳性预测值可分别达到 96.8%和 23.7%（表 2）。

表1　筛查人群的社会人口学特征

变 量	分布（n=3241）	
	n	%
年龄（岁）		
均值±标准差	44.4±9.2	
极差	25～65	
25～34	475	14.7
35～44	1238	38.2
45～54	984	30.3
55～65	544	16.8
民族		
汉族	3238	99.9
回族	3	0.1
婚姻状况		
已婚	3143	97.0
未婚/离异	3	0.1
其他	95	2.9
受教育程度		
文盲	189	5.8
小学	1127	34.8
中学	1503	46.4
高中及以上	356	11.0
其他	66	2.0
职业		
工人	70	2.2
农民	2893	89.3
公司白领/企事业单位干部/专业人员	179	5.5
其他	99	3.0
吸烟史		
从未吸烟	3235	99.8
曾经吸烟/目前吸烟	6	0.2
饮酒史		
从不喝酒	2943	90.8
偶尔喝酒/其他	298	9.2

表2　自我取样 *care*HPV 初筛阳性妇女分流方法的评价

分流检测方法	阴道镜转诊率（%）	灵敏度（%）	特异度（%）	PPV（%）
无	14.5	88.9	86.8	10.4
VIA（+）	1.7	27.8	98.8	28.3
*care*HPV16/18/45（+）	3.2	50.0	97.6	26.7
VIA（+）和 *care*HPV16/18/45（+）	0.7	20.4	99.6	47.8
VIA（+）和（或）*care*HPV16/18/45（+）	4.1	57.4	96.8	23.7

（三）*care*HPV16/18/45 作为医生取样 *care*HPV 初筛阳性妇女分流方法的评价结果

共有 432 名妇女为医生取样 *care*HPV 初筛阳性。如果不分流，阴道镜转诊率为 13.6%。以 CINⅡ（+）作为疾病终点计算灵敏度为 96.3%，特异度和阳性预测值分别为 87.8% 和 12.0%。采用 *care*HPV16/18/45 检测作为医生取样 *care*HPV 初筛阳性妇女的分流工具，阴道镜转诊率下降至 3.1%，灵敏度可达 63.0%，特异度和阳性预测值分别可达 97.9% 和 34.0%，分流效果优于单独使用 VIA。在医生取样结果阳性的妇女中，将 *care*HPV16/18/45 与 VIA 并联使用作为分流方法的效果与单独使用 *care*HPV16/18/45 的效果接近（表3）。

（四）*care*HPV 阳性妇女 HPV16/18/45 DNA 在不同病理结果中的分布

医生取样 *care*HPV 阳性中 23.2%（100/432）的妇女为 *care*HPV16/18/45 检测阳性。其中，在病理结果正常组，*care*HPV16/18/45 的阳性率为 15.0%（49/327），*care*HPV16/18/45 的阳性率随着病程的增加而增加，在 CINⅡ、CINⅢ和宫颈癌中分别为 38.1%、80.0% 和 100.0%（6/

6）（$P<0.001$）。自我取样标本中，共有21.9%（101/462）妇女为careHPV16/18/45检测阳性，careHPV16/18/45阳性率在病理正常组、CINⅠ组、CINⅡ组、CINⅢ组和宫颈癌组分别为16.4%、29.2%、27.8%、66.7%和100.0%（$P<0.001$）（表4）。

表3 医生取样careHPV初筛阳性妇女不同分流方法的评价

分流检测方法	阴道镜转诊率（%）	灵敏度（%）	特异度（%）	PPV（%）
无	13.6	96.3	87.8	12.0
VIA（+）	1.5	29.6	99.0	34.0
careHPV16/18/45（+）	3.1	63.0	97.9	34.0
VIA（+）和careHPV16/18/45（+）	0.6	22.2	99.8	63.2
VIA（+）和（或）careHPV16/18/45（+）	4.0	70.4	97.1	29.7

表4 HPV16/18/45 DNA在不同病理结果careHPV阳性妇女中的分布

	病理结果					
	正常	CINⅠ	CINⅡ	CINⅢ	宫颈癌	合计
医生采样	327	53	21	25	6	432
DNA[a]（+）	49（15.0）	17（32.1）	8（38.1）	20（80.0）	6（100.0）	100（23.1）
DNA[a]（-）	278（85.0）	36（67.9）	13（61.9）	5（20.0）	0（0.0）	332（76.9）
P^b	<0.001					
自我采样	366	48	18	24	6	462
DNA[a]（+）	60（16.4）	14（29.2）	5（27.8）	16（66.7）	6（100.0）	101（21.9）
DNA[a]（-）	306（83.6）	34（70.8）	13（72.2）	8（33.3）	0（0.0）	361（78.1）
P^b	<0.001					

[a]careHPV16/18/45检测；[b]趋势卡方检验

三、讨论

HPV DNA检测方法用于宫颈癌初筛被认为是宫颈癌筛查史上的革新，自我取样HPV DNA检测不仅可降低对卫生资源的要求，而且可以增加妇女对宫颈癌筛查的可接受性，从而提高筛查的覆盖率[6,9,14-16]。但是，作为宫颈癌的初筛方法，HPV DNA检测的特异度低，容易造成过度诊疗，既浪费卫生资源，又对妇女的身心造成不必要的伤害。因此如何将 CIN Ⅱ及以上病变的妇女从其他一过性 HPV 感染或病变进展风险尚低的 HPV 阳性妇女中分流出来，也是目前宫颈癌筛查策略研究的重点[17,18]。本研究主要评价了在欠发达地区使用快速、简单的 HPV DNA 检测作为宫颈癌初筛方法，在自我取样和医生取样两种模式下，*care*HPV16/18/45 单独或结合 VIA 使用，作为初筛阳性妇女分流方法的有效性。

在不使用任何分流工具的情况下，自我取样或医生取样 *care*HPV 检测作为宫颈癌初筛方法，其检出 CIN Ⅱ及以上病变的灵敏度分别可达到 90.0%和 81.4%[9]。但是在所有转诊阴道镜和活检的妇女中仅有 10%左右病理诊断结果为 CIN Ⅱ（+）。无论是自我取样还是医生取样，使用 *care*HPV16/18/45 分流都能极大地降低阴道镜转诊率，提高特异度和阳性预测值。如果并联使用 VIA，可以提高灵敏度，但特异度和阳性预测值与单独使用 *care*HPV16/18/45 相比，变化不大。

成功的宫颈癌筛查项目需要灵敏度高的筛查方法才能够筛检出高风险的人群，同时也需要高特异度以尽量减少阴道镜转诊或治疗数量。在欠发达地区以 HPV DNA 作为初筛方法的模式下，如何选择阴道镜转诊的分流方法，除了考虑灵敏度和阳性预测值以外，还应该考虑这些方法的操作是否简单易行，价格是否低廉，是否能在同一访次完成以尽量减少失访。在所有的转诊方法中，*care*HPV16/18/45 检测不但操作简便，而且可以使用 *care*HPV 初筛的剩余标本。由于使用的设备装置完全相同，两种检测还可以同时进行，使初筛和分流访视以及阴道镜转诊可以在同一天完成，这将大大降低失访率。同时，VIA 作为分流的补充，不但可以提高分流后的灵敏度，同样也允许初筛、分流和阴道镜转诊在同一次访视内完成。在欠发达地区，*care*HPV16/18/45 单独或结合 VIA 用于 *care*HPV 阳性妇女的分流具有很高的临床应用价值。

（致谢：感谢美国国立癌症研究所 Dr. Philip E. Castle 教授、美国适宜卫生技术研究所 Dr. Jose Jeronimo 在项目方案的设计、分析和写作方面给予的帮助和支持）

参 考 文 献

[1] Parkin DM, Bray F, Feday J, et al. Global cancer statistics, 2002, CA Cancer J Clin, 2005, 55 (2): 74-108.

[2] Ronco G, Giorgi-Rossi P, Carozzi F, et al. Efficacy of human papillomavirus testing for the detection of invasivc cervical cancers and cervical intraepithelial neoplasia: a randomized controNed trial. Lancet Oncol, 2010, 11 (3): 249-257.

[3] Mayrand MH, Duarte-Franco E, Rodrigues I, et al. Human papillomavirus DNA venus Papanicolaou screening tests for cervical cancer. N Engl J Med, 2007, 357 (16): 1579-1588.

[4] Bulk S, Bulkmans NW, Berkhof J, et al. Risk of high-grade cervical intraepithelial neoplasia based on cytology and high risk HPV testing at baseline and at 6 months. Int J Cancer, 2007, 121 (2): 361-367.

[5] Naucler P, Ryd W, Tornberg S, et al. Human papillomavirus and Papanicolaou tests to screen for cervical cancer. N Engl J Med, 2007, 357 (16): 1589-1597.

[6] Sankaranarayanan R, Nene BM, Shastri SS, et al. HPV screening for cervical cancer in rural India. N Engl J Med, 2009, 360 (14): 1385-1394.

[7] Bulkmans NW, Berkhof J, Rozendaal L, et al. Human papillomavirus DNA testing for the detection of cervical intraepithelial neoplasia grade 3 and cancer: 5-year follow-up of a randomised controlled implementation trial. Lancet, 2007

(9601): 1764-1772.

[8] IARC, WHO. IARC Handbooks of cancer prevention: Cervical cancer screening. Lyon: IARC Press, 2005.

[9] Qiao YL, Sellors JW, Eder PS, et al. A new HPV-DNA test for cervical cancer screening in developing regions: a cross-sectional study of clinical accuracy in rural China. Lancet Oncol, 2008, 9 (10): 929-936.

[10] Smith JS, Lindsay L, Hoots B, et al. Human papillomavirus type distribution in invasive cervical cancer and high—grade cervical lesions: a meta-analysis update. Int J Cancer, 2007, 121 (3): 621-632.

[11] Castle PE, Sided M, Jeronimo J, et al. Risk assessment to guide the prevention of cervical cancer. Am J Obstet Gynecol, 2007, 197 (4): 356. e1-e6.

[12] Wright TC Jr, Massad LS, Dunton CJ, et al. 2006 consensus guidelines for the management of women with cervical intraepithelial neoplasia or adenocarcinoma in situ. Am J Obstet Gynecol, 2007, 197 (4): 340-345.

[13] National Cancer Institute. Cervical cancer treatment (PDQ©). [2013-03-06]. http://www.cancer. gov/eancertopics/pdq/lreatment/cervical/HealthPmfessional/page6.

[14] Gok M, Heideman DA, van Kemenade FJ, et al. HPV testing on self collected cervicovaginal lavage specimens as screening method for women who do not attend cervical screening: cohort study. BMJ, 2010, 340: c1040.

[15] Bais AG, van Kemenade FJ, Berkhof J, et al. Human papillomavirus testing on self-sampled cervicovaginal brushes: an effective alternative to protect nonresponders in cervical screening programs. Int J Cancer, 2007, 120 (7): 1505-1510.

[16] Holanda F Jr, Castelo A, Veras TM, et al. Primary screening for cervical cancer through self sampling. Int JGynaecol Obstet, 2006, 95 (2): 179-184.

[17] Depuydt CE, Makar AP, Ruymbeke MJ, et al. BD-PmExC as adjunct molecular marker for improved detection of CIN2+ after HPV primary screening. Cancer Epidemiol Biomarkers Prev, 2011, 20 (4): 628-637.

[18] Hesselink AT, Heideman DA, Steenbergen RD, et al. Combined promoter methylation analysis of CADMl and nAG: an objeetive triage tool for high-risk human papillomavims DNA-posifive women. CAin Cancer Res, 2011, 17 (8): 2459-2465.

(上接第 188 页)

[10] Nofuentes JAR, Castillo JD, Alonso MAM. Global hypothesis test to simultaneously compare the predictive values of two binary diagnostic tests. Comput Stat Data Anal, 2012, 56 (5): 1161-1173.

[11] CCTS 工作组, 王彤, 易东. 临床试验中多重性问题的统计学考虑. 中国卫生统计, 2012, 29 (3): 445-450.

[12] Grizzle JE, Starmer CF, Koch GG. Analysis of categorical data by linear models. Biometrics, 1969, 25 (3): 489-504.

[13] Belinson J, Qiao YL, Pretorius R, et a1. Shanxi Province Cervical Cancer Screening Study: a cross—sectional comparative trial of multiple techniques to detect cervical neoplasia. Gynecol Oncol, 2001, 83 (2): 439-444.

[14] 陈平雁. 关于诊断试验方法的若干问题. 北京大学学报: 医学版, 2010, 42 (6): 764-766.

[15] Qiao YL, Sellors JW, Eder PS, et al. A new HPV DNA test for cervical cancer screening in developing regions: a cross—sectional study of clinical accuracy in rural China. Lancet Oncol, 2008, 9 (10): 929-936.

四种宫颈癌筛查方法的预测值比较

王 慧[1] 王 彤[1] 胡尚英[2] 赵方辉[2] 张 询[2]
潘秦镜[2] 章文华[2] 李 凌[2] 乔友林[2]

1. 山西医科大学卫生统计学教研室 太原 030001
2. 中国医学科学院肿瘤医院 北京 100021

【摘要】 以病理组织学诊断为“金标准”，比较宫颈癌筛查中5%醋酸染色肉眼观察法（VIA）、薄层液基细胞学（LBC）、人乳头瘤病毒（HPV）自体采样法和HPV医生采样法的预测值。首先采用联合假设检验方法比较四种筛查方法的阳性预测值（PPV）和阴性预测值（NPV），并对两预测值进行组间两两比较，再采用边际回归法和加权最小二乘法分别比较该两预测值，多重性调整采用Hochberg法。结果表明HPV医生采样法的NPV最高；LBC的PPV最高，均为有效的宫颈癌初筛方法，但后者需要有经验的细胞病理学家读片。HPV自体采样法的PPV和NPV均高于VIA，其PPV与HPV医生采样法相当，NPV与LBC相当，因该方法易得到受检者配合而有可能提高筛查依从性，成为一种简便、客观、易于重复和适宜在资源贫乏地区使用的宫颈癌初筛方法。

【关键词】 宫颈癌；筛检；人乳头瘤病毒；诊断试验；预测值

宫颈癌是女性第三大恶性肿瘤。2008年，全球有近53万宫颈癌新发病例和27.5万宫颈癌死亡病例，其中分别约有85%和88%发生在发展中国家[1-3]。2011年《中国卫生统计年鉴》公布的数据显示[4]，我国宫颈癌患病率由1999年的8.2/10万升高至2010年的15.1/10万，其中山西省2010年宫颈癌患病率为40.7/10万，位居全国之首。由于宫颈癌存在着时间较长、可逆转的癌前病变期，且早期治疗预后良好，患者5年生存率为92%[5,6]，因此宫颈癌的筛查研究一直备受关注。

诊断或筛检试验中通常采用灵敏度和特异度描述试验的准确度[7]，但在临床实践中多采用阳性预测值（PPV）和阴性预测值（NPV），两者是描述诊断或筛检试验效益的指标。有“金标准”时在同一人群中应用两种或多种方法进行筛查，可采用McNemar检验比较其中两种方法的灵敏度和特异度，常用的统计软件如SPSS和SAS等均可实现，但PPV和NPV通常只是报告数值，其总体参数的比较方法还鲜有文献报道。Leisenring等[8]曾提出基于广义估计方程的边际回归（marginal regression）方

通信作者：王彤，Email：wtstat1@sina.com；乔友林，Email：qiaoy@cicams.ac.cn

程，Wang 等[9] 提出加权最小二乘法用于PPV或NPV中一个指标的比较。如果同时比较该两指标，由于同一项诊断或筛检试验的PPV和NPV均是该试验的灵敏度、特异度和人群患病率的函数，因此两个预测值具有一定的相关性，如忽略可能增大Ⅰ类错误，据此 Nofuentes 等[10] 提出了联合假设检验的方法。以下简要介绍在同一人群中采用不同诊断或筛检方法获得PPV和（或）NPV总体参数的比较及分析策略，及其应用于多种宫颈癌筛查方法的比较。

一、基本原理

利用 McNemar 检验比较两种筛检方法的灵敏度，即仅在“金标准”证实确有发病的受试对象中比较：试验1阳性且试验2阴性的例数与试验1阴性且试验2阳性的例数是否相等。两种筛检方法的特异度较类似，即仅在“金标准”证实确无发病的受试对象中比较：试验1阳性且试验2阴性的例数与试验1阴性且试验2阳性的例数是否相等。灵敏度和特异度的假设检验相同，只是比较的人群不同，PPV与NPV的比较也相似。以PPV为例说明单个指标的比较。

Leisenring 等[8] 建立边际回归模型：

$$\text{logit}[P(D_i = 1 \mid Z_i = 1,\ x_i)] = \alpha + \beta x_i$$

式中：D_i 为第 i 个受检对象的“金标准”结果，$D_i=0$ 表示非病人，$D_i=1$ 表示病例；Z_i 为第 i 个受检对象的筛检结果，$Z_i=0$ 表示阴性，$Z_i=1$ 表示阳性；x_i 为第 i 个受检对象采用的筛检方法，$x_i=0$ 表示采用筛检方法1，$x_i=1$ 表示采用筛检方法2。因此

$$PPV_1 = P(D_i=1 \mid Z_i=1,\ x_i=0)$$
$$PPV_2 = P(D_i=1 \mid Z_i=1,\ x_i=1)$$

$\beta=0$ 表示 $PPV_1=PPV_2$，比较两个筛检试验的PPV相等，即 $\beta=0$，可采用广义估计方程构造广义得分统计量，其服从自由度为1的卡方分布。Wang 等[9] 提出加权最小二乘法。即假定一次筛检试验是多项分布 $\{N=T,\ \pi=(\pi_1,\ \cdots,\ \pi_8)\}$ 的一个结果，类似于掷一次八面体得到的结果，故筛查 n 个受检对象也就等于独立掷 n 次八面体。设每个面朝上出现的概率分别为 π_1，…，π_8，即对应于8种可能结果的理论概率。记 $g(\pi)=PPV_1-PPV_2$ 为两个筛检试验PPV的差值。拟合 $g(\pi)=\beta_0$，即仅含有截距项的回归方程，当 $PPV_1=PPV_2$ 时 $\beta_0=0$，因此比较两个诊断试验的PPV相等即检验 $\beta_0=0$，可构造自由度为1的卡方统计量。$g(\pi)$ 是连接函数，在SAS的Proc CATMOD过程中可通过 response 语句自定义，参数 β_0 的估计采用加权最小二乘法，其中权重为 $g(\pi)$ 的方差的倒数。

Nofuentes 等[10] 提出了联合假设检验，即构造一个统计量同时考虑PPV和NPV的比较：将一个或多个筛检试验的PPV和NPV用一个向量 η 表示，由多元中心极限定理得到 η 渐近服从多元正态分布，多个假设检验用一个矩阵 φ 表示，构造的卡方统计量是 η 和 φ 的函数，且自由度为 φ 的行秩。

对于多个筛检试验的PPV和NPV的比较，可采用以下分析策略。

第一步：采用联合假设检验方法进行多组PPV和NPV的总体比较。

第二步：若第一步得到有统计学意义的结果，则采用联合假设检验方法对PPV和NPV同时进行组间两两比较，并采用Hochberg或Holm等方法进行多重性调整[11]，以控制其总Ⅰ类错误在名义水准 $\alpha=0.05$ 以内；否则，结束检验。

第三步：对于第二步中两两比较有统

计学意义的筛检组，采用边际回归法或者加权最小二乘法对 PPV、NPV 分别进行两两比较，并采用 Hochberg 或 Holm 等方法进行多重性调整，以控制其总 I 类错误在名义水准 $\alpha=0.05$ 以内；否则，结束检验。

边际回归方法可以推导出统计量的表达式，采用 SAS 简单编程可求解；加权最小二乘法采用 SAS 中的 Proc CATMOD 可实现，联合检验方法采用 R 编程求解。此外，分析中如有交叉格子数为 0，采用以上方法都将得不出结果，此时对每一个格子的频数加上格子个数的倒数[12]。

二、实例分析

为评价现行宫颈癌及癌前病变筛查方法的诊断效果，乔友林等和 Belinson 等[5,13]于 1999 年 5~7 月在宫颈癌高发地区山西省襄垣县，对 35~45 岁、无子宫切除史和盆腔放射治疗史、当时未怀孕的妇女筛查宫颈癌及癌前病变，以病理组织学为“金标准”，对同一人群采用 6 种常用的宫颈癌筛查方法：①5%醋酸染色肉眼观察法（5% acetic acid stain and visual inspection，VIA）；②薄层液基细胞学（liquid-based cytology，LBC）；③人乳头瘤病毒（HPV）自体采样法（HPV self-test，Self-HPV）；④阴道镜检法（colposcopy）；⑤HPV 医生采样法（HPV direct test，Physician-HPV）；⑥荧光分光镜检法（fluorescence spectroscopy）。本研究仅分析其中最常用的 4 种筛查方法，其中病理组织学结果以≥CIN Ⅱ为阳性，LBC 以≥LGSIG 为阳性，Physician-HPV 和 Self-HPV 以≥1.0pg/ml 为阳性[13]。1997 例合格筛查对象中剔除 69 例采样量不足、无报告和结果不满意者[13]，本研究采用 1928 例有完整检测结果的数据进行分析，其中病理组织诊断≥CIN Ⅱ者 83 例。

采用联合假设检验方法，对 4 种筛检试验的 PPV 和 NPV 进行总体比较，得到有统计学意义的结果后，再对 PPV 和 NPV 进行组间两两比较。对于得到差异有统计学意义的结果采用边际回归法和加权最小二乘法分别比较两种筛检方法的 PPV、NPV。对此 3 种方法在多组间或多指标间比较所涉及的多重性问题均采用 Hochberg 方法进行调整。

4 种筛查方法的 PPV 和 NPV 结果见表 1。采用联合假设检验的方法同时比较 4 种筛查试验的 PPV 和 NPV，取

$$\varphi=\begin{pmatrix}1 & -1 & 0 & 0 & 0 & 0 & 0 & 0\\ 0 & 1 & -1 & 0 & 0 & 0 & 0 & 0\\ 0 & 0 & 1 & -1 & 0 & 0 & 0 & 0\\ 0 & 0 & 0 & 0 & 1 & -1 & 0 & 0\\ 0 & 0 & 0 & 0 & 0 & 1 & -1 & 0\\ 0 & 0 & 0 & 0 & 0 & 0 & 1 & -1\end{pmatrix}$$

$$\eta=(PPV_1,\cdots,PPV_4,NPV_1,\cdots,NPV_4)^T$$

表示原假设为检验相邻的两个 PPV 相等且相邻的两个 NPV 相等，等价于检验 H_0：$PPV_1-PPV_2=0$ 且 $PPV_2-PPV_3=0$ 且 $PPV_3-PPV_4=0$ 且 $NPV_1-NPV_2=0$ 且 $NPV_2-NPV_3=0$ 且 $NPV_3-NPV_4=0$

表 1　四种筛查方法的阳性预测值和阴性预测值

	Physician-HPV	Self-HPV	LBC	VIA
PPV (%)	22.3	21.0	37.1	11.0
NPV (%)	99.9	99.1	99.4	98.3

由于存在频数为 0 的格子，对所有的格子频数加上 1/32，计算得到 $\chi^2=110.8649$，$\nu=6$，$P<0.0001$，表明至少有一对相邻的 PPV 或 NPV 不相等，进一步采

用联合假设检验的方法对四组间 PPV 和 NPV 进行两两比较。取

$$\varphi = \begin{pmatrix} 1 & -1 & 0 & 0 \\ 0 & 0 & 1 & -1 \end{pmatrix}$$

$$\eta = (PPV_1, PPV_2, NPV_1, NPV_2)^T$$

$$H_0: \varphi\eta = 0$$

表示原假设为两种筛检方法的 PPV 相等且 NPV 相等，等价于检验

H_0：$PPV_1 - PPV_2 = 0$ 且 $NPV_1 - NPV_2 = 0$

其结果见表 2。采用 Hochberg 法进行多重性调整后拒绝所有原假设，表明任意两种筛检方法的 PPV 或 NPV 不相等。

为进一步确定四组间差异是源于 PPV 不同还是 NPV 不同，采用边际回归方法和加权最小二乘法两两比较四组间的 PPV、NPV，两种方法得到的结果一致（表 3）。当存在频数为 0 的格子时，对所有的格子频数加上 1/8。采用 Hochberg 法进行多重性调整后的结果表明：Physician-HPV 的 NPV 高于其他 3 种方法；LBC 的 PPV 高于其他 3 种方法；VIA 的 PPV 和 NPV 均小于其他 3 种方法。

表 2 任意两个诊断试验的 PPV 与 NPV 同时比较的结果

	Physician-HPV *vs* LBC	Physician-HPV *vs* Self-HPV	Physician-HPV *vs* VIA	Self-HPV *vs* LBC	Self-HPV *vs* VIA	LBC *vs* VIA
χ^2	70.13549	14.71835	57.90078	55.01703	48.294	93.00929
P	<0.0001	0.0006	<0.0001	<0.0001	<0.0001	<0.0001

表 3 任意两个诊断试验的 PPV 与 NPV 分别比较的结果

		基于 GEE 的边际回归		加权最小二乘法	
		χ^2	*P*	χ^2	*P*
Physician-HPV *vs* LBC	PPV	43.49	<.0001	43.17	<.0001
	NPV	6.92	0.0085	6.92	0.0085
Physician-HPV *vs* Self-HPV	PPV	1.58	0.2082	1.59	0.2079
	NPV	11.77	0.0006	11.77	0.0006
Physician-HPV *vs* VIA	PPV	55.64	<.0001	56.60	<.0001
	NPV	21.07	<.0001	21.12	<.0001
Self-HPV *vs* LBC	PPV	47.05	<.0001	47.36	<.0001
	NPV	1.07	0.3015	1.07	0.3015
Self-HPV *vs* VIA	PPV	42.27	<.0001	42.56	<.0001
	NPV	7.51	0.0061	7.52	0.0061
LBC *vs* VIA	PPV	78.80	<.0001	88.09	<.0001
	NPV	10.17	0.0014	10.19	0.0014

三、讨论

比较多种筛检方法的PPV或NPV的总体参数时可采用边际回归法和加权最小二乘法，同时比较一种或多种筛检方法的PPV和NPV的总体参数时采用联合检验方法。Wang等[9]在不同发病率和样本量下进行模拟研究比较边际回归法和加权最小二乘法，结果显示两种方法得到类似的结果，只是后者可以得到PPV或NPV总体参数比较的样本量估计公式，与本研究分析的结果一致。

PPV和NPV属后验诊断概率指标，较先验诊断概率指标（灵敏度和特异度）更符合实际临床应用[14]。本文宫颈癌筛查是以人群为基础的横断面研究，可估计样本人群的患病率，并直接计算PPV和NPV。

乔友林等[5]采用约登指数这一综合指标比较6种筛查方法，结果显示：Physician-HPV法最好（约登指数为0.811），LBC（约登指数为0.807）与之接近，两者差异无统计学意义，但均高于其他方法。本文4种宫颈癌筛查方法比较，以Physician-HPV法的NPV最高，尽管PPV低于LBC，但灵敏度最高[5]，可作为一种高效的宫颈癌初筛方法。LBC的PPV最高，具有制片、阅片效果好等优点，但其准确性受阅片者经验水平的影响，不适合在尚未建立细胞学检查体系的地区推广使用。VIA虽是一种简便、低廉的检测手段，但NPV和PPV均低于Self-HPV法；而Self-HPV法的PPV与Physician-HPV相当，NPV又与LBC相当，能够极大地提高妇女的筛查参与率，节约卫生资源。虽然HPV检测的准确性和效益高，但费用较高。目前一些快速的HPV检测技术已有新发展[15]，将推动HPV检测方法成为资源贫乏地区的一种简便、客观、高效、易于重复的宫颈癌初筛手段。

参考文献

[1] Ferlay J, Shin HR, Bray F, et al. Cancer incidence and mortality worldwide: IARC Cancer Base NO. 10. http://globocan. iarc. fr/. 2010. GLOBOCAN 2008 v2. 0.

[2] Bray F, Ren JS, Masuyer E, et al. Estimates of global cancer prevalence for 27 sites in the adult population in 2008. Int J Cancer, 2012 [Epub ahead of print].

[3] 慈璞娴，王临虹，赵方辉，等. 宫颈癌自然史模型转移概率的研究进展. 中华流行病学杂志，2011，32（12）：1292-1295.

[4] 中华人民共和国卫生部. 中国卫生统计年鉴. 北京：中国协和医科大学出版社，2011.

[5] 乔友林，章文华，李凌，等. 子宫颈癌筛查方法的横断面比较研究. 中国医学科学院学报，2002，24（1）：50-53.

[6] Society AC. What are the key statistics about cervical cancer? http://web. archive. or-g/web/20071030194439/http://www. cancer. org/docroot/CRI/content/CRI_2_1X_What_are_the_key_4_statistics_for_cervical_cancer_8. asp? sitearea=. 2006.

[7] Zhou XH, Obuchowski NA, McClish DK. Statistical Methods in Diagnostic Medicine（诊断医学统计学）. 宇传华，译. 北京：人民卫生出版社，2005.

[8] Leisenring W, Alonzo T, Pepe MS. Comparisons of predictive values of binary medical diagnostic tests for paired designs. Biometrics, 2000, 56 (2): 345-351.

[9] Wang W, Davis CS, Soong SJ. Comparison of predictive values of two diagnostic tests from the same sample of subjects using weighted least squares. Stat Med, 2006, 25 (13): 2215-2229.

（下转第183页）

子宫颈腺癌 HPV 感染与型别分布研究中应注意的问题

张韶凯 综述 陈 汶 审校

中国医学科学院肿瘤医院肿瘤研究所流行病学研究室 北京 100021

【摘要】 子宫颈癌是女性常见的恶性肿瘤之一。在过去的几十年中，以细胞学为基础的筛查已大大降低了一些国家子宫颈鳞癌的发病率。但是，子宫颈腺癌的绝对和相对发病率在全世界范围内有所增加，即使在成功开展子宫颈癌筛查的国家之中，其腺癌发病率也呈现出上升的趋势。这种变化趋势，使得腺癌成为子宫颈癌预防的焦点之一，同时也提示我们，以细胞学为基础的常规筛查并不能有效预防子宫颈腺癌。人乳头瘤病毒（HPV）是子宫颈腺癌的一个重要的致病因素，因此，以 HPV DNA 为基础的筛查和子宫颈癌疫苗能有效防止子宫颈腺癌的发生。但是，这些措施的实施和评价有赖于腺癌中 HPV 感染率和型别分布的可靠数据。本文综述了目前关于子宫颈腺癌 HPV 感染和型别分布研究所存在的问题，并针对这些问题讨论了相应的解决方法，供后续的相关研究参考，以完善研究手段和方法，为子宫颈腺癌的预防提供准确的信息。

【关键词】 子宫颈癌；腺癌；人乳头瘤病毒；基因型别

子宫颈癌是女性常见的恶性肿瘤之一。2011 年，全球约有 529 800 新发病例，发达国家和发展中国家的年龄和性别调整率分别为 9.0/10 万和 17.8/10 万[1,2]。子宫颈癌大致可分为两个主要类型：鳞癌和腺癌。研究结果显示，子宫颈鳞癌占子宫颈癌的 75%～90%，子宫颈腺癌占 10%～25%，这种比例在不同地区差别很大[3-6]。

在过去的几十年中，以细胞学为基础的筛查已经大大降低了一些国家的子宫颈鳞癌的发病率，但是，子宫颈腺癌的绝对和相对发病率在全世界范围内有所增加，特别是在年轻的妇女群体之中[7-9]。特别需要注意的是，在成功开展子宫颈癌筛查的国家之中，腺癌的发病率也是呈现出上升的趋势。来自加拿大的肿瘤登记数据显示，在 1970～1996 年间，子宫颈鳞癌的发病率下降了 51%，但是子宫颈腺癌的发病率却上升了 40%。美国的数据同样表明，20 年间，子宫颈鳞癌在子宫颈癌中的比例由 95%下降至 67%～84%，而子宫颈腺癌的比例却由 5%上升至 8%～27%。Smith 等[10]开展的一项长达 24 年的人群研究结果显示，子宫颈鳞癌的年龄调整发病率下降了 41.9%，而宫颈腺癌的年龄调整发病率上升了 22.5%。这种变化趋势，使得腺癌成为子宫颈癌预防的焦点之一，同时也提示我们，以细胞学为基础的常规筛查并不能有效预防子宫颈腺癌[11,12]。

有研究证实，HPV 是子宫颈腺癌的一个重要的致病因素[13]，这为子宫颈腺癌的一级预防和二级预防提供了有效地信息。

宫颈癌疫苗能够有效防止 HPV16、18 型感染，并且能对 HPV45 型提供交叉保护效果，所以目前的 HPV16/18 型宫颈癌疫苗将会对子宫颈腺癌的一级预防产生很好的效果。同时也可以推断，与细胞学筛查相比，以 HPV DNA 为手段的筛查策略将更适用于子宫颈腺癌的预防。

虽然以 HPV DNA 为基础的筛查和疫苗是预防子宫颈腺癌的有效措施，但是，这些措施的实施和评价有赖于可靠的数据：腺癌中 HPV 感染率和型别分布情况。目前，已有一些针对子宫颈腺癌 HPV 感染率和 HPV 型别分布的研究，但是这些研究结果差别很大，腺癌中 HPV 感染率从<70%到 100%，特定 HPV 型别分布的变异范围更大。为了得到子宫颈癌中 HPV 型别分布情况的确切数据，为子宫颈癌的一级和二级预防提供有效信息，今后进行相关研究，应该从以下几个方面综合考虑。

一、样本量

由于子宫颈癌中腺癌的比例低，在人群中的发病率也不高，病例来源不是很充足，所以关于腺癌的大部分研究中，纳入的研究例数较少[14]。这导致对腺癌中 HPV 感染率估计不是很准确。型别分布的数据更加缺乏可靠性，特别是一些感染率较低的型别，增加或者减少一例阳性例数，会对特定型别感染率造成较大的影响。

关于腺癌中基因型别分布的 Meta 分析，通过汇总不同的研究而达到增加样本含量的目的[15,16]。但是，Meta 分析存在局限性，主要表现在样本选择和实验检测技术方面。由于 Meta 分析是对不同研究结果的汇总，不可能使所有样本选择均按照相同标准进行，只能按照原始研究中样本的来源进行分析，这导致所选择的研究样本在质量和同质性方面差异较大，影响研究结果的准确性；同样，在实验检测技术方面，不同研究可能会选择不同的检测方法，这样对不同检测方法得到的型别分布数据进行汇总，结果也不甚准确。多中心合作研究可以按照统一的研究方案来对不同地区的子宫颈腺癌样本进行收集，并且可以将所有样本在指定的实验室进行检测，因此，在增加样本含量的同时，也保证了研究的准确性和可信性。

二、HPV DNA 检测技术

子宫颈腺癌中，HPV 的病毒载量较低，并且病毒 DNA 常整合到宿主基因之中，这就导致子宫颈腺癌中 HPV 检测有一定的困难[17]。此外，在 HPV 整合过程中，病毒基因组特定片段会丢失，这就进一步降低了 HPV 检出的有效性。SPF_{10} LiPA 检测是一种光谱、短链的 PCR 检测技术，通过对 HPV L1 区开放阅读框的 65 个碱基对进行扩增来进行 HPV 型别检测。与其他常用检测技术相比，具有灵敏度高、重现性好、型别覆盖广泛等优点，其对石蜡包埋的病理组织进行分型检测的效果已经被证实较好，且优于 Linear Array 的检测效果[18-23]。

使用 PCR 技术得到相应型别结果之后，会有部分标本被确定为未知型别感染。针对此类标本，可以继续使用特定的基因测序方法来进行型别检测。此外，由于 SPF_{10} LiPA 不能有效地区分 HPV68 型和 HPV73 型，也可将 HPV68 或 HPV73 阳性的标本进行基因测序，把这两种基因型别进行有效区分。采用这种策略的优势显而易见，可以降低检测标本中未知型别感染的比例，得到子宫颈腺癌中的 HPV 型别分布更加详实的数据。

三、腺癌的病理诊断和分类

子宫颈腺癌的病理诊断和正确分类对

研究 HPV 在子宫颈腺癌中的作用起着关键性的作用。若病理类型诊断错误，会对研究结果产生较大影响[24]。例如，子宫颈腺癌和子宫内膜腺癌非常类似，但子宫颈腺癌与 HPV 的关系较密切，而子宫内膜腺癌的发生与 HPV 感染无关，若不能对两者做出正确的区分，将子宫内膜腺癌诊断为子宫颈腺癌，势必会低估 HPV 在子宫颈腺癌中的作用。此外，不同类型的子宫颈腺癌 HPV 感染率存在差别，例如经典型腺癌的 HPV 感染率较高，而神经内分泌腺癌中 HPV 感染率较低，若病理类型诊断错误，会对 HPV 在特定类型腺癌中的型别分布情况做出错误估计。

由于腺癌的病理学诊断有一定的困难，可以通过以下途径提高诊断准确率：

（1）在制备病理切片时，除了预留苏木素和伊红染色处理的片子外，可以多备份几个片子来进行免疫组织化学染色，通过免疫组化染色（P16，PR，Ki67 等）的结果来进行辅助诊断[25,26]。

（2）在阅片诊断时，邀请两位病理专家独立阅片，若阅片结果一致，则将两位阅片人的结果，作为最终的诊断结果；若两位病理专家的结果不一致，则由第三位病理专家在综合考虑前两位专家结果的基础之上，做出最终诊断。

四、假阳性结果

腺癌的病理组织类型比较复杂，有些腺癌与宫颈鳞状上皮增生和宫颈上皮内瘤样病变同时存在，甚至可能与子宫颈鳞癌共存。在制作病理标本时，有可能将 HPV 感染的共同存在的鳞状上皮组织也包含在内。使用此类子宫颈腺癌标本来进行基因分型检测，势必会受到癌旁组织中感染的 HPV 的影响。若某个腺癌标本最终诊断结果为 HPV 阳性，无法判断 HPV 感染存在于子宫颈腺癌组织中还是存在于鳞状上皮组织中。如果 HPV 感染存在于宫颈上皮细胞中，那么，即便是使用灵敏有效的实验检测方法，也会得到错误的检测结果。此外，对于腺癌标本中多重感染的结果，也是值得商榷。例如，病理组织的检测结果是 HPV16 和 HPV18 均阳性，但有可能腺癌组织中仅存在一种型别阳性，另一种阳性型别存在于癌旁组织中，更极端的是，这两种阳性型别可能均在癌旁组织中。因此，需要使用一种方法来防止这种情况发生，激光显微切割技术无疑是最佳选择。该技术可以将病理切片中子宫颈腺癌组织切割下来，然后进行 PCR 检测，有效避免了癌旁组织中 HPV 的影响。

五、多重感染的统计学处理

在研究 HPV 特定型别与子宫颈腺癌的关系时，常会遇到多重感染标本的存在，即一个标本同时感染两种或两种以上的 HPV 型别[27]。在评估特定型别归因风险时，多重感染是一个棘手的问题，若不能采取正确的策略进行评估，会影响特定型别 HPV 与子宫颈腺癌之间的关系。例如，在计算多重感染时按照单一感染的形式进行重复计算，势必高估某种型别的风险。因此，在计算时需要对多重感染进行调整。Insinga 等[28]在解决这个问题时，按照多重感染中不同型别的导致特定宫颈病变的致病风险将多重感染导致的病变归因进行划分，得出了比较可靠的结果。de Sanjose 等[29]采用高归因风险评估和低归因风险评估两种方法对特定型别的相对归因风险进行评估。低归因风险作为一种保守的估计方法，是将单一感染和包含所研究型别的多重感染合并在一起进行计算（如研究 HPV16 型和 HPV18 型的相对归因，将 HPV16 和 HPV18 单一感染包含在内，同时包含 HPV16 型和 HPV18 型的感染，去掉 HPV16 或 HPV18 合并其他型别的感染）；高归因风险估计采用了 Insinga 等提出的方法。这两种方法的使用，将 HPV 与子宫颈腺癌的归因关系，完美的展现出来，并可对两种计算方法所导致的差异进行对比。

在今后开展关于子宫颈腺癌 HPV 型别分布的研究时，若综合考虑以上因素，可以极大提高研究的科学性，所得结果会为子宫颈腺癌的预防提供更加丰富准确的信息，对于降低子宫颈腺癌的疾病负担，提高女性的健康水平具有重要意义。

参 考 文 献

[1] Jemal A, Bray F, Center MM, et al. Global cancer statistics. CA Cancer J Clin, 2011, 61: 69-90.

[2] Siegel R, Naishadham D, Jemal A. Cancer statistics, 2012. CA Cancer J Clin, 2012, 62: 10-29.

[3] Parkin DM, Bray F. Chapter 2: The burden of HPV-related cancers. Vaccine, 2006, 24 (Suppl. 3): S11-25.

[4] Bosch FX, Burchell AN, Schiffman M, et al. Epidemiology and natural history of human papillomavirus infections and type-specific implications in cervical neoplasia. Vaccine, 2008, 26 (Suppl. 10): K1-16.

[5] Li N, Franceschi S, Howell-Jones R, et al. Human papillomavirus type distribution in 30, 848 invasive cervical cancers worldwide: variation by geographical region, histological type and year of publication. Int J Cancer, 2011, 128: 927-935.

[6] Wang SS, Carreon JD, Gomez SL, et al. Cervical cancer incidence among 6 Asian ethnic groups in the United States, 1996 through 2004. Cancer, 2010, 116: 949-956.

[7] Bray F, Carstensen B, Møller H, et al. Incidence trends of adenocarcinoma of the cervix in 13 European countries. Cancer Epidemiol Biomarkers Prev, 2005, 14: 2191-2199.

[8] Vizcaino AP, Moreno V, Bosch FX, et al. International trends in the incidence of cervical cancer: I. Adenocarcinoma and adenosquamous cell carcinomas. Int J Cancer, 1998, 75: 536-545.

[9] Liu S, Semenciw R, Mao Y. Cervical cancer: the increasing incidence of adenocarcinoma and adenosquamous carcinoma in younger women. CMAJ, 2001, 164: 1151-1152.

[10] Smith HO, Tiffany MF, Qualls CR, et al. The rising incidence of adenocarcinoma relative to squamous cell carcinoma of the uterine cervix in the United States-a 24-year population-based study. Gynecol Oncol, 2000, 78: 97-105.

[11] Castellsague X, Diaz M, de Sanjose S, et al. Worldwide human papillomavirus etiology of cervical adenocarcinoma and its cofactors: implications for screening and prevention. J Natl Cancer Inst, 2006, 98: 303-315.

[12] Bulk S, Visser O, Rozendaal L, et al. Cervical cancer in the Netherlands 1989~1998: decrease of squamous cell carcinoma in older women, increase of adenocarcinoma in younger women. Int J Cancer, 2005, 113: 1005-1009.

[13] Seoud M, Tjalma WA, Ronsse V. Cervical adenocarcinoma: Moving towards better prevention. Vaccine, 2011, 29: 9148-9158.

[14] 崔剑峰，刘彬，慈璞娴，等. 子宫颈腺癌石蜡包埋组织中人类乳头状瘤病毒型别分布及其与患者年龄的关系. 肿瘤研究与临床, 2011, 23: 721-724.

[15] Smith JS, Lindsay L, Hoots B, et al. Human papillomavirus type distribution in invasive cervical cancer and high-grade cervical lesions: a meta-analysis update. Int J Cancer, 2007, 121: 621-632.

[16] Clifford GM, Smith JS, Plummer M, et al. Human papillomavirus types in invasive cervical cancer worldwide: a meta-analysis. Br J Cancer, 2003, 88: 63-73.

[17] Pirog EC, Kleter B, Olgac S, et al. Prevalence of human papillomavirus DNA in different histological subtypes of cervical adenocarcinoma. Am J Pathol, 2000, 157：1055-1062.

[18] Castle PE, Gravitt PE, Solomon D, et al. Comparison of linear array and line blot assay for detection of human papillomavirus and diagnosis of cervical precancer and cancer in the atypical squamous cell of undetermined significance and low-grade squamous intraepithelial lesion triage study. J Clin Microbiol, 2008, 46：109-117.

[19] Klug SJ, Molijn A, Schopp B, et al. Comparison of the performance of different HPV genotyping methods for detecting genital HPV types. J Med Virol, 2008, 80：1264-1274.

[20] Perrons C, Jelley R, Kleter B, et al. Detection of persistent high risk human papillomavirus infections with hybrid capture II and SPF10/LiPA. J Clin Virol, 2005, 32：278-285.

[21] Safaeian M, Herrero R, Hildesheim A, et al. Comparison of the SPF10-LiPA system to the Hybrid Capture 2 Assay for detection of carcinogenic human papillomavirus genotypes among 5683 young women in Guanacaste, Costa Rica. J Clin Microbiol, 2007, 45：1447-1454.

[22] van Doorn LJ, Quint W, Kleter B, et al. Genotyping of human papillomavirus in liquid cytology cervical specimens by the PGMY line blot assay and the SPF (10) line probe assay. J Clin Microbiol, 2002, 40：979-983.

[23] van Hamont D, van Ham MA, Bakkers JM, et al. Evaluation of the SPF10-INNO LiPA human papillomavirus (HPV) genotyping test and the roche linear array HPV genotyping test. J Clin Microbiol, 2006, 44：3122-3129.

[24] 齐桓，夏晓丽，于晓婷. 子宫颈腺癌误诊一例. 肿瘤研究与临床，2012，24：864.

[25] Kojima A, Mikami Y, Sudo T, et al. Gastric morphology and immunophenotype predict poor outcome in mucinous adenocarcinoma of the uterine cervix. Am J Surg Pathol, 2007, 31：664-672.

[26] Fujiwara H, Mitchell MF, Arseneau J, et al. Clear cell adenosquamous carcinoma of the cervix. An aggressive tumor associated with human papillomavirus-18. Cancer, 1995, 76：1591-1600.

[27] 刘艳红. 子宫颈癌患者人类乳头状瘤病毒类型分布情况分析. 肿瘤研究与临床，2012，24：561-562.

[28] Insinga RP, Liaw KL, Johnson LG, et al. A systematic review of the prevalence and attribution of human papillomavirus types among cervical, vaginal, and vulvar precancers and cancers in the United States. Cancer Epidemiol Biomarkers Prev, 2008, 17：1611-1622.

[29] de Sanjose S, Quint WG, Alemany L, et al. Human papillomavirus genotype attribution in invasive cervical cancer: a retrospective cross-sectional worldwide study. Lancet Oncol, 2010, 11：1048-1056.

❖ 乳腺肿瘤 ❖

2013年乳腺癌重要临床进展及展望

徐兵河

中国医学科学院肿瘤医院　北京　100021

一、阿那曲唑可使高风险绝经后女性乳腺癌发病率降低一半

2013年圣安东尼奥乳腺癌会议（SABCS）上公布了国际乳腺癌干预研究Ⅱ（IBIS-Ⅱ）的一项随机、双盲、安慰剂对照试验结果，该研究的主要研究终点是确定阿那曲唑预防乳腺癌（包括侵袭性和导管原位癌）的疗效。从2003~2012年，共有3864例绝经后妇女进入阿那曲唑组，1944例进入安慰剂组，中位年龄59.3岁，47.0%的妇女在入组前曾接受激素替代治疗（HRT）。截至首次分析时为止，中位随访时间是5.04年，共发生125个乳腺癌事件，其中25例导管原位癌（DCIS），62例是雌激素受体（ER）阳性、25例是ER阴性的浸润性癌，另有13例资料仍未收齐，还有35例患者已经死亡。该研究结果表明，处于发病高危风险中的绝经后女性使用芳香化酶抑制剂阿那曲唑可使高风险绝经后女性乳腺癌发病率降低一半。阿那曲唑组有2%发生乳腺癌，安慰剂组则有4%发生乳腺癌（风险比：0.47，$P<0.0001$），表明该药可能是乳腺癌预防有效的新选择。该研究同时被发表在《柳叶刀》上。

二、美国临床肿瘤学会发布新版乳腺癌预防指南

继1999年和2009年发表了前两版乳腺癌指南后，美国临床肿瘤学会（ASCO）发布了第三版临床实践指南。基于多项随机对照试验的观察结果，即口服他莫昔芬（TAM）治疗降低风险的获益在这些患者中可持续至少10年，该指南推荐：对于年龄≥35岁的乳腺癌风险增高或患有小叶原位癌（LCIS）的绝经前和绝经后女性，为了降低ER阳性浸润性乳腺癌的风险，建议每日口服他莫昔芬20mg治疗5年。风险增高定义为，根据美国国立癌症研究所乳腺癌风险评估工具或等效工具预测的5年绝对风险≥1.66%。

基于一项随机对照试验结果，对于年龄≥35岁的乳腺癌风险增高或患有LCIS的绝经后女性，为了降低ER阳性浸润性乳腺癌的风险，建议每日口服依西美坦25mg（代替TAM或雷洛昔芬）治疗5年，但依西美坦尚未批准用于预防乳腺癌。

对于有深静脉血栓、肺栓塞、卒中或短暂性脑缺血发作史的患者，不建议使用TAM或雷洛昔芬，另外也不建议在长期制动期间使用这两种药物。对妊娠或可能妊娠或正在哺乳的女性，不建议使用雷洛昔芬，并且该药不得与激素治疗合用。依西美坦不得用于绝经前女性。

三、在标准新辅助化疗方案中加入卡铂或贝伐单抗能够增加三阴性乳腺癌的pCR率

2013年SABCS上公布了I-SPY 2试验

结果，该试验是在生物标志物亚型内采用自适应随机方法，针对高危Ⅱ/Ⅲ期乳腺癌妇女，评价一系列新药/联合方案加入标准新辅助治疗（紫杉醇 qwk×12，多柔比星和环磷酰胺，q2～3wk×4，T/AC）对比单用T/AC（对照组）疗效的一项多中心Ⅱ期试验。主要研究终点是病理完全缓解率（pCR）。结果显示，添加 PARP 抑制剂 veliparib（ABT-888）和化疗药物卡铂至标准术前化疗方案可改善三阴性乳腺癌（TNBC）的疗效。另一项在该会议中报道的随机Ⅱ期试验则探索了在 TNBC 术前标准化疗方案（紫杉醇 80mg/m^2，qwk×12，接着用多柔比星 60mg/m^2+环磷酰胺 600mg/m^2，q2wks×4）的基础上添加卡铂和（或）贝伐单抗的效果。共入组 454 例。该研究的初步结果表明，在Ⅱ～Ⅲ期 TNBC 中，在标准新辅助化疗方案中加入卡铂或贝伐单抗能够增加 pCR 率。当同时加入卡铂和贝伐单抗时则有相加作用：乳腺 pCR 率 60.6%，乳腺和腋窝同时 pCR 率 50%。但增加贝伐单抗也会明显增加毒性，因此，研究者建议不应将贝伐单抗常规增加到新辅助化疗中。

四、新辅助靶向治疗显著改善 HER-2 阳性乳腺癌患者预后

近年来，已有研究证明，在 HER-2 阳性乳腺癌的新辅助化疗传统方案中增加曲妥珠单抗可以大幅度提高 pCR 率将近一倍，并且明显改善预后。针对 HER-2 阳性乳腺癌患者的新的抗 HER-2 治疗药物或新的化疗方案也正在利用新辅助治疗平台获得快速的评价。2013 年，ASCO 会议和 SABCS 共报道了 5 项较大规模的新辅助靶向治疗的临床研究。

（一）ACOSOG Z1041（Alliance）研究

Z1041 研究比较了 HER-2 阳性可手术乳腺癌 FEC 序贯紫杉醇+曲妥珠单抗方案（FEC→P+T）和紫杉醇+曲妥珠单抗序贯 FEC+曲妥珠单抗（P+T→FEC+T）方案的新辅助治疗疗效。结果表明，在传统的含蒽环和紫杉类方案基础上增加曲妥珠单抗，可以获得较高的 pCR 率。曲妥珠单抗给药的时机对乳腺及腋窝淋巴结病灶的 pCR 无显著影响，同步给予蒽环类和曲妥珠单抗不能改善 pCR。两组心脏事件均在可接受范围内且无明显差异。

（二）NOAH 研究

继 2010 年报告了中位随访 3.2 年的生存结果后，2013 年 ASCO 会议上又报告了 NOAH 研究 5.4 年的生存随访结果：5 年无事件生存（EFS）率，新辅助化疗+曲妥珠单抗组和单纯新辅助化疗组分别为 57.5% 和 43.3%（$P=0.016$，HR=0.64），含曲妥珠单抗的新辅助治疗较不含者降低 5 年复发风险 36%；5 年 OS 率两组分别为 73.5%和 62.9%（$P=0.055$，HR=0.66），含曲妥珠单抗组有生存优势，但尚未达统计学意义。总的来说，NOAH 研究的结果支持 pCR 作为首要研究终点的可行性，认为 pCR 在 HER-2 靶向药物新辅助治疗未来的临床研究中可以早期提示生存获益。

（三）CALGB40601 研究

CALGB40601 是一项Ⅲ期临床研究，共入组 296 例患者，被随机分为三组：紫杉醇联合曲妥珠单抗（TH）组，紫杉醇联合曲妥珠单抗及拉帕替尼（THL）组，紫杉醇联合拉帕替尼（TL）组。推荐所有患者采用密集 AC（多柔比星+环磷酰胺）方案化疗，并完成曲妥珠单抗辅助治疗至 1 年。结果显示，在 TH 基础上增加拉帕替尼治疗，虽然在数值上获得了较高的 pCR 率，但两组差别并未达到研究设计的统计学意义，并且接受拉帕替尼治疗的患者Ⅲ度毒性反应发生率明显较未加拉帕替尼治疗者

高。该研究还发现，激素受体阴性患者的pCR率比受体阳性患者高。

（四）NeoALTTO 研究

2013 年 SABCS 会上报告的最新随诊结果显示，对 455 名 HER-2 阳性乳腺癌患者，应用拉帕替尼联合曲妥珠单抗双重抗 HER-2 治疗较之拉帕替尼或曲妥珠单抗单药治疗，能够显著提高 pCR 率（分别为 51.3%、24.7%与 29.5%，两组 $P<0.01$），同时能够显著提高 3 年无事件生存率。值得注意的是，这一改善与 pCR 有关联，这一点非常重要，因为定义为在乳腺和淋巴结不存在浸润性癌的 pCR，已经通过了美国 FDA 批准作为新辅助治疗试验药物加速审批的依据。

（五）GeparQuattro 研究

2013 年 SABCS 上报道的 GeparQuattro 研究结果显示，早期 HER-2 阳性乳腺癌（HER-2 + BC）内存在浸润淋巴细胞（TILs）表明患者可从曲妥珠单抗联合化疗治疗中获益。在新辅助曲妥珠单抗联合化疗后，TIL 增加 10%可使 pCR 率显著增加（$P=0.037$），此结果与之前报道的 FinHER 研究结果一致。对 FinHER 研究中的标本进行基因表达分析揭示，IDD1 和 CXCL13 与 TILs 高度相关（P 值均<0.001），没有免疫基因与 HER-2+BC 患者的预后显著相关，但 PD-1 和 IDD1 高表达者接受曲妥珠单抗治疗时 DDFS 获益更大（PD-1 = 0.029，IDD1 = 0.039）。

五、标准辅助治疗基础上增加贝伐单抗不能进一步改善 HER-2 阳性乳腺癌患者的预后

2013 年 SABCS 报告了 BETH 研究的初步结果，该研究主要探索对 HER-2 阳性早期乳腺癌患者，在 TCH 辅助方案基础上增加贝伐单抗能否更多获益。中位随访 38 个月，两组患者无病生存率均为 92%，表明在标准方案的基础上增加贝伐单抗并不能改善患者的预后。

六、乳腺癌术后辅助治疗新方式

（一）紫杉醇每周方案

2013 年 SABCS 大会报告的一项Ⅲ期随机临床试验结果表明，较低剂量紫杉醇每周一次与标准剂量两周一次治疗术后高危早期乳腺癌妇女，其无进展生存率相似。但某些副作用在两周方案更为常见，这表明每周一次方案也许更可取。

（二）10 年 TAM 辅助治疗

ATLAS 是一项纳入 3428 例雌激素受体阳性早期乳腺癌患者的辅助内分泌治疗Ⅲ期临床研究，患者在完成 TAM 5 年辅助治疗后，随机分入继续给药至 10 年及停止 TAM 治疗两组。结果显示，无论乳腺癌相关死亡率或是总死亡率，TAM 10 年组均较 TAM 5 年组更低。另一项大规模Ⅲ期随机临床试验（aTTom）也获得相似结果。可见，延长 TAM 辅助治疗时间可以明显降低乳腺癌复发风险及死亡风险。近期发表的 2013 年 ASCO 年度进展报告中强调，TAM 10 年有望成为新的辅助内分泌治疗推荐给药模式。

七、mTOR 抑制剂依维莫司可克服曲妥珠单抗耐药

BOLERO-3 研究

BOLERO-3 研究是一项随机、双盲、安慰剂对照的多中心Ⅲ期临床试验，患者均对曲妥珠单抗耐药，随机分入每周曲妥珠单抗+长春瑞滨联合或不联合依维莫司组。2013 年 ASCO 会议上报告了该研究结果：依维莫司联合曲妥珠单抗+化疗组较不含依维莫司组降低肿瘤进展风险 22%（PFS，HR = 0.78，$P=0.0067$），OS 结果

因随诊时间较短，尚未显示统计学意义，但两组 OS 曲线表现了明显的分离趋势。BOLERO-3 亚组分析显示，在任何年龄组、种族、患者一般状况及受体状态的亚组，含依维莫司组的患者都是获益的。不同的是，对于没有内脏转移的患者和曾经使用过曲妥珠单抗的患者，依维莫司组患者获益更明显。

八、T-DM1 获美国 FDA 批准成为 HER-2 阳性晚期乳腺癌的标准二线治疗药物

T-DM1 是新型抗体-药物偶联物，具有曲妥珠单抗类似的生物活性，可特异性的将强效抗微管药物 DM1 释放至 HER-2 过表达的肿瘤细胞内。

EMILIA 试验是 T-DM1 关键性的Ⅲ期研究，目的在于评价 T-DM1 对比拉帕替尼联合卡培他滨治疗既往接受紫杉醇和曲妥珠单抗治疗失败的 HER-2 阳性转移性乳腺癌的安全性和有效性。入组 991 例，随机分入两组。结果表明，T-DM1 单药治疗较拉帕替尼联合卡培他滨显著降低患者疾病进展或死亡风险（中位 PFS 分别为 9.6 个月与 6.4 个月，HR = 0.65，95% CI：0.55 ~ 0.77，$P<0.001$），更加可喜的是，接受 T-DM1 治疗的患者死亡风险也显著降低（中位生存期分别为 30.9 个月和 25.1 个月，HR = 0.68，95% CI：0.55 ~ 0.85，$P<0.001$），客观有效率分别为 43.6% 和 30.8%（$P<0.001$）。T-DM1 组患者 3~4 级不良反应的发生率较拉帕替尼组低（41% 和 57%），而血小板减少和血清转氨酶升高在 T-DM1 组要高，腹泻、恶心、呕吐、皮疹的发生率则在拉帕替尼组高。同时该研究也显示 T-DM1 对于改善患者生活质量的优势。总之，T-DM1 可以显著延长既往接受曲妥珠单抗治疗失败的 HER-2 阳性转移性乳腺癌患者的 PFS 与 OS，而且毒性较拉帕替尼组低，其总体耐受性良好。这一结果与之前Ⅱ期 TDM4450g 研究报告一致。基于这一结果，美国 FDA 于 2013 年 2 月正式批准 T-DM1 作为治疗 HER-2 阳性晚期乳腺癌患者的药物。

九、晚期乳腺癌患者不能从乳房切除术中获益

2013 年 SABCS 大会上，印度的 Rajendra Badwe 教授报道，对于 MBC 患者进行初始化疗有效后，放疗和手术切除乳腺肿瘤和腋窝淋巴结不会提供额外的益处。该研究共入选 350 名 MBC 患者，其中局部区域治疗（LRT）组 173 例，无 LRT（No-LRT）组 177 例。中位随访 17 个月，共有 218 例死亡（LRT 组 111 例，No-LRT 组 107 例）。两组中位 OS 分别为 18.8 个月与 20.5 个月（$P=0.80$），2 年 OS 率分别为 40.8%与 43.3%。另一项试验将未经过治疗的 MBC 患者随机分配到手术切除原发肿瘤组和非手术组，结果与印度学者报道的相似。以上结果表明，那些接受乳房切除术和腋窝淋巴结清扫联合放疗的患者，与单用药物治疗的患者比较，OS 并未延长。

十、受体阳性低复发风险的年长乳腺癌患者接受保乳术后进行放疗的绝对好处很小

PRIME Ⅱ是一项有关乳腺癌低危、高龄人群术后放疗的Ⅱ期试验，该试验将年龄 65 岁的 1326 例患者随机分配到术后放疗组（$n=658$）和不放疗组（$n=668$），而评估放疗在这组人群中作用。结果显示，放疗组和不放疗组患者同侧乳腺肿瘤复发（IBTR）率分别为 0.6% 与 2.7%。（$P=0.004$），5 年 OS 率分别为 97.0%与 96.4%（$P=0.5$）。两组患者区域复发（0.5% *vs*

0.8%）、对侧乳腺癌（0.5% *vs* 0.7%）和远处转移（0.3% *vs* 0.5%）均无显著差异。另外，无乳腺癌生存率分别为 98.5% 与 96.4%（$P=0.03$），这种差异是由于在不放疗组患者中 IBTR 更多。上述研究结果表明，未接受放疗的患者 5 年 IBTR 仅为 2.7%。虽然放疗显著降低 IBRT，但绝对数非常少，且放疗并未降低区域复发、远处转移和 OS。因此，对较年长的受体阳性低复发风险乳腺癌患者，在保乳术后进行放疗的绝对好处很小，可能内分泌治疗就已足够。

十一、小结与展望

乳腺癌的预防除了 TAM 或雷洛昔芬以外，对于绝经后妇女，新的临床试验结果表明，芳香化酶抑制剂依西美坦和阿那曲唑有可能成为一种新的选择。

由于目前诸多的抗 HER-2 靶向治疗药物及可能逆转耐药的 mTOR 抑制剂的参与，HER-2 阳性乳腺癌患者的治疗有了更多选择。在此基础上，优化治疗方案和治疗顺序、谨慎评价双靶向药物联合化疗的安全性成为新形势下值得深入探讨的课题。对于早期乳腺癌辅助治疗，新的靶向治疗药物的参与，传统给药方式的改进，内分泌治疗药物服药时间的延长都为进一步降低早期乳腺癌复发/转移风险提供了可能。

随着分子生物学研究的进展，对乳腺癌本质会有更深入的了解，在此基础上，将会开发越来越多针对特定靶点的分子靶向药物并快速进入临床研究。同时，将发现越来越多新型的潜在预后和预测标志物以判断患者预后和指导临床治疗。多中心、大规模Ⅲ期临床试验也会越来越多，其结果将不断改变、更新我们的临床实践。

❖ 神经系统肿瘤 ❖

贝伐单抗治疗复发胶质母细胞瘤进展

孙秀华

大连医科大学附属第二医院肿瘤内科　大连　116027

胶质母细胞瘤是成人脑原发肿瘤中恶性度最高、最致命的肿瘤，初诊患者的标准治疗方式是手术减瘤、术后放疗联合替莫唑胺化疗，之后予替莫唑胺维持治疗[1]。但肿瘤复发后几乎无有效的治疗措施。拓扑异构酶Ⅰ抑制剂——伊立替康（CPT11）是较常用的药物，但有效率不足15%[2-5]，6个月的PFS率9%～21%，ORR不足10%，mOS不足30周[2-8]。VEGF在胶质母细胞瘤中过表达，而且与恶性度高及预后差相关[9-11]。贝伐单抗能阻止VEGF与其受体结合，从而抑制肿瘤新生血管形成。在晚期大肠癌、肺癌、乳腺癌等一线治疗中，贝伐单抗联合化疗能明显提高化疗疗效并改善生存。基于上述理论和实践，贝伐单抗能给胶质母细胞瘤患者带来希望吗？

2007年，Vredenburgh等[12]报道了一项单中心Ⅱ期临床研究的结果，贝伐单抗联合CPT11治疗复发的胶质母细胞瘤患者，6个月的PFS率为46%，ORR为57%。这项研究结果非常令人鼓舞。

2009年，Henry等[13]报道了一项多中心、随机、开放的贝伐单抗单药和联合CPT11治疗复发脑胶质瘤的非对比性研究结果。入组患者167例，均有病理学诊断、KPS≥70分、预计生存12周以上、颅内有可评价的病灶、血液学检查无化疗禁忌。排除以前用过抗VEGF治疗、CPT11及卡莫司汀化疗、有出血性疾病、明显的心血管疾病以及高血压不可控制的患者。所有入组的患者随机分配到贝伐单抗组、贝伐单抗联合CPT11组，每组再按KPS 80～90分、90～100分以及初次复发、二次复发进行亚组分层。每组患者均接受贝伐单抗10mg/kg/2w静脉点滴。口服酶诱导抗癫痫药物的患者，CPT11 340mg/m^2/2w，D1静脉点滴。未口服酶诱导抗癫痫药物的患者，CPT11 125mg/m^2/2w，D1静脉点滴。6周为一评价周期。结果：2006年6月～2007年2月，贝伐单抗组85例、贝伐单抗联合CPT11组82例患者，6个月的PFS率分别为42.6%、50.3%，ORR分别为28.2%、37.8%，mOS分别为9.2个月、8.7个月。在基线时服用激素的患者治疗结束后有激素剂量稳定或减少的趋势，在贝伐单抗组、联合CPT11组的发生率分别为46.4%、65.8%。3级以上的毒副作用发生率：高血压8.3%；抽搐，在贝伐单抗组6%、联合组为13.9%；中性粒细胞减少8.9%；疲劳8.9%；发生颅内出血，贝伐单抗组2例、联合组3例。可见，无论是贝伐单抗单药还是联合CPT11，对复发的脑胶质母细胞瘤疗效均比CPT11单药好，且耐受性好。

同年，Kreisl等[14]报道了评估贝伐单抗单药治疗复发胶质母细胞瘤的有效性和安全性的Ⅱ期临床研究，结果显示，48例复发胶质母细胞瘤患者，6 个月无进展生存率为 29%，6 个月的总生存率为 57%，中位生存时间是 31 周，客观反应率为 35%，患者耐受性好。

2012 年，脑胶质瘤 NCCN 指南中报道了几项贝伐单抗联合替莫唑胺治疗复发的脑胶质母细胞瘤的回顾性研究结果，6 个月的 PFS 率为 17.4%~71%[15]。术后未放疗的患者，可以行贝伐单抗联合替莫唑胺联合放疗。主要的 3 级以上的不良事件包括高血压性脑病、骨髓抑制、败血症、疲劳、血栓栓塞性疾病、颅内出血等。

2013 年，丹麦学者 Lassen 等[16]报道了一项贝伐单抗联合替西罗莫司治疗复发脑胶质瘤的Ⅱ期临床研究。脑胶质瘤患者因为 PTEN 基因突变导致 PI3K 途径高度激活。哺乳动物雷帕霉素靶蛋白（mammalian target of rapamycin，mTOR）是 PI3K/Akt/mTOR 信号传导通路中的主要蛋白激酶，参与细胞分化、增值、凋亡、肿瘤发生及血管形成。PI3K/Akt/mTOR 通路过度激活与肿瘤患者预后差相关。替西罗莫司是 mTOR 抑制剂。该研究患者入选标准：年龄≥18 岁：体能状态（PS）0~1 分；组织病理学证实为胶质母细胞瘤：MRI 检查有可测量的病灶；以前治疗用过贝伐单抗；距以前化疗结束时间间隔 4 周以上（用亚硝脲类药物或丝裂霉素 C 化疗的患者要间隔 6 周以上）；器官功能正常；避孕；签署知情同意书。2008 年 11 月 ~2009 年 12 月共入组 13 名患者。给药方法：替西罗莫司 25mg，d1、d8、d15、d22 静脉点滴 30min；贝伐单抗 10mg/kg，d8、d22 静脉点滴 30~90min。每 28 天为一治疗周期，最多为 12 个周期。结果：13 名患者（男 5 名，女 8 名，中位年龄 48 岁），其中有 3 名在第一周期时因疾病恶化出组。这个实验被提前终止，因为在可评价的 10 名患者中没有 1 名疗效达 PR。中位治疗时间是 7 周（2~16 周）。2 名患者获得 4 个月影像学证实的疾病稳定。中位 PFS 为 8 周，中位 OS 为 15 周。1 名患者出现 2 级高血压反应，1 名患者在研究结束后 8 周出现 3 级深静脉血栓。总之，副反应是轻微的，最常见的 3 级副反应是高胆固醇血症（4/10），高三酰甘油（甘油三酯）血症（1/10），血小板减少（1/10），感染（1/10），高血压（1/10），高血糖（1/10）。研究结果提示，贝伐单抗联合替西罗莫司治疗复发脑胶质瘤的疗效未优于贝伐单抗的疗效，不推荐二者联合应用。

综上所述，贝伐单抗单药或联合替莫唑胺、CPT11 可以治疗复发的胶质母细胞瘤患者，与单纯化疗比较，能提高肿瘤的客观缓解率和延长患者生存。基于多项临床研究结果，2009 年 5 月 9 日，美国 FDA 批准贝伐单抗用于治疗复发的脑胶质瘤，给脑胶质母细胞瘤患者带来了曙光！

参 考 文 献

[1] Stupp R，Mason WP，van den Bent MJ，et al. Radiotherapy plus concomitant and adjuvant temozolomide for glioblastoma. N Engl J Med，2005，352：987-996.

[2] Friedman HS，Petros WP，Friedman AH，et al. Irinotecan therapy in adults with recurrent or progressive malignant glioma. J Clin Oncol，1999，17：1516-1525.

[3] Cloughesy TF，Filka E，Kuhn J，et al. Two studies evaluating irinotecan treatment for recurrent malignant glioma using an every-3-week regimen. Cancer，2003，97：2381-2386.

[4] Raymond E，Fabbro M，Boige V，et al. Multicentre phase Ⅱ study and pharmacokinetic analysis of irinotecan in chemotherapy-naive patients with glioblastoma. Ann Oncol，2003，14：603-614.

[5] Prados MD，Lamborn K，Yung WK，et al. A

phase Ⅱ trial of irinotecan (CPT-11) in patients with recurrent malignant glioma: A North American Brain Tumor Consortium study. Neuro Oncol, 2006, 8: 189-193.

[6] Ballman KV, Buckner JC, Brown PD, et al. The relationship between six-month progression-free survival and 12-month overall survival end points for phase Ⅱ trials in patients with glioblastoma multiforme. Neuro Oncol, 2007, 9: 29-38.

[7] Wong ET, Hess KR, Gleason MJ, et al. Outcomes and prognostic factors in recurrent glioma patients enrolled onto phase Ⅱ clinical trials. J Clin Oncol, 1999, 17: 2572-2578.

[8] Yung WK, Albright RE, Olson J, et al. A phase Ⅱ study of temozolomide vs. procarbazine in patients with glioblastoma multiforme at first relapse. Br J Cancer, 2000, 83: 588-593.

[9] Godard S, Getz G, Delorenzi M, et al. Classification of human astrocytic gliomas on the basis of gene expression: A correlated group of genes with angiogenic activity emerges as a strong predictor of subtypes. Cancer Res, 2003, 63: 6613-6625.

[10] Lamszus K, Ulbricht U, Matschke J, et al. Levels of soluble vascular endothelial growth factor (VEGF) receptor 1 in astrocytic tumors and its relation to malignancy, vascularity, and VEGF-A. Clin Cancer Res, 2003, 9: 1399-1405.

[11] Jain HV, Nor JE, Jackson TL. Modeling the VEGF-Bcl-2-CXCL8 pathway in intratumoral agiogenesis. Bull Math Biol, 2008, 70: 89-117.

[12] Vredenburgh JJ, Desjardins A, Herndon JE 2nd, et al. Bevacizumab plus irinotecan in recurrent glioblastoma multiforme. J Clin Oncol, 2007, 25: 4722-4729.

[13] Friedman HM, Prados MD, et al. Bevacizumab Alone and Incombination With Irinotecan in Recurrent Gliblastoma. Journal of Clinical Oncology, 2009, 10: 4733-4740.

[14] Kreisl TN, Kim L, Moore K, et al. Phase Ⅱ trial of singleagent bevacizumab followed by bevacizumab plus irinotecan at tumor progression in recurrent glioblastoma. J Clin Oncol, 2009, 27 (5): 740-745.

[15] National Comprehensive Cancer Network (NCCN). Clinical Practice Guidelines in Oncology-Central Nervous System Cancers. Available at http://www.nccn.org. Accessed on September 28, 2012.

[16] Lassen U, Sorensen M, Gaziel TB, et al. Phase Ⅱ Study of Bevacizumab and Temsirolimus Combination Therapy for Recurrent Glioblastoma Multiforme. Anticanaer Research, 2013, 33: 1657-1660.

(上接第 256 页)

[12] 李小梅. 癌痛治疗指南解析. 医学与哲学(临床决策论坛版), 2009, 30: 15-18.

[13] 唐丽丽, 王建平. 心理社会肿瘤学. 北京: 北京大学医学出版社, 2012: 45-86.

[14] Holland JC. Psycho-oncology. 2nd ed. New York, NY: Oxford Univeisity Press, 2010: 215.

[15] 赵英. 中国疼痛医师队伍的建设. 中国疼痛医学杂志, 2012, 18 (1): 2.

[16] 车薛华, 梁伟民. NCCN 成人癌性疼痛控制指南解读. 中国医药指南, 2010, 8 (13): 80-83.

[17] 刘小立. 规范癌性疼痛的治疗. 实用疼痛学杂志, 2013, 9 (1): 5.

❖ 肿瘤中医治疗 ❖

余桂清扶正培本治癌思想

林洪生

中国中医科学院广安门医院　北京　100053

恶性肿瘤是严重威胁人类健康的杀手。中医药在治疗肿瘤方面历史悠久，疗效确切。著名中医学家、中西医肿瘤专家、中国中医科学院广安门医院余桂清主任医师(1921—2005)，从20世纪70年代起，在国内率先开展对扶正培本法治疗肿瘤的研究。多年来，他积累了大量的经验，在他得带动下扶正培本法治疗肿瘤在国内外产生了重要影响，推动了中医肿瘤学的发展。

一、扶正培本法治疗肿瘤的理论探源

中医学认为：恶性肿瘤是全身性疾病在局部的表现。中医对肿瘤的认识重视整体观念以及人体正邪的消长。《内经》中提出："正气存内，邪不可干"，"邪之所凑，其气必虚"，《素问·至真要大论》说："因其衰而彰之"，《医宗必读》记载："积之成也，正气不足，而后邪气踞之"。张景岳进一步明确论述："凡脾肾不足及虚弱失调之人，皆有积聚之病"，因此，正气内虚是肿瘤发生、发展的根本原因。

余桂清主任认为，与现代医学的手术、放疗、化疗等治疗手段不同，中医药治疗肿瘤是在整体观念的指导下，通过培补脏腑气、血、阴、阳不足，调整机体失衡状态，使内环境趋于稳定，增强患者体质和抗癌能力。中医药的疗效特点，并非直接清除瘤体、杀灭癌细胞，而是在保持瘤体稳定的前提下，更注重使患者获得较高的生活质量和较长的生存时间。扶正培本法最能体现中医药治疗肿瘤的这一特点和优势，因此，也是肿瘤治疗领域应用最为广泛的法则。

运用扶正培本法，特别应区别于一般的支持疗法，它包括"扶助"和"调理"两个方面，既强调扶植本元，培补正气，又强调协调脏腑气、血、阴、阳平衡，最终的目的是使机体恢复"阴平阳秘"的状态。古者所谓"温之、和之、调之、养之、皆补也"也正是这一含义。扶正培本治则拥有丰富的内涵，具体又可演化出众多不同治法。

(一) 健脾益气法

由于恶性肿瘤患者多有整体为虚、局部为实的特点。对此顽疾，中医从整体出发，认为当以调补脾胃、建立中气最为重要。余桂清主任特别推崇李东垣注重脾胃的学术思想，他认为，中医治疗肿瘤不求取效于一时，而在徐图养正，累以寸功，往往可使患者获得长期生存之效果。特别对于晚期患者，尤需时时注意顾护胃气。胃气一振，则化源充足，诸证缓解，或可重现生机；胃气一绝，诸药罔效，势必不救，故《内经》云"有胃气则生，无胃气则死"。运用健脾益气法宜选太子参、白术、茯苓、生黄芪、陈皮、薏苡仁等，宗四君子汤、补中益气汤之意而治之。临床实践证明，上述方药对于改善肿瘤患者生活质量，延长生存时间确有较好疗效。药理试验发现，这类方药能显著改善肿瘤患者机体免疫功能，有直接或间接抑杀癌细胞的作用。

（二）养阴生津法

由于放疗是治疗肿瘤的主要方式之一，但往往会引起一些不良反应。对此，余桂清主任认为，应该从热毒伤阴的角度进行论治。

养阴生津法主要适用于放、化疗后阴液大伤及晚期表现为毒热炽盛的患者，症见口干咽燥或烦渴不欲饮，五心烦热，午后低热，便秘溲赤，夜寐不安，舌红苔薄，脉弦细数。余桂清主任常用的药物有：生地、沙参、麦冬、石斛、玉竹、黄精、玄参、山药、枸杞子、天花粉、熟地、知母、鳖甲、五味子等。现代研究发现，免疫功能缺陷可能是阴虚证的本质之一。上述养阴药可以延长抗体存在的时间，调节交感神经和内分泌系统，缓解代谢亢进状态，保持内环境的稳定，促进单核细胞的吞噬功能和骨髓细胞增生，降低蛋白质分解。

运用养阴药物应注意防止滋腻碍胃，特别是脾虚胃弱、痰湿内阻、腹满便溏的患者慎用，或配伍健脾理气之药。

（三）补肾温阳法

中医认为，肾为“先天之本”，主骨生髓，又主一身之阳气。“久病必伤及于肾”。这一观点同免疫学和内分泌学的研究结果相符合。肾虚造成的免疫状态低下与肿瘤发生、发展密切相关，而温补肾阳类药物能激活机体免疫系统，提高垂体-肾上腺皮质系统兴奋性，对遏制肿瘤的发生、发展起着一定作用。余桂清主任在临证过程中比较注重对“先天之本”的保护与调养，常用补肾温阳法。

该法主要适用于晚期恶性肿瘤患者，特别是老年或妇女乳腺癌去势术后，有形寒肢冷、神疲乏力、腰酸冷痛、尿频而清、大便溏薄、舌淡胖、苔薄白、脉沉细等肾阳亏虚或脾肾不足之证。常有药物有：补骨脂、肉苁蓉、仙灵脾、仙茅、巴戟天、熟附子、冬虫夏草、杜仲、川续断，以及肾气丸、右归丸等方药、现代药理研究证明，补肾壮阳药物能调节人体免疫功能，提高巨噬细胞吞噬作用，促进核酸和蛋白质合成，调节细胞代谢，促进抗体形成，使血浆皮质酮和雌二醇明显提高，具有内分泌激素作用，并可使大鼠细胞内 cAMP 含量升高，使阳虚得到纠正，促进人体淋巴细胞转化，恢复骨髓造血功能，并有直接抗癌或抑癌作用。

应用补肾壮阳药应注意避免温燥，对阴虚火旺患者慎用或配伍其他药物，以免助火劫阴。

（四）益气生血法

由于恶性肿瘤消耗以及手术、放疗、化疗损伤，常造成患者血象下降，而有头昏耳鸣、心悸气短、倦怠乏力、面色萎黄、舌淡苔薄、脉细弱等气血不足之证，余桂清主任对此一般选用黄芪、当归、白芍、首乌、熟地、龙眼肉、红枣、鸡血藤、紫河车、枸杞子，以及当归补血汤、四物汤等方药。现代研究表明：益气生血药物可显著提高患者血象，改善骨髓造血功能，特别是能够克服西药生血药物造成的血象不稳，对此有较好疗效。应用益气生血药物，如适当配伍滋补肝肾类药可增强疗效；少佐健脾行气药，可制腹胀纳呆之弊。若患者有虚热之证，尚需佐以清解虚热药物。

以上几法是余桂清教授在肿瘤治疗中常用的法则，当然，肿瘤患者的治疗不可无扶正，中医的扶正法则也很多，关键是对证合理，这也是余桂清教授用之有效和巧妙之处。

二、扶正培本法治疗肿瘤的临床与实践研究

近年来，在中医药治疗肿瘤的临床与实验研究中，出现了一些比较公认的特色治法，它们多以扶正培本为主线，在临床上取得了较好的疗效并得到实验证实。多年来，中国中西医结合学会肿瘤专业委员会在余桂清主任委员主持领导下，就肿瘤的扶正培本法进行广泛临床和实验研究，取得了大量成果。

（一）扶正培本法治疗肿瘤的临床研究

1. 益气养阴为主治疗肺癌

原发性肺癌在各种恶性肿瘤中的发病率一直高居榜首。其中非小细胞肺癌不可手术病人，5年生存率为28%～40%。小细胞肺癌如不治疗，自诊断起中位生存期不足3个月，2年生存率<1%；单药化疗有效率为15%～45%，有效时间2～4个月；应用化学药物治疗，中位生存期10～12个月，大多数病人会在化疗后出现复发/转移。

中医治疗肺癌，各家分型及治法虽略有不同，但大多数侧重于阴虚及气阴两虚，益气养阴法多贯穿与肺癌中医治疗的各个阶段，或单独应用，或以该法为主配合清热解毒、理气化痰、活血化瘀诸法，如：

中国中医科学院广安门医院肿瘤科在余桂清主任带领下，由朴炳奎主任主持，以益气养阴为主，配合清热解毒、理气化痰药物制成肺瘤平膏（黄芪、党参、沙参、麦冬、杏仁、桔梗、川贝、败酱草、白花蛇舌草等）对晚期肺癌进行临床观察与实验研究。对首次接受治疗，未经放疗或化疗患者服用肺瘤平膏28例，生存1年以内6例，1年以上15例，2年以上4例，3年以上3例；平均生存期12.5个月，中位生存期为9.5个月。化疗组17例中生存1年以内14例，1年以上13例，没有生存2年以上者；平均生存期为7.5个月，中位生存期6.6个月。从患者症状、肿瘤病灶稳定率、免疫功能、延缓CEA增加、血氧分压等各项指标分析，对照肺瘤平治疗组195例与化疗组144例，中药组均优于化疗组。

2. 调补脾肾为主治胃癌

胃癌是我国最常见恶性肿瘤之一。近年来随着早期胃癌发现率的提高，手术方法的改进和综合治疗，胃癌的治愈率有所提高，胃癌根治术后的5年生存率由过去的20%上升到40%～50%，姑息切除术后的5年生存率为11.7%。

中医学认为：胃癌中晚期多有中焦虚寒的病理特点，手术、化疗后更造成元气大伤，极易出现命门火衰。肾为先天之本，内育真阴真阳；脾胃为后天之本，气血生化之源，因此治疗胃癌当从调补脾肾入手。明代张景岳对治疗噎嗝反胃也主张："健脾益胃，温肾滋润，舍此二法，别无它法"。

余桂清主任等以健脾益肾冲剂（党参、白术、枸杞子、女贞子、菟丝子、补骨脂等）配合MFV方案化疗，经组织全国二十多家医院对669例胃癌（其中Ⅲ期451例，Ⅳ期218例）临床验证，健脾益肾冲剂合并化疗组患者消化道反应、全身反应及血象变化明显好于单纯化疗组，化疗顺利完成率为94.01%，而单纯化疗组完成率为73.73%（184/238），5年生存率为53.40%（102/191），均优于国内外文献报道的结果。

3. 健脾理气为主治疗肝癌

原发性肝癌是临床最常见的恶性肿瘤之一。以往肝癌治疗，预后极差，仅1%患者生存期超过5年。放射治疗对肝癌不敏感。化疗药物如5-氟尿嘧啶、甲氨蝶呤和多柔比星（阿霉素），作全身和动脉灌注用

药，仅能暂时使肿瘤退缩。由于诊断水平提高，外科技术的发展，各种综合治疗的开展，上海医科大学肝癌研究所305例肝癌证实，不能切除者，5年生存率已达21.4%。

中医治疗肝癌，根据大样本临床观察（1000例以上），发现出现频率较多的症状和体征依次为上腹胀痛、扪及肿块、乏力、纳差、恶心、呕吐、发热、腹泻，以及腹水、黄疸等，依据藏象理论，这些症候多归属脾胃，据此认为，肝癌虽其病位在肝，但病本当在脾（胃），治疗应以健脾理气为主。临床证明：运用健脾理气为主治疗肝癌，效果由于单独应用清热解毒、活血化瘀、软坚散结等法，如：

中国中医科学院广安门医院肿瘤科以“平肝饮”（太子参12g、黄芪20g、炒白术10g、茯苓12g、鳖甲12g、郁金12g、枸杞子15g、八月札15g、凌霄花15g、仙鹤草12g、僵蚕12g、神曲9g、白花蛇舌草15g）为主治疗38例原发性肝癌。平肝饮每日1剂，随证加减，并用“抗癌1号”4ml肌注，日2次，“清开灵”10~20支（20~40ml）加入葡萄糖液500ml中静滴，每日或隔日1次。治疗两个月为1疗程。给药后大部分病人症状稳定或减轻，生存质量有所改善。经随访的27例病人（另7例正在门诊或住院治疗，4例失访）Ⅱ、Ⅲ期单纯型患者平均生存期分别为13.7个月和8个月，而炎症型分别为10.7个月和5.7个月。临床观察显示，中医药是治疗肝癌的一种有效方法。

4. 益气活血为主防治肿瘤复发/转移

复发/转移是恶性肿瘤最本质的生物学特征之一。现代医学认为：这是一个多因素参与、多步骤的复杂过程。机体免疫监视功能缺陷是造成恶性肿瘤复发/转移的关键因素。血液高凝状态也与其密切相关。

中医学者依据祖国传统医学理论，结合现代研究成果提出：正气内虚是肿瘤复发/转移的内在根本原因，淤血凝滞是促进复发/转移的重要因素，故采用益气活血为主防治肿瘤复发/转移，并开展了大量研究。

中国中医科学院广安门医院肿瘤科将益气活血为主的肺瘤平Ⅱ号（黄芪、西洋参、桃仁、三七、重楼、白花蛇舌草等）分高、中、低三个剂量组，观察其对Lewis肺癌转移率分别为39.7%、54.6%、64.1%，与对照组比较，有显著差异（$P<0.01$及$P<0.05$），临床治疗肺癌35例，随机分为治疗组（25例）和对照组（10例），结果显示，其在稳定瘤体、控制转移方面存在优势，治疗组与对照组比较，稳定率及远期疗效差异明显（$P<0.05$）、转移灶比例差异显著（$P<0.01$）。

（二）扶正培本法治疗肿瘤的基础研究

针对余桂清主任扶正培本治疗恶性肿瘤临床经验，近年来，广安门医院肿瘤科研究团队也在基础研究层面开展了大量的相关基础研究，主要研究可归为以下几个方面：

1. 增强和调节免疫功能

现代研究认为，四君子汤有较强的促进淋巴细胞转化和活性花斑形成作用，并能显著升高血中IgE含量；补中益气汤能增强网状内皮系统吞噬功能，提高细胞和体液免疫；四物汤能促进细胞免疫；生脉散能使网状内皮系统活跃，巨噬细胞吞噬功能显著提高；六味地黄汤对细胞免疫反应有促进作用，增强单核细胞吞噬功能，既能提高非特异性免疫，又能抑制丙种球蛋白的抗排斥作用。实验研究证明：黄芪、党参、白术、云芝、茯苓、人参等可促进淋巴细胞活化，使免疫监视系统复活，提高淋巴细胞数量，促进单核-巨噬细胞吞噬作用。此外，许多补气、温阳、补血、活血药物，都具有增强免疫功能的作用。

2. 调节内分泌功能

激素失调与肿瘤的发生、发展有密切关系。实验研究表明，不少补脾、补肾药物有调整内分泌功能，如黄芪、附子、甘草、五味子、菝葜等，均有增强肾上腺皮质激素的功能。化疗组患者皮质醇含量下降，加用扶正药物治疗后皮质醇含量提高，说明扶正固本药能调节内分泌，调节激素水平。肿瘤患者大多表现为虚证或本虚实证，而扶正培本药均能使肿瘤患者病情得到改善。

3. 增强物质代谢

扶正培本药物可以调节消化系统功能，促进胃肠蠕动，增强消化酶（如唾液淀粉酶、胃泌素等）的分泌，增加小肠吸收功能，促进蛋白质合成。如有研究发现，四君子汤可纠正大黄及利血平所致动物“脾虚”的胃肠功能失调，改善消化、吸收功能，调整物质代谢。人参提取物可以提高肿瘤患者食欲，使其体重增加，症状改善，红细胞、血红蛋白升高，免疫状况改善，网状内皮系统功能增强。

4. 调整细胞内 cAMP 含量及 cAMP/cGMP 比值

细胞内的 cAMP 及 cGMP 对细胞的生物活性和生理功能具有调节和控制作用（是传递多种激素的重要物质，参与许多重要的细胞代谢环节，具有多种生理功能），是某些药物和其他生物活性物质作用于细胞受体的“第二信使”。二者失调或比值改变均可引起生理功能失调。实验研究表明，细胞内的 cAMP 及 cGMP 含量和其比值变化与肿瘤病关系密切。cAMP 能抑制肿瘤细胞的增殖，恢复接触抑制，发生形态和生物化学的分化，使肿瘤细胞向正常细胞转化。因此，cAMP 对瘤细胞具有促进分化和抑制增殖的效应。某些扶正药物能提高细胞内的 cAMP 含量及 cAMP/cGMP 比值，在细胞恶变过程中发挥防治作用。

5. 激活与改善骨髓造血功能

扶正培本药物对提高血象、改善骨髓造血功能有良好作用。能提升红细胞和血红蛋白的药物有：鹿茸、补骨脂、锁阳、巴戟天、紫河车、女贞子、枸杞子、熟地、当归、首乌、黄芪、阿胶、龙眼肉等。能提升白细胞的药物有：人参、丹参。鸡血藤、山萸肉、黄芪、阿胶、龙眼肉、白术、菟丝子、补骨脂、穿山甲、淫羊藿等。能提升血小板的药物有白芍、生地、熟地、土大黄、山萸肉、紫河车、肉苁蓉、狗脊、旱莲草、仙鹤草、三七参、红枣等。

6. 抑制肿瘤细胞组织基因突变

有人报道，益气药黄芪能有选择地破坏含有病毒信息的癌细胞，而对正常细胞无影响。具有补肾壮阳、温脾止泻作用的中药补骨脂，其有效成分补骨脂素（psoralens）对肉瘤细胞、艾氏腹水瘤、淋巴瘤均有杀伤作用。中药复方（附子、肉桂、补骨脂）对人体胃腺癌细胞株（SGC-7901）作体外温化癌细胞药理试验，并与 5-FU 对照，24 小时后，试验组抑制率为 100%，而 5-FU 对照组为 89%。此外，邱佳信等报道，单味中药黄芪、枸杞子等有明确的反突变作用，白术及健脾类方剂有较强的反启动作用。

7. 调整微量元素

肾阳虚弱者下丘脑-垂体-肾上腺素皮质系统功能低下，并发现其微量元素锌、铜缺乏相一致。因此，补肾生髓药物既能治疗放、化疗引起的白细胞减少症，同时还能调整微量元素，临床应用疗效显著。

8. 调节神经系统的功能——协调阴阳

神经系统对人体各种机能活动期主宰作用，在病理生理过程中具有重要意义。

人体脏腑组织的物质基础与机能活动，类似于中医学的阴和阳，阴阳两纲是宇宙间一切事物及其运动状态的代表，即“阴阳者，天地之道也，万物之纲纪”。在正常情况下，人体阴阳相互拮抗、相互依存、相互制约，以维持机体的平衡与稳定。如阴阳失衡，必然产生阴虚或阳虚的病理变化，令人得病。阴阳之平衡，有赖于神经-内分泌体液调节系统功能之稳定。因此，根据阴阳盛衰，分别采用益气健脾、温阳补肾、滋阴清热、养血补血方药治疗，调整阴阳平衡，恢复内环境稳定。使肿瘤细胞不能生存。这就是扶正培本法防治肿瘤的最终目的。

9. *抑制肿瘤复发/转移*

抑制肿瘤复发/转移是现代肿瘤研究的热点之一。邱佳信等报道，白术等健脾类中药能明显抑制 Lewis 瘤细胞的肺转移，推测其选择性杀伤具有转移能力的肿瘤细胞亚群是其作用机制之一。人参是传统中药中具有扶正培本作用的要药。1993 年，日本人北川首先发现人参提取物-Rg3 具有选择性的抑制癌细胞浸润和转移的作用。1996 年，富力等发现人参皂苷 Rg3 给荷瘤小鼠口服，能抑制 B16 黑色素瘤和 Lewis 肺癌自发转移，并认为这与抑制肿瘤细胞附着和浸润基底膜的纤维连接蛋白和层连蛋白有关。朴炳奎等对 PG 细胞（高转移人肺巨细胞肺癌细胞系）基底膜迁移实验，发现人参皂苷 Rg3 对 PG 细胞向基底膜迁移具有抑制作用，其抑制率与浓度梯度具有相关性，浓度越高，抑制率越高。通过鸡胚尿囊膜新生血管新生实验方法，表明人参皂苷 Rg3 具有抑制鸡胚尿囊膜新生血管形成的作用，高剂量组抑制率可达 70.0%。对 PG 细胞种植于裸鼠腋下，观察其抑制率的同时，用免疫组化法观察了 Rg3 对血管内皮细胞生长因子（VEGF）表达的影响，结果发现，高、中、低剂量组均明显降低 VEGF 的表达。

三、扶正培本法在肿瘤综合治疗中的应用

基于余桂清主任临床经验，以及其带领的团队所进行的临床及基础实验，目前扶正培本法已经成为肿瘤综合治疗中的重要组成部分，通过合理安排，配合其他治疗手段（如手术、放疗、化疗、生物治疗等)，能够获得最佳的治疗效果。具体说来，应当根据患者病情进展、机体邪正消长状态，采取不同的阶段性的治疗策略：当患者初诊邪盛时，应尽可能的采用手术、放疗、化疗以打击和消灭肿瘤（攻邪为主)，同时要注意保护正气（辅之以扶正培本治疗)；待肿瘤负荷大大降低后，即将治疗重点转以扶正培本为主，最大限度地促进造血机能和免疫功能的恢复（重建正气)；经过免疫功能和骨髓功能的重建，必要时还可转入以打击肿瘤为主的第三阶段，巩固疗效，尽可能地消除体内的残存癌细胞；以后再进入长期扶正培本为主的治疗，预防肿瘤复发/转移或在保持瘤体稳定的前提下使患者获得较高的生活质量和较长的生存时间。这种将中医扶正与现代医学手段结合起来的方法是具有中国特色的肿瘤综合治疗模式，以余桂清主任为创始人的中国中医科学院广安门医院肿瘤科称其为“扶正三阶段”，并广泛应用于临床，收到了很好疗效。

（一）扶正培本与手术相结合

1. *术前调理，保证手术顺利进行*

手术是肿瘤治疗的主要方法，术前患者机体内部常常存在着不同程度的阴阳失衡状态。如水与电解质紊乱、营养不良、贫血、炎症、精神恐惧而出现阴虚或阳虚症候，这些会降低患者机体的耐受力和抗

癌力，此时若进行手术，术中易出血或血压下降，术后并发症较多，恢复也较慢，如果在术前1~2周配合应用扶正培本药物，可以调理患者脏腑功能和气血、阴阳，使机体保持“阴平阳秘”的状态，不但有利于手术顺利进行，术后并发症也较少。常用的扶正培本法有补气养血、健脾和胃、滋补肝肾，方药如四君子汤、补中益气汤、四物汤、八珍汤、保元汤、六味地黄汤等。

2. 术后促进恢复，防治并发症

由于手术损伤往往造成身体脏器功能紊乱，特别是胃肠功能失调、免疫能力下降、伤口愈合困难以及并发症。依据中医辨证，常用的扶正培本法包括：

（1）益气固表：适用于术后患者出现气短、乏力、汗出、恶风等气虚卫表不固症候，方选：玉屏风散，药用黄芪、防风、白术。

（2）养阴生津：适用于手术失血过多，伤及阴液，以致胃阴大亏，口咽干燥、舌红少津、脉细数。方选：沙参麦门冬汤、五汁饮。

（3）健脾和胃：适用于术后脾胃不和、胃肠功能紊乱、纳差、腹胀、便秘。方选：香砂六君子汤、参苓白术散、补中益气汤。

（4）益气解毒：适用于术后伤口难以愈合者，药用炙黄芪、当归、银花、丹皮、连翘、皂角刺、党参。

（二）扶正培本与化疗相结合

化学药物治疗是肿瘤治疗的重要手段。由于化疗药物的毒副作用，人体往往产生不同程度的化疗反应，主要表现为：骨髓抑制导致白细胞、血小板下降及贫血；消化道反应（如纳呆食少、恶心、呕吐、腹痛、腹泻）以及影响心、肝、肾功能。

中医学认为：化疗药物损伤人体气血、津液，导致脏腑功能紊乱。扶正培本能够减少化疗的毒副作用，减轻症状，增强机体免疫功能，提高化疗通过率，对某些化疗药物还有增效作用。特别是在治疗化疗引起的血象下降时，不仅效果明显，而且能够克服西药生血药引起的血象不稳。

1. 治疗化疗引起的血象下降

对于化疗引起的骨髓抑制，血象下降、血小板减少，中医多认为是气血两虚，脾肾亏损，治以益气生血，健脾补肾，方选：当归补血汤加减。药用黄芪、当归、大枣、麦芽、陈皮、鸡血藤、石韦等。

2. 治疗化疗引起的消化道反应

对于化疗引起的纳呆食少、脘痞胀满、嗳气泛酸、恶心呕吐，以及便溏腹泻、苔薄白腻或薄黄、脉细滑或细弦等，中医多辨证为脾胃不和，治以健脾理气和胃，投以香砂六君子汤合半夏竹茹汤加减。方药：生黄芪、白术、半夏、陈皮、枳壳、木香、砂仁、淡竹茹、焦三仙。恶心、呕吐严重者，加旋覆花、生赭石；伴口干、胃脘灼热、泛酸甚者，去半夏、砂仁，加麦冬、石斛、海螵蛸；胃脘疼痛者，加元胡、金铃子、白芍；腹泻严重者，去淡竹茹，加厚朴、炒薏苡仁、茯苓、补骨脂、肉豆蔻。

朴炳奎认为，投以益气健脾和胃中药，如人参、党参、白术、山药、黄芪、淡竹茹、焦三仙、木香、砂仁、法半夏、陈皮等可治疗恶心、呕吐、腹胀、食欲减退等症状。成方如香砂六君子汤，香砂养胃丸之类。

3. 治疗化疗引起的多脏器功能损伤

很多化疗药物对心、肝、肾功能有一定损伤，中医应用扶正培本方法，治以补血养心，药用茯苓15g、桂枝6g、白术12g、甘草9g、黄芪30g、酸枣仁12g、茯神12g、当归12g、龙眼肉12g、远志12g、大枣9g、五味子9g、制附子6g，水煎服，日一剂。或生脉饮、参麦口服液，可有效预防心功能损伤。或治以滋补肝肾，药用炒柴胡、山栀、丹参、当归、女贞子、茯苓、桑寄生、黄精、枸杞子等，可以治疗肝、肾功能损伤。

（三）扶正培本与放射治疗相结合

放射治疗对机体常有不同程度的耗气伤阴，甚则损及津液脏腑。临床表现为胃脘不适，倦怠乏力，纳呆食少，脘胀不适，恶心、呕吐，口干、喜冷饮，心烦，小便黄赤，大便干结，舌红或暗红，苔黄，脉弦、滑、数。中医认为这是热毒内盛，津液受损，气血不和，脾胃失调，肝肾亏损。故而治疗以扶正培本为大法，采用：

（1）益气养阴：生地、玄参、麦冬、石斛、天花粉、芦根、天冬。

（2）凉补气血：生黄芪、沙参、西洋参、生地、丹参、鸡血藤。

（3）健脾和胃：党参、白术、茯苓、陈皮、半夏、木香、砂仁、甘草。

（4）滋补肝肾：枸杞子、女贞子、何首乌、山萸肉、菟丝子、补骨脂。

（5）清热解毒：银花、连翘、山豆根、黄连、天花粉、蒲公英、板蓝根。

中国中医科学院广安门医院肿瘤科采用扶正增效方配合肿瘤放射治疗。该方依据祖国传统医学理论，认为放射线具有“火热毒邪”的病理特点，作用于人体易导致热毒过盛，津液受损，气血损伤，脾胃失调，肝肾亏损，故采用天门冬、天花粉生津润燥；鸡血藤、生黄芪凉补气血；太子参、炒白术健脾和胃，枸杞子、女贞子滋补肝肾。全方以扶正培本为主，配合活血化瘀药物，既增强机体对放射治疗的敏感性，又能扶助正气，调整脏腑，提高免疫功能和骨髓造血功能，从而减轻放射治疗的副反应。经临床 74 例验证，观察组与对照组差异明显（$P<0.05$），显示了扶正增效方配合放射治疗具有较好的减毒增效作用。

四、扶正培本法治疗肿瘤的探索与发展

目前，扶正培本法治疗肿瘤的研究还要不断挖掘和发展，以已故余桂清主任为首的中医学者认为，在扶正培本的研究方面还有许多工作要做。

（1）治则治法是中医治疗学的核心内容，是中医药研究的中药切入点。应当立足于临床实践，进一步丰富扶正培本法在肿瘤治疗中的不同治法，以及与其他治则治法的配伍应用，以提高疗效。

（2）有效的控制复发/转移是肿瘤临床治疗成败的关键，应重视扶正培本法在这一领域的研究，一些相关实验已经显示出较好的苗头，扶正培本法在控制肿瘤的复发/转移方面有望发挥更大的作用。

（3）中医药治疗肿瘤的疗效特点不在明显的缩小瘤体，而在于保持瘤体稳定的前提下，使患者获得较高的生活质量和较长的生存时间。这一特点也符合现代医学“以人为本”的先进理念。因此，应区别于生物医学模式下只重视肿瘤客观缓解率的评价标准，建立更符合中医药治疗肿瘤特点的科学的疗效评价体系。

（4）扶正培本法治疗肿瘤的临床研究，应引入现代循证医学的思想，组织多中心、大样本、随机、双盲的临床试验，来验证扶正培本方药在治疗肿瘤中的作用，拿出可靠的数据以便于同国际接轨，促进扶正培本治疗肿瘤的方法走向世界。

（5）现代研究认为：中药复方具有多途径、多靶点调节人体的作用。因此，对于扶正培本治疗肿瘤的有效方药着眼于从整体、细胞、分子多个水平的研究，以进一步解释其作用机制。

总之，余桂清主任在扶正培本研究和治疗肿瘤方面取得了巨大成绩。在他的工

作和领导下，扶正培本的治则已广泛应用于肿瘤的临床，这一方法推动了中医治疗肿瘤的学术发展，促进了中医药走向世界的步伐。余桂清主任殷切希望立志于中医肿瘤的学者们对扶正培本法治疗肿瘤的研究进行的更深入，研究的更透彻，应用的更广泛，在现有的基础上更上一层楼，为造福人类、战胜癌魔做出更大的贡献。

附：余桂清简介

余桂清，1921年9月出生，武汉市人。原中国中医研究院广安门医院研究员、主任医师、教授。1947年毕业于四川北碚国立江苏医学院，1947~1955年先后在江苏镇江、湖北汉口从事外科工作。1955年调入中医研究院（今中国中医科学院），师从著名老中医段馥亭教授（1892—1959）。1960~1962年参加卫生部举办的西医离职学习中医班。1963年创建我国第一个中医肿瘤专业科室——广安门医院中医肿瘤科（现为全国中医肿瘤医疗中心），任肿瘤科主任。是全国中医、中西医结合肿瘤专业的主要创始人之一。

从事中医及中西医结合防治恶性肿瘤科研工作四十余年。1970年初，率领肿瘤医疗队深入太行山食管癌高发区进行调查研究，对中医药阻断食管上皮重度增生进行了研究，为肿瘤的防治取得第一手资料。

他强调中医与西医的结合，现代技术与中医相结合，强调中医也要学习西医，先后担任“六五”和“七五”国家攻关课题组长，承担了多项国家中医药管理局的科研课题。20世纪70~80年代，开展了肿瘤扶正培本治则的研究，研制的“健脾益肾冲剂”治疗晚期癌症术后化疗反应，取得了较好的疗效，获得卫生部二级成果奖（1986年），并在临床上得到广泛应用；与中药所共同研究的“七五”攻关课题“六味地黄丸预防食管癌的研究”，获国家科技进步三等奖。在担任国家攻关课题中医肿瘤课题组长期间，获得国家计委、国家科委和财政部联合颁发的奖励证书，表彰其在攻关课题中取得的卓越成就。在他的指导下，广安门医院肿瘤科先后完成了十余项国家攻关科研课题，三十余项课题，获奖多项，在海内外享有盛名。他在大量的临床与实验研究的基础上，提出了中医治疗肿瘤的学术思想，即“扶正祛邪法则”、“活血化瘀法则”、“清热解毒法则”，起到了治疗肿瘤的指导作用，为广大肿瘤医务工作者公认和遵循。

1991年，获得国务院政府特殊津贴；1994年，中央保健委员会授予中央保健工作奖。

他具有较高的国际声望。在中医肿瘤国际间的学术交流和对外影响方面做出了巨大贡献。他精通英语、德语，曾先后到十几个国家做学术访问和会诊治病，得到国外广泛好评。在他的倡导和支持下，广安门医院组织召开了多次“国际中医肿瘤学术研讨会”，扩大了我国中医肿瘤事业的国际影响。1988年被世界文化理事会授予“阿尔伯特·爱因斯坦”奖；1992年法国波伦中医学院科学委员会授予名誉教授称号；1994年美国传记研究所授予名誉顾问称号，并被载入《国际名人录》；1998年获墨西哥城世界文化委员会颁发的卓越科学工作者证书及奖励。

2005年12月7日，余桂清在北京逝世，享年84岁。

（本《年鉴》编辑部根据相关资料编写）

谈谈中医治疗肿瘤的经验和体会

朴炳奎

中国中医科学院广安门医院 北京 100053

我能够比较自觉地参与中医治疗肿瘤队伍，有以下三个原因：一是1959年，大连医学院毕业后被分配到中国中医研究院（今中国中医科学院），参加卫生部第三届西医离职学习中医班，初步掌握了中医理论和临床实践基础，并受到思想上如何正确认识中医的教育，如“祖国医药学是伟大宝库”、“要走中西医结合道路”等；二是亲身感受到中医治疗的有效性，例如，大黄牡丹皮汤治愈急性阑尾炎，附子理中丸治愈慢性痢疾等；三是1977年，在中国医学科学院肿瘤医院进修一年，及1980年在日本东京国立癌症中心学习，掌握肿瘤学知识，尤其是看到经常跨科间的会诊和病例讨论制度，认识到对于肿瘤必须是综合治疗。

我国的癌症防治中，因为有中医药治疗，中西医结合成为我国防治癌症的一大特点。当前我国的癌症患者，在整个诊疗过程中，大都求治过中医，而且很多西医大夫也根据患者的情况，建议他们到中医那儿接受相应的治疗。

中医药作为中国传统文化的一部分，经历数千年的历史，具有系统理论指导和丰富临证经验，是一个与现代医学不同的医疗体系。中国的传统医学一直保持自己的特点，阴阳五行、脏腑、经络、辨证论治等，是传统中医药学的理论基础，它重视整体观念、个体化治疗。中医药学近几十年的肿瘤防治实践中有了新的发展，提出了扶正培本、活血化瘀、清热解毒、软坚散结、以毒攻毒等法则，也提出了扶正与祛邪相结合、辨证与辨病相结合、局部与整体相结合的指导方针，研制和开发了不少治疗肿瘤的中药新药，开展了一些新的疗法。在肿瘤防治中发挥中医药特色，在提高治愈率，尤其是改善肿瘤患者生存质量方面起了作用，从学术而言已形成了中医肿瘤学。

中医药治疗和化疗、生物治疗一样都属于肿瘤内科学范畴，是肿瘤治疗的一种手段。在实践中逐渐认识到了合理地应用中医药治疗手段，有必要掌握或了解一些中医药的治疗法则、辨证论治、理法方药；也要掌握或了解一些肿瘤的现代诊疗知识，要走中西医结合的道路。

下面是我如何在综合治疗中与西医治疗相配合使用中医治疗的基本思路。

一、中医药与手术治疗相结合

手术是当前大部分实体肿瘤根治疗法中的最主要手段，术前诊断和手术技术等的进步，提高了手术和治疗的效果。但术后的复发或转移是威胁患者的生存的主要原因之一，而大部分肿瘤患者一旦临床上得到确诊时，已进入中晚期。随着分子生物学的进展，手术治疗也重视综合治疗，重视保护机体抗癌机能。中医药在术前、术后的运用，显示如下几方面的意义。

1. 调补手术损伤，促进康复，利于患者接受其他治疗

中医认为，手术损伤机体的元气，伤脾胃，伤气血。如术后患者常出现气短、乏力、汗出、怕风等症状，这是元气虚、卫表不固的表现，用黄芪、防风、白术（玉屏风散）等组成的方剂，益气固表而改善症状，加速体力恢复，防治感冒、感染。又如术后出现食欲减退、腹部胀满、神疲乏力、大便不爽等，可选用益气健脾、和胃消食的中药，如补中益气汤、香砂养胃丸、参苓白术散等方剂。若术中出血过多，或心肺功能受损而出现心慌气短、头晕目眩、面色苍白等，用益气养血，辅助心肺，十全大补汤、生脉散有效。

2. 辅助术后治疗，以期防止或减少复发/转移，延长生存时间

临床与实验研究初步提示，长期使用中药治疗有可能达到这一目的。扶正中药可以改善机体免疫功能；活血化瘀主要降低血液黏度、降低血小板聚集、改善血液流变学，抑制肿瘤转移灶新生血管形成。其他如中药对肿瘤基质降解酶、血小板黏附蛋白表达等的研究也显示了抗浸润、抗转移作用的可能性。临床上也有术后使用中药延长了患者生存期的报道。

3. 术前使用中药，可以改善机体状况，增强体力，调理因其他疾病引起的肝肾功能能障碍，以利于手术

有些报道，在术前用中药，术后病理学观察发现，中药使肿瘤灶周围的淋巴细胞浸润增加，也看到肿瘤灶周围的降解酶受抑制现象。如康莱特注射液术前用药使肿瘤病灶坏死。术前用药对肿瘤灶及其周围影响的意义，尚待进一步研究。

二、中医药与放射治疗相结合

放射治疗直接杀伤肿瘤细胞，同时也损伤正常的组织细胞，中医药辅助放射治疗，有如下意义。

1. 中医药减轻放射治疗副作用

中医认为放射线是热毒，热毒可以伤阴、伤气；热毒伤脾、肺等脏腑。放疗既可以杀灭局部肿瘤细胞，但也杀伤正常组织细胞，中药可以减少或防止放射线的损伤作用。沙参、麦冬、石斛、银花、菊花等养阴清热的中药，可以减轻头颈部放疗引起的口干、舌燥、咽喉疼痛等症；加野菊花、射干等可以缓解急性放射性肺炎引起的咳嗽等症状；用穿山甲、赤芍、莪术、昆布、夏枯草等来试图防治肺纤维化；宽胸利气、益气活血之剂如全瓜蒌、青皮、枳壳、黄芪、当归、赤芍、鸡血藤、莪术等防止心肌损伤；中药治疗放射性食管炎也有一定效果。

2. 中药对放射治疗有一定的增效作用

中药黄芪、太子参、山药、桃仁、红花、丹参、鸡血藤等益气活血之剂，合并放射疗法，治疗食管癌、鼻咽癌等增加了放疗效果，延长了生存期。推测活血化瘀中药可能改善肿瘤周围的血循环，增加血氧的供应。

三、中医药与化学治疗相结合

随着新化疗药物不断出现，抗肿瘤药物的药理学、药效学的进展，化疗药应用越来越广，中医药与化疗相结合在综合治疗中所占比例最高，研究很广。

1. 中医药提高化疗的效果

中医药配合全身化疗或介入化疗，对肺癌、肝癌有增加缓解率的效果；对胃癌、肠癌、乳腺癌等的术后辅助化疗有延长生存期的效果。常用的中药为益气健脾、补肾养肝之剂，药有黄芪、人参（党参）、白术、山药、黄精、菟丝子、枸杞子、女贞子等。

2. 减轻化疗的副作用

化疗药物的副作用主要表现为对脊髓抑制、胃肠道不良反应，以及影响心脏、肝和肾功能。中医认为这是化疗药物伤人体气血、精津；伤五脏六腑功能所致，中医药可以减轻和改善这些副作用。

（1）化疗的胃肠道反应：健脾益气，和胃降逆的中药，如白术、山药、党参、黄芪、木香、砂仁、白豆蔻、焦三仙、法半夏、陈皮、芡实等，可以防止恶心、呕吐、腹胀、食欲减退、大便不调等症状。方剂如香砂六君子汤、香砂养胃丸之类。

（2）化疗的骨髓抑制：对骨髓抑制引起的白细胞下降、血小板下降或红细胞减少，中医认为是伤及脾肾，或损伤血气所致。多用健脾益肾、补气养血之中药，如黄芪、白术、人参、枸杞子、女贞子、石斛、鸡血藤、当归、生地黄、阿胶、菟丝子、补骨脂之类。方剂如健脾益肾冲剂、十全大补汤、归脾汤等。

（3）化疗引起的心肌损伤：可用益气养血、化瘀通脉的中药，如黄芪、当归、川芎、丹参、赤芍、桃仁、全瓜蒌、薤白、仙灵脾、五灵脂、蒲黄等，方剂如生脉散、血府逐瘀汤、稳心灵冲剂等。

（4）化疗引起的肝、肾功能损伤：有待进一步研究。对肝功能不正常的可以用当归、枸杞子、女贞子、五味子、乌梅、蒲公英等；对肾功能有影响的目前经验还不多，可试用黄芪、黄精、枸杞子、酒大黄、丹参等。

四、如何合理地接受中医治疗

整体观念是中医药的重要特色之一。中医强调，身体各个部门的相互协调，协调和统一才能保持机体的平衡，“阴平阳秘，精神乃治”就是这个意思。还有一点，中医重视扶正，扶正祛邪在治疗中占很重要的地位，这就是所谓“正气存内，邪不可干”了。

正因为有了上述特点和作用，中医治疗有二个现象。一是治疗时间很长，化疗的服中药，放疗的也服中药，这些治疗的间隙也服中药，尤其是手术后化疗或放疗结束后也长期服用中药，似乎是无休止。这使癌症患者分不清主次。二是中医药治疗副作用少，不像手术、放疗、化疗那样“受罪”，这么一比中药治疗容易接受。患者常常向医生提出不化疗或不放疗，只吃中药行不行的问题。

我想通过我在诊疗中遇到的一些现象和所经历的经验，谈谈如何才能合理地接受中医治疗的问题。

（一）中医或中西医结合肿瘤医师队伍

随着社会的进步和发展，中医队伍也在变化。一个变化是中医药与现代科学，尤其是现代医学相结合；另一个变化是中医师专业化，即中医肿瘤科专业医生也逐渐成熟。中医肿瘤科专业医生和肿瘤外科医生、肿瘤化疗医生、肿瘤放射科医生一样，应该是肿瘤专业医师队伍一个分支，应该在肿瘤的综合治疗中发挥应有的作用。固然，中医药几千年的丰富临床经验，包含着相关肿瘤治疗的内容，但全面的、科学的认识癌症是近代的事情，而且首先是从西医那儿来的。目前，相当一部分的中医肿瘤专业医师（还没有法律规定）都在西医肿瘤专科进修，或通过其他途径掌握了相关癌症的基本知识，主要是临床诊断的确切与否，弄清患者接受过或准备接受什么治疗。然后才能依据中医四诊八纲、辨证论治的原则遣方用药，进行中医诊疗，发挥中医药的特色。

我在诊病时（尤其门诊）经常担心两个误区：

1.“不检查”尤其“不复查”

从一般患者看来，找中医大夫看病，就是把脉、望舌，再顺便问一些症状，方子就出来了。实际上不然，对癌症患者的问诊包含着“望、闻、问、切”，对那些在外院和本院的检查结果详细的询问，就是间接的“望、闻、切”，这是诊疗中特别重要的一部分。在诊疗中，癌症患者常问“我的脉怎样，癌症没有复发吧？”我常对患者讲，脉象能反映出“正气虚实”的某一面，或其他一些征象，但绝对不能判定你身上长没长癌瘤。希望我们的患者千万不要跨进这个误区，长期不复查，一旦延误治疗就追悔莫及了。一定要定期复查，最好是在原来给你治疗过的医院或医生那里复诊，千万不要迷信那些所谓的“特异功能”。

2.“忘记了其他治疗”或“拒绝接受其他治疗”

相当一部分的中医治疗是与手术、放疗、化疗相结合的辅助性治疗，但由于患者过分地对你信任，或者“大夫”自信十足，声称包治一切，有可能失去接受合理的最佳的治疗机会。在此，应该使癌症患者和家属明白，癌症的治疗需要综合治疗！

（二）治疗肿瘤的中成药

治疗肿瘤的中成药，即所谓抗癌中成药。近年来涌现出了很多治疗肿瘤的中成药，目前市场上的中成药应该说是经过了一定的临床试验、国家批准的药品。按规定，治疗肿瘤的中成药分两类：一类是抗癌药，要求像化疗药一样有直接缩小肿瘤的作用；另一类是抗肿瘤辅助药，主要具有化疗、放疗的增加疗效或减轻毒副作用，提高免疫力的作用。其中大部分属第二类，即辅助治疗药。但目前有个误导，把中成药的疗效放大化，把辅助药当成治疗药夸大宣传，反而引起了不良后果。有一点应明白，动物身上的实验结果与患者的临床效果之间总是有差异的，甚至临床上体现不出缩小肿瘤的效果。因此，不能借动物实验结果看做是临床疗效，误导患者轻信。

（三）中药的安全问题

中药有“药食同源”一说，不少人有“乱吃”中药的倾向，轻则造成胃肠功能的紊乱，如胃痛不适、食欲减退，甚至有腹泻；重则对肝、肾功能造成损伤。因为中药购买比化疗药随意，有些癌症患者一次购进好几种药，或者投医多处，拿到好几种成药。这里要注意，不少成药的成分是重叠的，一起服了超量，有产生副作用的可能。中药往往是长期服用，不像化疗药短期、按周期服用，有副作用可以克服一下，就过去了。所以服中药尤其是扶正一类的中药，最好不要有使患者不舒服的症状。我常对患者讲，我这个药吃了不舒服，尤其恶心、呕吐、腹泻等现象，千万不要一味坚持，应停药观察或者更改处方。有些患者误认为腹泻可以祛邪，把癌症消下去，这也是个误解。

这里需要强调的是，上面出现的负面现象，不是中医药本身有问题，而是不能合理诊治或运用中医药所致。我们不能因此而走向另一个反面，即否定中医的特色和它在癌症综合治疗中的作用。依据我个人的体会，在中医药治疗肿瘤的过程中应当注意到以下几点：

1. 坚持中西医结合，在明确诊断的基础上，选择适应于每个患者的治疗手段，如手术、放疗、化疗等相结合治疗。

2. 遵循中医的传统理论的指导，四诊八纲，辨证论治，遣方用药。

3. 在接受中医治疗的过程中必须定期复查，了解病情，调整治疗方案。

（下转第176页）

我与中医鲜药防治肿瘤研究

李建生

北京鲜动物药研制中心　北京　100039

【摘要】 恶性肿瘤严重危害人类健康，对其防治已经成为医学界普遍关注的重要课题。中医药在中华民族数千年与疾病斗争中积累了大量宝贵的经验，在肿瘤临床治疗中占有重要地位，鲜药的应用作为中医药文化中的一枝奇葩，在肿瘤的防治上也有其独到的作用和较好的临床效果。在十余年鲜药的研制开发和临床应用中，作者深刻体会到了鲜药防治肿瘤的优势和特点，并深信鲜药应作为祖国的宝贵财富广泛造福于人类健康。

【关键词】 现代鲜药；肿瘤；金龙胶囊

应用鲜药治疗疾病是我国最早的一种用药形式。翻开中医药的历史，在浩瀚的文献中，我们可以查找到很多应用鲜药来治疗某些常见或者特殊病证的例证。在我国最早的药学专著《神农本草经》中就有“生者尤良”的记载[1]，历代本草方剂著作，都收载了有关鲜药临床应用的丰富经验与理论，如《伤寒论》中生姜泻心汤之生姜即鲜姜；《金匮要略》中百合地黄汤，用百合和生地黄汁组方；《肘后方》中鲜青蒿治疟，生天冬治肺痿咳嗽，生葛根汁治心中苦烦，生刺蓟汁治心闷吐血；《千金方》中苇茎汤用鲜芦根治肺痈；《太平圣惠方》广集民间效方，如以生藕汁入生蜜搅匀饮服，治时气烦渴不止；《宣明论方》中用鲜麦冬、鲜生地做麦门冬饮子；《妇人良方》中四生丸用生荷叶、生艾叶、生柏叶、生地黄，四者皆鲜品，功能凉血止血；《世医得效方》中生地汤治胎黄；《济生方》中大蓟饮，用鲜大蓟、生地黄治咯血；《本经逢原》指出，蒲公英必用鲜品捣汁和酒服，治乳痈效速；《疫疹一得》中清瘟败毒饮用的是鲜竹叶；《温病条辨》中银翘散用鲜芦根；《时病论》中用鲜石斛、鲜生地、鲜麦冬、鲜芦根、鲜菖蒲等。由此可见，鲜药早已成为祖国医药学文化的一个重要组成部分。

我国有着长期临床使用鲜药的经验和丰富的鲜药资源，据调查，在两千多种常用中草药中，有近1/3在传统用法中是以鲜用为主的[2]。鲜药之所以受到如此推崇，用现代的科学观点来看，是由于鲜药品质新鲜，未经过加工、干燥或其他方法炮制，保持了天然的状态和分子结构，因此其有效成分含量高、药效好。中医强调应用鲜品也正是因为鲜药最能保持药品的天然性能，在内科杂病的调治、危急重病的救治，以及解毒外治等方面疗效高于干药。

目前，越来越多的学者和临床医生正大力提倡在临床治疗中应用鲜药。许多中医药学界的泰斗肯定鲜药具有更高的药用价值，建议推广鲜药在临床治疗，尤其是在疑难病治疗中的应用，加强鲜药的生产和供应，推动鲜药和现代科技的结合。现有的鲜药研究中，大都局限于鲜植物药的开发，且大多数中医古籍描述的疗疾鲜药以植物药为多，动物药较少。“动物乃血肉有情之品”，富含滋补、添精益血之功，是强壮补益功效全面的药物。清·唐容川在《本草问答》中曾说：“动物之功利，尤甚于植物，以其动物之本性能行，而且具有攻性。”叶天士称：“久则正邪混处期间，草木不能见效，当以虫蚁（小动物药）疏逐，以搜剔络中混处之邪”。依据生物进化与亲缘关系研究，人是动物进化的最高级形式，二者有相似的组织器官结构，有相同的物质基础。动物体内生物小分子与植物体内分子相比对于人体预防、抵御疾病具有更重要的意义，即所谓动物药与人体可产生“同气相求”的效应。所以，植物药的“生者尤良”用于动物药的“鲜者”，治疗一些疾病的效果应比植物药更好、更独特。因此，鲜药研究应该向着鲜动物药和鲜植物药两个方向不断探索前进。

在人类与疾病的漫长斗争中，鲜药被不断发现、应用、总结和传承，从神农尝百草对鲜药的感性认识，到温病学派对鲜药的理论化认识，再到鲜药在很多疾病的治疗中体现出的不可替代的作用，这一特色历经久远，底蕴深厚。然而，鲜药在储存、加工、运输和使用上很不方便，传统中药制造工艺不仅不能保证用药质量，还会破坏药材中大量的活性成分。从药性理论来看，不少鲜药品种其药性多属于寒性，同一来源的药用动、植物体，在由鲜变干的自然过程和炮制过程中，蛋白质的三维结构会遭到破坏，分子之间的化学键由于高温高压而断裂，空间结构成线性，活性中心消失，从而破坏了蛋白质的药理活性，影响到临床疗效的发挥[3]。因此，如何用现代工艺在不影响生物活性的前提下，将鲜药的各种活性成分提取出来，使鲜药的使用从草药水平上升到制剂水平，成为中医药科研人员研究的一大课题。传统的保鲜方式主要有：自然储存法、砂藏法、砂植法、冰箱保存法、塑料薄膜保鲜法、移栽法等，但这些基本都是依附自然条件的方式，都没有摆脱动、植物生长季节的控制。因此，这类保鲜方法的效果是很有限的，不能适应全国大范围的中医临床应用。保鲜技术的落后已成为制约鲜药临床使用的瓶颈所在，鲜药发展必须突破瓶颈，开创适宜大规模生产的工艺，以满足和适应大生产的需求。为此，我们从鲜药的特点出发，经过数十年不断的研究和尝试，终于开创出了现代鲜药工艺及保鲜技术。“传统鲜药”主要指运用现采现用的鲜植物药，而“现代鲜药”除了鲜植物药，还重点突破了动物药的鲜用，解决了动物药鲜用不易吸收、不卫生和加热易破坏蛋白质等活性成分的问题，提高了药物疗效，节约了药材。

截至目前，对鲜药的研究应用仍然存在很多困难。长期以来，国内对中药材有效成分和药理作用的研究是基于干品进行的，许多实验数据并不完全适用于鲜药。另外，中药的现代化水平滞后亦成为研制鲜药的瓶颈。至今，一些中药的活性成分尚不能肯定，而在活性成分不确定的情况下进行鲜活植物加工，将难以预计新鲜动、植物细胞中的各种酶类会对其活性成分产生怎样的影响，是否会影响鲜药的疗效。采用现代科学技术对干、鲜药物进行的化学成分和药效学的对比研究也表明，鲜药材在干制过程中，不单是物理性状的改变，更重要的是化学成分会发生很多变化，从而使干品药的药效降低。例如，鲜地黄含20种氨基酸，以精氨酸含量最高；干地黄仅含15种氨基酸，以丙氨酸含量最高。特别是动物药所含蛋白质、酶等活性物质，对温度很敏感，遇热易失活、失效。许多活性成分都存在于组织细胞中，受热后不易全部提出，也进一步影响药效。例如，鲜守宫在抗脑胶质瘤方面优于干守宫，这可能是干、鲜守宫在抗癌有效成分方面存在差异所致。然而，动物药生吃很难消化吸收，动物携带的病原微生物常常导致感染，动物含有的异体蛋白也易引起过敏；反之有些动物药毒性较大，如蟾皮、斑蝥，不能生吃。上述弊端限制了鲜动物药的临床应用，因而鲜动物药的使用未得到很好的推广和发展。只有制备工艺的创新与现代化科学技术手段，才能保证提取鲜动物药固有的全部活性成分，并保持其天然和合理的完整结构，从而保证药效发挥。在鲜药制剂的发展中，还有许多问题等待人们去探索、去创新。

在鲜药发展的道路上，通过中国癌症基金会北京鲜药研制中心、中国医学科学院、清华大学、中国中医科学院、北京市临床药物研究所等科研单位的共同努力，我们开创了具有自主知识产权的“低温冷冻现代生化分离提取工艺”，在低温条件下，经过反复冻融使细胞破碎，细胞内的有效成分溶出，体现了“鲜药”的三大优点，即保持了天然成分及成分间的天然配比；保持了天然成分完整化学结构；保持了天然成分生理或药理活性，真正达到动物药鲜用的目的[4]，为后期鲜药的制备和保鲜奠定了坚实的基础。通过该工艺制备的第一个鲜药产品金龙胶囊质量稳定、可控、服用方便，不但打破了保鲜技术瓶颈，而且摒弃了传统单纯追求物理状态的保鲜理念，成为动物药鲜用史上跨时代的事件。

现代鲜药制备工艺与传统工艺相比，避免了强酸、强碱、有机溶剂和高温处理，使原料药在低温条件下释放有效成分，这一点对于鲜动物药制剂的制备尤为重要。鲜动物体内含有大量蛋白质成分，传统工艺条件下蛋白类物质极易变性而失活。因此，低温冻融保持了蛋白类物质空间结构的完整，保证了药理活性的发挥。从现代鲜药金龙胶囊有效成分的对比分析中也可以看出，现代工艺与传统工艺相比，氨基酸含量为传统工艺的 1.5 倍，多肽含量为传统工艺的 4 倍，并且现代工艺所获得的小分子物质占 98% 以上，同时保留了精氨酸酯酶的活性[5]，这些都体现了现代鲜药的“整体、天然、鲜活”的优点。

解决了药物鲜用的工艺，还要研究现代鲜药的药理机制、临床应用，总结鲜药的优势与特色。虽然鲜药的应用具有几千年的历史，但鲜药的作用机制、有效成分、药理药效方面的研究却少之又少，甚至空白。十几年前，人们对于鲜药的认识还仅仅停留在鲜活动、植物体入药的层面，其中多数用于外敷治疗，而对于鲜药用于肿瘤防治的研究尚属摸索阶段。1978 年，我参加了中国中医研究院“文革”后首届研究生班学习，得到了朱良春、谢海洲等多位中医前辈、大师的面授。在一无设备，二无材料，三无经费的极其艰难的研究条件下，我开始了鲜药研制方面的学习和研究。中医学认为，外感六淫、饮食不节及七情失常、脏腑功能失调、正气亏损是形成肿瘤的主要因素；正气亏虚、气机不利、瘀血阻滞、湿痰凝聚、毒邪内聚是肿瘤发生的主要机制；气滞血瘀型、痰湿凝聚型、热毒内结型、气血虚弱型或多种证型的复合则是临床上常见的肿瘤证型；活血化瘀、清热解毒、软坚散结、扶正固本是中医药治疗肿瘤的四大基本法则。一般而言，与肿瘤相关的中医治疗大法主要有解毒驱邪、软坚散结、活血消瘀、化痰除湿、消食导滞、疏通经络、理气消胀、通腑泻热、利水消肿等治实之法，以及补益气血、填精助阳、养阴清热、温阳散寒、健脾益肺、和胃补中、补益肝肾等治虚之法。我翻阅了大量的文献资料，结合肿瘤治疗经验方，筛选出了鲜守宫、鲜毒蛇、鲜全蝎等二十多种治疗癌症不可缺少的药材来加以研究。为了获取鲜活原材料，我骑车到山区进行采集；为了保持药品“鲜”的特性，保证药物质量，用家里的冰箱、冰柜来进行药物的保存；为了保证研制药物的安全使用，我不顾家人的阻挡，效仿“神农尝百草”，亲身试服，感受和体会药物反应。最后在反复试验研制出的初期合剂基础上，根据中医药组方“君臣佐使”配伍原则，确定了鲜守宫、鲜金钱白花蛇、鲜蕲蛇的组方，取名为“扶正荡邪合剂”，也就是现代鲜药之一“金龙胶囊”的前身。在各界的支持和帮助下，“扶正荡邪合剂”于 1989 年 4 月获准进入临床应用，迈出了现代鲜药研制的第一步。1990 年，在北京召开的“鲜动物药扶正荡邪合剂临床科研阶段性成果论证会”，高度评价了现代鲜药临床科研的阶段性成果。1993 年，在中国癌症研究基金会的支持下，“北京鲜动物药研制中心”和隶属于中国癌症研究基金会的二级学术组织“鲜药学术委员会”成立，打造了现代鲜药事业可持续发展的基础，极大地推动了现代鲜药事业的发展。由此而诞生的鲜动物药组方“金龙胶囊”和鲜动、植物药组方“金水鲜胶囊”首开鲜药制剂先河，在鲜药肿瘤防治中发挥了重要作用。

中医药在经历了数千年的发展和传承的同时，也早已使用了一些现代科学的理论、概念和方法，来阐述中医药的作用和内涵。目前发展最为迅速的是生物制剂，具有生物活性功能多，有抗肿瘤、抗病毒和免疫调节活性；作用范围广，在体外几乎对所有肿瘤细胞都有抑制效应；对机体的免疫功能有调节增强作用等特点。现代鲜药类似于生物制剂，但又不同于生物制剂。生物制剂是通过病原微生物及其代谢产物，以及动物和人血浆等制成的制品，是单一的重组蛋白，如白介素、干扰素、肿瘤坏死因子等。而现代鲜药则是多种氨基酸、肽类、蛋白质组成的复杂混合体，其中含有人体必需的氨基酸、免疫因子、细胞因子、转录因子等，共同参与生物体的生理功能调节和免疫调节等多项环节。我们可以把具有抗癌功效的现代鲜药视为生物反应调节剂类，通过对固有免疫（非特异性免疫）、T 细胞介导的细胞免疫、B 细胞介导的体液免疫的调节，肿瘤细胞增殖、凋亡、迁移、浸润等信号通路的调控，癌基因、抑癌基因、多靶点的网络式调节，综合发挥对肿瘤的防治功效，体现了中医药整体治疗的理论思想和现代肿瘤的生物治疗模式。

这里举一个现代鲜药的典型代表——金龙胶囊来说明鲜药的肿瘤防治作用。它是我经过多年的实践和摸索，研制开发出来的第一个现代鲜药制剂，是由鲜守宫、鲜金钱白花蛇、鲜蕲蛇组方而成，选其配伍以整体观、阴阳动态平衡观为指导，秉以“君臣佐使”配伍原则。方中鲜守宫，味咸、性寒，有小毒，可入血分，滋阴降痰，破瘀散结，解毒消肿，透经达络，是平和治癌症之要药，为君药；金钱白花蛇，味甘咸、性温，入肝经，功能通络、搜风、破瘀、解毒、散结、止痉，辅助君药以加强破瘀散结、解毒通络之效，为臣药；鲜蕲蛇，味甘咸、性温，入肝经，性善走窜，内走脏腑，外彻皮毛，透骨通经散络，既可加强君药破瘀散结解郁，又可使臣药的通络解郁散结力量加强。用二蛇之温制约守宫之寒，以防止守宫寒而伤阳；同时，用守宫之寒制约二蛇之性温，以防止燥而伤阴。方中各药不寒不热，阴阳协调，药性平和，又用其性善走窜，内走脏腑、外彻皮毛筋骨之药性，引诸药直达病所，故为方中使药。三药合用共奏滋阴、破瘀散结、解郁通络之功效，又可扶助正气，驱邪扶正兼顾，以驱邪为先，驱邪以扶正。它的主要成分为氨基酸、多肽、蛋白质、核苷类、维生素、无机元素等。氨基酸是生物功能大分子蛋白质的基本组成单位，是构成动物营养所需蛋白质的基本物质。参与人体蛋白质组成的基本氨基酸有20种，金龙胶囊含有14种，其中包括人体必需而又无法在体内合成的8种氨基酸，对调节机体内环境平衡发挥着重要作用。肽类物质是氨基酸通过肽键相连的化合物，在体内具有重要的生理功能，如谷胱甘肽在红细胞中含量丰富，具有保护细胞膜结构及使细胞内酶蛋白处于还原、活性状态的功能。蛋白质大多由100个以上氨基酸残基组成，具有相对严密、比较稳定的空间结构，这也是蛋白质发挥生理功能的基础。而前面所述的独特制备工艺，最大限度地保持了生物体各有效成分的生物活性和他们之间合理天然的关系，使鲜药对人体生理功能进行整体调节，使之能恢复到正常的生理平衡状态。

目前研究发现，现代鲜药对肿瘤的防治作用主要体现在动物整体水平、细胞生物学水平和分子生物学水平三个层面上。在动物体内研究结果表明，现代鲜药可以有效的抑制不同种类荷瘤小鼠瘤体的生长，如对小鼠肝癌（H_{22}）、小鼠肉瘤（S_{180}）、大鼠瓦氏肉瘤（W_{256}）、人脑肿瘤（SHG-44）等瘤体，均有不同程度的抑制作用，且没有发现明显的毒副反应。利用流式细胞技术观察现代鲜药对细胞周期和增殖凋亡的影响，结果显示，现代鲜药可明显增加U14细胞S期比例，降低G2-M期比例，有效阻断细胞的有丝分裂，促进肿瘤细胞的凋亡。其中，现代鲜药中的金龙胶囊还具有诱导HL-60细胞从早幼粒细胞向中幼粒细胞、晚幼粒细胞分化的作用[6]。其对肺腺癌LA795细胞具有明显的抑制作用，虽然对细胞转移率没有明显改变，但可明显降低转移程度；对小鼠子宫颈癌术后局部复发及远处转移的抑制作用结果显示，局部复发瘤抑制率为60.6%、肺转移抑制率为72.5%、淋巴结转移抑制率为55.0%[7]；肿瘤切除前后不同时间施药抑制术后复发及转移的研究结果显示，以小鼠子宫颈癌（U_{14}）双向高转移模型为对象，分肿瘤切除前5天和后5天两个给药组进行对比，金龙胶囊术前组肺转移抑制率为86.5%[8]。现代鲜药还对抑癌基因和癌基因具有不同程度的调节作用，例如金龙胶囊可有效提高抑癌基因p53含量，降低癌基因bcl-2的含量。

生物体内肿瘤的发生、发展过程均由众多蛋白质类物质参与，其中包括：激酶、受体、信号转导通路、核转录因子、细胞因子等。这些物质均具有蛋白质的典型特征，也是肿瘤防治的重要靶点和环节。现代鲜药由于采用的是“低温冷冻现代生化分离提取工艺”，与传统工艺相比极大地维持了蛋白质的空间构型，保护了蛋白质的活性位点，保证了蛋白质生理功能的发挥。利用该工艺提取的有效成分，可参与肿瘤细胞增殖、凋亡、浸润、侵袭等信号转导通路，如MAPK通路、PI3K/Akt通路等。同时，也影响众多核转录因子，如NF-κB、Elk、AP-1、c-Jun等，调节肿瘤细胞增殖、凋亡等多个环节。还可通过蛋白质与蛋白质间的相互作用，对调控蛋白进行干预，发挥肿瘤治疗的作用。同样，这种独特的制备工艺也保护了一些鲜动物体内的精氨酸酯酶活性不被破坏，而发挥降低血液黏稠度的作用。

在探索抗肿瘤机制时，其建立在整体免疫调节基础上的迅速抗炎、抗病毒，以及作为免疫调节剂的潜力逐渐凸显。鲜动物药制剂在防治传染性、流行性疾病方面也具有良好的使用前景。感染性疾病，尤其是变异迅速、病情严重的病毒感染，如AIDS、SARS和人感染高致病性禽流感，病毒变异速度永远快于疫苗诞生的速度。鲜动物药制剂能增强第二道屏障，在抗感染上有着得天独厚的优势。鲜动物药制剂还能从整体上调节免疫，在抗病毒的同时，减少过激炎性反应对人体的伤害。

我们用现代鲜药的代表金龙胶囊来说明鲜药对免疫系统的调节作用。用环孢素A建立免疫抑制动物模型，金龙胶囊可明显提高动物体内 $CD3^+$、$CD4^+$、$CD8^+$、$CD4^+/CD8^+$比值，具有拮抗环孢素A诱导的免疫抑制，增强调节受抑动物的免疫功能。金龙胶囊还可增强DNFB诱导的正常小鼠迟发型超敏反应，和增强DNFB诱导的荷瘤小鼠的迟发型超敏反应。同时，细胞生物学研究结果显示，金龙胶囊既可增强正常小鼠抗体分泌细胞的功能，又可增强荷瘤小鼠抗体分泌细胞的功能；增强 S_{180} 荷瘤小鼠NK细胞的活性，增强免疫抑制小鼠NK细胞的活性；恢复荷瘤小鼠体内T、B细胞的增殖能力。荷瘤小鼠腹腔巨噬细胞产生TNF的能力明显下降，而金龙胶囊可明显增强巨噬细胞产生TNF的能力。联合TACE治疗时，可明显增加患者体内血清IL-2的含量，对患者的免疫功能进行有效调节。

现代鲜药金龙胶囊对免疫系统的调节作用有以下几方面：

（1）提高NK细胞的活性，同时诱导肿瘤细胞凋亡，并分泌IFN-γ调节巨噬细胞吞噬能力。

（2）激活巨噬细胞，同时分泌TNF杀伤肿瘤细胞，并分泌IL-12提高NK细胞活性。

（3）增强T细胞增殖能力，使其进一步分化为辅助型T细胞和杀伤型T细胞，分别发挥各自的细胞免疫作用。

（4）增强B细胞增殖能力，使其分化为浆细胞分泌抗体，调节体液免疫。

（5）增强并激活树突状细胞的作用和活性，加强抗原提呈作用（图1）。

肿瘤的复发/转移均需要新生血管的形

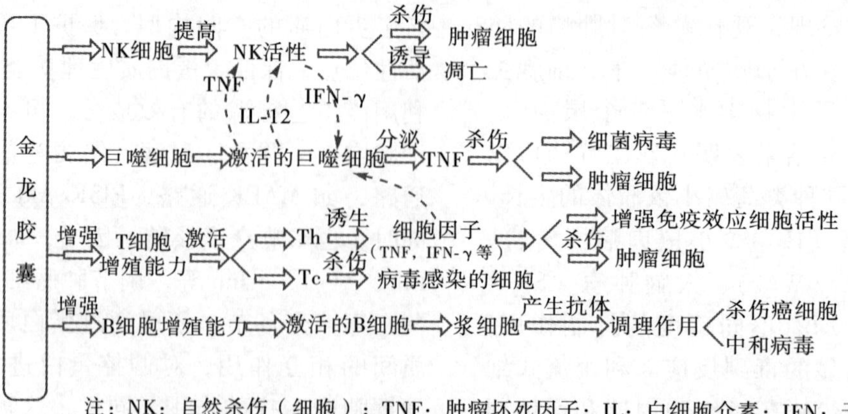

注：NK：自然杀伤（细胞）；TNF：肿瘤坏死因子；IL：白细胞介素；IFN：干扰素；Tc：细胞毒性T细胞；Th：辅助T细胞

图1　金龙胶囊免疫调节作用示意图

成，而肿瘤细胞的生长增殖也需要血液的营养供应。启动新生血管的生长首先是内皮细胞降解局部的基底膜，改变其形态，并增生、迁移，侵袭周围的基质，形成内皮细胞管，最后构建新的血管基底膜。这个复杂的过程意味着可能有一个系统性的呈级联状态的多个调控点。在这些点上，机体能在极短的时间内通过调节血管生成抑制因子或促进因子二者之间的平衡状态来影响内皮细胞的活动状态。与促血管生成因子一样，血管生成抑制因子也能够在几个方面影响血管新生：拮抗由生长因子诱导的血管新生或抑制蛋白酶对抑制因子的酶解作用，阻滞内皮细胞的增殖、迁移和微血管形成。研究表明，现代鲜药之中的金龙胶囊和金水鲜胶囊，均能抑制鸡胚绒毛尿囊膜新生血管网络形成[9]，并且金龙胶囊还含有丰富的类 CDI 因子（内源性血管生成抑制因子），它能抑制肿瘤细胞周围新生血管网络的生成，使癌细胞因切断提供营养和新陈代谢的渠道而死亡，从而阻断癌细胞的生长和转移。这是该药防止肿瘤复发/转移、抑制肿瘤生长的一个重要原因。而现代鲜药的制备工艺保证了 CDI 因子生理活性的保留，防止了具有生理功能的细胞因子因高温变性而丧失生理活性。

药学研究发现，守宫含有与马蜂毒相似的有毒物质及组胺类物质、脂肪油、多种氨基酸、微量元素、维生素等[10,11]，但这些成分的发现不足以系统阐明守宫的抗肿瘤机制及具体作用靶点，而守宫的毒性作用又限制了其临床大剂量应用，故守宫的每日用量一般仅 1.5~4.5g。国内外早期的研究未从守宫里分离出抗肿瘤、抗病毒与免疫调节的有效成分。吴雄志等[12]从守宫中分离得到硫酸守宫多糖，发现该成分可以抑制肝癌细胞 BET-7402 的增殖并诱导分化，而对正常肝细胞 L-02 的生长发育几乎没有影响，起到了很好的增效减毒作用。大量研究表明，多糖物质对正常的人体细胞无毒，且具有抗病毒、抗肿瘤与免疫调节作用。多糖可以活化巨噬细胞，促进淋巴细胞有丝分裂，增强 NK 细胞与 LAK 细胞活性，增强 TD 细胞功能，诱生 IL-2、IL-12、TNF 等细胞因子。近年来的研究也肯定了多糖能提高宿主固有免疫（非特异性免疫）与适应性免疫（特异性免疫）功能而发挥抗肿瘤作用[13]，通过激活巨噬细胞、网状内皮系统、T 和 B 淋巴细胞、补体及促进干扰素、白细胞介素等多种细胞因子的生成等途径对机体的免疫机能产生免疫应答。试验表明[14]，守宫多糖体外可增强淋巴细胞的抗肿瘤免疫，表明守宫多糖是守宫抗肿瘤与免疫调节的重要物质基础之一。守宫硫酸多糖不影响正常肝细胞的增殖与存活，可促进淋巴细胞的增殖，且增强淋巴细胞对肝癌细胞的杀伤力，对晚期肝癌的治疗有积极作用。

现代鲜药临床上主要用于肿瘤的防治，其中临床应用最为广泛的是金龙胶囊和金水鲜胶囊。金龙胶囊的Ⅱ期临床实验采用双盲对照观察，对 300 例原发性肝癌进行观察。结果显示：金龙胶囊的总有效率为 74.5%（Ⅱ期肝癌有效率为 76.32%，Ⅲ期肝癌有效率为 72.58%），平均有效率为 74.50%；癌灶缓解率为 17.50%（Ⅱ期癌灶缓解率为 28.95%，Ⅲ期癌灶缓解率为 10.48%）。患者未发现毒副作用和过敏反应。Ⅳ期临床试验按照循证医学的要求，多中心大样本进行了总结。总结分析了 1999 年以来，金龙胶囊对 13 个省市、三十余家大中型医院的 2660 例肿瘤患者的治疗作用，涉及肝癌、食管癌、胃癌、肠癌、胆囊癌、胰腺癌、肺癌、乳腺癌、卵巢癌、宫颈癌、肾癌、膀胱癌等十余种恶性肿瘤。结果显示，金龙胶囊对肿瘤治疗的总有效率高达到70%以上，其中对非霍奇金淋巴瘤、大肠癌、食管癌、乳腺癌和膀胱癌的有效率均达到80%以上；癌灶缓解率达到20%以上，其中对卵巢癌、非霍奇金淋巴瘤、子宫颈癌和大肠癌的癌灶缓解率均达到30%以上。结果表明，单独使用金龙胶囊可提高患者生存质量、改善临床症状、缓解癌灶、延长患者生存期；配合放、化疗使用可以保护血象、减轻肿瘤自身和放、化疗引起的免疫抑制，提高患者的免疫功能，增强放、化疗疗效；手术前后配合使用具有一定抑制肿瘤术后复发/转移、延长生存期的作用。2006年，我们又进行了金龙胶囊对非小细胞肺癌和胃癌化疗减毒的随机、双盲、阳性对照多中心临床试验。对肺癌的研究结果显示，金龙胶囊可以有效改善患者神疲乏力、少气懒言、食欲不振、口干咽燥等临床症状；总体治疗有效率为79.03%，与对照组相比差异具有明显的统计学意义（$P<0.05$）；卡氏评分、NK细胞活性、$CD4^+/CD8^+$比值与对照组相比明显提高。对胃癌的研究结果显示，金龙胶囊可以有效改善患者少气懒言、脘腹胀闷、纳谷少、大便溏泄等临床症状；总体治疗有效率为88.34%，与对照组相比差异具有明显的统计学意义（$P<0.05$）；卡氏评分提高率为46.67%，与对照组相比差异具有明显的统计学意义（$P<0.001$）。这些临床数据都强有力的证实了现代鲜药对肿瘤防治具有良好的效果，为肿瘤防治工作提供了有力的支持。

【结语】

发展了几千年的中医药理论有其自身独特的优势，最优的发展策略就是既保留了传统鲜药的精华，又对之做了进一步的发展与补充，充分体现“继承不泥古，发展不离宗”的学术思想。在这种思想的指导下，现代鲜药在祖国中医药学文化发展中有了不断的传承和发扬。“低温冷冻现代生化分离提取技术”保持了鲜药中天然成分及成分间的天然配比；保持了天然成分完整化学结构；保持了天然成分生理或药理活性，完全适应“回归自然”的防病治病潮流，开创了现代鲜药的时代，使在广泛种植中草药的今天，现代鲜药也更为方便、经济、有效地应用。另外，采用专利技术，规范化、标准化生产现代胶囊剂型鲜药，使鲜药研究已经进入一个快速发展的黄金时期，鲜药的“知名度”在不断扩大。现代鲜药包含在中药现代化的进程中，中药的现代化必须在遵循中医药传统理论精髓和继承中医药临床实践自身特色的基础上，吸收和借鉴一切人类生命科学发展的成果和现代高科技手段，多学科融合、多技术结合，形成具有时代特色的中医药理论体系，为中药研究开发提供坚实的理论基础。在促进传统中医药技术进步与科技创新的同时，突出体现其自然科学与人文科学相结合的独特文化内涵。为此，我们从整体水平、细胞生物学水平、到分子生物学水平，对现代鲜药的药理药效和机制做了深入的研究，逐步阐明现代鲜药防治肿瘤的科学内涵，使鲜药在临床上更加广泛地用于肿瘤治疗。同时，发挥中医药治疗癌症的优势，从整体入手，全面调节患者的免疫功能，提高患者的生活质量，延长患者的生存期。并且结合中医辨证思想，体现个体化治疗，以治病救人为宗旨，发挥中西医结合的思想，大大加强了现代鲜药在中医药肿瘤防治中的重要作用。如今，我们还在不断地加大鲜药的科研投入，开辟其他动、植物药材鲜用制剂，逐步提高现代鲜药提取工艺，努力提高现代鲜药质量鉴定标准，使鲜药的现代化研究不断开拓创新，求实发展，为推动鲜药事业的发展而不懈努力。

参 考 文 献

[1] 明·缪希雍撰. 神农本草经疏. 北京：中国中医药出版社，1997.

[2] 郝近大主编. 鲜药的研究与应用. 北京：人民卫生出版社，2003：294-301.

[3] 李建生，郝近大主编. 鲜药图谱. 北京：中国医药科技出版社，2006.

[4] 鲍世铨. 现代抗癌鲜中药制剂“金龙胶囊”的工艺特点及科学依据. 2004 中国肿瘤临床年鉴，2005：465-467.

[5] 鲍世铨，曾耀辉，李建生. 鲜动物药“扶正荡邪制剂”的基础及工艺研究以及对治病机制的初步探讨. 中国肿瘤临床与康复，1998，5（增刊）：25.

[6] 赵冬梅，石永进，关大创，等. 金龙胶囊抑制 HL-60 细胞生长并诱导细胞凋亡. 中国医药学报，2002，17（6）：346.

[7] 刘玉琴，赵雪梅，顾蓓，等. 金龙胶囊和蛇毒对小鼠子宫颈癌（U_{14}）抗复发和转移的观察. 中国肿瘤临床与康复，2000，7（5）：4-7.

[8] 高进，刘玉琴，赵雪梅，等. 金龙胶囊对局部肿瘤切除前后不同时间施药抑制术后复发及转移的研究. 中国肿瘤临床，2001，28（1）：53-56.

[9] Luo HS，Zhou DH. Thebrief introduction of anti-cancer traditional Chinese herbal medicine. New J Tradit Chin Med（新中医），1978，（3）：40.

[10] Jiang DQ，Huang XM，Lu WJ. The primary report of the chemical composition analysis of gecko. Bull Chin Mater Med（中药通报），1983，8（1）：30-31.

[11] Hu YQ，Zhao ZJ，Jiang PF. The analysis of 28 species of elementaries in 9 species of drugs from insect. Chin Pharm J（中国药学杂志），1989，24（11）：650-651.

[12] Wu XZ，Chen D，Xie GR. Effects of Gekko sulfated polysaccharide on the proliferation and differentiation of hepatic cancer cell line. Cell Bilo lnt，2006，30（8）：659-664.

[13] 吴雄志，陈丹，艾青，等. 多糖抗肿瘤机理研究进展. 中国中医基础医学杂志，2001，7（12）：67-69.

[14] 闫祝辰，张晓宇，吴雄志，等. 守宫多糖对淋巴细胞增殖与细胞毒作用的影响. 中草药，2007，38（8）：1230.

中西医两法治疗肿瘤的几点体会

李佩文

卫生部中日友好医院中西医结合肿瘤内科　北京　100029

我是1967年北京医学院（今北京大学医学部）的毕业生。1965年，按周恩来总理指示参加西北医疗队去甘肃。在巡回医疗队里，要求医生必须是多面手，特别是中西医两法治疗。好在那时候基础各科课程都已学完，队里各科医生都较齐全，便于学习各科知识。在医疗队里，从拔牙到计划生育手术都是当地群众的需求。那时老百姓很穷，稍贵的药品都不敢用，社会上流行的医疗口号是“一根针，一把草”。当地老百姓对中医中药情有独钟。好在念医学院时学过中医，在医疗队里更是巩固了中医的基础。大学毕业后被分配到新疆天山地区工作，那是以哈萨克族为主的少数民族聚居区，又是全国有名的食管癌高发区。上级要求积极开发天山中草药，用当地资源防治食管癌。尽管天山中草药十分丰富，但是哈萨克族民众从来没有使用中草药的习惯。于是我们在当地积极培养民族“赤脚医生”，宣传改变不良生活习惯的知识，如少喝热奶茶、不吃酸奶酪、不吃烧烤牛羊肉、多吃新鲜蔬菜水果等。在广大的牧区开展早期食管癌筛查工作。可喜的是少数民族很配合，也愿意用中草药。新疆生物土壤研究所的专家们也参加了开发中药的工作，他们从植物学角度研究中药，对我们了解中药也起到了积极作用。天山地区动、植物药源丰富，如党参、桔梗、鹿茸、川贝母、锁阳、雪莲等诸多名贵中药都有出产。我们在当地举办过多期中医药抗癌学习班，每年都组织庞大的上山采药队伍，后来完成了《天山中草药志》一书留给了当地卫生系统。

1978年，全国恢复高考后，中国中医研究院开始招收中西医结合肿瘤临床研究生，也为我考研创造了机会，报考条件是要有中西医两套肿瘤知识，这对我是“正中下怀”，于是被广安门医院肿瘤科录取，指导老师除段凤舞是名老中医外，余桂清、张代钊都是“西学中”的老前辈。研究生的三年学习，为打牢中医学基础的功底起了很大作用。研究生的课题也是用中医的方法防治食管癌。为完成课题，我被派往河南林县、河北涉县等太行山食管癌高发区，当时那里是全国著名的贫困县，老百姓很少能吃到新鲜蔬菜、水果，主要吃酸菜以及胡萝卜腌制成的咸菜，众所周知，那里面含有大量的亚硝酸盐等致癌物质。由于条件艰苦，那里的群众患了食管癌不去手术，也不愿放、化疗，只企盼中草药能发挥作用。好在那里的人口比较密集，容易开展普查、普治，那时内镜还没广泛应用，普查中只能靠“拉网”来进行，由河南医科大学病理学教授沈琼倡导，“拉网”就是让病人吞入橡皮球，注入气体后再拉出来，靠橡皮球上丝网黏附的食管黏膜上皮细胞来诊断，掌握细胞增生和恶变的程度。这样要让大量的人群来吞橡皮球，为群众带来诸多不便，耗费大量人力、物力，后来介入中医四诊以后发现，食管黏膜有恶变倾向的人，中医舌诊多具有“青紫舌”的特征。于是在河北省医科院王济民老师的带领下，开展了以中医舌诊为主的“粗筛”普查食管癌工作。后来经过多中心、大样本、双盲的方法观察，认为这种方法在当地切实可行，从而大大的减轻了工作量。这一工作后来受到了河北省有关部门的肯定[1~3]。经过大面积、大样本的普查发现了大量的癌前病变的人，对这一人群早期预防事关重要。当时正是全国提倡大搞中草药热潮中，于是开展了以中医研究院中药研究所姜廷良教授为首的“六味地黄丸预防食管癌的基础和临床研究”工作[4]。这时我正好在高发区负责临床工作，后来这一研究获得中华医学会1989年全国中医药科技成果二等奖及1990年国家科技进步三等奖。

1981年，研究生毕业后，授予硕士学位并留广安门医院肿瘤科工作。1984年，卫生部中日友好医院成立，被派往该院协助张代钊教授筹建中医肿瘤科的工作，先后担任该科副主任、主任，院中西医结合肿瘤临床首席专家等工作。该院现代化医疗设备较充足，中西医两种力量都很强，并强调中西医结合为办院宗旨，对开展中西医两法治疗创造了良好条件。在多年肿瘤治疗的治疗中体会到：两条腿走路总比一条腿好，搞好中西医结合应力求达到1+1>2的效果。因人而异的个体化治疗，及以人为本、维护患者生活质量，中医中药具有更为灵活的余地，下面谈谈几点个人体会。

一、化疗及靶向治疗不应忘记中药配合

单纯的肿瘤化疗常引起骨髓抑制，造成血象下降和免疫力紊乱等毒副作用。中药的补气养血、补肾养肝等“扶正”作用，有较好的配合作用[5]。西药化疗常引起呕吐、厌食等消化道反应，健脾益气、宽胸降逆的中药有较好的保护脾胃功能的作用，如传统的平胃散、黄芪建中汤等都是化疗中常用的健脾利湿方剂。中医理论有“人以胃气为本”、“得胃气则昌，失胃气则亡”的说法，可见中医关注脾胃功能的重要性[6]。目前西药诸多的止吐药对防治恶心、呕吐可谓“立竿见影”，但病人用后会有数日食欲不振，而中药的作用却没有这一弊病[7]，而且价格便宜，便于社区、农村等基层应用。

近年来靶向治疗发展迅速，新药不断涌现，但其毒副作用也日渐显露。如吉非替尼（易瑞沙）、卡培他滨（希罗达）等药常引起“手足综合征”，使肢端麻木、疼痛，甚至红疹、破溃。而中药的祛风通络解毒之剂常可克服这些不良反应。如中药的天麻、钩藤、千年健、老鹳草等组方常可发挥作用，而且可以口服或外洗等多种途径症状得以缓解。

二、中药减轻放射治疗毒副反应

单纯的西医放疗，特别是头颈部放疗，尽管现在又开展三维适形放疗，也仍有诸多病人口干舌燥，甚至皮肤反应等放射性炎症，中医称为“热毒伤阴”。中医的滋阴润燥治法可防治这种津液受损的反应，如增液汤、玉液汤、一贯煎、麦门冬汤等诸多方剂都可配合放疗，达到滋阴润燥的目的[8,9]。

三、中医药缓解肿瘤合并症作用显著

肿瘤病人合并症较多，特别是中晚期阶段。诸多的合并症及并发症可严重影响

病人的生活质量，如黄疸、多汗、厌食、便秘、失眠、脱发、出血等，中西医两法治疗效果往往优于单纯的西医治疗[10]。

四、中医药缓解脑瘤症状常可见效

脑瘤是较为凶险的疾病，无论是原发的或是转移的，也无论是良性的还是恶性的，因其位于颅内，治疗上颇为棘手。又常有头痛、头晕，甚至癫痫等诸多症状。现代医学有手术、放疗、介入、γ-刀等多种手段治疗。但治疗手段的适应证都比较严格，且多见有复发者。门诊中每见有肿瘤长在延髓部位者，位于生命中枢，位置险要，处理颇为棘手，多被拒之门外，故病人常来求助于中医。中医祛风清窍、化痰散结的治疗常可发挥作用。记得2005年夏天去保定会诊，一位家住邯郸郊区的青年农民在延髓部发生肿瘤。影像学检查认为是胶质瘤，无法手术，治疗风险太大且花费上万。病人来要求中医中药治疗。我用天麻钩藤饮治疗2个月，症状明显改善，在此基础上又加僵蚕、全蝎、蜈蚣、蝉蜕，自称“四虫天麻钩藤饮”。病人服药半年，复查肿物已不明显，患者已不再有明显症状，可恢复重体力劳动。余另治一女青年为乳腺癌脑转移的患者，癫痫频繁发作，再投以“四虫天麻钩藤饮”2个月余，癫痫已停止。现治疗二年有余，再无明显症状，目前仍在巩固治疗中，原化疗后脱发也都长出来了。

五、中药退黄可见疗效

2000年，奉国务院台湾办公室指示，台湾新党领导人冯××，因十二指肠壶腹部肿瘤在台湾荣总医院就诊建议手术。但也有一定的危险。因台湾新党政治观点与大陆接近，患者本人要求来京中医药治疗，当时黄疸等消化道症状已十分明显，“国台办”指示积极救治。本人奉命接诊，见患者湿热症状十分明显，投以茵陈蒿汤加以软坚散结之物论治，用药一周，黄疸已见消退，症状明显好转。患者用药月余，再去荣总医院复查，见肿物已明显消退，不必再手术治疗，只用内镜烧灼，已告痊愈。病人惊喜之余，在台撰文“大陆有神医”，患者再来大陆送锦旗一面“一个中国，两岸和平”。

六、超前镇痛，中药当先

癌痛是颇难处理的症状。俗话说：“不怕得癌，就怕疼痛”，尽管推广了世界卫生组织倡导的“三阶梯止痛法”，但推行起来并不理想。在中国也有诸多晚期癌症患者，需要止痛治疗，在国外早有人提出“超前镇痛”的理论，即在疼痛发生之前就采取止痛措施，这与“预防为主”的方针及中医的“治未病”的提法是一致的。但在现在医学领域，在疼痛尚未发生之前就使用镇痛药物，从伦理学及涉及药费报销问题都难以通过。但中医中药可以采取超前镇痛。中医有“不通则通”及“不荣则痛”一说[11]，对于肝癌、胰腺癌、骨转移癌等经常容易发生疼痛的肿瘤，提早应用“通利”和“补益”的中药来预防疼痛是可行的，而且动物实验早已证明中药台乌药、元胡、徐长卿、芍药甘草汤有较好的止痛效果。对于有可能发生剧烈疼痛的患者，在辨证论治的基础上使用这些药物，可有预防疼痛的作用，从而达到“超前镇痛”的目的。在临床治疗过程中我也多有体会：早用中药的患者，就是到了肿瘤晚期阶段，疼痛也比较轻微。根据中医理论，我研制的院内制剂“痛块消口服液”，对于预防疼痛有一定疗效，广泛用于肝癌等肿瘤患者。

七、辨证配制中成药，实现长期伴随治疗

肿瘤疾病已被列为慢性疾病，需要长期伴随治疗。但肿瘤治疗的基本方法包括手术、放疗、化疗，只是在短期内实行。而在漫长的肿瘤康复期间，多没有理想的治疗手段。患者往往到处盲目求医问药，容易上当受骗。本人应患者要求，积极呼吁一些药厂配制水丸。本人根据以往的有效处方，向病人提供以辨证论治为基础的处方。一次可服用数月，大大缓解了病人长时间喝汤药的不便。本人也根据一些肿瘤的常见证候，研制了“平肺口服液”治疗肺癌，成为院内制剂，取得了较好疗效[12,13]。

八、科普宣传，预防为主

本人从事临床肿瘤治疗四十余年，深深感到恶性肿瘤病人越治越多，何时根治肿瘤疾患前途渺茫。这里的原因很多，许多不是医生所能完成的事，而与目前大多数不良生活方式有关。改变不良生活方式则成为个人的事。许多事情的发生始于“无知”，如何使群众从“无知”到“有知”，这是医生该做的事情。于是进入晚年之后，越来越感到，科普宣传比治疗更有益于民众。治疗只能是一个一个地治，而宣教则使大片人群受益。于是利用余暇，我发表了诸多的科普文章，并把诗歌、绘画融入科普著作中去，先后出版了《李佩文养生诗画》《放化疗调养与护理》《癌症病人吃什么?》《饮食调养与护理》等多本科普著作。并在《人民政协报》上连载养生诗画百余篇，并由报界组织“李佩文养生漫画研讨会”。其中《放化疗调养与护理》一书2006年获得中华医学会科普著作一等奖。本人2006年10月也获得中华中医药学会“全国首届百名中医药科普专家”称号；2010年11月，中华中医药学会授予中医药科普“金话筒奖”；2011年10月，中华中医药学会授予“健康科普首席专家”称号。

参考文献

[1] 李佩文. 食管贲门癌患者500例舌象观察. 中医杂志，1982，23（9）：23.

[2] 李佩文. 中医舌诊的基础研究. 中日友好医院学报，1987，1（2-3）：106.

[3] 李佩文. 河北涉县156例食管癌患者八年追踪. 中国农村卫生管理杂志，1987，7（4）：57.

[4] 李佩文. 六味地黄丸防治食管上皮重度增生癌变的观察. 中日友好医院学报，1990，4（3）：170-172.

[5] 李佩文主编. 中西医结合临床肿瘤学. 北京：中国中医药出版社，1996：244.

[6] 金·李东垣撰. 脾胃论. 北京：人民卫生出版社，2010.

[7] 李佩文主编. 放化疗调养与护理. 第3版. 北京：中国中医药出版社. 1999.

[8] 许济群主编. 方剂学. 上海：上海科学技术出版社，1985：104.

[9] 张代钊主编. 中西医结合治疗放化疗毒副反应. 北京：人民卫生出版社，2004.

[10] 李佩文，邹丽琰主编. 乳腺癌综合治疗学. 北京：中国中医药出版社. 1999：715.

[11] 韦绪性主编. 中西医结合临床疼痛学. 北京：中国中医药出版社，1996：25-33.

[12] 李佩文. 辨证配制中药水丸治疗癌症109例分析. 中医药研究杂志，1993，（1）：46.

[13] 李佩文. 抗肿瘤中成药的应用. 中华肿瘤杂志，2011，33（5）：40.

我与中医治疗肝癌的研究

潘敏求

湖南省中医药研究院附属医院　长沙　410006

1977 年，我和夫人黎月恒教授调入湖南省肿瘤医院并负责筹建中医科，从此我们由中医内科转向中医肿瘤的防治研究，当时有关中医治疗肿瘤的参考资料特别是临床资料不多，为此我在中医科正式开科前，深入基层调查采访，花了 3 个多月时间，跑了全湖南省 80 多个县（区），收集有关民间治疗肿瘤的资料，所到之处，人们非常热情，无论是单方还是复方，都毫无保留地介绍，使我有幸收集到了许多防治肿瘤的有价值方药。

1978 年，湖南省肿瘤医院中医科病房正式开设，这也是我国省级肿瘤医院开设中医病房最早的科室之一，由于当时院内医务人员对中医治疗肿瘤不太了解，对中医能否治疗肿瘤尚有不同看法，收治的病人以其他科室已不接收住院的中晚期肝癌、肺癌为主要对象。开始，我们按中医“积聚”的传统治法，以“活血化瘀”为主，然而效果很不理想。将斑蝥、全虫、守宫（壁虎）等抗癌药加进复方，效果仍不佳，无法阻止病情迅速恶化。后通过临床观察，发现肝癌患者随着病情的发展，逐渐出现腹胀，开始以气胀为主，然后气水并重，最后为水胀，随渐进入肝、肾衰竭而死亡。因此防止、消除腹胀是肝癌治疗的一个重要环节，我考虑到肝癌患者的腹胀与脾虚、气滞密切相关，联想到《金匮要略》曰：“见肝之病，知肝传脾当先实脾”，设计了一个健脾理气、化瘀软坚、清热解毒的复方，结果临床效果显著改观。在此基础上我在国内首次提出[1]瘀、毒、虚是肝癌的基本病因、病机，应采用健脾理气、化瘀软坚、清热解毒的法则对患者进行治疗。《医林改错》指出：“肚腹结块，必有形之血”，上腹症块、肝区疼痛是肝癌的主要特征之一。现代舌象研究、微循环及血液流变学研究结果均提示肝癌有明显的血瘀征象，这些都是“瘀”的客观表现；刘野樵《奇经直指》说：“诸癌厥惟肝癌为最毒，”肝癌发展迅速，病理变化凶险；乙型和丙型肝炎病毒感染、黄曲霉毒素，以及饮水污染是肝癌的主要病因因素，这些都属于中医“毒”的范畴；肝癌患者特别是中晚期患者常伴发热，此乃肝癌热毒所致；肝癌患者常见纳差、腹胀、神疲、乏力、恶心、呕吐、腹泻、消瘦等症，此为脾虚伴气滞“肝木克脾土”之故。瘀、毒、虚始终并存，互为因果进行恶性循环，贯穿着肝癌整个病程，实为本病的特殊本质变化。通过临床观察，我还发现肝癌发病后的进程可分三个阶段，即早期（亚临床期），此期正气尚充足，能使癌毒局限在较小的范围内，表现为肿块较小，包膜较完整，病情尚未“形诸外”，临床可无任何瘀毒和脾虚“证候”可见。随着疾病的发展，作为病理产物的肿块（瘀毒病变）进而转化为病因作用于机体，克伐正气（肝木克脾土)，正气（脾气）受损，抗邪之力减弱，致使瘀毒病变扩散，再进一步克伐正气，如此瘀毒与脾虚恶性循环。病情继续发展进入中期，临床表现出肝区疼痛、上腹症块、纳差、腹胀、神疲乏力、恶心呕吐、腹泻、消瘦、发热等瘀毒脾虚证候，此期大多数病例已有肿瘤播散。瘀毒进一步发展，脾气进一步受损。进入晚期则表现为瘀毒弥漫重证与脾气衰败并存，临床可见黄疸、鼓胀（腹水）、恶病质和远处转移。以上可见，瘀毒与脾虚始终并存，互为因果，恶性循环，贯穿肝癌全病程。我还发现肝癌患者常见的纳差、腹胀、神疲、乏力、恶心、呕吐、腹泻、消瘦等脾虚症候不同于一般的脾虚症候，而是代谢紊乱的瘀毒脾虚证候，非单纯机能低下的脾虚症候。脾虚是由瘀毒造成的，仲景所谓："见肝之病，知肝传脾，当先实脾"，旨在告诫我们要动态地观察疾病，预见病势，先"治未病"，"安未受邪之地"，但是肝病传脾并不意味着肝病已消失，只剩下脾病，而是肝脾同病，肝癌毕竟有症块在先，以瘀毒为主，脾虚证候的出现与发展提示瘀毒已经存在并一步步加重，这与其他非恶性肿瘤性消化道疾病所表现的脾虚证候有本质的区别，单纯以健脾理气药很难缓解肝癌的脾虚证候而达到扶正治病的目的，还须配伍化瘀软坚、清热解毒药。根据瘀、毒、虚恶性循环，贯穿肝癌整个过程这一特点，健脾理气法与化瘀软坚、清热解毒法配伍应用是缓解肝癌脾虚的关键，因此对肝癌的治疗应采用健脾理气、化瘀软坚、清热解毒的法则。

1979~1984 年，潘敏求、黎月恒[2]以健脾理气、化瘀软坚、清热解毒法组成的肝复方与化疗、放疗对照观察住院治疗 112 例Ⅱ、Ⅲ期原发性肝癌。中医药组 60 例，Ⅱ期 49 例，Ⅲ期 11 例；其中硬化型Ⅱ期 16 例，Ⅲ期 3 例；炎症型Ⅱ期 1 例，Ⅲ期 3 例。另两组均为Ⅱ期单纯型。治后 1 年生存率中药组为 20%；放疗组（24 例）为 8.3%；化疗组（28 例）无生存 1 年者，显示了该法延长中晚期肝癌患者生存期的作用明显优于放疗和化疗组。

肝复方的基本方药为：党参、蚤休、醋制鳖甲、黄芪、白术、茯苓、柴胡、香附、陈皮、桃仁、大黄、三七、生牡蛎、土鳖虫、半枝莲。方中党参健脾益气，《本草正义》曰："党参能补脾养胃，健运中气，本与人参不甚相远，其尤可贵者，则健脾胃而不燥，滋胃阴而不湿"；醋鳖甲入肝，化瘀软坚，《药性本草》云其："主治症块，下瘀血"；蚤休入肝经，清热解毒，消滞止痛，共为君药。臣以白术、黄芪补脾益胃，助党参益脾胃之气；土鳖虫、大黄、桃仁功擅活血逐瘀，助鳖甲化瘀散结之效；半枝莲清热解毒，散瘀止痛，以助蚤休解毒；佐以茯苓健脾利湿，以增强脾胃运化之力；三七、生牡蛎活血散结，以助化瘀软坚；《灵台要览》云："治积之法，理气为先"，用香附、陈皮疏肝理气、和胃降逆，以助诸药健运脾胃及活血通络；柴胡为使，其用有二：一则疏肝解郁，以佐上药，二则引经，使他药直达病所，如《医学启源》所云："柴胡，少阳、厥阴引经之药也"。诸药合用，共奏健脾理气、化瘀软坚、清热解毒之功。

1984 年，肝复方的研究列为湖南省肿瘤医院院级课题。1986 年，我调入湖南省中医药研究院任附属医院院长、中医临床研究所所长并创建了肿瘤科，黎月恒教授接任湖南省肿瘤医院中医科主任，我们在两个单位继续开展肝复方的研究。1987 年，"肝复方治疗原发性肝癌的临床和实验研究"被列为国家中医药管理局重点课题。

此项研究在 1988 年上海国际肝癌会议

上受到了国内外学者高度重视，1988 年 12 月 15 日，《中国医药报》头版以标题为“我国肝癌专家向公众提示——中医、中药治肝癌生存率高于化疗放疗”进行了报道，并被国家中医药管理局编著的《建国 40 年中医药科技成果》一书收录。

1987~1991 年，潘敏求等[1]继续用该法组成的肝复方系统地观察治疗Ⅱ、Ⅲ期原发性肝癌 164 例，均为住院患者，结果同样表明，肝复方能明显的延长肝癌患者生存期，改善症状，提高生活质量，稳定瘤体，降低甲胎蛋白。治后瘤体稳定率为 78.7%，甲胎蛋白下降率 28.3%。另外，潘敏求、黎月恒[3]将 61 例（Ⅱ期 44 例，Ⅲ期 17 例）肝癌患者随机分为三组，采用不同治法对照研究。即健脾理气、化瘀软坚、清热解毒法组（肝 1 号组）；健脾理气、清热解毒法组（肝 2 号组）；化瘀软坚、清热解毒法组（肝 3 号组）。治后半年、1 年生存率分别为：肝 1 号组 65.7%、32.8%，肝 2 号组 26.0%、8.7%，肝 3 号组 46.2%、15.4%。结果表明，半年和 1 年生存率健脾理气、化瘀软坚、清热解毒法组明显优于其他两组。

实验研究表明：肝复方对小鼠实体性肝癌有显著的抑制作用，抑制率为35.2%~43.6%。对乳腺癌的抑制率为 56.2%，对 Lewis 肺癌的抑制率为 38%，对 H22 腹水瘤，生命延长率为 69.5%，对 EAC 腹水瘤生命延长率为 74%，体外试验对 H22 腹水瘤和 Lewis 肺癌细胞均有杀伤作用，主要是阻断 DNA 的合成。对荷肝癌小鼠 NK 细胞、干扰素、IL-2、MΦ 细胞、LAK 细胞均有明显的促进作用。对对乙酰氨基酚（扑热息痛）所致小鼠肝损伤有非常显著的保护作用，对四氯化碳肝损伤小鼠有非常显著的降低 SGPT 的作用。与此同时，潘敏求等[4]对治疗肝癌的四种法则进行了研究，即健脾理气、化瘀软坚、清热解毒法（A 法），健脾理气法（B 法），化瘀软坚法（C 法），清热解毒法（D 法）。结果，四种法则对小鼠肝癌实体瘤的抑瘤率和生命延长率分别为：A 法 48.4%、69.5%，B 法 6.9%、20.0%，C 法 34.6%、44.2%，D 法 16.0%、50.5%。对荷肝癌小鼠的 MΦ 细胞、NK 细胞、LAK 细胞、IFN、IL-2 活性的影响为：A、B 法对荷肝癌小鼠以上各项指标均有明显的促进作用，但 A 法最强。C 法对 NK 细胞活性、IFN 诱生均有抑制作用，D 法对 IL-2、INF、LAK 细胞均有一定的促进作用。四种治法对以上免疫指标的总体趋势为：A>B>D>C。实验结果表明，A 法具有良好 BRM 活性（对宿主免疫功能激活），这一活性主要来自 B 法，但又不完全是 B 法，因为对 NK 细胞、IFN 活性的影响，C 法有抑制作用，A 法不但抵消了 C 法的抑制作用，而且作用强于 B 法。A 法直接杀瘤作用源于其中 C 法部分，但不完全是，A 法的抑瘤率明显高于 C 法，这说明，B、C、D 法的组合并非各自作用相加，而是有机结合。这一实验结果与我们的临床观察相吻合，也进一步说明了健脾理气、化瘀软坚、清热解毒法的确切合肝癌的病因病机，是肝癌的一种有效治疗法则。

1991 年 12 月，国家中医药管理局组织余桂清、张代钊、欧阳琦、刘嘉湘、潘明继、应荣多等教授对上述研究进行了成果鉴定。鉴定意见为：

“1. 肝复方治疗原发性肝癌，在延长患者生存期，改善症状，提高生存质量及稳定癌灶等方面共 164 例Ⅱ、Ⅲ期患者，治后 1~5 年生存率达 29.3%、14.5%、8.2%、5.2%、4.3%，其中 30 例与另设的 18 例化疗患者，随机对照观察，结果半年生存率：肝复方组 76.6%，化疗组 38.8%，一年生存率：肝复方组 23%，化疗组 11%，肝复方组优于化疗组。此课题还研究原发性肝癌的治疗法则，提出健脾理气、化瘀软坚、清热解毒治则综合运用，其方药构思、组方严密合理，具有中医特色。

2. 实验研究：肝复方对小鼠移植性肝癌、乳腺癌有显著的抑制作用，数据可靠，肝复方有非常显著的诱生干扰素、护肝及改善肝功能功效，能明显提高机体的免疫功能，尤其是提高NK细胞活性。肝复方在治疗量范围内对实验动物心、肝、脾、肺、肾无明显毒副反应，可长期服用，安全可靠。

3. 肝复方制剂（肝乐合剂与肝复方片）的制备工艺设计合理，质量稳定。

综上所述，此课题研究，思路新颖，对中医肝癌治则的研究有新的发展，科研课题设计合理，方法严谨，数据可靠，从临床、基础和制剂等方面均有深入的研究，临床疗效已达国内外先进水平，并取得良好的社会和经济效益，鉴定委员会一致通过此项研究成果，并建议向国家中医药管理局申报科技进步奖。主任委员：余桂清，副主任委员：欧阳琦、应荣多。”

此研究成果获1992年度国家中医药科技进步一等奖。

健脾理气、化瘀软坚、清热解毒法治疗肝癌新法则的创立，进一步提高了肝癌中医治疗的临床水平，得到了国内外同行专家、学者的普遍认可，并被录入全国高等中医院校第6版教材。

1992年，我将肝复方作进一步调整后定名为肝复乐，作为新药研究向卫生部申报，当时国家尚未制定有关肝癌的中药新药指导原则，由我负责制定临床试验方案。我还从临床症状、生存期、癌灶、生活质量等四个方面制定了中医药治疗原发性肝癌的疗效评定标准，报卫生部药审办批准后，1992年5月，由上海中医大学附属曙光医院牵头，开始多中心的Ⅱ期临床研究，至1993年6月结束。

卫生部上海中医学院临床药理基地的结论为：

“1. 肝复乐片确有健脾理气、化瘀软坚的显著效果，在改善临床症状、提高生活质量、增加体重、缓解与稳定瘤体进一步生长、延长生存期均有良好的改善作用，总有效率为74.6%，而对照组为27.4%，两者有非常显著性差异（$P<0.001$），证明肝复乐对原发性肝癌见有肝瘀脾虚症有较好的效果，是原发性肝癌患者的良好治疗药。

2. 肝复乐片的临床Ⅱ期实验对肝功能、肾功能、心功能及周围血象均未见不良反应，但有部分病人出现腹泻维持二周即可自行恢复，可以长期服用。

3. 肝复乐片临床使用方便，适应证广，对原发性肝癌患者由于肝瘀脾虚证引起食纳呆滞、恶性呕吐、胁肋疼痛、脘腹胀满、神疲乏力、心烦易怒，口苦咽干等症状有显著的改善作用，能明显地提高患者的生存质量。

4. 肝复乐片无禁忌证。”

1994年，“肝复乐片”获卫生部批准，是我国第一个经卫生部批准的治疗肝癌的三类中药新药。1994年9月，“肝复乐”新闻发布会在北京人民大会堂隆重举行，全国人大常委会副主任卢嘉锡、王光英，全国政协副主席严济慈、原卫生部部长钱信忠、国家中医管理局领导于生龙等出席会议，我作为肝复乐的发明人在会上作了中心发言。

1995年，我获得国内第一个治疗肝癌的中药新药专利。肝复乐为国家“八五”科技攻关项目，国家“九五”火炬计划项目。1998年，由国家科技部等5个部门批准为国家重点新产品。1999年，由国家药品监督管理局列为国家二级中药保护品种。2000 年，被国家中医药管理局列为向全国推广的科研成果。肝复乐已纳入国家基本药物，现已成为临床中、西医治疗肝癌的常规用药。

辨证论治是中医诊治疾病的主要手段之一，但目前尚缺乏统一的肝癌中医证型及相应的诊断治疗方案，使其临床疗效的发挥受到较大阻碍。针对上述问题，我从 2000 年开始对原发性肝癌中医药诊疗规范化进行了研究。为了全面了解中医药治疗肝癌的现状，探索其中规律，潘敏求等[5]在 2002~2003 年间对建国以来的中医药治疗肝癌的主要临床文献进行了调研，根据本次文献调研制定的纳入标准（专论原发性肝癌者，临床研究者要求样本数达到 30 例以上），共筛选出临床文献 253 份，肝癌患者总例数 14 556 例，采用频数和排序分析、聚类分析、因子分析和多维尺度分析等统计分析，结果表明，气滞血瘀、湿热聚毒、脾虚湿困、肝气郁结和肝肾阴虚证频率分别为 79.07%、68.22%、63.57%、54.26%和 52.71%，为肝癌常见的 5 个证候；此期间，潘敏求等[3]采用随机抽样的方法，对 5 家医院进行了原发性肝癌临床流行病学调查，共收集住院病历调查表 788 份，现场调查表 55 份，最后得有效调查表 843 份。对调查表中 843 例肝癌患者的症状、体征进行频次分析、聚类分析。结果表明，肝癌常出现的症状 11 个，体征 7 个，其中最常出现的症状和体征有 4 个，即肝区疼痛、神疲乏力、纳呆食少和进行性肝肿大；调查 843 例肝癌患者的病历中共用中药 160 余味，对其进行归类，然后进行频数分析、变量聚类分析和因子分析，结果化瘀类、健脾类、理气类和清热解毒类聚为第一类，且频次居于前 4 位，为最常用中药类，其次为利水类、补益肝肾类和软坚类。

2004 年，潘敏求等[6]根据上述调研结果，经刘嘉湘、林洪生、杨新中等 10 位国内著名肿瘤专家咨询，结合自己多年的临床实践，制定出“原发性肝癌的中医诊断、治疗及疗效评价方案”，2004 年 12 月 ~ 2006 年 3 月，在湖南省 4 家省级医院，1 家市级医院进行临床实验。共观察原发性肝癌 180 例，按入院前是否介入治疗作为分层因素，分为 2 个区组（每区组分试验组和对照组），然后按随机原则将区组中的受试对象分到试验组和对照组进入多中心临床试验，其中试验组 120 例，对照组 60 例，全部为住院患者。两组患者性别、年龄、主要临床症状、中医证型、分期、瘤体、AFP、肝功能、卡氏评分、体重等治疗前比较，经统计学处理均无明显差异（$P>0.05$）。病例按中医辨证分为肝瘀脾虚证、脾虚湿困证、湿热结毒证和肝肾阴虚证。试验组按“原发性肝癌中医药诊疗方案”中的治疗方案进行临床试验，根据不同证型分别服用健脾理气、化瘀软坚、清热解毒；健脾理气、化瘀软坚、利湿解毒；清热利湿、化瘀解毒；滋肝养肾、解毒化瘀的辨证方药，并口服相关中成药及中药注射剂治疗。对照组单纯给予楂麦汤（山楂、麦芽）加华蟾素注射液治疗。两组均 4 周为一个疗程，连续观察 2 个疗程。观察期间按实验要求记录两组病例临床症状、瘤体、生活质量、体重、免疫功能、AFP、肝功能等的变化。结果：

（1）组间比较：治后试验组胁痛、神疲乏力、纳呆、食少、腹胀、发热、黄疸、大便溏泻等主要临床症状改善率为 70%，对照组 41.66%（$P<0.05$）；试验组瘤体部分缓解 6 例，稳定 98 例，缓解稳定率 86.66%，对照组部分缓解 0 例，稳定 38 例，缓解稳定率 63.33%（$P<0.05$）。试验

组卡氏评分、体重、CD_3、CD_4 和 CD_4/CD_8、NK、IL-2 水平增加，升高的 AFP、ALT、AST、TB 水平降低，与对照组比较差异显著（$P<0.01$）。

（2）不同证型比较：肝瘀脾虚证中的试验组，临床症状改善率、瘤体稳定率、卡氏评分及体重疗效试验组优于对照组（$P<0.05$）；脾虚湿困证中的试验组，临床症状、卡氏评分、体重疗效优于对照组（$P<0.05$），瘤体变化与对照组无明显差异（$P>0.05$）；湿热结毒证中的试验组，体重增加与对照组比较有差异（$P<0.05$），临床症状、卡氏评分和瘤体变化与对照组无明显差异（$P>0.05$）；肝肾阴虚证中的试验组临床症状改善明显，与对照组比较有显著性差异（$P<0.05$），卡氏评分和瘤体变化与对照组比较无明显差异（$P>0.05$）。

（3）区组比较：中药组与介入后组临床症状、瘤体变化和生活质量比较均无明显差异（$P>0.05$）。

上述研究为国内首次完成的原发性肝癌中医诊疗方案规范化研究，其结果，初步显示了肝癌规范化中医治疗的良好效果。该研究成果于2007年获湖南省科技进步二等奖。

原发性肝癌是我国常见的恶性肿瘤，发病率现已上升为恶性肿瘤的第4位，全国肿瘤登记地区2009年发病率达28.71/10万；而死亡率则跃居第2位，为26.04/10万[7]。如按死亡率/发病率推算，每年肝癌的病死率高达90.7%！诊治形势十分严峻。30多年来，我虽然从肝癌的中医病因、病机、治疗法则、治疗药物、规范化治疗等多方面进行了系统的研究，但还很不够，前方道路非常遥远，须继续艰难的走下去，我深信在中西医的共同努力下，21世纪肝癌的治疗可能会发生根本性的改变。

参考文献

［1］潘敏求，田辉. 健脾理气、化瘀软坚、清热解毒法治疗原发性肝癌. 中医杂志，1993，34（4）：239.

［2］潘敏求，黎月恒. 中药肝复方与放疗、化疗对比治疗原发性肝癌112例. 北京中医杂志，1987，（3）：36-38.

［3］潘敏求，黎月恒. 健脾理气、化瘀软坚、清热解毒法治疗Ⅱ、Ⅲ期原发性肝癌的临床研究. 南京中医学院学报，1993，9（专辑）：8-10.

［4］潘敏求，孙兆泉，刘礼意，等. 肝癌治则机理实验研究. 中国中西医结合外科杂志，1995，1（5）：311-314.

［5］潘敏求，曾普华，潘博. 中医药治疗中晚期原发性肝癌的规律探析. 中医药学刊，2003，21（10）：1641-1642.

［6］潘敏求，潘博，黎月恒，等. 原发性肝癌中医药诊疗方案临床研究. 中华中医肿瘤杂志，2010，4（6）：1-8.

［7］赫捷，陈万青. 2012中国肿瘤登记年报. 北京：军事医学科学出版社，2012：28-30.

刘嘉湘学术思想

刘嘉湘

中医肿瘤专家、上海中医药大学附属龙华医院肿瘤科主任

刘嘉湘教授投身杏林半个多世纪，活跃在中医肿瘤战线四十余载，在全国首倡“扶正治癌”的学术思想和方法，先后主持“六五”、“七五”、“八五”、“九五”、“十一五”国家科技攻关课题，国家自然科学研究基金和上海市重大科技攻关课题多项，科研成果14次获国家、市部级科技成果奖及进步奖，研制了国家新药金复康口服液、芪天扶正胶囊、蟾酥膏（现名为蟾乌巴布膏），为开辟一条具有中国特色的中医药治癌之路矢志不渝，勇于开拓，追求卓越，成果斐然。

一、扶正治癌学术思想

（一）扶正治癌学术思想之形成

虽然在成书于先秦战国时期的《黄帝内经》中就有不少关于肿瘤类疾病的记载，但是我国中医治疗肿瘤事业的发展始于20世纪50年代。1959年，中医药治疗肿瘤的方法和经验首次在全国肿瘤学术交流座谈会上进行交流，当时中医治肿瘤以“攻”为主，常用“以毒攻毒”、“活血化瘀”、“清热解毒”等法，但患者的生存期得不到延长。

1962年，刘嘉湘从上海中医学院（今上海中医药大学）毕业，立志探索中医药治癌新路。他勤求古训，博览群书，发现历代医家十分重视人体正气盛衰与癌肿发病之间的关系，对古人“正虚成岩（癌）”的医学观点十分推崇。《黄帝内经》中就有：“正气存内，邪不可干”、“邪之所凑，其气必虚”的论述。隋代《诸病源候论》中有“积聚者，由阴阳不和，腑脏虚弱，受于风邪，搏于脏腑之气所为也”的记载，指出脏腑虚弱、阴阳失调是发病的根本原因。金代张元素提出：“壮人无积，虚人则有之。脾胃怯弱，气血两衰，四时有感，皆能成积”，认为脾胃虚弱是发病关键。明代张景岳云：“凡脾肾不足及虚弱失调之人多有积聚之病”。李中梓在《医学必读·积聚》中指出“积之成者，正气不足，而后邪气踞之”，强调正虚是积聚发生的内在根本原因，邪气是发病的外部因素。清代余听鸿的《外证医案汇编》明确指出：“正气虚则成岩（癌）。”因此，刘教授认为，恶性肿瘤的发生、发展主要是由于正气虚损、阴阳失衡、脏腑功能失调，以致邪毒乘虚而入，蕴结于腑脏、经络，导致气滞、痰凝、血瘀、毒聚相互胶结，日久形成肿瘤。肿瘤的发生、发展主要是一个邪正相争的过程，肿瘤的生长又会进一步耗伤正气，正不遏邪则又助长了肿瘤的发展。

20世纪70年代，肿瘤与现代免疫学中细胞免疫之间关系的研究才刚刚兴起，刘教授就敏锐地意识到中医的“正气”与机体免疫功能之间可能存在着某些内在联系。他运用免疫学相关原理对“扶正治癌”进

行深入研究，先后发表了《中医扶正法在肿瘤治疗中的应用》《试论癌症治疗中扶正与祛邪的辩证关系》《中医扶正疗法的作用》等数篇文章，形成了中医“扶正治癌”理论体系的基本框架，其中《中医扶正法在肿瘤治疗中的应用》被推荐在1972年全国肿瘤免疫工作会议进行论文交流，系统地提出了中医扶正法治疗恶性肿瘤的学术观点和方法，引起肿瘤学术界及免疫学专家的高度重视。在随后的四十余年中，刘教授以“因虚致病、扶正治癌”立论，探讨中医扶正法治疗肿瘤的临床疗效和作用机理，临床疗效不断提高，晚期原发性肺腺癌治疗后5年生存率达25.22%。他先后应用实验肿瘤学、细胞免疫学、生物化学、分子生物学等现代医学方法进行临床和动物实验研究，从“理论—临床—基础”、“整体—器官—细胞”方面，多层次、多角度、全方位地阐明了中医扶正治癌的机理，“扶正治癌”的学术思想体系日趋成熟和完善。2005年，“刘嘉湘‘扶正治癌’学术思想的理论和实践”研究成果通过吴孟超和王永炎院士领衔的专家委员会的鉴定，荣获国家教育部科技进步二等奖，同年“刘嘉湘‘扶正治癌’学术思想在肺癌中的应用研究”获得上海市科技进步二等奖。“‘扶正治癌’理论及其应用研究”于2006年获中华中医药学会科技进步奖二等奖。这些确立了刘教授“扶正治癌”学术思想在中医肿瘤界的首创地位，丰富和发展了中医药治疗癌症的理论和方法。

（二）扶正治癌学术思想的核心内容

1. 扶正是根本，祛邪是目的

刘教授认为，恶性肿瘤是一种全身属虚、局部属实的本虚标实病症，正虚是形成肿瘤的内在依据，也是病情发展、演变的关键所在，中医提倡“治病必求其本”，因而扶正法是治疗恶性肿瘤的大法，可以贯穿于肿瘤治疗的始终，扶正是根本，祛邪是目的。扶正法的主要作用在于调节机体阴阳、气血、经络、脏腑的生理功能，以充分发挥机体内在的抗病能力，抑制肿瘤的发展，缓解病情，甚至治愈肿瘤。为了保证对肿瘤的长期、彻底治疗，必须强调扶正培本，时时顾护人体正气，通过增强机体的抵抗力，达到控制或缩小肿瘤的目的。手术、放疗、化疗，以及使用有清热解毒、软坚散结、活血化瘀、以毒攻毒等作用的峻烈中草药都属攻邪杀瘤的祛邪方法。对于初起肿瘤，手术切除、放射治疗或化学药物治疗确能取得良好的效果，但当肿瘤发展到晚期，采用这些疗法就有很大的局限性，即使是进行姑息性治疗，也会对机体造成严重的伤害。一味运用攻邪杀瘤的抗癌中药进行辨病治疗可能对肿瘤局部病灶的缩小有一定作用，但是患者的生存期并未因此得到延长，原因在于祛邪太过会损伤正气，不利于疾病向愈。《素问·五常政大论》所曰：“大毒治病，十去其六；常毒治病，十去其七；小毒治病，十去其八；无毒治病，十去其九……无使过之，伤其正也。”不可不谓是经验之谈。

肿瘤是全身性疾病的局部表现，局部属实，全身属虚，杀灭肿瘤细胞只是治其“标”，而肿瘤之“本”在于正气不足，脏腑功能失调，扶正培本才是治其本。因此，刘教授强调“扶正是根本，祛邪是目的”，重视扶正培本法在肿瘤治疗中的应用，处处注意顾护患者的正气，保持患者机体阴阳平衡、气血充盛、经络疏通，通过增强机体的抗病能力，达到控制和缩小肿瘤的目的。这种“以人为本”，扶助正气，最大限度延长患者生命的“扶正治癌”学术思想与当今肿瘤疗效评价中重视患者生活质量和生存期的理念不谋而合，体现了刘教授学术思想的超前性。

2. 扶正培本，辨证为先

扶正法虽属中医“补法”范畴，但不是滋补中药的简单堆砌，更不是不分阴阳、气血面面俱到的“十全大补”。由于肿瘤患者的先天禀赋各有不用，体质也有阴阳的偏盛偏衰，机体对肿瘤的反应性亦因人而异；不同的肿瘤，发生于不同的部位，损伤不同的脏腑；相同的肿瘤，不同的病期，正气虚损的脏腑和虚损程度都不尽相同；即使受损的脏腑相同，也有阴阳、气血的差异。辨证论治是中医治疗疾病的特色与精髓，是中医理论的核心，也是中医取得疗效的根本保证。因此，刘教授强调“扶正治癌”必须辨证，也就是根据患者的临床症状、脉象、舌苔、病程长短、病变范围等情况，分清患者体质的阴阳、虚实，辨明腑脏、气血之盛衰，分别采取补气、补血或补阴的方法，以调整失调之阴阳，阴阳平衡，正气自复。扶正培本、辨证为先这一学术思想与当今肿瘤治疗重视个体化的理念不谋而合，体现了中医理论的博大精深。

明代李中梓云：“病不辨则无以治，治不辨则无以痊。”刘教授对肿瘤患者表现的虚证辨证十分细腻，选药紧扣病机，精当而平和。如临床表现神疲乏力、气短、自汗、纳少，舌淡或胖、苔白，脉沉细无力等气虚证，则治以益气健脾法，选用黄芪、党参、白术、茯苓、怀山药等。脾气虚重在健脾，以党参、白术、茯苓为主。肺气虚重在益气，重用黄芪，佐以白术、茯苓培土生金。若手足心热、潮热盗汗、口干，舌质红、少苔或光苔，脉象细数无力等阴虚内热证，则治以养阴生津法，选用西洋参、南沙参、北沙参、天冬、麦冬、玄参、生地、石斛、枸杞子、女贞子等。肺阴虚以南沙参、北沙参、天冬、麦冬为主，佐以玄参、生熟地，取金水相生之意。胃阴虚以西洋参、北沙参、麦冬、天花粉、生地、石斛为主。肾阴虚以熟地、山萸肉、枸杞子、女贞子为主。若见头晕目眩、心悸失眠、面色萎黄、唇甲苍白、疲乏无力或腰酸，舌淡、苔白，脉细等血虚证，则治以滋阴补血法，选用熟地、当归、阿胶、制首乌、枸杞子、龙眼肉、黄芪、鸡血藤、大枣等。若临床表现为畏寒肢冷、腰酸腿软、神疲乏力、面色苍白、小便清长或夜尿频数、大便溏薄，舌质淡胖、苔薄白，脉沉细等脾肾两虚症状，则治以温肾健脾法，可在健脾基础上选用仙灵脾、仙茅、肉苁蓉、补骨脂、巴戟天等。总之，对不同虚证，刘教授在用药上有的放矢，在平淡之中显不凡之疗效。

3. 扶正祛邪，相得益彰

《医宗必读》说：“正气与邪气，势不两立，一胜则一负。”肿瘤治疗的关键问题就是如何既能消灭癌肿，又要做到不伤正气。刘教授强调，扶正是通过有目的的补益虚损，调节机体的阴阳、气血、经络、脏腑生理功能，祛邪并不是一味地应用大苦大寒的药物猛攻，而是根据肿瘤形成和发展的病机变化，有的放矢地择用祛邪药物。刘教授倡导扶正法治癌，但不排斥祛邪法，为了提高疗效，必须以扶正为主，祛邪为辅，使扶正和祛邪有机结合。他主张扶正是根本，扶正能增强机体抗病能力，为祛邪创造条件，即“扶正中寓祛邪之意”。祛邪是目的，祛邪既可攻夺邪实，又可进一步顾护正气，即“祛邪中寓安正之意”，扶正与祛邪相辅相成，辩证统一，相得益彰，不可偏废。只有谨守病机，抓住病变的主要矛盾和矛盾的主要方面，处理好扶正与祛邪的辩证关系，使扶正与祛邪有机结合，才能紧紧掌握治疗肿瘤的主动权。在临床实践中，则根据患者正气的盛衰、体质强弱、年龄长幼、肿瘤的病理类型、疾病分期、病程长短等，灵活运用攻补之法。刘教授反复临床实践证明，扶正为主佐以祛邪的治法不仅可改善症状、调节机体免疫功能、提高生存质量，还能延长生存期，从而达到“带瘤生存”的目的。

4. 扶正培本，重视脾肾

肺癌虽病位在肺，但与脾、肾关系密切。生理上，肾为先天之本，主纳气，内藏元阴元阳，为一身阴阳之根本；脾为后天之本，气血生化之源，脾气的健运又赖于肾阳的温煦。病理上，“脾为生痰之源，肺为贮痰之器”，“五脏之病，穷必及肾”，可见肺、脾、肾三脏互根互生。从发病来看，先天或后天不足者正气必然匮乏，极易患病；年逾四十者，正气渐虚，脾肾功能渐弱，此时是恶性肿瘤的好发年龄，正如明代张景岳谓：“凡脾肾不足及虚弱失调之人，多有积聚之病”。从病程、病情发展来看，晚期肿瘤患者经过多种攻邪疗法(手术、放疗、化疗等)，正气受戕，每易损伤脾肾，出现脾气虚、脾肾阳虚、肾气虚、肾阴虚、肾阳虚、阴阳两虚等变化。因此，刘教授在扶正培本时十分重视扶脾益肾，调理脾肾是刘教授最常用的扶正培本法之一。

临证若见脾气虚弱日久损及阳气，治以益气健脾，不忘温肾阳以暖脾阳；若见脾阴虚弱、胃阴不足，治以养脾胃之阴的同时予滋补肾阴，以益先天之源；治肾阴虚时配仙灵脾、肉苁蓉等，以阳中求阴，使“阴得阳生而源泉不竭”；治肾阳虚时伍地黄、首乌、枸杞子、女贞子、旱莲草、黄精，或“血肉有情之品”鳖甲、龟板等，使“阳得阴助而生化无穷”。临床观察健脾补肾法为主治疗恶性肿瘤115例，大多数患者临床症状得到改善，生存质量提高，病灶稳定，部分患者病灶缩小，少数患者病灶消失，达到临床治愈。经寿命表法统计，治后1年生存率达95.5%，3年生存率达72.59%，5年生存率达53.07%，10年生存率达28.24%。可见，健脾益气生津和温肾阳、滋肾阴之法在肿瘤扶正治疗中显得尤为重要。

5. 辨证与辨病有机结合

肿瘤是一种具有独特病理表现与病理过程的疾病，癌肿是全身性疾病的局部表现，对于表现为局部邪实的肿瘤的治疗，常在辨证论治的基础上根据肿瘤的部位、TNM分期、病理类型、病程长短等情况加以辨病论治。对不同部位的肿瘤，根据现代药理实验和临床经验选用不同的软坚散结、清热解毒、理气化瘀等祛邪中药，以消除病理产物，提高对瘤灶的控制。如肺癌常选用石上柏、石见穿、白花蛇舌草、七叶一枝花、蜀羊泉等；胃肠肿瘤常用野葡萄藤、藤梨根、菝葜、红藤、苦参、凤尾草等；肝癌常用半枝莲、半边莲、岩柏、漏芦、白花蛇舌草等；脑瘤常用的有蛇六谷、生南星、天葵子、夏枯草、海藻、生牡蛎等。疾病的不同治疗阶段，辨病论治策略有所调整，对放、化疗中的患者或正气极虚者，清热解毒、软坚散结、活血化瘀之品应酌情选用，或根据病情慎用、少用或不用；如未进行放、化疗，正气虚损不明显者，祛邪药的药味药量可以适当增加。这样，既辨证又辨病，使辨证与辨病有机结合，从而进一步提高临床疗效。

6. 抓主证，重舌诊

刘教授在辨证中十分注意望、闻、问、切四诊合参，善于抓住主要症状进行辨证。如阴虚型肺癌以口干，舌质红或绛、苔少或光剥无苔为主要症状；脾气虚证以神疲、乏力，纳呆，腹胀、便溏，舌淡、舌边有齿印为主要症状；气阴两虚证以气短、乏力，口干不多饮，舌淡红为主要症状；若动则气促，腰酸畏寒，夜间尿多，舌质淡红或暗，脉沉细，此为阴阳两虚证的主要表现。局部肿块或见瘰疬痰核，属于痰毒凝滞之主要症状；胸脘胀闷，攻窜作痛常为气机阻滞证的主要表现；疼痛固定，如针刺刀割，为血瘀证之表现。

刘教授认为，观舌质可晓阴阳盛衰，察舌苔可知邪之寒热深浅，再辨其润燥，可晓津液之盈亏，舌苔净质偏红必养阴清热，舌淡胖有齿印必健脾益气。临诊中主证和舌脉常灵活取舍，有时舍症从舌，有时重脉象而轻舌苔，关键在于牢牢把握病机变化，使辨证更为精准。此外，恶性肿瘤病势缠绵，病情危重，常常变生他证，刘教授每从舌质、舌苔、脉象的细微变化了解证型的转变，及时改变治则治法，调整方药，使机体达到新的平衡，因而取得理想的疗效。

7. 灵活组方，选药精当

刘教授在遣方用药时，除了考虑药物的性味归经外，十分重视现代药理研究成果，了解药物的不同药理作用及其作用机制，尽可能地选择既有明确传统功效，又经现代药理实验证实具有抗癌活性的药物，做到一药多用。如生南星化痰之功甚著，现代药理实验证实有抗癌作用，故常用于痰毒内结之肺癌、脑瘤、食管肿瘤、恶性淋巴瘤等；猫人参（Actinidia valvata Dunn，猕猴桃科植物镊合猕猴桃的根）既有健壮作用，又能治癌性胸腔积液、腹水，故常用于治疗顽固不退之癌性胸腔积液与腹水；生米仁既能健脾利湿、清热排脓，又能抑制癌细胞生长，常用于恶性肿瘤脾虚痰湿、热毒内结之病症。在组方中刘教授用药力求平和，忌药性过于偏颇，极少用大毒大攻之品，提倡“攻不宜过，补不可腻”，方中常加用陈皮以理气和胃，鸡内金、谷芽、麦芽以健脾消食，遣方用药时时注意顾护胃气，正是这些看似平淡的药物临床屡见奇效，这当归功于刘教授准确的辨证和丰富的用药经验。

二、重视科研，用现代科学方法探究中医治癌机理

为了进一步探索中医药治疗肿瘤的作用机理，从20世纪60年代开始，刘教授从肺癌着手，先后应用实验肿瘤学、细胞免疫学、生物化学、分子生物学等多种科学方法进行临床和动物的实验研究，从细胞水平、分子水平，多层次、多角度、全方位地阐明了中医治癌的机理。

（一）调节免疫功能

20世纪70年代，刘教授以细胞免疫学为切入点，通过巨噬细胞吞噬活性、淋巴细胞转化率、玫瑰花环形成等试验，探讨中医正虚与免疫功能之间的关系。提出肿瘤患者的正气虚损与机体免疫功能的减退，特别是细胞免疫水平低下有着密切的关系，中医扶正抗癌的机理在于调动了机体的内在因素，使阴阳、气血的失调和异常免疫状态得到纠正，从而增强了抗病能力，初步揭示了扶正法治疗肿瘤的作用机理与调整机体免疫功能密切相关。在此基础上，扶正法治疗肿瘤的作用和机理的研究这一系列课题先后被列为“六五”、“七五”、“八五”国家科技攻关课题和上海市重大课题。研究结果进一步揭示出，中医扶正法是通过增加T细胞、CTL细胞、NK细胞、巨噬细胞等的数量或增强其功能，提高抗肿瘤相关细胞因子IL-2、IFN、TNF等的活性，降低肺癌患者免疫抑制因子可溶性白细胞介素Ⅱ受体（sIL-2R），从而达到抑制肿瘤的作用。

（二）抑制肿瘤细胞生长

中医扶正法不仅能增强免疫功能，而且能够抑制肿瘤的生长，刘教授扶正代表方滋阴合剂和壮阳合剂应用于动物实验研

究，结果表明，前者对 EAC 和 Lewis 肺癌小鼠的抑瘤率分别为 47.89%、32.09%，后者分别为 36.61%、38.89%，而且扶正中药对瘤细胞的 DNA 合成具有一定的抑制作用。临床常用的 24 味益气养阴类中药对人肺腺癌 SPC-A-1 细胞周期和核酸合成影响的研究表明，不同扶正中药作用于 SPC-A-1 细胞的不同周期，能明显降低细胞 DNA 和（或）蛋白质含量。根据单味药研究成果组成的扶正中药新方，能全面抑制癌细胞 DNA、RNA 和蛋白质的合成，影响肿瘤细胞的周期进程，说明扶正中药能直接抑制肿瘤细胞的增殖。

（三）诱导肿瘤细胞凋亡

随着细胞凋亡与肿瘤关系的确立，诱导肿瘤细胞凋亡成为研究抗肿瘤药物的新靶点。刘教授通过实验证实，以益气养阴为主治疗肿瘤的中药复方益肺抗癌饮有肯定的诱导 LAX-83 人肺腺癌细胞凋亡的作用，诱导肿瘤细胞凋亡的分子机制可能与降低 Bcl-2 基因蛋白表达，增加 Bax 和 Fas 基因蛋白表达密切相关。这表明，中医药治疗恶性肿瘤既能抑制肿瘤细胞增殖，又能诱导肿瘤细胞凋亡，预示着扶正也能达到驱邪的目的。

（四）抑制肿瘤的转换

肿瘤的复发和转移是肿瘤治疗失败的主要原因，刘教授的益气养阴方（黄芪、白术、北沙参、天冬）和养阴生津方（南沙参、北沙参、麦冬、百合）能抑制 Lewis 肺癌转移。由益气养阴类中药制成的益肺抗癌饮能抑制癌细胞对血管内皮细胞的黏附，减少癌细胞对内皮细胞的破坏，恢复和改善内皮细胞分泌功能，抑制癌细胞分泌凝血物质 TXB_2，防治和减少癌细胞在微血管形成肿瘤血栓，进而起到抗癌转移的作用。

（五）调节神经内分泌免疫网络

从神经内分泌免疫网络的角度研究，益气养阴代表方益肺抗癌饮有增强细胞免疫功能和促进淋巴因子分泌的作用，且与降低神经-内分泌网络下行通道的 β-内啡肽、雌二醇的含量，消除细胞免疫功能的抑制有关。

系列研究表明，扶正法不仅能改善因肿瘤而产生的一系列虚证，增强宿主的免疫功能，杀伤肿瘤细胞，还能直接抑制肿瘤细胞的增殖，诱导肿瘤细胞凋亡。现代实验手段阐明了“养正积自消”的传统中医理论，并弘扬创新了中医扶正治癌理论。

（上接第 260 页）

[26] Plummer M, Herrero R, Franceschi S, et al. Smoking and cervical cancer: pooled analysis of the IARC multi-centric case-control study. Cancer Causes Control, 2003, 14 (9): 805-814.

[27] International Collaboration of Epidemiological Studies of Cervical Cancer, Appleby P, Beral V, et al. Cervical cancer and hormonal contraceptives: collaborative reanalysis of individual data for 16573 women with cervical cancer and 35509 women without cervical cancer from 24 epidemiological studies. Lancet, 2007, 370 (9599): 1609-1621.

[28] International Collaboration of Epidemiological Studies of Cervical Cancer. Comparison of risk factors for invasive squamous cell carcinoma and adenocarcinoma of the cervix: collaborative reanalysis of individual data on 8097 women with squamous cell carcinoma and 1374 women with adenocarcinoma from 12 epidemiological studies. Int J Cancer, 2007, 120 (4): 885-891.

现代抗癌鲜药金龙胶囊在肿瘤介入治疗中的应用

曲育莹　王秋玲　岳贵娟　李　娜　黄　卉

北京建生药业有限公司　北京　100039

【摘要】 介入治疗是一种新兴的肿瘤治疗方法，因其具有创伤小、定位准、作用快、疗效好、简便安全等特点，已经成为众多肿瘤患者的首选。然而，介入治疗可引起患者相关脏器损害及免疫功能下降，而中药或中成药联合介入治疗，可有效抑制肿瘤生长，提高患者机体免疫力。经肝动脉化疗栓塞术（TACE）是目前公认的肝癌介入治疗中较为有效的方法之一，临床应用极为广泛。但 TACE 并不能使肿瘤组织彻底灭活，还会使患者肝功能和免疫功能受损，出现术后栓塞综合征。如何在治疗过程中进一步改善介入疗效，减少肝功能及免疫功能损害等并发症是目前临床研究的重点。为此，金龙胶囊在联合 TACE 治疗原发性肝癌领域中进行了大量临床观察，同时在联合 TACE 治疗胰腺癌与胃癌方面进行了研究，以考察金龙胶囊在联合 TACE 治疗肿瘤方面的作用及效果。

【关键词】 金龙胶囊；TACE；介入治疗；肝癌；胰腺癌；胃癌肝转移

介入治疗（Interventional treatment），是介于外科和内科治疗之间的新兴治疗方法，包括血管内介入治疗和非血管介入治疗。经过三十多年的发展，介入治疗已成为和外科治疗、内科治疗并重的一种治疗方法，其特点是创伤小、定位准、作用快、疗效好、简便安全、住院时间短。对于肿瘤疾病的治疗，介入治疗的优点在于，药物直接作用于病变部位，可大大提高癌灶局部的药物浓度，减少药物用量，降低药物的毒副作用；无需开刀暴露病灶，一般只需几毫米的皮肤切口，就可完成治疗，对人体损伤小、恢复快，且外表美观；大部分患者只需局部麻醉而非全身麻醉，从而降低了麻醉的危险性；对于目前治疗难度大的恶性肿瘤，介入治疗能够尽量把药物局限在病变的部位，而减少对身体和其他器官的毒副作用，部分肿瘤在介入治疗后相当于外科切除。正由于以上诸多优点，许多介入治疗方法成为了一些疾病（如肝癌、肺癌、腰椎间盘突出症、动脉瘤、血管畸形、子宫肌瘤等）主要的治疗方法之一。

金龙胶囊是由鲜守宫、鲜金钱白花蛇、鲜蕲蛇组方而成，经低温冷冻现代生化分离提取技术制备而成的现代鲜药制剂，最大限度地保留了生物体各有效成分的生物活性，保留了它们之间合理的配伍关系。从中医理论上讲，金龙胶囊具有扶正祛邪的作用；从现代医学角度看[1]，它可以直

通信作者：黄卉，副研究员，E-mail：huanghui_ phd@ yeah.net

接抑制肿瘤细胞增殖、诱导肿瘤细胞分化成熟、提高 NK 细胞活性、激活巨噬细胞、增强 T 细胞和 B 细胞的增殖能力，增强机体的细胞及体液免疫功能，从而达到抑瘤、缩瘤的作用。一些研究结果也证实，金龙胶囊对肿瘤的生长和转移具有抑制作用。将金龙胶囊联合介入治疗肝癌、胰腺癌、胃癌等疾病，取得了一定的临床疗效。

一、金龙胶囊联合 TACE 治疗肝癌的临床研究进展

肝癌是我国常见的恶性肿瘤之一，由于早期缺乏典型症状，临床确诊的患者大多已属于中晚期，从而造成手术切除率低。TACE 是目前公认的肝癌非手术治疗中疗效较好的方法之一，临床应用广泛。但 TACE 并不能使肿瘤组织彻底灭活，还可造成肝功能和免疫功能受损，出现术后栓塞综合征。因此，与其他肿瘤一样，如何在治疗过程中进一步改善疗效，减少肝功能及免疫功能损害等并发症是目前临床亟待解决的问题。利用中药或中成药联合 TACE 治疗，抑制肿瘤生长，提高机体免疫力，成为临床研究的一个重要领域。因此，我们在现代鲜药金龙胶囊联合 TACE 治疗原发性肝癌领域中进行了大量临床观察，以评价金龙胶囊在联合 TACE 治疗肝癌方面的作用及效果。

张火俊等[2]观察并探讨了金龙胶囊对行 TACE 治疗的肝癌患者血清中白细胞介素 2（IL-2）及可溶性白细胞介素 2 受体（sIL-2R）表达的影响，通过检测部分行 TACE 联合金龙胶囊治疗的中晚期肝癌患者外周血中 IL-2 和 sIL-2R 的动态变化，评价金龙胶囊对 TACE 治疗后患者机体免疫功能的影响。结果显示，TACE 联合金龙胶囊治疗，可以改善肝癌患者血清中 IL-2 及 sIL-2R 的表达异常，增强患者的免疫功能，起到较好的辅助治疗作用。本研究结果提示，对接受 TACE 治疗的肝癌患者，同时服用金龙胶囊可有效调节患者免疫功能，对提高原发性肝癌患者的疗效、生存率和生活质量有一定帮助。

董海涛等[3]进行了金龙胶囊并肝动脉介入治疗原发性肝癌 133 例临床观察。结果显示，治疗组有效率（CR + PR）为 62.7%，对照组有效率为 51.5%，经统计学计算有显著差异（$P<0.05$）。治疗后 AFP 下降者，治疗组中有 39 例，有效率为 84.7%（39/46）；对照组有 33 例，有效率为 77.3%（33/43），治疗组明显优于对照组，有统计学意义（$P<0.05$）。全组 133 例治疗后有 105 例可进行 Child 分级，其中治疗组 Child 分级改善 53 例，对照组 52 例，治疗组明显优于对照组。因此，金龙胶囊联合肝动脉介入治疗原发性肝癌效果明显，具有很高的临床推广价值。

温树伟等[4]进行了金龙胶囊对肝癌介入治疗患者生存质量改善的临床疗效评价。结果显示，观察组有效率为 53.84%，对照组有效率为 42.86%，两者比较有显著性差异（$P<0.05$）。患者一般情况方面：治疗期间患者精神状态良好，食欲有所提高，体重增加、腹胀、腹痛减轻 48 例，5 例黄疸有 4 例明显消退，4 例腹水有 2 例明显吸收。26 例原发性肝癌患者中，失访 5 例，剩余 21 例生存期为 3～36 个月，中位生存期 12 个月；对照组 28 例原发性肝癌患者中，失访 6 例，剩余 22 例患者生存期 3～27 个月，中位生存期 10 个月。虽然两组中位生存期无显著性差异（$P>0.05$），但金龙胶囊具有稳定瘤体、抑制肿瘤发展、提高生存质量、改善症状、减轻化疗药物的血液学毒性等作用，且与化疗合用有相加、协同作用，不失为一种肝癌介入化疗栓塞的增效减毒剂。

黄伍奎等[5]将82例原发性肝癌患者随机分为对照组和试验组，均行TACE治疗，其中试验组加服金龙胶囊，观察金龙胶囊对肝癌患者TACE术后不良反应的改善作用。结果显示，试验组患者术后5天红细胞和血小板下降的例数较对照组少（$P<0.05$）；试验组谷丙转氨酶升高的例数较对照组少（$P<0.05$）；试验组血清白蛋白、钾、钠降低的例数较对照组少（$P<0.05$）；试验组患者术后5天的食欲、精神、睡眠、疲乏评分情况优于对照组，腹痛、腹胀持续时间较短（$P<0.05$）。提示，金龙胶囊能减少TACE患者部分不良反应的发生，缩短不良反应持续的时间，提高TACE患者术后近期生活质量，减少TACE对患者机体的损伤。

张晓前等[6]对金龙胶囊联合TACE治疗对肝癌患者的生存期、疗效、生活质量以及不良反应的变化进行观察。结果显示，金龙胶囊联合介入治疗组的中位生存期为18.5个月，单纯介入疗法组的中位生存期为11.7个月，经Log-Rank检验，两组中位生存期差别具有统计学意义（$\chi^2=13.32$，$P<0.01$）。两组病例疗效、生活质量变化（KPS评分）以及不良反应等的比较，差别也均有统计学意义（$P<0.05$）。说明金龙胶囊联合介入治疗效果优于单纯介入治疗。

苑天文等[7]开展了金龙胶囊联合介入治疗对原发性肝癌患者免疫功能的调节作用研究。结果显示，金龙胶囊治疗组患者介入治疗后外周血$CD3^+$、$CD4^+$、NK细胞、$CD4^+/CD8^+$比值、SIL-2R和TSGF数量（均值）与治疗前均无显著变化。对照组患者介入治疗后外周血$CD3^+$、$CD4^+$、NK细胞、$CD4^+/CD8^+$比值、SIL-2R和TSGF数量（均值）较治疗前均显著降低（$P<0.05$）。提示，金龙胶囊有助于原发性肝癌患者介入治疗后细胞免疫功能的恢复。

蒋潮涌等[8]探讨金龙胶囊联合TACE治疗原发性肝癌的近期疗效、不良反应及生存质量的影响。结果显示，联合金龙胶囊观察组的客观缓解率为66.67%，对照组为39.39%，两组比较差异有统计学意义（$P<0.05$）。观察组与对照组治疗后临床受益反应情况分别为76.67%和48.89%，两组差异有统计学意义（$P<0.05$）。观察组患者肝功能损害及白细胞减少等不良反应的发生率均低于对照组，差异有统计学意义（$P<0.05$）。说明金龙胶囊联合TACE治疗原发性肝癌疗效优于单纯介入治疗，并可带来较好的受益反应及防治肝功损害及白细胞减少的不良反应。

贾长河等[9]进行了金龙胶囊配合肝动脉灌注化疗栓塞治疗肝癌的临床研究，以观察金龙胶囊与肝动脉灌注化疗栓塞配合治疗肝癌的疗效。试验共选取60例原发性肝癌患者，随机分为试验组和对照组，对照组单纯应用TACE治疗，试验组在TACE治疗基础上配合应用金龙胶囊。3个月后比较两组生活质量、免疫功能及病灶大小的变化。结果显示，两组有效率比较差异无统计学意义，但肿瘤对照组进展率高于试验组，差异有统计学意义。对照组治疗后$CD3^+$、$CD4^+/CD8^+$较治疗前进一步下降，而试验组$CD3^+$、$CD4^+$、$CD4^+/CD8^+$和NK细胞较治疗前均明显升高，并显著高于对照组治疗后水平。生活质量方面，治疗前两组各项评分差异无统计学意义，治疗后试验组整体生命质量及部分功能和部分症状均得到改善。以上结果提示，金龙胶囊与肝动脉灌注化疗栓塞配合使用有明显的协同增效作用，能够提高患者生活质量、延缓病灶进展及改善免疫功能，且无明显不良反应，可作为肿瘤患者较理想的辅助治疗药物。

二、金龙胶囊联合 TACE 治疗胰腺癌的临床研究进展

胰腺癌是消化系统常见的恶性肿瘤之一，具有病程短、进展快、病死率高的特点，中位生存期为 6 个月左右，属中医“积聚”、“黄疸”的范畴。祖国医学认为，胰腺癌中证属肝气郁结、气机不畅者，见腹痛、脘腹不适、胀满；证属肝气犯脾、脾气虚弱者，见食欲不振、消瘦乏力、腹泻；证属脾虚生湿、湿郁化热、热毒内蓄者，则发为黄疸；若病程迁延日久，气滞血瘀，热毒内结，则见腹块。大多数胰腺癌病例确诊时已是晚期，手术切除的机会少，放、化疗副作用大，效果欠佳。目前多采用中西医结合的治疗方法，以减轻放、化疗副作用，取得了较好的治疗效果。迟惠昌[10]对金龙胶囊联合动脉灌注治疗晚期胰腺癌进行了观察。结果显示，近期疗效：治疗后 CR 为 0，PR 为 17 例（29.3%），NC 为 26 例（44.8%），PD 为 15 例（25.9%），总有效率（CR + PR）为 29.3%，临床稳定率（CR+PR+NC）为 74.1%。远期疗效：随访至 2009 年 6 月，有 2 例失访，随访率 96.55%，失访者按死亡统计。结果半年生存率为 62.1%（36/58），1 年生存率为 44.8%（26/58）。疼痛缓解情况：本组患者介入治疗前有不同程度疼痛者 45 例，治疗后（6~8h）有 10 例患者疼痛消失，22 例患者腹部胀痛明显缓解，4 例疼痛减轻，9 例患者疼痛无明显改善，总有效率为 80.0%。生活质量方面：患者的卡氏评分较治疗前明显好转，治疗前为（65.5±5.0）分，治疗后为（76.5±5.0）分，前后比较有明显的差异。症状改善情况：治疗后患者乏力、食欲、便秘等症状大都有不同程度的改善；其中有 39 例患者的体重较前升高，有 28 例患者的体重增加幅度超过了 7%。以上结果说明，金龙胶囊联合 TACE 治疗胰腺癌效果肯定。

三、金龙胶囊联合 TACE 治疗胃癌肝转移的临床研究进展

孙保木等[11]进行了金龙胶囊联合肝动脉栓塞化疗治疗胃癌伴肝转移的临床观察。近期疗效结果显示，金龙胶囊组完全缓解 3 例，部分缓解 10 例，无变化 6 例，扩展 2 例，总有效率为 61.9%（13/21），扩展率为 9.5%（2/21）；对照组完全缓解 2 例，部分缓解 5 例，无变化 7 例，扩展 7 例，总有效率为 33.3%（7/21），扩展率为 33.3%（7/21）。金龙胶囊组总有效率高于对照组（$P<0.05$），且扩展率明显低于对照组（$P<0.05$）。生活质量评估结果显示，金龙胶囊组治疗后生活质量提高 13 例（占 61.9%），稳定 5 例（占 23.8%），下降 3 例（占 14.3%）；对照组治疗后生活质量提高 7 例（占 33.3%），稳定 7 例（占 33.3%），下降 7 例（占 33.3%），两组比较有统计学意义（$P<0.05$）。生存期结果显示，金龙胶囊组平均生存期（20.4±13.4）个月；对照组平均生存期（13.6±7.0）个月，两组比较有统计学意义（$P<0.05$），说明金龙胶囊联合 TACE 治疗胃癌肝转移具有较好的远期疗效，可以作为转移性肝癌患者介入治疗的辅助治疗手段。

近年来，为了提高肝癌的治疗效果，综合治疗越来越受到重视。肝癌患者本已体虚，再行介入治疗，更易导致免疫力低下，白细胞减少，肝功能损害。金龙胶囊很好地体现了中医“扶正祛邪”的抗肿瘤原则，再加之其为纯中药制剂，本身副作用小，可产生扶正、祛邪、免疫调节、增效、减毒等作用。多项临床资料结果显示，金龙胶囊具有稳定瘤体、抑制肿瘤发展、提高生活质量、改善症状、减轻化疗引起

的毒副作用作用，与介入治疗联合使用具有相加协同作用，可产生更加的临床疗效。

参 考 文 献

[1] 鲍世铨. 现代抗癌鲜中药制剂“金龙胶囊”的工艺特点及科学依据. 见：中国癌症研究基金会《中国肿瘤临床年鉴》编辑委员会编. 2004 中国肿瘤临床年鉴. 北京：中国铁道出版社，2005，12：465-467.

[2] 张火俊，杨继金，王卫星，等. 金龙胶囊对行肝动脉栓塞化疗的肝癌患者血清白细胞介素 2 和可溶性白细胞介素 2 受体水平的影响. 中西医结合学报，2008，6（9）：907-910.

[3] 董海涛，赵炜，卢雯平，等. 金龙胶囊并肝动脉介入治疗原发性肝癌 133 例临床观察. 中国肿瘤临床，2008，35（7）：378-380.

[4] 温树伟，党之俊，苑天文. 金龙胶囊改善肝癌介入患者生存质量的临床评价. 首都医药，2010，17（16）：55.

[5] 黄伍奎，樊喜文，杨树法，等. 金龙胶囊减少肝癌患者 TACE 术后不良反应的临床分析. 中国肿瘤临床，2013，40（3）：157-160.

[6] 张晓前，郭鹏，党之俊，等. 金龙胶囊联合介入疗法治疗原发性肝癌临床观察. 介入放射学杂志，2012，21（3）：249-251.

[7] 苑天文，温树伟，党之俊，等. 金龙胶囊联合介入治疗对原发性肝癌患者免疫功能调节作用的观察. 中国肿瘤临床，2013，40（18）：1116-1118.

[8] 蒋潮涌，曹晶杰，程琼. 金龙胶囊联合 TACE 治疗原发性肝癌的临床评价. 中国医学创新，2013，10（26）：110-111.

[9] 贾长河，王文玉，康谊. 金龙胶囊配合肝动脉灌注化疗栓塞治疗肝癌的临床研究. 中华肿瘤防治杂志，2008，15（18）：1416-1418.

[10] 迟惠昌. 金龙胶囊联合动脉灌注治疗晚期胰腺癌临床观察. 中国中医药信息杂志，2010，17（3）：62-63.

[11] 孙保木，罗明，吴胜兵，等. 金龙胶囊联合肝动脉栓塞化疗治疗胃癌伴肝转移. 中西医结合学报，2008，6（9）：968-970.

脑肿瘤的中医治疗研究进展

曲育莹 王秋玲 岳贵娟 李 娜 黄 卉

北京建生药业有限公司 北京 100039

【摘要】 脑肿瘤的病因、病理尚有诸多疑问，虽然治疗手段较多，但效果难以保证。目前主要以手术、化疗、放疗、靶向治疗为主，但是治疗效果有限，同时患者的生存质量较低，并且治疗后的复发、转移较为严重。而中医中药由于其独特的优势在治疗脑肿瘤方面有着巨大的潜力，鲜中药制剂金龙胶囊在治疗脑肿瘤方面有积极的治疗效果。

【关键词】 脑肿瘤；中医治疗；金龙胶囊

一、脑肿瘤的病因和发病机制

脑肿瘤是脑科学重点研究的领域，其病因尚不明了，目前多数学者认为：由于神经组织中某些正常或胎生的细胞，因受到某些因素（生物、化学或物理因素）的刺激，导致细胞染色体发生断裂、片段缺失、易位、重排以及相关蛋白质的异常表达，从而引起细胞异常的生长和发展。研究发现，约 2/3 少突胶质细胞瘤有染色体 1p 和 19q 的缺失，而神经胶质瘤的发展与 22 号染色体长臂的缺失有关。恶性胶质瘤有表皮生长因子受体的扩增，另外，过氧化物酶 1 与 6、转录因子 BTF3、aB-晶体蛋白、降钙素受体样受体和 CD117 在神经胶质瘤中均有异常表达，为该病的特异性蛋白[1,2]。大细胞退行性成神经管细胞瘤发现有 Rb 和 p53 缺失，N-Myc 和 Ptch2 倍增[3]。已知与垂体瘤相关的基因和蛋白变异有 galectin-3、源自垂体瘤的纤维原细胞生长因子受体-4、与多发性内分泌瘤 1 相关的抑癌基因突变、垂体瘤转化基因、生长抑制 DNA 损伤诱导基因和骨形成蛋白[4]，有报告垂体瘤有 Wnt 和 Notch 路径的激活，其中有关的蛋白质变异包括 SFRP1、TLE2、PITX2、NOTCH3 和 DLK1[5]。研究发现，人类脑瘤中有 plexin D1 蛋白的表达，或可作为分子治疗靶点[6]。近年越来越多证据显示脑癌干细胞的存在，相信其在颅内肿瘤的自体更新扮演一定角色[7]。金属蛋白酶解整合素 ADAM8 和 ADAM19 的高表达则与转移性颅内肿瘤有关[8]。

二、脑肿瘤治疗方式的选择

近年来，颅内肿瘤发病率呈上升趋势，据统计，颅内肿瘤约占全身肿瘤的 5%，占儿童肿瘤的 70%，而其他恶性肿瘤最终会有 20%~30%转入颅内。脑肿瘤按照病理组织学可分为脑胶质瘤、脑膜瘤、神经鞘膜

通信作者：黄卉，副研究员，E-mail:huanghui_ phd@ yeah.net

瘤、垂体腺瘤等类型，由于其膨胀的浸润性生长，在颅内一旦占据一定空间时，不论其性质是良性还是恶性，都势必引起颅内压升高，压迫脑组织导致中枢神经损害，危及患者生命。目前，国内医学界对颅内肿瘤多采用手术治疗、伽马刀治疗、放射治疗和化学药物治疗等手段[9]。手术和伽马刀治疗脑胶质瘤、恶性脑膜瘤和部分脑良性肿瘤，复发率高，且再复发的肿瘤细胞比原生的肿瘤细胞恶性程度更高。另外，尽管放、化疗对癌转移性脑瘤有较好效果，但对于原发的各类脑瘤效果并不理想，由于血脑屏障和血肿瘤屏障的存在，多数化疗药物不能发挥抗癌效果。有研究显示，术后化疗平均存活期不足1年，且患者生存质量较差。这些都使得脑肿瘤的治疗缺乏非常有效的针对措施。

三、中西医结合治疗

（一）中医辨证治疗

中医治疗脑瘤遵循辨证论治的理念，根据证型的不同进行组方。痰湿内阻者，治宜祛湿除痰、醒脑开窍，方以《济生方》涤痰汤加减。热毒瘀结者，治宜清热解毒、祛瘀散结，方以《东垣试效方》普济消毒饮加减。肝肾阴虚者，治宜滋补肝肾、平肝熄风，方以《医级》杞菊地黄丸加减。脾肾阳虚者，治宜补脾温肾、益脑填髓，方以《金匮要略》肾气丸加减。

（二）中医药与手术治疗相结合

手术治疗是目前恶性脑瘤治疗的最主要手段，术前通过CT、MRI进行定位，术中采用术中超声、术中电生理监测、神经导航等高科技手段最大可能切除肿瘤，术后根据病理结果筛选化疗药物，并联合放疗，这一系列手段使得部分肿瘤得到有效控制，但对有些肿瘤特别是恶性程度比较高的肿瘤如胶质母细胞瘤等仍疗效不佳。

研究及临床应用表明，中药配合脑肿瘤术前术后使用可起到以下作用：

（1）调补手术损伤，促进康复，利于患者接受其他治疗。

（2）辅助术后治疗，以防治或减少肿瘤复发、转移，延长生存期。

（3）术前使用中药，可以改善机体状况，恢复体力，增强肝、肾功能，提高手术疗效。

中医强调扶正固本、辨证施治，可有效防治手术并发症，改善术后神经功能，减少脑瘤复发或转移等。许多西医无法治疗的或治疗失败的，而用中医中药彻底治愈的“奇迹”时有发生。已有很多天然药物被证实含有抗癌成分，这些成分具有增强机体免疫功能，诱导癌细胞分化和凋亡等功能，随着对中医中药研究的不断深入，将中医中药和西医治疗方法相结合必将成为脑肿瘤治疗的趋势，为解决脑肿瘤治疗过程中的种种难题提供可行性方案。

秦元等[10]对21例患脑胶质瘤术后患者给予中药汤剂治疗并观察，入组患者年龄18~73岁，平均52岁。男13例，女8例。脑瘤位于额4例，额顶2例，顶5例，颞4例，颞顶3例，小脑半球3例。星形细胞瘤（2级以上）11例，胶母细胞瘤5例，少枝胶质细胞瘤（2级以上）3例，恶性脑胚瘤2例。以传统医学之清热解毒、软坚、逐瘀、利湿理论，拟定如下处方：半边莲、半枝莲、贯众、石见穿、七叶一枝花、白花蛇舌草、茯苓、当归、桃仁、柴胡、石花、川芎、甘草等13味，每日煎服一剂，30剂为一疗程，每次最少一疗程，最多连续3~5个疗程。服药中如因呕吐不能进药时，临时配予止吐及脱水针剂［如甘露醇、呋塞米（速尿）、溴米那普鲁卡因（爱茂尔）、甲氧氯普胺（胃复安）］等以保证服完中药。结果显示：原症状、体征消失，CT追踪原灶消失，尚存活5年以上者5例；有效：原症状、体征有改善，CT示原灶亦有好转，存活1年以上者15例；无效：原症状、体征、CT所示原灶均无变化或有所加重，存活6个月以下者1例。

（三）中医药与放射治疗相结合

放射治疗既可以直接杀伤肿瘤细胞，同时也损伤正常的组织细胞，中医药辅助恶性脑瘤的放射治疗，有重要意义：

（1）中医药减轻放疗副作用：中医认为放射线是热毒，热毒可以伤阴、伤气，热毒伤脾、肺等脏腑。中药可以减少或防止它的损伤作用。

（2）中医药对放射治疗有一定的增效作用：中药黄芪、太子参、山药、桃仁等益气活血之剂，合并放射疗法，治疗恶性脑瘤，可增加放疗效果，延长患者生存期。

脑垂体腺瘤放射治疗：可以控制肿瘤浸润转移，对垂体腺瘤有很好的疗效。控制肿瘤的发展或缩小肿瘤，也能使视力、视野有所恢复，但不能治愈。

（四）中医药与化学治疗相结合

随着新的化疗药物的不断出现，抗肿瘤药物的药理学、药效学的进展，化疗药物的应用越来越广，中医药与化疗结合治疗恶性脑瘤可增加恶性脑瘤缓解率，提高化疗效果，减轻化疗副作用。化疗药物的副作用主要表现为对骨髓抑制、胃肠道不良反应，以及影响心脏、肝和肾功能。中医认为，这是化疗药物损伤人体气、血、精、津，损伤五脏六腑功能所致，中药可以减轻和改善这些副作用。

（五）鲜中药制剂金龙胶囊

鲜动物药作为一种天然药物，已经逐渐成为近年来抗肿瘤研究的热点。金龙胶囊是1998年由国家卫生部正式批准的第一个抗癌鲜动物药制剂（批准文号：国药准字Z10980041），采用具有自主知识产权的低温冷冻现代生化分离提取技术制成。研究发现，其活性成分主要为生物小分子，多肽、氨基酸、单糖、多糖等。经过十多年的基础研究，金龙胶囊的药理机制主要具有以下几种：

（1）促进肿瘤细胞凋亡；

（2）阻滞肿瘤细胞周期；

（3）诱导肿瘤细胞分化；

（4）抑制肿瘤新生血管形成；

（5）调节机体免疫力等[11-18]。

以金龙胶囊为代表的现代鲜药，以有药用价值的鲜活动物为原料，突破了传统药物的烘、蒸、煮等工艺，利用低温粉碎、细胞冻融破碎、分子分级分离及反渗透浓缩等现代技术手段，最大限度提取其全部有效成分，以保持各有效成分的最大生物活性以及它们之间的最佳天然配比。金龙胶囊独特的制备工艺，大量保留了生物活性小分子物质，其中分子量小于10 000的物质占98%以上，使得金龙胶囊在体内容易吸收，与放疗联合使用效果更佳。目前临床上治疗脑肿瘤的药物并不多见，很多化疗药物由于无法通过血脑屏障而无法起到治疗效果。鲜药制剂已在临床上观察到对脑肿瘤的较好治疗效果，明显提高患者生活质量和生存期。因此，进一步观察和探讨鲜药制剂对脑肿瘤的疗效和机理，拓宽现有脑肿瘤治疗手段，具有极其重要的意义。

（六）金龙胶囊治疗脑肿瘤的研究进展

金龙胶囊在临床使用时被发现对脑肿瘤具有积极的治疗效果。时水治等[19]应用通窍搜瘤汤配合金龙胶囊治疗脑胶质瘤，取得了一定的效果，治疗总有效率达到36.66%（表1）。

通窍搜瘤汤的基本方为：天龙10g，地龙10g，全蝎6g，蜈蚣2条，僵蚕10g，胆南星10g，红花10g，桃仁10g，川芎10g，归尾 6g，赤白芍各 15g，猪苓 30g，生黄芪 15g，金荞麦 15g，鸡内金 30g，甘草 10g。每日 1 剂，水煎饭后服，早晚各 1 次。随症加减：痰毒凝聚型加菖蒲、法半夏；气血郁结型加丹参；肝肾阴虚型加天麻、钩藤、生地；肝胆实热型加生栀子、车前子、泽泻、山慈菇；脾肾阳虚型加仙灵脾、山萸肉、女贞子、枸杞子、白术、云苓。

表 1　通窍搜瘤汤配合金龙胶囊治疗脑胶质瘤 30 例临床观察

组别	例数	完全消失（CR）	部分缩小（PR）	稳定（NR）	恶化	总有效率（CR+PR）
治疗组	30	2	9	3	2	36.66%

黄卉等[20]以表达红色荧光蛋白的人类脑肿瘤（U87-RFP）小鼠原位模型为研究对象，观察金龙胶囊对小鼠原位脑肿瘤的干预作用。结果显示，金龙胶囊对小鼠原位脑肿瘤的抑制率达 45%，且无明显急性毒性反应，提示我们，金龙胶囊可能因透过血脑屏障而发挥抗脑肿瘤的作用。

宋萍等[21]研究发现，金龙胶囊的主要组分鲜壁虎（守宫）冻干粉可以诱导 C6 胶质瘤细胞凋亡。研究人员将 30 只小鼠随机分为 3 组，分别给予顺铂腹腔注射、口服鲜壁虎冻干粉（金龙胶囊原料药）及口服等量蒸馏水做对照。20 天后，取小鼠血清体外处理 C6 胶质瘤细胞。通过形态学分析、流式细胞仪及 TUNEL 法，观察细胞凋亡情况；S2P 免疫组化法检测细胞凋亡相关基因 bcl-2、bax 的表达水平。形态学变化、流式细胞仪分析和 TUNEL 法结果均证实含鲜壁虎冻干粉在体外可诱导 C6 胶质瘤细胞凋亡；鲜壁虎组与空白对照组比较，细胞内的 bcl-2 基因表达无明显变化，bax 基因表达升高。鲜壁虎冻干粉能够诱导细胞凋亡，其机制可能与上调 bax 基因有关。

西医在预防恶性脑瘤的发生方面缺乏有效的措施和办法，只是在控制某些与恶性脑瘤发生的环境因素和相关疾病方面做了一些探索；在治疗方面，西医在防治恶性脑瘤局部病变或由于肿块压迫造成的功能障碍等方面有较好效果，但对于恶性脑瘤肿瘤引起的病理生理变化尚缺乏有效的治疗措施。中医按照其独特的理论体系，应用中药防治恶性脑瘤的发生和发展已经取得了一些效果。在治疗方面，中医在消除肿块方面作用较差，但在防治恶性脑瘤引起的病理生理变化具有较好作用，是目前西医所达不到的。因此，由于中、西医理论体系和临床实践的差异，对恶性脑瘤的治疗各有其特点和长处，正确地选用这两种手段可以起到相互增效、提高肿瘤治疗效果的目的和作用。

参考文献

[1] Odreman F, Vindigni M, Gonzales ML, et al. Proteomic studies on low-and high-grade human brain astrocytomas. J Proteome Res, 2005, 4 (3): 698-708.

[2] Mennel HD, Hallier-Neelsen M, Hagner S, et al. Two novel cell specific receptor proteins, CRLR and CD 117 in human glial tumors. Clin Neuropathol, 2006, 25 (3): 107-114.

[3] Shakhova O, Leung C, van Montfort E, et al. Lack of Rb and p53 delays cerebellar development and predisposes to large cell anaplastic medulloblastoma through amplification of N-Myc and Ptch2. Cancer Res, 2006, 66 (10):

5190-5200.

[4] Asa SL, Ezzat S. Genetics and proteomics of pituitary tumors. Endocrine, 2005, 28 (1): 43-47.

[5] Moreno CS, Evans CO, Zhan X, et al. Novel molecular signaling and classification of human clinically nonfunctional pituitary adenomas identified by gene expression profiling and proteomic analyses. Cancer Res, 2005, 65 (22): 10214-10222.

[6] Roodink I, Raats J, van der Zwaag B, et al. Plexin D1 expression is induced on tumor vasculature and tumor cells: a novel target for diagnosis and therapy. Cancer Res, 2005, 65 (18): 8317-8323.

[7] Vescovi AL, Galli R, Reynolds BA. Brain tumour stem cells. Nat Rev Cancer, 2006, 6 (6): 425-436.

[8] Wildeboer D, Naus S, Amy-Sang QX, et al. Metalloproteinase disintegrins ADAM8 and ADAM19 are highly regulated in human primary brain tumors and their expression levels and activities are associated with invasiveness. J Neuropathol Exp Neurol, 2006, 65 (5): 516-527.

[9] 曹志成. 颅内肿瘤综合治疗及其分子治疗研究进展. 南方医科大学学报, 2007, 27 (7): 1047-1051.

[10] 秦元, 李恒善, 秦达, 等. 恶性脑瘤术后纯中药治疗 21 例临床观察. 包头医学院学报, 1998, 14 (S1): 60-61.

[11] 赵冬梅, 石永进, 关大创, 等. "金龙胶囊"抑制 HL-60 细胞生长并诱导细胞凋亡. 中国医药学报, 2002, 17 (6): 47-53.

[12] 刘玉琴, 高进, 顾蓓, 等. 金龙胶囊 (JLC) 对肿瘤细胞诱导分化作用的研究. 中国肿瘤临床, 2004, 31 (7): 89-91.

[13] 徐淑玲, 王笑红, 张永祥, 等. 金龙胶囊对免疫受抑小鼠淋巴细胞亚群的影响, 中国中医基础医学杂志, 2005, 11 (12): 25-29.

[14] 张才擎, 梁铁军, 袁孟彪. 金龙胶囊联合肝动脉化疗栓塞治疗原发性肝癌疗效观察. 北京医学, 2005, 27 (6): 39-43.

[15] 刘玉琴, 赵雪梅, 顾蓓, 等. 金龙胶囊和蛇毒对小鼠子宫颈癌 (U14) 抗复发和转移的观察. 中国肿瘤临床与康复, 2000, 7 (5): 15-17.

[16] 刘玉琴, 高进, 李建生. 金龙胶囊抗肿瘤复发、转移的实验研究. 北京医学, 2005, 27 (9): 21-24.

[17] 刘玉琴, 高进, 赵雪梅, 等. 金龙胶囊 (JLC) 抑制癌细胞转移及复发的实验观察. 中国肿瘤生物治疗杂志, 2001, 8 (1): 65-66.

[18] 谢斌, 唐春, 黄建. 金龙胶囊对肝癌切除后复发转移影响的初步临床观察. 中华肿瘤防治杂志, 2008, 10 (15): 31-35.

[19] 时水治, 武迎梅. 通窍搜瘤汤配合金龙胶囊治疗脑胶质瘤 30 例临床观察. 北京中医, 2001, 20 (5): 61-63.

[20] 黄卉, 崔向微, 岳贵娟, 等. 金龙胶囊治疗脑肿瘤药理机制研究. 中成药, 2013, 35 (9): 1868-1874.

[21] 宋萍, 王学美, 谢爽, 等. 鲜壁虎冻干粉诱导 C6 胶质瘤细胞凋亡的血清药理学研究. 中国中西医结合杂志, 2004, 24 (10): 919-921.

❖ 肿瘤姑息治疗 ❖

关注生命　善始善终
——谈晚期癌症的姑息性医疗照顾

于世英

华中科技大学同济医学院附属同济医院肿瘤中心　武汉　430030

生命是美好的，活着真好！然而，生命是一个过程，有开始也有终结，死亡是生命的终点。尽管人们早已认识到生、老、病、死是不可抗拒的自然规律，但对于死亡问题人们还是会感到无限的恐惧。人们对死亡的恐惧不仅是恐惧美好人生的结束，更重要的是恐惧死亡过程本身，恐惧死亡过程中可能遭受的痛苦和折磨。

癌症是一种慢性疾病，患者从患病到病情恶化及最终死亡，大多会经历一个缓慢的过程，因此癌症患者的临终期相对较长，患者面临死亡的威胁也会在身体上遭受更多的痛苦，在精神上遭受更大的折磨。如何让无法治愈的终末期患者安然度过人生的最后日子是无法回避的现实问题。姑息性医疗照顾正是直面这一现实问题而形成和发展起来的新学科。也有人将该学科称为临终关怀、善终关怀、善终服务、姑息治疗、癌症康复等。姑息性医疗照顾学科的形成和发展是社会文明进步的标志。

失去根治希望的晚期癌症患者是姑息性医疗照顾的服务对象。终末期患者是十分痛苦的，但它们的亲人同样遭受巨大的精神打击和心理压力，因此患者的亲人也是姑息性医疗照顾的对象。关怀终末期患者的亲人，不仅能减轻他们的痛苦，而且还能让他们更好地关照患者。

有人认为晚期癌症患者已没有任何治疗价值。其实这是不对的，活着就是生命的存在，在活着的每一刻都应该善待生命。癌症终末期患者常出现癌症疼痛、乏力、食欲缺乏、厌食、恶心、便秘、精神颓丧及错乱、呼吸困难、恐惧、绝望等一系列痛苦症状。让他们在身体和精神的痛苦之中等待死亡的来临是不尊重生命的表现。相反，对晚期癌症患者给予姑息性医疗及照顾，不仅能最大限度地减轻晚期患者的症状及临终前的痛苦，改善患者的生存质量，同时也能帮助患者以较舒适、平静的心境和较强的毅力去面对困难，使患者在一生中最艰难的时刻能仍保持自己的尊严。姑息性医疗照顾还能最大限度减轻患者家属的痛苦，使他们得到安抚。因此善终关怀工作对患者及社会都具有积极的作用。

姑息性医疗照顾强调对患者进行积极和富有同情的慈善性治疗；强调尽可能解除患者的疼痛等一系列痛苦症状；强调把患者机体、心理和精神症状看成同等重要的问题来治疗；强调把患者和家属及陪护人员看着一整体，为他们提供支持与援助；帮助患者积极生活直至死亡；协助患者的亲人在患者患病期间及去世后能应付现实问题并承受打击。

姑息性医疗照顾需要专门的知识和技

能，需要专门的学科队伍。英国的克里斯托弗街移动性临终关怀医院是最早开始进行姑息性医疗照顾的专科医院。近20年，许多国家和地区都建立了以社区服务为基础的姑息性医疗照顾专科医院。不少综合性医院成立了姑息性医疗照顾专科。姑息性医疗照顾不仅受到医学界的重视，还得到社会和政府的支持。欧洲各国、美国、加拿大、日本等经济发达国家及中国香港地区的姑息性医疗照顾工作已取得较大进步。部分发展中国家，如乌干达、智利等也在积极开展姑息性医疗照顾工作。

癌症患者的姑息性医疗照顾的方式多种多样，医疗场地可能在医院，也可在家中。在医院，患者可得到较好的医疗，但因为缺乏家庭温馨气氛，患者仍会感到极大的痛苦。许多住院患者临终前苦苦央求"回家"的叹息，曾给多少患者、家属和医务人员留下过多少深深的遗憾，这种遗憾甚至会使部分患者的家属长期自责而不能自拔。患者在家中接受姑息性医疗照顾直至死亡，这种方式日益受到重视，在北欧等发达国家尤其如此。患者在家中接受姑息性医疗照顾，如果医疗治疗及护理能充分满足患者的需要，则可使更多的患者真正地积极生活，平静安详地度过人生最后时光，患者在家中接受姑息性医疗照顾还可大大节约医疗费用开支。患者在家中接受姑息性医疗照顾需要有专门的医务人员上门服务，需要良好的通信联络及急救反应系统，患者的家属及陪护人员需要接受一定的培训指导，此外还需要公费医疗及医疗保险政策保障非住院患者的医疗费用报销。不管患者在什么地方接受姑息性医疗照顾，重要的是尽可能让患者感到舒适，并能得到及时周到的医疗服务，真正改善他们的生活质量。

姑息性医疗照顾在我国也开始受到重视，但重视的程度和具体实施的情况与癌症患者和家属的需要还有相当大的差距。愿社会和医学界能早日对癌症患者的姑息性医疗照顾给予足够的重视。

（稿源：中国抗癌协会网站）

相关链接

对症处理并非放弃治疗

于世英

大多数癌症患者都会产生疼痛、乏力、恶心、呕吐、便秘、咳嗽、口腔溃疡、皮肤瘙痒等局部和全身性症状。对此，医生常进行"头痛医头、脚痛医脚"的对症处理。不少癌症患者及家属误认为对症处理就是放弃积极的抗癌治疗。其实——

标本兼治，共同攻克癌魔

实际上，抗癌治疗与对症处理是癌症治疗中两个不可或缺的部分，两者并不矛盾。在癌症治疗中，医生既重视针对癌症本身的治本治疗（抗癌治疗），也重视针对癌症症状的治标处理。也就是说，攻克癌魔，需要标本兼治。而对于许多癌症病人来说，"头痛医头、脚痛医脚"的对症处理常贯穿于癌症治疗的全过程，只是在癌症病变的不同阶段，标本兼治的侧重点不一样，早、中期癌症以治本为主，晚期癌症则以治标为主。

对于可能根治的早期和中期癌症，针对癌症本身的抗癌治疗是治疗的根本目的，而针对症状的治标处理则是作为抗癌治疗的重要辅助治疗内容。积极缓解症状，可以避免症状的进一步加重，避免发生严重的并发症，明显改善患者的生活质量，帮助患者克服癌症恐惧心理，顺利进行抗癌治疗。对于失去根治希望的晚期癌症患者，治标为主，对症处理是患者惟一可能真正获益的治疗方法。因为缓解症状不仅可以直接减轻患者的痛苦，而且还可能改善或保障患者的生活质量，并且在实际意义上延长患者的生存时间。

对症处理，助治疗一臂之力

诚然，对症处理不能根治癌症，而抗癌治疗则可能从根本上达到缓解症状的临床效果。但是，能治本的抗癌治疗也有许多局限性。

首先，抗癌治疗通常需要经过一个较漫长的过程，例如，癌症骨转移接受放射治疗，缓解疼痛的最佳疗效起效时间在放疗后约 1 个月，如果放疗显效前不给予止痛药物治疗，将意味着患者需要持续忍受疼痛的折磨。

其次，抗癌治疗虽然有可能根治肿瘤，但不一定能缓解所有症状，甚至抗癌治疗本身也会产生不良反应，常见的如骨髓破坏、肝肾功能损伤等。

再次，对于失去根治希望的晚期癌症患者来说，漫长的抗癌治疗过程不仅无法根除癌症，甚至连缓解症状的希望可能都十分渺茫。如果癌症所引起的症状长期得不到有效的控制，患者的生活质量会因此受到严重干扰。

可见，针对癌症所产生的症状进行对症处理，不仅能缓解症状，改善生活质量，而且有利于抗癌治疗的顺利进展。为此，患者应积极配合医生，力争获得满意的生活质量。

癌症常见症状处理办法

（1）疼痛：是癌症患者最常见的症状，约 70%的癌症患者会发生疼痛。镇痛药是缓解癌症疼痛的主要方法。

（2）恶心、呕吐：注意调整饮食结构，避免甜食、过稀饮食、油腻食物，房间通气，避免异味。必要时在医生指导下服用多潘立酮（吗丁啉）、甲氧氯普胺（胃复安）、氯丙嗪、颠茄合剂、溴苯胺太林（普鲁本辛）、劳拉西泮等药物。

（3）食欲减退及体重减轻：调整饮食结构，保证摄入足够食物及热量，必要时服用甲地孕酮等药物。另外，对于因食管梗阻不能进食的患者，可考虑放置胃肠饲管，以保障基本营养供给。

（4）便秘：多饮水，同时调整饮食结构，摄入富含粗纤维的食物。适当运动，必要时服用缓泻药。

（5）多汗：服溴苯胺太林（普鲁本辛）或益气养血中药。

（6）口腔溃疡：保持口腔清洁，补充维生素，使用止痛药或口腔黏膜保护剂。

（7）压疮：保持皮肤清洁，经常翻身，避免皮肤受压及循环障碍。

（8）口干：服滋阴益气类中药，多饮水，保持口腔清洁。

（9）抑郁、焦虑、睡眠障碍：心理治疗，必要时在医生指导下服抗抑郁、抗焦虑及催眠药物。

（稿源：中国抗癌协会网站）

规范化治疗癌痛患者——疼痛门诊药物治疗临床分析研究

史鹤玲　李雪冰　张同梅　胡范彬　吕嘉林　孟弃逸　李宝兰

首都医科大学附属北京胸科医院　北京　101149

【摘要】 **目的**：探讨癌痛规范化治疗中癌痛患者在疼痛门诊的镇痛药物治疗疗效及毒副作用临床分析研究。**方法**：研究自2012年4月16日~2013年4月15日我院疼痛门诊癌痛患者门诊诊治情况。采用每月汇总，分析引起癌痛的疾病种类，癌痛原因/分类/程度，药物治疗种类，疗效，毒副反应等。**结果**：一年来我院疼痛门诊共就诊787例癌痛患者。镇痛药物用药途径：经口服为主680例（86.4%）。镇痛药物治疗：单一药物用盐酸羟考酮缓释片430例（54.6%）。剂量范围：在20~90mg/d疼痛即可控制。632例（80.3%）患者使用一种阿片类药物治疗。少数患者联合2~3种药物治疗。规范化治疗后与治疗前比较，重度疼痛有明显减少（31.5% *vs* 55.5%）。无痛患者增多。不良反应方面，254例（32.3%）患者使用阿片类药物引起便秘、轻度恶心、呕吐、食欲减退、头晕、嗜睡、尿潴留、口干、腹胀、幻觉。以上症状可耐受，少数患者需干预处理预防或对症治疗。**结论**：在医院创建疼痛规范化治疗示范项目中疼痛门诊作用不容忽视，规范管理意义重大。疼痛门诊的设立使癌痛规范化治疗成为示范病房的延续。

【关键词】 癌痛；癌痛规范化治疗示范病房（GPM）；疼痛药物治疗；疼痛门诊

世界卫生组织和国际疼痛学会已经确定癌痛是全球的公共健康问题，是21世纪威胁人类健康的重大公共卫生问题[1]。控制癌痛已成为肿瘤康复与姑息治疗须首要解决的问题[2,3]。首都医科大学附属北京胸科医院对于癌痛患者的诊断和治疗已开展数十年，在肿瘤科、麻醉科、胸外科、骨科、放射治疗科，或各科门诊等陆续进行。遵照2011年卫生部《癌痛规范化治疗示范病房（Good Pain Manegemengt，GPM）》项目要求，本院将疼痛门诊对癌痛的诊治作用列入其中。现分析自2012年4月16日~2013年4月15日，本院疼痛门诊患者情况。为癌痛规范化治疗，特别是在疼痛门诊的诊治提供依据。

一、材料与方法

（一）疼痛门诊一般资料

2012年4月16日~2013年4月15日，我院疼痛门诊就诊患者787例，其中男性397例（50.5%），女性390例（49.5%）。患者年龄范围：21~86岁。

作者：史鹤玲，13701392938，E-mail:lian6lian8@sohu.com

通信作者：李宝兰，E-mail:libaolan1109@163.com

引起疼痛的疾病种类：

（1）原发肺恶性肿瘤 658 例（83.6%），其中非小细胞肺癌 610 例（77.5%，包括肺腺癌、肺鳞癌、大细胞癌、肺腺鳞癌，以及非小细胞肺癌和待病理的肺癌患者），小细胞肺癌 48 例（6.1%）。

（2）胸内肿瘤 22 例（2.8%，包括肺肉瘤、恶性胸膜间皮瘤、肺血管内皮细胞瘤、肺上皮样血管瘤）。

（3）肺外肿瘤 84 例（10.7%，包括乳腺癌、食管癌、颅脑浆细胞癌、输卵管癌、结直肠癌、胰腺癌、胃癌、肾癌、咽喉癌、牙龈癌等）。

（4）其他疾病 23 例（2.9%，包括胸痛待查、胸腔积液待查、感染性疾病）。

（二）统计学方法

统计数据采用 SPSS13.0 软件系统处理。疼痛门诊治疗前与规范治疗后患者疼痛程度，统计学率的可信区间比较，$P<0.05$ 为差异有统计学意义。

二、资料分析

（一）疼痛原因及分类

（1）疼痛原因：骨转移癌痛 268 例（34.1%），手术后疼痛 33 例（4.2%）。

（2）疼痛分类：内脏性疼痛 79 例（10.0%，胸膜、腹腔、腹膜、脑、肾、肾上腺、肝、淋巴结等部位转移），躯体性疼痛 271 例（74.4%，多为原发肺癌骨转移引起的癌痛），神经病理性疼痛 3 例（0.4%），伤害感受性疼痛 122 例（15.5%）。混合性疼痛 24（3.0%）

（二）疼痛程度

（1）评价方法：采用数字分级法（Numeric rating scales，NRS）评估[4,5]，无痛为 0 分，轻度疼痛 1~3 分，中度疼痛 4~6 分，重度疼痛 7~10 分。

（2）治疗前患者疼痛情况：

①疼痛程度：无痛 53 例（6.7%），轻度疼痛 230 例（29.2%），中度疼痛 236 例（30.0%），重度疼痛 201 例（25.5%），未评价 75 例（9.5%）；中重度疼痛共计 437 例（55.5%）。

②日暴发痛：0 次 329 例（41.8%），1 次 185 例（23.5%），2 次 118 例次（15.0%），≥3 次 71 例（9.0%）；日暴发痛不详（原因：家属代诊，对患者疼痛程度评分或暴发痛描述不具体）84 例（10.7%）。

（三）镇痛治疗分析

（1）镇痛药物用药途径：口服 680 例（86.4%），贴剂外敷 63 例（8.0 %），口服+贴剂外敷 8 例（1.0%）。

（2）药物治疗：单一镇痛药物治疗 632 例（80.3%）。单一使用阿片类药物 581 例（73.8%）。联合镇痛药物治疗 28 例（3.6%）。其他相关门诊非镇痛药物治疗（包括靶向、镇咳、对症治疗等）50 例（6.4%）。

单一使用盐酸羟考酮缓释片 430 例（54.6%）。剂量范围：20~90mg/d 280 例（35.6%）。100~190mg/d 99 例（12.6%），200~290mg/d 18 例（2.3%）。使用硫酸吗啡控释片 29 例（3.7%），剂量范围：10~99mg/d 22 例（2.8%）。针对不能进食或对阿片类药物不耐受者，使用芬太尼透皮贴剂 63 例（8.0%）。氨酚羟考酮片 123 例（15.6%）。氨酚双氢可待因 20 例（2.5%）。曲马朵缓释片 31 例（3.9%）。

联合使用镇痛药物：盐酸羟考酮缓释片+氨酚羟考酮 10 例（1.3%）。盐酸羟考酮缓释片+芬太尼透皮贴剂 6 例（0.8%）。氨酚羟考酮+芬太尼透皮贴剂 2 例（0.3%），氨酚羟考酮+曲马朵缓释片+氨酚双氢可待因 10 例（1.3%）。

(四) 癌痛治疗的疗效

疼痛门诊患者经规范化疼痛治疗后：无痛 213 例（27.6%），轻度疼痛 221 例（28.0%），中度疼痛 179 例（22.7%），重度疼痛 69 例（8.8%）。初次使用阿片类药物 20 例（2.5%），需观察疗效及毒副作用。

疼痛门诊治疗前后患者疼痛程度比较：规范化治疗后中重度疼痛共 248 例（31.5%），与规范治疗前 437 例（55.5%）比较，差异有统计学意义（$P<0.05$）。

(五) 镇痛药物治疗不良反应分析

依据 WHO 药物不良反应评价标准[6]，787 例疼痛患者应用阿片类药物或其他止痛药物治疗期间，出现便秘 254 例（32.3%），恶心、呕吐 36 例（4.6%），头晕 14 例（1.8%），嗜睡 10 例（1.3%），尿潴留 10 例（1.3%）。少数患者出现轻度口干、腹胀、幻觉。以上症状均可耐受。67 例（8.5%）便秘患者需干预预防或治疗（麻仁润肠丸、牛黄解毒丸、多潘立酮口服，或甘油灌肠剂灌肠）。

三、讨论

WHO 疼痛三阶梯指导原则为癌痛需按时、按阶梯、口服、个体化用药，注意具体细节，并实施癌痛规范化治疗[4]。按照我国《麻醉药品和一类精神药品使用管理》等各项法规和制度，本院制定了《疼痛患者门诊就诊流程》《疼痛门诊医生职责》《疼痛门诊病程记录制度》。当癌痛患者使用阿片类药物前，患者需签署《麻醉药品和一类精神药品使用知情同意书》。按照流程，在疼痛门诊办理上网证明等相关手续后，建立疼痛门诊病历，医生酌情采取诊治方法。

现今医疗界关注的已不仅仅是癌症本身，解除癌痛、改善患者的心理状态、提高患者的生活质量与如何提高治疗效果密切相关[3]。

Baek 等[7]收集了 44 家医院疼痛门诊 486 例癌痛病例，大剂量羟考酮控缓释片剂量范围：日剂量≥80mg，观察 8 周，结果有 318 例 NRS 改善，患者生活质量（活动、睡眠）等得到改善。138 例（30.2%）出现常见毒副作用，口干（8.8%）、头晕（8.2%）。8 周以后 128 例病人抱怨有便秘（27.0%）、恶心（5.7%）、头晕（5.0%）。大剂量羟考酮控缓释片应用 8 周后毒副作用没有增加。结论：癌痛病人管理在门诊 8 周期间高剂量盐酸羟考酮缓释片是有效、安全的，副作用可以忍受。

Yennurajalingam 等[8]观察 1612 例癌痛门诊患者，基线疼痛 NRS 5.36（2.9）。NRS 0～3：462 例（28.7%），NRS 4～6：511 例（31.7%），NRS 7～10：639 例（39.6%）。有 728 例（45.2%）完成疼痛治疗，这些完成治疗的患者在 15 天后复诊时仍有 31.3%（228/728）伴随 NRS 4 以上疼痛，其中 147 例（20.2%）伴有重度疼痛，因此控制疼痛任务依然艰巨。随着肿瘤本身的发展，现有的药物止痛疗法对 10%～20%的晚期癌症患者无效，特别是有神经痛和骨转移痛的患者[3-5]。疼痛门诊的骨转移癌痛患者，用阿片类药物联合双膦酸盐类药物治疗[9,10]，可以控制癌痛。

美国国立综合癌症网络（NCCN）公布的《2009 癌症疼痛治疗指南》强调了对患者及其家庭进行教育的重要性以及必须提供社会心理支持，满足患者对舒适度和功能需求的期望目标，加入精神关怀，更多地注重患者生活质量的改善[11]。

癌痛患者还可引起一系列心理反应，出现焦虑、抑郁等不良情绪[12,13]。有研究[14]显示：癌痛患者出现的精神障碍主要包括适应障碍、重度抑郁发作。因此，疼痛门诊中应同时关注患者的焦虑、抑郁等不良情绪。酌情给予抗焦虑、抗抑郁等辅助药物治疗[13]。此项工作还需进一步完善。

医疗行为在运行中发现不足，分析原因，不断完善[14,15]。我们发现对疼痛程度、日暴发痛、疼痛评估、治疗疗效，以及毒副作用均曾有不详记载。分析原因：家属代诊，对患者疼痛描述不确切。针对此，医院组织多次培训，医护人员为患者及家属讲解有关疼痛知识，时时宣教。医院进一步采取措施，为患者准备了《疼痛日记》。疼痛相关问题不详的现象逐渐减少。

在癌痛规范化管理中，患者及家属正确的认识疼痛、表达疼痛，为临床医务人员有效的评估疼痛、正确使用止痛方案提供依据；而患者的认识不足正是癌痛管理实施障碍的重要因素[5]。通过宣教，可以消除患者对止痛药物会引起成瘾的顾虑；纠正患者认为口服药物止痛效果不佳的偏见；增加患者及其家属的信心；增加患者的依从性[16]。

普及癌痛治疗的规范化，提高对癌痛的疗效。目前依然是癌痛诊疗的重要内容。这不仅要求疼痛科医师研究阿片类药物的滴定及维持方法，研究癌痛的原因，疼痛机制，联合用药的原则及介入治疗的方法，更重要的是普及和推广癌痛的规范化治疗，尤其是为顽固性癌痛治疗提供综合治疗方案和安全有效的方法[17]。

综上所述，针对癌痛患者，在医院创建疼痛规范化治疗示范项目中疼痛门诊的作用不容忽视。疼痛规范管理意义重大。疼痛门诊的设立使癌痛规范化治疗成为示范病房的规范化延续。使癌痛患者获益。需进一步发现问题，总结经验，提出建议，持续改进。

（本文荣获第七届中国肿瘤内科大会暨第二届中国肿瘤医师大会优秀论文三等奖，第九届全国癌症康复与姑息医学大会优秀论文三等奖）

参 考 文 献

[1] Paice JA, Ferrell B. The Managemengt of Cancer Pain. CA Cancer J Clin, 2011, 61：157-182.

[2] Bickel-Swenson D. End of life teaining in US medical schools：A systematic literature review. PLLIAT Med, 2007, 10：229-235.

[3] Nersesyan H, Slavin KV. Conrent approach to cancer manergment：Avaioability and implications of differents treatment options. Ther Clin Risk Manage, 2007, 3（3）：381-400.

[4] 孙燕，顾慰萍. 癌症三阶梯止痛指导原则. 第2版，北京：北京医科大学出版社，2002：1-110.

[5] 刘兴才，宋小平，王昱，等. 癌性疼痛的非药物治疗研究进展. 现代中西医结合杂志，2011，20（36）：4720-4722.

[6] 孙燕，周际昌主编. 临床肿瘤内科手册. 第4版，北京：人民卫生出版社，2000：97-105.

[7] Baek SK, Shin HW, Choi Y, et al. Noninterventional Observational Study Using High-Dose Controlled-Release Oxycodone（CR Oxycodone）for Cancer Pain Management in Outpatient Clinics. Pain Medicine, 2013, 6（Epub ahead of print）.

[8] Yennurajalingam S, Kang JH, et al. Clinical Response to an Outpatient Palliative Care Consultation in Patients With Advanced Cancer and Cancer Pain. Journal of Pain and Symptom Management, 2012, 44（3）：340-349.

[9] 王昆. 应重视骨转移癌痛的治疗. 中国疼痛医学杂志，2011，17（12）：705.

[10] 王昆. 骨转移癌痛的机制和治疗. 中国疼痛医学杂志，2011，17（12）：706-710.

[11] 王杰军，李睿. NCCN 成人癌痛临床实践指南解读. 临床肿瘤学杂志，2009，14（1）：80-83.

（下转第 201 页）

❖ 肿瘤流行病学与预防 ❖

系统评价方法汇总分析及其在流行病学研究中的应用

张韶凯　赵方辉　乔友林

中国医学科学院肿瘤医院/肿瘤研究所流行病研究室　北京　100021

【关键词】 系统评价；汇总分析；流行病学

系统评价方法在临床医学和流行病学研究领域已有广泛应用[1,2]。系统评价的含义就是在全面搜集所有相关研究的基础上，通过一定的标准筛选出合格的研究，然后对挑选出的研究进行综合分析，得到比单个研究更可靠的结果，用于指导决策的过程。系统评价的结果可以提供高级别的循证医学证据。系统评价汇总证据的方法可分为四类[3]：即传统的文献综述，Meta 分析及基于多个同类研究原始数据集的回顾性汇总（Pooled analysis，PA）和多个前瞻性队列研究数据集的 PA。除了传统的文献综述和前瞻性 PA 之外，其他两类有时统称为 Meta 分析，但是在流行病学研究中，基于原始数据集的系统评价方法还是称其为 PA，其中前瞻性 PA 与回顾性 PA 相比，能在研究之前为各个研究制定一个总的数据收集和分析计划，避免各个研究之间存在较大的差异。20 世纪 90 年代初期就出现了一些应用 PA 的方法进行癌症危险因素的研究[4-6]。随着该方法的不断发展，其优势逐渐显现出来[7,8]，在国际流行病学研究中有了越来越广泛的报道[9-12]。本文中笔者将复习 PA 的相关内容及其在肿瘤流行病学研究中的应用。

一、PA 的研究目的

应用 PA 进行流行病学研究，其目的可以归结为：

（1）定量的评价某个因素是否为疾病发生的危险因素。

（2）增加检验效能，提供更加准确的效应量估计值及 95%CI。

（3）对单个研究结果不一致的相关研究进行系统评价。

（4）对暴露率很低的因素或者发病率很低的疾病进行研究。

（5）检验不同研究之间的异质性，找出异质性来源。

（6）发现研究因素之间的交互作用。

（7）在研究某个因素与疾病的关系时，可以同时考虑其他因素的影响。

以上也是 PA 与 Meta 分析相比较的优势所在，尤其是在后 3 项，是 Meta 分析所不能及的。但是，PA 也有一些不足之处，如数据库整理较为繁琐，统计分析方法较

通信作者：乔友林，Email：qiaoy@ cicams.ac.cn

为复杂，所需要的经费和时间也远远超过传统的 Meta 分析，使用中时应要考虑。

二、PA 的研究步骤

其研究步骤和传统的 MA 类似，但亦有不同。Friedenreich[13] 将 PA 的分析步骤归纳为：

（1）找出与主题相关的所有研究。在查找有关研究时应尽量查全，最好能包括该主题相关的未发表研究成果的研究，最大程度上降低发表偏倚。

（2）制订研究纳入标准，按照标准选择合适的研究进行分析。在此步骤中，可能会出现纳入标准偏倚、选择偏倚以及质量偏倚，应采取相应的措施予以降低。

（3）准备分析用数据库（需要得到各个研究的原始数据库，并将所有研究变量进行标准化赋值，再整理成分析所需要的数据库）。

（4）计算单个研究的效应量大小。（常用 Logistic 回归模型来计算控制其他因素影响，以分析某个暴露因素与疾病发生之间的关联）。

（5）检验各个研究效应的异质性（这是应用 PA 的关键性问题）。

（6）选择合适的统计模型，估计合并的总效应量的大小。

（7）如存在异质性，应对其存在的原因进行合理的解释（常用 Meta 回归的方法来确定影响异质性存在的因素[14,15]）。

（8）进行敏感性分析，验证合并总效应量的大小是否会随着纳入研究的不同而产生较大的变化。对于发表偏倚常用的方法是画出漏斗图。

三、Pooled analysis 应用 PA 时注意的问题

（一）异质性检验

此为系统评价中一项很重要的问题[16-18]。其异质性可能来源于不同的研究地区、不同的研究人群、不同的资料收集方法、不同的研究类型、不同的统计分析方法等，需对此进行认真评价。在近年的一些应用 PA 进行宫颈癌危险因素的研究中[19,20]，异质性检验通常是将各个不同的研究地区或人群等可能是异质性原因的因素，赋值一个顺序代码作为一个变量（1，2，3 等），与待研究的危险因素一起纳入到 Logistic 回归模型之中，在回归模型之中引入一个两者的相乘交互作用项，在控制其他影响因素的前提下，观察交互作用项的回归系数是否有统计学意义。若回归系数无统计学意义，则说明不同研究的效应量之间不存在异质性，反之，则说明存在异质性，应找出异质性的原因，再进行亚组分析。这种评价异质性的方法虽然简单，但是存在一定的问题。交互作用分为相乘交互作用和相加交互作用。Logistic 回归模型为相乘模型，乘积项反映因素间是否有相乘交互作用[21]。若乘积项有统计学意义，则说明存在相乘交互作用，但若乘积项无统计学意义，虽然证明无相乘交互作用，但并不能表示两因素之间无相加交互作用，也不表示两因素对疾病的发生无生物学交互作用，所以不能证明异质性不存在。Rothman 等[22] 指出，Logistic 回归模型中引入乘积交互作用分析的缺陷，并给出了在 Logistic 回归模型中评价相加交互作用的 3 个指标为相对超额危险度比（the relative excess risk due to interaction，RERI）、归因比（the attributable proportion due to interaction，AP）和交互作用指数（the synergy index，S）。2007 年，Knol 等[21] 进一步阐述了 Logistic 回归模型中相加交互作用的问题，指出连续性变量和分类变量在评价相加交互作用项时的不同，并给出具体的计算公式。这就从理论上解决了采用 Logistic 回归交互作用项验证异质性存在与否的问题。

（二）质量评价

即对各研究的质量进行判断，在 PA 中占有重要地位。Friedenreich[13] 给出了进行质量评价的准则，包括一般流行病学研究要考虑的因素，以及病例对照研究和队列研究需要额外考虑的因素等。在进行具体评价时，所选择的评价因素应该是在各个研究之中存在差异，且是能够影响总效应量大小的那些因素。质量评价贯穿 PA 的始终，几乎在每个步骤均可应用到，可作为选择分析所纳入研究的标准，在计算总效应量时作为协变量纳入方程，减少异质性的作用，也可以从评分的高低确定异质性来源等。

四、PA 在流行病学研究中的应用

目前 PA 在国际流行病学研究领域已有广泛应用，其中除能得到证据比较充足的结果外，还能发现一些单个研究中发现不了的关联，有助于加深对于疾病的认识。例如，研究发现人乳头瘤病毒（HPV）是引起宫颈癌的必要条件[23]，99.7% 的宫颈癌患者体内均能检测到高危 HPV DNA，而 HPV 阴性者几乎不会发生宫颈癌[24]。然而，大部分 HPV 感染阳性的妇女并不会发展成为宫颈癌患者[25]，所以 HPV 感染不是引起宫颈癌发生的充分条件。因此，除了 HPV 感染以外，有必要去证明其他一些危险因素在宫颈癌发生过程中的作用，用来指导并调整特定高危人群的宫颈癌的预防策略。目前为止，通过大样本系统评价方法确认的宫颈癌发生的其他危险因素仅有少数几个，例如吸烟[26]、长时间使用口服避孕药[27]和产次[28]，还有很多危险因素有待证明，而这些危险因素的作用，单个研究的结论不甚准确，需要有可靠的循证医学证据，采用系统评价的方法来进行验证，而 PA 是一个比较可靠的系统评价方法。

因此，鉴于 PA 自身的特点以及科学研究中不断加强的合作关系，在利用 PA 进行危险因素研究时，应充分认识其优劣，特别是合并不同研究时所存在的误差和偏倚。PA 最好的方法是进行前瞻性的研究，这样可以减少由于数据收集方法、研究设计方法等不同引起的误差和偏倚，研究间的异质性也较小。此外，虽然目前计算机技术比较发达，但是当面对大量的变量需要标准化赋值，复杂的统计分析方法需要运行以及大量的数据需要管理时，需要研究者间密切的合作，对团队协作提出更高的要求。总之，综合考虑一些因素后，使用 PA 进行研究所得结果将更加准确可靠，对疾病的危险因素更加明确，利于进一步采取积极的预防措施，达到降低相关疾病发病率的最终目的。

参 考 文 献

[1] DerSimonian R, Laird N. Meta-analysis in clinical trials. Control Clin Trials, 1986, 7 (3): 177-188.

[2] Fleiss JL, Gross AJ. Meta-analysis in epidemiology, with special reference to studies of the association between exposure to environmental tobacco smoke and lung cancer: a critique. J Clin Epidemiol, 1991, 44 (2): 127-139.

[3] Blettner M, Sauerbrei W, Schlehofer B, et al. Traditional reviews, meta-analyses and pooled analyses in epidemiology. Int J Epidemiol, 1999, 28 (1): 1-9.

[4] Howe GR, Hirohata T, Hislop TG, et al. Dietary factors and risk of breast cancer: combined analysis of 12 case-control studies. J Natl Cancer Inst, 1990, 82 (7): 561-569.

[5] Clayton D. The EURODEM collaborative re-anal-

ysis of case-control studies of Alzheimer's disease: some methodological considerations. Int J Epidemiol, 1991, 20 Suppl 2: S62-64.

[6] Negri E, Franceschi S, Tzonou A, et al. Pooled analysis of 3 European case-control studies I. Reproductive factors and risk of epithelial ovarian cancer. Int J Cancer, 1991, 49 (1): 50-56.

[7] Ioannidis JP, Rosenberg PS, Goedert JJ, et al. Commentary: meta-analysis of individual participants' data in genetic epidemiology. Am J Epidemiol, 2002, 156 (3): 204-210.

[8] Lyman GH, Kuderer NM. The strengths and limitations of meta-analyses based on aggregate data. BMC Med Res Methodol, 2005, 5: 14.

[9] Morton LM, Hartge P, Holford TR, et al. Cigarette smoking and risk of non-Hodgkin lymphoma: a pooled analysis from the International Lymphoma Epidemiology Consortium (InterLymph). Cancer Epidemiol Biomarkers Prev, 2005, 14 (4): 925-933.

[10] Freudenheim JL, Ritz J, Smith-Warner SA, et al. Alcohol consumption and risk of lung cancer: a pooled analysis ofcohort studies. Am J Clin Nutr, 2005, 82 (3): 657-667.

[11] Park Y, Hunter DJ, Spiegelman D, et al. Dietary fiber intake and risk of colorectal cancer: a pooled analysis of prospective cohort studies. JAMA, 2005, 294 (22): 2849-2857.

[12] Zhao FH, Lewkowitz AK, Chen F, et al. Pooled analysis of a self-sampling HPV DNA Test as a cervical cancer primary screening method. J Natl Cancer Inst, 2012, 104 (3): 178-188.

[13] Friedenreich CM. Methods for pooled analyses of epidemiologic studies. Epidemiology, 1993, 4 (4): 295-302.

[14] Lambert PC, Sutton AJ, Abrams KR, et al. A comparison of summary patient-level covariates in meta-regression with individual patient data meta-analysis. J Clin Epidemiol, 2002, 55 (1): 86-94.

[15] Thompson SG, Higgins JP. How should meta-regression analyses be undertaken and interpreted? Stat Med, 2002, 21 (11): 1559-1573.

[16] Higgins JP, Thompson SG, Deeks JJ, et al. Measuring inconsistency in meta-analyses. BMJ, 2003, 327 (7414): 557-560.

[17] Ioannidis JP, Patsopoulos NA, Evangelou E. Uncertainty in heterogeneity estimates in meta-analyses. BMJ, 2007, 335 (7626): 914-916.

[18] Ioannidis JP. Interpretation of tests of heterogeneity and bias in meta-analysis. J Eval Clin Pract, 2008, 14 (5): 951-957.

[19] Klug SJ, Ressing M, Koenig J, et al. TP53 codon 72 polymorphism and cervical cancer: a pooled analysis of individual data from 49 studies. Lancet Oncol, 2009, 10 (8): 772-784.

[20] Louie KS, Castellsague X, de Sanjose S, et al. Smoking and passive smoking in cervical cancer risk: pooled analysis of couples from the IARC multicentric case-control studies. Cancer Epidemiol Biomarkers Prev, 2011, 20 (7): 1379-1390.

[21] Knol MJ, van der Tweel I, Grobbee DE, et al. Estimating interaction on an additive scale between continuous determinants in a logistic regression model. Int J Epidemiol, 2007, 36 (5): 1111-1118.

[22] Rothman KJ, Greenland S, Lash TL. Modern epidemiology, Lippincott Williams & Wilkins, 2008: 71-83.

[23] Muñoz N, Bosch FX, de Sanjosé S, et al. Epidemiologic classification of human papillomavirus types associated with cervical cancer. N Engl J Med, 2003, 348 (6): 518-527.

[24] 乔友林，李静. 子宫颈癌筛查方法新进展. 医学研究杂志，2009，38（11）：3-4.

[25] Schiffman M, Castle PE, Jeronimo J, et al. Human papillomavirus and cervical cancer. Lancet, 2007, 370 (9590): 890-907.

（下转第 239 页）

有关人乳头瘤病毒预防性疫苗临床试验有效性评估的专家共识

人乳头瘤病毒预防性疫苗临床试验有效性评估专家组

【关键词】 宫颈肿瘤；人乳头瘤病毒；疫苗；持续感染；有效终点

自2006年预防性人乳头瘤病毒（human papillomavirus，HPV）疫苗在美国获批上市后，对宫颈癌的预防进入了一个新的时期，许多国家将HPV疫苗列入国家免疫计划，而目前我国HPV疫苗正处于临床试验阶段，尚未被批准使用。世界卫生组织已经把宫颈癌防治纳入衡量各个国家公共卫生工作成绩的考核指标。我国自2009年开始启动农村妇女宫颈癌检查项目，并纳入国家医改重大公共卫生专项工作，迄今为止共检查妇女2000万人，但宫颈癌筛查覆盖率仍不到适龄妇女的14%。我国政府对于HPV疫苗也高度重视，2012年5月8日，卫生部等15个部门印发的《中国慢性病防治工作规划（2012—2015年）》明确指出："结合国家免疫规划政策，加强对癌症高风险人群乙型肝炎、人乳头瘤病毒等疫苗的预防接种。"

为了使中国妇女尽早受益于该科学研究成果，在亚太地区生殖道感染与肿瘤中期会议召开之际，中国癌症基金会于2013年4月26日召开了专家会，与会专家分别来自预防医学、疫苗研究、HPV病毒学、妇科学、流行病学和统计学等领域。首先，专家会上系统回顾了我国宫颈癌流行病学和预防的现状、疫苗在国外接种人群的实际效益、国内疫苗研发现状，以及宫颈癌病因、发病机制和过程、疫苗作用机制、持续感染和癌前病变的关系、临床替代终点的意义和科学依据，并比较分析了采用不同终点得到的疫苗的保护效果，同时听取了国外著名HPV专家针对世界卫生组织临床终点的专家组报告；之后，就如何使用科学合理的临床终点来加速疫苗预防效果评价进行了充分的讨论；最后，结合中国的流行病学数据、未满足的医学需求以及近几年来科学的发展，与会专家一致建议，使用HPV持续感染为终点来评价HPV预防性疫苗临床试验有效性，以加速HPV疫苗在中国的上市。该共识主要基于以下科学依据。

一、宫颈癌的病因和发病机制

99.7%的宫颈癌都是高危型HPV感染所引起的[1]。HPV16和18型是最主要的高危致癌亚型，导致了全世界范围内大约70%的宫颈癌[2]。2008年诺贝尔生理学或医学奖授予发现HPV与宫颈癌关系的德国科学家哈拉尔德·楚尔·豪森（Harald Zur Hausen），他首先发现了HPV可导致宫颈

通信作者：乔友林，中国医学科学院肿瘤医院/肿瘤研究所流行病学研究室，Email：qiaoy@cicams.ac.cn

癌，并对其机制进行了深入研究，最终证明 HPV 感染是引起宫颈癌发生的主要病因，这一重大发现为预防性宫颈癌疫苗的研发奠定了基础[3]。宫颈 HPV 感染的自然病程见图 1[4]。其他生殖器官的 HPV 感染病程与之类似。

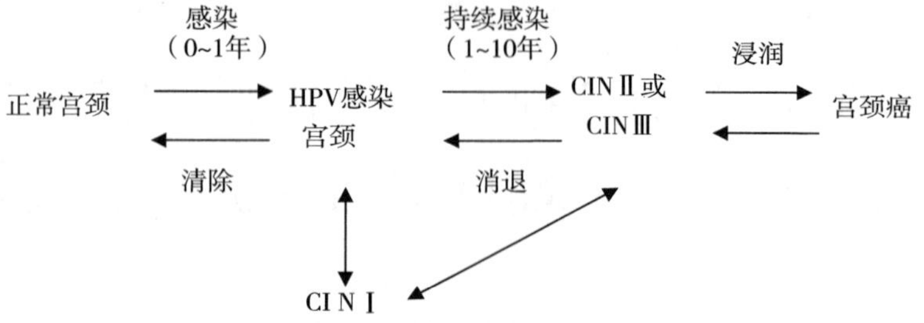

图 1 宫颈 HPV 感染的自然病程

注：HPV：人乳头瘤病毒；CIN：宫颈上皮内瘤变

二、HPV 持续感染和宫颈癌前病变密切相关

癌前病变分为宫颈上皮内瘤变（cervical intraepithelial neoplasias）CIN Ⅰ、CIN Ⅱ、CIN Ⅲ。大多数 HPV 持续感染和 CIN Ⅰ病变表现相似，并且约 60% 的感染可自行消失[5]。CIN Ⅱ和 CIN Ⅲ定义为重度宫颈癌前病变。一般而言，从 HPV 感染发展为癌前病变的时间可达 5 年，远远短于从癌前病变发展为癌症的所需时间（可达 20 年）。在 20 年内，CIN Ⅲ有 20%～30% 的风险发展成为癌症。

HPV 持续感染是导致 CIN Ⅱ、CIN Ⅲ和宫颈癌过程的关键环节和必要条件[6]。癌症的发生源于细胞无控制的异常增殖。DNA 损伤的累积使基因突变，导致细胞的生长失控、异常增殖，并侵犯正常组织和器官，最后导致癌症。在正常情况下，DNA 损伤虽不断发生，但不导致癌症，因为机体细胞具有肿瘤抑制蛋白（如 Rb、p53），可对细胞周期进行严格调控，参与对 DNA 损伤的修复，若无法修复则诱导受损细胞凋亡，同时机体的免疫系统可清除部分异常细胞。然而，HPV 感染引起机体细胞的一系列分子生物学变化，破坏了细胞周期的正常调控机制，在此基础上，与各种促癌因素协同作用，最终导致宫颈癌[3,6,7]。近年来对既往临床研究回顾性分析和前瞻性队列长期随访观察显示，几乎所有的 CIN Ⅱ及更严重病变均由既往 HPV 持续感染的发生演变而来[8]。这些观察结果与上述分子生物学致病机制是一致的。也就是说，没有 HPV 的持续感染，就几乎不可能有 CIN Ⅱ及更严重病变。

流行病学研究充分证实，HPV 持续感染与癌前病变密切相关，生殖器高危型别 HPV 持续感染能导致包括宫颈癌在内的癌症发生[8]。HPV 持续感染能够准确地预测中重度宫颈不典型增生或癌症风险[9,10]。持续感染所导致的 CIN Ⅱ及更严重病变的风险比一过性感染高数十倍到数百倍。感染持续时间越长，癌变风险越高。感染持续时间>12 个月发展为 CIN Ⅱ及更严重病变的概率是感染≤12 个月的 4.3 倍[8]。

三、HPV 疫苗的理论基础和作用机制

Zhou 等[11]发现了病毒样颗粒（virus-like particles，VLP），使预防性 HPV 疫苗的研发成为可能。HPV 晚期编码基因 *L1* 和 *L2* 可在真核细胞表达，并在体外自行组装成 VLP。VLP 的结构与天然病毒颗粒相似，但 VLP 不含病毒 DNA，接种人群不会因暴露 VLP 而导致 HPV 感染。VLP 良好的抗原性和免疫原性可以诱发体内高滴度中和抗

体的产生，从而阻止 HPV 与基底细胞表面相应受体的结合，从源头上彻底阻止了 HPV 感染的发生。以疾病发展过程和 HPV 感染预防机制为基础，通过对 HPV 持续感染的预防效果或对 CINⅡ及更严重病变的预防效果来检测疫苗的效果。

四、不同临床终点均显示高度一致的 HPV 疫苗预防效果

迄今为止，已有 2 种预防性 HPV 疫苗在全球范围内获得上市批准。多个严格随机双盲对照临床试验[12,13]均证实，在未感染过疫苗相关 HPV 型别的女性中接种 3 剂 HPV 疫苗，对于 HPV16 和 18 型相关的 6 或 12 个月持续感染、CINⅡ和更严重病变具有高度的有效性（>90%）。无论在四价还是在二价 HPV 疫苗的临床试验中，HPV 持续感染、CINⅡ及更严重病变的 2 个主要终点均反映了极为一致的疫苗有效性，并且更进一步说明了两者之间的紧密联系。

五、HPV 疫苗临床终点的演变及国外进展

从 HPV 感染发展到癌症的进程可长达 10~20 年。目前国外已经上市用于预防宫颈癌的 HPV 疫苗（二价和四价 HPV 疫苗），在最初支持注册的临床研究中，基于对伦理问题的考虑，并没有使用宫颈癌作为评价的有效性终点，而是使用了癌前病变——CINⅡ、CINⅢ及更严重病变作为有效性评估终点。即使如此，评价 HPV 疫苗的预防效果仍需大样本、多中心的长期临床观察。随着近几年来对宫颈癌发病机制和 HPV 疫苗作用机制的研究，有更多数据支持 HPV 持续感染[8]。(间隔 6 个月连续 2 次检测同一 HPV 亚型阳性)，作为 HPV 疫苗有效性评估终点的科学性和合理性。欧盟国家和日本已经接受了预防 HPV 持续感染作为评估终点的研究结果。目前国外对于上市后的 HPV 疫苗效果的监测，进一步证实了疫苗在不同国家和地区预防宫颈癌前病变的有效性[14,15]。最近，世界卫生组织国际癌症研究机构（WHO/IARC）召开了关于以 HPV 感染作为 HPV 疫苗有效性评估终点的专家共识会，一致同意将 HPV 持续感染作为有效性评价的终点指标。

六、中国专家共识和建议

结合我国的宫颈癌预防需求和流行病学研究结果，认真讨论了我国 HPV 疫苗临床评估终点的选择，到会专家达成了以下共识。

1. 高危型 HPV 感染是宫颈癌的主要致病原因，最新的国内外流行病学研究证实，HPV 持续感染与宫颈癌或癌前病变密切相关。

2. 有关宫颈癌发病机制的研究证明，HPV 持续感染是导致 CINⅡ及更严重病变过程的关键环节和必要条件。

3. 近几年大量的临床研究和分析均支持 HPV 疫苗的保护作用是通过预防 HPV 持续感染而实现的。

4. 以预防 HPV 持续感染（间隔 6 个月连续 2 次检测同一 HPV 亚型阳性或间隔 12 个月连续 3 次检测同一 HPV 亚型阳性）作为评价疫苗有效性终点的结果，与以预防宫颈癌前病变作为终点的结果是一致的。

根据目前中国宫颈癌发病年轻化和发病率上升的趋势，宫颈癌防治工作的迫切需求，与会专家一致建议，将 HPV 持续感染这一指标作为评价 HPV 疫苗有效性的临床终点。如果以 HPV 持续感染作为有效性终点指标，会大大加速宫颈癌疫苗的上市进程，使中国广大妇女尽早与世界其他国家的妇女共享 HPV 疫苗这一人类科学进步的成果。

专家委员会成员（按姓氏拼音排序）

董志伟（中国医学科学院肿瘤医院/肿瘤研究所流行病学研究室）

段仙芝（中国医学科学院肿瘤医院/肿瘤研究所流行病学研究室）

李荣成（广西壮族自治区疾病预防控制中心疫苗临床研究所）

玛依努尔·尼亚孜（新疆维吾尔自治区人民医院妇产科）

庞汝彦（中国妇幼保健协会）

彭　玉（中国癌症基金会）

乔友林（中国医学科学院肿瘤医院/肿瘤研究所流行病学研究室）

王临虹（中国疾病预防控制中心慢病中心）

魏丽惠（北京大学人民医院妇产科）

许雪梅（中国医学科学院基础医学研究所生物物理及结构生物学系）

姚　晨（北京大学第一医院医学统计室）

赵方辉（中国医学科学院肿瘤医院/肿瘤研究所流行病学研究室）

参考文献

[1] Walboomers JM, Jacobs MV, Manos MM, et al. Human papillomavirus is a necessary cause of invasive cervical cancer worldwide. J Pathol, 1991, 189 (1): 12-19.

[2] de Sanjose S, Quint WG, Alemany L, et al. Human papillomavirus genotype attribution in invasive cervical cancer: a retrospective cross-sectional worldwide study. Lancet Oncol, 2010, 11 (11): 1048-1056.

[3] 乔友林，张林琦. 人乳头瘤病毒引起子宫颈癌机理和人免疫缺陷病毒的发现：2008 年诺贝尔生理学或医学奖评述//中国医学科学院 2009 科学发展报告. 北京：科学出版社，2009：112-119.

[4] Moscicki AB, Schiffman M, Kjaer S, et al. Chapter 5: updating the natural history of HPV and anogenital cancer. Vaccine, 2006, 24 Suppl: S3/42-51.

[5] Östör AG. Natural history of cervical intraepithelial neoplasia: a critical review. Int J Gynecol Pathol, 1993, 12 (2): 186-192.

[6] Schiffman M, Wentzensen N. Human papillomavirus infection and the multistage carcinogenesis of cervical cancer. Cancer Epidemiol Biomarkers Prev, 2013, 22 (4): 553-560.

[7] Schiffman M, Castle PE, Jeronimo J, et al. Human papill-omavirus and cervical cancer. Lancet, 2007, 370: 890-907.

[8] Koshil J, Lindsay L, Pimenta JM, et al. Persistent human papillomavirus infection and cervical neoplasia: a systematic review and meta-analysis. Am J Epidemiol, 2008, 168: 123-137.

[9] Ho GY, Bierman R, Beardsley L, et al. Natural history of cervical vaginal papillomavirus infection in young women. N Engl J Med, 1998, 338: 423-428.

[10] Schlecht NF, Platt RW, Duarte-Franco E, et al. Human papillomavirus infection and time to progression and regression of cervical intraepithelial neoplasia. J Natl Cancer Inst, 2003, 95 (17): 1336-1343.

[11] Zhou J, Sun XY, Stenzel DJ, et al. Expression of vaccinia recombinant HPV 16 L1 and L2 ORF proteins in epithelial cells is sufficient for assembly of HPV virion-like particles. Virology, 1991, 185: 251-257.

[12] Castellsague X, Munoz N, Pitisuttithum P, et al. End-of-study safety, immunogenicity, and efficacy of quadrivalent HPV (types 6, 11, 16, 18) recombinant vaccine in adult women 24-45 years of age. Br J Cancer, 2011, 105 (1): 28-37.

（下转第 271 页）

疫苗与癌症预防

王少明　乔友林

中国医学科学院肿瘤医院/肿瘤研究所流行性病学研究室　北京　100021

【摘要】 中国人群肿瘤死亡的29.7%由慢性感染引起，其中乙型肝炎病毒（HBV）、幽门螺杆菌（HP）和人乳头瘤病毒（HPV）是最常见的感染致癌因子。目前已研发成功HBV预防性疫苗、HP预防性疫苗和HPV预防性疫苗，可有效预防上述感染因子引起的肝癌、胃癌和宫颈癌。2012年5月颁布的《中国慢性病防治工作规划（2012~2015年）》明确指出：我国在开发癌症高发地区重点癌症筛查适宜技术的同时，应结合国家免疫规划政策，加强对癌症高风险人群乙型肝炎、人乳头瘤病毒等疫苗的预防接种。因此，本文简要介绍上述三种癌症疫苗的当下研究进展，以期借鉴HBV疫苗在中国的推广历程和免疫成果，进一步推进和完善我国HBV疫苗的接种，加速HPV疫苗和HP疫苗的引入推广，让肿瘤一级预防的伟大科研成果尽早造福于民。

【关键词】 乙肝病毒疫苗；人乳头瘤病毒疫苗；幽门螺杆菌疫苗

世界卫生组织/国际癌症研究机构（WHO/IARC）开展的一项有关全球肿瘤归因风险的研究报告显示，全球恶性肿瘤的新发病例中有16%是由可防治的感染因子引起的，欠发达国家（22.9%）是发达国家（7.4%）的3倍。WHO/IARC与中国医学科学院肿瘤医院最新开展的归因风险研究显示：中国人群肿瘤死亡的29.7%由慢性感染引起，其中男性为31.7%，女性为25.3%。幽门螺杆菌（HP）、乙型肝炎病毒（HBV）或丙型肝炎病毒（HCV）和人乳头瘤病毒（HPV）是最常见的感染致癌因子[1]。可喜的是，目前已研发成功HP预防性疫苗、HBV预防性疫苗和HPV预防性疫苗，通过这三种疫苗的免疫注射，可很好地预防上述感染因子引起的肝癌、胃癌和宫颈癌，也使我国近1/3肿瘤的免疫预防得以实现。

一、HBV疫苗

乙型肝炎疫苗（HBV疫苗）的研发之路始于20世纪60年代。1963年，Blamberg在一名因患血友病而多次接受输血治疗的患者血清中发现一种特殊抗体。该抗体只能和当地澳大利亚土著居民的血清起反应，因而推断这些澳大利亚土著人的血清中有一种特殊的抗原物质，当时便把这种抗原物质，命名为澳大利亚抗原，简称“澳抗”。1976年10月，WHO专家会议规定将乙型肝炎表面抗原（hepatits B surface antigen）统一缩写为HBsAg。

在发现HBsAg后，科学界成功地研发出HBV疫苗，并于1981年率先在美国上市。我国国产HBV疫苗也于1986年研发成功。一般来讲，乙肝疫苗分为血源乙肝疫苗和基因重组乙肝疫苗两种，均为三针剂注射接种。其中，基因重组乙肝疫苗又可分为哺乳动物表达的疫苗和重组酵母疫苗；乙肝血源疫苗系统由无症状 HBsAg 携带者血浆提取的 HBsAg，经纯化、灭活及添加佐剂氧化铝制成。目前我国多采用基因重组乙肝疫苗，该种疫苗是利用现代基因工程技术，构建含有 HBsAg 基因的重组质粒，植入酵母。酵母在繁殖过程中产生 HBsAg，随后酵母菌体破碎，HBsAg 释放，经纯化、灭活、加氢氧化铝后制成疫苗。

HBV 疫苗多项临床研究表明，乙肝疫苗具有高度的有效性。我国"九五"重大科技攻关课题"乙肝疫苗预防效果研究"在 200 万人口地区长达 15 年的随访队列研究显示，经过 14~15 年的新生儿乙肝疫苗免疫接种，4 个试点地区人群 HBsAg 阳性率由免疫前的 15.88%降为 1%[2]。这一结果充分证明：新生儿出生后及时进行全程乙肝疫苗免疫接种，能终身受益。因此，新生儿乙肝疫苗免疫接种已成为预防 HBV 感染和相关疾病的最佳手段。WHO 曾建议各国在 1997 年之前将 HBV 疫苗纳入本国免疫规划项目[3]，截至 2008 年，已有近 180 个国家将 HBV 疫苗纳入本国新生儿免疫计划。

中国自 1992 年开始在全国开展新生儿乙肝疫苗免疫接种，因当时疫苗供应不足、价格昂贵，且该疫苗属于全自费项目，当年 HBV 疫苗的接种率仅达 30%。项目开展 7 年后，1999 年，全国 HBV 疫苗的接种覆盖率也仅达到 70.7%。同时，城乡地区的接种率出现显著差异，北京等大城市疫苗接种率高达 99%，而中西部偏远山区接种率仅为 7.8%[4,5]。不仅中国，其他欠发达国家也出现类似的现象。为扩大卫生资源分布的公平性，使更多人民获益，2000 年，全球疫苗免疫联盟（GAVI）成立，以扶持和资助欠发达国家免疫接种项目的开展为宗旨。2002 年，我国获得 GAVI 提供的 3800 万美元资助，国家政府配套同等数额资金，2002~2007 年在全国范围内开展 HBV 疫苗的免疫接种，免费向全国新生儿提供乙肝疫苗，家长仅承担接种费。因此，HBV 疫苗的免疫接种率显著提高至 90%。2005 年，我国政府将乙肝疫苗纳入国家免疫规划项目，实施费用全免方案，HBV 的免疫接种率进一步提高到 93%，城市和农村地区 HBV 疫苗的接种率也分别升至 95% 和 83.5%~96.5%[4-6]。

通过上述一系列政策，我国免疫接种项目成功预防了 8000 万新生儿感染 HBV，避免了 1900 万儿童成为乙肝病毒慢性携带者。2006 年开展的全国 HBV 血清流行病学调查显示：我国人群 HBsAg 携带率已由 1992 年的 9.75%降低到 7.18%，尤其我国 0~4 岁婴幼儿的 HBsAg 携带率已经降至 0.96%，因此中国也由乙肝高度流行区转为中度流行区[7]。

无可否认，我国的 HBV 免疫预防工作取得的成就是巨大的。但是，我们是否最快地使科研成果得以最大化运用呢？全球范围内，1981 年，HBV 疫苗在美国注册上市，全美各州逐步开展 HBV 疫苗免疫接种；2000 年，GAVI 成立，向多个欠发达国家免费提供 HBV 疫苗。欠发达国家相对于发达国家，其获益整整延迟了 17 年。我国内部，台湾地区自 1986 年开始在全地区开展新生儿 HBV 疫苗免疫接种；大陆地区 2002 年在 GAVI 资助下向全国新生儿免费提供 HBV 疫苗，直至 2005 年开展新生儿 HBV 疫苗全免费接种，大陆地区比台湾地区，也落后了近 20 年。这 20 年间，因免疫延迟给我国造成了沉重的疾病负担。据估算，因免疫延迟，可能造成 852 万名 HBsAg 携带者[8]，这些携带者中很大一部分将罹患肝炎、肝硬化和肝癌等相关疾病。

目前，我国仍有1.3亿乙肝病毒携带者，每年有50万~100万例新发乙肝病人，30万人死于乙肝病毒引发的肝硬化或肝癌。为进一步降低HBV相关疾病负担，我国政府要求在2009~2011年对15岁以下青少年未免疫人群实施乙肝疫苗补接种项目，降低该人群乙肝病毒感染率和HBsAg携带率。此外，为降低乙肝病毒携带者的心理负担和消除社会歧视，2010年，国家三部委联合发文，免除了学校和入职体检中的乙肝病毒检验，成为中国乙肝防控史上的又一座里程碑。2012年8月召开的第三届中国卫生论坛正式发布了《健康中国2020战略研究报告》，该报告指出：我国将进一步加大政府卫生支出，通过免疫接种等方式，使HBsAg携带率由2006年的7.8%降低到2015年的6%，并在2020年降低到6%以下。

HBV感染及相关疾病的防控任重道远，作为乙肝和肝癌的高发区，中国在过去20年积累了丰富的防治经验，今后在政府的领导下，社会各部门应进一步协作，合理运用三级预防措施，综合防控，以期达到战胜HBV及相关疾病的最终目标。

二、宫颈癌疫苗

20世纪80年代初，德国病毒学家、2008年诺贝尔生理学或医学奖获得者哈拉尔德·楚尔·豪森（Harald Zur Hausen）首次提出人乳头瘤病毒（HPV）感染与子宫颈癌密切相关的假设，从而开启了HPV预防性疫苗的研发之路。HPV疫苗作为全球第一个对抗癌症的疫苗，分三针剂注射接种。目前世界上已有两种HPV预防性疫苗研制成功：针对HPV6/11/16/18型的四价疫苗——Gardasil（Merck）在2006年获得批准上市；针对HPV16/18型的二价疫苗——Cervarix（GSK）也在2007年获得许可上市。两种HPV预防性疫苗都采用重组技术，从纯化L1结构蛋白制备，经自行组装后形成HPV基因型特异性空壳或类病毒颗粒（VLPs）。因其不含活生物制品或病毒DNA，因此不具有感染性，仅供预防使用，不能清除已有的HPV感染或治疗HPV相关疾病。具体来讲，四价疫苗Gardasil含有HPV6、11、16和18的VLPs。该疫苗在酵母培养基中制备，采用非晶形铝的羟基磷酸硫酸盐作为佐剂。每0.5ml四价疫苗中HPV6/11/16/18型的L1蛋白的含量分别为20μg/40μg/40μg/20μg，这些成分吸附于225μg的佐剂。二价疫苗Cervarix含有HPV16和18的VLPs，采用新型杆状病毒表达系统，在粉纹夜蛾细胞中制备。每0.5ml二价疫苗中HPV16/18型的L1蛋白的含量均为20μg，这些成分吸附于含500μg氢氧化铝和50μg 3-O-去酰基-4'-单磷酰脂质A的ASO4佐剂系统中[9]。

近年，我国厦门大学也研制出二价（HPV16和18型）HPV预防性疫苗，该疫苗以广泛用于人体内用药生产的大肠埃希菌表达系统表达HPV16和18型主要衣壳蛋白L1，获得主要以VLP形式存在的重组抗原，有效刺激机体产生高效价中和抗体。目前已顺利在我国完成Ⅰ期和Ⅱ期临床试验，2012年底开始进行Ⅲ期临床注册试验。此外，国际上已在开展包含7种高危型HPV型别的新型多价HPV预防性疫苗的临床试验，试验成功后有望预防更多HPV亚型相关的宫颈癌及癌前病变。

作为第一个以癌前病变为临床试验终点的疫苗，其成功研发举世瞩目。因此，2007年，世界卫生组织（WHO）全球疫苗安全咨询委员会（GACVS）审核认为，现有两种HPV疫苗（Gardasil和Cervarix）均具有良好的安全性和有效性，对于HPV16型和HPV18型感染的保护作用接近100%，可预防青春期早期少女宫颈癌前病变和宫颈癌[10,11]。此外，四价疫苗也可用于预防女性的外阴癌、阴道癌和癌前病变以及尖锐湿疣；在部分国家，四价疫苗也被批准用于预防男性的尖锐湿疣。2010 年 12 月，美国 FDA 批准 Gardasil 用于预防 9~26 岁人群的肛门癌。目前，这两种疫苗已在全球 140 多个国家和地区上市（包括中国香港、澳门和台湾地区），并纳入多个国家和地区的国家免疫计划。

2013 年 5 月，全球疫苗免疫联盟（GAVI）在肯尼亚 9~13 岁女孩中推行 HPV 疫苗免疫接种计划，随后将在加纳、老挝等 7 个欠发达国家中推行该计划。虽然 GAVI 对欠发达国家的资助距 2006 年 HPV 疫苗在美国上市仍有 7 年延迟，但相比于上述 HBV 疫苗推行过程中 17 年的延迟，提早了 10 年，我们看到 GAVI 在倡导卫生资源共享领域做出的巨大努力。中国近年来经济迅速发展，目前已不属于 GAVI 资助国家，但我国大陆地区目前仍未引入 HPV 疫苗。究其原因，Gardasil 和 Cervarix 的全球多中心临床注册试验并未包括中国大陆地区，依国家食品药品监督管理总局规定，所有产品均应在我国大陆地区开展临床注册试验方可上市。我国大陆自 2008 年开展 Gardasil 和 Cervarix 的Ⅲ期临床注册试验，试验遵循 HPV 疫苗全球临床试验试验方案，以高度宫颈上皮内瘤变（CIN）为试验的临床有效性终点，耗时较长，两种疫苗最早将于 2014 年在国内上市；我国国产 HPV 疫苗 2012 年刚刚启动临床注册试验，最早于 2016 年在国内上市。

2013 年发表在 Vaccine 杂志的一篇述评估算了我国自 2006 年至今因延迟引入 HPV 疫苗可能对未来造成的额外疾病负担。研究显示，若不施加其他有效干预措施，2006 年至 2012 年 7 年 HPV 疫苗的免疫接种延迟，可能造成我国未来 38 万名宫颈癌新发病例，以及 21 万名宫颈癌死亡病例。今后每延迟一年引入和推广 HPV 疫苗的免疫接种，可能造成未来 28 万名女孩感染 HPV16 型或 18 型，从而罹患相应的疾病[8]。

HPV 疫苗的引入刻不容缓，2013 年 2 月，WHO 召开专家会议，会议对使用高危型 HPV 持续感染作为疫苗临床注册试验替代终点的优缺点进行了讨论，达成可以将高危型 HPV 持续感染作为 HPV 疫苗临床注册试验中评价疫苗有效性的替代终点的共识。4 月 26 日，中国癌症基金会召集来自预防医学、疫苗研究、HPV 病毒学、妇科学、流行病学和统计学等领域的专家，在国内学术界亦达成使用高危型 HPV 持续感染作为临床注册试验中评价疫苗有效性的替代终点的共识，以期借此缩短 HPV 疫苗上市的进程，使我国百姓尽早获益。

在等待 HPV 上市的过程中，我国研究学者已预见性地开展大量研究，为未来 HPV 预防性疫苗在中国的推广和应用奠定了基础。我国一项大样本宫颈癌组织 HPV 分型结果表明：包含 HPV16、18 型的 HPV 疫苗可预防我国 84.5%的宫颈癌和 72%的高度宫颈癌前病变[12]。此外，我国开展了大量调查研究，宣传 HPV 疫苗并获得我国人群对疫苗的认知、接种机构和接种年龄等各方面的态度和建议。研究显示，我国百姓对 HPV 预防性疫苗的接受度较高（77%~85%），但对其子女接种 HPV 疫苗的接受度较低（仅为 36.2%）[13-15]。同时，受调查者的 HPV 相关知识较为欠缺，仅有 15%~25%的人听说过 HPV，且多数不知道 HPV 疫苗接种的最佳时间[13,14]。开展相关健康教育活动，提高群众对 HPV 及 HPV 疫苗的认知度是未来推广疫苗接种的关键。

对于 HPV 疫苗未来在我国的接种年

龄，我国学者认为，大陆地区的推荐年龄可能和发达国家有所差异。众所周知，性行为是 HPV 感染的重要危险因素，故推荐在首次发生性行为前的少女中进行 HPV 疫苗接种。2008 年，WHO 关于 HPV 预防性疫苗的立场文件，推荐全球范围内对 9~13 岁女孩进行 HPV 疫苗接种，但其也建议各国应充分考虑本国女性初始性行为年龄和通过学校、卫生保健机构或社区场所将免疫服务送达青春期早期女孩的可行性[9]。一项关于中国妇女初始性行为年龄调研的数据分析表明，我国年轻女性初始性行为一般发生在 17 岁。同时，考虑到我国九年义务教育等社会因素，我国有学者建议，我国女孩接种年龄晚于国际推荐年龄（13~15 岁之前），将初中生定为疫苗接种的首选群体[16]。

对于 HPV 疫苗的价格，现有研究显示，我国 68% 的妇女能承受的价格仅为人民币 500 元[15]。然而，目前在发达国家 Gardasil 和 Cervarix 售价均高于 300 美元，巨大的价格差距可能成为 HPV 疫苗在中国大陆推广的阻碍。可喜的是，近期两大 HPV 疫苗厂商默沙东和葛兰素史克公司均宣布以每剂低于 5 美元的价格提供 HPV 疫苗给 GAVI 资助国家。此前，疫苗厂商公布的政府采购价为 13 美元。中国虽不属 GAVI 国家，仍属欠发达国家，若通过政府采购该疫苗，有望获得更低的价格优惠，同时我国国产疫苗的成功研发也可能会进一步冲击进口 HPV 疫苗的价格。此外，有文献表明（2011）：接种 1~2 剂 HPV 疫苗的效果和全程接种 3 剂疫苗相似，因此可在保证较好免疫效果的前提下，减少接种针剂进一步降低欠发达国家和地区的免疫接种成本[17]。同时，HPV 疫苗未来在我国免疫策略的制订需综合考虑政府资金、实施能力、可行性、有效性、卫生资源公平性等多种因素，并开展卫生经济学研究寻求最佳的成本效果。笔者建议，在全球梯度定价的基础上，我国可尝试形成政府、医疗保险和个人三方费用分摊机制，对不同收入的人群采用不同比例的医疗补助方案，力求尽早达到卫生资源的公平分配。此外，对于 HPV 疫苗的管理方式，我们亦建议先采用我国计划免疫方案中自费疫苗的管理方式，对其进行统一规范管理，通过市场销售使部分人优先获得 HPV 疫苗，随着 HPV 疫苗的普及和应用，最后将其纳入全国免疫接种项目中，尽可能地缩短产品正式注册引入与人民获得健康保健的时间差[18]。

HPV 预防性疫苗为宫颈癌预防提供了宝贵的一级预防措施，但考虑到目前有大量女性已感染 HPV，目前 HPV 疫苗涵盖 HPV 型别较少、HPV 疫苗接种后 HPV16、18 型以外的致癌型 HPV 优势型别替代和 HPV 疫苗的免疫效价持续时间等因素，在年长妇女中继续开展宫颈癌筛查仍有必要。宫颈癌已有较成熟的二级筛查措施（如肉眼观察、细胞学、HPV 检测等），我国学者目前也在逐步开展 HPV 疫苗和各种筛查措施的卫生经济学评价研究，以期在有限的卫生资源下，寻求宫颈癌预防的最佳策略[19]。我们希望通过相对完善的一级预防和二级预防措施，依据我国国情建立宫颈癌防治的最佳模式，在社会各界的共同支持下，使宫颈癌成为人类战胜癌症的第一个恶性肿瘤。

三、幽门螺杆菌疫苗

1982 年 4 月，澳大利亚生物学家、医学家巴里 · 马歇尔（Barry J. Marshall）和罗宾 · 沃伦（J. Robin Warren）从胃黏膜活检样本中成功培养和分离出了幽门螺杆菌（H. Pylori），他们二人因此而获得了

2005 年诺贝尔生理学或医学奖。1994 年，世界卫生组织/国际癌症研究机构（WHO/IARC）确认 H. Pylori（HP）与胃癌发生密切相关，并将其列为Ⅰ类致癌因子[20]。目前，全世界 HP 疫苗的研究处于激烈竞争的研发阶段，主要分为全菌疫苗、亚单位疫苗（基因工程疫苗）、活载体疫苗和 DNA 疫苗等几种，尚未获得满意的结果。

我国第三军医大学邹全明教授率领的团队率先研制出世界上第一种幽门螺杆菌疫苗。该疫苗是一种口服重组幽门螺杆菌分子内佐剂疫苗，属于幽门螺杆菌重组尿素酶 B（rUreB）和黏膜免疫佐剂 LTB 亚单位（LTB）研制的重组基因工程疫苗。该疫苗在 2004 年完成了Ⅰ、Ⅱ期临床研究，证实 HP 疫苗对人体具有良好的安全性。同时，能有效刺激人体产生血清特异性 IgG 抗体、唾液特异性 sIgA 抗体、胃肠道特异性 sIgA 抗体。2006 年 9 月，该 HP 疫苗成功完成了Ⅲ期临床试验，结果显示：疫苗安全性良好，预防 HP 感染的保护率为 72%，特异性抗体阳性率为 85%。2008 年，国产 HP 疫苗顺利通过国家食品药品监督管理局组织的审评，获得国家一类新药证书[20]。遗憾的是，目前该疫苗仍未投入产业化生产，无法造福中国乃至世界人民。

四、展望

乙肝疫苗自 20 世纪 80 年代初期在发达国家开展新生儿免费免疫接种，到 2005 年在我国大陆开展新生儿免费免疫接种，落后于国际社会近 20 年；现有的两种 HPV 疫苗（Gardasil 和 Cervarix）2006 年已在国际社会推广使用，我国大陆地区至今仍处于Ⅲ期临床注册试验阶段，已落后于国际社会 7 年。HP 疫苗是我国独立研发，具有自主知识产权的疫苗，但自 2008 年注册试验成功、获得国家一类新药证书以来，至今未完成产业化生产。肿瘤疫苗作为人类战胜癌症的一级预防手段，其成功研发有划时代的意义，然该成果不能尽早造福于民乃科学界最大之憾事。我们希望相关部门避免重蹈乙肝疫苗的覆辙，努力创造条件，推进和完善 HBV 疫苗的接种，加速 HPV 疫苗的引入推广，同时尽快促进 HP 疫苗的产业化生产。通过综合肿瘤的一级免疫预防、癌前病变筛查和癌症病人的治疗服务，进一步制订和完善以降低慢性感染引起的肿瘤负担为核心的综合防治计划，早日造福于中国大众，让日趋严重危害人类健康的肿瘤远离我们，让现代医学能预防的肿瘤不再发生。

参 考 文 献

[1] 乔友林. 中国肿瘤人群防控的策略与前景. 中华肿瘤杂志，2012，34：483-485.

[2] 夏国良. 乙型肝炎疫苗预防效果和乙型肝炎病毒基因变异的研究. 中华流行病学杂志，2002，23：3.

[3] WHO. World Health Organization. Viral hepatitis：Report by the Secretariat. 2010. http：//appswhoint/gb/ebwha/pdf _ files/WHA63/A63_ 15-enpdf（accessed 24 Apr2012）.

[4] Zhou YH，Wu C，Zhuang H. Vaccination against hepatitis B：the Chinese experience. Chin Med J（Engl），2009，122：98-102.

[5] 朱徐 . 1999 年全国儿童计划免疫与乙型肝炎疫苗接种率及影响因素调查分析. 中国计划免疫，2000，6：193-197.

[6] Cui FQ PT，Hadler S，Liang XF. Analysis on new born hepatitis B immunization coverage and pregnant women hospital delivery rate in different regions. Chin J Vac Immun（Chin），2007，13：3.

[7] Liang X，Bi S，Yang W，et al. Epidemiological serosurvey of hepatitis B in China-declining HBV prevalence due to hepatitis B vaccination. Vaccine，2009，27：6550-6557.

[8] Colombara DV，Wang SM. The impact of HPV

vaccination delays in China: Lessons from HBV control programs. Vaccine, 2013.

[9] WHO. Human papillomavirus vaccines: WHO position paper. Biologicals, 2009, 37 : 338-344.

[10] Garland SM, Hernandez-Avila M, Wheeler CM, et al. Quadrivalent vaccine against human papillomavirus to prevent anogenital diseases. N Engl J Med, 2007, 356 : 1928-1943.

[11] Harper DM. Impact of vaccination with Cervarix (trade mark) on subsequent HPV-16/18 infection and cervical disease in women 15-25 years of age. Gynecol Oncol, 2008, 110: S11-17.

[12] Chen W, Zhang X, Molijn A, et al. Human papillomavirus type-distribution in cervical cancer in China: the importance of HPV 16 and 18. Cancer Causes Control, 2009, 20 : 1705-1713.

[13] Li J, Li LK, Ma JF, et al. Knowledge and attitudes about human papillomavirus (HPV) and HPV vaccines among women living in metropolitan and rural regions of China. Vaccine, 2009, 27 : 1210-1215.

[14] Zhang SK, Pan XF, Wang SM, et al. Perceptions and acceptability of HPV vaccination among parents of young adolescents: A multicenter national survey in China. Vaccine, 2013, 31 : 3244-3249.

[15] Zhao FH, Tiggelaar SM, Hu SY, et al. A multi-center survey of HPV knowledge and attitudes toward HPV vaccination among women, government officials, and medical personnel in China. Asian Pac J Cancer Prev, 2012, 13 : 2369-2378.

[16] Zhao FH, Tiggelaar SM, Hu SY, et al. A multi-center survey of age of sexual debut and sexual behavior in Chinese women: suggestions for optimal age of human papillomavirus vaccination in China. Cancer Epidemiol, 2012, 36 : 384-390.

[17] Kreimer AR, Rodriguez AC, Hildesheim A, et al. Proof-of-principle evaluation of the efficacy of fewer than three doses of a bivalent HPV16/18 vaccine. J Natl Cancer Inst, 2011, 103 : 1444-1451.

[18] 王少明，乔友林. HPV 预防性疫苗在中国的应用前景. 癌症进展，2010，3 : 134-138.

[19] Canfell K, Shi JF, Lew JB, et al. Prevention of cervical cancer in rural China: evaluation of HPV vaccination and primary HPV screening strategies. Vaccine, 2011, 29 : 2487-2494.

[20] 邹全明. 幽门螺杆菌疫苗的研究进展. 胃肠病学，2007，12 : 567-570.

(上接第 264 页)

[13] GlaxoSmithKline Vaccine HPV-007 Study Group, Romanowski B, de Borba PC, Naud PS, et al. Sustained efficacy and immunogenicity of the human papillomavirus (HPV) -16/18 AS04-adjuvanted vaccine: analysis of a randomised placebo-controlled trial up to 6.4 years. Lancet, 2009, 374 : 1975-1985.

[14] Tabrizi SN, Brotherton JM, Kaldor JM, et al. Fall in human papillomavirus prevalence following a national vaccination program. J Infect Dis, 2012, 206 (11) : 1645-1651.

[15] Powell SE, Hariri S, Steinau M, et al. Impact of human papillomavirus (HPV) vaccination on HPV 16/18-related prevalence in precancerous cervical lesions. Vaccine, 2012, 31 (1) : 109-113.

❖ 肿瘤康复 ❖

癌症患者重生之路
——中国群体抗癌事业的发展概况

杨增和

北京抗癌乐园 北京 100036

人类对癌症的研究与抗争已经有数千年的历史，在科技高度发展的今天，癌症依然是医学界没有攻克的难题。“十个癌症九个埋，剩下一个不是癌”，这是人们对癌症恐惧的真实写照。作为与癌症抗争了25年的患者，我有责任、也很愿意把我和北京抗癌乐园所探索出的群体抗癌经验，与广大癌症患者和医务工作者共同分享。让所有癌症患者看到生的希望，让医务工作者在癌症研究方面多一种治疗康复的手段。

一、群体抗癌是癌症患者自己的创举

在20世纪70年代，癌症还只是稀有名词，一些癌症患者中的有识之士在接受医学治疗之外，通过自我心理疏导和正确的体能健身方法，在抗击癌症上取得了意想不到的效果。一些在医生看来没有几个月、几年生存希望的癌症患者，竟然活过10年、20年、30年、40年……甚至有些人今天依然健在。

1990年1月，癌症患者于大元、高文彬等在北京玉渊潭公园八一湖畔成立了“北京八一湖抗癌乐园”，提出“自强不息、自娱自乐、自救互助”的群体抗癌的主张和精神。这就是北京抗癌乐园的前身。同年7月，又以他们为首创建了“中国癌症康复会”。在他们的号召和领导下，许多抗癌组织如雨后春笋般在全国各地乃至世界各国成立起来，先后成立的组织有上海癌症康复俱乐部、东北抗癌联军、江苏癌症康复组织联谊会、山东省抗癌联盟等，以及日本、马来西亚等国的抗癌组织。群体抗癌是癌症患者发起的自我救助行动，它点燃了人类抗击癌魔道路上希望的火炬，为用生命搏杀的广大癌症患者指引了正确方向。

二、为癌症患者找回欢乐、找回健康是群体抗癌的宗旨与主要内容

北京抗癌乐园的发源地——玉渊潭公园八一湖畔现如今已经成为群体抗癌事业的摇篮，成为全国各地乃至世界各国癌症患者的朝圣之地。从医院走出来的癌症患者对群体抗癌趋之若鹜，在他们生死一线的重要时刻终于抓住了最后一根“救命稻草”。群体抗癌让新患者从坚强活下来的老患者身上看到了生的希望。通过患者之间互相传授抗癌经验，让新患者学到了在癌魔面前生存的本领。“芸芸众生，孰不爱生？爱生之极，进而爱群”。仁人志士用自己的生命换来全民族的幸福解放，癌症患者用生命探索出来的抗癌经验换来广大癌症患者的快乐健康。

2013年，北京抗癌乐园最新统计数字显示，参加群体抗癌活动的园民5年生存

率达到80%，10年生存率达到70%，这远远高于全国癌症患者5年生存率不足20%的平均数字。群体抗癌已经成为癌症患者医学治疗之外，不可或缺的生存和康复手段。群体抗癌经过二十多年的探索，已经形成了一套行之有效的抗癌方法。

（一）让园民走出家门走向户外

让癌症患者出医院进公园，到树多、水多、空气清新、负氧离子丰富的大自然中去。组织他们习练抗癌健身法，进行有氧运动和增氧健身。习练抗癌健身法能提高人体血氧含量，抑制和杀死厌氧的癌细胞。身宜动、心宜静，抗癌健身法动中有静、静中有动，放松入静，松静自然，疏通经络，调和气血。抗癌健身法在提高人体免疫力和杀死癌细胞方面有奇效。正确的体育健身锻炼确有“决死生、处百病”的重大作用。

（二）为癌症患者提供学习交流机会

北京抗癌乐园以分园为单位，每周2次以上召集园民在公园进行抗癌知识的交流，通过对新患者进行心理疏导，改善他们的不良心态，帮助他们在癌症治疗和康复过程中不走错路、少走弯路。通过组织春游、秋游、登山赏景等活动，更进一步密切园民之间的感情，互相依托、互相感召，达到共同抗癌，一起康复的目的。

（三）让园民树立抗击癌魔的勇气和信心

每年秋季召开为癌症患者庆祝癌龄“五整生日”的大会，给数百名过5年、10年、20年、30年癌龄生日的癌友戴大红花，送纪念品。千人齐唱“生日快乐”歌。同时上演癌症患者自己编排的歌舞、小品、京剧、快板、乐器演奏等丰富多彩的文艺节目。这是一年中癌症患者最盛大、最欢乐，也最能鼓舞士气、释放激情的时刻。

（四）让园民感受到抗癌乐园像家一般温暖

每年冬季，以分园为单位召开年终总结会。总结一年来群体抗癌的成果，表彰好人好事，组织轻松愉快的小型文艺演出，园民们在欢快喜庆的气氛中共同庆祝岁末，迎接新的一年到来。

（五）创立群体抗癌的品牌效应，让更多的癌症患者从群体抗癌中受益

北京抗癌乐园为了更全面地宣传群体抗癌，更广泛地寻求社会对弱势群体的关注，成立了“生命绿洲艺术团”，同时在各个分园成立了艺术宣传队。这些艺术团队不但为广大园民服务，而且进社区、进医院、进公园演出，经常参加各省市电视台及中央电视台的节目录制，为大力宣传群体抗癌事业做出了应有的贡献。

（六）扩大抗癌明星影响力，发挥抗癌明星的榜样作用

抗癌明星是癌症患者的希望和骄傲，他们是同癌症抗争的胜利者，是新癌友心中的启明星，他们的抗癌故事让癌症患者增添了抗击癌魔的勇气，激发了乐观拼搏、积极向上的动力。1994年和2004年已经成功举办了两次评选活动，2014年将举办第三次抗癌明星和爱心家庭的评选和颁奖。评选活动已经成为广大癌症患者非常看重的盛大节日。

（七）在癌症患者中间开展的互助互救活动

园民志愿者到家里、到医院探望危重癌友，送上鲜花、水果、书籍、杂志和自己精心手工制作的礼物，一句问候、一声安抚、一张笑脸能为他们平添无数的欢乐，让他们增强活下去的信心和动力。对困难的癌友，大家30元、50元、100元凑钱帮助，彼此永远像兄弟姐妹一样相互搀扶着坚强地生存下去。

（八）定期举办抗癌知识讲座

请西医、中医、心理医生和营养学专家为大家普及抗癌知识和答疑解惑；请抗癌明星为大家讲述抗癌的成功经验和事迹，让广大癌症患者丰富了抗癌知识，在抗癌道路上走得更加平稳扎实。

（九）回归社会，再现生命的光彩

每年4月，全国“肿瘤防治宣传周”期间，我们的抗癌明星都踊跃参加各大医院的义务咨询活动，回答新病友以及家属提出的各种问题，鼓励他们树立抗癌的勇气和信心。每年秋季参加北京“希望马拉松——为癌症患者及癌症防治研究募捐义跑活动”，为癌症研究募集资金，支持防癌抗癌事业。大型公益活动——登长城为艾滋病患者募集善款、绿化首都美化家园的植树节、东南亚海啸募捐、汶川地震募捐、“新北京、新奥运大型文艺演出”等，都有我们癌症患者的身影。我们积极参与社会公益活动，树立癌症患者自强不息、乐观向上、勇于拼搏的光辉形象，为首都精神文明建设增添新的靓丽光彩。

（十）进行国内外群体抗癌文化交流

我们的代表多次登上北京师范大学和香港大学等国内高等学府的讲坛演讲，与广大师生和关心防癌抗癌事业的朋友一起探讨群体抗癌文化。我们邀请全国各地和世界各国抗癌组织的代表到北京参观访问，互相学习交流经验。2010年4月18日，北京抗癌乐园牵头举办了“中国群体抗癌与癌症康复研讨交流暨世界华人百名抗癌明星表彰大会”，全国近百个群体抗癌组织的负责人和8个国外抗癌组织代表参加了会议，全国人大常委会原副委员长何鲁丽、顾秀莲出席了大会。

此外，北京抗癌乐园创办了自己的网站和《抗癌乐园》杂志，出版发行了《抗癌健身法》《癌症患者康复实录》等抗癌书籍。

北京抗癌乐园的群体抗癌，已经成为癌症康复教育的大学校。

三、群体抗癌与医院治疗相结合，真正实现“癌症≠死亡”

纵观世界，癌症仍然是人类的主要杀手，随着中国环境污染、食品污染，特别是大气污染的日趋严重，癌症患病率呈逐年递增趋势。2014年世界卫生组织最新《全球癌症报告》中显示，2012年全世界有1400万新发癌症病例，癌症死亡人数达820万。报告说，中国新诊断癌症病例为307万，占全球总数的21.8%。癌症死亡人数约220万，占全球癌症死亡人数的26.9%。这些数字略低于中国本国2012年的统计数字。据中国媒体报告，全国肿瘤登记中心记录的每年新增病例为350万，死亡人数为250万。根据全国肿瘤登记中心发布的《2012中国肿瘤登记年报》统计，中国每分钟就有6人确诊为癌症。近20年来，癌症呈现年轻化及发病率和死亡率“三线”走高态势。我国每年用于癌症病人治疗的费用超过1000亿元人民币。癌症严重威胁着广大人民群众的身体健康，给国家和个人带来沉重的经济负担。很多癌症患者家庭因病致贫、因病返贫。

这些触目惊心的数字告诉我们，必须下大力气全方位的防癌抗癌，现如今癌症依然是困扰着医学界的难题，仅仅依靠医院医生的治疗是不够的，肿瘤的治疗和康复应该走社会化道路。医生、患者、家庭、社会互相配合协同作战，一起扭转这种严峻态势。

医患结合，身心同治，身心健康，是医学发展值得研究的课题和方向。必须从根本上改变那种只见病不见人，只管常规治疗，忽视康复治疗的旧的片面的抗癌模式，癌症患者必须积极主动地投身到群体抗癌活动中来，自己主宰自己的命运，改变千百年来癌症患者消极被动接受治疗的现象。

我们认为，医院的常规治疗和院外的康复治疗是两个不可分割的整体。常规治疗的主体力量是医院和医生。康复治疗的主体是群体抗癌组织和癌症患者自己。这已经成为越来越多人的共识。只有把医院医生的治疗同院外癌症患者的群体抗癌相结合，充分发挥医生常规治疗和患者自我康复两个积极因素，方可把肿瘤死亡率快速上升的态势扭转过来，方才有希望使癌症患者活得长一些，活得好一些，开辟一条“癌症≠死亡”的新路。

我们的群体抗癌事业刚刚起步。如果从1971年的初期萌芽状态算起，只有三十多年的历史，如果从1990年北京抗癌乐园创建算起，仅有二十多年的历史。但是群体抗癌的威力和作用是巨大的。参加群体抗癌组织的患者，有着良好的心态，活得幸福、活得快乐，存活率远远高于全国平均水平。这是世界上任何国家单靠医院治疗所达不到的成效。

群体抗癌在实践中已经摸索出一套完整的理论体系，涌现出大量社会活动家和开拓者，他们一直对群体抗癌事业进行科学系统的研究和论证。群体性是人类的基本特征，人类为了共同的目标和利益，构成相互作用、相互依赖的集合体，这种群体行为是强大的，能够实现个体力量不能实现的目标，能够创造各种各样的奇迹。“盈缩之期，不但在天，养怡之福，可得永年”。群体抗癌所倡导的“自强不息、自娱自乐、自救互助”的抗癌精神；所施行的“以健康的精神为统帅，以相互心理调节为先导，首选西医、结合中医，坚持抗癌健身法锻炼，讲究饮食疗法，注意生活调理”的心疗、医疗、体疗、食疗四位一体的抗癌理念和抗癌模式，已经成为群体抗癌的基本内容和基本实践，是群体抗癌的指导方针。

四、群体抗癌事业已经得到社会和政府部门、各级卫生组织的关心、重视和扶持

癌症的预防、癌症的常规治疗、癌症的康复是人类抗癌的三部曲，三者缺一不可，都应该得到政府和卫生部门的关心、重视和扶持。但是，群体抗癌的历史尚短，政府权威机构对此的研究还是一片空白，其综合性的康复治疗模式和理念，尚未引起足够的重视。随着群体抗癌事业的蓬勃发展，这种不利局面已经得到相应的改观。

1. 1998年9月26日，北京抗癌乐园在玉渊潭公园八一湖畔，举行了1600人参加的“生命绿洲”落成暨中外抗癌明星“五整生日”庆祝大会，时任北京市委书记、市长贾庆林和副市长刘敬民等出席了会议。时任中共中央委员、中央政策研究室主任滕文生和《人民日报》社社长邵华泽题写贺词。贾庆林赞扬了群体抗癌事业，他说：“北京每年有一万两千人患癌，就是要有你们这种不屈不挠的精神。以后你们有事，政府会尽力帮助”。贾庆林在北京市的任期几年内，大力推动了群体抗癌事业的发展，帮助北京抗癌乐园解决了许多实际问题和困难。

2. 2002年10月28日，北京市政府为了推动群体抗癌事业的发展，帮助北京抗癌乐园注册为正式的法人社团组织。北京市政府批准由参与起草《政府工作报告》《关于建国以来党的若干历史问题的决议》等重要文献的原中共中央文献研究室周恩来研究组组长（局长）杨增和同志任法人代表、园长。2003年1月11日，北京抗癌

乐园召开了社团成立大会。时任全国政协主席贾庆林代表个人，国家体育总局党组书记李志坚代表总局，北京市常务副市长翟鸿祥代表北京市委市政府发来贺信、贺电。翟鸿祥在贺信中写道："经过10年的发展，抗癌乐园不断走向成熟，你们倡导的'自强不息、自娱自乐、自救互助'的精神远播海外，极大地增强了癌症患者珍爱生命、战胜疾病的信心。应该说抗癌乐园弘扬了团结友爱、无私奉献、坚韧不拔、乐观向上的传统美德，坚持了相信科学、反对迷信的唯物主义思想，真正成为了癌症患者的乐园。经市社团办登记，北京抗癌乐园又成为了正式的社团组织。看到你们取得的成绩，我十分高兴，对你们为首都精神文明建设所做出的特殊贡献，表示衷心的感谢。"从此，北京抗癌乐园的群体抗癌事业进一步走上了正轨。

3. 继北京抗癌乐园注册法人社团后，2004年1月，北京市领导又应北京抗癌乐园请求，批示市公园管理中心每年以最优惠的价格为首都癌症患者办理公园年票。

4. 2004年秋，在市领导的关心下，在名誉园长冯理达帮助下，北京市红十字会为北京抗癌乐园解决了办公场所问题。

5. 2008年5月，北京抗癌乐园就群体抗癌事业的现状和主张，向中央有关部门呈送了详细报告，得到党中央、国务院有关领导的重视，胡锦涛总书记、温家宝总理和贾庆林主席都给予了恳切批示。群体抗癌事业得到中央政府最高层的认可，为今后的继续发展壮大铺平了道路。

6. 2013年4月8日，北京抗癌乐园生命绿洲艺术团代表杜静受到中央政治局常委刘云山同志的亲切接见，在交谈中多次称赞北京抗癌乐园在群体抗癌事业中取得的成就，并责成中央电视台大力宣传报道北京抗癌乐园群体抗癌的事迹。

7. 卫生部门专家学者对群体抗癌事业也给予了充分的肯定和支持。2009年7月，时任卫生部长陈竺在北京抗癌乐园呈递的报告函上批示："发挥群体组织优势，确可促进抗肿瘤事业"。

2010年4月18日，时任卫生部陈竺部长、张茅书记在致"中国群体抗癌与癌症康复研讨交流暨世界华人百名抗癌明星表彰大会"贺信中写道："20年来，我国各地群体抗癌组织开展了许多卓有成效的抗癌活动，把医学治疗与心理、体能、食物等疗法有机结合起来，大大提高了癌症患者生存率，改善了生活质量。群体抗癌已经成为医院治疗的继续和补充。"

中国癌症基金会副理事长兼秘书长、中国医学科学院肿瘤医院原院长赵平教授在"中国群体抗癌与癌症康复研讨交流暨世界华人百名抗癌明星表彰大会"主题报告中指出："群体抗癌是医学模式转变的一种必然，是走向康复的非常正确、值得推广的一条道路。"

北京抗癌乐园自2002年法人社团注册至今，是北京抗癌乐园所倡导的群体抗癌事业飞速发展的阶段，得到北京抗癌乐园直接帮助过的癌症患者达数万人。北京抗癌乐园在各地群体抗癌组织中占有重要地位。我们所倡导的群体抗癌事业通过网络、杂志、电台、电视台等各种媒体传遍全国各地，传向世界上许多国家。在政府的扶持下，在社会各界的关心下，在广大医务工作者推广下，在广大癌症患者拥戴下，北京抗癌乐园所倡导的群体抗癌事业必将为人类健康做出更大贡献。

大海奔涌，不遇岛屿和暗礁，何以激起美丽的浪花！人生旅途，没有艰难险阻，何以奏响生命中最精彩的乐章！我们抗癌人必将克服重重困难，在科学抗癌、群体抗癌旗帜的引导下创造永远的辉煌！

卫计委印发胃癌等五种恶性肿瘤规范化诊疗指南

2013-05-03 稿源：《中国医学论坛报》

为进一步推进农村居民重大疾病医疗保障工作，加强恶性肿瘤的规范化诊疗管理，规范诊疗行为，提高诊疗质量，控制诊疗费用，国家卫生和计划生育委员会组织制定了胃癌、直肠癌、结肠癌、乳腺癌、宫颈癌等五种常见恶性肿瘤的规范化诊疗指南。

胃癌规范化诊疗指南（试行）

国家卫生和计划生育委员会组织制定

1. 范围

本规范制定了胃癌（包括食管胃交界癌）的诊断依据、诊断、鉴别诊断、治疗原则和治疗方案。

本标准主要适用于农村重大疾病医疗保障工作定点医院对胃癌的诊断和治疗。

2. 术语和定义

下列术语和定义适用于本指南。

早期胃癌（early gastric cancer，EGC）：是指病变局限于黏膜或黏膜下层，不论有无淋巴结转移的胃癌，在肉眼下大体类型分为隆起型（Ⅰ型）、浅表型（Ⅱ型）、凹陷型（Ⅲ型）和混合型。

3. 缩略语

下列缩略语适用于本指南。

CEA：（carcinoembryonic antigen）癌胚抗原

4. 诊治流程图

见图 1。

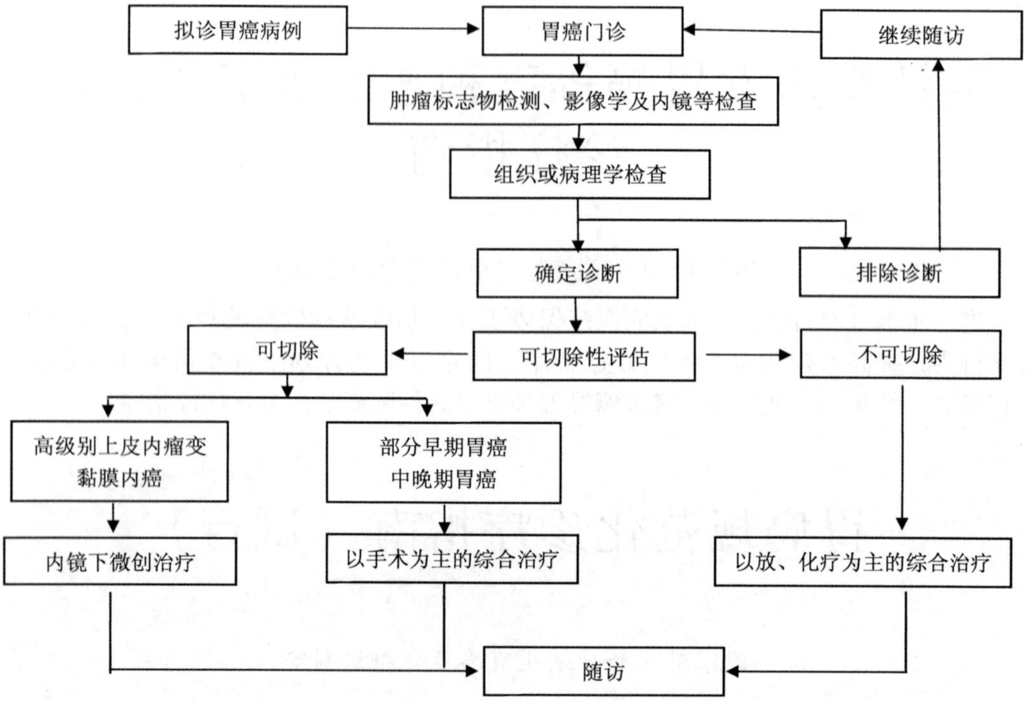

图 1　胃癌诊治流程图

5. 诊断依据

5.1 病因

胃癌的病因迄今尚未阐明，但多种因素会影响胃癌的发生。目前所知主要与下列因素相关：①幽门螺杆菌感染；②亚硝基化合物；③高亚硝酸盐的摄入；④二羰基化合物；⑤真菌；⑥遗传性。

5.2 高危人群

5.2.1 性别：男性患胃癌的概率为女性的 1.5 倍。

5.2.2 年龄：胃癌的发病率随着年龄的增加而显著升高。

5.2.3 饮食：加盐腌制蔬菜或烟熏肉和鱼。

5.2.4 吸烟：吸烟男性死于胃癌的人数是不吸烟男性的 2 倍。

5.2.5 治疗：接受过胃部手术。

5.2.6 癌前疾病：慢性萎缩性胃炎、胃溃疡、胃息肉。

5.2.7 家族肿瘤疾病史：包括家族胃癌史，遗传性非息肉性肠癌，家族性腺瘤性息肉等遗传性疾病等。

5.2.8 恶性贫血：常合并萎缩性胃炎。

5.2.9 肥胖：超过正常体重 20~25kg 的男性患胃癌风险更高。

5.2.10 经济状况：经济较差的地区，胃癌的发病率较高。

5.3 症状

5.3.1 发病时间

发病到就诊时间，在3个月之内占10%，在3个月至2年之间占70%，在2年以上占20%。

5.3.2 主要症状

没有特异性表现。癌症早期几乎不会有症状，以消瘦为最多，其次为胃区疼痛、食欲缺乏、呕吐等。初诊时患者多已属晚期。早期胃癌的首发症状，可为上腹不适（包括上腹痛，多偶发），或饱食后剑突下胀满、烧灼或轻度痉挛性痛，可自行缓解；或食欲减退，稍食即饱。癌发生于贲门者有进食时梗噎感，位于幽门部者食后有饱胀痛，偶因癌破溃出血而有呕血或柏油便，或因胃酸低，胃排空快而腹泻，或患者原有长期消化不良病史，致发生胃癌时虽亦出现某些症状，但易被忽略。少数患者因上腹部肿物或因消瘦，乏力，胃穿孔或转移灶而就诊。

5.4 体征

5.4.1 早期胃癌可无任何体征。

5.4.2 中晚期胃癌以上腹压痛最常见。1/3患者可扪及结节状肿块，坚实而移动、多位于腹部偏右相当于胃窦处，有压痛。胃体肿瘤有时可触及，但位于贲门者则不能扪到。

5.4.3 转移性体征

转移到肝可使之肿大并可扪到结实结节，腹膜有转移时可发生腹水，出现移动性浊音。有远处淋巴结转移时可摸到Virchow淋巴结，质硬而不能移动。肛门指检在直肠膀胱间凹陷可摸到肿块。在脐孔处也可扪到坚硬结节，并发Krukenberg瘤时阴道指检可扪到两侧卵巢肿大。

5.4.4 伴癌综合征

包括反复发作性血栓静脉炎（Trousseau征）、黑棘皮病（皮肤皱褶处有色素沉着，尤其在两腋）、皮肌炎、膜性肾病、微血管病性溶血性贫血等。

5.5 辅助检查

5.5.1 实验室检查

5.5.1.1 血液检查　常见贫血，约50%为缺铁性贫血，是长期失血所致；或由营养缺乏导致恶性贫血，则见巨幼细胞贫血；红细胞沉降率（血沉）增快。

5.5.1.2 大便潜血试验　大便潜血试验常呈持续阳性，检测方便，可辅助诊断。

5.5.1.3 肿瘤标志物检测　目前临床所用胃癌标志物主要有CEA、CA19-9等，但特异性均不强，联合检测可增加其灵敏性及特异性。

5.5.1.3.1 CEA　癌胚抗原是一种富含多糖的蛋白复合物，是胚胎和胎儿期产生的癌胚抗原，可评价胃癌的预后。与进展低分化腺癌相关，亦与肿瘤大小、浆膜面浸润、淋巴结转移相关，可与其他指标联合应用以评价胃癌的化疗疗效。如CEA水平下降范围>50%或降至正常范围并持续4周以上，可作为治疗有效指标，如治疗后持续增高，提示预后不良。

5.5.1.3.2 CA19-9（可选择）是一类含黏液成分的大分子糖蛋白，与肿瘤大小、淋巴结转移及浸润深度相关，是胃癌患者独立判定预后的指标。血清中高水平的CA19-9提示胃癌患者生存期缩短，可与其他指标联合应用提示胃癌的腹膜复发、腹腔种植，是比CEA

更为敏感的指标。

5.5.2 影像学检查

5.5.2.1 胸部X射线检查　必须同时拍胸部正位和侧位片，排除有无肺转移，对于X线胸片发现病灶而难以定性的可选用胸部增强CT检查。

5.5.2.2 上消化道造影检查　作为胃癌诊断首选常规检查。行气钡双重对比造影有助于观察肿瘤在胃腔内浸润范围、肿块部位及胃腔狭窄程度、有无幽门梗阻等，并可通过观察胃黏膜的形态、胃壁的柔软程度等，与胃炎性病变、胃壁在性病变及胃淋巴瘤等相鉴别。

5.5.2.3 CT检查　CT检查已广泛应用于临床，有助于观察胃部肿瘤对胃壁的浸润深度、与周围脏器的关系、有无淋巴结转移和远处（如肝、卵巢、腹膜、网膜等）转移。对于胃部肿瘤较大者，建议行腹部、盆腔CT检查，以了解盆腔有无转移，特别是对于女性患者，观察有无卵巢转移。对于无CT造影剂过敏的患者，均应行增强CT扫描，有助于检出微小转移灶。

5.5.2.4 MRI检查（可选）　受设备、扫描技术及检查费用等因素影响，MRI检查目前尚不能作为胃癌患者的常规检查，但对于超声或CT检查怀疑肝转移的患者，MRI有助于明确诊断。

5.5.2.5 超声检查　超声检查简单易行、价格便宜，可作为胃癌患者的常规检查。主要用于发现腹盆腔重要器官及淋巴结有无转移，也可用于锁骨上、颈部淋巴结检查。对于有条件的医院还可开展超声导引下行肝、淋巴结穿刺活检，有助于肿瘤诊断及分期。

各种检查诊断报告均应体现TNM分期理念。

5.5.3 腔镜检查

5.5.3.1 内镜检查　是胃癌诊断中最重要的手段之一，对于胃癌的定性、定位诊断和手术方案的选择具有重要作用。对拟行手术治疗的患者为必需的常规检查项目。此外，内镜检查前必须充分准备，建议应用去泡剂和去黏液剂，仔细观察各部位，采集图片，对可疑部位应用染色和放大技术进一步观察，进行指示性活检，这是提高早期胃癌检出率的关键。提高胃癌的发现率，是现阶段降低胃癌死亡率的重要手段之一。

5.5.3.2 超声内镜检查　可直接观察病变本身，还可通过超声探头探测肿瘤浸润深度及胃周肿大淋巴结，是一种较为可靠的胃癌术前分期方法，有助于胃癌的诊断、临床分期及制订手术方案。

5.5.4 细胞学检查

5.5.4.1 内镜细胞学检查　在纤维镜直视下，用冲洗、擦刷及印片3种方法取细胞，其阳性率较高；或插入胃管用缓冲液反复冲洗胃壁，再收集缓冲液，沉渣后作涂片进行细胞学检查，两种细胞学检查阳性率均可达90%以上。

5.5.4.2 腹水细胞学或术中腹腔冲洗或灌洗细胞学检查　可明确是否存在腹腔游离癌细胞（FCC），对指导临床分期具有重要意义。

5.5.4.3 穿刺细胞学检查　明确诊断锁骨上淋巴结有无转移。

6. 分类和分期

6.1 胃癌的分类

胃肿瘤组织学分类（WHO，2000）

上皮性肿瘤	
上皮内肿瘤-腺瘤	8140/0
癌	
腺癌	8140/3
肠型	8144/3
弥漫型	8145/3
乳头状腺癌	8260/3
管状腺癌	8211/3
黏液腺癌	8480/3
印戒细胞癌	8490/3
腺鳞癌	8569/3
鳞状细胞癌	8070/3
小细胞癌	8041/3
未分化癌	8020/3
其他	
类癌（高分化神经内分泌肿瘤）	8240/3
非上皮性肿瘤	
平滑肌瘤	8890/0
神经鞘瘤	9560/0
颗粒细胞瘤	9580/0
血管球瘤	8711/0
平滑肌肉瘤	8890/3
胃肠道间质瘤	8936/1
良性	8936/0
不确定恶性潜能	8936/1
恶性	8936/3
Kaposi 肉瘤	9140/3
其他	
恶性淋巴瘤	
边缘区 B 细胞淋巴瘤，MALT 型	9699/3
套细胞淋巴瘤	9673/0
弥漫性大 B 细胞淋巴瘤	9680/3
其他	
继发性肿瘤	

6.2 分期

目前为止胃癌的分期仍未完全一致，较常使用的是美国分期系统，日本胃癌分期系统和国际抗癌联盟（UICC）三种。目前最新的胃癌分期采用美国癌症联合委员会（AJCC）公布的2009年胃癌国际分期。

AJCC 胃癌 TNM 分期（2009 年第 7 版）

T 分期

Tx：原发肿瘤无法评估

T0：无原发肿瘤证据

Tis：原位癌，上皮内肿瘤，未侵及固有层

T1：肿瘤侵犯固有膜、黏膜肌层或黏膜下层

T1a：肿瘤侵犯固有膜或黏膜肌层

T1b：肿瘤侵犯黏膜下层

T2：肿瘤侵犯固有肌层

T3：肿瘤穿透浆膜下结缔组织，而未侵犯脏层腹膜或临近结构

T4：肿瘤侵犯浆膜（脏层腹膜或临近结构）

T4a：肿瘤侵犯浆膜（脏层腹膜）

T4b：肿瘤侵犯邻近结构

注：1. 肿瘤穿透肌层，进入胃结肠或肝胃韧带，或进入大网膜、小网膜，但未穿透覆盖这些结构的脏层腹膜，这种情况肿瘤就为T3，如果穿透了这些结构的脏层腹膜肿瘤就为T4。

2. 胃的邻近结构包括脾、横结肠、肝、膈肌、胰腺、腹壁、肾上腺、肾、小肠和后腹膜。

3. 肿瘤由胃壁延伸到十二指肠或食管，T由包括胃在内的最严重处的浸润深度决定。

N 分期

Nx：区域淋巴结无法评估

N0：区域淋巴结无转移

N1：1~2 枚区域淋巴结转移

N2：3~6 枚区域淋巴结转移

N3：7 个或 7 枚以上区域淋巴结转移

N3a：7~15 个区域淋巴结转移

N3b：16 个或 16 个以上区域淋巴结转移

注：不论切除及检查的淋巴结总数，若所有淋巴结都没有转移，定为pN0。

M 分期

M0：无远处脏器和淋巴结转移

M1：已转移至远处淋巴结和/或其他脏器

AJCC 胃癌 TNM 分期表（2009 年第 7 版）

0 期	Tis	N0	M0
ⅠA 期	T1	N0	M0
ⅠB 期	T2	N0	M0
	T1	N1	M0
ⅡA 期	T3	N0	M0
	T2	N1	M0
	T1	N2	M0
ⅡB 期	T4a	N0	M0
	T3	N1	M0
	T2	N2	M0
	T1	N3	M0
ⅢA 期	T4a	N1	M0
	T3	N2	M0
	T2	N3	M0
ⅢB 期	T4b	N0	M0
	T4b	N1	M0
	T4a	N2	M0
	T3	N3	M0
ⅢC 期	T4b	N2	M0
	T4b	N3	M0
	T4a	N3	M0
Ⅳ期	任何 T	任何 N	M1

7. 诊断和鉴别诊断

7.1 诊断

7.1.1 临床诊断　主要依据：

（1）早期可无症状和体征，或出现上腹部疼痛、饱胀不适、食欲减退；或原有胃溃疡症状加剧，腹痛为持续性或失去节律性，按溃疡病治疗症状不缓解，可出现呕血、黑便。

（2）晚期体重下降，进行性贫血、低热，上腹部可触及包块并有压痛，可有左锁骨上淋巴结肿大、腹水及恶病质。

（3）贲门部癌侵犯食管，可引起咽下困难；幽门部癌可出现幽门梗阻症状和体征。

（4）实验室检查早期可疑胃癌，游离胃酸低度或缺乏，血细胞比容、血红蛋白、红细胞下降，大便潜血（+）；肿瘤标志物异常增高。

（5）影像学检查提示胃癌（胃气钡双重对比造影、CT）。

7.1.2 病理诊断

主要依据胃镜活检组织学病理诊断。有条件的医疗卫生机构，应行免疫组化检查鉴别肿瘤的组织学分型或确定肿瘤的神经内分泌状况。近年来，临床更重视胃癌的术前分期，根据术前分期制订合理治疗方案。

7.2 鉴别诊断

7.2.1 与胃部良性疾病的鉴别

7.2.1.1 胃溃疡　胃癌无特征性的症状和体征，特别是青年人胃癌常被误诊为胃溃疡或慢性胃炎。胃溃疡的某些典型 X 线表现可作为诊断依据，如龛影一般突出于腔外，直径在 2cm 以内，其口部光滑整齐，周围黏膜呈辐射状，胃壁柔软可扩张等；而进展期溃疡型癌的龛影较大，且位于腔内，常伴有指压痕及裂隙破坏，局部胃壁僵硬，胃腔扩张性差等。但某些胼胝性溃疡易与溃疡型癌相混淆，需要进一步作胃镜活检予以鉴别。

7.2.1.2 胃息肉（胃腺瘤或腺瘤性息肉）来源于胃黏膜上皮的良性肿瘤可发生于任何年龄，但以 60~70 岁多见。较小的腺瘤可无任何症状，较大者可引起上腹部饱胀不适，隐痛、恶心。腺瘤表面黏膜糜烂、溃疡出血而引起黑便，临床表现疑似胃癌。X 线钡餐检查显示为直径 1cm 左右，边界完整的圆形充盈缺损，带蒂腺瘤推压时可移动。胃腺瘤常与隆起型早期胃癌相混淆，宜胃镜活检予以确诊。

7.2.1.3 胃平滑肌瘤　可发生于任何年龄，多见于 50 岁以下。其瘤体多单发，大小2~4cm，好发于胃窦及胃体部，呈圆形或椭圆形。患者常有上腹饱胀不适、隐痛或胀痛。当肿瘤增大、供血不足，形成溃疡时亦可出现间歇性呕血或黑便，约有 2%可恶变成平滑肌肉瘤。胃镜检查可与胃癌相区别，但难以确定属平滑肌瘤或平滑肌肉瘤。

7.2.1.4 胃巨大皱襞症　与浸润型胃癌相似，好发于胃上部大小弯处。良性巨大皱襞 X 线检查可见胃黏膜呈环状或弯曲改变，而浸润型胃癌黏膜多为直线形增粗。另外，巨大皱襞症常伴有低蛋白血症，而浸润型胃癌可见恶病质。

7.2.1.5 肥厚性胃窦炎　多由幽门螺旋杆菌感染引起，可引起胃窦狭窄、蠕动消失，胃壁有伸展性；浸润型胃癌黏膜平坦或呈颗粒变形、胃壁僵硬、低张造影，两者区别较大。

7.2.1.6 疣状胃炎　多发于青年，常合并十二指肠溃疡，与胃癌较易鉴别。

7.2.1.7 胃黏膜脱垂　胃黏膜脱垂症是由于异常松弛的胃黏膜逆行进入食管或脱入十二指肠球部导致胃黏膜脱垂。通过 X 线钡餐检查可确诊。腹痛呈周期性、节律性，经胃镜检查较易区别。

7.2.2 与其他胃部恶性肿瘤相鉴别

7.2.2.1 原发性恶性淋巴瘤　占胃部恶性肿瘤的 0.5%~8%。多见于青壮年，好发于胃窦、幽门前区及胃小弯。病变源于黏膜下层的淋巴组织可向周围扩展而累及胃壁全层，病灶部浆膜或黏膜常完整。当病灶浸润黏膜 40%~80%时，发生大小不等、深浅不一的溃疡。临床表现有上腹部饱胀、疼痛、恶心、呕吐、黑便、胃纳减退、消瘦、乏力、贫血等非特异性症状。乙醇常可诱发胃淋巴瘤患者腹痛的发生，少许患者伴有全身皮肤瘙痒症。X 线钡餐检查病灶的表现率可达 93%~100%，但能确诊为胃淋巴肉瘤者仅 10%左右。特征性改变为弥漫性胃黏膜皱襞不规则增厚，有不规则地图形多发性溃疡，溃疡边缘黏膜隆起增厚形成大皱襞；单发或多发的圆形充盈缺损，呈“鹅卵石样”改变。

7.2.2.2 胃肉瘤　占胃恶性肿瘤的 0.25%~3%，多见于老年。好发于胃底、胃体，瘤体一般较大，常在 10cm 以上，呈球形或半球形，由于癌体巨大其中央部常因血供不足而形成溃疡。临床表现主要为上腹部疼痛、不适、恶心、呕吐、胃纳减退、消瘦、发热、上消化道出血。多数患者因瘤体巨大，在腹部可扪及肿物，局部有压痛。X线钡餐检查可见黏膜下型胃平滑肌肉瘤，于胃腔内可见边缘整齐的球形充盈缺损，其中央常有典型的“脐样”龛影；浆膜下型者则仅见胃壁受压及推移征象；胃底平滑肌肉瘤在胃泡内空气的对比下可见半弧形状组织块影。胃镜检查时黏膜下型平滑肌肉瘤的表面黏膜呈半透明状，其周围黏膜可呈“桥形”皱襞。肿瘤向胃壁浸润时，其边界不清，可见溃疡及粗大之黏膜皱襞，胃壁僵硬，一般与胃癌不难鉴别。

此外，胃癌需与胃黏膜脱垂、胃类癌、胃底静脉瘤、假性淋巴瘤、异物肉芽肿等病变相鉴别。当上腹部摸到肿块时需与横结肠或胰腺肿块相区别。有肝转移者与原发性肝癌者相区别。鉴别诊断主要通过X线、钡餐造影、胃镜和活组织病理检查。

8. 治疗

8.1 治疗原则

临床上应采取综合治疗的原则。根据病人的机体状况，肿瘤的病理类型、侵犯范围（病期）和发展趋向，有计划地、合理地应用现有的治疗手段，以期最大幅度地根治、控制肿瘤和提高治愈率，改善病人的生活质量。对拟行放、化疗的病人，应做 Karnofsky 或 ECOG 评分（见附录3）。

胃癌的治疗主要分为手术治疗、放射治疗和化学治疗及其相关治疗。

8.2 手术治疗

8.2.1 手术治疗原则

手术切除是胃癌的主要治疗手段，也是目前能治愈胃癌的唯一方法。外科手术的病灶完整切除及胃断端5cm切缘，远侧部癌应切除十二指肠第一段3~4cm，近侧部癌应切除食管下端3~4cm，已被大多数学者认可。现常以D表示淋巴结清除范围，如D1手术指清除至第1站淋巴结，如果达不到第1站淋巴结清除的要求则为D0手术，D2手术指第2站淋巴结完全清除。

对于远端胃癌，次全胃切除较全胃切除并发症少；对于近端胃癌，肿瘤较早的可考虑行近端胃大部切除术；多数进展期近端胃癌宜施行全胃切除。

减状手术和姑息性切除的主要目的：

（1）减状，如解决肿瘤引起的梗阻、出血、穿孔等。

（2）减瘤，如将肉眼可见肿瘤尽可能切除，减少肿瘤负荷，便于术后进一步治疗（如放疗、化疗等）。晚期胃癌患者治疗的目的是改善生活质量。

8.2.2 手术治疗模式（适应证）

8.2.2.1 可切除的肿瘤：

（1）T1a~T3：应切除足够的胃，并保证显微镜下切缘阴性（一般距肿瘤边缘≥5cm）。

（2）T4肿瘤需将累及组织整块切除。

（3）胃切除术需包括区域淋巴结清扫术（D），推荐D2手术，切除至少15个或以上淋巴结。

（4）常规或预防性脾切除并无必要，当脾或脾门受累时可考虑行脾切除术。

（5）部分病人可考虑放置空肠营养管（尤其是推荐术后进行放化疗者）。

8.2.2.2 无法切除的肿瘤（姑息治疗）：

（1）若无症状则不进行姑息性胃切除术。

（2）不需要淋巴结清扫。

（3）短路手术有助于缓解梗阻症状。

（4）胃造口术和/或放置空肠营养管。

8.2.2.3 无法手术治愈的标准：

（1）影像学证实或高度怀疑或活检证实 N3 以上淋巴结转移。

（2）肿瘤侵犯或包绕大血管。

（3）远处转移或腹膜种植。

（4）腹水细胞学检查阳性。

8.2.3 手术禁忌证

8.2.3.1 全身状况恶化无法耐受手术。

8.2.3.2 局部浸润过于广泛无法切除。

8.2.3.3 有远处转移的确切证据，包括多发淋巴结转移、腹膜广泛播散和肝多灶性转移等。

8.2.3.4 心、肺、肝、肾等重要脏器功能有明显缺陷，严重的低蛋白血症和贫血、营养不良无耐受手术者。

8.3 放射治疗（不具备放疗条件者转上级医院）

放射治疗主要用于胃癌术后的辅助治疗，不可手术局部晚期胃癌的同步放化疗，以及晚期转移性胃癌的姑息减症治疗。

8.3.1 原则

8.3.1.1 胃癌无论术前或术后放疗均建议采用顺铂+/-氟尿嘧啶及其类似物为基础的同步放化疗。

8.3.1.2 胃癌 D0~D1 根治性切除术后病理分期为 T3、T4 或 N+，但无远处转移的病例应给予术后同步放化疗；标准 D2 根治术后病理分期为 T3、T4 或区域淋巴结转移较多的建议行术后同步放化疗。

8.3.1.3 非根治性切除局部有肿瘤残存病例（R1 或 R2），只要没有远处转移均应考虑给予术后局部区域同步放化疗。

8.3.1.4 无远处转移的局部晚期不可手术切除胃癌。如果病人一般情况允许，到具备相应资质的医院给予同步放化疗，期望取得可手术切除的机会或长期控制的机会。

8.3.1.5 术后局部复发病例如果无法再次手术，之前未曾行放疗，身体状况允许，可考虑同步放化疗。放化疗后 4~6 周评价疗效，期望争取再次手术切除，如无法手术建议局部提高剂量放疗并配合辅助化疗。

8.3.1.6 不可手术的晚期胃癌出现呕血、便血、吞咽不顺、腹痛、骨或其他部位转移灶引起疼痛，严重影响患者生活质量时，如果病人身体状况允许，通过同步放化疗或单纯放疗可起到很好的姑息减症作用。

8.3.1.7 放疗使用常规或转入具备条件的医院采用适形调强放疗技术。

8.3.1.8 需要术后辅助放疗的病例在放疗前要求肝、肾功能和血象基本恢复正常。

8.3.2 疗效评价

放射治疗的疗效评价参照 WHO 实体瘤疗效评价标准或 RECIST 疗效评价标准（见附录4）。

8.3.3 重要器官保护

采用常规放疗技术或调强适形放疗技术时，应注意对胃周围脏器特别是肠道、肾和脊髓的保护，以避免产生严重的放射性损伤。

8.3.4 放射治疗技术

三维适形放疗技术（3DCRT）和调强放疗技术（IMRT）是目前较先进的放疗技术。如医院具备此条件，可用于胃癌治疗，并用 CT 或 PET/CT 进行放疗计划设计。

8.4 化学治疗

胃癌化疗分为新辅助化疗（不具备条件者转上级医院实施）、术后辅助化疗和姑息性化疗。对于根治术后病理分期为Ⅱ期和Ⅲ期的患者，建议术后采用顺铂和5-氟尿嘧啶为主的方案行辅助化疗。对于术后复发、或局部晚期不可切除、或转移性胃癌患者，采用以全身姑息性化疗为主的综合治疗。

8.4.1 原则

8.4.1.1 掌握临床适应证。

8.4.1.2 强调治疗方案的规范化和个体化。

8.4.1.3 所选方案及使用药物可参照规范，并根据当地医院具体医疗条件实施。

8.4.2 疗效评价

化学治疗的疗效评价参照 WHO 实体瘤疗效评价标准或 RECIST 疗效评价标准（见附录4）。

8.4.3 常用药物和方案

胃癌常用的化疗药物：5-氟尿嘧啶、卡培他滨、替吉奥、顺铂、依托泊苷、多柔比星（阿霉素）、表柔比星（表阿霉素）、紫杉醇、多西他赛、奥沙利铂、伊立替康等。

常用化疗方案：

CF 方案（顺铂/5-氟尿嘧啶）

ECF 方案（表柔比星/顺铂/5-氟尿嘧啶）及其改良方案（卡培他滨代替5-氟尿嘧啶）

XP 方案（卡培他滨/顺铂）

SP 方案（替吉奥/顺铂）

9. 随访

胃癌术后辅助治疗结束后，2年内每隔3~4个月应全面复查一次，2~5年内每半年复查一次。5年以后每年复查一次。包括体检、检测肿瘤相关标志物（CEA、CA19-9等）、X线胸片、超声、腹盆腔增强 CT（半年~1年）、胃镜（每年一次）等。

附录1

胃癌的病理学描述

胃、贲门癌标本大体检查常规

描述记录

<u>（全胃、胃大部或残胃）切除标本</u>：大弯长__厘米，小弯长__厘米，附幽门环/十二指

肠/食管下段，长__厘米__；于（贲门/胃底/胃体/胃窦；小弯/大弯侧）见__型（早期和进展期）肿物（包括外观描写）：距上切缘__厘米，距下切缘__厘米，大小__×__×__厘米，切面性状__；浸润深度至____；累及/未累及幽门环/食管下段。肿物旁或肿物周围食管黏膜/肌壁内检查所见（糜烂/粗糙/颗粒状/凹陷/斑块//必要的阴性所见）。大弯找到淋巴结（数/多/十余/数十余）枚，直径__至__厘米；小弯找到淋巴结__（数/多/十余/数十余）枚，直径__至__厘米。大网膜，大小__×__×__厘米，有无肿瘤和淋巴结。

附录2

胃癌病理诊断报告内容

1. 肿瘤

需描述以下5项内容：①组织分型；②组织分级；③浸润深度；④食管或十二指肠浸润（如果切取）、脉管浸润；⑤神经周围浸润。

2. 切缘

需描述近端切缘和远端切缘。

3. 其他病理所见

包括以下8项内容：①慢性胃炎；②肠化生；③不典型增生；④萎缩；⑤腺瘤；⑥息肉；⑦幽门螺杆菌；⑧其他。

4. 区域淋巴结（包括小弯、大弯、大网膜及单独送检淋巴结）

包括切除淋巴结的总数和受累的淋巴结数目。

5. 远处转移

6. 其他组织/器官

7. 特殊的辅助检查结果（组织化学染色、免疫组化染色等）

有困难的病理提交上级医院会诊（提供原始病理报告以核对送检切片的正确，减少误差；提供充分的病变切片或蜡块以及术中所见等）。

附录3

病人状况评分

1. Karnofsky 评分（KPS，百分法）

评分见表1。

表1 Karnofsky 评分

100	正常，无症状和体征，无疾病证据
90	能正常活动，有轻微症状和体征
80	勉强可进行正常活动，有一些症状或体征
70	生活可自理，但不能维持正常生活或工作
60	生活能大部分自理，但偶尔需要别人帮助，不能从事正常工作
50	需要一定帮助和护理，以及给予药物治疗
40	生活不能自理，需要特别照顾和治疗

续 表

30	生活严重不能自理，有住院指征，尚不到病重
20	病重，完全失去自理能力，需要住院和积极的支持治疗
10	重危，临近死亡
0	死亡

2. Zubrod-ECOG-WHO 评分（ZPS，5 分法）

评分见表 2。

表 2 Zubrod-ECOG-WHO

0	正常活动
1	症轻状，生活自理，能从事轻体力活动
2	能耐受肿瘤的症状，生活自理，但白天卧床时间不超过 50%
3	肿瘤症状严重，白天卧床时间超过 50%，但还能起床站立，部分生活自理
4	病重卧床不起
5	死亡

附录 4

放射及化学治疗疗效判定标准

1. WHO 实体瘤疗效评价标准（1981）

1.1 完全缓解（CR） 肿瘤完全消失超过 1 个月。

1.2 部分缓解（PR） 肿瘤最大直径及最大垂直直径的乘积缩小达 50%，其他病变无增大，持续超过 1 个月。

1.3 病变稳定（SD） 病变两径乘积缩小不超过 50%，增大不超过 25%，持续超过 1 个月。

1.4 病变进展（PD） 病变两径乘积增大超过 25%。

2. RECIST 疗效评价标准（2000）

2.1 靶病灶的评价

2.1.1 完全缓解（CR） 所有靶病灶消失。

2.1.2 部分缓解（PR） 靶病灶最长径之和与基线状态比较，至少减少 30%。

2.1.3 病变进展（PD） 靶病灶最长径之和与治疗开始之后所记录到的最小的靶病灶最长径之和比较，增加 20%，或者出现一个或多个新病灶。

2.1.4 病变稳定（SD） 介于部分缓解和疾病进展之间。

2.2 非靶病灶的评价

2.2.1 完全缓解（CR） 所有非靶病灶消失和肿瘤标志物恢复正常。

2.2.2 未完全缓解/稳定（IR/SD） 存在一个或多个非靶病灶和（或）肿瘤标志物持续高于正常值。

2.2.3 病变进展（PD） 出现一个或多个新病灶和（或）已有的非靶病灶明确进展。

2.3 最佳总疗效的评价

最佳总疗效的评价是指从治疗开始到疾病进展或复发之间所测量到的最小值。通常，病人最好疗效的分类由病灶测量和确认组成。

（本指南由国家卫生和计划生育委员会于2013年4月23日卫办医管发〔2013〕33号印发）

参考文献

[1] Ajani JA, Bekaii-Saab T, Yang G, et al. NCCN clinical practice guidelines in oncology: gastric cancer, 2009.

[2] Karam SM. Cellular origin of gastric cancer. Ann N Y Aced Sci, 2008, 1138: 162-168.

[3] Hamashima C, Shibuya D, Yamazaki H, et al. The Japaneseguidelines for gastric cancer screening. Jpn 1 Clin Oncol, 2008, 38 (4): 259-267.

[4] Leung WK, Wu MS, Kakugawa Y, et al. Asia Pacific Working Group on Gastric Cancer. Screening for gastric cancer in Asia: current evidence and practice. Lancet Oncol, 2008, 9 (3): 279-287.

[5] 朱正纲，严超，陈克敏，等. 内镜超声检查与多层螺旋CT对胃癌术前分期的对比研究. 中华胃肠外科杂志，2002，5（2）：99-103.

[6] Jatzko GR, Lisborg PH, Denk H, et al. A 10-year experience with Japanese-type radical lymph node dissection for gastric cancer outside of Japan. Cancer, 1995, 76 (8): 1302-1312.

[7] Parkin DM, Bray F, Ferlay J, et al. Global cancer statistics, 2002. CA Cancer J Clin, 2005, 55: 74-108.

[8] Sierra A, Regueira FM, Hernlxndez-LiwGin JL, et al. Role of the extended lymphadenectomy in gastric cancer surgery: experience in a single institution. Ann Surg Oncol, 2003, 10 (3): 219-226.

[9] 董志伟，谷铣之. 临床肿瘤学. 北京：人民卫生出版社，2002：9-27.

[10] Enzinger PC, Benedetti JK, Meyerhardt JA, et al. Impact of hospital volume on recurrence and survival after surgery for gastnc cancer, 2007, 245 (3): 426-434.

[11] MacDonald JS, Smalley SR, Benedetti J, et al. Chemoradio-therapy after surgery compared with surgery alone for adeno-carcinoma of the stomach or gastroesophageal junction. N Engl J Med, 2001, 345: 725-730.

[12] Smalley SR, Gunderson L, Tepper JE, et al. Gastric surgical adjuvant radiotherapy consensus report-rationale and treatment implemèntation. Int J Radiat Oncol Biol Phys, 2002, 52: 283-293.

[13] 孙燕主编. 抗肿瘤药物手册. 北京：人民卫生出版社，2007：32-35.

[14] Greene FL, Page DL, Fleming ID, et al. AJCC Cancer Staging Manual, 6th ed. New York: Springer-Verlag, 2002. Roder RD, Bottcher K, Busch R, et al. Classification regional lymph node metastases from gastric carcinoma. Cancer, 1998, 82: 621-631.

[15] Brennan MF. lymph node dissection for gastric cancer. N Engl J Med, 1999, 340: 956-958.

[16] Schwars RE, Lagala-Nevarez K. Recurrence patterns after radical gastrectomy for gastric cancer. Prognostic factors and implications for postoperative adjuvant therapy. Ann Surg Oncol, 2002, 9: 294-400.

结肠癌规范化诊疗指南（试行）

国家卫生和计划生育委员会组织制定

1. 范围

本指南规定了结肠癌的规范化诊治流程、诊断依据、诊断和鉴别诊断、治疗原则及治疗方案。

本指南适用于农村重大疾病医疗保障工作定点医院对结肠癌的诊断和治疗。

2. 术语和定义

下列术语和定义适用于本指南。

遗传性非息肉病性结直肠癌（hereditary nonpolyposis colorectal cancer，HNPCC）：是常染色体显性遗传综合征，又称 lynch 综合征。

3. 缩略语

下列缩略语适用于本指南。

CEA：（carcinoembryonic antigen）癌胚抗原

4. 诊治流程图

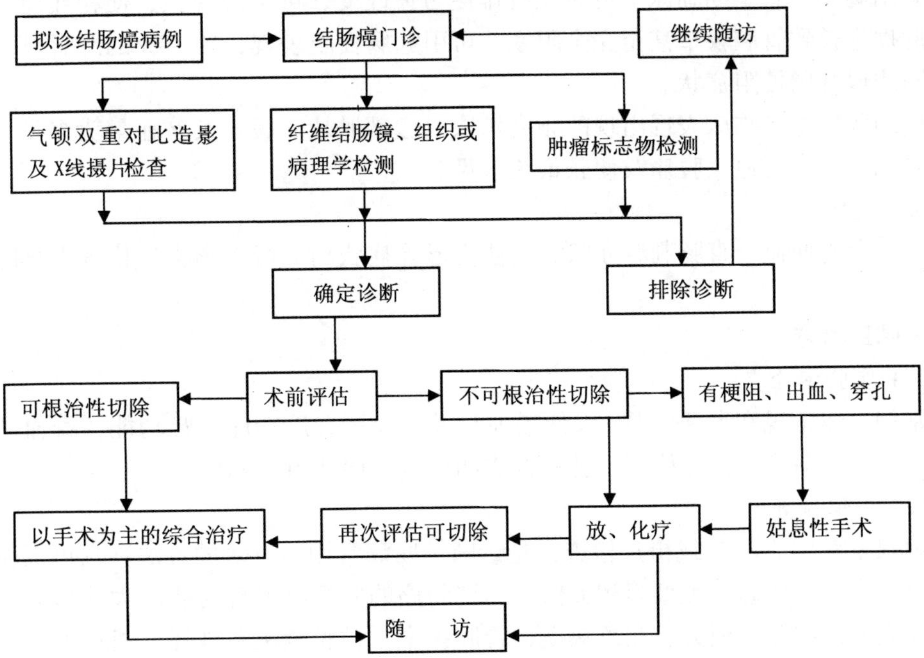

5. 诊断依据

5.1 病因

结肠癌的发病原因尚未完全阐明，导致结肠癌发生的因素可归纳为：

5.1.1 环境因素

饮食习惯、肠道细菌、化学致癌物质、土壤中缺钼和硒。

5.1.2 内在因素

基因变异、腺瘤、血吸虫性结肠炎、慢性溃疡性结肠炎。

5.2 高危人群

5.2.1 有便血、便频、大便带黏液、腹痛等肠道症状的人。

5.2.2 大肠癌高发区的中、老年人。

5.2.3 大肠腺瘤患者。

5.2.4 有大肠癌病史者。

5.2.5 大肠癌患者的家庭成员。

5.2.6 家族性大肠腺瘤病患者。

5.2.7 溃疡性结肠炎患者。

5.2.8 Crohn 病患者。

5.2.9 有盆腔放射治疗史者。

5.3 临床表现及体征

5.3.1 症状

右侧结肠癌患者临床上常表现有原因不明的贫血、乏力、消瘦、低热等。早期偶有腹部隐痛不适，后期在60%~70%病人中可扪及右侧腹部质硬肿块。

左侧结肠癌患者早期临床上可表现有排便习惯改变，可出现便频、便秘或便频与便秘交替。肿瘤生长致管腔狭窄甚至完全阻塞，可引起肠梗阻表现，约10%的患者可表现为急性肠梗阻或慢性肠梗阻症状。

右侧结肠癌患者临床表现出现的频度依次以腹部肿块、腹痛及贫血最为多见。左侧结肠癌患者则依次以便血、腹痛及便频最为多见。

5.3.2 直肠指诊

凡遇患者有便血、直肠刺激症状、大便变形等症状均应行直肠指诊检查以排除直肠种植转移。

5.4 辅助检查

5.4.1 实验室检查

血常规、尿常规和大便常规+大便潜血试验，血型，肝功能、肾功能，凝血功能，血糖，电解质，血清病毒指标检测，肿瘤标志物检查（CEA 和 CA19-9）。

5.4.2 影像检查

气钡双重对比造影 X 线摄片检查：是诊断结肠癌常用而有效的方法。它可提供结肠癌病变部位、大小、形态及类型等相关信息。结肠癌的钡灌肠表现与癌的大体形态有关，主要表现为病变区结肠袋消失、充盈缺损、管腔狭窄、黏膜紊乱及破坏、溃疡形成、肠壁僵硬，病变多局限，与正常肠管分界清楚。隆起型癌多见于盲肠，主要表现为充盈缺损及软组织肿块，呈分叶状或菜花状，表面不规则。溃疡型癌表现为不规则充盈缺损及腔内龛影，周围黏膜皱襞紊乱，不规则破坏。浸润型癌多见于左侧结肠，由于肿瘤生长不平衡，狭窄而高低不平，肠管呈向心性或偏心性狭窄，肠壁增厚。

B 型超声波检查：腹部 B 型超声扫描对判断肝有无转移有一定价值，应列为术前常规检查内容。

CT 扫描检查：腹盆腔增强 CT 检查应为常规检查项目。对于术前了解肝内有无转移，腹主动脉旁淋巴结是否肿大，癌肿对周围结构或器官有无浸润，判断手术切除的可能性和危险性等指导术前选择合理治疗方案提供可靠依据。

胸部 X 线摄影检查：包括胸部正位和侧位片。对 X 线胸片检查异常的患者行胸部 CT 检查，以除外转移。

5.4.3 腔镜检查

结肠镜检查是诊断结肠癌最安全、有效的检查方法。纤维结肠镜检查可直接观察病灶，同时采取活体组织做病理诊断。取活检时需注意取材部位，作多点取材。如果活检阴性，且临床考虑为肿瘤的患者，应重复取材以免漏诊。

6. 结肠癌的分类和分期

6.1 结肠肿瘤的组织学分类

结肠肿瘤组织学分类（WHO 2010）

上皮性肿瘤	ICD 编码
癌前病变	
腺瘤	8140/0
管状	8211/0
绒毛状	8261/0
管状绒毛状	8263/0
锯齿状	8213/0
不典型增生（上皮内肿瘤），低级别	8148/0
不典型增生（上皮内肿瘤），高级别	8148/2
锯齿状病变	
增生性息肉	
广基锯齿状腺瘤/息肉	8213/0
经典锯齿状腺瘤	8213/0
错构瘤	
Cowden 相关性息肉	
幼年性息肉	

续 表

上皮性肿瘤	ICD 编码
Peutz-Jeghers 息肉	
癌	
腺癌	8140/3
筛状粉刺型腺癌	8201/3
髓样癌	8510/3
微乳头状癌	8265/3
黏液腺癌	8480/3
锯齿状腺癌	8213/3
印戒细胞癌	8490/3
腺鳞癌	8560/3
梭形细胞癌	8032/3
鳞状细胞癌	8070/3
未分化癌	8020/3
神经内分泌肿瘤	
神经内分泌肿瘤（NET）	
NET 1 级（类癌）	8240/3
NET 2 级	8249/3
神经内分泌癌（NEC）	8246/3
大细胞神经内分泌癌	8013/3
小细胞神经内分泌癌	8041/3
混合性腺神经内分泌癌	8244/3
EC 细胞，5-羟色胺生成性神经内分泌肿瘤	8241/3
L 细胞，胰高血糖素样肽和 PP/PYY 生成性神经内分泌肿瘤	8152/1
间叶性肿瘤	
平滑肌瘤	8890/0
脂肪瘤	8850/3
血管肉瘤	9120/3
胃肠道间质瘤	8936/3
Kaposi 肉瘤	9140/3
平滑肌肉瘤	8890/3
淋巴瘤	
继发性肿瘤	

6.2 结肠癌的分期

6.2.1 Dukes 分期

由于1932年提出的结肠癌 Dukes 分期简单易行，且对预后有一定的指导意义，因此，目前仍被应用。

结肠癌 Dukes 分期

Dukes A 期：肿瘤局限于肠壁内；

Dukes B 期：肿瘤侵犯至肠壁外；

Dukes C 期：有区域淋巴结转移，无论侵犯深度。

6.2.2 TNM 分期

美国癌症联合委员会（AJCC）提出的 TNM 分期系统对结肠癌的预后有更好的指导意义。

TNM 分期（AJCC，2009 第七版）

T-原发瘤分期

Tx 原发肿瘤不能评估

T0 无原发肿瘤证据

Tis 原位癌：上皮内或黏膜固有层

T1 肿瘤侵犯黏膜下层

T2 肿瘤侵犯固有肌层

T3 肿瘤侵犯浆膜下或无腹膜被覆的结肠或直肠旁组织

T4 肿瘤侵透脏层腹膜和/或直接侵犯其他器官或结构

T4a 肿瘤穿透脏层腹膜表面

T4b 肿瘤直接侵犯其他器官或结构

N-区域淋巴结

Nx 区域淋巴结不能评价

N0 无区域淋巴结转移

N1 1~3个区域淋巴结转移

-N1a 1个区域淋巴结转移

-N1b 2~3个区域淋巴结转移

-N1c 无区域淋巴结转移，但在浆膜下或无腹膜被覆的结肠或直肠旁组织存在单个（或多个）癌结节（卫星灶）

-N2 ≥4个区域淋巴结转移

-N2a 4~6个区域淋巴结转移

-N2b ≥7个区域淋巴结转移

M-远处转移

M0 无远处转移

M1 有远处转移

-M1a 单个器官或部位发生转移

-M1b 多个器官或部位发生转移或腹膜转移

TNM 分期及 Dukes 分期

Stage	T	N	M	Dukes	MAC
0	Tis	N0	M0	–	–
Ⅰ	T1	N0	M0	A	A
	T2	N0	M0	A	B1
ⅡA	T3	N0	M0	B	B2
ⅡB	T4a	N0	M0	B	B2
ⅡC	T4b	N0	M0	B	B3
Ⅲ	任何 T	N1，N2	M0	C	
ⅢA	T1，T2	N1/N1c	M0	C	C1
	T1	N2a	M0	C	C1
ⅢB	T3，T4a	N1/N1c	M0	C	C2
	T2，T3	N2a	M0	C	C1/C2
	T1，T2	N2b	M0	C	C1
ⅢC	T4a	N2a	M0	C	C2
	T3，T4a	N2b	M0	C	C2
	T4b	N1，N2	M0	C	C3
ⅣA	任何 T	任何 N	M1a	–	–
ⅣB	任何 T	任何 N	M1b	–	–

前缀 p：为术后病理分期

7. 诊断和鉴别诊断

7.1 诊断

年龄在 40 岁以上，有以下任一表现者应列为高危人群：

（1）Ⅰ级亲属有结肠癌史者；

（2）有癌症史或肠道腺瘤或息肉史者；

（3）大便隐血实验阳性者；

（4）以下五种表现中具 2 项以上者：黏液血便、慢性腹泻、慢性便秘、慢性阑尾炎史及精神创伤史。

对此高危人群行纤维肠镜检查或气钡双重对比灌肠造影 X 线摄片检查可明确诊断。

7.2 鉴别诊断

盲肠癌与升结肠癌易被误诊为慢性阑尾炎、阑尾包块、上消化道出血、缺铁性贫血等。肝曲结肠癌或右侧半横结肠癌可引起右上腹不适、疼痛，常被误诊为胆石症；左半结肠癌易被误诊为慢性结肠炎、慢性菌痢、血吸虫病、便秘、痔等。

8. 治疗

8.1 治疗原则

临床上一般应采取以手术为主的综合治疗。根据病人的全身状况和各个脏器功能状况、肿瘤的位置、肿瘤的临床分期、病理类型及生物学行为等决定治疗措施。合理利用现有治疗手段，以期最大程度地根治肿瘤、最大程度地保护脏器功能和改善病人的生活质量。结肠癌的治疗主要有手术治疗、放射治疗、化学治疗及靶向治疗。

8.2 手术治疗

8.2.1 手术治疗适应证

8.2.1.1 全身状态和各脏器功能可耐受手术。

8.2.1.2 肿瘤局限于肠壁或侵犯周围脏器，但可整块切除，区域淋巴结能完整清扫。

8.2.1.3 已有远处转移（如肝转移、卵巢转移、肺转移等），但可全部切除，酌情同期或分期切除转移灶。

8.2.1.4 广泛侵袭或远处转移，但伴有梗阻、大出血、穿孔等症状应选择姑息性手术。

8.2.2 手术治疗禁忌证

8.2.2.1 全身状态和各脏器功能不能耐受手术和麻醉。

8.2.2.2 广泛远处转移和外侵，无法完整切除，无梗阻、穿孔、大出血等严重并发症。

8.2.3 手术治疗方法的选择

8.2.3.1 T1N0M0 结肠癌　建议局部切除。

术前检查属 T1 或局部切除术后病理提示 T1，如果切除完整而且具有预后良好的组织学特征（如分化程度良好、无脉管浸润），则无论是广基还是带蒂，不推荐再行手术切除。如果是带蒂，但具有预后不良的组织学特征，或者非完整切除，标本破碎切缘无法评价，推荐行结肠切除术加区域淋巴结清扫。

8.2.3.2 结肠癌根治性手术　应将原发性病灶与所属引流区淋巴结整块切除。为了减少及防止肿瘤复发：

（1）手术切缘应保证足够的无肿瘤侵犯的安全范围，切除肿瘤两侧包括足够的正常肠段。如果肿瘤侵犯周围组织或器官，需要一并切除，还要保证切缘足够且清除所属区域淋巴结。切除肿瘤两侧 5~10cm 正常肠管已足够，但为了清除可能转移的肠壁上、结肠旁淋巴结，以及清除系膜根部引流区域淋巴结，需结扎主干血管，切除肠段范围亦根据结扎血管后的肠管血运而定。

（2）完全清除引流区域淋巴结。

（3）避免挤压肿瘤。

（4）防止肠腔内播散。

8.2.3.3 梗阻性结肠癌手术处理原则

（1）右侧结肠癌并发急性梗阻时应尽量争取做右半结肠切除及一期吻合术。

（2）当对右侧结肠癌局部无法切除时，可选做末端回肠与横结肠侧侧吻合术（内转流术）。

（3）左侧结肠癌引起的急性梗阻在条件许可时应尽量一期切除。

（4）对肿瘤无法切除的左侧结肠癌可选做内转流术或横结肠造口术。

8.2.4 转移灶的处理

8.2.4.1 肝转移　完整切除必须考虑肿瘤范围和解剖学上的可行性。切除后，剩余肝必须能够维持足够功能。达不到 R0 切除的减瘤手术不做推荐，无肝外不可切除病灶。新辅助治疗后不可切除的病灶要重新评价切除可行性。当所有已知病灶均可作消融处理时方可考虑应用消融技术。全身化疗无效或化疗期间肝转移进展，可行肝动脉灌注化疗及化疗栓塞术治疗，不应常规应用。当原发灶必需能根治性切除或已得到根治性切除时，某些患者可考虑多次切除。

8.2.4.2 肺转移　完整切除必须考虑肿瘤范围和解剖部位，肺切除后必须能够维持足够功能。有肺外可切除病灶并不妨碍肺转移瘤的切除。当原发灶必需能根治性切除或已得到根治性切除时，某些患者可考虑多次切除。

8.3 放射治疗（不具备放疗条件转上级医院）

对于可手术切除结肠癌，术前术后辅助放疗无意义。放射治疗结肠癌仅限于以下情况：

8.3.1 局部肿瘤外侵固定无法手术。

8.3.2 术中局部肿瘤外侵明显，手术无法切净应予以银夹标记。

8.3.3 晚期结肠癌骨或其他部位转移引起疼痛时作姑息止痛治疗。

8.3.4 如术中发现肿瘤无法切除或切净时，可考虑术中局部照射再配合术后放疗。

8.3.5 除晚期结肠癌姑息止痛治疗之外，结肠癌的放疗应基于 5-FU 之上的同步放化疗。

8.4 化学治疗

8.4.1 辅助化疗的适应证

Ⅲ期结肠癌术后应行辅助化疗。辅助化疗可使Ⅲ期结肠癌患者术后总的 5 年生存率提高 10%~15%。Ⅱ期结肠癌的术后辅助治疗尚无定论，一般认为辅助治疗对生存率的提高<5%。对具有以下预后不良因素的高危Ⅱ期结肠癌患者应推荐术后辅助化疗，包括 T4（ⅡB 期）、组织学分级（3 级或 4 级）、脉管瘤栓、术前肠梗阻或穿孔、淋巴结检出数目<12 个或切缘不净。

8.4.2 辅助化疗方案

5-FU/CF；

卡培他滨单药；

奥沙利铂+5-FU/CF；

奥沙利铂+卡培他滨；

不推荐伊立替康作为结肠癌术后的辅助治疗。

8.4.3 辅助化疗的时间

目前推荐结肠癌术后辅助化疗的时间为 6 个月。

8.4.4 转移性结肠癌的全身化疗

化疗可以延长转移性结肠癌患者的生存时间，提高生活质量，并可使部分无法手术切除的转移灶转变为可手术切除。

结肠癌化疗最常用的药物包括氟尿嘧啶类化合物（5-FU 和卡培他滨）、奥沙利铂和伊立替康。氟尿嘧啶类药物往往与奥沙利铂或伊立替康组成联合方案应用。奥沙利铂和伊立替康治疗转移性结肠癌的疗效相近，与氟尿嘧啶联合的有效率 30%~50%。但两者的不良反应不同，奥沙利铂的剂量限制性毒性是外周神经毒性，而伊立替康的剂量限制性毒性是迟发性腹泻和中性粒细胞减少。

对于一般状况良好（ECOG 0~1）的患者，一线化疗可选择奥沙利铂或伊立替康联合氟尿嘧啶类药物。二线化疗可选择一线未用过的药物。对于 ECOG 评分为 2 的患者，可采用 5-FU 或卡培他滨单药化疗。对于一般情况较差（ECOG 评分≥3）者可给与最佳支持治疗（BSC），包括缓解疼痛、营养支持等。

9. 随访

对治疗后的结肠癌病人进行定期复查和随访。术后前 2 年内每 3 个月复查 1 次，以后每6个月 1 次，至 5 年；5 年后每 1 年复查 1 次，并进行详细问诊和体格检查，肝 B 超及 CEA、CA19-9 肿瘤标志物检测。高危复发病人可考虑每 1 年次胸、腹、盆增强 CT 检查(共 3 年)。术后 1 年内结肠镜检查，若无异常，每 3 年再复查 1 次；如果术前因肿瘤梗阻无法行全结肠镜检查，术后 3~6 个月结肠镜检查。

附录 1

结肠癌手术后描述（模板）

结肠癌标本大体检查常规

1. *描述记录*

小肠/结肠

切除____肠一段，总长__厘米，距一侧切缘__厘米，距另一侧切缘__厘米处见__型(包括外观描写）肿物（单发/多发数目/家族性息肉病需要记述平方厘米息肉数目)：大小__×__×__厘米，切面性状____；浸润深度至____。肿物旁或肿物周围肠管黏膜/肌壁内检查所见（息肉/腺瘤/溃疡性结肠炎/必要的阴性所见）。肠壁找到淋巴结（数/多/十余/数十余）枚，直径__至__厘米；肠系膜找到淋巴结（数/多/十余/数十余）枚，直径__至__厘米；肠系膜根部（临床系线处）是否找到肿大淋巴结。

2. *右半结肠*

右半结肠切除标本，结肠长__厘米，回肠长__厘米，于（结肠/回盲部）距结肠切缘__厘米，距回肠切缘__厘米，见____型（包括外观描写）肿物，大小__×__×__厘米，切面性状____；浸润深度至____。肿物累及/未累及回盲瓣和阑尾根部。肿物旁或肿物周围肠管黏膜/肌壁内所见（息肉/腺瘤/溃疡性结肠炎/必要的阴性所见）。阑尾长__厘米，直径__厘米，切面性状。肠壁找到淋巴结（数/多/十余/数十余）枚，直径____至__厘米；肠系膜找到淋巴结（数/多/十余/数十余）枚，直径__至__厘米。

附录 2

结肠癌手术后病理诊断报告内容

1. 肿瘤
1.1 组织分型
1.2 组织分级
1.3 浸润深度
1.4 脉管浸润
1.5 神经周围浸润
1.6 肿瘤旁淋巴组织反应
1.7 肠周脓肿形成
2. 切缘
2.1 近端
2.2 远端
2.3 基底切缘
3. 其他病理所见
4. 区域淋巴结（肠壁，肠系膜，系膜根部）
4.1 总数
4.2 受累的数目
5. 远处转移
6. 其他组织/器官
7. 特殊的辅助检查结果（组织化学染色，免疫组化染色等）
8. 有困难的病理提交上级医院会诊（提供原始病理报告以核对送检切片的正确，从而减少误差，提供充分的病变切片或蜡块，以及术中所见等）。

（本指南由国家卫生和计划生育委员会于 2013 年 4 月 23 日卫办医管发〔2013〕33 号印发）

参 考 文 献

[1] 董志伟，谷铣之. 临床肿瘤学. 北京：人民卫生出版社，2002，935-954.
[2] NCCN. Colon cancer clinical practice guidelines in oncology v. 3. 2013.
[3] Edge SBB DR，Compton CC，Fritz AG.，et al. AJCC Cancer Staging Manual（7th Editoin）. New York：Springer，2010.

直肠癌规范化诊疗指南（试行）

国家卫生和计划生育委员会组织制定

1. 范围

本指南规定了直肠癌的规范化诊治流程、诊断依据、诊断和鉴别诊断、治疗原则及治疗方案。

本指南适用于农村重大疾病医疗保障工作定点医院对直肠癌的诊断和治疗。

2. 术语和定义

下列术语和定义适用于本指南。

直肠系膜：指的是在中下段直肠的后方和两侧包裹着的，形成半圆，厚 1.5~2.0cm 的结缔组织，内含有动脉、静脉、淋巴组织及大量脂肪组织，上自第 3 骶椎前方，下达盆膈。

3. 缩略语

下列缩略语适用于本指南。

3.1 TME：（total mesorectal excision） 全直肠系膜切除术

3.2 CEA：（carcinoembryonic antigen） 癌胚抗原

4. 诊治流程图

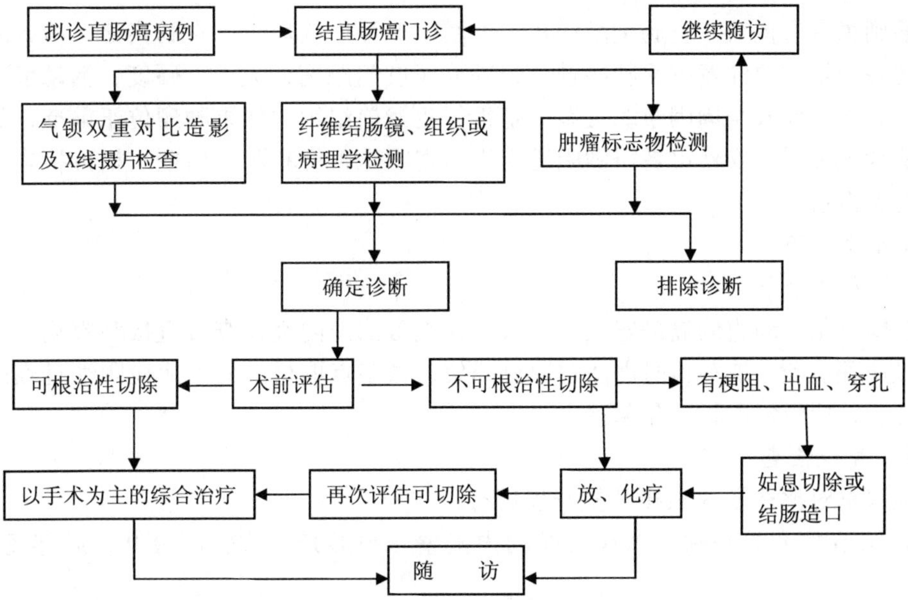

5. 诊断依据

5.1 病因

直肠癌的发病原因尚未完全阐明，导致发生的原因可归纳为：

5.1.1 环境因素

饮食习惯、肠道细菌、化学致癌物质、土壤中缺钼和硒。

5.1.2 内在因素

基因变异、腺瘤、血吸虫性结肠炎、慢性溃疡性结肠炎。

5.2 高危人群

5.2.1 有便血、便频、大便带黏液、腹痛等肠道症状的人。

5.2.2 大肠癌高发区的中、老年人。

5.2.3 大肠腺瘤患者。

5.2.4 有大肠癌病史者。

5.2.5 大肠癌患者的家庭成员。

5.2.6 家族性大肠腺瘤病患者。

5.2.7 溃疡性结肠炎患者。

5.2.8 Crohn 病患者。

5.2.9 有盆腔放射治疗史者。

5.3 临床表现及体征

5.3.1 症状

主要表现为直肠刺激症状：便频、里急后重、肛门下坠、便不尽感、肛门痛等。大便表面带血和（或）黏液，严重时有脓血便。根据临床表现出现的频度，直肠癌临床表现依次以便血、便频及大便变形多见。

5.3.2 直肠指诊

凡遇到患者有便血、直肠刺激症状、大便变形等症状均应行直肠指诊。检查时动作要轻柔，切忌粗暴，要注意有无肿物触及，肿瘤距肛门距离、大小、硬度、活动度、黏膜是否光滑、有无压痛及与周围组织关系、是否侵犯骶前组织。如果肿瘤位于前壁，男性必须明确与前列腺关系，女性患者需做阴道指诊，查明是否侵犯阴道后壁。指诊检查完毕应观察指套有无血迹。

5.4 辅助检查

5.4.1 内镜检查

内镜检查是诊断直肠癌最安全、有效的检查方法。内镜检查可直接观察病灶，并取活体组织做病理诊断。取活检时需注意取材部位，做多点取材。如果活检阴性且临床考虑为肿瘤的患者，应重复取材以免漏诊。

5.4.2 X 线检查

气钡双重对比造影 X 线摄片检查表现有：

（1）结节状充盈缺损，多在直肠的内侧壁，圆形光滑或轻度分叶，局部肠壁僵硬，凹入。

（2）菜花状肿块，较大，表面不平，分叶明显，其底宽，肠壁僵硬。
（3）不规则的环状狭窄，管壁僵硬，黏膜中断，分界截然。
（4）不规则的腔内龛影，呈三角形、长条形等，较浅，周围环堤宽窄不均。
（5）完全性肠梗阻，或肠套叠征象，阻塞近段有时难以显示。
应注意，钡剂灌肠的X线检查有时无法显示直肠病变，易让人产生无病变的错觉。

5.4.3 B型超声波检查

腹部B型超声扫描对判断肝有无转移有一定价值，应列为术前常规检查内容。

5.4.4 CT扫描检查

腹、盆腔增强CT检查应为常规检查项目，对于术前了解肝内有无转移，腹主动脉旁淋巴结是否肿大，癌肿对周围结构或器官有无浸润，判断手术切除的可能性和危险性等，指导术前选择合理的治疗方案提供可靠依据。

5.4.5 胸部X射线摄影检查

应包括胸部正位和侧位片，排除肺转移。对于胸部X线检查异常者行胸部CT检查除外转移。

5.4.6 盆腔MRI检查

MRI具有较高的对比分辨率，可清楚显示盆腔内软组织结构和脏器毗邻关系，对直肠癌的术前分期和指导手术方案选择有重要作用。

5.4.7 实验室检查

血常规、尿常规、大便常规+大便潜血试验，血型，肝功能、肾功能，凝血功能，血糖，电解质，血清病毒指标检测，肿瘤标志物检查（CEA和CA19-9）。

5.4.8 心电图检查

6. 直肠癌的分类和分期

6.1 直肠肿瘤的组织学分类

表1 WHO直肠肿瘤组织学分类（2010）

上皮性肿瘤	
癌前病变	
腺瘤	8140/0
管状	8211/0
绒毛状	8261/0
管状绒毛状	8263/0
锯齿状	8213/0
不典型增生（上皮内肿瘤），低级别	8148/0
不典型增生（上皮内肿瘤），高级别	8148/2
锯齿状病变	
增生性息肉	
广基锯齿状腺瘤/息肉	8213/0

续 表

经典锯齿状腺瘤	8213/0
错构瘤	
Cowden 相关性息肉	
幼年性息肉	
Peutz-Jeghers 息肉	
癌	
腺癌	8140/3
筛状粉刺型腺癌	8201/3
髓样癌	8510/3
微乳头状癌	8265/3
黏液腺癌	8480/3
锯齿状腺癌	8213/3
印戒细胞癌	8490/3
腺鳞癌	8560/3
梭形细胞癌	8032/3
鳞状细胞癌	8070/3
未分化癌	8020/3
神经内分泌肿瘤	
神经内分泌肿瘤（NET）	
NET 1 级（类癌）	8240/3
NET 2 级	8249/3
神经内分泌癌（NEC）	8246/3
大细胞神经内分泌癌	8013/3
小细胞神经内分泌癌	8041/3
混合性腺神经内分泌癌	8244/3
EC 细胞，5-羟色胺生成性神经内分泌肿瘤	8241/3
L 细胞，胰高血糖素样肽和 PP/PYY 生成性神经内分泌肿瘤	8152/1
间叶性肿瘤	
平滑肌瘤	8890/0
脂肪瘤	8850/3
血管肉瘤	9120/3
胃肠道间质瘤	8936/3
Kaposi 肉瘤	9140/3
平滑肌肉瘤	8890/3
淋巴瘤	
继发性肿瘤	

6.2 直肠癌的分期

6.2.1 Dukes 分期

由于1932年Dukes提出的直肠癌分期简单易行，且对预后有一定的指导意义，因此，目前仍被应用。

直肠癌Dukes分期

Dukes A期：肿瘤局限于肠壁内；

Dukes B期：肿瘤侵犯至肠壁外；

Dukes C期：有区域淋巴结转移，无论侵犯深度。

6.2.2 TNM 分期

美国癌症联合委员会（AJCC）提出的TNM分期系统对直肠癌的预后有更好的指导意义。

表2 TNM分期（AJCC，2009第七版）

T-原发瘤分期

Tx 原发肿瘤不能评估

T0 无原发肿瘤证据

Tis 原位癌：上皮内或黏膜固有层

T1 肿瘤侵犯黏膜下层

T2 肿瘤侵犯固有肌层

T3 肿瘤侵犯浆膜下或无腹膜被覆的结肠或直肠旁组织

T4 肿瘤侵透脏层腹膜和/或直接侵犯其他器官或结构

T4a 肿瘤穿透脏层腹膜表面

T4b 肿瘤直接侵犯其他器官或结构

N-区域淋巴结

Nx 区域淋巴结不能评价

N0 无区域淋巴结转移

N1 1~3个区域淋巴结转移

-N1a 1个区域淋巴结转移

-N1b 2~3个区域淋巴结转移

-N1c 无区域淋巴结转移，但在浆膜下或无腹膜被覆的结肠或直肠旁组织存在单个（或多个）癌结节（卫星灶）

N2 ≥4个区域淋巴结转移

-N2a 4~6个区域淋巴结转移

-N2b ≥7个区域淋巴结转移

M-远处转移

M0 无远处转移

M1 有远处转移

-M1a 单个器官或部位发生转移（如肝、肺、卵巢、非区域淋巴结，如髂外和髂总淋巴结）

-M1b 多个器官或部位发生转移或腹膜转移

TNM 分期及 Dukes 分期

stage	T	N	M	Dukes	MAC
0	Tis	N0	M0	–	–
Ⅰ	T1	N0	M0	A	A
	T2	N0	M0	A	B1
ⅡA	T3	N0	M0	B	B2
ⅡB	T4a	N0	M0	B	B2
ⅡC	T4b	N0	M0	B	B3
Ⅲ	任何 T	N1，N2	M0	C	
ⅢA	T1～T2	N1/N1c	M0	C	C1
	T1	N2a	M0	C	C1
ⅢB	T3-T4a	N1/N1c	M0	C	C2
	T2-T3	N2a	M0	C	C1/C2
	T1～T2	N2b	M0	C	C1
ⅢC	T4a	N2a	M0	C	C2
	T3～T4a	N2b	M0	C	C2
	T4b	N1～N2	M0	C	C3
ⅣA	任何 T	任何 N	M1a	–	–
ⅣB	任何 T	任何 N	M1b	–	–

前缀 p：为术后病理分期

7. 诊断和鉴别诊断

7.1 诊断

年龄在 40 岁以上，有以下任一表现者应列为高危人群：

（1）Ⅰ级亲属有直肠癌病史者；

（2）有癌症史或肠道腺瘤或息肉史者；

（3）大便隐血试验阳性者；

（4）以下五种表现中具有 2 项以上者：黏液血便、慢性腹泻、慢性便秘、慢性阑尾炎史及精神创伤史。

对此高危人群行肠镜检查或气钡双重对比灌肠造影 X 线摄片检查可明确诊断。

7.2 鉴别诊断

对有便血、便频、便细、黏液便等症状的患者予以高度警惕，必须进一步检查，排除直肠癌的可能性。通过直肠指诊、内镜检查及病理检查明确诊断。

在临床中对于拟诊内痔、息肉、肠炎及慢性痢疾的患者，应常规行直肠指诊，除外直肠癌后，方可按以上疾病治疗。

8. 治疗

8.1 治疗原则

临床上一般应采取以手术为主的综合治疗。根据病人的全身状况和各个脏器功能状况、肿瘤的位置、肿瘤的临床分期、病理类型及生物学行为等决定治疗措施。合理地利用现有治疗手段，以期最大程度地根治肿瘤、最大程度地保护脏器功能和改善病人的生活质量。直肠癌的治疗主要有手术治疗、放射治疗和化学治疗及靶向治疗。

8.2 手术治疗

8.2.1 手术治疗适应证

8.2.1.1 全身状态和各脏器功能可耐受手术。

8.2.1.2 肿瘤局限于肠壁或侵犯周围脏器，但可整块切除，区域淋巴结能完整清扫。

8.2.1.3 已有远处转移（如肝转移、卵巢转移、肺转移等），但可全部切除，酌情同期或分期切除转移灶。

8.2.1.4 广泛侵袭或远处转移，但伴有梗阻、大出血、穿孔等症状应选择姑息性手术，为下一步治疗创造条件。

8.2.2 手术治疗禁忌证

8.2.2.1 全身状态和各脏器功能不能耐受手术和麻醉。

8.2.2.2 广泛远处转移和外侵，无法完整切除，无梗阻、穿孔、大出血等严重并发症。

8.2.3 手术治疗方法的选择

8.2.3.1 直肠癌局部切除手术　需严格把握以下手术指征：

（1）肿瘤侵犯肠周径<30%；

（2）肿瘤大小<3cm；

（3）切缘阴性（距离肿瘤>3mm）；

（4）肿瘤活动，不固定；

（5）肿瘤距肛缘 8cm 以内；

（6）仅适用于 T1N0M0 肿瘤；

（7）内镜下切除的息肉，伴癌浸润，或病理学不确定；

（8）无血管淋巴管浸润（LVI）或神经浸润；

（9）高-中分化；

（10）治疗前影像学检查无淋巴结肿大的证据。

注：局部切除标本必须由手术医师展平、固定，标记方位后送病理检查。

术后病理如果为 T2 或者 T1 伴有切缘阳性、血管淋巴管浸润、分化差的高危患者则应行经腹切除术。拒绝手术患者考虑放射治疗。

8.2.3.2 经腹直肠癌根治性切除术　全直肠系膜切除术（TME）为中低位直肠癌手术的标准术式，是指在直视下锐性解剖盆筋膜脏层和壁层间的特定间隙，完整切除脏层筋膜内的全部组织，包括直肠系膜内的血管淋巴管结构、脂肪组织和直肠系膜筋膜，保留自主神经功能。切除肿瘤下缘以下 4～5cm 的直肠系膜或达盆膈，下段直肠癌（距离肛缘小于5cm）切除肿瘤远端肠管至少 2cm。

8.2.4 手术方式

直肠癌低位前切除术、经腹会阴联合切除术、Hartmann 手术等。

8.2.5 转移灶的处理

8.2.5.1 肝转移　完整切除必须考虑肿瘤范围和解剖学上的可行性。切除后剩余肝必须能够维持足够功能。达不到 R0 切除的减瘤手术不做推荐，无肝外不可切除病灶。不可切除的病灶经化疗后需重新评价切除可行性。当所有已知病灶均可作消融处理时方可考虑应用消融技术。全身化疗无效或化疗期间肝转移进展，可行肝动脉灌注化疗及化疗栓塞术治疗，不应常规应用。当原发灶必须能根治性切除或已得到根治性切除时，某些患者可考虑多次切除。

8.2.5.2 肺转移　完整切除必须考虑肿瘤范围和解剖部位，肺切除后必须能够维持足够功能。有肺外可切除病灶并不妨碍肺转移瘤的切除。当原发灶必须能根治性切除或已得到完整切除时，某些患者可考虑多次切除。

8.3 放射治疗（不具备放疗条件转上级医院）

放射治疗主要用于可手术直肠癌患者的术前、术后辅助治疗，不可手术的局部晚期直肠癌患者的综合治疗，以及晚期直肠癌的姑息减症治疗。

8.3.1 直肠癌放射治疗原则

（1）采用 5-氟尿嘧啶（5-FU）基础之上的同步放化疗。

（2）放疗可采用三维适形放疗或常规照射技术。

（3）术后辅助治疗病例在术后 4 周，身体基本恢复后进行。

（4）术前放、化疗病例应在明确病理诊断后进行。

8.3.2 直肠癌分期治疗模式

（1）Ⅰ期（T1~2N0M0）经肛切除术后，如果为 T1 存在高风险因素（分化差、脉管淋巴管受侵、切缘阳性）或 T2 病例应给予术后同步放化疗。

（2）Ⅱ、Ⅲ期（T3~4N0M0，T1~4N1~2M0）的标准治疗为术前同步放化疗或术后同步放化疗。

（3）T4 或 N2 病例术前同步放化疗对提高手术切除率和局部控制率更有优势，低位直肠癌通过术前同步放化疗能提高保肛率。

（4）Ⅳ期（T1~4N0~2M1），可手术切除的晚期直肠癌（局限于肝或肺的转移灶以及盆腔原发灶可手术切除），如果病理分期为 T1~4N1~2M1，建议术后辅助化疗后行盆腔同步放化疗。

（5）术后局部复发可再次手术切除病例，如果再分期为Ⅱ、Ⅲ期（T3~4N0M0，T1~4N1~2M0），且既往未曾接受放疗，建议术后同步放化疗。不能手术切除的、复发后无法手术切除的、或高龄、合并严重并发症无法手术的直肠癌，进行同步放化疗，缓解症状，提高生存质量并延长生存时间，部分病例转为手术切除。

（6）如果术中发现肿瘤无法手术切除或无法手术切净时，可考虑术后同步放化疗。

（7）骨或其他部位转移灶引起疼痛，严重影响患者生活质量时，如果病人身体状况允许，可考虑局部放疗以减轻病人症状，改善生活质量。

8.4 化学治疗

8.4.1 辅助化疗

8.4.1.1 辅助化疗的适应证　Ⅱ及Ⅲ期直肠癌术后均推荐辅助化疗。

8.4.1.2 辅助化疗方案

(1) 5-FU/CF；

(2) 卡培他滨单药；

(3) 奥沙利铂+5-FU/CF；

(4) 奥沙利铂+卡培他滨。

不推荐伊立替康作为直肠癌术后的辅助治疗。

8.4.1.3 辅助化疗的时间　目前推荐直肠癌术后辅助化疗的时间为6个月。

8.4.2 转移性直肠癌的全身化疗

化疗可以延长转移性直肠癌患者的生存时间，提高生活质量，并可使部分无法手术切除的转移灶转变为可手术切除。

直肠癌化疗最常用的药物包括氟尿嘧啶类化合物（5-FU和卡培他滨）、奥沙利铂和伊立替康。氟尿嘧啶类药物往往与奥沙利铂或伊立替康组成联合方案应用。奥沙利铂和伊立替康治疗转移性直肠癌的疗效相近，与氟尿嘧啶联合的有效率30%~50%。但两者的不良反应不同，奥沙利铂的剂量限制性毒性是外周神经毒性，而伊立替康的剂量限制性毒性是迟发性腹泻和中性粒细胞减少。

对于一般状况良好（ECOG 0~1）的患者，一线化疗可选择奥沙利铂或伊立替康联合氟尿嘧啶类药物。二线化疗可选择一线未用过的药物。对于ECOG评分为2的患者，可采用5-FU或卡培他滨单药化疗。对于一般情况较差（ECOG评分≥3）者可给与最佳支持治疗（BSC），包括缓解疼痛、营养支持等。

9. 随访

对治疗后的直肠癌病人进行定期复查和随访。术后前2年内每3个月复查1次，以后每6个月1次，至5年；5年之后每年1次，并进行详细问诊和体格检查，肝B超及CEA等肿瘤标志物检测。高危复发病人可考虑每年1次胸腹盆增强CT检查（共3年）。术后1年内行肠镜检查，若无异常，每3年时再复查1次；如果术前因肿瘤梗阻无法行全结肠镜检查，术后3~6个月内行肠镜检查。低位前切除者5年内每6个月进行1次直肠镜检查。

附录1

直肠癌手术后病理描述（模板）

直肠癌标本大体检查常规

1. 描述记录

结肠/直肠：切除____肠一段，总长__厘米，距一侧切缘__厘米，距另一侧切缘__厘米处见__型（包括外观描写）肿物（单发/多发数目/家族性息肉病需要记述平方厘米息肉数目）：大小__×__×__厘米，切面性状____；浸润深度至____。肿物旁或肿物周围肠管黏膜/肌壁内检查所见（息肉/腺瘤/溃疡性结肠炎/必要的阴性所见）。肠壁找到淋巴结（数/多/十余/数十余）枚，直径__至__厘米；肠系膜找到淋巴结（数/多/十余/数十余）枚，直径__至__厘米；肠系膜根部（临床系线处）是否找到肿大淋巴结。

2. Miles 手术/直肠

切除肠管总长__厘米，肛管长__厘米，距上切缘__厘米，距齿状线__厘米处见型（包括外观描写）肿物：大小__×__×__厘米，浸润深度至____，是否侵及齿状线，切面性状。肿物周围肠管黏膜/肌壁内检查所见（息肉/腺瘤/必要的阴性所见）。肠壁找到淋巴结（数/多/十余/数十余）枚，直径__至__厘米；肠系膜找到淋巴结（数/多/十余/数十余）枚，直径__至__厘米。肛管皮肤情况。

附录 2

直肠癌手术后病理诊断报告内容

1. 肿瘤

（1）组织分型

（2）组织分级

（3）浸润深度

（4）脉管浸润

（5）神经周围浸润

（6）肿瘤旁淋巴组织反应

（7）肠周脓肿形成

2. 切缘

（1）近端

（2）远端

（3）基底切缘（直肠）

3. 其他病理所见

4. 区域淋巴结（肠壁，肠系膜，系膜根部）

（1）总数

（2）受累的数目

5. 远处转移

6. 其他组织/器官

7. 特殊的辅助检查结果（组织化学染色，免疫组化染色等）

8. 有困难的病理提交上级医院会诊（提供原始病理报告以核对送检切片的正确，从而减少误差，提供充分的病变切片或蜡块，以及术中所见等）

（本指南由国家卫生和计划生育委员会于 2013 年 4 月 23 日卫办医管发〔2013〕33 号印发）

参 考 文 献

[1] 董志伟，谷铣之. 临床肿瘤学. 北京：人民卫生出版社，2002：935-954.

[2] NCCN. Rectal cancer clinical practice guidelines in oncology v. 3. 2013.

[3] Edge SBB DR，Compton CC，Fritz AG，et al. AJCC Cancer Staging Manual（7th Editoin）. New York：Springer，2010.

原发性乳腺癌规范化诊疗指南（试行）

国家卫生和计划生育委员会组织制定

1. 范围

本指南规定了原发性乳腺癌（简称乳腺癌）的诊断依据、诊断、鉴别诊断、治疗原则和治疗方案。

本指南适用于农村重大疾病医疗保障工作定点医院对乳腺癌的诊断和治疗。

2. 术语与定义

下列术语和定义适用于本指南。

2.1 乳腺癌（Breast cancer）

全称为原发性乳腺癌，起源于乳腺导管、小叶的恶性肿瘤。

2.2 乳腺癌保乳手术（breast-conserving surgery）

乳腺肿物局部切除，根据活检结果决定是否进行腋窝淋巴结清扫术。

3. 缩略语

下列缩略语适用于本指南。

3.1 ER（Receptors，Estrogen） 雌激素受体

3.2 PR（Receptors，Progesterone） 孕激素受体

3.3 CEA（carcinoembryonic antigen） 癌胚抗原

3.4 CA125（cancerantigen 125） 肿瘤抗原 125

3.5 CA153（cancerantigen 153） 肿瘤抗原 153

3.6 BI-RADS（Breast Imaging Reporting and Data System） 乳腺 X 线象 BI-RADS 分类

4. 诊治流程图

见图 1。

5. 诊断依据

5.1 病因

月经初潮年龄和绝经年龄与乳腺癌的发病有关。初次足月产的年龄越大，乳腺癌发病的危险性越大。哺乳总时间与乳腺癌危险性呈负相关。有乳腺癌家族史、高脂饮食、肥胖、外源性雌激素过多摄入可增加发生乳腺癌的危险。

5.2 高危人群

5.2.1 有明显的乳腺癌遗传倾向者。

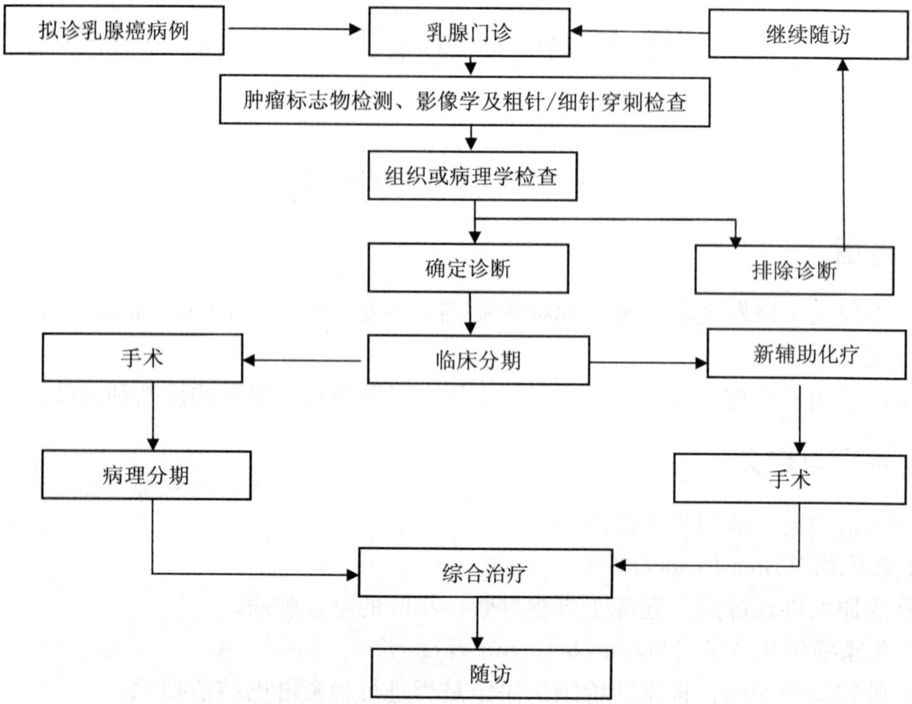

图 1　原发性乳腺癌诊治流程图

5.2.2 既往有乳腺导管或小叶中重度不典型增生或小叶原位癌患者。

5.2.3 既往行胸部放疗的淋巴瘤患者。

5.3 临床表现及体征

5.3.1 乳腺肿块

为乳腺癌最常见的症状。常为无痛性，有时伴有皮肤粘连、皮肤水肿、橘皮样变，皮肤溃烂等。部分有乳头溢液，常见于发生于大导管者或导管内癌者。当病灶侵犯乳头或乳晕下区时，可引起乳头偏向肿瘤一侧、扁平、回缩、凹陷、糜烂等。

5.3.2 乳头溢液

少数乳腺癌表现为乳头溢液。多为血性溢液，可伴有或不伴有乳腺肿块。

5.3.3 淋巴结肿大

乳腺癌可转移至腋窝淋巴结，表现为腋窝单发或多发淋巴结肿大。而锁骨上及颈部淋巴结肿大为乳腺癌晚期症状。

5.3.4 隐匿性乳腺癌

少数病例以腋窝淋巴结肿大作为首发症状而就诊，而未找到乳腺原发灶。

5.3.5 炎性乳腺癌

生长迅速，临床表现为乳腺广泛发红，伴有局部皮肤水肿，局部皮肤温度可有轻度升高。本病易误诊为乳腺炎，两者鉴别要点是乳腺炎疼痛较重、局部皮肤温度升高明显，常伴有发热等全身症状。

5.4 辅助检查

5.4.1 实验室检查

乳腺癌的肿瘤标志物在诊断方面均只能作参考。在术后复发和转移的监测方面可能更有价值。常用的有 CA15-3、CEA、CA125 等。

5.4.2 影像学检查

5.4.2.1 乳腺X线摄影　是乳腺癌影像诊断最基本的方法，可检出临床触诊阴性的乳腺癌。常规摄片体位包括双侧乳腺内外侧斜位（MLO）及头足位（CC），必要时可采取一些特殊摄影技术，包括局部加压摄影、放大摄影或局部加压放大摄影，使病灶更好地显示。不建议对35岁以下、无明确乳腺癌高危因素、或临床体检未发现异常的妇女进行乳腺X线检查。美国放射学会（ACR）制定了乳腺影像报告及数据系统（BI-RADS）分类，见附录3。

5.4.2.2 乳腺超声检查　超声成像简便、经济，无辐射，可用于所有怀疑为乳腺病变的人群，是评估35岁以下妇女、青春期、妊娠期及哺乳期妇女乳腺病变的首选影像检查方法。可同时进行腋窝超声扫描，观察是否有肿大淋巴结。

5.4.3 细胞学及病理组织检查

5.4.3.1 细胞学及组织学检查　对乳头溢液作细胞学涂片检查，乳头糜烂疑为Paget病时可行糜烂部位的刮片或印片细胞学检查；细针穿刺吸取细胞学检查简便易行，应用广泛，假阳性率约为1%。针吸细胞学检查对预后无影响。活组织检查分切除和切取活检。除非肿瘤很大，一般均应作切除活检。

5.4.3.2 粗针穿刺组织学检查　可在B超、乳腺X线像引导下进行，粗针穿刺检查可获得组织学证据，并可进行ER、PR、HER-2等免疫组化检测，为制订治疗计划提供依据。建议有条件单位开展该项目，逐步取代开放活检及细针穿刺细胞学检查。

6. 乳腺癌分类和分期

6.1 乳腺癌的分类

乳腺癌组织学分类（WHO2003）

上皮性肿瘤	
浸润性导管癌，非特殊类型	8500/3
混合型癌	
多形性癌	8022/3
伴有破骨样巨细胞的癌	8035/3
伴有绒癌特征的癌	
伴有黑色素细胞特征的癌	
浸润性小叶癌	8520/3
小管癌	8211/3

续　表

浸润性筛状癌	8201/3
髓样癌	8510/3
黏液癌和其他富于黏液的肿瘤	
黏液癌	8480/3
囊腺癌和柱状细胞黏液癌	8480/3
印戒细胞癌	8490/3
神经内分泌肿瘤	
实性神经内分泌癌	
非典型类癌	8249/3
小细胞/燕麦细胞癌	8041/3
大细胞神经内分泌癌	8013/3
浸润性乳头状癌	8503/3
浸润性微乳头状癌	8507/3
大汗腺癌	8401/3
化生性癌	8575/3
纯上皮化生性癌	8575/3
鳞状细胞癌	8070/3
腺癌伴梭形细胞化生	8572/3
腺鳞癌	8560/3
黏液表皮样癌	8430/3
上皮/间叶混合性化生性癌	8575/3
富于脂质的癌	8314/3
分泌型癌	8502/3
嗜酸细胞癌	8290/3
腺样囊性癌	8200/3
腺泡细胞癌	8550/3
富于糖原的透明细胞癌	8315/3
皮脂腺癌	8410/3
炎症型癌	8530/3
小叶性瘤变	
小叶原位癌	8520/2
导管内增生性病变	
普通导管增生	
平坦上皮非典型增生	
非典型性导管增生	
导管原位癌	8500/2

续 表

微小浸润癌	
导管内乳头状肿瘤	
中心型乳头状瘤	8503/0
外周型乳头状瘤	8503/0
非典型性乳头状瘤	
导管内乳头状癌	8503/2
囊内乳头状癌	8504/2
良性上皮增生	
腺病及其亚型	
硬化性腺病	
大汗腺腺病	
盲管性腺病	
微腺性腺病	
腺肌上皮腺病	
放射性瘢痕/复杂性硬化性病变	
腺瘤	
管状腺瘤	8211/0
泌乳腺瘤	8204/0
大汗腺腺瘤	8401/0
多形性腺瘤	8940/0
导管腺瘤	8503/0
肌上皮病变	
肌上皮增生症	
腺肌上皮腺病	
腺肌上皮瘤	8983/0
恶性肌上皮瘤	8982/3
间叶性肿瘤	
血管瘤	9120/0
血管瘤病	
血管周细胞瘤	9150/1
假血管瘤样间质增生	
肌纤维母细胞瘤	8825/0
纤维瘤病（侵袭性）	8821/1
炎性肌纤维母细胞瘤	8825/1
脂肪瘤	8850/0
血管脂肪瘤	8861/0

续　表

颗粒细胞瘤	9580/0
神经纤维瘤	9540/0
神经鞘瘤	9560/0
血管肉瘤	9120/3
脂肪肉瘤	8850/3
横纹肌肉瘤	8900/3
骨肉瘤	9180/3
平滑肌瘤	8890/0
平滑肌肉瘤	8890/3
纤维上皮性肿瘤	
纤维腺瘤	9010/0
叶状肿瘤	9020/1
良性	9020/0
交界性	9020/1
恶性	9020/3
导管周围间质肉瘤，低级别	9020/3
乳腺错构瘤	
乳头部肿瘤	
乳头腺瘤	8506/0
汗管腺瘤	8407/0
乳头 Paget 病	8540/3
恶性淋巴瘤	
弥漫性大 B 细胞淋巴瘤	9680/3
Burkitt 淋巴瘤	9687/3
结外边缘区 MALT 型 B 细胞淋巴瘤	9699/3
滤泡性淋巴瘤	9690/3
转移性肿瘤	
男性乳腺肿瘤	
男性乳腺发育	
癌	
浸润癌	8500/3
原位癌	8500/2

6.2 乳腺癌分期

原发肿瘤（T）

原发肿瘤的分期定义临床与病理一致。如果肿瘤的大小由体检得到，可用 T1、T2 或

T3 来表示。如果用乳腺 X 线摄片或病理学等其他方法测量得到，可用 T1 的亚分类。肿瘤大小应精确到 0.1cm。

AJCC 乳腺癌 TNM 分期

Tx　原发肿瘤无法评估

T0　没有原发肿瘤证据

Tis　原位癌

Tis（DCIS）导管原位癌

Tis（LCIS）小叶原位癌

Tis（Paget's）　乳头 Paget's 病，不伴有肿块

注：伴有肿块的 Paget's 病按肿瘤大小分类。

T1　肿瘤最大直径≤2cm

T1mi　微小浸润癌，最大直径≤0.1cm

T1a　肿瘤最大直径>0.1cm，但≤0.5cm

T1b　肿瘤最大直径>0.5cm，但≤1cm

T1c　肿瘤最大直径>1cm，但≤2cm

T2　肿瘤最大径大>2cm，但≤5cm

T3　肿瘤最大径>5cm

T4　无论肿瘤大小，直接侵及胸壁或皮肤

T4a　肿瘤侵犯胸壁，不包括胸肌

T4b　乳腺皮肤水肿（包括橘皮样变），或溃疡，或不超过同侧乳腺的皮肤卫星结节

T4c　同时包括 T4a 和 T4b。

T4d　炎性乳腺癌

区域淋巴结（N）

临床

NX　区域淋巴结不能确定（例如曾经切除）

N0　区域淋巴结无转移

N1　同侧腋窝淋巴结转移，可活动

N2　同侧腋窝淋巴结转移，固定或相互融合或缺乏同侧腋窝淋巴结转移的临床证据，但临床上发现有同侧内乳淋巴结转移*

N2a　同侧腋窝淋巴结转移，固定或相互融合

N2b　有内乳淋巴结转移的临床征象，而无同侧腋窝淋巴结转移的临床证据*

N3　同侧锁骨下淋巴结转移伴或不伴有腋窝淋巴结转移；或临床上发现同侧内乳淋巴结转移和腋窝淋巴结转移的临床证据*；或同侧锁骨上淋巴结转移伴或不伴腋窝或内乳淋巴结转移

N3a　同侧锁骨下淋巴结转移

N3b　同侧内乳淋巴结及腋窝淋巴结转移

N3c　同侧锁骨上淋巴结转移

病理学分期（pN）

pNx 区域淋巴结无法评估（例如过去已切除，或未进行病理学检查）

pN0 无组织学上区域淋巴结转移

pN1 1~3 个同侧腋窝可活动的转移淋巴结，和/或通过前哨淋巴结切除发现内乳淋巴结有微小转移灶，但临床上未发现**

pN1mi 微小转移（>0.2 mm，但<2.0 mm）

pN1a 1~3 个腋窝淋巴结转移

pN1b 通过前哨淋巴结切除发现内乳淋巴结有微小转移灶，但临床上未发现**

pN1c 1~3 个腋窝淋巴结转移，以及通过前哨淋巴结切除发现内乳淋巴结有微小转移灶，但临床上未发现**（在阳性腋窝淋巴结阳性淋巴结>3 个的情况下，内乳淋巴结阳性即被归为 pN3b，以反映肿瘤符合的增加）

pN2 4~9 个同侧腋窝转移淋巴结转移；临床上发现内乳淋巴结转移，但腋窝淋巴结无转移

pN2a 4~9 个同侧腋窝转移淋巴结转移（至少一个转移灶>2.0 mm）

pN2b 临床上发现内乳淋巴结转移，但腋窝淋巴结无转移

pN3 10 个或更多的同侧腋窝淋巴结转移或锁骨下淋巴结转移，或临床显示内乳淋巴结转移伴一个以上同侧腋窝淋巴结转移；或 3 个以上腋窝淋巴结转移和前哨淋巴结切开检测到内乳淋巴结显示微转移而临床上未显示；或同侧锁骨上淋巴结转移

pN3a 10 个或更多的同侧腋窝淋巴结转移或锁骨下淋巴结转移

pN3b 临床显示内乳淋巴结转移伴一个以上同侧腋窝淋巴结转移；或 3 个以上腋窝淋巴结转移和前哨淋巴结切开检测到内乳淋巴结显示微转移而临床上未显示

pN3c 同侧锁骨上淋巴结转移

注：*“临床上发现”的定义为：影像学检查（淋巴结闪烁扫描除外）、临床体检异常。

**“临床上未发现”的定义为：影像学检查（淋巴结闪烁扫描除外）或临床体检为发现异常

远处转移（M）

Mx 远处转移无法评估

M0 无远处转移

M1 有远处转移

临床分期标准

0 期	$TisN_0M_0$	ⅢA 期	$T_0N_2M_0$
			$T_1N_2M_0$
Ⅰ期	$T_1N_0M_0$		$T_2N_2M_0$
ⅡA 期	$T_0N_1M_0$		$T_3N_{1、2}M_0$
	$T_1N_1M_0$	ⅢB 期	$T_4N_0M_0$，$T_4N_1M_0$，$T_4N_2M_0$
	$T_2N_0M_0$		
ⅡB 期	$T_2N_1M_0$	ⅢC 期	任何 T，N_3M_0
	$T_3N_0M_0$	Ⅳ期	任何 T，任何 N，M_1

7. 诊断和鉴别诊断

7.1 诊断

7.1.1 临床诊断

乳腺位于体表，详细询问病史和临床体检，多数肿块可得以正确诊断，进一步的辅助检查可明确诊断。早期患者肿块微小或不明确，体检不易触及，需借助多种影像学检查方可诊断。

7.1.2 病理诊断

建议治疗前采用粗针穿刺检查，以获得病理组织学证据，并进行 ER、PR、HER-2 等免疫组化检测。

7.2 鉴别诊断

7.2.1 乳腺增生

病史较长，多伴有乳腺疼痛，并向腋窝、肩部放射，可伴有肿块，肿块质地较韧，边界不规则，随月经周期变化。

7.2.2 纤维腺瘤

多见于年轻女性，病史较长，肿块边界清，光滑。

7.2.3 分叶状肿瘤

鉴别诊断较困难，需病理学检查证实。

7.2.4 乳腺脂肪坏死

有外伤史，肿块质地较硬，难与乳腺癌区别，一般肿块比较表浅，有皮肤受累症状，鉴别诊断需病理学检查。

8. 治疗

8.1 治疗原则

乳腺癌的治疗包括手术、放疗、化疗、内分泌治疗、分子靶向治疗等多种治疗手段，个体化综合治疗是乳腺癌治疗的发展趋势。治疗前应对疾病有一个准确的评估，当病变局限于局部或区域淋巴结时，以局部治疗为主，辅以术前术后的全身治疗。当病变较广泛或已有远处转移时，则以全身治疗为主，局部治疗为辅。

8.2 手术治疗

对于临床分期Ⅱ期以下而无手术禁忌证的病人宜首选手术治疗。术后根据病理情况选择合适的综合治疗手段。对于Ⅲ期乳腺癌，应先术前化疗再手术。

8.2.1 手术方式

8.2.1.1 乳腺癌改良根治术　是目前最常用的手术方式，适用于Ⅰ、Ⅱ期及Ⅲ期患者。

8.2.1.2 乳腺单纯切除术　适用于乳腺原位癌。

8.2.1.3 乳腺癌保留乳房手术（简称保乳术）　是早期乳腺癌治疗发展趋势，但由于条件的限制，不建议市县级医院开展此类手术。对于适合保乳手术的患者，如患者有保乳愿望，可到具备相应资质的医院治疗。

保乳术适应证：①单发病灶或局灶性微小钙化灶；②肿块≤3cm；③乳房足够大，行肿瘤切除术后乳房外型无明显改变；④病变位于乳晕区以外的部位；⑤无胶原血管性疾病及胸壁/乳腺长期照射史；⑥病人自愿。

保乳术的绝对禁忌证：①不同象限二个或以上肿瘤；②弥漫性微小钙化（多发散在恶性钙化）；③肿瘤切缘连续多次阳性；④妊娠期乳腺癌；⑤既往接受过患侧乳腺或胸壁放疗。

8.2.2 乳腺癌术后复发风险的分组

见附录4

8.2.3 综合治疗

参见乳腺癌放射治疗原则和术后辅助全身治疗原则。

8.3 放射治疗（不具备放疗条件转上级医院）

8.3.1 早期乳腺癌保乳术后的放射治疗

8.3.1.1 适应证 早期乳腺癌保乳术后均需放射治疗。

8.3.1.2 放疗开始时间 保乳术后首次放疗应在术后4~6周内，切口愈合后开始放疗。

8.3.1.3 放疗技术和剂量 可采用常规技术，也可采用三维适形或调强技术。全乳照射剂量45~50Gy，1.8~2Gy/次，5次/周。全乳照射结束后，一般需要瘤床区补量10~16Gy/5~8次。

8.3.1.4 照射部位选择

（1）腋窝淋巴结清扫或前哨淋巴结活检阴性，或腋窝淋巴结转移1~3个，但腋窝淋巴结清扫彻底（腋窝淋巴结检出数≥10个），且不含有其他复发高危因素的患者，照射靶区只包括患侧乳腺。

（2）腋窝淋巴结转移≥4个的患者照射靶区需包括患侧乳腺和锁骨上下淋巴引流区；腋窝淋巴结转移1~3个，但含有其他高危复发因素，如年龄≤40岁、激素受体阴性、淋巴结清扫不彻底或淋巴结转移的比例>20%，HER-2/neu过表达等的患者照射靶区除了包括患侧乳腺外，也可以考虑包括锁骨上下淋巴引流区。

（3）腋窝未作解剖或前哨淋巴结转移而未做腋窝淋巴结清扫者，照射靶区还需要包括腋窝。

8.3.2 乳腺癌根治术或改良根治术后放疗

8.3.2.1 适应证 具有下列高危因素之一，需术后放疗。

原发肿瘤最大直径≥5cm，或肿瘤侵及乳腺皮肤、胸壁；腋窝淋巴结转移≥4个。腋窝淋巴结转移1~3个的T1/T2患者，尤其是具有下列高危复发风险：年龄≤40岁，腋窝淋巴结清扫数目<10个，腋窝淋巴结转移的比例>20%，激素受体阴性，HER-2/neu过表达时，也可以考虑放疗。

8.3.2.2 术后放疗部位及剂量 胸壁和锁骨上是术后辅助放疗的常规靶区。术后辅助放疗的常规剂量为50Gy/5周/25次，对于高度怀疑有残留的区域可局部加量至60Gy或以上。在照射技术上，多数患者常规放疗技术就可以满足临床需要。

8.4 化学治疗

8.4.1 乳腺癌术后全身辅助治疗的选择

见附录5

8.4.2 辅助化疗原则

8.4.2.1 禁忌证　妊娠妇女、年老体衰且伴有严重内脏器质性病变患者。

8.4.2.2 化疗方案与注意事项　以含蒽环类联合化疗方案（4~6 个周期）为主。例如：AC 方案［环磷酰胺 600mg/m^2，d1；多柔比星（阿霉素）60mg/m^2，d1；21 天为一周期］。

上述方案基础上增加紫杉醇，对于部分患者可以提高疗效，可与蒽环类药物联合或序贯，共 6~8 周期。不建议减少周期数和剂量。

8.4.3 辅助内分泌治疗原则

8.4.3.1 适应证　激素受体（ER 和/或 PgR）阳性的乳腺癌。

8.4.3.2 内分泌治疗与其他辅助治疗的次序　一般在化疗之后应用，但可以和放射治疗以及靶向治疗同时应用。

8.4.3.3 绝经前患者辅助内分泌治疗方案　首选他莫昔芬（三苯氧胺）20mg/d×5 年。治疗期间注意避孕，并每年行一次妇科检查。加或不加卵巢去势（手术或药物）。

8.4.3.4 绝经后患者辅助内分泌治疗　首选芳香化酶抑制剂单独应用，或与他莫昔芬序贯，不能耐受芳香化酶抑制剂的患者可选择他莫昔芬。治疗时间为 5 年。

8.4.4 术后辅助 Herceptin 治疗临床指南

8.4.4.1 适应证　HER-2/neu 基因过表达的肿瘤>1cm 各期可手术的乳腺癌。

8.4.4.2 禁忌证　治疗前左心射血分数（LVEF）<50%。

8.4.5 新辅助化疗

8.4.5.1 新辅助化疗的适应证　适合临床ⅡB、Ⅲ期的乳腺癌患者。

8.4.5.2 新辅助化疗的禁忌证

8.4.5.2.1 未经组织病理学确诊的浸润性乳腺癌（推荐获得 ER、PR、HER-2/neu 等免疫组化指标，不推荐将细胞学作为病理诊断标准）。

8.4.5.2.2 妊娠早、中期妇女。

8.4.5.2.3 年老体衰，且伴有严重心、肺器质性病变等预期无法耐受化疗者。

8.4.5.3 新辅助化疗的实施

8.4.5.3.1 化疗方案　含有蒽环类和紫杉类的方案（序贯或联合）为主。

8.4.5.3.2 疗效评估及化疗疗程　建议每 2 个周期进行疗效评估。应从体检和影像学两个方面评价乳腺原发灶和腋窝淋巴结转移灶疗效。无效的患者建议暂停该方案化疗，改用手术、放疗或者其他全身治疗措施（更换化疗方案或改行新辅助内分泌治疗）。为 2~6 个治疗周期。

8.4.6 晚期乳腺癌的化疗、内分泌治疗

8.4.6.1 化疗

8.4.6.1.1 一线方案　根据既往治疗方案选择含蒽环和/或紫杉类方案。

8.4.6.1.2 二线方案　根据一线方案选择含吉西他滨、卡培他滨、铂类、长春瑞滨等方案。

8.4.6.1.3 三线或以上方案　可选择对晚期乳腺癌有效的其他药物，包括：铂类，丝裂霉素、足叶乙苷等。

8.4.6.2 内分泌治疗　对于 ER 和/或 PR 阳性患者，根据辅助内分泌治疗的情况，给

予他莫昔芬（绝经前）、去势治疗（绝经前）或芳香化酶抑制剂（绝经后）。其他有效的内分泌治疗还包括：孕激素、托瑞米芬、雄激素等。内分泌治疗和化疗交替应用也可作为化疗后的维持治疗。

8.4.6.3 靶向治疗 HER-2过表达者，可根据情况在化疗或内分泌治疗的基础上联合靶向治疗（曲妥珠单抗），或靶向治疗单独使用。

9. 随访

9.1 随访时间

术后（或结束辅助化疗后）第1~2年每3个月1次，第3~4年每4~6个月1次，第5年开始每年1次。

9.2 随访检查内容

触诊体检、肝超声、血生化和血常规。

9.3 其他特殊检查

乳房X线（每年1次），妇科检查（他莫昔芬治疗中每年1次），骨密度（芳香化酶抑制剂治疗中）。

附录1

乳腺癌手术后病理描述（模板）

左/右侧乳腺改良根治/单纯切除/区段切除标本，大小__×__×__厘米，附梭形皮肤__×__厘米，表面所见（橘皮征/陈旧瘢痕/新鲜切口）；乳头所见（内陷/糜烂/结痂）；切面所见：结节/瘢痕样质硬区/肿物，单发/多灶，大小/分别大小__××__×__厘米；位于____象限；结节/肿物境界/包膜，色泽，质地软/硬/韧，粗颗粒/细腻/鱼肉样，有无囊性变和出血/坏死；结节/肿瘤距乳头__厘米，距最近基底切缘__厘米；周围乳腺检查所见及必要的阴性所见。腋窝脂肪中找到淋巴结（数/多/十余/数十余）枚（标准≥10枚），直径__至__厘米。

附录2

乳腺癌手术后病理诊断报告内容

1. 肿瘤

（1）组织分型

（2）组织分级（浸润性导管癌，非特殊型）

（3）相关的原位癌

（4）微小钙化

（5）大小（多灶肿瘤分别报告）

（6）脉管浸润/瘤栓

（7）其他组织受累情况（皮肤、乳头，胸肌筋膜、胸肌等）

2. 切缘（无肿瘤，有原位癌，有浸润癌）

3. 周围乳腺及其他病理所见

4. 区域淋巴结（包括前哨淋巴结，腋窝清扫及单独送检淋巴结）

5. 总数（≥10 枚）

6. 受累的数目

7. 远处转移（单独送检）

8. 其他组织/器官（单独送检）

9. 特殊的辅助检查结果（组织化学染色，免疫组化染色 ER，PR，C-erbB-2 等）

10. 有困难的病理提交上级医院或请专家进行会诊（提供原始病理报告以核对送检切片的正确减少误差，提供充分的病变切片或蜡块，以及术中所见等）。

附录 3

乳腺 X 线像 BI-RADS 分类

参考美国放射学会（ACR）制定并为国际广泛采用的乳腺影像报告及数据系统 BI-RADS 第四版（BI-RADS，Breast Imaging Reporting and Data System）（American College of Radiology，ACR. Breast imaging reporting and data system. 4th ed. Reston，Va：American College of Radiology，2003）制定。报告内容包括以下 5 方面：

1. 临床病史：无症状筛查或临床症状描述。

2. 乳腺类型：根据腺体比例分为四型：脂肪型、少量腺体型、多量腺体型、致密型。

3. X 线影像所见：采用乳腺影像专业词汇对包括肿块、钙化、结构扭曲、不对称致密、特殊征象及其他所见、病灶部位等进行描述。

4. 与既往片比较。

5. 总体评价：

（1）未定类别：

0 类：现有影像未能完成评价，需要增加其他影像检查，包括加压点片、加压放大、加拍其他体位，或行超声检查。

（2）最终类别：

1 类：阴性，乳腺 X 线摄片无异常发现。

2 类：良性发现，存在明确的良性病灶，无恶性征象。包括钙化的纤维腺瘤、多发的分泌性钙化、含脂肪的病变（脂性囊肿、脂肪瘤、输乳管囊肿及混合密度的错构瘤）、乳腺内淋巴结、血管钙化、植入体、有手术史的结构扭曲等。

3 类：良性可能大的病灶，建议短期随访。有很高的良性可能性，期望此病变在短期（<1 年，一般为 6 个月）随访中稳定或缩小来证实判断。这一类的恶性率一般<2%。触诊阴性的无钙化边界清晰的肿块、局灶性的不对称、簇状圆形或/和点状钙化这三种征象被归于此类。建议在此后 6 个月时对病灶侧乳腺进行 X 线摄影复查，第 12 个月与 24 个月时对双侧乳腺进行 X 线摄影复查，如果病灶保持稳定，则可继续随诊；若病灶有进展，应考虑活检。

4 类：可疑恶性的病灶，但不具备典型的恶性征象，应考虑活检。这一类包括了一大类需临床干预的病变，此类病变无特征性的乳腺癌形态学改变，但有恶性的可能性。再继续分成 4A、4B、4C，临床医生和患者可根据其不同的恶性可能性对病变的处理做出最后决定。

4A：需要活检但恶性可能性较低的病变。对活检或细胞学检查为良性的结果比较可以信赖，可以常规随访或半年后随访。将可扪及的部分边缘清晰的实性肿块、纤维腺瘤、可扪及的复杂囊肿和可扪及的脓肿均归在于此类。

4B：中度恶性可能。对这组病变穿刺活检结果可信度的认识，放射科医生和病理科医生达成共识很重要。对边界部分清晰、部分浸润的肿块穿刺为纤维腺瘤或脂肪坏死的可以接受，并予随访。而对穿刺结果为乳头状瘤的则需要进一步切取活检予以证实。

4C：更进一步怀疑为恶性。形态不规则、边缘浸润的实质性肿块和新出现的簇状分布的细小多形性钙化可归于此类。

5 类：高度提示恶性的病灶，有典型乳腺癌的影像学特征，恶性可能性>95%，应进行活检。形态不规则、毛刺状边缘的高密度肿块、段或线样分布的细线状和分支状钙化、不规则带毛刺的肿块且伴不规则和多形性钙化均归于此类。

6 类：已行活检证实为恶性，临床应采取适当措施。这一分类用在活检已证实为恶性但还未进行治疗的影像评价上。主要是评价活检后的影像改变，或监测手术前新辅助化疗的影像改变。

附录 4

乳腺癌术后复发风险的分组

危险度分级	
低度危险	腋淋巴结阴性，并同时具备以下特性：
	标本中病灶大小（pT）≤2cm
	分级[a]1 级
	瘤周脉管未见肿瘤侵犯[b]
	HER-2 基因没有过度表达或扩增[c]
	年龄≥35 岁
中度危险	腋淋巴结阴性，且具备下列至少一条：
	标本中病灶大小（pT）≥2cm
	分级 2~3 级
	有瘤周脉管肿瘤侵犯
	HER-2 基因过度表达或扩增
	年龄≤35 岁，腋淋巴结 1~3 个阳性，但没有 HER-2 过度表达和扩增
高度危险	腋淋巴结 1~3 个阳性者，且 HER-2 过度表达或扩增
	腋淋巴结 4 个或以上转移者

a：组织学分级/核分级。

b：瘤周脉管侵犯存在争议，它只影响腋淋巴结阴性患者的危险度分级；并不影响淋巴结阳性者的分级。

c：HER-2 的测定必须经严格质量把关的免疫组化或 FISH 检测。

附录 5

乳腺癌术后全身辅助治疗的选择

危险级别	ER/PR 阳性	ER 和 PR 状况不明	ER 和 PR 阴性
低危	内分泌治疗或不用	内分泌治疗或不用	不适用
中危	单用内分泌治疗或化疗→内分泌治疗	化疗→内分泌治疗	化疗
高危	化疗→内分泌治疗	化疗→内分泌治疗	化疗

（本指南由国家卫生和计划生育委员会于 2013 年 4 月 23 日卫办医管发〔2013〕33 号印发）

参 考 文 献

[1] 中国抗癌协会乳腺癌专业委员会. 中国抗癌协会乳腺癌诊治指南与规范（2011 年版）. 中国癌症杂志，2011，21：367-417.

[2] Veronesi U，Cascinelli N，Mariani L，et al. Twenty-year follow-up of a randomized study comparing breast-conserving surgery with radical mastectomy for early breast cancer. N Engl J Med，2002，347：1227-1232.

[3] Effects of chemotherapy and hormonal therapy for early breast cancer on recurrence and 15-year survival：an overview of the randomised trials. Lancet，2005，365：1687-1717.

[4] Morrow M，Strom EA，Bassett LW，et al. Standard for breast conservation therapy in the management of invasive breast carcinoma. CA Cancer J Clin，2002，52：277-300.

[5] Jemal A，Siegel R，Ward E，et al. Cancer statistics，2008. CA Cancer J Clin，2008，58：71-96.

[6] NCCN. Breast Cancer Clinical Practice Guidelines in Oncology v. 1，2012.

[7] 董志伟，谷铣之. 临床肿瘤学. 北京：人民卫生出版社，2002，9-27.

[8] Goldhirsch A，Ingle JN，Gelber RD，Thresholds for therapies：highlights of the St Gallen International Expert Consensus on the Primary Therapy of Early Breast Cancer 2009 Ann Oncol，2009，20（8）：1319-1329.

宫颈癌及癌前病变规范化诊疗指南（试行）

国家卫生和计划生育委员会组织制定

1. 范围

本文规范了宫颈癌的规范化诊治流程、诊断依据、诊断和鉴别诊断、治疗原则及治疗方案。适用于农村重大疾病医疗保障工作定点医院对乳腺癌的诊断和治疗。

2. 术语和定义

下列术语和定义适用于本标准。

宫颈癌前病变是指宫颈上皮内瘤变（CIN），是一组病变的统称，包括宫颈不典型增生和原位癌，为宫颈浸润癌的癌前期病变。此类病变仍限于宫颈上皮层内，未穿透基底膜，无间质浸润。宫颈浸润癌是指肿瘤病变穿透宫颈基底膜，发生间质浸润。

3. 缩略语

下列缩略语适用于本标准。

3.1 CA125（carcinoma antigen）癌抗原 125

3.2 CEA（carcinoembryonic antigen）癌胚抗原

3.3 CIN（cervical intraepithelial neoplasia）宫颈上皮内瘤变

3.4 CTV（clinical target volume）临床靶区

3.5 FIGO（International Federation of Gynecology and Obstetrics）国际妇产科联盟

3.6 LEEP（Loop Electro-surgical Excisional Procedure）宫颈环形电切术

3.7 PTV（planning target volume）计划靶区

3.8 SCC（squamous cell carcinoma antigen）鳞状细胞癌抗原

4. 诊治流程图

见图 1。

5. 诊断依据

5.1 病因

人乳头瘤病毒（HPV）感染是宫颈癌及癌前病变的首要因素。高危因素：过早性生活、多个性伙伴、多产、丈夫婚外性行为、阴茎癌等因素有关，其他因素如社会经济条件较差、营养不良、吸烟等。

5.2 症状

癌前病变及宫颈癌早期可无任何症状。常见的症状为接触性阴道出血，异常白带如血

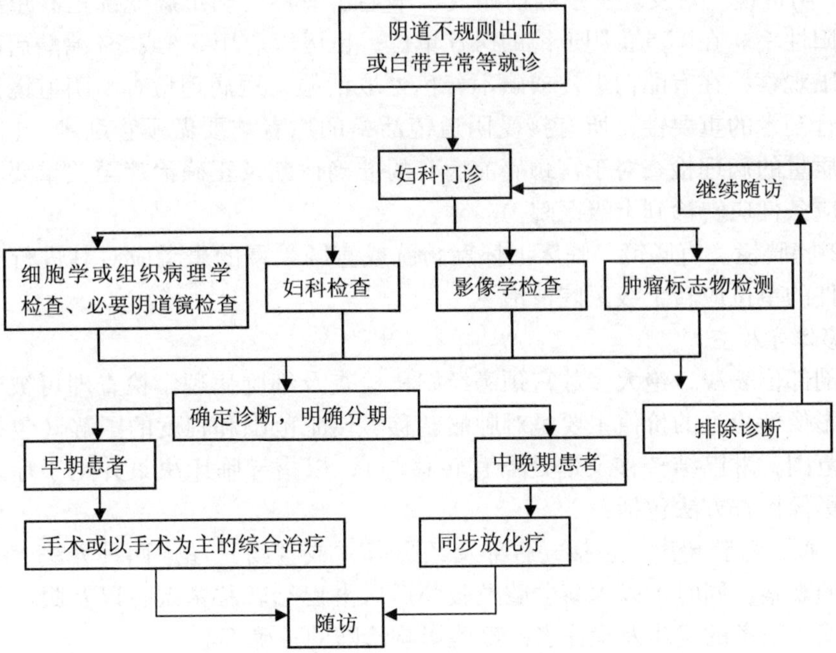

图1 宫颈癌诊治流程图

性白带、白带增多，不规则阴道出血或绝经后阴道出血。

5.3 体征

5.3.1 视诊

应在充足照明条件下进行，直接观察外阴和通过阴道窥器观察阴道及宫颈。除一般观察外应注意癌浸润范围，宫颈肿瘤的位置、范围、形状、体积及与周围组织的关系。

5.3.2 触诊

肿瘤的质地、浸润范围及其与周围的关系等必须通过触诊确定。有些黏膜下及颈管内浸润，触诊比视诊更准确。三合诊检查可了解阴道旁、宫颈旁及子宫旁有无浸润，肿瘤与盆壁关系，子宫骶骨韧带、子宫直肠窝、直肠本身及周围情况等。

5.4 辅助检查

5.4.1 宫颈/阴道细胞学涂片检查

目前为发现宫颈癌前病变（宫颈上皮内瘤变，CIN）和早期宫颈癌的主要手段，特别是对临床体征不明显的早期病变的诊断（宫颈/阴道细胞学诊断 Bethesda 报告，见附录 2）。

5.4.2 组织学检查

CIN 和宫颈癌的诊断均应有活体组织学检查证实。如病变部位肉眼观察不明显，可用碘试验、涂抹 3%或 5%醋酸后或在阴道镜下提示活检部位。对于多次取活检仍不能确诊者，需用切取法进一步采取较深部组织。同时应注意对患者进行宫颈管刮术。当宫颈表面活检阴性、阴道细胞学涂片检查阳性或临床不能排除宫颈管癌时，或发现癌但不能确定有无浸润和浸润深度而临床上需要确诊者，可行宫颈锥形切除送病理检查。

5.4.3 腔镜检查

5.4.3.1 阴道镜　对发现宫颈癌前病变、早期宫颈癌、确定病变部位有重要作用，可提高活检的阳性率。在不具备阴道镜的医疗单位，也可以应用3%或5%醋酸后或碘溶液涂抹宫颈后肉眼观察，在有醋白上皮或碘不着色处取活检，送病理检查。阴道镜活检的同时应注意宫颈管刮术的重要性，所有接受阴道镜活检的患者均要做颈管刮术。（满意的阴道镜检查和高质量的病理检查对于宫颈癌前病变的准确诊断及正确治疗至关重要，如基层医院不具备相应条件应转诊到上级医院。）

5.4.3.2 膀胱镜、直肠镜　临床上怀疑膀胱或直肠受侵的患者应对其进行相应腔镜检查。没有条件的单位应转上级医院诊治。

5.4.4 影像学检查

由于解剖部位表浅，绝大多数宫颈癌经妇科检查及细胞病理学检查即可被确诊。在宫颈癌诊断中影像学检查的价值主要是对肿瘤转移、侵犯范围和程度的了解（包括评价肿瘤局部侵犯的范围，淋巴结转移及远处器官转移等），以指导临床决策并用于疗效评价。用于宫颈癌的影像检查方法包括：

5.4.4.1 腹、盆腔超声　包括经腹部及经阴道（或直肠）超声两种方法。主要用于宫颈局部病变的观察，同时可以观察盆腔及腹膜后区淋巴结转移情况，以及腹、盆腔其他脏器的转移情况。设备的优劣及操作者的经验影响诊断的正确率。

5.4.4.2 盆腔MRI　软组织分辨率高，是显示宫颈病变最佳的影像学方法，可以明确地分辨病变与周围正常结构的界限，特别是明确病变与直肠、膀胱、阴道等结构的关系。依照MRI表现提高术前分期的准确率。同时也可观察双侧腹股沟、盆腔及腹膜后区淋巴结转移的情况。

5.4.4.3 腹、盆腔CT　平扫CT观察宫颈局部病变效果不好，尤其是分期较早的病变；增强CT扫描利于宫颈局部病变的显示，但仍有近50%的病变呈等密度，不能清晰显示。CT检查可以客观评价宫颈病变与周围结构（膀胱、直肠等）的关系，以及淋巴结是否有转移，同时观察腹、盆腔其他器官是否有转移。

5.4.4.4 胸部X射线摄影及胸部CT检查　包括胸部正位和侧位片，主要目的是为了排除肺转移，必要时行胸部CT检查。

5.4.4.5 核素骨扫描　仅用于怀疑有骨转移的患者。

5.4.4.6 对于ⅣA期的患者，需要有膀胱镜或直肠镜活检病理证实。

5.4.5 肿瘤标志物检查

肿瘤标志物异常升高可以协助诊断、疗效评价、病情监测和治疗后的随访监测，尤其在随访监测中具有重要作用。

SCC是宫颈鳞状细胞癌的重要标志物，血清SCC水平超过1.5ng/ml被视为异常。因宫颈癌以鳞状细胞癌最为常见，所以SCC是宫颈癌诊治过程中最常被检测的血清学肿瘤标志物。

6. 宫颈癌及癌前病变的分类和分期

6.1 宫颈癌的组织学分类

WHO 宫颈癌组织学分类（2003）

上皮性肿瘤	
鳞状上皮肿瘤及其癌前病变	
鳞状细胞癌，非特殊类型	8070/3
角化型	8071/3
非角化型	8072/3
基底细胞样	8083/3
疣状	8051/3
湿疣状	8051/3
乳头状	8052/3
淋巴上皮瘤样	8082/3
鳞状上皮移行细胞癌	8120/3
早期浸润性（微小浸润性）	
鳞状细胞癌	8076/3
鳞状上皮内肿瘤	
宫颈鳞状上皮内肿瘤（CIN）Ⅲ级	8077/2
原位鳞状细胞癌	8070/2
良性鳞状上皮病变	
尖锐湿疣	
鳞状上皮乳头状瘤	8052/0
纤维上皮性息肉	
腺上皮肿瘤及其癌前病变	
腺癌	8140/3
黏液腺癌	8480/3
宫颈型	8482/3
肠型	8144/3
印戒细胞型	8490/3
微小偏离型	8480/3
绒毛腺型	8262/3
子宫内膜样腺癌	8380/3
透明细胞腺癌	8310/3
浆液性腺癌	8441/3
中肾管型腺癌	9110/3
早期浸润性腺癌	8140/3
原位腺癌	8140/2
腺体不典型增生	
良性腺上皮病变	
苗勒管源性乳头状瘤	
宫颈管内膜息肉	
其他上皮性肿瘤	

续　表

腺鳞癌	8560/3
毛玻璃细胞亚型	8015/3
腺样囊性癌	8200/3
腺样基底细胞癌	8098/3
神经内分泌肿瘤	
类癌	8240/3
非典型类癌	8249/3
小细胞癌	8041/3
大细胞神经内分泌癌	8013/3
未分化癌	8020/3
间叶性肿瘤和肿瘤样病变	
平滑肌肉瘤	8890/3
子宫内膜样间质肉瘤，低度恶性	8931/3
未分化宫颈管肉瘤	8805/3
葡萄状肉瘤	8910/3
腺泡状软组织肉瘤	9581/3
血管肉瘤	9120/3
恶性外周神经鞘肿瘤	9540/3
平滑肌瘤	8890/0
生殖道型横纹肌瘤	8905/0
手术后梭形细胞结节	
上皮和间叶混合性肿瘤	
癌肉瘤（恶性苗勒管源性混合瘤；化生性癌）	8980/3
腺肉瘤	8933/3
Wilms 肿瘤	8960/3
腺纤维瘤	9013/0
腺肌瘤	8932/0
黑色素细胞肿瘤	
恶性黑色素瘤	8720/3
蓝痣	8780/0
杂类肿瘤	
生殖细胞型肿瘤	
卵黄囊瘤	9071/3
表皮样囊肿	9084/0
成熟性囊性畸胎瘤	9080/0
淋巴造血组织肿瘤	
恶性淋巴瘤（特殊类型）	
白血病（特殊类型）	
继发性肿瘤	

6.2 CIN的分级及宫颈癌的分期

6.2.1 CIN分级

CINⅠ（轻度非典型增生） 细胞异型性轻，排列不整齐，但仍保持极性，异常增殖细胞限于上皮层下1/3。

CINⅡ（中度非典型增生） 细胞异型性明显，排列较紊乱，异常增殖细胞占据上皮层下2/3。

CINⅢ（重度非典型增生及原位癌） 重度非典型增生的上皮细胞异型性显著，失去极性，异常增殖细胞扩展至上皮的2/3或几乎全层，难以与原位癌区别。原位癌的上皮异型性细胞累及全层，极性消失，核异型性显著，核分裂象多见。上皮基底膜完整，无间质浸润。

6.2.2 宫颈癌分期

目前采用的是国际妇产科联盟（FIGO） 2009年会议修改的宫颈癌临床分期标准，由妇科检查确定临床分期。（妇科检查：是确定临床分期最重要的手段。临床分期需要2名副高以上职称妇科医师决定，分期一旦确定，治疗后不能改变）

宫颈癌的国际妇产科联盟（FIGO 2009）分期

Ⅰ	肿瘤严格局限于宫颈（扩展至宫体将被忽略）
ⅠA	镜下浸润癌。间质浸润≤5mm，水平扩散≤7mm
ⅠA1	间质浸润≤3mm，水平扩散≤7mm
ⅠA2	间质浸润>3mm，但≤5mm，水平扩展≤7mm
ⅠB	肉眼可见病灶局限于宫颈，或临床前病灶>ⅠA期
ⅠB1	肉眼可见病灶最大径线≤4cm
ⅠB2	肉眼可见病灶最大径线>4cm
Ⅱ	肿瘤超过子宫颈，但未达骨盆壁或未达阴道下1/3
ⅡA	无宫旁浸润
ⅡA1	肉眼可见病灶最大径线≤4cm
ⅡA2	肉眼可见病灶最大径线>4cm
ⅡB	有明显宫旁浸润，但未扩展至盆壁
Ⅲ	肿瘤扩展到骨盆壁和（或）累及阴道下1/3和（或）引起肾盂积水或肾无功能者
ⅢA	肿瘤累及阴道下1/3，没有扩展到骨盆壁
ⅢB	肿瘤扩展到骨盆壁和（或）引起肾盂积水或肾无功能
Ⅳ	肿瘤侵犯邻近器官（膀胱及直肠）或肿瘤播散超出真骨盆
ⅣA	肿瘤侵犯膀胱或直肠黏膜（活检证实）。泡状水肿不能分为Ⅳ期
ⅣB	肿瘤播散至远处器官

7. 诊断和鉴别诊断

7.1 诊断

7.1.1 临床诊断

宫颈癌的正确诊断依赖于详细了解病史、临床表现、必要而细致地检查和周密地分析。主要依据：

（1）早期可无症状，也可出现阴道接触性出血或分泌物增多、异味等；

（2）晚期可出现阴道大量出血，导致贫血；肿瘤合并感染可出现发热症状；也可有肾衰竭及恶病质情况；

（3）肿瘤侵犯膀胱可出现血尿，侵犯直肠可出现血便，肿瘤侵透膀胱、直肠可出现瘘；

（4）实验室检查，肿瘤标志物 SCC 异常增高；

（5）影像学检查提示宫颈癌（B 超、MRI、CT），可有宫旁软组织侵犯、肾盂积水、腹膜后淋巴结转移等。

7.1.2 病理诊断

阴道镜或直视下取宫颈组织学活检进行病理检查是最终确诊的金标准。有条件的医疗机构，对于疑难病理（腺癌或小细胞癌等少见情况），应行免疫组化检查，进一步鉴别诊断。

7.2 鉴别诊断

7.2.1 宫颈良性病变

如宫颈重度糜烂、宫颈结核、生长活跃的息肉、宫颈黏膜下肌瘤、宫颈腺上皮外翻和其他宫颈炎性溃疡等。

7.2.2 转移性宫颈癌

较多见的是原发子宫内膜癌转移至宫颈，宫颈活检可排除上述病变。

8. 治疗

8.1 癌前病变（子宫颈上皮内瘤变，CIN）的治疗

8.1.1 CINⅠ的处理

8.1.1.1 观察　阴道镜检查满意（见到完整转化区，宫颈鳞柱交界未内移至颈管内）者可观察；阴道镜检查不满意者应作颈管内膜刮术（ECC），排除颈管内病变。

8.1.1.2 随访　6 个月后复查宫颈涂片细胞学。如无异常，一年以后再次复查细胞学。如细胞学结果>ASCUS 需要阴道镜检查。

8.1.2 CINⅡ、Ⅲ的处理

8.1.2.1 观察　只限于妊娠期的 CINⅡ、Ⅲ的患者，应每 2 个月进行一次阴道镜检查，产后 6~8 周再次进行评估处理。

8.1.2.2 治疗　CINⅡ的患者可选择宫颈环形电切术（LEEP）或冷刀宫颈锥形切除术，CINⅢ的患者可采用冷刀宫颈锥形切除术。根据锥切后的病理选择进一步治疗方法，单纯子宫切除术不可作为首选治疗方案（注：根据术后病理结果可判断手术范围是否足够，并决定下一步治疗方法。因此，锥切病理的诊断水平非常重要，建议医疗条件不够的医疗单位可将标本固定后转到上级医院进行病理诊断）。

8.1.2.3 随访　每 3~6 个月进行 1 次细胞学检查，连续 3 次正常后可选择每年 1 次的细胞学检查，必要时阴道镜随访检查。

HPV 检测也有助于 CIN 的诊断和随访，各医疗单位可结合自身及患者的具体情况酌情应用。

8.2 宫颈癌的治疗方式

宫颈癌的治疗包括手术、放疗、化疗和综合治疗。早期宫颈癌患者（Ⅰ~ⅡA1）可选择单纯根治性手术与单纯根治性放疗，两者治疗效果相当，5年生存率、病死率、并发症概率相似。各期宫颈癌均可选择放疗。对于ⅡB以上中晚期宫颈癌及局部晚期宫颈癌（ⅠB2和ⅡA2期）采用以顺铂为基础的同步放化疗。治疗方式的选择应根据患者年龄、病理类型、分期等综合考虑。

8.2.1 手术治疗

手术治疗主要用于早期宫颈癌，即ⅠA~ⅡA期。对于局部晚期、大癌灶ⅠB2~ⅡA2（>4cm）患者采取手术治疗仍存有争议。2006年国际妇产科联盟（FIGO）公布的子宫颈癌治疗指南中推荐以下几种方式：

（1）同步放化疗；

（2）广泛子宫切除术加盆腔淋巴清扫、腹主动脉淋巴结取样、术后个体化辅助治疗；

（3）新辅助化疗后广泛子宫切除术和盆腔淋巴结清扫术及腹主动脉淋巴结取样术、术后个体化治疗。

由于放疗可能导致的阴道狭窄会使患者（特别是中、青年患者）更倾向于选择根治性手术。大量研究表明，根治性手术加放疗的并发症较多，应尽量避免根治术后又行盆腔放疗。因此，首选根治性手术还是放疗时，应根据病情，慎重考虑。

对选择手术治疗患者的附件处理。对要求保留卵巢功能的未绝经患者，一般认为早期宫颈鳞癌卵巢转移的概率较低可以保留卵巢，但术中需探查卵巢情况。有人认为腺癌发生隐匿性卵巢转移的概率较高，故不应保留卵巢，但资料有限无法客观评价这一看法。对保留的卵巢，手术时应常规将所保留的卵巢移位（如腹腔内结肠旁沟），以避免术后盆腔放疗对卵巢功能的损伤。

手术类型：

Ⅰ型：扩大子宫切除术即筋膜外子宫切除术（适用于ⅠA1期患者）。

Ⅱ型：次广泛子宫切除术，切除范围还包括1/2骶、主韧带和部分阴道（适用于ⅠA2期患者）。

Ⅲ型：广泛子宫切除术，切除范围还包括靠盆壁切除骶、主韧带和上1/3阴道（为标准的宫颈癌根治手术，适用于ⅠB~ⅡA期患者）。

Ⅳ型：超广泛子宫切除术（根据患者具体情况）。

Ⅴ型：盆腔脏器廓清术（根据患者具体情况）。

近年来对一些渴望生育的早期宫颈癌年轻患者施行根治性宫颈切除术，以保留子宫和生育功能，但是其适应证和疗效仍有待进一步研究。

8.2.2 放射治疗

（对于不具备放疗资质的医疗机构应及时转诊到上级有条件的医疗单位进行治疗）

适用于各期宫颈癌，但主要应用于ⅡB期以上中晚期宫颈癌患者及不能耐受手术治疗的早期宫颈癌患者。放疗包括体外照射和腔内照射及二者联合应用。研究表明，同步放化疗较单纯放疗提高疗效，降低复发风险。早期宫颈癌患者手术后如存有手术切缘不净、宫旁受侵、淋巴结转移等高危因素，术后需辅助放、化疗。术中/后如发现肿瘤大、深部间质受侵和（或）脉管间隙受侵等危险因素，则术后需辅助盆腔放疗或放化疗。

8.2.2.1 放疗原则　恶性肿瘤的放疗原则与其他治疗手段一样，要最大限度地杀灭癌细胞，尽最大可能保护正常组织和重要器官，即提高治疗效果，降低并发症。因此，适当的治疗工具、适宜的照射范围、足够的照射剂量、均匀的剂量分布、合理的照射体积、个体化治疗是放疗的基本要求。

行根治性放疗时，对肿瘤区域给予根治剂量照射，由于照射范围较大，照射剂量也高，因此，对肿瘤附近的正常组织和器官，特别是一些对放射线敏感的组织和器官的防护，就成为治疗中的一个重要问题。如果放疗方案设计不当就容易引起严重的并发症。姑息性放疗的目的是为了减轻症状，减少病人痛苦，但不一定能延长病人的生存时间。根治性治疗与姑息性治疗是相对的，在治疗过程中可根据肿瘤及病人情况而互相转换。

若放疗联合手术综合治疗时，要根据肿瘤情况及病人条件决定是术前放疗还是术后放疗。术前放疗是计划性的，其目的是通过术前放疗，降低癌细胞活力或减少种植和扩散的概率；缩小肿瘤范围，提高手术切除率；杀伤亚临床病灶，降低局部复发率。术后放疗是根据手术后病理检查结果决定，具有不良预后影响因素：如淋巴结转移、切缘阳性、宫旁浸润、深肌层浸润、宫颈局部肿瘤体积大以及脉管瘤栓等，可行术后放疗，减少局部复发，提高疗效，但两种治疗并用也增加了治疗并发症。

8.2.2.2 近距离照射　将密封的放射源直接放入人体的天然管腔内（如子宫腔、阴道等）为腔内照射。放射源直接放入肿瘤组织间进行照射为组织间照射，二者统称为近距离照射。宫颈癌的腔内放疗有其自然的有利条件，宫颈、宫体及阴道对放射线耐受量高、放射源距肿瘤最近、以较小的照射体积可取得较大的放疗效果。

（1）体内照射的放射源

放射源	镭 226	钴 60	铯 137	铱 192
放射比度（Ci/cm^3）	2.1 最高 3.8	1900	27.5	9000
半衰期（年）	1590	5.3	33	0.2（74 天）

（2）传统的腔内照射法　斯德哥尔摩法、巴黎法、曼彻斯特法和北京法等，多使用的是镭、铯放射源，目前已较少使用。

（3）后装腔内放疗　后装腔内放疗是先将空载的放射容器置于体腔内病变部位，然后在有防护屏蔽的条件下远距离地将放射源通过管道传输到容器内进行治疗。后装腔内治疗机根据其对“A”点放射剂量率的高低可分为三类：低剂量率（0.667~3.33cGy/min）、中剂量率（3.33~20cGy/min）、高剂量率（在 20cGy/min 以上）。

后装腔内放疗的治疗计划系统多模拟经典的斯德哥尔摩法、巴黎法等。后装腔内治疗的方法很多，一般情况下每周 1~2 次，每周“A”点剂量在 5~10Gy，“A”点总剂量在 35~45Gy，整个疗程体外加腔内放疗剂量因临床分期、肿瘤大小的不同而异，一般总剂量在 75Gy~90Gy。

（4）腔内放疗剂量的计算　后装腔内放疗剂量是以“A”点为参考点计算的。由于每次治疗时放射源的位置不可能完全相同，肿瘤体积亦经常在变化。理论上的“A”点剂量与实际剂量相差甚远，肿瘤是立体的。只用一点的剂量来表示也同样不能反映出肿瘤的真正受量，三维后装腔内治疗机的计划系统可以设计出较理想的、立体的放射治疗剂量曲线，这比“A”点参考剂量更有意义。

8.2.2.3 体外照射

（1）体外照射剂量参考点　多年来一般均以“B”点为宫颈癌体外照射量的计算点。F1etcher 于 1980 年提出了淋巴区梯形定位法：从耻骨联合上缘中点至骶骨 1~2 之间连线，在此线中点与第 4 腰椎前连成一线，在此线中点平行向两侧延伸 6cm，此点为髂外淋巴区域。在第 4 腰椎中点平行向两侧延伸 2cm，此点为腹主动脉旁淋巴区域。髂外区与腹主动脉旁区联线的中点为髂总淋巴区。Chassagne 等提出：以髋臼上缘最高点作一平行线与髋臼外缘的垂直线交叉为盆壁参考点，代表宫旁组织盆壁端及闭孔淋巴结的区域。

（2）常规放疗　在模拟机或 CT 模拟机下定位下的放疗。

靶区：一般应当包括子宫、宫颈、宫旁和上 1/2 阴道，盆腔淋巴引流区如髂内、闭孔、髂外、髂总淋巴结。ⅢA 期病人包括全部阴道。必要时包括腹股沟区。

采用四野箱式照射或等中心前后对穿照射。应用高能 6~12MV X 射线。

界限：上界：L5 上缘水平；下界：闭孔下缘（ⅢA 期病人除外），其端点与设野最宽处的连线约通过股骨内 1/3；外界：在真骨盆外 1.5~2.0cm；前界：耻骨联合前缘（据不同肿瘤而定）；后界：全部骶骨在照射野内（据不同肿瘤而定）。

应用多叶光栅或不规则挡铅屏蔽保护正常组织。

剂量：采用常规分割照射，1.8~2.0Gy/次，5 次/周。Ⅰ~Ⅱ期：45Gy/1.8~2Gy/4.5~5 周，Ⅲ~Ⅳ期：45~50Gy/1.8~2Gy/5~6 周。

（3）三维适形放疗及调强适形放疗　根据妇科检查以及影像学情况确定肿瘤靶区（GTV），以宫颈癌直接扩散和淋巴结转移途径确定临床靶区（CTV），一般包括子宫（未行手术者）、宫颈、上 1/2 阴道（阴道浸润达下 1/3，进行全阴道照射）、宫旁、闭孔、髂内、髂外、髂总淋巴结。以 CTV 外放一定距离（0.5~1.0cm）形成 PTV。

放疗剂量：50Gy/1.8~2Gy/5~6 周，靶区内剂量均匀性在±5%范围内，同时评估危及器官，如直肠、乙状结肠、膀胱、小肠、髂骨、骶尾骨、耻骨、股骨头、股骨颈等。

8.2.2.4 腔内照射与体外照射的组合　除极少数早期宫颈癌只行腔内照射外，均需腔内及体外联合照射，在宫颈癌的靶区内组成剂量分布合理的有效治疗。

8.2.2.5 放疗并发症　由于放射源种类、放射方法、照射面积、照射部位、单位剂量、总剂量、总的分割次数及总治疗时间等因素不同，以及病人对放射线敏感性的差异，放射治疗并发症的发生概率及严重程度也各不相同。从事放射治疗的工作者一方面要了解放射治疗并发症；另一方面要熟悉腹、盆腔器官对放射线的耐受剂量，以减少放射治疗的并发症。

（1）早期并发症　包括治疗中及治疗后不久发生的并发症，如感染、阴道炎、外阴炎、皮肤干湿性反应、骨髓抑制、胃肠反应、直肠反应、膀胱反应和机械损伤等。

（2）晚期并发症　常见的有放射性直肠炎、放射性膀胱炎、皮肤及皮下组织的改变、生殖器官的改变、放射性小肠炎等。最常见的是放射性直肠炎，多发生在放疗后 1~1.5 年。主要表现为：大便次数增多、黏液便、便血，严重者可出现直肠阴道瘘，其次常见的是放射性膀胱炎，多数在1年半左右，主要表现为尿频、尿痛、尿血、排尿不畅，严重者可出现膀胱阴道瘘。

8.2.3 化学治疗

化疗在宫颈癌治疗中的作用越来引起重视，主要应于用放疗病人给予单药或联合化疗进行放疗增敏即同步放化疗。另外，还有术前的新辅助化疗以及晚期远处转移、复发患者的姑息治疗等。治疗宫颈癌的有效药有顺铂、紫杉醇、5-氟尿嘧啶、异环磷酰胺、吉西他滨、拓扑替康等。

8.2.3.1 增敏化疗　NCCN治疗指南推荐方案：（在放疗期间增敏化疗）

DDP：50~70mg/m^2+ 5FU：4g/m^2（96小时持续静脉滴入），放疗第1和29天。

DDP周疗：30~40mg/m^2，放疗第1、8、15、22、29和36天。

8.2.3.2 新辅助化疗　新辅助化疗（neoadjuvant chemotherapy，NAC）是指患者在术前行2~3个疗程的化疗，目的在于：缩小肿瘤体积，消灭微转移灶和亚临床病灶，使原来不能手术的患者获得手术机会。一些非随机研究表明，新辅助化疗减少了术中播散及术后转移的概率。目前，主要用于局部肿瘤大的早期患者。NAC化疗方案常以铂类为基础的联合方案，如PVB方案（顺铂+长春新碱+博来霉素），顺铂+紫杉醇方案，BIP方案（顺铂+博来霉素+异环磷酰胺+美司钠）等。给药途径包括静脉全身化疗或动脉插管介入化疗。由于几种方案疗效相近，NAC的最佳方案及给药途径尚未统一。FIGO（2006）推荐NAC方案：顺铂50mg/m^2，iv，d1+VCR 1mg/m^2，iv，d1+BLM 15mg，iv，d1~3，每10天重复，共3次。

8.2.3.3 姑息化疗　主要用于既不能手术也不能放疗的复发或转移的宫颈癌患者。2009年NCCN宫颈癌治疗指南推荐的用于复发或转移癌的一线化疗方案有：卡铂/紫杉醇、顺铂/紫杉醇、顺铂/拓朴替康和顺铂/吉西他滨。可供选择的一线单药化疗药物有：卡铂、顺铂、紫杉醇、吉西他滨和拓扑替康。二线化疗药物有：多西他赛（多西紫杉醇）、表柔比星（表阿霉素）、5-氟尿嘧啶、异环磷腺胺、伊立替康、丝裂霉素等。

8.3 宫颈癌分期治疗模式

8.3.1 宫颈早期间质浸润癌

由于活检标本不能包含全部病变，无法进行病变范围的测量，宫颈早期间质浸润癌即ⅠA期的准确诊断需行锥切活检，并对切缘阴性的锥切标本进行细致的病理检查。

ⅠA1期病变，无生育要求者可行筋膜外全子宫切除术（Ⅰ型扩大子宫切除手术）。如病人有生育要求，可行宫颈锥切，若切缘阴性可定期随访。因ⅠA1期淋巴结转移的概率<1%，大多数学者认为ⅠA1期患者无需行淋巴结切除术。若淋巴脉管受侵则行改良根治性子宫切除和盆腔淋巴结切除术。

ⅠA2期宫颈癌有潜在的淋巴结转移率，为3%~5%，可行次广泛子宫切除术（Ⅱ型扩大子宫切除术）加盆腔淋巴结切除术。要求保留生育功能者，可选择广泛宫颈切除加盆腔淋巴结切除术（对于有生育要求的患者建议到具备条件的医疗单位实施广泛宫颈切除术）。

8.3.2 宫颈浸润癌

8.3.2.1 ⅠB1、ⅡA（<4cm）期　采用手术或放疗，预后良好。标准手术治疗方法是广泛子宫切除术（Ⅲ型扩大子宫切除术）和盆腔淋巴结切除术±腹主动脉淋巴结取样术。

术后有复发高危因素（宫旁受侵、深肌层浸润和淋巴结转移）应该采用同步放化疗（5FU+顺铂或单用顺铂），可减少盆腔复发，提高生存率。要求保留生育功能者，且宫颈肿瘤直径不超过2cm，可选择广泛宫颈切除加盆腔淋巴结切除术±腹主动脉淋巴结取样术。

8.3.2.2 ⅠB2、ⅡA（>4cm）期 可选择的治疗方法：

（1）同步放化疗；

（2）广泛子宫切除和盆腔淋巴清扫、腹主动脉淋巴结取样、术后个体化辅助治疗；

（3）新辅助化疗后广泛子宫切除术和盆腔淋巴结切除及腹主动脉淋巴结取样术、术后个体化治疗。

ⅠB期的总生存率为80%～90%，而宫颈直径>4cm，有淋巴结转移、宫旁受侵和（或）切缘阳性等高危因素者总生存率仅40%～70%。对早期初治宫颈癌患者选择治疗方法时，有高危因素的患者选择放化疗更为有利。大量研究证明，根治性手术加放疗的并发症较多，应尽量避免根治术后又行盆腔放疗。

8.3.2.3 ⅡB及ⅡB期以上 同步放化疗（具体方案详见上述放射治疗及增敏化疗）。

9. 随访

对于新发宫颈癌患者应建立完整病案，治疗后定期随访监测。具体内容如下：

治疗后第1～2年，每3～6个月进行1次宫颈或阴道细胞学检查；第3～5年，每6个月1次，然后每年随诊1次。胸部X线片每年拍摄1次，连续5年后根据情况而定。有临床指征时做CT扫描。

建议放疗后使用阴道扩张器。尽早恢复性生活有利于减少阴道粘连狭窄。

附录1

病人状况评分

Karnofsky评分（KPS，百分法）评分见表1。

表1 Karnofsky评分

100	正常，无症状和体征，无疾病证据
90	能正常活动，有轻微症状和体征
80	勉强可进行正常活动，有一些症状或体征
70	生活可自理，但不能维持正常生活或工作
60	生活能大部分自理，但偶尔需要别人帮助，不能从事正常工作
50	需要一定帮助和护理，以及给予药物治疗
40	生活不能自理，需要特别照顾和治疗
30	生活严重不能自理，有住院指征，尚不到病重
20	病重，完全失去自理能力，需要住院和积极的支持治疗
10	重危，临近死亡
0	死亡

附录 2

宫颈/阴道细胞学诊断 Bethesda 报告系统

报告格式:

a. 说明标本量对诊断评价的意义

b. 诊断总的范围

c. 描述性诊断

标本量对诊断评价的意义:

评价满意

评价满意但是受限于——(具体原因)

评价不满意(具体原因)

诊断总的范围(最适的):

正常范围内

良性细胞学改变:见描述性诊断

上皮细胞异常:见描述性诊断

描述性诊断:

良性细胞学改变:

感染:

—滴虫阴道炎

—真菌形态符合假丝酵母菌(念珠菌)属

—以球形菌为主的阴道菌群失调

—微生物形态符合放线菌属

—细胞学改变符合单纯疱疹病毒感染

—其他

反应性改变:

与下列因素有关的反应性细胞学改变:

—炎症(包括典型修复细胞)

—炎症性萎缩(萎缩性阴道炎)

—放疗

—宫内节育器(IUD)的影响

—其他

上皮细胞异常:

鳞状上皮细胞:

- 未明确诊断意义的不典型鳞状细胞*
- 鳞状上皮内低度病变包括:

  —HPV+*

  —轻度非典型增生/CIN Ⅰ
- 鳞状上皮内高度病变包括:

  —CIN Ⅱ

  —CIN Ⅲ(包括原位癌)
- 鳞状细胞癌

腺上皮细胞:

- 绝经后妇女子宫内膜细胞,细胞学良性
- 未明确诊断意义的不典型腺细胞*
- 子宫颈管腺癌

续 表

• 子宫内膜腺癌
• 子宫外腺癌
• 腺癌，非特异性
• 激素水平评估（只用于阴道涂片）
• 与年龄和病史相符的激素水平模式
• 与年龄和病史不相符的激素水平模式；特异性（NOS）
• 不能评价的激素水平；特异性

CIN：宫颈上皮内病变；CIS：原位癌

* 不明意义的非典型鳞状/腺细胞应进行进一步追查，以证实是反应性还是癌前病变或癌。

+ HPV 感染的细胞学改变包括在低度鳞状上皮病变内。

附录 3

放射及化学治疗疗效判定标准

1. WHO 实体瘤疗效评价标准（1981）

1.1 完全缓解（CR），肿瘤完全消失超过 1 个月。

1.2 部分缓解（PR），肿瘤最大直径及最大垂直直径的乘积缩小达 50%，其他病变无增大，持续超过 1 个月。

1.3 病变稳定（SD），病变两径乘积缩小不超过 50%，增大不超过 25%，持续超过 1 个月。

1.4 病变进展（PD），病变两径乘积增大超过 25%。

2. RECIST 疗效评价标准（2000）

2.1 靶病灶的评价

2.1.1 完全缓解（CR），所有靶病灶消失。

2.1.2 部分缓解（PR），靶病灶最长径之和与基线状态比较，至少减少 30%。

2.1.3 病变进展（PD），靶病灶最长径之和与治疗开始之后所记录到的最小的靶病灶最长径之和比较，增加 20%，或者出现一个或多个新病灶。

2.1.4 病变稳定（SD），介于部分缓解和疾病进展之间。

2.2 非靶病灶的评价

2.2.1 完全缓解（CR），所有非靶病灶消失和肿瘤标志物恢复正常。

2.2.2 未完全缓解/稳定（IR/SD），存在一个或多个非靶病灶和/或肿瘤标志物持续高于正常值。

2.2.3 病变进展（PD），出现一个或多个新病灶和/或已有的非靶病灶明确进展。

2.3 最佳总疗效的评价

最佳总疗效的评价是指从治疗开始到疾病进展或复发之间所测量到的最小值。通常，病人最好疗效的分类由病灶测量和确认组成。

附录 4

宫颈癌的基本情况

宫颈癌是常见的妇科恶性肿瘤之一，发病率在我国女性恶性肿瘤中居第二位，仅次于乳腺癌。据统计，每年约有 50 万宫颈癌新发病例，占所有癌症新发病例的 5%，其中 80% 以上的病例发生在发展中国家。我国每年约有新发病例 13 万，占世界宫颈癌新发病例总数的 28%。

患病的高峰年龄为 40~60 岁。近年来大量研究表明，宫颈癌的发病年龄呈年轻化趋势。宫颈癌发病率分布有地区差异，农村高于城市，山区高于平原，发展中国家高于发达国家。因此，有必要规范宫颈癌的诊断与治疗。另一方面，宫颈癌的发生可通过对癌前病变的检查和处理得以有效控制。西方国家的经验显示，宫颈癌的发生率在密切筛查的人群中减少了 70%~90%。为了降低我国宫颈癌的发病率，做到早诊早治，本指南补充了宫颈癌前病变的诊治原则，希望能降低宫颈病变的危害，同时减少国家对宫颈癌的诊治支出。

（本指南由国家卫生和计划生育委员会于 2013 年 4 月 23 日卫办医管发〔2013〕33 号印发）

参考文献

[1] Jemal A, Siegel R, Ward E, et al. Cancer Statistics, 2007. CA Cancer J Clin, 2007, 57 : 43-66.

[2] Howe HL, Wu X, Ries LA, et al. Annual report to the nation on the status of cancer, 1975~2003, featuring cancer among U. S. Hispanic/Latino populations. Cancer, 2006, 107 (8) : 1711-1742.

[3] Sherman ME, Wang SS, Carreon J, et al. Mortality trends for cervical squamous and adenocarcinoma in the United States. Relation to incidence and survival. Cancer, 2005, 103 (6) : 1258-1264.

[4] Parkin DM, Bray F, Ferlay J. Global cancer statistics, 2002. CA Cancer J Clin, 2005, 55 : 74-108.

[5] Kamangar F, Dores GM, Anderson WF. Patterns of cancer incidence, mortality, and prevalence across five continents: defining priorities to reduce cancer disparities in different geographic regions of the world. J Clin Oncol, 2006, 24 (14) : 2137-2150.

[6] Villa LL, Costa RL, Petta CA, et al. Prophylactic quadrivalent human papillomavirus (types 6, 11, 16, and 18) L1 virus-like particle vaccine in young women: a randomized double-blind placebo-controlled multicentre phase Ⅱ efficacy trial. Lancet Oncol, 2005, 6 : 271-278.

[7] Ault KA. Future Ⅱ Study Group. Effect of prophylactic human papillomavirus L1 virus-like-particle vaccine on risk of cervical intraepithelial neoplasia grade 2, grade 3, and adenocarcinoma in situ: a combined analysis of four randomised clinical trials. Lancet, 2007, 369 (9576) : 1861-1868.

[8] FUTURE Ⅱ Study Group. Quadrivalent vaccine against human papillomavirus to prevent high-grade cervical lesions. N Engl J Med, 2007, 356 (19) : 1915-1927.

[9] Arbyn M, Dillner J. Review of current knowledge on HPV vaccination: an appendix to the European Guidelines for Quality Assurance in Cervical Cancer Screening. J Clin Virol, 2007, 38 (3) : 189-197. Epub 2007 Jan 25.

[10] American College of Obstetricians and Gynecologists. ACOG practice bulletin. Diagnosis and treatment of cervical carcinomas. Number 35, May 2002. Int J Gynaecol Obstet 2002, 78 : 79-91.

[11] Chi DS. Laparoscopy in gynecologic malignancies. Oncology, 1999, 13 : 773-782.

[12] Benedet JL, Bender H, Jones H 3rd, et al. FIGO staging classifications and clinical practice guidelines in the management of gynecologic cancers. FIGO Committee on Gynecologic Oncology. Int J Gynaecol Obstet

2000, 70 : 209-262.

[13] Landoni F, Maneo A, Colombo A, et al. Randomized study of radical surgery vs. radiotherapy for stage Ⅰb-Ⅱa cervical cancer. Lancet, 1997, 350 : 535-540.

[14] Rose PG, Ali S, Watkins E, et al. Long-term follow-up of a randomized trial comparing concurrent single agent cisplatin, cisplatin-based combination chemotherapy, or hydroxyurea during pelvic irradiation for locally advanced cervical cancer: a Gynecologic Oncology Group Study. J Clin Oncol, 2007, 25 (19) : 2804-2810. Epub 2007 May 14.

[15] Monk BJ, Tewari KS, Koh W-J. Multimodality therapy for locally advanced cervical carcinoma: state of the art and future directions. J Clin Oncol, 2007, 25 : 2952-2965.

[16] Pearcey R, Miao Q, Kong W, et al. Impact of adoption of chemoradiotherapy on the outcome of cervical cancer in Ontario: results of a population-based cohort study. J Clin Oncol, 2007, 25 (17) : 2383-2388.

[17] Haie-Meder C, Fervers B, Fondrinier E, et al. SOR guidelines for concomitant chemoradiotherapy for patients with uterine cervical cancers: evidence update bulletin 2004. Ann Oncol, 2005, 16 : 1100-1108.

[18] Koliopoulos G, Sotiriadis A, Kyrgiou M, et al. Conservative surgical methods for FIGO stage IA2 squamous cervical carcinoma and their role in preserving women's fertility. Gynecol Oncol, 2004, 93 : 469-473.

[19] Bernardini M, Barrett J, Seaward G, et al. Pregnancy outcomes in patients after radical trachelectomy. Am J Obstet Gynecol, 2003, 189 : 1378-1382.

[20] Boss EA, van Golde RJ, Beerendonk CC, et al. Pregnancy after radical trachelectomy: A real option? Gynecol Oncol, 2005, 99: S152-6. Epub 2005 Sep 2.

[21] Plante M, Renaud MC, Hoskins IA, et al. Vaginal radical trachelectomy: a valuable fertility-preserving option in the management of early-stage cervical cancer. A series of 50 pregnancies and review of the literature. Gynecol Oncol, 2005, 98 (1) : 3-10.

[22] Marchiole P, Benchaib M, Buenerd A, et al. Oncological safety of laparoscopic-assisted vaginal radical trachelectomy (LARVT or LARVH). Gynecol Oncol Dargent's operation: A comparative study with laparoscopic-assisted vaginal radical hysterectomy, 2007, 106 (1) : 132-141. Epub 2007 May 9.

[23] Shepherd JH, Spencer C, Herod J, et al. Radical vaginal trachelectomy as a fertility-sparing procedure in women with early-stage cervical cancer-cumulative pregnancy rate in a series of 123 women. BJOG, 2006, 113 (6) : 719-724.

[24] Landoni F, Zanagnolo V, Lovato-Diaz L, et al. Ovarian metastases in early-stage cervical cancer (IA2-IIA): a multicenter retrospective study of 1965 patients (a Cooperative Task Force study). Int J Gynecol Cancer, 2007, 17 (3) : 623-628. Epub 2007 Feb 16.

[25] Shimada M, Kigawa J, Nishimura R, et al. Ovarian metastasis in carcinoma of the uterine cervix. Gynecol Oncol, 2006, 101 (2) : 234-237. Epub 2005 Nov 21.

[26] Keys HM, Bundy BN, Stehman FB, et al. Cisplatin, radiation, and adjuvant hysterectomy compared with radiation and adjuvant hysterectomy for bulky stage IB cervical carcinoma. N Engl J Med, 1999, 340 : 1154-1161.

[27] Morris M, Eifel PJ, Lu J, et al. Pelvic radiation with concurrent chemotherapy compared with pelvic and para-aortic radiation for high-risk cervical cancer. N Engl J Med, 1999, 340 : 1137-1143.

2013 版中国黑色素瘤诊治指南正式发布

2013 年 9 月 25 日~29 日，第十六届全国临床肿瘤学大会暨 2013 年 CSCO 学术年会在厦门国际会议展览中心隆重举行。会议期间，在众多参会医生们的期待下，《2013 版中国黑色素瘤诊治指南》正式发布。

9 月 27 日下午，在郭军教授的主持下，《2013 版中国黑色素瘤诊治指南》发布会隆重召开，历经两年时间，最新版指南终于与大家见面，根据中国人自己的临床实践和特色，指南得到了不少更新。现场气氛热烈，参会者都仔细阅读获赠指南，可以看出每位医生获取知识的热情。

郭军教授主持发布会

孙燕院士亲临发布会现场并致辞，他高度肯定了最新版中国黑色素瘤诊治指南，认为该指南在国际上也是值得借鉴和参考的，里面融入了中国人自己的经验和特点。在中国进行的随机对照研究，促进了重组人血管内皮抑制素（恩度）成为晚期黑色素瘤的一线推荐，这是具有中国特色的，也得到了国内外的认可。孙燕院士最后表示，制定诊疗规范是我们非常重要的任务，黑色素瘤的诊治指南有很多特色，需要办学习班进行推广，让更多人获益。

郭军教授在随后接受医脉通的采访中表示，新版本修订并加了很多内容，之所以每年都进行更新，是因为黑色素瘤治疗进展日新月异。例如新版指南提到，在手术方面，过去认为切缘 2 ~ 3cm 都可以，现在指南推荐 2cm。达卡巴嗪加恩度成为本次新指南的一线推荐，因为我们完成了一项中国的Ⅱ期随机对照研究，结果显示，达卡巴嗪+恩度疗效明显优于达卡巴嗪+安慰剂。该研究发表在国际著名杂志《Mol Ther》上，得到了国内外同行的认可。此外，还增加了一

孙燕院士致辞

些新的化疗药物，例如白蛋白紫杉醇等。指南发布的目的是引领国内黑色素瘤规范化的治疗，同时能够更大程度的、实事求是的让我们临床实践有一个规范可循。最终使我国黑色素瘤患者生存最大程度的获益。

发布会最后也是最精彩的部分，就是郭军教授对新版指南的详细解读，以下摘录部分更新内容：

外科治疗

1. 前哨淋巴结活检：上一版的“对厚度≥1mm 的患者推荐进行前哨淋巴结活检”细化为：厚度≤0.75mm 的ⅠA 期/ⅠB 期不推荐前哨淋巴结活检，而厚度在 0.76~1.0mm 之间或≥1mm 的患者可考虑进行前哨淋巴结活检。

2. 外科切缘原则：对于肿瘤厚度>4mm 者，临床推荐切除边缘由 2.0~3.0cm 改为 2cm（证据级别为 1 级）。

3. 隔离肢体热灌注或热输注治疗（ILP 或 ILI）推荐的证据级别由 2B 提升至 2A。

辅助治疗

新增：中国黏膜黑色素瘤的辅助治疗建议：TMZ+DDP 优于高剂量干扰素 α-2b。

全身治疗

1. 化疗中增添了福莫司汀、紫杉醇±卡铂、铂类、白蛋白结合型紫杉醇的介绍。

2. 个体化靶向治疗中新增 Dabrafenib+Trametinib 为晚期黑色素瘤的一线治疗。

3. 非特异性靶向治疗中新增 DTIC+恩度为晚期皮肤黑色素瘤的一线治疗。

（来源：医脉通 日期：2013-10-10）

相关链接

2013 年 CSCO 学术年会：黑色素瘤靶向治疗及指南更新

2013 年 9 月 25 日~29 日，第十六届全国临床肿瘤学大会暨 2013 年 CSCO 学术年会在厦门国际会议展览中心隆重举行。医脉通特别采访了中国临床肿瘤学会（CSCO）执委会委员、北京大学肿瘤医院肾癌黑色素瘤内科主任郭军教授。郭教授对黑色素瘤的个体化靶向治疗及靶向免疫治疗、mTOR 靶向治疗以及新版《中国黑色素瘤诊治指南》做了详细介绍，让我们受益匪浅。

近几年，黑色素瘤治疗方面的进展非常快，特别是对于晚期黑色素瘤的治疗。目前国际上的正在进行的比较有希望的临床试验集中在靶向治疗和免疫治疗两个方面。

首先，在靶向治疗方面，继过去的 BRAFV600 抑制剂引起了极大的反响之后，目前 Met 抑制剂、C-Kit 抑制剂、包括 CDK 抑制剂和 m-TOR 抑制剂，都在紧锣密鼓地进行当中，而且都非常有希望。我想，在靶向治疗方面，晚期黑色素瘤的治疗仍然有巨大的空间可以提升。未来，在 bio-marker 指导之下，个体化的分子靶向治疗对于黑色素瘤的治疗至少要占半壁江山。

第二，晚期黑色素瘤的治疗上非常有前景的是靶向免疫治疗，它通过单克隆抗体抑制过去一些我们没有认识到的物质，例如 CTLA-4 单抗（抗细胞毒性 T 淋巴细胞相关抗原 4）和 PD-1 抗体。这些抗体给我们带来巨大的冲击，因为之前我们没有想到过，CTLA-4 虽然延长了总生存，但有效率并不高，但 PD-1 和 PDL-1 的研究不仅能够达到 50%以上的有效率，而且同时极大的延长 PFS（无进展生存期）。

所以，我认为未来黑色素治疗一片光明。有个体化的分子靶向治疗，又有 PD-1 和 PDL-1 这样的非常有效的免疫靶向治疗，再加上细胞免疫治疗，未来有可能使黑色素瘤患者得到巨大的生存获益。

本次大会郭军教授还做了题为“帕唑帕尼与舒尼替尼对照用于晚期肾癌一线治疗”的大会报告，大会选择这项研究的目的是怎样的，它将对我国肾癌诊疗产生哪些影响？

首先，这是一项全球的研究，不是由我们单独发起的，这项研究首次把亚洲列为重要的研究对象。在过去的全球研究中，入组的患者基本都是北美和欧洲人，这项研究中 1/3 以上的受试者来自亚太地区。作为这项研究在亚太地区的主要研究者（PI）我感到非常荣幸，也说明中国人可以更多地在国际研究中担任负责人的角色。

第二，我认为这项研究最主要的优势在于它首次在一项临床试验中纳入如此多的亚太地区患者，这样我们就可以比较同一种治疗对于亚洲人和欧美（白种）人在疗效及副作用方面有没有差别，其差别表现在什么方面？特点是什么？对于某一项抗肿瘤治疗来说，人种的不同，对于治疗来说是有差异的。在这方面，这项研究将会为我们未来的治疗选择提供一些帮助。所以，我认为这是该研究特别有意义的方面。

本次大会设立了 mTOR 靶向治疗论坛，mTOR 抑制剂依维莫司也得到 FDA 多项适应证的批准，其实，就像孙燕院士在大会中谈到的，mTOR 是一个新的领域，虽然它在肿瘤领域非常新，但是 mTOR 很久之前就已经开始在临床试验中使用了，它最早是作为免疫抑制剂在移植当中使用。

新的 mTOR 抑制剂能够用于靶向治疗是因为我们对于肿瘤信号传导通路的认识逐步加深，我们认识到在 PI3K 这条信号传导通路中 mTOR 起到了至关重要的作用，它的活化是导致肿瘤增殖和肿瘤血管增殖最主要的原因之一，因此使用 mTOR 抑制剂可以起到三重的抗肿瘤增殖作用，即抑制肿瘤细胞生长增殖、代谢，同时抑制肿瘤血管生成。所以它在临床上肿瘤的治疗方面显示了独特的疗效，并且被批准用于肾癌、乳腺癌等多种肿瘤的治疗，前景广阔。但 mTOR 靶向治疗毕竟是新开辟的“田地”，需要国内外专家们共同努力，进行深入的研究，特别是国内学者需要大力地去做这份工作。

本次大会公布了《中国黑色素瘤诊治指南》，本次指南在过去的版本上又一次新推出了更新版，新版本修订并新加了很多内容。之所以每年都进行更新，是因为黑色素瘤治疗进展日新月异。例如我们在新版的指南中提到，在手术方面，过去我们认为切除 2~3cm 都可以，现在我们在指南中推荐 2cm。因为，最新的循证医学证据表明 2cm 和 3cm 切除结果是相同的。达卡巴嗪加重组人血管内皮抑制素（恩度）成为本次新指南的一线推荐，因为我们完成了一项中国的Ⅱ期随机对照研究，结果显示达卡巴嗪+恩度疗效明显优于达卡巴嗪+安慰剂。该研究发表在国际著名杂志《Mol Ther》上，得到了国内外同行的认可。此外，还新增了一些新的化疗药物，例如白蛋白紫杉醇、贝伐单抗等。目的是引领国内黑色素瘤规范化的治疗，同时能够更大程度的、实事求是的让我们临床实践有一个规范可循。最终使我国黑色素瘤患者生存最大程度的获益。

（来源：医脉通 日期：2013-09-30）

《中国多发性骨髓瘤诊治指南（2013修订）》发布

《中国多发性骨髓瘤诊治指南》已是第3次修订，本次修订做了较大变动。多发性骨髓瘤（MM）是浆细胞恶性增殖性疾病，其特征为骨髓中克隆性浆细胞异常增生，分泌单克隆免疫球蛋白或其片段（M蛋白），并导致相关器官或组织损伤。

临床表现

MM常见的临床表现与骨髓瘤相关组织、器官损伤有关，包括血钙增高、肾功能损害、贫血、骨质病变及免疫力下降导致的反复细菌感染（12个月内发作>2次）、高黏滞血症等靶器官损害等。

1. 骨骼症状：骨痛，局部肿块，病理性骨折，可合并截瘫。

2. 免疫力下降：反复细菌性肺炎和（或）尿路感染，败血症；病毒感染以带状疱疹多见。

3. 贫血：正细胞正色素性贫血；少数合并白细胞减少和（或）血小板减少。

4. 高钙血症：有呕吐、乏力、意识模糊、多尿或便秘等症状。

5. 肾功能损害：轻链管型肾病是导致肾衰竭的最常见原因。

6. 高黏滞综合征：可有头昏、眩晕、眼花、耳鸣，可突然发生意识障碍、手指麻木、冠状动脉供血不足、慢性心力衰竭等症状。此外，部分患者的M蛋白成分为冷球蛋白，会引起微循环障碍，出现雷诺现象。

7. 其他：有淀粉样变性病变者可表现为舌肥大、腮腺肿大、心脏扩大、腹泻或便秘，肝、脾肿大及外周神经病等；晚期患者还可有出血倾向。

诊断标准

有症状MM诊断标准（满足3条标准）：骨髓单克隆浆细胞比例≥10%和（或）组织活检证明有浆细胞瘤；血清和（或）尿出现单克隆M蛋白；出现骨髓瘤相关靶器官损害。

无症状MM诊断标准：血清单克隆M蛋白≥30g/L；骨髓单克隆浆细胞比例≥10%；无相关器官及组织损害。

治疗原则

对有症状的MM应采用系统治疗，包括诱导、巩固治疗以及维持治疗达到微小缓解（MR）及以上疗效时可用原方案继续治疗，直到获得最大程度的缓解；不建议治疗有效的患者变更治疗方案；未达到MR的患者，应变更治疗方案。

对适合自体造血干细胞移植的患者，应尽量采用含新药的诱导治疗+造血干细胞移植，诱导治疗中避免使用干细胞毒性药物。所有适合临床试验者，可考虑进入临床试验。

无症状MM不建议化疗，除非进行临床试验。

（来源：《医药经济报》日期：2013-09-26）

❖ 肿瘤科研新动态 ❖

盐酸埃克替尼 ICOGEN 试验研究结果在 Lancet Oncology 发表

胡兴胜　韩晓红

中国医学科学院肿瘤医院内科

以孙燕院士为通讯作者、石远凯教授为第一作者的 ICOGEN 试验结果，2013 年 6 月 13 日由《Lancet Oncology》在线发表。

ICOGEN 试验是采用随机、双盲双模拟、多中心、阳性药物平行对照的研究设计，直接对比盐酸埃克替尼和吉非替尼的大型Ⅲ期临床试验，是全球第一项两个表皮生长因子受体酪氨酸激酶抑制剂（EGFR-TKI）之间的直接对照研究。EGFR-TKI 是肿瘤分子靶向治疗的里程碑，是具有 EGFR 基因突变的晚期非小细胞肺癌患者的有效治疗药物。

ICOGEN 试验由孙燕院士作为主要研究者（PI），组织全国 27 家医院共同完成。该试验 2009 年 1 月启动，同年 11 月完成 400 例接受 2/3 线治疗的晚期非小细胞肺癌患者的入组。中国医学科学院肿瘤医院共入组了 36 例患者，是全部参加试验的医院中入组患者最多的单位，我院内科实验室作为本研究的中心实验室，完成了全组患者中提供了肿瘤组织标本的 152 例患者的 EGFR 基因突变检测及其相关的分子生物学分析，我院影像诊断科吴宁教授担任独立疗效评价专家委员会的首席专家。2010 年 5 月，该试验结束；2010 年 7 月，盐酸埃克替尼获得中国国家食品药品监督管理局下发的新药证书和销售批文。整个研究在保障高水准的同时，在短短两年结束，开创了我国创新药临床试验的先河。研究结果显示，盐酸埃克替尼的疗效和安全性与吉非替尼相当或更优，对于 EGFR 突变患者的治疗效果更为突出。《Lancet Oncology》的 Reviewer 一致认为，该试验是一个高质量的临床研究(This is a well conducted study)。该研究结果曾于 2011 年和 2012 年的美国肿瘤学年会(ASCO)、世界肺癌大会（WCLC）和欧洲肿瘤年会（ESMO）等学术会议上交流。

盐酸埃克替尼是我国科学家自主研发的一类新药，是继吉非替尼和厄洛替尼之后全球第三个上市的 EGFR-TKI，具有完全的自主知识产权。盐酸埃克替尼被国际权威机构 Pharma R & D Annural Review 2012 收录，获得国家知识产权局和世界知识产权组织联合颁发的发明金奖和 2012 年浙江省科技进步一等奖。2011 年 8 月 12 日，在北京人民大会堂举行的上市会上，时任全国人大常委会副委员长桑国卫和卫生部部长陈竺都对盐酸埃克替尼的研发给予了高度评价。

ICOGEN 试验的研究对象是我国自主研发的新药，在国家重大新药创制科技重大专项等科研基金的支持下，从最初研发到上市历时十年时间，其临床试验的设计、实施、管理、统计处理等一系列相关的所有工作都是由中国科学家在中国大陆完成的，是在全球首先被中国药政主管部门批准上市的新药。在ICOGEN试验结果发表的同时，《Lancet Oncology》配发了长篇述评，高度评价盐酸埃克替尼和中国对全球新药研发的贡献。

借此机会，我们向所有为本研究付出辛勤劳动的相关人员表示诚挚的感谢，向参加本试验的患者和他们的家人表示崇高的敬意！

（稿源：中国医学科学院肿瘤医院网站）

秦叔逵教授的EACH研究成果在国际顶级杂志JCO上发表

2013年8月26日，从大洋彼岸传来喜讯，美国临床肿瘤学会主办的《临床肿瘤学杂志》（Journal of Clinical Oncology，JCO）在线发表了南京八一医院全军肿瘤中心秦叔逵教授等撰写的学术论文"Randomized，Multicenter，Open-Label Study of Oxaliplatin Plus Fluorouracil/Leucovorin Versus Doxorubicin As Palliative Chemotherapy in Patients With Advanced Hepatocellular Carcinoma From Asia"，纸质版也将于近期出版发行。JCO杂志是医学领域的国际顶级肿瘤学专业期刊，具有非常广泛的学术影响力和高度信誉，2012年其SCI影响因子高达18.038分。该杂志对于稿件的要求特别高，发表论文难上加难，我国学者在JCO上刊发过文章的寥寥无几、屈指可数。

众所周知，肝细胞癌（HCC）是全球性高发常见的恶性肿瘤，特别是在我国，发病人数占全球的50%以上，严重地威胁人民生命和健康。由于起病隐袭、早诊困难和进展迅速，确诊时大多数患者已达局部晚期或发生远处转移，治疗非常棘手，预后极差，号称"癌中之王"；不能手术和局部治疗的晚期肝细胞癌的自然生存期仅3~4个月。对于晚期肝细胞癌，临床上经常采用系统化疗来作为姑息治疗，控制症状，但是以往的许多项临床研究都没有证明传统的系统化疗可以改善晚期肝细胞癌患者的生存状况，因此，缺乏高级别的循证医学证据和公认的标准化疗药物或方案。

秦叔逵教授多年来致力于肝癌的诊治和研究，现担任国家卫计委肝癌专家组组长和中国临床肿瘤学会（CSCO）主席兼肝癌专家委员会主任委员。2007年，在秦叔逵教授牵头的国内Ⅰ期和Ⅱ期临床研究的基础上，在孙燕院士的大力支持和亲切指导下，秦叔逵进一步组织了我国大陆和台湾地区、韩国及泰国等38家大型医学中心，开展了"FOLFOX 4与单药多柔比星用于不适于手术或局部治疗的晚期肝细胞癌患者姑息性化疗的前瞻性、随机、对照的Ⅲ期国际临床研究（EACH研究）"。这是我国学者首次担任主要研究者（PI）的一项大型肿瘤学国际多中心临床研究。整个EACH研究历时5年，耗资数千万，是全球迄今规模最大的肝细胞癌系统化疗临床研究。该研究共入组371例局部晚期或转移性肝细胞癌患者，随机接受FOLFOX 4联合方案或多柔比星治疗；结果：FOLFOX 4组的中位总生存时间（mOS）为6.47个月，中位无进展生存时间（mPFS）为2.93个月，客观有效率（RR）为8.15%；明显优于多柔比星组的mOS 4.90个月，mPFS 1.80个月和RR 2.76%。该研究首次证明了系统化疗，即含奥沙利铂为主的方案治疗肝癌安全有效，可以为晚期肝癌患者带来病情的局部控制和生存获益，且患者耐受性良好，不良反应易于控制。

EACH 研究首次证明系统化疗用于晚期肝癌患者，在获得客观疗效的同时具有生存获益，提供了高级别的循证医学证据，并且为今后进一步的临床研究提供了重要的经验、依据和希望。EACH 研究结果表明，肝细胞癌是对新一代的化疗药物具有一定敏感性的肿瘤；成功地颠覆了传统观念，改变了晚期肝癌进行系统化疗缺乏标准方案的现状，是索拉非尼之后晚期肝细胞癌治疗领域新的重大突破，具有里程碑意义。因此，FOLFOX 4 方案业已成为第一种被证实可以延长晚期 HCC 患者总生存时间的系统化疗方案。

EACH 研究的结果和亚组分析已经多次在美国临床肿瘤学大会、欧洲肿瘤学大会、国际肝癌大会和中国临床肿瘤学大会上报告，获得了高度评价。根据 EACH 研究的结果，FOLFOX 4 方案已被由中华医学会、中国抗癌协会肝癌专业委员会和中国临床肿瘤学会（CSCO）三家学会共同制定的《中国原发性肝癌规范化诊疗专家共识》和国家卫计委颁发的《原发性肝癌诊疗规范》认可和收录，推荐用于治疗国人晚期肝细胞癌。新近，又获得国家食品药品监督管理总局（CFDA）批准，用于“不适合手术切除或局部治疗的局部晚期和转移的肝细胞癌的治疗”，成为全球首个获批的适用于肝细胞癌系统化疗的药物。

JCO 作为国际肿瘤学领域的顶尖杂志，全文刊发了 EACH 研究的结果，是对该研究水平的充分肯定，这也是第一次刊登我国专家作为首席科学家（Leading PI）牵头组织的国际多中心Ⅲ期临床研究文章，标志着我国的临床专家已经获得国际肿瘤界的高度关注和认可，活跃于全球最高级别的学术舞台上。

目前，秦叔逵教授带领八一医院全军肿瘤中心，正在积极牵头和参与，开展了一系列新的大型国际国内、多中心的肝癌临床研究，包括全新的分子靶向药物、化疗药物、海洋生物和现代中药制剂等，期待为晚期肝癌的治疗带来新的突破与希望，大幅度提高其疗效和彻底改善预后。

（CSCO 办公室 2013-08-28）

ASCO2013 美国临床肿瘤学会第 49 届年会之中国亮点篇

［导读］ 2013 年 5 月 31 日~6 月 4 日间，美国临床肿瘤学会年会将在芝加哥召开。全球肿瘤医师齐聚一堂，讨论交流一年来肿瘤科的热点、难点和最新进展。据悉，我国肿瘤领域诸多知名专家均向年会投递了稿件，中山大学的林桐榆教授与黄河教授还获邀进行大会发言。在会议召开之前，丁香园肿瘤频道先行奉上由中国医生主持进行或参与的后期临床研究结果。更多本届 ASCO 年会的信息敬请关注丁香园肿瘤频道及 ASCO2013 栏目。

一、消化道肿瘤

（一）ASCO2013 前瞻：消化道肿瘤临床研究荟萃

在英国进行的 COUGAR-02 随机、非盲、对照临床Ⅲ期试验对多西他赛序贯最佳支持治疗的方案给予了明确证实。MPACT 研究证实蛋白结合型紫杉醇联合吉西他滨在用于转移性胰腺癌患者治疗时，与单纯的吉西他滨方案相比，可取得统计学意义上的改善，并且所有亚组在所有终点上均取得临床意义上改善。TyTAN 临床Ⅲ期研究证明，在针对 HER-2 呈阳性的晚期胃癌患者进行二线治疗时，HER-2 靶向疗法可潜在延长患者生存时间，但该结论仅限于通过免疫组化法检测呈 HER-2 阳性的患者个体。

（二）台湾大学 Ann-Lii Cheng 将开展 Regorafenib 治疗进展期肝细胞癌Ⅲ期试验

索拉非尼用于 HCC 一线全身性治疗已被广为接受，但对于接受索拉非尼治疗后进展期患者目前尚无标准的治疗选择。一项开放标签Ⅱ期研究提示多激酶抑制剂 REG 具有可接受的安全性能，且显示出对于进展期 HCC 患者的抗癌活性的证据：病例对照设置为 26/36 例患者（72%），中位肿瘤进展时间（TTP）为 4.3 个月，中位总体生存时间为 13.8 个月。基于这一颇有前景的数据，研究者将开展Ⅲ期试验。

（三）尼罗替尼一线靶向治疗晚期胃肠道间质瘤不优于伊马替尼

尼罗替尼（N）是一种 Bcr-Abl，KIT 和 PDGFR 酪氨酸激酶抑制剂。该项Ⅲ期试验比较了尼罗替尼与伊马替尼（I）一线治疗晚期 GIST。当中期分析（IA）发现无益边界交叉时获益终止。中期分析显示尼罗替尼在一线靶向治疗晚期 GIST 患者总体人群时，与伊马替尼相比 PFS 无优势。尼罗替尼和伊马替尼治疗组的 PFS 因患者分子分型的不同而出现差异，在 KIT 外显子 9 突变的人群中伊马替尼有优势，但在 KIT 外显子 11 突变的人群两组 PFS 大致相似。

（四）安徽医科大学附属第一医院孙国平证实拉帕替尼联合紫杉醇对中国大陆 HER-2 扩增晚期胃癌患者有效

TyTAN 研究是一项Ⅲ期临床随机对照研究，该研究旨在评估在没有接受过治疗的 HER-2 扩增的晚期胃癌患者中，应用拉帕替尼联合紫杉醇治疗的效果。本分析提示中国和日本患者存在较明显的地域差异。拉帕替尼联合紫杉醇方案对中国大陆受试者具有显著临床意义。但是我们还需要对这些数据进行进一步的前瞻性临床评估来确定在东亚 HER+的胃癌患者群中，地域差异对疾病所造成的影响。

（五）帕妥珠单抗、曲妥珠单抗加化疗治疗 HER-2 阳性转移性胃癌或胃食管连接部癌症的研究

大约 20%的胃癌中存在人表皮生长因子受体-2（HER-2）过表达。与单纯化疗（CTX）相比，曲妥珠单抗（T）联合化疗特异性靶向 HER-2 治疗已经证实可显著改善晚期胃癌或胃食管连接部（GEJ）癌的总生存期。对于 HER-2 阳性 1L 转移性乳腺癌，已证实与安慰剂+曲妥珠单抗+多西他奇相比，曲妥珠单抗加多西他奇联合第二种 HER-2 靶向抗体曲妥珠单抗可显著改善无进展生存（PFS）和总生存状况。研究人员设计了一项双盲、安慰剂对照随机Ⅲ期研究 JACOB，旨在评估帕妥珠单抗（P）+T+CTX 治疗 HER-2 阳性 1L 转移性胃癌或 GEJ 癌症的有效性和安全性。

二、肺癌

（一）香港中文大学莫树锦等证实 Dacomitinib 对 EGFR 突变的晚期非小细胞肺癌患者有效

Dacomitinib 是一种口服、强效和具有选择性的不可逆小分子抑制剂，既往针对 EGFR 突变细胞株的基础研究提示，它可以抑制人类表皮生长因子受体（HER）家族酪氨酸激酶所有催化酶的活性，包括那些对吉非替尼耐药的细胞。在一个针对接受 Dacomitinib 治疗的非小细胞肺癌患者的Ⅱ期研究中，研究者证实，在 45 名存在 EGFR 外显子 19 或 21 敏感性突变的患者中，有 75.6%的患者对治疗出现了部分反应。他们的平均无进展生存期为 18.2 个月，并且在 1 年时的无进展生存率为 76.5%。

（二）上海肺科医院周彩存等证实阿法替尼对 EGFR 突变阳性的亚裔非小细胞肺癌患者疗效更佳

阿法替尼是一种口服、不可逆转的 ErbB 家族阻滞剂，能阻滞 EGFR（ErbB1）、HER-2（ErbB2）和 ErbB4 的信号传导。针对 EGFR 突变阳性的非小细胞肺癌患者，在全球范围内已经进行了阿法替尼的Ⅲ期临床研究（LUX-Lung 3），该研究结果证实阿法替尼的疗效优于一线治疗方案——吉西他滨/顺铂。在本研究中，研究者主要比较了在 EGFR 突变阳性的亚裔非小细胞肺癌患者中，阿法替尼和吉西他滨/顺铂治疗的疗效和安全性。

（三）中山大学肿瘤中心的研究者推荐在亚裔晚期非小细胞肺癌患者中应用 60mg/m^2 多西他赛治疗

对于西方国家晚期非小细胞肺癌患者而言，75mg/m^2 剂量的多西他赛治疗是一线治疗和维持治疗方案。但是在亚洲的非小细胞肺癌患者人群中，目前多西他赛的剂量与西方国家并不相同——为 60mg/m^2。由于在不同的种族人群中紫杉烷类的分布不同，从而造成药物基因组学的不同，这或能解释在不同人群中药物剂量不同。TFINE 研究旨在评价多西他赛作为维持治疗对亚裔非小细胞肺癌患者的有效性和安全性，以及患者对治疗的耐受情况，同时确定在亚裔人群中多西他赛治疗的适宜剂量。本研究结果指出，晚期非小细胞肺癌患者能够很好的耐受多西他赛进行维持治疗，并且该治疗也能改善他们的无进展生存期。

（四）上海胸科医院顾爱琴等证实埃克替尼对晚期非小细胞肺癌患者治疗安全有效

在中国国家食品药品监督管理局批准了埃克替尼在临床的应用之后，研究者进行了 ICOGEN 的Ⅲ期临床研究，该研究证实在对患者的无进展生存期改善方面，埃克替尼的疗效不劣于吉非替尼。在本研究中，研究者所进行的是安全监督研究以评价在中国晚期非小细胞肺癌患者中，应用埃克替尼的有效性和安全性情况。本研究中，来自 6000 名受试者的研究结果与 ICOGEN 研究的结果相一致。证实了埃克替尼治疗对晚期非小细胞肺癌患者的治疗是安全且有效的。

（五）山东省肿瘤医院刘静发现厄洛替尼可用于预防Ⅲ/Ⅳ期 NSCLC 患者脑转移

非小细胞肺癌（NSCLC）脑转移（BM）导致的死亡风险高于因颅外病情进展而造成的死亡率。业已证实，厄洛替尼可有效用于 NSCLC 患者。本研究对厄洛替尼在预防Ⅲ/Ⅳ期 NSCLC 患者脑转移方面的价值进行了评价。本研究共纳入 140 例患者（厄洛替尼组 68 例，对照组 72 例），并对两组间的所有临床特征参数进行了平衡。研究发现厄洛替尼可改善Ⅲ/Ⅳ期 NSCLC 患者出现 BM 的时间间隔，以及 2 年 BM 发生率。对于整个患者群体而言，厄洛替尼给药及Ⅲ期病情均为较低 BM 发生率的预测因素。

三、其他肿瘤

（一）ASCO2013 前瞻：生殖泌尿肿瘤临床研究荟萃

美国学者的一项研究表明，对于前列腺癌预防试验（PCPT）中的前列腺癌（PCa）患者，诊断 PCa 后的生存率无差异，非那雄胺组的 10 年生存率略高于安慰剂组，其中低分级（LG）肿瘤患者有显著生存优势。随访 18 年中，非那雄胺用药 7 年不影响死亡率，但显著降低了受试者被诊断为 PCa 的风险。为期 10 年的德国 ARO 96-02 试验的结果显示，与选择临床观察的患者相比，R0 或 R1 切除后辅助放疗的 pT3 前列腺癌患者发生生化进展的风险减少约 50%。

（二）利用循环肿瘤细胞可检测 Etirinotecan pegol 治疗转移性乳腺癌的相关药效

Dacomitinib 是一种口服、强效和具有选择性的不可逆小分子抑制剂，既往针对 EGFR 突变细胞株的基础研究提示它可以抑制人类表皮生长因子受体（HER）家族酪氨酸激酶所有催化酶的活性，包括那些对吉非替尼耐药的细胞。在一个针对接受 Dacomitinib 治疗的非小细胞肺癌患者的Ⅱ期研究中，研究者证实在 45 名存在 EGFR 外显子 19 或 21 敏感性突变的患者中，有 75.6%的患者对治疗出现了部分反应。他们的平均无进展生存期为 18.2 月，并且在 1 年时的无进展生存率为 76.5%。

（三）第三军医大学杨茂林等证实 rAd-p53 在口腔颌面部肿瘤中的应用价值

Gendicine 已在超过 40 种肿瘤类型的治疗中得到成功应用。随着多年来在优化联合治疗手段方面取得的进展，有必要进行一项中期疗效研究。本报告对临床Ⅳ期研究进行了归纳。本研究证明了 rAd-p53 用于辅助治疗时的安全性及有效性。副作用类型主要为自限性低度至轻度发热。GT-CT 联合治疗方案的完全缓解率（CR）提高了 21.38%，减轻率（RR）提高了 11.53%，临床获益率提高了 20.82%。本研究将继续进行长期随访。

（四）中山大学徐瑞华等研究发现 S-1 联合顺铂一线治疗晚期胃癌或胃食管连接部腺癌安全有效

一线治疗晚期胃癌中 S-1 联合顺铂（DDP）方案已被日本研究者证明是有效和安全的。这是亚洲第一项比较 S-1 联合顺铂与 5-氟尿嘧啶（5-FU）联合顺铂的随机的Ⅲ期临床试验。共有 225 例患者被纳入了该研究，研究者对其中的 236 例进行了分析。研究结果表明对胃或胃食管交界处腺癌晚期患者而言，S-1 联合顺铂是一种有效且耐受性较好的选择。

（五）中山大学林桐榆教授发现 CHOP-B/IMVD/DHAP-三联循环方案治疗鼻型结外 NK/T 细胞淋巴瘤效果积极

与 B-NHL 相比，鼻型结外 NK/T 细胞淋巴瘤（ENKL）在亚洲更为普遍。目前尚未发现针对 ENKL 的治疗策略。本临床Ⅱ/Ⅲ期研究目的为，对 CHOP-B/IMVD/DHAP-三联循环治疗方案（CID-ATT）与常规 CHOP 一线治疗方案进行前瞻性对比。研究表明，CID-ATT 方案为一种理想的一线治疗方案，该方案具有较佳的临床活性，并具有（在密切监视前提下）良好的安全性和可耐受的毒性，对于初治的早期 ENKL 患者，还可作为一种较好的支持性治疗方法。在放疗后进行的诱导化疗 CR 对于 ENKL 患者的生存至为重要。

（稿源：丁香园肿瘤频道）

2013 年 ASCO：中国专家较以往更多地站上了国际学术舞台

2013 年 6 月，第 49 届 ASCO 在美国风城如期召开，近三万名世界各地的肿瘤专家聚会在这座老牌工业城市。5306 份与肿瘤相关的学术摘要在此次大会上发表，149 场学术报告在大会上展开。在这场肿瘤领域最具影响力的年会上，最新研究进展将分享给全球顶尖的肿瘤专家。

第 49 届 ASCO 年会的主题为“共筑攻克癌症之桥”，全球医学科学家的共识需要尽快分享和应用于临床。此次大会上中国专家较以往更多站上了国际学术舞台，此次搜狐健康将特别关注这些专家参与的研究与观点分享。

一、石远凯：GA101 治疗淋巴瘤值得期待

受访专家：中国医学科学院肿瘤医院副院长　石远凯

简单阐述一下今年 ASCO 年会在淋巴瘤方面的亮点

石远凯：首先，是新一代的 CD20 单克隆抗体 GA101，治疗慢性淋巴细胞白血病的一个德国的白血病研究组组织的一个全球研究，这个研究是在罗氏公司支持下做的；还有中国国内的一家公司研制的治疗外周 T 细胞淋巴瘤以及在中国注册临床的结果；另外，还有一个治疗 B 细胞淋巴瘤的药物的最新研究结果。

在淋巴瘤治疗方面，除了手术、放疗、化疗，还有靶向药物，还有没有新的研究方向？

石远凯：所有的抗肿瘤药物研究现在都是基于靶点的治疗，除了苯达莫司汀是一个传统的化疗药物，细胞毒类药物以外，其他几个药物主要还是根据患者肿瘤的生物标志物，像 GA101 主要是对 CD20 这样一个特殊的靶点来做的。

关于 GA101，GA 的意思是糖蛋白，它就做了一些糖基化，这个糖基化了以后，使治疗又进了一大步，这个一大步的原理是什么？这次提高了多少？它的原理是什么？

石远凯：淋巴瘤的治疗实际是肿瘤内科治疗当中最有标志性的一个疾病，肿瘤内科开始就是 1946 年发表在《Science》上的，用氮芥来治疗淋巴瘤的研究报告。这个报告出来之后被认为是近代或现代肿瘤内科治疗的开始。但 20 世纪 50 年代之前治疗淋巴瘤主要是靠化疗、放疗，到了 70 年代之后药物治疗的选择就多了；到了 80 年代之后到 90 年代，细胞毒类药物的治疗进入一个平台期，疗效仍然没有提高；到了 90 年代中期以后，由于人类对肿瘤认识不断深入，在淋巴瘤的治疗上取得了突破性的进展，有了一个 CD20 的单克隆抗体，上市之后改变了我们原先治疗的概念。原先就是传统的化学药物治疗加上放疗，后来就对 CD20 有表达的淋巴瘤患者，不管是弥漫大 B 细胞淋巴瘤、T 细胞淋巴瘤，还是滤泡淋巴瘤等，只要是表达 CD20 的，用化学药物联合上利妥昔单抗（美罗华），就比传统的

化学药物治疗的疗效有了明显提高，不论是患者的客观缓解率，还是疾病控制率、无进展生存率，都有一定程度的提高。

关于第二代GA101，它是在第一代利妥昔单抗的基础上，把利妥昔单抗的一些对肿瘤细胞的杀伤功能，对客观的缓解，还有患者疾病的控制，有了一个更好的结果。关于慢性淋巴细胞白血病（CLL）我们还有两个重要的研究在做，一个是对于滤泡淋巴瘤一线治疗用CHOP方案，一组加上了利妥昔单抗，另一组加上GA101，比较它们之间的效果，包括它的安全性和疗效。另外一组研究是对于弥漫大B细胞淋巴瘤，一组是比R-CHOP即利妥昔单抗加上CHOP方案，一组是GA101再加上CHOP方案的治疗。这两个研究现在在中国已经开始启动了，所以关于中国的患者能不能接受GA101的治疗这个问题，如果有合适的患者可以加入到我们这两个研究当中来。

在这个研究之前，罗氏公司在中国做了另外一个研究，为Ⅰ期临床研究，用现在的剂量研究它的安全性和疗效，同时也做了药物动力学研究，这个研究现在入组基本结束了。在中国当时计划入组24名患者，按照国家药监局的规定，我们医院做得最多，做了19例患者，超过了所有其他单位的患者数。目前来看，安全性应该和利妥昔单抗差不多，至于疗效，因为患者类型比较多，且都是经过一线治疗以后复发的患者，所以评价疗效我觉得时间尚早。

您能不能再谈一下这次GA101的研究结果数据？

石远凯：这是一个Ⅲ期的临床实验，是全球第一个关于GA101研究数据的大量的报告，这个研究是由罗氏公司和德国淋巴瘤研究组合作开展的，它比较GA101或利妥昔单抗与苯丁酸氮芥（苯丁酸氮芥是原先治疗慢性淋巴细胞白血病的一个传统的经典药物）。研究分了三组，一组是单独使用苯丁酸氮芥，另一组是苯丁酸氮芥联合利妥昔单抗，第三组就是我们的实验组，就是苯丁酸氮芥联合GA101，比较它们的疗效和安全性。

这项研究把患者疾病的进展、复发或死亡的风险做三组比较，GA101这一组比单独苯丁酸氮芥化疗降低了86%，而且无进展生存时间延长了两倍多；所以从这两个最主要的结果和数据来看，GA101是非常不错的。

GA101与利妥昔单抗组的比较目前还没有结果吗？

石远凯：因为利妥昔单抗本来就是一个经典药物，而这个实验刚刚开始，所以利妥昔单抗联合苯丁酸氮芥这一组患者的数据头对头的比较和GA101联合苯丁酸氮芥的用药，还要再等一段时间才能看出来两者相差多少，但是目前已经发现它们的无进展生存实际上是有区别的，GA101的效果会更好一些。而疾病无进展生存期、肿瘤客观缓解率、整体的生存率、无病生存率、强烈病灶消除的情况以及安全性等。可能还要等一段时间。

所以一个全球的大样本的临床研究，一般都要多次地发布数据，第一次先把能够得到的数据发一部分，之后看看这个情况怎么样，再等一段时间，再有结果了再往外发。

从安全性来看GA101跟利妥昔单抗之间有什么差别？

石远凯：到目前为止，安全性的数据跟利妥昔单抗应该是相似的，没有本质的差别，有一些安全性的问题，比如说像骨髓移植、中性粒细胞减少等，基本上都是化疗药物引起的。

关于它的注册上市过程是怎么样的？

石远凯：罗氏公司已经向欧洲的药物审核部门和美国 FDA 提交了申请，其中美国 FDA 已授予 GA101 突破性疗法认定，可以加快审批进程。一般对这种认为临床实践效果非常不错或者临床有急切治疗需求的药物才给这样特殊的政策，可以进入快速的审批通道。

另外苯丁酸氮芥联合 GA101，可以让患者的疾病进展、复发或死亡的风险降低 86%，而苯丁酸氮芥联合利妥昔单抗，已经让患者复发的风险降低了 68%。所以为什么罗氏公司要开发新一代的产品，89%和 68%中间还是有区别的，前一代已经很不错了，但是技术在进步，他们有不断创新的责任感。

为什么糖基化能够使人体的免疫细胞跟肿瘤细胞提高了？

石远凯：首先剂量不同，GA101 使用的剂量用到了 1000mg，利妥昔单抗是 375mg；另外药物作用机制不同，美罗华在 B 细胞淋巴瘤的治疗上有两个作用，一个是 ADCC（抗体依赖的细胞介导的细胞毒作用），还有一个 CDC（补体依赖的细胞毒作用）。而 GA101 抗体依赖的作用要比利妥昔单抗要更强一些。

GA101 在中国的进度如何？

石远凯：除了刚才提到的，现在我们的Ⅰ期临床入组已经结束了。此外，还有我们现在开始的两个临床实验，一个是对于滤泡淋巴瘤的，一个是对于弥漫大 B 细胞淋巴瘤的，滤泡淋巴瘤要在中国入组 40 例患者，因为该病发病的概率相对比较少，而弥漫大 B 细胞淋巴瘤要入组到 240 例患者以上，这是全球多中心的临床实验，中国参加到里面来了，当然 240 例中有一半患者是要用利妥昔单抗，一半的病人是用 GA101 联合化疗。现在这个实验刚刚开始，预计可能年底之前患者就可以入满了，入满了之后还要看一段时间。我们的患者还是值得期待的。

（来源：搜狐健康 2013 年 6 月 12 日 作者：健康报、医师报、搜狐健康等）

二、徐瑞华：晚期肠癌患者有办法改善预后

受访专家：中山大学附属肿瘤医院副院长　徐瑞华

请您简单阐述一下今年 ASCO 年会的亮点

徐瑞华：我认为今年 ASCO 的一些研究还是很有帮助的，特别像昨天提的 CAIRO3 是用于一线治疗，治疗之后把那些毒性比较大的药物停下来了，就用毒性很小的药物，如卡培他滨（希罗达）然后再加上贝伐单抗（安维汀）做维持，发现患者的生存期，特别是 PFS（无进展生存期）是有统计学意义的明显延长。所以大家认为，现在卡培他滨加上贝伐单抗做维持治疗，可以成为一个标准的治疗方法，这也是非常重要的。

这个研究就相当于我们做肠癌的医生，对于晚期肠癌的患者，你就可以先用联合化疗，进行到一定的时候，可以告诉患者不再继续，你这个肿瘤控制住了，我们用一个反应相对比较轻的药物，把这个疗效维持下去，这样患者容易接受，与以往的治疗方式，有了很大的提高。之前，我们在临床看患者的时候，患者问得最多的是，徐教授呀，我这个化疗还要持续多久？按照传统的方法，我会说需要一直打到肿瘤进展，肿瘤进展了又换一个方案，患者很容易就会有消极情绪。在进行新的维持治疗的方法，总体上，可以给患者一些信心，当然这种治疗方法也不是说改善很多，但是在一定程度上，即统计学意义上是阳性的，说明这一方法可以改善预后情况。

在肠癌领域，我觉得这个研究是值得我们去论证、去关注的，又可以在临床实践当中去改变我们临床治疗的手段。

（来源：搜狐健康 2013 年 6 月 12 日 作者：健康报、医师报、搜狐健康等）

三、沈琳：ASCO GI 2014 胃癌研究进展

作者：北京大学肿瘤医院　沈琳

在胃癌治疗中，抗 EGFR 单抗如果还像现在一些研究中那样不对患者群体进行个体化选择的话，发展前景令人堪忧。现有临床研究基本都没能得到特别理想的结果。那么，是否这类药物对于所有胃癌患者都是无效的呢？也不尽然，如 EGFR 高表达并基因拷贝数明显增高者，或是那些经过特定标志物筛选出来的群体，抗 EGFR 单抗或许有可能发挥作用。只是尚需临床验证，而这个人群比例很低，临床研究会比较困难。

与我国食管癌发病特点（食管中上段、鳞癌为主）不同，欧美国家食管癌多是指发生于食管下段的腺癌多发。XXX 研究证明，对于食管腺癌抗 EGFR 单抗+放化疗同样是无效的。

从现在的靶向治疗研究进展来看，胃癌治疗的发展趋势必将是“个体化”。近年来，越来越多胃癌的靶向治疗研究提示，只有通过个体化选择患者进行针对性治疗，才有可能“扭转”现在的局势。

与 AVAGAST 研究（贝伐单抗+卡培他滨+顺铂一线治疗无法手术切除或转移性胃癌）不同的是，RAINBOW 研究探讨的是采用 ramucirumab（一种抗 VEGFR2 单抗）进行胃癌的二线以上治疗的疗效。该药显示出了对患者生存的改善。该研究没有对患者群体进行选择，不过其亚组分析与 AVAGAST 有许多相似之处。欧美国家胃癌患者获益显著，但亚洲国家患者的疗效与 AVAGAST 研究结果类似，并无显著改善。但 RAINBOW 研究中亚洲例数较少（约占 1/3），所以没有影响总人群的结果，得到了阳性结果。

不过，从这些亚组分析也可以看出，ramucirumab 并非对所有人群都适合，我们还缺乏这类药物的生物标志物。虽然已有回顾性研究结果提示 VEGFA 和 neuropilin-1 与抗血管生成靶向药物疗效可能相关，但由于缺乏前瞻性研究数据的支持，现有证据仍不足以支持 VEGFA 和 Neuropilin-1 能够作为这类药物的选择性标志物。

鉴于肠癌领域 RAS、BRAF 等标志物在指导靶向药物选择和疾病转归的重要作用，以及抗 EGFR 单抗和抗血管生成药物在胃癌治疗中不经选择的有限疗效，未来胃肠肿瘤治疗发展中最重要的就是要解决生物标志物的问题。个体化治疗路线的探索是大势所趋。

其实，在很多其他肿瘤治疗中，单纯根据患者临床分类进行治疗的时代已经过去，很多疾病虽然没有特定的临床研究，但依据分子标志物选择临床已经在其他瘤种中证实的对应靶点药物，将成为重要研究方向之一，今年 GI 会议上许多报道二代测序技术在胃肠肿瘤中的应用，根据其分子图谱选择对应的靶向药物将可能是未来的治疗模式。

（来源：《中国医学论坛报》2014-02-04）

四、中国研究者主导型研究大放异彩

自 2010 年美国临床肿瘤学会（ASCO）年会以来，秦叔逵教授、张力教授、叶胜龙教

授和郭军教授四位中国学者均登上了 ASCO 年会的口头报告专场，在国际舞台上展示了中国优秀的临床研究。今年也不例外，中山大学附属肿瘤医院林桐榆教授团队的两项研究同时被选为今年 ASCO 年会的口头报告。本报记者就此采访了林桐榆教授。（更多精彩内容，见《中国医学论坛·肿瘤周刊》6 月 6 日出版的 ASCO 2013 现场报道）

《论坛报》：两项研究同时入选 ASCO 口头报告的成功“秘诀”是什么？

林桐榆教授：这两项研究均是中国西南临床肿瘤协作组（CSWOG）开展的多中心协作研究，与以往 ASCO 年会上报告的中国学者研究有一点特殊之处，这两项研究并没有药厂资助，是纯粹的研究者主导型临床研究，即 IIT 研究，研究是依靠《中山大学临床医学研究 5010 计划项目》的资金完成的。

一项成功的临床研究是需要时间的。首先需要一帮志同道合的研究者发起并实施，这两项研究的完成也离不开其他同行的支持，只是我们中心入组的病例数多，荣幸成为第一作者，但成果是大家共享的。

其次是需要一个好的选题（idea），在我们平常的临床实践中会遇到很多问题，临床研究是首先要发现问题，然后想办法切实地解决实际问题。如摘要号 8503 研究，如何对两种已经上市的药物（拉米夫定和恩替卡韦）进行比较，这很需要临床医生有自己独特的见解。

（注：黄河教授的 8503 研究：预防 DLBCL 乙肝再激活 恩替卡韦疗效似更优）

再者，我们需要创新性，临床研究要获得国际公认，就应该是首创的。其实，今年我们团队呈递了 3 篇摘要给 ASCO，还有一篇关于正电子发射计算机体层摄影（PET-CT）早期评估 DLBCL 疗效的前瞻性研究，在壁报专场呈现，应该说这篇研究也是有亮点的，但亮点不够，因为其他研究者已在回顾性研究中分析了该问题，虽然我们并没有复制人家的研究，前瞻性研究的周期就长于回顾性研究，但这不属于首创，尽管前瞻性研究的循证医学级别更高。

《论坛报》：您提到成功的研究需要创新，这两项研究的创新点是什么？

林桐榆教授：中国是 HBV 感染高发国家，一直以来，合并 HBV 感染的非霍奇金淋巴瘤（NHL）患者的治疗都是困扰临床医生的问题，患者接受常规化疗后 HBV 再激活的发生率为 24%～88%，而 CD20 单克隆抗体利妥昔单抗可消耗 B 细胞，抑制 B 细胞功能，联合利妥昔单抗治疗后患者 HBV 再激活发生率明显增加。在淋巴瘤治疗过程中，患者 HBV 暴发而不得不停止肿瘤治疗后进行抗乙肝治疗，从而导致肿瘤复发死亡的现象并不少见。

摘要号 8503 研究探索了初诊 DLBCL 患者在 R-CHOP 治疗前 1 周开始至完成治疗后 6 个月预防性使用两种抗乙肝药物后肝炎复发情况的比较。但研究中我们发现，考虑到利妥昔单抗会引起患者严重的免疫功能延迟性抑制，有患者停止药物后仍有延迟性的肝炎复发，有部分患者（8 例）半年内 HBV 再次激活。后续研究我们会考虑完成治疗后进行 1 年的预防性治疗，并进一步分析这其中的个体化差异，很多工作也亟待开展。

摘要号 8508 研究选择了亚洲人群中相对高发的鼻腔 NK-T 细胞淋巴瘤作为研究对象。中国医学科学院肿瘤医院既往回顾性研究提示，对于早期鼻腔 NK-T 细胞淋巴瘤，放疗联合或不联合 CHOP 方案，疗效并无差异。但日本和韩国开展的小样本研究提示，联合化疗疗效会有所改善。联合化疗究竟有无意义？联合何种方案有效？

（注：林桐榆教授的8508研究：CID-ATT联合放疗一线治疗鼻腔NK-T细胞淋巴瘤）

我们从2006年2月开始开展了这项前瞻性随机对照研究，7年前，CHOP方案是标准治疗，尽管其疗效并不尽如人意。考虑到鼻腔NK-T细胞淋巴瘤表达P-糖蛋白，容易多发耐药，在没有确定何种化疗方案最佳前，克服多发耐药的方法就是非交叉耐药的方案，所以我们设计了三种方案交叉的化疗方案。

这是首项探索鼻腔NK-T细胞淋巴瘤中放化疗联合作用的前瞻性随机研究。目前，由全国近35家中心共同参与的有关鼻腔NK-T细胞淋巴瘤的另一项研究已初步看到良好的结果，也将在近两年公布。

（作者：彭群惠 发自美国芝加哥 来源：《中国医学论坛报》2013-06-02）

五、ASCO2013徐兵河教授专访：乳腺癌mTOR抑制剂亮点更新

在2013年美国临床肿瘤学会（ASCO）年会上，中国医学科学院中国协和医科大学肿瘤医院徐兵河教授接受了医脉通专访，采访中徐教授讲述了参加ASCO的感受，并为大家介绍了2013ASCO年会中乳腺癌的研究进展，采访内容详情如下：

医脉通：徐教授，感谢您接受医脉通的专访，请问您是第几次参加ASCO大会？对比之前的ASCO会议以及国内CSCO会议，您有什么样的感触？

徐兵河教授：记不清具体是第几次参加ASCO大会，但近十年来，基本每年我都参加。首先，ASCO会议举办规模越来越大，它从最初的美国本土会议发展到现今大规模的国际会议，参会人数逐年增加，据悉今年已达6万~7万人了，这是ASCO一个显著特点。其次，会议上的研究内容很多，特别是大规模的随机分组Ⅲ期临床试验研究结果越来越多，这些临床试验结果改变了各种肿瘤的临床实践。另外，新药结果越来越多。过去在ASCO年会上很少看到Ⅰ期临床试验等早期开发的临床试验，特别是first-in-human的Ⅰ期临床试验。而近两年可以看到大量post展板都是关于新药开发的临床试验结果，这提示各种癌症的药物研究是今后研究的重要内容之一。

就我国CSCO而言，参会人数也越来越多，但主要仍是中国的临床肿瘤医生，并非全球性会议。另外，CSCO的综述、特邀报告较多，原创性研究相对不多。尽管近些年CSCO原创性研究也逐渐增多，但相对ASCO仍有一定差距。因此，期待CSCO上能公布更多中国原创新性药物研究，特别是Ⅲ期临床研究。一些早期的Ⅰ期研究结果也可在CSCO上展出，而不仅仅在ASCO公布。

医脉通：本次ASCO大会公布的关于乳腺癌的LBA摘要中，有一项是关于依维莫司治

疗 HR（+）乳腺癌的，之前您在一篇文章中提到依维莫司开启了 HR（+）乳腺癌新时代，请问近期依维莫司有何新进展?

徐兵河教授：关于依维莫司治疗乳腺癌的研究很多，比如 BOLERO-1，2，3。今年 ASCO 公布的是 BOLERO-3 研究，这是一项二线临床研究结果。这个研究将曲妥珠单抗（赫赛汀）治疗失败的晚期转移性乳腺癌患者分成两组，一组给予曲妥珠单抗联合长春瑞滨治疗，另一组在曲妥珠单抗联合长春瑞滨的基础上再加用依维莫司，研究结果显示，加依维莫司组能够延长 PFS 约 1 个半月，两组差异有统计学意义。虽然还没有 OS 结果，但研究结果显示，依维莫司能够克服 HER-2 通路中的耐药，如对曲妥珠单抗的耐药，从而增加药物的疗效。

医脉通：除上述两项研究外，本次 ASCO 大会中，在乳腺癌领域，您还有其他关注的研究吗?

徐兵河教授：第一，有关乳腺癌的研究中，新药的开发研究是越来越多了，这和其他的肿瘤研究是一样的。展板上有很多Ⅰ期临床研究的结果，这些新药的研究多数为靶向治疗药物，小部分是化疗药和内分泌药。

第二，这两天大会报告和展板多数集中在 HER-2、ER 通路，可以说 HER-2 通路的新药研究是乳腺癌最大的研究热点，比如说针对 HER-2 蛋白细胞外区的单克隆抗体的研究、曲妥珠单抗的一些研究以及包括辅助治疗与晚期乳腺癌治疗更新的一些研究结果。

第三，是一些新的药物的研究，如帕妥珠单抗联合曲妥珠单抗与化疗比曲妥珠单抗单纯联合化疗效果要更好。还有新型抗体药物——T-DM1，它是化疗药物与曲妥珠单抗偶联的产物，该药今年的报告也显示了非常好的结果。还有针对细胞外区、内区的一些酪氨酸激酶抑制剂，如拉帕替尼与 Neratinib，研究人员通过不断的新实验设计来观察这类药物的效果。

此外，还有一些针对克服通路耐药的研究，如 PI3K 抑制剂、m-TOR 抑制剂，它们都是针对 HER-2 通路下游的药物，这类药物试图克服通路耐药，增强靶向药、化疗药和内分泌治疗的疗效。

医脉通：感谢您为大家介绍 ASCO 年会中乳腺癌领研究进展，也再次感谢徐教授接受医脉通采访!

我国抗肿瘤新药获批进入临床试验

本报讯（通讯员吴进 曹昕平 记者程守勤）从中国药科大学获悉，由该校生命科学与技术学院徐寒梅教授及其团队与内蒙古奇特生物高科技术（集团）有限公司合作开发的 1.1 类化学新药安替安吉肽，经过近 8 年研究，于近日通过国家食品药品监督管理总局审批，获得进行临床试验资格。

据介绍，1.1 类创新药物指的是未在国内外上市销售、通过合成或半合成方法制得的原料药或制剂。安替安吉肽作为我国自主创新药物，拥有国际及国内专利，先后得到国家

"重大新药创制"科技重大专项"十一五"计划以及"十二五""863"国家高技术研究发展计划的资助。

科研人员介绍，安替安吉肽属于靶向抗肿瘤多肽药物，动物实验表明，该药能够有效结合肿瘤高表达受体 αvβ3；生物活性显著，能有效抑制人非小细胞肺癌、肝癌、胃癌增殖，还能够显著抑制黑色素瘤及乳腺癌的转移；安全性好，其最大耐受剂量为有效剂量的 600 倍，不容易产生耐药性。

目前，课题组正在积极推进安替安吉肽Ⅰ期临床及其二代产品长效安替安吉肽临床前研究。

（来源：《健康报》日期：2013-09-03）

浙大抗肿瘤新药研发有望为肿瘤治疗带来光明前景

2013 年 7 月 12 日，国际化学类顶级刊物《先进材料》（Advanced Materials）刊登了浙江大学药学院陈枢青课题组在抗肿瘤新药设计上的重要研究成果，该论文全部研究工作均由浙大师生在国内完成，标志着该课题组的研究水平进入了国际前沿。另一篇抗肿瘤新药设计的论文也于 8 月 1 日在国际重要刊物《新药研究》（Investigational New Drugs）在线发表。

肿瘤难治，原因在于化疗药物在杀死肿瘤细胞的同时，对正常细胞的杀伤作用也很大，正所谓"杀敌一千，自损八百"，病人最后都是无法耐受化疗药物的毒性，而丧失治愈的机会。如果能够将毒性很大的化疗药物靶向送入到肿瘤细胞，在杀死肿瘤细胞的同时不对正常细胞造成损害，那么很多肿瘤患者将得以治愈，从而彻底改变肿瘤的绝症局面。

XDC 概念的提出

抗体偶联药物（Antibody-Drug conjugates，ADC）俗称"生物导弹"，是利用抗体独特的靶向性质和细胞毒极强的药物偶联设计的一种抗肿瘤新药，能够精准地将药物富集在肿瘤组织，从而在杀死肿瘤细胞的同时对正常细胞没有毒性。2013 年 2 月 22 日，美国食品和药品管理局批准了罗氏制药公司的 T-DM1 上市，使 ADC 的研究成为抗肿瘤药物领域的热点。但是，抗体药物分子量很大，很多实体瘤不容易到达，制备困难，成本昂贵。因此，寻找合适的靶向载体仍然是一个亟待研究的关键性问题。

陈枢青教授课题组与浙江海正药业股份有限公司合作，致力于新型 ADC 的设计研究，最先提出"X"DC 的概念，其中"X"代表所有可以靶向肿瘤细胞的分子，包括抗体和其他类型的分子。他们创新性地利用肿瘤坏死因子相关凋亡诱导配体（TNF-related apoptosis-inducing ligand，TRAIL）能够与肿瘤细胞表面受体结合后被肿瘤细胞快速内吞的特性，设计了一种新颖的 TRAIL-MMAE 偶联物，研究显示该偶联物具有很好的特异性杀伤肿瘤细胞的作用，论文近日发表在材料类顶级期刊《Advanced Materials》（IF=14.8）上。该论文从设计、合成、机理、体外活性评价和靶向实验等方面对 TRAIL-MMAE 偶联物进行了全面描述，表明该新型配体-药物偶联物可作为靶向抗肿瘤药物的前景，从而拓宽了 ADC 药物"弹头"的选择范围，诠释了"X"DC 概念的正确性。尤其所选择的 TRAIL 不仅本身具有抗肿瘤作用，还具有分子量小，易于透过血管，内吞性能好，制备简单，成本较低等优点，为其进一步的新药研发奠定了基础，也为 ADC 理论的扩展做出了贡献。

在该研究组的另一项研究中，他们利用抗 CD20 抗体偶联小分子毒素，也取得了惊人的特异性抗肿瘤效果。不仅可以发现毒素分子全部定位在肿瘤组织，还可以检测到植入动物的肿瘤全部消失，这样的抗肿瘤效果在通常药物试验中极为罕见。这种药物一旦批准上市，可以在不损害患者正常细胞的同时，大量杀灭肿瘤细胞，为肿瘤治疗带来光明的前景。

这些研究成果已经申请发明专利 3 项，进一步开发可望进入临床试验。

陈枢青教授介绍生物探索采访

问：X 可看成抗肿瘤药物的弹头，据您所知有多少种其他分子（作为 X）治疗肿瘤？

陈枢青教授：国际上目前正在研究的都是用抗体作为导向分子，因此叫 ADC。我们认为不仅是抗体，其他具有特异定向作用的分子也可以用作小分子毒素的载体，如受体的特异性配体等，只要它们具有定向性和内吞性两个功能。为了验证这个理论，我们选择了 TRAIL，并对其定向性和内吞性进行了研究，确定其具有这些特性之后，才进行了我们发表在《Advanced Materials》的研究工作，目的是扩大小分子毒素载体的可选择范围，以促进这个领域的快速发展，满足临床对高效低毒抗肿瘤新药的需求。由于这类靶向性药物也称之为 ADC，就有些名不副实，因此，我们提出了"X"DC 的概念，翻译成中文最合适是靶向毒素偶联物。

问：靶向毒素偶联物相比于抗体偶联药物具有哪些优势或缺点？

陈枢青教授：优势主要体现在这些靶向毒素偶联物的分子量比抗体偶联药物小，易于到达肿瘤部位，易于被内吞进入肿瘤细胞，尤其是针对实体瘤，估计治疗效果会比较好。另一个优势就是比抗体易于生产，可降低成本，让更多患者得到治疗。我估计缺点也是因为其较小的分子量，可导致体内半衰期较短，这个问题需要在临床试验时，根据毒性和疗效的情况选择给药频率。

问：靶向毒素偶联物走向临床需要在哪些方面优化，才能取得像抗体偶联药物一样的研究地位？

陈枢青教授：榜样的作用是无穷的，只要有一个这类药物率先上临床，就会有大量研究者发现其潜力所在，蜂拥而上。

问：根据 Citeline 数据，目前世界范围内的 ADC 药约有 145 种，其中 30 种正处于积极开发状态。从疾病的角度来看，面向乳腺癌的 ADC 药的临床试验数目最多，其次是非霍奇金淋巴瘤及头颈癌，那您这种方法特别适用于哪些癌症？能够杀伤哪种类型的肿瘤细胞？

陈枢青教授：根据肿瘤的生长部位来分类肿瘤，目前来看已经过时了，我觉得根据肿瘤标志物来分类更科学，更适合医生选择药物。靶向毒素偶联物和抗体偶联药物一样，要针对肿瘤的特异性标志物来选择治疗的肿瘤。

问：这项技术为肿瘤治疗带来非常光明的前景，我们非常关切地想知道，这项技术研制的药物何时能应用于临床？患者什么时候能享受到这一好处？

陈枢青教授：为了保证新药的安全性和有效性，需要做大量的规范性试验。常规情况下临床前研究至少需要2~3年，临床研究需要3~5年，遇到特殊情况时间会更长。

（来源：生物探索 日期2013-08-15）

浙大发现干细胞癌变分子机制为癌症治疗提供新思路

【提要】来自浙江大学的科学家发现，人体中的两种蛋白质发生异常碰撞后，能够令一个正常的干细胞变为肿瘤干细胞，肿瘤干细胞能够持续分裂产生多种癌细胞，令癌症难以根治。这一发现为癌症治疗提供了新思路。

干细胞是一类具有自我复制能力的多潜能细胞，在一定条件下可以转化成人体内多种功能细胞，因此被视为人体内的“万用细胞”和“种子细胞”。干细胞可以通过不对称分裂，在形成一个子代分化细胞的同时，克隆出一个和母体干细胞几乎相同的子代干细胞，因此干细胞也被视为一种可以“永生”的细胞。

“这种能够永生的种子细胞一旦癌变，就会成为肿瘤干细胞，不断分裂出癌变细胞。”浙江大学医学院附属医院传染病诊治国家重点实验室王英杰教授表示，癌变的体细胞一般寿命有限，能够通过正常的代谢途径被人体清除，而干细胞一旦癌变就很难被自然清除，且对放疗和化疗等都不敏感，致使癌症异常顽固，难以根治。

由浙江大学医学院王英杰教授和浙江大学生命科学学院沈炳辉教授带领的课题组研究发现，在胚胎癌细胞这种肿瘤干细胞的模型中，一种名为Oct4的蛋白质和一种名为AKT的蛋白质有着异常活跃的相互作用机制。Oct4调控着维持干细胞正常工作的几百个蛋白质的合成，是调控干细胞“永生”特点的关键因子，而AKT是一种蛋白激酶，活跃的AKT能够让肿瘤干细胞不易凋亡。

“一旦Oct4被AKT磷酸化就更易定位在细胞核内，它又可以使更多的AKT转录出来。这样就导致这个细胞更不容易死、更加抗凋亡，肿瘤干细胞就难以被杀灭。”王英杰说。

这是科学家首次在干细胞癌变领域关注到这两个蛋白质的互相作用机制，为癌症治疗提供了新的思路和策略。相关论文刊登在《分子细胞》杂志上。目前，王英杰带领的团队正在肝癌、乳腺癌、神经胶质瘤等实体瘤中进行Oct4和AKT两种蛋白质的作用机制的研究，探索将这两种蛋白质作为肿瘤治疗靶标的可能性。

“我们想同时针对Oct4和AKT来设计新的治疗策略。对这两个蛋白质一起来进行抑制，双管齐下，看看能不能通过这样的途径来根治、彻底抑制肿瘤干细胞的生长，或者能够把它清除掉。”王英杰说。

（来源：新华网 日期：2013-10-11）

北大研究成果为人体器官研发和癌症治疗提供新途径

2013 年 8 月 14 日从北京大学官方网站获悉，北京大学生命科学学院邓宏魁教授研究团队成功使用小分子化合物逆转细胞“发育时钟”，诱导普通体细胞重编程为多潜能干细胞。目前，这项科研成果已被《科学》《细胞》等多家学术权威期刊报道。相关专家表示，该成果开辟了一条全新的实现体细胞“返老还童”的途径，为未来研发人造器官和攻克癌症等重大疾病提供了新途径。

1997 年，克隆羊多莉的诞生，意味着体细胞可以重新回到生命的初始状态。目前，通过借助卵母细胞进行细胞核移植或转基因技术，能够实现哺乳动物体细胞的“返老还童”，重新具有多向分化的潜能。这两项技术共同获得了 2012 年诺贝尔生理学或医学奖。

在该项研究中，邓宏魁团队仅使用 4 个小分子化合物的组合，就将成年鼠身上已经长成的表皮细胞成功诱导成为可以重新分化发育为各种组织器官类型的多潜能性细胞，并将其命名为化学诱导的多潜能干细胞（CiPS 细胞）。

据了解，以多莉羊为代表的第一代克隆技术，需要借助卵母细胞来获得干细胞，这样会带来伦理问题；第二代转基因技术由于对基因进行了操作，存在基因突变等风险。邓宏魁团队采用化合物小分子的新方法，实现体细胞直接变成胚胎干细胞，途径更简洁，也更加安全。

国家干细胞工程技术研究中心主任韩忠朝教授表示，这一研究成果使诱导多能干细胞的相关研究向前迈出重要一步。通过使用小分子化合物诱导普通体细胞“返老还童”，由于避免了对基因的操作，从理论上来看，基因的稳定性更好、突变风险更小，免疫排斥反应更低。这一新方法的问世，为诱导多能干细胞的进一步应用提供了更好、更安全的技术方法，真正应用于临床还有待更深入研究。

（来源：《健康报》作者：谭嘉 2013-08-15）

罗永章团队全球首次证明热休克蛋白 90α 为肿瘤标志物

中国科技网北京 11 月 17 日电（记者　朱　丽）记者今天从清华大学获悉，该校生命科学学院罗永章教授研究组在国际上首次发现热休克蛋白 90α（Hsp90α）为一个全新的肿瘤标志物，自主研发的 Hsp90α 定量检测试剂盒已通过临床试验验证，并获准进入中国和欧盟市场。这是人 Hsp90α 被发现 24 年来，全球首个将其用于临床的产品，对于提高肿瘤患者的病情监测和疗效评价水平、实现肿瘤个体化治疗具有重要推动作用。

项目负责人、清华大学罗永章教授介绍热休克蛋白 90α 肿瘤标志物的发现及定量检测试剂盒研发

中国医学科学院肿瘤医院副院长石远凯教授介绍热休克蛋白 90α 定量检测试剂盒临床研究

全国政协常委、教科文卫体委员会副主任程津培院士致辞

热休克蛋白（Heat shock proteins, HSPs）是细胞在某些环境因素或应激条件刺激下形成的一类具有分子伴侣特性的蛋白质，广泛存在于从细菌到哺乳动物的各类细胞中。1974 年，Tissieres 课题组首先从果蝇中分离得到了 HSPs。按照蛋白质的大小，HSPs 分为 HSP100、HSP90、HSP70、HSP60 和小分子 HSP。人热休克蛋白 90α（Hsp90α）是热休克蛋白家族中的重要成员。1989 年，Weber 课题组首次报道了人 Hsp90α 的全长基因序列，使该蛋白质的身份得到了确认。1992 年，Ferrarini 课题组发现，人 Hsp90α 能被肿瘤细胞分泌到细胞外，但其分泌机制在过去的近 20 年间却并不清楚。

Hsp90α 这一全新肿瘤标志物的确认，源于罗永章课题组首次揭示癌细胞分泌 Hsp90α 调控机制的重大科学发现。2009 年，该课题组在世界上首次报道了肿瘤细胞特异分泌 Hsp90α 的调控机制，同时首次揭示了细胞外 Hsp90α 与细胞内 Hsp90α 的分子差异。该团队进一步证明了分泌型 Hsp90α 能促进肿瘤侵袭及转移，且其在血液中的含量与肿瘤恶性程度正相关。这些发现预示了血液中 Hsp90α 作为肿瘤标志物的良好潜质。

罗永章课题组在上述重大科学发现的基础上，与普罗吉生物科技发展有限公司合作，攻克了一系列技术难题，成功研发出了性能稳定的“Hsp90α 定量检测试剂盒”，已完成 2347 例临床试验，成功证明 Hsp90α 是肺癌相关肿瘤标志物，可用于患者病情监测和疗效评价。同时，Hsp90α 肿瘤标志物具有广谱特性，其用于肝癌、乳腺癌、结直肠癌、前列腺癌、胰腺癌、胃癌等其他多个瘤种的临床试验也将在近期完成。

罗永章教授介绍说，与其他肿瘤检测手段相比，肿瘤标志物更加方便快捷，成本也大大降低。患者只需取一滴血液，通过“Hsp90α 定量检测试剂盒”检测血浆中 Hsp90α 的含量，即可用于病情监测和治疗效果的评价，为指导肿瘤个体化治疗提供辅助依据。

该成果是抗肿瘤蛋白质药物国家工程实验室的一项重要研究成果。该国家工程实验室于 2008 年设立，是国家发改委设在清华大学的第一个国家工程实验室，由清华大学与普罗吉公司共同创建，致力于转化医学研究。该国家工程实验室名誉主任由我国“两弹一星”元勋之一、中国科协名誉主席周光召院士和美国生物学家、DNA 双螺旋结构发现者、1962 年诺贝尔生理学或医学奖获得者詹姆斯·沃森（James D. Watson）博士担任，罗永章教授任该实验室主任。Hsp90α 肿瘤标志物及定量检测产品是产学研紧密结合的科研运行模式下的一个成功典范。

（来源：中国科技网 www.wokeji.com 作者/图片摄影：朱丽 2013 年 11 月 17 日）

相关链接

热休克蛋白

1962 年，Ritossa 在研究果蝇唾液染色体时发现了一种在细胞高温应激时对其有保护作用的蛋白质，命名为热休克蛋白（heat shock protein，HSP）。最初只认为 HSP 在高温下可有效保护蛋白质的折叠结构，后来进一步研究证实其他许多因素，如病毒感染、发热、炎症、组织损伤、代谢性疾病及肿瘤等均可使 HSP 产生异常增多。正常细胞中也存在多种有活性的 HSP，并发挥重要的生理功能。

HSP 是一类在生物进化中高度保守、广泛存在于原核、真核生物中的蛋白质，具有分子伴侣（molecule chaperone）作用，参与多种胞内蛋白的折叠、装配及转运等功能。HSP 是机体内一类重要的应激蛋白，机体或细胞经历一次短暂、轻度的热应激反应后，不仅对其后中度热应激产生耐药性，使细胞存活率增加，而且对重度损伤刺激产生耐药性。HSP 有自身抗原与特异抗体，既能引起抗感染免疫及肿瘤保护，又能诱发多种自身免疫性疾病及感染[1]。

根据同源程度和分子量大小，HSP 分为 HSP110、HSP90、HSP70、HSP60、小分子和泛素等几个家族，每个家族又包括多个成员；其中，HSP90 和 HSP70 在细胞中含量较多，分布广泛。也有另外的分为 4 个家族，即 HSP90 家族（83～90kD）、HSP70 家族（66～78kD）、HSP60 和小分子量 HSP 家族（12～43kD）[2]。HSP60 家族的绝大多数成员存在于非应激状态的细胞中，与某些自身免疫病的发生有关。HSP70 家族存在于应激和非应激细胞中，在肿瘤组织中可诱导其异常表达，在肿瘤免疫中发挥佐剂的功能[3]。HSP90 家族广泛存在于多种细胞中，调节细胞内酶的活性、转录蛋白的水平及细胞生长因子的表达，参与细胞中许多信号蛋白的构象和功能稳定的调控，而这些信号蛋白的过度表达或突变可促进肿瘤细胞增殖和存活[4]。低分子量 HSP 在体内可防止折叠的蛋白质聚集[5]。现已证实，HSP 在机体正常情况下免疫耐受的维持和免疫应激条件下的抗原呈递及免疫应答方面发挥重要的作用，在肿瘤治疗中关系密切，在肿瘤疫苗治疗方面也发挥重要作用[2,6]。

参 考 文 献

[1] 朱静，马云宝. 热休克蛋白的研究与临床应用. 标记免疫分析与临床，2008，15（5）：332-345.
[2] 尚进才，王亚洲，高岩，等. 热休克蛋白的研究进展. 医学理论与实践，2010，23（5）：527-529.

[3] Zheng Z, Yenari MA. The application of HSP70 as a target for gene therapy. Front Biosci, 2006, 11：699-707.
[4] 刘毅，杨平地. 热休克蛋白 90 与肿瘤. 海军总医院学报，2007，20（4）：224-227.
[5] Taylor RP, Benjamin IJ. Small heat shock proteins：a new classification scheme in mammals. J Mol Cell Cardiol, 2005, 38（3）：433-444.
[6] 王景锋，邵军军，常惠云，等. 热休克蛋白免疫学效应与应用研究进展. 中国人畜共患病学报，2010，26（6）：587-591.

（来源：龚守良. 肿瘤基因放射治疗学基础. 北京：人民军医出版社，2013，594.）

北京大学首次将单细胞测序用于癌症无创诊断

2013 年 12 月 10 日，著名学术期刊美国《国家科学院院刊》（Proceedings of the National Academy of Sciences USA）在线发表了北京大学生命科学学院生物动态光学成像中心谢晓亮、白凡课题组与北京大学肿瘤医院王洁团队合作的研究结果。在题为"Reproducible copy number variation patterns among single circulating tumor cells of lung cancer patients"的研究论文中，研究人员通过单细胞基因测序手段首次报道了对于癌症患者单个外周血循环肿瘤细胞的全基因组、外显子组测序结果，此项研究对于揭示癌症转移的分子机制具有重要意义，同时还为无创癌症诊断提供了一种新的技术手段。

肿瘤的转移是导致癌症患者死亡的主要原因之一。早在 1896 年，澳大利亚籍医生 Ashworth 首次在癌症患者血液样品中观察到循环肿瘤细胞（Circulating Tumor Cell，CTC）的存在。在肿瘤转移过程中，癌细胞从原发肿瘤脱落，进入血液或淋巴循环系统，其中一些具有高度转移潜能的肿瘤细胞在循环系统中存活下来，成为循环肿瘤细胞，并进一步发展为远端器官转移肿瘤。循环肿瘤细胞是肿瘤发生远处转移的必经步骤，因此在外周血中检测到肿瘤细胞预示着有发生肿瘤转移的可能。

近些年来，对于癌症患者血液中 CTC 的计数已逐渐用于癌症治疗的疗效评估。如果能对 CTC 进行基因组分析，将有助于我们更好地了解肿瘤转移的生物学机制；同时，作为一种非侵袭性的检测手段，CTC 的基因组分析还可以为疗效评价、预后判断以及个体化治疗提供及时可靠的依据。然而，由于 CTC 在患者外周血中存在的数量极其稀少，对其进行基因组测序具有较大难度。

在此项研究中，研究人员使用了哈佛大学谢晓亮组最新发明的多重退火和环化循环的扩增技术（MALBAC）成功实现了对于来自癌症患者外周血单个 CTC 的全基因组扩增和深度测序。MALBAC 技术具有基因组扩增均匀、覆盖率高等众多优势，从而使得研究人员可以在单个细胞水平准确探测全基因组基因拷贝数变异（CNVs）和单核苷酸变异（SNVs）。

研究人员重点研究了肺癌患者外周血 CTC 的分子特性。在来自众多肺腺癌患者和小细胞肺癌患者的 CTC 中，成功检测到与癌症发生、发展相关密切的原癌基因和抑癌基因上的重要单核苷酸变异和插入/缺失。单细胞水平 CTC 的基因突变的检测避免了反复穿刺活检给患者带来的伤害和痛苦，并能及时地提供个体化治疗所需的重要信息，例如导致癌症转移过程中发生表型转换的重要突变，以及癌症治疗过程中产生耐药性的重要突变。

研究过程中研究人员意外地发现来自同一个患者的不同 CTC 都展现出高度一致的全基因组拷贝数变化模式，和同一患者的转移位肿瘤组织的拷贝数变化模式一致。这种现象在肺腺癌和小细胞肺癌的患者中都得到了验证。此外，在不同的肺腺癌患者中，CTC 展现的全基因组拷贝数变化模式具有高度的相似性。肿瘤的异质性长期以来被当作是恶性肿瘤的重要特征。首次在 CTC 中观察到的高度一致的拷贝数变异模式将会改变传统上对肿瘤异质性的理解，揭示了特定的拷贝数变异在肿瘤形成及转移中发挥了重要的作用。

进一步研究发现，小细胞肺癌患者的拷贝数变异模式与那些肺腺癌患者明显不同，展现出癌种之间一定的特异性。这种特异性可能跟肿瘤发展、转移所处的微环境相关。这项发现为将来基于 CTC 拷贝数变异来进行癌症患者分型提供了理论基础。

北京大学生物动态光学成像中心白凡副研究员、中心主任谢晓亮教授以及肿瘤医院王洁教授为该论文的共同通讯作者。倪晓晖博士和在读研究生苏哲、高妍是这篇论文的并列第一作者。该项研究得到了北京大学 985 临床医院合作专项经费、青年千人计划科研启动经费以及国家杰出青年基金的支持。

（来源：科学网　日期：2013-12-18）

我国基因检测技术已在肿瘤个体化诊疗中投入使用

记者 2014 年 1 月 13 日从哈尔滨医科大学附属第四医院获悉，在近日公布的 2013 年黑龙江省科学技术进步奖名单上，该校申宝忠教授领衔完成的课题“肿瘤标志物靶向分子成像在疾病早期诊断及治疗疗效监测中的应用”获得一等奖。此项成果利用分子影像学技术和纳米医学技术，破译了肿瘤细胞内及细胞间联络通讯的“分子密码”，为肿瘤的早期诊断和个体化治疗展示了全新的视野。

癌症是全世界面临的严重公共卫生问题，在我国尤为突出。目前，肺癌检查临床中最常用的手段是医学影像学检查，主要包括 X 线、CT、磁共振等。这些检查方法一般只能待肿瘤长到一定大小时才会被发现。令人遗憾的是，现在最先进的医学技术也只能“捕捉”到直径 0.5cm 以上的肿块，体积较小时传统影像方法则束手无策。而肿瘤标志物的发现，使肿瘤早期“原形毕露”成为可能，如能精确揭示其存在及变化，将对肿瘤的诊治产生革命性影响。

针对上述难点和热点课题，申宝忠教授领导的团队通过分子影像学技术和纳米医学技术，构建了靶向肿瘤癌基因等一系列分子探针，这些分子探针与体内肿瘤细胞靶向特异性结合，使肿瘤细胞被打上特殊“标记”。分子探针在特殊分子成像设备下，就会产生光、磁或放射性信号，由此实现肿瘤基因、蛋白质水平的成像，将复杂的生物学过程变成直观的图像，从而揭示出肿瘤发生、发展、转移规律，克服传统影像学只能对疾病解剖形态学上的变化进行显示的弊端。

为使监测结果更为准确，课题组还针对肿瘤的重要生物学靶点表皮生长因子受体，采用光学、PET等不同成像方法，进行多模态分子成像，实现了不同影像设备的优势互补，获得了多元化信息，解决了乳腺癌、骨肉瘤等恶性肿瘤早期分子靶向诊断，以及精确监测抗肿瘤纳米药物疗效的问题，并将分子成像技术成功地推广应用于临床，指导临床恶性肿瘤的诊治工作。实验结果还表明，申宝忠教授团队所构建的探针可以将目的基因及报告基因有效转染到靶细胞中，报告基因、治疗基因在细胞内有效表达，内皮抑素基因表达后具有抗新生血管生成的效果，使肿瘤生长明显受到抑制。

5ml血即可预测乳腺癌发生概率，利用肺癌患者“绿豆”大小的一块组织样本就可检测驱动基因的突变情况，这些当今最先进的检测手段和方法目前已在天津市肿瘤医院国家肿瘤临床医学研究中心应用，并依此为检测者提出个性化治疗方案。这是记者从1月11日在天津召开的基因检测技术在肿瘤个体化诊疗中的应用学术研讨会上获悉的。

2013年5月，美国影星安吉丽娜·朱莉宣布自己接受了双侧乳腺切除及乳房再造手术，原因是通过检测，医生告知她患上乳腺癌的概率大约是87%。与朱莉接受的这项检测技术类似的“乳腺癌高危人群基因筛选技术”和“肺癌基因检测技术”在国家肿瘤临床医学研究中心分子诊断平台已正式投入使用。

天津肿瘤医院国家肿瘤临床医学研究中心的专家告诉记者，乳腺癌基因检测技术只需要被检测者5ml的外周血，就可以对6个乳腺癌易感基因进行全外显子基因突变检测，根据乳腺癌易感基因突变情况，评估基因突变携带者罹患乳腺癌的概率，以此采取针对性的预防措施，从而达到提前预防乳腺癌的目的。肺癌患者基因检测项目，则是利用肺癌患者“绿豆”大小的一块组织样本，采用新一代测序技术，对14个肺癌驱动基因的热点区域进行深度测序，从而检测驱动基因的突变情况，并以驱动基因检测为依据，优化制订个体化肺癌靶向药物治疗方案，进而推动肺癌的个体化治疗。

目前，乳腺癌高居我国女性恶性肿瘤发病率首位，而肺癌则是男性和女性恶性肿瘤死亡率之首，其发病率均逐年上升，并且呈现年轻化的趋势。拥有乳腺癌和肺癌基因检测技术的国家肿瘤临床医学研究中心分子诊断平台，是该中心去年成立以来的第一项也是最重要的一项平台建设，同时也积极推进了科研成果向临床转化。该平台首先将重点针对乳腺癌发生风险概率和肺癌个体化诊治方面发挥重要作用。国家肿瘤临床医学研究中心主任、天津市肿瘤研究所所长郝希山院士称，肿瘤分子诊断平台的建成和基因检测技术的应用，是实现肿瘤防治和患者个体化医疗的重要途径，将带来两个方面的重大转变，一是个体化靶向性治疗，二是对可能发生的疾病的预防。

（来源：中国科技网-《科技日报》作者：衣晓峰 金鸥 李丽云 冯国梧 2014-01-20）

超灵敏MRI技术研究 有利于尽早发现肺癌

人口健康直接影响到一个国家的经济发展和社会进步。据我国2013年发布的肿瘤发病率统计年报表明，肺癌是我国目前首位恶性肿瘤，是癌症死亡的头号杀手，目前城市中每

4 名死亡的癌症患者中，约有 1 名是肺癌。如何开发仪器进行肺部疾病的早期诊断成为当前国际医学界和科学界研究的热点。

近期，中国科学院武汉物理与数学研究所周欣研究员领衔的团队正在开展的超级化气体肺部 MRI 成像技术研究，有望对人体肺部气体交换功能实现可视化，从而能够尽早发现肺癌。

“癌症的发生和发展通常是先发生功能病变，然后演化成结构病变，即功能性变化是发生在结构变化之前，这也是为什么当发现肺部结构病变时，通常都已经到了癌症中晚期的原因。然而，目前还没有一种能对肺部气体交换功能可视化的成像设备，这极大地阻碍了对肺部重大疾病早期的深入研究。”周欣说。

周欣进一步解释说，目前的 X 线胸透、CT 和 PET 等仪器均可用于肺部成像，但由于它们所放射出的射线都属于高能射线，会杀死人体内的白细胞，对人体造成一定伤害，所以不宜短时间内多做。另一方面，肺部气-气交换和气-血交换的功能信息是衡量肺部健康状态的一个重要指标，而 CT 和 PET 等成像技术都不能提供这两大功能信息。

“我们这项研究不仅获得肺部的结构信息，还将对肺部气体交换功能进行可视化研究，从而展开人体肺部重大疾病的诊断前研究。”周欣说，“其主要原理是：先利用激光技术增强电子自旋信号，然后将电子信号转移增强惰性气体的磁共振信号，进而对肺部气体进行成像。”

在实验室里，周欣向记者展示了他和团队开发出来的针对于肺部重大疾病诊疗的高端医疗设备肺部磁共振成像仪。这种超低浓度物质检测的分子探针和分子影像技术，能够用于癌症和肿瘤分子的早期检测。“传统的磁共振技术通常只能检测液体、固体样品或组织，而不能检测气态的磁共振信号，因为气体的密度通常只有液体或固体的 1/1000 左右。”

周欣研究的超极化^{129}Xe 和^{3}He 技术及装置，能够克服这个磁共振的核心挑战，且无放射性，并对肺部气体的交换进行可视化观测，点亮肺部影像。

他解释，目前的所有临床影像学方法（X 线胸透、CT 等）仅能获得肺部的结构信息，但具有高灵敏磁共振信号的超极化 Xe（氙），却能使肺部 MRI 清晰可见，不仅能作为气体示踪剂被人自然吸入，并且安全地溶于血液和组织，因此超极化 XeMRI 也成为目前唯一能对肺部功能进行成像的影像技术。

目前，世界上掌握着超极化仪器关键技术的人屈指可数。“这是一项自主研发、具有独立知识产权的技术，属于世界领先，它的成功建立在几代科学家在磁共振技术上的 30 年基础工作上。”周欣说，目前该设备已实现 XeNMR 信号增强 10000 倍，并成功获得国内首幅小动物活体肺部 MRI 影像。“预计再过一年左右，就能获得对人体肺部的 MRI 影像，预计 4 年以后可以开展临床研究。”

（来源：《人民日报》 作者：吴月辉 2013-08-12）

肿瘤早期预警技术TR活检纳入临床检验目录

北京大学药学院曾慧慧教授研究团队，与武汉光谷生物城凯熙医药武汉有限公司武汉凯熙医学检验所历经3年合作研究，针对创新抗肿瘤药物的靶点，联手推出了人血硫氧还蛋白还原酶（TR）活性检测试剂盒。该项临床检测技术近日通过国家临床检验中心评价，被纳入国家卫生计生委印发的《医疗机构临床检验项目目录（2013年版）》。

曾慧慧介绍，TR活性检测是对人体异常增生活性水平进行评价的一项新技术，可实时检测异常增生活跃程度。由于不可逆恶性增生是肿瘤的重要特征，在癌症的早期阶段该值就会明显升高，因此，TR检测可作为一种肿瘤早期预警技术，在TR值升高时，医生和患者可采取各种早期干预手段，该检测也可用于防癌体检。

（来源：《健康报》作者：付东红 日期：2013-09-13）

广西医大黎乐群等发现肝切除治疗BCLC B/C期肝细胞癌可取得较佳生存获益

研究要点

- 目前在肝切除治疗BCLC B/C期HCC方面存在争议，本研究对肝切除与TACE的疗效与安全性进行了考察；
- 肝切除可取得优于TACE的生存获益；孤立性大型肿瘤、多结节肿瘤、大血管侵犯或PHT均非HR的禁忌证；
- 甲胎蛋白水平≥400ng/ml、糖尿病、大血管侵犯及PHT为BCLC B/C期HCC患者不良预后的独立预测因素。

尽管欧洲肝病研究协会与美国肝病研究协会的相关指南不建议通过肝切除术（HR）治疗巴塞罗那临床肝癌分期（BCLC）结果为B期及C期的肝细胞癌（HCC）患者，但亚洲与欧洲的部分研究却得出了与之相反的结论。对此，我国广西医科大学钟鉴宏、黎乐群教授等人进行了一项研究，该研究针对BCLC B/C期HCC患者，前瞻性考察了HR的疗效与安全性。该研究发表于2013年10月3日在线出版的《外科学年鉴》（Annals of Surgery）上。

该研究针对1259例曾接受HR（$n=908$）或肝动脉栓塞化疗术（TACE，$n=351$）的BCLC B/C期HCC连续患者进行了考察。此外，为校正基线差异，对倾向评分匹配患者进行了分析。与该项回顾性临床研究平行，研究人员对MEDLINE数据库中考察HR治疗

BCLC B/C 期 HCC 疗效与安全性的相关研究进行了搜索。

研究结果表明，HR 组患者样本的 90 天病死率为 3.1%。在 1、3、5 年时，HR 均取得优于 TACE 的生存获益（分别为 88% *vs* 81%、62% *vs* 33%及 39% *vs* 16%）。基于瘤体大小、肿瘤数目、大血管侵犯有无及门静脉高压（PHT）进行的倾向评分与亚组分析结果也表明，HR 与优于 TACE 的较佳长期生存有关。该研究搜索到的所有 36 项研究均指出，HR 与较佳长期生存及较低发病率有关。多变量分析结果表明，甲胎蛋白水平≥400ng/ml、糖尿病、大血管侵犯及 PHT 为 BCLC B/C 期 HCC 患者不良预后的独立预测因素。

该临床与文献分析结果均表明，对于肝功正常的 HCC 患者，存在孤立性大型肿瘤、多结节肿瘤、大血管侵犯或 PHT 均非 HR 的禁忌证。

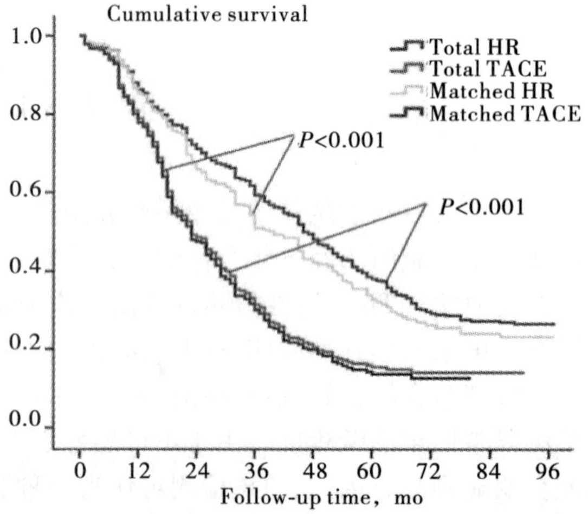

FIGURE. Overall survival curves for patients with BCLC stage B/C HCC who were treated with HR or TACE. Separate curves are shown for the entire patient population ($P < 0.001$) and for propensity-matched patients ($P < 0.001$).

患者生存结局

研究背景

肝细胞癌（HCC）与不良预后有关，许多国家的肝细胞癌发病率不断上升。由于在诊断手段、外科技术、围手术期医护方面均取得了显著进展，因此对于符合米兰标准（3 个<3cm 病灶，任何单一病灶<5cm，无肝外表现，无血管侵犯）及肝功良好的 HCC 患者，仍广泛采用肝切除（HR）治疗。此类患者进行 HR 治疗后的 5 年生存率超过 50%。

HCC 患者治疗结局受多种变化因素，包括肿瘤负担、Child-Pugh 肝功能评分及患者体能状态等影响。这三类变量也被纳入到了巴塞罗那肝癌临床分类分期系统（BCLC）中。该系统将分期与治疗适应证与预后信息，如生存预期情况进行了联系。相关研究验证并推荐在临床实践中使用该分期系统，因此，该系统可作为 HCC 方面最可靠的分期系统。

BCLC 分期系统建议，HCC 各期应采用不同的治疗手段。根据该分期系统，中期（BCLC-B）及部分晚期（BCLC-C）HCC 患者应考虑进行肝动脉栓塞化疗（TACE）治疗。与 TACE 不同，根治性 HR 仅适用于部分肝功能良好的早期 HCC 患者。因此，对于 HR 治疗 BCLC B/C 期 HCC 的疗效与安全性的认识并不透彻。

部分研究报告认为，针对大型或多结节 HCC 进行大部 HR 会增加术中失血及术后肝衰竭风险，因此研究不建议将 HR 作为超出米兰标准 HCC 治疗的一线治疗手段。尽管如此，包括本研究单位在内的许多肝胆研究机构，均支持将 HR 作为超出米兰标准 HCC 的治疗手段。鉴于与目前推荐规范间存在的矛盾，有必要就 HR 治疗 HCC 患者的疗效与安全性进行阐释。

中国广西为世界 HCC 发病率最高的地区之一，在本项多中心回顾研究中，针对广西 BCLC B/C 期 HCC 患者，对比考察了 HR 与 TACE 的治疗价值。为完善本项临床研究，还对 MEDLINE 中考察 HR 治疗 BCLC B/C 期 HCC 疗效方面的研究进行了综合性搜索。

（来源：丁香园 日期 2013-10-10）

肝细胞癌干细胞研究方面取得进展

2013 年 4 月 15 日出版的《Cancer Cell》（影响因子：26.566）刊发了由北京大学肿瘤医院与北京大学分子医学研究所、基础医学院合作完成的文章："1B50-1，a mAb raised against recurrent tumor cells，targets liver tumor-initiating cells by binding to the calcium channel α2δ1 subunit"，该文报道了北京大学肿瘤医院在肝细胞癌干细胞标志物和治疗方面的最新研究成果。

我国是肝癌高发的地区，约占世界新发病例的 55%，其中 80%~90% 为肝细胞癌。由于大多数肝细胞癌在诊断时即丧失手术机会，且对常规化疗和放疗的反应有限，而那些可手术的病例又面临高达 50% 的术后两年复发率，因此肝癌病死率极高。肿瘤干细胞的存在被认为是肿瘤发生、发展和治疗失败的根本原因，因此发现和鉴定肝细胞癌的肿瘤干细胞、研发针对肿瘤干细胞的治疗手段有望为肝癌的治疗带来新的曙光。

CD13、CD133、CD90、CD24、EpCAM、OV6 等阳性的肝细胞癌细胞都曾被鉴定为具有肿瘤干细胞特性，究竟何种细胞为肝细胞癌的肿瘤干细胞，文献中争议较大。北京大学肿瘤医院细胞生物学研究室和肝胆胰外一科的研究者利用全细胞免疫的方法获得了一个针对复发肝癌来源细胞系的单克隆抗体 1B50-1。他们通过大量的实验证明，该抗体反应阳性的肝细胞癌细胞具有肿瘤干细胞特性，且这种细胞在手术切缘组织的存在是肝癌复发和总生存期短的独立危险因素。进一步，他们还发现，目前文献中广泛接受的肝肿瘤干细胞标志物 CD13、CD133、EpCAM 阳性的肿瘤干细胞群体主要是归因于 1B50-1 反应阳性细胞的存在。1B50-1 识别的抗原被鉴定为电压依赖性钙通道组成亚基 α2δ1（亚型 5），编码该亚基的基因过表达和敲减实验证明，其可能通过调控钙离子的细胞内流在肿瘤干细胞的自我更新、耐药、成瘤等肿瘤干细胞特性中发挥重要作用。1B50-1 作为 α2δ1（亚型 5）的中和抗体可以减少肝细胞癌中肿瘤干细胞的含量，在动物实验中和多柔比星（Doxorubicin）联用对肝细胞癌有很好的治疗作用。该研究发现和证明了 α2δ1 是肝细胞癌肿瘤干细胞一个新的功能性标志物和治疗靶点；此外，该研究还提示手术切缘组织中 α2δ1 阳性细胞可能是肝癌复发的起源细胞，1B50-1 抗体有可能成为靶向肿瘤干细胞而治疗肝癌的抗体药物。该研究有助于从细胞和分子水平揭示肝癌复发的机制、研发预后判断和治疗的新方法。

该杂志同期配发了由 Sainz 和 Heeschen 撰写的题为"Standing out from the crowd: cancer stem cells in hepatocellular carcinoma"的预览，对该文进行了评述。

赵威和王力民为本文共同第一作者，邢宝才和张志谦为共同责任作者，韩海勃、金克敏、林娜、郭婷、陈扬德、程和平、鲁凤民、方伟岗和王歈也对本文做出了贡献。该工作得到国家自然科学基金、科技部国家重点基础研究"973 计划"和北京市自然科学基金、北京市卫生系统高层次人次培养计划等项目的资助。

（稿源：北京大学肿瘤医院）北京大学医学部网站

我国肝癌研究取得新发现

来自中山大学癌症中心、香港大学的研究人员在染色体1q上鉴别出了一个新型的癌基因：Maelstrom（MAEL），并证实Maelstrom通过Akt/GSK-3β/snail信号通路诱导上皮间质转化促进了肝癌转移。相关研究论文已被在国际著名肝病杂志《Hepatology》（最新影响因子11.665）接受并在线发布。（Hepatology. 2013 Aug 8.）

任职于中山大学和香港大学的关新元（Xin-Yuan Guan）教授是这篇论文的通讯作者。其主要研究领域包括肿瘤发生/发展相关基因、肿瘤干细胞及肿瘤微环境等。在国际杂志上共发表学术论文160多篇，被引用超过6000次。

肝细胞癌（HCC）是全世界最常见的癌症类型之一，全球每年有超过50万新患者，严重地危害着人们的身体健康。我国是肝癌高发国家，每年约有11万人死于肝癌，其死亡率在我国十大恶性肿瘤的排名中已从第三位上升到第二位。肝癌的预防和治疗是世界性难题，至今仍缺乏有效治疗手段。探讨遗传变异与肝癌发生、发展之间的关系，寻找肝癌相关基因对于开发出更有效的治疗策略，改善疾病结局具有重要意义。

在过去的研究中，关新元课题组曾采用比较基因组杂交的方法对肝癌染色体DNA拷贝数进行检测，发现在染色体DNA拷贝数增加中，以1q的频率最高，其次为8q；在染色体DNA的拷贝数减少中，以16q的频率最高，其次是17p和4q。提示1q和8q两个染色体部位可能存在着与肝癌密切相关的癌基因位点。

在这篇文章中，研究人员在染色体1q24上鉴别出了一个新型的癌基因Maelstrom（MAEL）并确定了其特征。研究人员发现在肝癌中可以频繁地检测到MAEL扩增与过表达，且与肝癌复发及不良预后呈显著相关。功能研究证实，在裸鼠中MAEL促进了细胞生长、增殖和肿瘤形成，采用shRNAs沉默MAEL可有效抑制这些效应。

进一步的研究发现，MAEL促进了AKT活性、GSK-3β磷酸化和Snail稳定性，最终诱导了上皮间质转化（EMT），并促进了肿瘤侵袭和转移。此外，MAEL在mRNA水平上上调了多种干性相关基因、多药耐药基因和癌症干细胞（CSC）表面标志物。功能性研究证实，MAEL过表达促进了自我更新、化疗耐药和肿瘤转移。

这些结果表明新型癌基因MAEL通过诱导肝癌上皮间质转化，提高其干细胞性，在肝癌的发生和发展中发挥了重要作用。

（来源：生物通 日期：2013-08-27）

相关链接

肝癌诱因研究获进展

来自香港大学、新加坡国立大学、中山大学癌症中心等处的研究人员发表了题为“Recoding RNA editing of AZIN1 predispose to hepato cellular carcinoma”的研究论文，证实ADAR介导的AZIN1基因A至IRNA编辑是诱发肝癌的一个潜在因素，研究成果发布在1

月6日的《自然—医学》(Nature medicine) 杂志上。

来自香港大学的关新元 (Xin-Yuan Guan) 教授和新加坡国立大学的 Daniel G. Tenen 教授为这篇论文的共同通讯作者。

肝细胞癌 (HCC) 是指肝细胞或肝内胆管细胞发生的癌，在全球范围内肿瘤相关性死亡因素中排名第三，全球每年有超过50万新患者。我国是肝癌高发国家，每年约有11万人死于肝癌。肝癌具有起病隐匿、潜伏期长、高度恶性、进展快、侵袭性、易转移、预后差等特点。肝癌的预防和治疗是世界性难题，至今仍缺乏有效治疗手段。因此深入了解肝病发病及病程机制，对于开发潜在的治疗策略具有重要的意义。

RNA 编辑 (RNA editing) 泛指真核细胞中对 RNA 分子在转录后进行再加工和修饰的过程，能够使基因编码的遗传信息在 RNA 水平上进一步产生多样性与可塑性。RNA 腺苷脱氨酶 ADAR (Adenosine Deaminase Actingon RNA) 家族的 RNA 编辑酶 ADAR1 和 ADAR2，能识别特定 RNA 底物分子中的腺苷 (A) 并催化其水解脱氨成为肌苷 (I)，从而产生新的遗传密码，是蛋白质分子多样性发生的重要机制。研究发现，哺乳动物体内已知的几种 A 至 I RNA 编辑底物均编码具有重要功能的蛋白质，其编辑变化可引发相应疾病，提示 A 至 I RNA 编辑缺陷可能与多种疾病的发生相关。

在这篇文章中，研究人员通过转录组测序，发现肝癌样本中的 AZIN1 的 AIRNA 编辑增高。AZIN1 转录物的 AI 编辑受到 ADAR1 的特异调控，导致 AZIN1 第367位残基发生丝氨酸-甘氨酸置换，预计引起了构象改变，从而诱导了 AZIN1 从细胞质向细胞核易位。研究结果表明，AZIN1RNA 编辑赋予了功能表型，导致肿瘤启动潜能增大及更具侵袭性的行为。相比于野生型 AZIN1，编辑形式的 AZIN1 蛋白对于抗酶蛋白具有更强的亲和力。通过抵消抗酶蛋白介导的鸟氨酸脱羧酶 (ODC) 和 cyclinD1 (CCND1) 降解，编辑形式的 AZIN1 促进了细胞增殖。

这些研究结果表明 AZIN1 的 AIRNA 编辑有可能是人类癌症，尤其是肝癌发病的一个潜在驱动因子，从而为肝癌的治疗或诊断提供了一个有潜力的新靶点。

(来源：生物通 作者：何嫱 日期：2013-01-11)

顾晋教授课题组提出的直肠癌术前放疗方案获国际同行认可

进展中低位直肠癌的术前新辅助放化疗是当前国际公认的治疗方法，放疗方案主要分为两类：标准的45~50.4Gy (45~50.4Gy/25~28f/5w) 的长疗程方案和25Gy (25Gy/5f/1w) 的短疗程方案。长疗程方案主要在美国常用，其特点是疗程长，患者要休息8~10周才能接受手术。尽管疗效较好，但其治疗周期较长，费用高，患者顺应性差，在中国和亚洲国家难以推广。短疗程方案在欧洲相对普及，其优点是疗程短，费用低，易于接受。但缺点是单次剂量大、患者耐受差。国际上使用的长、短疗程放疗方案在我国，以及亚洲国家如日本都较少采用。早在10年前，中国抗癌协会大肠癌专业委员会根据中国的国情制定出了为期10天的改良短疗程方案，可以克服传统的短/长疗程的缺点，但是这个方案并没有广泛开展。

北京大学肿瘤医院结直肠肿瘤外科主任顾晋教授自2001年起在本院放疗科的积极配合下，坚持推行一种改良方案，经过十余年的临床实践，积累了大量的了临床证据。改良的短疗程方案将相对放疗时间缩短为2周，且放疗后10天即可以手术，因此患者表现出了较高的依从性与耐受性。另一方面，本方案单次分割剂量较小，患者基本不会出现急性反应。近日，此项研究结果以詹天成、李明、杜长征为作者，顾晋教授为责任作者发表美国结直肠外科医师协会的杂志《结直肠疾病杂志》（Disease of colon and rectum，DCR）上。

本篇文章的发表，标志着国际结直肠学界对来自中国的改良短疗程方案的认可，也使国际上公认的中低位直肠癌术前短疗程方案和长疗程方案以外，推出了适合东方人体质的改良短疗程方案。寻找适合中国人体质的直肠癌术前放疗方案是顾晋教授一直以来的梦想，顾晋教授领导的课题组以坚忍不拔的毅力，十年磨一剑，终于获得国际同行的认可。摸索出了一条适合中国国情的治疗方法，为中国直肠癌病人带来了福音。

（结直肠科 李明）来源：北京大学医学部新闻网

我国专家发现难治复发白血病新治疗方案

近日，河南省肿瘤医院血液科主任、主任医师魏旭东的论文《CHAG预激方案治疗难治复发急性髓系白血病》刊登在《白血病·淋巴瘤》上，该期杂志还刊登了美国纽约州立大学白血病专家梅尔·韦茨勒教授的评论。

难治复发白血病是血液科医师面临的一大国际性难题，治疗方案有标准方案和预激方案。据魏旭东介绍，CAG预激方案由日本学者创造，C、A、G分别代表阿糖胞苷、阿克拉霉素和粒细胞集落刺激因子，前两者为两种小剂量化疗药物。在此基础上，魏旭东团队加进了中国特有的化疗药物高三尖杉酯碱，用了5年时间，在国际上独创了CHAG方案。

这种治疗方案应用3种小剂量化疗药物持续给药，同时应用粒细胞集落刺激因子，促使白血病细胞对化疗药物的作用更加敏感，从而增强化疗药物的功效和针对性。与CAG方案相比，这种方案的疗效明显提高。

河南省肿瘤医院等十余家医院5年的研究和应用表明，该方案确实提高了疗效，使得难治复发白血病再次缓解率达80%，并已经救治了上百例患者。

（来源：《中国科学报》作者：史俊庭 王文龙 2013-09-06）

一疗法可大幅提高急性髓细胞白血病疗效

药费是国际推荐疗法的1/15，疗效却高出12个百分点。一种以中国特色的药物为基础的急性白血病治疗方案目前得到国际主流学术刊物的认可并发表，可望为全球白血病患者带来更多福音。

《柳叶刀·肿瘤学》杂志5月9日在线发表了中国17家知名血液学专科联合完成的一项研究。这项研究证实，以一种名为高三尖杉酯碱的中国特色药物为基础，我国医疗机构目前推广使用的一种治疗方案，可以大幅提高急性髓细胞白血病的治疗效果。

早在20世纪70年代，中国的医学界就开始尝试使用高三尖杉酯碱治疗白血病。这种生物酯碱提取自中国的三尖杉属植物，具有明显的抗癌作用。在近20年的临床研究中，医学科研人员发现，以该药物为基础的一种简称为HAA的治疗方案，对治疗急性髓细胞白血病效果明显。

5年前，包括浙江大学医学院附属第一医院、上海瑞金医院、天津血液病研究所在内的中国17所最权威的血液病研究和治疗机构共同开展了一项多中心的随机对照临床研究。研究人员对来自全国各地的620位急性髓细胞白血病患者进行了临床治疗调查和随访。发现其疗效大幅优于目前普遍采用的国际推荐的DA治疗方案。

研究负责人金洁教授介绍，目前国际推荐使用的DA方案是过去40多年来，西方发达国家在数百个临床试验基础上得出的标准治疗方案。虽有一定的疗效，但寻找更新、更有效的治疗手段仍是全球面临的难题。“临床数据显示，中国方案治疗毒性小，疾病完全缓解率达到73%，3年病情稳定率为35%，效果均高于国际推荐方案12个百分点。”

相比国际推荐方案，中国方案不仅疗效更优，还能大幅降低治疗费用。使用中国的治疗方案，一个疗程化疗药费支出仅为2000元左右，而国际推荐的方案需要30000元。中国工程院院士陈赛娟评价认为，此举将有效减轻患者、特别是医疗保障程度较低的发展中国家患者的医疗负担，从而挽救更多患者的生命。

在经过严格的论文评估后，《柳叶刀·肿瘤学》杂志不仅准予发表，还专门邀请了美国M. D. Anderson癌症中心白血病专家法哈德·洛凡迪教授为该论文撰写评论。洛凡迪教授在评论中称，相比国际标准DA方案，来自中国的方案因更好的治疗效果而“受到医生和患者的欢迎”。

（来源：新华网 作者：张乐 2013-05-21）

急性髓系白血病治疗实验获进展

来自上海交通大学、中国科学院等处的研究人员在新研究中发现了一种可选择性清除急性髓系白血病干细胞的潜在药物，从而为改善急性髓系白血病患者的治疗预后指出了一条有前景的治疗途径。相关论文发表在3月19日的美国《国家科学院院刊》（PNAS）上。

来自上海交通大学医学院的陈竺院士、王侃侃研究员和张济研究员是这篇文章的共同通讯作者。这篇文章是2013年头3个月里陈竺院士实验室参与发表的第三篇PNAS文章。

急性髓系白血病（Acute myeloid leukemia，AML），是一种骨髓性白细胞（而非淋巴性白细胞）异常增殖的血癌。其特点是骨髓内异常细胞的快速增殖而影响了正常血细胞的产生。急性髓系白血病是成年人最常见的急性白血病之一，我国 AML 的年发病率是 1.62/10 万，近年来有增加的趋势，且有越来越多的患者死于该病。

近年来大量的研究表明，白血病患者体内存在一群极微量的细胞群，仅占所有白血病细胞的 0.1%～1%，这些细胞在白血病的发病及进展中扮演着重要的角色，且由于这些细胞通常对化疗药物不敏感，也是导致白血病复发的罪魁祸首。科学家们将这群白血病细胞称之为白血病干细胞（Leukemia stem cells，LSCs），认为其可能是治疗干预的一个重要的靶点。然而目前能够靶向 LSCs，减慢急性髓系白血病进程的药物相对较少。

基于体内外研究数据，研究人员在这篇新文章中报告称，一种耐受良好的维生素 A 衍生物：芬维 A 铵能够以生理上可实现的浓度清除 LSCs，而不影响造血祖/干细胞。芬维 A 铵能够对于原发 AML $CD34^+$细胞，尤其是富含 LSC 的 $CD34^+CD38^-$细胞亚群产生一种选择性毒性效应，而对于正常的细胞则没有明显的影响。

通过甲基纤维素克隆形成分析，研究人员进一步证明芬维 A 铵显著抑制了 AML $CD34^+$细胞源性的克隆形成，而不影响正常 $CD34^+$细胞。此外，在一个非肥胖性糖尿病/严重联合性免疫缺陷病（SCID）小鼠异种移植模型中，研究人员证实芬维 A 铵能够显著减少 AML 干细胞的移植而不影响正常造血干细胞。

在进一步的机制研究中，研究人员揭示芬维 A 铵诱导的细胞死亡与一系列特征性的事件相关，包括活性氧簇快速形成，诱导与应激反应和凋亡相关的基因，以及抑制与 NF-κB 和 Wnt 信号相关的基因。进一步的生物信息学分析表明，芬维 A 胺下调基因与 AML 患者不良预后显著相关。

基于这些研究结果，研究人员提出芬维 A 胺是一种选择性靶向 LSCs 的有效药物，由此为 AML 治疗提供了一种有潜力的治疗策略。

（来源：生物通 作者：何嫱 2013-03-29）

复旦大学药物研发获突破 治白血病有望

经过逾 4 年的研究，复旦大学生物医学研究院徐彦辉课题组首次成功解析了哺乳动物骨髓造血关键蛋白 TET2 的三维结构，这将对血液肿瘤（即白血病）治疗性药物的开发具有重大意义。上述成果 12 月 6 日已在线发表于国际顶级学术期刊《细胞》杂志上，引起世界同行广泛关注。

哺乳动物 TET 蛋白家族有 3 个成员，即 TET1 蛋白、TET2 蛋白和 TET3 蛋白。TET 蛋白在哺乳动物发育和骨髓造血等关键生命过程中，扮演至关重要的角色。若 TET 蛋白失去活性，会导致各种疾病，尤其是白血病。2009 年以来，全球至少有数十家著名研究机构都在研究 TET 蛋白的三维结构，以求有所突破，但始终未有结果，而徐彦辉课题组的成果及时、有效地填补了这一空白。

蛋白质结构影响遗传基因

据悉，人体遗传物质 DNA 上有一种甲基化特殊标记。一旦甲基化标记位点紊乱，就会导致如白血病等各种疾病。有趣的是，哺乳动物在发育过程中，体内会根据需要自动调节（去除或添加）DNA 上的甲基化标记。科学界此前一直困扰于甲基化标记的“去除”机制。直至 2009 年，研究发现哺乳动物体内的 TET 蛋白，对甲基化标记的去除起了关键作用。

但是相关标记，又如何被 TET 蛋白添加到 DNA 上去？4 年多前，徐彦辉课题组开展了对这一热点的追踪研究，如今终于解开世界难题。他们运用 X 射线晶体学等研究方法，获得了 TET2 蛋白和 DNA 两者结合在一起的三维结构，结果发现 TET2 蛋白非常“聪明”，它能够自动识别、找到甲基化标记，并会把甲基化标记修饰过的 DNA“翻转”到 TET2 蛋白的内部，并在内部铁离子等帮助下，通过氧化反应，将这些标记逐步“添加”到 DNA 甲基化标记上。

TET1 成“致病帮凶”

徐彦辉表示，原来白血病患者血液中含有多种 TET2 蛋白突变，正是这些突变影响了 TET2 蛋白的活性，导致它“消极怠工”，无所作为，最终引起疾病发生。而 TET2 蛋白的“同胞兄弟”TET1，在急性髓系白血病形成过程中“过分活跃”，扮演了“致病帮凶”的角色。

徐彦辉解释说，上述研究成果的重大意义在于，可以通过对 TET2 蛋白三维结构的分析、计算机模拟、高通量的化合物筛选等方法，找到能够激活 TET2 蛋白，或抑制 TET1 蛋白活性的相关药物，从而为人类最终战胜白血病等做出贡献。

（来源：联合早报网 作者：章萝兰 日期：2013-12-09）

苏州将建亚洲大规模白血病标本库

苏州市科技局消息，近日由苏州大学附属第一医院承担的江苏省血液病学临床医学研究中心和江苏省骨科临床医学研究中心两大临床医学科技专项通过专家论证。省科技厅将在苏大附一院的内科血液病学、骨外科学两个国家重点学科基础上建设临床医学研究中心，建成亚洲大规模白血病资料库及标本库，联合省内 11 所医院组成网络医院，集中攻关出血性疾病和恶性血液肿瘤。

据了解，苏州大学附属第一医院血液病学科是国内重要的血液病诊疗和研究中心，吸引全国各地大量的疑难患者尤其是出血性疾病患者慕名而来，年门诊量超过 5 万人次，其中市外患者比例超过 80%，年造血干细胞移植患者数目也居全国前列。为进一步提升研究水平，苏州大学附属第一医院申报建设江苏省血液病学临床医学研究中心，经过专家论证，目前相关方案已获通过。

江苏省血液病学临床医学研究中心将联合省内 11 所医院，组成网络医院，覆盖苏北、苏中及苏南地区，各网络医院的负责人均为省内知名的血液病学专家。这些专家将集中力量攻关出血性疾病和恶性血液肿瘤，建成省内统一的血液病患者（恶性血液肿瘤）资料库和标本库，建立省内标准化的恶性血液肿瘤和出血及血栓性疾病的诊断平台。根据计划，建成亚洲规模较大的白血病资料库及标本库，开展多种技术手段防治移植后并发症，建立10张移植后重症监护病床。2015年，新的苏州大学附属第一医院落成后，血液内科普通床位将超过300张，净化层流病床将超过50张，建成国内规模较大的出凝血疾病、红细胞疾病、骨髓瘤及淋巴瘤、急性白血病及造血干细胞移植专门病区。

（来源：《苏州日报》 作者：钱怡 2013-03-21）

上海交大王建华团队三阴性乳腺癌研究获进展

《癌症研究》杂志日前在线发表了上海交通大学基础医学院王建华团队的最新研究成果。相关专家认为，该研究为临床上寻找三阴性乳腺癌合适的治疗靶点具有重要意义。

据了解，HIC1是一种肿瘤抑制因子，位于人类第17号染色体短臂。该基因在很多实体肿瘤组织中存在表达沉默的现象。王建华团队从表观遗传学修饰的角度，在阐明HIC1调控前列腺癌发展、转移中的作用机制后，又发现了HIC1的表达沉默只发生在三阴性乳腺癌中。在三阴性乳腺癌细胞系中恢复HIC1表达，能降低细胞的体外迁移、侵袭和体内的转移能力。相反，在正常的乳腺上皮细胞中沉默HIC1的表达，能显著增加其侵袭能力。

进一步的研究发现，作为HIC1直接调控的下游靶基因，小分子脂质运载蛋白（LCN2）在介导乳腺癌的侵袭转移过程中发挥了重要作用。在术前的患者血清中，研究人员同时发现LCN2在三阴性乳腺癌中呈高分泌状态。分泌型的小分子蛋白质LCN2可能是通过NGALR受体活化了下游AKT信号通路，从而促进了乳腺癌的侵袭转移。

该研究提示，HIC1-LCN2轴可作为特异性的分子亚型预后标志物，为三阴乳腺癌治疗提供一个有吸引力的候选目标。

（来源：《中国科学报》 作者：黄辛 日期：2013-12-10）

“三明治技术”或可逆转乳腺癌耐药

寡聚糖-纳米颗粒-化疗药物“三明治”，是借助纳米技术，将寡聚糖携带的化疗药物运载到肿瘤细胞内，最终逆转乳腺肿瘤耐药，提升抗肿瘤疗效。这是上海交通大学医学院附属第六人民医院实验中心主任高锋教授课题组完成的一项研究，相关论文日前发表在《生物材料》杂志上。

高锋课题组历经10年研究，发现乳腺肿瘤细胞表面存在一层厚厚的透明质酸外衣，其主要成分为聚糖，这层外衣被称为“糖衣盔甲”。化疗药物很难突破这一屏障，因此严重限制了药物疗效，这是肿瘤耐药的原因之一。

科研人员研究发现，肿瘤表面的“糖衣盔甲”上有一层受体，寡聚糖和这些受体可特异性结合，并加以化解。科研人员在成功利用合成寡聚糖分子撬开肿瘤表面的这层盔甲保护层后，开始探索如何将化疗药物搭载在寡聚糖上，从而使其进入肿瘤内。最终，科研人员成功利用纳米技术将寡聚糖分子包裹在化疗药物外，形成寡聚糖-纳米颗粒-化疗药物的“三明治”结构，注入肿瘤细胞内。

专家认为，该技术突破了以往纳米颗粒只连接多聚糖的技术屏障，在国际上首次报道了纳米颗粒可成功连接寡聚糖。由于寡聚糖与肿瘤细胞外的“糖衣盔甲”可特异结合，这意味着由它搭载的化疗药物可直接汇集到肿瘤细胞处，集中打击肿瘤细胞，而不伤及正常细胞，减少了药物对身体产生的毒副作用。

（来源：《健康报》记者：胡德荣 2013-07-10）

南京军区总医院首次用机器人切肿瘤

身高 1.8 米的“达芬奇”，举着 4 只大“手臂”站在手术台边，手持激光刀，绕着肿瘤画了一个圈，手术结束了。昨天上午，南京军区总医院的“机器人医生”用激光刀首次为一位喉癌患者切除了肿瘤。据悉，机器人激光手术在国内还是首次，全世界仅两所医院成功实施过。

国内首例，激光手术摘除喉癌

国内首个“吃螃蟹”的手术患者李先生今年 80 岁，5 个月前因吞咽困难被查出喉癌。在看了多家医院后，医生告诉他，可以手术，但要把脸掀开半边，下巴竖着劈开，手术后牙齿无法完全对齐，脸也会畸形……

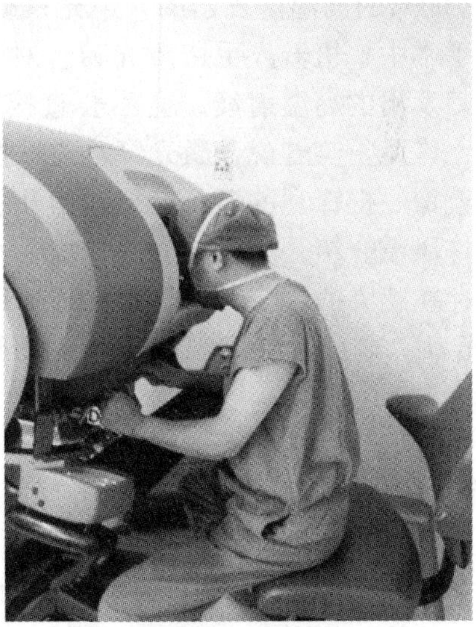

医生在操纵机器人

联想到手术如此恐怖，术后自己几乎变成电影上的异形，李先生犹豫不决。上周，李先生来到了南京军区总医院耳鼻喉科就诊，专家决定用机器人联合激光刀为他手术。昨天上午 9 点，他被推进了手术室，全身麻醉后，无影灯下，“达芬奇”机器人开始了它在国内的首例高难度激光手术。专家用喉镜打开患者咽腔，将机器人两个机械臂及摄像头送入口腔，被放大 15 倍的图像清晰地呈现在手术室的大屏幕上。随后，“达芬奇”机器人“双手”换上激光刀，在狭小的咽喉，精确地依次完成了一系列复杂的动作：准确定位肿瘤，分离周边组织，激光切割病灶，止血……一个半小时后，机器人医生走下手术台，宣告手术顺利完成。

手术结束后，耳鼻喉科主任王秋萍很感慨。她说，传统手术要掀开半边脸，创伤大，病人痛苦。而使用机器人激光手术，则使这一高难度的喉癌切除术变得如同“探囊取物”，病人所受痛苦大大减轻。“原本要半个月才能出院的病人，现在只要两天就可以出院了。”王秋萍说。

手术揭秘，医生趴在3D屏幕上做手术，像看《阿凡达》

记者看到，现场手术的“达芬奇”机器人“医生”，与人们在电影中看到的人形机器人不同，结构要复杂得多，它身高近1.8米，拥有三头四臂，宛如大蜘蛛一样端坐在手术室。尽管体型笨重，但活动起来却异常灵巧。

为患者手术时，手术医师通过主控台可观察并发出指令。这时，机器人医生便会伸出4个操作臂，与患者的身体“亲密接触”，除了完成医生能做的事情，例如分离血管、止血、结扎等，“达芬奇”还能做许多医生不能做的事情，例如360°旋转，到达人手不能触及的狭小空间工作。不仅如此，“达芬奇”的双“手”一个是剪刀，一个是钳子，能根据手术需求调换双“手”的配置或其他“刀”。

与传统手术不同的是，主刀医生不拿刀，而是坐在座位上，将头“埋入”操作台，双手套在两个控制环内，宛如开飞机时握着方向舵一样来操纵机器人。在主刀医生的目镜内，一切都是立体的，如同电影《阿凡达》一样，是三维立体成像。借助这个被放大了20倍的立体图像，患者的一切被看得清清楚楚，就像主刀医生钻进患者的肚子里一样。

200℃高温的激光刀，比刀片还薄还锋利

此外，安装在机器人手臂上的神秘的激光刀是此次顺利摘除肿瘤的一大功臣。该院耳鼻喉科副主任医师许风雷介绍，这种激光刀属于二氧化碳激光，是一种热能射线，能发出接近200℃的高温。发出的一束光只有0.1毫米，比刮胡刀片还要薄。

手术中，机器人手持激光刀，对准肿瘤周围，不一会工夫，激光就将肿瘤彻底分离。激光刀发出的高温射线，会不会直接穿透了组织，将皮肤烧个洞？手术前，有人很担忧。对此，许风雷笑着说，激光穿透力被控制了，只有0.1~0.2毫米，而烧伤的范围在0.2毫米，就像一把锋利的刀一点点地切开肌肉组织，却又不伤及正常组织。

许风雷介绍，激光刀有着传统手术刀所不具备的优点，由于它不直接与肌肉接触，所以不存在感染的风险。由于它比刀片还锋利，切口边缘平整，外围正常组织损伤少。而且“激光刀”本身就有高温杀菌作用，器械与切除区又不接触，因而大大减少了手术后的感染。

医学猜想，机器人上岗，医生要下岗？

手术机器人“上岗”，激光刀的运用，让更多的手术越来越科幻，也越来越自动化，这是否意味着大批外科医生要“下岗”呢？

“再先进的机器都是要人来操作的，它不会自动为病人手术。”许风雷说，手术机器人和激光刀等新技术的运用，对外科医生而言，只是又多了需要掌握的一项技术而已，作为医生需要学会并熟练使用，否则将面临被淘汰的可能。“但是，就像去不同的地方，有的要坐飞机，有的要坐汽车，有的则要坐船一样，对于不同的疾病而言，技术各有千秋，关键是选择最适合的。”许风雷说，从这个意义上说，传统手术依然有其存在的价值和必要，不可能被机器人和激光刀所取代。

（来源：《扬子晚报》作者：通讯员杨晨、曹爽俊峰，记者戚在兵 2013-08-28）

中南地区首例3D腹腔镜前列腺癌手术宣告成功

两个摄像头从不同角度拍摄，同步整合为3D影像呈现在屏幕上，这并非影视大片拍摄现场，而是出现在手术台前。昨天，中南地区首例3D腹腔镜前列腺癌手术，在广州军区武汉总医院宣告成功。

接受手术的王先生65岁。半个月前，他体检时被查出早期前列腺癌。昨天上午，他被推进手术室，泌尿外科主任潘铁军操刀，在他肚脐旁开了一个直径2厘米的小孔，将3D腹腔镜轻轻送入腹腔。戴上专用3D眼镜，手术室瞬间变成了“3D影院”，患者腹腔内的脏器、血管和组织，立即清晰地呈现在显示屏上。

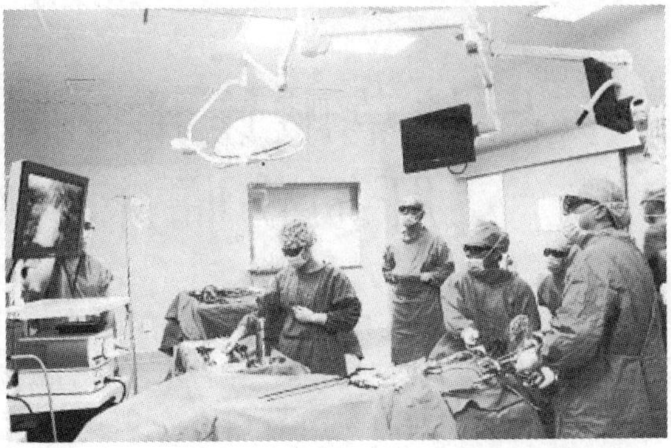

戴上眼镜的医生，看3D“电影”进行手术操作

潘铁军说，立体影像仿佛把医生带到了患者腹内，术中对血管、淋巴结的辨识更清楚，肿瘤切除更彻底，缝合也更精细。患者出血量控制在30~50毫升，安全性大大提高。

据了解，自今年6月将3D腹腔镜引入泌尿外科领域，该院先后完成了中南地区首例3D腹腔镜前列腺癌根治术、膀胱根治切除术、肾部分切除术及肾癌根治术等。

（来源：《武汉晚报》日期：2013-11-13）

我国肿瘤微创治疗技术获重大突破

近日，由我国自主研发的肿瘤微创高低温复式治疗系统首次进入临床试验并获得成功，打破了美国和以色列等国家在低温冷冻设备的垄断，标志着我国肿瘤微创治疗技术获得重大突破。

全球范围内的恶性肿瘤新增发病率数量巨大，中国的情况尤其严峻。在我国，每年仅因恶性肿瘤而为此支出的费用就超过1000亿元人民币，且大部分治疗效果差强人意。

为进一步提高杀灭肿瘤组织的效率，中国科学院理化所刘静教授和研发团队创新推出将极端低温与高强度靶向加热系统融合的治疗设备。解决了大功率高密度冷热量强化输送与快速切换问题，从性能上来说制冷量更大，冷冻能力更强，且兼具高温热疗效果，同时工作很安全，耗材容易获得，成本低。

该设备采用液氮代替稀有的氩氦气进行降温，使手术探针低温达到-190℃以下，高温达到80℃以上，在国内外首次成功开创了冷冻和热疗相结合的微创手术方法，技术达到国际领先水平。

据设备研发团队成员介绍，目前国内使用的冷冻微创治疗设备都需从国外进口，一次手术的费用需要近2万元。新技术使用成本低、容易获得的液氮替代手术所需的氩氦气，不仅可以大幅降低手术费用，还有望将技术推广到中小城市和边远地区，节省社会医疗成本，有效缓解恶性肿瘤对社会造成的沉重负担。

据悉，该设备拥有完全自主知识产权，目前已进入招募临床志愿者试验阶段。

（来源：人民网 作者：马晓慧 日期：2013-12-26）

异甘草酸镁预防肿瘤化疗相关性肝损伤临床研究项目启动

2013年1月12日，由中国临床肿瘤学会（CSCO）组织发起、全国34家三甲医院共同参与，正大天晴药业协办的“异甘草酸镁注射液预防肿瘤化疗相关性肝损伤多中心、随机对照临床研究（MAGIC-301）研究”启动会在南京举行。来自国内34家大型综合性医院或肿瘤专科医院的四十多名临床肿瘤专家作为协作研究者参加了本次会议。

公司总裁孙键在致辞中对各位专家莅临南京参加“MAGIC-301研究”启动会表示欢迎，感谢CSCO提供的高端学术平台，并愿意全力支持和精诚合作。

CSCO主任委员、解放军八一医院副院长兼全军肿瘤中心主任秦叔逵教授担任本次大会主席，全程主持了启动会。秦叔逵介绍说，从20世纪后叶以来，药物不良反应已经成为困扰全球医疗卫生领域的一个重要公共卫生问题，CSCO已经开展一系列安全性研讨和协作研究，推动恶性肿瘤的多学科规范化治疗。抗肿瘤药物引起的肝损伤普遍存在，并有增多趋势，是临床上最常见的问题之一，严重影响临床抗肿瘤治疗的效果。因此，CSCO组织发起、正大天晴药业资助开展进行“MAGIC-301研究”，旨在大规模人群中考察评价异甘草酸镁（天晴甘美）在广泛使用的情况下，对肿瘤化疗相关性肝损伤的预防作用。

秦叔逵教授主持会议

解放军八一医院肿瘤中心华海清教授代表组长单位做了“MAGIC-301研究”草案的汇报。这是该领域第一个全国多中心大样本的随机、对照临床研究。与会专家一致肯定了开展“MAGIC-301研究”的重要临床意义和价值，并对研究方案的设计、用药疗程、观察指标和统计分析等进行了探讨，提出许多宝贵的意见和建议。

大会还邀请了首都医科大学附属北京地坛医院肝病中心谢雯教授、解放军总医院血液内科卢学春教授和南京医科大学流行病与卫生统计学系于浩教授分别做了“药物性肝损伤的研究现状”、“异甘草酸镁与化疗药物相互作用的研究进展”、“数据管理与统计分析设计”的报告。

（稿源：正大天晴制药有限公司网站 日期：2013-02-21）

与会人员合影

南京医科大研发出新型纳米药物载体研究获国家发明专利

记者日前从南京医科大学获悉，该校基础医学院生物技术系姚俊博士经过近4年的研究，研发出一种名叫γ-聚谷氨酸纳米的药物载体。该载体不仅能很好运送药物，而且能携带药物精确打击癌细胞，降低药物的毒副作用。该研究前不久获得了国家发明专利。

姚俊等采用特定的微生物将味精的主要成分谷氨酸转化为一种生物高分子——γ-聚谷氨酸，原料易于获得，可通过微生物发酵大规模制备。而且，由于载体材料由谷氨酸单体组成，能被机体吸收、代谢和排泄，不易产生积蓄和毒副作用。

姚俊形象地比喻说，药物有了γ-聚谷氨酸纳米药物载体，就像汽车安装了GPS系统，可以识别出肿瘤细胞进行攻击。这是因为纳米微粒本身具有穿透人体器官的特性和被动靶向功能，通过找出癌细胞表面特定的抗体受体当作药物靶点，研发出的药物载体可以识别出癌细胞的特定受体，自动定位癌细胞，并运药物至癌细胞进行打击，避免对正常细胞的误伤。另外，还可针对各种癌细胞特有的标志物，研发出不同的“GPS系统”，从而可设计针对某个器官或肿瘤的给药机制。

（来源：《健康报》作者：蔡心轶 程守勤 日期：2013-10-24）

❖ 医学泰斗、医者楷模 ❖

吴孟超：做人、做事、做学问

吴孟超 世界著名的肝胆外科学家，我国肝脏外科的主要创始人之一，荣获2005年度国家最高科学技术奖。他提出的“五叶四段”解剖学理论、创立的“常温下间歇性肝门阻断切肝法”、开创的肝癌“二期手术”和肝癌术后复发再切除技术，使我国在肝脏外科领域的研究和治疗水平居国际领先地位，为我国卫生和教育事业发展做出了重要贡献。

【编者按】近日，中国科协、教育部、中国科学院、中国社会科学院、中国工程院共同在人民大会堂主办2012年首都高校科学道德和学风建设宣讲教育报告会，来自首都高校和科研院所的近6000名研究生新生，聆听了吴孟超、徐匡迪、姚期智三位院士所作的报告。三位院士以自己的亲身经历，勉励同学们更加自觉地加强科学道德修养，更加自觉地砥砺品格、磨炼肌体，努力做良好学术风气的维护者，严谨治学的厉行者，优良学术道德的传承者，为建设创新型国家作出无愧于青春、无愧于时代的贡献。今天，本报刊发吴孟超院士的报告节选。

我今年91岁了，和在座的大多数同学一样，也是“90”后。我只是一位普通的外科医生，这一辈子就做了一件事，那就是建立肝脏外科，与肝癌作斗争。我的经历很简单，就是在三个学校里转：首先是马来西亚的光华中学，在那里念小学和初中；回国后考入同济大学附中和医学院；大学毕业以后，我就一直在第二军医大学工作。

回顾自己的经历，我最大的感受是，做人要诚实，做事情要踏实，做学问要扎实，一定要明确自己的奋斗目标和人生理想，并不断地为之努力。可以告诉同学们，我的目标和理想是：早一天摘掉戴在中国人头上的“肝癌大国”的帽子，让我们的人民健健康康地生活。为实现这个目标和理想，我已经干了半个多世纪。由于我们还没有彻底解决肝炎和肝癌问题，所以尽管91岁了，我还要继续干下去！

用实际行动为我们的国家争光

我出生在福建闽清一个小山村，因为营养不良，3岁了我还不会走路，5岁时我跟妈妈去马来西亚，投奔在那里从事割橡胶工作的父亲。从上学开始我就跟着父亲割橡胶。割胶虽然很辛苦，但是也培养了我吃苦耐劳的性格，又练就了我灵活的双手。1937年，抗日战争爆发的时候，我正在读初中，那时候经常遭受外国人的欺负，所以心里特别希望咱们国家强大。如果国家强大了，外国人就不敢欺负我们了，小日本也不敢打到我们国家来了。初中快毕业时，我和全班的同学出去组织演出，将募捐来的钱，经过陈嘉庚先生组织的华侨抗战救国会寄给八路军，后来竟然收到了八路军总部寄给我们的感谢信，让我非常感动。我初中毕业后就向父母提出要回国参加抗日战争。就这样，1940 年春天，我和其他 6 个同学一道回国了。

经过辛苦的旅途，我们到达云南昆明，那时候的形势根本不让去延安。我和同学们合计着，继续念书吧，就这样，我进入了因战乱迁到云南的同济大学附中，后来又考入同济大学医学院，走上了医学道路。1956 年，我听一个老一辈的医生讲，日本的医学代表团到中国访问，他们团的专家傲慢地说："中国肝脏外科要想赶上国际水平，最少要 30 年的时间。"我们听了这话下定决心，要证明我们能站在世界肝脏外科的最前沿，用实际行动为我们的国家争光，为我国的医学争光。

1958 年，我们成立了以我为组长的"肝脏外科三人研究小组"，制作出了我国第一具肝脏血管铸型标本，提出了肝脏五叶四段解剖学理论；1960 年，我主刀完成了第一台肝癌手术；1963 年，我成功完成了我们国家首例中肝叶切除手术，使我国迈进国际肝脏外科的前列；1975 年，我切除重达 36 斤的巨大肝海绵状血管瘤，至今还保持着世界纪录；1976 年，我为一名仅 4 个月的女婴切除肝母细胞瘤，创下了这类手术患者年龄最小的世界纪录；1979 年我参加了美国举行的第 28 届世界外科大会，报告了 181 例肝癌手术切除病历，当时会议上有两个国家的报告加起来只有 18 例。所以，181 例对 18 例，引起了强烈的反响，确立了我国在世界肝脏外科的领先地位。21 世纪以来，我们的肝脏介入治疗、生物治疗、免疫治疗、病毒治疗、基因治疗等方法相继投入到临床应用，并且接连取得重大突破，提高了肝癌的疗效。

今年 11 月 15 日，我还做了一台手术：一个新疆的 13 岁的女孩子，肚子鼓得像气球一样。在很多地方看过，大家都觉得风险很大，不敢给她手术。我给她做完 B 超检查后，也知道风险很大，但是如果不给她开刀，那么大的瘤子发展下去，肯定要她的命。首先，我们给她做了详细的检查，经过两次全院会诊，做了充分的准备，手术那天从早上八点半到下午两点多，用了 6 个小时，把瘤子切了下来，我们给瘤子称重，一共是 10 斤 2 两！说实话，手术下来后很累，但是我心里感到非常高兴，因为我又救活了一条命。

论文我没有参与的一概不署名

1958 年，我们"三人研究小组"开始向肝胆外科进军。我做基础的东西，首先是了解肝的结构，其次是解决手术出血问题，这些问题在当时都是大问题。

肝是人体新陈代谢的重要器官，我们吃下去的食物都要经过胃肠消化，然后经过静脉传入肝里面，经过肝改造以后，输送到全身各个器官。肝不同于其他脏器，其他脏器只有一段，动脉进去，静脉出来，而肝脏有 4 个管道，所以血管非常丰富，手术很容易出血。如果能把肝的血管定型，在不同的 4 种管道里灌注进不同的颜色，血管走向就一目了然。当时条件很差，我们在实验室一干就是 4 个多月，接连试用了 20 多种材料，做了几百次试验，都没有成功。后来有一天，广播里传来了容国团在第 25 届世界乒乓球锦标赛上夺得单打冠军的消息。我突然想到，乒乓球也是一种塑料，能不能用它做灌注材料呢？于是我就赶紧去买来乒乓球剪碎，放入硝酸里，这次成功了，之后我和同事们一鼓作气制成了 108

个肝腐蚀标本和60个肝固定标本，找到了进入肝外科大门的钥匙！

后来我们又发明了“常温下间歇性肝门阻断切肝法”。在过去，切肝都是低温下，往病人的肚子里放冰水。因为要阻断肝门，阻断肝门不能时间长，时间长了要坏死。当时我们就想，能不能在常温下间歇阻断切肝，既控制了出血，又减少病人受罪，而且能减少并发症，这使手术的成功率一下子提高到90%，这个方法到现在还在运用，外国人也在运用。

1963年，我们准备进军中肝叶，中肝叶被称为肝外科“禁区中的禁区”，做中肝叶手术需要有一定的勇气，更需要严谨求实的科学态度。手术前，我在动物房对动物进行实验观察，一直到确认已经达到了保险系数，才敢决定在病人身上动手术。于是，我完成了第一台中肝叶切除，也正是这台手术，让我们迈进了世界肝脏外科的先进行列。

创新需要有敢于怀疑、勇闯禁区的精神和胆识，更离不开科学的态度和严谨诚信的学风。因为创新不是想当然，那是脚踏实地地去探索，是日复一日的积累。孔子说：“人而无信，不知其可也”，孔子将诚信作为立身处世的必备品质，早已成为齐家之道、治国之本。诚信既是一种处世的态度，更是一种道德的标识，对社会和每个人都是非常重要的，大家都要遵守。

我在这方面对学生的要求是很严的。在审阅论文时，我对他们的数据都会进行审核，有时候甚至连语言表达方式和标点符号都不放过。还有关于论文署名的问题，我没有参与的一概不署名，没有劳动就不能享受人家的劳动成果，那种不劳而获的事我不干。有时候，他们会说挂上我的名字好发表，我说那更不行，发表论文不是看面子的事情，要靠真才实学，你文章写得好、写得实，人家自然为你发表，打着我的旗号，那是害人又害己。

做人要知足，做事要知不足，做学问要不知足

1996年，我把自己积蓄的稿费和奖金，加上社会各界的捐赠500万元，设立了“吴孟超肝胆外科医学基金”，现在已经发展到2000万元。2006年，我把国家最高科技奖500万元和解放军总后勤部奖励的100万元，全部拿来作为人才培养和基础研究用。有人问我，为什么自己不留一点？我说，我现在的工资加上国家的补贴、医院的补助，足可以保证三餐温饱、衣食无忧了。可能这就是我的老师裘法祖教授常教诲我的：做人要知足，做事要知不足，做学问要不知足。

我对学生的要求很严，规定他们必须有过硬的基本功，做到“三会”，这也是我的导师裘法祖教导我的：会做，判断准确，下刀果断，手术成功率高；会讲，博览群书，能够阐述理论，不是吹牛；会写，善于总结经验，著书立作。查房时，我经常逐字逐句查看病例和“医嘱记录单”，对出现错误的既严肃批评，又指导帮助。特别是我们当医生的，所做的一切都关系到病人的生命和健康，一点马虎不得。这么多年来，我培养了上百名学生，不少人已成名成家了，或者是一个单位的骨干力量，可以问心无愧地说，我把自己掌握的知识和技术毫不保留地传授给了他们！

王红阳院士是我学生中的优秀代表。1987年秋天，在上海召开的中德医学会学术年会上，我发现她头脑很冷静，勤奋好学。不久，我推荐她到德国去留学。其间，我也经常和她保持联系，每次我到欧洲访问，都会抽出时间去看她，了解她的科研情况。后来我对她说：“你要回来，医院给你一层楼，为你建最好的实验室。”1997年，她带着所有的研究成

果回国了，当时中科院上海分院等单位都争取她，但是她居然将她领先的中德合作生物信号转导研究中心落户到我们医院。她在肝癌等疾病的信号转导研究上取得了很多突破，先后获得国家自然科学奖二等奖等重大奖项，发表有影响的论文60余篇，在国内外学术界引起强烈反响，2005年她当选中国工程院院士，2010年她又当选为发展中国家科学院院士。

我的第一个博士生郭亚军，他在美国读书的时候也取得了突出的成绩。他回国以后，我很希望他能够帮助我继续研究肝癌的防治工作。在学校要成立分子研究所的时候，我向学校推荐了郭亚军，他现在也已经是一名知名的青年科学家。

回想我走过的路，我非常庆幸当年的四个选择。选择回国，我的理想有了深厚的土壤；选择从医，我的追求有了奋斗的平台；选择跟党走，我的人生有了崇高的信仰；选择参军，我的成长有了一所伟大的学校。所以，我发自肺腑地感激党、热爱党，发自肺腑地感激军队、热爱军队！

（稿源：《光明日报》时间：2013-01-03）

“百姓少得癌”是我的中国梦

——专访“内科肿瘤学之父”孙燕院士

《生命时报》记者　陈　芸

每年的4月15日~21日，是“全国肿瘤防治宣传周”。在这一周中，孙燕院士往往是最忙的人之一。这位“中国内科肿瘤学之父”在60岁之后，除了临床诊疗，就忙于在各种场合为老百姓宣讲“防癌经验”，一讲就是20多年，讲到了他80多岁。

有人说，“孙燕的人生历程，就是中国肿瘤内科的历史。”作为中国工程院院士、中国医学科学院肿瘤医院教授，他在20世纪50~60年代一手创办了中国内科肿瘤学，日复一日挽救一条条与死神擦肩而过的生命，年复一年培养遍布祖国各地的莘莘学子，在世界抗肿瘤舞台上发出中国医生的声音。21世纪的最近两年，每个人都在酝酿着自己心中的“中国梦”，孙燕说：“让老百姓少得癌，在与癌症的抗争中取得胜利，就是我的‘中国梦’。”

创办肿瘤内科，给溥仪看病

1956年，当孙燕以优异的成绩从北京协和医学院毕业，走进日坛医院（现在的中国医学科学院肿瘤医院）的大门时，身材高大的他，怀揣着对外科的异常热情和用手术刀挽救病人的憧憬，却没想到，自己的一生将投入中国肿瘤内科治疗的开拓和发展中。

5张病床、4种药物——1959年的某一天，医院领导把这些交给孙燕，跟他说要开创一门全新的学科，叫“肿瘤内科”。孙燕说：“解放前，手术是肿瘤治疗的主要方法。就算我们这些学医多年的人，对内科治疗也是一片茫然。”新学科的开创有如婴儿蹒跚学步，在我国老一辈肿瘤治疗专家吴桓兴、李冰、金显宅教授的指导下，孙燕带着自己的团队边学习边实践，没想到，竟很快取得了成效，甚至赢得了国际声誉。

1962年，在莫斯科召开的第八届国际肿瘤大会上，一篇关于“抗肿瘤新药治疗睾丸精原细胞瘤”的论文引起了巨大轰动，被称为“药物治疗有效控制肿瘤的典范”。这篇论文的报告者，就是以孙燕为首的中国第一支肿瘤内科医生团队。这让全世界肿瘤医生第一次了解到，在中国，同样活跃着一支为了抗击肿瘤而矢志不渝的奋斗队伍，他们的研究成果一样可以为全世界患者服务。

肿瘤内科研究的成功吸引来越来越多的病人，其中包括中国“末代皇帝”溥仪。1965年，溥仪因肾盂癌在当时的日坛医院治疗，孙燕作为年轻大夫给老院长吴桓兴教授做助手。他至今还记得一次闲聊中溥仪的感叹：“你看现在我做一个普通人多好，非常的自由，爱上哪去就上哪去。但不幸我生在这么一个家庭里头，前半生几乎都是在人们的监视下生活。我是个非常软弱的人，连个苍蝇、蚊子都不敢打死。当年我结婚入洞房的时候，就有4个老太太在那看着，我也没那个本事，我就逃了。”

每次讲到这个故事，孙燕都会感慨，当普通老百姓，是远比当“VIP”自由的一件事。如今，他也和当年的溥仪一样，成了一个“再普通不过的北京老头”，骑一辆旧自行车上班，上午在病房查房，下午就可能出差讲学，明天到大洋彼岸做学术会议报告；晚上刚刚下飞机，早晨又会坐在门诊诊室看病。尽管身兼数职，但他最看重的始终是“肿瘤医生”这个称号，他最希望病人给他的论断是：“这是一个好医生。”

当“好医生”，要有社会责任感

做个“好医生”的首要责任是给病人看好病，多年的行医经验让孙燕深深明白：病人在困境里找到你，如果你不热心，病人就会觉得很痛苦、很失望。尽管有时医生不能保证绝对治好病人，但他应该保证，通过自己的热情给病人带来温暖和支持，分担他们的痛苦。

近些年，除了看病，孙燕越来越意识到，做一个“好医生”还要有强烈的社会责任感。临床上的治疗也许能挽救几百、上千个病人，但针对某些社会现象的振臂一呼，却有可能挽救几千万，甚至上亿的人。他看到，在发展中国家里，中国的肿瘤发病率已经接近发达国家的水平。自2007年开始，癌症就成为中国居民死亡的首要原因。他开始关注这些现象背后的社会原因：年轻人性关系混乱造成最近几年子宫颈癌发病率略有回升；肺癌在男性中的发病率已经高达70.4/10万，和吸烟有着重要关系。

2012年，在秦伯益和钟南山两位院士的牵头下，上百名院士联名反对“中式卷烟”入围国家科学技术进步奖，孙燕也是其中之一。“国家从烟草税收中的所得，需要支付3~4倍于它的、由烟害造成疾病的医疗费用，这点税收绝对是划不来的！”孙燕的声音不容置疑：“我一直呼吁国家要大力治理环境污染也是这个道理，经济发展的弊端绝不能‘嫁祸’给国民健康。”

2012年底，他还和天津市肿瘤研究所所长郝希山院士痛批补药抗癌，指出“说补药具有直接抗癌作用的，都是骗人"，"坚决反对用营养品来防癌"，一时间引起社会强烈关注，减少了不知多少家庭的经济损失。

防癌，从孩子抓起

"我80多岁了，还有机会得肿瘤。"孙燕经常和别人这样开玩笑。他想告诉大家，得了癌症并不是多么可怕的事，癌症不是"绝症"，像乳腺癌、前列腺癌等都相对容易治愈。

他经常在讲课时告诉大家自己的防癌经验：饿着要比撑着强、瘦点要比胖点好；工作间隙、闲暇时间常做点小运动；不沾烟酒；做个"没心没肺"的人，精神愉快；每年全身查体两次，增加体检次数可提高早期发现肿瘤的机会。

与这些生活方式上的经验相比，他更关注整个国家在防控癌症上的措施。他关心自己上中学时每天下午有1小时的体育活动课，现在怎么在很多学校都看不到了？有些学校只抓成绩，体育课等形同虚设，对青少年的身体发育和健康非常不利。他呼吁最好从中学开始就开设"健康生活——防控肿瘤"相关的课程，像性教育要透明化那样，告诉孩子们什么样的生活方式是健康的，什么样的行为是危险的、对健康不利的。对于控烟和环境污染，他呼吁国家相关部门应该行动起来，像控制酒驾那样控烟，揪出环境污染的源头，明确"谁造成污染谁治理"的责任，帮助人们远离各种可能导致癌症的病因。

"中国的肿瘤病人数量在全球名列前茅，让我们面临着巨大的挑战，也正因为如此，中国医生更应该当仁不让地站出来和癌症进行搏斗，这是我们应该承担的责任！"尽管头发花白，行动也早已不如当年矫健，可孙燕与肿瘤抗争到底的决心，多年来从未改变。

原载：《生命时报》2013年5月10日 第22版 人物专栏（天下名医）

我国肺癌领域十位元老
获中国肺癌研究终身成就奖

第十三届全国肺癌学术大会于2013年8月8日~10日在吉林省长春市净月潭益田喜来登酒店举办。大会除进行了广泛的学术交流外，还颁发了中国肺癌研究终身成就奖，孙燕院士、廖美琳教授、丁嘉安教授、黄国俊教授、李泽坚教授、汪蕙教授、杨俊杰教授、殷蔚伯教授、张熙曾教授、周允中教授十位为我国肺癌诊疗研究领域做出突出贡献的专家获得了该项荣誉。

孙燕院士作为我国肿瘤内科治疗专业的开创者和学科带头人，50多年来一直致力于肺癌的预防、诊疗工作，获得协和医科大学名医，协和医科大学"教书育人先进个人"，"全国卫生系统先进工作者"，"首都健康卫士"等称号。1999年当选为中国工程院院士。2012年获"吴阶平-杨森医药科技特殊贡献奖"和"中国医学科学院北京协和医学院终身成就奖"。

廖美琳教授为国内外享有盛誉的肺癌领域的专家。廖教授于1970年在上海市率先建立肺癌化疗专业病房，从20世纪70年代末重点研究小细胞肺癌，在国内首先提出化疗的手术多学科治疗。先后获得全国卫生文明建设先进工作者称号、全国卫生系统模范工作者称号，第三届中国医师奖、上海交通大学医学院院长奖、上海市医学科技三等奖等荣誉。

丁嘉安教授曾任上海市肺科医院副院长、胸外科科主任、胸外科研究室主任，上海市医学重点学科“胸外科学”学科带头人，从医52年，在胸外科、肺、气管、纵隔疾病等领域都有较深造诣。曾获上海市十佳医师提名奖，多次获得全国、上海市卫生系统和市卫生局先进工作者称号。

黄国俊教授在60年胸外科工作中，特别在食管癌、肺癌、胸部肿瘤等方面有丰富的临床、教学和科研经验。1988年1月，他作为亚洲第一人被英国皇家外科学院接纳为限额120人的荣誉院士（Hon. F. R. C. S. Eng）。1995年9月，国际食管疾病学会在意大利米兰召开的国际学术大会上宣告接纳黄国俊教授为永久荣誉会员。

李泽坚教授在北京协和医院疑难病诊治中心，经历了48年的临床实践，艰苦奋斗一生，学会了诊治胸部疑难病的本领，在肺癌的外科治疗，尤其是局部晚期肺癌外科手术为主的多学科综合治疗，肺癌发生、发展的分子机理等领域均有很深的造诣和精深的技术。

汪惠教授长期致力于肺癌细胞分子生物学研究，为我国著名肺癌分子生物学专家。先后担任北京结核病胸部肿瘤研究所实习研究员、助理研究员、副研究员、研究员、副所长。为北京市突出贡献专家和享受国务院政府特殊津贴专家。肺癌研究工作获得一系列研究成果，并培养了一大批研究生。

杨俊杰教授长期从事胸外科学医疗、教学、科研和人才培养工作，50多年来一直潜心研究肺癌和胸外科疾病的诊治工作，为国内外享有盛誉的胸外科学和肺癌专家。享受国务院政府特殊津贴专家、“四川省卫生系统先进工作者”、华西医科大学名医、四川省“肺癌研究终身成就奖”获得者。

殷蔚伯教授，中华放射肿瘤学会主任委员，国际辐射防护委员会第三委员会委员，国际放射肿瘤学会委员，《中华放射肿瘤学杂志》主编。作为我国肿瘤放射生物学领域的创始人之一，对我国肿瘤放射生物学学科发展和人才培养作出了重要贡献。临床工作中，全面系统地建立了各种肿瘤的放射治疗常规，特别是对胸部肿瘤放射治疗的研究做出了较高的成就。

张熙曾教授从事胸外科临床研究与实践50余年，是较早强调综合治疗的学者之一。对胸部肿瘤如食管癌、肺癌及纵隔肿瘤的诊断和外科及综合治疗有丰富的临床经验。第一批获国务院政府特殊津贴，抗癌基金会常务理事、抗癌协会常任理事以及副秘书长、肺癌及食管癌的副主任委员。

周允中教授历任上海市胸科医院胸外科主任、上海市胸科医院院长、上海市胸部肿瘤研究所副所长、上海市肺部肿瘤临床医学中心首席专家。从医50余年，周允中教授早期伴随顾恺时、吴善芳、黄偶麟及吴松昌教授，亲历并践行了我国胸心外科开创发展的关键时期，共同参与了肺癌领域许多开创性的工作。

这十位享誉国内外的肺癌领域的专家，坚持不懈地在诊治肺癌的这条荆棘路上不断地攀登、前行，一个又一个难以逾越的难题高峰被他们征服，一批又一批的癌症患者在他们手中重燃生命之光。他们为发展我国肿瘤临床事业、培养肿瘤内科人才尽职尽责、鞠躬尽瘁。赢得了广大患者的信任，受到同行同事们的尊敬和爱戴，他们为我国肺癌肿瘤诊疗学的发展、提高、开拓和普及做出了突出的贡献。

（稿源：吉林省抗癌协会）中国抗癌协会网站

❖ 热点与争鸣 ❖

临终，如何选择你的尊严？

廖新波

当一个人走到生命尽头，作为医疗从业者应该如何帮助病人，如何才以更人道、更自然和更安适的方式离开这个世界呢？

从@南都周刊了解到，有一群人于2006年2月7日上午，在北京开了名为“掌握生命归途”的讨论会，这是我们对如何通过建立“生前预嘱（Living Will）”，在生命尽头保持尊严的第一次讨论。会后我们有了自己的名字：选择与尊严（Choices & Dignity）。他们在“关于我们”上是这样写的：我们并不提倡法律意义上的安乐死。我们只是建议成年人在疾病和生命的终末期，选择不使用徒然延长死亡过程的生命支持系统，如人工呼吸器、心肺复苏术等。这种建议并不反对或贬低其他种类的选择。

他们的主张：不把此建议归类为临终关怀，因为临终关怀通常是指社会和他人对临终者的关注和作为。我们强调通过建立“生前预嘱”来实现个人对死亡方式的选择。这是一种以个人为主体的，对临终尊严的诉求，尽管也需要社会和他人的帮助，但最终要主体的明确表达和签署来实现。

“选择与尊严”是陈毅的儿子陈小鲁、罗瑞卿的女儿罗点点举办的国内首家倡导“尊严死”的公益网站，他们目睹很多亲人、朋友在疾病治疗的终末期“失尊严”的状态。因此希望通过这个网站努力做到三件事：

1. 使更多人知道什么是“尊严死”，以及如何通过建立“生前预嘱”，按照个人意愿实现这个愿望。

2. 使更多人知道在生命尽头选择不使用生命支持系统以保持尊严是一种权利，需要被认识和维护。

3. 通过推广使用“生前预嘱”，使遵从个人意愿的“尊严死”在中国法律环境下变成事实。

有人以为“安乐死”和“尊严死”是在字面上玩花巧，其实不然！安乐死，也叫主动安乐死（active euthanasia）是主动地通过注射药物等措施帮助患者结束生命；尊严死：被动安乐死（passive euthanasia）只是建议在生命终末期，停止治疗，自然地死去。

他们发起这个行动，主要是从美国“我的五个愿望”中得到一些启发。

在美国，一份由非营利组织Aging With Dignity提供的名为“五个愿望”的文件正在帮助数以百万计的人。它由美国律师协会（American Bar Association）的Commission On Law And Aging和临终照顾专家共同协商编写。选择与尊严的“我的五个愿望”是在这个文件基础上，根据中国法律环境和尊重中国文化价值观的特点做出修改后形成的。

其实，作为医生，面对无法挽救的生命非常无奈，因为很多情况下，医疗的局限性。现在这种对生命的理智的认识被越来越多的人承认。当生命机体由于疾病或严重伤害的时候，既是使用当今世界的最新技术，医疗也是无力回天，花去的是金钱和时间，得到的是折磨与失望。当一个人走到生命尽头，作为医疗从业者应该如何帮助病人，如何才以更人道、更自然和更安适的方式离开这个世界呢？在世界范围内，越来越多的人围绕这个议题展开了研究，并且有了相当多的成果。在我国还在刚刚起步。我们从现在起就得明白一个道理，我们对生命的尽头不要苛求医生做出什么奇迹，而是把生命交给医生。只要医生明白你想什么，医生就会为你做什么。医生的心灵也得到安慰。

五个愿望的内容是什么呢？我看完后，也加入其中了，你呢？

第一个愿望：我要或不要什么医疗服务

我知道我的生命宝贵，所以希望在任何时候都能保持尊严。当我不能为自己的医疗问题做决定时，我希望以下这些愿望得到尊重和实行。（请勾选，可复选）

1. 我不要疼痛。希望医生按照世界卫生组织的有关指引给我足够的药物解除或减轻我的疼痛。即使这会影响我的神智让我处在朦胧或睡眠状态。

2. 我不要任何形式的痛苦，如呕吐、痉挛、抽搐、谵妄、恐惧或者有幻觉等，希望医生和护士尽力帮助我保持舒适。

3. 我不要任何增加痛苦的治疗和检查（如放疗、化疗、手术探查等），即使医生和护士认为这可能对明确诊断和改善症状有好处。

4. 我希望在被治疗和护理时个人隐私得到充分保护。

5. 我希望所有时间里身体保持洁净无气味。

6. 我希望定期给我剪指甲、理发、剃须和刷牙。

7. 我希望我的床保持干爽洁净，如果它被污染了，请尽可能快速更换。

8. 我希望给我的食物和饮水总是干净和温暖的。

9. 我希望在有人需要和法律允许的情况下捐赠我的有用器官和组织。

（如以上内容不能表达您愿望的全部。请在以下空白中用文字补充或进一步说明。如果没有，可空着不填）

第二个愿望：我希望使用或不使用生命支持治疗

我知道生命支持治疗有时是维持我存活的唯一手段。但当我的存活毫无质量，生命支持治疗只能延长我的死亡过程时，我要谨慎考虑我是否使用它。注意！当我要求不使用生命支持治疗时它只包括（请勾选，可复选）

1. 放弃心肺复苏术。

2. 放弃使用呼吸机。

3. 放弃使用喂食管。

4. 放弃输血。

5. 放弃使用昂贵抗生素。

以下是在三种具体情况下我对要或不要生命支持治疗（我已经在上面规范了它的范围）的选择。

（一）生命末期

如果我的医生和另一位医疗专家都判定我已经进入生命末期（生命末期是指因病或因

伤造成的，按合理的医学判断不管使用何种医疗措施，死亡来临时间不会超过6个月的情况)，而生命支持治疗的作用只是推迟我死亡的时间。(请勾选，不可复选)

1. 我要生命支持治疗。

2. 我不要生命支持治疗，如果它已经开始，我要求停止它。

3. 如果医生相信生命支持治疗能缓解我的痛苦，我要它。但要求我的医生在认为对我已经没有缓解痛苦的作用时停用它。

(二) 不可逆转的昏迷状态

如果我的医生和另一位医疗专家都判定我已经昏迷，且按合理的医学判断没有改善或恢复的可能，而生命支持治疗的作用只是推迟我死亡的时间。(请勾选，不可复选)

1. 我要生命支持治疗。

2. 我不要生命支持治疗，如果它已经开始，我要求停止它。

3. 如果医生相信生命支持治疗能缓解我的痛苦，我要它。但要求我的医生在认为对我已经没有缓解痛苦的作用时停用它。

(三) 持续植物状态

如果我的医生和另一位医疗专家都判定我由于永久严重的脑损害而处于持续植物状态，且按合理的医学判断没有改善或恢复的可能，而生命支持治疗的作用只是推迟我的死亡时间（请勾选，不可复选）

1. 我要生命支持治疗

2. 我不要生命支持治疗，如果它已经开始，我要求停止它。

3. 如果医生相信生命支持治疗能缓解我的痛苦，我要它。但要求我的医生在认为对我已经没有缓解痛苦的作用时停用它。

(如以上内容不能表达您愿望的全部。请在以下空白中用文字补充或进一步说明。如果没有，可空着不填)

第三个愿望：我希望别人怎么对待我

我理解我的家人、医生、朋友和其他相关人士可能由于某些原因不能完全实现我写在这里的愿望，但我希望他们至少知道这些有关精神和情感的愿望对我来说也很重要。(请勾选，可复选)

1. 我希望当我在疾病或年老的情况下对我周围的人表示恶意、伤害或做出任何不雅行为的时候被他们原谅。

2. 我希望尽可能有人陪伴，尽管我可能看不见、听不见，也不能感受到任何接触。

3. 我希望有我喜欢的图画或照片挂在病房接近我床的地方。

4. 我希望尽可能多地接受志愿者服务。

5. 我希望任何时候不被志愿者打扰。

6. 我希望尽可能在家里去世。

7. 我希望临终时有我喜欢的音乐陪伴。

8. 我希望临终时有人和我在一起。

9. 我希望临终时有我指定的宗教仪式。

10. 我希望在任何时候不要为我举行任何宗教仪式。

（如以上内容不能表达您愿望的全部。请在以下空白中用文字补充或进一步说明。如果没有，可空着不填）

第四个愿望：我想让我的家人和朋友知道什么

请家人和朋友平静对待我的死亡，这是每人都必须经历的生命过程和自然规律。你们这样做可使我最后的日子变得有意义。（请勾选，可复选）

1. 我希望我的家人和朋友知道我对他们的爱至死不渝。

2. 我希望我的家人和朋友在我死后能尽快恢复正常生活。

3. 我希望丧事从简。

4. 我希望不开追悼会。

5. 我希望我的追悼会只通知家人和好友（可在下面写出他们的名字）。

（如以上内容不能表达您愿望的全部。请在以下空白中用文字补充或进一步说明。如果没有，可空着不填）

第五个愿望：我希望谁帮助我

我理解我在这份文件中表达的愿望暂时没有现行法律保护它们的必然实现，但我还是希望更多人在理解和尊重的前提下帮我实现它们。我以我生命的名义感谢所有帮助我的人。

我还要在下面选出至少一个在我不能为自己做决定的时候帮助我的人。之所以这样做，是我要在他/她或他们的见证下签署这份“我的五个愿望”，以证明我的郑重和真诚。

（建议选择至少一位非常了解和关心您，能做出比较困难决定的成年亲属做能帮助您的人。关系良好的配偶或直系亲属通常是合适人选。因为他们最合适站在您的立场上表达意见并能获得医务人员的认可和配合。如果能同时选出两个这样的人当然更好。他们应该离您不太远，这样当您需要他们的时候他们能在场。无论您选择谁做能帮助您的人，请确认您和他们充分谈论了您的愿望，而他或她尊重并同意履行它们。）

我在由我选定的能帮助我的人的见证下签署这份文件。我申明，在这份表格中表达的愿望在以下两种情况同时发生时才能被由我选定的能帮助我的人引用。

1. 我的主治医生判断我无法再做医疗决定，且

2. 另一位医学专家也认为这是事实。

如果本文件中某些愿望确实无法实现，我希望其他愿望仍然能被不受影响地执行。

被我选定的能帮助我的人是

姓名　　与我的关系　　联系地址　　电话　　签署日期：

姓名　　与我的关系　　联系地址　　电话　　签署日期：

被选中人声明：

1. 本人（签名在生成文档后，打印成纸质文件时签写）兹声明该签署本文件之人（以下称签署人）与本人讨论过这份表格中的所有内容，并于本人在场时签署并同意这份“我的五个愿望”。签署人神志清楚，未受到胁迫、欺骗或其他不当影响。

日期：

2. 本人（签名在生成文档后，打印成纸质文件时签写）兹声明该签署本文件之人（以下称签署人）与本人讨论过这份表格中的所有内容，并于本人在场时签署并同意这份“我的五个愿望”。签署人神志清楚，未受到胁迫、欺骗或其他不当影响。

日期：

（来源：新浪博客 日期：2013-09-12）

“尊严死”，可以吗？

陈伟斌

治，或不治，是每一位躺在病床上绝症患者必须面对的选择。

首个“尊严死”协会在北京获批准成立，期待丰富“大限抉择”选项。当生命走向最后时光，是选择用医疗手段和各种药物来痛苦地延续生命，还是放弃那些庞杂的维系设备，顺应自然的死去？“尊严死”，这个持续了十多年的“经典问题”，被再度热议，源于7月30日北京市民政局批准北京“尊严死”协会（即生前预嘱推广协会）的成立。在这场或许永远都不会有标准答案的争议背后，也是无数家庭与病患们都在普遍面对的现实问题——每个面临大限的人，都必须做出属于自己的尊严选择。“活着还是死去？这是一个问题。”莎士比亚在《哈姆雷特》中抛出的人生选择，让现代人在面对“怎么死”的时候，依旧难以抉择。

治，与不治

对于张超文而言，钱不是问题，问题在于，他的肝癌已是晚期。

9个月前，已经67岁的张超文被确诊患肝癌。其实病情早已显现，若不是一次意外晕倒，他甚至还不会去医院做全面检查。

作为浙江省诸暨市的一名私营企业主，他的大家庭积累了令人羡慕的财产。当肝癌的消息传至族里时，所有亲友都赶到张超文家里，家庭大会的过程快而明了，没有任何异议或犹豫——治。

于是，张超文的表妹郭秋芹找了一圈熟人，终于让哥哥住进了当地最好的病房，所有人都觉得，即便最后还是无力回天，也得让张超文在最后的时日里，能在最好的医疗环境里接受最好的治疗，“不治怎么办？在村里，我们也不想让别人在背后戳脊梁骨。”

最好的治疗，在郭秋芹当时的意识里，不过就是钱的问题。

张超文也希望自己的生命能尽可能的延续下去。住院前，他就向儿女们表达过这个意愿。“其实这个年纪了，如果是别人，我肯定建议回家休养。”作为张超文的远房亲戚，同时也是医生的张强，并不好在听说此事后对家人多说什么。直到今年5月底，他在去看望刚刚手术后、痛苦不堪的张超文：“他问我到底还治不治得好？”张超文问这句话时，身上插满了管子，当时除了张强，周围还有不少其他亲友，一时间，所有人都不知该如何答复。

最终，张强以几句安慰的话语，将那个问题搪塞了过去。但实际上，作为医生，他很明白张超文当时的情况。执意的治疗只会给那个已消瘦不堪的老人，平添更多痛苦——不仅是肉体上的，更是心理上的煎熬，“这种情况在中国太常见了，很多家庭就算是倾家荡产，都会让病患延续那屈指可数的时日，而非让他们享受最后的人生。”

张超文不知道，就在他癌症确诊的一年半前，同在诸暨，同是一位老人，却在癌症确诊后，没有选择住院治疗，而是过上了另一种生活，以一种叫“尊严死”的人生态度，面对不治之症。

2011 年 4 月，陈作兵的父亲陈有强被查出身患腹膜恶性间皮瘤时，已是晚期，全身扩散。他儿子陈作兵，则是浙江省第一人民医院的毒理专家、医学博士。以往都是给别人挑选治疗方案的陈作兵，在面对摆在眼前的父亲的病历时，却也是束手无策。

在浙一医院普外科住院期间，陈有强很容易就可以看到其他一些肿瘤晚期的病人，很多只是瘦弱的躺着，浑身插满管子，痛苦不堪。

于是，不想拖累子女，也不想让自己在痛苦中死去的陈有强找到了主治医生，提出希望安乐死，这个想法很快也被主治医生如实转达给了陈作兵。

听闻陈有强的想法后，陈家还为此召开了家庭会议。依照陈家的经济条件，如果按常规治疗，陈有强是可以多活些时日的。但期间，治疗的过程对陈有强而言却是非常痛苦。

这不仅是对陈作兵，对所有遭遇此类情况的病人与家属而言，都是一个艰难的抉择。最终，会议结果是让陈有强自己做决定，家属们则尊重老人的选择。

在听完陈作兵对病情的相关说明后，陈有强给自己留了一夜的时间来做决定。次日一早，陈作兵接到母亲的电话：陈有强希望儿子将自己送回诸暨的农村老家，在那里度过余生……

选择与尊严

在医院的日常工作中，见到类似病例，张强和他的同事们都会将实情委婉的告知病患家属或病患自己，“这种事对我们而言，也很为难。”陈作兵亦是如此。“长期在医院工作，看到过一个数据，说一个人的医药费用，有 1/3 左右是花在最后和死神搏斗的那个战役上，而毫无例外，我们全部输了。”如今，距离父亲去世已将近一年半，陈作兵对“尊严死”也有着更深刻的理解：尊严死是建立在尊重死亡、理解死亡的基础上的“安宁疗护”。

对此，罗瑞卿的女儿罗点点对此则表述更为直接：意义在于我们可以更加从容、更加尊严地走完回家的路，而不是慌张、害怕、匆忙、手足无措。如今，她不仅是公益网站“选择与尊严”的创建者，也是 2013 年 7 月 30 日刚刚成立、北京市卫生局主管的“北京生前预嘱推广协会”的常务副理事长。

但在当时，陈作兵也没敢将这个理念直接引入家中。

陈有强回到村子，把生活过得舒心，成为他余生唯一的目标：不再打针吃药，没有任何禁忌，只吃些自己最喜欢吃的东西，和亲朋好友打电话，种地养鸡……2012 年的春节，是陈家最为热闹的一个春节，陈有强还给每个孙辈都发了 200 元红包，原本每年只是 50 元。年夜饭结束，全家还拍了许多张全家福，陈有强在拍照时也始终笑着。

这期间，陈作兵还曾到英国短暂进修。在那里，他发现一些绝症病人在入院评估后，往往在病历上会有 NCPR 的标签——这意味着这个病人在危险时候，不要任何抢救措施。也就是说，他们希望人生在终结时，拒绝延长生存几小时或者几天的希望。

活的是质量，而不是几天行尸走肉的生命，死也是有尊严的——这是陈作兵在国外进修时的感触。

过完春节，大年初一，陈有强因病重住进了诸暨市人民医院。2012 年 3 月 22 日，他在医院安详去世。

相较之下，张超文则是在经历了极大的痛苦后才决定了自己的余生走向。

6 月初，张强接到郭秋芹的电话，被告知张超文已经出院，回到乡下“等死”。做这个决定的人，是张超文自己。张强则在电话里告诉郭秋芹，张超文的决定并非坏事。挂电话前，他用一句最简单，却也最真实的话嘱咐郭秋芹：“接下来的日子里，让老头子想怎么过就怎么过吧。”

但作为张超文，已经很难——此前的治疗延续了他的生命，但回家后，只能卧床的张超文最终在今年 7 月中旬离世。“尊严死？当时肯定不知道这个说法。”郭秋芹至今也无法理解陈作兵当初为什么要听从陈有强的选择，在很多人看来，陈作兵的做法甚至是不孝，“在中国，现在很多人都没法儿接受这种方式，毕竟中国传统还摆在那里。其实，我们觉得坚持治疗也是一种对生命的尊重，也是尊严。”“最后那段时光，他连话都已说不出来。”不过在张超文离世后，郭秋芹也慢慢开始理解哥哥最终决心出院的心情，她也开始怀疑，一开始决定治疗的决定，是对是错？“这些决定没有对错之分，只有理解不同病人、家属，是发自内心、经过思考做出的决定，均是成熟、理智、对的。”不仅是对家属和病患，对于医生本身，陈作兵也认为，医生该尽一切努力救治伤病；但在对待临终病人时，医生的定位则应是生命的看护者——现在很多医生也在改变传统的不惜一切代价，抢救到底的理念，而是实事求是地告诉家属，尊重病人、家属的理念，“不要去打扰他们，让火焰慢慢安静的平息。”

在非议中挑战

张超文和陈有强，以及他们家人的选择，正是中国所有病患老者以及他们的家属们所面对的普遍问题。

北京松堂临终关怀医院，作为我国第一家临终关怀医院，院长李伟在接受媒体采访时曾提及，到北京一家大型医院交流学习时，在危重病房看到一位 80 多岁的男病人身上插了 7 根细管帮助他维持生命。可实际上，连主治医生都说，这位老人活不了 3 天。

对此，李伟反问实施抢救的医生：“你给病人用了七八种药液，即使把它们都倒进烧杯里，你想过那是什么成分吗?”

李伟说，松堂临终关怀医院 85%的病人都表达过想要安详地离开人世的意愿。但现实中，却可能有 85%的病人家属没有足够的勇气这样做——“尊严死”在现今的中国社会无法回避传统伦理观念的挑战，陈作兵就曾因父亲的事件受到过长时间的非议。

为了让人们接受“尊严死”的观念，淡化非议。2006 年，在罗点点的倡议下，“选择与尊严”公益网站成立，她试图以此来告诉人们什么叫“尊严死”。除了“北京生前预嘱推广协会”，罗点点还在计划建立中国生前预嘱注册中心，倡导将死亡的权利还给病患本人。

如今，这个探讨“死亡”话题的网站，已经累计有 91 万人次的流量，并有 1 万人已经填写了“生前预嘱”。而在美国，这个数字为 400 多万。

但作为北京市卫生局，也在北京生前预嘱推广协会成立时公开表态称，因该协会倡导推广的“尊严死”和“安乐死”有本质上的不同，而我国虽然没有明确法律、法规禁止公民选择“尊严死”，但也没有相关法律支持此行为，可以说仍是“处于法律空白状态”，所以北京市卫生局和市民政局不会介入推广宣传，目前只是对北京生前预嘱推广协会进行业务指导和监督管理。

不过就在近期，有媒体针对“尊严死”做了一份调查问卷，结果显示，59.8%的受访者赞成“尊严死”，13.3%的受访者持反对意见，26.9%的受访者选择“看情况”。

对此，北京生前预嘱推广协会顾问、首都医科大学宣武医院神经外科主任凌锋则认为，要面对并解决这个问题其实并不难。

凌锋认为，人们可以将自己的“生前预嘱”放在“选择与尊严”网站上，病患临终时，其家属可以将“生前预嘱”向医生出示，要求按照患者生前的意愿去做。但这一切都有一个前提，就是这个病人的病情是被确定为不可挽救的了，如果患者还有被救活的可能，那么这份“生前预嘱”即便家属出示也无效。“我知道死亡有一万多道门，让人们各自退场离去。”——父亲去世后，陈作兵在面对猛烈的社会争议时，留下了这句手记。而郭秋芹和族人们来说，他们已尽到了所有能力，虽然也看到了张超文最后的痛苦挣扎，并开始逐渐明白“尊严死”的意义，但毕竟，他们所做的一切无对错可言，“其实有时我也在想，万一我也有那么一天，我会怎么做决定呢?”

（来源：《山东商报》日期：2013-08-19）

相关链接

【聚焦两会】顾晋：推广“尊严死”很有必要

“在人的一生中，70%的医疗费用在生命的最后阶段，而这个时期的医疗费用相当高，是对医疗资源的浪费”在上海代表团审议全国人大常委会报告上，全国人大代表、北京大学肿瘤医院结直肠肿瘤外科主任顾晋的这番话，引起了众多代表的关注。

2012 年的时候，顾晋代表就曾向十一届全国人大五次会议提交议案，建议制定行政法规或规章在全社会推广“尊严死”，让“生前预嘱”具备法律效力，并已被列为正式议案。在今天的全团会议上，顾晋代表再一次呼吁要向全社会宣传“生前预嘱”。

“在国际上，上世纪 70 年代，就有人提出应该安静且有尊严的死去。我们的每一个健康人，在清醒的时候，就可以选择将来在生命末期时，究竟去不去治疗。”顾晋代表说。

顾晋代表这两年在媒体上的对于“尊严死”的解释来看，其不同于主动致死的“安乐死”。“尊严死”是遵从自然规律、体现生命和谐的主张。当治疗无望时，是使用呼吸机等人工生命支持技术延缓死亡；还是选择接近自然死亡的方式，追求更多的临终尊严？人们完全可依据个人意愿“自主选择”——前提是填写“生前预嘱”。

按照顾晋代表的设想，一个人在生命末期，要或不要什么医疗照顾，要或不要生命支持系统延缓死亡，要或不要捐赠遗体、器官以救助他人，都可以在“生前预嘱”中做出预先指示。

对生命本身而言，死亡是所有生命的归宿，在生命尽头选择不使用生命支持系统以保持尊严，也是一种基本权利。但其首先应该是符合法律以及医学道德伦理的要求。从这个角度来说，这种建立在个人“知情同意权”基础上的死亡方式，并且以法律的形式予以保证当事人的合法权益，无疑是非常有必要的。

（来源：东方网，统战部供稿 日期：2013-03-20）北京大学医学部网站

探索“尊严死”亟待法律规范

徐立凡

面对根深蒂固的伦理传统，对“尊严死”概念谨慎推行，并给予其严格的“生前预嘱”的约定，是必要的。

最近，因为媒体的报道，一个潜伏在日常生活湖面之下、敏感而严肃的问题被重新提起，那就是北京成立“生前预嘱推广协会”向公众普及和推广使用“生前预嘱”，以及“尊严死”的概念。

“死”是一个“大”得简直让人不敢正视的问题。人最宝贵的东西是生命，生之眷念根深蒂固。民间百姓，即便经历着战乱、饥馑，甚或妻离子散的苦难，也不会轻易言“死”。向来有“好死不如赖活”、“人命大于天”的看法。因此，生命权向来被视为最高权利，受到世界各国最严格的法律保护。

但是，从我们的文化传统看，也存在着“舍生取义”、“重诺轻死”等另一种价值取向。这种价值的核心是“尊严”。

文明的发展倾向于达成以下新的共识：衡量幸福的，不是生命的长度，而是生命的质量。潜在的推论是：当生命失去了质量时，生命长度的意义便需要重新衡量。即便如此，以生存为内核的平民生命观，与以尊严为内核的知识分子生命价值观，绝对没有高低之分。但也因此，“尊严死”应该获得与“生”一样的权利。

对普通人来说，死亡也许过于遥远；而对那些ICU病房里已经失去行动甚至思维能力、毫无复原希望的病人来说，身体被切开、插满导管，承受着心脏电击、大量灌药、因心肺复苏术带来的肋骨断裂的痛苦，每天都大量重复发生。一方面是病人的“生不如死”、“求死不能”，另一方面是家属在伦理和现实痛苦中饱受煎熬。

因此，普及和推广“尊严死”的概念，其实兼具了文化和现实的土壤。需要强调的是，“尊严死”是“对没有任何恢复希望的临终患者或植物人停止单纯依赖生命支持系统维持的毫无质量的生命状态”，并不同于“安乐死”。后者是“在医生协助下的自杀，目的是为了结束进入临终状态患者的痛苦”。

尽管单从维护生命尊严的角度，二者的区别似乎仅在于程度，但在目前法律的层面，却有合法与否的区别。即便法律没有禁止，面对“死”这样严肃的大事，面对根深蒂固的伦理传统，对“尊严死”概念谨慎推行，并给予其严格的“生前预嘱”的约定，是必要

的。解决了理念问题，如何规范执行程序、如何处理可能出现的伦理问题等，则是相对容易的实践问题。

（来源：《京华时报》 日期：2013-08-01）

三成危重病人抢救无意义 北京成立协会推广尊严死

李秋萌

大限将至时，是选择插管、上呼吸机等竭尽全力地去挽救生命，还是放弃一切生命维持措施，有尊严、无痛苦地死亡？

昨天，记者获悉，本市已经成立生前预嘱推广协会，在北京市卫生局主管下开展业务。市卫生局表示，“生前预嘱”概念在我国并无法律明确支持或禁止，目前尚处民间推广阶段，卫生行政部门将“观察”其效果和发展，并对该协会在法律范畴内的运行进行业务指导和监督管理。

协会概况——罗瑞卿之女办网站提倡尊严死

记者获悉，由北京市卫生局主管的“北京生前预嘱推广协会”，经北京市民政局审查批准已于今年6月正式成立，并于上周向社会公布协会章程。该协会由热心推广生前预嘱的企事业单位和个人自愿联合发起成立，旨在通过推广使用“生前预嘱”，让更多人知道，在生命尽头不使用生命支持系统以保持尊严是一种权利。

据了解，2006年，一批由政府工作人员、医学界和学术界人士组成的志愿者致力于此项工作，建立了专门探讨死亡问题的公益网站“选择与尊严”，并推出了中国首个民间“生前预嘱”文本。

开国大将罗瑞卿的女儿罗点点是该网站的创建人之一，亦担任新近成立的北京生前预嘱推广协会常务副理事长。她介绍，该文本总的嘱咐原则是，如果自己因病或因伤导致身体处于“不可逆转的昏迷状态”、“持续植物状态”或“生命末期”，不管是用何种医疗措施，死亡来临时间都不会超过6个月，而所有的生命支持治疗的作用只是在延长几天寿命而存活毫无质量时，希望停止救治。“是人在身体健康时从容地考虑和安排自己的身后事，适用于各种年龄”，罗点点说，它能帮助家人了解病人本身无法表达的想法，可以随时改变或终止。

据介绍，协会将凭借网站平台及学术研究、问卷、制作媒体内容、组织志愿者活动等方式普及和推广使用“生前预嘱”，以及“尊严死”概念。该网站还可为生前预嘱注册者提供使用平台，并维护他们的合法权益。

两年内9500余人网上填写预嘱

记者在“选择与尊严”网站上看到，“生前预嘱”全称为“我的五个愿望”，分别是

“我要或者不要相关医疗服务”、“我希望使用或不使用生命支持治疗”、“我希望别人怎么对待我”、“我想让我的家人和朋友知道什么”、“我希望谁帮助我”。每个“愿望”下有1~11 个总计 42 个细分条目，以打钩方式填写。

自 2011 年 6 月起，公民可以登录“选择与尊严”网站，自愿填写“生前预嘱”，并随时修改或者撤销。截至昨日，该网站已有 913 118 人次登录浏览，共 9580 人完成了“生前预嘱”。

望成立中国生前预嘱注册中心

继成立“选择与尊严”网站、倡导组建生前预嘱推广协会之后，罗点点还计划建立中国生前预嘱注册中心，将在很多方面参照美国的生前预嘱注册中心，如一个患者进入医疗机构后提供医保号码时，医疗机构和从业者即能第一时间检索到该患者在生前预嘱注册中心登记的所有内容，在医疗机构中，生前预嘱和病案实行同级别操作，可以随时更新，每个医院都有专职的法律工作者和填写者合作。

罗点点介绍，美国的生前预嘱注册中心是非盈利机构，提供的所有服务是由美国联邦政府和公立医院购买。

市卫生局——不会助其宣传但会观察效果

北京市卫生局副局长、新闻发言人钟东波表示，北京生前预嘱推广协会是其主管登记的近 50 个社会团体之一，其开展的活动须遵守中华人民共和国宪法、法律、法规和国家政策，遵守社会道德风尚，市卫生局和市民政局对协会进行业务指导和监督管理。

“目前，囿于我国法律、伦理和文化传统等，生前预嘱并未得到公众的认可”，钟东波表示，因“尊严死”和“安乐死”本质上不同，因此我国虽然没有明确法律、法规禁止公民选择“尊严死”，但也没有相关法律支持此行为，“处于法律空白状态”，因此只要不违背法律、法规的活动内容和宗旨行政部门都会支持。

“很多人离世前都是很痛苦的，生前预嘱体现了对人的尊严的尊重，且是完全自愿的，美国 30 多个州都立法认可‘自然死亡’”，钟东波表示，主张推动此协会成立的多是来自医疗界、且很有社会责任感的老同志，他们的努力是值得尊敬的，但目前生前预嘱的推广还属于民间团体的行为，卫生行政部门将不会介入推广宣传，也不会有何官方举措推广此概念出台，但对其效果和发展会“观察”。

释疑“尊严死”与“安乐死”有何区别？——尊严死不主动结束他人生命

罗点点表示，“尊严死”不是“安乐死”，不以任何主动的方式结束他人生命。安乐死是医生协助下的自杀，目的是为了结束进入临终状态患者的痛苦。而尊严死是一种自然死亡状态，是指对没有任何恢复希望的临终患者或植物状态停止使用呼吸机和心肺复苏术等治疗手段。目的是减轻肉体痛苦使其处于安详状态的一种“等死”，尊严死是消极的、被动的，是医疗措施的不作为。

家属或医生会否帮助实现生前预嘱？——执行决定权多为家属掌握

北京推广生前预嘱协会专家委员会委员、北京复兴医院院长席修明表示，生前预嘱必须是公民在身体健康、意识清醒情况下写下的。目前在临床上，遇到病重的患者，医生会尽最大的可能挽救患者的生命，但如果患者已经签署了生前预嘱，且其家属在入院时告知医生此情况，医生确定患者病重的话，则会建议患者回家休养。

席修明表示，“尊严死”的实现是个“复杂的事”，“如果患者20岁写下生前预嘱，其80岁临终前，医学水平也许完全可以救治。另外，如果其生前预嘱交给了其前妻或前夫，那其临终时谁来出示？还有家人不出示怎么办?”，席修明说，即使患者签署或手写了生前预嘱，但这些都只是临终者的心愿，要不要遵守关键还得看家属的意思，现实中选择放弃治疗的人太少。

律师说法——真实意思表示具法律效力

深圳衡平机构的创始人、公益律师黄雪涛表示，如果生前预嘱是拥有行为能力的人的真实意思表示就具有法律效力，是附条件生效的合同。当然，自写或有自己签名的生前预嘱法律效力较低，在订立和执行时最好由公证机关公证或者有第三方（无利益冲突，非潜在受益方的两位见证人）见证，这种形式的法律效力则更高。当然生前预嘱不排除在特定情况下被推翻的可能，如医生认为医学技术可以帮助患者缓解病情进行治疗等，如果医生此后被家属等起诉为“未尊重患者本人意愿”可做免责抗辩。

对于有可能存在的利益相关方利用生前预嘱将患者“被死亡”问题，黄雪涛表示，如果有证据证明生前预嘱是在本人非自愿的情况下签署的，即不是本人真实意思的表示，则该生前预嘱无效。

链接——三成危重病人抢救无意义

今年全国“两会”上，全国政协委员、北大医院心内科教授霍勇表示，对患者的生命延续非但没帮助，有时还会对其造成更大痛苦，对医疗资源也是种浪费。他估计，医院内1/3的危重症病人，对其的抢救是无谓的。

他山之石——美35个州立法支持自然死亡

早在1976年8月，美国加州首先通过了“自然死亡法案”，允许不使用生命支持系统来延长不可治愈患者的临终过程，也就是允许患者依照自己的意愿自然死亡。1993年，为了推广生前预嘱这个概念，时任美国总统克林顿和夫人希拉里签下了生前预嘱。

到目前为止，美国35个州都通过了“自然死亡法”。人们可以通过签署“生前预嘱”，按照个人意愿选择病危或临终时要或不要哪种医护治疗方法。包括使用或不使用生命支持系统。越来越多的人知道自己享有这种权利，并运用这种权利追求更自然更短暂的“自然死亡”。

在英国，1967年创立了世界上第一个临终关怀机构，目的是为临终病人提供服务。目前，世界上已有70多个国家和地区建有临终关怀机构。

名词解释

生前预嘱：是人们事先，也就是在健康或意识清楚时签署的，说明在不可治愈的伤病末期或临终时要或不要哪种医疗护理的指示文件。

（来源：《京华时报》日期：2013-07-30）

北京老年医院首启“生前预嘱”项目

李秋萌　潘之望

健康长寿是我们每个人的美好愿望，但生命中有很多事，不在我们的掌握之中。您在健康、意识清醒的时候填写这份文件，会让您有办法掌握非常重要的事：当您因为伤病无法为自己的医疗问题做决定的时候，它能让您的家人明确了解并尊重您的意愿。

以上这段话来自北京老年医院老年病临床与康复研究所拟定的“生前预嘱”前言，不同于北京生前预嘱推广协会提供的面向社会大众的“生前预嘱”，作为本市第一家提出在院内试行、并有意向每位患者推广的医疗机构，老年医院根据医院内患者情况和诉求制定了临床使用版本，目前该项目已经启动初期调研，最快于明年初在院内重点科室推行。

院方表示，视试点进行情况，生前预嘱或将在全院范围内推广，一旦成功，该院希望推广到全国各地的老年医院。

项目方案“生命终末期”须两名医生认定

北京老年医院老年病临床与康复研究所助理研究员刘向国表示，作为老年病专科医院，面对的不可治愈的患者越来越多，“有的患者考虑到家庭经济原因，不想再做无谓的治疗，选择了放弃，但家属坚持治疗；有的患者仍有生命迹象，但家属却放弃治疗，不再来看望，也不交医疗费，这种情况该怎么办?”

为此，两年前该院有意探索设计适用于临床患者的“生前预嘱”，并于去年正式作为医院的科研基金资助项目启动研究。

“比如，当患者处于癌症晚期时，无法决定自己的医疗意愿，通过生前预嘱可以事先说明在不可治愈的生命末期或临终时要或不要哪种医疗护理，能够让患者家属和医疗机构充分了解并尊重其意愿。”刘向国表示，针对“生命终末期”的判定，该生前预嘱明确，只有在该患者的主治医生和同院另一位医生（两人均为副主任医师级别以上）都判断其无法再为自己做出医疗决定的情况下才能被引用。

欲搭车“遗嘱”增法律效力

刘向国表示，其正在计划在“我的医疗意愿”中再增加“遗嘱”内容。这样，一方面可以避免患者突发急症时，多名子女就开始为争夺房产或财产等争吵不休；另一方面，也会使这份生前预嘱拥有法律效力。“我国目前没有自然死亡法，因此生前预嘱只是患者意愿的表达，如果家属反对的话基本很难实现其意愿，但若增加财产如何分割、如何料理后事等遗嘱内容就会受法律保护”，为此，医院已着手引进第三方，即律师事务所介入，旨在保障患者的选择权得到更好的尊重和实现，并规避不应由医生承担的法律风险。

为了避免患者子女对其填写“生前预嘱”放弃救治出现争议，“我的医疗意愿”中明确，填写者需在亲属中选择两人作为自己的“医疗代理人”，在他们的见证下签署，一旦自己无法再做出医疗决定时，由他们代替自己做出医疗选择，并需要填写医疗代理人的姓名、电话、地址、与填写者关系等。

明年初在肿瘤等科室试点

刘向国介绍，“我的医疗意愿”项目的实施分为三个阶段，一是将肿瘤科病人和家属、关怀科病人家属、医生作为研究对象，通过问卷、沟通等方式采集数据，得出影响生前预嘱实施的因素，为实施提供理论依据；二是制定出符合老年医院和中国国情的生前预嘱实施模式，并在肿瘤科、关怀科等重点科室试行；三是在总结试点经验的基础上，在全院所有科室推行生前预嘱，“即患者来到医院后，在咨询台人员的介绍和帮助下填写生前预嘱”，刘向国表示，如果在就诊时就可以自己选择如何安宁地度过最后时光，这也将有助于患者理性对待病情，做出尊重自己内心的选择。

（来源：《京华时报》日期：2013-08-01）

恶性肿瘤多学科综合治疗的困境

广东省人民医院、广东省肺癌研究所 吴一龙

毫无疑问，恶性肿瘤多学科综合治疗的理念，在我国已经得到了广大临床肿瘤学工作者的认同。君不见，近 15 年有关恶性肿瘤的国家科技攻关计划，综合治疗均是国家的主要导向内容之一；君不见，近年来有关癌症研究领域的大会小会，多学科综合治疗必定是会议的主旋律之一；君不见，现时各种癌症治疗指南的撰写，都把综合治疗列为主要章节；君不见，……但，在这热闹的背后，我们见到的是，我国的恶性肿瘤综合治疗，多数停留在吆喝的阶段，并没有实质性的进展，就像美丽的蝴蝶蜕变前，只不过是很丑的蛹而已。显然，剖析造成这种现状的原因，对突破癌症多学科综合治疗的困境，很有必要。

一、分科体制制约了癌症综合治疗的发展

目前我国临床肿瘤学的分科体系，主要沿袭着以治疗手段分科的特点，即分为肿瘤内科、肿瘤外科、肿瘤放射治疗科等。即使在分科更细的肿瘤专科医院，也只是在上述的分科基础上再加上部位的划分而已，如胸部肿瘤科，实际上是胸部肿瘤外科，头颈肿瘤科是头颈肿瘤外科。显然，在恶性肿瘤有效治疗手段单一的时代，这种分科体系有利于学科的发展，因为各种分科体系自觉和不自觉的行为，都是引导学科向纵深发展而不是横向发展。这样，以治疗手段来分科，其发展方向，自然是对治疗手段本身的技术至上主义。譬如肿瘤外科医生，其感兴趣的，可能不在于一个疾病的合适治疗方法，而在于肿瘤外科技术的掌握和发展。因此，他们更感兴趣于术式的创新，感兴趣于器械外科技术、腔镜外科技术、机器人外科技术等，在临床实践中，左右着他们的治疗决策的，是这个肿瘤能不能切下来，手术的危险性如何等，至于手术后的长期效果、生存率、是否有比手术更好的治疗手段，基本上不在考虑之列，这也是几十年来主要实体瘤单纯外科手术后的 5 年生存率

长期徘徊不前的主要原因之一。

肿瘤外科如此，肿瘤内科、肿瘤放射治疗科又何尝不是如此？肿瘤内科的骨髓移植支持下的超大剂量化疗，肿瘤放射治疗科的各种分割模式的设计应用，究竟给大多数的实体瘤带来多大的治疗进步呢？答案恐怕并不乐观。

更有甚者，一种治疗手段刚萌芽，就有好事者迫不及待地建立新的科室，如肿瘤热疗科、光动力学治疗科、超声治疗科等，后来者正在不断地放大以治疗手段分科的先天不足。

显然，在恶性肿瘤有效治疗手段不断增多、对癌症疾病复杂性本质的认识越来越深的今天，上述的治疗手段分科体系的局限性也就显而易见了。

各自为政是治疗手段分科体系的一大特点，相对于肿瘤综合治疗而言，这一特点反而成为了缺陷。许多癌症患者抱怨说，咨询5个科室就有5个治疗方案，实际上这是分科体系的必然结果。

有意无意夸大各自手段的作用，同时贬低其他手段的作用，也是这种分科体系的特点。胸外科医生常常无不自豪地说，肺癌术后的总体5年生存率高达40%左右，因此手术是唯一能治愈肺癌的手段。但胸外科医生是否知道。目前初诊的肺癌患者，ⅢB期、Ⅳ期的肺癌占了50%，适合手术治疗的Ⅰ期、Ⅱ期肺癌仅占30%。一种手段只能处理少数的患者，能称这种手段是主要的治疗方法吗？又有多少胸外科医生知道。接受了手术治疗的肺癌患者，其复发转移率高达30%~75%。而80%的复发/转移发生在术后的2年内，其中位无疾病生存时间仅为11.5个月。实际上，许多严肃的教科书都将手术治疗限定于能完全性切除的早期肺癌（Ⅰ期、Ⅱ期和经选择的部分Ⅲ期患者），但在临床实践中。胸外科医生不自觉中将其扩大化到所有的肺癌患者，外科手术过度治疗就这样形成了，合理的综合治疗也就成为泡影。

这方面的典型例子还有各种所谓新疗法的应用。γ刀、诺力刀、介入治疗、微创技术、基因生物治疗的滥用。不但削弱了大家对这些技术的信任，更使恶性肿瘤的综合治疗陷入无序混乱的局面。

显然，打破以治疗手段进行分科的体制。建立以病种分科的新体系，是使恶性肿瘤的综合治疗能规范化的体制保障。尽管这点还没得到大多数管理者的认同，但已有身体力行者作了有益的尝试。譬如广东省人民医院肿瘤中心的肺癌研究所、乳腺科。上海胸科医院的肺癌中心、上海复旦大学的乳腺科。这种将多学科人才重新组合形成团队来处理一个疾病的模式。已显示出其创新性的生命力。也是这些领先学科的恶性肿瘤综合治疗能顺利进行的体制保障。

二、循证医学证据的滞后性影响了综合治疗的合理开展

在临床实践言必称循证医学的今天，高可信度的证据确实让临床医生的临床决策有章可循，有据可依。但无可否认，要获得基于循证医学的高可信度证据并非易事。它是一个漫长甚至有点让人不耐烦的过程。试以早期肺癌的循证医学治疗模式——手术+辅助化疗为例。建立这样的一种综合模式差不多经历了15年的时间，从1995年前的否定，到1995年的可能性，延伸至2002年的再否定，到了2005年的肯定。最终确定是在2007年。在这漫长的过程中，全球共进行了30个临床试验。8147例肺癌患者参与其中，耗时耗力的巨

大工作才得出这么的一个结论。因此，期望所有的临床过程均有高可信度的证据显然是不可能的，这也是恶性肿瘤综合治疗难于规范化的主要原因。最近的一份报告指出，即使在美国这样发达的国家，也只有52%的肺癌患者接受了所推荐的合理治疗。

克服循证医学证据滞后性的主要办法，在于组织专家达成共识，形成基于循证医学基础的临床指南并加以切实执行。而参加全球的多中心临床试验，也是规范化治疗的一个极佳选择。

三、领军人才的缺乏妨碍了规范化综合治疗的实施

毫无疑问，目前的体系尚未能培养出一批具有横向知识，即对药物、手术、放射治疗均有较深涉猎的领军人才。而只有洞悉每个学科的特点，知晓各种治疗方法的长处和短处，会恰当把握各种手段应用时机的通才，甚至对前沿知识如当今热门的转化性研究有兴趣的人，才有可能成为恶性肿瘤综合治疗的真正领军人物。帅才的缺乏是目前恶性肿瘤规范化综合治疗难于细节化的重要原因，而对细节的精益求精，恰恰是临床医生能起死回生的重要之道。不同手段的合理应用和平滑衔接，需要学术带头人拍板决定，而具有通才知识的领军人物，才有可能少犯错。

四、结语

凤凰涅槃，浴火重生；蝶蛹蜕变，蝴蝶振翅。知道了困境，就可冲出重围。这，就是这篇小文的含义。

（原载《循证医学》杂志，参考文献略）

北京PM2.5中砷浓度高于国标近3倍

2013年4月25日，北京大学公共卫生学院与环保组织“绿色和平”共同发布了《北京PM2.5中重金属浓度检测研究》，该项研究通过对北京市大气及个体样本进行重金属浓度检测和分析发现，北京PM2.5中可致癌重金属砷的浓度偏高。该项研究建议，国家开展重点地区有毒空气污染物监测。

据主持此项研究的北京大学公共卫生学院潘小川教授介绍，2012年12月3日~2013年1月18日，北京经历了有PM2.5监测数据以来最为严重的空气污染。在此期间，绿色和平组织用PM2.5个体采样器分别对北京地区9位志愿者的个体PM2.5暴露水平进行监测（共22天），并委托北京大学公共卫生学院在其6楼平台对同期中的15天大气中的PM2.5进行监测，并对大气及个体样品及其重金属含量进行检测和分析。

检测研究表明，检测期内，北京PM2.5中重金属砷浓度达到日均浓度中位数为23.08ng/m^3。根据2012年2月发布的《环境空气质量标准》中砷的年平均参考浓度限值为6ng/m^3，此次研究检测浓度为该限值的3.85倍。其中在重污染天浓度的中位数达到34.68ng/m^3。其间最高日均浓度值达到70.91ng/m^3。

检测研究透露，检测期间，9位志愿者在22天的检测日中，个体砷暴露浓度的中位数为12.13ng/m³。在重污染天，个体砷暴露日均浓度的中位数为24 ng/m³。此外，在42人次的检测中，29人次的个体砷暴露浓度超过环境空气中砷的参考年平均浓度限值。

检测研究显示，北京市PM2.5中砷的浓度一直处在较高水平，远高于其他国际城市。而1981年世界卫生组织就将砷列为人类致癌物。

中国疾病预防中心环境流行病与健康影响室副主任尚琪研究员引用我国癌症死亡率的调查情况说，"2004年、2005年城市肺癌发病率增高，虽然目前确定不了人群发病率和大气污染之间的关系，但是，从调查情况看，城市的肺癌发病率逐年在走高，而且始终是比农村高，这是个间接的信号。"

该研究还表明，尽管多数人在环境污染物作用下仅有生理负荷的增加或出现生理性变化，但是仍有少数人会出现机体功能的严重失调、中毒，甚至是死亡。

两家机构认为，燃煤排放是大气中砷的主要来源之一。根据统计数据，京津冀地区2011年煤炭消费量达到38420万吨。其中仅河北省2011年的煤炭消费就超过3亿吨，占到京津冀地区的80%，超过欧洲第一大经济体德国。

两家机构建议，依据2012年10月国务院批复的《重点区域大气污染防治"十二五"规划》，环保部应尽快出台国家有毒空气污染物优先控制名录，完善有毒空气污染物的排放标准与防治技术规范。在此基础上，加强对各个地区PM2.5携带的有害物质的成分与来源的研究。在降低PM2.5浓度的同时，对于PM2.5中的重金属等有害物质的污染防治工作也应被重视。同时，尽早设置京津冀地区的煤炭消费上限，否则整个京津冀地区的空气质量将很难有明显改观。

（来源：《法制日报》）

华大基因商用检测业务被国家药监局叫停

【提要】因使用进口未经注册的基因测序仪及配套试剂，华大基因的商用基因检测业务两度被国家药监部门叫停。华大基因创始人之一汪建表示，基因检测是新业态，会对老业态产生冲突，一些既有领域会受到影响，推进过程中肯定会有阻力。对此，国家需要在政策法规上为科技创新护航。

近日，华大基因创始人之一汪建在接受南都记者采访时表示，国家药监部门已经两次下文叫停华大基因的相关商业检测业务。而此前，《南方周末》曾于4月披露，有举报信直指华大基因进口未经注册的基因测序仪及配套试剂，在深圳部分医院进行商业检测服务，已经违背现行法律。9月9日，深圳广播电视台公共频道亦对此事进行了报道。

叫停：药监局调查并叫停商用检测

公开资料显示，华大基因成立于1999年，是全球知名的基因研究机构，目前在全国多个城市有分支机构，并设立多个海外中心。2007年，华大基因将总部迁至深圳盐田。汪建接受南都记者采访时表示，他从来不认为华大基因是一家企业，而是产学研为一体，华大基因目前与国科大联合办学，每年都有培养硕士、博士的计划。

华大基因的履历战绩辉煌，包括完成了国际人类基因组计划“中国部分”（1%）、国际人类单体型图计划（10%）、水稻基因组计划以及抗 SARS 研究等多项具有国际先进水平的科研工作。在上周五一次公开活动中，汪建就以“基因如何造福生活”为题告诉在座人士，基因研究不仅停留在实验室，而是已经可以改变一个人的生活。

华大基因提供的宣传页显示，华大基因正在从事**遗传性肿瘤筛查基因检测**、心源性猝死基因检测、老年性神经系统疾病基因检测、遗传病携带者基因检测等一系列检测，通过为每一个客户分析个性化基因图谱，提示疾病风险，指导个性化用药等。

华大基因公司新闻发言人杨碧澄也向南都记者确认，因为进口设备注册问题，国家药监局已经两次下文叫停华大基因从事的相关商业检测，对华大基因新业务的拓展产生影响。

涉及设备问题是何问题？今年 4 月《南方周末》曾进行过披露。报道称，2012 年 4 月，一封举报信经原国家食品药品监督管理局（现已并入新的国家食药总局，下称国家药监局）层层批转至深圳市药监局。举报信称，华大基因进口未经注册的基因测序仪及其配套试剂，在深圳部分医院进行商业基因检测服务。

国家药监局医疗器械审评中心副主任曹国芳告诉《南方周末》记者，凡是用于人体诊断的仪器和试剂都要报该局批准，“进口的也要审批，除非不用于临床，只用于科学研究”。深圳药监局调查发现，华大基因使用的是美国宜曼达（Illumina）公司生产的 Hiseq2000 基因测序仪及其配套试剂，华大基因未能提供该设备及试剂的相关医疗器械或药品注册证明文件。该局随即下达了责令改正通知书，要求华大基因立即停止使用无产品注册证书的医疗器械，依法向国家药监局申报注册，并提交书面报告。

症结：进口测序设备和试剂无法申报注册

不过，华大基因使用的这些进口设备即便申报注册也无法获得批准。国家药监局医疗器械技术审评中心审评三处处长安娟娟告诉记者，如果进口医疗器械在国内应用于临床，在原产国必须上市，在美国需要通过 FDA 的 510（k）认证。所谓 510（k），是向 FDA 递交的上市前申请文件，目的是证明申请上市的医疗器械安全有效。

美国阿拉巴马州哈森阿尔法生物技术研究院研究员韩健介绍，美国 FDA 一般规定每个体外诊断项目的临床试验至少是检测 100 例阳性标本，这意味着，如果一个公司想要做针对唐氏综合征的产前诊断，就需要在孕妇群体中检测到 100 个唐氏胎儿。然而，唐氏综合征的发病率平均值为 1/1000，检测到 100 个阳性标本就至少要做 10 万例临床。

目前，全美所有机构的临床检测样本也仅在 10 万例左右。此外，进行临床验证的试剂也需要预先生产试用以验证其重复性、稳定性等质量问题。但这并不妨碍该项技术在美国应用于临床。“我们是通过参比实验室（CLIA）途径进入临床的，这不受 FDA 限制。”美国 Sequenom 公司投资者关系部高级总监 Marcy 告诉记者。

（来源：《南方都市报》作者：李亚坤 日期：2013-09-12）

❖ 大事记、工作总结 ❖

中国癌症基金会2013年大事记

1. 1月18日，卫生部疾控局副局长孔灵芝一行4人，来基金会视察并指导工作。

2. 1月24日，卫生部原部长张文康、原副部长佘靖等6人，来基金会视察和指导工作。

3. 2月23日，在北京召开基金会六届八次理事会。

4. 2月28日，彭玉理事长、赵平秘书长和佘瑶琴常务副秘书长等4人向何鲁丽主席汇报工作。

5. 3月7~11日，彭玉理事长一行3人访问新加坡乳癌基金会。

6. 3月8日，“为了姐妹们的健康和幸福——庆三八大型公益活动”主会场在重庆举行，活动由重庆市肿瘤医院承办。

7. 3月16日，由基金会主办、中国医学科学院肿瘤医院承办的国家癌症中心第三届学术年会在肿瘤医院召开。

8. 3月19日，召开基金会秘书处会议。

9. 3月23日，由基金会主办，中国医学科学院肿瘤医院承办的第三届肺癌个性化治疗会议召开。

10. 4月3日，英国伯明翰大学客人来访，彭玉理事长和赵平秘书长参加接待。

11. 4月19日，我会加入中国慈善联合会，当选为首届理事单位。

12. 4月20日，由基金会主办，中国医学科学院肿瘤医院承办“肿瘤防治宣传周”活动。

13. 4月22日，召开基金会秘书处会议。

14. 4月23日，由基金会主办，中国癌症基金会建生专项基金承办的第八届抗癌京剧票友演唱会在北京长安大戏院举行。

15. 4月27日，在昆明召开第十一次“全国子宫颈癌防治协作组工作会议暨专家组会议”。

16. 5月11日，在北京政协礼堂召开胸外科肺癌论坛会议。

17. 5月15日，召开第15次理事长办公会和5月秘书处会议。

18. 6月7日~9日，在宁夏银川举办培训班和抗癌预警健康大课堂及6月秘书处会议。

19. 6月15日~16日，在中国医学科学院肿瘤医院举办第七届全国抗肿瘤药物GCP培训班暨质量控制研讨会。

20. 6月26日，中国癌症基金会与西安杨森制药有限公司签署万珂患者援助项目。

21. 7月1日~4日，参加民政部中国社会组织促进会怀柔基金会培训班。

22. 7月3日~7日，第七届肿瘤内科大会暨第二届中国肿瘤医师大会在北京国家会议中心举行。大会为与会者把握肿瘤综合治疗和内科治疗的原则和实践提供了更全面的独特视角。会议在维持较高学术水准的同时大幅度充实了学术报告的内容。会议不仅组织了全面系统的学术报告，还精选了国内较有代表性的高水平研究进行汇报。会议增大了外科学、放射治疗学、病理学和检验医学等内容的比重，并将其置于综合治疗和个性化治疗的整体框架中；增加了专题讨论会的比重，为参与者提供更多与知名专家交流的机会。

23. 7 月 4 日，召开 7 月秘书处会议，会议内容包括："成立中国癌症基金会乳腺癌专家协作组"、"财务收支信息公开范围"、"民政部项目"、"卫生部早诊早治项目"、"事业发展部新援助项目介绍"，以及近期工作安排。

24. 7 月 4 日，财团法人台湾癌症基金会执行长赖基铭、副执行长蔡丽娟和执行监事马吟津访问我会。赵平秘书长介绍了我会情况，双方就两岸基金会签署合作协议等事宜进行了商谈。

25. 7 月 6 日，在珠海召开基金会索坦患者援助项目五周年总结会议。

26. 7 月，赵平秘书长参加了由政协和基金会等单位主办的河北阜平义诊和捐赠活动。

27. 8 月 6 日，六届十六次理事长办公会在北京召开。

28. 8 月 10 日，六届九次理事会在北京康源瑞庭酒店召开。

29. 8 月 21 日，召开第十五届北京希望马拉松新闻发布会。

30. 8 月 27 日，召开 8 月秘书处会议。

31. 8 月 29 日~31 日，余瑶琴常务副秘书长等 4 人赴厦门"踩点"。

32. 9 月 21 日，由基金会和北京抗癌协会主办，建生专项基金承办的"晚期癌症患者关怀与治疗报告会"在北京内蒙古大厦召开。

33. 9 月 23 日，召开 9 月秘书处会议。

34. 9 月 28 日，十五届北京希望马拉松在北京朝阳公园举办。

35. 10 月 24 日，赴四川成都参加 2013 年度癌症早诊早治项目（农村）工作会议，会议由国家卫生和计划生育委员会疾病预防控制局召开。

36. 10 月 26 日，由基金会乳腺健康专项基金主办，福建省肿瘤医院承办的国际乳腺癌防治关注月——健康与美丽同在爱心健走和第四届护理培训班活动在福州西湖福建博物院前广场举办。

37. 10 月 28 日，彭玉理事长等 6 人赴台湾与财团法人台湾癌症基金会签署合作协议。

38. 11 月 15 日~16 日，在北京政协礼堂举办第六届中国肺癌南北高峰论坛。

39. 11 月 26 日，召开第十七次理事长办公会。

40. 12 月 25 日，召开 12 月秘书处会议。

41. 12 月 30 日，与 5 家捐赠药品的医药公司召开恳谈会。

中国医学科学院肿瘤医院肿瘤研究所 2013 年大事记

1 月 25~26 日，召开 2013 年中国医学科学院肿瘤院所工作会。（图 1）

3月16日，国家癌症中心第三届学术年会在悦之楼二层报告厅举行，本次年会由赫捷教授和美国国立癌症研究中心主任 Harold Eliot Varmus 教授担任大会主席，共有来自16个单位400余名专家学者和学生参会，中美肿瘤学领域知名专家和学者就肿瘤领域的学术进展进行大会报告。(图2)

4月20日，举行“2013年肿瘤防治宣传周”，本次活动围绕“认识癌症，科学防治”的主题，开展专家现场咨询、防癌健康查体、心理康复交流等为期一周的系列活动，将癌症三级预防的理念具体化，帮助百姓科学认识癌症，树立癌症可防可治的正确观念。咨询周期间，共有7422人次参与各项活动。(图3)

7月29日~8月2日，“志愿服务在医院”5周年开展志愿服务开放周活动。(图4)

9月28日，举办第十五届北京希望马拉松，创世界上人最多同时手语表演《爱的奉献》世界纪录。(图5)

10月13日，国家卫生计生委“服务百姓健康行动”全国大型义诊周活动启动，李斌主任和我院义诊医生亲切交谈。(图6)

10月24日，国家卫生和计划生育委员会人事司下发“中共国家卫生和计划生育委员会党组关于赫捷、董碧莎同志任职的通知”。国家卫生计生委、医科院领导来院宣布赫捷、董碧莎为国家癌症中心副主任任命大会。(图7)

12月19日，中国科学院和中国工程院2013年院士增选结果分别发布，我院赫捷教授当选中国科学院生命科学和医学学部院士，林东昕教授当选中国工程院医药卫生学部院士。(图8)

12月25日，我院“食管癌规范化治疗关键技术的研究及应用推广”项目荣获“2013年度国家科学技术进步一等奖”。(图9)

12月27日，国家卫生计生委李斌主任到我院就国家癌症防控工作进行工作调研。(图10)

(以上图片见卷首彩页)

全国肿瘤防治研究办公室2013年度工作总结

2013年，全国肿瘤防治研究办公室在国家卫生计生委的领导下、中国医学科学院肿瘤医院/肿瘤研究所的支持下，在全体员工的努力下，各项工作顺利平稳开展，取得一定的进展。现将各项主要工作总结如下：

一、主要业务工作

(一) 肿瘤随访登记项目

1. 肿瘤登记项目点建设

自肿瘤随访登记项目纳入卫生部“医改重大项目”以来，2008年，肿瘤登记点在原有基础上增至95个，覆盖全国所有31个省（自治区、直辖市）以及新疆生产建设兵团。到

2009 年，登记处数量增加到 149 个，2010 年新增 46 个肿瘤登记点，2011 年登记处总数增加到 195 个，2012 年登记处数达到 222 个，2013 年又新增登记点 27 个，登记处总数已经达到 249 个，登记覆盖人口 2.29 亿。

2. 工作推进会暨技能培训会议

2013 年 9 月 26 日 ~29 日，国家卫生和计划生育委员会疾病预防控制局在湖南省长沙市召开 2012 年全国肿瘤登记工作推进会暨技能培训会议。本次会议由国家癌症中心承办、湖南省肿瘤医院协办。来自全国 31 个省（自治区、直辖市）卫生厅（局）分管肿瘤登记负责人、肿瘤登记处有关专家及相关人员共计 125 人参加会议。卫计委疾控局王斌副局长、慢病处吴良有处长和费佳同志、湖南省卫生厅方亦兵副厅长、湖南省肿瘤医院周晓书记、全国肿瘤登记中心陈万青副主任等出席会议。

吴良有处长主持开幕式，陈万青副主任就本次会议的目的、意义及今后肿瘤登记工作的重点发表讲话，强调肿瘤登记是一项长期的工作，同时也是肿瘤防控的基础，可以为肿瘤防控提供科学的数据，对我国目前肿瘤登记工作的进展情况作了简要的介绍。王斌副局长最后发表重要讲话，强调肿瘤登记工作的技术性较强，依靠完善的体系、网络、工作机制和规范的标准；体现防治结合的观念，而且在慢病防控工作中走在前列。同时指出，下一步工作中应注意以下几个方面：

（1）肿瘤登记工作是慢病防控的基础和必要条件，应该建立起长效机制，培养专业队伍，提高数据质量，为循证决策提供科学依据。

（2）扩大覆盖面，到 2015 年要增加到 300 个左右登记处，覆盖全国人口 20%，使数据更具有代表性和科学性，并平衡城乡分布不均问题，增加对西部地区的覆盖。

（3）加强省级培训，提高数据质量，完善现有工作中的信息化和电子化，发挥数据作用。

（4）重视医院为基础的肿瘤登记，为临床治疗、康复、早期发现提供支持。

全国肿瘤登记中心综合各省（区、市）2012 年度工作进展情况及历史工作情况，对浙江、北京、山西、黑龙江、上海、江苏、广东、河北、湖北和四川等省级和登记处的工作情况进行了表彰，评出肿瘤登记处杰出贡献奖、贡献奖、优秀奖。

全国肿瘤防办副主任陈万青做大会发言，总结了 2012 年全国肿瘤登记工作进展情况，全国肿瘤登记中心张思维对 2012 年度的数据结果情况做了汇报。湖南、浙江、广东和江西四省代表就肿瘤登记工作及经验和体会进行了大会交流，数据收录五大洲发病率的中山、海宁、阳城、磁县以及嘉善做经验交流。肿瘤登记技术培训部分邀请到河南省肿瘤防办孙喜斌教授、启东肝癌研究所陈建国教授、上海肿瘤研究所项永兵教授等专家就肿瘤登记数据的质量控制、生存资料分析、生存随访等内容展开讲解。

3. 中国肿瘤随访登记工作报告 2012

2012 年 12 月 12 日，全国肿瘤防治研究办公室/全国肿瘤登记中心发文要求按照《肿瘤随访登记技术方案》，上报 2012 年度恶性肿瘤登记数据，截至 2013 年 1 月 31 日，全国共有 251 个登记处上报了肿瘤登记资料，未上报 2012 年度肿瘤登记数据的项目点共 3 个，分别是吉林省九台市、贵州省龙安县、西藏自治区江孜县。251 个登记处均按要求上报了登记数据资料。黑龙江、安徽、山东、河南、山西及江苏等省份的 30 个非本项目经费支持的登记处上报了完整的肿瘤登记资料，其中包括部分淮河流域癌症早诊早治项目点。

上报2012年恶性肿瘤登记数据的251个登记点，覆盖人口231 909 908人，其中男性117 633 717人，女性114 276 191人，其中地级以上城市登记点覆盖人口138 175 553人，县和县级市登记点覆盖人口93 734 355人，城乡比例为1.47。共计上报2012年恶性肿瘤新发病例491 145例，其中男性275 517人，女性215 628人，粗发病率211.78/10万，世标率148.82/10万；上报恶性肿瘤死亡病例287 213例，其中男性181 950人，女性105 262人，粗死亡率123.85/10万，世标率83.30/10万。全国肿瘤登记中心对2012年肿瘤登记工作进行了总结，并出版《中国肿瘤随访登记工作报告2012》。

4. 编写《2013中国肿瘤登记年报》

自2008年开始出版的中英文《中国肿瘤登记年报》已经出版5年（不包括2004年报），越来越引起全社会的广泛重视。为进一步做好《年报》的编写工作，有必要以更高的要求，新的形式、内容与面目，继续编辑出版，2013年7月6日，全国肿瘤登记中心在湖北省嘉鱼县组织召开由部分专家和编辑参加的编委会，讨论《年报》编写事宜。编委会讨论修改数据收录标准、数据选取与合并分析方法、封面设计、章节顺序及编写分工、有关编辑问题、关于论文发表以及出版工作时间表等。修改了数据入选标准、编排形式、封面设计，新增亚部位和形态学分析、东中西和七大区分层、全国发病和死亡数据估计等内容。

全国肿瘤登记中心于6月1日前开始收集数据，对全国各肿瘤登记处上报的数据，经过多次审核与反馈，目前已经完成统计和分析，并撰写完成《2013中国肿瘤登记年报》，并已经提交出版社编辑出版中。

《2013中国肿瘤登记年报》收录的是2010年登记数据。全国219个登记处提交了2010年数据，与去年的104个相比，首次上报数据的增加了115个，其中187个登记处为国家肿瘤随访登记项目点，16个为淮河流域（山东、河南、安徽、江苏）肿瘤防治项目点，16个为其他项目点。登记处分布在全国31个省、自治区、直辖市（除外台湾省），以及新疆生产建设兵团地级以上城市92个，县和县级市127个。江苏省登记处数量最多为27个，其次山东省、河南省各有16个，安徽省为13个。提交数据的219个肿瘤登记地区2010年登记覆盖人口207 229 403人，其中城市地区为112 818 343人，占全部覆盖人口的54.44%，农村地区为94 411 060人，占45.56%。全国登记地区覆盖人口占2010年第六次全国人口普查人口的15.02%。2010年报告癌症新发病例数合计495 069例，其中城市地区占59.35%，农村地区占40.65%。共计报告癌症死亡病例男女合计301 140例，城市地区占57.21%，农村地区占42.79%。

全国肿瘤登记中心根据《肿瘤登记项目实施技术方案》中数据质量要求，以及新的《年报数据入选标准》，对上报数据的病理诊断比例（MV%）、只有死亡证明书比例（DCO%）、死亡/发病比（M/I）、诊断不明的百分比（UB%）、未指明部位及原发部位不明（继发）的恶性肿瘤病例所占的比例（O&U%）、有完整的恶性肿瘤死亡数据等完整性和有效性指标，以及发病率和死亡率的各个年度水平的发展趋势和动态分析比较及与周边地区比较。在提交2010年资料的全国219个登记地区中，达到A级标准的有北京、上海、磁县、嘉善、阳城等52个登记地区；达到B级标准的有哈尔滨南岗、大连、海宁、盐亭等73个登记地区；D级标准的登记地区有74个；有20个登记地区仅个别指标未达到B级标准，被标以*号，经综合考虑也被纳入年报数据，共选取了质量较好的145个登记处的资料数据进行合并，作为基础肿瘤登记数据以估计和分析全国登记地区恶性肿瘤的发病与死亡情况。

（二）淮河流域癌症早诊早治项目工作

1. 对2012年淮河流域癌症早诊早治项目进行工作总结，了解江苏、山东、安徽、河南4省22个项目点工作完成与进展情况，收集、整理、汇总相关信息，编写工作报告，上报卫生计生委。

2. 为贯彻落实淮河流域癌症防治工作，促进癌症早诊早治项目深入开展，提高癌症早期治疗率，实行部分医疗费用补助，按照“淮河流域癌症早诊早治项目贫困患者治疗费用补助管理办法”。2013年，对336名参加项目筛查且查出的早期癌贫困患者按“管理办法”给予了第三年度补助，总计金额为18.2万元。

3. 2013年4月，与中国疾病预防控制中心共同举办了淮河流域癌症综合防治工作会议，总结了淮河流域癌症早诊早治项目开展6年来的主要工作及取得的成绩。项目覆盖筛查人口229余万，对92万多人进行了流行病学调查，确定高危人群并进行临床筛查达158 567人，查出癌前病变及癌症患者1336人，已接受治疗者887人，2012年阳性检出率达到0.88%。布置了2013年工作任务及重点内容，进一步强调了要加强随访工作，及时更新数据，按时保质保量完成年度工作任务，同时要求省级相关部门及技术支持单位对项目县（区）要从管理和技术上给予大力支持，共同做好项目工作。

4. 2013年8月29日~31日，在江苏省金湖县举办了淮河流域癌症早诊早治技术培训班，江苏、安徽、山东、河南4省26个项目县（区）的147名代表分别参加了技术方案及软件使用、腔镜操作、病理诊断、生化检测及B超诊断的培训。

（三）控烟工作

1. 参与“三甲医院”复审工作，为院办、医务处提供了相关文件及资料。

2. 2013年2月14日，召开了我院控烟监督员会议，我院42个科室、80余人参加，会议向大家通报了我院的控烟工作状态，提出了今年的控烟任务。国际防痨和肺部疾病联合会甘泉博士为与会者做了控烟讲座。

3. 2013年3月16日~17日，与国际交流处共同举办了首届“中美肿瘤医疗机构控烟论坛”，80余名中外人士出席了论坛，论坛发起了“肿瘤医疗机构控烟联盟”，得到了十余家肿瘤医疗机构的响应。

4. 2013年4月20日，在我院肿瘤防治宣传周活动现场，摆放了20块控烟宣传展板，邀请国家疾控中心、中国控制吸烟协会、北京朝阳医院的专家进行了戒烟咨询活动，现场为咨询者测定体内的CO含量，发放戒烟和控烟的宣传小册子和控烟专题杂志。113人进行现场咨询，60人参加CO测试吹气，400人填写了控烟知识调查问卷。

5. 制作了20块新版控烟宣传展板，统一摆放到外科楼各层的电梯厅，替换了旧的宣传展板。

6. 2013年5月30日，在门诊开展了“世界无烟日”宣传咨询活动，为患者及家属发放戒烟手册以及戒烟咨询辅导，200余人填写了控烟知识调查问卷。

7. 2013年9月10日~12日，控烟办与国家疾控中心控烟办公室共同举办了“肿瘤防治与控烟干预”国家级继续教育培训。对48名卫生界人员进行“烟害与戒烟服务”等课程的讲授。

8. 2012年12月15日~16日，参加了举办中华预防医学会“中国慢病防控论坛”的“肿瘤疾病预防与控制分论坛”工作，80余位与会者共同进行了交流、讨论。

9. 2013年9月，协同国家疾控中心及北京市卫生局在医院职工中开展了“北京市无烟机关、无烟单位百日戒烟大赛”报名征集工作，我院十余名职工参加了大赛。

10. 2013年10月，为党委开展的“打工子弟学校”活动准备了学生烟害知识问卷和控烟礼品。

11. 控烟办每周对院内进行控烟巡查，每周巡查地点不低于96个，巡查结果及巡查现场照片以幻灯片的形式在院早会上播报。控烟办参加了患者服务中心的戒烟咨询工作。

12. 针对巡查中发现的问题，控烟办实施了对应措施：包括与院内相关部门沟通，设置了两处室外吸烟区，为新入住的停车管理企业及两家护理企业配置了戒烟标识，向他们通报了医院控烟规定。

二、科研教育

（一）科研

2013年全国肿瘤防治研究办公室主持进行的科研课题合计为6项。其中国家级课题1项，其他级别课题5项。项目名称及主持人分别为：

“烟草消费与中国肺癌发病风险的研究”—邹小农；

“中国人口吸烟与死亡率研究”—邹小农；

“中国护士远程戒烟干预课程试点项目”—邹小农；

“2012年中国癌症研究与教育项目”—陈万青；

“病毒性肝炎相关肝癌标本保藏及相关数据库共享技术平台”—陈万青；

“中国主要癌症生存率分析”—曾红梅。

2013年，本办公室还积极申请2014年国家科技部基础性工作专项、国家自然科学基金面上项目、青年项目及北京市自然科学基金。曾红梅主持申请的国家自然科学基金-青年基金项目，陈万青、曾红梅与北京大学医学部合作申请的国家自然科学基金面上项目均已获批。

2013年，本办公室合计发表论文36篇，其中SCI论文6篇。

（二）教育

参与协和医学院肿瘤流行病学与预防2013年教学任务，讲授肿瘤负担、统计学方法和生存率分析课程。

在湖南长沙举办全国继续教育基地项目“全国肿瘤工作推进会暨技能培训会”及在江苏金湖举办“2013年淮河流域癌症早诊早治项目培训会”。

三、交流合作

1. 2013年2月13日~17日，邹小农应邀出席第19届查尔斯·海德堡国际癌症研讨会

（日本鹿儿岛），任分会主席，并在会上做“中国老年肿瘤流行病学”的交流。

2. 2013 年 3 月 17 日，与国际交流处合作举办首届中美肿瘤医疗机构控烟论坛（北京），美国国立癌症研究所所长和控烟部研究员、美国匹斯堡大学癌症控烟研究所所副所长以及 80 余名中外人士出席了论坛。

3. 2013 年 4 月，参加“中国癌症中心-美国 NCI 学术研讨会”，做大会报告。

4. 2013 年 4 月，与中国 CDC 在安徽合肥共同主办“淮河流域综合防治与癌症早诊早治项目总结会”。

5. 2013 年 4 月 15 日，迎接瑞典医疗代表团进行学术交流并作报告。

6. 2013 年 6 月 17 日~7 月 5 日，郑荣寿参加国际癌症研究中心肿瘤流行病学暑期培训班（法国里昂）。

7. 2013 年 5 月 27 日~31 日，陈万青赴美国 NCI 参加“中美肿瘤防治学术研讨会”。

8. 2013 年 6 月 23 日~28 日，曾红梅赴英国伦敦参与“癌症生存分析原理、方法及应用”技术培训及合作交流。

9. 2013 年 8 月 17 日~21 日，邹小农参加第十届亚太地区烟草或健康大会（日本千叶），在会上做“吸烟相关的社会和心理因素研究”交流。

10. 2013 年 8 月 27 日，在我院召开“中韩第一届肿瘤防治研讨会”，并作报告。

11. 2013 年 8 月 29 日~31 日，淮河流域癌症早诊早治技术培训（江苏金湖），为 147 名淮河流域癌症早诊早治项目骨干进行流行病学、生化检测、病理学、影像学、电子内镜应用的技术培训。

12. 2013 年 9 月 15 日，举办中韩癌症防控研讨会（北京）。

13. 2013 年 9 月 26 日~29 日，组织召开肿瘤登记年会（湖南长沙），122 名代表参会进行学术交流。

14. 2013 年 10 月 19 日~26 日，陈万青参加“第 35 届国际肿瘤登记年会”。

15. 参与卫生计生委“全国慢病综合防控示范区”标准制定、资料评审工作。

16. 2013 年 10 月 29 日，随赫捷院长赴 IARC 签署合作协议。

17. 2013 年 11 月，组织召开全国肿瘤医院管理年会（重庆）。

18. 组织编写《中国肿瘤医院白皮书》。

19. 负责筹建全国地市级肿瘤医院联盟。

五、社会公益

参加 4 月 20 日“肿瘤防治周”活动，制作展板，戒烟咨询，健康警示上烟包活动并参加志愿者活动。

参加 9 月 28 日第十五届“北京希望马拉松义跑”活动。

六、科普宣传

曾红梅：《抗癌之窗》“直面真相——癌症是怎么样产生的”。

邹小农：央视网肿瘤频道采访。

陈万青：接受 CCTV 新闻联播、新闻频道，北京电视台，《北京晚报》《生命时报》、湖南卫视、《医学论坛报》、北京广播电视台“知识开讲”栏目、《阳城晚报》《中国新闻周刊》《瞭望周刊》《健康报》《中国社区医师杂志》《法制晚报》、新华通讯社、《China Daily》、英国卫报传播集团等采访。

七、学术任职

陈万青：全国卫生信息学会理事，肿瘤登记与监测专业委员会常务副主任委员，中华预防医学会慢病预防与控制分会常委，《中国肿瘤》杂志编辑部主任，《APJCP》副主编，国际肿瘤登记协会亚洲区代表，亚洲肿瘤登记联盟中国代表等职务。

邹小农：中国癌症基金会控烟与肺癌防治工作部副主任，中国控制吸烟协会理事。

八、2014年工作计划

2014年，全国肿瘤防办将在目前的工作基础上继续做好肿瘤登记和淮河流域早诊早治工作，加强数据管理和利用。进一步加强标本的收集和管理，利用资源申请研究课题和对外合作。加强对外交流，派员工参加国际培训班学习，争取国际合作项目。积极配合卫生计生委的相关工作，如政策研究与制订、慢病防控示范区工作以及督导和调研。

1. 编写出版《中国肿瘤随访登记工作报告2013》；
2. 编写出版《2014年中国肿瘤登记年报》；
3. 举办全国肿瘤登记技术培训班及学术会议（4月）；
4. 全国部分省市登记处督导检查；
5. 组织召开“2014年度肿瘤登记学术年会”；
6. 计划对《中国肿瘤登记工作指导手册》进行更新版的编写；
7. 继续加强与国际同行之合作，在国内开展合作研究项目；
8. 开始肿瘤登记数据网络共享平台建设；
9. 绘制《中国癌症地图集》。

中国抗癌协会临床肿瘤学协作专业委员会（CSCO）2013年工作总结

CSCO在2013年度有条不紊地开展了各项工作，高举“团结、协作、务实”的大旗，在发展中求创新，以稳健的步伐谱写了CSCO学术化、国际化和民主化的新篇章。

一、坚持以创新带动学术推广

（一）第十六届学术年会赢得广泛赞誉

第十六届全国临床肿瘤学大会暨2013年CSCO学术年会于2013年9月25日~29日在厦门国际会议展览中心隆重举行，第一届亚洲临床肿瘤学联盟（FACO）大会也同期召开（彩图1、图2）。大会围绕“加强合作，持续创新”的主题开展了形式多样、内容丰富的学术交流和专题教育活动，共计召开了59场专题会、2场亚洲学术会、44场卫星会和6场早餐会。大会交流了最新研究成果和学术论文1300多篇，12000多名国内外临床肿瘤学专家、学者到会进行现场交流。美国临床肿瘤学会（ASCO）、欧洲肿瘤内科学会（ESMO）、国际肿瘤免疫治疗学会（SITC）、美国肿瘤转化性研究学会（STO）、法国抗癌联盟、美国华裔血液及肿瘤专家学会（CAHON）和美中抗癌协会（USCACA）等国际著名肿瘤学术组织，都委派了重要领导和代表专程与会，同时带来了最新的研究成果和诊疗进展。首届FACO大会吸引了100余名日本和韩国的医师踊跃参会，全场采用英文讲座和交流，彰显了CSCO年会的国际影响力。

本届大会一如既往地重视推动临床研究，在吴孟超院士、孙燕院士、廖美琳教授和管忠震教授等老一辈临床肿瘤学家的指导和鼓励下，CSCO组织开展国内多中心临床研究，同时也参与全球和亚太地区的国际多中心研究，并且取得了一些经验和重要数据。CSCO年会也在逐渐成为发布亚太地区临床肿瘤学研究数据的重要平台，今年大会发布了几十项国际、国内多中心临床研究的最新结果，其中既有国际大制药企业以中国和亚太地区为主的研究，也有国内民族制药企业发起的多中心研究，代表了我国临床肿瘤学研究的最高水平。

学术委员会经过认真审阅和评选，遴选出21篇优秀论文获得中国临床肿瘤学科学基金的奖励。大会还同期举办了CSCO会员摄影作品展和抗癌新药、仪器设备和新书刊学术展览会，近百家团体会员和其他企事业单位积极参展（彩图3）。

会议第三天，举办了隆重的CSCO换届工作会议，CSCO委员全部应邀出席，通过广泛征求意见和多方讨论协商，会议代表认真审议和表决通过了CSCO第五届委员会组织结构名单（彩图4）。新一届指导委员会主任由哈尔滨血液肿瘤研究所马军教授担任，广东省人民医院吴一龙教授荣任执行委员会主任。委员来自包括香港、台湾和澳门在内的国内32个省（自治区、直辖市），以及美国、新加坡等国的著名专家，更吸收了旅美华侨医师代表，具有广泛的代表性和高度的学术权威性。

（二）Best of ASCO 再掀热潮

本年度Best of ASCO中国讲学活动于7月11日~14日在上海华亭宾馆圆满落幕（彩图5），会议围绕ASCO年会的主题“为攻克癌症构建桥梁（Building Bridges to Conquer Cancer）”，同时依据国内肿瘤的发病情况，精选出ASCO年会中肺癌、乳腺癌、胃肠道肿瘤、妇科肿瘤、血液肿瘤、泌尿系肿瘤、中枢神经系统肿瘤和甲状腺癌、恶性黑色素瘤等方面的44篇精彩论文和教育性讲座进行口头报告，并依照惯例对肺癌、乳腺癌、胃癌、结直肠癌等几种国内常见肿瘤安排专题的综述和研讨。邀请了ASCO和CSCO的著名临床肿瘤学专家共同参与讲座，共安排18个专场、39个报告，吸引了1000多名临床医师和14个医药企业、5个专业学术媒体参会。ASCO首次委派BOA项目负责人Melody Loyola女士全程参加了本次会议，并对本次活动给予了高度评价。

（三）继续教育活动蓬勃开展

“CSCO临床肿瘤学新进展学习班”已经开展了14年，在委员会的正确领导下，努力恪守“学术第一，公益第一，服务第一，奉献第一”的工作原则，强调并坚持公益性和学术性，将教育重点面向中西部地区和基层医院，受到了国家有关部门的充分肯定和业内人士的广泛好评。2013 年度 CSCO 肿瘤新进展学习班于 8 月~11 月间分别在贵阳、杭州、石家庄、青岛和昆明成功举办，马军、秦叔逵和吴一龙教授领衔的 CSCO 专家讲学团共进行了 50 多个专题讲座，1500 多名肿瘤医务工作者参加了学习交流（彩图 6）。学习班学术氛围浓郁，学习秩序良好，互动交流积极，收到了预期的效果。

（四）CSCO 系列学术论坛遍地开花

1. CSCO 乳腺癌高峰论坛

4 月 13 日，由 CSCO 主办、军事医学科学院附属医院承办的“第六届 CSCO 乳腺癌高峰论坛暨北京乳腺癌高峰论坛”在北京召开。本次论坛继承了往届 CSCO 乳腺癌高峰论坛的优秀传统，本着“国际水平、中国特色、学习吸收、创新提高”的原则，邀请了国内外乳腺癌研究领域的泰斗和专家学者共同讨论交流。与会专家结合自己的临床实践解读国际共识，为中国乳腺癌患者寻求“乳腺癌治疗指南的中国历程”。论坛还增加了转化医学的相关内容，强调在乳腺癌治疗的不同阶段，涉及的靶点可能不同，要在复发、转移患者的治疗中提前注意更改方案。本次论坛还首次提出“医学人文”的理念，强调“心路-医路”始终是医患之间的一座桥梁，医学和人文的结合是大势所趋，青年医生应加强人文课程的学习，让医学散发人文光辉。

2. CSCO 中原肺癌论坛

5 月 11 日，在河南省肿瘤医院举办了第三届“CSCO 中原肺癌论坛暨河南省肺癌多学科治疗继续教育学习班”，中原地区及西北地区 9 个省份的 300 余名肺癌医师参加了论坛（彩图 7）。特邀了中国工程院院士于金明教授和 CSCO 肺癌诊疗领域的领导专家共同参与讲座，河南省肿瘤防治院所的领导都悉数到会并热情致辞。论坛开展了专题讲座、病例讨论和肺癌多学科交流等多个环节的继续教育活动，为提升河南省肺癌诊疗水平起到了积极作用，造福了更多肺癌患者。

3. CSCO-东北临床肿瘤学论坛

6 月 13 日~15 日，在吉林省长春市净月潭喜来登酒店成功举办了 CSCO-东北临床肿瘤学论坛暨 CSCO-东北多学科诊疗研讨会，CSCO 参与主办、吉林省肿瘤医院承办，30 余位国内知名专家教授及 400 余位与会代表齐聚一堂，共同搭建起了掌握新知识、新技术的学习交流平台（彩图 8）。本次研讨会分为 3 个专场：肺癌专场、胃肠肿瘤专场和乳腺癌专场，就大家共同关心的热点问题进行了多层次、多角度的探讨，使与会专家及学者及时了解了肿瘤防治领域的新进展，进一步提高了东北三省肿瘤专科医师的临床水平，更为年轻医生提供了学习锻炼的绝好机会，对推动东北肿瘤诊疗的标准化、规范化、专业化和个体化进程，促进肿瘤临床研究、区域学术交流和进步有着重大的意义。

4. CSCO 胰腺癌论坛

8 月 2 日~4 日，由 CSCO 参与主办，上海交通大学附属第一人民医院承办的“第四届胰腺癌上海论坛暨 2013CSCO 胰腺癌论坛”在上海松江举行，吸引了 200 余名国内外从事基础研究者和临床工作专家的积极参与。本届论坛以“基于临床实践规范和共识，提高胰腺癌个体化诊治水平”为主题，围绕胰腺癌外科、内科、放疗、靶向及生物免疫、中医、微创治疗等领域的热点问题展开了深入交流与探讨，设置了多学科综合治疗专场和转化医学专场，以满足不同参会者的学习需求。论坛还宣布了《胰腺癌患者教育》手册正式出版发行，这本手册经历近一年时间编纂，凝集了 CSCO 胰腺癌专家委员会的集体智慧，体现了患者教育在现代胰腺癌治疗中的重要地位，诠释了“以患者为中心”的肿瘤诊疗理念。

5.“CSCO-南方”肿瘤生物治疗与分子靶向治疗论坛

8 月 15 日~17 日，由 CSCO 和广州市抗癌协会主办、广东省医学会肿瘤学分会和南方医科大学中西医结合肿瘤中心承办的“第七届‘CSCO-南方’肿瘤生物治疗与分子靶向治疗论坛暨第十二届全国肿瘤综合诊疗新进展研讨会”在广州举行。陈可冀院士、于金明院士、马军、于丁、宋恕平、于世英、邵志敏、周清华、陈虎、王杰军教授和英国的 K. Moghissi 教授等 50 多位国内外肿瘤学界的知名专家和来自全国的 800 多名临床肿瘤医务工作者参加了本次学术盛会。肿瘤学专家们的精彩演讲涵盖了肿瘤内科学、肿瘤放射学、肿瘤外科学、生物与免疫治疗和肿瘤护理学等多个方面，给与会代表展现了全新的知识和学术研究进展。会议创立了首届“‘CSCO-南方肿瘤论坛’最佳忠诚奖”，隆重表彰马军、宋恕平和于丁 3 位连续 7 年参加“CSCO-南方肿瘤论坛”的省外专家。本次论坛有力地促进了我国肿瘤生物学基础和临床研究，推动了肿瘤循证医学、个体医学、转化医学和多学科综合诊疗等新理念、新模式的推广，促进了生物治疗新技术、新方法的普及与提高。

（五）国际交流与合作

应日本临床肿瘤学会（JSCO）的邀请，CSCO 秘书长李进教授于 10 月 24 日~26 日参加了第 51 届 JSCO 大会，另有 2 位 CSCO 会员同时获得了 JSCO 颁发的“亚洲青年医师旅行基金”的奖励，免费参加会议并交流。增进了中日双方临床肿瘤学界的交流与合作。

二、专家委员会的作用越发明显

（一）肿瘤相关性贫血专家委员会

在 2013 年紧密结合借鉴肿瘤各领域的发展成果，开展了大量学术活动，其中各地巡讲开展了近 40 场，在全国全面普及了肿瘤相关性贫血的治疗理念、治疗方法和注意事项，并开展了全国青年医师关于肿瘤贫血为主题的演讲比赛，涉及全国参赛医生 200 余位，听众 2000 名，取得了较好的效果。9 月底，重新修订了《肿瘤相关性贫血临床诊疗实践指南》（2013~2014 版），引入了大量最新的中国数据，借鉴了一些国内外最新的研究成果，为广大的肿瘤临床一线诊疗医生提供了最新的诊疗规范，具有非常重要的意义。

（二）肿瘤营养治疗专家委员会

为了更好地配合《恶性肿瘤患者营养治疗专家共识》（试行版）的推广，2013 年 4 月，委员会开始编著《肿瘤患者营养治疗教育手册》，这是 CSCO 患者教育手册丛书之一，全面介绍了肿瘤患者的膳食营养原则，帮助肿瘤患者初步了解肿瘤营养知识，并提出了简单实用的建议，目前手册正在审稿及最后出版的过程中。此外，由 CSCO 肿瘤营养治疗专家委员会主持的“2010~2011 中国肿瘤住院患者营养不足、营养风险及营养支持情况调查”的报告论文已由 SCI 杂志《Nutrition and Cancer》于 2013 年 1 月正式发表。文章公布了全国住院肿瘤患者营养情况的调研数据，并分析得出有效指导临床工作的营养治疗方案，获得了包括欧洲肠内肠外营养学会（ESPEN）指南作者 Federico Bozzetti 在内的国际专家的广泛关注。为了扩大肿瘤营养学的影响，唤起更多肿瘤科医师的关注，本年度 CSCO 肿瘤营养治疗专家委员的各位成员还利用各种传播途径，积极为《医师报》《中国医学论坛报》等报刊组稿，倡导合理营养。

（三）胰腺癌专家委员会

除了成功举办CSCO胰腺癌论坛和年会“胰腺癌专场”外，还组织国内胰腺癌诊断、内科、外科、放疗、营养等领域的多位专家撰写《胰腺癌综合诊疗中国专家共识》（简称《共识》），希望改变胰腺癌以外科为主的传统治疗模式，强调多学科综合诊治的重要性，进一步推动诊疗规范化，切实提高临床诊治水平。专家们对《共识》草案初稿进行了反复斟酌和讨论，并通过CSCO官网征求意见。《共识》已于12月21日由胰腺癌资深专家讨论并定稿，将于2014年1月在《临床肿瘤学》杂志上正式发表。2013年8月31日~9月2日，在王理伟、郝纯毅教授带领下，“胰腺癌专家委员会西部行”在宁夏首次举办，本次西部行胰腺癌专家委员会成员从诊断、内外、放疗、微创等各方面做了精彩讲演，促进了西部专业医护人员对胰腺癌的认识和了解，推动了当地胰腺癌的规范化诊治。目前，胰腺癌专家委员会已开始着手组织开展各项胰腺癌相关的药物临床研究，希望得到兄弟单位大力协助与支持。

（四）药物研发及安全评价专家委员会

成功举办CSCO年会“抗肿瘤药物安全管理专场”。并在2013年11月举办“新药研发及创新研究研讨会”，会议由杨志敏部长、吴一龙教授和严立博士主持，20多位来自临床、基础研究的学者以及来自NCI和威斯康辛CARBON癌症中心的学者作了精彩的报告。与会者就创新研究的实验设计等方面的问题，以及Ⅰ期临床研究的护士项目做了热烈讨论，取得圆满成功。专家委员会还参与了由国家食品药品监督管理总局药品审评中心（CDE）举办的“分子标记物在临床研究设计中的应用”工作会议，探讨了临床研究设计中如何正确使用分子标记物等问题。

（五）血管靶向治疗专家委员会

2013年5月17日，CSCO血管靶向专家委员会换届选举工作会议在南京顺利召开，经过2轮无记名投票，韩宝惠、李凯教授当选新一届主任委员，钱朝南、张力、白玉贤和徐建明教授当选副主任委员，实现了顺利交接。5月18日，隆重举行了“CSCO抗肿瘤血管靶向治疗南京论坛”，会议组织了多个专场，与会专家做了详尽的报告并引发学者的积极提问和热烈讨论。为国内肿瘤专业医师提供了良好的交流平台，为抗肿瘤血管靶向治疗的美好前景奠定了坚实基础。在CSCO年会上又成功举办了“血管靶向治疗专场”，获得参会代表的热烈关注。

（六）小细胞肺癌专家委员会

组织撰写了小细胞肺癌相关专著和论文，其中即将由人民卫生出版社出版的《小细胞肺癌诊断和治疗现状》已进入收尾工作。在临床研究方面，由专家委员会牵头，成员单位共同参与的“一类抗肿瘤新药洛铂Ⅳ期临床研究”成为“十二五”国家科技重大专项项目，并在课题初审和复审答辩环节名列化药组第一名，目前该项课题已在全国范围内实施和开展。另一项重要的全国多中心临床研究“洛铂联合依托泊苷与顺铂联合依托泊苷一线治疗广泛期小细胞肺癌有效性及安全性动态随机、平行对照、多中心临床研究（HNCA002）”已入组结束，正在随访及整理资料中，研究结果预计投稿明年的ASCO年会。“小细胞肺癌循环肿瘤细胞研究”也在同步进行，目前入组已结束，初步结果显示，其与治疗和预后具有良好的相关性。针对小细胞肺癌发生机制尚不明确的问题，专家委员会相关成员还积极加强协作，不断开展小细胞肺癌的基础及临床转化性研究。此外，依托于中国胸部肿瘤研究协作组的小细胞肺癌数据库已于2012年9月正式启动，目前已有22家成员单位医院参与，该项工作仍在继续中，将为今后小细胞肺癌的流行病学、临床及预后研究提供基础。

（七）肾癌专家委员会

2013年度调整了专家委员会成员，增加了部分专家，进一步扩大委员会的群体，增强了委员会的影响力。并于2013年7月举办了专家委员会全体会议，讨论、制定了《中国肾癌诊治指南2013年版》。此外，与《中国医学论坛报》合作，组织相关专家编写了《肾癌患者教育手册》。成功举办了第五届CSCO泌尿肿瘤论坛。

（八）骨肉瘤专家委员会

除了成功举办CSCO年会“肉瘤专场”以外，还组织编写了《软组织肉瘤临床诊疗路径》。7月27日，在北京举办“骨与软组织肉瘤二线化疗研讨会”，邀请美国专家交流骨与软组织肉瘤化疗专题，10个骨与软组织肿瘤诊疗中心参与交流。此后，于12月在哈尔滨举办“骨与软组织肉瘤诊断与治疗学习班”。2013年，“骨肉瘤专家委员会”正式更名为“肉瘤专家委员会”。

（九）黑色素瘤专家委员会

继续既往的公益性讲学活动，于2月在乌鲁木齐、4月在浙江、8月在长沙、12月在北京分别举办了黑色素瘤的专场宣讲活动，把黑色素瘤的规范诊治理念和重要进展传播给了更多同道。至此，CSCO黑色素瘤专家委员会宣讲团的足迹已走遍了全国20余个城市。8月在长沙的会议上，同时召开了黑色素瘤专家委员会的工作会议，进一步完善和更新了《2013版中国黑色素瘤诊治指南》，最终版于9月经人民卫生出版社出版和在CSCO年会的“黑色素瘤专场”正式发布。2013年12月，在北京启动了黏膜黑色素瘤辅助治疗的全国多中心Ⅲ期临床对照研究，参会单位共12家，预计3年内完成研究，该研究结果将是全球首个大宗的黏膜黑色素瘤辅助治疗的重要研究。此外，今年还组织专家委员编写黑色素瘤专著，涉及领域包括内科、外科、妇科、头颈外科、放疗科和病理科等，已完成初稿及校对工作，预计明年年初由人民卫生出版社出版。

（十）GEP-NET专家委员会

分别于3月16日和6月15日在上海和重庆组织召开了2次“CSCO胃肠胰腺神经内分泌瘤治疗共识讨论会”，经过与会专家的热烈讨论，制定了《GEP-NET中国专家诊疗共识》，并在《临床肿瘤学杂志》上发表。此外，与《临床肿瘤学杂志》编辑部合作创办《胃肠胰神经内分泌肿瘤专刊》，介绍国内、外有关领域的研究进展或最新动态。在临床研究方面，目前有2项神经内分泌瘤多中心研究正在顺利进行中。

（十一）肿瘤光动力治疗专家委员会

2013年成立了5个肿瘤PDT培训中心；编辑出版了《光动力疗法》一书，《肿瘤光动力治疗学》和《实用临床光动力治疗手册》正在编写中。在临床研究方面，国产光敏剂福建福州大学的酞菁和深圳中兴扬帆的血卟啉醚酯已经分别在国内完成Ⅰ期临床和剂量探索试验，分别由中山大学附属肿瘤医院徐国良教授和南方医科大学附属南方医院罗荣城教授担任 PI，已经取得初步进展。此外，还积极与 PDT 发达国家开展合作与技术交流，与英国《光诊断与光动力治疗》杂志（SCI 影响因子为 2.522）结成联谊关系，将杂志摘要翻译成中文免费发布在光动力网站上，并成功推荐国内文章发表在该杂志上，提升了我国肿瘤光动力治疗在国际上的影响。组织多名国内 PDT 专家参加在韩国举行的国际光动力学会年会 IPA2013，进一步扩大我国 PDT 在国际上的影响。8 月，在广州成功举办“国际肿瘤光动力治疗高峰论坛”，韩国、美国、英国的专家应邀前来广州参会交流。

（十二）胃肠间质瘤专家委员会

本年度补充委员会专家 7 人：潘志忠教授、龚建平教授、张声教授、吴欣教授、张坚教授、李勇教授、宋纯教授。除了成功举办 CSCO 厦门年会“胃肠间质瘤专场”外，还组织专家讨论撰写《胃肠间质瘤中国专家共识》2013 版，并于 2013 年 11 月发表于《临床肿瘤学杂志》和《中华胃肠外科杂志》，同时组织全国巡讲诊疗共识的推广活动 10 余次，在全国 4 个胃肠间质瘤培训中心进行专科培训 10 余次。并参与援疆活动，进行胃肠间质瘤专题讲座。

（十三）青年专家委员会

积极参加 CSCO 组织的各项学术活动，在年会、BOA 会议、ACT 会议等都有青年委员会成员参与讲学和翻译。尤其在 CSCO 厦门年会还举办了青年委员会专场，分乳腺、胃肠和肺三个专业，开展了“唇枪舌战，论道佳治——CSCO 青年专家学术论坛”专场活动，就乳腺癌全程管理和多学科治疗、胃癌的个体化治疗、肠癌的 MDT 病例讨论、肺癌的免疫治疗、肺鳞癌驱动基因研究进展及肺癌临床研究模式等热点问题进行了阐述和探索，取得了很大的成功，体现了年轻人的学术风采。此外，与《中国医学论坛报》合作，开展典型病例讨论，由青年委员会成员在各专业领域选取典型病例，邀请国内知名专家进行点评。目前第一期肠癌病例已经征集完毕，正在排版，近期将会与读者见面，以后会陆续进行其他瘤种的典型病例讨论。青年委员会各专业小组还组织了一些区域性学术活动，例如陆劲松组织的“浦东乳腺癌高峰论坛”，殷咏梅、欧阳取长、李南林也分别组织了多次区域的学术活动和义诊。还在广州、杭州、北京、成都以青年委员会名义组织了“消化道肿瘤青年论坛”系列活动，在青年医师中产生了广泛影响。

（十四）肿瘤生物标志物专家委员会

组织专家讨论制定了《中国间变性淋巴瘤激酶（ALK）阳性非小细胞肺癌诊断专家共识 2013 V1.0》，发表于《中华病理学杂志》2013 年 42 卷第 6 期，并已经通过 CSCO 年会、各省市肿瘤学继续教育项目开展多次交流推广，对我国 ALK 变异型肺癌的临床诊治水平提高发挥了推动作用。在临床研究方面，发起了多中心参与的循环肿瘤细胞在肺癌中的研究。该观察性临床试验名称为“晚期非小细胞肺癌患者循环肿瘤细胞在一线化疗中的动态变化的前瞻性观察性研究（CTONG1202）”，拟观察循环标志物——循环肿瘤细胞（CTC）的数量和表面分子标志物的变化与肺癌临床一线化疗的相关性。2013 年已经启动，并初步入组患者 15 例。准备在 2014 年扩大各中心的入组数量，争取尽早获得高质量的数据，说明 CTC 在肺癌中的应用前景和价值。此外，专家委员会专家们所在的各肿瘤中心在 2013 年还开展了肺癌、乳腺癌、胃癌、结直肠癌、肝癌、血液肿瘤等的肿瘤标志物相关的转化性研究工作，期待在 2014 年各个瘤种均有肿瘤生物标志物相关的研究突破或进展。

（十五）甲状腺癌专家委员会

2013 年 8 月 10 日，在青岛新成立了“甲状腺癌专家委员会”，旨在动员多学科的力量，更好地发挥多学科综合治疗优势，推动甲状腺癌治疗方案的发展，造福更多甲状腺癌患者。委员会汇聚了超声科、甲状腺外科、病理科、核医学科、内分泌科、肿瘤内科及放疗科等多学科的专家。黄慧强教授、林岩松教授担任主任委员，陈立波教授、郭晔教授任副主任委员。在成立大会后举行了“碘难治性甲状腺癌治疗研讨会”，并计划着手制订《难治性甲状腺癌诊治路径》。希望藉此规范不同地区甲状腺癌的诊治过程，从而延长甲状腺癌患者的生存期。

此外，还新成立了药物安全管理专家委员会和中国淋巴瘤联盟，各个专家委员会都不同程度地开展了形式多样的学术推广和公益教育活动，为肿瘤的规范化治疗与发展做出了重要贡献。

三、开展临床研究培训课程，提高国内肿瘤研究水平

（一）CSCO-EORTC 肿瘤临床研究高级培训班

2013 年 3 月 13 日 ~ 17 日，CSCO 携手欧洲癌症研究与治疗组织（EORTC）举办了“CSCO-EORTC 肿瘤临床研究高级培训班”。CSCO 遴选了临床研究经验丰富的专家团，一行 20 多人由李进秘书长带队亲赴欧洲，尽管遭遇了欧洲 50 年不遇的暴雪和交通停滞，仍然克服了重重困难，于法国巴黎圣安东尼奥医院顺利举行（彩图 9）。培训课程围绕高水平的国际多中心临床研究设计及实施，特别是针对转化医学及临床设计的教育展开培训。EORTC 组织了一批顶尖国际培训团队参与授课和研讨。双方进行了深入的交流和讨论，并为协会间以后的紧密合作奠定了良好的基础。

（二）CSCO 临床试验经验分享研讨会

2013 年 5 月 4 日~5 日，由 CSCO 主办的“CSCO 临床试验经验分享研讨会”在上海成功举办（彩图 10），旨在进一步推广肿瘤临床研究的规范化，提高中国肿瘤药品的临床试验水平。会议邀请了十余位国内临床肿瘤学研究和统计学领域的资深专家授课，50 位参与或主持过肿瘤药品临床试验的临床医师和肿瘤药品生产厂家医学部或研发中心人员共同参与听课和讨论交流。培训内容为肿瘤药物的Ⅲ期临床研究相关课题，包括：临床研究的设计、统计分析等，并涉及转化医学与临床研究，以及独立评估委员会的相关信息与进展。通过互动交流与经验分享，全面提升了参会代表开展肿瘤临床研究的质量水平，受到大家的一致好评。

（三）第三届国际临床研究高级研修班（ACT China Ⅲ）

基于前两届 ACT 会议的成功举办，CSCO 与 ASCO 基金会和 STO 再度合作，于 2013 年 11 月 22 日~24 日在广州举办了“第三届国际临床研究高级研修班（Advanced Clinical Trial Workshop China，ACT China Ⅲ）”。会议首次在 CSCO 网站上公开征集副高级以上职称、英语水平良好的会员，从 1.2 万多名会员中遴选了 37 位优秀代表与会，并首次邀请了美国、欧洲和中国国家食品药品监督管理总局的官员与会，介绍各自区域的药物临床试验的监管机制并参与讨论和点评。会议内容首次围绕着靶向药物的临床研究而展开，涉及了靶

向药物临床研究的设计方法、操作规范、终点选择、统计分析等。这是不同于前两次ACT会议的创新，也代表着ACT会议迈向了更高、更新、更务实的新里程。相信随着ACT会议的不断发展，必将有效地提高我国肿瘤临床研究的水平。

四、积极配合政府承担卫生行政工作

自2011年开始协助卫生部（卫计委）开展“癌痛规范化治疗示范病房”的论证和评选工作，继2012年11月评选出首批“示范病房”后，2013年继续推进这项工作，先后在太原、福州、哈尔滨、乌鲁木齐、长春举办了省（区）培训会，并且组织参会医生、护士到示范单位进行现场学习。8月10日，又在山东省青岛市举办了“癌痛规范化治疗示范病房”现场评审交流会，从多学科的角度，共同探讨癌痛的治疗，并围绕“示范病房”取得的成果和吸取的教训进行了经验交流。

五、中国临床肿瘤学科学基金

本年度中国临床肿瘤学科学基金评审会议于7月13日在上海召开，最终评选出年会优秀论文20篇和一项杰出成就奖；新评选出CSCO-丽珠中医药肿瘤研究基金项目5个；评审会对既往获得资助的研究项目的阶段性报告进行了审查，批复拜耳青年肝癌研究基金4个研究项目和CSCO-丽珠中医药肿瘤研究基金3个研究项目结项，3个肝癌研究和2个丽珠中医药研究项目予以继续资助。

此外，自2011年开始启动的“CSCO-乳腺癌典型病例征集活动”于2013年2月28日宣告全部完成，总计覆盖了全国47家医院，收集10000例相关病例，进行数据分析与综合讨论，为乳腺癌治疗提供了新的参考和方向。

中国老年学学会老年肿瘤专业委员会 2013年度工作总结

一、组织建设

根据2013年度工作计划，为了发挥更多年富力强学术骨干的作用，使学会工作向各领域纵深发展，拓宽老年肿瘤学的工作范畴，加强多学科合作，拟组建8~10个肿瘤专业分委员会，以期完成老年肿瘤学多学科、多领域的学术组织扩展。由于需要一个时间的跨度，本年度内完成了肺部肿瘤、消化系统肿瘤、乳腺癌、微创治疗、淋巴瘤及血液肿瘤、姑息和康复、分子靶向治疗等7个分委会的组建。同期还完成了放疗分委会和中西医结合分委会两个分委会的筹备工作，将在2014年年会上正式成立，从而进入学术活动运作状态。我们圆满完成了计划目标。

新成立的9个专委会，不仅是扩大了老年肿瘤学科、教、研的宽度，更主要的是为进一步深入拓展老年肿瘤临床研究和治疗建立了一个更好的平台和宽广的天地。通过一个年度的运转，各学科间的磨合状态理想，业绩成果上体现出了非常良好的开端。

二、会员发展和管理

经 CGOS 办公会研究决定，新成立的分委会主要负责人（一名）自分委会成立之日起，即为本学会的常委。

由于分委会的成立，2013 年度本会会员总数出现了较大的发展，过去以北京、上海、广州为主的会员构成明显改善，9 个已成立的分委会新增会员 660 名，其中，95%以上为高级职称，结合我国的行政管理规范和专业因素以及国际上一些知名学会的做法，在部分分委会中适当地增加了一些以博士、硕士为主的中级职称人员，有计划地培养我们的后继力量，成为副会员（Associate member）。

老年肿瘤不能仅仅是老年肿瘤工作者的任务，我们的工作中要适度地培养和吸收一些后来人，中级职称以下的新生力量（主要分布在各分委会），待条件成熟（即成为副高职称）后可转入本会正式会员即委员。

目前，我们的会员已达到 1268 人，CGOS 已经成为全球最大的老年肿瘤学学术团体，但我们仅靠人数众多这一条还远远不够，要在学术质量和水平上更高地要求自己，更多地去团结各方的力量，才能为我们未来的工作奠定好一个坚实的基础。

三、学术工作重点

（一）成功地举办了第七届年会

2013 年年会的主题为“重视转化医学，开展协作创新”，这一主题特别突出了针对老年肿瘤患者初诊时病期晚、合并基础疾病多、治疗相关并发症重等特点，急需分子诊断、分子靶向治疗等转化性研究来丰富高效、低毒的个体化治疗。这正是老年肿瘤学传统与现代、科学与人文的最好注解和彰显。

本届年会内容丰富多彩，讨论热烈踊跃，到会人数 800 人左右。

（二）顺利成立了七个亚专业组

为了在尽可能短的时间内快速提高我国老年肿瘤诊治队伍的水平，亚学科建设和学术骨干的锻炼培养工作迫在眉睫。为此，本学会于第七届学术年会期间以分委会的形式成立了微创治疗、消化系统肿瘤、乳腺肿瘤、淋巴瘤及血液肿瘤、肺部肿瘤、姑息治疗、分子靶向治疗等 7 个专业学术工作组。这些分委会的成立将为我国老年肿瘤工作不断深入和发展奠定了稳固和扎实的基础，并能在学术上起到一个积极的推动作用，培养一批优秀的专业人才。

（三）丰富多彩的学术活动

本年度的学术活动除年会外，还在北京、天津、南京、武汉和杭州五城市成功地举办了十次中、小型学术活动，参会人数 2000 余人次（详见下表）；

2013 年度本会主要学术活动举办情况

名 称	举办地点	参加人数	合作单位
301 中外高端对话	北京	500 人	301 医院
中国老年学学会老年肿瘤专业委员会抗血管生成研讨会	杭州	100 人	
post of WCLC	南京	300 人	
post of WCLC	武汉	150 人	
北京肺癌研讨会	北京广西大厦	200 人	
绿荫沙龙	天津	300 人	
中国老年学学会老年肿瘤专业委员会北京肺癌研讨会	北京康源瑞廷	100 人	协和医院
强阿片滴定策略专家讨论会	北京紫金丽亭酒店	100 人	301 医院
肺癌学术研讨会	北京	100 人	协和医院
中国老年学会院长管理系列之北京肿瘤医院专场	北京	200 人	北京肿瘤医院

除国内学术活动外，本年度内还与企业合作，组织 21 名专家赴国外参加 EMSO 会议。

（四）老年肿瘤诊疗指南的初探

2013 年，本会课题的多方运作模式进入第三个年头，在谨慎摸索的前提下，这些年来，研究工作有序开展，在肿瘤病人中把老年肿瘤与非老年肿瘤病人区分出来的比较学开始有了一定的认识。初始工作的目的是期望分出年迈病例与体弱病例的区别及其愈后差异，这项工作在几年后希望凝练产生一个老年肿瘤学的治疗标准或规范性的指南。那时，不仅会解决目前日常工作中粗分或不分带来的不利现状，而且也会进一步地推动老年肿瘤研究工作更纵深的发展。依照这个思路，我们在完善老年肿瘤研究课题的管理体系的同时，也力争把无序的研究引入到一个健康的方向上去。其中，充分发挥中医药在老年肿瘤预防、治疗和康复中的作用应占有重要的地位，希望本会全体成员能够共同努力做出中国特色的贡献。

（五）大力提倡鼓励多学科的临床协作研究

临床研究是医疗工作得以深入发展的基础和保障，为了保证目前的老年肿瘤临床研究工作有充足的后续力，在进一步完善课题的管理基础上，经费上要做到专款专用，研究经费只对单位，不对个人，杜绝研究经费进入个人账户。将本会财务的日常性往来账目与研究课题经费分开管理。2013 年起，我们在财务管理上鼓励向学术研究方向倾斜，除须向国家上缴的税费外，减少科研课题管理费上交比例。

四、财务管理

2013 年，进一步强化了学会的财务管理，在与多部门核对账目的基础上，分户立账，将财务列支细划到每一项。自本会成立以来，每年均顺利通过了上级单位和审计部门财务审核。

综上所述，对于一个处于成长期的学会，本会基本上完成了本年度的工作计划目标，为向着良性方向发展打下坚实的基础。

❖ 肿瘤会议纪要、信息 ❖

中国癌症基金会六届九次理事会在京召开

中国癌症基金会六届九次理事会于 2013 年 8 月 10 日上午 9：00 在北京康源瑞廷酒店召开。理事长彭玉，副理事长兼秘书长赵平，副理事长阚学贵，理事余瑶琴、乔友林、董志伟、柏和、李建生、王锡娟、徐爱娣、郭林、单国洪、齐小秋、支修益、段仙芝、游伟程、徐无为出席会议。监事会监事张友会参加会议。副秘书长史安利、办公室主任高翠巧、财务部主任张金萍、事业发展部主任郭梅、项目部主任张伟，副主任李纪宾、控烟部副主任邹小农等全体工作人员列席会议。本次理事会特别邀请国家卫计委姚晓曦同志、民政部沈东亮同志参加会议。

中国癌症基金会六届九次理事会由彭玉理事长主持。

一、赵平副理事长兼秘书长向理事会报告“中国癌症基金会 2013 年上半年工作总结与下半年工作计划”，经参会理事审议，一致同意并举手通过。赵平副理事长向理事会通报了基金会民政部评估结果，中国癌症基金会荣登 2012 年全国 4A 级基金会评估榜首位。

二、财务部张金萍主任向理事会报告“中国癌症基金会 2013 年上半年经费收支情况与 2013 年下半年经费收支计划”，经参会理事审议，一致同意并举手通过。

三、参会理事充分肯定了基金会上半年的工作，认为基金会是步入了一个飞速发展的新时期，并对基金会今后的工作充满了信心。理事们各抒己见，积极为基金会的发展提出了建设性意见。

四、民政部基金会管理处沈东亮同志向理事会作了题为《基金会政策法规解读》的培训报告。沈东亮同志从基金会起源、发展、现状及存在的问题向全体理事进行了介绍，并重点解读了与基金会监管相关的政策法规。

中国癌症基金会六届九次理事会圆满结束。

（稿源：中国癌症基金会）

国家癌症中心副主任任命宣布大会召开

2013年10月24日上午11点，在悦知楼二层报告厅召开了国家癌症中心副主任任命宣布大会。会议由中国医学科学院党委书记李立明教授主持，国家卫生和计划生育委员会人事司金小桃司长宣读了《中共国家卫生和计划生育委员会党组关于赫捷、董碧莎同志任职的通知》，任命赫捷同志为国家癌症中心主持工作的副主任，任命董碧莎同志为国家癌症中心副主任。赫捷院长和董碧莎书记在会上就国家癌症中心未来的工作设想、责任和展望做了发言。院所全体领导班子、院士、副高级以上职称、副科级以上职务人员及护士长出席会议。

（人事处）稿源：中国医学科学院肿瘤医院网站

相关链接

国家卫生计生委来院宣布国家癌症中心副主任任职

2013年10月24日中午，在悦知楼报告厅召开了全院干部大会。我院领导班子、院士、副高职称以上专业技术人员及中层干部等200余人参加了大会。大会由中国医学科学院党委李立明书记主持。国家卫生计生委人事司金小桃司长宣读了《中共国家卫生和计划生育委员会党组关于赫捷、董碧莎同志任职的通知》（国卫党任发〔2013〕19号），任命赫捷同志为国家癌症中心主持工作的副主任，董碧莎同志为国家癌症中心副主任。

赫捷院长和董碧莎书记在会上分别做了发言。

赫捷院长对国家卫生计生委党组和中国医学科学院党委的信任与帮助、对全院干部职工的支持与肯定表示感谢。他说，今天的任命不仅标志着国家癌症中心的正式运营，更代表几代肿瘤医院人梦想终于得以实现。他表示，一定会珍惜荣誉、勇挑重担、抓住机遇、积极探索，尽快确立中心的组织机构框架方案，在建设国际一流的国家癌症中心的道路上，依靠广大职工，与全国肿瘤同道一起，为肿瘤防治研究事业积极贡献力量。

董碧莎书记首先感谢卫生计生委党组和医科院党委对国家癌症中心建设的重视和关心，感谢领导和职工对她过去工作的肯定和对她的信任，感谢建院55年来前辈们和广大职工的辛勤工作，为国家癌症中心的建立奠定的坚实基础。她将以更高的标准和高度的责任感履行好职责，加快中心的建设。作为“中心”的依托单位，她将与广大职工一起，坚持以国家、人民利益为己任，发扬执着追求、锲而不舍、勇于担当的光荣传统，发扬不怕困难、脚踏实地、勇于奉献的精神，在国家卫生计生委的领导和医科院的指导下，充分发挥国家癌症中心的功能，向人民交出满意的答卷。

最后，李立明书记发表讲话。他说，国家癌症中心承担着我国癌症防治的重大使命，希望中心副主任到任后，带领全体同志认真贯彻落实领导讲话精神，把中心的组建工作同党的群众路线教育实践活动紧密结合起来，加强领导班子团结，增强领导班子合力，改进领导干部自身作风建设，统筹兼顾、合理安排，做到两手抓、两促进，发挥癌症中心国家队的作用，勇于承担维护人民健康的重要职责，营造良好的科研氛围，不辜负卫生计生委党组的厚望，为提高人民健康水平，实现人人享有基本医疗卫生服务做出新的、更大的贡献。

（党委办公室）稿源：中国医学科学院肿瘤医院网站

分享科研成果　交流学术前沿

——国家癌症中心第三届学术年会召开

国家癌症中心第三届学术年会于2013年3月16日在中国医学科学院肿瘤医院悦知楼隆重召开。本次年会由中国医学科学院肿瘤医院院长赫捷教授和美国国立癌症中心主任Harold Eliot Varmus教授担任大会主席。共有来自16个单位400余名专家学者和学生参会。

自2011年首届年会召开以来，得到了肿瘤界同行的广泛支持和热情参与，产生了强烈反响。本届年会进行了新的尝试，汇聚了中美肿瘤学领域知名专家和学者就肿瘤领域的学术进展进行交流，受邀做大会报告的专家有：美国NCI Harold Eliot Varmus教授和MarK Parascandola教授，中国医学科学院曹雪涛院士，中国医学科学院肿瘤医院程书钧院士、詹

启敏院士，香港大学关新元教授，复旦大学肿瘤医院陈海泉教授，中山大学肿瘤防治中心康铁邦教授，上海市肿瘤研究所覃文新教授，北京肿瘤医院王洁教授，中国医学科学院肿瘤医院林东昕教授、乔友林教授和李晔雄教授。报告内容涉及肿瘤防控、基础医学、临床医学和转化医学领域，从基础和预防理论研究到临床实践探索，对肿瘤研究的前沿和进展进行了探讨。会场气氛热烈，参会者围绕学术问题展开了深入的讨论。

思想的碰撞总能带来研究的突破，与高水平的国内外同行交流、合作有助于提升观点和认识、发现问题和不足、找到突破点和方向。中国肿瘤防控的实践既要基于中国的国情和实际情况，也要从国际肿瘤防控实践中汲取经验。本届年会召开之日正值国家癌症中心与美国 NCI 战略性合作框架签署一周年，年会的举办很好地诠释了国家癌症中心未来发展的国际化视野和合作开放的发展理念。今后，我们将进一步探索新的办会方式，通过国家癌症中心学术年会这样的形式为我国肿瘤研究提供智力支持和技术支撑，为国内外肿瘤研究学者搭建肿瘤诊断、治疗和预防等研究领域探索、传承、交流和创新的平台。

（文/科研处　田古　图/刘习昌）（稿源：中国医学科学院肿瘤医院网站）

第七届中国肿瘤内科大会暨第二届中国肿瘤医师大会在京举行

第七届中国肿瘤内科大会（The 7th Chinese Symposium on Medical Oncology，CSMO）暨第二届中国肿瘤医师大会（The 2nd Annual Meeting of Chinese Association for Clinical Oncologist，CACO）和中国抗癌协会肿瘤临床化疗专业委员会 2013 年学术年会（The CACA Committee of Cancer Chemotherapy 2013 Annual Meeting）于 2013 年 7 月 3 日~7 日在北京国家会议中心隆重举行。本次大会由中国癌症基金会、中国抗癌协会肿瘤临床化疗专业委员会、中国医师协会肿瘤医师分会主办，中国医学科学院肿瘤医院承办，近 2000 位注册代表参会。

7 月 4 日上午，大会开幕式在国家会议中心四层大厅隆重举行，大会执行主席石远凯教授主持了开幕式。彭玉理事长、曹雪涛院长、王瑛秘书长、赫捷院长、管忠震教授、孙燕院士分别致开幕词。全国人大常委会原副委员长桑国卫院士，樊代明院士、曹雪涛院士、于金明院士、詹启敏院士、赵平教授分别做了精彩的专题报告。出席会议的还有何鲁丽女士、刘德培院士、何维教授、程书钧院士、肖梓仁教授、David Kerr 教授等国内外知名专家学者。

本次大会的主题是“规范的肿瘤治疗，规范的肿瘤专科医师培训”。据大会执行主席、中国医学科学院肿瘤医院副院长石远凯教授介绍，本次大会主要以规范化诊断、治疗和医师规范化培训来安排会议学术内容，基本上涵盖了中国常见恶性肿瘤的诊断和治疗，特别是肿瘤内科治疗及相关领域，包括放射治疗、外科治疗的最新进展。同时，国际上最新进展治疗相关的标准理念在本次大会上也有专门讲述，让与会者了解肿瘤的治疗理念，追踪国际上最新标准的治疗理念，熟悉我们国家目前颁布的治疗指南，在这个基础上，结合肿瘤治疗的最新进展能让患者获得最大益处。

近50位国内专家学者在会议上报告自己的研究成果，学术内容非常丰富，让更多的人了解了我国目前肿瘤领域的研究现状。大会在继续关注肺癌、乳腺癌、消化道肿瘤、淋巴瘤、头颈部癌等常见肿瘤的诊断和治疗的最新进展的同时，今年的会议增设了癌症姑息和疼痛治疗、肿瘤营养支持治疗、肿瘤免疫、靶向治疗、抗肿瘤新药临床研究、软组织肿瘤、肿瘤中医中药治疗、肿瘤治疗的新技术和新方法、青年医师讲演比赛等多个学术专场，充实完善的会议内容，强大的专家阵容，浓厚的学术氛围以及精彩的报告，为参会者更好的了解国际前沿动态，把握肿瘤综合治疗、规范化治疗、个体化治疗的原则和临床应用，提供了有利平台。

大会展示了过去一年我国肿瘤内科治疗取得的新成果，一些重要临床研究结果在大会上发表，共收到300篇学术论文，选出了45篇优秀论文。大会还出版了《中国肿瘤内科进展/中国肿瘤医师教育（2013年）》。

（综合：中国医学科学院肿瘤医院网站 内科唐乐、央视网报道）

第十六届全国临床肿瘤学大会暨2013年CSCO学术年会在厦门隆重举行

由中国抗癌协会临床肿瘤学协作专业委员会（即中国临床肿瘤学会，CSCO）、北京市希思科临床肿瘤学研究基金会共同主办的第十六届全国临床肿瘤学大会暨2013年CSCO学术年会于2013年9月25日~29日在厦门国际会展中心隆重举行，同期举办了第一届亚洲临床肿瘤学联盟（FACO）大会。这是亚洲临床肿瘤学医师共同研讨、切磋经验的交流盛会，是全球肿瘤专家云集、讲解癌症诊疗前沿知识的学术盛会，更是展现中国临床肿瘤学研究成果和发展动态的辉煌盛会！

本届大会的主题为“加强合作，持续创新”，得到了广大CSCO会员的支持和国家有关部门的充分肯定。特别令人感动的是，去年，马晓伟副部长代表国家卫生部亲临我们的年会，并且发表了重要讲话；今年由于工作原因，马副部长不能亲抵厦门，但仍代表国家卫生和计生委专门给大会发来贺信，对CSCO学会进行鼓励和表扬，认为我们在继续教育、学术交流和推广方面，做了许多的工作，鼓励大家在这次会议上，更好地提倡公益、突出学术和厉行节约，在国际交往中为中国医生树立良好的形象，为我们国家医学界争光。大会吸引了12000多名国内外临床肿瘤学专家学者与会，举办了59场专题会、2场亚洲学术会、44场卫星会和6场早餐会，共同交流最新研究成果和学术论文1300多篇。

首先，这是一次真正意义上的国际学术会议

首次与亚洲临床肿瘤学联盟（FACO）合作，同期举办第一届FACO大会。FACO是由中国和日本、韩国三国的临床肿瘤学会共同发起、组织和参与的公益性国际专业学术组

织，成立的主要目的是针对亚洲高发的肿瘤，进行区域性的学术交流和研究协作。例如原发性肝癌、食管癌和胃癌等肿瘤，不仅在亚太地区发病率高，而且在病因学、生物学行为、临床表现和治疗策略上，亚洲国家和欧美国家存在着许多显著不同，明显地影响到临床实践和患者的预后，因此需要给予更多的关注，特备是开展专门的临床研究，制订符合亚洲患者特点的诊疗规范。

FACO 希望在亚太地区，提倡和组织多国共同的合作，团结起来，共同抗癌，通过多中心的专题协作研究、建立起亚洲的数据库和经常性学术交流等活动，使我们能进一步相互了解、紧密合作，参考彼此的诊疗规范，最终能达到提高亚洲肿瘤诊疗水平和研究水平的目的。此次，亚洲许多国家的肿瘤学术组织及其领导都光临与会。

本届 CSCO 年会还邀请了美国临床肿瘤学会（ASCO）候任主席 Peter Yu、国际部长 Doug Pyle，欧洲肿瘤内科学会（ESMO）候任主席 Rolf Stahel，国际肿瘤免疫治疗学会（SITC）主席 Bernard Fox，国际转化医学学会（STO）主席 Martin Murphy、法国抗癌联盟主席 Jean-Pierre Armand，以及其他国际学术组织的成员和著名专家参加。因此，本届 CSCO 年会不仅是我们中国的临床肿瘤学大会，也是一次真正意义上的国际学术盛会。

第二，本届 CSCO 学术年会特别重视推动临床研究

过去一些年来，CSCO 主要是作继续教育，经过多年的铺垫，特别是在吴孟超院士、孙燕院士、廖美琳教授和管忠震教授等老一辈临床肿瘤学家的指导和鼓励下，已经积极开

展了许多国内多中心临床研究，同时也参与了国际包括全球和亚太地区的多中心研究，取得了一些经验和重要数据。CSCO 年会也逐渐成为了发布亚太地区临床肿瘤学研究数据的重要平台，今年就有几十项国际、国内多中心临床研究结果公布。其中，既有国际大制药企业以中国和亚太地区为主的研究，也有国内民族制药企业的研究，显示了我国民族企业在国家的支持下不断创新崛起。

例如，公布了由秦叔逵教授和李进教授共同担任 co-PI，全国 30 多家中心共同参与的“阿帕替尼治疗晚期胃癌的全国多中心Ⅲ期临床研究”成果。这一研究是在国家食品药品监督管理总局（CFDA）的大力支持下完成的，也得到了国家科技部和多个部门的支持帮助。阿帕替尼是我国学者自主研发的创新药物，具有完全的知识产权，属于小分子靶向抗癌药。阿帕替尼治疗晚期胃癌Ⅱ期临床研究就取得了优良的结果，全面提高了晚期胃癌的客观有效率和生存获益，并且改善了患者的生活质量，相关文章刚刚在国际顶级杂志、美国 ASCO 的《临床肿瘤学杂志》（J Clin Oncol）上全文发表。这次要公布的Ⅲ期临床研究的结果与Ⅱ期的结果完全一致。

这项研究的意义不仅是又出了一个新药，更重要是在胃癌的治疗当中，从曲妥珠单抗开启分子靶向治疗的大门以来，到今天为止，只有两个大分子的单抗获得了成功，而小分子药物和抗血管生成靶向药物统统都失败了，但是阿帕替尼的研究获得成功了，也就是说在晚期胃癌标准的一线、二线化疗失败后，无药可治的情况下，阿帕替尼仍然可以延长了患者的生存，并取得客观的疗效。因此上述文章发表后，《自然》（Nature）杂志专门发表评论文章，进行了高度评价，认为在胃癌的治疗当中，除大分子单抗和信号传导通路抑制剂以外，小分子靶向药物和抗血管生成剂还是大有作为的，但是对于研究方案的设计、患者的选择以及研究过程的质控都需要认真思考。

这是针对中国特色肿瘤，由中国专家独立完成的研究，成为一个成功的典型案例。阿帕替尼的临床研究一方面是在胃癌领域取得了重大的突破；另一方面也显示中国专家有能力、有水平担当大型、高质量研究的 PI，并且得到国际的认可；同时，这也说明，在国家 CFDA 和国家科技部的大力支持下，民族制药企业的创新精神已经得到了发扬，虽说是科学没有国界，可是民族企业针对我国的高发肿瘤创新的药物，更有利于国人患者，价格也会比较便宜。

第三，学术活动“百花齐放”，满足不同层次参会医生的需求

在会议学术内容的设置上，强调全体大会与专题研讨会并重，既兼顾大会学术活动对国内、外学术动态的报道，又重视某些肿瘤领域的重点和热点问题深入探讨。CSCO 有 18 个专家委员会暨临床研究协作组。这些专家委员会充分发挥了作用，对有关热点和难点问题组织了专题论坛，希望能够讲深、讲透和积极互动，以全面反映和传播临床肿瘤学的新观念、新知识、新技术。

同时，CSCO 还与定居或留学国外的华人学者，以及我国港、澳、台地区的专家和学术组织合作，如与美国华裔血液及肿瘤专家学会（CAHON）和美中抗癌协会（USCACA），还有一些留学欧美的学者共同举办新药研究和评价论坛；与台湾地区学者继续进行海峡两岸的学术交流，举办了肝癌诊治进展专题论坛；与国际癌症免疫治疗学会（SITC）和 CA-

HON 举办免疫治疗专场；还有“两岸三地”的淋巴瘤高峰论坛等。这些合作，一方面加强了学术交流沟通，另一方面也使得我们与港、澳、台地区的专家，与海内外的华人学者增进了友谊。

众所周知，“是药三分毒”，抗癌药多是“以毒攻毒”，除了化疗药物具有细胞毒，常常引起心、肝、肾损害，以及恶心、呕吐和骨髓抑制外，一些新的分子靶向药物可以导致出血、高血压、蛋白尿和严重皮疹等，这些都是在临床上过去所没有碰到的，特别需要加强认识和防治。本届 CSCO 学术年会积极响应国家 CFDA 的号召，在重视抗肿瘤治疗药物有效性的同时，必须高度重视其安全性，积极管理（预防和治疗）不良反应，使患者获得最佳的疗效和最大的安全，为此，专门成立了“抗肿瘤药物安全管理专家委员会”，有组织、有计划地针对抗肿瘤药物，特别是化疗和靶向药物的毒性进行深入的研究，制订出规范化和防范措施，做到未雨绸缪，防患于未然，“抗肿瘤药物安全管理专家委员会”的口号是：“智者监察于未萌，安全性和有效性并重”。

29 日上午的 CSCO 学术年会上，CSCO 即将迎来第 18 个专家委员会——“抗肿瘤药物安全管理专家委员会（ASMC）”的成立。据悉，肿瘤学泰斗吴孟超院士、孙燕院士、廖美琳教授、管忠震教授及国家食品药品监督管理总局（CFDA）药品安全监管司副司长颜敏主任将担任学术顾问，秦叔逵教授、李进教授出任主任委员。

最后，也是最重要的

本届 CSCO 学术年会进一步体现了老中青三代临床肿瘤学者的合作，秉承 CSCO 的根本宗旨，做到“学术第一，公益第一，服务第一，奉献第一”。

吴孟超院士、孙燕院士、廖美琳教授、管忠震教授、张嘉庆教授和沈镇宙教授等一批德高望重的老一辈专家在国内外都享有盛誉，虽然他们年事已高，但是“老骥伏枥，志在千里；烈士暮年，壮心不已”，始终战斗在临床的第一线，身体力行，并且支持、指导和培养中青年医师不断进步。对于本次 CSCO 学术年会，他们都特别支持，亲临会议、主持会议和进行点评，给予大家许多鼓励和帮助。今年的会议上，CSCO 委员会进行了换届选举，新一届委员会和以后的 CSCO 年会，将继续秉承学会的根本宗旨，即“团结、协作、务实”；特别在“务实”这个环节上，提倡“学术第一，公益第一，服务第一，奉献第一”，大力促进国际、国内学术交流和科技合作，通过特别鼓励和重点报道临床研究的创新成果，来导向和提倡规范化的多学科综合诊断治疗，推动整个临床肿瘤学学科的发展。

（来源：CSCO 网站、丁香园）

相关链接

合作与创新中的中国肿瘤学发展之梦

杨　翎　贾春实

2013 年 9 月，中国临床肿瘤学会（CSCO）迎来了第 16 届年会，在这一年一度的盛会召开之际，CSCO 荣誉主席吴孟超院士、孙燕院士、廖美琳教授和管忠震教授，在接受《中国医学论坛报》记者采访时，向全体 CSCO 成员和来自全国的肿瘤学专家，表达了他们对年会的祝贺以及对中国肿瘤学发展的殷殷期许。

（CSCO2013 专题报道：http://zt.cmt.com.cn/zt/2013csco/index.html）

吴孟超院士

孙燕院士

廖美琳教授

管忠震教授

《论坛报》：中国的临床肿瘤学研究的机遇和挑战有哪些方面？

吴孟超院士：中国作为最大的发展中国家，也是患者资源大国，有着非常丰富的病例资源。很多外企把研发中心建立在中国，在中国进行早期临床试验，这对提高中国医药研发和临床研究水平是一个重要的机遇。全球多中心临床试验的合作有利于我国吸取国外优秀的临床试验能力，使中国医学与世界接轨，中国应该抓住这次世界医药产业转移的重大机遇，尽快调整国内相关领域的政策和产业导向，提高我国临床试验水平。

中国在临床试验领域虽然取得了较为长足的发展，但在全球药物临床试验研发体系中居于较为落后的位置，存在着临床试验机构数量少、试验过程缺乏有效监管、受试者知情同意权被误读及未能得到政府足够重视等诸多问题。经费短缺，药物临床试验和临床研究领域存在政策和监管体系上的不足和漏洞，临床试验软件条件不足，我国临床试验机构专业化专职化研究团队建设还滞后，临床医师对临床试验设计水平、临床试验中最新的应用技术和理念等知识都处于较低水平，缺乏规范化系统培训，受试者依从性差等，这些都是未来我们需要改善的地方。

孙燕院士：CSCO 这 16 年来的发展，不仅深深地影响了国内学术界，也赢得了国际肿瘤学界的高度赞赏和认同。我们每年都有几项研究成果在国际会议上报告，在权威专业期刊发表，对此我感到十分欣慰。

我们的研究优势很明确，临床资源丰富，而且有某种肿瘤高发区；临床肿瘤学家数目不断增加；经过国家食品药品监督管理总局（CFDA）确认的药物临床研究机构超过 50 个；我国政府为解决“看病难、看病贵”的问题，各种检查费用大大降低；由于药物上市后市场巨大，很多跨国企业愿意到中国开展临床研究，包括新药和器械等方面。

廖美琳教授：近 10 年，我国肿瘤临床研究可谓蓬勃发展，取得了长足的进步，从简单地复制国外先进经验逐步发展到开展创造性的临床研究，并在国际顶尖期刊发表，呈现巨大转变。这些研究均以中国人群为研究对象，为临床提供了大量基于我国患者人群特征的研究数据，避免了照搬国外研究结果可能带来的问题。由于中西方人群的差异，在国外适用的治疗方案未必完全适用于中国人群，且中国人群中可能还存在进一步的细分，例如肿瘤靶向治疗，基于中国人群的研究获得了比基于西方人群更好的结果。因此，在肿瘤治疗方案上，要结合中国人群的自身生物学特征，采取更加合适的方案。

当然，我们从每一次参加国际会议中也可获得大量有用的信息，不断促进我们的临床研究，这样持续地学习、创新，最终使我国广大患者获益。迄今为止，在肺癌领域，已有很多患者从中国的临床研究中获益，例如一些晚期肺癌患者由于靶向药物治疗存活甚至达10年，肺癌是一种慢性病的观念也正逐渐被大家所接受。

管忠震教授：近年来，我国的临床研究在国际权威期刊发表很多，主要因为我们临床研究的质量和规范逐渐符合国际上临床研究的标准，研究的结果更加具有说服力；另外，如果临床研究在质控、分析等各方面符合国际的规范，而且又是在中国地区进行的，就会引起国际期刊的兴趣，毕竟亚洲人群尤其是中国人群，与西方患者人群是有很大区别的，因此，尽管是国外已经发表过的某一种药物研究，在亚洲人群中的治疗反应如何，包括治疗效果和不良反应，都会引起国际上的注意。

《论坛报》：在中国进行多中心研究，可能会有哪些障碍？如何改善？

吴孟超院士：在不同的研究机构以及肿瘤中心进行多中心合作，可能存在入组患者不均衡，缺乏有效监管以及专业的人员、受试者的知情同意权被误读等诸多问题。

由于中国肿瘤患者人数众多，更多的药企重视中国市场，加之一些本土药企的快速发展，目前中国参加的多中心研究越来越多，与国际的合作也必将越来越广泛。对中国专家需要提供更多的临床研究专业方面的技术以及理论支持，良好的第三方监督机制，培养更多的专业人才，以及在患者人群中加强宣传，提高患者的依从性。

在中国进行临床研究，具有受试群体数量庞大、病种丰富、入组速度快、成本低廉等优势。但是，在临床试验的质量方面，存在诸多有待改进之处，从临床研究机构的数量到各类研究人员的配备，从伦理委员会的完善到知情同意书的签署，从临床病例报告表的填写规范到数据录入的高要求等细节，都与国外开展的研究有一定的差距。因此，我们应适时增加临床研究机构数量，在医药院校设置相关临床研究课程以培养后续力量，从而确保临床研究的质量。

孙燕院士：在我看来，未来我们应当注意的问题还很多。首先，临床研究队伍水平有待提高，包括认识和实践两方面。目前我国能被列入美国食品和药物管理局（FDA）、欧盟医药管理局（EMEA）和日本厚生省可信任名录、能参加国际多中心研究的单位只有10个左右，这也是我们每年举办药物临床试验质量管理规范（GCP）培训班的目的，我们希望能有更多的单位共同进步，开展或参加高水平的临床研究，特别是转化医学研究。

其次，我多年来希望能打破一个怪圈，即“国内好文章必须拿到国外权威期刊发表”，这样就使我国医学期刊的SCI影响因子很难能达到1左右，多数低于1，但我们各项评审又需要SCI论文而且是计数的，所以必须打破这种恶性循环。

我深知难度很大，但我们必须以愚公移山的精神做下去，我们的肿瘤专业期刊已经不少了，但高水平的不多，我致力于打造哪怕SCI影响因子是3~5的英文专业期刊，这样我们好的论文和研究生的论文就可以在自己的期刊发表，完成良性循环。这是很有可能的，例如30多年前美国癌症学会（ACS）办的《临床医师癌症杂志》（CA Cancer J Clin）因为是给普通医师阅读，大小为32开本，很不被重视，但由于该杂志每年发表美国肿瘤发病率、死亡率资料及高水平综述，现在已经成为SCI影响因子达到150的期刊。

目前，我们中西医结合杂志英文版的SCI影响因子有明显上升趋向，原因是中西医结合研究我国领先，且国内外只有一个这方面的期刊，被引用的机会就多。我希望肿瘤期刊和论文要提高质量，而不是增加数量。

第三，学术会议也是如此。会不在多，而在于有高水平突破性研究成果，当然教育性质的培训班和会议越多越好，提高全国同道的诊疗水平是我们的重要任务。目前，我们卫生工作的重点需要下移，应关心基层和西部地区。

廖美琳教授：我国在非小细胞肺癌已开展了比较多的合作项目。在进行国际多中心研究的合作中，主要还是应立足国内研究。并且，应尽量争取从领导层面获得更多支持、构建同行沟通与交流的平台及加强新知识、新动态的宣教。在肺癌的临床研究中，我们在分子靶向治疗方面进行了较多探索，也取得了一定成果。随着靶向药物的应用，患者的生存期可明显延长。

同时，靶向药物的适用范围也在扩大，不再是以往所认为的仅适用于晚期患者。我们正在进行的一项研究，旨在观察抗血管源性靶向药物对肺癌患者无病生存期的影响，中期结果即将在今年底公布。而免疫治疗方面的研究尽管开展较少，但其在肺癌治疗中的作用也不可小觑，并将成为未来临床研究中重要的方向之一。

《论坛报》：我国某些肿瘤高发区域临床研究的成果和未来发展方向是什么？

吴孟超院士：从流行病学的角度来说，在肿瘤高发区域实施临床研究有利于探明肿瘤发病率和发病原因。以肝癌为例，江苏启东是肝癌的高发区，早在20世纪60~70年代就建立了专门的肿瘤防治所，对高危人群进行早筛早治，为肝癌发生的研究做出了贡献。在肿瘤高发区进行临床研究，可以更快地入组患者，并且他们可能有相同的环境因素，但必须要有正规的流程以及监管。

孙燕院士：肿瘤高发区研究是我国肿瘤学研究的亮点。我在两个高发区工作过，一是河南省林县（现为林州市）的食管癌高发区。几十年来，我们基本搞清楚食管癌的病因为亚硝胺、霉菌毒素和土壤中缺少某些微量元素。通过对癌前患者的干预，已使当地食管癌、胃癌和白内障的发病率下降，食管癌和胃癌的死亡率下降，在早期诊断和治疗方面的很多创新使中国医学科学院肿瘤医院获得了很多奖项，包括2013年国家科技进步一等奖。

半个世纪的坚持，姚村的研究被WHO确认为“在基层开展癌症防治的典范”。亚硝胺的发现和病因研究造就了两位院士及几位特别值得尊敬、默默无闻的专家，为基层培养了大批人才。现在，甚至有很多外省患者到那里求治，因为收费比大城市医院相对较低。

第二是云南个旧锡矿工人的职业性肺癌，我们在1984年组织的国际会议上，各国专家根据当时的资料确认病因是砷、氡和吸烟。几十年来，改善工作环境和开展筛查，目前发病率和死亡率均有下降，筛查发现的早期肺癌治愈率居国际高水平。

江苏启东乙型肝炎病毒（HBV）导致的原发性肝癌，由于通过检测甲胎蛋白（AFP）发现早期患者，曾经获得美国国立卫生院（NIH）“癌与免疫”金奖和我国全国科学大会奖，也造就了国际知名的大师，包括两位院士和孙宗堂教授。

广东鼻咽癌高发区在开展社区研究的基础上不但提高了早期诊断和治愈率，对EB病毒病因和人群的易感因素的新发现也造就了一批知名专家和院士。子宫颈癌高发区、胃癌高发区的研究也都在进行，而且取得了一定成果，研究的潜力也很大。

高发区的病因、预防、早期诊断、早期治疗研究无疑是我国在临床肿瘤学研究中最受国际关注的领域，而且很多还有国际合作项目。2010年诺贝尔生理学或医学奖获得者——哈拉尔德·楚尔·豪森（Harald zur Hausen）教授就多次来我国合作研究人乳头瘤病毒（HPV），并协助我国学者在中国患者中分离出新的病毒株，我国这几种常见癌症，由于高发区的研究均居国际领先水平。

廖美琳教授：我国高发的一些肿瘤，很多存在区域性特征。这为在中国开展临床研究提供了有利的患者资源。在某些特定肿瘤的高发区域开展临床研究将更有利于临床研究的进展，让患者更快获益。

我国很早就已开展肿瘤的人群工作，也就是肿瘤的临床流行病学研究。其中，尤其值得一提的是肿瘤的筛查。筛查对于肿瘤的早期发现非常重要。肺癌作为高发肿瘤之一，目前也可通过CT进行早期筛查。2011年美国一项研究表明，通过CT筛查，可降低肺癌死亡率20.3%。对于肺癌高危人群建议定期进行筛查，例如男性（≥40岁）、吸烟、存在肺癌家族史的患者应每年进行一次CT检查。此外，临床上，尤其需要重视小结节性肺癌（微小肺癌）的辨别。

目前，手术切除肺癌的5年生存率可达40%以上，而直径1cm以内小结节性肺癌的5年生存率则可达到100%。作为临床医生，我从接触的就诊肺癌患者中深切地感受到，随着CT诊断技术的发展，小结节性肺癌患者的比例在逐渐增高。这部分患者由于可获得早期、及时、有效的治疗，生存率明显提高。未来，我们还应更加重视小结节性肺癌的诊断，把降低肺癌死亡率作为努力的方向。

管忠震教授：我们中国的临床试验主要是为了满足中国患者的治疗需要，并不完全是为了在国外杂志发表文章，当然，目前我们很看重SCI文章的发表。

但是，我认为临床试验的主要目的，还是考察药物对中国患者是否适用，疗效及不良反应是什么情况。例如，有些药物是国外已经上市的，在中国上市之前，国家食品药品监督管理总局（CFDA）也要求药物在中国进行临床试验，这在大多数情况下是合理的。CFDA需要了解中国人种和西方人种的情况是否相同，在国外批准上市的药物是否也同样适合中国的患者，在某些病种中，这种要求是合理的。

《论坛报》：我国的临床研究与基础医学研究应该如何更好地结合？新药开发工作有哪些进展？

吴孟超院士：随着分子生物学的发展，我们对于肿瘤的基础研究取得了大量的成果，但其中多数文章在研究中使用的是小鼠、果蝇和线虫等。如此大量的研究成果并没能真正推动肿瘤防治的进步。最近30年里，癌症导致的死亡率没有发生根本性的变化。因此，临床医生应该与基础医学、医院应该与研究所相合作，将临床上遇到的问题拿到实验室，实验室获得的成果在临床进行研究，最终治愈疾病。

转化医学的核心就是在从事基础科学发现的研究者和了解患者需求的医生之间建立起有效的联系。从临床实践中发现问题，将其凝练成基础医学研究内容进行研究，再将研究成果应用到疾病诊断、治疗和预防过程中，使其真正发挥作用。关键在于基础与临床结合。

这首先需要培养转化医学研究专门人才，树立“团队科学”的理念。癌症相关研究需要不同技能和学科背景的专业人员紧密合作，只有多学科交叉的团队才有可能彻底揭示环境、生活方式、遗传因素、分子机制对癌症发生的相互作用。同时，政府需要加大投入力度，扶持一些医院以及研究所；卫生主管部门要做好组织、协调工作。

孙燕院士：我国在药物治疗特别是白血病、绒毛膜上皮癌治疗和中西医结合治疗方面的研究，已经取得世界级成果。

目前的研究重点是靶向药物开发。国际上要求药物的发展应当满足以下的条件：

（1）更有效：靶点发现和基因数据分析技术的应用，可以更快地检出和确认靶点，发现先导物，应用代谢途径和基因差异，剔除不理想的候选化合物，使新药的研发更加具有准确性，更加有效。

（2）更安全：利用药物和基因配对技术发现最合适的治疗对象。

（3）更具预测性：生物标志物的发现大大提高了新药创制的预测性。例如，肺癌表皮生长因子受体（EGFR）基因突变可以预测 EGFR-酪氨酸激酶抑制剂（TKI）治疗的结果；雌/孕激素受体（ER/PR）和人表皮生长因子受体 2（HER-2）过度表达决定乳腺癌的治疗等。

（4）更快捷。

特别值得一提的是，靶向治疗体现了我国传统医学“同病异治，异病同治”的法则。当年我们看到伊马替尼对慢性粒细胞白血病（CML）和胃肠道间质瘤（GIST）治疗都有效的时候，就认为西医融入了中医的观点。所以，我特别热衷于应用现代科学阐明中医中药理论和作用的研究。中医理论是我国几千年来临床实践的积累，到了今天理应由我们这一代应用分子生物学和免疫学阐明其内涵。中药的开发最受国际关注，但外国专家对中医了解较少，没有理论指导很难取得突破。我常想，如果能像托马斯·林奇（Thomas Lynch）发现 EGFR 突变那样，解开中药的分子生物学受体或靶点，那一定会代表我们民族对世界医学做出贡献，也会使中国医学理论和实践融入现代医学，造福人类，当然也包括癌症的预防和治疗。1962 年诺贝尔生理学或医学奖获得者詹姆斯·沃森（James Dewey Watson）教授也曾几次来我国寻求癌症研究方面的合作，所以大家要珍视、要把握好目前的好时机。

我目前的工作主要是新药开发。去年中国医学科学院肿瘤医院共开展了 300 多项研究，其中新药 I 期研究 35 项。我们中心现在有几项很有前景的新药，包括从仙灵脾提取的有效成分阿克拉定，和新合成的靶向药物以及继续和美国合作的康莱特临床研究等都已经通过伦理委员会批准。正在进行的还有 3 项预防或治疗的疫苗，但替尼类靶向新药最多。

廖美琳教授：转化研究一直是肿瘤研究的热点之一，即从实验室到临床，再从临床回到实验室，这是非常有趣的一个理念，而肿瘤分子靶向药物治疗把这一理念体现得淋漓尽致。通过基础研究到临床的转化，新的治疗药物层出不穷，并不断发现新的给药途径。

可以说，转化研究的开展，已使肿瘤患者从中获益。作为临床医生，应主动与基础研究者加强沟通与合作，更好地借鉴研究成果，并积极开展具有应用前景的临床研究。而在基础研究向临床的转化过程中，关键还是要夯实基础研究的成果，这是转化的源泉。

只有在厚实的基础研究成果之上，才能谈及转化研究。因此，我们不应回避基础研究与临床稍显脱节的现状，唯有努力加强两者的结合，增进基础研究者与临床医生的沟通与交流，而 CSCO 也正是这样一个让大家互相交流，学习的契机。

管忠震教授：我国各大肿瘤中心都有较大规模的基础研究学院，临床治疗水平也相当不错，但是有些时候还是存在基础研究与临床研究学者沟通不畅的问题，导致两个领域的学者似乎在自说自话，互相之间的联系比较少，以致对我们转化医学研究的成果有所影响。

目前，我们大多数临床研究的教授，通常会在进行涉及基础研究方面的课题时，需要基础部的教授来协助完成，会安排自己的研究生去基础研究实验室，进行相关课题的研究工作，这是一种有效的联系，但是我自己感觉还不是很密切。

怎样进一步改善我们的现状？国外的实验室通常由在临床进行工作的医生组建，请博士研究生到实验室工作。在临床中，如果遇到一些迫切需要解决的问题，就会在团队中讨论，并寻找解决的途径，也就是从临床到实验室研究，从患者的临床实践中发现问题，然后看是否可以通过实验室中的研究工作解决这些问题，或者对一些新的发现，再回到临床中进行实践，观察是否可以改善患者的治疗。

我们的临床与基础研究人员，与国外的这种合作模式比较，还存在的一定的差异和差距，这是我们需要改进的地方。

《论坛报》：请您谈谈目前中国在肿瘤多学科综合治疗（MDT）方面的发展概况，未来在MDT的发展趋势如何？

吴孟超院士：目前我国肿瘤的治疗仍然是单一治疗方式为主，肿瘤相关学科之间尚缺乏有效的沟通，很多肿瘤患者往往需要反复到不同的科室求医，有的甚至因为接受了不恰当的诊疗处理从而失去了最佳治疗的机会。

在一些大医院，肿瘤多学科综合治疗已经初见成效。在以后的治疗中，肿瘤的综合治疗需要各学科的参与，以患者为中心，相关科室相互协作，通过集体讨论制定最佳治疗方案。其基本组成包括：肿瘤外科医生、肿瘤内科医生、肿瘤放射治疗医生、病理医生、放射诊断医生、肿瘤基础研究人员、普通内科医生、护士、社会工作者等。例如在东方肝胆外科医院，遇到肝癌患者，我们可以集合外科医生、内科医生、介入科医生、放疗科医生以及病理科医生等，对患者病情进行讨论，最终获得适合的方案。

孙燕院士：MDT是我们几位前辈50多年前定下来发展临床肿瘤学事业的正确原则。我很荣幸曾经和两位元老讨论它的定义，但目前也要与时俱进，例如可否修订为“根据患者机体状况特别是免疫功能状况、肿瘤发生部位、病理类型和异质性、基因表达及受体情况以及发展趋向，合理、有计划地应用现有各种手段，提高治愈率和患者的生活质量”，MDT策略需要更新，从粗犷到精细，重点有个体化，做到有的放矢；认识和处理肿瘤干细胞，提高治愈率；提高免疫功能，包括非特异和特异性。特异性生物免疫治疗已经取得一定成果，我们要刮目相待。

我越来越明白循证医学和规范化、个体化的关系。只有通过高水平的循证医学成果，才能实现规范化和个体化。所以转化医学就成了当前的现实课题。传承和创新也是如此，没有传承就没有根，实际上是乱碰很难取得成果，传承是创新的基础；但我们不能满足现状，为了进一步提高临诊疗结果，提高治愈率和患者的生活质量，我们必需创新。

廖美琳教授：在肿瘤诊疗中应加强开展MDT模式，增进多学科之间的合作。例如肺癌的MDT诊疗就包括了病理科、放射科、肿瘤内科、肿瘤外科及基础研究者等多学科合作：从确定表皮生长因子受体（EGFR）是否突变开始，以患者为中心，接受MDT诊疗；在治疗过程中，亦须强调活检的重要性，根据病理检查判断基因是否再次突变，决定下一步换药方案；对于早期患者的治疗，必须判断化疗开始时间及化疗方案。综上所述，对于肺癌的治疗，一定要强调早期；加强合作，集中力量治疗患者，真正实现持续创新。

管忠震教授：MDT对临床上处理患者是非常重要的，也是今后重要的发展方向。一个较为完善的癌症中心，具有多种不同的治疗手段，要根据每一位患者的不同情况，有机地整合，为患者提供最好的治疗，这是目前基本的前进方向。

有些患者需要多学科会诊，大家讨论一个最佳的治疗方案进行诊治。但实际上，不一定是每个患者都进行MDT会诊，这就要求每一个科室的医生，例如肿瘤内科，即使没有会诊，也要具备这样的观念，即面对每一位患者，自己科室的医生能够解决什么问题、在哪个阶段需要手术治疗，或是哪个阶段需要局部治疗，每个科室的医生都要有一个多学科的概念，对于病情比较复杂的患者，大家聚在一起，共同商讨最佳的治疗方案。

《论坛报》：结合今年CSCO年会“加强合作，持续创新”的主题，您对未来中国肿瘤临床治疗和研究有哪些展望？

吴孟超院士：半个世纪以来，尽管我国癌症治疗取得很大进展，但发展并不平衡，总体治疗水平还较低。现阶段大力推广常见肿瘤诊治规范，使每例患者能享受最佳方案的诊治，提高我国癌症治疗的总体水平，实是当务之急。另外，有组织地开展多中心协作的临床试验，不断筛选出最安全、有效的综合治疗方案，促进临床疗效的提高，也非常重要。

随着分子生物学的进展以及对基因功能的进一步研究，在一些方面可以对肿瘤的治疗取得满意的疗效。如单克隆抗体、肿瘤疫苗、靶向血管的抗肿瘤药、针对信号传导的治疗等。基于对肿瘤发生、发展、转移、侵袭分子机制认识的不断深入，可以预测：传统的化疗、免疫治疗与干扰宿主微环境（如靶向肿瘤血管药物）治疗相结合的策略，将成为今后抗肿瘤药物治疗的新途径。

孙燕院士：现在，大家都在谈梦想和如何实现梦想。我们CSCO共同的梦想就是通过大家的努力使我国常见肿瘤死亡率迅速下降；协助政府改善环境、普及癌症知识以及开展每年的体检和常见肿瘤的筛查等使肿瘤发病率早日下降。能为这样的事业奉献我们毕生的精力是我们的光荣。

随着年龄的增长，有两件事我开始更加重视，一是普及，只有不断提高全民族对癌症防控的认识，特别是改善生活习惯，治疗癌前病变和每年参加体检，才有可能使癌症发病率下降；第二是教育，要实现梦想就需要几代人不懈的努力，教育才能使事业和自己的学术思想延续。所以，我开始到电视台、图书馆和各地做科普讲座；到各省市参加学术会议推动临床肿瘤学的发展；参加编写专业考试参考书；努力引进和制订常见肿瘤诊疗规范；办好进展性、信息型刊物。希望提高各地同道的水平，从而造福广大患者。

CSCO的会训是“团结、务实、协作”。我希望以后应当更注意高水平的协作研究，尤其是转化医学研究。我国的研究体制需要一定改善，在国外研究成绩最多的是研究组和协作组。如果是临床问题，例如我们目前开展的肺癌预后影响因素和预测治疗结果因素的研究，无疑需要多学科合作包括外科、病理科、放射治疗科和内科，而主体工作是实验研究人员，包括分子生物学、药理、细胞培养分离等方面的专家。将大家组织起来，就是一门最大的学问。国外研究靠基金，谁能申请到比较多的经费谁就是主要研究者（PI），然后由他靠信誉和经费组织这样的专题，效率很高。我们的研究较为分散，再加上互不服气争第一，就很难顺利快速开展。我深切理解各个学科合作的困难，也多次遭遇这样的困境，所以，我常常想我们能否也参考国外的某些制度。

“加强合作，持续创新”是有的放矢、有现实意义的。我们人才越多越要保持谦虚，我们这一代人的深切体会是个人的命运是和国家的命运密不可分，个人的成就也是和祖国的需要密不可分，不理解这些，就很容易走入迷途，例如“老子天下第一”以及争领导、争地位、争名次等都不符合我们的原则。

队伍越来越大了，人才也越来多了，我希望大家继续保持 CSCO 的好传统，更加团结、务实、协作、创新，为了一个共同目标“发展我国临床肿瘤学事业”，互相理解、帮助、包容。只有这样，才能搞好协作、合作，不断做出成绩，为我国临床肿瘤学事业做出我们的贡献。

廖美琳教授：本届 CSCO 年会提出来“加强合作，持续创新”的主题，以促进中国肿瘤临床研究和治疗的发展。在国际合作中，应秉持外为中用的思想，吸取国外的经验，开展适合我国人群的创新性临床实践。

（来源：《中国医学论坛报》日期：2013-09-25；此文章来源于 www. cmt. com. cn）

第 22 届亚太抗癌大会在津召开

2013 年 11 月 1 日，第 22 届亚太抗癌大会在天津万丽宾馆隆重开幕。本次会议由亚太抗癌联盟主办，中国抗癌协会和天津医科大学肿瘤医院承办，国际抗癌联盟协办。会议主题为“癌症防治的创新与发展”。来自亚太地区以及澳大利亚、美国、加拿大、英国、瑞士、瑞典、德国等 28 个国家和地区的 1500 名余名中外肿瘤学专家聚集津门，共同探讨肿瘤防治最新成果与发展趋势。其中国内外 13 位院士出席会议。亚太抗癌联盟大会的宗旨就是推动和促进亚太各国对癌症预防与诊治方面的研究，推动亚太地区肿瘤医疗防治事业不断完善和发展。每两年举办一次。自 1973 年开始，至今已在亚洲太平洋地区的 18 个国家成功举办了 21 届。本届大会设立了 18 个专业分会场，950 篇学术论文将以特邀报告、分会专题报告、卫星会议、壁报张贴和论文汇编等形式进行交流和研讨。内容涉及常见肿瘤基础研究、临床、护理、心理治疗及康复等各方面，议题覆盖广泛，会议共邀请了近 200 位中外专家做学术报告。本次大会为历届亚太抗癌会议规模最大、议题最多、学术水平最高、国际影响力最强的一次盛会。

开幕式由中国工程院副院长樊代明院士主持。天津市委教育工委书记朱丽萍、中国科协国际交流部部长张健生、国家卫生计生委疾病预防控制局副局长王斌、世界卫生组织驻华代表安吉拉·普拉特、国际抗癌联盟主席高斯帕德洛维奇、亚太抗癌联盟主席郝希山院士、全美癌症研究基金会主席富兰克林分别在开幕式致辞。

郝希山院士回顾了亚太地区肿瘤发展态势，他指出，亚太地区癌症新增病例占全球癌症新增病例的 45%，死亡人数约占全球癌症死亡人数的一半。中国人口占全世界人口总数的 1/5，我国每年新增癌症患者也占全球新增的 20%以上。肺癌是亚洲国家面临的最主要癌症。据 2004~2010 年《中国癌症预防与控制规划纲要》，肺癌、肝癌、胃癌、食管癌、结直肠癌、宫颈癌、乳腺癌和鼻咽癌被列为重点防治的癌症。这 8 种癌症死亡占中国癌症总死亡人数的 80%以上。不良生活习惯、人口增加和老龄化是引发癌症增加的主导因素；常见肿瘤危险因素在发展中国家日益增加，例如吸烟、膳食结构、肥胖和缺乏体育锻炼等。在以中国为代表的亚洲国家，农村城市化、人口老龄化、城市现代化，都造成了癌症发病率与死亡率上升。经济现实的压力导致的癌病毒疫苗缺乏，也成为亚洲国家癌症高发原因之一。

针对中国目前的肿瘤防治方略，郝希山院士指出，肿瘤防治工作是全社会的任务，医生在医院积极诊治患者的同时，也要注重肿瘤相关知识的科普工作，即如何在全社会范围内，使肿瘤诊治工作得到普及，让人民群众正确科学的看待肿瘤防治工作，这需要肿瘤学工作者和全社会的共同努力，才能实现较大的改善。

中国工程院副院长樊代明院士主持开幕式

亚太抗癌联盟主席、第 22 届亚太抗癌大会主席、中国抗癌协会理事长郝希山院士致辞

开幕式上进行了第四届“金进博纪念奖”颁奖仪式。金进博纪念奖由韩国抗癌协会发起，为纪念亚太抗癌联盟已故秘书长金进博教授设立，郝希山院士是第二届金进博获得者。本届该奖项获得者为中国工程院院士孙燕教授。孙燕院士进行了题为“中国近年来抗癌新药的临床实验进展”的“金进博纪念奖”专题讲座。他从客观上概括了我国抗肿瘤药物临床试验的发展历程，用图表和文字相结合的形式详细阐述了重组人血管内皮抑制素（恩度）、盐酸埃克替尼（凯美纳）等药物在中国开展临床实验的一些过程和得出的相关结论，还将目前正在进行的一些药物临床试验项目作了介绍，得到了与会人员的高度关注。

大会特邀发言专场由吴孟超院士、美国癌症研究协会首席执行官 Margaret Foti 教授；于金明院士、美国国立癌症研究院 Joost Oppenheim 教授、中国抗癌协会蒋国梁教授和日本三重大学 Kazuo Tajima 教授主持。国际抗癌联盟主席、加拿大玛格丽特皇后医院院长高斯帕德洛维奇（Mary Gospadarowicz），全美癌症研究协会（AACR）首席执行官 Margaret Foti，美国 H. LEE 莫菲特癌症中心院长 Alan F. List 教授，台湾中央研究院院士、台湾医科大学医学科学与技术学院彭汪嘉康教授，瑞士科学院院士、新加坡科技研究局实验治疗中心首席执行官 Alex Matter 教授，美国科学院院士、路德维格癌症研究所所长 Webster Cavenee 教授和美国 M. D. 安德森癌症中心 Charles S. Cleeland 教授等进行了精彩报告。国际抗癌联盟主席 Mary Gospadarowicz 在报告中指出，由于相关知识和技术的快速更新，新型交流方式的不断涌现，政府对慢病扶持政策的不断完善等，目前正是我们抗击癌症、促进健康的大好时机。国际抗癌联盟就是要联合世界上各肿瘤学术团体一起努力，降低全球肿瘤负担，实现更大的健康公平性，并将控制癌症提上促进全球人口健康的日程。她指出，全球肿瘤负担将会随着人口增长、老龄化加剧和预防措施的缺乏而不断增加，一些新的肿瘤防控的新技术和手段应在全球范围内普及开来，同时有关各方亟需加强合作并且加大宣传力度，来共同遏制目前的癌症高发现状。

作为本次会议亮点之一，大会首次举办了“亚太癌症防控领导人峰会”。10 名国际癌症组织领导人针对亚太国家如何减轻本区域内的癌症负担、加快癌症防控进程等进行了深入探讨与交流，内容涉及癌症防控、烟草控制、健康促进政策、国际合作等诸多领域。国内外相关领域领导、专家 200 余人参会。专家们普遍认为，各国在肿瘤相关的科学研究进展方面所体现的差距不大，关键是要加强国家之间、地区之间的密切合作，这样才能在肿瘤的防控和治疗领域不断创新，取得突破。放眼未来，要实现这一目标任重道远，但是各国学者们肿瘤相关研究的丰硕成果，让大家对该学科的发展前景充满信心。

分会场专题讲座是此次大会的重要内容，涉及肿瘤基础研究、临床、护理及康复等诸多方面，分为乳腺癌、肺癌、胃肠肿瘤、肝胆肿瘤、胰腺肿瘤、泌尿生殖肿瘤、妇科肿瘤、头颈肿瘤、血液淋巴肿瘤、肿瘤介入及微创治疗、临床试验及化疗、转化医学、生物治疗、放疗、护理、肿瘤营养、肿瘤预防以及癌症康复等 18 个专场。季加孚、石远凯、张微、王存玉、于金明、Kazuo Tajima、Jae Kyung Roh、Joost Oppenheim、Brian O'Sullivan、John Adler、Francesco Bertoni 等国内外知名专家学者，就相关专业最新的研究成果进行了深入而广泛的交流、沟通，这将促进亚太各国肿瘤研究学者的学术交流和分支学科的发展，推动亚太地区肿瘤防控及诊疗体系的完善。

大会闭幕式于 11 月 2 日下午举行，第 22 届亚太抗癌大会秘书长、中国抗癌协会秘书长王瑛教授主持了闭幕式。闭幕式上颁发了旅费资助奖、青年优秀口头发言及优秀壁报奖，来自中国、日本、德国、印度尼西亚、印度、蒙古、尼泊尔等国家的 15 名学者获得了以上奖励。大会副秘书长张微教授做了精彩的学术总结，他表示，癌症已成为亚洲国家亟待解决的医学难题，亚太地区的癌症防控策略对于全球有效控制癌症的恶性发展有着至关重要的作用。亚洲有着不同于其他地区的癌症防控特点。亚洲各国学者正积极开展

孙燕院士获得第四届“金进博”奖

肿瘤研究，并努力应用于预防及临床实践中。

本次大会在中国举办，标志着国际社会对我国的肿瘤防治领域先进水平及对肿瘤防治做出贡献的认可，为我国肿瘤防治工作者提供学习和交流的平台，展示我国肿瘤防治研究水平和成果，提升我国肿瘤防治工作在亚太地区的影响力，加强与世界同道间的交流起着积极的促进作用。会议期间还举行了亚太抗癌联盟理事会及会员代表大会，确定了下一届亚太抗癌大会将于2015年在印度尼西亚巴厘岛举行。

据不完全统计，中央电视台新闻频道、英语频道，中国网络电视台、中央人民广播电台、新华社、中新社、《光明日报》《人民日报》《天津日报》《今晚报》等50余家媒体给予大会跟踪报道，刊发了百余条新闻，对大会的宣传起到了积极作用。

（稿源：中国抗癌协会网站）

第六届中国肺癌南北高峰论坛在京胜利召开

2013年11月16日，由中国癌症基金会、中国抗癌协会、首都医科大学和中国健康促进联盟共同主办，首都医科大学肺癌诊疗中心、中国医学科学院肿瘤医院和首都医科大学宣武医院承办的“第六届中国肺癌南北高峰论坛暨2013年全国肺癌诊疗新技术新进展学习班”在北京全国政协礼堂隆重召开。全国人大常委会副委员长、中华医学会会长陈竺院士和全国政协副主席、中国健康促进联盟名誉主席韩启德院士担任论坛名誉主席，原全国人大副委员长、中国癌症基金会主席、论坛名誉主席何鲁丽女士出席了开幕式。本届论坛主题：关注控烟与肺癌早诊早治、推动肺癌规范化个体化诊疗。

上午8时，第六届中国肺癌南北高峰论坛开幕式在中国癌症基金会控烟与肺癌防治工作部主任、中国抗癌协会常务理事兼科普宣传部部长、首都医科大学肺癌诊疗中心主任、宣武医院胸外科主任支修益教授和中国抗癌协会常务理事兼肿瘤临床化疗专业委员会主任委员、中国医学科学院肿瘤医院副院长石远凯教授共同主持下开始。本届高峰论坛主席、中国癌症基金会理事长彭玉女士发表了热情洋溢的开幕词，并回顾了第1~5届中国肺癌南北高峰论坛在我国控烟与肺癌防治工作中发挥的重要作用。中国健康促进联盟常务副主席兼秘书长蔡纪明代表中国健康促进联盟名誉主席韩启德院士和联盟主席王陇德院士对论坛的召开表示祝贺，对于来自中国健康促进联盟各组成单位的负责人和代表，以及来自全国各省、市、自治区肺癌防治领域的专家学者表示热烈的欢迎，并传达了习近平主席对于我国控烟工作的重要批示。中国农工民主党中央驻会副主席兼秘书长何维代表全国人大常委会副委员长、中国农工民主党中央主席陈竺院士致辞，并就我国控烟和空气污染、特别是常态化的雾霾天气与肺癌防治发表了重要讲话。中国医师协会胸外科医师分会会长、首都医科大学肺癌诊疗中心名誉主任王天佑，国家癌症中心副主任、中国医学科学院肿瘤医院党委书记董碧莎和国家卫生计生委宣传司姚宏文副司长先后致辞讲话，对第六届中国肺癌南北高峰论坛的召开表示祝贺，并就我国控烟与肺癌防治策略、开展肺癌防治临床多中心协作和转化医学研究、推动肺癌诊疗规范化进程等发表了演讲。世界卫生组织驻华控烟官员 Angela Pratt 和美国国立癌症研究所全球健康中心东亚处主任 Ann chao 应邀出席开幕式，并代表世界卫生组织和美国国立癌症研究所致辞，在祝贺第六届中国肺癌南北高峰论坛召开的同时，传递了世界卫生组织和国际社会关于控烟、控制大气污染与肺癌防治的最新信息。我国胸外科老前辈、本届论坛名誉主席、中国医学科学院名医、美国国际胸科医师学院院士和英国皇家外科学院荣誉院士、96 岁高龄的黄国俊教授，我国控烟与肺癌防治领域著名专家学者，中国健康促进联盟各成员单位负责人和代表，首都医科大学肺癌诊疗中心各单位和相关科室负责人，以及首都 40 余家新闻媒体共 400 余人参加了论坛开幕式。本届论坛主席、首都医科大学校长吕兆丰教授发来了书面致辞。

第六届中国肺癌南北高峰论坛的主要议题包括：我国控烟与肺癌防治策略、肺癌筛查与早诊早治项目、早期肺癌诊疗策略和微创技术应用、肺癌临床诊疗规范解析、转化医学研究成果应用与创新、基于基因检测指导下的肺癌个体化治疗、改善晚期肺癌患者生活质量，以及有关抗癌新药和戒烟药物进入国家医保目录建 议等诸多方面。开幕式结束后，中国医学科学院肿瘤医院副院长王绿化教授、中国医药工业研究开发促进协会执行会长宋瑞霖研究员和中国医师协会胸外科医师分会副会长叶玉坤教授主持了上午的高峰论坛，我国控烟与肺癌防治领域的 7 位著名专家和院士作了主题发言，他们及讲演的题目分别是：中国抗癌协会副理事长、山东省肿瘤医院院长于金明院士：肺癌放射治疗新进展；中国控制吸烟协会常务副会长兼秘书长许桂华女士：低焦油不等于低危害；中国癌症基金会副理事长兼秘书长、中国医院管理协会肿瘤医院委员会主任委员赵平教授：全球肺癌流行趋势与防控策略；国家卫生计生委疾病预防控制局副局长王斌：中国癌症防控策略与癌症早诊早治工作；中国癌症基金会副主席、中国医学科学院肿瘤医院肿瘤内科教授孙燕院士：肺癌临床研究进展 2012~2013；原中国抗癌协会副理事长、首都医科大学肿瘤学系主任、首都医科大学肺癌诊疗中心顾问、中国医学科学院肿瘤研究所研究员程书钧院士：肺癌防治战略前移；原中国疾病预防控制中心副主任兼控烟办公室主任、中国控烟协会副会长、协和医科大学杨功焕教授：国际和中国控烟进展。

下午，本届中国肺癌南北高峰论坛分别设立了两个分会场，在全国政协礼堂东南厅举行的“中国胸外科主任肺癌高端论坛暨中国胸外科肺癌协作组专题研讨会”由中华医学会胸心血管外科分会肺癌学组、中国胸外科肺癌协作组、北京医学会胸外科分会、首都医科大学肺癌诊疗中心和首都医科大学宣武医院胸外科协办；“全国肺癌内科治疗新进展高端论坛”在全国政协礼堂金色大厅举行，由中国抗癌协会临床肿瘤化疗专业委员会、中国医师协会肿瘤医师分会、中国肺癌防治联盟和中国医科院肿瘤医院肿瘤内科协办。

中国胸外科肺癌协作组副组长、中国医师协会胸外科分会副会长、上海胸科医院院长高文教授，中国胸外科肺癌协作组副组长、广州医科大学附属第一医院院长何建行教授，中华胸心血管外科学会肺癌学组副组长，四川省医学会胸心血管外科分会主任委员刘伦旭教授，中国内镜医师协会胸外科专业委员会副主任委员、北京医学会胸外科分会副主任委员刘德若教授，北京医学会胸外科分会常委李简和杨跃教授主持了“中国胸外科主任肺癌高端论坛暨中国胸外科肺癌协作组专题研讨会”分会场论坛日程。在胸外科分会场上，中国癌症基金会控烟与肺癌防治工作部副主任邹小农研究员（演讲题目：中国控烟与肺癌防治），中国医学科学院肿瘤医院影像诊断科副主任吴宁教授（演讲题目：早期肺癌筛查），中国抗癌协会临床肿瘤协作中心主任委员、中国胸部肿瘤协作组组长、广东省肺癌研究所所长吴一龙教授（演讲题目：肺癌综合治疗和临床试验），中华胸心血管外科学会肺癌学组组长、中国胸外科肺癌协作组组长、中国医师协会胸外科医师分会副会长、北京医学会胸外科分会主任委员支修益教授（演讲题目：早期肺癌外科诊疗新策略），中国抗癌协会肺癌专业委员主任委员、天津市肺癌诊治中心主任王长利教授（演讲题目：2013 WCLC-NSCLC 治疗新进展），中山大学肿瘤医院胸外科主任张兰军教授（演讲题目：NSCLC 综合治疗策略——胸外科视角），首都医科大学肺癌诊疗中心副主任、北京医学会胸外科分会副主任委员李辉教授（演讲题目：胸腔镜技术在早期肺癌外科治疗中的地位）、中国抗癌协会肺癌专业委员前任主任委员、天津市肺癌研究所所长、《中国肺癌杂志》主编周清华教授（演讲题目：ⅢA-N2 局部晚期非小细胞肺癌外科诊疗新策略）和中华胸心血管外科学会肺癌学组副组长、广东省医师协会胸外科医师分会会长、广州医科大学第一附属医院院长何建行教授（演讲题目：基于基因指导下的 NSCLC 术后个体化辅助治疗）作了精彩的专题演讲。

“全国肺癌内科治疗新进展高端论坛”由中国肺癌防治联盟主席、中华医学会呼吸病分会副主任委员白春学教授、中国医学科学院肿瘤医院肿瘤内科冯奉仪教授、北京大学肿瘤医院肺癌内科主任王洁教授和解放军总医院第一附属医院肿瘤一科主任肖文华教授主持。在肺癌内科论坛会场，中国医学科学院肿瘤医院副院长石远凯教授（演讲题目：《肺癌骨转移专家共识》〔2014 年版〕解析），中国疾病预防控制中心控烟办公室研究员杨杰（演讲题目：国内外全面无烟环境立法和执法进展），上海市胸科医院副院长韩宝惠教授（演讲题目：NSCLC 二线治疗新策略），中华医学会呼吸分会副主任委员白春学教授（演讲题目：如何进行肺癌的早期诊断），首都医科大学肿瘤学系肺癌学组副组长张树才教授（演讲题目：晚期非小细胞肺癌治疗的思考），全军肿瘤专业委员会副主任委员焦顺昌教授（演讲题目：肺癌的免疫治疗进展），中国医学科学院肿瘤医院检验科副主任韩晓红教授（演讲题目：肺癌靶点检测的技术），浙江大学附一医院胸部肿瘤科主任赵琼教授（演讲题目：晚期肺鳞癌治疗的挑战与机遇），山东省肿瘤医院内科主任郭其森教授（演讲题目：2013 ESMO NSCLC 治疗亮点），中国老年肿瘤学会肺癌专委会主任委员程刚教授（演讲题目：晚期非小细胞肺癌研究进展与思考），天津医科大学肿瘤医院肿瘤内科主任李凯教授（演讲题目：抗血管生成治疗：患者如何从中受益？）作了主题发言。

在第六届中国肺癌南北高峰论坛期间，美国礼来公司和英国阿斯利康公司分别举办了第 15 届世界肺癌大会会后专题卫星会，介绍了 11 月初在澳大利亚悉尼举行的第 15 届世界肺癌大会相关最新信息，特别是非小细胞肺癌术前新辅助化疗、术后辅助治疗和分子靶向治疗研究的最新进展。法国赛诺菲公司举办了“聚焦前沿——赛诺菲肺癌专题论坛”。

同历届中国肺癌南北高峰论坛一样，针对广大中青年胸外科和临床肿瘤医师的国家级继续教育项目——“2013 年全国肺癌诊疗新技术新进展学习班”同期举行，来自全国各地中青年胸外科和肿瘤内科医师 60 余人参加了为期三天的学习班授课和肺癌微创手术观摩。高峰论坛期间，主办单位在全国政协礼堂银色大厅召开了新闻媒体座谈会，中国癌症基金副理事长兼秘书长赵平教授，中国癌症基金控烟与肺癌防治工作部主任、中国抗癌协会科普宣传部部长、首都医科大学肺癌诊疗中心主任支修益教授，中国抗癌协会学术会务部部长、中国医学科学院肿瘤医院副院长石远凯教授和中国癌症基金控烟与肺癌防治工作部副主任邹小农教授出席了新闻发布会，向与会记者介绍了我国肺癌发病与死亡等流行病学资料，并回答了记者们提出的问题。

每年的11月是“国际肺癌关注月”，第六届中国肺癌南北高峰论坛正值第15届世界肺癌大会刚刚在澳大利亚悉尼落下帷幕。论坛在积极倡导“控烟与肺癌早诊早治、推动肺癌规范化个体化诊疗”论坛主题的同时，我国肺癌领域著名专家同与会嘉宾及时分享了第15届世界肺癌大会有关全球控烟策略、早期肺癌筛查和肺癌诊疗领域进展的最新信息，并推出了在孙燕院士主持下中国专家组完成的《肺癌骨转移诊治专家共识》(2014年版)。论坛期间，支修益和石远凯教授主持召开了国家卫生计生委《原发性肺癌诊疗规范》(2014年版)专家组会议，讨论更新《原发性肺癌诊疗规范》(2011年版)的相关内容，国家卫生计生委医政管理局主管领导出席会议并对肺癌诊疗的规范更新工作做了重要指示。

回顾“中国肺癌南北高峰论坛”走过的历程：首届是由首都医科大学肺癌中心主任、宣武医院胸外科主任支修益教授和全军肿瘤中心主任、解放军八一医院副院长叶玉坤将军共同发起，并于2004年9月23日在南京金陵酒店召开，首届中国肺癌南北高峰论坛由南京八一医院承办，来自全国肺癌临床诊疗领域的权威专家和学科带头人80余人出席论坛。第2~5届中国肺癌南北高峰论坛分别由首都医科大学肺癌诊疗中心和宣武医院（北京人民大会堂，400人出席）、上海肺科医院和上海胸科医院（上海国际会议中心，800人出席）、广州医科大学附属第一医院（广州会展中心，1200人出席）和中国医学科学院肿瘤医院（北京康源瑞廷酒店，400人出席）承办。历届高峰论坛均得到了（时任）全国人大常委会副委员长、全国政协副主席何鲁丽、蒋正华、桑国卫、王忠禹、韩启德和陈竺等，以及时任卫生部副部长彭玉、朱庆生、蒋作君、黄洁夫、马晓伟、刘谦的关心和支持。

本届中国肺癌南北高峰论坛得到了国家卫生计生委和中国健康促进联盟以及各组成单位包括中华预防医学会、中国抗癌协会、中华医学会、中国医师协会、中国医院协会、中国控烟协会、中国健康教育协会等学术组织的大力支持，得到了协办单位中华医学会胸心血管外科学会肺癌学组、中国抗癌协会肺癌专业委员会、中国抗癌协会化疗专业委员会、中国胸外科肺癌协作组（CTLCG）、中国肺癌防治联盟（CAALC）、中国医药工业研究开发促进协会、中国农工民主党医疗卫生委员会和北京医学会胸外科分会的大力支持，首都医科大学肺癌诊疗中心、首都医科大学宣武医院胸外科和中国医学科学院肿瘤医院肿瘤内科全体医护人员为此次高峰论坛的筹备和召开付出了辛勤的努力。历届中国肺癌南北高峰论坛汇集了我国控烟与肺癌防治领域的顶尖级专家与学者，为共同协商和探讨我国控烟与肺癌防治策略搭建了一个互相交流与平等合作的平台，已经成为我国控烟与肺癌防治领域的品牌论坛，为推动我国控烟与肺癌防治事业的进步与发展做出了贡献。

（稿源：中国抗癌协会科普宣传部）综合：中国癌症基金会网站、中国抗癌协会网站报道

相关链接

第六届中国肺癌南北高峰论坛讲话节录

中国癌症基金会理事长　彭　玉

又值北京的金秋时节，由中国癌症基金会、首都医科大学和中国健康促进联盟共同主办的“第六届中国肺癌南北高峰论坛”今天上午在北京全国政协礼堂正式开幕。

近几年随着我国经济与社会的高速发展、城市化及工业化进程的加快、空气污染和吸烟等不良生活方式对健康的影响日益严重。目前在大中城市，肺癌导致的死亡率已排在恶性肿瘤的首位。预计2050年我国每年因吸烟而死亡的人数将突破300万，我国本世纪初0~29岁的3亿男性中将有1亿人因吸烟过早死亡，其中1/2的过早死亡发生在35~69岁。这将是我国人民健康和社会发展不能承受的。本届论坛将邀请中国建康促进联盟成员单位和我国控烟与肺癌防治领域著名专家学者参加，共同就“关注控烟与肺癌早诊早治推动肺癌规范化个体化诊疗”这一主题进行深度探讨。我相信本届中国肺癌南北高峰论坛将进一步推动我国肺癌与控烟防治事业的发展。我代表组委会向全国控烟与肺癌防治工作者的辛勤工作表达诚挚的感谢。

这次高峰论坛的主要议题包括：我国控烟与肺癌防治策略、肺癌筛查与早诊早治项目、早期肺癌诊疗策略和微创技术应用、肺癌临床诊疗规范解析、转化研究成果应用与创新、基于基因检测指导下的肺癌个体化治疗、改善晚期肺癌患者生活质量，以及有关抗癌新药进入国家医保政策等几个方面。并在论坛期间加强同媒体合作进行患者教育与科普宣传等交流研讨，并会组织召开国家卫计委《肺癌诊疗规范》（2014年版）专家组会议。

中国肺癌南北高峰论坛历时五届，已经成为我国控烟与肺癌防治领域的高端品牌会议。大会为我国控烟与肺癌防治工作者提供一个互相交流与合作的平台，共同协商和探讨我国控烟与肺癌防治策略，为推动我国控烟与肺癌防治事业的发展做出贡献

在此，我衷心祝愿全体参会的专家能够在此次论坛中充分交流经验、开拓视野。

国家癌症中心副主任　董碧莎

中国肺癌南北高峰论坛历时五届，已经成为我国控烟与肺癌防治领域的高端品牌盛会。

已经明确，吸烟是导致肺癌的重要因素，令人担忧的是，我国公众对吸烟暴露危害的认识严重不足，3/4以上的国人不了解二手烟暴露对人体的危害，这是造成我国吸烟率居高不下、被动吸烟现象普遍存在的重要原因之一。科学研究证实，烟草烟雾中的有毒物和致癌物损害吸烟者身体的许多器官，可导致肺癌、喉癌、食管癌、胃癌等恶性肿瘤，而肺癌导致的死亡率高居各种恶性肿瘤之首，是我国癌症防控所面临的最严峻的挑战之一。

国家对于吸烟和肺癌防控高度重视。2003 年，我国签署了世界《烟草控制框架公约》。为加大癌症防控的力度，2009 年起，国家依托中国医学科学院肿瘤医院牵头组建国家癌症中心。国家癌症中心的主要职能是在卫生计生委直接领导下协助制订全国癌症防控规划，建立全国癌症防控协作网络，组织开展肿瘤登记等信息收集工作，拟定诊治技术规范和相关标准，推广适宜有效的防治技术，探索癌症防治服务模式，开展全国癌症防控科学研究、相关培训、学术交流和国际合作，这些工作更加有计划的全面展开，必将进一步推动我国癌症防控事业的进程。

控烟和肺癌防控是本次会议的主题，同样是国家癌症中心的一项重要工作内容，降低人群吸烟率，减少烟草相关癌症的发生和死亡是癌症防控的重要任务。由于吸烟对健康的损害，有一个时间滞后和累积效应，使人不易及时察觉，从而忽视其危害的严重性。加之医疗卫生部门提供戒烟服务的能力不足，宣传工作力度不够，公共场所和工作场所全面禁烟缺乏法律保障等综合因素，我国人群的控烟任务仍然任重道远。

随着科学技术的发展，肺癌的早诊早治，肿瘤治疗的个体化——特别是分子靶向治疗领域取得了长足的进步。随着分子生物学研究的不断深入，基于分子标志物的个体化治疗已经从实验室走到了临床，并在晚期肺癌患者的治疗上取得了显著的临床进展。与传统治疗手段相比明显提高了肺癌近期疗效、延长了生存时间，为无数癌症患者家庭带来了更多的希望。未来，需要对肿瘤的分子生物学机制进行更加深入的研究，积极开展转化性临床研究。我们相信，在大家的共同努力下，肿瘤的治疗必将跨入一个全新的时代。

世界卫生组织西太区控烟行动官员　潘吉娜·帕缇

在亚太区，包括癌症在内的非传染性疾病或慢性非传染性疾病，是公共卫生头号的威胁。在中国，因慢性非传染性疾病的死亡人数占到全部死亡人数的 80%以上。癌症引发的疾病负担在慢性非传染性疾病负担中占有很大比例。在亚太区，因癌症死亡约占慢性非传染性疾病死亡的 1/4。因空气污染和男性高吸烟率造成的肺癌死亡在所有癌症死亡中占很大的比重。世界银行预测，中国在未来 20 年里，肺癌导致的死亡将增加 4 倍。

以上是非常值得我们关注的问题，因为：首先，许多慢性非传染性疾病和癌症导致的死亡是过早死亡；其次，绝大部分慢性非传染性疾病和癌症导致的死亡是可以预防的，因而这些死亡是能够避免的。例如，降低吸烟率能减少因肺癌导致的死亡。每一例可预防的过早死亡都是我们大家应该努力避免的。对于个人和家庭来说，每例可预防的过早死亡导致的是伤心和痛苦，许多情况下可造成巨大的、有时甚至是灾难性的经济困难。对于社会和经济而言，可预防的过早死亡可威胁健康、发展和繁荣。

鉴于认识到这个问题的严重性，2011 年联合国大会要求世界卫生组织与所有国家合作，制定了一套减少慢性非传染性疾病的负担的全球性目标。世界卫生大会在今年早些时候重申了这些目标，其中包括到 2025 年，减少 1/4 的因慢性非传染性疾病导致的过早死亡。如今，已经制定的目标是可以实现的，同时也是不易到达的。实现这些目标将是一项巨大的挑战。而伴随巨大的挑战而来的是巨大的机会，即减少因慢性非传染性疾病和过早死亡引发的痛苦和伤心的机会。如果能成功实现，将提高亿万人民的健康和生命质量。

在此提及这些问题，是因为像今天这样的会议聚集了肿瘤界的精英一起来商讨预防和治疗癌症的最佳策略，必将能就解决这一挑战做出重要贡献。考虑到中国的慢性非传染性疾病负担的快速增加，如果中国控制慢性病负担进展不利，全球控制慢性非传染性疾病的目标将无法实现。

（中国癌症基金会控烟与肺癌防治工作部供稿）

美国国立癌症研究所全球健康中心东亚区主任　安·巧

第六届中国肺癌南北高峰论坛的议程包括对烟草控制的关键议题，肿瘤的早期发现，早、末期肿瘤的治疗，以及这一领域内的新战略和进展的讨论。美国国立癌症研究所主任哈罗德·瓦慕斯博士认为，这些内容符合未来癌症研究方向。

癌症研究的第一个主题是癌症基因组学。基因组学将转变肿瘤学领域里的实践。建立在突变谱基础上的肺癌亚型的精确定义能力，将使识别确切有效的药物靶向成为可能。这些研究内容将在这次峰会中介绍并加以讨论，势必将提高患者的预后。

第二个主题是全球健康和癌症研究在提高健康水平上的重要性。根据世界各地的癌症监测数据，我们知道癌症发病率呈现很大的地区差异。同时，我们知道一些共同的不健康行为会增加包括肺癌在内的多种癌症的风险。

已知的引发多种癌症的最重要原因是吸烟和使用其他烟草制品。因此，全球烟草控制是全球癌症控制的一个重要组成部分。本次峰会上的讨论将推动肺癌的预防和控制。正如刚才国家癌症中心董碧莎副主任所说，美国的肺癌发病率和死亡率已下降。这既是科学家和政治领袖们几十年的工作成绩，同时也是需要全社会中每个人积极配合和努力的结果。

第三个主题，也就是挑战性问题倡议，关于提出并回答在癌症生物学、流行病学、肿瘤预防和改变危险行为方面的重点问题。

一个具有挑战性的问题是："当人们知道吸烟增加儿童、成人甚至胎儿罹患至少9种癌症的风险时，为什么不是更多的人改变这种危险的行为，比如戒烟?"相信本次峰会将就肺癌预防、检测和治疗方面的难题提出更多的解决思路。

我们都知道，在中国开展的肿瘤研究对于世界其他地区都有很重要的意义，同时也突出了本次峰会及所讨论议题的重要性。我代表美国国立癌症研究所再次表示感谢，并预祝本次大会圆满成功。

（中国癌症基金会控烟与肺癌防治工作部供稿）

国家卫生计生委疾病预防控制局副局长　王　斌

根据《中国卫生统计年鉴》的资料，与1990年相比，2010年不论城市还是农村居民癌症死亡占总死亡的比重都呈现增加的趋势。《2012年肿瘤登记年报》显示，我国男性恶性肿瘤发病前三位是肺癌、胃癌和肝癌，女性恶性肿瘤发病前三位是乳腺癌、肺癌和结直肠癌。目前实施的防控策略是实施综合干预，包括突出重点、关口前移、早诊早治、重视农村、整合资源、完善信息和队伍建设。2003年卫生部颁布了《中国癌症预防与控制规划纲要》实施期限为2004至2010年，《纲要》确定了癌症防治的重点人群、重点危险因素和重点地区。要防治的重点癌症是肺癌、肝癌、胃癌、食管癌、结直肠癌、乳腺癌、宫颈癌和鼻咽癌，这8种癌症占我国癌症总死亡的80%以上；重点危险因素是吸烟、乙肝病毒感染、膳食不合理和职业危害；重点地区是癌症高发区。近年来，中央财政逐年加大对癌症早诊早治工作的经费投入力度，癌症早诊早治工作经费从2005年的500万元增加到了2013年的2.1亿元，其中2009年由于全球经济危机，投入略有减少。癌症早诊早治项目是医改公共卫生服务均等化的重要内容，不仅高发区的百姓受益，而且培养了专业队伍的能力，带动了癌症的综合防治，调动了当地政府的积极性，增强了百姓的健康意识。我们的后续计划包括：

1. 发挥国家癌症中心作用，提高癌症防控队伍能力。
2. 推行健康生活方式，控制癌症危险因素。
3. 扩大项目覆盖区域，提高干预实施效果。
4. 完善癌症信息系统，加强肿瘤登记监测。

第七届“CSCO-南方”肿瘤生物治疗与分子靶向治疗论坛在广州隆重举行

2013 年 8 月 16 日 ~18 日，由中国临床肿瘤学会（CSCO）和广州抗癌协会主办，广东省医学会肿瘤学分会和南方医科大学中西医结合肿瘤中心承办的“第七届‘CSCO-南方’肿瘤生物治疗与分子靶向治疗论坛暨第十二届全国肿瘤综合诊疗新进展研讨会”在广州军区珠江宾馆举行。在开幕式上，大会主席、广东省医学会肿瘤学分会主任委员、CSCO 副主任委员、南方医院副院长兼肿瘤中心主任、南方医科大学中西医结合中心主任罗荣城教授致欢迎辞。

陈可冀院士、于金明院士，马军、于丁、宋恕平、于世英、邵志敏、周清华、陈虎、王杰军教授和英国的 K. Moghissi 教授等 50 多位国内外肿瘤学界的知名专家和来自全国的 800 多名临床肿瘤医务工作者参加了本次学术盛会。为期一天半的会议中，肿瘤学专家们的精彩演讲涵盖了肿瘤内科学、肿瘤放射学、肿瘤外科学、生物与免疫治疗和肿瘤护理学等多个方面，给与会代表展现了全新的知识和学术研究进展。在本次会议上，广州抗癌协会（GACA）还举行了肿瘤生物治疗专业委员会和肺癌专业委员会换届改选会议，广东省医学会进行了肿瘤学分会的换届改选会议，罗荣城教授连任广东省医学会肿瘤学分会主任委员。

大会自始至终都洋溢着浓厚的学术气氛，交流活跃而深入，为国内同行和国外专家提供了一个良好的交流机会，深受与会同行专家的热烈欢迎和高度赞扬。本次大会主要承办单位——南方医科大学中西医结合肿瘤中心的医务人员为会议进行了充分的准备，组织安排周密严谨、礼仪接待有条不紊、服务周到体贴，令与会者有宾至如归的感觉。在“感恩南方”文艺联欢晚会上，南方医科大学中西医结合肿瘤中心和广州地区几家大医院的肿瘤

学科医务人员表演了精彩纷呈的节目，令在场嘉宾和代表目不暇接，充分体现了广东省肿瘤学界团结奋进、积极向上的精神风貌。在晚会上，还举办了首届“‘CSCO-南方肿瘤论坛’最佳忠诚奖”颁奖仪式，隆重表彰马军、宋恕平和于丁3位连续七年参加“CSCO-南方肿瘤论坛”的省外专家。

本届大会的成功举办，有助于促进国内外肿瘤学术交流，有助于促进我国肿瘤生物学基础和临床研究，有助于促进肿瘤循证医学、个体医学、转化医学和多学科综合诊疗等新理念、新模式的推广，有助于促进生物治疗新技术、新方法的普及提高，并将进一步提高我国肿瘤防治水平，保障人民健康。

（稿源：中国抗癌协会网站）

2013年 Best of ASCO 中国会议

为了让我国临床肿瘤学工作者能够更快、更方便地分享国际一流科研成果，中国临床肿瘤学会（CSCO）与美国临床肿瘤学会（ASCO）再度联手，于2013年7月11日~14日在上海华亭宾馆共同举办2013年度“临床肿瘤学新进展学术研讨会——Best of ASCO event in China”。北京市希思科临床肿瘤学研究基金会协办。

Best of ASCO是2003年开始举办的新型学术活动。该活动于每次ASCO年会后1~2个月在世界各地举办。会议精选出ASCO年会中最新、最具影响的学术论文并进行集中报告。该会议为未能参加ASCO年会的临床肿瘤医师了解临床肿瘤学的最新进展提供了便利。这一学术活动已在美国本土、日本、新加坡、巴西、中国等地举行。2009年~2012年，

CSCO 与 ASCO 携手分别在青岛、南京、杭州、南京成功主办了四届“临床肿瘤学新进展学术研讨会——Best of ASCO Event in China”，受到广大会员和参会代表的欢迎，取得了良好的效果。

2013 年 ASCO 年会的主题是“为攻克癌症构建桥梁（Building Bridges to Conquer Cancer）”。本次 Best of ASCO 中国会议将紧密围绕这一主题，同时依据国内肿瘤的发病情况，精选出 ASCO 年会中肺癌、乳腺癌、胃肠道肿瘤、妇科肿瘤、血液肿瘤、泌尿系肿瘤、中枢神经系统肿瘤和甲状腺癌、恶性黑色素瘤等方面的精彩论文和教育性讲座进行报告，并依照惯例对肺癌、乳腺癌、胃癌、结直肠癌等几种国内常见肿瘤安排有针对性的专题的综述和研讨。会议邀请了 ASCO 和 CSCO 著名的临床肿瘤学专家共同参与讲座，与参会代表分享最新科研成果、交流实践经验。

（稿源：中国抗癌协会网站）

2013 年 CSCO 燕赵肿瘤学论坛暨临床肿瘤学新进展学习班在石家庄召开

10 月 19 日、20 日，由 CSCO 主办，河北医科大学第四医院、河北省抗癌协会肿瘤内科专业委员会、河北省肿瘤内科专业质控中心和河北省肿瘤内科诊疗中心协办的“2013 年 CSCO 燕赵肿瘤学论坛暨 CSCO 临床肿瘤学新进展学习班”在石家庄举行，来自北京、山西及河北的 300 多位同道共享学术盛会。第四医院副院长刘运江教授代表东道主向 CSCO 讲学团专家和代表们表示了崇高敬意和衷心的感谢。CSCO 副秘书长江泽飞教授代表 CSCO 发表了热情洋溢的讲话。论坛有序、高效的组织工作得到了领导和专家的一致好评。

王绿化、江泽飞、刘基巍、沈琳、华海清、王洁、吴令英、张俊、宋鑫、张绪超和刘巍教授等国内知名临床肿瘤学专家应邀到会作了精彩报告，并和与会代表就肺癌、胃癌、大肠癌、乳腺癌、卵巢癌、肝癌、神经内分泌肿瘤等恶性肿瘤的诊断、放疗、化疗、靶向治疗及生物治疗的临床与研究进行了广泛交流和探讨。专家们不辞辛苦、严谨治学的态度令人钦佩和感动，他们精彩的学术报告更是赢得了与会代表的热烈掌声。代表们学习热情高涨，会场秩序井然，讨论气氛热烈。

时隔三年，CSCO 再次在石家庄举办临床肿瘤学学习班，不仅体现了 CSCO 领导和专家对河北省临床肿瘤工作的重视和厚爱，也是对河北省全体同仁的充分肯定和鞭策。多位国内临床肿瘤学界的知名专家应邀到会传经送宝，为河北的广大临床肿瘤工作者带来了最新的肿瘤防治知识和进展，进一步推广规范化、个体化的综合治疗理念，分享国内外恶性肿瘤临床诊疗经验，必将进一步促进河北省肿瘤防治事业的进步和发展。

正如河北省抗癌协会秘书长、河北省抗癌协会肿瘤内科专业委员会主任委员刘巍教授总结所言，本次 CSCO 学习班有三点不寻常，第一，CSCO 学习班再次来到石家庄，并成立燕赵肿瘤学论坛，希望这样高端的学术论坛定期举办；第二，在论坛上能够听到如此之多的国内知名专家讲学授课，机会异常难得；第三，三年来河北省肿瘤学术界取得了长足的进步，希望在 CSCO 大力的支持下，继续携手全省同道不断推进河北省肿瘤防治事业的发展，为广大恶性肿瘤患者提供更加优质的服务。

（稿源：CSCO 网站）

首都国际癌症论坛 2013 在京举办

中国抗癌协会和首都医科大学联合主办的“首都国际癌症论坛 2013”于 2013 年 10 月 18 日~19 日在北京世纪金源大饭店举办。本届论坛由首都医科大学附属北京世纪坛医院、首都医科大学肿瘤医学院、首都医科大学肿瘤学系承办，主题为“关注肿瘤早诊筛查、推动诊疗技术创新”。国内外肿瘤专家学者 500 余人参加了本届论坛。

10 月 18 日上午的开幕式由首都医科大学副校长王晓民教授主持。中国抗癌协会副理事长、中国工程院院士詹启敏教授，北京市医管局局长封国生教授，首都医科大学附属北京世纪坛医院院长徐建立教授分别在开幕式上致辞。与会领导从不同视角回顾了我国肿瘤防控的现状，共同强调了本论坛关注肿瘤的早期预防与治疗，关注肿瘤防治发展的新知识、新技术，关注肿瘤学研究与临床应用的深入合作和转化推进工作的主旨。

会议期间召开的第五届院士论坛上，中国工程院院士、首都医科大学肿瘤学系主任、中国医学科学院肿瘤研究所程书钧教授做了题为“肿瘤防治战略前移——癌前病变”的学术报告，中国医学科学院副院长、北京协和医学院副校长、分子肿瘤学国家重点实验室主任詹启敏院士做了题为“基于细胞周期调控蛋白的肿瘤诊疗标志物”的报告。美国杜克大学应用治疗中心主任 Herbert Kim Lyerly 教授、美国 Huntsman 肿瘤研究所肿瘤外科专家 Robert Andtbacka 博士也做了精彩的学术报告。

国际癌症研究高峰论坛上有 11 位中外专家做了专题报告，与会者围绕肿瘤的早诊筛查和诊治创新技术展开了热烈讨论。10 月 19 日上午，论坛开设了肿瘤免疫治疗专题、肿瘤早诊筛查及新技术专题和复发性卵巢肿瘤的治疗现状和新进展专题等 3 个分会场。专家们分别就腹腔肿瘤治疗、肺癌治疗、脑胶质瘤治疗、实体瘤治疗、肿瘤治疗性疫苗研究、肿瘤的微创治疗、乳腺癌治疗、消化道肿瘤治疗、妇科肿瘤治疗等方面做了深入探讨。

论坛还开设了院长沙龙，来自北京、河北、内蒙古等地区的 10 余名二级和三级医院的院长就医院管理和医疗联合体，以及社区医疗等话题进行了研讨。

首都国际癌症论坛自 2009 年开始举办，已经历时四届，现已逐步成为我国肿瘤学界高水平的品牌论坛之一，成为国内外肿瘤临床医生与基础研究者、科研院所与产业界、肿瘤与肿瘤相关学科交流信息、分享经验、寻求发展与合作的交流平台。

（稿源：中国抗癌协会）

2013 年“临床肿瘤学协作专业委员会—东北”多学科诊疗研讨会召开

2013 年“中国抗癌协会临床肿瘤学协作专业委员会—东北”多学科诊疗研讨会于 2013 年 6 月 13 日~15 日在吉林省长春市净月潭益田喜来登酒店举办。本次会议由中国抗癌协会临床肿瘤学协作专业委员会、吉林省抗癌协会、吉林省肿瘤医院、吉林省医学会肿瘤专业委员会主办，吉林省肿瘤医院承办。来自上海、北京、天津、广州等地的30余位国内知名专家教授及350余位与会代表齐聚一堂，共同搭建起了掌握新知识、新技术的学习交流平台。

6月14日上午8时30分，研讨会在热烈和谐的氛围中拉开了帷幕，会场内座无虚席，吉林省肿瘤医院党委书记崔志刚主持开幕式，吉林省医学会琴钢会长、吉林省肿瘤医院院长程颖教授、广东省人民医院副院长吴一龙教授分别致辞，表达了对本次会议的热烈祝贺和美好期待。

会议期间，广东省人民医院副院长、肿瘤中心主任吴一龙教授，天津医科大学附属肿瘤医院肺部肿瘤科主任王长利教授，上海市肿瘤协会副主任委员陆舜教授，吉林省肿瘤医院血液肿瘤病实验室副主任李慧教授，中国医科大学附属第一医院肿瘤内科主任刘云鹏教授，解放军总医院肿瘤综合治疗科主任戴广海教授，吉林省肿瘤医院腹部肿瘤内科副主任王彦荣教授，第一届中国老年学学会老年肿瘤专业委员会执行委员会委员夏莉教授，北京大学肿瘤医院结直肠肿瘤外科主任顾晋教授，天津医科大学附属肿瘤医院乳腺病理研究室主任付丽教授，山东省肿瘤医院乳腺病中心主任兼外科三病区主任王永胜教授，北京大学肿瘤医院乳腺癌预防治疗中心主任兼乳腺病区主任欧阳涛教授，天津医科大学附属肿瘤医院乳腺肿瘤内科主任佟仲生教授，吉林省乳腺病治疗中心主任、吉林省肿瘤医院乳腺肿瘤外二科主任王长青教授，吉林省肿瘤医院乳腺内科主任王成教授、乳腺外二科副主任徐贵颖教授、中青年骨干医学博士池诏丞等分别围绕肺癌、大肠癌、乳腺癌的内科治疗、外科治疗及靶向治疗的基础研究和最新进展进行了精彩的学术报告。

在会议期间还开展了各专题讨论会的讨论，就大家共同关心的热点问题进行了多层次、多角度的探讨，会场内学术氛围浓厚，交流互动活跃，与会代表非常珍惜与知名专家零距离沟通探讨的机会，使与会专家及代表共同分享了一场精彩的学术盛宴。本次大会在务实严谨的氛围中圆满落下帷幕。

自2001年以来，中国抗癌协会临床肿瘤学协作专业委员会在长春已经举办了七期卓有成效的临床肿瘤诊疗规范化学习班。此次学术盛会使与会专家及学者及时了解了肿瘤防治领域的新技术、新进展和新信息，进一步提高了吉林省肿瘤专科医师的临床水平，更为年轻医生提供了学习锻炼的绝好机会，本次大会对推动我省肿瘤诊疗的标准化、规范化、专业化和个体化进程，促进肿瘤临床研究、区域学术交流和进步有着重大的意义，也将为东北地区肿瘤防治事业的发展起到积极的促进作用！

（稿源：吉林省抗癌协会）中国抗癌协会网站

第五届全国肿瘤诊疗新进展及新技术学术会议在西安召开

暨第八届中国西部肿瘤学术大会

2013年9月13日，由中国抗癌协会、陕西等西部11个省级（甘肃、新疆、宁夏、青海、云南、四川、重庆、广西、贵州、内蒙古）抗癌协会主办，陕西省抗癌协会、陕西省肿瘤医院、陕西省医学会肿瘤分会、陕西省老年学学会老年肿瘤分会、《现代肿瘤医学》编辑部承办的第五届全国肿瘤诊疗新进展及新技术学术会议暨第八届中国西部肿瘤学术大会在西安止园饭店召开。会议的主题是“加强区域协作，规范诊疗技术”。

参加大会的有原陕西省政协副主席张生朝，陕西省卫生厅副厅长黄立勋教授，陕西科协学会部副部长田世坡，中国抗癌协会副理事长唐步坚教授，中国抗癌协会理事长助理、副秘书长刘端祺教授，陕西省抗癌协会理事长耿庆义教授、常务副理事长李树业教授和副理事长、省肿瘤医院院长王安平教授，四川省抗癌协会理事长、四川省肿瘤医院院长樊晋川教授，云南省抗癌协会理事长、云南省肿瘤医院院长谭晶教授，贵州省抗癌协会理事长、贵州省肿瘤医院副院长卢冰教授，宁夏抗癌协会理事长、宁夏医科大学总医院肿瘤医院副院长折虹教授，新疆抗癌协会理事长、肿瘤医院副院长张国庆教授，宁夏医科大学总医院肿瘤医院院长邹嘉宾教授，内蒙古抗癌协会秘书长、包头肿瘤医院院长巴彩霞教授，青海省抗癌协会秘书长、青海大学附属医院副院长张成武教授，重庆抗癌协会秘书长匡毅教授，甘肃省肿瘤医院副院长王小虎教授，天津肿瘤研究所任秀宝教授等各省（区、市）抗癌协会、肿瘤医院负责人，以及来自全国 17 个省（区、市）、美国梅奥医学中心的专家代表 400 余人参加了本次大会。大会收到学术论文 270 余篇，内容涉及肿瘤基础研究、临床诊疗及相关学科的最新进展。

会议由李树业常务副理事长主持，耿庆义理事长致开幕词。王安平院长代表主办单位致欢迎词。中国抗癌协会唐步坚副理事长致辞，刘端祺副秘书长宣读了中国抗癌协会理事长郝希山院士的贺信，高度评价了陕西省抗癌协会在肿瘤科学防治、学术交流、科普宣传和组织建设等方面取得的成绩。肯定了召开第五届全国肿瘤诊疗新进展及新技术学术会议暨第八届中国西部肿瘤学术大会的重要意义。田世坡副部长、黄立勋副厅长分别在会上发表了重要讲话。

会上，北京军区总医院刘端祺教授、天津肿瘤医院任秀宝教授、美国梅奥医学中心翟启辉教授、甘肃省肿瘤医院王小虎教授、重庆医科大学附属第一医院任国胜教授、四川省肿瘤医院胸外科主任李强教授、云南省肿瘤医院副院长李高峰教授、第四军医大学肿瘤研究所师建国教授等分别就“2013 年癌痛治疗进展”、“免疫治疗与化疗”、“外科病理技术的革新与角色的演变”、“重离子治癌国内外研究进展”、“中国西部乳腺癌流行病学调查”、“胸腔镜下肺叶切除的步骤解析”、“云南高发肺癌防治研究回顾与展望”、“阻断肿瘤病理发生条件的癌症预防策略”等内容分别做了主题报告。来自西部 11 个省份的 60 名专家就肿瘤外科、内科、放疗、诊疗的新技术及分子靶向治疗、冷冻消融、三维适形放疗、微创外科、免疫治疗、粒子植入治疗、肿瘤热疗、介入治疗、生物免疫治疗、靶向治疗等肿瘤诊疗方面的新技术、新方法进行了大会交流和讨论。受到了与会者的热烈欢迎。

本次会议的召开，带来了癌症诊疗的新理念、新技术、新方法、新信息、新经验，对加强西部地区常见肿瘤的协作攻关；对推动诊疗新技术、新方法的应用推广；对进一步提高西部乃至全国肿瘤诊疗水平将起到积极的推动作用。通过交流探讨也促进了诊疗新技术、新方法的进一步规范、完善和提高。会议决定第九届中国西部肿瘤学术大会将于 2015 年在甘肃兰州市举行。

（稿源：陕西省抗癌协会）中国抗癌协会网站

第三届广州国际肿瘤学会议暨庆祝广东省抗癌协会成立30周年大会召开

由中山大学肿瘤防治中心、美中抗癌协会（USCACA）、广东省抗癌协会、《癌症》杂志（Chinese Journal of Cancer，CJC）社联合主办的“第三届广州国际肿瘤学会议既庆祝广东省抗癌协会成立30周年”大会于2013年11月7日~9日在广州白云国际会议中心隆重举行。本次会议共邀请来自5个国家与地区、在肿瘤学治疗与研究领域有着杰出成绩和影响力的专家与会做学术报告，共710多位代表参加了本次会议。

兄弟同行齐聚首，共筑肿瘤防治梦

在开幕式上，美国德州大学M. D. Anderson癌症中心的前任美中抗癌协会会长张微教授，中国抗癌协会副理事长、山东省肿瘤医院院长于金明院士，广东省抗癌协会副理事长、中山大学肿瘤防治中心副院长徐瑞华教授分别致辞。

作为大会共同主席之一，张微教授代表大会首先向来自世界各地的肿瘤防治专家、学者致以诚挚的问候。他强调从事肿瘤研究要有梦想，并提出“DREAM”的目标：Decrease——减少烟草危害与大气污染；Reduce——降低癌症的发病率和死亡率；Ease——减轻亚洲乃至世界癌症患者的负担；Assemble——聚集和建立国际间组织的合作和联系；Maximize——使肿瘤疾病的治疗与前沿生物技术最大化结合。他勉励大家要心存梦想与信念，为克服癌症共同努力，通力合作，相信生命的奇迹总会有一天发生的。

于金明院士对被邀请出席本次学术盛会表示荣幸与感谢，他称赞中山大学肿瘤防治中心在临床、科研等方面一直以来走在国内同行的前列，是一个十分好的榜样与学习的对象。同时，他认为本次会议聚集了国内外肿瘤学领域的顶尖专家与同行，是一次高水平的学术盛会，并衷心地祝愿本次会议能够取得完满的成功。

徐瑞华教授受中心主任曾益新院士的委托致开幕词。他首先向各位远道而来的专家和学者致以诚挚的谢意。谈及目前国内肿瘤病例日益高发的趋势，徐瑞华教授表示我们肿瘤医务工作者肩上的担子越来越重，正因如此，广州国际肿瘤学会议作为一个高水平的肿瘤学学术交流平台更是要充分发挥好自身的学术舞台作用，为推动肿瘤学科的发展提供更多更大的正能量。适逢今年是广东省抗癌协会成立30周年，徐瑞华教授表示，这30年来，广东省抗癌协会在各位前辈的共同努力下取得了杰出的成绩，充分发挥了它在肿瘤预防、学术交流等方面的作用，为推动我省肿瘤科技事业的发展、科技人才的培养做出积极的贡献，受到了广大肿瘤医务工作者的支持与肯定。作为广东省抗癌协会的挂靠单位，中山大学肿瘤防治中心将一如既往地继续做好带头作用，为国内，乃至国际间的肿瘤防治、科学研究、人才培养等事业作出更大的贡献。

医学大师云集，共享学术盛宴

本次会议共邀请了来自国内外30多位知名肿瘤学专家做专题学术报告，包括于金明、詹启敏、吴一龙、陈国强、丁彦青、黎孟枫、宋尔卫、季加孚、邵志敏等国内著名肿瘤学专家，以及美国 M. D. Anderson 癌症中心张微教授、美国基因组数据分析中心 Ilya Shmulevich 教授、新加坡国立癌症中心 Joseph Wee 教授等多位国外知名肿瘤学家，他们分别来带了各自研究领域里的最新成果并与参会代表进行了分享。

大会专题报告的内容涉及肿瘤研究的多个领域，包括癌基因在转录过程的干扰、癌细胞信号传递通道的蛋白质调控、肿瘤细胞代谢与药物干预、MDT 治疗模式的建立、肿瘤诊断与治疗中影像学新技术的应用以及各类术式的创新、肿瘤个体化治疗的发展等等，吸引了众多参会者的积极讨论与交流。

在第一天举行的科技期刊发展论坛上，《The Journal of the American Medical Association》(JAMA) 主编 Dr. Boris Pasche 做了“How to write an outstanding manuscript and get it published: the Editor's point of view”的精彩报告，汤森路透科技信息服务（北京）有限公司业务总监宁笔做了“快乐写作，轻松投稿——SCI 论文写作与投稿”的报告。作为本次大会主办方之一的 CJC 副主编钱朝南教授介绍了 CJC 的发展。本次论坛是科技期刊与科研展示之间平台功能构建的一次有益尝试，获得与会师生的广泛赞誉。在分会场的学术报告中，不少专家们生动活泼的演讲风格带动了场下的气氛。中山大学肿瘤防治中心实验研究部刘强教授在专题报告中谈及到创新思维的问题，他鼓励场下参会的年轻医生、研究生做科研要敢于梦想，敢于向权威挑战，跳出固有的条条框框。科学研究上的突破就在于摆脱束博，敢于创新。

注重基础与临床结合，关注转化医学研究

在学术内容的设置和定位上，注重基础科学与临床研究相结合，是本次会议的一大亮点。不少与会的专家均认同，当前肿瘤治疗研究的突破点，除了在基础理论与研究上不断创新、发现外，更需要在研究成果的转化上加以重视，使花费巨大资源的基础研究能够真正应用于临床治疗中，以此提高肿瘤疾病的治愈率和癌症患者的生活质量。大会执行主席徐瑞华教授表示，随着肿瘤学科的不断发展，基础研究与临床实践之间的合作将会越来越紧密，在未来的基础研究中，研究人员需要从临床医生积累的病例分析数据中找出更好的切入点来指引研究方向，获得新的启发；同样，临床治疗技术的发展也将进入到分子生物治疗、基因治疗和个体化治疗时代，这也要求我们肿瘤临床大夫需具备一定的科研基础与知识储备，或者投放更加多的精力去关注基础领域的新研究成果，发掘更多有价值的信息，以便更好地开展和指导临床治疗工作。

会议的最后一天，大会还举行了由现任美中抗癌协会会长 Shi-Yuan Cheng 主持的 2013 美中抗癌协会—National Foundation for Cancer Research（NFCR）颁奖典礼，以及由中山大学肿瘤防治中心副主任、CJC 副主编钱朝南主持的大会优秀 Poster 的颁奖典礼，来自香港中文大学医学院的 Lan Zhong 荣获了大会优秀 Poster 一等奖。作为一场高层次、高质量的国际肿瘤学盛会，广州国际肿瘤学会议不但为从事肿瘤研究和防治工作的相关学者提供了一个广泛交流、相互探讨的平台，同时也为广大的医务工作者、医学研究人员带来了很多有价值的肿瘤学科前沿研究动态。广州国际肿瘤学会议已成为中山大学肿瘤防治中心、广东省抗癌协会对外形象宣传的一个响亮品牌，将对

中山大学肿瘤防治中心实现“国内综合实力最强，国际一流的肿瘤学医教研基地”的目标起到极大的推动作用。

（稿源：广东省抗癌协会）中国抗癌协会网站

中国抗癌协会肿瘤病理专业委员会 2013 年学术年会召开

由中国抗癌协会肿瘤病理专业委员会主办，山西省抗癌协会肿瘤病理专业委员会、山西省肿瘤医院、山西省病理质控部承办的中国抗癌协会肿瘤病理专业委员会 2013 年学术年会于 8 月 9 日～12 日在山西太原成功召开。中国抗癌协会组织部张静部长，肿瘤病理专委会主任委员步宏教授和副主任委员孙保存教授、李向红教授、杜祥教授、吕宁教授、刘艳辉教授、范钦和教授、王瑞安教授及山西省肿瘤医院王国平院长出席了会议。专委会常务委员、委员及来自全国的专家学者共 200 余人参加了会议。

专委会主任委员步宏教授首先汇报了 2011 年至 2013 年期间专委会的工作总结及未来工作计划。他提到，专委会按照总会要求，逢单年举办专业委员会学术年会，逢双年组织参加全国肿瘤学术大会，每年至少举办一次继续教育或培训，并大力支持各地方肿瘤病理专委会的活动。专委会多次召开主任办公会、常委会、全委会及学组会议等，以加强协会建设。此外，专委会还广泛开展科普活动。肿瘤病理专委会的特色活动如：乳腺癌、胃癌 HER-2 规范化诊疗培训，我国常见肿瘤临床病理资料数据库（OPSS）建立，多中心临床病理研究，定期通信肿瘤病理读片等工作照常开展并推进。

会议邀请了四川大学华西医院周桥教授，天津医科大学孙保存教授，山西省肿瘤医院王晋芬教授，复旦大学附属肿瘤医院杨文涛教授，北京大学肿瘤医院曹登峰教授，中国医学科学院肿瘤医院林冬梅教授、应建明教授等国内知名病理专家分别针对分子病理、病理诊断标准化，病理质控等方面的问题先后进行了专题讲座。本次会议还邀请了天津医科大学肿瘤医院牛昀教授，四川大学华西医院张红英教授，天津医科大学曹文枫教授，复旦大学附属肿瘤医院李小秋教授，哈尔滨医科大学附属肿瘤医院耿敬姝教授，第四军医大学王哲教授，四川大学华西医院陈铌教授与大家分享了许多珍贵的疑难病例，病例涉及乳腺、软组织、腹膜后及胰腺肿物、淋巴组织肿瘤、泌尿系统肿瘤等。病例讨论时还使用了自动投票系统，加强了讲者与参会者之间的互动学习，会场学术氛围活跃。

会议期间还举行了“中国抗癌协会病理诊断比赛”。约 50 名来自全国的 45 岁以下的青年病理工作者参加了比赛。此次比赛内容丰富，范围广泛，主要涵盖了消化系统、呼吸系统、女性生殖系统、神经系统、淋巴造血系统、泌尿系统、乳腺、软组织、内分泌器官肿瘤和头颈部肿瘤。最终由海南省人民医院肖晓岚夺得一等奖，山西省肿瘤医院李素红、中山大学附属第一医院彭挺生及重庆市西南医院段光杰获得二等奖，山西省肿瘤医院杨宣琴、马海霞、徐恩伟，新疆肿瘤医院张银华，新疆医科大学附属肿瘤医院周梅，山西医科大学第二医院魏荣获得三等奖。

会议期间同时召开了中国抗癌协会肿瘤病理专业委员会全体委员会议。中国抗癌协会组织部张静部长，肿瘤病理专委会主任委员，副主任委员，常务委员及全国各地委员共40余人出席了会议。

会议首先讨论通过了将3名省级抗癌协会专委会主任委员增补为全国肿瘤病理专委会委员的决定，他们是：沈阳军区总医院宋福林教授、山东省肿瘤医院仲伟霞教授、四川大学华西医院周桥教授。

会议进一步讨论了专委会专业学组的筹备工作。专业学组的建立可增加专业内临床与病理的沟通，对病人诊断的明确及综合治疗方案的确定均有积极的作用。

（稿源：中国抗癌协会肿瘤病理专业委员会）中国抗癌协会网站

第七届全国抗肿瘤药 GCP 培训班暨质量控制研讨会举办

由中国癌症基金会主办，中国医学科学院肿瘤医院 GCP 中心承办的“第七届全国抗肿瘤药 GCP 培训班暨质量控制研讨会”于2013年6月15日~16日在北京隆重举行。此次会议吸引了来自全国55家药物临床研究机构、37家国内外制药企业热情参与，参会人数达600人，包括来自全国28个省（自治区、直辖市）的医生、护士、机构管理人员、监查员、药厂管理人员等。在会上大家就我国目前临床研究质量控制方面的问题进行了热烈讨论，对目前存在的尚待解决的各种问题及今后的发展方向进行了深入地探讨。

中国癌症基金会彭玉理事长首先发言，她对参会人员的热情参与表示感谢，在阐述临床研究重要性的同时，进一步强调质量控制是每个临床研究者都应该重视的问题。中国医学科学院肿瘤医院赫捷院长明确指出了临床研究在医院建设中的必要地位，并对下一步的临床研究工作提出了新的要求。中国医学科学院继续教育学院何仲院长肯定了此次会议为继续教育工作提供了典范，对抗肿瘤药物人才培养起到促进和指导作用。国家药监总局药品注册司李金菊处长从监管部门的角度出发，分析了临床研究质量控制的管理对受试者权益的保护作用。国家药监总局药品评审中心黄钦教授针对临床研究数据质量的问题，提出今后工作的发展方向及有关措施。近年来我国临床研究工作呈现出快速的发展，但和国际水平还有一定的差距，药物信息协会的苏岭博士带领大家解读了国际药物研发的新趋势及中国所面临的挑战与机遇。我国的各机构管理专家分别从临床研究机构试验质量控制的操作过程及作用等方面进行了精彩的阐述。

孙燕院士讲述了从事临床研究50多年来，自己积累的经验和教训。中国医学科学院肿瘤医院石远凯副院长就临床试验准备阶段质控的方法及重要性进行了生动的报告。肿瘤内科徐兵河主任、周爱萍教授和王子平教授，针对临床试验中的质量控制方面作了精彩的演讲，内容涵盖了临床研究Ⅰ期、Ⅱ~Ⅲ期及上市后研究者发起的试验。GCP 中心办公室副主任李树婷，以崭新的视角带领大家关注体外诊断试剂试验中的质量控制，与参会者共同探讨质控工作中出现的问题，开拓临床研究质量控制新高度。

此次大会取得了圆满成功。会后大家还进行了热烈的讨论与交流，拓宽彼此的思路，期待今后深化沟通、加强合作，为促进我国药物临床研究水平进一步提高，让更多的患者用上可靠、安全、有效的药物而努力。

（国家药物临床研究 GCP 中心　李树婷　房虹）
来源：中国医学科学院肿瘤医院网站

第七届全国抗肿瘤药 GCP 培训班暨 CRA/CRC 高级培训班成功举办

2013 年 11 月 9 日，由中国癌症基金会主办、中国医学科学院肿瘤医院 GCP 中心承办、科林利康医学服务中心协办的“第七届全国抗肿瘤药 GCP 培训班暨 CRA/CRC 高级培训班”在中国医学科学院肿瘤医院悦知楼成功举办。来自全国的研究者、监查员、研究助理等 350 余人参会。

孙燕院士首先发言，他在回顾新药临床试验发展过程的同时，进一步强调了 GCP 规范在临床研究中的重要作用，并分享了自己多年积累的经验和教训。中国医学科学院肿瘤医院石远凯副院长就抗肿瘤药的开发过程进行了报告，为大家注入了更多的临床研究新理念；内科王子平教授针对临床试验中各环节的沟通问题作了全面阐释，为临床试验协调提供了有力依据和有效建议。GCP 中心办公室副主任李树婷阐述了临床研究助理 CRC 在临床试验中的重要地位，提出在关注 CRC 标准化管理的同时，也要注重 CRC 工作的归属感。外聘专家豪迈东方徐明利以生动的案例讲述了他在临床试验质控中遇到的常见问题，指出临床试验质量控制的重要性。

在下午的学习中，我院内科樊英博士和汪麟博士，以其丰富的临床试验经验，深入分析了肿瘤分期及疗效评价标准、不良反应评价标准等。药品公司分别向大家介绍了中心随机发药系统及实际操作中的问题，以及如何进行抗肿瘤药物试验中的数据管理等。

此次大会取得了预期目的，大家一致反映：此次培训班实用性很强，不仅为大家提供了一次难得的学习和交流机会，更对于促进我国药物临床研究水平进一步提高，从而为更多的患者提供可靠、安全、有效的药物。

（GCP 中心 李树婷）来源：中国医学科学院肿瘤医院网站

中国抗癌协会肿瘤临床化疗专业委员会第四届委员会第一次全体会议在京召开

——石远凯教授连任主任委员

由中国抗癌协会肿瘤临床化疗专业委员会主办的“中国抗癌协会肿瘤临床化疗专业委员会第四届委员会第一次全体会议”，于 2013 年 2 月 22 日~23 日在北京广西大厦隆重召开。

中国抗癌协会王瑛秘书长、中国抗癌协会组织部张静部长、中国抗癌协会肿瘤临床化疗专业委员会荣誉主任委员/中国医学科学院肿瘤医院孙燕院士、主任委员/中国医学科学院肿瘤医院石远凯教授，以及副主任委员、常务委员、委员等91人参会。张静部长宣读“中国抗癌协会肿瘤临床化疗专业委员会换届申请的批复书”，参会代表投票选举了主任委员、候任主任委员、副主任委员和常委。

石远凯教授连任中国抗癌协会肿瘤临床化疗专业委员会第四届主任委员，他代表新一届领导集体讲话，表示将积极投身协会工作，团结全国肿瘤内科同道，促进肿瘤临床化疗专业委员会的进一步发展，为肿瘤内科医师打造更好的学术交流和科学研究的平台，为肿瘤内科的发展做贡献。王瑛秘书长随后代表中国抗癌协会发言，高度评价肿瘤临床化疗专业委员会的工作，鼓励新一届委员会再接再厉争取更大进步。

最后，荣誉主任委员孙燕院士做总结发言，他说，我国的肿瘤内科专业始于20世纪50年代，改革开放后，随着与国外的交流逐渐增多，对肿瘤内科医师的专业化要求不断提高。从我们这一代人开始，就希望通过抗癌协会肿瘤临床化疗专业委员会这个平台，在中国组织大规模的多中心临床协作研究。我们应立志提高中国在全球肿瘤内科领域的学术水平，建立堪与中国大国地位相称的学术成就，特别是在具有创新性的临床研究方面。我们要争取在自己的“中国肿瘤内科大会”上，发表属于我们的具有原创性的研究成果，提高中国在世界上的学术地位。我们要有责任感，要有行业的远见，也要意识到任重而道远。

会后，全体与会委员共同合影留念。

（文/内科　唐乐　图/刘习昌）来源：中国医学科学院肿瘤医院网站

第七届上海国际放射肿瘤学会议召开

——个体化放疗将成为肿瘤治疗新趋势

2013年3月21日~23日，由复旦大学附属肿瘤医院主办、中国抗癌协会肿瘤放疗专业委员会协办的第七届上海国际放射肿瘤学会议（Shanghai International Conference on Radiation Oncology，SICRO）在沪顺利举行，本次会议邀请到来自6个国家的18名国际知名学者与会作学术报告。与会专家围绕“个体化治疗时代的放射肿瘤学”的大会主题各抒己见，着眼于对常见肿瘤临床研究进展的系统性认识。大会力邀国内外声誉卓著的专家，对当前国际上高质量的临床和基础研究作更新和深度解读，以此促进国际间的合作。内容涉及头颈、胸部、乳腺、胃肠、靶向和粒子放疗的临床和转化性研究、肿瘤免疫、系统生物学等目前研究热点。来自全国25个省市的300余名代表与会。复旦大学附属肿瘤医院院长郭小毛教授致开幕词。肿瘤医院荣誉教授刘泰福在会上作“Trend in Modern Chinese Radiation Oncology”的主题发言。

肿瘤放疗的转化性研究和个体化日益成为当今医学领域的一大热点。复旦大学附属肿瘤医院放疗科主任章真教授表示，每个肿瘤的发生都有其独特的“个性化”标签。两位患者罹患同一种肿瘤，两者接受同样的放射治疗，有时就会出现疗效上或是损伤严重程度上的差异。临床上这种情况的发生，彰显了理解和把握肿瘤和放射生物学特性的重要意义。章真教授特别强调：“治疗中只有我们根据罹患肿瘤的生物学特性，细致区分，个体化放射治疗才能真正成为未来引领肿瘤治疗的一大趋势。”

“相对于基础研究，转化性研究问题来源于临床一线，其研究结果也相对更容易得到验证机会并转化为临床所用。”章真教授说：“此次会议中所涉及的转化医学研究，给我们的医师提出了一个新的思考，即医师不仅要会看病，而且要勤于思考，有敏锐的观察力，理解定量生物学的新知识，这样医师才能在多学科的合作背景下，随时发现问题，并通过开展一些转化性研究解决临床上的疑难，切实提高诊疗效果。

说及当今世界放疗技术的发展，复旦大学附属肿瘤医院蒋国梁教授在其报告中提到，质子重离子放疗是当今国际最尖端的肿瘤放疗新技术。质子重离子放射治疗，因其高能物理学特性，射线在回旋加速器或同步加速器中加速到70%的光速（21万公里/秒）时引出来，射入人体，在到达肿瘤病灶前，它的能量释放不多。但是在射线到达病灶的瞬间，会释放大量能量，杀灭肿瘤细胞，然后能量迅速衰弱，形成被称为“布拉格峰”的能量释放轨迹，犹如“立体定向爆破”，进而对肿瘤产生强大的杀灭效应，最大限度地保护肿瘤周围正常组织。该技术具有疗效好、毒性和副作用小、疗程缩短等特点。

据日本、德国和美国的临床经验显示：该技术对头颈部癌症、脑恶性肿瘤、前列腺癌、软组织和骨肉瘤、脊索瘤、肺癌和肝癌等都有较好的疗效，在某些肿瘤的疗效已达到外科手术的疗效。由于这是一种较小创伤的治疗方式，所以部分年龄大、心肺功能差、不能耐受手术的癌症患者也能接受根治性放疗。

上海国际放射肿瘤学会议是由复旦大学附属肿瘤医院（原上海医科大学附属肿瘤医

院）放射治疗科荣誉教授刘泰福和已故的张志义教授联合发起，首届会议于1987年4月26日～30日在上海西郊仙霞宾馆举办。其后，1991、1995、2002、2006、2010年在杭州和上海得以延续，每次会议均汇聚欧、美、亚等国际放射治疗领域的顶尖专家，通过彼此交流和讨论，进一步提高我国放射治疗的综合水平。上海国际放射肿瘤学术会议举办六届以来，搭建起一座年轻放疗医生与国内外专家学习交流的平台，也见证了中国近20余年在放射治疗领域的迅猛发展。目前SICRO已作为复旦大学附属肿瘤医院主办国际学术交流的一个品牌，载入了医院的史册。

（来源：复旦大学新闻文化网 作者：倪洪珍 王懿辉）

第四届全球肿瘤放疗和综合治疗进展论坛在北大肿瘤医院举行

近日，由北京大学肿瘤医院、北京大学放射肿瘤学系、北京医师协会放疗专家委员会及北京抗癌协会放射肿瘤专业委员会共同主办的“第四届全球肿瘤放疗进展论坛”在北京大学肿瘤医院学术报告厅举行。山东省肿瘤医院院长于金明院士、北京医师协会放疗专家委员会主任委员申文江教授、北京医学会放射肿瘤专业委员会主任委员夏廷毅教授和北京大学肿瘤医院朱军教授分别在大会上致辞。

近300位中外放疗专家、学者参加本次论坛。有近30位国内外著名专家在大会上做了专题报告。美国威斯康辛大学肿瘤中心Allen Li教授、中国医学科学院肿瘤医院首席放疗专家殷蔚伯教授，还有十几个省、直辖市医学会放疗分会主任委员和抗癌协会主任委员以及数位省级肿瘤医院院长参加了本次论坛。

本次论坛继续围绕“肿瘤精确放疗、综合治疗最新决策科学依据”的主题，邀请国内外著名肿瘤专家密切结合中国肿瘤临床治疗现状，全面评述2013年美国放疗年会、美国肿瘤年会、欧洲放疗年会等肿瘤放疗和综合治疗最新进展，力争让每一位参加者达到“来一次北肿，晓全年进展”的目的，受到了参会人员的普遍好评。

北京大学肿瘤医院自2010年首次举办放疗进展论坛以来，受到了国内同行的热烈欢迎与大力支持。本论坛具有以下鲜明的特点：①实用性：探讨的问题都是临床医生时常面对的临床治疗决策，甚至是两难选择。②权威性：课程设置十分重视循证医学证据，特别是随机研究的结果。权威专家精彩点评更进一步增加了会议的权威性。③时效性：在美国放疗年会结束短短两周之后迅速召开，让国内同行在第一时间掌握国际进展。④易受性：没有语言等限制和专家深入浅出的评论，让不同级别的医生都能深感受益。

参加本次论坛的还有中华医学会放疗专业委员会、中国抗癌协会放疗专业委员会、北京放射肿瘤学会的相关领导，大家对论坛的成功召开表示了祝贺，并希望明年能增加专场互动。

（肿瘤医院 肖绍文 朱广迎）

来源：北京大学医学部新闻网 发布日期：2013-12-02

2013年国际肿瘤放射治疗新进展天津论坛举行

在2013年6月18日召开的“2013年国际肿瘤放射治疗新进展天津论坛”上获悉，随着放射治疗技术的不断进步，特别是立体定向放射治疗技术、图像引导放射治疗等高新技术的进展，放射治疗在肿瘤治疗中的地位也变得日益重要，在很多早期胸部肿瘤，尤其是早期非小细胞肺癌患者治疗中，采用立体定向放射治疗基本可达到与手术治疗同样的效果。

“2013年国际肿瘤放射治疗新进展天津论坛”由中国抗癌协会肿瘤放射治疗专业委员会和中华医学会放射肿瘤学分会联合主办，天津医学会放射治疗专业委员会和天津市肿瘤医院承办。大会主席、中国抗癌协会肿瘤放射治疗专业委员会候任主任委员、天津市肿瘤医院院长王平教授，中国工程院院士、山东省肿瘤医院院长于金明教授等在会上作了精彩报告。来自国内外近300名放射治疗方面研究专家针对胸部肿瘤放射治疗相关领域的前沿知识、新技术、新理念和新设备等进行广泛交流与讨论。

放射治疗是治疗恶性肿瘤的三大手段之一，与手术一样是针对肿瘤的局部治疗，主要是指利用各种不同能量的射线对肿瘤组织进行照射，以达到抑制和杀灭肿瘤细胞的一种治疗方法。肿瘤病人中有60%～70%在治疗过程中需要接受放疗，放疗对肿瘤治愈贡献比达到40%以上。以肺癌为例，60%以上的肺癌病人在其疾病发展过程中要接受放射治疗，其中包括早期肿瘤的根治性放疗、术前术后的新辅助及辅助放疗、局部晚期肺癌的放化疗综合治疗、晚期肺癌病人的姑息治疗等。

王平教授介绍，临床对于肿瘤治疗的趋势一直在不断变化。近年来，诊断水平的进步使得被发现的早期患者越来越多，这为临床医生获得了更多机会以保留患者的器官功能，提高患者的生活质量。如今的放疗是集立体定位、现代影像技术、计算机技术等一系列新技术为一体的治疗手段，从立体定向放疗到三维适形放疗，从静态调强放疗到图像引导放疗，从断层调强放疗到容积调强放疗，放射治疗技术正在发生着日新月异的变化，其用武之地也在扩大。一些恶性肿瘤，如鼻咽癌、喉癌、子宫颈癌等，仅仅通过放射治疗就可以得到根治。对于部分需要手术切除的肿瘤，如肺癌、大肠癌、食管癌等，手术前进行放疗可使肿瘤缩小，降低手术风险，提高愈后疗效和病人的生存质量。一些以往不适宜放疗的肿瘤或不能手术的患者，也能从现代放疗技术中收到良好的效果。

“目前，全球最先进的旋转调强放射治疗、动态跟踪CT图像引导放射治疗等国际上领先的仪器设备都已在天津落户使用。”王平教授介绍说，“在缩短放疗时间、降低副作用的同时，也让肿瘤疾病诊治定位更加精确，从根本上实现了肿瘤治疗的‘稳、准、狠’。”以早期非小细胞肺癌为例，曾经外科手术治疗是其“金标准”，手术治疗后患者的5年生存率为50%～70%。而如今，应用立体定向放射治疗技术，采用高剂量放疗，可以取得90%以上的肿瘤局部控制率，达到80%～90%的生存率，与手术治疗疗效相当。因心肺功能等其他原因不能耐受手术治疗或者患者不愿接受手术治疗的早期肺癌，应该首选立体定向放射治疗，有望取得很好的疗效。今后，随着射波刀、适形放疗等技术更成熟，放射治疗在早期肺癌的治疗中还会发挥越来越重要的作用。

（稿源：天津医科大学附属肿瘤医院）中国抗癌协会网站

第七届全国肿瘤放射治疗技术新进展及规范化治疗研讨班在银川举办

2013年6月21日~22日，由北京医学会肿瘤放射治疗分会主办，宁夏医科大学总医院肿瘤医院承办，宁夏抗癌协会和宁夏医学会肿瘤学分会协办的“第七届肿瘤放射治疗技术新进展及规范化治疗研讨班”在银川长相忆宾馆成功举办。研讨班邀请了多位国内、外知名放射肿瘤学专家到会授课，分成20多个专题讲座，系统讲授了近年来放疗领域的最新进展和临床诊疗规范化开展情况。

参会授课的21位教授、专家就全身各部位肿瘤放疗以及放射物理、放射生物和正常组织损伤概率的临床应用的新进展及规范化放疗等相关热点、难点问题进行了讲述，参会代表积极踊跃的提问和授课专家们精彩的解答，使2天会期的整个会场自始至终洋溢着浓厚的探究、学习气氛。会后，各位参会代表均表示不虚此行，受益匪浅。

近年来，随着放射治疗技术飞速发展。放射性粒子植入、立位定向放射治疗、容积旋转弧形调强放疗及螺旋断层调强放疗等新技术的应用，对临床医师、医学物理师和治疗技师提出更高的要求，医师如何确定放射治疗方案、医学物理师如何保证放射治疗的安全与精准、治疗技师如何保证治疗实施的准确是摆在每个放疗人员面前亟需解决的问题。通过本次会议，与会的专家和代表达成一致共识：只有掌握各种基本放射治疗技术的规范化要求，才能进一步提升、发展肿瘤放射治疗的个性化治疗，真正为肿瘤患者带来福音，为中国肿瘤放射治疗事业做出贡献。

（稿源：宁夏抗癌协会）中国抗癌协会网站

第九届中国肿瘤微创治疗学术大会召开

由中国抗癌协会肿瘤微创治疗专业委员会、河南省抗癌协会、广东省抗癌协会、中山大学附属肿瘤医院主办，河南省抗癌协会肿瘤微创治疗专业委员会和河南省肿瘤医院承办的“第九届中国肿瘤微创治疗学术大会”于2013年8月23日~25日在郑州国际会展中心顺利举行。来自全国各地（包括香港）和3个国家的80余名微创介入学界知名专家、700余名业界代表参加了会议。

河南省抗癌协会肿瘤微创治疗专业委员主任委员黎海亮教授任大会执行主席并主持开幕式。参加开幕式的领导和专家有：中国抗癌协会王瑛秘书长，中国抗癌协会肿瘤微创治疗专业委员会主任委员吴沛宏教授、候任主任委员申宝忠教授，河南省卫生厅黄玮副厅长，河南省肿瘤医院王成增院长等，以及来自美国、加拿大、韩国的专家学者。

大会主席吴沛宏教授致开幕词，首先对前来参加大会的专家学者表示热烈的欢迎，随后简介了肿瘤微创介入治疗的新理念。他说，肿瘤微创治疗和生物免疫治疗是21世纪肿瘤治疗发展的两大趋势，是肿瘤的建设性治疗模式和策略的重要组成部分。吴教授认为，建设性的肿瘤治疗模式是：在有效治疗肿瘤的同时，最大程度地保护患者生理功能、最大程度地保护和提高患者免疫功能、最大程度地保护和改善患者生活质量。在治疗策略及方法选择上，尽可能通过无创或微创治疗联合其他综合治疗的模式，避免"大创"和"巨创"。中医是祖国医学的宝贵财富，其精髓是建设性治疗模式的组成部分，中医最早提出个体化治疗的理念，即辨证施治。分子病理学和分子靶向治疗是个体化医学的重要组成部分，但不是全部。随后，中国抗癌协会王瑛秘书长代表中国抗癌协会对大会的召开表示了祝贺，对肿瘤微创专业委员会所做的工作表示感谢。河南省卫生厅黄玮副厅长致欢迎辞并发表讲话。他说，微创治疗已成为肿瘤治疗领域最为活跃、具有广阔发展前景的一个新兴专业；本次大会带来了抗癌的新理念、新技术和新方法，必将提高肿瘤防治水平。

开幕式后进行了学术交流，加拿大多伦多医学院 Chia-Sing Ho 教授、美国罗彻斯特大学医学院 Ruola Ning 教授、韩国成均馆大学三星医疗中心 Hyunchul Rhim 教授、香港中文大学余俊豪教授、广州中山大学附属肿瘤医院吴沛宏教授、哈尔滨医科大学附属第四医院申宝忠教授、东南大学医学院滕皋军教授、天津医科大学附属肿瘤医院郭志教授、北京大学附属第三医院王俊杰教授、中山大学附属第一医院丁学强教授、广州医科大学附属肿瘤医院崔书中教授等国内外知名微创治疗专家应邀参会并做了精彩的演讲。

会议历时3天，会议分为1个主会场、5个分会场，5个分会场分别是：肿瘤消融、肿瘤粒子、肿瘤外科微创、甲状腺消融和肿瘤微创生物治疗综合分会场。80余位专家在主会场和分会场作了学术报告，他们就肿瘤微创治疗的研究动态和最新进展进行了广泛的交流和讨论，会议内容主要涉及肿瘤消融治疗、肿瘤粒子植入治疗、肿瘤外科微创治疗、肿瘤血管和非血管性介入治疗、肿瘤微创疼痛治疗及分子靶向治疗等。专家学者对肿瘤规范化、个体化、人性化、理性化治疗和微创治疗与多学科综合治疗的新理念进行了深入探讨。会议期间在河南省肿瘤医院还进行了外科微创手术演示和CT引导四维穿刺治疗的手术演示。

会议共收集了各类论文200余篇，专家评委从论文的创新性、科学性、应用性等方面进行综合评分，评出8篇优秀论文奖；肿瘤消融治疗、肿瘤粒子近距离治疗、肿瘤外科微创治疗3个分会被评为优秀分会奖。

3天的会议，来自全国的专家和代表对会议议程中的各项内容进行了充分的讨论，与会人员对会议的形式和内容给予了高度的评价，在教学相长中各自受益匪浅，会议圆满完成了预定的议程，在热烈、祥和的气氛中落下帷幕。

（稿源：中国抗癌协会肿瘤微创治疗专业委员会）中国抗癌协会网站

第十三届全国肿瘤生物治疗学术会议召开

苏城十月正是桂花飘香的时节，第十三届全国肿瘤生物治疗学术会议于2013年10月

26日~27日在苏州市隆重召开。本次会议由中国抗癌协会肿瘤生物治疗专业委员会和中国免疫学会肿瘤免疫与生物治疗分会联合主办，苏州大学医学生物技术研究所、江苏省临床免疫研究所、苏州大学医学部基础医学与生物科学学院免疫学系和江苏省免疫学会肿瘤免疫专业委员会联合承办，《中国肿瘤生物治疗杂志》编辑部协办。

会议围绕肿瘤生物治疗领域国际最新进展及国内现状这一主题，云集了中国医学科学院曹雪涛院士，中国科学技术大学田志刚教授、魏海明教授，中国科学院秦志海教授、王盛典教授，中国医学科学院黄波教授、张叔人教授，中国军事医学科学院郭宁教授，浙江大学王青青教授，第四军医大学杨安钢教授，英国 Queen Marry University of London 王尧河教授，苏州大学张学光教授和第二军医大学蒋正平博士等领域内顶尖的肿瘤生物治疗方面的专家和学者，为大会做专题讲座，旨在为国内外致力于肿瘤生物治疗的学者提供一个交流学习的平台。

大会由中国医学科学院张叔人教授主持开幕式并一一介绍了莅临本次会议的专家，中国免疫学会理事长曹雪涛院士做了热情洋溢的开幕式致辞，他指出，随着科学家们对机体抗肿瘤免疫应答及肿瘤免疫逃逸机制的深入认识，肿瘤免疫学理论与免疫治疗原理及新方法的深入探索，针对不同肿瘤的效应及机制的免疫疗法，以及联合应用不同的免疫疗法对肿瘤的抵抗效应和机制的突破性研究将带来生命科学领域的巨大飞跃，在不久的将来，肿瘤免疫疗法有望为人类克服肿瘤、提高生命质量做出巨大贡献。

本次会议是肿瘤生物学与医学领域的一次科学盛宴，200余名代表参会、众多著名肿瘤专家与来自全国各地的学术精英齐聚一堂。会议共计收到网上投稿107篇，以大会报告和学术交流的形式，展示了肿瘤免疫生物治疗领域的前沿进展会场内始终洋溢着活跃友好的学术交流气氛。这次高水准、大规模的学术交流活动，赢得了与会专家和代表的一致好评。这次会议对我国肿瘤生物治疗领域逐步走向国际前沿，为认识肿瘤发生发展及逃逸机制、提高肿瘤患者的生存质量，最终促进健康事业的发展起到积极的推动作用。

（稿源：肿瘤生物治疗专业委员会）中国抗癌协会网站

第十三届全国肺癌学术大会召开

——学术分享促共赢 个体化治疗迎新篇

第十三届全国肺癌学术大会于2013年8月8日~10日在吉林省长春市净月潭益田喜来登酒店举办。本次大会由中国抗癌协会肺癌专业委员会、吉林省抗癌协会、吉林省肿瘤医院、吉林省医学会肿瘤学分会主办，吉林省肿瘤医院承办。来自北京、上海、天津、广州、山东等地，以及美国、奥地利的80余位国内外知名专家教授及1500余位全国各地从事肺癌基础、临床转化和临床研究的学者齐聚一堂，共同搭建起了掌握新知识、新技术的学习交流平台。

8月8日晚19时，第十三届全国肺癌学术大会在热烈和谐的氛围中隆重拉开了帷幕，会场内座无虚席，吉林省肿瘤医院党委书记崔志刚主持了开幕式，吉林省卫生厅厅长隋殿军、吉林省肿瘤医院院长程颖教授等领导及嘉宾分别致辞，表达了对本次会议的热烈祝贺和美好祝愿。

本届大会延续了中国抗癌协会肺癌专委会鲜明的专业特色和学术风格，紧密围绕“注重肺癌转化医学研究，优化肺癌个体化治疗”的主题，邀请到中国抗癌协会肺癌专业委员会名誉主任委员、广东省人民医院副院长吴一龙教授，中国工程院院士、山东省肿瘤医院院长于金明教授，中国抗癌协会肺癌专业委员会前任主任委员、天津医科大学副校长周清华教授，美国科罗拉多大学癌症中心主任、国际肺癌协会执行秘书 Fred Hirsch 教授，奥地利维也纳医科大学肿瘤内科专家 Thomas Brodowicz 教授等国内外 80 多位专家在大会上做了报告和发言。专家们的报告精彩纷呈，内容涉及中国肺癌研究热点问题、肺癌外科治疗、放射治疗、化学治疗、分子靶向治疗进展、肺癌筛查早诊新进展、肺癌分子生物学、肺癌基因组学和药物基因组学、肺癌病理与影像学、肺癌多学科对话、肺癌患者人文关怀、我国肺癌原创研究等领域的最新研究成果和进展。其中，吴一龙教授与大家分享的内容是“非小细胞肺癌临床热点以及未来的展望”，目前的研究热点包括：肺癌驱动基因、基因的动态变化、肿瘤微环境、临床试验理论和实践的创新。于金明院士介绍了非小细胞肺癌个体化放疗进展，详细解读了靶区的勾画与定义、靶区未知问题、放疗剂量困惑等问题，介绍了肺癌放疗的反思维、个体化放疗等领域的内容。周清华教授结合我国肺癌外科 60 多年的发展和具体工作介绍了中国肺癌外科治疗的历史、现状及未来，指出我国肺癌外科治疗的发展方向应着眼于加强规范化理论和技术的普及和提高开展和加强肺癌外科治疗临床研究。中国抗癌协会肺癌专业委员会副主任委员、吉林省肿瘤医院院长程颖教授为与会代表分享了小细胞肺癌的研究现状、治疗模式、研究热点（新型化疗药物的研究、靶向治疗药物的开发、放疗时机、最佳放疗分割方式、最佳放疗靶区的制定、最佳的联合放疗方案、全基因组测序、驱动基因研究）。中国抗癌协会肺癌专业委员会主任委员、天津医科大学附属肿瘤医院肺部肿瘤科主任王长利教授在“2013～2016 中国肺癌展望”的报告中指出，肺癌诊治上困难重重；同时对未来 3 年中国肺癌的主要工作进行了展望，提出未来 3 年的主要工作：控烟、降低肺癌发病率、降低死亡率、提高肺癌筛查率及早诊率、提高治愈率；规范诊断治疗及新技术的及时推广应用等。中国抗癌协会肺癌专业委员会候任主任委员、上海市肺部肿瘤临床医学中心主任陆舜教授紧密围绕“肺癌驱动基因及转化研究的进展”，介绍了驱动基因的定义、NSCLC 驱动基因突变谱、国外开展的生物标志物研究以及靶向治疗药物相关的临床研究等热点内容，最后小结了肺癌的分子分型与驱动基因分析。专家们的精彩报告充分展示了我国肺癌基础研究、临床转化研究的最新成果和临床个体化治疗经验，代表了我国肺癌临床诊治和基础研究的最高水平，也为国内肺癌防治领域的专家、学者提供了一个广阔的学术交流平台和学习国内外最新研究进展、获得了更多循证医学信息的一次难得机会。

本届大会收到会议投稿 200 余篇，同时还为会议投稿者提供了展示的舞台，评选出 30 余篇优秀论文进行了大会交流，内容涉及肺癌基础研究、外科、化疗、靶向治疗、放疗等领域，并由肺癌领域的著名专家进行了精彩点评，让参会的中青年医师受益匪浅。大会还颁发了中国肺癌研究终身成就奖，孙燕院士、廖美琳教授等 10 位为我国肺癌诊疗研究领域做出突出贡献的专家获得了该项荣誉。

第十三届全国肺癌学术大会的成功举办，充分体现了我国肿瘤学界的团结和发展，也展

中国肺癌研究终身成就奖颁奖现场

示了我国肿瘤医师的精神面貌。吉林省肿瘤医院承担了本次会议的筹备工作，成为学术交流、信息分享的积极参与者和推动者。大会是代表了我国肺癌防治及诊疗领域最高水平与最新进展的学术盛会，使与会专家及学者及时了解了肺癌防治领域的新技术、新进展和新信息，全面掌握了全球肺癌防治动态与发展趋势。同时，也为我国肺癌防治及诊疗领域专家及学者搭建了一个学术交流与项目协作的技术平台。相信在全国肺癌防治及诊疗领域各位专家及学者的携手努力和团结协作下，将会更好的推动我国肺癌防治及诊疗事业的繁荣与发展！

（稿源：吉林省抗癌协会）中国抗癌协会网站

中国抗癌协会肺癌专业委员会换届会议在长春召开

2013年8月9日，第五届中国抗癌协会肺癌专业委员会全体委员在长春喜来登酒店宴会厅举办第五届肺癌专业委员会全体委员会议（第四届肺癌专业委员会换届会议）。大会应到会65人，实到56人，符合换届选举要求。

周清华教授主持会议并介绍了第五届肺癌专业委员会换届筹备过程，张静部长宣读换届批复，经全体委员投票选举出第五届肺癌专业委员会领导成员：名誉主任委员吴一龙教授，前任主任委员周清华教授、主任委员王长利教授、候任主任委员陆舜教授，副主任委员赫捷教授、王俊教授和程颖教授。中国抗癌协会王瑛秘书长向新一届正、副主委颁发证书。

王长利主任委员发表讲话，向大家汇报了本届专业委员会的主要工作及委员考核方法。

第一，开好重要会议。包括第五届肺癌专业委员会第二次、第三次全体委员会工作会议；2014年、2016年两次全国肿瘤学术大会肺癌专场；2015年第14届全国肺癌学术大会；2016年肺癌专业委员会换届会议。

第二，开展科普继教工作。

1. 每年11月7日国际肺癌日，在各地开展以控烟和高危人群筛查为主要内容，以科普讲座及义诊为载体的科普宣传活动。同时各省市组织一次规范化诊治相关的学术活动。

2. 在各大区每年组织一次规范化诊治的巡讲活动，以促进我国肺癌规范化诊治率的提高。

3. 组织内科、外科及放疗协作组，成员由肺癌专业委员会委员和少量非委员组成，对中国肺癌的现状进行调查，并分别开展各领域的临床研究，加强本领域内合作，提高肺癌诊治水平。

第三，制定中国抗癌协会肺癌专业委员会组织管理规定，加强对委员和会员参加各项学术、业务活动的管理和考核。

最后，王瑛秘书长做总结发言，对上届专业委员会的工作提出肯定表扬，对下届专业委员会提出了工作要求。

第五届专业委员会讨论通过四川大学华西医院作为第14届全国肺癌学术大会承办单位。

（稿源：肺癌专业委员会）中国抗癌协会网站

“中国EGFR/ALK阳性肺癌诊断和治疗指南”专家委员会会议在京召开

2013年4月14日上午，由中国医师协会肿瘤医师分会和中国抗癌协会肿瘤临床化疗专业委员会主办的“中国EGFR突变和ALK融合基因阳性非小细胞肺癌的诊断和治疗指南”专家委员会会议，在北京广西大厦隆重召开。

中国工程院孙燕院士、刘彤华院士、程书钧院士和中国医学科学院肿瘤医院石远凯教授共同担任专家委员会的主任委员。来自全国各地的19位从事肺癌病理诊断和治疗的学专家参加了会议。

石远凯教授主持会议，孙燕院士介绍了“中国EGFR突变和ALK融合基因阳性非小细胞肺癌的诊断和治疗指南”制定的背景及临床意义。他指出，肺癌的发病率和死亡率在我国所有恶性肿瘤中均居第一位，其中80%~85%的病例是非小细胞肺癌。基于分子靶点的个体化分子靶向治疗成为非小细胞肺癌研究中的热点，并取得了重大进展。尤其是以表皮生长因子受体（epidermal growth factor receptor，EGFR）和间变淋巴瘤激酶（anaplastie lymphoma kinase，ALK）为靶点药物的发现在非小细胞肺癌的个体化治疗的发展中具有里程碑式的意义。美国、欧盟的权威学术机构都已制定出各自的检测及治疗指南，而我国目前仍缺乏相应的指南。“中国EGFR突变和ALK融合基因阳性非小细胞肺癌的诊断和治疗指南”旨在为我国提供该领域的诊断和治疗规范，提高我国非小细胞肺癌患者的诊治水平。

中国医学科学院北京协和医院曾瑄教授和中国医学科学院肿瘤医院林冬梅教授分别介绍了我国EGFR基因突变和ALK融合基因检测的经验。在石远凯教授的主持下，与会专家进行了热烈讨论，对“中国EGFR突变和ALK融合基因阳性非小细胞肺癌的诊断和治疗指南”提出了许多中肯的修改意见和建议。该指南明确了EGFR基因突变及ALK融合基因检测的方法和适宜人群，以及相应靶向药物用于非小细胞肺癌患者的适应证。

“中国 EGFR 突变和 ALK 融合基因阳性非小细胞肺癌的诊断和治疗指南”将于近期发表，以规范我国 EGFR 突变和 ALK 融合基因阳性非小细胞肺癌的诊断和治疗，推动我国肺癌防治事业的健康发展。

（内科　莫红楠）来源：中国医学科学院肿瘤医院网站

中国肺癌精彩手术大赛暨第三届实用肺癌外科规范化手术演示研讨会在北京召开

由北京大学肿瘤医院、北京大学肺癌外科协作组和北京胸外科学会肺癌外科学组联合主办的中国肺癌精彩手术大赛暨第三届实用肺癌外科规范化手术演示研讨会于 2013 年 4 月 20 日在北京召开。大会开幕式由北京大学肿瘤医院吴楠教授主持，大会主席北京大学肿瘤医院杨跃教授和首都医科大学宣武医院支修益教授分别致辞，来自全国各地的 200 多名胸外科专家参加会议。

大会主席、北京大学肿瘤医院杨跃教授致词

在我国乃至世界范围内，肺癌已成为威胁人民健康的第一大恶性肿瘤，发病率和死亡率都在不断攀升。对此，医学家们在不断探索规范化的诊断和治疗途径，以期提高肺癌的检出率和治愈率。

本次研讨会本着推动我国肺癌手术的规范化进程、提高手术质量的目标，以展示实用肺癌外科规范化手术演示比赛的形式，吸引众多专家学者前来参会。专家们带来近 50 例有代表性的手术录像，通过参会人员投票产生各个环节的 2013 年最精彩肺癌手术。

会场气氛严谨而热烈，谁的手术最棒，哪个淋巴结清扫得干净，超声刀清扫淋巴结的风险所在，神经旁淋巴结清扫用哪种刀合适，微创手术和开胸手术的各自优缺点，都是现场专家讨论和关注的焦点，200 多参会外科医生现场评判，大牌专家犀利点评。充分体现了“学术平等交流与无界限沟通”的精神，使参会者共享同行的手术经验，达成肺癌手术技术规范化和标准化的共识。本次研讨会不仅是业界高水平的“华山论剑”，更重要的是创建了一个博采众长的平台，更为年轻医生创造了一个学习和提高的机会。

（稿源：北京大学肿瘤医院）北京大学医学部网站

中医、中西医结合防治肝癌、肝病高峰论坛会议纪要

李绍林　张立峰

金秋时节，太湖之滨，橘满枝头，丹桂飘香。2013年10月25日~27日，由中华中医药学会主办，《世界中西医结合杂志》社、苏州市中医医院肿瘤科和苏州市中医药学会承办，北京伟达中医肿瘤医院协办的“2013年中医、中西医结合防治肝癌、肝病高峰论坛会议”在江苏省苏州市东山宾馆顺利召开，会议邀请了知名的肿瘤学专家学者作专题报告及学术论文交流，百余名肝病方面的专家学者及临床医务人员参加了此次会议。

10月26日上午8时30分，苏州市中医医院程军平副院长宣布大会开幕并主持了大会开幕式。在开幕式上，国家中医药管理局副局长吴刚、中华中医药学会副会长兼本次会议主席李俊德、苏州市卫生局兼食品药品监督管理局局长张月林、苏州市中医医院院长兼大会副主席葛惠男分别发表了热情洋溢的致辞和讲话。张月林局长代表市卫生局向会议的召开表示热烈的祝贺，向各位与会代表表示热烈的欢迎，并指出近几年苏州市经济增长迅速，医药卫生事业发展呈现出一片欣欣向荣的景象，并强调今后在中医药发展上要下更大的力气。作为此次大会主席的李俊德副会长在致辞中首先代表会议主办方中华中医药学会向到会的各位领导、专家表示热烈的欢迎，向承办这次会议并为会议付出大量辛勤劳动的苏州市中医医院、北京伟达中医肿瘤医院表示衷心的感谢，向长期致力于肝癌防治教学、科研、医疗、产业的各界同仁致以崇高的敬意；然后大体介绍了我国原发性肝癌的流行病学调查情况及中西医结合诊治该病的现状；最后对此次大会表达了良好祝愿，希望通过这次学术会议，能够使中医学与现代科技相结合，起到对肝癌肝病诊疗创新发展的支撑作用。随后，吴刚副局长发表讲话，首先指出中医药是中国特色医疗卫生服务体系的重要组成部

《世界中西医结合杂志》社向新聘编委颁发证书，右1为张立峰

分，在历史上为中华民族的繁衍昌盛作出了重要的贡献，并且随着中医药国际交流的不断扩大深入，中医药必将在世界范围内为人类健康发挥着越来越重要的作用。其次他指出我国是肝癌发病率最高的国家，所以我们必须加强不同学科之间的合作，以科学发展观和创新意识为指导，走出一条具有中国特色的防治肝癌、肝病的新道路，并及早引入中医的辨证论治优势，弥补西医治疗的瓶颈和不足，在提高三级预防水平上做出更大的成绩。吴副局长对这次会议给予了高度评价，他说这次会议的召开“正当其时”，他希望通过本次会议，让中西医两个医学体系高度结合，融会贯通，建立出一整套中西医优势互补规范化的诊疗路径和疗效评价体系，推动肝癌肝病规范化治疗和个性化选择的整体水平，提升我国肝肿瘤诊治技术的国际地位。开幕式议程最后一项，由主席台就坐的各位领导向取得《世界中西医结合杂志》编委资格的部分专家颁发编委证书。开幕式毕，与会领导及全体参会代表合影留念。

开幕式上，北京建生药业有限公司向全体参会人员赠送了最新出版的《中国肿瘤临床年鉴》2012 卷。

大会开幕式后，首先由中国医学科学院肿瘤医院吴健雄教授作了题为“发挥中西医优势治疗原发性肝癌”的精彩报告，报告提出肝癌治疗的现代理念——以手术为主的综合治疗模式，强调手术治疗的重要地位，充分肯定了中医药在综合治疗中的突出作用，倡导中西医结合，优势互补。广东省中医院珠海医院肝病科主任张均倡博士作了“肝硬化中医证型与肝超微结构改变指标的相关性”的报告，对肝硬化临床分期、肝超微结构改变及中医证型之间的关系进行探索，初步得出在肝硬化患者的证型分布中瘀血阻络为主要中医证型，其窦周隙胶原纤维沉积程度可能与瘀血阻络证的轻重程度呈正相关的结论。国医大师朱良春的学术继承人朱婉华主任中医师总结朱老临证经验，从虫类药功效、治疗原则、常用虫类药、经验方等方面介绍了虫类药在肿瘤临床的应用，让代表们受益匪浅。值得一提的是，96 岁高龄的国医大师朱良春亲笔修书，向大会发来贺信。信中朱老说：“承蒙李俊德副会长邀约参会，本应前来，向各位学习，恭逢其盛，奈因腰椎压缩性骨折，迄今尚未完全康复，不能前来，实为抱歉，尚乞见谅。”并预祝这次会议圆满成功。苏州市中医医院肿瘤科李湧健主任医师、北京伟达中医肿瘤医院科研副院长郑东海博士、北京大学吴鎏桢研究员、北京建生药业有限公司（北京鲜动物药研制中心）学术部经理黄卉博士等专家就肝癌的病理生理学机制、中药抑制肝癌细胞的机理、中西医结合治疗肝癌的研究进展以及今后所面临的挑战等分别作了专题学术报告，为各位代表在防治肝癌的研究方面提供了新思路。专题报告结束后，进入参会代表自由发言环节。从三甲医院

北京建生药业有限公司黄卉博士作“现代鲜药产品——金龙胶囊”专题报告

到基层医院的代表们都认真阐述了自己的临证经验，验案效案，大家积极踊跃，各抒己见，取长补短，互通有无，整个会场学术氛围热烈而浓厚。

在随后的闭幕式上，大会主席李俊德副会长对大会作了总结发言。他指出此次会议时间虽短，但取得的成果令人满意，会议从筹备到召开有很多值得总结和今后借鉴的地方；他对每一位参会代表能够认真聆听报告并积极配合会务工作表示感谢；最后祝贺此次大会顺利闭幕，希望以此次会议为契机，发挥中西医诊疗特色优势，共同为提高肝癌肝病防治水平发挥积极的作用。

第8届全国胃癌学术会议在北京召开

由中国抗癌协会胃癌专业委员会主办、北京大学肿瘤医院承办的第8届全国胃癌学术会议于2013年6月14日~16日在北京国际会议中心成功召开。本届大会主题为“规范·转化·规划”，旨在进一步推广具有专业共识的胃癌规范化诊疗，促进科研成果向临床应用的深度转化，并对我国胃癌防治领域的各项工作进行更为深入和细致的讨论和规划。大会主席季加孚教授做了题为“规范·转化·规划”的主题演讲，为与会者深度解读本次会议的主题并对未来胃癌防治工作进行展望。会议特邀来自欧美、日、韩等国的6位知名专家进行了精彩的大会报告，解读了国内外胃癌诊治领域的现状和进展。大会特邀孙燕院士与会并致辞，作为国内肿瘤内科治疗领域的开拓者，孙燕院士与大家分享了对肿瘤防治工作的期待和展望。

孙燕院士致辞

季加孚教授大会致辞

本次会议围绕大会主题进行了多学科、多层面、多角度的交流和讨论，为与会者提供了丰富的学科前沿信息，受到了与会者的欢迎与好评。规范诊疗行为、转化研究成果、规划工作方向，是本次大会的主旋律。本次会议收到来自全国各地的投稿论文和摘要共140篇，内容涉及基础研究59篇、内外科治疗58篇、其他专业22篇。来自国内外的120余位专家学者分在11个分会场进行专题学术报告或专业讨论和点评。

胃癌专业委员会希望通过本次会议，能使各位同道收获新知、收获启迪、收获惊喜，期待大家可以精诚协作、集思广益、群策群力，携手共同为推动我国及全球胃癌防治工作进步做出积极贡献。作为本次会议的主办单位，胃癌专业委员会通过本次会议进一步提升了学术会议的组织管理能力，为我们今后更好地服务于全国的胃癌学术交流工作、为中国胃癌防治研究走向国际舞台贡献力量。

（稿源：胃癌专业委员会）中国抗癌协会网站（图片来源：北京大学肿瘤医院）

相关链接

规范　转化　规划—第8届全国胃癌学术会议在京召开

北京大学肿瘤医院　代　妮

春夏之交的灿烂季节，由中国抗癌协会胃癌专业委员会主办、北京大学肿瘤医院承办的第8届全国胃癌学术会议于2013年6月15日~16日在北京国际会议中心召开。北京国际会议中心再次迎来了来自欧、美、日、韩和全国各地千余名致力于推动我国和全球胃癌防治工作进步的专家学者。本届大会主题为“规范、转化、规划”，致力于进一步推广具有专业共识的胃癌规范化诊疗，促进科研成果向临床应用的深度转化，并对我国胃癌防治领域的各项工作进行更为深入和细致的讨论和规划。

来自欧美、日、韩和国内享有盛誉的知名专家进行了精彩的大会报告，解读了国内外胃癌诊治领域的现状和进展。致力于我国胃癌防治工作的专家学者尽享专业分论坛呈现的缤纷内容，流连于各专业领域的深度学术交流和展示。同时，响应北京市卫生局“阳光长城计划”行动号召，举办了首届“阳光长城肿瘤学术会议”，聚焦危害民众健康的常见恶性肿瘤，探讨肿瘤防治和健康宣教等领域的问题，致力于推动我国肿瘤防治工作的进步。

本次大会设有11个分会场，超过80余位专家学者做了大会和分会报告，我院有17人作为讲者参加大会和分会场报告，23人次做会场主持及讨论点评专家。

规范：胃癌外科治疗的基础和保证

2012年第七届全国胃癌学术会议的主题是“规范、整合、转化”，强调胃癌手术治疗的规范化，今年的主题继续围绕规范化，但内涵延伸到了“胃癌外科治疗的规范化问题”上。除了手术相关的问题，还针对手术相关其他方面的规范化进行了阐释。这些相关问题与胃癌外科治疗转归息息相关，均为临床实践中的常见问题，包括围手术期营养评估、手术过程的危机处理、吻合器选择对消化道重建的影响、腹腔粘连的发生及预防、缝线选择与切口缝合技术的进展、如何避免不必要的并发症等。这些看似跳出了手术技术本身的问题，实为胃癌外科治疗的重要组成部分不容忽视，是今年年会的重点关注点。

转化：填补临床和科研的鸿沟

本届大会的分会场六是“转化医学分会场”。来自中国香港和内地的多位转化医学领域专家进行了精彩学术报告，内容涵盖胃癌分子病理学分型、早诊生物标志物、EB病毒、染色质重塑基因、亚洲高发肿瘤基因组、幽门螺杆菌疫苗、单细胞测序技术、胃癌的组学整合研究等。分会场十一特设“生物样本库建设研讨会”，对生物标本库建设进行深入探讨、碰撞、交流，为将来科研成果成功转化到临床实践辅助进行铺垫。推动胃癌研究的进步和发展，必须打破基础研究与临床研究之间的固有屏障，实现 from bench to bedside，and from bedside back to bench 的延续，将基础研究成果转化为临床上治疗癌症的新技术、新方法，使胃癌研究获得实实在在的成效。

规划：把脉胃癌防治的未来

“规划”是今年大会主题关键词之一，也是大会着力突出的重点。

专题会议三——“胃癌综合治疗多中心临床研究 RESOLVE 总结会”围绕当前我国胃癌领域大样本临床研究——RESOLVE 研究进行了中期讨论。该研究计划入组 1000 余例患者，国内 40 余家中心参与。目前已入组百余例，预计在两年后公布研究数据。以该研究为代表的一系列临床研究的开展，围手术期综合治疗领域的“规划”，为未来该领域的研究探索锁定了目标和方向。

分会场二为“GCLGC 腹腔镜胃癌研究与发展委员会专场”，探讨腹腔镜在胃癌治疗领域的应用和进展，凸显的是该领域未来的“规划”。目前腹腔镜技术在国内应用日益广泛，国内的医院或中心都在积极尝试开展。国际上对于胃癌腹腔镜治疗的主流观点是，腹腔镜技术对早期胃癌的治疗效果较为肯定，但其对进展期胃癌的近远期疗效尚无明确结论。本次会上报告了我国 CLASS 研究，该研究旨在通过随访至少 3~5 年的时间来探讨腹腔镜技术的近远期疗效。这对于发病以进展期胃癌为主、患者资源丰富的中国，无疑具有非常重要的临床意义。

分会场五“2012 年度中国最佳胃癌研究论文评选”邀请了 2012 年度前十位获奖论文作者对文章进行解析。这些论文由读者在网络上投票选出，大家对胃癌领域热点问题的关注程度从积极的投票情况可见一斑。会上对论文进行了解读，对与会者的临床工作带来了启示。

“生物样本库建设研讨会”（分会场十一）围绕当前生物样本库的发展战略、规范管理、国际化标准等进行了研讨，对未来做好标本库建设工作、进一步推动胃癌的研究进步打基础、作“规划”。

本次大会的另一个亮点是再次引进健康大讲堂走进专业学术会议，600 余市民前来参加健康大讲堂活动，北京大学肿瘤医院消化内科沈琳教授、结直肠科姚云峰副教授分别就胃肠肿瘤的防治做了讲座。

其他分会场如胃癌多学科病例讨论、胃癌姑息与中医药治疗策略研讨会等，着力为与会者提供全面而别致的学术给养。

通过本届大会，广大与会者可以把握国内外胃癌诊治领域的脉搏和进展，可以以更宽广的视角面对本专业领域的问题和新知。本届大会为大家提供了丰富的视听学术盛宴、搭起沟通协作的桥梁，期待广大与会者精诚协作、集思广益、群策群力，携手共同为推动我国及全球胃癌防治工作进步做出积极贡献。

（来源：北京大学医学部新闻网）

第十届全国大肠癌会议在福州举行

第十届全国大肠癌会议于2013年10月25日~27日在福州万达威斯汀酒店举行，本次会议由中国抗癌协会主办，中国抗癌协会大肠癌专业委员会承办，福建省抗癌协会、福建省医学会肿瘤分会、福建省肿瘤医院协办。会议邀请了38位国内著名的大肠癌学科领域专家和3位国外大肠癌研究专家授课，分1个主会场和3个分会场进行，主持各会场会议的有郑树、万德森、张苏展、蔡三军、顾晋、应敏刚等34位专家。参会者包括了国内从事大肠癌临床治疗的外科、化疗科、放疗科、影像诊断科等各相关专业的专家，以及从事大肠癌基础研究领域的学者，人数约400人，是大肠治疗预防诊断治疗领域的一次盛会。

本次会议围绕大肠癌治疗的热点问题，以多学科综合治疗为核心，展开了一系列主题讲座和讨论，同时设立了三个分会场，外科分会场着重于外科新技术、整形修复、术后康复等的深入探讨，综合治疗分会场着重于对目前临床的热点问题进行剖析和解读，青年分会场的各位青年才俊则就一些临床新兴热点问题做了交流。丰富的会议内容，使与会者可以选择各自感兴趣的专题与各地专家进行面对面的探讨。德高望重的老专家郑树教授、万德森教授以及张苏展教授、蔡三军教授、顾晋教授等在大会上做了精彩报告，各分会场的报告也精彩纷呈，讨论气氛热烈。英国Robin Kennedy教授、奥地利Gruenberger教授、美国Chi Lin教授分别就国际最新进展的外科手术、综合治疗和放化疗合理应用等热点，做了详实的阐述和交流。

本次会议为与会者提供了及时有效的学习平台，加深了与会者的相互交流，新老朋友共聚榕城，受益匪浅。

（稿源：大肠癌专业委员会）中国抗癌协会网站

胰腺癌高峰论坛暨中华医学会肿瘤学分会胰腺癌学组第二届学术年会召开

2013年9月27日~29日，胰腺癌高峰论坛暨中华医学会肿瘤学分会胰腺癌学组第二届学术年会在新疆乌鲁木齐成功召开。本次大会是响应国家西部大开发战略的全面实施，支持和帮助新疆的医疗卫生事业发展形势下召开的。中国科学院院士陆士新、新疆自治区科协党组书记李阳春、中华医学会副会长买买提牙森，大会主席、中国医学科学院肿瘤医院胰胃外科主任王成锋，大会共同主席、新疆医科大学附属肿瘤医院院长王喜艳及全国30多个省市级肿瘤医院及研究所的近300位代表参加了大会。

大会由王成锋主任主持。李阳春书记致辞，指出本次会议有利于全面提升边疆地区胰腺癌的诊治水平，为新疆地区的科研工作提供良好的合作平台。

大会邀请了国内胰腺专业的众多知名专家学者，专家们在基础研究、影像诊断、临床治疗等诸多方面进行广泛交流，并就临床和科研合作进行了深入的讨论，达成多项合作意向。陆士新院士就胰腺癌干细胞的研究进展做了精彩报告，受到与会者的一致好评；多位专家播放了手术视频，展示了精湛的手术技巧；会议还进行了胰腺神经内分泌肿瘤（PNET）专场讨论，综合国内外的先进经验，结合国内的实际情况进行了热烈的讨论，并在国内率先制定了首个PNET诊治专家共识（乌鲁木齐共识），为我国PNET的规范化诊治提供了参考。

经过两天紧张的会议，与会者一致认为：本次年会学术内容更符合临床实际、更务实，临床和基础结合更紧密，科研合作领域更广泛；期待胰腺癌学组和学术年会的继续举办，推动提高我国胰腺癌的整体防治水平。

（腹部外科 张建伟）稿源：中国医学科学院肿瘤医院网站

第十二届全国乳腺癌会议暨第八届上海国际乳腺癌论坛在沪举办

——乳腺癌个体化综合诊疗的时代已经到来

2013年10月24日~26日，由中国抗癌协会乳腺癌专业委员会、复旦大学附属肿瘤医院和上海市乳腺癌临床医学中心共同举办的第十二届全国乳腺癌会议暨第八届上海国际乳腺癌论坛在沪召开。上海市卫生和计划生育委员会副主任瞿介明、复旦大学副校长桂永浩、复旦大学附属肿瘤医院院长郭小毛出席论坛并致辞，中国抗癌协会乳腺癌专业委员会主任委员、复旦大学附属肿瘤医院外科主任、乳腺外科主任邵志敏教授为论坛主席并致开幕词。开幕式由复旦大学附属肿瘤医院副院长吴炅主持。

论坛在为期两天的专家讨论交流中，我们了解到，基于规范化治疗、以患者个体和循证医学为根据的乳腺癌个体化综合诊疗已成为当前乳腺癌治疗的新趋势。

根据上海市疾病预防控制中心最新发布的数据，近年来，乳腺癌发病率逐年增高，年增长量一度达到3%~4%。乳腺癌以超过70/10万的发病率成为女性癌症中头号“红颜杀手”。邵志敏教授指出，“越来越多的证据显示，乳腺癌并不是单一的肿瘤，而是包含着众多亚型的病种。单一方式、单一途径的治疗方式无法满足女性患者的健康和生活质量需求。”

“基于规范化治疗、以患者个体和循证医学为根据的个体化综合诊疗为更好的应对乳腺癌指明了方向”，邵志敏教授说，“以经典的乳腺癌术后辅助内分泌治疗策略为例，传统乳腺癌疗法认为，对于绝经前、年纪较轻（小于40岁）、并且有淋巴瘤转移的乳腺癌高危患者，进行为期5年的乳腺癌术后辅助内分泌治疗可以取得更好的疗效；然而，新的临床研究数据表明，乳腺癌术后辅助内分泌治疗10年期的效果要显著优于5年期的治疗，而且患者的生存率会更高。”

此外，乳腺癌治疗手段的多样化显著提高了患者的5年生存率，特别得益于分子靶向治疗的高速发展。然而，乳腺癌传统的靶向治疗亦有其“盲区”，并不是所有的乳腺癌患者都能适用靶向治疗。临床数据表明，作为乳腺癌治疗最成熟的、最经典的HER-2靶点，有20%~30%的乳腺癌患者接受该靶点的靶向药物曲妥珠单抗（赫赛汀）治疗后产生了耐药性。针对这一类患者，邵志敏教授表示，有临床试验尝试将化疗药物与赫赛汀联合为耦合药物，实现化疗药与靶向药物的“有机结合”用于临床治疗。目前，新的靶向药物也正在不断研制，例如，针对PI3K/AKT通路的诸多新药物在临床前数据显示出优势，预计将来会应用于临床。

据了解，作为当前国内乳腺癌诊治领域规模最大、最具影响力的学术盛会，上海国际乳腺癌论坛从2005年开办第一届至今，每一届论坛都云集了国内外大批乳腺癌诊治领域专家，今年更是吸引了海内外数位顶尖专家前来交流、分享国际乳腺癌个体化诊疗新进展、新讯息和新观念。

（来源：复旦大学附属肿瘤医院网站 日期：2013-10-30）

相关链接

第十二届全国乳腺癌会议暨第八届上海国际乳腺癌论坛

乳腺癌是全球范围内发病率最高的女性恶性肿瘤之一。在中国，随着城市化进程的加速、人民生活水平的提高以及环境污染日趋严重，乳腺癌发病率逐年上升，日益严重地威胁着女性的健康生活。越来越多的证据显示，乳腺癌不只是单一肿瘤，而是包含着多种亚型的一类肿瘤。处理这类疾病，靠单一方式、单一途径，已越来越无法满足女性患者的生理健康需求和生活质量需求。

乳腺癌个体化综合诊疗的时代已经来临。但是我们需要特别指出的是，个体化是基于患者个体情况和循证医学的个体化，而非基于医生意愿的个性化。所以，乳腺癌个体化治疗最基本的前提就是规范化治疗。中国抗癌协会乳腺癌专业委员会在2007年就主编了《乳腺癌诊治和规范》，在2009年、2011年又做了数据的更新，并在全国29个省（自治区、直辖市）进行了推广和宣讲，以指导广大一线临床医生的诊治实践，超过1万余名临床医生从中得到了受益。中国抗癌协会乳腺癌专业委员在2007年成立了全国乳腺癌临床协作组（简称CBCSG），旨在加强国内合作，促成中国自己的乳腺癌临床研究，目前已开展9项研究，不用多久，在国际乳腺癌研究的舞台上，将会有中国人自己的高水平的研究报告和高质量的数据发布，不断提高我们的学术地位。

如果把我们乳腺癌事业的比喻成一棵树，我们目前在临床和科研上取得的一些成绩只是这棵树的枝叶，而全国乳腺癌诊治水平的提高才是这棵树真正的根基；我们目前所推崇的个体化治疗也只是这棵树的枝叶，规范化治疗才是真正的根基。我们所要努力追求的不但是枝繁叶茂，更要有牢固而深厚的根基。因为只有这样，才能让更多的患者从中得到受益，有了扎实的根基才能给枝叶提供更充足的养分。全面提高乳腺癌诊治水平、努力推广规范化治疗仍然是我们任重道远的首要工作。

作为乳腺癌领域工作者，我们必须与时俱进、吸收并运用最新理念，对提高患者的生活质量和生命健康都至关重要。本次会议将围绕着两个重要问题展开深入讨论，第一，如何规范我们的治疗；第二，如何在规范治疗基础上，更好地开展个体化综合治疗。届时我们将邀请多位国外知名专家学者就相关问题参与我们的探讨，我们一起来共同学习和交流，及时了解国际上乳腺癌个体化诊疗新进展、新讯息和新观念。

本次会议还设立了会议征文，希望得到大家的支持和响应，我们会着重奖励中青年医师所获得的成绩，正所谓“十年树木，百年树人”，为了这棵树的茁壮成长，我们还需要一代又一代人的共同抚育。

（摘自：主办单位会议通知）

中国女性乳腺癌筛查优化方案的多中心研究（第二轮筛查）研究方案研讨会在天津举行

2013 年 8 月 28 日，“中国女性乳腺癌筛查优化方案（第二轮筛查）的多中心研究”研讨会在天津市肿瘤医院举行。出席会议的专家包括中国抗癌协会理事长、本项目领衔专家郝希山院士，天津市肿瘤医院流行病室主任陈可欣教授，乳腺外科刘红教授，乳腺影像诊断科刘佩芳教授和天津医科大学公共卫生学院汪培山教授。中国抗癌协会办公室主任赵文华教授及医院相关科室部分研究人员也参加了此次会议。该研究项目还得到了国家级千人计划获奖者、天津医科大学特聘教授、美国 Duke 肿瘤中心副主任魏庆义教授的专业指导。

研讨会上，郝希山院士首先对本研究的研究背景和概况进行了介绍，对第一轮筛查取得的显著成果予以肯定，并对第二轮筛查的具体研究目标和实施方案等内容进一步作出了部署。他要求相关负责人员认真查阅文献，熟知已经广泛应用的国内外乳腺癌筛查相关指南的制定及修订过程，从而为顺利出台我国自己的乳腺癌筛查方法指南打下基础。陈可欣教授对研究的实施方案，经费预算等作了简短陈述，刘红教授、刘佩芳教授对研究方案中尚存在的一些问题提出了修改意见，其他与会人员也都积极参与了讨论。

“中国女性乳腺癌筛查优化方案的多中心研究”是中国抗癌协会 2008～2010 年承担的“中央财政转移支付地方乳腺癌筛查项目”，是由天津市肿瘤医院、北京市海淀区妇幼保健院、江西省南昌市第三医院、辽宁省肿瘤医院和山东省肿瘤医院在国内 5 个城市开展的一项乳腺癌早期筛查研究工作。2013 年在中国科协“学会能力提升专项”经费的支持下，计划开展第二轮筛查研究。筛查工作预期用一年时间对参加过第一轮筛查的研究对象进行复查，以期获得第二轮筛查乳腺癌检出率，综合、比较两轮乳腺癌筛查的效果，以期评价各筛查方法的准确性，摸索出更加优化的乳腺癌筛查方案，并且出台适合我国人群特点的乳腺癌筛查方法指南，从而提高乳腺癌患者的早诊率和生存率，降低患者的死亡率，为提高我国妇女整体的健康水平做出贡献。

与会专家经讨论达成共识，决定于 9 月上旬确定最终的研究方案，尽快启动培训及研究工作。

（稿源：中国抗癌协会网站）

第十一次全国子宫颈癌协作组工作会议在昆明召开

2013 年 4 月 26 日～28 日，第十一次全国子宫颈癌协作组工作会议在昆明市君乐酒店召开。会议由中国癌症基金会、国家卫计委疾病预防控制局和妇幼保健与社区卫生司、中国医学科学院/北京协和医学院肿瘤研究所联合主办。

中国癌症基金会理事长彭玉女士、副理事长兼秘书长赵平教授，中国癌症基金会副秘书长、中国医学科学院肿瘤研究所乔友林教授，北京大学医学部魏丽惠教授，云南省卫生厅相关领导，中国癌症基金会全国子宫颈癌协作组成员以及来自国内外子宫颈癌防治领域的专家近300人参加了会议。

彭玉理事长为大会致开幕辞

彭玉理事长为大会致开幕辞，回顾了十年来全国子宫颈癌协作组的发展历程，并希望协作组继续加强交流合作，将中国子宫颈癌防治事业推上新台阶。乔友林教授向大会作2012年子宫颈癌协作组年度工作报告；中国疾控妇幼中心吴久玲教授汇报了国家医改重大专项——中国农村子宫颈癌筛查的进展；中国癌症基金会赵平秘书长总结了2012年全国三八公益活动，对重庆市肿瘤医院、北京大学深圳医院、中山大学附属肿瘤医院等活动承办单位，默沙东、迪安诊断、海南碧凯等协办单位进行了表彰：重庆市肿瘤医院获得2013年全国三八公益活动“公益特等奖”，北京大学深圳医院等7家单位获得2013年全国三八公益活动“公益一等奖”，云南省昆明市妇幼保健院等8家单位获得2013年全国三八公益活动“公益二等奖”，吉林一汽总医院等8家单位获得2013年全国三八公益活动“公益三等奖”，海南省人民医院等8家单位获得2013年全国三八公益活动“公益参与奖”，浙江迪安诊断等7家单位获得2013年全国三八公益活动“社会公益奖”。彭玉理事长、董志伟教授、乔友林教授、魏丽惠教授等领导为获奖单位颁发了奖杯和证书。

赵平秘书长作2013年全国三八公益活动总结报告

董志伟教授主持大会

大会邀请了子宫颈癌及 HPV 相关领域的国内外专家对子宫颈癌预防、筛查和国内外 HPV 疫苗的研究进展情况进行了介绍，并与参会代表进行了深入的讨论和交流。

会议得到了默沙东（中国）有限公司、罗氏诊断产品（上海）有限公司、凯杰企业管理（上海）有限公司、北京英硕力新柏科技有限公司、深圳市金科威实业有限公司、泰普生物科学（中国）有限公司、深圳市理邦精密仪器股份有限公司、BD 诊断、浙江迪安诊断技术股份有限公司、华大基因公司的支持。

乔友林教授作 2013 年全国宫颈癌协作组工作报告

重庆市肿瘤医院院长周琦教授

（稿源：中国癌症基金会）

中国内地宫颈癌疫苗上市仍需 3 年

在中国，平均每天有 360 余人罹患宫颈癌，90 余人因此丧命。这一数字几乎等于中国每年交通事故死亡人数的一半。

宫颈癌是目前唯一一种病因明确的恶性肿瘤，这也意味着，人类可以通过病因预防来避免疾病的发生。宫颈癌的病因是人乳头瘤病毒（HPV）感染，利用疫苗预防 HPV 感染是预防肿瘤发生的重要手段。然而，这种本可以有效预防的癌症在中国依然有着较高的发病率。2011 年卫生部数据显示，中国每年有约 3 万名妇女死于宫颈癌，新发病例 13.2 万。在 25~45 岁的中国年轻女性中，宫颈癌死亡率在所有疾病死亡率中高居第二。

北京大学人民医院妇科主任医师魏丽惠告诉记者，作为一种可防治的恶性肿瘤，宫颈癌在中国的高发并不正常。

2006 年，全球首个 HPV 疫苗在美国上市。在过去的 7 年间，全世界 127 个国家（和地区）已经应用 HPV 疫苗，大幅降低了引起宫颈癌的 HPV 患病率和癌前病变发生率。其中许多国家甚至已经将 HPV 疫苗列入国家计划免疫的范畴。

如今，中国也积极开展了对 HPV 疫苗的研究和审批。然而，从 6 月 29 日“2013 宫颈癌防控高峰论坛”上记者获悉，在中国，HPV 疫苗的上市审批虽已进入Ⅲ期临床试验阶段，但可能至少还要等 3~5 年才能在中国受试者中收集到疫苗对癌前病变影响的足够数据。

“3~5 年的等待，就意味着十几万个鲜活生命的离去，几十万人患病，近千万人被感染。”中国医学科学院肿瘤研究所流行病学研究室主任乔友林教授表示，中国引进并纳入国家免疫的第一种预防癌症的疫苗——乙肝疫苗用了 17 年的时间。作为第二种预防癌症的疫苗，HPV 疫苗或许可以少走一点弯路，少一点等待时间。

逐步扩大的筛查

宫颈癌的发病与人们熟知的乙肝转为肝癌的发病颇为类似，都是通过病毒长期感染，最终导致的人体组织癌变。

2008 年，随着新一轮医改启动，妇女宫颈癌检查再次列入了中国卫生、医疗工作重点。2009 年，卫生部、财政部和全国妇联联合实施的妇女“两癌”（宫颈癌、乳腺癌）检查专项。到 2010 年，有 1000 多万农村妇女接受了检查。2012 年到 2014 年范围将扩大到 3000 万人。

成绩有目共睹，但前路仍非坦途。中国的宫颈癌防治之路依然面临着许多难题和挑战。

“筛查覆盖率低是我国宫颈癌预防的瓶颈。同时，对于宫颈癌的筛查，缺乏相应的医疗检测人员、筛查准确率低也是目前宫颈癌筛查难以加快进展的主要原因。”乔友林说。

乔友林告诉记者，目前中国采用的宫颈癌筛查技术以巴氏涂片检查为主。这种技术价格便宜，一次检查只要 30~40 元，但是，由于需要相关细胞学医生进行人工染色、肉眼判读，准确率理论上最高只有 80%。

同时，由于中国并没有相应的细胞学医生的培养机制，全国范围内能对巴氏涂片等细胞学检测准确判读的专业医生严重不足。在个别地区，由于缺少检测人员和专业常识，甚至出现了筛查样本在常温下随意堆放的情况，结果致使样本全部失效。其检测结果的准确率也就可想而知。

“如果要想培养足够数量的专业细胞学医生至少需要 20 年甚至更长的时间。中国的宫颈癌防治实在等不起。”乔友林表示。

难以逾越的机制

相比于 20 世纪末，目前宫颈癌的防治手段已经有了根本的变化。与会专家介绍，针对 HPV 的疫苗早在十年前已经研制成功，并在 127 个国家（和地区）上市（包括我国的香港、澳门、台湾地区）。以 HPV 疫苗为手段的宫颈癌预防体系已经在欧美、日本等 51 个国家相继建立，澳大利亚、英国等都将 HPV 疫苗列入国家免疫计划。

世界卫生组织（WHO）专家组成员，玛格丽特·斯坦利提供的数据显示，在将 HPV 疫苗列入国家免疫计划的澳大利亚，HPV 感染大幅减少，降幅达到 80%。生殖器疣发病率显著下降高达 90%以上，宫颈癌癌前病变减少了 50%。虽然 HPV 疫苗得到了美国 FDA 的认证，其有效性和安全性也得到了广泛的认可，但要进入中国市场，还需要通过中国的医药审批。乔友林介绍，在中国，出于人种和安全性的考量，任何一款新药的上市必须要有中国自己的三期临床试验数据。而除了甲类传染病防治药物外，中国和美国的药物认证尚未达成相互认可。这也意味着，HPV 疫苗想要进入中国内地，势必要花费一段时间。

按照三期临床试验要求，前两期临床试验分别验证药品的毒性与剂量，花费 1 年左右的时间就能完成。验证药物有效性的第三期试验则需要等待癌前病变对比试验的结果。

目前两款进口 HPV 疫苗已经进入第三期临床试验，然而从试验对象感染 HPV 到持续感染的发生需要 1 年左右时间，而进而转变为癌前病变至少还需要 5 年甚至更长时间的等待。

“目前，唯一能做的就是缩短这种制度性限制的等待时间。”魏丽惠告诉记者，在进口疫苗等待审批的过程当中，目前国产 HPV 疫苗也已经研制成功，并在今年年初刚刚完成对参与者Ⅲ期临床实验志愿者的疫苗注射。

目前，各级专家已经达成共识，基于 HPV 疫苗在世界范围的安全和有效性，第三期临床试验的终点将从癌前病变的发生，变为 HPV 的持续感染。这一变化将使国产及进口 HPV 疫苗的试验审批时间从 5 年以上缩短至 1~2 年。中国宫颈癌防治将面临新的契机。

搭建第一道防线

“适时搭建以 HPV 疫苗为基础的宫颈癌防治第一道防线，加快我国宫颈癌防治体系的建设期待被提上日程。”中华预防医学会妇女保健分会主任委员王临虹表示。

然而，HPV 疫苗过高的价格却使普通公众望而难及，纳入国家计划免疫更是财政力不从心的。中国疾控中心免疫规划中心副主任王华庆告诉记者，目前，HPV 疫苗还没有在中国内地得到审批，网上查到的黑市价格（完成全部免疫共三针加诊疗费）约 5000 元。在香港地区，3 针共约 3000 元港币；在实施了国家免疫计划的发达国家，HPV 疫苗的价格也在 100 多美元。

而目前，中国全部计划免疫疫苗的费用一共只有 100 元左右。以乙肝疫苗三联针为例，实际疫苗每剂（10 微克）的政府招标价只有 3 元左右。“对于中国，HPV 疫苗显然太贵了。”

“这和当年乙肝疫苗进入中国时十分相似。但是，以 HPV 疫苗为基础搭建为中国普通大众服务的第一道宫颈癌防治体系并非遥不可及。关键还要看政府的决心。”

乔友林告诉记者，20 世纪 80 年代初，乙肝疫苗刚刚准许进口时，1 支进口乙肝疫苗在中国的售价高达近千元，而当时中国普通城市职工的人均月收入只有不足 100 元。当时，没有人会想到乙肝疫苗会成为国家计划免疫的项目。

而后在国家的大力支持下，1988 年国产疫苗开始批量生产，直接将乙肝疫苗价格拉低到每支 100 元左右。

1992 年，国家将乙肝纳入了计划免疫管理，政府为每名接种的幼儿承担 40%的费用。

2002 年，乙肝疫苗才最终成为计划免疫项目。批量化的生产也将乙肝疫苗的成本降低到目前水平。

“当时尚且不富裕的中国，完成这一过程用了 17 年。”乔友林不无感慨地表示，以现在中国的经济实力和国民收入情况，中国或可用更短的时间来完成 HPV 疫苗的免疫。

如果将 HPV 疫苗纳入国家免疫计划，不仅宫颈癌发病率将大大降低，也将大大降低宫颈癌的筛查次数。无论从经济还是从人民健康角度，以 HPV 疫苗为基础搭建中国宫颈癌防治体系并非缺乏可行性，对于北京、上海等大城市反而更加廉价。

（来源：中国财经网 日期：2013-08-12）

2013 年中国鼻咽癌高峰论坛在杭州举办

早春时节，在春暖花开美丽的西子湖畔，由中国抗癌协会鼻咽癌专业委员会及《中国肿瘤》编辑部主办，浙江省肿瘤医院、浙江省抗癌协会承办的“2013 年中国鼻咽癌高峰论坛暨浙江省鼻咽癌专业委员会成立大会”于 2013 年 3 月 8 日在杭州花港海航酒店顺利召开。来自京、沪、粤、闽等 10 余个省份及浙江省各市、地区的放疗专家同仁 200 余人共聚一堂，本着团结、协作、发展的宗旨，就鼻咽癌的基础研究、诊断、治疗、多学科协作等相关问题进行了广泛的交流和深入的探讨。浙江省肿瘤医院院长毛伟敏、省抗癌协会秘书长吴扬出席会议并讲话。潘建基教授、卢泰祥教授、郎锦义教授、陈晓钟教授、胡国清教授、胡超苏教授、林少俊教授、金风教授、李金高教授、高黎教授、孙颖教授等众多放疗专家为与会同仁提供了一场精彩纷呈的学术饕餮盛宴。徐国镇教授对该次学术会议的举行做了充分的肯定和高度的赞誉。

2013 年 3 月 10 日上午，大会举行了浙江省鼻咽癌专业委员会成立大会及浙江省鼻咽癌多中心临床研究研讨会，会议确立了第一届浙江省鼻咽癌专业委员会名单，陈晓钟教授任主任委员，严森祥教授、魏启春教授、沈洁教授、胡炜教授、陆妙珍教授、郭勇教授、唐修文教授任副主任委员。浙江省鼻咽癌专业委员会的成立，为省内的鼻咽癌治疗构建了一个多中心临床研究平台，为共同发展学术交流，促进区域内鼻咽癌治疗事业发展提供了良好的学术环境。

在会议上，陈晓钟教授针对浙江省内的鼻咽癌治疗及研究进展做了综合分析。关于我省的鼻咽癌的流行病学状况，根据国内外多年的流行病学研究，鼻咽癌是一个发病率相对稳定的疾病，宁波、温州、湖州及衢州是相对高发的区域，杭州、嘉兴及金华等是相对的低发区，其中高发区的发病率是低发区的近 2 倍，据 2007 年全国肿瘤登记中心 48 个登记处登记资料显示，杭州、嘉兴及海宁三个登记点的男性鼻咽癌发病率为 5.26/10 万~6.55/10 万，位居全国各登记点的第 4 位，其中杭州地区 2007 年新发病例为 251/667 万（发病率为 3.76/10 万），2008 年为 328/673 万（4.87/10 万），2009 年为 363/675 万（5.38/10 万）。随着医疗条件的改善与人民对疾病的重视提高及医学知识的普及，杭州地区鼻咽癌的新发病数有上升趋势。

鼻咽癌的诊断需要具有较强的专业性。病灶隐匿，症状不典型，容易误诊。陈教授对浙江省肿瘤医院 2011 年入院的 418 例初诊患者进行了问卷调查，分析鼻咽癌患者医源性诊断延迟存在形式及影响因素，以期达到早期诊断和治疗的目的。研究发现，所有患者的总诊断延迟中位时间为 3 个月，最长达 60 个月。鼻咽癌初诊误诊率高达 45%。常见误诊为“中耳炎”、“鼻（窦）炎”及“淋巴结炎”。鼻咽癌初诊症状对确诊有重要影响，头痛和耳部症状最容易导致误诊，头痛、颅神经症状及多联症状常意味晚期，随着诊断延迟时间的增加，Ⅳa、Ⅳb 期患者比例明显增加（20%增加到 50%），而早期及远处转移患者无明显变化，诊断延迟时间对临床分期的影响主要通过 T 分期起作用，而对 N 及 M 分期无明显作用。

另外，陈教授在会上汇报了近年来浙江省肿瘤医院就诊的初治鼻咽癌疗效统计结果。浙江省肿瘤医院的鼻咽癌治疗水平随着放射诊断设备及放射治疗技术的提高，患者生存率也在不断提升，以 5 年生存率统计，20 世纪 50 年代为 20%，60 年代为 30%~31%，80 年代为 42%~50%，2004~2005 年常规放疗后为 73.3%，无病生存率 67.7%。目前浙江省肿瘤医院是国内拥有最先进及最多的放射治疗设备的单位之一，自 2003 年开展调强放疗技术应用于鼻咽癌的治疗和研究后，5 年生存率大幅提高到了 84.5%，无病生存也有 77.1%，取得了显著疗效。浙江省肿瘤医院的鼻咽癌治疗疗效在国内处于先进水平（福建省肿瘤医院总生存率 80%，中山大学附属肿瘤医院 83.3%，中国医学科学院肿瘤医院 82.1%）。同时，该院鼻咽癌调强放疗，在减少肿瘤放射范围的同时，可以更好地提高肿瘤局部的剂量，减少了常规放射治疗常见的患者口干等不良反应，提高了患者的生活质量。这些数据的汇报，对于精益求精的放疗同仁来说，是大家一起努力得到的最值得肯定的结果。更为鼻咽癌患者的治疗提供了很大的信心。在此基础上，由陈晓钟主任牵头，联合省内多家医院放疗科同仁正在就化疗、靶向药物与调强放射治疗的联合应用等多方面进行更深入的研究。会上主要汇报了 PF 或 TPF 诱导化疗联合同期放化疗治疗局部晚期鼻咽癌的前瞻随机对照多中心Ⅲ期临床研究，及重组人血管内皮抑制素（恩度）联合化疗治疗鼻咽癌远处转移的多中心临床随机研究。PF 或 TPF 诱导化疗联合同期放化疗治疗局部晚期鼻咽癌的前瞻随机对照多中心研究提示，PF 组诱导化疗安全，耐受性可（DDP 和 5-FU 计划剂量完成率分别为 94%和 85%），5-FU 导致的腹泻较明显，大剂量 DDP 积极预处理后恶心、呕吐可控，建议早期使用蒙脱石散+黄连素预防腹泻。TPF 方案则相对安全（无相关死亡），但耐受性不佳（多西他赛、DDP、5-FU 计划剂量完成率 22%、71%和 78%），80%患者可完成 80%剂量强度，主要毒性反应：4 度粒细胞缺乏、肝损害（3 度 ALT）、腹泻、过敏反应（2 度药疹）。具体疗效仍待病例数累积及时间观察。恩度联合化疗治疗远处转移鼻咽癌的多中心临床试验，早期结果为 1 年总生存 100%，2 年总生存 85.4%，1 年 PFS 率 82.6%，2 年 PFS 率 49.6%，小样本研究初步结果显示优势，部分病例较快达到 CR。主要毒副反应可以接受，值得扩大病例，继续观察对生存影响。陈晓钟教授在会议中总结，鼻咽癌的疗效能够逐年改善，是所有放疗同仁兢兢业业，努力奋斗的成果。这样的成果，更鼓励我们努力的探索，不断的研究，争取为患者争取更大的利益，更美好的未来。

会议上，来自五湖四海的学术专家们，也为与会同仁进行了丰富的演讲。

福建省肿瘤医院副院长、中国抗癌协会鼻咽癌专业委员会主任委员潘建基教授作了鼻咽癌调强放射治疗（IMRT）靶区及剂量设计指引专家共识的报告。10 年的经验证实，IMRT 提高鼻咽癌疗效 10%~15%。鼻咽癌 IMRT 技术临床应用存在的问题主要为 IMRT 技术对放射治疗团队水平和协作的挑战，及靶区定义、靶区勾画、处方剂量要求、放疗计划评估等方面的理解和实施仍存在着差异，在此基础上，中国鼻咽癌临床分期工作委员会达成了鼻咽癌 IMRT 靶区及剂量设计指引专家共识，并在第六届全国鼻咽癌大会修订和通过，《中华放射肿瘤学杂志》2011 年第 4 期发表。从而统一和细化靶区命名和勾画的原则，最大限度地减少差异，规定统一的处方剂量范围、危及器官限定剂量、治疗计划评估和IMRT质量控制的基本原则和要求，推动和提高我国鼻咽癌 IMRT 的整体水平，使鼻咽癌患者得到最合理的治疗。

原中山大学肿瘤医院副院长、中国抗癌协会放疗专业委员会前任主委卢泰祥教授报告了复发鼻咽癌的治疗策略。卢教授总结经验认为，复发鼻咽癌的特点是：局部复发的时间多在治疗后 2~3 年以内，中晚期病例较早复发，早期患者较晚复发，再程治疗效果差，复发间隔时间长比间隔时间短疗效好。复发病例容易产生远处转移。诊断上除了借助常规传统的诊断方法，还可依据分子生物学诊断，如外周血 EBV-DNA copies 来提早发现复发。MRI/CT-PET 对诊断复发鼻咽癌有帮助。复发鼻咽癌的挽救治疗可根据再分期后病灶的部位和范围选用合适的放射治疗技术。IMRT 在诸多治疗手段中，可能对复发鼻咽癌的治疗更有优势。对复发鼻咽癌化疗的有效方案仍需进一步探讨。手术治疗对复发鼻咽癌的病例选择要求严格，具有很多的局限性，要慎重使用。以期为患者提供尽可能有效并损伤较小的治疗。

江西省肿瘤医院副院长李金高教授报告了转移性鼻咽癌的治疗。远处转移是鼻咽癌治疗后失败最主要的原因。转移性鼻咽癌占了初诊鼻咽癌总数的 5%~15%，其中Ⅰ、Ⅱ期治疗后<10%，Ⅲ、Ⅳ期单纯放疗后约 30%，Ⅲ、Ⅳ期同期化放疗后约 20%。单纯远处转移 80%，局部、区域复发先/后远处转移 12%，复发/转移同时发现 8%，单纯远处转移中，50%为单器官转移。50%转移出现在首次症状后 14.5 个月，90%转移出现在首次症状后 36 个月。鼻咽癌远处转移的影响因素有 N 分期、总分期、T 分期、颈部肿块切取活检、中药外敷、治疗方式等。在治疗方面，医者应根据患者的一般情况以及参考各种预后因素，选择以化疗为基础的综合治疗，PF 仍为最经典的化疗方案，靶向、免疫、抗病毒治疗等新的治疗技术综合应用可能提高鼻咽癌远处转移疗效，新的影像学技术可能更早期诊断远处转移，因此局部治疗将有助于提高疗效，总而言之，我们仍迫切需要进行前瞻性随机分组研究进一步争取为患者找到更理想的治疗方式。

华中科技大学同济医院胡国清教授报告了鼻咽癌相关基础研究。为了解决如何精确地勾画鼻咽癌的亚临床靶区 CTV 这一需要迫切解决的难题，胡教授及其研究人员将 C225 与 USPIO 连接成为针对鼻咽癌的靶向 MR 纳米对比剂。经过实验，初步结论 C225-USPIO 能特异地与高表达 EGFR 的鼻咽癌细胞结合，并被摄取入细胞内，且 C225-USPIO 具有良好的靶向性，并可明显降低磁共振 T2 信号。沿此方向，胡教授及其团队将进一步深入研究。此外，胡教授在工作中发现，COX-2 在鼻咽癌中过表达率为 43%~75%，与淋巴结转移和不良预后密切相关，其他学者的基础研究也发现塞来昔布可抑制鼻咽癌细胞增殖，呈时间和浓度依赖性，塞来昔布还可以抑制鼻咽癌细胞侵袭，提高放疗敏感性。在此基础上，胡教授对塞来昔布抑制鼻咽癌细胞增殖及侵袭的具体分子机制进行了研究。初步结论为：在细胞水平，塞来昔布可以抑制鼻咽癌细胞的生长，诱导凋亡和 G0/G1 期细胞周期阻滞；在分子水平，p STAT3 失活，下游抗凋亡蛋白 Survivin、Mcl-1 和 Bcl-2 和细胞周期调控蛋白 Cyclin D1 明显下调，从而提示塞来昔布对鼻咽癌细胞的抗肿瘤作用可能有部分是通过 STAT3 信号通路所导致的。进一步的研究将能够为我们的临床提供扎实的实验室基础。

复旦大学肿瘤医院放疗科副主任、中国抗癌协会鼻咽癌专业委员会副主任委员胡超苏教授报告了鼻咽癌综合治疗。胡教授汇总研究结果表明：鼻咽癌放、化疗 Meta 分析 10 个随机研究 2450 例患者，加用化疗后的 HR = 0.82，5 年生存率绝对增加 4%，最大的生存率增加在同期放化疗组（20%），同期放化疗后的辅助化疗是否增加生存率还无定论，新辅助化疗能降低局部复发率和远处转移率，可增加 DFS 5.4%，5 年局部或远处复发率分别降低 18.3%和 13.3%。而单独针对晚期患者的 Meta 分析表明：同期放化疗能提高局部控制，降低远处转移，提高无瘤生存率和总的生存率；新辅助化疗能降低局部复发和远处转移，但未提高总的生存率；辅助化疗未显著提高无瘤生存率和总的生存率；Ⅱ期鼻咽癌患者，同期放化疗可能获益。在此基础上，胡教授汇报了一项 TPF 方案新辅助化疗联合同期放化疗治疗局部晚期鼻咽癌的前瞻性Ⅱ期临床研究，116 例患者，近期疗效鼻咽部 CR 98.3%、PR 1.7%、ORR 100%，颈淋巴结 CR 97%、PR 3%、ORR 100%，中位随访 32.9 个月（16.2~58.0 个月），其中原发肿瘤复发 4 例（3.4%），颈部淋巴结复发 10 例（8.6%），远处转移 10 例（8.6%），其中 5 例为 N3。以上结果较为理想。长期结果待进一步观察。

福建省肿瘤医院林少俊教授报告了鼻咽癌 IMRT 靶区勾画。林教授针对福建省肿瘤医院的小靶区调强放疗进行了详细的勾画原则阐述。并针对 N0 鼻咽癌颈部 CTV 选择性照射进行详细论证，结论 N0 鼻咽癌不做下颈预防性照射。林教授还在会中汇报了 413 例小靶区调强放疗的结果更新。5 年局控率 95.3%、区域淋巴结控制率 97.2%、无远处转移率 85.4%、无瘤生存率（DFS）79.7%、总生存率（OS）82%。5 年结果证实，小靶区 IMRT 安全可行且为患者的生存质量提供了更好的保障。

贵州省肿瘤医院党委副书记金风教授报告了鼻咽癌的时间调节化疗与放疗及相关因素的研究报告。时间调节化疗是根据人体 24h 生物节律，选择化疗药物毒性最小的时间将化疗药物给予体内的一种方法，最大程度杀灭肿瘤细胞的同时保护了正常组织，减少化疗毒性。时间调节化疗的运用，达到了较高的治疗疗效，同时降低了毒副反应，保护了机体的免疫功能，较常规化疗具有高效低毒的优势。金教授及其团队 2004 年报道了鼻咽癌 DDP+5-FU 方案时辰化疗的临床前瞻性随机研究，两组血液不良发生率比较差异有显著性（$P<0.05$），消化道不良反应恶心、呕吐、口腔炎发生率，两组有统计学意义（$P<0.05$）。2005 年，报道了增量时间化疗加后程三维适形放疗治疗鼻咽癌的前瞻性临床研究，结果提示，时间调节化疗能提高药物剂量，不增加药物的毒性，提高患者的耐受性，与后程三维适形放疗联合近期有效率增高，且并不降低远期生存率。时间调节化疗对细胞免疫功能的杀伤能力有可能低于常规化疗组。2012 年，报道了初治鼻咽癌 PF 方案时间调节化疗并调强放疗的前瞻性对比研究，结论为，CC 组较 RC 组治疗鼻咽癌明显减少化疗毒副反应，不降低远期生存率，提示该方案是治疗鼻咽癌安全有效的化疗方案。此外，局部晚期鼻咽癌诱导时间调节化疗前后肿瘤靶区的变化对正常组织及肿瘤靶区剂量影响的前瞻性研究中，提示局部晚期鼻咽癌 3 周期 TPF 方案时间调节诱导化疗后，肿瘤体积明显缩小，化疗后靶区的勾画使恢复正常的组织区域形成高剂量区的体积减少，中枢神经系统所接受的剂量降低，尤其减少了脑干的受损，部分正常组织受到有效保护。

中山大学肿瘤医院孙颖教授报告了鼻咽癌靶向治疗的分子基础。近 10 年来，鼻咽癌的治疗疗效进入平台期，远处转移成为制约疗效的瓶颈。寻找高效低毒的治疗方法是目前提高鼻咽癌疗效的关键。靶向药物因其选择性好，毒副作用小成为研究的热点。细胞表面生长因子及其受体抑制剂及抗血管生成药物在临床中已得到较多研究与应用，如吉非替尼、厄洛替尼、西妥昔单抗、尼妥珠单抗、贝伐单抗等，部分药物临床疗效已得到广大同仁的认可。细胞信号转导分子抑制剂、癌基因、抑癌基因及其产物则是目前靶向药物研发的热点。目前实验室发现，KIT 和 KRAS 突变患者预后差，另外相对于突变，表观遗传学事件在鼻咽癌中显得更为普遍。鼻咽癌的甲基化状态与正常组织差异显著。总而言之，系统的了解基因突变的情况，将是接下来我们进行分子靶向治疗分型个体化治疗成功的基础。

此外，中国医学科学院肿瘤医院放疗科副主任、中国抗癌协会鼻咽癌专业委员会副主任委员高黎教授报告了 IMRT 的临床质量控制；四川省肿瘤医院副院长、中华医学会放射治疗专业委员会候任主委郎锦义教授报告了鼻咽癌的分子靶向治疗进展。两位专家的讲座也为在座的同仁提供了丰富的学习资料。

会议期间适逢由陈晓钟、潘建基两位教授主编，徐国镇教授作序的《鼻咽癌临床多学科综合诊断与鉴别诊断》一书出版，该书由国内多位具有丰富临床经验的专家共同编写，就鼻咽癌临床诊断过程中的各个环节及可能发生误诊原因进行了深入浅出、图文并茂的详细叙述，希望该书的出版能为提高我国鼻咽癌的早期诊断有所贡献，让患者得到早期诊断，合理的治疗，最终达到提高患者生存率和生活质量。

（稿源：浙江省抗癌协会）中国抗癌协会网站

2013 西安国际血液肿瘤诊断与治疗高峰论坛召开

10 月 19 日上午，2013’西安国际血液肿瘤诊断与治疗高峰论坛在西安交通大学医学院第一附属医院隆重召开。本次国际学术会议由陕西省抗癌协会、陕西省医学会联合主办；陕西省抗癌协会白血病专业委员会、干细胞移植专业委员会，陕西省医学会血液病学会、临床免疫学会共同承办。是近年西安交通大学医学院第一附属医院血液科第一次具体承办的大型国际学术会议。来自陕西及西北五省（区）的血液界同仁 300 余人出席了会议。

本次会议特别邀请了北京大学血液病研究所所长、中华医学会血液学会主任委员、血液病和造血干细胞移植专家黄晓军教授，加拿大多伦多大学血液病专家、2012 年美国 ASH 年会主席 Keating 教授，法国里尔大学血液病专家、前国际骨髓瘤基金会主席 Facon 教授，加拿大多伦多大学西奈山医院血液病理科主任 Chen Wang 教授等国内外著名的血液病专家就血液病目前诊断和治疗的热点问题进行深入的研讨和交流，是一次中外血液病专家共聚一堂的学术盛会。大会主席和会议执行主席分别为黄晓军教授、陕西省抗癌协会白血病专业委员会和陕西省医学会血液学会主任委员张梅教授、陕西省抗癌协会造血干细胞移植专业委员会和陕西省医学会临床免疫学会主任委员梁英民教授。

陕西省卫生厅副厅长黄立勋教授，陕西省抗癌协会理事长耿庆义教授、常务副理事长李树业教授，西安交通大学医学院第一附属医院院长李旭教授等领导出席了大会开幕式并讲话。西安交通大学医学院第一附属医院血液科主任张梅教授代表大会致欢迎辞，黄晓军教授代表中华医学会血液学会祝贺大会胜利召开。在会议的开幕式上，Keating 教授和黄晓军教授两位血液界领军人物分别接受了黄立勋副厅长和李旭院长授予的聘书，被聘为西安交通大学第一附属医院名誉教授。随后，黄晓军教授做了题为“中国半相合造血干细胞移植的时代已经来到”的学术报告，Keating 教授做了“NK 细胞在恶性血液病治疗中的应用：一种新的免疫治疗策略”的前沿学术报告，Facon 教授带来了“多发性骨髓瘤的治疗手段和优化策略”的学术报告，Chen Wang 教授做了“骨髓异常增生/骨髓增殖性肿瘤：一类细胞增多和发育不良的混合疾病”、王季石教授做了“急性髓性细胞白血病的分层治疗”的学术报告。整个会议厅座无虚席、学术气氛热烈、提问互动踊跃。全体参会者一致认为，本次大会是一次学术性极强的高端会议，讲授的题目围绕当前血液学发展的最新前沿并且紧密结合临床血液病的诊断和治疗，对血液病医师、医技人员具有很强的指导意义和实用价值。

闭幕式上，西京医院血液科孙秉中教授对大会进行了全面总结，并高度赞扬本次大会取得了圆满成功，是一次具有国际水平的、内容前沿的、众多参与的、讨论热烈的学术盛会，充分体现了陕西省乃至西北五省（区）血液界同仁不断进取的学术追求和团结协作的精神风貌。

（稿源：陕西省抗癌协会）中国抗癌协会网站

首届肢体隔离热灌注化疗保肢治疗研讨学习班在兰州举办

2013 年 6 月 22 日，由中国抗癌协会肉瘤专业委员会、甘肃省抗癌协会主办，甘肃省抗癌协会肉瘤专业委员会、甘肃省肿瘤医院骨与软组织肿瘤科承办的“首期肢体隔离热灌注化疗学习班”在兰州隆重召开。会议由甘肃省抗癌协会肉瘤专业委员会主任委员、甘肃省肿瘤医院骨与软组织肿瘤科主任宋建民主持，甘肃省医学科学研究院苏海翔院长致辞，中国抗癌协会肉瘤专业委员会主任委员宋金纲教授、候任主任委员师英强教授、副主任委员杨蕴教授应邀出席并讲话。来自北京、上海、浙江、天津、新疆、河南、青海等地肿瘤医院骨肿瘤界专家及省内专家代表近 100 人参加了此次研讨班，并同时举行了“中国抗癌协会肉瘤专业委员会热灌注化疗培训研究中心”在甘肃省肿瘤医院成立揭牌仪式。

会议期间，宋金纲教授就肢体隔离热灌注化疗术的历史与发展、目前的临床应用、基础研究方向和进展作了详细而精彩的讲述。上海市肿瘤医院师英强教授结合自身多年临床经验，就难治性软组织肉瘤目前的治疗现状进行了讲解。针对肢体隔离热灌注化疗术在软组织肉瘤中的应用及手术操作中相关问题。天津市肿瘤医院杨蕴教授进行了专题演讲。

甘肃省肿瘤医院骨与软组织肿瘤科医疗团队针对十余年临床经验总结及目前工作进展、手术适应证、并发症处理、手术方式、术中麻醉及灌注系统的配合、术后护理等方面展开学术交流，展示了科室在肢体隔离热灌注化疗术中的临床经验和成果，同时也体现出科室在不断磨合和锻炼中形成的和谐团结、积极协作的工作作风。

大会还特别邀请到国内唯一生产此手术灌注系统机器的天津汇康医疗器械有限公司工

程师在大会上进行了产品介绍与演示，并就各位专家及同行在实际手术操作中遇到了问题进行了交流，为设备的改进和发展积累了经验。会议间隙，各位专家学者和代表参观了甘肃省肿瘤医院骨与软组织肿瘤科病区，观看了手术示教录像。

（稿源：甘肃省抗癌协会）中国抗癌协会网站

城市癌症早诊早治项目 2012~2013 年度工作总结会召开

2013 年 7 月 26 日~27 日，国家重大公共卫生专项“城市癌症早诊早治项目”2012~2013 年度工作总结会在北京广西大厦召开。这次会议由国家卫计委疾控局慢病处主办，国家癌症中心、中国医学科学院肿瘤医院承办。卫计委疾控局王斌副局长、慢病处吴良有处长、财务司何锦国副司长、财务处赵树理处长，中国医学科学院肿瘤医院赫捷院长、王明荣副院长，以及项目涉及的临床和诊断科室的多位科室主任、项目包括的 15 个省（市）卫生厅（局）疾控处的负责人和各项目承担单位的工作人员等，共 100 余人参加了会议。

会议开幕式由吴良有处长主持。赫捷院长首先讲话，他对项目的顺利开展表示祝贺，并对大家在过去一年的辛苦工作表示衷心的感谢；随后，何锦国副司长讲话，他从国家医改以及我国肿瘤防控事业的高度肯定了项目的重要意义和取得的成绩，并表示将全力从项目经费方面给予支持。最后，王斌副局长讲话，总结了项目第一年所取得的初步成效以及存在的问题，并对 2013 年项目的继续开展提出了几点要求。

这次大会既是一次总结会，更是一次学习会、交流会、沟通会，各省市对全国项目的总体开展情况以及各自取得的经验和存在的问题有了更深的认识。同时，通过大会报告、分技术环节汇报和讨论以及专家汇总讨论三种形式，工作组对项目第一年的工作进行了深入细致的总结，并对下一年度方案的修改以及项目的实施达成了共识。

（城市癌症早诊早治项目办公室 代敏、张凯、石菊芳）

中国医学科学院肿瘤医院网站

城市癌症早诊早治项目 2013 年全国培训会召开

2013 年 10 月 10 日，国家重大公共卫生专项“城市癌症早诊早治项目”2013 年全国培训会在北京广西大厦顺利召开，标志着城市癌症早诊早治项目 2013~2014 年度工作正式拉开帷幕。

会议由国家卫计委疾控局慢病处主办，国家癌症中心、中国医学科学院肿瘤医院承办。国家卫计委疾控局王斌副局长、慢病处吴良有处长，中国医学科学院肿瘤医院赫捷院长和董碧莎书记，以及项目包括的 12 个省份的省级技术管理单位的负责人、项目承担单位的负责人等 120 余人参加了会议。

开幕式由吴良有处长主持。赫捷院长首先讲话，他对项目的启动表示祝贺，对新加入的4个省份表示热烈欢迎，同时希望各省份在新的一年中继续精诚团结、友好合作，工作更上一层楼。随后，王斌副局长讲话，她再次肯定了该项目对于国家癌症中心的建立以及我国肿瘤防控事业的重要性，并希望把项目的质量和水平推向一个更高的层次。

本次培训会通过大会集体讲解项目管理办法和技术总方案、分技术环节培训两种方式，把项目的每一个细节都做了进一步的要求、讲解和答疑。项目组将在随后的几个月内组织现场专项筛查技术培训，以进一步提高项目的工作质量和水平。

2013年，该项目增加了河南省、浙江省、江苏省和新疆维吾尔自治区4个新的省份，项目经费在2012年的基础上增加了约52%。

（城市癌症早诊早治项目办公室 代 敏、张 凯、石菊芳）

中国医学科学院肿瘤医院网站

2013年淮河流域癌症早诊早治项目技术培训班在江苏金湖举办

2013年国家重大公共卫生服务项目——淮河流域癌症早诊早治项目技术培训班于2013年8月29日~31日在江苏省金湖县举办。本次培训班由全国肿瘤防治研究办公室主办，江苏省疾病预防控制中心承办，江苏省金湖县卫生局协办。来自江苏、安徽、山东、河南4省26个项目点的147位代表参加了培训。

淮河流域癌症早诊早治项目由2008年的6个项目点增加到2013年26个项目点，筛查人数由13 000人增至53 400人，覆盖江苏、安徽、山东和河南4省的2000余万人口，年经费由600余万元增加至2099万元。自淮河流域癌症早诊早治项目启动以来，逐步得到当地政府和群众的支持与认可，确认是一项目利国利民的民心工程，给淮河流域的百姓带来实惠，产生了良好的社会和经济效益。同时，也为国家新医改政策的实施，加强基层医疗机构能力建设和病源分流开拓了渠道。

在开幕式上，国家卫生计生委疾病预防控制局慢病处费佳转达了国家卫计委对本项目工作的肯定，提出了下一步工作的要求，希望通过项目的开展，加强健康宣传教育，严把质量关，真正造福淮河流域百姓。全国肿瘤防治研究办公室陈万青副主任在培训会上做了工作总结，指出这项目工作任重道远，并进一步强调项目工作的意义，布置了2013年工作任务。全国肿瘤防治研究办公室邹小农教授对技术方案、流行病调查表格填写及相关内容进行了讲解。中国医学科学院肿瘤医院齐军主任、陈宇副主任医师、贺舜博士、薛丽燕副主任医师分别就实验室检查、B超诊断、腔镜筛查和病理诊断等方面内容对学员进行了培训与示教，并与学员一起探讨检查、诊断过程中存在的问题，对学员们在临床筛查过程中遇到的疑难问题进行解答与指导。江苏省滨海县疾病预防控制中心李祥在会上介绍了数据网报系统，山东省肿瘤防治研究办公室龚继勇介绍了省级管理软件的编制与应用。

癌症早诊早治的目的是提高癌症患者的可治率、治愈率和生存率。熟悉和掌握癌症筛查方法和技术，准确及时发现癌症高危个体，让较多患者在可治愈阶段接受适当治疗是本项目的关键环节。加强食管癌、胃癌、肝癌筛查技术和方法的培训，提高业务人员的技术水平仍是今后的重点工作。

（全国肿瘤防治研究办公室 陈永红）

2013年全国肿瘤登记工作推进会暨技能培训班顺利召开

2013年9月26日~29日，2013年全国肿瘤登记工作推进会暨技能培训班在湖南长沙顺利召开。本次会议由国家卫计委疾控局主办，国家癌症中心承办，湖南省肿瘤医院协办。来自全国31个省（自治区、直辖市）卫生厅（局）分管肿瘤登记的负责人、肿瘤登记处有关专家等共计125人参加会议。

卫计委疾控局慢病处吴良有处长主持了开幕式。全国肿瘤登记中心陈万青副主任在发言中强调了本次会议的目的和意义，并对下一步工作做出部署。今年各省份在继续增加新点的基础上，要考虑本省的代表性；各省级负责单位要严格把关本省的登记质量，加强本省肿瘤登记工作培训；进一步加强肿瘤病例的随访工作；增强肿瘤登记数据的利用，包括对发病、死亡的分析以及防控效果评价等方面。卫计委疾控局王斌副局长强调：肿瘤登记工作是慢病防控的基础和必要条件，应建立长效机制，培养专业队伍，提高数据质量；扩大覆盖面，2015年登记处将增加到约300个，覆盖全国人口的20%；平衡城乡分布不均问题，增加对西部地区的覆盖；各省加强培训，完善现有工作中的信息化和电子化，发挥数据作用；重视医院为基础的肿瘤登记，为临床治疗、康复、早期发现提供支持。

开幕式结束后，举行了颁奖仪式。综合各省份2012年度工作进展情况及历史工作情况，浙江省被评为全国肿瘤登记工作省级单位杰出贡献奖，北京、山西、黑龙江、上海、江苏、广东、河北、湖北和四川等9个省（市）被评为省级单位贡献奖。此外，综合各登记处的工作情况，评出肿瘤登记处杰出贡献奖12个，贡献奖22个，优秀奖31个。

大会总结了2012年全国肿瘤登记工作进展情况。2012年肿瘤登记工作总体进展顺利，如期出版了《2012中国肿瘤登记年报》，向国际癌症研究所提交的2003~2007年26个登记点的数据，被收录了12个，分别是北京市、磁县、阳城县、哈尔滨南岗区、上海市、启东市、嘉兴市、嘉善县、海宁市、武汉市、中山市和盐亭县肿瘤登记处。对目前肿瘤登记工作中存在的问题进行了分析和说明，要求各省2013年加强培训工作和做好数据质量控制。全国肿瘤登记中心张思维对2012年度的数据结果情况做了汇报，展示了2013年中国肿瘤登记年报的初步上报情况和统计汇总结果。湖南、浙江、广东和江西四省代表就肿瘤登记工作的经验和体会进行了大会交流。数据被《五大洲发病率》收录的中山市、海宁市、阳城县、磁县和嘉善县在会上做了经验交流。会上，河南省肿瘤防办、启东肝癌研究所、上海肿瘤研究所的代表还就肿瘤登记数据的质量控制、生存资料分析、生存随访等内容进行了讲解。

（全国肿瘤防治研究办公室 郑荣寿）中国医学科学院肿瘤医院网站

全国肿瘤病因学和肿瘤流行病学敦煌学术会议召开

2013 年 8 月 15 日～19 日，全国肿瘤病因学和肿瘤流行病学学术会议在甘肃省敦煌市召开。本次会议是中国抗癌协会肿瘤病因学和肿瘤流行病学两个专业委员会以及《中华预防医学杂志》社联合组织的一次专业盛会。会议由甘肃省肿瘤医院协办。来自 23 个省份的代表共计 390 余人参会，会议邀请 41 位专家和研究生做了精彩的会议报告。与会代表积极提问，会场学术氛围活跃。流行病学专业委员会主任委员游伟程教授致开幕词，病因学专业委员会主任委员林东昕教授做会议总结。

自 2011 年 7 月中国抗癌协会肿瘤流行病学专业委员会和肿瘤病因学专业委员会在承德共同举办研讨会以来，两个专业的研究工作又取得了突出进展。本次敦煌会议收到全文投稿 26 篇，摘要投稿 127 篇，合计投稿 153 篇。会议将 26 篇全文投稿的摘要和 127 篇摘要投稿收录到会议论文集里。其中 7 篇全文被《中华预防医学杂志》录用，发表在 2013 年 47 卷第 8 期上。杂志选择刊登了会议投稿中部分研究结果，其他研究结果还将陆续发表在国内外学术杂志上。这些结果反映了肿瘤流行病学和病因学在人群流行病学、分子流行病学、肿瘤发病机制等方面的研究进展，从不同层面探讨了肿瘤发病的危险因素、易感性和癌变机制，以寻求更加有效的预防策略。

随着人类基因组计划的完成和现代分子生物学技术的不断进步，对恶性肿瘤等复杂疾病的认识也逐渐深入，对基因、环境及两者的交互作用与肿瘤发生、发展的关系有了更深入的了解。与此同时，基因组学、蛋白质组学等新技术的迅速发展和新方法的不断涌现，为肿瘤流行病学在肿瘤病因及预防研究中的作用提供了新机遇和可拓展的空间。

现代分子生物学技术的发展为肿瘤流行病学研究带来了机遇，同时，各种组学研究设计为肿瘤流行病学研究提出了更高的要求。肿瘤流行病学应与系统生物学等多种学科相结合，在统计分析方法等方面有所创新，为肿瘤病因学研究做出贡献。肿瘤流行病学和病因学研究为转化医学研究提供了依据，奠定了重要基础。转化医学模式复杂，面临巨大的挑战，从事肿瘤研究工作者不能过于依赖动物模型及数学模型等对人体疾病进行预测，而应重视流行病学和病因学研究，其来自于人类循证医学的直接证据将对转化医学研究发挥不可替代的作用。肿瘤流行病学和病因学研究在人类战胜肿瘤的过程中发挥不可替代的作用，其获得的来自于人类的直接证据为肿瘤防治研究奠定了重要基础，是有针对性地制订预防策略的依据。只要我们坚持不懈的努力，一定会取得更多成绩，使中国肿瘤研究在世界上占有重要席位。

由于恶性肿瘤具有发病过程隐匿、发病机制复杂、治疗困难等特点，使得人们将研究的重点逐渐转移到如何早期发现、早期诊断及预后判断上，而肿瘤的早期发现、早期诊断及预后判断除了依赖于先进的技术设备外，肿瘤标志物的研究也至关重要。从标志物的发现、筛选到临床应用过程均充分体现了从基础研究到实际应用的转化医学模式。全基因组关联研究（GWAS）是目前研究重大复杂性疾病易感基因或致病基因的重要手段。近两年，我国肿瘤病因学和肿瘤分子流行病学工作者在这个领域做出了相当突出的贡献，在鼻咽癌、食管癌、肺癌、肝癌、胃癌和胰腺癌等的全基因组关联研究中取得重大成果，本次会议上对我国近两年开展的这方面的研究以及后 GWAS 时代研究策略做了精彩介绍。

2013 年 8 月 15 日，在敦煌学术会议期间还分别召开肿瘤病因专业委员会第一届青年委员会成立会议和肿瘤流行病专业委员会会议。第一届青年委员会主任委员由肿瘤病因学专业委员会常委周钢桥教授担任，胡志斌教授担任副主任委员。第一届青年委员会 28 名委员来自北京、上海、广东和湖北等 10 个省份。将积极发展新的青年委员，为更多有志从事肿瘤病因学研究的青年专家创建合作交流的平台。两个专业委员会将在 2013 年底积极筹备 2014 年在济南召开的第八届全国肿瘤学术大会的肿瘤流行病学和肿瘤病因学分会场学术会议。2014 年和 2015 年计划组织 2 次全国学术会议，继续加强两个专业委员会学术交流。

（稿源：肿瘤病因学专业委员会、肿瘤流行病学专业委员会）中国抗癌协会网站

第九届全国癌症康复与姑息医学大会在南京举行

由中国抗癌协会癌症康复与姑息治疗专业委员会（CRPC）主办，解放军八一医院全军肿瘤中心承办，中国抗癌协会临床肿瘤学协作专业委员会、南京军区肿瘤学专业委员会、《临床肿瘤学杂志》协办的第九届全国癌症康复与姑息医学大会于 2013 年 11 月 1 日~3 日在南京钟山宾馆召开。来自美国、英国、中国香港、中国台湾和国内众多著名的肿瘤学专家、康复与姑息医学治疗专家和参会代表共计 1200 余人参加了会议。

大会开幕式由本次大会秘书长、解放军八一医院肿瘤中心华海清教授主持。大会主席、解放军八一医院副院长、全军肿瘤中心主任秦叔逵教授首先代表承办单位致辞，他热烈欢迎海内外广大学者及代表来到六朝古都南京参加第九届全国癌症康复与姑息医学大会，并简要介绍了医院和肿瘤中心的基本情况，以及近年来在医疗、教学、科研等方面所取得的巨大成绩，彰显了解放军八一医院在癌症综合治疗方面的不凡实力和美好的发展前景，赢得了与会专家及参会代表的广泛赞许。接着，CRPC 主任委员、华中科技大学同济医学院附属同济医院肿瘤中心主任于世英教授代表主办单位致欢迎辞，她指出本次会议办会秩序之好、代表人数之多、受邀专家影响力之大、学术内容之丰富是空前的，必将是一次令人难忘的学术盛宴，对推动我国肿瘤姑息学科的发展将起到十分重要的作用，并对承办单位的精心组织给予了高度赞扬。最后，CRPC 候任主任委员、上海第二军医大学

附属长征医院肿瘤科主任王杰军教授代表优秀论文评选专家委员会宣读了优秀论文获奖名单，其中一等奖 1 名、二等奖 2 名、三等奖 5 名，获奖论文作者上台领奖并与专家合影。

本届大会的主题为“重视姑息治疗，实施全程管理”。大会围绕主题共设有 1 个主会场和 3 个分会场，共举办了 16 场专题报告会、10 场学术卫星会，就癌症姑息治疗学科内涵、姑息治疗的研究成果和进展以及今后的发展方向等内容进行了广泛的交流和深入的探讨。来自海内外的 45 名著名专家在会上做了精彩的演讲，英国牛津大学 Nuffield 临床医学院 Bee Leng Wee 教授、美国 M. D. 安德森癌症中心 Shelley X. Wang 教授、台湾暨南国际大学蔡佩真教授、香港大学周燕雯教授、李嘉诚基金会全国宁养医疗服务计划社工服务部刘晓芳主任等分别介绍了晚期肿瘤姑息学科研究的最新进展以及在宁养关怀方面的成功经验与成果，极大增强了参会代表对癌症康复与姑息医学这一领域的认识；王绿化、江泽飞、秦叔逵、华海清、王理伟等国内知名专家就晚期肺癌、乳腺癌、肝癌、胰腺癌等肿瘤的晚期姑息治疗发表了精辟的见解，丰富了姑息治疗的内容，开阔了与会代表的视野，得到充分的好评。

在会议的过程中，全体参会代表聚精会神，认真听讲，积极交流，一致认为这次会议是癌症康复与姑息医学领域的一次盛会，学术水平之高前所未有。大家通过学习和交流，大大提高了对癌症康复与姑息医学治疗的认识，开阔了视野，纷纷表示今后一定要更加重视癌症康复与姑息医学治疗的研究和探索，为推动我国癌症康复与姑息医学治疗的发展做出自己应有的贡献。

会议期间，江苏省抗癌协会癌症康复与姑息治疗专业委员会宣布成立，秦叔逵教授出任主任委员，华海清教授等 5 名江苏省省内知名专家担任副主任委员。

会议的召开对进一步提升我国癌症康复与姑息医学治疗在抗肿瘤综合治疗中的地位和影响力将发挥积极的作用。总结会上，王杰军教授接过全国癌症康复与姑息医学大会的大旗，第十届全国癌症康复与姑息医学大会将在上海举行。

（稿源：癌症康复与姑息治疗专业委员会）中国抗癌协会网站

相关链接

姑息医学中的社会工作——第九届全国癌症康复与姑息医学大会

第九届全国癌症康复与姑息医学大会于 11 月 1~3 日在江苏省南京市隆重举行。这是我国姑息治疗领域最高水平的学术大会，本届大会的主题是“重视姑息治疗，实施全程管理”，来自全国各地姑息治疗领域工作者的踊跃出席大会，进行姑息医学治疗领域的学术交流。

李嘉诚基金会“人间有情”全国宁养医疗服务计划特邀大不列颠与爱尔兰纾缓医学专业委员会主席 Dr. Bee Leng Wee 作为大会主讲出席大会，并做关于“Improving palliative care and symptom manage-ment：clinical and strategic approaches”的大会主题发言，宁养项目负责人罗敏洁医学博士出席大会。

Dr. Bee Leng Wee 是英国国家卫生服务体系（NHS）临终关怀专业委员会（英格兰）全国临床总监，她同时兼任大不列颠与爱尔兰纾缓医学专业委员会主席、牛津大学 Nuffield 临床医学院高级临床讲师/Sir Michael Sobell House 宁养中心、纾缓治疗顾问医生、牛津大学医学科学部临床研究副主任、英国 NICE 质量标准咨询委员会主席、英国国家卫生署全国临终关怀网络学习项目负责人等职务。

Dr Richard Hillier 是英国宁养服务的先锋之一。他早年在伦敦圣克里斯多弗宁养院(St. Christopher Hospice)与西西里. 桑德斯(Dame Cecily Saunders)医生一起工作，是世界现代宁养疗护运动的发起者之一。这让他成为姑息医学方面的专家，在推动姑息医学在英国成为一门医学专科的过程中扮演了重要角色。他是欧洲服务时间最长的姑息治疗专科医生，并且一直培训和支持年轻医生及其他团队成员，也是 Dr. Bee Leng Wee 的先生。他和 Dr. Bee Leng Wee 一同出席本次大会。

继在第七届全国癌症康复与姑息医学大会上，在国内各类医学专业研讨会中第一次设立社会工作专题分会场之后，大会连续第三年设立了社会工作专题分会场——“姑息医学中的社会工作服务”，该分会场由中国抗癌协会癌症康复与姑息医学专业委员会、李嘉诚基金会“人间有情”全国宁养医疗服务计划（下称“宁养项目”）、中国社会工作教育协会合作主办。分会场由中国抗癌协会癌症康复与姑息治疗专业委员会主任委员于世英，中国抗癌协会副秘书长刘端祺教授，中国社会工作教育协会副会长史柏年教授，李嘉诚基金会全国宁养项目社工服务主任刘晓芳主持，同时，来自港台地区以及内地的学者、专家进行精彩的学术演讲，分享了关于姑息医学领域中的如何提升姑息治疗团队的心灵功效、晚期肿瘤病人的家庭评估于介入，主要照顾者负担及减压支持团体，生命回顾在灵性照顾上的运用进行了经验，并且介绍了中央财政支持“宁养社工服务示范项目”的实施情况，以及宁养社会工作临床实务技巧的本土化运用等。

正如 Dr. Bee Leng Wee 在大会上指出的，实现姑息治疗的全程管理，需要每位医护人员都把自己视为姑息治疗过程中的一员，重视姑息治疗的理念，对患者给予充分的关怀。进一步强调姑息医学重视“全人照顾”和人文关怀的本质，推动姑息医学社会工作服务，进而促进国内医务社会工作的发展是一项重要而不可忽视的议题。分会场的专题报告取得了圆满成功，受到了除社会工作者外，肿瘤科医护人员、心理咨询工作者、公益慈善组织代表等的欢迎与认可，并在会后展开了积极而广泛的交流。全国宁养项目共派出约 50 名同仁出席本次大会，另外香港宁养中心的 6 位同仁也参与此次盛典。

（稿源：汕头大学医学院网站“李嘉诚基金会‘人间有情’全国宁养医疗服务计划”电子报）

中国癌症基金会晚期癌症患者关怀与治疗报告会在北京举行

2013 年 9 月 21 日，由中国癌症基金会与北京抗癌协会联合举办，中国癌症基金会建生专项基金承办的“晚期癌症患者关怀与治疗”报告会在北京内蒙古大厦顺利召开。中国癌症基金会理事长、原卫生部副部长彭玉女士，北京抗癌协会理事长、中国癌症基金会理事、北京大学肿瘤医院原院长游伟程教授，中国癌症基金会理事、中国医学科学院肿瘤医院原院长董志伟教授和北京大学肿瘤医院副院长、北京市医管局副局长顾晋教授以及相关专家参加了本次报告会。

报告会主持人游伟程教授首先介绍了到场嘉宾与专家，随后彭玉理事长作了会议致辞。报告会上，北京军区总医院刘端祺教授、北京大学肿瘤医院顾晋教授和唐丽丽教授、北京中日友好医院李佩文教授、中国医学科学院肿瘤医院吴晓明教授分别从晚期癌症患者的姑息治疗、合理治疗、中西医结合治疗、疼痛治疗以及与晚期癌症患者进行沟通等多个角度对患者进行临终关怀，专家们一致认为，应当对晚期癌症患者进行合理治疗，避免过度治疗，要对患者进行人文关怀，提高其生活质量，让其有尊严地走完人生旅程。贲门癌术后患者霍东景还谈了自己的康复体会，最后董志伟教授对会议进行总结发言。

本次报告会共有专家及康复者约 120 人参会，会议气氛热烈，专家们的观点引起会场上听众们的共鸣，会议取得圆满成功！

（稿源：中国癌症基金会）

2013 年全国肿瘤姑息与支持治疗专家培训班在武汉举办

由中国抗癌协会癌症康复与姑息治疗专业委员会（CRPC）联合欧洲姑息治疗学会（EAPC）共同主办的“2013 年全国肿瘤姑息与支持治疗专家培训班”，于 2013 年 5 月 18 日～19 日在武汉举办，共有约 70 名来自全国 70 家医院的医生参加了此次培训班。十多位国内外肿瘤姑息治疗领域专家就“疼痛的治疗”，“消化系统相关症状诊断和处理”，“呼吸系统相关症状诊断和处理”，“精神和心理相关症状诊断和处理”和“患者晚期治疗计划”等专题进行了精彩报告。5 月 18 日的会议由 CRPC 主任委员、华中科技大学附属同济医院肿瘤中心主任于世英教授主持，5 月 19 日的会议由北京军区总医院肿瘤科主任刘端祺教授主持。

一、EAPC 介绍

欧洲姑息治疗学会常委 Esther Schimidlin 女士进行了以“Developing palliative care：European and global initiatives”为题的演讲。她指出，目前在欧洲姑息学界，患者能否在《布拉格宪章》的指导下接受到有尊严的死亡是姑息学专家所关注的重大问题。在适当的地点、适当的环境和适当的身体状况下，包括疼痛缓解、营养状况改善的情况下，迎接自己生命的最后时刻，对于患者本身来说非常重要。

以疼痛为例，EAPC 发现，虽然 WHO 三阶梯止痛治疗已提出了二十余年，但在欧洲范围内以吗啡为代表的阿片类药物应用方面尚有很大的提高空间。原因主要来自于两个方面：

（1）国家医疗卫生政策：以阿尔巴尼亚为例，当地政策限制吗啡每天剂量上限为 10mg，这显然不能满足大部分癌痛患者的需求；

（2）医生的认知水平：这同样是发生在发达国家，瑞士一名终末期老年患者，癌痛伴有呼吸困难，管床医生起初因为阿片类药物有抑制呼吸的副作用不愿意给患者阿片类止痛药物。后来在 EAPC 移动治疗小组的指导下，终于改变观念，调整了治疗方案，明显缓解了患者的疼痛状况。

肿瘤患者常常遭受疼痛、呼吸困难和其他躯体症状，并随着疾病进展逐渐加重。姑息治疗早期干预而不仅仅是终末期干预在提高患者生存质量、延长生存时间方面十分重要。

姑息治疗是一项基本人权。世界范围内，以建议政府减轻痛苦及促进姑息治疗为一项人权为主要目的的《布拉格宪章》至今已被翻译为20种语言版本，并得到超过3500家政府部门、医疗机构和民间组织的签署。姑息治疗在中国也日趋受到重视，2009年公布的“武汉宣言”，其主要内容与《布拉格宪章》有异曲同工之妙。

EAPC目前主要的工作内容包括：

1. 教育方面：推广欧洲姑息治疗的医师培训和资格认证；更新姑息医学本科教育；加强姑息医学职业教育；义工人员的分布状况、任务和教育；姑息医学的物理治疗师的教育；欧洲儿科姑息医学专家级教育培训。

2. 临床工作：制订姑息医学患者自我报告结果评估工具；研究姑息治疗中的精神因素；如何开展相关组织和服务工作。

3. 神经病：制订神经病患者姑息医学的相关指南和核心课程。

4. 老年患者：老年患者长期姑息治疗。

5. 推行相关政策。

Esther Schimidlin女士坦率地指出，目前姑息医学面对不少难题，如医师认知水平低，姑息治疗未被纳入报销范围，阿片类药物处方政策过严，缺乏姑息医学专科医师和姑息医学专家，对需要姑息治疗的患者评估不足，公众认知水平低下等。但是，难题与努力齐飞，挑战共机遇一色，只要大家团结一心，姑息医学在未来一定能得到更大的发展，为更多患者带来福音！

二、消化系统相关症状诊断和处理

南京八一医院全军肿瘤中心内科副主任陈映霞教授进行了题为“消化系统相关症状诊断和处理——癌症厌食-恶病质综合征（CACS）的机制与治疗进展”的演讲。癌症厌食-恶病质综合征（Cancer Anorexia-Cachexia Syndrome，CACS）是恶性肿瘤患者由于机体代谢障碍导致的以营养极度不良、消瘦、肌肉萎缩、乏力、贫血以及低蛋白血症为特征的综合征，是一种系统性炎症反应。它导致患者体内代谢紊乱，消耗增加，最终衰竭而亡。临床上往往比较忽视CACS及恶病质等一系列问题。多家共识中将恶病质定义为：

（1）6个月内体重下降超过5%；

（2）体质指数（BMI）$<20kg/m^2$ 及体重下降>2%；

（3）四肢骨骼肌指数符合肌肉减少症（男性 $<7.26\ kg/m^2$，女性 $<5.45\ kg/m^2$）及体重下降>2%。

以胃癌、食管癌为代表的消化系统肿瘤要特别警惕这一类综合征的发生。对于此类患者需要充足的营养支持，单纯营养支持不能改善预后，还需药物辅助治疗。根据患者体内的代谢特点，多家共识推荐采用孕激素（甲地孕酮160～800mg/d，甲羟孕酮500～1000mg/d）、糖皮质激素（地塞米松2～4mg/d，泼尼松10～20mg po bid）等食欲刺激剂增加肠内营养，同时可考虑给予沙利度胺（100～200 mg/d）、二十碳五烯酸（2g/d）等抗炎症因子治疗，以及应用蛋白合成刺激素等增加肌肉组织重量，可以阻止体重下降、增强疗效、降低毒副作用，以及相对的延长生存时间。

中国医学科学院肿瘤医院综合科副主任吴晓明教授根据多年临床经验仔细分析了肿瘤相关性恶心、呕吐发生的常见原因，在“消化系统相关症状诊断和处理——恶心、呕吐的诊断和处理”的讲演中重点介绍了高致吐性化疗方案和中致吐性化疗方案发生急性呕吐和延迟性呕吐的治疗。吴教授还指出，预期性呕吐，即在应用下一次化疗药物之前即出现的恶心、呕吐，也被称为条件性、习得性或精神性恶心、呕吐，应特别受到临床医师的重视。约25%的患者在第四个化疗周期的发生预期性恶心、呕吐，青年患者预期性恶心、呕吐发生率高于老年，晕动症病史者发生率高。可考虑通过行为治疗（放松精神、系统脱敏疗法、催眠、音乐），针灸/穴位按压，及阿普唑仑、劳拉西泮等药物治疗。另外，吴教授指出，在治疗癌痛的同时，服用阿片类药物患者中，32%出现恶心，15%出现呕吐，需要引起医务人员的重视。这种呕吐一般发生于用药初期，症状大多在4~7天内缓解。对于有潜在恶心、呕吐风险的患者，如化疗期间或以前因服用阿片类药物出现过明显呕吐的，推荐使用预防用药，如普鲁氯嗪、甲氧氯普胺（胃复安）、氟哌啶醇、5-羟色胺受体拮抗剂等。对重度恶心、呕吐，应按时给予止吐药，必要时用5-羟色胺受体拮抗剂。如果恶心、呕吐持续1周以上者，可考虑转换阿片类药物，改变给药途径。最后，针对放疗诱导呕吐，如上腹部放疗、全身放疗等患者，可考虑5-羟色胺受体拮抗剂加用地塞米松进行治疗。

三、疼痛的相关症状诊断和处理

北京协和医院肿瘤内科宁晓红教授在“从国际癌痛治疗指南看经皮阿片药物的选择”的讲演中介绍，在临床上，由于放疗、化疗导致的严重口腔黏膜炎，或者患者因肿瘤因素而出现吞咽空难、肠道梗阻，以及合并肝、肾功能不全的患者，都不能或禁忌口服阿片类药物。对于这部分患者，2012年EAPC和NCCN癌痛指南重要更新内容就是将芬太尼透皮贴剂推荐为口服阿片类药物的首选替代方式。芬太尼是阿片受体激动剂，作用机制与吗啡相似，但作用强度为吗啡的60~80倍，与其他阿片类药物对于中重度疼痛的镇痛效果无区别，而且其作用迅速，维持时间短，不释放组胺，对心血管功能影响小。在阿片药物严重副作用——呼吸抑制方面，芬太尼的对呼吸的抑制要弱于吗啡，而且可被纳洛酮迅速拮抗，临床使用相对安全。更加值得说明的是，使用芬太尼发生便秘和呕吐的副作用较阿片类药物明显减少。因此，EAPC还推荐，对于持续便秘和任何原因造成的严重呕吐患者，可以考虑更换为芬太尼透皮贴剂。

关于癌痛的阿片类药物滴定一直是近年来肿瘤止痛治疗的热点。天津肿瘤医院疼痛科王昆教授在“阿片类药物的滴定和维持”的讲演中指出，欧洲姑息治疗学会根据既往多项研究结果，除口服即释剂型吗啡外，还推荐即释或缓释剂型的羟考酮和氢吗啡酮也可用于滴定。美国NCCN癌痛指南在口服片剂或口服液、注射剂、经口腔或颊黏膜吸收的含片、鼻喷剂等给药途径基础上增加了静脉滴定途径，其主要适用人群定义为：住院患者、重度疼痛、阿片剂量高并需频繁调整剂量、不能口服药物或存在口服吸收障碍等。这里必须指出，静脉和口服成为滴定阶段同等重要的给药途径，是因为考虑了该阶段快速止痛的目的和患者的迫切要求，但这并不意味着滴定之后的长效维持治疗阶段也采用同样的策略，口服给药仍是长期阿片维持治疗时的常规首选给药途径。阿片类药物耐受患者是指服用至少以下剂量药物者：口服吗啡 60mg/d，芬太尼透皮贴剂 25μg/h，口服羟考酮 30mg/d，口服氢吗啡酮 8mg/d，口服羟吗啡酮 25mg/d，或等效剂量其他阿片类药物，持续 1 周或更长时间。这类患者未达到理想的止痛目标需重新滴定，则以前 24 小时阿片药物剂量 10%~20% 的即释剂型作为初始滴定剂量，每 1 小时评估并调整后续剂量，经过 2~3 个周期后达到满意效果。另外，在阿片类药物维持治疗中，在疗效不佳、不能耐受的不良反应、患者状态改变（不能口服、剂量太大）等情况下，可考虑阿片药物轮替。最后，王昆教授指出，接受即释吗啡治疗者可于睡前将剂量加倍，以防痛醒。

北京军区总医院李小梅教授在“癌痛的辅助镇痛药物治疗”的讲演中指出，难治性癌痛占癌痛患者的 10%~20%，针对这一类患者，WHO 三阶梯止痛治疗方案并不能完全缓解疼痛。临床医师需要仔细分析癌痛原因，如神经病理性疼痛或合并炎症性疼痛等，并在阿片类药物的基础上加用辅助用药。目前主要的辅助用药包括抗惊厥药、三环类抗抑郁药和非甾体类抗炎镇痛药（NSAIDs）。以加巴喷丁、普瑞巴林、卡马西平为代表的抗惊厥药，能通过突触前抑制作用发挥作用，主要不良反应为头晕、嗜睡等。三环类抗抑郁药的代表药物是阿米替林，其辅助镇痛剂量小于抗抑郁剂量，应从低剂量起始缓慢增加剂量，其不良反应主要为抗胆碱作用。关于 NSAIDs，由于不同 NSAIDs 药物对 COX 家族的作用靶点不同，故其副作用也不尽相同，如对 COX1 抑制可导致消化道溃疡、出血、肾损伤，对 COX2 抑制可能增加心血管事件风险。因此需要根据患者特点个体化用药。需注意的是，对乙酰氨基酚并不属于 NSAIDs，无抗炎作用。因此，轻度非炎性疼痛应首选对乙酰氨基酚，有胃肠道溃疡或出血风险的患者慎用 COX1 倾向性抑制剂，合并心血管疾病的老年患者最好不用 NSAIDs，而以对乙酰氨基酚或弱阿片类药物替代，避免长期使用 NSAIDs，并杜绝同时使用两种 NSAIDs。注意与其他药物的相互作用：如 β 受体阻断剂可降低 NSAIDs 药效；避免同时服用抗凝剂；与洋地黄类药物合用时应注意防止洋地黄中毒。

南京军区南京总医院疼痛医学中心金毅教授在“难治性癌痛的评估与处理”的讲演中指出，难治性癌痛包括内脏痛、骨转移痛、癌痛综合征（以神经区域分布为代表的盆腔、颈胸出口、头面口咽部等）和癌性神经病理性疼痛（Maligant Neuropathic Pain，MNP）。MNP 有以下特点：自发痛和激发痛，躯体感觉系统受损，特殊的感觉模式，疼痛分布到其他正常组织，疼痛的分布超出受损区域，痛觉过敏/触诱发痛，感觉减退等。临床缺乏简便易行、敏感度和特异度高的辅助检查工具帮助我们诊断 MNP。除以阿片类药物、抗抑郁药、抗惊厥药、局部用药、激素等药物治疗外，金教授以形象生动、图文并茂的方式介绍了目前该领域的最新技术进展，包括脊柱鞘内镇痛给药、神经根阻滞/毁损术、神经离断术、经皮椎体成形术等。多学科的交流合作，进行个体化治疗是缓解 MNP 的关键。

四、呼吸系统相关症状的相关症状诊断和处理

华中科技大学附属同济医院肿瘤科副主任陈元教授在“晚期癌症患者呼吸困难的姑息治疗”的讲演中指出，晚期癌症患者常常出现自觉空气不足、呼吸费力的呼吸困难，而这种主观体验往往缺乏客观体征及实验室诊断依据。据统计，70.2%的患者在生命的最后 6 周里有呼吸困难，是独立的生存预测指标。呼吸困难的原因是多方面的，包括肿瘤本身、抗肿瘤治疗及感染、血栓性疾病、心脏疾病、贫血、心理因素等。针对呼吸困难的治疗包

括对因治疗和对症治疗。对症治疗包括：氧气、药物和非药物性干预措施。药物方面，东莨菪碱具有平滑肌解痉、兴奋呼吸中枢、减少呼吸道分泌的作用；苯二氮䓬类药物可以缓解患者焦虑；糖皮质激素适用于上腔静脉压迫、癌性淋巴管炎和 COPD 的患者；吸入性呋塞米存在争议；镇咳药和支气管扩张剂可考虑应用。非药物干预措施包括心理社会支持、患者自身调节、噘唇呼吸、放松治疗（如按摩、暗示疗法）。此外，陈教授指出，虽然阿片类药物的严重不良反应包括呼吸抑制，但是实际上，使用阿片治疗中重度疼痛时，呼吸抑制的发生率<0.5%，手术后接受阿片镇痛患者呼吸抑制的发生率为 0.038%。即释吗啡节断中枢对呼吸困难的感知，降低呼吸中枢对 CO_2 的敏感性，减弱过度的反射性呼吸兴奋，使急促浅表的呼吸得到缓解的中枢镇静作用，有利于消除患者的焦虑、恐惧情绪，降低新陈代谢，减少氧耗量，从而减少通气量，因此可有效缓解呼吸困难。故对于针对基础疾病治疗无法缓解的呼吸困难，在给氧及支气管舒张药物治疗基础上，可以考虑选择加用吗啡，从低剂量开始，用药后密切观察，必要时监测氧饱和度等客观指标。若证实患者对吗啡无效，应及时停药。

随后，华中科技大学附属同济医院肿瘤科副主任褚倩教授和大家一起针对两个呼吸困难的病例展开了讨论。

五、精神与心理相关症状的诊断和处理

北京大学肿瘤医院肿瘤康复科主任唐丽丽教授在“癌症谵妄和抑郁的诊断和治疗”的讲演中呼吁所有肿瘤科医师均要对癌症患者，尤其是晚期患者的谵妄和抑郁状态予以高度注意。谵妄方面，42%的晚期癌症患者会出现谵妄，88%的患者在死亡前会出现终末期谵妄。谵妄会在每日晚上和清晨比较严重，破坏睡眠周期，出现意识紊乱、定向障碍、现实检验功能的损害，并伴有恐惧、焦虑和妄想。采用谵妄症状评定量表（Delirium Rating Scale，DRS）和谵妄评定方法量表（CAM-CR）可针对患者的谵妄进行评估。抗精神病药物氟哌啶醇是治疗谵妄的“金标准”，给药方式为 0.5~5mg q30min~12h po，im，iv。长期或大剂量应用需注意锥体外系副作用。新型抗精神病药物，如奥氮平（再普乐）、利醅酮（维思通）和奎硫平（思瑞康）的锥体外系副作用较小，但也会导致躁动不安和帕金森病。因此有阿尔茨海默病（老年痴呆）的患者需慎用。使用可能导致直立性低血压的药物，特别是利醅酮（维思通）时，须注意其他条件或降低血压的药物，如抗高血压药物。此外，护理方面也十分重要。

抑郁是一种负性、不愉快的情绪体验，是以情绪低落、兴趣丧失、快感缺乏为主要特征的一类情感障碍。心理压力、长期使用皮质类固醇和中枢系统镇静剂、部分抗肿瘤药物、代谢异常、肿瘤本身及癌痛都是癌症患者抑郁的常见因素。调查显示，68%的癌痛患者伴有焦虑、抑郁，13%的疼痛患者为重度抑郁。癌痛与抑郁有着共同的生理机制，如与之相关联的大脑皮层、下丘脑-垂体-肾上腺轴、5-羟色胺和去甲肾上腺素神经递质等。以阿米替林为代表的三环类抗抑郁药和以度洛西丁、文拉法辛为代表的选择性 5-羟色胺再摄取抑制剂已成为癌痛治疗中的常规辅助用药。应从低剂量开始，2~4 周后稳定起效，并不能突然停药。服药过程中的恶心、呕吐反应，可通过调整剂量，或用昂丹司琼来控制。

六、终末期相关问题

培训班课程的最后部分由李嘉诚基金会全国宁养服务计划社工服务主任刘晓芳教授和上海新华宁养院主任沈伟教授共同组织，将所有学员分为5组，就具体病例开始即兴演练患者生前预嘱沟通技巧和坏消息的告知，本课程引入国外经常采用的“家庭会议”为主要形式，由医生扮演患者，有的医生扮演家属，然后转换角色，换位思考，锻炼学员的沟通技巧，处理患者和家属对病情发展的失望、绝望，甚至不理解带来的愤怒情绪；以开放的态度与患者和家属共同讨论患者的病情、治疗计划与照顾计划。刘教授指出，换位思考是沟通的关键。回应对方所说内容，回应对方的情绪感受，说出弦外之音，对病情、治疗进行解释说明，再重复上述过程的三段式回应法可有效地进行沟通。另外，召开家庭会议是提供诊治计划，寻求社会心理支持的重要方法。会议前，医疗团队应该先召集病例讨论会；选择一个安静、不受干扰的会场；邀请并提前确认参与者出席；任命一位会议主持人；在家庭成员到来之前，向全体与会的工作人员做简要介绍。会议中，观察患者与家属的互动情形，安排座位；由主持人先介绍医疗团队成员，然后请家庭成员做自我介绍；说明会议的目的及可利用的时间；分享临床资讯；以开放式问题，让每位患者/家属充分表达，给予回应，进行讨论与作决定。会议结束，简短摘要，制订明确计划，并对所有出席者表示感谢。

沈教授指出，终末期患者的治疗与护理在我国开展缓慢。对疾病发展的认知是帮助患者和家属减轻死亡恐惧的重要步骤。疾病加重临床主要表现为从户外活动转变为室内活动直至长期卧床；从生活自我管理者转变为生活被照顾者；进食量逐渐减少，直至无法进食；食物从固体转变成半流质直至流质；体重逐渐减轻，脂肪消耗明显；神志逐渐模糊；有些患者出现持续高热，抗感染治疗无效。在采用家庭会议形式充分沟通的基础上，进行针对性的体检和实验室检查，并使用以缓解症状为目的的药物，如镇痛、镇静，抗精神病类药物，抗胆碱能药物等。注意营养、口腔护理、舒适体位等。临终吼鸣可给予抗胆碱能药物，临终躁动可给予氟哌啶醇和苯二氮草类药物。保持环境安静舒适，控制访客人数和时间，轻轻触摸，适当进食，湿润嘴唇，抬高床头，让患者有尊严地走完人生。

（稿源：中国抗癌协会癌症康复与姑息治疗专业委员会）中国抗癌协会网站

2013年第二期全国肿瘤姑息与支持治疗专家培训班在京举办

由中国抗癌协会癌症康复与姑息治疗专业委员会（CRPC）主办的2013年第二期全国肿瘤姑息与支持治疗专家培训班，于2013年7月20日~21日在北京华腾美居酒店举办，共有60名来自全国各地的医生参加了此次培训班。十多位国内外肿瘤姑息治疗领域专家就“疼痛治疗”、“消化系统相关症状诊治”、“呼吸系统相关症状诊治”、“精神和心理相关症状诊治”和“患者晚期治疗计划”等专题进行了精彩报告。7月20日的会议由北京大学肿瘤医院中西医结合科主任李萍萍教授、北京军区总医院肿瘤科主任刘端祺教授主持，7月

21 日会议由 CRPC 主任委员、华中科技大学附属同济医院肿瘤中心主任于世英教授主持。

本次专家培训班的亮点之一是将学员分为 6 个小组进行讨论，并以书写白板的形式展示小组讨论意见。于世英教授在题为“肿瘤姑息与支持治疗发展趋势”的讲演中充分利用了小组讨论这一特点，和大家一起着重讨论了“姑息治疗这一名称是否需要修改?”“你所知道的姑息与支持治疗基本用药目录”、“你认为肿瘤姑息与支持治疗所需要关注的重点与难点”等问题。于教授指出，随着综合治疗的深入，已有多项研究指出早期开展姑息与支持治疗能使患者生存期延长。“支持治疗”、“姑息治疗”、“临终关怀”、“舒缓治疗”、“宁养服务”等多个概念各有侧重、互有补充，很难完全概括全貌。因此，目前临床上将这一治疗的概念扩展到“姑息与支持治疗”，希望将来能出现更具有概括力的称呼。基本用药目录的概念需要进一步深入人心，并落实到具体的医疗保险政策中，这样才能为更多的患者服务。

随后，北京协和医院肿瘤内科宁晓红教授进行了题为“阿片类药物的滴定和维持”的演讲，北京大学肿瘤医院中西医结合科李占东教授进行了题为“阿片类药物滴定的几点思考与问题”的演讲，北京军区总医院李小梅教授、第二炮兵总医院李博教授进行了题为“难治性癌痛的治疗策略”的演讲，南京医科大学附属第二医院肿瘤科王科明教授进行了题为“从国际癌痛治疗指南看经皮阿片药物的选择”的演讲，中国医学科学院肿瘤医院综合科副主任吴晓明教授进行了题为“消化系统相关症状诊断和处理——恶心呕吐的诊断和处理”的演讲，河北省肿瘤医院肿瘤内科主任刘巍教授进行了题为“消化系统相关症状诊断和处理——便秘的诊断和处理”的演讲，华中科技大学附属同济医院肿瘤科副主任陈元教授进行了题为“晚期癌症患者呼吸困难的姑息治疗”的演讲，北京大学肿瘤医院肿瘤康复科主任唐丽丽教授进行了题为“癌症谵妄和抑郁的诊断和治疗”的演讲。

情景剧现场

培训班课程的最后部分由李嘉诚基金会全国宁养服务计划社工服务主任刘晓芳教授和上海新华宁养院主任沈伟教授共同组织，介绍患者晚期治疗计划。这一部分采取了情景剧的方式，让学员上台扮演医生、护士、患者及家属的角色，直观地阐述终末期患者医患交流中的障碍和困难。两位教授指出，“生死两相安”，让逝者有尊严地在爱的环境中离去，让生者能够继续自己的生活（家属），或是摆脱职业上的挫折感和无力感（医护人员），就必须建立在有技巧的充分沟通的基础上。拥有换位思考的“同理心”，通过同理（重复关键字词，回应情绪感受，说出弦外之音）——解释说明——再同理的方式进行沟通，从倾听做起。比如对于家属要求不要告诉患者病情这一要求，医护人员可以通过聆听原因（“为什么不让患者知道?”），评估患者对病情的理解（“那你觉得，患者是否问过病情？是否希望知道病情？”），提供专业知识（“让我告诉你以前类似的情况下其他患者是怎么做的好不好？”）等方式打开心结。家庭会议同样也是极其重要的沟通方式。

本次培训班在培训前针对肿瘤姑息与支持治疗相关的一系列问题进行了投票器投票，并在培训完成后针对同样的问题进行投票以了解学员的学习情况。投票数据显示，学员经过学习后，在阿片类药物选择及滴定，辅助药物的选择，消化系统、呼吸系统症状的诊疗，癌症患者抑郁和谵妄的处理，以及临终期医患沟通技巧上有了更为全面而深入的认识。学员们认为培训班内容翔实，方法多样，收效良好。（华中科技大学附属同济医院肿瘤中心）

（稿源：癌症康复与姑息治疗专业委员会）中国抗癌协会网站

海峡两岸肿瘤姑息治疗高峰论坛在常州召开

由北京抗癌协会主办，江苏省常州市第二人民医院承办的国家级继续教育项目“姑息治疗是肿瘤综合治疗的主角研讨班——海峡两岸肿瘤姑息治疗高峰论坛”于2013年4月17日~21日在江苏常州召开。参会人员达300余人，除江苏省外，来自北京、上海、广东、辽宁、江西、新疆等15个省（区、市）的人员有160人。包括台湾、香港在内的33位专家教授就肿瘤的姑息治疗，尤其是晚期肿瘤宁养医疗进行学术研讨，期间还与患者互动，举办“肿瘤心理工作坊”，开展了肿瘤心理咨询、肿瘤义诊和科普宣传。

这次研讨会的参会人员广泛，聘请的授课者都是活跃在大陆和港、台地区肿瘤姑息治疗领域既有实践经验又有理论造诣的知名专家，讨论的话题也有一定深度，且为国内类似研讨会鲜有涉及。除了对姑息治疗的一般概念及其内涵的探讨及症状处理的实践，与会者更多地关注对肿瘤治疗（包括放疗、化疗、手术治疗、靶向治疗、免疫治疗）适宜度的判断把握，以及晚期肿瘤患者临终症状的临床处理。辞世教育、临终关怀、宗教与死亡、濒死者的灵性问题、安乐死、生前预嘱、居家死亡等以往少有讨论的话题也被提上日程。参会者百家争鸣，各抒己见，阐述各自的见解和经验，为今后继续深入研究这类“边缘”问题开了个好头。

大家认为，这次研讨班是在我国肿瘤综合治疗的概念在业内获得广泛共识，姑息治疗得到越来越多重视的大背景下举行的，研讨会突出了“姑息治疗是肿瘤综合治疗的主角”这一主题，达到了预期目的。这次研讨会成功的特点是学风勤勉，选题是业内关注，也为同道兴趣所在，强调学以致用，尽管研讨会长达3天半，大多数人还是坚持听完全部课程；抗癌协会相关领导自始至终给予细致的指导，江苏省、常州市的有关方面，特别是常州二院的领导都尽所能为研讨会的顺利举行提供了方便。

《健康报》《中国医学论坛报》《医师报》《常州日报》、凤凰卫视、常州电视台对研讨会进行了报道。

（稿源：北京抗癌协会）中国抗癌协会网站

河北医科大学第四医院肿瘤内科肿瘤心理主题学术会议举行

——清医者之心 寡患者之“郁”

2013年5月6日，由河北省抗癌协会肿瘤心理专业委员会和河北医科大学第四医院肿瘤内科联合主办的第二次肿瘤心理主题学术会议——清心寡“郁”，在河北医科大学第四医院多功能厅成功举行。本次会议关注“抑郁”主题，特邀心理精神卫生方面专家讲解，为与会医师、患者及家属更好地了解“抑郁”，从而战胜“抑郁”。

大会伊始，由河北省抗癌协会秘书长刘巍教授发表热情洋溢的讲话，她希望通过这样肿瘤心理方面的学术交流，让更多的医生关注肿瘤心理问题，不断更新理念，更有效地提高肿瘤患者的生存质量。本次大会邀请河北医科大学第一医院顾平教授做了题为“肿瘤共病抑郁的诊断与治疗”的学术报告，从专业角度阐述了肿瘤患者抑郁的发生、发展机制，为大家带来了识别抑郁技巧和治疗方法。随后河北医科大学第四医院护理部康琳教授做了题为“临床工作是医患心理交流最好平台”，从临床护理工作一线出发，将日常工作和医患心理交流相联合，传授医患沟通技巧，得到与会人员的强烈共鸣。本次“肿瘤心理主题学术会议”共有150余名医生及患者参会，取得了良好效果。

恶性肿瘤患者最常见的情绪障碍就是抑郁，国内外报道发病率达25%~75%，据估计，抑郁症可使癌症患者长期生存率降低10%~20%。WHO多中心合作资料显示：内科医生对抑郁识别率仅为55.6%，国内则更低。因此急需提高临床医师对恶性肿瘤患者抑郁情况的重视和处理能力。本次“肿瘤心理主题学术会议”正是切合这样主题，希望通过这样的心理主题学术交流不断更新理念，提升医生重视抑郁意识。

（稿源：河北省抗癌协会）中国抗癌协会网站

中国癌症基金会2013年度员工培训在宁夏银川举行

2013年6月7日，中国癌症基金会在宁夏银川举行了年度员工培训活动。彭玉理事长、赵平副理事长兼秘书长和余瑶琴常务副秘书长等23人参加了培训活动。

培训班由余瑶琴常务副秘书长主持。彭玉理事长结合中国癌症基金会的工作讲述了学习党的十八大精神的体会；赵平秘书长介绍了中国改革的形势以及基金会面临的机会与挑战，并针对基金会在快速发展中的问题与困难进行了深刻分析，提出了有效的应对措施和改进方法；乔友林副秘书长介绍了宫颈癌协作组十年的发展历程。

彭玉理事长的报告使全体工作人员重温了党的十八大精神，加深了理解，提高了认识，特别是对今后工作的建议，给基金会未来工作指明了方向，明确了目标。彭理事长对党的十八大精神分析透彻，使与会者从中认识到社会未来发展的目标，看到了社会发展所取得的成绩和存在的问题。结合党的十八大精神，彭理事长还分别从加强基金会制度建设、加强队伍建设、加强团结统一管理、不断改进工作方法四个方面提出了高屋建瓴的建设性意见。

赵平副理事长结合基金会2012年实际工作中存在的问题进行了详细分析，深入浅出、极具说服力，使大家受益匪浅。赵副理事长要求基金会强化项目策划书的设计和实地调查研究的路径，做到行动前充分分析困难和问题，面对问题要有应对预案，认真做好每一处细节，从而提高基金会执行项目的综合能力；同时他也对药品援助项目的相关问题进行了深刻分析，并提出了应对策略。赵副理事长强调，中国癌症基金会正在不断探索基金会发展的新模式，不断完善基金会的科学管理体系，同时也正在步入一个崭新的时代，担负着开创中国慈善事业未来和维护社会和谐稳定的重任。

乔友林副秘书长借此培训机会介绍了宫颈癌协作组十年的历程，协作组成立的背景，协作组的工作内容，协作组的运作模式和经验体会。宫颈癌协作组的成立在中国宫颈癌防

治领域起了巨大的推动作用，协作组制定了《中国癌症预防与控制规划纲要》（2004～2010）和宫颈癌早诊早治指南；举办了大量的地方基层技术培训班，提高了专业队伍水平；为中国宫颈癌国际学术交流提供了平台，协作组在国内外享有良好声誉。

最后，余瑶琴常务副秘书长作了培训班总结，将各位领导的培训内容进行了梳理，并希望全体工作人员认真学习会议精神，要求大家在日后工作中要讲团结，讲奉献，求实效，统一思想，统一认识，共同把基金会工作推向一个新的高度。

（稿源：中国癌症基金会）

中国抗癌协会2013年“世界癌症日”启动仪式在武汉举行

针对全球癌症发病率和死亡率急剧上升的现状，在2000年世界肿瘤高峰会议上，国际抗癌联盟（UICC）和联合国教科文组织签署“巴黎抗癌宪章”，呼吁建立肿瘤科研的国际性合作，攻克癌症，使全世界的癌症病人都能得到更好的医疗、照顾和关心，并把每年2月4日定为“世界癌症日”。世界癌症日已被列为WHO及我国卫生部的卫生与健康活动日，旨在全世界范围内同步开展肿瘤防治的科普宣传。中国抗癌协会作为国际抗癌联盟的成员和中国联络处，自2009年开始，每年都在全国范围内举办“世界癌症日”主题活动，引起了社会的广泛关注，产生了深远的影响。

2013年2月2日，中国抗癌协会及中国科协、卫生部等上级主管部门的领导，WHO驻华代表，国内外专家、学者等齐聚江城武汉同济医院，举行2013年“世界癌症日”启动仪式。

2013年“世界癌症日”启动仪式由中国抗癌协会癌症康复与姑息治疗专业委员会、华中科技大学同济医学院附属同济医院承办，武汉市医学会肿瘤专业委员会、湖北省抗癌协会、湖北省肿瘤学会协办。今年“世界癌症日”活动主题为——“你了解癌症吗?（cancer，did you know?）”活动主办方围绕这一主题开展包括启动仪式、“无痛过年”医患联谊会、肿瘤防治高峰论坛暨媒体见面会和专题学术会议等在内的丰富多彩的活动。中国抗癌协会理事长郝希山院士，华中科技大学校长李培根院士，中国抗癌协会副理事长于金明院士，中国抗癌协会秘书长、天津医科大学肿瘤医院副院长王瑛教授，卫生部疾病控制局慢病处吴良有处长，WHO驻华代表蓝睿明博士，湖北省卫生厅张瑜副厅长，湖北省抗癌协会理事长陈焕朝教授，华中科技大学同济医学院附属同济医院副院长王伟教授，中国抗癌协会癌症康复与姑息治疗专业委员会主任委员、同济医院肿瘤中心主任于世英教授，中国抗癌协会副秘书长、原全军肿瘤内科诊断治疗中心主任刘端祺教授，中国抗癌协会科普宣传部部长、中国癌症基金会控烟与肺癌防治工作部主任支修益教授，湖北省抗癌协会副理事长、省肿瘤医院院长魏少忠教授，同济医院马丁教授、周剑锋教授等四十余位肿瘤界专家，一百余位肿瘤专业技术人员及三百余名肿瘤患者出席大会并参加各项活动。

启动仪式（主会场）活动于2月2日上午8：30~9：30在武汉长江大酒店举行。中国抗癌协会秘书长王瑛教授主持会议。中国抗癌协会理事长郝希山院士致辞。他首先感谢与会专家、媒体、患者对于“世界癌症日”活动的大力支持，并预祝活动取得圆满成功。郝院士指出，注重对癌症的早期诊断、早期发现、早期治疗，是扭转癌症发病率日益升高这一严峻趋势的最佳途径。另外，医疗资源配置的不均衡，使得我们的防癌抗癌工作，需要付出更加艰巨的努力。中国抗癌协会作为肿瘤学领域唯一的国家一级学会，会承担起自身的使命，联合各界力量，大力开展推进防癌控癌工作，真正为癌症患者带来福音。

同济医院副院长王伟教授代表活动承办方致辞。他指出，以同济医院为代表的综合性医院，是防癌抗癌的科研工作和临床工作的核心力量。目前防癌抗癌工作正由单一学科向多学科综合治疗模式转化，而多学科协作，正是综合性医院的优势所在。手术、放疗、化疗、分子靶向药物治疗、介入治疗等多管齐下，积极开展姑息与对症支持治疗，极大提高了癌症的治疗效果，提高了癌症患者的生活质量。

WHO 驻华代表蓝睿明博士代表 WHO 致辞。蓝博士指出，全球死亡人数中，由癌症引起的所占比例超过艾滋病、肺结核和疟疾的总和。在 2008 年全球 760 万死亡人数中，55%以上发生在经济欠发达地区。到 2030 年底，每年所估计的 2140 万新发癌症病例中，预计有 60%~70 %将出现在发展中国家。2008 年全球 760 万人死于癌症。70%发生在中低收入国家。癌症还是中国致死率最高的疾病。“世界癌症日”活动，旨在提高对于癌症防治工作的认知程度，鼓励政府、社会团体和个人共同努力对抗癌症。

本次“世界癌症日”活动主题是澄清癌症的误区。

误区 1：“癌症仅仅是一个健康问题。”其实，癌症不仅是一个健康问题，还是对社会、经济、国家发展和人权造成深远影响的社会问题。

误区 2：“癌症是富裕、老年及经济发达国家的疾病。”癌症不仅仅是富裕、老年及经济发达国家的疾病，它还是一个全球常见病。癌症可能影响每一个人，无论儿童、年轻或老年人，无论富人或穷人，无论男人或女人。癌症已成为发展中国家不堪承担的重负。

误区 3：“诊断癌症即被判处死刑。”许多过去被认为是无法治愈的癌症，现在已可以治愈，越来越多的癌症患者可能得到更加有效的治疗。

误区 4：“癌症是不可避免的厄运。”只要我们采取正确的癌症预防策略，可以让常见癌症的发病人数减少三分之一。

WHO 呼吁从限制烟草和酒精、规律饮食、适当运动，注射乙肝和宫颈癌疫苗等方式来预防癌症，并针对高危地区高危人群开展筛查。中国目前在这些方面的工作有了很大的进展，未来包括 WHO 在内的国际组织将给予中国政府以更大的支持。

湖北省卫生厅张瑜副厅长简要介绍了湖北防癌抗癌工作的现状。张副厅长指出，半个多世纪以来，几代湖北省肿瘤防治工作者以防癌抗癌为自己的夙愿。省卫生厅在卫生部指导下，与中国抗癌协会在内的各大学会紧密合作，共同推动防癌抗癌事业，提高公众防癌抗癌意识。近年来，湖北省卫生厅出台了“十二五”防治规划，组织实施了倡导健康生活方式为主要内容的“健康湖北”全民行动，相继开展了乳腺癌、宫颈癌、食管癌等疾病的早诊早治工作，遍布全省城乡的癌症防治网络正在形成。湖北省卫生厅将进一步加大工作力度，为湖北人民防癌抗癌工作贡献自己的力量。

卫生部疾病控制局慢病处吴良有处长介绍了 2012 年中国肿瘤登记中心最新发布的《2012 中国肿瘤登记年报》。《年报》显示，全国每年肿瘤发病率为 286/10 万，死亡率为 181/10 万。全国每年新发肿瘤病例 312 万，平均每天 8550 人，全国每分钟有 6 人被诊断为癌症。全国每年因癌症死亡的病例达 270 万，占居民死因的 13%，即每 7~8 人中会有 1 人因癌症死亡。而以武汉市为例，从 2007 年开始至今，癌症居武汉居民死亡原因第一名——高于 25%并逐年上升。在癌症的死因排名中，肺癌是第一名。呼吸道癌和消化道癌是主要致死原因，其中男性“杀手”以肺癌、肝癌、肠癌、胃癌为主，女性中排在第一位的是乳腺癌，其次是肺癌、消化道癌。防癌抗癌的道路任重道远，我国的肿瘤工作者面临着更加严峻的任务和挑战。当癌症发病与死亡人数急剧上升，当癌症对患者家庭及社会带来沉重

启动仪式领导合影

负担，当癌症已成为社会卫生健康危机时，癌症防控工作就不单单是医疗机构的职责，而是需要在政府的主导下，动员全社会的力量，形成政府、社会和个人共同参与的局面，让更多的癌症患者共享幸福生活。华中科技大学校长李培根院士在致辞中指出，多年来华中科技大学积极采取措施，从人才、设备和科研投入等方面加强医科力量，不断加大对癌症的研究力度。学校生命科学院、同济医学院及三所附属医院的专家们，持续努力攻关，并取得了一定的成效。同时学校还发挥工科、医科和理科等学科优势，积极进行医工、医理等多学科交叉、融合，从一个全新的角度探究癌症的发病之因和预防、诊治之方。癌症是危害人类健康的主要因素之一，也是当前人类尚未完全攻克的医学难题之一。正因为至今没有完全攻克，所以作为医学研究前沿的科研院校应该进一步行动起来，尽自己最大的努力，组织科研队伍，进行研究攻关。

启动仪式最后，各位嘉宾依次在电子屏幕板上签名，启动抗癌日活动。随着 2013 年“世界癌症日”启动仪式在江城武汉的成功举行，全国范围的“世界癌症日”防癌抗癌科普宣传活动拉开了序幕。

（稿源：中国抗癌协会）

2013 年“世界癌症日”肿瘤防治高峰论坛暨媒体见面会在武汉举行

2013 年“世界癌症日”的主题定为——“你了解癌症吗?”，我们希望消除公众对癌症的错误认知，消除公众对癌症的恐惧。通过培养公众客观、理性地认识到癌症“可防、可控、可治”，引导公众养成健康的生活方式，注重早发现、早诊断、早治疗，提高生存质量，实现减缓并最终控制癌症死亡率增长这一目标。2 月 2 日，围绕今年的活动主题，中国抗癌协会在江城武汉召开“肿瘤防治高峰论坛暨媒体见面会”活动。

现场专家合影

活动当天参会专家包括中国抗癌协会理事长郝希山院士、副理事长于金明院士，中国抗癌协会秘书长、天津医科大学肿瘤医院副院长王瑛教授，中国抗癌协会副秘书长、原全军肿瘤内科诊断治疗中心主任刘端祺教授，中国抗癌协会科普宣传部部长、中国癌症基金会控烟与肺癌防治工作部主任支修益教授，湖北省抗癌协会副理事长、省肿瘤医院院长魏少忠教授，中国抗癌协会癌症康复与姑息治疗专业委员会主任委员、华中科技大学同济医学院附属同济医院肿瘤中心主任于世英教授，同济医院马丁教授，与到场的《健康报》《中国医学论坛报》《湖北日报》《楚天都市报》《楚天金报》《长江日报》《武汉晚报》《武汉晨报》、中新社、新华社、武汉电视台《百姓连线》、武汉广播电台等媒体记者启动以“直面中国肿瘤防治的新挑战”为主题的肿瘤防治高峰论坛暨媒体见面会。

郝希山院士指出，中国抗癌协会（CACA）于1984年成立，是我国肿瘤学领域唯一的国家一级学会，肩负着推进中国肿瘤防治事业的使命。其主要宗旨和任务为开展全国肿瘤防治知识的临床诊疗、科学研究和科普教育。中国肿瘤防治工作的科普教育一直是我们工作的重点，其中重要的工作之一就是今天所举办的“世界癌症日”活动。今年主题为“你了解癌症吗？（Cancer，did you know?）”，以这样的一个问题形式出发，澄清对癌症的错误认知，使得社会各界和医务工作者携手，共同抗击癌症。每年癌症新发病例的增长速度高达3%，这一严峻现实是包括中国在内的全世界国家所面对的难题。2011年9月，联合国大会经过协商一致通过《关于预防和控制非传染性疾病问题高级别会议的政治宣言草案》。针对癌症、糖尿病、心血管疾病、慢性肺部疾病四大非传染性疾病，呼吁采取国家级的防控计划，为国际社会采取联合行为以控制疾病流行、拯救百万生命和加强发展行动而提供契机。《宣言》希望在2020年将癌症死亡率降低25%。目前中国的癌症发病人数占全世界1/5，而中国的癌症死亡人数占全世界1/4。中国肿瘤防治工作任重而道远。因此，我们呼唤全社会共同努力，扭转这一现状。此外，中国抗癌协会从1995年开始举办“全国肿瘤防治宣传周”活动，今年活动主会场设在重庆。活动主题为“传播癌症防治知识，提高大众防癌抗癌能力”。中国抗癌协会将通过每两年举办的学术大会和40个专业委员会的学术活动，交流经验、分享前沿成果，为推动我国肿瘤防治事业的发展而奋斗。同时，中国抗癌协会还将调动行业专家资源，包括15位院士在内，不断为国家和各级政府的肿瘤防治事业建言献策。

魏少忠院长指出，肿瘤专科医院在肿瘤防治工作方面主要应起下列作用：第一，做好科普知识宣传工作，倡导良好生活习惯，减少肿瘤发生。第二，做好早期诊断、筛查工作。第三，指导基层工作，开展规范化诊断与治疗。肿瘤首诊首治非常重要，患者治疗效果不佳的原因之一就是首次诊断、治疗的不规范。目前湖北省医师学会、湖北省肿瘤学会的相关单位都挂靠在我们医院，我们将与学会携手进一步开展这方面的工作。第四，作为公立医院，呼吁政府和卫生主管部门加大对肿瘤患者的支持力度。目前，肿瘤规范化治疗的最大困难在于医保和新农合的报销比例过低，很多高端的规范化治疗用不上。加大这方面的资金投入，是对肿瘤患者支持和关爱最直接的体现。

马丁教授指出，妇科肿瘤目前重点是宫颈癌、乳腺癌筛查，即“两癌筛查”。卫生部于2009年7月启动了全国农村妇女的“两癌”筛查项目，旨在通过三年试点，采取宣传、健康教育和检查等方式，对项目试点地区的18~65岁农村妇女实施“两癌”免费筛查项目。目前进入第二轮，将继续扩大试点地区，争取有一天能够涵盖全国妇女人群。宫颈癌虽然处在高发状态，但从2001~2009年，宫颈癌发病率逐步下降，晚期患者由最开始的50%降低到现在的5%，95%为Ⅰ~Ⅱ期患者。但这样的工作还是不够的。目前发达国家大部分宫颈癌阻断在癌前病变以前，癌前病变之后相当少。在北京、上海等经济发达地区，宫颈癌发病率已经低于子宫内膜癌，我们希望能够早日实现中国宫颈癌阻断在癌前病变之前的目标。宫颈癌的另一个趋势是年轻化，生育期妇女罹患宫颈癌比例增高，其生育能力和内分泌功能将会因疾病本身和治疗受损。这对于患者而言无疑是双重打击。同济医院妇产科10年前即已经开展宫颈癌合理治疗工作，在保证疗效的基础上保留卵巢功能，并为生育期妇女保留生育功能，目前正为此目标进一步努力，并通过每年举办一次“保护妇女儿童健康论坛”的活动，向社会和同行进行宣传。

刘端祺教授指出，我国在20世纪中叶还是一个癌症发病率较低的国家，但最近30多年来，癌症的发病率呈直线上升的趋势。自2007年起，癌症已经超过心脑血管疾病，跃居北京市居民死因的第一位，全国也是如此。需要解决的最紧迫的问题是提高全民对科学抗癌的认知度，普及全民积极预防、早期发现肿瘤的相关知识。要科学抗癌，首先就要科学地认识癌症。在发达国家和地区，能够治愈的肿瘤患者已占半数以上。仔细分析这些治愈病例，不难发现，肿瘤病灶的早期发现和手术的及时切除对肿瘤治愈率的提高贡献最大；而晚期肿瘤真正治愈的为数并不很多。显然，“预防为主”医疗体制的确立、科学知识的普及，是早期肿瘤及时发现并得以治愈的关键所在；高端医疗技术的应用尚居其次，而且必须以全民肿瘤防治意识的提高为前提。就是说，科学抗癌的第一要务是预防癌和早期发现癌。对于肿瘤预防，我的总结为“始于英年”、“饮食清淡”、“坚决戒烟”，“适当锻炼”，“豁达乐观”，“定期体检”24个字。

支修益教授指出，中国消耗了全球1/3的烟草总量，目前有3.5亿烟民。而在过去的30年，肺癌死亡率增加了465%，这与烟草的流行非常相关。烟草是一个慢性致病因素，具有剂量关系。开始吸烟到发病高峰有30年的时间。年轻人烟民认为癌症离自己很远，殊不知年轻开始吸烟，过30年后正好达到了发病高峰。每天吸烟支数×时间（年）大于400的认为是肺癌的高危人群。此外，所谓低焦油烟草并不能降低烟草的危害。二手烟与一手烟有相同的暴露危害。被动吸烟者得病机会也会高。因此戒烟，既为自己，也为家人，什么时候都不会迟。特别注意的是，吸烟是一种慢性尼古丁依赖性疾病，单靠决心成功戒烟的人只有3%。需要医生通过可靠药物和戒烟计划帮助吸烟者戒烟。

于金明院士指出，目前肿瘤治疗采取的是肿瘤手术、放疗、化疗、分子靶向药物治疗的综合治疗，即“鸡尾酒疗法”。美国2005年最新的数据证实，手术和放疗对于癌症治疗的贡献度远远高于化疗和分子靶向药物治疗，因此我们临床上要更重视放疗。肿瘤治疗任重而道远，需要全社会共同努力，特别是政府部门和社会团体的努力。在美国定期体检是保险公司部门的必有政策，目的就是为了肿瘤的早期发现，既为患者带来好处，同时也减少治疗花费。

于世英教授强调了两点，一是癌症康复与姑息支持治疗是癌症患者的基本人权，二是癌症康复与姑息支持治疗应该贯穿于整个抗癌治疗的全过程。医疗资源永远是有限的，而患者需求越来越高。如何平衡抗肿瘤治疗与癌症康复与姑息支持治疗费用的比例是需要卫生主管部门做决策重点考虑的内容。世界人权组织等三大人权组织于前年发表宣言，表明癌症康复与姑息支持治疗是癌症患者的基本人权。目前，中国抗癌协会癌症康复与姑息治疗专业委员会以制定基本药物目录为触发点，努力从政策层面、专业层面、公众认知层面提高对癌症康复与姑息支持治疗的认识，保障患者的这一权利。癌症是慢性疾病，患者常常因疾病本身和抗肿瘤治疗导致生活质量的降低，而癌症康复与姑息支持治疗可以有效地提高患者的生活质量。早期，抗肿瘤治疗的创伤和毒性可以通过康复与姑息支持治疗加以缓解，如化疗时候的止吐治疗。中期，适度抗肿瘤治疗结合康复与姑息支持治疗，能够让患者更有信心完成治疗。而对于晚期和终末期患者，我们必须面对现实，现代医疗不能阻止所有的死亡，癌症康复与姑息支持治疗能够让患者最后的人生更有尊严。

最后，专家与媒体进行了充分的沟通与互动。

（稿源：中国抗癌协会）

中国抗癌协会专家受邀参加央视网“世界癌症日”特别访谈节目

为了配合2月4日“世界癌症日”宣传活动，央视网健康台《健康有约》邀请了中国抗癌协会理事长郝希山院士、副理事长高国兰教授、副秘书长刘端祺教授、科普宣传部部长支修益教授、常务理事于世英教授，参加“世界癌症日”特别节目录制，就我国目前癌症防控的现状及公众如何防癌抗癌等话题进行了专题访谈。

郝希山院士介绍了“世界癌症日”的由来，指出中国抗癌协会作为国际抗癌联盟的成员和中国联络处，自2009年开始，每年都举办“世界癌症日”主题活动，引起了全社会的广泛关注，产生了深远的影响。

郝希山院士高屋建瓴地介绍了全球癌症发病情况、我国癌症发病特点及新趋势、我国癌症治疗临床进展、公众防癌科普教育现状等内容。针对公众普遍持有的“癌症等于绝症”的偏见，郝希山院士说：“有人认为得了肿瘤就等于死亡，这个概念是不对的。预防癌症分为两种：一种是一级预防，即少发生或不发生肿瘤；另一种是二级预防，即早诊早治。改革开放以来，我国的肿瘤治愈率大有提高，早诊断、早治疗，已经成为提高肿瘤治愈率、延长生存率的最有效办法。”

郝希山院士发言

高国兰教授作为妇科癌症治疗领域的专家，介绍了女性高发癌症情况及妇科肿瘤临床治疗进展，就乳腺癌、妇科肿瘤等常见癌症如何预防等问题做出了权威解答。

刘端祺教授系统阐述了如何养成健康的生活方式，如何有效地远离癌症威胁。他介绍说，社会上一直有“癌症性格”的说法。其实，单纯从性格上来认定某个人一定得癌症，这种评判是不科学的。没有一种固定的性格就注定是一定要患癌症的。不过，日常生活中确应注意及时疏解压力和不良情绪，保持心理健康。适当进行体育锻炼也有利于疏解压力，还可以增加免疫力，有助于远离癌症。

针对有人认为吸低焦油含量的烟草可减低危害，中国抗癌协会科普宣传部部长、首都医科大学肺癌诊疗中心主任支修益教授说，低焦油烟也不能减低致癌率。烟草中含有69种致癌物质，焦油只是其中一种，这些致癌物对呼吸系统、心脏等都有危害，单纯降低焦油量不能有效降低烟草危害。他还精辟地阐述了近期频繁出现的雾霾对呼吸道疾病的影响。

作为癌症疼痛治疗和姑息治疗方面的专家，中国抗癌协会癌症康复与姑息治疗专业委员会主任委员于世英教授介绍了晚期癌症患者如何选择有效的除痛治疗和姑息治疗方法，从而最大限度地减轻患者痛苦和保证生活质量。

2013年“世界癌症日”的主题为——“你了解癌症吗?”（cancer，did you know?），中国抗癌协会希望通过一系列的科普活动，消除公众对癌症的错误认知，消除公众对癌症的恐惧，引导公众认识到癌症“可防、可控、可治”，引导公众养成健康的生活方式，注重早发现、早诊断、早治疗，提高生存质量，实现减缓并最终控制癌症死亡率增长这一目标。

本次访谈节目的录制播出，不仅会有效扩大今年“世界癌症日”的传播效应，而且具有很好的示范作用，启发我们把中国抗癌协会最高端的行业资源，与最高端的媒体资源（如央视）有机结合，将权威的声音通过专业的信息传媒平台，高效快速传播到最广泛的公众中去。

（稿源：中国抗癌协会）

郝希山理事长、高国兰副理事长、王瑛秘书长及相关专家合影

相关链接

2013 年“世界癌症日”主题宣传：“你了解癌症吗?”

针对 2013 年世界癌症日主题“你了解癌症吗？（Cancer，did you know?）”，UICC 提出了公众在对癌症防控的认识方面，常见的 4 大误区，并引证驳斥，本文简要总结，以供参考。

误区 1：癌症只是一个健康问题

事实：癌症并不仅仅是健康问题，它具有广泛的社会、经济、发展和人权影响。

癌症和发展：癌症对全球发展构成了重大挑战，阻碍了社会和经济进步。

癌症和卫生政策：有效的癌症防控需要所有政府部门的参与（不只是卫生主管机构）。

投资癌症：投资于癌症的预防和早期诊断要比治疗癌症本身更具经济效益。

误区 2：癌症是富裕的、老龄化的和发达国家的疾病

事实：癌症是全球性流行疾病，影响所有年龄、社会经济阶层，而发展中国家承载着不相称的负担。

癌症在发展中国家：癌症是一个全球性的问题，而且在较贫穷国家中，成为越来越重要的公共健康问题。

癌症与感染性疾病：很多发展中国家现在面临持续增长的感染性疾病和 NCD（包括癌症）的双重负担。

癌症和人口老化：癌症不仅影响老年人，也会影响青壮年的男性和女性，而且往往是在他们处于事业发展的重要时期。这一问题在发展中国家须特别关注。

癌症和财富：癌症对于所有人的影响都是具有破坏性的，但对于穷人、弱势人群以及社会地位低下的人更是如此，癌症会使他们病得更重、死得更早。

误区3：癌症意味着死亡

事实：很多既往认为是致死性的恶性肿瘤，现在是可以治愈的。而且对于很多患者来说，他们的癌症是可以被有效治疗的。

癌症防治的进步：危险因素认知及预防、早期诊断和治疗的进展，为癌症疾病管理带来了变革，改善了患者预后。

癌症服务的可获得性：可惜的是，获得综合性癌症治疗，包括获得关键药物，更多地局限于富裕的国家和个人。

所有资源条件下确保癌症服务的实施：癌症防控措施是存在的，并且可以被整合到所有资源条件中实施。提高公众和政府对这一问题的认知是获得公平癌症防控的重要因素。

误区4：癌症是命中注定的

事实：使用正确的方法，1/3的常见癌症是可以被预防的。

癌症预防：从长远角度，预防是最具有成本效益和可持续性的、降低全球癌症负担的方式。

癌症知识：缺乏对癌症的信息和认知，严重阻碍了发展中国家有效的癌症控制和治疗，特别是在癌症早期可控制阶段的治疗。

癌症的预后：大多数癌症，发达与发展中国家患者的预后不同。

（稿源：中国抗癌协会）

第十九届全国肿瘤防治宣传周确定主题

“4.15全国肿瘤防治宣传周”是中国抗癌协会科普宣传的精品活动之一，每年4月15日~21日在全国范围内展开，自1995年至今已成功举办了十八届。

第十九届全国肿瘤防治宣传周主会场活动将由中国抗癌协会主办，重庆市卫生局、重庆市肿瘤防治办公室、重庆市肿瘤医院承办，主题为“保护环境，远离癌症”。癌症的发生是一个多因素参与、多途径、多步骤的复杂过程，是环境因素和遗传因素共同作用的结果，而80%的肿瘤与环境因素有关。不良环境与肿瘤的关系十分复杂，环境中的化学、生物、物理因素以及其相互交织，可产生对人体间断或持续的反复侵袭。环境污染与各种癌症都有一定的关系，特别是今年两会上，“美丽中国”、“环境保护”成为关注的焦点。为此将今年宣传周的主题定为“保护环境，远离癌症”，倡导全社会关注环境保护，共同努力创造良好的生存环境，让人们远离癌症。

第十九届全国肿瘤防治宣传周活动将于2013年4月15日上午在重庆市渝中区人民大礼堂广场举办。宣传周期间，中国抗癌协会号召所属专业委员会、省市自治区抗癌协会和团体会员单位在所属地区广泛开展科普讲座、图片展览、知识问答、义诊咨询等科普活动；组织患者学习肿瘤防治知识，交流康复经验，开展体能锻炼，树立战胜疾病的信心；充分发挥大众传媒作用，举办专家访谈，邀请专家撰文，召开专家、患者、媒体共识会，营造科学抗癌的浓厚氛围。届时，协会将印发主题宣传画，编印科普宣传手册，出版宣传周专刊，在协会网站设立宣传周专栏，扩大受众面和社会影响。

（稿源：国家卫生和计划生育委员会网站 2013-04-07）

第十九届全国肿瘤防治宣传周启动仪式在重庆举行

2013 年 4 月 15 日，由中国抗癌协会主办，重庆市卫生局、重庆市肿瘤防治办公室、重庆市肿瘤医院共同承办的第十九届全国肿瘤防治宣传周启动仪式正式在重庆举行。活动秉承传播科学防癌理念、普及抗癌知识的宗旨，以“保护环境，远离癌症”为主题，倡导全社会关注环境保护，共同努力创造良好的生存环境，让人们远离癌症。

启动仪式现场

4 月 15 日上午 10 点，本届宣传周的启动仪式在重庆市渝中区大礼堂人民广场举行。国际抗癌联盟（UICC）首席执行官 Cary Adams 先生，中国科协科普部纳翔副部长，国家卫生和计划生育委员会疾控局费佳，中国抗癌协会理事长郝希山院士、王瑛秘书长、应敏刚副秘书长、办公室赵文华主任、科普宣传部支修益部长、国际交流部张丽军部长，重庆市人大沈金强副主任、政协谢小军副主席，重庆市卫生局夏永鹏书记、刘克佳副局长，重庆市科协张基荣副主席，渝中区卫生局潘传波副局长，重庆市肿瘤医院周琦院长、吴永忠副院长等领导和专家应邀参加了启动仪式。重庆市癌症康复会会员、肿瘤防治医务人员、环保志愿者近 500 人，以及重庆市民群众千余人参加了现场启动仪式。

郝希山院士在致辞中指出，每年 4 月 15 日~21 日的全国肿瘤防治宣传周活动，是在中国抗癌协会倡导下，由全国各省级肿瘤医院及防治机构积极响应，开展的不同主题和形式的抗癌宣传系列活动，至今已成功举办十九届。近年来，癌症已经超过心血管疾病成为我国国民的首位死因，给我国社会经济造成严重负担。因此中国抗癌协会希望以全国肿瘤防治宣传周活动为契机，加强与政府部门、各兄弟学会、医疗单位和社会各界的合作，在全国范围内举办形式多样的癌症科普宣传活动，努力将抗癌理念传播到千家万户，以进一步推动癌症科普宣传工作、提升公众的防癌意识，进而降低我国恶性肿瘤的发病率和死亡率。

中国科协科普部纳翔副部长在讲话中指出，我国《全民科学素质行动计划纲要》确定了“节约能源资源、保护生态环境、保障安全健康、促进创新创造”的工作主题，党的十八大更将“环境保护”、“建设美丽中国”作为重要目标。2013 年是深入贯彻落实十八大和全国科技创新大会精神，扎实有效推动《科学素质纲要》实施工作的重要一年。中国抗癌协会主办的第十九届全国肿瘤防治宣传周的主题“保护环境，远离癌症”紧扣了这一主题，倡导全社会关注环境保护，创造良好的生存环境，提倡科学防癌抗癌，以环保健康的生活方式有效降低肿瘤发病率。希望通过本届活动的成功举办，进一步普及抗癌防癌科学知识，为提高全民科学素质做出我们应有的贡献。

卫生和计划生育委员会疾控局费佳强调，今后将继续加大癌症的防控力度，积极倡导健康的生活方式，并配合相关部门做好环境污染综合治理工作，降低环境暴露对人类健康造成的危害。同时开发、推广重点癌症筛查适宜技术，开展早期筛查和治疗，倡导癌症的规范化诊治，并做好癌症患者治疗与大病保障的衔接工作，切实提高群众的健康水平和生活质量。

UICC 首席执行官 Cary Adams 先生代表国际抗癌联盟对本届活动举行表示祝贺。他指出，癌症是一个全球性问题，国际抗癌联盟一直在努力与各国团结协作，共同抗击癌症。2010 年中国承办了主题为“预防可以预防的疾病，治疗可以治疗的患者，通过系统付诸实现”的第 21 届世界抗癌大会，取得非常好的效果。他希望通过本次系列宣传活动，能够加强国民保护环境的意识，引导国民积极改变生活方式和采取控制措施，以降低癌症发病的风险。

承办单位周琦院长在致辞中表示，全国肿瘤防治宣传周是中国抗癌协会科普宣传的精品活动，得到了社会各界的广泛关注和重视，对推动我国肿瘤防治事业和健康科普宣教工作的发展起到了极大的促进作用。她表示，本届宣传周活动在重庆启动是对重庆市肿瘤防治工作的肯定和支持，要以此为契机，统筹协调，扎实工作，为重庆市乃至西部地区肿瘤防治事业做出积极贡献。

沈金强副主任表示，一直以来，重庆市政府高度重视环境保护，10 年来，政府和企业在环保事业上累计投入超过千亿元。并且重庆已于去年成功创建了国家环境保护模范城市。希望通过这项公益活动的启动和开展，能进一步普及环保与健康知识，让更多的市民参与到环境保护当中来，共同倡议保护环境，远离癌症，赢得健康。

谢小军副主席宣布了重庆抗癌明星获得者，并为抗癌明星代表颁奖。随后，郝希山院士宣布“第十九届全国肿瘤防治宣传周”正式启动，与其他出席仪式的领导及代表们共同启动了水晶球。来自重庆市癌症康复会的“老艺术家”、重庆市肿瘤医院退休职工志愿者、重庆市肿瘤医院白衣天使和患者同台演绎了生命与希望的舞蹈，为现场观众诠释了生命的活力和希望的力量，将现场气氛推向了高潮。

本届宣传周活动的媒体见面会随后在重庆大礼堂酒店举行。中国抗癌协会理事长郝希山院士、秘书长王瑛教授、副秘书长应敏刚教授、科普宣传部部长支修益教授，重庆市肿

瘤医院院长周琦教授五位专家参加此次媒体见面会。专家们就目前我国癌症防控现状、环境与癌症的关系、肿瘤宣传防治周开展情况等相关问题一一答记者问，专家们也对群众最关心的癌症与健康问题做了精彩解答。

专家领导出席媒体见面会

领导与演员（白衣天使、康复患者）合影

同时，重庆市肿瘤医院及渝中区医疗单位的20多名医务人员组成义诊队于上午9点在活动现场开始了义诊咨询，为现场的群众免费义诊及测量血压，共计义诊咨询1000多人次，发放肿瘤防治宣传手册和其他防癌抗癌资料近5000份。同时以展板、宣传画等形式向群众介绍癌症的预防及早诊早治知识，倡导健康生活方式，号召全社会关注环境保护，增强人民的防癌抗癌知识水平，消除大家对癌症的恐惧，共同努力创造良好的生存环境，让人们远离癌症。

作为本届肿瘤宣传防治周主会场的承办单位，重庆市肿瘤医院在中国抗癌协会的大力支持下，在市卫生局的高度重视下，经过缜密的安排和精心的部署，主题非常明确，活动场面热烈，使启动仪式圆满完成并取得了很好的宣传效果，通过义诊咨询、学术交流活动及健康知识讲座等形式，为广大群众增强防癌抗癌意识提供一次很好的互动交流平台。

宣传周期间，在各地抗癌协会、肿瘤医院、各专业委员会及各界人士的通力合作下，全国各省市同时开展多种形式的科普活动，普及宣传抗癌防癌的知识，提高公众的防癌意识、尤其是加强公众重视环境保护减少环境致癌的意识，从而进一步推动了我国抗癌事业和科普工作的健康发展。

本届宣传周启动活动得到中央电视台的重视，分别在央视1套《新闻联播》及央视4套的《中国新闻》栏目做了报道。我会在北京开展的科普活动也得到了央视、《人民日报》等中央级媒体的集中报道。数十家全国和地方媒体如央视网、《中国日报》《光明日报》、北方网、重庆电视台、《重庆日报》《重庆晨报》《重庆晚报》、大渝网等都对启动活动进行了宣传报道。

（稿源：中国抗癌协会）

第十九届全国肿瘤防治宣传周圆满落幕

第十九届全国肿瘤防治宣传周于2013年4月15日~21日在全国范围内开展。本届宣传周主题为“保护环境，远离癌症”，旨在倡导全社会关注环境保护，共同努力创造良好的生存环境，让人们远离癌症的侵扰。

4月15日上午，第十九届全国肿瘤防治宣传周在重庆市渝中区大礼堂人民广场启动，启动仪式由中国抗癌协会主办，重庆市卫生局、重庆市肿瘤防治办公室、重庆市肿瘤医院共同承办。

宣传周期间，各地抗癌协会、肿瘤医院、专业委员会通力合作，开展了多种形式的科普活动，传播抗癌防癌知识，提高公众的防癌意识，树立加强环境保护、减少环境致癌的观念，进一步推动了抗癌防癌和科普工作的开展。主要表现在以下几点：

一、防癌抗癌，知识先行

中山大学肿瘤防治中心以“防治肿瘤，珍爱生命”为题举办了岭南大讲堂，多位专家做关于鼻咽癌、大肠癌、肺癌、宫颈癌、卵巢癌等常见癌症防治知识的介绍。

内蒙古抗癌协会举办了“第十九届肿瘤防治宣传周”主题讲座，围绕空气污染、水源污染、物理致癌因素、致瘤性病毒、职业性等致癌因素与肿瘤发生的关系进行了讲解，使广大听众意识到环境污染对人身的危害，明确了保护环境、预防疾病的重要性。

中国抗癌协会肿瘤标志专业委员会深入基层，在陕西省牛背梁自然保护区工作站举办肿瘤科普知识讲座，讲解电离辐射和吸烟对健康的危害，及其与癌症发生的关系，使职工们意识到保护环境就是预防癌症，就是保护人类的健康。

湖北省抗癌协会举办科普讲座，内容涉及乳腺癌、头颈肿瘤的预防、吸烟与肺癌、肿瘤早知道等，用通俗易懂的语言告诉人们，环境污染对肿瘤发病的影响，要从自身做起，减少吸烟，控制酒精，绿色出行，减少“三废”排放，还人类一片蓝天。

二、抗击癌症，身体力行

广西抗癌协会举办了“情系健康，全程关怀”病友联谊会，中国抗癌协会副理事长、广西抗癌协会理事长唐步坚教授带领患者做他编制的防癌抗癌保健按摩操。

宁夏抗癌协会组织患者学习“五行健康操”。

陕西省抗癌协会组织西安抗癌俱乐部50余名病友在大雁塔北广场进行了全国肿瘤防治宣传周“大雁塔健步走”活动。

甘肃省抗癌协会抗癌俱乐部在黄河风情线组织了以“保护环境，远离癌症”为主题的第三届“科学抗癌—健步走”活动，240多名抗癌俱乐部志愿者、医务人员、抗癌明星、肿瘤患者及家属组成的队伍，沿黄河风情线行进，捡拾游人丢弃的垃圾，以实际行动彰显保护环境、保护母亲河的环保理念，并向沿途市民发放宣传资料千余份。

浙江省抗癌协会举办“4·15健康环湖骑行”活动，300名抗癌志愿者和杭州市癌症康复会自行车队的成员参加了活动，活动打出了“保护环境，提倡绿色出行，倡导健康生活方式，远离癌症”等科普标语。

北京抗癌协会联合北京癌症康复会和北京大学肿瘤医院共同举办了“健康环湖走”活动，活动提出了“向健康出发”的口号，700多位癌症患者参加了长走。

三、患者教育，相互扶持

山东省抗癌协会普外科肿瘤分会在济南市华山公园举办了“第七届乳腺癌患者沙龙”，组织乳腺癌病友一起到风景秀丽的华山亲近自然、放松心情、释放压力，专业医护人员为患者传授了科学理念、普及了抗癌知识、坚定了抗癌信心。

上海市抗癌协会在复旦大学附属肿瘤医院举办了6场主题为“病友互助交流会”患者康复沙龙，各沙龙邀请病友畅谈抗癌经验，分享心路历程，并由专家现场点评、答疑解惑，同时邀请了上海心理协会的专家为患者作心理辅导，为“医患”交流、“患患”交流搭建了一座沟通的平台。

四川省抗癌协会癌症康复会联合四川省肿瘤医院护理部在四川省肿瘤医院内挂牌成立了癌症患者“心灵关怀部”，由取得心理咨询师资格的专家坐诊，抗癌明星参与现身教育，帮助患者坚定战胜癌魔的信心。

湖南省抗癌协会癌症康复俱乐部在省肿瘤医院召开了有200多新老病友参加的癌症患者康复经验交流大会，增强了与病魔抗争的信心和求生的希望。

四、借助媒体，推广健康

江西省抗癌协会充分利用媒体资源，组织专家做客《江西信息日报》接听热线电话，做客大江网与民众面对面交谈，与江西电视台经济生活频道“天天健康”栏目合作，围绕宣传周主题录播“健康江西”节目。

辽宁省抗癌协会组织专家就环境污染与癌症防治主题进行了访谈。

福建省抗癌协会在新浪福建健康频道官方微博每天推出“名医值班室”特别活动，邀请省内多位著名专家接受网友的在线咨询，答疑解惑，普及防癌抗癌知识，宣传早诊早治的重要性，提高公众科学防癌的意识。

五、义诊咨询，解惑答疑

黑龙江省抗癌协会连续11年在4·15期间举行广场大型义诊活动。

吉林省抗癌协会举办了“倡导健康生活方式，远离疾病”大型健康咨询活动。

贵州省抗癌协会在铜仁金滩广场举行大型义诊活动，30多名专家对前来问诊的市民进行义诊、对肿瘤诊疗咨询进行解答。

广州抗癌协会在南方医院门诊广场前举行了大型肿瘤义诊咨询活动，来自肿瘤科、肝胆肿瘤病区、放疗科、消化科、呼吸科、乳腺科、肝胆外科、胸心血管外科及病理科等肿瘤各相关科室的专家教授和医护人员参加活动，专家们通过面对面地与市民交流，解答群众在日常生活中遇到的健康问题，帮助广大群众提高健康水平与生活质量。

六、形式多样，别开生面

中国抗癌协会理事长郝希山院士主讲了“院士谈防癌”。天津市抗癌协会在4·15期间，开展了包括义诊咨询、科普讲座、专题访谈、“保护环境、远离癌症”万人签名等28项活动，将肿瘤防控理念传递给广大群众。

广东省抗癌协会举办了“走进粤北，服务基层”活动，派出专家前往粤北人民医院开展义诊、讲座，将最前沿的医学信息带到基层。

河北省抗癌协会癌症康复会康馨家园举办了“我还是我”健康宣教活动。

中国抗癌协会癌症康复工作委员会号召全国各地癌症康复组织在4·15期间开展活动，有38个癌症康复组织积极响应，其中癌症康复工作委员会主办“相信生命的奇迹”乳腺癌患者支持行动启动会、上海市癌症康复俱乐部举办的“为生命导航—健康知识竞赛”等具有鲜明的代表性和宣传特色。

据统计，全国参与本届活动的专业委员会、省市抗癌协会、癌症康复会、医院等团体264家，举办科普图片展览56场、抗癌科普知识问答活动64场、学术研讨会35场、科普知识讲座192场、义诊咨询131场，发放科普资料14万份，参与活动的专家和医护工作者2500余名，受益群众达20余万人，全国包括报纸、杂志、电台、电视台、网络等媒体对活动报道300余次。

（稿源：中国抗癌协会）

相关链接1

2013年肿瘤防治宣传周：程书钧院士等专家呼吁
——癌症防控须战略前移 重视癌症筛查

中国工程院院士程书钧呼吁：癌症防控必须战略前移，其中，癌前病变和早期诊治应获更多重视。

近20年来，我国癌症呈现年轻化及发病率和死亡率“三线”走高的趋势。

全国肿瘤登记中心近期发布的《2012中国肿瘤登记年报》显示，全国每年新发肿瘤病例约为312万例，平均每天8550人，每分钟就有6人被诊断为癌症。

4月15日~20日，2013年肿瘤防治宣传周期间，中国工程院院士程书钧在第十三届北京生命科学学术年会上呼吁，癌症防控必须战略前移，其中，癌前病变和早期诊治应获更多重视。

“肿瘤的研究和治疗，不向前推移，是没有希望的。”程书钧强调说。

“一个癌细胞比十个大夫还聪明”

《2012中国肿瘤登记年报》数据显示，全国肿瘤登记地区35~39岁年龄段，恶性肿瘤发病率为87.07/10万，40~44岁年龄段几乎翻番，达到154.53/10万；50岁以上人群发病占全部发病的80%以上，60岁以上癌症发病率超过1%，80岁达到高峰。

除此之外，我国肿瘤登记地区恶性肿瘤死亡率为180.54/10万，全国每年因癌症死亡病例达270万例。我国居民因癌症死亡的概率是13%，即每7~8人中就有1人因癌症死亡。

我国癌症发病呈现年轻化趋势，乳腺癌、肺癌、结肠癌、甲状腺癌等发病年龄均低于此前的发病年龄。

对于癌症防治之难，程书钧院士形象地表述为：“一个癌细胞比十个大夫还聪明。”

目前，癌症在被发现时往往已进入晚期或发生转移。“癌细胞会想尽一切办法，把进化过程中的所有本事都拿出来，这时医生已经对付不了它了。”

人们不得不面对的尴尬现实是：针对“木已成舟”的癌症，目前常规的手术、放疗、化疗等手段，有时不但作用有限，甚至还会使患者更加垂危。

程书钧将癌症比作一棵粗壮的大树，一定要在开始阶段将其砍掉或阻止其发芽，而不是等它长大再去动手。

关注癌前病变

程书钧表示，30年来，心脑血管疾病患者的死亡率大幅度下降，关键原因在于预防和早期干预，而这一成功经验应该借鉴到癌症防控的研究和治疗中。

据介绍，大量临床观察及基础研究资料显示，正常细胞发展为癌细胞，有一个“癌前病变阶段”，这是一个缓慢的发展过程，大约要经历几年甚至几十年。研究人员还发现，癌前病变有的会自行消退。

看似相同的病变，为什么有的会发展为癌，有的却自行消退？究竟什么样的病变才有可能发展为癌，又是如何发展为癌的？癌变的概率到底有多大？

在程书钧看来，如果我们对这类病变的发生、发展规律能有清楚的认识，那么只要能及时诊断出这种病变，就有可能采取措施阻断它的发展，从而避免癌症的发生。

通俗地说，就是可以在癌细胞萌生之时消灭它，不让它对人造成危害。其中，基础研究的关键问题之一在于从“癌前病变”发展成“早期癌”的分子机制中，找出能有预警作用的标志物。

尽管从理论上讲，人类对癌症的认识还非常有限，但控制癌前病变的实践已有成功范例。

据介绍，1950年以来，巴氏涂片检测宫颈癌前病变加上外科切除，使宫颈癌发生率和死亡率分别下降了78%和79%，而未实施这项措施的国家，宫颈癌仍然是妇女杀手。

美国自20世纪80年代开始更加注重肿瘤预防、早期诊断和对危险因素的干预，到90年代，美国的癌症发病率开始以每年0.7%的速度下降。

程书钧强调，我国也应尽快制订未来国家中长期癌症防控战略规划，实现肿瘤防治战略前移。

为此，他呼吁：建立符合临床客观规律的资源库，把随诊作为核心建设之一；建立高通量、快速分析基因、蛋白质及细胞结构与功能的先进技术平台和能进行综合研究的现代生物信息分析系统；研究和确定真正的高危癌前病变及其防治方法。

重视癌症筛查

如果说癌前病变是学界研究的热点，那么对于临床医生而言，进行筛查已成为将癌症消灭在萌芽阶段的一把利器。

在此次北京生命科学学术年会上，北京大学肿瘤医院院长季加孚教授分享了他的观察与思考。

对于癌症防控，季加孚同样认为，治疗重心应前移，早期诊断、注重早期治疗、早期根治等防治工作。

他以具有典型意义的胃癌为例："胃癌是重要的肿瘤相关死因，有较高的发病率和死亡率，70%的胃癌发生在发展中国家，尤其是中、日、韩等东亚国家，中国目前胃癌病例占全球的比例是非常可观的。"

研究报告显示，中国是全球胃癌发病率最高的国家之一，与日本、韩国为伴。我国农村地区胃癌居恶性肿瘤发病率之首，城镇居民胃癌发病继肺癌和结直肠癌之后，位列第三。

"韩国、日本胃癌防治做得好的经验是注重筛查。"季加孚说，"胃镜筛查是早期发现胃癌的好方法，我国胃癌虽然高发，但还没有形成胃癌筛查的意识。"

韩国的全民医保中强制45岁以上的人群每两年做一次胃镜检查，然而我国医保不包括胃镜筛查项目，单位体检中也不列入必查范围。

据季加孚观察，胃癌筛查的研究水平以日本、美国较高，他们以雄厚的经济及技术实力，在胃癌高发区进行大规模的筛查，早期诊断及早期治疗，通过内镜切除早期胃癌，达到提高生存率和降低死亡率的目的。

在日本，应用X线双重对比造影技术和胃镜技术进行筛查已30年，有专门提供早期胃癌筛查服务的诊所，每年筛查高危人群约450万人，筛查灵敏度为84%，特异度为86.5%，筛查发现早期胃癌占全部胃癌的40%~50%。

美国应用检测血清胃蛋白酶原Ⅰ、Ⅱ及其比值作为胃癌筛查方法，并在波兰实施大规模筛查，研究结果证实，其对胃癌及癌前疾病有明确筛查效果。

中国常见恶性肿瘤筛查方案对胃癌筛查给出了相应的指导方案，一般高发人群每3年筛查一次，有癌前病变者每年筛查。

季加孚指出，及早诊断，提高早期胃癌确诊率，可使许多早期病变发现时仅局限于黏膜层，手术效果好。日本胃癌早期筛查的丰富经验值得学习，我国也应积极提高胃癌的早诊水平。

（来源：《中国科学报》作者：王庆 日期：2013-04-25）

相关链接2

2013年肿瘤防治宣传周活动顺利举行

2013年4月15日~20日，由中国医学科学院肿瘤医院、中国癌症基金会、全国肿瘤防治研究办公室联合举办的"第十九届肿瘤防治宣传周"在北京隆重举行。活动期间主办方通过电视、报纸、广播、网络等多元形式进行了立体、全方位的防癌科普知识宣传。

4月20日上午，在中国医学科学院肿瘤医院门诊楼前，百名权威肿瘤专家现场咨询活动如期举行，千余名患者、家属及健康人群前来参加，现场人头攒动，热闹非凡，将"2013年肿瘤防治宣传周"大型公益活动推向高潮。北京抗癌乐园20位抗癌明星也在现场讲述亲身经历，帮助患者走出癌症的阴霾。他们乐观向上的生活态度，感动着现场每一位前来咨询的人。来自首都高校的近百名志愿者也加入了当天的公益活动，他们将自己的微笑和热情化作股股暖流淌进人们心窝里。

本届活动围绕"认识癌症，科学防治"的主题，开展知名肿瘤专家现场咨询、防癌健康查体、心理康复交流等为期一周的系列活动，将癌症三级预防的理念具体化，以促进健康、保护健康、恢复健康为目的，帮助百姓科学认识癌症，树立癌症可防可治的正确观念。咨询周期间，共有 7422 人次参与各项活动。

（稿源：中国癌症基金会）

凝聚爱心　创造奇迹

——2013 年第十五届北京希望马拉松新闻发布会在京启动

活动启动

2013 年 8 月 21 日下午，由中国癌症基金会、中国医学科学院肿瘤医院、国家体育总局人力资源开发中心主办，加拿大驻华大使馆、朝阳区卫生局等单位协办的第十五届“北京希望马拉松——为癌症患者及癌症防治研究募捐义跑”活动新闻发布会在新华社综合楼报告厅召开。此次发布会标志着本届北京希望马拉松活动的启动。凝聚爱心，创造奇迹，各界爱心人士伸出有力的双手，为癌症患者祈福，为癌症防治研究事业助力。

参会嘉宾

出席新闻发布会的领导和嘉宾包括加拿大驻华使馆临时代办唐兰女士、公共外交官吴龙，新华社副秘书长姚光，《瞭望》周刊社副总编辑叶俊东、王磊，国家体育总局人力资源中心主任金华省、人力资源中心职鉴管理部副主任罗军，中国癌症基金会副理事长赵平，中国工程院程书钧院士、孙燕院士，朝阳区卫生局副局长罗晓，中国医学科学院肿瘤医院院长赫捷、党委书记董碧莎、副院长石远凯、王明荣、王艾、蔡建强和党委副书记付凤环等出席了新闻发布会。此外，热衷于此项事业的学校、企业单位、北京抗癌乐园代表，以及社会团体代表也积极加入到抗击癌症的队伍中来。

新闻发布会现场

启动仪式

活动介绍

新闻发布会在北京希望马拉松历程回顾的宣传片中拉开序幕，赫捷院长对本届活动进行了全面介绍，北京希望马拉松1999年在北京首次举办，今年迎来了15周岁，共有26万余爱心人士参加，募集善款千万余元。活动为癌症患者带去了希望，为癌症防治研究事业做出了巨大的贡献，然而抗癌道路漫长而艰巨，需要全社会、全世界每一个人的参与和帮助。

赫捷院长介绍今年活动情况

高峰访谈

新闻发布会后随即进行了中国癌症防控高峰访谈，石远凯副院长、孙燕院士、程书钧院士、赵平副理事长和媒体朋友们围坐一起，共同探讨现在的癌症防控形势。媒体记者们纷纷就关心的问题，如：我国基层的癌症预防的整体形势如何？生活中的致癌因素有哪些？恶性肿瘤的生物免疫治疗发展如何？我国的癌症防控形势如何？我们在提倡癌症患者个体化治疗的同时，如何保证患者不被过度治疗？四位专家分别进行了详细的回答和分析。

中国癌症防控高峰访谈

石远凯副院长

孙燕院士

程书钧院士

赵平教授

防癌科普图片展

防癌图展

新闻发布会现场，还专门举行防癌科普图片展。图片展介绍了当前癌症的治疗方法和手段，如何做好癌症的早诊早治以及回顾了北京希望马拉松走过的十五周年历程，让更多人了解癌症形势，认识了北京希望马拉松活动。

爱心手语

北京希望马拉松活动现场，参与者将用手语表演《爱的奉献》，挑战世界吉尼斯纪录，“这是心的呼唤，这是爱的奉献，这是人间的春风。这是生命的源泉……只要人人都献出一点爱，世界将变成美好的人间。”这将是一场动人心弦的爱的“盛宴”。无声的言语穿过人心，直抵深处，共同为癌症患者祈福、为癌症防治研究事业加油。

科研进展

北京希望马拉松成功举办十五周年，共募集千万余元善款，用于帮助贫困癌症患者和支持中国癌症防治研究事业。共计资助540余项临床科研课题，这些课题对各类肿瘤的诊断、治疗和预防等进行了系统研究，研究内容涉及肿瘤的早期筛查及早诊早治新方法、肿瘤的鉴别诊断及分类、肿瘤综合治疗和肿瘤的预后及随访，为肿瘤临床实际应用提供了科学依据，推动了肿瘤临床研究工作的持续开展。2010年北京希望马拉松建立了“癌症早诊早治患者救治专项基金”，对在癌症早诊早治项目查出的早期且经济困难患者的部分治疗费用给予1~5年的补助，项目执行以来，共收到624人次申请，其中，执行补助287人次，已批准待执行计划336人次。在已经执行的计划中，共补助江苏省107人次，安徽省60人次，山东省50人次，河南省70人次。让这些癌症患者重新燃起希望，热爱生命，健康生活。

活动简讯

秉着继续倡导社会各界人士关注癌症研究事业、关爱癌症患者、关心自身健康的理念，提高全民健身意识，增强全民体质。2013年第十五届北京希望马拉松将于2013年9月28日上午9时在朝阳公园万人广场举行。此次活动包括义跑、奥运冠军领跑、手语演唱

《爱的奉献》、抗癌科普知识图片展、爱心义卖等。

美好愿望

路漫漫其修远兮，吾将上下而求索。癌症逐渐成为目前威胁人类健康的“第一杀手”，抗癌事业需要全社会的参与才能得到进步。让我们携手并肩、众志成城，积极参与到北京希望马拉松义跑活动中来，积极加入到抗击癌症的队伍中来，为争取早日在癌症预防与治疗研究上取得长足进展，造福广大癌症患者做出自己的贡献。

（中国医学科学院肿瘤医院网站）

凝聚爱心　创造奇迹

——2013 年第十五届北京希望马拉松在京举行

活动举行

金秋九月，瑰丽多姿。2013 年 9 月 28 日上午，第十五届北京希望马拉松——为癌症患者及癌症防治研究募捐义跑活动在北京朝阳公园万人广场如期举行。主办和协办单位的相关领导、奥运会冠军、大中院校学生、企事业单位代表、国际友人、医务工作者、癌症康复者和普通市民等社会各界 6000 余名爱心人士均积极参与其中。随着发令枪响，一场为癌症患者和癌症防治研究事业奔跑的义举唱响了“凝聚爱心、创造奇迹”的主旋律。

第十五届北京希望马拉松现场盛况

中国医学科学院肿瘤医院赫捷院长致辞

中国医学科学院肿瘤医院董碧莎党委书记主持起跑仪式

领导致辞

上午9时，北京希望马拉松活动正式开始。中国医学科学院肿瘤医院党委书记董碧莎主持起跑仪式，赫捷院长、加拿大驻华大使馆公使唐兰女士分别为本次活动致辞。赫院长强调北京希望马拉松已经举办了十五年，十五年来，撒下的是希望，耕耘的是健康，收获的是快乐！支持中国肿瘤防治事业的无私奉献之举，净化了每一个参与者的心田，也激励着更多的人投入到这项爱心活动中来。

加拿大驻华大使馆公使致辞

现场领导嘉宾

成功挑战世界纪录

本届活动诚邀歌唱家韦唯女士担任癌症关爱大使，韦唯女士现场倾情演唱经典歌曲《爱的奉献》，北京电视台节目主持人曹一楠也前来助阵，带领六千多现场参与者共同用手语表演这首传递爱心、传递力量的歌曲，并创“世界上最多人同时手语合唱《爱的奉献》”世界纪录成功。“这是心的呼唤，这是爱的奉献，这是人间的春风。这是生命的源泉……只要人人都献出一点爱，世界将变成美好的人间。”这是一场动人心弦的爱的“盛宴”，这是一股众志成城抗击癌症的力量。无声的手语，整齐划一，穿过人心，直抵深处，共同为癌症患者祈福，为癌症防治研究事业加油。

现场6000余人手语表演《爱的奉献》

世界纪录协会认证师宣读认证辞

奥运冠军领跑

伴随着发令枪响，射击奥运冠军杨凌，排球奥运冠军冯昆，体操奥运冠军邢傲伟跑在队伍前列，全程带领大家义跑。这些奥运明星们阳光健康的形象感染了现场参加义跑的朋友，看着平时在电视上才能见到的明星在自己身旁奔跑，六千余现场参与者的脚步更加坚实，他们用自己的激情延续着梦想，用爱守护着希望。

鸣枪起跑

爱心企业代表捐款

爱心捐款

北京希望马拉松活动历年来得到了社会爱心企事业单位和爱心人士的捐款，现场义跑沿线纷纷设立了捐款箱，激发在场群众伸出援助之手，奉献自己的爱心。企事业单位代表、大中院校学生和医护工作者等社会爱心人士纷纷将象征着一颗颗爱心的支票和现金投入募捐箱，很多小孩子由父母抱着，举起稚嫩的小手亲自为癌症患者奉献着爱心。特别是北京启明星双语学校的同学们每年都在学校里面组织义跑，并且把自己平时攒下来的零花钱捐献出来。涓涓细流，汇聚成了希望的海洋，整个活动现场洋溢着爱的暖流，气氛热烈感人。

防癌图展

为了让更多人了解癌症形势，认识北京希望马拉松活动，使关爱癌症患者，关注癌症防治事业，关心民众健康的理念深入人心。活动现场还专门举行防癌科普图片展。图片展介绍了中国癌症的发展态势、导致癌症的十大病因、癌症最新的治疗方法和手段、癌症的早诊早治及预防、如何做好癌症的早诊早治、远离癌症的十二条建议、防癌体检的作用以及回顾了北京希望马拉松走过的十五周年历程。很多群众站在图展前，举着手机或照相机认真地进行拍摄，准备带回去与家人共同学习这些防癌知识。

志愿服务

活动现场的科普宣传区、救护服务区、祝福留言区、饮水站等服务区域处处可见志愿者的身影，他们面带微笑耐心地为广大参与者提供癌症防治知识宣传、饮水、祝福留言、摄影摄像等全方位的服务，使现场气氛极为热烈，彰显出和谐社会的人文关怀精神以及人们互助互爱、共同为癌症防治研究事业奉献爱心的高尚道德素养。

十五年我们在坚持，十五年我们在感动，十五年我们在努力。为了癌症防治研究事业一代代医务工作者挥洒着汗水，付出着青春，然而抗癌道路依旧漫长而艰巨，需要全社会、全世界每一个人的参与和帮助。让我们动员一切力量，凝聚爱心，创造奇迹，为争取早日在癌症预防与治疗研究上取得长足进展，造福广大癌症患者做出贡献。

（中国医学科学院肿瘤医院网站）

“为了姐妹们的健康与幸福”2013年三八大型公益活动在重庆市主会场启动

2013年3月8日，由中国癌症基金会主办，卫生部疾病预防控制局、妇幼保健和社区卫生司大力支持，32所省市医院承办的2013年三八妇女节全国乳腺癌和子宫颈癌防治宣传咨询活动——“为了姐妹们的健康与幸福”大型公益活动在25个城市同时拉开帷幕。活动秉承一贯宗旨，即“提高全社会妇女乳腺癌、子宫颈癌防治意识及水平，为低收入及进出务工妇女提供免费义诊咨询”，以此来表达医务工作者及全社会对妇女健康的关切和爱心，也感谢妇女同胞们在建设社会主义和谐社会中所付出的努力与奉献。

本届活动主会场由重庆市卫生局、重庆市肿瘤防治办公室、重庆市肿瘤医院共同承办。

3月8日上午9点，2013年三八妇女节全国乳腺癌和子宫颈癌防治宣传咨询活动新闻发布会在重庆世纪金源大饭店召开。中国癌症基金会副理事长兼秘书长赵平、重庆市肿瘤医院副院长吴永忠等五位专家参加了此次新闻发布会。赵平副理事长就中国癌症基金会宗旨、业务内容、三八公益活动等相关问题一一答记者问，专家们也对市民朋友最关心的几个健康问题做了详细解答。

上午10点在重庆市观音桥广场举行了本届活动的启动仪式。中国癌症基金会副理事长兼秘书长赵平、常务副秘书长余瑶琴，重庆市卫生局副局长刘克佳、重庆市妇联副主席张健、重庆市总工会副主席杨军波、重庆市江北区政协副主席周永中、重庆市杰出妇女代表罗莉、少数民族妇女代表拥宗卓玛、重庆市肿瘤医院副院长吴永忠、重庆市肿瘤防治办公室副主任邱惠、爱心企业代表默沙东疫苗部总监武阿妹等出席了启动仪式。来自重庆市癌症康复会、江北区医疗卫生系统、重庆市肿瘤医院的数百名志

愿者，以及数千名群众参加了现场启动仪式。

赵平副理事长、刘克佳副局长、吴永忠副院长、妇女代表罗莉、企业代表武阿妹分别致辞。余瑶琴副秘书长代表基金会向重庆市肿瘤防治办公室颁发了中国癌症基金会公益纪念牌。随后，参与启动仪式的领导及代表们共同点亮了启动仪式水晶球，2013 年第八届三八妇女节全国乳腺癌和子宫颈癌防治宣传咨询活动—“为了姐妹们的健康与幸福”大型公益活动正式启动。来自重庆市癌症康复会的“老艺术家”们、重庆市肿瘤医院退休职工志愿者们、重庆市肿瘤医院护理部白衣天使们同台演绎了生命与希望的舞蹈，为现场观众诠释了生命的活力和希望的力量。

启动仪式后，各承办医院分别举行了乳腺癌和子宫颈癌防治科普知识讲座和义诊咨询活动，向妇女姐妹普及子宫颈癌和乳腺癌的预防及早诊早治知识，提高对子宫颈癌和乳腺癌预防知识的知晓率，使她们认识到早期的乳腺癌和子宫颈癌病变是可以根治的，消除对癌症的恐惧。各地还为城市下岗女工、进城务工妇女提供了免费的乳腺检查和子宫颈检查，使这些低收入的姐妹们免费接受了宫颈 HPV 检测、液基细胞检测、乳腺 X 线钼靶照

相等费用较高的检查项目（每人费用约500元人民币）。

活动通过倡导健康生活方式、增强妇女健康意识、提高女性癌症防治知识水平、号召社会对妇女健康关注，维护了妇女健康权益，也为营造全社会关爱妇女的氛围起到积极推动作用。

本次活动得到了中国癌症基金会乳腺健康专项基金、雅芳（中国）有限公司、默沙东（上海）医药咨询公司、浙江迪安诊断技术股份有限公司、泰普生物科学（中国）有限公司、BD医疗器械（上海）有限公司、海南碧凯药业有限公司、凯杰企业管理（上海）有限公司以及英硕力新柏科技有限公司的大力支持。

（稿源：中国癌症基金会）

中国癌症基金会乳腺专项基金会廊坊康复中心举行庆三八公益活动

2013年3月5日，中国癌症基金会乳腺健康专项基金廊坊康复中心2013年庆三八系列公益活动在廊坊市卫生局活动中心拉开帷幕。中国癌症基金会常务副秘书长余瑶琴女士，中国医学科学院肿瘤医院防癌科副主任张凯教授，廊坊市妇联李新洪主席，廊坊市卫生局杨庆华局长、刘芳调研员、张梅副局长，以及廊坊市卫生系统百余名妇女代表参加了现场活动。此次系列活动也是全国乳腺癌和子宫颈癌防治宣传咨询活动——“为了姐妹们的健康与幸福”大型公益活动廊坊分会场活动。

活动由廊坊市卫生局刘芳调研员主持，基金会余瑶琴常务副秘书长、市妇联李新洪主席、市卫生局杨庆华局长分别为活动致辞，张梅副局长向大家介绍了近三年来廊坊市直女职工乳腺癌和宫颈癌的患病情况，总结了妇幼保健中心在“两癌”筛查工作中的经验，同时分析了工作中问题与困难。

卫生部城市癌症早诊早治项目组副组长、中国医学科学院肿瘤医院防癌科副主任张凯教授向参加活动的百余名卫生系统妇女代表讲授了题为“乳房癌和宫颈癌的早诊早治”的科普讲座。向大家介绍了乳腺癌、宫颈癌早期诊断的价值意义、实现途径、方法比较、前沿技术，特别纠正了“两癌”筛查相关工作中经验认识的误区。听众也积极与张教授互动，提出了自己在工作、生活中的一些疑问，张教授分别一一详细作答。

三八公益活动期间，廊坊市妇幼保健中心还为低收入下岗女工、进城务工女性提供免费的乳腺及妇科检查。活动希望通过倡导健康生活方式、增强妇女健康意识、提高女性癌症防治知识水平、号召社会对妇女健康关注，以更好地维护妇女健康权益，为营造全社会关爱妇女的氛围起

到积极推动作用。

（稿源：中国癌症基金会）

2013 年国际乳腺癌关注月宣传活动启动仪式在福州举行

10 月 26 日上午，由中国癌症基金会主办、福建省肿瘤医院和中国癌症基金会乳腺健康专项基金承办的 2013 年国际乳腺癌关注月宣传活动启动仪式“健康与美丽同在——乳癌康复者环湖健康行”在福州西湖福建博物院前广场隆重举行。中国癌症基金会理事长彭玉、副理事长兼秘书长赵平教授、常务副秘书长余瑶琴、乳腺健康专项基金主任毕晓琼，福建省卫生厅党组书记、厅长朱淑芳，省科协副巡视员武红谦，福建省肿瘤防治办公室主任、省抗癌协会理事长、省肿瘤医院院长应敏刚教授，省科协学术学会部部长周健林，省卫生厅新闻办主任林世才、医政处魏国志副调研员，省肿瘤医院副院长林伟、蒋忠铭、郑雄伟、陈传本和副书记叶阿琴等领导出席启动仪式。

活动邀请了癌症康复者、医务工作者同台表演文艺节目，展示了康复者乐观向上、顽强不屈的精神风貌，同时也呼吁社会大众关注乳腺健康，关心癌症患者。

启动仪式在欢快的文艺演出中拉开帷幕，首先由赵平副理事长介绍此次活动背景，应敏刚院长、朱淑芳厅长和彭玉理事长等分别在启动仪式上致辞。应敏刚教授在致辞中介绍了我国乳腺癌发病及福建省肿瘤防治办公室、福建省肿瘤医院和福建省抗癌协会在省卫生厅、省科协领导下开展乳腺癌筛查等防治宣传工作的情况。朱淑芳厅长在讲话中强调，省卫生厅将在继续关注和支持国际乳腺癌关注月系列活动的同时，发挥卫生主管部门的责任，积极推动乳腺癌筛查和早诊早治工作，强化对各级医疗机构癌症规范化诊治的监管力度，以提高我省乳腺癌防控水平。彭玉理事长在讲话中感谢福建省卫生厅和福建省肿瘤医院对本次活动的支持和帮助，并就乳腺癌关注月宣传和乳腺癌防治工作提出具体要求，同时宣布启动仪式开始。

启动仪式之后，中国癌症基金会和福建省有关厅局领导带领现场乳腺癌患者、群众和志愿者共计五百余名身着统一的粉红丝带宣传T恤衫沿福州西湖公园栈道健步走。在行走过程中，患者们相互交流、相互讲述自己患病经历，并分享治疗调护心得，相互勉励，展现了她们乐观向上、顽强不屈的精神风貌。在这金秋时节，乳腺癌康复者的笑容和身影成为了西湖公园里动人的风景。

来自中国医学科学院肿瘤医院和福建省肿瘤医院的乳腺癌防治专家在启动仪式现场为群众开展科普宣传和义诊活动。健步行结束后，在福建博物院2楼学术厅开设乳腺癌护理健康教育讲座，邀请了中国医学科学院肿瘤医院徐波主任、王珊珊主管护师，新加坡乳腺中心张菊声营养师，福建省肿瘤医院刘健主任医师分别作了“化疗护理实践指南解读”、“乳腺癌术后的康复护理”、“饮食与癌症防治”和“乳腺癌是可防可治的慢性病”等专题讲座，为到场的乳腺癌患者、群众和医护人员提供了丰富详实的乳腺癌防治知识。

近年来，乳腺癌发病率逐年增加，发病年龄日趋年轻化，现已成为威胁女性健康的主要杀手。“国际乳腺癌关注月”是由国际主要乳腺癌慈善机构发起组织的一项健康公益活动，目前该活动已在全球三十几个国家开展。每年的10月18日为“防乳癌宣传日”，10月的第三个星期五为“粉红丝带关爱日”。“粉红丝带”为全球乳腺癌防治运动的标志。“及早预防、及早发现、及早治疗”是粉红丝带乳癌防治运动的宗旨。通过此次“健康与美丽同在”为主题的关注乳腺癌防治宣传活动，进一步加强公众对防治乳腺癌的重视，并对乳腺癌患者予以帮助和关爱。让我们携起手来，为乳腺癌患者美好的明天共同努力！

“国际乳腺癌关注月”提醒女性朋友关爱自己的乳房健康，远离乳腺疾病。中国癌症基金会乳腺健康专项基金在每年的国际乳腺癌关注月都开展公益活动，旨在帮助乳腺癌患者树立信心，鼓励顽强斗志，同时增强大众对乳腺癌的关注，宣传乳腺癌防治知识。

稿源：福建省肿瘤医院（中国抗癌协会网站）

图片：中国癌症基金会网站

中国癌症基金会雅芳爱心基金举行宁夏银川健康大课堂活动

2013年6月8日，中国癌症基金会雅芳爱心基金与宁夏回族自治区直属机关工委联合举办的宁夏银川健康大课堂活动在银川市宁夏人民会堂举行，为千余位银川市民送上了一堂内容丰富，生动活泼的防癌健康课。中国癌症基金会彭玉理事长、赵平副理事长兼秘书长、余瑶琴常务副秘书长，宁夏回族自治区直属机关工委叶旭书记、王承东副书记、宁夏回族自治区区审计厅陈霭琛副厅长参加活动。本次活动，海南碧凯药业向宁夏南部山区贫困县同心县、彭阳县捐赠了价值12万元的抗癌药品。

健康大课堂由赵平教授主讲，他就肿瘤防治问题进行了深入浅出的讲解，从肿瘤预防、肿瘤早期诊断、肿瘤科学治疗等方面向与会听众介绍了中国肿瘤防治的现状与进展。他提出科学的生活方式及定期健康体检是肿瘤预防的根本，对早期症状加以关注、及时的早期诊断是提高肿瘤治疗效果的关键，及时科学规范的治疗是提高患者生活质量、延长生命的必要手段。不论对于个人、家庭还是社会，对健康的投入越早，成本越低、性价比越高。赵教授的讲座内容丰富、事例翔实、生动形象，充满着人文关怀，有助于听众增强自我调节和保健的意识，提高自我及家人健康管理的水平，使大家以健康的身心适应现代社会，以饱满的热情投入工作生活。

健康大课堂结束后，中国癌症基金会专家赵平教授、张伟教授、王超教授为银川市民提供了防癌抗癌健康咨询。

（稿源：中国癌症基金会）

中国癌症基金会在六安市裕安区举行贫困肿瘤患者治疗救助活动

2013年6月28日，中国癌症基金会老少边穷地区肿瘤患者医疗救助示范项目——安徽省六安市贫困肿瘤患者治疗救助活动在六安市裕安区举行，向六安老区130位贫困肿瘤患者发放救助金共计26万元。中国癌症基金项目部主任张伟、财务部主任张金萍及基金会2名工作人员全程参与活动。

6月28日上午8时，安徽省六安市贫困肿瘤患者治疗救助仪式在裕安区卫生局会议室举行，高宗福、张洪平等当地领导出席捐助仪式。仪式上向新安镇、韩摆渡镇、平桥镇、小华山街道、城南社区、开发区共计26位贫困肿瘤患者发放了救助金存折。仪式结束后基金会工作人员及当地志愿者分成两个工作小组，分别到独山镇、顺河镇等15个村镇发放点向104名贫困肿瘤患者发放了救助金存折。

因当地气温高、路途远，受助对象且为病弱群体，基金会工作人员为尽量减少受助对象困难，因此将发放点分散于16个村镇，从淠河两岸到大别山麓，从独山将军镇到瓜片茶园都留下了基金会工作人员的脚印，他们同时也从六安带回了老区人民淳朴、激动的笑容。

（稿源：中国癌症基金会）

梦在这里飞翔

——记首都癌症患者首届抗癌健身文化节大型公益活动

北京抗癌乐园　乔斯斯

2013年9月21日上午，北京工业大学奥运体育馆内响起了阵阵歌声、鼓声……舞动的彩旗，挥动的飘带，洋溢着快乐、健康与向上。表演者是来自北京抗癌乐园19个分园和生命绿洲艺术团等10支代表队的癌症患者。此次活动是由北京抗癌乐园、北京康盟慈善基金会和中国初级卫生保健生命绿洲患者援助基金会主办的“梦在这里飞翔——首都癌症患者首届抗癌健身文化节大型活动”，指导单位为市红十字会、市委社会工委及市民政局，由北京高新源新兴技术开发有限公司等单位协办。

全国妇联原党组书记、副主席、书记处第一书记黄晴宜，国家旅游局副局长、北京抗癌乐园顾问杜一力，中国癌症基金会副理事长兼秘书长、北京抗癌乐园理事长赵平，北京市民政局副局长谢延智，北京市红十字会副会长吕仕杰，市社会建设办副主任王丽竹，市卫生局疾病预防控制处处长谢辉，市关工委秘书、原首都精神文明办副主任滕毅，北京抗癌乐园法人代表杨增和等出席活动。中国初级卫生保健基金会秘书长、北京康盟慈善基金会理事长杨庆斌等企业代表观摩了表演。

本次演出活动首先出场的是仪仗队，他们身着红色运动装，高举着“自强不息，自娱自乐，自救互助”的抗癌精神标牌，精神饱满地走向主席台，他们代表着首都癌症患者和北京抗癌乐园的万余名会员，他们挥舞着手中的彩旗，象征着抗癌乐园丰富多彩的精神文化生活。紧随其后出场的是荣誉感恩队，由6位抗癌英雄组成，他们要感谢政府对首都癌症患者的巨大关怀和鼓励，感谢授予北京抗癌乐园的种种荣誉。接着，由生命绿洲艺术团的红绸腰鼓队和颐和园、八一湖、地坛、石景山分园癌友们组成的点步健身法方队，天坛、北海、普祥、航天一院分园组成的双环方阵，龙潭湖、陶然亭、丰台、宣武、天坛分园组成的升降开合健身法方队，八一湖、颐和园、铁农科院分园组成的哑铃方队，地坛、北海、团结湖、望京、双秀分园组成的手棍健身法方队，宣武、丰台、龙潭、石景山、陶然亭分园组成红旗方队等 8 支方队，分别身着不同颜色的队服，喊着代表各方队特色的口号，激情饱满地逐一走向主席台。

在全场人员齐声高唱《国歌》后，黄晴宜书记宣布“首都癌症患者首届抗癌健身文化节”开始。赵平理事长首先致辞，代表北京抗癌乐园万余名园民，对各位领导、各位朋友的光临表示热烈的欢迎，对多年来给予北京抗癌乐园的关心、爱护和支持表示衷心的感谢，并呼吁社会各界多一份爱给予癌症患者，共同携手并肩抗击癌症。吕仕杰副会长讲话时说，北京抗癌乐园作为最有影响力的抗癌组织，已在全社会形成了一种抗癌文化，倡导健康的生活方式，宣扬积极乐观的生活态度，提高民众的生命意识。抗癌乐园正在用行动践行着“人道、博爱、奉献”的红十字精神。为了呼吁社会各界给予癌症患者群体更多的关怀和帮助，也为了更好地向大众传播积极防癌、抗癌理念，本次活动特聘请奥运会体操冠军滕海滨、射击冠军陈颖作为形象大使，由北京抗癌乐园法人代表杨增和为他们颁发了聘书，希望借助滕海滨和陈颖健康、向上的形象，能够更好地传递正能量。

随后，演出正式开始。首先上场的是由生命绿洲艺术团表演的安塞腰鼓，生动有力的表演体现了安塞腰鼓的磅礴气势，演员们敲响腰鼓，舞动红绸，歌颂着生命的力量，舞出了顽强的抗癌精神和征服癌症的喜悦；点步功方阵展示了癌友们平时习练的抗癌健身法中较为重要的方法——点步疗法，方队中央的四位癌症患者表演了“五禽戏”中的“熊戏”，形神兼备的表演引人入胜；双环健身操方队表演了“中国歌儿美”，优雅动感的节奏，整齐划一的表演，充分显示出癌友们团结一致、齐心协力抗癌的团队合作精神；升降开合健身疗法方阵通过升、降、开、合四个形体动作，展示了该疗法的精髓。抗癌乐园的会员中大有卧虎藏龙之人才，艺术团的 4 位老师为大家送上了京剧选段“我是中国人”，赢得了现场阵阵掌声；哑铃方队为大家表演的是集动感音乐和优美动作于一体的健美操——“带着爱飞翔”，她们活力四射的演出，体现了癌友们对美好未来生活的憧憬与祈盼；手棍健身队表演的是抗癌健身法中的手棍按摩疗法，演员们以精湛的技艺向观众展示了对于癌症患者和慢性病患者来说非常重要的疗法，他们战胜癌症的精神与热爱生命的激情交相辉映；红旗方阵带来健身舞“精忠报国”，演员们的表演刚柔并济，舞出了抗癌人的阳光与坚强；最后登场的是艺术团合唱队演唱“我的祖国妈妈”，表演者深情的演唱，令全场观众为之动容，湿了眼眶。

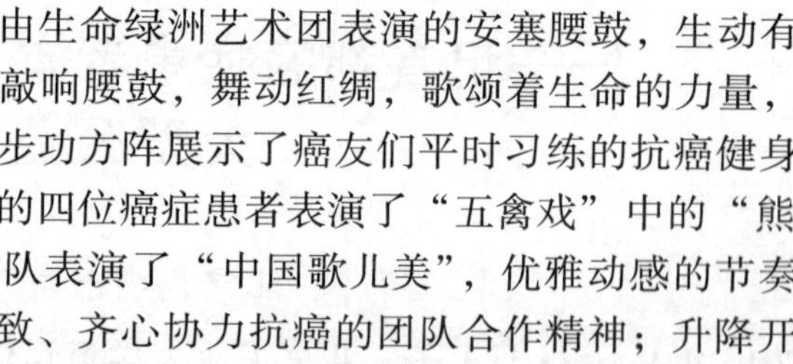

本次活动共有 10 支代表队登场亮相，每支代表队由 60 人组成，平均年龄 60 岁，他们都是经过近 5 个月的艰苦训练选拔产生的佼佼者。在短短的时间里，他们不仅表演了内容

丰富、充满生命力的精彩节目，更向观众展现出他们顽强抗癌、不屈不挠的精神。我们相信，每一位癌症患者都是折翼的天使，他们用永不言弃的意志力作为翅膀，载着自己找回欢乐、找回健康的梦想飞翔，满怀着爱和希望，飞向那更加美好、健康的明天！

（原载《抗癌之窗》2013 年 10 月刊）

民政部中国抗癌协会贫困地区癌症救助试点项目在江西赣州启动

民政部中国抗癌协会贫困地区癌症救助试点项目在江西赣州启动实施。项目启动仪式于 2013 年 5 月 27 日上午在江西省赣州市五龙客家风情园举行。出席启动仪式的领导包括中国抗癌协会副理事长詹启敏院士、副理事长高国兰教授，民政部民间组织管理局副局长安宁，中国科协学会服务中心党委副书记吴晓琪，赣州市副市长孙黎明、副秘书长邝先元，赣州市卫生局党组书记、局长廖伟，江西省抗癌协会理事长黄欧平教授、副理事长李隆玉教授，赣州市、瑞金市、兴国县的领导，以及来自中国抗癌协会各专业委员会的知名专家。中国抗癌协会秘书长王瑛教授主持启动仪式。

启动仪式上詹启敏院士代表中国抗癌协会理事长郝希山院士致辞。他指出，本次救助活动是民政部“2013 年中央财政支持社会组织参与社会服务项目”之一。经由中国抗癌协会组织全国知名专家，实施癌症救助和医疗扶持，将党和国家对革命老区人民群众的关怀照顾，通过协会工作来传递和实现，践行了政府部门向社会组织转移职能，扶持社会组织发展公益项目的整体工作思路。活动的开展将提升当地肿瘤诊治水平，提高常见妇女肿瘤的早诊率，减少“因病致贫”和“因病返贫”，活动的开展将有力配合国家对江西罗霄山脉整体扶贫战略规划的推进落实。

中国科协学会服务中心党委吴晓琪副书记指出，本活动作为科协支持的中国抗癌协会党建特色活动之一，抗癌协会党支部成员积极参与整个救助活动的组织、协调工作，党员专家们身先士卒，踊跃参加各项癌症普查、救治，以及医师培训工作，他们用实际的行动帮助革命老区的人民除疾解困、远离癌症，充分发挥党组织的战斗堡垒作用和党员的先锋模范作用。活动的进行将促进协会党支部特色工作的深入开展。

江西省抗癌协会理事长黄欧平在讲话中指出，中国抗癌协会对本地妇女进行乳腺癌、宫颈癌免费义诊筛查，有助于帮助贫困地区妇女实现癌症的“早预防、早发现、早诊断、早治疗”，这也正是宫颈癌和乳腺癌防治工作的基本策略和关键。另外，中国抗癌协会还将对本地肿瘤专科医师进行肿瘤规范化治疗培训，并选拔部分医师到大型肿瘤专科医院进修学习，这些举措无不体现了中国抗癌协会以人为本、关注生命、服务社会的宗旨。并表示在项目实施中会加强重视、加强协作，坚持以人为本，立足群众满意。

孙黎明副市长代表赣州市委、市政府对中国抗癌协会的工作表示感谢，本活动集中体现救助性、公益性、科学性、长效性等特点，为老区人民的健康事业做了实实在在的事

与会领导

情，为提高当地癌症防治水平做出了巨大贡献，市政府将全力配合工作的开展实施。

本项目由中国抗癌协会组织国内知名肿瘤专家，对江西省赣州市下辖的瑞金市和兴国县的妇女进行宫颈癌和乳腺癌（简称两癌）的免费普查、义诊、对确诊患者进行规范化治疗。两癌普查和治疗救助活动未来几个月内将在瑞金市和兴国县持续开展，预计受益群众4000余人。同时，协会通过对当地医疗技术人员进行技术培训、手术示范、安排进修等一系列帮扶活动，逐步缩小当地与发达地区之间的医疗水平差距，建立一支稳定的、不走的专业医疗队伍，完成从“输血”到“造血”的转变。

启动仪式结束后，詹启敏院士、高国兰教授、王瑛教授为代表的中国抗癌协会专家义诊团一行来到赣州市人民医院举行了义诊活动，并向现场上千名赣州民众发放了两癌科普宣传资料，普及防癌抗癌知识。

（稿源：中国抗癌协会）

相关链接1

民政部癌症救助项目专家学术报告暨医师培训在赣州举办

随着民政部“中国抗癌协会贫困地区癌症救助试点项目”在江西赣州启动实施，为了提高当地医疗技术人员的专业技术水平，中国抗癌协会组织专家，为基层医疗技术人员开展了专家学术报告讲座以及宫颈癌和乳腺癌诊疗技能医师培训。

5月27日，专家学术报告暨医师培训讲座在赣州市五龙客家风情园举行。来自赣州各市级医院、各县（市、区）人民医院和妇幼保健院相关医疗技术人员100多名代表来到现场参加了培训活动。陈可欣教授代郝希山院士做了题为“恶性肿瘤流行趋势及预防”的报告。报告用详实的数据介绍了我国恶性肿瘤的流行趋势，并深入剖析了流行趋势变化的成因。报告介绍了世界卫生组织（WHO）与国际抗癌联盟（UICC）联合制定的综合性肿瘤防治体系的5个方面：（1）建立全国性的肿瘤登记及流行病学调查体系，按照数学模型科学地制定一个系统；（2）病因预防，即一级预防，包括戒烟、饮食、适当运动、改善工作环境、生活环境；（3）筛查与早期诊断；（4）规范化、有效的治疗；（5）患者生存与康复，延长生命、提高生命质量；并指出，降低发病率，提高治愈率，提高生存率和生存质量，是肿瘤临床的三级预防措施。

目前世界认为：肿瘤 1/3 是可以预防的，1/3 是通过早期发现可以治愈的，另外 1/3 通过合理治疗可以改善。报告最后指出，肿瘤的防治任重而道远，需要全社会集中资源和资金，尽快扭转我国癌症总体发病率及每年癌症致死率逐年上升的趋势。

詹启敏院士做了题为“肿瘤转化医学理念和实践”的报告。报告指出，肿瘤的发生是人和环境相互作用的结果，工业污染、环境污染、生活压力，以及经济发达后的不健康生活方式，都是肿瘤高发的主因。未来，不仅是肺癌，大肠癌、乳腺癌、前列腺癌等都有高发的可能，而预防的关键是关口前移和重心下移，其中的内容都与转化医学相关联。所谓转化医学，核心是在实验室和病房之间架起一条快速通道，包括将医学生物学基础研究成果迅速有效地向临床实际应用转化，将临床发现的问题再带到实验室进行研究，把研究的成果再向社区、公共卫生领域转化。但过去由于种种问题，应用到临床的研究成果不足 20%。为此，转化医学要重点解决科技和产业、科技和实际应用之间的转化问题。

高国兰教授在“宫颈癌前病变诊治新进展”的报告中，阐述了宫颈癌与 HPV 关系的最新研究，介绍了 CIN 与宫颈癌临床确诊的“三阶梯”诊断程序（即宫颈细胞学、阴道镜和组织病理学），以及基于以上诊断结果的诊疗原则。

黄欧平教授做了“吸烟与癌症”的学术报告，报告梳理了医学界对吸烟导致癌症这一结论的认识过程，从流行病学、遗传学、分子生物学及病理生理学等角度阐述了吸烟诱发癌症的机制，为“戒除烟草，远离癌症”做了科学注脚。

几位专家的报告分别从不同角度，介绍了当前癌症研究领域的前沿成果，涵盖基础与临床，为地方医疗技术人员奉上了一堂高水平的学术盛宴。

医师培训聚焦宫颈癌和乳腺癌的诊治培训。培训专家包括中国抗癌协会乳腺癌专业委员会常委、天津医科大学附属肿瘤医院乳腺肿瘤科刘红教授，江西省抗癌协会副理事长、省妇幼保健院副院长李隆玉教授，中国抗癌协会肿瘤流行病学专业委员会副主委、天津医科大学附属肿瘤医院流行病学陈可欣教授，中国抗癌协会乳腺癌专业委员会委员、天津医科大学附属肿瘤医院放射科刘佩芳教授，江西省肿瘤医院 B 超室付志勇副教授，江西省妇幼保健院肿瘤科李凌副教授，江西省妇幼保健院肿瘤病理科郝德寿教授和于晓红教授。各位专家就乳腺癌和宫颈癌的流行病学、影像学检查、B 超检查、病理检查、临床治疗方法等各个领域进行了精彩讲座。

詹启敏院士

与会代表中不少是基层卫生机构的骨干人员，他们非常珍惜这次有幸与院士、知名专家面对面进行交流、沟通的机会，多位培训代表表达了对中国抗癌协会组织这次活动的感谢，希望以后还会有更多与知名专家交流学习的机会，并表示将把培训课程中学习到的新的诊疗理念方法贯彻到临床工作中，更好地为老区群众服务。

（稿源：中国抗癌协会）

相关链接 2

民政部癌症救助项目：中国抗癌协会专家赴江西开展两癌宣教及筛查

民政部中国抗癌协会贫困地区癌症救助试点项目在江西赣州启动实施。为了科学地设计两癌普查方案，中国抗癌协会由理事长郝希山院士牵头任组长，詹启敏院士、高国兰教授、王瑛教授、陈可欣教授等知名专家为成员建立了专家组，对普查方案进行论证、设计，形成规范科学的两癌普查技术方案。

5 月 28 日，中国抗癌协会专家团首先来到赣州市兴国县，开始了乳腺癌和宫颈癌的宣教普查活动。活动在兴国县妇幼保健院举行。中国抗癌协会王瑛秘书长，中国科协学会服务中心党委吴晓琪副书记、天津医科大学附属肿瘤医院、江西省肿瘤医院和江西省妇幼保健院专家教授以及参与宣教普查的当地妇女 200 多人参加了活动。

活动包括两癌防治宣教讲座及现场免费普查两部分。讲座嘉宾为中国抗癌协会乳腺癌专业委员会常委刘红教授和江西省抗癌协会副理事长李隆玉教授。两位专家分别就乳腺癌和宫颈癌诊治常识和临床常见诊疗误区进行了详细的阐述。现场同时免费发放了两癌科普宣教手册。

普查专家组由来自天津医科大学附属肿瘤医院、江西省肿瘤医院、江西省妇幼保健院的多位知名专家组成。乳腺外科刘红教授和孙正魁教授、妇科李凌副教授现场指导该院妇科医生普查病人，B 超专家李秀英教授和付志勇副教授、影像专家刘佩芳现场指导该院 B 超和放射科医生普查病人，病理专家郝德寿和于晓红教授现场指导该院病理医生切片、阅片等，手把手传授技术。流行病学专家陈可欣教授对该院两癌流行病学数据的记录工作进行了专业指导。

在普查示教中，专家组对该院的一例疑难病例进行了会诊。患者刘××，57 岁，5 月经 X 线钼靶检查发现，左乳结节并多量钙化，性质待查。经中国抗癌协会专家组会诊后，排除了乳腺癌，考虑为乳腺纤维瘤并钙化。会诊让该院医师获得了一次难得的学习过程。

为了保证宫颈癌的普查效果，中国抗癌协会设计的普查方案中，在常规妇科检查的基础上增加 Care HPV 检查。细胞学和 Care HPV 任一阳性者再进行阴道镜检查，这将有效降低宫颈癌的漏诊率。

5 月 29 日，中国抗癌协会专家团来到瑞金市妇幼保健院继续开展两癌的宣教普查活动。刘红教授和余瑛教授的两癌宣教现场座无虚席，共计 200 余名妇女参加了宣教培训。在培训的同时，该院设立了 3 个乳腺癌普查点和 1 个宫颈癌普查点，各普查点门口都排起了长队。据统计，共 160 余名当地妇女参加了普查。据普查专家反馈，普查结果不容乐观，有近半数受检者存在不同程度的乳腺增生及乳腺囊肿，还查出 1 例癌症疑似病例。

中国抗癌协会知名专家对地方妇科医生、B 超医生、放射科医生、检验科医生、病理医生的技术指导和带教，提高了他们的肿瘤诊疗技术水平，对进一步提高乳腺癌和宫颈癌的早期诊断率，降低该地区乳腺癌和宫颈癌普查的漏诊率起着积极的作用。

免费普查和治疗活动未来几个月内将在瑞金市和兴国县持续开展，预计接受免费普查的当地适龄妇女群众将有4000余人。

（稿源：中国抗癌协会）

中国医学科学院肿瘤医院荣获2013年度国家科学技术进步奖一等奖

2014年1月10日上午，中共中央、国务院在人民大会堂隆重举行国家科学技术奖励大会，党和国家领导人习近平、李克强、刘云山、张高丽出席大会并为获奖代表颁奖。中国医学科学院肿瘤医院“食管癌规范化治疗关键技术的研究及应用推广”项目（编号：J-25301-1-01）荣获2013年度国家科学技术进步奖一等奖，此项目完成人为赫捷、王贵齐、乔友林、王明荣、刘芝华、林东昕、吕宁、王绿化、肖泽芬、徐宁志、王国清、汪楣、魏文强、黄国俊、黄镜。

（稿源：中国医学科学院肿瘤医院网站）

李兰娟院士团队荣获2013年国家科技进步一等奖

2013年度国家科学技术进步奖获奖项目目录（通用项目）

一等奖

序号7

编号：J-23301-1-01

项目名称：重症肝病诊治的理论创新与技术突破

主要完成人：李兰娟，郑树森，陈智，李君，王英杰，徐凯进，徐骁，陈瑜，刁宏燕，杜维波，王伟林，姚航平，吴健，曹红翠，潘小平

主要完成单位：浙江大学

推荐单位：浙江省

我国有病毒性肝炎及脂肪性、酒精性、药物性、免疫性肝病等患者逾 1 亿，部分进展为肝衰竭、肝硬化、肝癌等重症肝病，病情凶险，病死率高，严重威胁患者生命。为解决重症肝病高病死率的难题，李兰娟院士主持的“重症肝病诊治的理论创新与技术突破”项目在 973、863 计划、国家自然科学基金重点项目等支持下，历经 14 年艰苦攻关，将基础研究与临床转化相结合，获得了系列创新性成果，荣获 2013 年国家科技进步一等奖。

一、创建了独特有效、具有自主知识产权的李氏人工肝系统，显著降低肝衰竭患者的病死率。

李兰娟院士

主持制定了我国首部《肝衰竭诊疗指南》和《非生物型人工肝支持系统治疗肝衰竭指南》，率先建立一系列肝衰竭预警预测模型；推广李氏人工肝至全国 31 个省（区、市）300 余家单位，治疗肝衰竭 10 余万例次；2009 年，APASL（亚太肝病学会）《慢加急性肝衰竭专家共识》指出：人工肝明显提高了肝衰竭患者生存率，长期疗效令人满意。构建国内首个人源性永生化 HepLL 肝细胞系；创建具有自主知识产权的新型生物反应器和人工肝治疗仪，9 项发明专利成果实现转化；率先应用干细胞移植治疗急性肝衰竭获得成功，《Journal of hepatology》的亮点评述为“开辟了干细胞治疗肝衰竭的新途径”。

二、首创李氏人工肝联合肝移植治疗重症肝病的新方法，使重症肝病肝移植受者 5 年生存率提高到 80% 以上；创建重症肝病肝移植评估与预警体系和急性肾损伤预警模型；发现一系列新的分子标志物，实现肝癌肝移植杭州标准的新突破。

经国际同行验证，杭州标准也适合西方国家，使适合肝移植的肝癌患者比例扩大了 37.5%；将肝移植技术推广至 18 个省（区、市）单位，并率先跨出国门，先后于 2010 年和 2011 年在印度尼西亚成功开展活体肝移植，开启了印尼肝移植历史成功的大门，获得高度赞誉。

三、率先全面揭示肝病肠道微生态宏基因组的变化规律；首次运用分子生物学方法确立肠道微生态失衡的判断标准；首次发现毛螺菌科等细菌变化与重症肝病发病密切相关；发现一批代谢标志物对肝硬化和肝癌鉴别诊断有重要价值。

《Nature》《Reviews》《Genetics》等杂志点评：该研究精确阐述了肝硬化肠道菌群的分布特征；创建纳米抗菌肽治疗内源性感染和微生态干预防治重症肝病的新策略，论文发表在《Nature Nanotechnology》并入选“2009 年中国百篇最具影响国际学术论文”。

四、肝炎慢性化、重症化免疫调节机制研究获得新突破，首次阐明骨桥蛋白调节 NKT 细胞致肝损伤机制，可作为肝炎治疗新靶点；揭示肿瘤干细胞标志物 Oct4 在肝癌诊断中的应用价值；发现 HBV 感染者 T 细胞应答及调控新机制，《Annual Reviewof Immunology》评价：该研究揭示了 HBV 慢性感染机制。李兰娟院士受邀在《Nature Reviews Cancer》撰写 RON 相关综述。

该项目在《Nature Nanotechnology》《Molecular Cell》《Hepatology》《PNAS》《Journal of hepatology》等杂志发表 SCI 论文 276 篇，总影响因子 883，他引 1390 次；获国家发明专利 18 项；主编《传染病学》《外科学》教材和《人工肝脏》《感染微生态学》《肝脏移植》等专著 10 余部；获浙江省科技进步一等奖 4 项，2011 年获“国家自然科学基金创新研究群体”。

（来源：医学论坛网 日期：2014-01-10）

中华医学科技奖 2013 年获奖项目在京揭晓

由中华医学会主办，扬子江药业集团协办的中华医学科技奖 2013 年获奖项目，2014 年 1 月 8 日在京揭晓，共有 86 项医学科研成果获奖。其中，一等奖 8 项、二等奖 25 项、三等奖 47 项，卫生管理奖 2 项和医学科普奖 2 项，另外还有 2 人获得卫生政策奖。

中华医学科技奖是 2001 年经卫生部、科技部批准，由中华医学会设立的我国医药卫生行业最具权威的科技奖项。旨在奖励医学科学技术领域有杰出贡献的个人和集体，对提高中国医学科技创新能力和科技水平，推广和普及先进医学科学技术，激励科技人员攀登科技高峰起到极大的促进作用。该奖项设立 13 年来在扬子江药业的大力支持和独家资助下，共评选出 1029 项医学科技成果奖项。

全国人大常委会副委员长、中华医学会会长陈竺院士，中国国家科学技术学会常务副主席申维辰，国家卫生与计划生育委员会副主任刘谦和扬子江药业集团董事长徐镜人等出席了颁奖典礼，并向获奖代表颁奖，有力地激励了广大医学科技工作者不断创新，推动了祖国医学科技的进步，为促进我国医学卫生事业的快速发展做出了重大贡献。

陈竺副委员长说，中华医学科技奖设立 13 年来，涌现了一大批尖端的医学科研成果，在社会上产生了很好的反响。他对扬子江药业集团秉承社会责任，10 多年来鼎力支持祖国医学科技进步事业，始终坚持“求索进取、护佑众生”的企业理念和“高质、创新、惠民、奋进”的核心价值观，坚持用高质量的药品造福广大人民群众健康的做法，给予了充分肯定。

扬子江药业集团董事长徐镜人在颁奖大会上表示：“关心祖国医学卫生事业，支持民族医学科技进步，是扬子江药业义不容辞的责任和担当。扬子江始终把药品质量和社会责任放在最重要的位置，坚持以最新的药品、最高的质量、最好的疗效，践行高质惠民、回报社会的承诺。今后，集团将一如既往地支持、资助中华医学科技奖的评比，为促进我国医学科技进步，繁荣祖国医学卫生事业，鼓励更多医学科技工作者多出成果、多结硕果做出更大的贡献。”

（综合：中国网、中国质量新闻网、《中国消费者报》等媒体的报道）

相关链接 1

2013 年中华医学科技奖获奖项目名单

【按：本刊仅摘编其中与肿瘤学科相关的获奖项目】

一等奖

序号：201301253

项目名称：脾窝异位辅助性肝移植和多器官联合移植关键技术的建立及应用

完成单位：中国人民解放军第四军医大学第一附属医院

完成人：窦科峰、陶开山、王禾、岳树强、王德盛、宋振顺、杨诏旭、逄振宇、何勇、张洪涛、安家泽、曹大勇、杨雁灵、刘正才、赵威

序号：201301245

项目名称：肺癌微创诊治关键技术的建立及应用

完成单位：四川大学华西医院、上海市肺科医院

完成人：刘伦旭、李为民、杨志刚、姜格宁、车国卫、蒲强、姜愚、林一丹、梅建东、寇瑛琍、林苹、马林、廖虎、许宁惠、朱云柯

序号：201301175

项目名称：双能量 CT 的临床应用与技术创新

完成单位：中国人民解放军南京军区南京总医院、中国医学科学院北京协和医院

完成人：卢光明、金征宇、史兆荣、张龙江、薛华丹、周长圣、王怡宁、赵艳娥、宋伟、黄伟、孙昊、郑玲、孔令燕、张宗军、程晓青

序号：201301129

项目名称：妇科肿瘤微创治疗的关键技术及其应用

完成单位：中国人民解放军第三军医大学第一附属医院、广西医科大学附属肿瘤医院

完成人：梁志清、徐惠成、李力、陈勇、阳志军、张洁清、李玉艳、王丹、李俊男、王延州、姚德生、邓黎、阎萍、陈诚、陈功立

序号：201301080

项目名称：肝胆胰微创外科技术研究及其推广应用

完成单位：中国人民解放军总医院、山东大学齐鲁医院、天津市南开医院

完成人：刘荣、胡三元、秦鸣放、黄志强、安力春、胡明根、张光永、赵宏志、赵国栋、于文斌、吴瑜、许勇、陈波、孙向宇、许大彬

序号：201301017

项目名称：原发恶性骨肿瘤的规范化切除及功能重建系列研究

完成单位：北京大学人民医院

完成人：郭卫、杨荣利、汤小东、燕太强、杨毅、姬涛、李大森、唐顺、曲华毅、董森、李晓、孙馨、任婷婷、杜志业、臧杰

序号：201301305

项目名称：三氧化二砷毒性反应发生机制及防治策略

完成单位：哈尔滨医科大学

完成人：周晋、杜智敏、张亭栋、孟然、单宏丽、张卓、杨宝峰、李宝馨、孙宏丽、吕延

杰、李丽敏、蔡本志、张勇

二等奖

序号：201302125

项目名称：分子标志物指导下晚期非小细胞肺癌个体化治疗的应用

完成单位：同济大学附属上海市肺科医院

完成人：周彩存、任胜祥、周崧雯、李雪飞、徐建芳、张洁、吕梅君、张玲、苏春霞、李爱武

序号：201302116

项目名称：胰腺癌癌基因的鉴定与临床应用

完成单位：上海交通大学医学院附属瑞金医院

完成人：袁耀宗、王立夫、叶静、何相宜、姚玮艳、周琳、李雷、贲其稳、诸琦、黄佳

序号：201302303

项目名称：自体造血干细胞移植治疗恶性实体瘤的临床与实验研究

完成单位：中国医学科学院肿瘤医院

完成人：石远凯、孙燕、吴冠青、罗克桓、潘峰、吴世凯、王奇璐、刘印玉、雷英衡、张红志

序号：201302232

项目名称：结直肠癌转移的标志物及分子机制

完成单位：南方医科大学

完成人：丁彦青、赵亮、梁莉、廖雯婷、王爽、李祖国、周军、邓永键、王晓燕

序号：201302168

项目名称：肺癌中重要协同刺激分子的作用机制及其在诊治新策略中的应用

完成单位：苏州大学附属第一医院、苏州大学

完成人：黄建安、陈成、朱一蓓、陈延斌、瞿秋霞、王翎、穆传勇、张学光

三等奖

序号：201303307

项目名称：肝移植医疗技术平台的建立和应用

完成单位：上海长征医院

完成人：傅志仁、丁国善、王正昕、倪之嘉、施晓敏、傅宏、马钧、郭闻渊

序号：201303041

项目名称：结直肠癌综合治疗关键技术的优化与推广应用

完成单位：中国医学科学院肿瘤医院

完成人：蔡建强、周志祥、金晶、应建明、毕新宇、赵宏、梁建伟、侯惠荣

序号：201303230

项目名称：时间医学在肿瘤学中的基础研究和临床应用

完成单位：中山大学肿瘤防治中心、贵州省肿瘤医院

完成人：冼励坚、金风、吴明玮、吴伟莉、曾昭蕾、李媛媛、孙健、龙金华

序号：201303221

项目名称：EB 病毒潜伏膜蛋白 1 致瘤分子机制的研究
完成单位：中南大学、香港大学
完成人：曹亚、曹世华、陶永光、杨力芳、罗湘建、李力力、晏光荣、卢忠心
序号：201303144
项目名称：信号转导异常对恶性肿瘤生物学行为的影响
完成单位：中国医科大学附属第一医院
完成人：曲秀娟、刘云鹏、刘世洲、张晔、徐玲、曲晶磊、刘静、车晓芳
序号：201303218
项目名称：儿童白血病致病基因及调控因子的筛选与临床研究
完成单位：中南大学湘雅医院、深圳市儿童医院
完成人：曹励之、杨明华、文飞球、谢岷、康睿、俞燕、杨良春、朱珊
序号：201303115
项目名称：分子标志物在胃癌发病机制及转化医学研究中的应用
完成单位：上海交通大学医学院附属瑞金医院、上海交通大学医学院
完成人：朱正纲、傅国辉、刘炳亚、于颖彦、瞿颖、李琛、严超、顾琴龙
序号：201303119
项目名称：听神经瘤微创技术与治疗策略的基础与临床研究
完成单位：上海交通大学医学院附属新华医院
完成人：吴皓、黄琦、杨军、张治华、汪照炎、杨涛、向明亮、吕静荣
序号：201303118
项目名称：口腔颌面-头颈部恶性肿瘤超声热化疗的基础研究及临床应用
完成单位：上海交通大学医学院附属第九人民医院、上海交通大学
完成人：郭伟、任国欣、沈国峰、孟箭、陈亚珠、白景峰、邱蔚六、叶冬霞

相关链接 2

2013 年中华医学科技奖一等奖亮点解析

【按：本刊仅摘编其中与肿瘤学科相关的获奖项目】

2013 年中华医学科技奖在京揭晓，8 个项目从 222 个项目中脱颖而出，摘得一等奖桂冠。这些项目有何过人之处？中华医学科技奖评审委员会相关专家就此进行了介绍。

脾窝异位辅助性肝移植和多器官联合移植关键技术的建立及应用

完成单位：中国人民解放军第四军医大学第一附属医院 窦科峰等

在国际上首创脾窝异位辅助性肝移植新术式，弥补了辅助性肝移植原有术式缺陷，为先天代谢性肝病治疗开创新方法；首次建立“一体两肝”评价体系，为准确评估辅助性肝移植临床疗效、指导临床治疗提供科学证据；成功开展亚洲首例肝胰肾和心肝肾一期联合移植，提出多器官联合移植“三项原则”，为开展多器官联合移植提供了宝贵经验；首次发现移植肝修复再生中，以 Notch 信号和肝干/祖细胞为核心的细胞分子新机制，丰富并完善肝修复再生机制。相关成果在 16 家三甲医院推广应用。

肺癌微创诊治关键技术的建立及应用研究

完成单位：四川大学华西医院 刘伦旭等

该项目针对肺癌微创诊疗中镜下操作难度大、淋巴结彻底清扫难、大出血不易处理等难点，在国际上首创单向式胸腔镜肺叶切除方法，使胸腔镜肺癌手术易于学习和掌握，大大促进了其在国内的应用，该术式被编入全国高等学校外科学教材；建立无抓持纵隔淋巴结清扫方法，实现程序化的淋巴结及周围软组织彻底切除；建立胸腔镜吸引—侧压止血方法，显著减少因出血致中转开胸。系列关键技术在我国数百家医院得到推广应用，显著提高了手术成功率，减轻了患者痛苦，极大地促进了胸腔镜肺癌外科在我国的发展。

双能量 CT 的临床应用与技术创新

完成单位：中国人民解放军南京军区南京总医院 卢光明等

自 2006 年双能量 CT 技术推出后，该项目组进行了系列创新研究，多项技术填补了国际空白，与国际同步推动双能量 CT 转化为临床应用，明显提高了 CT 诊断重大疑难病的能力与效率，拓展了适应证，大幅降低了患者接受的辐射剂量，意义重大。该项目组研发了双能量 CT 系列新技术，推动了腹部双能量 CT 的创新应用，提高了小病变诊断能力；拓展了双能量 CT 在心脑血管病的应用，实现肺栓塞和冠心病的血管狭窄与灌注缺损诊断一体化，提高了心脑血管病精确诊断水平；开发了单能谱 CT 技术在骨肌疾病的应用，减少了金属植入物伪影，改善了骨病变细节显示。

妇科肿瘤微创治疗的关键技术及应用

完成单位：中国人民解放军第三军医大学第一附属医院 梁志清等

我国每年新增妇科肿瘤逾 150 万例，其中宫颈癌、卵巢癌和子宫内膜癌是导致女性死亡的第一杀手。该项目组创建了以间隙解剖法为核心的手术解剖理念，并据此创建了系列妇科肿瘤腹腔镜手术技术体系，为妇科肿瘤腹腔镜手术的规范开展和推广提供了技术支撑；率先在国内开展早期及年轻宫颈癌患者保留生育功能的手术，实现了根除病变与保留生育功能的双重疗效。相关技术在全国 40 余家大型医院推广应用，极大地推动了我国妇科肿瘤腹腔镜手术技术的发展。

肝胆胰微创外科技术研究及推广应用

完成单位：中国人民解放军总医院 刘荣等

肝、胆道和胰腺外科疾病是我国常见病，发病率高、手术操作复杂、创伤反应大。该项目组将以腹腔镜为核心的微创外科技术，应用于肝胆胰疾病的治疗，改变了当代肝胆胰外科的实践模式。十余年间，从零开始，在肝胆胰腹腔镜外科手术适应证、手术入路和手术方式方面取得重要进展，突破了腹腔镜复杂肝胆胰手术的众多禁区，建立了完整的手术方法学体系。该项目组不仅进行了数量巨大的临床实践，更通过培训等多种形式推动技术普及，使这一重要临床成果得到了大范围的推广。

原发恶性骨肿瘤的规范化切除及功能重建系列研究

完成单位：北京大学人民医院 郭卫等

原发恶性骨肿瘤好发于青壮年，是造成这一年龄段人群死亡和致残的重要因素。该项目组在国内率先总结和推广恶性骨肿瘤保肢理念，首创并改良了多种保肢重建方式，患者保肢率已达到 80%以上，在新辅助化疗的协同下治愈率也从原来的 20%提高到 70%，患者的生存率和生活质量显著提升。在国际范围内首先提出恶性肿瘤累及骨盆不同部位的规范化切除和功能重建策略，治疗理念推广到全国绝大多数三甲医院，极大地提升了国内骨肿瘤诊疗水平，总体疗效居国际领先。针对脊柱肿瘤的外科治疗，应用低位腹主动脉阻断技术辅助完成骶骨肿瘤切除，该技术的应用使手术出血由原先的平均 1 万毫升降低至 1500 毫升，大大降低术中输血量，取得巨大社会效益。

三氧化二砷毒性反应发生机制及防治策略

完成单位：哈尔滨医科大学 周晋等

三氧化二砷对病情凶险的急性早幼粒细胞性白血病疗效显著，在临床大规模应用数十年，取得满意疗效，但该药也有不足之处，即存在较大的毒副作用，如可产生心血管系统毒性，造成患者死亡等。

本项目的完成从理论上揭示了三氧化二砷心脏毒性反应的发生机制，并发现在不改变三氧化二砷总量的前提下，调整给药速度可以减少毒性而不减弱疗效。由此创立和推广了三氧化二砷持续缓慢静脉输注法，降低了三氧化二砷引起的高白细胞血症及心脏毒性反应，已在国内多家大型医疗机构血液专科推广应用。

（来源：丁香园 时间 2014-01-13）

相关链接 3

北京大学人民医院骨肿瘤科郭卫团队获中华医学科技奖一等奖

1 月 8 日，2013 年中华医学科技奖在北京揭晓，北京大学人民医院骨肿瘤科郭卫团队承担的研究项目“原发恶性骨肿瘤的规范化切除及功能重建系列研究”在 200 多个项目中脱颖而出荣获一等奖。课题组在国际范围内首先提出恶性肿瘤累及骨盆不同部位的规范化切除和功能重建策略，总体疗效居国际领先。

原发恶性骨肿瘤好发于青壮年，是造成这一年龄段人群死亡和致残的重要原因。项目组在国内率先总结和推广恶性骨肿瘤保肢理念，首创并改良了多种保肢重建方式，患者保肢率已达到 90%以上，在新辅助化疗的协同下治愈率也从原来的 20%提高到 70%，患者的生存率和生活质量得到显著提升。项目组在分析总结大量临床资料和科研数据的基础上，在四肢原发恶性骨肿瘤的保肢治疗、骨盆恶性肿瘤的规范化切除及功能重建、脊柱肿瘤的外科治疗、恶性骨肿瘤的辅助治疗等领域取得重大突破。研究论文被美国《NCCN 骨肿瘤治疗指南》引用。国际首创一期后路全骶骨切除术式，大大缩短了手术时间，降低了手术风险，论文发表于国际知名的脊柱外科杂志《Spine》。课题组应用低位腹主动脉阻断技术辅助完成骶骨肿瘤切除，该技术的应用使手术出血由原先的平均 1 万毫升降低至 1500 毫升，大大降低术中输血量，取得了巨大的社会效益。

项目组在促进临床发展的同时也产出了丰硕的科研成果，先后发表 SCI 论文 41 篇，出版骨肿瘤专著 11 部，主持编写人民卫生出版社高等医学院校骨肿瘤教材。设计的各型骨肿瘤假体已获得 4 项国家发明专利。先后组织 6 届骨肿瘤高级研修班，招收学员和进修医师超过 1000 人次，培养了大量骨肿瘤专业人才。

北京大学人民医院骨肿瘤科是国内唯一骨肿瘤专业国家重点学科、北京大学人民医院重点科室、全国最大的骨肿瘤会诊中心。骨肿瘤科拥有国内该领域最著名的专家和高级专业技术团队，在首都医学发展基金资助下建立了世界范围内规模最大的骨与软组织肿瘤标本库。骨肿瘤科每年诊治大量来自全国各地的骨与软组织肿瘤病人，尤其在脊柱、骨盆和骶骨肿瘤的诊断和外科治疗方面处于国际先进水平，切除骨盆、骶骨肿瘤的数量居世界首位，在高难度的骨盆、骶骨肿瘤切除与重建方面得到国内外同行的高度赞誉。

项目第一完成人郭卫教授现任国际骨肿瘤学会主席，中华医学会骨科学分会和肿瘤学分会骨肿瘤学组组长，在他的积极倡导下，恶性骨肿瘤规范化治疗理念已推广至全国绝大多数三甲医院，极大地提升了国内骨肿瘤诊疗水平。

（来源：中国新闻网健康频道 2014-01-14、《科技日报》汪铁铮 吴红月 2014-01-16）

相关链接 4

哈医大砷剂研究获中华医学科技奖一等奖

由哈尔滨医科大学第一临床医学院周晋教授、第二临床医学院杜智敏教授、第一临床医学院张亭栋教授、药学院杨宝峰领衔的科技成果“三氧化二砷毒性反应发生机制及防治策略”在 2013 年度中华医学科技奖评审中获得一等奖。

急性早幼粒细胞白血病（APL）曾经是各型白血病中最凶险的一型。三氧化二砷是哈医大在国际上首先发现的、对急性早幼粒细胞白血病疗效显著的药物，在临床大规模应用数十年，取得满意疗效。但如此疗效非凡的药物也有不足之处，即存在较大的毒副作用。例如，可产生心血管系统毒性，有患者死亡的报道，该药还可引起患者发生“高白细胞血症”，这些不良反应限制了其临床应用。

对此哈医大组建了以周晋教授领衔的研究团队，在张亭栋教授、杨宝峰教授指导下，进行了十余年的攻关。研究首次发现三氧化二砷心脏毒性作用原因之一是抑制了心肌细胞膜上的钾电流，导致 QT 间期过度延长，这是致死性心律失常发生的重要原因；揭示了胞质内钙离子浓度持续升高是三氧化二砷导致心肌细胞凋亡的重要原因之一；揭示了三氧化二砷可以抑制对心脏有保护作用的 M3 受体，进而产生心脏毒性作用。

根据以上机制研究的成果，哈医大研究团队积极探求解决这些不良反应的途径。经过反复的临床与基础研究，发现在不改变三氧化二砷总量的前提下，调整给药速度可以减少毒性而不减弱疗效，创立了三氧化二砷持续缓慢静脉输注法。该方法延长了促凋亡有效浓度时间，提高了白血病细胞的凋亡率，进而减轻了高白细胞血症；使长 QT 间期综合征及恶性心律失常明显减少，该方法应用以来，未见三氧化二砷心脏毒性导致猝死的病例。

据悉，该项研究从理论上揭示了三氧化二砷心脏毒性反应的发生机制，并创立和推广了“三氧化二砷持续缓慢静脉输注法”，降低了三氧化二砷引起的高白细胞血症及心脏毒性反应，目前已在国内多家大型医疗机构血液专科推广应用，未来会让三氧化二砷这一毒药更安全的造福人类。

（来源：医学论坛网 作者：聂松义 2014-01-10）

赫捷教授当选中国科学院院士
林东昕教授当选中国工程院院士

2013 年 12 月 19 日，中国科学院和中国工程院分别发布 2013 年院士增选结果。中国医学科学院肿瘤医院赫捷教授当选中国科学院生命科学和医学学部院士。林东昕教授当选中国工程院医药卫生学部院士。至此我院两院院士人数增至 7 人，居全国医院之首。

（人事处 喻达）

赫捷，1960 年出生，主任医师，博士生导师。现任中国国家癌症中心副主任、中国医学科学院肿瘤医院院长。1984 年毕业于白求恩医科大学医学系，同年分配至中国医学科学院肿瘤医院/肿瘤研究所胸部肿瘤外科工作，1988～1993 年在中国协和医科大学攻读硕士、博士学位，1995～1997 年赴美国俄亥俄大学医学院和印第安纳大学医学院从事博士后工作。长期以来主要从事肺癌、食管癌等胸部肿瘤的早诊早治、外科治疗及综合治疗，具有丰富的临床经验和精湛的手术技术。在胸部肿瘤的基础研究，特别是肺癌、食管癌的相关基因研究，分子分期、分型和分子预后方面，所领导的团队取得了一系列的研究成果，建立了转化医学的平台，形成了临床研究与基础研究密切结合的研究特色。曾获得 2013 年度国家科学技术进步奖一等奖、中华医学科技奖一等奖、卫生部有突出贡献中青年专家、教育部“优秀留学归国人员”等荣誉称号。2013 年 6 月获“全国师德楷模”荣誉称号。（赫捷院士照片见卷首彩图“中国医学科学院肿瘤医院肿瘤研究所 2013 年大事记”）

林东昕，1955 年 10 月出生，研究员（教授）、博士生导师。现任中国医学科学院肿瘤医院/肿瘤研究所病因及癌变研究室主任，癌发生及预防分子机制北京市重点实验室主任；中国协和医科大学学术委员会委员，北京大学医学部学术委员会委员，分子肿瘤学国家重点实验室学术委员。1986 年北京医科大学研究生毕业，医学硕士学位。1988 年 8 月～1990 年 6 月，先后在法国国家科学研究中心肿瘤研究所和世界卫生组织国际癌症研究署（IARC），1990 年 7 月～1994 年 8 月在美国国家毒理学研究中心分子流行病学研究室从事肿瘤基础研究。1995 到中国医学科学院肿瘤医院工作。

学术兼职：中国抗癌协会理事、肿瘤病因专业委员会主任委员，中国吸烟与健康协会理事；国际专业期刊《Cancer Epidemiology Biomarkers & Prevention》《Pharmacogenetics and Genomics》、国内专业期刊《中华肿瘤杂志》《肿瘤防治杂志》《癌症》《肿瘤研究与临床》《医学分子生物学杂志》《癌变畸变突变》编委。

研究领域：常见肿瘤发生、发展及其遗传易感性的分子机制；肿瘤分子流行病学；个体化医学。曾承担和正在承担国家“973”重大基础研究规划、国家“863”高技术项目、国家自然科学基金重大项目、国家自然科学基金重点项目、国家杰出青年科学基金项目、国家医学科技攻关项目、国家自然科学基金项目、北京市科委重大项目、教育部跨世纪优秀人才基金项目、海外青年学者合作研究项目等重要的科研项目。

主要学术贡献：较系统地研究了致癌物代谢、DNA 修复、细胞周期和凋亡控制、肿瘤免疫等系统的基因遗传变异与肺癌、食管癌、胃癌、乳腺癌、结直肠癌等常见肿瘤发生和发展的关系。至 2006 年已发表研究论文 110 多篇，其中发表在《Nat Genet》《J. Exp. Med.》《J. Natl. Cancer Inst.》《Gastroenterology》《Cancer Res.》《Clin. Cancer Res.》《Oncogene》《Hum. Mutat.》《Pharmacogenet Genomics》《Int. J. Cancer》等著名或重要国际专业期刊的论文 70 多篇，累计 SCI 影响因子 300 多分，论文被引用 900 多次。参与主编或编写《肿瘤遗传学》《肿瘤学》《临床肿瘤学》和《肺癌诊断治疗学》专著 4 部。研究成果获 2002 年中华医学科技奖三等奖、2003 年北京市科学技术奖二等奖、2005 年中华医学科技奖二等奖和北京市科学技术奖一等奖、2006 年国家自然科学奖二等奖、2008 年国家科技进步奖二等奖。1998 年国家杰出青年科学基金获得者；2003~2004 年度卫生部有突出贡献中青年专家；2001 年起，享受国务院政府特殊津贴。（林东昕院士照片见卷首彩图“中国医学科学院肿瘤医院肿瘤研究所 2013 年大事记”）

（稿源：中国医学科学院肿瘤医院网站）

赫捷院长荣获 2013 年度何梁何利奖

何梁何利基金 2013 年度颁奖大会于 2013 年 10 月 30 日下午 3 时在北京钓鱼台国宾馆隆重举行。中国医学科学院肿瘤医院赫捷院长由于在胸部肿瘤外科领域的杰出贡献，荣获本届何梁何利科学与技术进步奖医学、药学奖。

何梁何利奖是我国最具影响力的科技奖励之一。何梁何利基金成立 19 年来，遴选表彰了一批优秀科学家和工程师，激励科技人才、激发创新活力，促进了内地与港澳地区的科技交流与合作，为国家培养科技人才和推动科技进步做出了重要贡献。

（撰稿、摄影：昌盛）中国医学科学院肿瘤医院网站

第四届国际恶性血液病大会在香港举行

——黄晓军教授获杰出贡献奖

由亚太血液联盟（APHCON）承办的第四届国际恶性血液病年会（4th International Hematologic Malignancies Conference：Bridging the Gap 2013，BTG2013）于 2013 年 2 月 22 日~24 日在香港举行，亚太血液联盟主席、北京大学血液病研究所所长黄晓军教授担任大会执行主席。

在此次 BTG 年会上，基于黄晓军教授对国际血液-肿瘤学的学术贡献，会议授予其最高荣誉“TMG Award”（医学杰出贡献奖），这不仅是对他在血液恶性疾病和造血干细胞移植领域卓越成就的高度认可，同时也是对黄晓军教授所领导的北京大学血液病研究所发展水平和工作成就的高度肯定。同时，北京大学血液病研究所主鸿鹄医师获得 BTG2013 最佳口头报告奖。

国际恶性血液病年会（BTG）是全球最具影响力的血液学会议之一，会议邀请欧美和亚太一流血液学专家介绍最新的恶性血液病科学研究和诊疗进展，并设置多个专题论坛促进国际学术交流及合作开展。亚太血液联盟是亚太地区的国际性血液学术组织，致力于交流血液—肿瘤科学研究最新进展，促进血液—肿瘤诊疗体系规范发展。联盟积极推动亚太各国血液学组织与世界顶尖血液肿瘤研究机构之间的学术交流，并为亚太地区的年轻学者成长提供更多的教育和发展机遇。

相关链接

黄晓军教授是国际知名血液病学家，长江学者特聘教授、国家杰出青年基金负责人、科技北京百名领军人才；现任北京大学血液病研究所所长、造血干细胞移植北京市重点实验室主任、北京大学-清华大学生命科学联合中心临床 PI；并兼任首届亚太血液联盟（APHCON）主席，亚太细胞治疗学会（ACTO）候任主席，第八届中华医学会血液学分会候任主任委员、中国医师协会血液科医师分会会长，中国实验血液学专业委员会副主任委员。

黄晓军教授培养了国内外公认的、具有可持续发展潜力的一流学术团队：2001 年获国家重点学科、2007 年获教育部创新团队、2011 年获卫生部临床重点专科（全国排名第一）并建立首个造血干细胞移植省部级重点实验室；团队主持包括国家 973、863、国家支撑计划、国自然基金重点项目等 20 余项国家科研基金，建立了具有国际原创性的 HLA 不合白血病移植方案，在此基础上领导建立并完善了国际领先的 HLA 不合移植体系，使我国彻底告别造血干细胞移植供者来源匮乏的时代；建立了国际原创的造血干细胞移植后白血病复发防治体系和移植物抗宿主病“预警预测-干预”体系，使我国造血干细胞移植疗效达到世界先进水平。近 5 年发表 SCI 论文 120 余篇，其中在血液学领域顶级期刊《Blood》作为通讯作者发表论著 3 篇；获得国家技术发明二等奖、中华医学科技一等奖、教育部高等学校科学研究优秀成果奖一等奖等多项国家和省部级奖励。

（稿源：北京大学人民医院）北京大学医学部新闻网

黄晓军教授获得欧洲骨髓移植协会圣安东尼成就奖

2013 年 4 月 11 日，欧洲骨髓移植协会（European Group for Blood and Marrow Transplantation，EBMT）宣布，基于北京大学黄晓军教授在血液病学领域的卓越成就，EBMT 决定授予他 2013 年度“欧洲骨髓移植协会圣安东尼成就奖”（Saint-Antoine-EBMT Achievement Award），授奖仪式在巴黎皮埃尔与居里大学（Université Pierre et Marie Curie）举行。

该奖项是 EBMT 依据法国法律设立的国际性医疗奖项，用于表彰对血液病诊治领域中做出科学创新及卓越成就的个人或团体。EBMT 奖项评审委员会强调，此次授奖为奖励黄晓军教授在创立、完善亲属单倍型造血干细胞移植事业中所做出的突出贡献。EBMT 巴黎总部负责人、“自体移植之父”高汉（Norbert C. Gorin）教授为黄晓军教授颁发奖杯和勋章，并称赞黄晓军教授这一成就将在世界范围内改变了未来造血干细胞移植事业的格局。中国驻联合国教科文组织全权代表尤少忠先生、中国驻法大使馆科技公参韩军先生、

EBMT主席马乐嘉（Alejandro Madrigal）教授、中国工程院院士阮长耿教授到会见证了这一重大历史时刻并表示祝贺。

与黄晓军同时获得这一奖项的还有国际著名血液病学家、现任EBMT白血病委员会主席穆迪（Mohamode Mohty）教授，以表彰其在移植物抗宿主病（GVHD）防治领域的突出贡献。在随后举行的首届法国-中国血液学高峰论坛上，法中血液界共叙两国在该领域的合作友谊并进行了深入的学术交流。黄晓军教授应邀作了题为"为所有患者做半相合移植的时代是否已经到来——北京的经验"的报告，得到欧洲同行的广泛认同。

（稿源：北京大学人民医院 北京大学血液病研究所）北京大学医学部新闻网

王贵齐等中国三位专家获得世界卫生组织基金奖

2013年5月23日下午，在瑞士日内瓦举行的第66届世界卫生大会举行授奖仪式。中国医学科学院肿瘤医院食管癌专家王贵齐、贵州省疾病预防控制中心副主任安冬、湖南省凤凰县疾病预防控制中心主任滕树忠分别获得"科威特国健康促进研究奖"、"李钟郁博士公共卫生纪念奖"和"列昂·伯纳德基金奖"。本届大会主席、日本代表团团长尾身茂博士、世界卫生组织总干事陈冯富珍分别与科威特国卫生部长穆罕默德（Mohammad Barrak Alhaify）、韩国国际卫生保健基金总裁Soo-Ku Lee博士出席并为获奖者颁奖。

王贵齐获奖后表示，该奖项是对中国众多长期植根于基层、致力于推动慢性病防治事业的广大卫生工作者的褒奖和鼓励。王贵齐指出，中国正在进行深化医药卫生体制改革，努力使人人享有基本医疗卫生服务，癌症防治的宣传教育和早诊早治，已成为国家的重大公共卫生项目。王贵齐宣布将捐出全部奖金，用于支持癌症防治和救助贫困肿瘤患者。

王贵齐近十余年来与同事共同在中国食管癌高发区开展并推广癌症早诊早治项目，在全国共筛查497 069人，发现6963病例，其中76%是早期病例，发现的病例大多数都得到及时有效的治疗。同时，他还积极进行基层医生的培训工作，包括来自28个省份的2100名卫生专业人员，使基层医生逐步掌握食管癌的早诊早治技术，致力推动"健康促进和健康教育"，注重推动慢性病防治关口前移。

科威特国健康促进研究奖由科威特国政府发起并提供资金，李钟郁博士公共卫生纪念奖是通过韩国国际卫生保健基金会-李钟郁博士纪念基金按大韩民国政府的倡议设立并提供基金，列昂·伯纳德基金奖由世界卫生组织列昂·伯纳德基金设立，经执委会讨论，授予对卫生发展作出突出贡献的个人或机构。

（摘自：国家卫生和计划生育委员会网站 2013-05-28）

相关链接

王贵齐教授获得 2013 年科威特国健康促进研究奖

2013 年 5 月 23 日晚，第六十六届世界卫生大会全体会议在日内瓦万国宫会议大厅举行，大会同时颁发 2013 年科威特国健康促进研究奖。来自中国的王贵齐博士获此殊荣，世界卫生组织总干事陈冯富珍女士向其颁发了获奖证书和奖牌。王贵齐在大会上发表了获奖感言。

“科威特国健康促进研究奖”来自科威特国政府在世界卫生组织的框架内，以“科威特国健康促进基金”的名义设立的一个基金，基金的目的是向对健康促进研究作出突出贡献的个人、机构或非政府组织授奖。

中国医学科学院肿瘤医院内镜科主任王贵齐教授，在中国肿瘤高发区河南省林县、河北省磁县等地艰苦工作多年，对推进当地恶性肿瘤筛查和早诊早治、推动癌症防治关口前移和国民“健康促进和健康教育”做出了突出的贡献。

在获奖感言中，王贵齐教授表示，作为一名长期深入基层防治一线的医生，深深感到中国广大的农村和基层除了需要专科医生的技术服务，更需要健康理念的更新，只有在健康的生活方式下，技术和服务才能发挥最大效用，才能可持续发展。癌症防控是一个充满挑战、群众迫切希望突破的领域，也是中国医务工作者几代人的梦想。自己的中国梦就是希望带领团队继续不遗余力地追求和探索中国癌症防治与发展之路，积极推动健康教育，让更多的人享受到社会与科学进步的成果，使更多人民免于癌症的困扰。他同时表示，将捐出全部奖金 2 万美元，以表彰在中国癌症早诊早治和健康教育、健康促进工作中做出杰出贡献的个人、团体和机构及救助贫困肿瘤患者。

（党委办公室　张平）来源：中国医学科学院肿瘤医院网站

“国家自然科学基金”项目获得资助情况

2013 年度国家自然科学基金立项工作已经完成，我院共有 26 项获得资助，其中重点项目 1 项，优青项目 1 项，面上项目 16 项，青年项目 5 项，专项 3 项。

重点项目：

分子肿瘤学国家重点实验室王明荣“食管鳞癌重要分子畸变的异质性及靶向治疗的分子基础研究”。

优青项目：

流行病室赵方辉“HPV 和宫颈癌的流行病学与人群预防研究”。

面上项目：

病因及癌变研究室于典科“插入/缺失型拷贝数变异影响食管癌易感性的作用机制研究”；

全国肿瘤防治办公室代敏“DNA 修复通路遗传变异和 HPV 感染转归与宫颈癌同步放化疗预后的分子流行病学研究”；

乳腺外科宣立学“趋化因子受体 CCR2 靶向性纳米载体在乳腺癌生物治疗中的应用研究”；

内科徐兵河“通过 BRCA1 非依赖的 DNA 同源重组修复中关键分子改善三阴性乳腺癌治疗敏感性的研究”；

乳腺外科王靖“HER2/uPAR 通路调控乳腺肿瘤休眠和细胞周期的分子机制”；

分子肿瘤学国家重点实验室赵晓航“食管癌易感基因 CAPS8 和 RIP3 的遗传变异及其功能研究”；

病因及癌变研究室谭文“锌转运体 SLC39A6 遗传变异影响食管癌预后的作用及机制研究”；

放射治疗科惠周光“血清 miRNA 预测食管癌放化疗疗效及其作用机制的探索性研究”；

分子肿瘤学国家重点实验室许杨“食管癌受体相互作用蛋白 3 的核定位及其作用机制研究”；

检验科韩晓红“非小细胞肺癌 EGFR-TKI 类靶向药物新的耐药相关基因的作用和分子机制研究”；

胸外科高禹舜“利用人源肺癌裸鼠移植瘤模型结合蛋白质组学技术发现新的肺癌血液蛋白标志物的研究”；

胸外科赫捷“食管鳞癌中新发现的 EP300 高频突变对其酶活性及细胞功能影响的研究”；

分子肿瘤学国家重点实验室王海娟“MTA1 抑制纺锤体组装检验点功能的作用及机制研究”；

分子肿瘤学国家重点实验室钱海利“一个新的 RNA 结合蛋白（MTA1）参与 mRNA 可变剪切调控的机制以及在肿瘤发生与进展中的作用”；

影像诊断科王铸“食管癌转移性淋巴结的综合影像特征分析及计量诊断模型的建立”；

免疫学研究室张玉倩“肿瘤微环境中组织液流影响肿瘤侵袭转移的计算力学研究”。

青年项目：

全国肿瘤防治办公室曾红梅“幽门螺杆菌感染——7 个多态位点的交互作用和不同胃黏膜病变的关系”；

分子肿瘤学国家重点实验室贺欢“KLF4 在乳腺癌中的表达调控和生物学功能研究”；

细胞生物学及分子生物学研究室刘梅“miR-492 影响宫颈癌细胞放化疗敏感性的机制

研究”；

病因及癌变研究室刘宇“dlk1 基因在非小细胞肺癌中异常高表达及其通过 Notch 信号通路促进肿瘤转移的分子机制研究”；

胸外科陈照丽“一种新的与食管鳞癌预后相关的长链非编码 RNAEP1 的生物学功能及其作用机制的研究”。

专项项目：

妇科吴令英“NTRK3 及 ISG20L1 基因与卵巢上皮癌紫杉醇铂类化疗耐药机制的研究”；

腹部外科蔡建强“APOBEC3B 基因在乙肝相关性肝癌中的作用及机制研究”；

腹部外科吴健雄“FOXA1/2/ERα 靶基因 SNPs 与女性肝癌发病风险关联及功能研究”。

（科研处 高文红）（稿源：中国医学科学院肿瘤医院网站 2013-12-29）

“首都特色临床医学应用发展”基金获得资助情况

2013 年度“首都特色临床医学应用发展”基金评审立项工作已经完成。我院共有 10 项课题获得资助。

麻醉科丁超“椎管内介入镇痛治疗顽固性癌痛的临床研究”；

放射治疗科刘跃平“前列腺癌短疗程大分割精确放疗临床Ⅱ期研究”；

泌尿外科马建辉“DNA 分子标志物辅助膀胱癌诊断和复发监测的应用转化研究”；

腹部外科田艳涛“垫片血管缝线用于胰肠吻合的生物力学原理及临床效果观察”；

腹部外科吴健雄“中央型肝癌窄切缘除联合术放疗的随机对照研究”；

妇瘤科吴令英“三磷酸腺苷-肿瘤药物敏感性检测技术指导铂类耐药复发卵巢癌患者化疗的前瞻性随机分组研究”；

影像诊断科吴宁“18F-FDG PET-CT 早期预测非小细胞肺癌 EGFR-TKI 治疗有效性及预后的研究”；

头颈外科王晓雷“甲状腺外科手术中甲状旁腺功能保护的综合临床研究”；

影像诊断科王勇“胃肠道间质瘤靶向治疗疗效超声造影评估体系的建立研究”；

乳腺外科宣立学“乳腺癌术后乳房再造及上肢淋巴水肿治疗的临床研究”。

（科研处 高文红）（稿源：中国医学科学院肿瘤医院网站 2013-12-29）

2013 年度中国抗癌协会科技奖专业组评审通过项目

序号：1

项目名称：恶性肿瘤血管生成模式临床意义和分子机制的基础与临床研究

完成人：孙保存，赵秀兰，李凯，张丹芳，刘志勇，赵学铭，沈军，邱志强，陈陆霞，

黄纯
完成单位：天津医科大学附属肿瘤医院，天津医科大学
推荐单位：肿瘤病理专业委员会
序号：2
项目名称：可做为肝癌治疗靶点的非编码 RNA 及其参与的调控机制研究
完成人：孙树汉，杨富，王芳，郭瀛军，张毅，黄金凤，袁继行
完成单位：中国人民解放军第二军医大学
推荐单位：中国人民解放军第二军医大学
序号：3
项目名称：乙肝病毒致癌分子机制研究
完成人：张晓东，叶丽虹，张涛，山长亮，张帅，由晓娜，张伟英，王琦，张烜，张航
完成单位：南开大学
推荐单位：南开大学
序号：4
项目名称：适合于中低收入国家的子宫颈癌快速筛查与相关技术研究
完成人：乔友林，赵方辉，张询，李淑敏，潘秦镜，陈凤，胡尚英，马俊飞，刘彬，宋艳
完成单位：中国医学科学院肿瘤医院，山西省襄垣县妇幼保健院
推荐单位：中国医学科学院肿瘤医院
序号：5
项目名称：新型抗 Her2-scFv-Fc-IL-2 融合蛋白的研制
完成人：郭宁，施明，于鸣，解志刚，冯健男
完成单位：军事医学科学院基础医学研究所
推荐单位：肿瘤生物治疗专业委员会
序号：6
项目名称：免疫调节分子基因多态性与黑龙江省女性散发性乳腺癌的关联研究
完成人：李殿俊，傅振坤，王丽虹，姜永冬，原伟光，陈双，许凤燕，张华，高翔
完成单位：哈尔滨医科大学
推荐单位：黑龙江省抗癌协会
序号：7
项目名称：恶性肿瘤靶向治疗药物载体技术平台的建立
完成人：马洁，刘骞，袁伟，赵平，解亦斌，韩志楷，汪毅，王铮
完成单位：中国医学科学院肿瘤医院
推荐单位：中国医学科学院肿瘤医院
序号：8
项目名称：口腔鳞癌和癌前病变相关病原菌与微创诊疗策略的研究
完成人：何虹，黄剑奇，平飞云，徐文鸿，孙钢，范艳，陈关福，张洁鋆，杨海萍，董研
完成单位：浙江大学医学院附属第二医院，浙江大学医学院附属口腔医院
推荐单位：浙江省抗癌协会

序号：9
项目名称：卵巢癌转移相关基因和相关蛋白的研究
完成人：许沈华，苏丹，郑智国，顾琳慧，凌志强，应莉莎，朱欣
完成单位：浙江省肿瘤医院
推荐单位：浙江省肿瘤医院
序号：10
项目名称：自体造血干细胞移植治疗恶性实体瘤的临床与实验研究
完成人：石远凯，孙燕，吴冠青，罗克桓，潘峰，吴世凯，王奇璐，雷英衡，张红志，韩晓红
完成单位：中国医学科学院肿瘤医院
推荐单位：中国医学科学院肿瘤医院
序号：11
项目名称：前列腺癌微创综合治疗的临床应用与基础研究
完成人：郭志，徐勇，司同国，王海涛，张志宏，杨阔，刘冉录，杨雪玲，徐彦，李勇
完成单位：天津市肿瘤医院，天津医科大学第二医院
推荐单位：天津市肿瘤医院
序号：12
项目名称：中国黑色素瘤个体化治疗模式的初步建立
完成人：郭军，孔燕，斯璐，迟志宏，崔传亮，盛锡楠，毛丽丽，李思明，代杰
完成单位：北京大学肿瘤医院
推荐单位：北京大学肿瘤医院
序号：13
项目名称：城市居民癌症发病率和生存率的分析及应用
完成人：项永兵，高玉堂，金凡，张薇，高静，李泓澜，谭玉婷，吴琪俊，孙璐，高立峰
完成单位：上海市肿瘤研究所
推荐单位：上海市肿瘤研究所
序号：14
项目名称：EGFR-TKI 及 EGFR 单克隆抗体联合治疗 EGFR-TKI 耐药 NSCLC 的研究
完成人：王勐，王长利，赵晶，刘俊，朱建权，赵晓亮，陈玉龙
完成单位：天津市肿瘤医院
推荐单位：天津市肿瘤医院
序号：15
项目名称：利卡汀联合肝动脉化疗栓塞治疗原发性肝癌的基础及临床研究
完成人：杨业发，葛乃建，伍路，申淑群，周静，张一军，梁军，周伟平，沈锋，吴孟超
完成单位：第二军医大学附属东方肝胆外科医院
推荐单位：上海市抗癌协会
序号：16
项目名称：信号转导异常对恶性肿瘤生物学行为的影响

完成人：刘云鹏，曲秀娟，刘世洲，张晔，徐玲，曲晶磊，刘静，车晓芳，张凌云，李智，温倜，马艳菊
完成单位：中国医科大学附属第一医院
推荐单位：辽宁省抗癌协会
序号：17
项目名称：难治性白血病耐药机制及逆转措施的系列研究
完成人：张曦，陈幸华，孔佩艳，张诚，高蕾，刘耀，高力，曾东风，彭贤贵
完成单位：中国人民解放军第三军医大学第二附属医院
推荐单位：中国人民解放军第三军医大学
序号：18
项目名称：植物化学物质预防及抑制恶性肿瘤的机制及应用
完成人：刘明，刘艳，陈洪生，王立峰，张春鹏，赵金璐，林罗强
完成单位：哈尔滨医科大学附属第四医院
推荐单位：黑龙江省抗癌协会
序号：19
项目名称：高强度聚焦超声（HIFU）微创治疗恶性肿瘤的临床研究
完成人：吴沛宏，李传行，张福君，黄子林，黄金华，范卫君
完成单位：中山大学肿瘤防治中心
推荐单位：广东省抗癌协会
序号：20
项目名称：乳腺癌化疗耐药的临床及基础研究
完成人：王林波，胡文献，沈建国，姜支农，范伟民，隋梅花，谢树夺
完成单位：浙江大学医学院附属邵逸夫医院，浙江大学
推荐单位：浙江省抗癌协会
序号：21
项目名称：乳腺癌术后微转移筛查及生活质量（QOL）评估的临床转化研究
完成人：谢晓冬，刘兆喆，郑振东，朴瑛，丁震宇，郭放，韩涛
完成单位：沈阳军区总医院
推荐单位：沈阳军区总医院
序号：22
项目名称：结直肠癌术后复发转移机制及防治策略研究
完成人：李宁，罗素霞，陈小兵，邓文英，万相斌
完成单位：河南省肿瘤医院
推荐单位：河南省抗癌协会
序号：23
项目名称：部分常见肿瘤放射治疗循证医学研究
完成人：王小虎，张秋宁，杨克虎，田金徽，罗宏涛，刘锐锋，张延英，郭丽云
完成单位：甘肃省肿瘤医院，兰州大学循证医学中心

推荐单位：甘肃省抗癌协会
序号：24
项目名称：放射性^{125}I粒子在恶性实体肿瘤中的应用
完成人：张福君，李传行，吴沛宏，范卫君，黄金华
完成单位：中山大学肿瘤防治中心
推荐单位：广东省抗癌协会
序号：25
项目名称：全身热疗联合化疗治疗晚期恶性肿瘤的基础和临床研究
完成人：胡晓桦，李永强，刘志辉，廖小莉，林燕，陆永奎，廖思娜，王英，杨玲，岑绍芳
完成单位：广西壮族自治区肿瘤防治研究所
推荐单位：广西壮族自治区抗癌协会
序号：26
项目名称：提高中国乳腺癌患者早期诊断率和远期生存率的临床和转化研究
完成人：邵志敏，沈镇宙，胡夕春，郭小毛，吴炅，柳光宇，狄根红，陈佳艺，杨文涛，余科达
完成单位：复旦大学附属肿瘤医院
推荐单位：上海市抗癌协会
序号：27
项目名称：胶质瘤浸润边界生物学特征及抑制其复发的基础研究与临床应用
完成人：赵世光，甄云波，滕雷，刘耀华，张豫滨，赵洪波，张欣健，杨光，陈晓丰，刘怀垒
完成单位：哈尔滨医科大学附属第一医院
推荐单位：神经肿瘤专业委员会
序号：28
项目名称：胃癌综合防治关键技术的研究及应用推广
完成人：季加孚，游伟程，吕有勇，邓大君，柯杨，李吉友，沈琳，潘凯枫，寿成超，张青云
完成单位：北京大学肿瘤医院
推荐单位：北京大学肿瘤医院
序号：29
项目名称：以分子标志物为基础的胃癌发病机制及转化医学研究
完成人：刘炳亚，于颖彦，李琛，燕敏，朱正纲，张俊，李建芳，严超，刘文韬，毕任达
完成单位：上海交通大学医学院附属瑞金医院
推荐单位：上海市抗癌协会
序号：30
项目名称：肺癌综合诊治技术创新与应用
完成人：毛伟敏，张永奎，陈明，马胜林，苏丹，许亚萍，凌志强，郑智国，张沂平，竺

王玉
完成单位：浙江省肿瘤医院，浙江舟山医院，中山大学附属肿瘤防治中心
推荐单位：浙江省抗癌协会
序号：31
项目名称：脑胶质瘤诊疗技术创新研究与临床应用
完成人：江涛，尤永平，王伟民，康春生，邱晓光，白红民，刘宁，李守巍，张伟，韩磊
完成单位：北京市神经外科研究所，南京医科大学第一附属医院，广州军区广州总医院，天津医科大学
推荐单位：首都医科大学
序号：32
项目名称：优化胃肠癌临床及分子分期指导规范化治疗的研究
完成人：王振宁，宋永喜，徐莹莹，周欣，高鹏，李爱琳，于淼，佟琳琳，孙景旭，陈晓婉
完成单位：中国医科大学附属第一医院
推荐单位：辽宁省抗癌协会
序号：33
项目名称：复杂肝脏肿瘤外科手术关键技术的创新与临床应用
完成人：夏锋，马宽生，别平，王曙光，李晓武，吴林，冯晓彬，闫军
完成单位：第三军医大学第一附属医院
推荐单位：肿瘤转移专业委员会
序号：34
项目名称：腹膜癌综合诊治技术体系的基础和临床研究
完成人：李雁，梁寒，王华庆，周云峰，谢丛华，庞代文，彭春伟，杨肖军，锁涛，梅列军
完成单位：武汉大学，天津医科大学附属肿瘤医院，复旦大学附属中山医院
推荐单位：纳米肿瘤学专业委员会
序号：35
项目名称：胃癌转移与规范化治疗的系列研究
完成人：李勇，赵群，范立侨，宋振川，王贵英，焦志凯，赵雪峰，张志栋，檀碧波，马志学
完成单位：河北医科大学第四医院
推荐单位：河北省抗癌协会
序号：36
项目名称：食管癌规范化外科治疗模式与应用
完成人：相加庆，陈海泉，张亚伟，李鹤成，张杰，孙艺华，胡鸿，马龙飞，李斌，张斋良
完成单位：复旦大学附属肿瘤医院
推荐单位：上海市抗癌协会

序号：37
项目名称：应用遗传组学方法筛选常见肉瘤的生物标记及治疗靶点
完成人：杨吉龙，赵军，杜晓玲，杨蕴，郑红，王国文，陈可欣，廖志超
完成单位：天津医科大学附属肿瘤医院，天津医科大学
推荐单位：肉瘤专业委员会

序号：38
项目名称：结直肠癌综合治疗关键技术的建立、优化及推广
完成人：周志祥，蔡建强，金晶，冉宇靓，梁建伟，王勇，侯惠荣，毕新宇，赵宏，应建明
完成单位：中国医学科学院肿瘤医院
推荐单位：中国医学科学院肿瘤医院

序号：39
项目名称：浸润性膀胱癌治疗技术创新及临床应用
完成人：邢念增，牛亦农，高振利，康宁，田溪泉，宋黎明，平浩，周正东，陈宇东
完成单位：首都医科大学附属北京朝阳医院，烟台毓璜顶医院，盐城市第一人民医院，中国人民解放军第252医院
推荐单位：北京朝阳医院

序号：40
项目名称：阴茎癌诊治模式的优化和应用
完成人：叶定伟，朱耀，戴波，施国海，秦晓健，张世林，李健，王进有，张海梁，沈益君
完成单位：复旦大学附属肿瘤医院
推荐单位：上海市抗癌协会

序号：41
项目名称：淋巴结转移对胃癌预后评估进展的临床研究
完成人：邓靖宇，梁寒，张汝鹏，郝希山，潘毅
完成单位：天津市肿瘤医院/天津医科大学附属肿瘤医院
推荐单位：天津市肿瘤医院

北京大学医学部近距离放疗研究中心成立

北京大学医学部近距离放疗研究中心成立大会于2013年5月25日在北京大学医学部跃进厅举行，北京大学第三医院肿瘤放疗科主任王俊杰教授当选中心首届主任。

北京大学党委副书记、北京大学医学部党委书记敖英芳教授，北京医学会金大鹏会长，北京大学第三医院乔杰院长、刘晓光副院长，中华放射肿瘤专业委员会候任主任委员、四川肿瘤医院副院长郎锦义教授，中国抗癌学会肿瘤放射治疗专业委员会候任主任委

员、天津肿瘤医院院长王平教授，以及来自全国各地的30多位委员和300余名代表出席大会。

敖英芳教授宣读了关于北京大学医学部成立近距离放疗研究中心的决定，乔杰院长代表北京大学第三医院致欢迎词，金大鹏会长发表了热情洋溢的讲话。

美国西南肿瘤中心Gordon Grado教授、美国约翰霍普金斯大学John Wong教授、美国摩斯肿瘤中心Catheryn Yashar教授、加拿大皇家玛格丽特肿瘤中心FeiFei Liu教授、Pam Catton教授、日本东京肿瘤研究所Katsuyuki Karasawa、Choudai Cin教授和韩国延世大学Ryu Se-hwan教授等国际知名专家出席大会，并进行了精彩学术演讲。

北京大学医学部近距离治疗中心是目前国内首家关于肿瘤体内近距离放疗和研究中心，它集北京大学6家附属医院和教学医院人才、设备和资源优势，强强联合。中心的建立，必将提升我国近距离治疗肿瘤的水平，缩小与国际水平的距离，造福广大肿瘤患者。

开幕式上同时举行了北京大学第三医院北京地区第一台全新数字化影像集成放射外科系统——射光刀开机剪彩仪式。金大鹏会长和与会国内外专家代表还参观了北医三院肿瘤放疗科，对肿瘤放疗科12年艰辛发展历程、先进设备配置和高效管理流程给予了高度评价。来自新华社等20多家媒体出席了开幕式，并就中心成立进行广泛宣传与报道。

（稿源：北医三院）北京大学医学部网站

北京大学医学部疼痛医学中心成立

在中国疼痛医学事业的奠基者和领航人、北京大学神经科学研究所名誉所长韩济生院士的积极倡导和全力推动下，北京大学医学部疼痛医学中心于2013年11月15日宣布成立。北京大学医学部副主任方伟岗宣读中心成立文件及任命。北京大学神经科学研究所中心常务副主任宋学军教授主持成立仪式。韩济生、方伟岗等为中心揭牌。

中华医学会疼痛学分会主任委员、中日友好医院疼痛诊疗研究中心主任樊碧发，北京大学第三医院副院长刘晓光，人民医院疼痛科主任冯艺，口腔医院放射科主任、颞下颌关节病口颌面疼痛中心主任傅开元，第一医院麻醉科主任王东信以及相关单位专家致辞。作为中心依托单位，北京大学神经科学研究所所长万有教授在致辞中表示，全力支持中心的发展。

据该中心主任韩济生院士介绍，疼痛是一种原始但又深刻触动高级中枢的感觉；疼痛研究是医学领域最早最持久的话题之一；另一方面，疼痛医学又是一个新兴的、综合性很强的学科；慢性疼痛的研究和治疗是基础医学和临床医学最重大挑战之一。中国和全世界有半数以上的成年人饱受不同程度的疼痛的折磨，其中包括伴随一系列严重疾病如癌症、糖尿病等的难治性疼痛。目前，这些难治性疼痛尚不能有效控制，严重威胁人类健康和生活质量，给病患家庭和社会多个方面带来巨大损失。

尽管在韩济生院士几十年的努力和引领下，我国疼痛医学事业有了长足的发展，但是，现在全国范围内仍然存在许多普遍性的问题：缺乏最基本的疼痛医学研究人员和从事临床疼痛治疗的医生，缺乏最基本的疼痛诊疗知识和技术来满足广大疼痛患者的临床需求。这就要求国家必须尽快培养训练一批具有较高学术水平的疼痛医学研究和临床医疗队伍。截至目前为止，我国疼痛医学的发展还处在初级阶段，特别是疼痛的临床研究和治疗还处于一个较低的水平，没有一个集疼痛医学基础和临床研究于一体的综合性研究平台。因此，无论从教育、科研还是从临床疼痛治疗解决疼痛病患的急切需求等任何方面考虑，都急需建立一个较高水平的疼痛学科转化医学平台，来引领和促进中国疼痛医学的发展。

该中心以北京大学神经科学研究所为依托，联合北京大学医学部所属临床医院（北大医院、人民医院、北医三院、肿瘤医院、口腔医院及教学医院——中日友好医院）从事疼痛基础研究和临床诊治的多学科专家（涵盖疼痛、麻醉、神经、肿瘤、骨科、内分泌、康复、中医等多个学科），搭建一个集疼痛医学的基础研究、临床研究和治疗、各种疼痛治疗措施（包括药物和非药物治疗措施）的研发，疼痛医学教育以及国际学术交流等于一体的综合疼痛医学学科平台。

“中心”的宗旨是促进北医乃至全国疼痛医学的发展，加强临床工作者与基础研究者之间的科研合作，实践转换医学的理念，并促进国内外疼痛医学的交流。“中心”的主要任务是：从基础、临床、药物和仪器研发等几个方面，开展疼痛转化医学的产、学、研相结合的一体化研究工作，争取在疼痛的基础研究、临床研究和治疗等方面取得重大临床应用性成果；加强全方位的学术交流，建立一个具有国际影响力的疼痛转化医学平台，使这个平台成为国内、外疼痛医学界专家学者交流学术、制定疼痛医学研究与临床治疗重大战略决策的高水平基地，成为国内最好、国际领先的疼痛转化医学中心；加强产学研一体化建设，联合国内、国际致力于疼痛研究与治疗的学者、医师和药物、医疗器械研发企业团体一起努力，全方位打造一个国际领先的疼痛医学中心制定并实施疼痛医学高层次人才培养计划，为北医所属医院乃至全国的主要医院培养高水平的疼痛医学专门人才，使北京大学医学部成为培养疼痛医学高端人才的摇篮，引领中国疼痛医学的未来发展。推动全国疼痛医学及其相关学科的建设和发展，促进无痛医院的建立；并成为实践转换医学理念的极好切入点。

（宣传部　傅冬红　神经科学研究所　邢国刚/文）

北京大学医学部网站 2013-11-19

国家泌尿男生殖系肿瘤研究中心项目在北大医院通过验收

2013 年 5 月 22 日，在北京大学第一医院科研楼四楼泌尿外科研究所会议室举行了国家高技术产业化项目国家泌尿男生殖系肿瘤研究中心项目验收。国家卫生和计划生育委员会财务司副司长何锦国，国家教育部科技司高新处副处长付雷，北京大学医学部科研处处长沈如群，北大医院名誉院长郭应禄院士、院长刘玉村，科研处副处长龚侃、谢囡，泌尿外科主任周利群、泌尿外科研究所所长金杰等参加了会议。会议由付雷副处长主持。

刘玉村院长代表北大医院领导感谢国家发改委、教育部、卫计委、北京大学等上级领导机关对医院各方面工作的支持。他说：在各级领导的关心和支持下，北大医院科研环境得到很大的改善。医院对国家泌尿男生殖系肿瘤研究中心建设项目是非常支持的，将科研楼四层给泌尿所作为研发的平台。依托泌尿外科丰富的病例资源及泌尿外科研究所浓厚的科研氛围和雄厚的科研实力，依托北大医院泌尿科在国内的地位和影响力，相信会取得更丰硕的成果。

郭应禄院士对该项目实施情况做了详细的汇报。他介绍了申请“国家泌尿生殖系肿瘤中心”项目的动因、泌尿外科肿瘤研究平台建设情况以及国家泌尿男生殖系肿瘤研究中心成立三年来所取得的成绩：启动了国际泌尿生殖系统肿瘤基因组计划，定期举办长城国际泌尿男科转化医学论坛；出版英文转化医学杂志 TAU（Translational Andrology and Urology）；继续发展将才工程和创新惠民工程；获得“北京市重点实验室”称号；完成了北京市泌尿肿瘤研究平台的建立；成立了北京郭应禄泌尿外科发展基金会。郭应禄院士说，研究中心的宗旨是为人民提供更高水平的医疗服务，坚持协同创新、转化医学，落实创新为民。

周利群主任和金杰所长陪同评审专家进行了现场考察、审阅有关文字资料。专家们仔细考察了北大医院泌尿外科研究所实验室、中心实验室、电镜室、组织标本库。专家组对研究中心实验室给予了高度的评价：该项目已经完成了批复要求的各项建设内容，全面实现了建设目标，并在核心关键技术创新、技术辐射和推广应用等方面发挥了重要示范和带头作用。“研究中心”定位准确、方向明确、目标集中、重点突出、队伍稳定，与会专家一致同意通过验收。专家认为，教育部选择在全国有很大影响力的北大医院泌尿外科设立此中心非常准确、非常重要。而研究中心又设在全院科研楼中，非常恰当，既避免了重复建设购置，又有利于发挥力量集中这一优势，值得提倡。

付雷副处长总结发言说，国家泌尿男生殖系肿瘤研究中心为学科医、教、研的发展已搭建了很好的平台，已完成了项目批复要求的各项建设内容，验收顺利通过。希望依托此平台，继续注重临床和科研技术的发展和创新，继续加强人才队伍的培养，加强转化医学研究，持续开发利用，还惠于民，使群众得益。

（稿源：北大医院）北京大学医学部网站

全国首家肿瘤个体化诊疗中心在津开建

2013 年 5 月 30 日上午，全国首家以个体化医学理念为核心的肿瘤诊疗中心“天津太山肿瘤生物治疗医院”，在天津空港经济区举行奠基仪式。该中心是国际化医疗项目，将世界领先的个体化医学理念和模式引入中国，贯穿于临床诊疗、管理和运营等各环节，为患者“量体裁衣”式定制治疗策略，在满足人们多层次医疗服务需求的同时，极大的推动我国肿瘤诊疗水平的提升。

天津市政协副主席沈中阳、市政协副秘书长于树香出席奠基仪式。中国工程院院士、中国抗癌协会理事长郝希山，天津空港保税区管委会副主任张今威，天津市卫生局副局长王建国，天津市肿瘤医院院长王平出席仪式并讲话。天津空港保税区社会发展局局长崔绣娟，天津市肿瘤医院院领导吴宝新、王瑛、王宇、郝继辉、赵强、张晓亮等，以及200余名医护人员参加了奠基仪式。仪式由天津市肿瘤医院党委副书记、天津太山肿瘤生物治疗医院常务副院长辛宏业主持。

中国抗癌协会理事长郝希山院士致辞

"天津太山肿瘤生物治疗医院"依托天津市肿瘤医院的优势资源，是与美国莫菲特肿瘤中心实行全面合作的国际化医疗项目。该院位于天津空港经济区，总占地面积约100亩，建筑面积约10万平方米，内设床位1000余张。计划于30个月内完成建设，拟2015年底投入使用。由郝希山院士担任院长，美国莫菲特肿瘤中心前院长威廉·道顿博士任名誉院长，并聘请一大批国内外知名专家作为顾问团参与管理指导。将在个体化分子诊断、药物治疗、生物治疗、国际多中心临床研究、信息化管理乃至患者服务等各个方面，全面贯彻个体化诊疗的模式，打造国际化精品医院。建设成由个体化分子诊断中心、肿瘤个体化治疗中心、免疫生物治疗中心和肿瘤个体化治疗研究所等组成的国际化肿瘤个体化诊疗中心。

目前，世界卫生组织在题为《迎接21世纪的挑战》的报告中指出，21世纪的医学将从"疾病医学"向"健康医学"发展，从群体治疗向个体治疗发展。"个体化"的思想正逐步渗入到医学实践中，并成为未来医学发展的方向，一个完全以每一位患者为中心的现代个体化医学的新时代正在逐渐开始。同时医学模式整体观念的形成、后基因组时代的到来，为肿瘤个体化医学提供了必要的契机和工具。

经过近两个世纪的研究和临床实践，将世界范围人类所患肿瘤分成62种。多年来，医生根据恶性肿瘤临床表现、影像学表现及显微镜下细胞及组织形态将其分成不同期别和不同级别，进而制订不同的治疗方案。在临床实践中，不同恶性肿瘤，即使是处在同一部位、同一病理类型和分期，其生物学行为也有很大差异。即使是同一种肿瘤，根据患者个体差异不同，在临床治疗敏感性、不良反应以及预后上也存在着显著不同。因此，肿瘤诊治也应因人而异，从群体治疗向个体治疗转变，走个体化诊疗模式。个体化医学模式强调以患者个体的分子诊断为依据，在分子信息的指导下，定制"量身打造"的个体化应对策略，做到"对适当的患者，在适当的时间，做适当的、精准的治疗"，从而全面提升诊疗效果，做到有限资源的最大化使用，减轻公共医疗卫生负担。同时推动肿瘤基础和转化研究，为新型药物和治疗方法研发提供依据。

天津医科大学附属肿瘤医院是集医、教、研、防为一体的，国内最具影响力的肿瘤防治研究基地之一，近年来在肿瘤个体化医学模式建立、相关研究平台及人才队伍建设方面，开展了大量工作。同时拥有国内最大的肿瘤生物治疗中心，并在创新型转化医学研究、肿瘤生物治疗技术规范的建立及推广等方面达国际先进水平。美国莫菲特肿瘤中心率先开展肿瘤个体化医学研究，并建立了领先世界的肿瘤个体化医学转化研究中心，其中心个体化治疗研究所所长威廉·道顿博士，因其在个体化诊疗开展的开创性工作和杰出贡献，曾获“2010 年美国个体化医学杰出领导奖”。

“天津太山肿瘤生物治疗医院”采取企业化的管理模式、建筑风格及内饰结构生活化，在为患者提供世界上最先进最适合的个体化疾病诊断和治疗的同时，提供最温馨的生活护理、心理抚慰服务，每一位患者将得到家庭成员般的终生呵护（即 TCC，Total Cancer Care），全程化不间断的医疗服务。

奠基仪式后，天津太山肿瘤生物治疗医院还举行了专家聘任仪式。仪式由天津市肿瘤医院党委副书记、天津太山肿瘤生物治疗医院常务副院长辛宏业主持，天津太山肿瘤生物治疗医院院长郝希山院士、天津市肿瘤医院院长王平教授为专家颁发聘任证书，聘任美国莫菲特肿瘤中心前院长威廉·道顿博士为该院名誉院长，聘任美国莫菲特肿瘤中心副院长丹尼尔·沙利文教授为该院咨询委员会顾问，聘任美国莫菲特肿瘤中心免疫系统终身副教授魏升为国际合作发展中心主任。

（稿源：天津医科大学附属肿瘤医院）中国抗癌协会网站

发挥国家队作用　做好癌症防控工作

——国家卫生计生委党组书记、主任李斌来我院调研工作

2013 年 12 月 27 日下午，国家卫生计生委李斌主任在王大方局长、杜希学副主任、曾晟堂主任、党勇副调研员、叶霖、米锋和中国医学科学院曹雪涛院长、李立明书记、曾益新校长、林长胜副书记、詹启敏副院校长、罗明普纪委副书记的陪同下，来我院进行工作调研。赫捷院长、董碧莎书记、石远凯副院长、王明荣副院长、王绿化副院长、王艾副院长、蔡建强副院长、付凤环副书记以及党委委员和医护人员代表参加了会议。

李斌主任一行听取了赫捷院长从医院的发展概况、医教研防管、社会公益、惩防体系和国家癌症中心建设五个方面进行的全面工作汇报，并对医院的整体规划、经营状况、医疗水平、合作医院模式、人员构成、对口支援、科研实力等工作进行了深入了解，高度肯定了我院的各项工作和长期开展的公益活动及科普宣教工作，并指出应继续做好随访工作，认真分析研究专科医院医药分开后的收入补偿问题。李斌主任指示，癌症防控工作要依托国家

癌症中心开展，发挥国家队的龙头作用，给政府当好参谋，出好主意，严谨认真绘制国家癌症地图，将全国公立肿瘤医院联网，建立省级癌症中心。

对于李斌主任的指示精神，赫捷院长表示将不断开拓国际视野，立足国家高度，与国家卫生计生委各司局、兄弟单位共同谋划国家癌症中心的建设与发展，促进医疗体制改革。此次调研意义重大，将有利于国家癌症中心建设的科学化和规范化，引领我国肿瘤防控研究领域的发展方向，团结和带动全国的力量发展癌症研究事业，对我国肿瘤防控工作产生战略性的影响。

此次调研，李斌主任还在会前带领检查组成员视察了影像诊断科 CT 室和检验科的工作，并慰问了医务工作者们，向大家致以新年的问候。

（撰稿：高菲 常鹄 摄影：刘习昌）来源：中国医学科学院肿瘤医院网站

乳腺癌专业委员会第七届委员会换届选举会议召开

——徐兵河教授当选中国抗癌协会乳腺癌专业委员会主任委员

2013 年 10 月 25 日，中国抗癌协会乳腺癌专业委员会七届一次（换届）会议在上海淳大万丽酒店举行。中国抗癌协会理事长助理宣栋生到会指导，乳腺癌专业委员会全体委员出席了会议。

宣栋生宣读了中国抗癌协会关于乳腺癌专业委员会换届的批复并主持选举，会议介绍了乳腺癌专业委员会预选的过程以及本次换届改选的程序。全体委员按照民主程序，选举产生了由 25 人组成的常委会，以及第七届主任委员徐兵河，候任主任委员任国胜，副主任委员付丽、庞达、江泽飞、宋尔卫、吴炅；中国医学科学院肿瘤医院内科王翔教授当选为常务委员，并一致通过胡夕春和袁芃分别担任乳腺癌专业委员会秘书长和副秘书长。

名誉主任委员邵志敏教授和新任主任委员徐兵河教授分别在会上讲话，对上一届委员会的工作做全面总结，对下一届工作提出了设想，相信在新一届专业委员会努力下，乳腺癌研究领域的工作会更上一个台阶。

中国抗癌协会乳腺癌专业委员会是中国抗癌协会建立最早和规模最大的二级学会之一，在国内外有广泛的影响力。徐兵河教授多年来一直从事乳腺癌的诊疗和科研工作，在中国乳腺癌学术领域享有较高声誉。徐兵河教授本次当选主任委员是该专业委员会成立 20 多年来，首次担任这一重要职务。

（综合：中国抗癌协会乳腺癌专业委员会、中国医学科学院肿瘤医院内科袁芃的报道）来源：相关网站

中国每分钟有 6 人被确诊为癌症

权威资料显示，中国每年新发癌症病例约 312 万，因癌症死亡超过 200 万。记者采访了解到，我国癌症患者如今已出现“年轻化”与“老龄化”两极分化的新趋势，肺癌、乳腺癌、结直肠癌等癌症出现明显上升趋势。为何生活水平大幅改善，癌症发病率与死亡率却惊人增长？

“每分钟有 6 个人确诊为癌症”

“在整体人口老龄化趋势加速的背景下，我国癌症患者出现‘年轻化’与‘老龄化’并存的局面。”在中国医学科学院肿瘤医院的一间办公室内，全国肿瘤防治研究办公室副主任陈万青说。在计划生育政策和人均期望寿命提高的共同影响下，我国癌症人群的年龄分布，呈现出与其他国家截然不同的特点。

2013 年初，全国肿瘤登记中心发布的最新一版《2012 中国肿瘤登记年报》表明，中国每年新发癌症病例约 312 万，因癌症死亡超过 200 万，这意味着每分钟有 6 个人被确诊为癌症。目前全国癌症发病趋势严峻，发病率与死亡率呈持续上升趋势。

中国疾病预防控制中心原副主任杨功焕发现，短短几十年内，我国疾病的发生和死亡完成了从传染病向慢性病的流行病学模式转变，转变速度远远快于其他国家。“1964 年癌症在我国居民死亡原因中仅列第 4 位，但 1970 年到 1989 年就上升到第 2 位，而从 2007 年到 2010 年的数据来看，癌症已经跃居首位。”她说，癌症已经成为我国城乡居民的第一位死亡原因，在世界上也处于较高水平。

北京大学肿瘤医院、北京市肿瘤防治研究所发布的《1995～2010 北京市恶性肿瘤发病报告》显示，自 2007 年以来，恶性肿瘤已连续 4 年居北京居民死因第一位。2010 年，北京居民平均每 4 名死亡者中，就有 1 人死于恶性肿瘤。

“一头是人口老龄化，一头是越来越多的年轻人患病。”陈万青说，预计到 2020 年，中国每年的癌症新发病例总数将达 400 万左右，患病总数达到 600 万。

从穷到富，癌症发病不减反增

生活条件改善了，为何癌症发病不减反增？北京大学肿瘤医院院长季加孚等专家指出，我国癌谱变化总体的趋势是，原有的高发肿瘤没有明显下降，而肺癌、乳腺癌、结直肠癌等发达国家多发癌症出现明显上升趋势，形成“穷癌”与“富癌”并存的局面。

所谓“穷癌”，是过去一些贫穷地区的居民由于饮食、生活条件差等原因诱发的癌症，而现在由于高脂肪饮食、缺少运动等原因诱发的癌症被称为“富癌”。第三次全国居民死亡原因调查结果显示，中国城乡居民的肿瘤发病死亡构成正在发生变化，与环境、生活方式有关的肺癌、肝癌、结直肠癌、乳腺癌、膀胱癌死亡率呈明显上升趋势，其中肺癌和乳腺癌上升幅度最大。

摄入过多的高脂肪、高热量食物，肥胖、缺乏锻炼及吸烟等不良生活方式，会增加“富癌”的发病风险。如在我国城乡人群发病率呈上升的结直肠癌，大量的病因学研究表明，饮食因素和生活方式是影响其发病的重要因素。

“可以说，我们走到了发达国家的老路上。”季加孚说，资料显示，从 1970 年～1990 年 20 年间，中国癌谱以发展中国家常见的上消化道恶性肿瘤为主。从 1990 年～21 世纪初，肺癌与乳腺癌明显后来居上，成为增幅最大的两种癌症。

《2012 中国肿瘤登记年报》显示，中国人患病最多的癌症分别为肺癌、胃癌、直肠癌、肝癌、食管癌，死亡最多的癌种是肺癌。第三次全国居民死亡原因调查结果显示，过去 30 年间，肺癌死亡率在中国上升了 465%，已取代肝癌成为中国首位恶性肿瘤死亡原因。

科学防范，60%的癌症可以避免

癌症是什么原因诱发的？已经患癌症去世的复旦大学博士于娟曾撰写“为啥偏偏是我得癌症？”一文，讲述了自己暴饮暴食、熬夜、频繁加班等生活习惯，引起不少人的议论和担忧。

过去的几十年里，大量研究明确了癌症发病和死亡的相关危险因素，包括遗传因素和环境因素。其中，烟草、环境污染、职业安全、食品安全、合理营养等都与生活密切相关。

中国医学科学院肿瘤医院流行病学研究室乔友林团队与世界卫生组织国际癌症研究署合作，对中国人群癌症进行归因分析。这项最新权威研究发现，与癌症相关的行为和环境危险因素主要包括慢性感染、吸烟、饮酒等几方面。研究认为，中国人群中约 60%的癌症是可以避免的。

“在我国总体癌症死亡中，男性中的 65. 9%、女性中的 42. 8%是可预防和避免的，平均约为 60%。”乔友林说，研究所采用的数据来自于国家癌症登记数据库，这一结果比中低收入国家、高收入国家都高约 20%，可见我们对癌症的预防太不重视了。

陈万青说，85%～90%的肺癌与吸烟有关，吸烟过程中可产生 40 多种致癌物质，可以使肺癌、口腔癌、喉癌、气管癌、胰腺癌、胃癌、宫颈癌、膀胱癌等发病率上升。虽然我国人群的吸烟率有所下降，但由于癌症发病有滞后，未来吸烟导致的癌症负担将会增加。

此外，中国癌症死亡有 20%与饮食、营养和身体活动有关。其中，水果摄入不足可导致 13. 0%的癌症死亡。蔬菜摄入不足可引起 3. 6%的癌症死亡。水果和蔬菜摄入不足可引起 14%的胃肠道癌症的死亡。中国人群中约 4. 4%的癌症死亡由饮酒引起，其中男性为 6. 7%，女性为 0. 4%。

乔友林团队研究认为，癌症是多种危险因素共同作用的结果，目前环境污染引起的癌症死亡可能被低估了。由于我国大部分居民烹调和取暖使用煤炭和木材等生物质燃料，室内外空气污染严重，这些环境污染引起的癌症死亡目前尚无法准确估计。

专家认为，中国癌症近年来高发，是几十年来社会发展对环境、人口结构和生活方式影响的综合结果。在当前不良生活习惯的影响下，未来 15 年癌症死亡归因于超重、肥胖的比例将增加 2 倍，饮酒导致癌症死亡的比例也会增加。研究建议，要尽快实施政府主导、全社会参与、多部门协调的癌症综合防治策略和措施，以降低我国癌症的风险。

（作者：赵琬微 李亚红 郭宇靖，来源：新华网－半月谈 2013-06-14）

《中国肿瘤临床年鉴》被《中国知识资源总库》正式收录

《中国肿瘤临床年鉴》编辑部 张立峰

2013年11月，本《年鉴》编辑部收到了《中国知识资源总库》编辑委员会颁发的“收录证书”（见书后彩页），正式成为“中国年鉴全文数据库（China Yearbook Full-text Database，CYBD）”全文收录年鉴。

《中国知识资源总库》是中国国家知识基础设施工程（National Knowledge Infrastructure，CNKI）的资源主体。CNKI的概念，由世界银行于1998年提出。CNKI工程是以实现全社会知识资源传播共享与增值利用为目标的信息化建设项目，由清华大学、清华同方发起，始建于1999年6月。在教育部、中宣部、科技部、新闻出版总署、国家版权局、国家计委的大力支持下，在全国学术界、教育界、出版界、图书情报界等社会各界的密切配合和清华大学的直接领导下，CNKI工程集团经过多年努力，采用自主开发并具有国际领先水平的数字图书馆技术，建成了世界上全文信息量规模最大的“CNKI数字图书馆”，并正式启动建设《中国知识资源总库》及CNKI网格资源共享平台，通过产业化运作，为全社会知识资源高效共享提供最丰富的知识信息资源和最有效的知识传播与数字化学习平台。

《中国知识资源总库》是目前收录中文文献最全面、信息量最大的动态知识资源体系和知识挖掘系统，是中国最先进的知识服务与数字化学习平台。资源囊括：

（1）全国2100余种年鉴，累计全文文献达1000多万篇。每年新增100余万篇；

（2）期刊8000余种，累计全文文献2200多万篇，每年新增170余万篇；

（3）博士、硕士论文1000余万篇，每年新增10余万篇；

（4）全国重要会议论文100余万篇，每年新增20余万篇；

（5）全国1000余种重要报纸，累计全文文献600余万篇，每年新增90余万篇。

中国知网（www.cnki.net）是《中国知识资源总库》的互联网出版传播和文献检索平台，为全球最大的中文知识聚集和知识获取的门户网站。

中国知网使用方法：

（1）登录www.cnki.net，在首页“合作单位及个人读者”登录口下方选择“用户注册”，按提示步骤填写注册信息；

（2）在首页“合作单位及个人读者”登录口使用已充值的用户名、密码登录，即可实现CNKI系列数据库的全文检索。

在“中国知网”上，读者可以阅读到本《年鉴》自1993年创刊以来各卷的全部内容，并且在今后每卷出版后的不久，即可读到最新版中的内容。

《中国知识资源总库》的收录，将使《中国肿瘤临床年鉴》向更多的读者打开一扇获取知识和信息的大门，不失为中国肿瘤界的一件幸事。

书　讯（2012~2013 年）

《肿瘤基因放射治疗学基础》

主编：龚守良（吉林大学卫生部放射生物学重点实验室）
人民军医出版社 2013 年 9 月出版，ISBN 978-7-5091-6698-7
158.5 万字，大 16K，868 页（彩图 10 页），定价：236 元

放射治疗是临床上应用广泛和重要的肿瘤治疗手段之一，但肿瘤临近部位正常组织的放射损伤和某些肿瘤对辐射具有抗性等问题，至今影响放疗的疗效和应用。根据放射治疗和基因治疗各自的特点，20 世纪 90 年代，美国肿瘤放射治疗学家 Weichselbaum 首次提出将这两种技术联合应用治疗肿瘤的设想——肿瘤基因放射治疗。该疗法一方面将放射治疗与基因治疗有机地结合，发挥协同作用；另一方面，由于辐射具有靶向性和可控性，实现了对杀伤基因表达的时空调控。因此，肿瘤基因放射治疗近年来已成为肿瘤治疗领域新的重点研究方向。经过 20 余年的实验基础研究，肿瘤基因放射治疗有了重大的进展和突破，并已逐渐从理论走向实践，部分治疗方案已进入临床试验，这种治疗手段必将成为恶性肿瘤治疗的一个重要组成部分。

本书是龚守良教授及其研究团队近 10 余年来在对有关肿瘤基因放射治疗和肿瘤放射治疗领域的研究成果综合精炼的基础上，结合当前国内外文献资料编撰而成。全书共 5 篇 21 章，主要阐述了有关肿瘤基础、肿瘤基因治疗、肿瘤放射治疗及肿瘤基因放射治疗基础理论知识及其技术。每章内容都渗透着肿瘤治疗的新理念和国内外研究的新理论及技术，其中“肿瘤基因放射治疗篇”（第 20 章、21 章）阐述的内容为作者首创。每章正文后列参考文献，书后附英中文索引。本书可作为肿瘤临床医师、肿瘤放射治疗医师、肿瘤放射基础研究人员及有关医学、卫生专业工作者的参考书，亦可作为肿瘤医学和放射医学专业的研究生教材。

《化学治疗与生物治疗实践指南及建议》（第 3 版）

Chemotherapy and Biotherapy Guidelines and Recommendations for Practice

原著：Martha Polovich，MN，RN，AOCN®（美国）
Julie M. Whitfoed，RN，BSN，OCN®（美国）
Mikaela Olsen，RN，MS，OCN®（美国）
主译：丁　玥（北京大学医学部医院管理处）
徐　波（中国医学科学院肿瘤医院）
北京大学医学出版社 2013 年 8 月出版，ISBN 978-7-5659-0579-7

61.4万字，大16K，372页，定价：138元

本书原著由美国肿瘤护理学会（ONS）出版，ONS是全球肿瘤护理领域的权威组织，致力于不断推进肿瘤护理专业的发展。2009年，ONS出版了《化学治疗与生物治疗实践指南及建议》的第3版，新版指南内容以化学治疗及生物治疗护理实践为主干，系统介绍了抗肿瘤药物的治疗原则、给药原则、药物急性反应以及如何进行患者管理等；还增加了治疗相关的新理念和新观点，以及靶向治疗和口服药物治疗相关内容；更新了皮肤护理、肺毒性反应和心脏毒性反应的护理。本指南涵盖范围广泛，实用性强，可为医护人员在临床实践中提供基于循证医学证据的指导。

《肿瘤支持治疗学》
Supportive Oncology

原著：Mellar P. Davis MD，FCCP（美国）
　　　Petra Ch. Feyer MD，PhD（德国）
　　　Petra Ortner PharmD，PhD（德国）
　　　Camilla Zimmermann MD，PhD，FRCPC（加拿大）
主审：魏丽惠（北京大学人民医院妇产科）
主译：李小平（北京大学人民医院妇产科）
副主译：王建六（北京大学人民医院妇产科）
　　　　张国楠（四川省肿瘤医院妇瘤科）

北京大学医学出版社2013年10月出版，ISBN 978-7-5659-0554-4

136万字，大16K，正文682页+彩图28页，铜版纸，全彩印刷，定价：258元

本书将为你在治疗肿瘤患者机体和心理症状的临床实践中提供指导，以更加有效地改善和提高患者的生活质量。

• 肿瘤诊断后尽快制订完善的姑息治疗原则。即基于多学科综合治疗指南，从不同的视角，互相协作，提供一个均衡有益的治疗方法。

• 为了优化肿瘤的诊断和预后，与肿瘤患者及家属进行有效沟通，制订治疗目标，对各种症状进行药物和非药物治疗及适当的咨询。

• 利用有关疼痛和各种症状处理的最新信息，包括化疗和放疗副作用，康复及长期生存者的咨询，肿瘤治疗相关症状和各种姑息治疗的并发症等，以改善患者的生活质量。

• 提供最有效的药物，治疗各种毒副作用和高发症状。

本书是美国、德国和加拿大的专家联合肿瘤科医师、姑息治疗医师、护士、药剂师、心理学家和精神科医师编写的巨著。力求详细、全面地介绍当今国际恶性肿瘤化疗、放疗及姑息治疗相关的系列副作用的防治措施，特别介绍了关于姑息治疗的康复治疗方法和理念，以及肿瘤患者心理治疗和晚期肿瘤护理等诊治新进展。全书分为6篇：（1）治疗相关不良反应的处理；（2）肿瘤相关的症状处理；（3）姑息治疗并发症；（4）生存与康复；（5）沟通与决策；（6）肿瘤心理学。共计59章。

本书理论和临床实践结合，突出实用性，可供肿瘤科、外科、内科医师，医学院校学生及护士学习参考。

“十二五”国家重点图书
《骨肿瘤标准化手术》

主编：牛晓辉　郝　林（北京积水潭医院骨肿瘤科）
北京大学医学出版社 2013 年 1 月出版，ISBN 978-7-5659-0469-1
40 万字，大 16K，224 页，铜版纸，全彩印刷，定价：158 元

- 骨肿瘤是指发生于骨的运动系统肿瘤，骨肿瘤在骨科诊治，经治医生要同时具备骨科学和肿瘤学的双重知识。
- 手术是治疗骨肿瘤的主要手段，在进行手术治疗前，必须明确诊断。肿瘤的诊断应包括两个方面：肿瘤名称的诊断和侵及范围的诊断，后者常为非肿瘤专业医生所忽略。诊断没有明确之前就盲目进行手术，为方便功能重建随意缩小肿瘤切除边界，会给肿瘤患者造成无法弥补的损失。
- 骨肿瘤可发生在全身各骨，性质各异，侵及范围不同，所以手术的标准化比较困难。但并非完全无章可循。骨肿瘤切除范围的依据是 Enneking 外科分期系统和对应的外科边界理论。肿瘤切除是否达到所要求的外科边界，是肿瘤手术成功与否的关键。
- 北京积水潭医院骨肿瘤科历经近 40 年的历史，经过几代人的努力，发展成为国内规模最大、历史最悠久的骨及软组织肿瘤诊疗中心。在科室的病例资料库中，保存着万余例患者的详细资料。本书选取不同种类、不同部位的 34 种手术，以图谱的形式详细阐述手术过程和方法，包括临床工作中的一些经验体会。这些手术基本覆盖了常见的骨肿瘤手术类型（脊柱肿瘤除外）。
- 全书包括 4 个部分：上肢肿瘤、下肢肿瘤、骨盆骶骨肿瘤、截肢术，共 34 章。
- 本书附 DVD 光盘，内含 3 个手术视频，供读者观摩、借鉴。

《积水潭 骨与软组织肿瘤病例精粹——多学科综合讨论》

主编：牛晓辉　丁　易（北京积水潭医院骨肿瘤科）
北京大学医学出版社 2013 年 3 月出版，ISBN 978-7-5659-0541-4
38 万字，16K，236 页，铜版纸，全彩印刷，定价：125 元

骨与软组织肿瘤的正确诊断需临床、影像、病理三结合。而正确的治疗则要以正确的诊断为前提，同时需要多专业和多学科的合作。

北京积水潭医院骨肿瘤科积累了很多宝贵的多学科讨论病例以及专家的讨论意见和精彩点评。本书精选了其中的典型病例，介绍骨与软组织肿瘤的诊断和治疗精粹。书中图片与文字结合，以病例讨论内容为主，包括病例的完整介绍（病史、体格检查、影像学检查图片、病理学检查镜下表现等）、诊断及治疗过程、讨论点、争议点、多学科专家共识。讨论内容的描述在形式上模拟日常工作的流程逐渐展开，并通过版式设计使影像资料与讨论内容隔开，让读者进入一种临床诊断的情境之中，自行根据临床资料进行诊断，再与后面的讨论内容相互印证，增加了阅读的主动性，同时也进行了自我检验。

全书分为 4 章：股骨肿瘤、胫骨肿瘤、病理性骨折、其他，共介绍了 20 个典型病例。

本书旨在通过提供多学科、多层次的交流平台，为骨与软组织肿瘤医生尤其是基层医

院和非骨肿瘤专业的医生提供有益的帮助，通过疑难病例的讨论提高骨与软组织肿瘤的诊断和治疗水平。

《脊髓肿瘤外科学》

主编：王振宇（北京大学第三医院神经外科）
北京大学医学出版社 2012 年 10 月出版，ISBN 978-7-5659-0441-7
51.6 字，大 16K，266 页，铜版纸，全彩印刷，定价：158 元

本书提供了最新、最全面的脊髓肿瘤外科基础知识与临床技术。全书共 14 章，对当前脊髓肿瘤外科的重点和热点问题，都加以清晰、精确且详尽的描述。

- 大量临床经验的总结：脊髓脊柱外科是北京大学第三医院的专业特色，积累了大量脊髓脊柱疾病的临床病例资料和丰富的外科治疗经验，本书由著名神经外科专家王振宇教授主编，是在近 20 年上万例脊髓外科疾病诊治经验的基础上撰写而成。
- 融入大量新理念、新技术：包含近年来才开始应用的脊髓肿瘤手术中神经电生理监测技术、脊髓肿瘤手术相关的脊柱生物力学知识，以及术后脊柱重建的应用与进展。
- 内容翔实，图文并茂，实用性强：系统阐述了脊髓脊柱解剖以及不同类型脊髓肿瘤的流行病学、病因、病理、临床表现、影像学特点、诊断、手术治疗技术、术后并发症、预后等，并且附有大量影像学和手术图片，是神经外科和脊柱外科医师的入门教材和有益参考书。

《日本大肠癌临床病理处理规范》（第 7 版修订版）

General Rules for Clinical and Pathological Studies on Carcer of the Colon，Rectum and Anus

原著：日本大肠癌研究会
主译：王杉
北京大学医学出版社 2013 年 6 月出版，ISBN 978-7-5659-0594-0
14.5 万字，16K，86 页，铜版纸，全彩印刷，定价：65 元

外科手术技术的提高特别是手术的规范化，对于大肠癌治疗的效果将起到举足轻重的作用。但目前我国大肠癌的手术治疗仍有许多待改进之处，尤其是手术操作及与之相关的手术标本处理尚缺乏标准。因此。急需在循证医学基础上制订统一的规范。遍览寰宇各国各学术组织的相关规范性文件，《日本大肠癌临床处理规范》是公认的比较详尽的指南。该规范以提高大肠癌治疗水准为目的，在统一的标准下，运用必要的方法，将临床、病理、统计三方面的信息统一结合起来，以规范大肠癌处理方法。

该规范由日本大肠癌研究会制定，自 1977 年首次发行以来，2009 年的第 7 版修订版是目前的最新版本。《规范》包括 5 部分：目的与对象、记录法的原则、表现的记录法、治疗方法、切除标本的处理。其后有对《规范》内容的逐条说明，并附有 60 余张彩色插图。

希望此书能够推动国内大肠癌外科治疗的进一步规范化，提高临床科研水平，最终使

患者获益。

《肝移植病例荟萃》

名誉主编：郑树森（中国工程院院士、浙江大学医学院附属第一医院肝移植中心）

主编：修典荣（北京大学第三医院肝移植中心）

朱继业（北京大学人民医院肝移植中心）

原春辉（北京大学第三医院肝移植中心）

北京大学医学出版社 2012 年 10 月出版，ISBN 978-7-5659-0369-4

52.2 字，大 16K，274 页，铜版纸，全彩印刷，定价：166 元

器官移植是目前临床医学中最为活跃的分支，而肝移植又是器官移植中手术难度最大、最需要多学科协作的技术。作为大器官移植的代表，肝移植已成为反映一个国家或地区整体医疗水平的重要指标。

肝移植作为治疗肝癌等各类终末期肝病的有效手段，为广大肝癌、肝病患者带来了福音。目前，肝移植已成为治疗肝细胞癌的一种根治性手术和最适宜方法，部分晚期肝癌患者经移植术后可获得较长期的无瘤生存。

本书由国内 26 家肝移植中心的有丰富理论知识及临床实践经验的专家们共同编写，共收集了 100 多例珍贵病例，采用病例介绍和专家点评的形式，内容集中体现肝移植在多方面的进展的病例，总结在肝移植后并发症的发生、预防及治疗方面有价值的病例，分析、总结疑难重症肝移植病例的诊治经验，总结肝移植相关治疗失误或教训病例，还包括一些死亡病例分析。通过病例介绍和分析，展示我国近年来在肝移植领域取得的可喜进展，同时为移植外科、移植内科、麻醉科、影像学科、病理学科、重症医学科、呼吸科、心血管科、感染科、消化科、传染肝病科和药理学科等多学科医生，提供了来自不同肝移植中心的多方面宝贵经验。

全书共分 10 章，其中第一章“肝移植治疗肝恶性肿瘤病例”，收集、介绍了 10 个相关病例；以后的各章中，亦分别穿插介绍了一些与肝癌、急性白血病、直肠癌、子宫内膜癌相关的肝移植病例及并发症病例。

《临床血液学图谱》（第 4 版）

Color Atlas of Clinical Hematology

原著：A. Vivtor Hoffbrand（英国）

John E. pettit（英国）

Paresh Vyas（英国）

主译：任汉云（北京大学第一医院血液内科）

北京大学医学出版社 2013 年 1 月出版，ISBN 978-7-5659-0465-3

86.5 万字，大 16K，536 页，铜版纸，全彩印刷，定价：368 元

本书将为读者提供最全面、最权威的视觉帮助，书中生动地描写了血液系统基础理论和临床上几乎所有血液病的发病机制、临床表现、形态学表现和研究进展。

- 全书包含 2700 多幅图片，其中 2100 幅为彩色图片，包括血液系统疑难病的诊断

方法。

- 涵盖几乎所有的血液病（包括最新认识的疾病）和最前沿的分子诊断技术。
- 包括 WHO（2008）恶性血液病分类标准。
- 通过突出病理和临床表现的图片展示了科学技术对疾病治疗和预后的影响。
- 帮助读者通过辨识血细胞的标志性特点解决诊断上的难题。
- 通过大量的图、表清晰地展示了血液病的发病机制。
- 以全面且简明扼要的方式展示了血液病的诊断要点。

进入 21 世纪以来，血液系统疾病的分子生物学基础研究取得了巨大进展，WHO（2008）将这些新的研究进展和知识用于血液肿瘤的分类，从而确定并细化了疾病的性质，并将很多新的病名纳入该分类。在本书中充分阐述了这些新的知识，细胞学涂片、细胞遗传学图片、荧光染色体原位杂交（FISH）和基因芯片技术均被包括在其中。流式细胞术（FACS）和新的影像技术，包括 PDG-PET，被广泛用于霍奇金淋巴瘤和非霍奇金淋巴瘤的诊断，在本书中也作了深入的论述。

此书被誉为血液学及血液病的“图解百科全书”，是迄今为止内容最全面、最翔实的血液系统疾病的参考书，对广大血液学基础研究人员和血液科医务工作者，以及从事医学教育的老师和医学生诊断、治疗及了解血液病有非常大的帮助。

《实用流式细胞术——血液病篇》

主编：刘艳荣（北京大学血液病研究所）

北京大学医学出版社 2013 年 1 月第 2 次印刷，ISBN 978-7-81116-758-0

71.3 万字，大 16K，376 页，铜版纸，全彩印刷，定价：199 元

目前国内已经有越来越多的医疗和研究机构拥有了流式细胞仪，其在血液学、免疫学、肿瘤、干细胞和细胞治疗等领域发挥着重要作用。流式细胞术在血液学中的应用，对血液淋巴系统肿瘤的诊断、分期和疗效的评定已经成为不可缺少的依据。流式免疫分型的应用使白血病和淋巴瘤的诊断进入一个崭新的阶段，使得形态学不典型、诊断分型困难的疾病诊断变得容易了，而且还发现了一些形态学不能诊断的疾病。

本书以 2008 版 WHO 血液和淋巴组织肿瘤分类为框架，对以下几个方面进行了重点阐述：

- 利用多色流式细胞术进行急性白血病、骨髓增生异常综合征、骨髓增殖性肿瘤和淋巴系统肿瘤的免疫分型。

- 结合目前微量残留病（MRD）水平对于评估白血病患者预后、进行危险度分层，指导个体化治疗的新策略的需要，详细讲解了微量残留病的检测原则、抗体组合、检测方法及临床意义。

- 流式细胞术在造血干细胞移植（HSCT）、红细胞病、血小板检测和免疫功能检测中的应用。

- 流式细胞仪的工作原理、标本制备、相关的仪器操作及常用的抗体、抗体组合、免疫分型报告的标准化和国际上的相关指南。

全书共分 15 章，内容涉及理论和实际操作，书中配有大量流式细胞分析图和细胞形态

学图片，有助于读者的理解和掌握。适用于从事流式细胞术使用和分析的人员及临床医生，对临床医学院校师生和研究人员均有参考价值。

《乳腺细胞病理学》
Breast Cytopathology

原著：Syed Z. Ali 医学博士（美国 John-Hopkins 大学医院病理学系和放射学系教授、细胞学部主任）

Anil V. Parwani 医学/理学博士（美国 The University of Pittsburgh 医院病理学系副教授、Shadyside 医院医学信息学部主任）

主译：王　鹏（首都医科大学附属北京地坛医院病理科）

刘冬戈（卫生部北京医院病理科）

北京大学医学出版社 2013 年 10 月出版，ISBN 978-7-5659-0414-1

14.9 万字，32K，164 页，铜版纸，全彩印刷，定价：69 元

这本书是自美国国立癌症研究所（NCI）于 1996 年 9 月在 Bethesda 城通过的《乳腺针吸活检统一路径》（The uniform approach to breast fine needle aspiration biopsy）发表以来，最新出版的乳腺细胞病理学专著。与以往有关乳腺细胞的病理学专著相比，本书内容新颖，以当代 WHO 乳腺组织病理学分类为基础，对临床常见的乳腺疾病细胞学特点进行了详尽的分类描述。在内容编写上突出了简明扼要的特点，采用列表及条目式对常见乳腺疾病的临床特征、细胞形态学特征、诊断误区及鉴别诊断进行描述；结合相应的显微照片(共 146 张)，“浓墨重彩”般地展现了“艺术画卷”般的图片。

细针吸取细胞学（fine needle aspiration，FNA）除了对原发肿瘤进行界定和分期之外，还有许多功能。通过 FNA 来确定是否发生转移或复发，远优于影像学技术，而影像学与穿刺细胞学相结合，较采用单一技术更能够准确地对可疑病变处取材。在分子生物学和遗传学检测技术层出不穷的时代，会有更多的检查是建立在 FNA 所获得的标本基础上的。发病风险和个性化治疗的确立也将有赖于这类肿瘤病史的记录。在与乳腺癌的斗争中，FNA 将在分析个体的发病因素和在控制疾病中发挥重要作用。

本书是为学习和从事乳腺细胞病理学工作的医师准备的方便、实用的工具书，更有利于病理医生在阅片时快速查阅参考。全书共 6 章：引言和技术特点、非肿瘤性和增生性病变、良性和交界性肿瘤、原发性恶性肿瘤、转移性和继发性肿瘤、乳腺导管冲洗液。

《肿瘤治疗通路工具指南——护理实践与教育》（第 3 版）
Access Device Guidelines
Recommendations for Nursing Practice and Education

原著：Dawn Camp-Sorrell，MSN，FNP，AOCN®（美国）

主译：丁　玥　陆箴琦　姜永亲　徐　波　覃惠英

北京大学医学出版社 2013 年 5 月出版，ISBN 978-7-5659-0522-3

30.2 万字，大 16K，174 页，定价：65 元

通路装置的使用对于肿瘤患者的治疗是不可或缺的。现代科技使癌症治疗及其支持治疗的方法更加安全和有效。美国肿瘤护理学会（ONS）最早于1989年制定了血管通路装置护理实践指南，用以指导通路装置的护理。经过多年的实践，这些指南还在根据循证医学证据不断更新。为临床工作者如何护理带有通路装置的患者提供了基本参考依据，也为改进通路装置维护的策略和流程设置提供循证指导。不但临床护理工作者可以使用本《指南》指导护理实践，而且护理教育者可以利用本《指南》进行通路装置的教学，管理者还可以用其作为评价临床护理人员操作能力的标准。

为帮助我国更加规范化疗静脉给药的护理标准，提高血管通路的管理质量，使肿瘤患者的照顾更加安全有效。本《指南》的翻译出版无疑会给广大从事肿瘤护理的工作人员带来极大帮助。

本书内容包括12节：（1）目标；（2）血管通路装置（VADs）；（3）皮下（皮下灌注术）输液装置；（4）动脉通路装置；（5）脑室通路装置；（6）硬膜外和鞘内的通路装置；（7）腹腔导管；（8）可植入式泵；（9）携带式输液泵；（10）通路装置的教育和记录；（11）免疫抑制患者留置通路装置要考虑的特殊问题；（12）具有争议的问题。

《中国临床肿瘤学进展2013》

名誉主编：吴孟超（中国科学院院士、上海东方肝胆外科医院）

孙　燕（中国工程院院士、中国医学科学院肿瘤医院）

主编：秦叔逵（南京八一医院全军肿瘤中心）

马　军（哈尔滨血液病肿瘤研究所）

吴一龙（广东省人民医院）

人民卫生出版社2013年9月出版，ISBN 978-7-117-17920-1

157万字，大16K，582页，定价：95元

第十六届全国临床肿瘤学大会暨2013年CSCO学术年会，于2013年9月25日~29日在厦门市国际会议展览中心隆重举行。本届大会的主题为“加强合作，持续创新”，将秉承CSCO的根本宗旨，进一步促进国际、国内临床肿瘤学领域的学术交流和科技合作，支持鼓励临床研究和创新，推动多学科规范化综合治疗。大会突出了原创性研究进行口头报告和壁报交流，邀请著名专家进行点评讨论；举办了一系列专题论坛，特别邀请国内、外著名专家学者做精彩的研究进展报告或讲座，力求全面而准确地反映临床肿瘤学领域的新观念、新知识和新技术。年会还与多个国家的临床肿瘤学会联合举办了第一届亚洲临床肿瘤学联盟（FACO）大会，邀请亚洲国家的专家学者前来讨论报告，共商抗癌大计，推动亚太地区广泛而深入的学术交流和合作，努力为全球的临床肿瘤学事业做出重要贡献。

组织委员会根据大会主题专门向国内、外专家约稿300多篇，广大CSCO会员和临床肿瘤学工作者响应号召积极投稿，以切磋实践经验和分享研究成果。经大会学术委员会认真审稿和讨论，精选出140篇高水平的学术报告或讲座稿，整理和编辑成《中国临床肿瘤学进展2013》出版发行，力求全面、准确地反映临床肿瘤学领域的新进展、新知识和新技术，希望对广大肿瘤界医务工作者了解临床肿瘤学的现状和发展动态、积极推动多学科规范化诊治和开展临床研究有所裨益。

《中国肿瘤内科进展　中国肿瘤医师教育（2013年）》

名誉主编：孙　燕（中国工程院院士、中国医学科学院肿瘤医院）

管忠震（中山医科大学肿瘤医院）

主编：石远凯（中国医学科学院肿瘤医院）

中国协和医科大学出版社2013年6月出版，ISBN 978-7-81136-892-5

120万字，大16开，686页，定价：154元

第七届中国肿瘤内科大会（CSMO）、第二届中国肿瘤医师大会（CACO）和中国抗癌协会肿瘤临床化疗专业委员会2013年学术年会于2013年7月4日~7日在北京国家会议中心举行。会议的主题是："规范的肿瘤治疗，规范的肿瘤专科医师培训"。

中国肿瘤内科大会已经走过了6年的历程，随着会议影响的不断扩大和学科的快速发展，这次把3个会议联合举行，使会议的内容更加丰富，会议规模比既往有了明显的扩大。在显著增加讲演内容的同时，开设了专题会场，对人们关注的热点问题进行深入的讨论。大会在继续关注肺癌、乳腺癌、消化道肿瘤、淋巴瘤、头颈部癌等常见肿瘤的诊断和治疗的最新进展的同时，对癌症姑息和疼痛治疗、肿瘤营养支持治疗、肿瘤免疫、抗肿瘤新药临床研究、软组织肿瘤、肿瘤中医中药治疗和肿瘤治疗的新技术、新方法等方面也给予了极大的关注，开设了青年医师讲演比赛，一些有重要影响的临床研究的结果也在全国性的学术会议首次报告。大会的内容反映了一年来内科肿瘤学和相关领域研究的新的重要进展，使参会者获取更多新知识。

会议共收到300多篇论文，经过专家委员会认真评选，选出了优秀论文20篇和交流论文。这些论文从一个侧面反映了一年来我国内科肿瘤学和相关领域取得的研究结果，评审委员会专家们一致认为今年征集到的论文质量普遍较高，反映了近年来我国肿瘤研究的水平正在不断提高。

本书收录了特约报告、专家特稿共100篇，重要临床研究结果5篇，收到的论文摘要300篇。

（编辑整理：张立峰）

❖ 他山之石 ❖

【编者按】“他山之石”是本《年鉴》今年新设立的一个栏目。名称源自《诗经·小雅·鹤鸣》：“他山之石，可以为错，……他山之石，可以攻玉”。用于比喻拿别人的长处弥补自己的短处。在深化改革开放的今天，“以开放促改革”，吸取国外的先进经验，促进我国肿瘤防治事业的发展，最终造福于中国的广大肿瘤患者。

美国德克萨斯大学 M. D. Anderson Cancer Center 学习见闻及思考

北京大学肿瘤医院 樊征夫

新闻背景：2012 年 7 月，肿瘤医院中青年攀登计划学者骨与软组织肿瘤科樊征夫医生前往美国德州安德森学习，他将进修期间的感受与思考撰写成文，文章较为详细地介绍了安德森的概况与特点，及其学习期间的心路历程。

在肿瘤医院为中青年学者设立的“攀登计划”支持下，我有幸于 2012 年 7 月作为访问学者来到美国德克萨斯大学 M. D. Anderson Cancer Center（MDACC）学习。现将自己的一点心得整理成文，与大家共享。

一、“M. D. Anderson Cancer Center”概况

“M. D. Anderson Cancer Center”，作为同道，大家对这一名字应该十分熟悉了，还是用一组数字更生动地勾勒出它的概貌吧。

MDACC 是由私人基金会于 1941 年作为德克萨斯大学的一部分而创立的，是 1971 年“美国国家癌症行动”所指定的最早的 3 大综合癌症中心之一，目前已经成为世界上最受

尊敬的专注于肿瘤治疗的医疗机构。2012 年，MDACC 被《美国新闻与世界报道》评为全美癌症治疗第一名，它已有 9 个年度蝉联这一殊荣，甚至从 1990 年该杂志开始年度调查以来，就一直稳居前两位。

自 1944 年以来，约 90 万患者来此接受了包括外科手术、放疗、化疗、靶向治疗、质子治疗、免疫治疗等在内的综合治疗。

2012 年，医院运行床位 616 张，超过 11.5 万名患者就诊于 MDACC，其中 1/3 为新病人，1/3 来自德州以外的全美及世界各地。

MDACC 专注于癌症的丰富研究项目，使之成为世界上最富有成效的癌症研究机构之一，它还以最快将科学研究的成果转化为治疗手段而著称。2012 年，MDACC 获科研资金投入超过 6.47 亿美元，临床研究项目 1078 个，8500 人登记参加探索创新治疗的临床试验，从国立癌症研究所（NCI）获得资助的项目总数和资助总金额也是全美第一。2012 年，共有 1187 名住院医师及专科医师在这里接受临床专业培训，学院各类实验室共为 1714 名研究人员提供了科研培训。

这些光彩夺目的数字与荣誉，不禁使人心生向往，希望一睹它的真容，并努力探究辉煌的背后究竟是什么力量与机制，推动它不断创造奇迹？半年多来身临其境的接触，使我不仅大开眼界，而且也有了更加深入的思考。

二、率先倡导多学科协作

多学科协作（Multipledisciplinary Cooperation）制订最优方案治疗癌症，由这里率先倡导，是 MDACC 的重要诊治模式，在美国同行中极具代表性，也是给我印象最深刻的一个方面。

就以骨肿瘤科的多学科病例讨论会为例。每周三早上 7：00—8：00 进行全科病例讨论，地点在医生办公楼 10 层骨科会议室进行。病例分为五部分：上周已手术病例、本周拟手术病例、上周门诊拟收治病例、上周门诊随访病例和协作学科请会诊病例。

讨论会由骨科 5 位正式医生轮流主持，参加者包括全部骨科医师、助理医师（PA）、专科培训医师（Fellow）、住院医师及访问医生，其他人员包括病理、影像、放疗、化疗（肿瘤内科）、小儿肿瘤及康复科医师。

讨论时，Fellow 负责在讲台上依次播放患者基本信息及影像学资料，负责该手术的骨科医师在助理医师（PA）简要汇报病例及手术或拟手术情况后，适当补充说明。当诊断、治疗方案存在疑问时，各骨科医师分别提出自己的意见。针对每一例病人，其他相关学科医师都会提出质疑或建议，与骨科医师交换意见，最后由主持医师汇总、协调各方意见，最终或暂时确定诊治方案。

这一切都是为了病人的最佳获益，在比较权衡中优选最合理的方案。经常在听取了病理、放疗、化疗等医师意见后，骨科重新考虑诊治方案，或决定等待新的检查结果。即使是无争议的病例，其他科医师也会提醒一些细节问题，以臻完善。因此，会场完全置于轻松友好的学术氛围中，即使热烈争论，也不时传出阵阵诙谐的笑声。这些渊博严谨的专家们，在面对最为复杂沉重的难题时，也常流露出妙趣横生的可爱性情，这与他们经常给予癌症病人由衷的人性化关怀，可以说是异曲同工的。

在这些同行之间，坦诚而客观的交流风格，已成为一种主流。有一次，科主任点评自己的全髋置换病例时，明确指出假体安放角度欠佳，分析术中原因及应该吸取的教训，并交待需要的术后挽救措施，令人印象深刻。

讨论中还体现了较强的教学意识，科主任经常借典型病例，向低年资医生询问或讲解，其他科医师也会主动询问感兴趣的骨科业务或耐心为大家介绍一些相关知识与进展。每例病人的讨论意见与结论，都由 PA 汇总记录。

值得一提的是，MDACC 人性化的设置有时会达到奢华的程度，这也从另一方面诠释了全美癌症治疗的 No. 1。这间会议室是大约 $50m^2$ 的长方形，前后墙几乎被一幅幻灯投影屏幕和超大液晶显示屏占据，两侧墙面也各有 3 个次第排开的大显示屏，第一次步入会议室时，如此奢华的装备令我大吃一惊。不过，参加讨论时，无论在任何一个角落，只要一抬头，你的眼前总有一个大屏幕在播放。讨论时只要打开集成式的医生工作站，全院任何一个门诊或住院病人，包括病历、检验、病理图片、影像图片、动态成像等所有资料，都可调出播放，十分便捷。

我深深地体会到，这里的多学科团队协作的诊治模式，是真正以病人为中心的，并能做到决策结果的动态追踪与反馈，让罹患不幸的患者从最为悉心的关怀中，享受到一种莫大的生命尊严与希望。这也是对“让癌症成为历史（Make cancer history）”的一个生动的诠释吧。

三、一个外科医生的感受

作为一名来访的外科医生，最关心的莫过于这里的外科手术了。通过一个亲身经历的案例，让大家分享一下在癌症手术治疗这一核心环节上，MDACC 是如何做到理念创新和多学科协作的。

一名 17 岁男性，4 年前因左股骨骨肉瘤在拉斯维加斯一家医院行瘤段骨切除，节段性股骨假体置换，术后化疗发生神经损伤，逐渐造成左下肢远侧严重感觉运动功能障碍，加上双下肢明显不等长，以及假体远端松动造成的慢性膝部疼痛，给病人造成很大痛苦。当地医院及加州大学洛杉矶医学中心，一致建议行假体取出并左髋关节解脱术。病人及其母亲心有不甘，又辗转来到 MDACC。骨科 Dr. Lin 经过认真研究，征求血管外科 Dr. Chang 的意见，提出了一个全新的方案，即取出假体，设计一膝上水平截肢，行同侧带血管蒂胫骨游离移植，重建股骨膝上长度。这样在解除病痛的同时，又考虑到病人对高位截肢的心理排斥，使病人获得尽量高的满意度。在大腿软组织及功能完好条件下，巧妙利用截除肢体，以显微外科及自体骨移植技术，将一例髋解脱手术变为膝上截肢术，其因地制宜、独具匠心的理念创新，不得不令人叹服。

全程的观摩显示，正是在两个学科的密切协作下，顺利完成了精心设计的手术。先是骨科做好膝上截肢切口，分离好腘血管，向近端探查并取出股骨假体及股骨远端。然后换血管外科团队上台，完成带血管蒂胫骨的完整分离。再由两科医师共同上台，根据血管吻合及截肢切口张力的判断，确定移植胫骨的截取平面，并由骨科完成截骨。然后由血管外科完成血管的吻合修复，确定移植骨通血良好，再由骨科完成股骨重建及钢板内固定，闭合截肢残端。以上各步骤衔接流畅，两个团队的操作精准到位，充分体现了 MDACC 一切以病人为中心的敬业精神以及严谨的科学态度。

四、严谨又人性化的手术室

手术室的管理既严谨又人性化。门口有管理间，秘书把工卡号输入电脑，证实已获得学院参观授权，再登记手术间号，才发给有编号的刷手衣，准许进入更衣间。参观需要术者提前准许，进入手术间，要佩戴工卡及秘书发给的参观证，巡回护士再次登记信息。参观难免希望留下些宝贵的资料，MDACC 规定必须用发给指导教授的公用相机，按学院政策，由教授决定哪些图片资料可以拷贝给访问学者。这样既满足了学习的需求，又加强了病人隐私及重要临床资讯的管理。使用相机前，巡回护士都会例行查看上面的标识。手术结束后，相机只能由教授自己带出手术室。

除了术前的书面确认，在开刀切皮之前，巡回护士会拿着病历，当面要求医生再次口头陈述病人基本信息、主诉、诊断、拟行术式并核对左右侧。这种不厌其烦的核查程序，到最后一刻都不放松，显示了 MDACC 对医疗安全的极大重视，同时也有效地帮助医生调整情绪与思路，全身心进入手术状态，再次体现了一切以病人为中心的理念。

手术间醒目的位置摆放着两台大型液晶显示屏，可以随时从医生工作站调出任何影像学资料，提供手术参考。这不仅免除了出入手术间带各类片子及查找、摆放的繁琐，还避免了过多有菌物对手术环境的影响。

这里除了配备 C 型臂 X 线透视机，还提供了足量的防护装备。无论一般透视还是频繁透视，全部台上人员、麻醉人员、巡回及器械代表都会穿好防护装备，各司其职地继续工作，即使需要床边 X 线照相，也只是拉开一道铅屏保护大家，而不是像国内，每次需要透照时，室内人员几乎全部跑到走廊远处等待。这样避免了混乱对无菌环境的影响，尤其确保了病人无缝隙的全程监控，将偶发意外的风险降到最小。这还是体现了一切以病人为中心的核心理念。

在美国医院手术室人员构成中，助理人员的作用发挥到了最大程度。通常只有主刀是专科医生，由 PA、Fellow 或住院医师作一助、二助。通常有两个上台护士，一个负责器械，一个帮助拉钩或维持体位，需要时还会再增加一个。骨科的男护士也很普遍，便于长时间协助手术。术中主要由麻醉助理监护病人，麻醉医生主要负责全麻插管、拔管及椎管穿刺等关键操作，其余时间则流动巡视多个手术间。相比国内一台手术似乎更为强大的麻醉及手术阵容，甚至专家级医生切皮、拉钩，这里更多地考虑到专科医生高昂的人力成本。把工作逐级分层，人力资源各尽其用，充分体现了医疗经济学。这种差异，恐怕也是国家整体医疗体制决定的。

五、管理的精髓就是无处不在的制度化

MDACC 能够成为一个高效有序运转的全美最好的癌症中心，除了必不可少的先进人才、设备及资金投入，也与其成功的管理密不可分的。我深切地体会到，这里管理的精髓就是无处不在的制度化。整个医院就如同一部精密运转的庞大机器，每一个部门就是一个按部就班转动的齿轮，相关的核心制度，就是固定齿轮的轴心。不同的齿轮彼此交集、衔接，展开一道道工序，病人的满意诊治就好比是这一流畅的生产线上的终端产品。据我了

解，MDACC近乎苛刻的制度化管理，同它享有的“Make cancer history”的盛誉，在美国同行中同样是有口皆碑的。

学院的制度分为临床政策、学术政策、行政政策三大块，具体包括政策（Policy）、规章（Rule）、制度（Regulation）、程序（Procedure），分别由学院或大学不同层面发布。

制度在这里具有绝对的权威性，这不仅源于尊重规则的西方传统，而且因为这里有着一套严密、可操作的监管体系。

这里的制度是一个严谨、全面、细致、创新的管理体系，医院运转涉及的每一个细小环节，都毫无例外地纳入它的管理中。每一项制度都会涉及一个专题的各个方面，而且细致到规定出各种细节及特殊情况的具体处理办法，其从语法逻辑到内容表达，都十分规范、严谨，几乎无懈可击。为适应新出现的情况，这些制度经常增删内容及调整解释，故一般都有年、月版本的标注。

作为访问学者，日常需要打交道最多的，恐怕就是各种制度了。

早在来访联系阶段，相关部门就不断发送过来各种政策说明，在体现友好礼节的同时，其遣词之精准、逻辑之严密、语气之权威，无不在提醒你，来访MDACC是极为郑重严肃的一件事。有些文件是采用法律协议的方式，需要正式签字寄回。第一天报到时，主管部门更是将一个厚厚的文件夹交给我，光是文件的条目清单，就列了满满一页，里面集中了访学期间要涉及的方方面面的制度，那种沉甸甸的感觉，也似乎在提醒：你已经确确实实到了MDACC。

接下来是新职员培训阶段，规定了5个必须完成的课程，即新职员岗位职责（包括一般职责、临床信息流通与隐私保护职责、信息的安全防护、临床伦理、计费须知）、保护人类受试者、动物实验、雇佣相关法律及实践、工作量申报制度等相关培训。其中最为复杂的是保护人类受试者培训，需要先在网上依次完成8个模块的教程学习和考核，拿到平均80分以上成绩，才能注册申请到一个半天的课堂集中教学，最后拿到这一培训的认证。这8个模块包括：知情同意制度、研究伦理学原则、学术审查委员会（IRB）制度及流程、受保护敏感人群相关研究、FDA管理的研究项目、人类受试者研究中的利益冲突、FDA相关临床研究的应尽职责和研究中的不端行为。

要在短期内完成学习，并顺利通过考核，从语言习惯、专业知识到逻辑推导，确实都需要一个习惯的过程。尚处于时差调整和适应墨西哥湾酷暑热浪的过程中，这就不仅是一种高密度的信息轰炸，简直是一种心态适应与调整的考验了。你会禁不住叹气自问，是不是这里的制度过于浩繁入微了？它又似乎在以另一种方式提醒你：这里是癌症治疗全美第一的MDACC，离开制度的引导，你将寸步难行。不论你来自哪里、有何职务，一旦成为MDACC的工作成员（Faculty），在MDACC的每一天，都要时刻注意自己的一言一行甚至一个想法，不让它们偏离正确轨道——MDACC的政策要求。这本身，难道不是一种令人肃然起敬的无形权威吗？事实上，习惯了这些制度的规范后，在工作中你很快就会体会到，正是这些表面上不够方便灵活的制度，在整体上确保了这一拥有近2万雇员、数十个医疗分支与数十栋建筑群的庞大医疗机构，不仅能够维持高效有序的日常运转，并且拥有强劲的活力与可持续的辉煌。

分享了以上这些具体的感性体验，也许你就能更好地理解MDACC所倡导理念的深刻内涵、所追求愿景的深厚底气了吧？这就是：

我们的核心价值观——“关怀、诚信、发现”；

我们的目标——“基于我们非同凡响的人才梯队、病患照顾以及科学研究，成为世界上首屈一指的癌症中心”；

我们的使命——“通过整合医疗、研究、预防的卓越工作以及对医学生、研究生、培训者、专业人员、雇员及公众的杰出教育，在德克萨斯州、在美国、在世界上消除癌症”。

为了“Make cancer history”的理想，MDACC 无疑已经努力做到了卓越。我发自内心地祝福它，希望以其特有的追求完美的执着，不断超越自我，继续创造癌症治疗的新奇迹。

（稿源：北京大学医学部新闻网 发布日期：2013-11-06）

ASCO 发布最新临床实践指南鼓励乳腺癌化学预防

美国临床肿瘤学会（ASCO）日前发布最新临床实践指南，称对于 35 岁及以上年龄的高风险女性人群，应考虑使用他莫昔芬用于乳腺癌预防。

该指南的前两版，以“降低乳腺癌风险的药物介入的使用”作为题目分别首先发布于 1999 年和 2009 年。目前发布的第三版指南还推荐应与乳腺癌风险增高的绝经后女性讨论使用雷洛昔芬和依西美坦（J. Clin. Onco. 2009，27：3235-3258）。

新的更新包括：与 2009 年版本的指南相比，新指南以更强烈的口吻推荐讨论使用选择性雌激素受体调节剂药物他莫昔芬和雷洛昔芬，而前一版本仅推荐对高风险女性“或可使用”他莫昔芬和雷洛昔芬。

指南更新委员会联席主席、约翰霍普金斯大学医学院教授 Kala Visvanathan 及委员会其他成员报道：“基于Ⅲ期随机试验的关于他莫昔芬和雷洛昔芬可有效减少乳腺癌风险的有力证据，指南委员会以更鲜明的观点推荐使用他莫昔芬和雷洛昔芬。”（J. Clin. Oncol. 2013 July 8 [doi 10. 1200/JCO. 2013. 49. 3122]）

该指南推荐首先发布于 7 月 8 日的 JCO 杂志上，最新指南的建议仅限于药物干预，提倡与患者讨论以下药物方案：

• 对于年龄≥35 岁的乳腺癌风险增高或患有小叶原位癌（LCIS）的绝经前和绝经后女性，为了降低雌激素受体（ER）阳性浸润性乳腺癌的风险，建议每日口服他莫昔芬 20mg 治疗 5 年。风险增高定义为根据美国国立癌症研究所乳腺癌风险评估工具或等效工具预测的 5 年绝对风险≥1.66%。这一“强烈循证建议”基于多项随机对照试验的观察结果，即口服他莫昔芬治疗降低风险的获益在这些患者中可持续至少 10 年。

• 对于年龄≥35 岁的乳腺癌风险增高或患有 LCIS 的绝经后女性，为了降低 ER 阳性浸润性乳腺癌的风险，建议每日口服雷洛昔芬 60mg 治疗 5 年。这一“强烈循证建议”也基于多项随机对照试验的观察结果。

• 对于年龄≥35 岁的乳腺癌风险增高或患有 LCIS 的绝经后女性，为了降低 ER 阳性浸润性乳腺癌的风险，建议每日口服依西美坦 25mg（代替他莫昔芬或雷洛昔芬）治疗 5

年。这一“中度循证建议”基于一项有关该芳香化酶抑制剂的随机对照试验的阳性结果。目前该药已被批准用于治疗乳腺癌但尚未获准用于预防乳腺癌。

• 不建议有深静脉血栓形成、肺栓塞、卒中或短暂性脑缺血发作史的女性使用他莫昔芬和雷洛昔芬，另外也不建议在长期制动期间使用这两种药物。不建议妊娠或可能妊娠或正在哺乳的女性使用他莫昔芬，并且该药不得与激素治疗联用。依西美坦不得用于绝经前女性。

指南委员会称，“与患者讨论的内容应包括所考虑使用的各种药物的风险和获益。”

此次指南的更新基于对2007年6月~2012年6月间发表的700多项潜在随机对照试验和meta分析编写的系统评价。最终，共有19篇探讨6种不同化学预防药物的论文符合委员会的选择标准。ASCO临床实践指南委员会成员均为乳腺癌领域各方面的专家，涉及临床医学、公共医学、临床研究、健康服务到相关领域如生物统计学和流行病学。典型患者也被纳入委员会。

除了上述有关讨论使用他莫昔芬和雷洛昔芬方面的变更之外，最新指南还删除了2009年版指南中“在开始治疗前进行基线妇科检查并且此后每年检查1次”的建议；同时最新指南还删除了有关芬维A胺治疗的内容，因为委员会确定其“与乳腺癌化学预防不再具有相关性”。

该委员会还涉及了正在进行中的“最小化医疗差异”的努力，对此委员会称，“它是减少乳腺癌风险的最重要的思考。”

指南指出，“一般而言，少数族裔患者往往在较晚期才被诊断出癌症且结局不良。应认识到治疗质量和治疗可及性方面存在的这些差异。医生应努力为所有患者提供最高水平的癌症治疗。”

对于未来的方向，委员会表示，目前乳腺癌化学预防药物在乳腺癌风险增高女性中的应用率较低，未来需解决与此相关的诸多问题。该指南的作者写道：“乳腺癌化学预防药物的低摄取有很多可能的解释，包括对副作用的担忧、缺乏潜在的益处，及处于高危风险的女性和医疗保健提供者缺乏意识。”这种现状一直未得到改善。指南作者引用国民健康访查（乳腺癌治疗2012，134：875-880）说：从2000年至2010年，他莫昔芬和雷洛昔芬作为化学预防的使用没有取得整体升高。

尽管如此，化学预防的益处是显著的，化学预防首次被推荐于1999年美国临床肿瘤协会（ASCO）。首席作者、临床医学学士、医学博士，也是这个指南小组的联合主席Kala Visvanathan在媒体声明中称：“对于某些女性来说，这些疗法可以将乳腺癌的风险减低多达50%。”她来自于马里兰州巴尔的摩市约翰·霍普金斯大学彭博公共卫生学院及综合癌症中心。

约有至少200万女性可从乳腺癌化学预防中获益，但本指南推荐的药物仍然较少被用于降低乳腺癌风险。需设计有效的工具和方法来教育医生及识别风险增高的女性，并且需开发有效的干预及更深入地了解在应用化学预防策略方面存在的差异和障碍。

该指南作者指出：对他莫昔芬和雷洛昔芬的推荐是基于多个随机对照试验的“有力证据”。依西美坦的推荐是基于“充足的证据”。作者们指出：依西美坦被批准用于乳腺癌的治疗，但不是乳腺癌的预防。这个新的ASCO建议是基于一个临床试验的数据，这个临床试验显示：与安慰剂组相比较，依西美坦组在3年后总体发病率和雌激素受体阳性乳腺癌发病率减少了多达70%（新英格兰医学杂志2011，364：2381-2391）。

Visvanathan博士表示，并非所有女性都应当使用这些预防药物，但应该为乳腺癌风险增高的女性提供药物选择，因为这些治疗可使部分女性的乳腺癌风险明显降低，降幅可达50%。ASCO也已经开发出临床工具和资源以帮助临床医生实施这个新指南。这些资源可以在ASCO的癌症信息网站上查询到。

信源地址：http：//www. internalmedicinenews. com/single-view/updated-guideline-urges-discussion-of-breast-cancer-chemoprevention/1eb9fd5570ad0b5d47cf6ad918ea8fa8. html

（来源：丁香园 日期：2013-07-23）

美发布降低乳腺癌风险药物干预指南

在2013年7月15日在线出版的《临床肿瘤学杂志》（Journal of Clinical Oncology）上，美国临床肿瘤学会（ASCO）临床实践指南委员会发布了最新版降低乳腺癌（BC）风险药物干预指南，新指南对2009年版降低乳腺癌风险药物干预指南进行了修订。

修订委员会通过MEDLINE及Cochrane联合图书馆，对2007年6月~2012年6月期间发表的相关随机对照试验及荟萃分析进行了系统性考察。关注的主要结果为BC发病率（侵犯性及非侵犯性）。次要结果包括BC死亡率、不良事件及净健康获益。有19篇文章符合筛选标准。共鉴定出6种化学预防药物：他莫昔芬、雷诺昔芬、阿左昔芬、拉索昔芬、依西美坦及阿那曲唑。经修订委员会对相关文献考察后，决定对指南中的推荐规范进行了修订。

推荐规范：

对于BC风险增加的≥35岁年龄段女性，可讨论将他莫昔芬（每日20mg，共用药5年）作为降低雌激素受体（ER）阳性BC风险的手段。对于绝经后女性，亦可讨论将雷诺昔芬（每日60mg，共用药5年）及依西美坦（每日25mg，共用药5年）作为降低BC风险的手段。本指南中的BC风险增加人群定义为，经预测后，5年绝对BC风险≥1. 66%（根据美国国立癌症研究所BC分析评估规则或等价测定手段），或确诊为原位小叶癌的女性。除临床试验外，不推荐通过其他选择性ER调节药物或其他芳香化酶抑制剂降低BC风险。对于BC风险增加女性，鼓励卫生从业者探讨化学药物干预手段。相关探讨应包括各种化学干预药物相关的特定风险及获益情况。

背景知识：

美国临床肿瘤学会（ASCO）曾于1999年首次就通过药物干预手段，降低乳腺癌风险发表了相关临床实践推荐规范。由原专家组成员组成的修订委员会通常根据发表的最新实证，决定ASCO指南定期修订的间隔。ASCO此前曾于2002年及2009年对该指南进行过修订。指南中的相关推荐规范适用于肿瘤内科医师、肿瘤外科医师、妇科医师、初级保健医师及全科医师。

从世界范围而言，乳腺癌是一种最常见肿瘤（IARC Globocan），这凸显了有效降低乳腺癌风险策略的必要性及其可能产生的全球性影响。本指南针对无个人乳腺癌病史且存在乳腺癌患病风险增加的女性。乳腺癌风险可通过 Gail 模型、美国国立肿瘤研究所（NCI）乳腺癌风险评价规则（Gail 模型改良版，参见 http：//www. cancer. gov/bcrisktool），或其他有效验证手段（包括 Tyrer-Cuzick 法），或各种乳腺癌化学药物干预临床试验中所使用的合格标准进行确定（参见 http：//www. asco. org/guidelines/bcrr 的 DS8 增补数据表）。

本指南相关推荐规范仅限于药物干预手段。并未论及手术及生活方式干预手段。

（来源：丁香园 日期 2013-08-09）

美 ASCO/CAP 联合指南：乳腺癌 HER-2 检测

美国临床肿瘤学会（ASCO）和美国病理学家协会（CAP）近日更新了一项联合指南，旨在提高浸润性乳腺癌患者 HER-2 检测的准确性和报告。该指南的更新是基于一项系统综述，给肿瘤科医生和病理科医生提供了以下内容的详细推荐：如何检测 HER-2 过表达，如何解释结果，HER-2 靶向治疗。

该指南最初是在 2007 年发布的，最新指南即将发表在 JCO 和 Archives of Pathology & Laboratory Medicine 杂志上。

HER-2 检测的目的是鉴别出那些可以从 HER-2 靶向治疗中获益的人群，目前靶向治疗药物包括曲妥珠单抗、拉帕替尼、帕妥珠单抗和 T-DM1。这些治疗可以大大提高 HER-2 阳性浸润性乳腺癌患者的生存期。所以准确检测 HER-2 状态对于选择合适的患者异常重要。

目前 FDA 批准的 HER-2 检测方法有两个，分别是免疫组化（IHC）和原位杂交（ISH）。原来的指南集中在 IHC 和荧光原位杂交（FISH）上，而更新的指南增加了一项新的诊断技术称为亮视野原位杂交（bright-field ISH），这项技术还可评估 HER-2 基因的扩增。使用这种技术可以减少变异，使用亮视野显微镜可以更容易鉴别浸润成分。

该指南推荐如下：

1. 所有新诊断的浸润性乳腺癌（原发和/或转移）需检测 HER-2 状态。至少有一个肿瘤样本检测 HER-2 蛋白表达或 HER-2 基因扩增。

2. 如果 HER-2 检测结果是阳性的，HER-2 检测没有明显的病理组织学不一致，应考虑 HER-2 靶向治疗的作用。

3. 如果 HER-2 检测结果可疑，需延迟做出 HER-2 靶向治疗的决定。如果初始的 HER-2 检测结果不够明确，需要复检，用另外的方法检测同一个标本，或者换一个标本检测。

4. 如果 HER-2 检测结果阴性，不要给予 HER-2 靶向治疗；如果 HER-2 检测有明显的病理组织学不一致，应该考虑进行额外的 HER-2 检测。

5. 如果由于技术问题不能对肿瘤标本做一个或两个检测，或者不能报告为阳性、阴性，或可疑，HER-2 检测结果应报告为不确定。

6. 要确认检测实验室通过了 CAP 或同等认证权威机构的标准。

在少数情况下，可能很难知道结果是阳性或阴性，如果不能对另外的组织样本进行检测，病理科医生和肿瘤科医生在推荐 HER-2 靶向治疗前要考虑所有可获得的临床资料。

更新后的指南包括了医生与病人讨论 HER-2 状态关键点的更为详细的推荐：例如 HER-2 检测的原因，使用检测的类型，检测结果的解释，在疾病复发时可能需要复检。

（来源：医脉通 日期：2013-10-08）

FDA 批准帕妥珠单抗用于乳腺癌新辅助治疗

2013 年 9 月 30 日，美国食品和药物管理局（FDA）授权加速批准帕妥珠单抗（Perjeta）用于早期乳腺癌患者完整治疗方案的一部分（术前新辅助治疗）。帕妥珠单抗是被 FDA 批准的第一个乳腺癌新辅助治疗药物。

帕妥珠单抗在 2012 年被批准用于晚期或转移性 HER-2 阳性乳腺癌患者的治疗。帕妥珠单抗的新适应证是用于 HER-2 阳性、局部晚期、炎症或早期乳腺癌（肿瘤直径>2cm 或淋巴结阳性）患者，她们处于癌症复发或扩散（转移）或具有疾病死亡高风险。该药物在手术前与曲妥珠单抗和其他化疗联合应用，根据所用治疗方案，可能之后还要接受术后化疗。手术后，患者应继续接受曲妥珠单抗完成 1 年治疗。

2012 年 5 月，FDA 发布病理学完全缓解（pCR）指南草案，将其定义为在乳腺和淋巴结中缺乏浸润性癌症，并作为支持一种用于高风险、早期乳腺癌新辅助治疗药物加速批准的一个主要终点。在 FDA 的加速批准程序下，患者可获得有前景的药物来治疗严重或危及生命的疾病，同时也要进行验证性临床试验。

帕妥珠单抗的新辅助治疗加速批准是根据一项检测 pCR 的研究。在该研究中，417 例参加者被随机分配到 4 种新辅助治疗方案之一：曲妥珠单抗+多西他赛，帕妥珠单抗+曲妥珠单抗+多西他赛，帕妥珠单抗+曲妥珠单抗，帕妥珠单抗+多西他赛。约 39%的接受帕妥珠单抗+曲妥珠单抗+多西他赛的参加者实现 pCR，接受曲妥珠单抗+多西他赛约 21%。

加速批准的验证性临床试验正在进行当中，受试者为之前做过乳腺癌手术及处于乳腺癌复发高风险的 HER-2 阳性乳腺癌患者。4800 多例患者被纳入这个试验，将进一步提供疗效、安全性和长期结果的资料。结果预期在 2016 年公布。

接受帕妥珠单抗+曲妥珠单抗+多西他赛的患者中，报道的最常见副作用是脱发、腹泻、恶心和抗感染白细胞减少。其他明显副作用包括心脏功能减低、输注相关反应、超敏性反应和过敏反应。

（来源：医脉通 日期：2013-10-08）

柳叶刀：乳腺癌靶向术中放疗不劣于全乳术后放疗

美通社德国耶拿 2013 年 12 月 3 日电　全球性 TARGIT-A 临床试验 5 年跟踪结果支持

使用 ZEISS INTRABEAM 进行靶向术中放疗（简称“TARGIT”），其对经选择的早期乳腺癌患者的疗效不劣于传统外照射放疗（简称“EBRT”）。

全球领先的医疗杂志之一《柳叶刀》发布了一项全新乳腺癌临床试验结果，表明在乳房肿瘤切除术中使用 ZEISS INTRABEAM 进行一次 TARGIT，其对经选择的患者群的疗效不劣于乳腺癌保乳术后为期 3~6 周的传统 EBRT。

皇家外科医师学会会员、全球性 TARGIT 研究者小组成员 Jayant S. Vaidya 教授（医学博士和哲学博士）在《柳叶刀》发布这项调查研究的随附新闻稿中表示：“TARGIT 对女性乳腺癌患者最重要的好处是患者能在手术中完成其所需的整个的局部治疗，还可降低对乳房、心脏和其他器官的毒性。因此，我们的研究结果支持在接受过仔细筛选的患者中，在进行乳房肿瘤切除手术的同时进行 TARGIT 治疗，对患者和医师而言，这种治疗方案提供了一个额外的选择，可以帮助制定个体化的治疗方案、节省时间、金钱，拯救乳房甚至是患者的生命。”

自 1998 年起，全球性 TARGIT 研究小组开始研究：针对瘤床的术中放疗是否如同为期 3~6 周的传统 EBRT 一样，可以降低早期乳腺癌患者的复发风险。

一般而言，全乳 EBRT 需要在乳房肿瘤切除术（乳腺癌保乳术）后才能进行，以降低乳腺癌复发及死亡的风险。EBRT 通常需要 3~6 周，这需要患者在放疗中心接受 20~30 天的治疗。在一些情况下，有些女性患者虽然适合进行保乳术，但因远离放疗中心无法接受每日术后治疗，甚至可能被迫选择乳房全切术。

在手术中，切除肿瘤后采用 TARGIT 方案中，利用 ZEISS INTRABEAM 在乳房内对瘤床受影响的组织进行放射治疗。TARGIT 研究结果表明，使用 ZEISS INTRABEAM 进行靶向术中放疗可以降低乳腺癌的复发，其对经选择的浸润性导管癌女性患者的疗效与为期 3~6 周的传统全乳放疗一样有效。

TARGIT-A 试验是截至目前局部乳腺放疗领域进行的最大规模的多中心、随机的术中放疗（简称“IORT”）临床试验，共有来自欧洲、美国和澳大利亚 33 家国际放疗中心的 3451 名患者参与。TARGIT-A 试验采用一种风险适应性的个体化疗法，也就是说对于术中接受 TARGIT 的患者，如果其最终的病理学结果新增不可预见的风险因素，需接受补充性 EBRT，但这种发生率在患者中占大约 15%。针对 TARGIT-A 试验，5 年局部复发率的研究结果和首次整体生存率的分析现已公布。

将 TARGIT 和 EBRT 在 5 年局部复发率方面进行对比，这两种疗法的差异不高于 2.5%，因此得出结论：TARGIT 在乳腺癌治疗中“不劣于”标准的 EBRT（为期 3~6 周的每日治疗）。由于心血管和其他癌症引起的死亡人数降低，TARGIT 的整体病死率为 3.9%，而 EBRT 的整体病死率则为 5.3%。

根据对乳腺癌复发率进行的统计对比，该研究作者对 TARGIT 与 EBRT 在死亡人数和副作用方面的对比进行总结时表示：“根据 TARGIT-A 试验，对于经选择的合适乳腺癌患者可以考虑在保乳术中采用具有风险适应性的 TARGIT 疗法。”

卡尔蔡司医疗技术股份公司（Carl Zeiss Meditec AG）总裁兼首席执行官 Ludwin Monz 博士则表示：“Jayant Vaidya 教授和 Michael Baum 教授倡导的全球性 TARGIT 小组对这项全新治疗选择开展了充分的研究，我们对此表示赞赏，而这也将造福众多乳腺癌患者。

TARGIT 小组的研究将进一步得到全球放射肿瘤学家和乳腺癌外科医师的认可，还将作为抗癌的全新选择扩大 ZEISS INTRABEAM 的应用范围。”

（来源：美通社 日期：2013-12-04）

乳腺癌放疗增加缺血性心脏病风险

乳腺癌患者在放疗时，其心脏会暴露于一定剂量的电离辐射中。这种暴露对以后缺血性心脏病风险的影响尚不确定。英国牛津大学 Darby 博士及其同事对此进行了深入研究，他们发现在乳腺癌放疗期间心脏电离辐射暴露可导致以后缺血性心脏病的发生率增加。该病发生率的增加与心脏受照平均剂量成比例，于暴露后数年内开始，并持续至少 20 年。此前存在心脏风险因素的女性因放疗导致的风险绝对增加值大于其他女性。研究成果在线发表于国际权威杂志《NEJM》2013 年最新一期。

对自 1958~2001 年期间在瑞典和丹麦接受乳腺癌放疗的 2168 名女性就主要冠脉事件（即心肌梗死、冠脉血运重建或死于缺血性心脏病）进行了一项基于人群的病例对照研究。该研究包括了 963 名有主要冠脉事件的女性和 1205 名对照者。我们从医院病例记录获取了每例患者信息。对于每一名女性，我们根据她的放疗图表对全心和冠脉左前降支的平均照射剂量进行了估算。

全心受照平均剂量的总均值为 4. 9Gy（范围 0. 03~27. 72）。主要冠脉事件发生率呈线性按 7. 4%/Gy 的比例随心脏受照平均剂量的增加而增加（95%可信区间：2. 9~14. 5，$P<0.001$），并且无明显的阈值。这种增加始于放疗后前 5 年内，并持续至放疗后第 3 个 10 年。在放疗时有心脏风险因素的女性和无心脏风险因素的女性主要冠脉事件发生率/Gy 的增加比例相似。

研究人员由此得出结论，在乳腺癌放疗期间心脏电离辐射暴露可导致以后缺血性心脏病的发生率增加。该病发生率的增加与心脏平均照射剂量成比例，于暴露后数年内开始，并持续至少 20 年。此前存在心脏风险因素的女性因放疗导致的风险绝对增加值大于其他女性。

述评：

研究人员报道尽管放疗在治疗乳腺癌方面有很好的效果，但是它会使治疗后患缺血性心肌病的风险增加。根据英国牛津大学临床实验中心 Sarah Darby 博士及其同事的一项基于人群的病例对照研究显示，心脏每暴露于 1Gy 的辐射量，患冠状动脉疾病的风险增加 7%，且小剂量辐射也可能导致发病。Darby 博士及其同事 3 月 14 日发表在《新英格兰医学杂志》上的文章指出，放疗后前 5 年冠状动脉疾病发病的概率最大，但这种风险可持续长达 20 年。研究人员还指出，心脏病高风险的女性放疗后患冠状动脉疾病的风险更大。Darby 博士及其同事总结说：医生可以综合考虑辐射剂量、心脏病发病风险和肿瘤控制几方面来确定乳腺癌放疗的治疗方案。

美国 M. D. 安德森癌症中心的 Jean-Bernard Durand 医生评论说，这项瑞典和丹麦 2168

名乳腺癌存活者的研究给了临床医生们一个提醒信号。他对《MedPage Today》的记者说，我们必须对女性的健康问题格外警惕，确保我们对乳腺癌患者有足够的重视。我们要确保她们能够接受正确的治疗，能够得到考虑多方面有利于延长寿命的治疗方案。Durand医生指出，在美国女性比男性接受心血管病预防治疗措施的数量要少，而心血管病预防治疗措施可能会降低放疗后心脏缺血性疾病的发病风险。他说，将乳腺癌放疗患者的胆固醇含量、尿糖和血压控制在正常范围可以减少心血管病的发病风险，这项研究强调了乳腺癌患者放疗后随访的重要性。Durand医生还说，在年轻女性中早点发现和治疗乳腺癌比等到她们年龄大了再去治疗更能有效改善女性的存活。

研究人员发现，早期乳腺癌放疗可以减少复发和死亡率，但是放疗时辐射对心脏的影响还不清楚。他们比较了1958~2001年间接受乳腺癌放疗的963名女性和1205名对照心脏冠状动脉病情况。两组人群通过国籍、发病年龄、诊断时间和有无复发或其他癌症对比。发现接受乳腺癌放疗后患心脏冠状动脉病的患者均在乳腺癌复发或其他癌症发生前发病，所患疾病主要是：心肌梗死、冠状动脉狭窄或缺血性心脏病死亡。冠状动脉疾病在乳腺癌放疗女性中，44%在化疗后10年内发病，33%在10到20年间发病，23%在20年后发病。导致冠状动脉疾病的放疗的平均辐射剂量为：左侧乳腺肿瘤6.6Gy，乳腺肿瘤2.9Gy，总剂量4.9Gy。

（来源：丁香园 作者：shumufeng 日期：2013-03-22）

ASCO更新癌症患者静脉栓塞防治指南

美国临床肿瘤学会（ASCO）近期更新癌症患者静脉血栓栓塞防治指南，认为“告知癌症患者其为静脉血栓栓塞（VTE）高危人群”是非常关键的事情，癌症患者在接受化疗时即应进行VTE风险评估。然而，指南并不建议门诊癌症患者常规预防性应用抗凝药物。（J Clin Oncol. 2013年5月13日在线版）

此次指南更新基于专家组对42项相关研究的回顾分析结果。专家组指出，分别于2010年和2011年发表的两项研究表明，近50%的癌症患者并不知晓其为VTE高风险人群。因此，新指南建议，肿瘤科医务人员均应将这一风险告知癌症患者，至少确保让患者基本了解有警示意义的VTE症状和体征。

对于VTE高危癌症患者，指南建议根据风险尝试预防性应用口服抗凝药物，但并不建议门诊癌症患者常规抗栓。专家组指出，即便2007年以来2项大型临床研究证实预防性抗栓有益，新指南并未修改这一建议。于2008年发表的PROTECHT研究提示，与安慰剂组相比，那屈肝素组的症状性VTE和动脉血栓栓塞事件风险明显降低。于2012年公布的SAVE-ONCO研究也提示，癌症患者预防性应用超低分子量肝素semuloparin也能减少症状性VTE事件。然而，专家认为这两项研究证据并不充分。因为未经选择的癌症患者发生VTE的风险相对较低，预防性抗栓也仅将风险从3%左右降低一半。而且，这一措施并未改善生存率。

例外的是，对于接受沙利度胺或来那度胺和（或）地塞米松治疗的多发性骨髓瘤患者，指南建议高危患者常规预防性应用低分子量肝素，低危患者可考虑应用低分子量肝素或阿司匹林。专家组指出，多发性骨髓瘤患者发生 VTE 的风险达 10%～30%，而应用沙利度胺、来那度胺等抗血管生成药物可推高这一风险。

新指南重申，大多数住院和接受大手术的癌症患者仍应接受预防性抗栓治疗。对于住院和行大手术的患者，指南推荐应用普通肝素、低分子量肝素（包括达肝素和依诺肝素等）或Ⅹa 因子抑制剂磺达肝癸钠。手术患者应在术前开始抗凝，术后至少持续抗凝 7～10 d，高风险患者最长可抗凝 4 周。对于已经发生 VTE 的癌症患者，指南除建议应用上述药物外，还推荐了亭扎肝素（tinzaparin）；此类患者长期抗凝可选择达肝素、依诺肝素、亭扎肝素或华法林。

至于达比加群酯、利伐沙班、阿哌沙班等新型口服抗凝药物，专家们认为，这些药物相关的研究很少纳入癌症患者，因此新指南并未作出相应建议。

（来源：《医师报》日期：2013-05-29）

ASCO 新指南肯定癌症患者保存卵母细胞

根据美国临床肿瘤学会（ASCO）发布的新版新诊断癌症患者保存生育力指南，保存卵母细胞已不再只是一种经验性选择，而是成为了一种标准措施。

不过除了肯定保存卵母细胞的做法之外，新版指南提出的建议与 2006 年版指南几乎完全一致。新版指南还纳入了新的文献，以便为医患之间关于保存生育力问题的讨论搭建框架。这部指南发表在《临床肿瘤杂志》5 月 28 日在线版上（doi：10.1200/JCO.2013.49.2678）。

指南更新专家组共同主席、宾夕法尼亚大学的 Alison Loren 博士指出，应尽早讨论保存生育力的问题，并将其作为患者教育和治疗前知情同意的一部分。“现有证据提示，关于生育力和保存生育力问题的讨论对于癌症患者非常重要。讨论不育问题并介绍可能保存生育力的措施，有助于改善患者的生活质量和减轻其痛苦。不过，医生有时难以了解保存生育力对于患者到底有多重要，因为很多患者不会自己提出这一问题，他们有可能满脑子都是癌症诊断，有可能不知道将面临生育力丧失的风险，还有可能担心追求保存生育力会延误抗癌治疗。”

指南更新专家组提出：“有证据显示，患者有可能基于生育问题的考虑而做出抗癌治疗的决定，至少在女性中是这样。在近期一项研究中，29%的乳腺癌女性患者报告称，对不育的担忧影响了她们的治疗决定。”

该专家组对近年来 18 项随机对照试验、6 项系统综述和 Meta 分析、既往指南，以及大量叙述性综述、病例系列、病例研究和述评进行了分析，并分别针对男性、女性和青春期前/后儿童提出了保存生育力的建议。

假如治疗可能引起不育，就应当在开始治疗前与所有处于生育年龄的癌症患者（或者儿童、青少年患者的父母或监护人）进行相关讨论，明确保存生育力的措施是否可能影响抗癌治疗的成功率。对于希望保存生育力的患者（包括犹豫不决者），应将其转诊到生殖专家那里，并且在病历中记录讨论内容。如果患者因不育风险而感到悲伤，应建议其向社会心理分析师求助。对于选择接受保存生育力干预的患者，应鼓励其参加注册和临床研究。

男性患者

选择精子低温保存的男性患者，通常可以立即实施这一干预措施而不会延误抗癌治疗。

精子低温保存是唯一一种效果已被证实的生育力保存方法。精子通常容易获取，而且间隔 24 h 即可再次采集。睾丸激素抑制和低温保存睾丸组织或精原干细胞以备今后移植之用——包括睾丸异体移植——仍处于研究阶段，尚未被证实可用于人类。应告知男性患者，启动化疗后采集的精子具有较高的遗传损伤风险。

女性患者

女性保存生育力的方式选择取决于年龄、诊断、治疗类型、有无男性伴侣参与、患者在使用精子库精子方面的意愿、时间，以及癌症已转移至卵巢的可能性等因素。时机是很个重要的问题：低温保存卵母细胞和胚胎已被证明有效，但相应的卵巢刺激通常需要花费至少 2~4 周时间。以前人们曾担心激素刺激可能对激素敏感性癌症带来不利影响，但这一担忧如今已有所减少。

来曲唑联合标准生育药物可诱导排卵而不导致雌激素水平骤升，而且与使用传统药物相比，获得的卵子和胚胎似乎并无差异。

在实施盆腔放疗的情况下，卵巢移位（卵巢固定术）也是一种选择。

专家组指出，采用促性腺激素释放激素激动剂抑制卵巢似乎对保存生育力没有任何明显益处，在治疗后月经恢复和生育力的激素/影像学标志物方面均无显著作用。

低温保存卵巢组织以备今后移植之用的做法仍处于研究阶段。迄今已报道了至少 19 例治疗后接受冻存卵巢组织移植并活产的案例。尽管尚无人体癌症复发的报告，但理论上的确存在再次植入卵巢组织又引出癌细胞的可能性。

儿童与青少年患者

已进入青春期的未成年患者可选择冻存卵子或精子，当然前提条件是患儿自己及其家长均知情同意。

对于青春期前儿童，目前尚无标准的保存生育力方案，所有方法都仍处于研究阶段。目前已有对年龄≥13 岁女孩采取低温保存卵母细胞措施的若干报道，然而尚无再次植入并活产的成功案例。男孩中的情况也是如此，已有学者尝试低温保存睾丸组织，但尚未再次植入的报告。

专家组警告：“假如试图对儿童采取实验性保存生育力方法，则只允许采用机构审查委员会批准的方案。”

至于新型生物制剂和靶向治疗对生育力的影响，现有数据非常有限，只有贝伐单抗和酪氨酸激酶抑制剂的相关数据较为丰富。

2011 年，美国 FDA 宣布，接受贝伐单抗治疗的女性结直肠癌患者 34%发生卵巢衰竭，20%女性患者的卵巢功能可以恢复。应告知女性患者这种潜在并发症。

使用酪氨酸激酶抑制剂治疗慢性粒细胞白血病的年轻患者，可能也将面临生育问题，包括妊娠并发症或先天畸形风险增加。关于这些发现的数据尚不充分，但患者应当了解潜在风险。

（来源：EGMN 日期：2013-05-30）

ASCO2013：西妥昔单抗联合化疗一线治疗转移性结直肠癌结局优于贝伐单抗

在针对转移性结直肠癌患者进行一线治疗时，应通过哪种靶向药物与化疗进行联合治疗？一项德国新临床试验（FIRE-3）表明，对于未发生 KRAS 基因突变的患者而言，在联用 FOLFIRI 化疗方案（叶酸、氟尿嘧啶、伊立替康）时，西妥昔单抗（爱必妥）似乎比贝伐单抗（阿瓦斯汀）更为有效。尽管两个研究组在无进展生存期方面近似（10.0 *vs* 10.3 个月），但接受西妥昔单抗治疗患者的总生存期（28.7 个月）长于贝伐单抗组患者（25.0 个月）。研究首席作者、德国慕尼黑大学肿瘤内科教授 Volker Heinemann（医学与理学）博士称："关键性发现是，西妥昔单抗治疗患者的生存期显著长于贝伐单抗组患者。" Heinemann 博士解释称，"FOLFIRI 与西妥昔单抗一线联合治疗方案具有重要的临床价值，期中位总生存期为 3.7 个月。" 风险比为 0.77（$P = 0.017$），也就是说，"在观察阶段，降低了 23% 的死亡风险。" 在美国临床肿瘤学会 2013 年年会上，Heinemann 博士发布了上述结果。

目前，西妥昔单抗和贝伐单抗均被批准用于联合化疗进行一线治疗，二者应用范围均较为广泛，但直至该研究之前，尚不清楚野生型 KRAS 患者更适用于何种治疗策略。据作者透露，截至目前，尚未有针对抗 EGFR（如西妥昔单抗）及抗 VEGF（如贝伐单抗）药物联合 FOLFIRI 方案一线治疗策略进行头对头比较的相关报道。

在研究进行地德国，FOLFIRI 是一种针对转移性结直肠癌患者的常规化疗方案。与之相反，美国患者更常通过 FOLFOX 方案（叶酸、5-氟尿嘧啶、奥沙利铂）治疗。之前的研究表明，在联合西妥昔单抗及贝伐单抗进行治疗时，两组化疗方案均具有有效性，目前，另一项头对头考察贝伐单抗与 FOLFOX 联合方案及西妥昔单抗联合 FOLFOX 方案的对比研究正在进行之中。

（一）亚组分析证明缓解率更佳

在目前研究中，Heinemann 博士及其同事将 592 例携带野生型 KRAS 的转移性结直肠癌患者进行了随机分配，接受 FOLFIRI（Tournigand 方案）治疗，在两周的周期中，联合西妥昔单抗（第一天 400mg/m^2，此后每周进行 250mg/m^2 治疗［A 组］），或贝伐单抗（每两周 5mg/kg［B 组］）治疗。

A 组治疗中位维持时间为 4.7 个月，B 组为 5.3 个月。意向治疗分析表明，A、B 两组的总缓解率相当（62% *vs* 57%，比值比：1.249），但也同时发现，A 组可评价患者具有显著优势。Heinemann 博士解释称，对于可进行药效评价的患者，其总缓解率为 72.2% *vs*

63.1%（$P=0.017$），西妥昔单抗组结果较好。在意向治疗人群中，中位无进展生存期近似，但接受西妥昔单抗治疗的患者在总生存率方面显著较好。两组患者的60天病死率均较低（1.01% *vs* 2.71%）。

（二）未解问题

哥伦布市俄亥俄州立大学综合癌症中心主任医师Richard M. Goldberg博士评论认为，该研究分组质量较高，可适用于许多高质量的研究。“但在针对总缓解率进行次级分析时，仅使用了可评价患者，这就造成了一些问题，因为我们并不能确切得知研究者是如何圈定这一患者组群的。”他对《Medscape医学新闻》说，“可能有些人会认为，重要的是意向治疗分析，”Goldberg博士并未参与该项研究。“我的确认为患者生存存在差异，但话虽如此，我们理应尽量搞清楚造成这种差异的缘由是什么，”Goldberg博士说，“我认为，初始治疗方案导致了该差异，但对此我并不能确认。”他继续表示，目前有多种药物可用于该患者群体治疗，此外还有手术和放疗等手段。“因此，这些手段都可能有利于患者生存。”

他指出，患者的中位治疗时间仅为5个月，但生存曲线却一直延续至24个月时，这一点研究并未予以单独列出。“我认为，研究人员应该回头对患者的后续治疗情况进行考察，并确定相关治疗如何对最终结局产生影响。”还应对其他因素进行考量，比如，两种靶向药物的毒性特征。“我们还需搞清，如何对目前患者所使用的各种治疗手段进行最佳配置。”Goldberg博士称，“由于目前对结肠癌的异质性刚有了初步了解，并且患者基因组异常存在差异，因此可能应针对不同患者展开不同的治疗手段。”

（来源：丁香园 日期：2013-07-29）

2013 ASCO肾癌研究新进展

2013年美国临床肿瘤学会（ASCO）年会刚落下帷幕，尽管在本次大会上并无轰动性的肾癌相关研究报告，但有关肾癌治疗新模式的探讨、新药的临床研发以及肾癌预测、预后因子的探索仍值得回味和深思。

一、晚期肾癌系统性治疗

（一）新小分子靶向药物

会上报告了一项关于多靶点小分子激酶抑制剂nintedanib治疗晚期透明肾细胞癌的研究，共96例患者入组，2∶1分别接受nintedanib或舒尼替尼治疗，结果显示两组中位无进展生存（PFS）期分别为8.44个月和8.38个月，总有效率（ORR，$P=0.19$）、中位总生存期（OS，$P=0.63$）、至疾病进展时间（TTP，$P=0.52$）和至治疗失败时间（TTF，$P=0.46$）均无显著差异。Nintedanib组皮肤不良反应的发生率较舒尼替尼组低（8% *vs* 47%），且心电图QT间期并没有明显延长。

尽管nintedanib在疗效上和舒尼替尼大致相当，但考虑到其皮肤、血液和心脏不良反应明显下降，在临床上仍有一定的应用前景。

（二）TKI 治疗模式多样化

由于血管内皮生长因子受体-酪氨酸激酶抑制剂（VEGFR-TKI）药物的研发逐渐到了“瓶颈”阶段，也许利用现有的药物发挥其最大功效，不失为一种变通的研究策略。

研究 1：舒尼替尼在晚期肾癌中有良好的疗效，但因为较大的急、慢性不良反应，限制了其在临床上的应用。有学者将“打打停停”的治疗理念引入舒尼替尼在肾癌中的治疗。

里尼（Rini）等开展了一项前瞻性Ⅱ期临床研究，患者首先服用舒尼替尼（50 mg）4 周，再停用 2 周，4 个周期后如果肿瘤减小≥10%，则停止服用舒尼替尼，每隔 10 周定期复查，若发现肿瘤增大≥10%，则再次服用舒尼替尼 2 个周期，若肿瘤再次缩小≥10%，则停止服用，周而复始，直至在服用舒尼替尼期间出现明确的疾病进展（PD）。

该研究共入组 36 例患者，20 例完成研究，16 例（80%）在停药间歇期肿瘤增大≥10%，ORR 为 53%。研究同时发现，舒尼替尼治疗的不良反应在停药间歇期可以获得完全缓解。

该研究不仅给服用舒尼替尼的患者带来了福音，而且从药物经济学角度考虑，也为社会节省了一笔可观的资源。因此，如何对晚期肾癌患者实现“打打停停”的最优化，有必要开展进一步的研究。

研究 2：另一种将 TKI 药物功效最大化的方式即联合其他药物治疗。米克尔森（Michaelson）等开展了一项舒尼替尼联合吉西他滨治疗含肉瘤样分化肾细胞癌的Ⅱ期前瞻性研究，共入组 35 例患者。结果显示，10 例部分缓解（PR），1 例完全缓解（CR），10 例疾病稳定（SD），有效率为 30%。中位 TTP 为 3.5 个月，中位 OS 期达 11 个月，8 例患者因不良反应停止治疗。

（三）免疫靶向治疗异军突起

如果说小分子靶向药物新意乏陈，那么免疫靶向治疗绝对是年会上的热点。抗 PD1/PD-L1 单抗引起众多与会者的关注。

研究 1：一项关于抗 PD-1 单抗 nivolumab 治疗晚期肾细胞癌的Ⅰ期临床试验显示，1mg/kg 和 10mg/kg 剂量组 6 个月的 PFS 率分别为 50%和 58%，患者 1 年 OS 率为 70%，2 年、3 年 OS 率均为 52%。3~4 度不良反应发生率为 21%，未发生明确的药物相关性死亡或 3 度药物性肺炎。

考虑到其中有 44%的患者既往接受过≥3 种的全身治疗方案，包括抗肿瘤血管生成治疗及免疫治疗，nivolumab 取得如此长时间的稳定疗效是十分喜人的。目前正在进行相关的Ⅲ期临床试验。

研究 2：丘（Cho）则报告了另一抗 PD-L1 单抗 MPDL3280A 应用于晚期肾癌的Ⅰ期临床试验结果。目前共入组 53 例患者，接受 1 年 MPDL3280A 治疗。3~4 度不良反应发生率为 43%，其中 13%考虑与药物相关。39 例可评估患者中，6 个月 PFS 率达 50%，甚至有患者达到 CR，且疗效稳定。研究提示 MPDL3280A 药物安全性良好，疗效维持时间长，但有待进一步的临床试验证实。

鉴于目前晚期肾癌一线药物如舒尼替尼等TKI在疗效稳定性方面效果欠佳，有研究者提出利用抗PD-1/PD-L1抗体联合VEGFR-TKI药物治疗晚期肾癌，具体效果如何，我们拭目以待。

（四）辅助及新辅助治疗

目前，对于肾癌根治术后患者，建议定期随访，无明确临床证据证实给予免疫制剂或TKI等药物辅助治疗可以改善无病生存（DFS）或OS，但约有半数患者在根治性切除术后出现肿瘤远处转移。如何减少肾癌术后局部复发及远处转移是研究人员的一大任务。

研究1：贝列德格（Belldegrun）报告了一项前瞻性国际多中心Ⅲ期临床试验，评估针对肿瘤细胞表面抗原CAIX的单抗cG250在肾癌辅助治疗中的价值。

研究共入组864例肾癌根治术后高危患者，1∶1分别接受cG250或安慰剂的治疗。结果显示，试验组和安慰剂组DFS相似（$P=0.74$），OS也无差异（$P=0.94$）。亚组分析发现，CAIX表达量高的患者经治疗后DFS可获得一定程度的延长（$HR=0.55$，$P=0.01$）。

考虑到部分未接受辅助治疗的肾癌术后高危患者的DFS和OS均明显长于其他肿瘤（如肺癌）高危患者，因此，肾癌辅助治疗研究的难度及风险均要明显高于预期。如何筛选出合适人群进行辅助治疗，及相关药物的选择，还需要开展长期的研究。

研究2：是否可以通过新辅助治疗将无法根治性切除的肾癌患者肿瘤缩小，从而创造手术机会？卡拉姆（Karam）等开展了一项应用阿昔替尼（axitinib）对肾透明细胞癌（ccRCC）进行新辅助治疗的Ⅱ期前瞻性研究，共入组19例局部晚期ccRCC患者，结果显示9例达到PR，10例SD，未出现PD，19例患者均如期进行手术。

不良反应包括关节疼痛、甲状腺功能低下、乏力和高血压。该研究提示，axitinib在减小肿瘤负荷中有一定的作用，且具有较好的安全性。

研究3：波尔斯（Powles）等开展了一项应用帕唑帕尼对晚期肾癌患者进行新辅助治疗的Ⅱ期研究，共入组102例患者，术前服用帕唑帕尼12~14周。81%的患者有术前临床获益，肾癌原发灶PR率达14%，未发生因肾原发灶局部进展丧失手术机会的事件。66%的患者最后完成肾切除术，其中3%（2例）术后死亡、5%伤口愈合延迟、26%在术后恢复期出现病情进展。目前中位PFS尚未达到。

上述两项新辅助治疗研究的初步成功给人带来“柳暗花明”的感觉。新辅助治疗的一大好处就在于有可能使肿瘤缩小，提高切除率或达到保肾的目的，最终改善患者生活质量及生存。上述两项研究提示TKI在新辅助治疗中的地位，有必要进一步开展Ⅲ期临床研究加以证实。

二、生物标志物的研究

目前尚无明确的肾癌肿瘤标志物可以辅助临床医师了解患者预后，也无明确的检测指标可以预测特殊药物的疗效。因此，年会上这方面的研究依然同往年一样层出不穷。

肾癌组织中PD-L的高表达提示疾病恶性程度高，预后不佳。贝利（Bailey）等的研究共入组120例肾癌患者，结果发现，PD-L1表达阳性（+）和表达阴性（-）患者的ORR分别为50%和19%（$P=0.012$），PD-L3（+）和PD-L3（-）患者的ORR分别为29.4%和

10.7%（P=0.075）。

PD-L1 和 PD-L3 表达均阳性者的 ORR 为 52.9%，两者表达均阴性者则为 11.1%。但 PD-L1（+）和 PD-L3（+）者使用 VEGFR-TKI 治疗的疗效维持时间较 PD-L1（-）和 PD-L3（-）者短。研究提示，PD-L1/3 表达阳性的患者接受免疫治疗的获益可能性大，但接受 TKI 治疗的获益程度小。

该研究有很重要的临床价值，为患者一线药物的选择提供了个体化治疗的依据。当然，其正确性还须进一步验证。

（来源：药品资讯网信息中心 日期：2013-07-04）

晚期肾细胞癌首个一线头对头研究发布

既往的Ⅲ期研究证实，对于转移性肾细胞癌患者，帕唑帕尼和舒尼替尼相比安慰剂或干扰素都能够带来患者无进展生存的获益。这两种药物都是口服的多激酶抑制剂。舒尼替尼与 2006 年被批准用于肾癌治疗，2011 年全球销售额为 11.9 亿美元，帕唑帕尼是 2009 年被批准用于肾癌治疗，2011 年的销售额为 1.6 亿美元。

本周《新英格兰医学杂志》（NEJM）发表了一项Ⅲ期随机试验，旨在比较帕唑帕尼和舒尼替尼作为转移性肾细胞癌一线治疗的疗效和安全性。

这也是有史以来第一次头对头比较转移性肾细胞癌一线治疗的研究。临床医生可以深入比较一直被认为是标准治疗的舒尼替尼和较晚进入市场的帕唑帕尼两者间的安全性、有效性和毒性反应方面的数据。结果曾在 2012 年 ESMO 大会首次报告。

研究内容

研究中将 1110 名转移性肾透明细胞癌的患者以 1∶1 的比例随机分组，一组给予连续的帕唑帕尼治疗（800mg，1/日；557 例患者），另一组给予舒尼替尼 6 周疗（50mg，1/日，治疗 4 周休 2 周；553 例患者）。

主要研究终点是独立审查后的无进展生存期，以及研究证明帕唑帕尼与舒尼替尼的非劣效性比较。次要终点包括总生存、安全性和生活质量。

研究结果

帕唑帕尼无进展生存期方面不劣于舒尼替尼（任何原因导致的疾病进展或死亡的风险比为 1.05，95%CI：0.90～1.22），达到预定的非劣效性限值（95%置信区间上限为<1.25）。总体生存率相似（帕唑帕尼死亡风险比为 0.91，95%CI：0.76～1.08）。舒尼替尼治疗组的患者与帕唑帕尼治疗组患者相比，疲劳的发生率（63% *vs* 55%）、手足综合征（50% *vs* 29%）和血小板减少（78% *vs* 41%）等都相对较高；帕唑帕尼治疗组患者谷丙转氨酶水平升高的发生率比舒尼替尼组高（60% *vs* 43%）。

11 项健康相关生活质量的领域，从基线的平均变化，特别是那些有关在口腔、咽喉、手或脚的疲劳或酸痛，在开始治疗的 6 个月在帕唑帕尼组更好（11 组比较 P<0.05）。

结论

帕唑帕尼和舒尼替尼有相似的疗效，但是帕唑帕尼的安全和生活质量都更好。

专家观点

“我相信，帕唑帕尼随后将是最好的选择。”来自纪念斯隆-凯瑟琳癌症中心的、本项研究的主要作者 Robert Motzer 教授在新闻稿中说。那么，Motzer 教授认为帕唑帕尼优选性的根源是什么？

Motzer 教授和他的团队表示：虽然这并未证明帕唑帕尼带来生存获益，研究中该药物在疗效方面“类似”舒尼替尼，事实上，帕唑帕尼在中位生存（28.4 个月 *vs* 29.3 个月，风险比 HR=0.91）和中位无进展生存（8.4 个月 *vs* 9.5 个月，HR=1.05）方面都要比舒尼替尼略短，但差异无统计学意义。

但是，该试验的主要目的是为了证明帕唑帕尼与舒尼替尼的 PFS 相比的非劣效性，该终点已经达到。在服用帕唑帕尼的患者中，生活质量评分得到了提高，Motzer 教授说：安全性也更具吸引力。

“当药物作用基本相同的时候，耐受性是一个很大的考量部分。”来自 Dana-Farber/布里格姆妇女癌症护理中心的 Toni Choueiri 教授表示，这位该研究的资深作者提出了对帕唑帕尼同样的观点，但并未那么直接。“如果病人获得相同的寿命，为什么不使用一个耐受性更好的治疗？”

然而，当研究结果在 ESMO 会议上报告时，一个评论员表示，这项研究的健康相关生活质量的评估对舒尼替尼是不公平的。并没有参与该项研究的、来自奥地利维也纳医科大学的 Manuela Schmidinger 教授表示：“耐受性和生活质量方面青睐帕唑帕尼，因为生活质量的问卷是在第 28 天进行，而这也是舒尼替尼‘最糟糕的一天’”。事实上，舒尼替尼给药 28 天，休息 14 天而帕唑帕尼是连续给药的，因此，第 28 天的评估并不能捕捉到舒尼替尼内置的药物假期带来的好处。

（来源：医脉通 日期：2013-08-27）

2013ASCO：癌症基因组学研究概要

人们对于肿瘤治疗的关注越来越多的集中于以特定分子突变为基础的更加精确的治疗。

在 2013 年美国临床肿瘤学会（ASCO）会议上，一些振奋人心的摘要展示了这种向分子靶向治疗的转变如何改变了抗肿瘤药物的应用范围。尽管这些摘要也许并不是本次会议上最独特、最重要的分子方面的研究，但它们清晰的阐述了这个快速发展的领域的范围和复杂性。

（一）从黑色素瘤到肺癌

在近 50%的黑色素瘤患者中，BRAF 的激活突变被证明是一个重要的肿瘤进展的驱动因素，但这种突变在非小细胞肺癌中极为少见（发生率<2%）。

为了评估在非小细胞肺癌中进行 BRAF 抑制的生物学和临床有效性，研究人员用达拉菲尼对 17 例 BRAF 阳性的非小细胞肺癌进行了治疗。达拉菲尼是一种用来治疗 BRAF 突变阳性的黑色素瘤的抗肿瘤药物。截至报道时，研究人员对 13 例之前接受过化疗的患者进行了疗效评估，其中 7 例获得部分缓解，1 例为疾病稳定状态。这种反应在 1 例患者身上持续了 49 周。至报道时大部分患者还在进行积极的化疗。

（二）从肺癌到结直肠癌

在 2%~5%肺腺癌患者中可以找到 ROS1 和 ALK 重排，且这些患者对于特定酪氨酸激酶抑制剂十分敏感。研究者评估了 236 例转移性结直肠癌患者，发现其中 3 例（占整体的 1.3%）存在 ALK 重排或 ROS1 突变。研究者们将进行更多的试验来明确这些分子突变是否对特定的靶向抗肿瘤药物有临床反应，如同在肺癌中观察到的那样。

（三）重新定义 PARP 抑制剂的治疗对象

之前报道的一项Ⅱ期临床试验显示了在对铂类为基础的化疗方案有二次反应的晚期浆液性卵巢癌患者中使用 PARP 抑制剂奥拉帕尼作为支持治疗时可延迟疾病进展时间。更早期的数据显示，PARP 抑制剂可能对 5%~10%的存在 BRCA 突变的卵巢癌患者有效，研究者对这项入组了 265 例患者的临床试验中能获得 BRCA 突变状态的 218 例患者进行了重新分析。在这 218 例患者中，与安慰剂组相比，使用奥拉帕尼治疗的患者疾病进展中位时间增加了近 3 倍（11.2 个月 *vs* 4.1 个月）。

（四）重新评估未知来源肿瘤的定义

通过现代技术，大部分被诊断为未知来源肿瘤的患者可最终确定原发肿瘤的位置。然而，也有一小部分低分化的未知来源肿瘤的患者目前仍无法确定原发肿瘤的位置，且这部分患者人数也并不太少。由于诊断信息对于确定预后及制订最佳治疗方案十分重要，这种情况会让肿瘤医师陷入困境。

研究者从一家医疗机构的 2000~2012 年的 751 例未知肿瘤来源的患者中选择了 30 例通过其他方法无法明确肿瘤来源的患者来检测分子肿瘤分析的有效性。分子肿瘤分析成功的为 25 例患者（83%）提供了肿瘤来源的信息，其中包括一些目前有特异性有效治疗方案的肿瘤，如生殖细胞肿瘤、黑色素瘤和淋巴瘤。

（来源：医脉通 日期：2013-08-27）

美国 2013’肺癌筛查指南更新

2013 年 12 月 31 日，美国医师学会（ACP）的王牌杂志——《内科学年鉴》（AnnInternMed）在线发表了美国预防服务特别工作组（USPSTF）关于肺癌筛查的最终推荐意见。USPSTF 推荐：对于年龄 55~80 岁的肺癌高危患者，每年进行低剂量的肺 CT 筛查肺癌。

该推荐基于一个随机对照试验和建模研究。该建模研究提示，对于有 30 年的吸烟史的、目前仍吸烟的或戒烟未超过 15 年的肺癌高危患者，每年进行筛查，其好处多于坏处。该推荐也规定：一旦戒烟超过 15 年或患有其他影响寿命或影响进行肺癌手术的疾病，就可以停止进行筛查。

USPSTF对国家肺癌筛检试验进行了审核。该试验将年龄55~74岁、吸烟史至少30年、目前仍吸烟或戒烟不超过15年的参与者共5万多人纳入了研究。参与者们每年进行低剂量肺CT或X线胸片检查，随访时间的中位数为6.5年。

在随访期间，进行X线胸片检查的参与者们的肺癌死亡率为2.06%，进行低剂量肺CT检查的参与者们肺癌死亡率为1.75%。(二者相差0.31个百分点，有显著性差异)。低剂量肺CT可以降低16%（95%CI：5%~25%）的肺癌相关死亡率和6.7%（95%CI：1.2%~13.6%）的全因死亡率。

癌症的干预和监测网络建模研究者们所进行的研究表明，每年进行筛查可以发现50%的早期肺癌。筛查可以降低14%的肺癌死亡率，相当于使每10万人中有521人免于死亡。

USPSTF：2013肺癌筛查指南更新

据报道，假阴性或假阳性结果、过度诊断以及放射线照射是每年进行肺CT筛查的不利因素。国家肺癌筛查试验的数据表明，筛查试验中24.2%的结果为阳性。这其中，96.4%为假阳性。阳性试验结果中的2.5%的人又进行了其他侵入性诊断措施，共出现了61例并发症和6例死亡。建模试验的研究者们估计，低剂量肺CT发现的肺癌中9.5%~11.9%的人存在过度诊断的问题。放射性相关的肺癌死亡风险不足1%。

目前的推荐为了反映今年7~8月的公共评论而进行了更新，是对2004年声明的一个更新，需要更多的证据支持。

尽管肺癌筛查不能替代戒烟，但是美国预防医学工作组发现，每年在特定的高危人群中应用低剂量肺CT进行肺癌筛查能够大量减少死于肺癌的人数。获益程度取决于本身的肺癌风险，因为最高危风险的人就是最获益的。

(来源：医脉通 日期：2014-01-05)

美国发布新版宫颈癌筛查指南

世界卫生组织日前估计，全世界每年有超过47万新发宫颈癌病例，其中中国约占28%。大量研究表明，人乳头瘤病毒（HPV）是宫颈癌的致病病毒，HPV16/18型的风险最高，可导致70%~85%的宫颈癌病例，高危型HPV持续性感染是宫颈癌前病变和宫颈癌发生的元凶。

美国阴道镜检查与宫颈病理学会（ASCCP）日前发布的2013年新版宫颈癌筛查指南强调，要对细胞学阴性、HPV阳性的30岁以上女性进行HPV16/18基因分型检测，以便及时发现细胞学正常结果中存在的宫颈上皮内瘤变（CIN）这一癌前病变高危人群，以及对意义不明确的不典型鳞状细胞人群加强随访观察。

一项有47 208名女性参与、持续5年的美国最大型宫颈癌筛查临床研究ATHENA发现：在细胞学漏诊的高危CIN中，有1/3为HPV16和（或）HPV18阳性；细胞学阴性但HPV16或HPV18阳性的女性，发生CINⅡ以上病变的风险分别为13.6%和7%。中国工程院院士、北京协和医院妇产科主任郎景和认为，HPV16/18基因分型可更好地对宫颈癌风险进行分层管理，在临床决策、CIN 患者治疗及术后随访中起着重要作用。

（来源：《中国科学报》作者：潘锋 日期：2013-12-27）

肝癌治疗新方法：立体定向放射疗法

肝细胞癌（HCC）是肝癌中最常见的类型，是全球仅次于肺癌和胃癌的第三大癌症死因，在中国（包括台湾）和亚洲其他地区已经成为非常重要的问题。上周在台湾放射肿瘤学会和台湾肝癌医学会组织的会议上，领先的临床专家介绍了治疗肝细胞癌的新疗法。

使用立体定向放射疗法治疗肝癌

临床专家表示，使用具有先进的成像与运动管理技术的放射外科疗法治疗肝癌是具有发展潜力的新方法。密歇根大学（University of Michigan）放射肿瘤学主任、医学博士、哲学博士 Theodore Lawrence 教授表示："大多数肝细胞癌患者不适宜做外科手术或进行肝移植。以前，我们通过放射疗法为他们做的真的很少，因为我们的能力不足以将剂量精确投照到肿瘤病灶上，同时将其他健康肝组织受到的剂量控制到最小。有了立体定向放射治疗（SABR）等先进方法，这种情况已经改变。"

立体定向放射治疗是一种放射外科治疗方法，使用了现代化的三维图像引导、运动管理和射束成形技术。Lawrence 博士和他的临床团队根据他们基于 400 多例肝细胞癌患者的治疗数据开发的预测模型为每位患者定制立体定向放射疗法。这个模型能够帮助他们根据需要治疗的肝体积确定最佳的放射剂量。他解释说："如果能够避让足够体积的正常肝组织，就可以安全地使用高剂量。"

单次剂量图像引导治疗

葡萄牙里斯本 Champalimaud Foundation 临床研究主任、医学博士 Carlo Greco 教授讨论了成像与生物靶向方面的进步，支持采用高精度的单次剂量图像引导放射治疗（SD-IGRT）治疗位于肝及身体其他器官的转移性病变。Greco 博士表示："这些治疗取决于我们准确定位治疗患者、使用图像精确靶向以及在治疗期间管理运动的能力。"

瓦里安医疗系统公司（Varian Medical Systems）（NYSE：VAR）的 TrueBeam 平台凭借其高剂量率模式，能够快速完成这些原本非常耗时的治疗。Greco 博士表示："自从我们 2012 年初安装 TrueBeam 设备之后，我们已经通过高剂量 SD-IGRT 治疗了 400 多例转移性病变。我们专注于治疗肺、骨骼、肝、肾上腺和淋巴结病变。基于后续的成像研究，我们看到了出色的早期局部控制率，在治疗后 12 个月内，95%的病变没有复发。"

来自米兰的报告

意大利米兰人类癌症中心（Humanitas Cancer Center）放射肿瘤和放射外科学主任、医学博士 Marta Scorsetti 介绍了她对立体定向放射疗法在治疗无法手术的原发性肝癌和肝转移患者方面的可行性和效果评估报告。她报告了 67 例转移性病变的患者和 18 名原发性肝细胞癌病变的患者接受治疗的效果。

尽管具体的局部肿瘤控制和整体存活结果数据有所不同，但是经过 12 个月的中位随访，各个小组都呈现了令人满意的局部肿瘤控制率和极小的治疗毒性。Scorsetti 博士研究报告中没有检测到放射诱导的肝疾病（RILD）。

用于治疗肝癌的门控 RapidArc

台湾省台中的澄清医院首席放射肿瘤学家、医学博士王博民总结了他使用瓦里安的 TrueBeam STx 系统提供的门控 RapidArc 放射外科疗法治疗肝癌的经验。RapidArc 通过不断形成和改变治疗束以匹配肿瘤形状，同时随着治疗机器围绕患者转动时不断提供剂量，加快了高度精确的放射外科治疗的速度。门控 RapidArc 使在进行 RapidArc 治疗期间监测患者呼吸和补偿肿瘤运动成为可能。

王博民博士表示："通过使用 TrueBeam STx，我们能够在治疗期间为肿瘤成像，并且根据可观察到的变化实时调整治疗。这有助于我们更好地靶向肝肿瘤，同时最大程度地降低对十二指肠或胃等周围关键器官的影响。门控 RapidArc 技术还有助于更好地保护患者正常的肝体积。"

瓦里安高级临床研究总监 Clif Ling 博士表示："瓦里安很荣幸为这个重要的会议提供支持，这是在亚太地区举行的首个专门针对肝的立体定向放射治疗会议，与会人员包括放射肿瘤学和肝病学专家。大会旨在为台湾的肝癌专家提供一个平台，开始形成有关如何使用立体定向放射疗法治疗肝细胞癌的一致意见。立体定向放射治疗是放射肿瘤领域一个相对较新的疗法。我们希望进一步了解立体定向放射疗法能够为治疗肝细胞癌带来更好的治疗效果。"

（来源：美通社 日期：2013-09-11）

美批准 Abraxane 用于治疗晚期胰腺癌

2013 年 9 月 6 日，美国食品和药物管理局（FDA）批准 Abraxane（白蛋白结合紫杉醇纳米粒注射混悬液）新适应证，用于治疗晚期（转移性）胰腺癌。

2013 年 5 月，FDA 授予 Abraxane 优先审查资格，PDUFA 日期为 2013 年 9 月 21 日。2013 年 4 月，欧洲药品管理局（EMA）也接受审查 Abraxane 的营销授权申请（MAA），联合吉西他滨用于转移性胰腺癌患者的一线治疗。此外，因 Abraxane 的适应证胰腺癌是一种罕有的疾病或症状，同时该药也被授予孤儿药资格。

Abraxane 用于治疗胰腺癌的安全性和有效性基于一项有 861 名患者参与的临床试验，试验中患者被随机配给 Abraxane+吉西他滨或单独的吉西他滨。而 Abraxane+吉西他滨联合疗法，是近 8 年来获批用于转移性胰腺癌的首个新疗法。该疗法的获批，是基于Ⅲ期 MPACT 研究的数据。

MPACT 是一项开放标签、随机、国际性Ⅲ期研究，研究中 861 例初治转移性胰腺癌患者随机接受 Abraxane+吉西他滨联合疗法或吉西他滨单药疗法，研究数据表明，与吉西他滨单药疗法相比，Abraxane+吉西他滨联合疗法在总生存期（OS）、疾病无进展生存期（PFS）、整体响应率（ORR）上均表现出统计学意义的显著改善：OS（8.5 个月 *vs* 6.7 个月，HR=0.72，$P<0.0001$），死亡风险降低 28%；PFS（5.5 个月 *vs* 3.7 个月，HR=0.69，$P<0.0001$），疾病进展或死亡风险降低 31%；ORR（23% *vs* 7%，$P<0.0001$）。

在过去的 20 年中，在晚期胰腺癌患者中开展了超过 30 项随机Ⅲ期临床试验，MPACT 研究便是表现出总生存期利益的 4 项研究之一。

Abraxane+吉西他滨治疗患者的平均生存期比仅使用吉西他滨治疗患者延长了 1.8 个月。另外，Abraxane+吉西他滨治疗患者的肿瘤生长比仅使用吉西他滨治疗患者平均延后 1.8 个月。

Abraxane+吉西他滨治疗患者常见的副作用包括抗感染的白细胞计数降低（中性粒细胞减少症）、血液中血小板水平降低（血小板减少症）、疲劳、胳膊和腿神经损伤（周围神经病变）、恶心、脱发（秃头症）、组织肿胀（外围水肿）、腹泻、发热、呕吐、皮疹和脱水。最常见的严重副作用是发热、脱水、肺炎和呕吐。其他重要的临床严重副作用包括血液的细菌感染（败血症）和肺组织炎症（肺炎）。

专家评论

FDA 药品评价与研究中心血液及肿瘤产品办公室主任、医学博士 Richard Pazdur：胰腺癌患者确诊时通常已经到了晚期不能手术切除，在这种情况及术后癌症又恶化的情况下，应用 Abraxane 这样的治疗选择会帮助患者延长生命。Abraxane 是一种化疗药物，能够减缓某些肿瘤的生长。Abraxane 旨在与另一种化疗药物吉西他滨合用于胰腺癌已扩散到身体其他部位的患者。

关于胰腺癌

胰腺癌是全球第 8 大癌症死因，在美国是第 4 大癌症死因。胰腺主要由 2 种细胞类型组成：外分泌和内分泌。外分泌肿瘤是目前最常见的一种胰腺癌，恶性腺瘤占胰腺癌症的 95%。对于各个阶段的胰腺癌患者，5 年的总体生存率约为 6%，在美国，这低于所有其他癌症的 5 年总体生存率。根据美国国家癌症研究所的信息，估计 2013 年将有 4.522 万名患者被确诊，3.846 万名患者将死于该疾病。

在欧洲，报告的 5 年生存率低于 10%。要想永久移除或治疗胰腺癌，手术是唯一的选择，但等到癌症确诊时，实施手术往往又太晚。

关于 Abraxane

Abraxane 是紫杉醇的白蛋白结合形式，采用 nab 专利技术生产。Abraxane 的配方中含有白蛋白，白蛋白是一种人源性蛋白质，Abraxane 的配方中不含溶剂。

Abraxane 于 2005 年 1 月在美国首先获准用于治疗联合化疗无效的转移性乳腺癌或辅助化疗 6 个月内复发的乳腺癌 。既往治疗必须包含一种蒽环类，除非有临床禁忌证。Abraxane 还在下列地区获准用于治疗转移性乳腺癌：加拿大、印度、欧盟/欧洲经济区（EU/EEA）、韩国、中国、澳大利亚、不丹、阿联酋、尼泊尔、新西兰、日本、俄罗斯、斯里兰卡和阿根廷。

2012 年 10 月，美国 FDA 批准 Abraxane 联合卡铂用于不适合治愈性手术或放疗的局部晚期或转移性非小细胞肺癌的一线治疗。此外，Abraxane 也获日本和阿根廷获准用于非小细胞肺癌的治疗，并且还在日本获准用于胃癌的治疗。

Abraxane 目前处于不同的研究阶段，用于下列癌症的潜在治疗：黑色素瘤、膀胱癌、卵巢癌以及乳腺癌、肺癌的扩展应用。

（来源：医脉通 日期：2013-09-12）

西妥昔单抗联合同步放化疗治疗食管癌或无优势

同步放化疗（CRT）是手术根治食管癌的一种替代疗法。4月25日在线发表于《柳叶刀·肿瘤学》（The Lancet Oncology）杂志的一项来自英国的研究提示，对于适合CRT治疗的食管癌患者不推荐采用标准的同步放化疗中添加西妥昔单抗治疗。

该项多中心、开放标签的Ⅱ/Ⅲ期随机研究旨在评价在基于顺铂加氟尿嘧啶方案的CRT中添加西妥昔单抗治疗局限性食管鳞状细胞癌和腺癌的有效性、安全性和应用可行性。

患者的入选标准包括：年龄18岁或以上，来自英国放射治疗中心，无转移，经组织学确诊为食管癌，并被选择接受CRT治疗。根据采用分层最小化法的中央计算机系统，将患者按照1∶1的比例随机分配接受单纯CRT治疗或CRT加西妥昔单抗治疗，分层主要依据招募的医院、不能手术的主要原因、肿瘤的组织学分类和肿瘤的期别。CRT治疗组接受顺铂60mg/m^2（第1天）加卡培他滨625 mg/m^2，日两次（第1~21天），治疗4个周期；在第3和第4周期时同时给予50Gy的放射治疗。主要终点为Ⅱ期试验24周时无治疗失败和Ⅲ期试验的总体生存患者的比例，两者均是从随机化后算起。研究人员进行了意向治疗分析。

结果显示，2008年2月7日~2012年2月22日期间，该研究共纳入了来自英国36个中心的258名患者。到Ⅲ期试验时由于该试验达到无效标准而终止继续纳入患者，但研究人员对已经纳入的患者继续随访达到至少24周。与单纯CRT治疗组相比，CRT加西妥昔单抗组在24周时无治疗失败的患者数更少（66.4% *vs* 76.9%）。CRT加西妥昔单抗组的中位总体生存期也更短（校正后的HR=1.53，$P=0.035$）。接受CRT加西妥昔单抗治疗的患者发生3~4级非血液病的毒性反应次数更多（$P=0.004$）。最常见的3~4级毒性反应有白细胞计数低、绝对中性粒细胞计数低，疲劳和吞咽困难。

（来源：医学论坛网 编译：文馨 日期：2013-04-26）

动物实验提示——抗癌新药能治多种癌症

癌症就像一个魔鬼，一直是人类的心头之痛。联合国国际癌症研究中心的报告显示，到2030年，全球每年将有高达1320万人死于癌症。数年来，人类与癌症抗争的步伐从未停止过，却一直没有将其征服。近日，美国加州斯坦福大学医学院的科学家给了全球癌症患者一线曙光，他们历时10年终于研制出一种治疗癌症的“万能药”，能够有效治疗多种恶性肿瘤。这项研究结果刊登于美国《国家科学院学报》上。消息一出，立即引起了国际媒体广泛关注。

一种药可杀死多种癌细胞

据报道，这项研究由美国加州斯坦福大学医学院病理学家伊夫林·韦斯曼教授以及他率领的团队共同完成。他们研制的这种治疗癌症的“万能药”，是一种新的抗体药物，可以阻断癌细胞中大量的CD47蛋白质，让人体自身的防卫系统能有效地抵御癌细胞的攻击，并直接对癌细胞展开攻击。

10年前，韦斯曼教授率领的团队通过研究发现，白血病细胞中CD47蛋白质的水平远远超过健康细胞。CD47是一种广泛存在于细胞中的蛋白质，它一般附着在细胞表面，发出“不要消灭我”的信号。研究人员发现，无论肿瘤细胞，还是健康细胞，其中的CD47都可以防止自身受到巨噬细胞（人体免疫系统）的攻击。而肿瘤细胞中的CD47约为健康细胞中的3倍，正是这些大量产生的CD47蛋白质让肿瘤细胞“躲过”了免疫系统的攻击，从而“肆无忌惮”地损害人体健康。

研究中，研究人员把肿瘤细胞放在盛有巨噬细胞的培养皿中，当没有抗体出现时，肿瘤细胞继续存活，但是当抗体把自己和CD47捆绑在一起后，就会阻止肿瘤细胞发出“不要消灭我”的信号，巨噬细胞就会“吃掉”肿瘤细胞。随后，研究人员在小鼠实验中也获得了成功，如结肠癌实验中，肿瘤平均缩小至实验前大小的1/3。

随着研究的深入，科学家在对小鼠进行的实验中发现，这种药物还能将植入小鼠体内的乳腺癌、子宫癌、结肠癌、膀胱癌、脑癌、肝癌和前列腺癌等癌细胞摧毁，可攻击迄今为止出现的各种肿瘤。韦斯曼对美国《科学》杂志记者说：“我们发现，即使肿瘤已在小鼠体内驻扎，抗体也能或治愈癌症或抑制肿瘤生长，并预防癌细胞转移。”

明年将进行人体试验

不过，这种治疗手段存在一个副作用，那就是健康细胞也会受到免疫系统的攻击。但研究人员发现，健康细胞的减少只是短暂的，这与对癌细胞造成的破坏相比，完全可以忽略不计，实验动物很快会产生新的健康细胞取代那些治疗过程中损失的细胞。

研究小组成员、医学博士延斯·彼得·福尔克默说，利用这种疗法，如果肿瘤很小，抗体能完全让它消失；如果肿瘤达到一定尺寸，抗体则能减缓其成长速度。他表示，依目前经验，他相信这最终会成为一种有效疗法。

目前，该团队已经掌握足够的数据，对临床第一阶段的治疗充满信心。近期，他们得到了加利福尼亚再生医学院一笔为期4年、总额为2000万美元（约合人民币1.24亿元）的资金，用于该药物的人体安全试验。韦斯曼说，“我们希望能降低癌症患者的治疗费用，从而让大多数人受益，还希望可以对实体肿瘤患者的治疗进展跟踪若干年。”斯坦福大学医学院在其官网发布消息称，研究人员最早将于明年开始对癌症病人进行临床试验。

引起全球普遍关注

这项研究结果一经刊发，立即引起了国际媒体广泛关注，不少报道以“一药通治癌症”、“奇迹药物”等字眼介绍新研究成果。但医学界的反应相当平静、谨慎，毕竟该药物还没有进行任何人体试验，对癌症患者来说，仍只是“镜中花”。美国麻省理工学院癌症研究者泰勒·杰克斯认为，尽管新的研究令人鼓舞，但要确定这些结果对人体一样起作用仍需要更多研究。他说："一个真正肿瘤的微环境要比植入肿瘤的小环境复杂得多。真正肿瘤也许需要更强的免疫抑制效果。"他指出，另一个重要问题是CD47抗体如何补充现有的治疗。"在哪些情况下它们会协同作战，在哪些情况下它们又会产生对抗？举例来说，如果在化疗的同时使用CD47抗体，如果化疗的压力让正常细胞产生更多的CD47，那就会适得其反。"

中国医学科学院肿瘤医院内科主任徐兵河教授在接受《生命时报》记者采访时表示，"这项研究是有可行性的，就像化疗及靶向治疗药物，也是通过一种手段对抗多种肿瘤的方法。它是探索肿瘤治疗道路上的一项重要基础研究。"他说，根据这项研究的内容来看，是通过调动机体免疫功能对肿瘤进行治疗的一种免疫治疗手段，可能在肿瘤较小的情况下进行治疗效果会更好。至于这种抗体对人体的毒副作用是否较大，是否会对正常的人体细胞产生"攻击"，徐兵河则认为还有待临床研究的考察。但如果就此宣称科学家发现了一种可以治疗多种癌症的奇迹药物仍为时尚早，毕竟距离研发成癌症治疗方法还有一段距离，也需要在临床试验中进一步观察，但这也的确给了抗肿瘤新方法一个新的希望。

（来源：《生命时报》日期：2013-04-17）

《科学》公布2013年十大科学突破
——癌症免疫疗法居于首位

《科学》杂志近日公布了2013年最具影响的十大科学研究突破成果，居于首位的是癌症免疫治疗。

一、癌症免疫疗法潜力巨大

癌症研究在2013年经历了巨大变化，这是因为人们酝酿了数十年的癌症免疫疗法终于展现了它的潜力，在临床试验中获得了令人鼓舞的结果。在癌症免疫疗法中，其作用的标靶是身体的免疫系统而不是直接针对肿瘤，它促使T细胞和其他免疫细胞来对抗肿瘤。鉴于癌症免疫疗法所具有的光明前景，《科学》杂志让其登上本年度最重要科学突破的榜首。

"今年，癌症免疫疗法无误地显示了广阔的前景。"《科学》杂志新闻总编辑蒂姆·阿蓬泽勒表示，虽然"到目前为止，利用免疫系统攻击肿瘤的策略只对某些癌症及若干病人有效，还不应夸大其即刻的裨益，但是许多癌症专家确信，他们正在目睹一种重要的癌症治疗新模式的诞生。"

当今癌症免疫疗法的许多进展可以追溯到20世纪80年代末，当时法国研究人员在T细胞上发现了名为CTLA-4的受体。詹姆斯·艾利逊确认了这种受体会阻止T细胞全力攻击肿瘤细胞。90年代中期，艾利逊证明在小鼠体中，阻断CTLA-4可解除T细胞攻击肿瘤细胞的束缚，从而使肿瘤细胞大幅萎缩。

与此同时，日本研究人员在T细胞上发现了另外一个受体PD-1，它被称为"闸门"。有关该受体的临床试验始于2006年，在一小部分患者中得到的初步结果让人们看到了该研究的前景。

另外一个受到关注的领域是对T细胞进行转基因工程后，让这些细胞以肿瘤为标靶实施攻击。在2011年，这种名为嵌合抗原（或CAR）的疗法让癌症研究领域兴奋不已，它现在已经是无数临床试验尤其是白血病临床试验的工具。

相应地，许多在几年前不考虑涉足免疫疗法的制药公司现正在加大对其进投资的力度。

目前，人们还不能确定究竟有多少病人可从癌症免疫疗法中获益，以及免疫疗法对哪些类型的癌症具有最好的疗效。科学家们正在忙于试图发现可提供答案的生物标记，并在思索让治疗变得功效更强的方法。但是，人们有理由相信，癌症研究及治疗中的新篇章已经开启。

（以下从略）

（来源：《科技日报》 日期：2013-12-22）

相关链接

抗癌“转折年”：解读《科学》杂志年度最重要突破

这依然是一个“谈癌色变”的年代。但如果站在未来回望，也许2013年是人类与癌症斗争的“转折年”——至少美国《科学》杂志是这么认为的。这一全球权威科学期刊19日将癌症免疫疗法评为本年度最重要的科学突破。

这是对癌症免疫疗法一个大胆而冒险的肯定。癌症免疫疗法采用了与传统疗法完全不同的治疗策略——它治疗的是免疫系统而非癌细胞自身，通过提高人体的免疫力来对抗癌症。事实上，这一疗法迄今只对某些癌症及少许患者有效，就连《科学》杂志内部也对选择癌症免疫疗法为年度头号突破存在争论。

“把一项只触及一小部分癌症患者、且只对他们中的部分人有效的策略评为突破，我们是不是不负责任?”《科学》杂志记者珍妮弗·库赞-弗兰克尔在一篇文章中反问道。然而，《科学》杂志最终还是认定癌症免疫疗法有资格接受这一荣誉。

癌症免疫疗法可以追溯到20世纪80年代末。当时法国科学家詹姆斯·阿利森发现人体血液内的T细胞表面有一种叫做CTLA-4的分子，它会阻止T细胞全力攻击“入侵者”，起着类似刹车的作用。科学家开始思索：如果“阻击”CTLA-4，那么T细胞受到的束缚会不会被解除进而全力对抗癌细胞呢?直到近10年后的1996年，阿利森才利用小鼠实验证实了这一猜测。

2010年公布的一项临床试验结果表明，接受CTLA-4抗体治疗的黑色素瘤患者平均存活10个月，寿命比没有接受这一治疗的患者延长了4个月，这是第一个可以延长黑色素瘤患者生存期的疗法，医学界为之震惊。

几乎与阿利森同时期，日本京都大学教授本庶佑发现了T细胞上的另一个“刹车”分子——PD-1。涉及该分子的首个临床试验2006年启动，从一小部分患者中得到的初步结果看，抗PD-1疗法具有令人兴奋的应用前景。

此外，一些癌症免疫疗法则涉及利用转基因技术改良T细胞，从而让它们更有效地攻击癌细胞。具有代表性的是嵌合抗原受体疗法，它已经成为众多临床试验尤其是白血病临床试验的研究方法，一些初步临床试验结果令人鼓舞。

当然，癌症免疫疗法毋庸置疑有着许多的不确定性，但正如《科学》杂志所言，它所展示的前景已经足够诱人。许多制药公司几年前还根本不考虑癌症免疫疗法，但现在都在这一领域大力投入。

（来源：新华网日期：2013-12-23）

抗癌新思路：抑制免疫系统

【提要】免疫系统作为人体天然的防御系统，时刻保护着我们的身体不受外部细菌侵害，然而一项最新的研究却发现，一种被称为髓样抑制细胞的免疫细胞可以为癌细胞提供有益于生长的微环境，同时帮助癌症干细胞生长和扩散。因此，抑制免疫系统可能会成为一种新的抗癌思路。

免疫系统以及免疫细胞一直以来被认为是大自然赐予人类的最好的天然防御系统，可是这个我们信赖有加的“好朋友”却在某种程度上成为了肿瘤细胞扩散的帮凶。来自密歇根大学（University of Michigan）综合癌症中心的一组研究人员发现，通常来说免疫系统是用于保护机体免受疾病侵害的，但是一组免疫细胞却会促进癌细胞生成。这些细胞就是称之为髓样抑制细胞的免疫细胞，它们为癌症干细胞生存提供了一种干细胞微环境。

癌症干细胞

早在150年前，密歇根大学癌症中心就已经假设，癌症可能是来自于干细胞。因为从肿瘤发生的条件来看，干细胞的确是癌变基因的理想萌生处和持久的载体。首先，肿瘤发生在某个细胞上需要这个细胞具有不断分裂的能力，而且该细胞的基因突变不会因为组织更新而丢失；其次，发生基因突变的肿瘤细胞必须能保持在体内，这样看来，高度分化的组织特异性细胞不会是肿瘤的始作俑者，因为它们终究会走向凋亡，而具有长久活力的干细胞很可能是肿瘤发生的元凶。直到最近由于分子细胞生物学的进步，生物学家才找到识别出干细胞和癌症干细胞的技术。

多伦多大学的约翰·迪克和同事们1997年率先在白血病中找到癌症干细胞。2003年，斯坦福大学的迈克尔·克拉克博士发现可以用细胞表面的标记蛋白将肿瘤细胞分成两类，将两类蛋白分别注入老鼠的乳腺中，第一类肿瘤细胞（有标记蛋白）虽然只占整个细胞数量的极小部分，但却能引起肿瘤发生，第二类肿瘤细胞占整个细胞的绝大多数，却不能引起肿瘤发生。继续重复上述实验，可以发现有蛋白标记的第一类肿瘤细胞在每一代都可以引起新的肿瘤发生。进一步研究发现，这些细胞类似于成体干细胞，有着分裂增殖，自我更新，以及分化成其他细胞的能力，因此被命名为肿瘤干细胞。

2004年，多伦多大学的彼得·德克斯博士在人类脑肿瘤中找到与干细胞相似的细胞。2005年，佛罗里达大学的帕克·吉布斯博士也表示在骨癌中发现类似干细胞的细胞。哈佛大学的加里·吉利兰博士说：“找到这种细胞是一个非常艰巨的工作，但迄今为止，所有经过详细检查的肿瘤中都找到了这种干细胞。”

自我更新能力是干细胞独有的重要特性，它是指干细胞能够不对称地进行细胞分裂。一般细胞都像祖细胞一样分裂成两个新的子代细胞，而干细胞则分裂成一个新的干细胞和一个祖细胞，祖细胞失去了自我更新的能力，而获得了分化成组织所需的成熟体细胞的能力。

经过这种不对称分裂后，在一个干细胞消失的同时，另一个干细胞又会生成，所以组织中的干细胞数会保持不变，干细胞在生成组织所需的新细胞的同时，自己也得到了重生。这些负责维持组织或器官生存的干细胞必须能够控制自己的数量。科学家们认为，干细胞控制数量的机制可能是化合物的交换，只有控制数量的机制正常运转，干细胞才能保持功能正常，而干细胞一旦癌变，它们就会失去对自己的数量规模进行控制的能力。

干细胞微环境

我们人体内的各种干细胞都有适合它们各自需求的生存微环境，也有人把这种微环境称作微生态系统（niches），这种微环境条件是确保干细胞能够发挥出正常功能的关键。干细胞通过与微环境中的各种组分发生相互作用，可以自我增殖、更新，同时也可以分化成为各种终末细胞。

这里所说的微环境是指临近组织细胞及其分泌的各种因子。在正常情况下，这些因子可抑制干细胞的分化，而在组织细胞受损时，这类抑制因子减少，而坏死细胞释放的物质可能诱导干细胞的分化来修复组织损伤。

与癌细胞“狼狈为奸”的免疫细胞

关于癌症干细胞，一直以来都是癌症研究领域争论的焦点，一些研究人员认为，一些具有干细胞样特征（例如能够自我更新并生成更多的肿瘤细胞）的细胞使癌症获得了逃逸传统治疗的能力。尽管过往的研究在免疫功能低下的小鼠中发现了一些具备生长能力的肿瘤细胞亚群，但并不是所有人都相信内源性的肿瘤形成是由于受到具备自我更新能力的细胞刺激的结果。

这种干细胞的观点被认为导致了针对目前化疗和放射治疗的抗性，研究人员认为，杀死癌症干细胞是消灭癌症的关键。

密歇根大学综合癌症中心的这项最新研究还表明，某些免疫细胞即髓样抑制细胞会促进癌症生长，因此还需要抑制免疫系统。“这种细胞的作用机制并不是促进机体健康，反而能帮助癌症干细胞茁壮成长。如果我们能制订一种治疗方法，靶向这种细胞，那么我们就能阻止这种免疫抑制作用，去除癌症干细胞的帮手，”研究人员表示。

研究人员发现这些免疫细胞能赋予癌细胞“干性”，这也就是癌细胞致命的原因，而且如果缺乏这种免疫细胞，癌症干细胞也许就无法有效的生长。这项研究主要聚焦于卵巢癌最常见，最致命的类型，患上这种癌症的患者常常会出现对化疗的抗性，引发癌症复发。

靶向免疫系统的癌症治疗方法，也就是 immunotherapy，目前已经受到了广泛的关注，并且针对多种癌症类型进行了临床试验。例如来自华盛顿大学的研究人员就发现当使得糖类远离 T 细胞时，其就不会产生 γ 干扰素，γ 干扰素是一种重要的可以抵御肿瘤以及某些感染的炎性化合物。T 细胞可以进入到肿瘤中，但是其通常并不能够有效杀灭癌细胞，缺少产生 γ 干扰素的能力便是导致其不能杀灭癌细胞的一个原因。

为此研究人员建立了一套系统，可以使得科学家对检测管中 T 细胞的可用资源进行控制，通过调节可用的糖分就可以迫使细胞使用氧化磷酸化或者有氧糖酵解。

（来源：生物探索 日期：2013-09-10）

中性粒细胞在癌症免疫疗法中至关重要

法国一个研究小组日前报告说，他们通过动物实验发现，免疫细胞中的中性粒细胞在癌症免疫疗法中发挥重要作用。

免疫细胞按形态可分为粒细胞、淋巴细胞和单核细胞三类，而粒细胞因细胞质中所含颗粒性质不同，又分为中性、嗜酸性和嗜碱性粒细胞；其中，中性粒细胞占免疫细胞总数的50%~70%。

这项刊登在新一期美国《血液》杂志网络版上的最新研究由法国巴斯德研究所和法国国家卫生和医学研究所联合完成。研究人员以小鼠为实验对象，为患癌症的小鼠实施注射抗体的癌症免疫疗法。

研究人员发现，接受抗体注射后，小鼠体内的中性粒细胞会被吸引至肿瘤附近，它们与抗体接触后被激活，然后开始消灭肿瘤细胞。研究还发现，患有中性粒细胞减少症或中性粒细胞无法被激活的小鼠在接受癌症免疫疗法后，肿瘤细胞数量不会减少。

研究人员说，他们对患乳腺癌和皮肤癌的小鼠重复上述实验均观察到同样结果，说明中性粒细胞可以在多种癌症的免疫疗法中发挥作用。如果这一结论能在人体临床试验中证实，或可用于改进多种癌症的免疫疗法。

（来源：新华网 作者：黄涵 日期：2013-08-30）

研究发现表观遗传学标记能调控抑癌基因的表达

【提要】这些研究发现均表明了H3K4me3这种表观遗传学元素，能通过与PIC相互作用，快速诱导p53特异性靶基因，这种机制不仅对于研究表观遗传学具有重要意义，而且也有助于分析p53在癌症发生发展中的作用。

来自洛克菲勒大学、美国国立卫生研究院（NIH）癌症研究院等处的研究人员发表了题为“H3K4me3 Interactions with TAF3 Regulate Preinitiation Complex Assembly and Selective Gene Activation”的文章，发现一种重要的表观遗传学标记能调控著名抑癌基因p53特异性靶基因的表达，由此指出了一种癌症表观遗传作用新机制，相关成果公布在《细胞》（Cell）杂志上。

领导这一研究的是基因转录调控研究专家、洛克菲勒大学终身教授、美国科学院院士、拉斯克奖获得者Robert G. Roeder博士。Roeder教授发表的文章至今已逾400余篇，他曾发现了3种负责读取即转录基因的RNA聚合酶，并揭示了转录非同寻常的复杂性。在基础分子生物学教材中，只要提到真核基因转录，所引用的参考文献许多出自于Roeder教授实验室，他是真核生物基因转录调控方面的顶尖专家。

随着研究的深入，科学家发现 DNA 序列不是唯一的遗传信息，除了基因组 DNA 外，还有大量遗传学信息调控着基因的表达，称之为表观遗传信息。通过组蛋白氨基末端残基的翻译后修饰对染色体结构和基因转录进行调控，是目前表观遗传学研究领域的重要部分。

组蛋白修饰是发生在染色体组成成分——组蛋白上的修饰，主要有甲基化（me）、乙酰化（Ac）、磷酸化（P）、泛素化，ADP-核糖基化等修饰方式。其中，组蛋白甲基化修饰比较复杂，可以发生在赖氨酸或是精氨酸上，而且每个修饰位点可以有不同的甲基化修饰状态。根据修饰位点以及修饰状态的不同，甲 基化修饰可以激活或抑制基因转录，从而参与正常生理如个体发育、胚胎干细胞定向分化等过程，同时也参与病理如癌症的形成和发展。

其中组蛋白 H3 赖氨酸 4 三甲基化（H3K4me3）就是一种重要的组蛋白标记，能通过与起始因子 TFIID 之类的效应因子相互作用，召集激活基因，促进转录。在这篇文章中，研究人员证明 H3K4me3-TAF3 能直接与 TFIID 相互作用，召集激活基因，而其中一些正是抑癌基因 p53 的靶标。

通过深入探索，研究人员还发现 H3K4me3 能通过刺激前起始复合物 PIC 组装，增加 p53 依赖性转录，并且通过与 TAF3 的相互作用，合作性或非合作性与 TATA box 作用，直接参与 PIC 形成和转录，此外 H3K4me3-TAF3/TFIID 相互作用也能对基因毒性应激产生反应，调控 p53 的选择性功能。

这些研究发现均表明了 H3K4me3 这种表观遗传学元素，能通过与 PIC 相互作用，快速诱导 p53 特异性靶基因，这种机制不仅对于研究表观遗传学具有重要意义，而且也有助于分析 p53 在癌症发生发展中的作用。

（来源：生物通 作者：张迪 日期：2013-03-11）

美国临床肿瘤学会欲建卫生数据库

据国外媒体报道，美国临床肿瘤学会（American Society of Clinical Oncology，ASCO）正在启动一个雄心勃勃的项目，将收集数以十万计癌症患者的治疗数据，并用它来指导美国卫生保健系统其他患者的治疗。

该项目被称为“CancerLinQ”，主要任务是建立一个能让医生访问的数据库，就像使用谷歌搜索引擎一样。该数据库将为医生提供有关治疗方法的建议，该建议可能对患者很有效，因为建议是基于全美各地类似患者在治疗过程中所遇到的各种情况而提出来的。

ASCO 是一个非盈利性的专业协会，该协会周三公布了这一项目的详情。

这是医学界努力利用“大数据”的力量提高疑难病症治疗效果的最新例子。医学界越来越期望，利用庞大的临床数据库提取的信息加快了解某种治疗方法的好处和危害，同时提高治疗质量和加快新药物开发。

ASCO首席执行官艾伦·利希特尔（Allen Lichter）表示，每年大约有160万美国人被诊断出患有癌症，但95%以上患者的详细治疗信息被“锁在医疗档案和文件柜或不相互连接的电子系统中。如果简单地把这些信息汇聚起来，就是一个信息宝库。”

大量医疗数据的收集和分析充满着挑战。ASCO称，它已克服了其中一个较大的挑战，开发了一款软件，可以接受来自几乎任何电子医疗档案的临床信息——这是将医疗记录计算机化的主要障碍。到目前为止，ASCO数据库的一个原型系统已收集了约10万个乳腺癌患者的医疗档案，而这些医疗档案来自27个肿瘤学组织，其中许多组织使用不同类型的电子医疗档案。

但是，研究人员还正在研究如何将这些医疗数据转化为对医生有用的报告。其中遇到的主要障碍有患者的隐私问题和数据本身的局限性，例如数据不涉及随机对照试验并因此带来偏差。

ASCO表示，CancerLinQ项目的首个子项目完成并供医生使用，可能将需要12个月到18个月的时间。

目前，美国只有不到5%的成年癌症患者参与癌症治疗的随机试验。但参与试验的患者通常经过精心挑选，往往不能反映日常治疗实践。

在CancerLinQ项目中，几乎所有的患者都将成为临床研究的对象。其数据库将收集患者医疗档案几乎所有的数据，如年龄、性别、服用药物和其他疾病等，以及患者的诊断、治疗和最终死亡日期。一旦收集足够多患者的医疗档案，医生可以充分挖掘该数据库，帮助治疗其他患者。

ASCO表示，只有医生和研究人员可以访问数据库。该协会还计划建立一个门户网站，让患者提供他们对治疗的反应方面的信息，但不能浏览数据库。

（来源：网易科技 作者：刘春 日期：2013-03-28）

新研究证明血液测试能检测癌转移

Chronix生物医学公司已经开发出了一种cfDNA血液测试，用于监测大多数癌症的微量残留病，这将能够让医生既根据每个患者肿瘤的独特的遗传特征，又根据治疗后肿瘤仍然存在的可能性，做出知情的治疗决定。

来自德国哥廷根大学兽医学研究所和美国Chronix生物医学公司的科研人员发表了一项探索犬乳腺癌的遗传标记的新的研究。发表在同行评审的《公共科学图书馆综合》（PLOS ONE）杂志上的这篇论文识别出了人类和犬乳腺肿瘤的重要相似之处和差别，为使用犬模型系统的未来研究提供了一个强有力的平台。

作为该项目的一部分，这组科研人员成功地实施了Chronix生物医学公司的检测见于血液无细胞部分的肿瘤DNA的创新的检测方案，因此也就证明了这种应用于监测癌症微量残留病的威力。他们得到的数据为每一名患者提供了癌症基因型的个人化数据，并且可以用于追踪治疗前和治疗后的疾病发展。

追踪癌症状态

这个研究团队在该研究中分析了 5 个犬乳腺癌。每一个都被证明表现出了明显的染色体不稳定性，类似于在人类乳腺癌样本中观察到的。这些变化包括染色体和区段上几个已经得到充分描述的癌基因的拷贝数量的变化，诸如 cMYC、MYB、CFA1 和 HER-2/ERBB2 基因。然而，他们还发现了含有肿瘤抑制基因 PFDN5——迄今为止还没有发现人类乳腺癌中这一基因被重复删除——的 27 号染色体的近端部分的一个重复的删除。这组科研人员在接受分析的 20 个犬癌中有 50%出现了这一删除。

或许最引人注目的是这组科研人员能够使用无细胞 DNA（cfDNA）分析去检测和测量血浆中的特定染色体断点的出现。这个过程的第一步涉及大规模平行测序，从而探测不寻常的染色体重排，类似的重排是癌细胞的标志。然后可以使用高灵敏度数字 PCR 可靠地探测到它们并且加以量化。这种组合方法是追踪肿瘤进程或复发的一个非常具有成本效益的选项。

Chronix 生物医学公司的资深科学家、该论文的第一作者 Julia Beck 博士评论说："我们有能力在一个病犬接受手术之后探测到一个血浆肿瘤标志物的存在，这指导着兽医预约进行了一次断层 X 光检查，揭示出了肺的癌转移损伤。我们相信同样的方法可以可靠地用于分析人类血液样本。"

德国哥廷根大学兽医学研究所主任、该研究的共同作者 Bertram Brenig 博士、教授对该研究的成果对未来关于犬乳腺肿瘤疗法的决策产生重大影响感到有信心。他评论说："这种微量侵入式诊断工具提供了在早期阶段发现面临风险的患者可能的肿瘤发展，并且在手术后跟踪病程的绝好的机遇。"

将这种 cfDNA 方法扩展到人类癌症

尽管癌症疗法在过去几十年里已经得到了显著的改进，仍然有几个障碍有待克服。目前，没有哪种方法可以准确地区分表现出对治疗有显著响应的患者和仍然有残留的癌细胞的患者。这意味着必须对所有患者进行例行的进一步治疗，这常常是不必要的。

为了改善癌症治疗的效率并且让患者的痛苦最小化，Chronix 生物医学公司已经开始把它的使用 cfDNA 的研究加以扩展，从而评估人类样本的肿瘤状态。Chronix 生物医学公司已经开发出了一种 cfDNA 血液测试用于监测大多数癌症的微量残留病，这将能够让医生既根据每个患者肿瘤的独特的遗传特征，又根据治疗后肿瘤仍然存在的可能性，做出知情的治疗决定。

Chronix 生物医学公司首席技术官、该论文的资深作者、医学博士、理学博士 Ekkehard Schütz 确信这种方法在不需要侵入式活检的情况下提供肿瘤发生率的定量数据方面具有巨大潜力。Schütz 博士对该研究评论说："迄今为止我们的结果表明 cfDNA 作为一种'液体活检'可以提供一种评估肿瘤状态的强有力的方法，既在癌症发展的最早阶段，又在治疗或手术之后进行评估。这种诊断信息可以成为改善治疗结果的一种强大的方法。"

"我们已经看到了使用我们的微量残留病血液测试带来的一些非常积极地结果，"Chronix 生物医学公司首席执行官 Howard Urnovitz 博士说。他的团队近来与美国德克萨斯大学 M. D. Anderson 癌症中心合作，在美国临床肿瘤学会 2013 年的年会上报告了他们的研究的初步数据。"通过提供一种追踪身体对治疗做出响应的方法，我们预计这些测试将会加强患者护理，同时还会极大地减少卫生保健系统的成本。”

（来源：EurekAlert. org 中文网 日期：2013-10-06）

“个性化医疗”受医学界关注为治愈癌症提供可能

据卡塔尔半岛电视台网站10月10日报道，有关个性化医疗的话题在今年德国汉诺威生物技术展上备受关注。医学界广泛认为，个性化医疗为一些类似癌症等顽固性疾病的治愈提供了极大的可能性。但也有一些医学人士对此提出警告，切勿对其产生效果过早得出结论。

个性化医疗是指以个人基因组信息为基础，结合蛋白质组、代谢组等相关内环境信息，为患者量身设计出最佳治疗方案，以期达到治疗效果最大化和副作用最小化的一门定制医疗模式。

来自“选择治疗”公司的弗兰克·凯尔认为，个性化医疗依赖于医生对疾病形成原因的具体认识，因此正确的诊断能帮助医生准确地治愈患者。反过来，诊断错误会导致其在治疗过程中发生失误，造成不可挽回的后果。凯尔补充道，比如不能用药膏治疗骨折，因为骨头必须被接回它本应存在的位置，并靠疗养回复如初。

与骨折的情况相同，对癌症的治疗也需要进行准确的诊断。只有通过这种途径，医生才能找到最好的治疗方式，并确定所需药物的剂量。在施行这种途径的条件下，凯尔可以找到一种方法，以避免患者承受过多的化学药物影响。因为这可以帮助启动阻力试验，并由此了解更多有关化学药物对患者身体影响的数据资料，以避免药物无效化。

致癌基因

根据凯尔所说，目前另一项分析患者致癌基因（称为致癌性基因）的试验正在进行，以识别肿瘤细胞的特征，这有助于更好地控制这些细胞。

来自德国海德堡市国际癌症治疗中心的克里斯托弗·冯科勒强调，可以通过药物改变致癌基因，并进行癌症治疗，特别是改变在基因中的某些部分。因此使用这种药物可以治愈包括皮肤癌、乳腺癌在内的某些癌症。

免疫治疗被认为是最有前途的治疗手段。但是同时，你也必须确保这种治疗方法符合每一个患者的情况。免疫治疗基于人体对致癌基因的自我防御。在这种方式中，医生可以利用病患的免疫系统，生产肿瘤特异性疫苗，也可以消除免疫系统的损坏细胞。这有助于刺激攻击、消除肿瘤，实现对癌症的自我治愈。

警告

冯科勒强调，个性化医疗对于治疗癌症是必要的。但部分医生警告切勿过早对此种疗法的结果得出结论，因为这项技术尚处于起步阶段。这项国际联盟项目旨在帮助医生尽快地检查出癌症病因。

冯科勒及其同事希望能获得近二、三年内最易引发癌症人群的基因列表。这可以为医生了解每一个患者的治疗与用药提供便利。

（来源：中国网　编译：蒋妍颖　日期：2013-10-13）

美国癌症死亡率 20 年来下降 20%

根据美国癌症学会（ACS）1 月 18 日在线发表于《CA：A Cancer Journal for Clinicians》的 2 篇报告（2013 年癌症实事与数据和 2013 年癌症统计），自 1991 年以来，美国癌症死亡率下降了 20%，即意味着 2009 年癌症死亡病例比 20 年前减少了 120 万。

最新数据显示，总癌症死亡率由 1991 年的 215/10 万下降至 2009 年的 173/10 万。男性肺癌和前列腺癌死亡率、女性乳腺癌死亡率，以及男性和女性结直肠癌死亡率下降更为明显。ACS 将死亡率下降归因于吸烟人群减少以及早期诊断和治疗的改善。

美国最常见癌症死亡（占癌症死亡病例的 50%）原因是男性肺癌/支气管癌、前列腺癌和结直肠癌，女性肺癌/支气管癌、乳腺癌和结直肠癌。据 ACS 预计，今年癌症新发病例将为 160 万例，癌症死亡病例将为 580 350 例，肺癌将占男性和女性癌症死亡病例的 25%。

除黑色素瘤、肝癌、甲状腺癌和胰腺癌外，大多数癌症的发病率均呈下降趋势。

美国皮肤病学会（AAD）主席 Daniel M. Siegel 博士在一份声明中称，黑色素瘤发病率升高“尤其令人关注，因为皮肤癌通常易于预防和发现。”他指出，AAD 及其成员“正在积极努力，以减少皮肤癌发病率，并改变公众对日光暴露和人工晒黑的态度和行为”。

在过去 10 年，胰腺癌死亡率有所增加。ACS 声称其原因是“胰腺癌在初级预防、早期诊断和治疗方面没有进展”。ACS 在其报告中专门用 1 章的篇幅来阐述胰腺癌发生与治疗的最新信息。大多数胰腺癌患者在确诊当年即死亡，5 年生存率仅为 6%。

ACS 还指出，癌症结局的差异取决于患者的种族和收入，“尤其是结直肠癌或乳腺癌患者，其死亡率的改善趋势归功于早期发现和较好治疗”。ACS 首席执行官 John R. Seffrin 博士在一份声明中说：“我们能够也必须弥合这一差距，以免患者遭受与生俱来的不利和厄运。”

例如，白人女性乳腺癌患者 2002～2008 年的 5 年生存率为 92%，而黑人女性患者为 78%；白人结肠癌患者 5 年生存率为 66%，而黑人患者为 55%。

（来源：EGMN　日期：2013-01-31）

相关链接

美国癌症死亡率持续下降

据 1 月 7 日美国官方发布的详尽报告显示，随着美国进入“抗击癌症”的第五个十年，癌症的死亡率持续下降。

自 20 世纪 70 年代开始抗癌，来自美国国家癌症研究所、美国癌症协会和其他组织的专家表示，报告并不能代表全部。这些改善是由于不吸烟等生活方式的改变，而不是因为花费数亿美元研发和实施先进的癌症治疗方法。

国际乳腺癌联盟主席 Fran Visco 说，我们不把它看作是进步，而只是渐进式改进罢了。

回顾几十年来的投资、治疗成本，研究人员和期刊的数量，以及死亡的人数，我们显然做错了。Visco 并未参加这项研究。

2005~2009 年期间，男性癌症死亡率降低了 1.8%，而女性则降低了 1.5%。上一年大量数据分析，虽然数据稳定，但令很多专家失望，因为近 5 年的时间并没有比之前 5 年有较大的改善，而且几乎不能反映检查和治疗的作用。

美国癌症协会 Otis Brawley 博士认为，癌症死亡率降低绝大部分是因为癌症发病率降低，而发病率之所以降低是因为吸烟率减少。

吸烟能导致十几种癌症，包括肺癌、口腔癌、膀胱癌、胃癌和肝癌等。

Brawley 说，尽管乳腺癌和其他癌症的治疗方法的改善降低了死亡率，但抓人眼球的新药对此的贡献少之又少。“许多昂贵的新药平均只能延长患者 3~4 个月生命的时间”。

癌症发病率降低

这份发表在《美国国家癌症学会杂志》杂志上的研究报告乍一看还是值得欢喜的。

研究人员包括来自 NCI、ACS 和其他联邦机构，研究发现，2000~2009 年男性癌症发病率平均每年下降 0.6%，女性这些年癌症发病率持平，但自 2005~2009 年发病率每年增加 0.6%（由于癌症是老年人的主要疾病，考虑到人口老龄化，统计有所调整）。

“由于 2002 年的一份报告显示，激素替代疗法与乳腺癌和其他的疾病有关，所以选择激素替代疗法的绝经妇女越来越少，从而女性的癌症发病率降低，”这份报告的主要作者 Brenda Edwards 说。

但是 2005 年后，并没有其他因素导致女性癌症发病率下降。尽管 2000~2009 年乳腺癌的发病率有所降低，每年平均减少 0.7%。但是 2005~2009 年发病率每年平均上升 0.9%。

儿童癌症的发病趋势也是错误方向。2000~2009 年，19 岁以下的儿童癌症发病率平均每年上升 0.7%。专家还不确定为什么数据会上升，自相矛盾的是，原因可能是因为获得更多的健康保险。

ACS 的 Brawley 解释说，在 20 世纪 90 年代，没有保险的儿童有疑似流感症状，可能实际会死于白血病，但如果没有医疗护理的话，死亡证明上会写死于肺炎。现在有了医疗保险，儿童看医生和得到正确的诊断也更容易。

专家们发现，癌症发生率还会受如进行疾病筛查的人数等改变影响，比如乳房 X 线检查或前列腺特异性抗原筛查的人数。这也许是近来甲状腺和肾癌症发病率增加的原因。

所以相对于死亡率来说，发病率并不是衡量对抗癌症进度的准确指标。报告发现，通过这种衡量标准，进度一直处于最好状态。

癌症死亡率——因为这种疾病任何形式死亡的百分比——自从 20 世纪早期就一直在降低，大约男性每年减少 1.8%，女性每年则是减少 1.4%。但自 2005~2009 年，男性每年减少 1.8%，女性每年减少 1.5%。所以即使昂贵的新型治疗方法的引入，进步并不明显。

ACS 流行病专家、报告的共同作者 Edgar Simard 说，“我们都非常好奇，为什么癌症死亡率一直没有大的改变。”

麻省理工学院癌症生物学家 Robert Weinberg 说，原因之一是癌细胞是狡猾的敌人。最让人沮丧的是癌细胞的能力，它们会找到规避治疗方法攻击的方法，并且发现新的繁殖和生长方式。

尽管吸烟率减少是癌症死亡率降低的主要原因，1965 年 42%的成年人抽烟，现在吸烟率为 21%。另外一些信贷也改善了疾病筛查。

比如说，直肠筛查可以在息肉变为恶性之前，及早发现和摘除。癌症治疗中心临床事务副主任 Maurie Markman 说，“阶段一不会发展到阶段二或阶段三、四，这样死亡率就会降低。”2000~2009 年，男性直肠癌死亡率每年降低 2.9%，女性降低 1.9%。

Brawley 说，同一时期乳腺癌死亡率每年降低 1.9%或许反映出治疗方法的改善。但是“更主要的推动力是乳腺癌宣传月，并不是说每月检查乳房会减少死亡率，但是女性已经开始意识到关心她们的身体状况。”

报告称，肝癌的上升可能是由于几十年前的用药导致慢性丙型肝炎感染的发病率增加。肥胖会导致肝癌、胰腺癌和子宫癌的发病率上升。

麻省理工学院的 Weinberg 说，“如果美国公众真的希望更少的人死于癌症，生活方式需要改变。比如说减少烟草摄入和肥胖。降低癌症死亡率最好方法是预防而不是治疗。”

（来源：生物探索 日期：2013-01-10）

❖ 国际交流 ❖

中国医学科学院肿瘤医院与世界卫生组织国际癌症研究署签署合作备忘录

法国时间2013年9月30日上午9时，赫捷院长与世界卫生组织国际癌症研究署（WHO/IARC）主任Chris Wild博士在法国里昂签署合作备忘录（MOU），全面启动中国医学科学院肿瘤医院/肿瘤研究所与WHO/IARC在癌症研究以及癌症预防的合作。

WHO/IARC是世界卫生组织专属的癌症研究机构，由全球24个成员国组成，其主要任务就是在全球开展多学科的肿瘤研究，如肿瘤病因研究、全球肿瘤信息汇总、全球肿瘤生物样本库等，以确定全球肿瘤预防的策略和措施。同时，WHO/IARC支持各种形式、不同层次的教育和培训项目，为全球提供肿瘤防控人才。

我院所与WHO/IARC的合作是全面性的长期合作，主要合作内容包括肿瘤登记、癌症筛查、病因研究、培训项目等。在合作备忘录的基础上，双方将逐步签订具体的合作项目协议书。签署备忘录之后，赫捷院长与WHO/IARC肿瘤信息部的主任Freddie Bray见面，并就肿瘤登记合作以及制作中国癌症地图（China Cancer Atlas）的相关事宜进行了深入、细致的讨论。

（城市癌症早诊早治项目办公室 代敏）来源：中国医学科学院肿瘤医院网站

中国医学科学院肿瘤医院与美国 M. D. Anderson 癌症中心签署姊妹医院协作关系备忘录

2013年9月15日，中国医学科学院肿瘤医院与美国M. D. Anderson癌症中心姊妹医院（Sister Institution）协作关系备忘录签字仪式暨第一届中国医学科学院肿瘤医院与美国M. D. Anderson癌症中心肿瘤预防研讨会在我院诊断楼环兴厅隆重召开。

美国 M. D. Anderson 癌症中心是世界享有盛誉的肿瘤防治和研究机构，世界各地的医生和科学家纷纷到此地进行肿瘤研究和学习，我院也有很多医生到过 M. D. Anderson 癌症中心进修和学习。医院领导十分重视这次姊妹关系备忘录的签署，旨在医院层面上加深、加大与世界先进机构的合作与交流。该备忘录不仅包括医生、护士以及其他方面的人员培训和互访，还包括肿瘤研究和项目的合作执行等诸多协作意向，这为我院医务人员提供了一个具有国际高水平的学习与交流平台，对医院的发展具有十分重要的意义。

我院赫捷院长，石远凯、王明荣、王绿化副院长，国际交流处马洁处长，全国肿瘤防办陈万青副主任、代敏教授、邹小农教授，病因室林东昕主任，中心实验室曲春枫教授、汪红英教授，影像诊断科吴宁副主任、黄遥教授以及美国 M. D. Anderson 癌症中心主任 Dr. Ronald DePinho 带领的 7 人团队参加了签字仪式和研讨会。会议由石远凯副院长主持，赫捷院长在欢迎辞中充分肯定了美国 M. D. Anderson 癌症中心在肿瘤防治事业中的主导地位和突出贡献，并且展望了两院强强联合的光明前景。Dr. DePinho 主任介绍了美国 M. D. Anderson 癌症中心的肿瘤防治情况，并表达了与我院在肿瘤研究方面协作的决心。会议中，赫捷院长和 Dr. DePinho 主任分别代表中美双方签署了两院姊妹关系协作备忘录。

（撰稿：国际交流处，摄影：刘习昌）来源：中国医学科学院肿瘤医院网站

第三届国际临床研究高级研修班（ACT China Ⅲ）胜利闭幕

为了进一步提升国内肿瘤临床研究的数量和质量、鼓励国内研究者设计和开展符合国际要求的肿瘤临床试验、促成更多中国肿瘤中心和研究者参与国际研究，中国抗癌协会临床肿瘤学协作专业委员会（CSCO）与美国临床肿瘤学会抗癌基金会（ASCO Conquer Cancer Foundation）及美国肿瘤转化性研究学会（STO）共同合作，于 2013 年 11 月 22 日 ~ 24 日在广州白云万达希尔顿酒店成功举办了“第三届国际临床研究高级研修班（Advanced Clinical Trial Workshop China，ACT China Ⅲ）”。

本次研修班依旧坚持高水平的研讨与培训，由国外著名专家和 CSCO 委员共同进行学术内容的设计与指导，在 CSCO 网站上公开征集副高以上职称、英语水平良好的会员，再从中遴选优秀代表参与听课。参与授课和现场指导的专家包括：曾任 ASCO 主席 Richard L Schilsky 教授、曾任 STO 主席 Martin J. Murphy 教授、加拿大玛格丽特公主医院 Lillian L. Siu 教授、M. D. Anderson 肿瘤中心生物统计学专家 Jack Lee 教授、美国食品和药品监督管

理局（FDA）专家 Max Ning 教授、欧洲药品管理局（EMA）专家 Francesco Pignatti 教授，国家食品药品监督管理总局（CFDA）专家高晨燕副部长，CSCO 执委会主任委员吴一龙教授、前任主任委员秦叔逵教授、秘书长李进教授、副秘书长陆舜教授。培训的内容涉及靶向药物的Ⅰ期、Ⅱ期、Ⅲ期临床研究相关的课题，如Ⅰ、Ⅱ、Ⅲ期临床研究的目的和终点选择，Ⅰ期临床研究的操作要求，主要研究者在临床研究中的责任，Ⅱ期研究过程中的设计，Ⅲ期临床的设计方法和数据统计分析等。课程内容着眼于实践应用，对临床试验中经常遇到的疑难问题或可能忽略的重要细节都给予了详细深入的讲解。为了检验大家的学习效果、同时也便于发现课程存在的问题，研修班延续了分组研讨的环节，大家根据自己的专业方向分别进入题目为“靶向药物 MLN0128 的Ⅰ期临床研究”、“肺癌靶向药物Ⅱ期临床研究”、“靶向药物 Ipilimumab 的Ⅰ期临床研究”、“胃肠癌靶向药物的Ⅱ期临床研究”的讨论小组，针对既定的课题背景资料和讨论议题，进行热烈的研讨，并即时拟出临床研究方案设计，选出小组代表在大会上汇报。汇报式演讲不仅检验出了学员在课程理解方面存在的问题，也更激发了每个与会者对临床研究新的理解与感悟，大家畅所欲言、集思广益，迸发出思想的新火花。

本次研修班获得了与会者的高度好评，大家一致反映课程内容务实、形式新颖，收获良多。正如吴一龙教授总结的那样，本次研修班开创了自 ACT 会议以来的“三个第一次”，首先是第一次通过 CSCO 网站公开募集参会代表，给所有 CSCO 会员提供了一个公平、公正、公开的机会来参加课程学习，最终从 1.2 万多名会员中遴选了 37 位优秀的代表与会。此外，这也是第一次将美国、欧洲、中国药品管理局的官员全部邀请到会，共同介绍各自区域的药物临床试验的监管机制。最后，这也是第一次将讲课内容定向在靶向药物的临床研究，所有课题内容都围绕着靶向药物研究而展开。这是不同于前两次 ACT 会议的创新，也代表着 ACT 会议迈向了更高、更新、更务实的新里程。相信随着 ACT 会议的不断发展，必将有效地提高我国肿瘤临床研究的水平。（稿源：CSCO 网站）

第四届中美肿瘤研究前沿论坛召开

由中国医学科学院肿瘤医院和美国 Mayo Clinic Cancer Center 联合举办的第四届中美肿瘤研究前沿论坛于 2013 年 6 月 19 日~21 日隆重召开。此次论坛会议主席是肿瘤医院院长赫捷教授和 Mayo Clinic Cancer Center 主任 Dr. Robert Diasio。在会议开幕式上，双方主席均强调此次论坛和双方合作的重要性，并对大会的成功召开予以良好祝愿。大会的主旨是：转化医学新方向——从组学研究到临床实践。美方有 20 余位学者和专家参会，中方也邀请了国内包括院士在内的著名肿瘤专家演讲，他们就肿瘤组学分析、肿瘤早期检测及诊断、肿瘤干细胞及微环境、临床肿瘤精确治疗策略、遗传流行病学的转化应用，以及肿瘤防控等多个主题进行了深入和广泛的学术探讨。

大会进行期间，Mayo Clinic Cancer Center 的专家还在分会场举办了小型特别讲座：《梅奥的医疗护理模式——患者的需求第一》《怎么把您的研究结果发表在最佳的科技杂志上》

和《在美国生物医学科学上取得成功的职业导航》。Dr. Robert Diasio 还抽空与我院内科医生进行了临床试验相关的座谈和学术交流。

应赫捷院长的邀请，国内各省级肿瘤医院也派代表参加此次论坛，代表们会后纷纷表示十分珍惜此次高端论坛，获取了大量的肿瘤研究的前沿信息，对他们今后的工作有着重要的指导意义。

Mayo Clinic Cancer Center 是一家拥有严格的医疗质量控制和提供高效、满意的医疗服务，以及先进的管理模式的医学中心。2012 年，赫捷院长代表我院与 Mayo Clinic Cancer Center 签署了合作协议，全方位与其协作，并于 2013 年选派了我院中层干部参加在 Mayo Clinic Cancer Center 举办的医院管理培训课程，此次高端论坛也是协议中重要的组成部分。与 Mayo Clinic Cancer Center 的合作是继美国 NCI、M. D. Anderson 癌症中心、UCLA 之后新开辟的对外合作渠道，是为我院医务人员建立的又一个高端学术平台，对提高我院的肿瘤研究水平和医院管理水平起到巨大的推动作用。

（图/文　国际交流处）来源：中国医学科学院肿瘤医院网站

2013 年中美肿瘤流行病学和生物统计学培训班举行

5 月 12 日 ~17 日，由国家癌症中心、中国医学科学院肿瘤医院、美国耶鲁大学、美国 NIH Fogarty 国际中心、新疆维吾尔自治区肿瘤医院联合举办的“2013 年中美肿瘤流行病学和生物统计学培训班”在乌鲁木齐顺利举行。来自于全国各省市肿瘤医院、肿瘤研究所、疾病预防控制中心、高等院校的近百位学员参加了本次培训。

担任本次培训班的主讲教师主要来自美国耶鲁大学公共卫生学院环境医学系，他们分别是系主任 Tongzhang Zheng 教授、Brian Leaderer 教授、Theodore Holford 教授和 Yong Zhu 副教授。此次培训还荣幸邀请到了美国加州大学洛杉矶分校肿瘤流行病室主任 Zuo-Feng Zhang 教授。他们就肿瘤流行病学和生物统计学的基本理论知识、全球癌症防控和肿瘤筛查进行了系统详细的讲解。同时，国内多位顶尖肿瘤流行病学家，包括南京医科大学公共卫生学院副院长胡志斌教授、北京肿瘤医院肿瘤流行病学室副主任张联教授、全国肿瘤登记中心张思维副研究员等，就中国的癌症防控、基因组学与肿瘤个体化治疗、我国胃癌的防控、肿瘤登记等目前国内肿瘤流行病学的最新进展和领域进行了讲解。国内外专家的讲解深入浅出、生动有趣、理论结合实际，学员反映收益颇深，并希望能有更多机会参加类似培训。

此次培训班由中国医学科学院肿瘤医院与美国耶鲁大学共同获得的美国 NIH Fogarty 国际中心“中美肿瘤流行病学和生物统计学”科研培训项目资助，是继 2012 年首期培训班（河南郑州）之后的第二期培训班。今后，我院将继续与美国耶鲁大学合作开展系列肿瘤流行病学和生物统计学培训班以及相关科研项目，以更大范围地加强我国的肿瘤防控力量。

（城市癌症早诊早治项目办公室　代敏　石菊芳）

来源：中国医学科学院肿瘤医院网站

中瑞肿瘤与神经科学联合研讨会在北京大学医学部举行

2013年10月15日，北京大学医学部与中瑞科技战略合作计划组织（Sino-Swiss Science and Technology Cooperation，SSSTC）共同举办的肿瘤与神经科学联合研讨会在逸夫楼报告厅拉开了帷幕。北京大学常务副校长、医学部常务副主任柯杨，医学部副主任方伟岗，瑞士驻华大使馆公使Salome Meyer女士等出席了开幕式。来自瑞士联邦理工学院、苏黎世大学及其大学医院、洛桑大学、日内瓦大学医学院的20位专家学者，以及来自北京大学医学部和附属医院的相关专家学者和研究生近百人参加了开幕式。开幕式由医学部副主任方伟岗主持。本次联合研讨会为期一天半，开幕式后分肿瘤和神经科学两个分会场分别举行专题研讨会。

柯杨在致辞中首先向Salome Meyer公使以及瑞士各位专家的到来表示欢迎，并向与会者介绍了北京大学医学部教学、科研以及临床服务的基本情况。柯杨指出，中瑞科技战略合作计划，包括生命科学领域的联合研究受到了两国政府主管部门的高度重视，希望本次研讨会能够为双方专家提供一个直接对话、交流的平台，以期为今后双方政府出资支持的中瑞联合研究项目奠定基础。

瑞士驻华大使馆公使Salome Meyer在致辞中指出：中瑞双边关系在2013年取得重大进展，高层互访的增加为今后的密切合作创造了机会。全球范围内疾病的防控、食品安全离不开各国的通力合作，希望中瑞两国的专家能在双方合作的大框架下共同努力，深化中瑞科研机构在生命科学、卫生健康领域的联合研究。

开幕式后，在为期一天半的研讨会中，来自中瑞双方的近40名专家学者就肿瘤和神经系统疾病的转化研究、治疗的最新进展和相关前沿热点问题进行了主题演讲。

中瑞科技战略合作计划是瑞士联邦政府为加强中瑞在科技文化各个领域里的合作交流而设置的专项基金。中瑞两国政府对先后审定的数十个项目均给予了大力支持，项目进展顺利，成为中欧科技合作的典范。

（北京大学医学部国合处）来源：北京大学医学部新闻网

相关链接

2013年中瑞联合研讨会肿瘤分论坛召开

2013年10月15日~16日，中瑞联合研讨会在北京召开，其肿瘤分论坛在北京大学肿瘤医院科研楼四层会议室举办，本次会议由北京大学医学部、中瑞科技联盟（Sino Swiss

Science and Technology Cooperation，SSSTC）共同主办，由北京大学医学部国合处、北京大学神经科学研究所、北京大学肿瘤医院、北京神经科学学会协办。肿瘤医院季加孚教授、朱军教授、郭军教授、沈琳教授、张焕萍教授、郝纯毅教授，以及来自瑞士和中国的百余名专家、学者参加了会议。

首先，肿瘤医院院长季加孚教授致辞，他对瑞士专家远道而来表示了热烈的欢迎，并且期望通过本次研讨会的平台，增进双方的学习与交流，促进双边进一步合作，从而推进肿瘤学的发展。分论坛共有3个单元，分别由郭军教授和George Coukos教授、吕有勇教授和Wilhelm教授、解云涛教授和Ian Frew教授主持，先后有19名中方和瑞方的专家进行了大会报告。来自中瑞双方的专家就肿瘤学领域最新进展、生物学机制、诊疗方法等多个方面进行了深入的交流与讨论，整个过程中报告精彩、提问积极，会后双方反响热烈。

本届中瑞联合研讨会肿瘤分论坛的成功召开，不仅为中瑞双方学者的学术交流搭建了良好的平台，也为我们提供了国内外肿瘤领域转化医学和生物技术的前沿研究成果，同时为双方日后深入的科研交流与合作奠定了坚实基础，进一步推进了肿瘤医学的发展。

（北京大学肿瘤医院）来源：北京大学医学部新闻网

中韩癌症预防研讨会圆满召开

由中国国家癌症中心和韩国国立癌症中心联合举办的第一届中韩癌症预防研讨会（1st China-Korea Cancer Control Workshop）于2013年8月27日在中国医学科学院肿瘤医院召开。中国国家癌症中心、中国医学科学院肿瘤医院院长赫捷教授担任此次会议主席，韩国国立癌中心主任Dr. Jin Soo Lee领队一行17人参加了会议。

在开幕式上赫捷院长致辞，他高度评价了韩国国立癌症中心的工作，并对他们的来访表示热烈地欢迎，同时期待双方开展更加广泛、深层地合作。Jin Soo Lee主任回顾了近年来中韩癌症中心的交流与合作情况，同时也表示加深双方关系的意愿，以及针对肿瘤研究领域开展全面、深入地合作。会上，全国肿瘤防治研究办公室副主任陈万青教授作了关于中国癌症流行趋势的报告；胸外科毛友生教授做了中国食管癌的早期诊断的报告；流行病室魏文强教授做了中国癌症危险因素分析；病因及癌变研究室高燕宁教授、中心实验室马洁教授作了有关癌症基础研究的学术报告；流行病室胡尚英教授和天津来的两位专家作了中国宫颈癌、肺癌、乳腺癌的筛查汇报。韩方专家也就相应的内容做了关于韩国癌症研究的学术报告并进行现场提问和讨论。

此次会议，双方就癌症研究方面交换了信息和工作经验，展示了各自的工作亮点，寻找到双方共同感兴趣的研究项目，为今后进一步合作打下了坚实的基础。

下一届会议拟将在韩国举行。

（撰稿：国际交流处　摄影：刘习昌）来源：中国医学科学院肿瘤医院网站

中国医学科学院肿瘤医院参加年度全球学术会议

2013年4月3日~5日，中国医学科学院肿瘤医院院所长赫捷教授应美国M. D. Anderson癌症中心主任Dr. DePinho的邀请，出席了年度全球学术会议。其间，赫捷院长与Dr. DePinho进行了亲切会晤。赫捷院长表示，癌症是全球面临的重大疾病问题，中国医学科学院肿瘤医院作为中国国家癌症中心，愿意与M. D. Anderson在癌症研究、治疗及防控等方面进行合作，为肿瘤的防控共同努力。Dr. DePinho回应说，全球的肿瘤防控工作如果没有中国的参与是不可想象的，也是无法实现的。M. D. Anderson非常重视与中国国家癌症中心和中国医科院肿瘤医院发展全方位合作关系。会后，双方互赠礼品，今年9月，Dr. DePinho将访问我院，续签姐妹医院合作协议。

（国际交流处　马洁）来源：中国医学科学院肿瘤医院网站

美国肿瘤护理学会主席一行来院参观交流

2013年10月29日，美国肿瘤护理学会主席Mary Gullatte女士等一行来到中国医学科学院肿瘤医院进行参观交流。我院护理部徐波主任、路虹科护士长、刘燕科护士长、腹部外科聂红霞护士长等全程陪同，并与客人进行了座谈交流。

Gullatte女士首先观看了我院建院五十周年纪录片，她对我院的辉煌历史和研究成果表示钦佩，并对我院医疗工作、护理工作模式及先进的仪器设备表示肯定。随后，Gullatte女士先后在院办和护理部老师的带领下，分别参观了患者服务中心和患者健康辅导园地，对我院服务中心的工作内容和意义以及乳腺癌健康教育与促进方面的工作进展进行了深入了解。最后，Gullatte 女士一行参观了我院腹部外科和妇科病房，并与护士长、责任护士及患者进行了交流。

在随后的座谈会中，徐波主任就肿瘤专科护理的现状与发展及专科护理培训等问题与 Gullatte 女士进行了交流，并共同商议了未来的合作事宜。路虹与刘燕科护士长也针对口服化疗药安全管理等护理问题与 Gullatte 女士进行了探讨。参观交流结束后，大家合影留念，为这次来访画上了完满的句号。

（撰稿：护理部　梁雅楠）来源：中国医学科学院肿瘤医院网站

中国工程院副院长樊代明院士当选美国医学科学院外籍院士

美国当地时间 2013 年 10 月 21 日，第四军医大学消化病学专家樊代明院士同期当选美国医学科学院外籍院士。

据悉，入选美国医学科学院院士被认为是健康和医学领域的最高荣誉之一。此次，美国医学科学院共新增选 10 位外籍院士，其中有 2 位来自中国，另一位是上海交通大学医学院附属新华医院和附属上海儿童医学中心儿科学教授沈晓明。

樊代明简历

樊代明，1953 年生，消化病学专家。生于重庆市。中国工程院副院长、院士，第四军医大学校长，肿瘤生物学国家重点实验室主任，国家教育部长江学者奖励计划特聘教授，国家 973 项目首席科学家，中国共产党十四大代表，十一届全国人大代表。目前担任中华消化学会主任委员、中国抗癌协会副理事长、亚太胃肠病学会常务理事兼秘书长等学术职务，2013 年亚太消化大会暨世界消化病大会主席。先后受聘为《Engineering Science》的主编，《BMC Cancer》和《J Dig Dis》的副主编，《J Gastroenterol Hepatol》等 4 本国际杂志的编委，11 本国际杂志的审稿人。

长期从事消化系统疾病的临床工作及基础研究工作，特别是在胃癌的研究中做出突出成绩，先后承担国家“863”、“973”攻关项目、重大新药创制、自然科学基金等课题，是首批国家优秀中青年人才专项基金及国家杰出青年基金的获得者，首批创新研究群体学术带头人。获国家科技进步一、二、三等奖各 1 项，国家技术发明三等奖 1 项，军队科技进步一等奖2项，陕西省科学技术一等奖2项，国家发明专利7项，国家新药证书1项，何梁何利科技进步奖，陕西省科技最高成就奖，求是实用工程奖，中国青年科学家奖。

主编专著12本，包括教育部面向21世纪教材《内科学》、10卷《肿瘤研究前沿》等。在国外杂志发表论文301篇，总影响因子982.31分，包括《Nat Clin Pract Oncol》《Lancet》《JAMA》《Ann Intern Med》《Hepatology》《Gut》《Plos Genet》《Ann Surg》《J Hepatol》《Faseb J》《Clin Cancer Res》《J Biol Chem》等，最高影响因子达30分。应邀在《J Gastroenterol Hepatol》等11种国际专业杂志作特邀综述13篇。培养博士、硕士研究生共106名，其中获全国优秀博士论文3名，获全军优秀博士论文7名。2001年，当选为中国工程院院士。2010年，被中央军委荣记一等功。(简历资料来源于中国党政领导干部资料库)

（来源：健康界 作者：王建秀 日期：2013-10-22）

中国教授徐克成当选世界冷冻治疗学会主席

日前，在世界冷冻治疗学会第17届年会上，来自中国广州复大肿瘤医院的徐克成教授当选新一届冷冻治疗学会主席，这也是继日本之后再次当选为世界冷冻治疗学会主席的亚洲学者。

本届冷冻治疗学会主席由美国、中国、日本、奥地利、俄罗斯、印度尼西亚等十多个国家的140多位与会代表投票选举产生。徐克成表示，中国开展冷冻治疗肿瘤技术已经非常成功，他此次当选这个学会的主席是梦想的实现，不仅仅是荣誉，更体现了中国在国际上的话语权。

利用冷冻技术治疗肿瘤是美国人在20世纪60年代末首创的。为了更好地推广运用这项新技术，1972年，世界冷冻治疗学会在奥地利成立。经过40多年的发展，这项技术已经日趋成熟。尤其是近年来，随着经济的发展、科技的进步，这项技术无论是在理论的研究，还是临床的运用上，中国都处于世界领先地位。利用冷冻技术治疗肿瘤已经作为有效治疗肿瘤的一种医疗方法，越来越多地被中国医学界广泛应用并取得成效。

（来源：人民网 作者：郭平 日期：2013-12-26）

徐兵河教授成为晚期乳腺癌国际共识大会（ABC）专家组成员

近日，内科主任徐兵河教授收到来自晚期乳腺癌国际共识会议［Advanced Breast Cancer International Consensus Conference（ABC）］的邀请，成为共识专家组的成员（member of the consensus panel）。

ABC共识大会是晚期乳腺癌领域最重要的全球性会议，通过专家组成员的讨论，在最新研究进展的基础上，制定出适合于晚期乳腺癌患者治疗的规范和指南，旨在提高全球治疗水平，加强晚期乳腺癌治疗意识，推动这一重要领域的临床和基础研究进展，从而达到改善晚期乳腺癌患者预后的目的。共识专家组成员几乎囊括了目前全球乳腺癌领域的顶级专家，包括获得今年 ASCO Bonadonna 乳腺癌大奖、提出了 Simon-Norton 理论的 Larry Norton、ASCO David A. Karnofsky 纪念奖的 Martine J. Piccart、哈佛大学 Dana-Farber 乳腺中心主任 Eric P. Winer 等。

徐兵河教授长期以来一直致力于乳腺癌，尤其是晚期乳腺癌的规范化和个体化治疗，在这一领域做出了突出贡献，也得到了国内外同行的普遍认可，成为大会唯一邀请的来自中国的专家组成员，也是唯一当选的亚洲专家，将代表中国与来自世界各国的乳腺癌专家一道，参与制定晚期乳腺癌治疗的国际共识和指南，发表中国专家在乳腺癌治疗领域的经验和意见，展示中国乳腺癌治疗的现状和进展，这将极大的提高我国专家在国际乳腺癌治疗领域的影响力和话语权，同时也大大提升我院在国内外的影响力。

（内科　樊英）来源：中国医学科学院肿瘤医院网站

作者简介

孙燕，1929年2月出生。医学博士、教授、中国工程院院士、中国医学科学院北京协和医学院肿瘤医院国家新药（抗肿瘤）临床研究中心主任。

1956年毕业于北京协和医学院医学系。从1959年起在中国医学科学院肿瘤医院工作，曾任内科主任多年。1979~1981年间曾以客座教授身份在美国M. D. Anderson癌症中心从事研究。现任亚洲临床肿瘤学会（ACOS）主席、中国癌症基金会副主席、中国抗癌协会临床肿瘤学协作专业委员会（CSCO）名誉主席、指导委员会主任。曾荣获中国协和医科大学名医、全国卫生系统先进工作者、北京市医德楷模、中央保健委员会杰出保健专家等称号。

研究领域：内科肿瘤学、新抗肿瘤药的临床研究、中西医结合防治肿瘤等。是我国肿瘤内科学的开拓者和学科带头人，在开发新抗肿瘤药、常见肿瘤综合治疗和扶正中药促进免疫作用以及学科的普及、提高等方面卓有贡献。

半个多世纪以来，从事肿瘤内科治疗的临床及实验研究工作，曾因开发我国自己研制的新药，获得1978年全国科学大会奖、国家发明和科学进步奖；并主持我国和国外开发的抗肿瘤新药的临床试验，多次在国内外获奖。通过现代科学技术将祖国医学中“扶正培本”的治则和现代临床免疫学结合，证实了传统中药黄芪、女贞子、芦笋、仙灵脾等可促进患者免疫功能的恢复，辅助放疗、化疗应用可提高远期生存率。在研究的基础上研制的贞芪扶正冲剂/胶囊、扶正女贞素、固原颗粒均正式投产，并在国内外畅销。

培养博士研究生41人、硕士生4人。著有《内科肿瘤学》《肺癌》《临床治疗内科治疗手册》等专著28部，发表学术论文300多篇。

龚守良，教授，博士生导师，1969年毕业于白求恩医科大学，1982和1988年在该校分别获得硕士和博士学位。1991~1992年和1997年分别赴英国北威尔士大学和美国旧金山加利福尼亚大学做访问学者。曾任或现任吉林大学卫生部放射生物学重点实验室主任、放射生物学教研室主任、吉林省核学会理事长和名誉理事长、中华预防医学会放射卫生专业委员会常委、国家自然科学基金委生命科学部评审组专家、中华医学科技奖及中华预防医学科技奖评审委员会委员、《中华放射医学与防护杂志》和《吉林大学学报（医学版）》等10余家杂志和报刊常委、编委或编审专家等职。主要从事电离辐射生物效应及肿瘤基因-放射治疗等领域的研究，已公开发表论文300余篇；编著、主编、副主编和参编专著、教材和科普著作 30 余部。负责和参加国家“863”项目专题、国家自然科学基金、科技部国际合作及部省级等 20 余项科研课题的研究。获部省级各类奖 10 余项。享受国务院政府特殊津贴。

王志成，博士，讲师，1976 年 8 月出生。1996～2001 年就读于吉林大学预防医学专业，获学士学位；2009 年 6 月获得放射医学博士学位。主要从事“电离辐射生物效应、肿瘤基因-放射治疗和肿瘤干细胞治疗”研究，2006 年受聘为讲师。主持和参加 20 余项科研课题研究，其中 5 项国家自然基金资助项目，公开发表论文 60 余篇，其中 SCI 检索论文 8 篇，副主编专著 2 部、参编专著 5 部。

方芳，女，博士，讲师，1981 年 10 月出生。2000～2005 年就读于吉林大学预防医学专业，获学士学位；2007 年 6 月获流行病与卫生统计学硕士学位，2010 年获卫生毒理学博士学位，并留校任教，同时受聘为讲师。2010 年 10 月，进入卫生部放射生物学重点实验室进行博士后研究工作，研究方向为“低剂量电离辐射生物效应、肿瘤干细胞治疗和糖尿病营养干预”研究，2013 年 12 月出站。主持和参加 10 余项科研课题研究，公开发表论文 10 余篇，其中 SCI 检索论文 3 篇，参编专著 4 部。

董丽华，女，医学博士，教授，主任医师、硕士生导师，现任吉林大学白求恩第一医院放疗科主任。1987 年毕业于白求恩医科大学医疗系，一直从事肿瘤放射治疗的临床、教学和科研工作。先后在国内（中国医学科学院肿瘤医院放疗科和北京协和医院放疗科）和国外（美国杜克大学、韩国延世大学和加拿大 LAVAL 大学）肿瘤治疗中心学习，多次参加大型国际性肿瘤学术会议。现兼任中华医学会吉林省肿瘤放射治疗学分会副主任委员和全国生物医学工程立体定向放射治疗专业委员会委员等 8 个学会的职务。参加工作 20 多年来，在恶性肿瘤的诊断和治疗方面积累了丰富的临床经验，并在肿瘤放射治疗研究领域获得了许多研究成果，已发表论文 40 余篇，承担并参与国家、省级及横向联合科研课题 20 余项，曾多次获得吉林大学医疗成果奖。在临床研究的同时，开展了恶性肿瘤 pEgr-hp53 基因放射治疗的临床前期实验研究，为临床肿瘤-基因放射治疗及肿瘤生物治疗的临床应用提供了理论依据。

李戈，女，主治医师。2004年毕业于长春市中医药大学，2007年在吉林大学第一临床医院获得中西医结合硕士学位，毕业后一直工作于长春市中医院。近年，主要从事中西医治疗糖尿病的临床研究。公开发表论文5篇，参与专著编写2部。

龚平生，讲师。2002年毕业于吉林大学生命科学学院，获学士学位；同年在该校分子酶学工程教育部重点实验室攻读生物化学与分子生物学硕士学位，2004年留校任教，并转为直接攻读博士学位，于2008年获博士学位。近年，主要从事肿瘤基因放射治疗和蛋白质化学的研究，公开发表论文39篇，副主编2部和参编4部专著，参加国家自然科学基金课题研究5项。2011年，获吉林省科技进步三等奖（位列第二名）1项。

刘芹，女，医学博士，医师，毕业于南京大学医学院（本硕连读七年制，直博）。研究方向为抗肿瘤靶向药物投递系统的研制。具有良好的临床及科研素质，擅长消化道肿瘤及肺癌的诊断与治疗。目前主持国家自然科学基金1项，参研国家自然科学基金、江苏省自然科学基金等多项课题，获得国家发明专利1项，南京市科学技术进步奖1项，研究成果发表在《Biomaterials》《Journal of controlled release》《ACS Nano》等国际著名杂志上。

陈中，女，MD，PhD（医学及肿瘤生物免疫学博士）。美国国立卫生研究院 耳鼻喉及交流障碍研究所头颈外科（Head and Neck Surgery Branch，National Institute on Deafness and Other Communication Disorders，National Institutes of Health）临床基因组学研究室主任。

1982年毕业于原北京医学院公共卫生系（今北京大学公共卫生学院）。1983~1984年，作为访问学者赴美国田纳西州孟非斯市圣尤他儿童医院进修肿瘤免疫学。1984~1985年，作为访问学者在美国纽约大学医学院药理系进修。1985~1988年，在美国纽约州罗彻斯特大学肿瘤研究中心做博士研究生，专业为肿瘤免疫。1988~1994年，在同一所大学免疫系和皮肤系做博士后训练。1994年~至今，在现单位任研究员及临床基因组学研究室主任。

研究方向：头颈肿瘤和鼻咽癌的分子及基因组学机制，以及在临床的应用。

科研现状：参与并领导一个有十多名科研人员的科研组，科研题目包括头颈肿瘤及鼻咽癌的肿瘤基因组学及蛋白质标志物、基因芯片、蛋白质芯片、新一代肿瘤测序技术、信号传导系统及信号网、纳米技术在基因治疗中的应用、靶向治疗新药在临床前期测试及临床上的应用。

临床前期及Ⅰ期临床研究经验：拥有20多年对肿瘤研究新药开发的临床前期经验，领导并参与新药的临床前期动物试验的立项设计及试验全过程。参与0/Ⅰ期新药在头颈肿瘤及鼻咽癌患者的临床测试，进行患者血液及肿瘤组织的采集及储存，肿瘤标志物的检测，临床数据的分析及统计学处理，撰写并发表临床前期及临床研究的文章。

科研成就：已经积累发表近百篇SCI收录的科研文章，包括21篇综述文章及专著章节。其中30篇为责任通信作者。参与美国国立卫生研究院肿瘤研究所（National Cancer Institute）和基因组研究所（National Human Genome Research Institute）共同组织的肿瘤基因组图谱（The Cancer Genome Atlas，TCGA）的合作攻关研究项目，并参与总结作图，撰写论文。受邀为国际会议讲演者及会议主持人。参与审阅科研经费，受邀为多种杂志的审稿人。参与培训博士后及博士生、硕士生、医学生、大学生近百名。

美国马里兰州，贝塞斯达市，电邮：chenz@ nidcd. nih. gov；电话：301-435-2073

胡尚英，女，博士，助理研究员。2011年毕业于北京协和医学院流行病与卫生统计学专业，现工作于中国医学科学院肿瘤研究所流行病学研究室，主要从事子宫颈癌的流行病学调查、病因学研究和人群防治工作。曾作为美国Fogarty项目2010～2011年、2014～2015年度国际交流学者赴美国国立卫生研究院（NIH）交流学习。参与国际、国内科研项目17项，发表中、英文学术论文35篇，其中SCI收录论文17篇。在多项国际、国内学术会议中进行口头报告并获奖。荣获奖励有：（1）2011年北京市科学技术奖和教育部高等学校科学研究优秀成果奖自然科学奖二等奖（第10完成人）；（2）2013年中华预防医学会科学技术奖二等奖（第8完成人），中国抗癌协会科技奖二等奖（第7完成人）和华夏医学科技奖三等奖（第8完成人）；（3）2008年APOCP会议获最佳青年演讲者；（4）2012年亚太生殖道感染国际组织（AOGIN）会议获最佳口头报告奖。

赵方辉，女，研究员，硕士生导师。北京协和医学院博士毕业，现工作于中国医学科学院肿瘤研究所流行病学研究室，任描述流行病学与统计组负责人。曾在美国国立癌症研究所（NCI）、国际健康合作部（CGH）和癌症流行病学与遗传学部（DCEG）做访问学者；多年从事子宫颈癌的流行病学调查、病因学研究和人群防治工作。主要学术兼职：亚太生殖道感染国际组织（AOGIN）常委和研究委员会主席（Research Committee Chair），中华预防医学会流行病学分会第一届青年委员会委员，中国抗癌协会肿瘤流行病学青年委员，卫生部疾病预防控制局早诊早治项目专家委员会学术秘书，中国癌症基金会癌症早诊早治示范基地专家组学术秘书、宫颈癌疫苗专家咨询委员会成员，《Int J Cancer》《BMC Cancer》《中华流行病学杂志》《中华肿瘤防治杂志》《癌症》等杂志审稿专家，世界癌症基金［英国］项目申请同行评议专家。承担或参与的科研项目共25项。参加学术会议口头报告：国内30余次、国际英文20次。研究成果：以第一作者或责任作者在国内外医学核心刊物上发表论文共38篇，其中SCI 21篇，1篇发表在《Lancet Oncology》，影响因子（IF）为17.764；1篇发表在《J Natl Cancer Inst》，IF为14.697；4篇发表在《Int J cancer》，IF为4.926。以第二及其他次序作者发表论文和著作70余篇。荣获奖励主要包括：（1）2011年获北京市科学技术奖（第二完成人）、教育部高等学校科学研究优秀成果奖（科学技术）自然科学奖二等奖（第二完成人）；（2）2013年获北京市科学技术奖三等奖（排名第二）、中华预防医学会科学技术奖二等奖（排名第二），获华夏医学科技奖三等奖（排名第二）；（3）2011年成功入选首届北京高校青年教师优秀教学科研成果展，并作为医疗单位的唯一代表进行现场推广报告；（4）第一届（2010年）和第二届（2011年）国家癌症中心优秀论文一等奖；（5）2010~2011年度中国医学科学院北京协和医学院“优秀青年科技工作者”和“优秀论文奖”；（6）2012年中国医学科学院肿瘤医院“优秀学术论文奖”；（7）2012年北京协和医学院优秀博士论文奖；（8）2013年全国优秀博士学位论文。E-mail:zhaofangh@cicams.ac.cn

乔友林，研究员，教授，博士研究生与博士后导师，国家人事部回国定居专家。曾就读和工作于四川医学院、大连医学院、美国约翰·霍普金斯大学公共卫生学院和美国国立卫生研究院国家癌症研究所（NIH/NCI）。1997年，被公开招聘为中国医学科学院/中国协和医科大学“跨世纪学科带头人”。现任中国医学科学院/北京协和医学院肿瘤研究所流行病学研究室主任，中国癌症基金会副秘书长与国际合作部主任；兼任中国抗癌协会肿瘤流行病专业委员会候任主任委员、亚太地区生殖道感染与肿瘤组织（AOGIN）主席、国家卫计委疾病预防控制局癌症早诊早治专家委员会副主任委员与子宫颈癌专家组组长，世界卫生组织（WHO）总干事癌症防治专家组成员，WHO HPV疫苗专家顾问委员会成员，WHO HPV全球人群监测专家顾问委员会成员，国际抗癌联盟（UICC）全球癌症控制智囊团成员。

从事肿瘤流行病学和人群防治研究以来，努力开展国际间多边协作，扩大了我国肿瘤预防工作在国际上的影响。主持、设计和参加了多项大样本量的现场人群流行病学研究，完成了与WHO、美国NCI等多家科研机构进行的双边癌症协作和国家癌症研究攻关项目。到我国子宫颈癌、乳腺癌、食管癌、肺癌高发现场开展早诊早治及一级预防研究，扶植、培训全国多个基层医疗单位成立了肿瘤防治研究基地，并建立起高发现场的大样本前瞻队列，为开展肿瘤预防与控制的研究奠定了基础。尤其在子宫颈癌和食管癌早诊早治领域应用评估研究、规范/指南和政策性建议直接为卫生行政部门提供可靠的科学依据和范本。发表中、英文科学论文400多篇，其中SCI收录的英文论文180余篇。在探索适合发展中国家癌症筛查方法的研究中做出了较大贡献，受到世界同行关注，成为世界知名学者。并于 2011 年获 WHO 国际癌症研究署（IARC）癌症预防杰出贡献奖章。2012 年获教育部自然科学二等奖和北京市科学进步奖及中华医学奖一等奖，2013 年获国家和教育部科学技术进步一等奖。

孙秀华，女，1970 年出生。主任医师，教授，硕士研究生导师。1993 年毕业于大连医科大学，获学士学位；1993 年 9 月始于大连医科大学附属第二医院肿瘤科工作至今，现任肿瘤 4 病房副主任。2002 年于大连医科大学获肿瘤学硕士学位，2005 年被遴选为大连医科大学肿瘤学硕士研究生导师，2008 年晋升为肿瘤科主任医师。2005 年于中国医学科学院肿瘤医院淋巴瘤病房进修；2014 年前往美国 M. D. Anderson 癌症中心进修，专门研究淋巴瘤的免疫治疗。专业方向：淋巴瘤及头颈部肿瘤的内科治疗、肿瘤分子靶向治疗。

发表论文 10 余篇。多次在 CSCO 大会上发表文章，部分文章以壁报形式进行交流。2003 年、2004 年分别获辽宁省政府科技进步三等奖 1 项。2004 年参与立项大连医科大学教育改革课题 1 项、主持辽宁省教育厅课题 1 项。2004 年、2006 年分别负责大连市新技术 1 项、参与省市级课题研究 5 项。2006—2008 年度大连医科大学“三育人”标兵。2008 年度大连医科大学附属第二医院优秀员工。2007 年、2010 年各立项大连市科委课题 1 项。负责或参与了多项新药的临床试验研究，2007 年被英国阿斯利康公司评选为研究者明星（ZD6474 国际多中心临床试验研究）。2010 年获大连市科学技术奖励三等奖 1 项，项目名称：肿瘤分子靶向治疗的基础与临床研究。

1997 年成为中国抗癌协会会员，2004 年始被聘为辽宁省抗癌协会化疗专业委员会委员，2008 年被聘为中国生物医学工程学会肿瘤分子靶向治疗分会委员。

兼任中国老年学学会老年肿瘤专业委员会血液淋巴瘤分委会执行委员。

于丁，主任医师，现任湖北省肿瘤医院内科（化疗科）主任，中国抗癌协会临床肿瘤学协作专业委员会（CSCO）副主任委员，CFDA 新药审判中心专家委员会委员，湖北省抗癌协会常务理事，中华医学会武汉肿瘤学会副主任委员，美国临床肿瘤学会（ASCO）高级会员；《中华肿瘤杂志》《肿瘤防治研究》副主编，《临床肿瘤学杂志》《肿瘤学杂志》《中华癌症姑息医学杂志》《循证医学》《中德肿瘤临床》《癌症进展》《中国肿瘤临床年鉴》《肿瘤研究与临床》《中国医院用药评价与分析》编委。

闫文姬，女，解放军总医院 & 解放军医学院 2012 级在读博士生，消化内科学专业，师从于杨云生教授和郭明洲研究员。研究方向为消化道肿瘤的表观遗传学研究。已发表文章 7 篇。

郭明洲，博士，研究员、教授。1986 年 7 月毕业于河南医科大学临床医学系，获医学学士学位。1992 年 7 月毕业于河南医科大学医学系消化专业，获医学硕士学位。1998 年 7 月毕业于同济医科大学医学系消化专业，获医学博士学位。1999 年 1 月~2008 年 5 月在美国约翰·霍普金斯大学肿瘤中心从事博士后研究和工作。2008 年 6 月至今，任中国人民解放军总医院消化科研究员、教授。主要从事肿瘤表观遗传学研究。在《New England Journal of Medicine》等国际学术期刊已发表论文（SCI）近 90 篇，第一作者 IF：195，总 IF：533；被引用次数近 3000 次。主编中文专著 2 部，编写英文专著 4 个章节。担任《胃肠病学和肝病学杂志》《胃肠病学》《Gastroenterology》中文版、《America Journal of Clinical Cancer Research》《America Journal of Cancer case report》《America Journal of Clinical Cancer Research》《BMC Pulmonary Medicine》等杂志的主编、副主编或编委。获得发明专利授权 2 项。目前承担 973、863、国家重大科学仪器专项、国家自然科学基金面上项目、国家自然科学基金创新群体基金、国家自然科学基金中美合作基金等项目。

马军，教授，现任哈尔滨血液病肿瘤研究所所长，原中国临床肿瘤学会主席（2005~2011 年），兼任中国抗癌协会临床肿瘤学协作专业委员会（CSCO）基金委员会主任委员、亚洲临床肿瘤学会副主任委员、中华医学会血液学分会常委、中国医师协会血液科医师分会副会长、中国医师协会肿瘤分会副会长。

分别于 1979 年和 1983 年赴日本东京大学医学部和美国哥伦比亚大学医学部留学及工作。一直致力于血液系统的良、恶性疾病的诊疗，特别以治疗淋巴瘤和白血病享誉业内。

1984 年在国内首先建立体外多能造血祖细胞培养体系，填补国内空白。自 1986 年至今，应用维甲酸和三氧化二砷序贯疗法治疗急性早幼粒细胞白血病 1200 余例，5 年无病生存率 72%，达到了国际先进水平。从 1982 年起至今，曾先后在国内外刊物上发表论文 200 余篇，专著 40 余部，获国家、省、市科技奖 20 余项。承担国家“863”重大科研项目 4 项，省、市级科研课题 13 项，开展了 7 项临床试验。先后培养了博士、硕士研究生 20 余人。

高春记，1965年7月出生，主任医师，教授，博士生导师。相继毕业于青岛医学院、中国协和医科大学、美国国立卫生研究院。现任职于解放军总医院（海南分院）血液科主任。主要研究方向为各类造血干细胞移植治疗血液系统疾病和其他需要进行干细胞移植的非血液系统疾病，此外在血液系统疑难疾病的诊治以及血液病基础研究方面具有丰富的经验。曾获得“863”、国家、军队等各类研究基金10余项。获得科技进步和医疗成果等奖励4项，其中美国血液学会奖1项。发现HLA新基因1项，被WHO命名为Cw0743。主编、副主编专著7部，参编10余部。国内外发表论文100余篇。带教博士后、博士生、硕士生20余名。曾任或现任中国抗癌协会血液肿瘤专业委员会常务委员、解放军医学委员会血液专业委员会常务委员，美国血液学协会会员，国际血液学会会员，北京医学会再生医学组副组长，中华骨髓库专家委员会委员，中华医学会血液学会青年委员等。“863”课题、国家自然科学基金等评审专家，以及《中华血液学杂志》《诊断学理论与实践》《中华医学杂志》英文版、《Int. J. Hematol.》《BBMT》《解放军医学杂志》等的编委或评审专家。

张伯龙，主任医师、教授。哈尔滨血液病肿瘤研究所副所长、骨髓移植中心主任。中国老年学学会老年肿瘤专业委员会委员。《白血病·淋巴瘤》《中国实验血液学杂志》编委。

1970年毕业于中国协和医科大学，1973～1974年于兰州医学院参加血液病师资培训班，开始了专科诊治血液病生涯。1978年考入中国医学科学院北京协和医院血液内科研究生，1980～1984年赴英国皇家医学研究生院血液科，先为访问学者，后为研究生，进行骨髓及淋巴系统恶性增殖性疾病的临床研究，获英国教育部OSR奖，同时获博士学位。归国后回北京协和医院血液科工作，历任内科总住院医师至主任医师、教授。1994年调入中国人民解放军总医院血液科任主任医师、教授，进一步致力于血液系统恶性肿瘤疾病的临床诊治与研究，并负责骨髓移植工作。2003年主动退休，至哈尔滨血液病肿瘤研究所任副所长、骨髓移植中心主任。

在国内外专业杂志发表论文100余篇，主编、副主编及参与编写专著或译著34部。

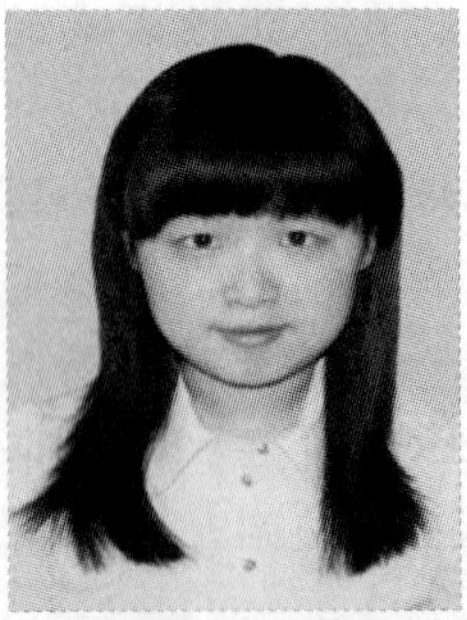

徐赫，女，硕士，主要从事慢性病流行病学、卫生经济学评价研究。参与“十一五”国家科技支撑计划项目——子宫颈癌与食管癌筛查及早诊早治方案评价研究；科技部卫生公益性行业科研专项——子宫颈癌筛查方案的绩效和卫生经济学评价研究等多项课题研究。

高晓虹，女，教授，硕士研究生导师，大连医科大学预防医学专业主任兼流行病学教研室主任。多年从事慢性病的流行病学研究。兼任中华医学会临床流行病学分会第四届全国委员会委员及辽宁省第四届临床流行病学分会副主任委员、中华预防医学会辽宁省第六届流行病学常务委员等多项职务。主编《临床流行病学》《新世纪常见传染病的防治》《糖尿病》等多部著作。

高丽敏，女，1956 年 2 月出生。教授，硕士研究生导师，大连医科大学公共卫生学院卫生经济学教研室主任，中国卫生经济学会医院经济专业委员会和卫生政策与技术经济评价专业委员会委员。主要专业研究方向：卫生经济学评价研究、医疗保障筹资与支付研究、医疗服务费用及成本研究等；主要承担的教学课程包括：研究生《高级卫生经济学》，本科生《卫生经济学》《药物经济学》《会计学》《医院会计》等。近年来主持完成多项辽宁省社科基金研究项目，辽宁省卫生厅、教育厅研究项目；参与“十一五”国家科技支撑项目子课题《宫颈癌、食管癌早诊早治的卫生经济学评价》的研究工作。近年来以第一作者在国家核心期刊发表论文 10 余篇；主编、副主编和参编人民卫生出版社、科学出版社等多部《卫生经济学》《药物经济学》规划教材。E-mail:gao.dl@163.com

李静，女，2003 年毕业于华西医科大学，后赴英国华威大学医学院攻读研究生，并于 2005 年获得硕士学位。同年应聘回国，就职于中国医学科学院北京协和医学院肿瘤研究所流行病学研究室，任助理研究员，期间在职攻读北京协和医学院博士学位，并于 2011 年获得博士学位。2007～2008 年，分赴法国里昂世界卫生组织国际癌症研究所、美国国立癌症研究所进修。2011～2012 年，赴美国加州大学洛杉矶分校做博士后研究工作，并于 2013 年作为青年优秀人才引进回四川大学，现就职于四川大学华西公共卫生学院。

自 2005 年起，主要负责中国-意大利子宫颈癌早期诊断与阴道镜技术培训课程，并负责意大利专家现场授课英文翻译工作。2005 年至今，先后参与“HPV DNA 检测和液基细胞学初筛 6 年随访研究”、“全球多中心宫颈癌防治及快速筛查技术合作研究”、“HPV 感染与宫颈癌的防治研究”、“子宫颈癌预防性疫苗研究”、“中国妇女子宫颈腺癌中 HPV 型别分布——以医院为基础的全国多中心研究”、“低成本子宫颈癌分子技术筛查方法研究”和“中国乳腺癌临床流行病学研究”、“近红外线（NIR）乳腺光学检测仪在中国妇女乳腺癌筛查中的应用评估”等国内外宫颈癌和乳腺癌防治的前沿工作，共发表论文 40 余篇，其中第一作者或通讯作者文章 11 篇。

陈汶，1972年11月出生，重庆人。中国协和医科大学卫生统计和流行病学博士（师从流行病学家乔友林博士和李辉研究员），现任中国医学科学院肿瘤医院/肿瘤研究所副研究员，硕士生导师，世界卫生组织全球人乳头瘤病毒（HPV）实验室网络中国参比实验室负责人。主要从事子宫颈癌、肺癌和食管癌的病因和防治方法研究，并承担了葛兰素史克、默克、罗氏、凯杰等知名国际医药公司和多家国内医药公司肿瘤产品的中国临床注册研究。

2004年，参加美国分子诊断实验室（MDI）子宫颈癌分子标志物检测培训；2005年，获得法国里昂国际癌症研究所（IARC）肿瘤流行病课程培训证书；2007年，获得荷兰DDL HPV实验室PCR检测技术培训证书。

参与和主持的科研项目有：比尔·盖茨基金会资助的“全球多中心子宫颈癌防治与快速筛查技术合作研究”；世界卫生组织“中国妇女人乳头瘤病毒感染和子宫颈癌的流行病学调查研究”；“默克公司（Merck）四价HPV（血清型6、11、16、18）疫苗在中国女性中的安全性和有效性的临床研究”；葛兰素史克（GSK）“二价HPV（血清型16、18）疫苗在中国女性中的安全性和有效性的临床研究”；国家自然科学基金资助的“一项新的子宫颈癌筛查分子指标的研究与验证”；葛兰素史克（GSK）资助的国际合作研究“子宫颈癌鳞癌和腺癌的HPV型别分布全国多中心研究”等20余个课题。其中，“适合于发展中国家的宫颈癌快速筛查技术研究”获得北京市科学技术奖二等奖、教育部自然科学奖二等奖。

作为第一作者或通讯作者，在SCI期刊上发表“中国子宫颈癌HPV分布研究：HPV16和18重要性”、“维生素D浓度和食管癌/胃癌风险度的前瞻性研究”、“食管鳞状上皮增生和早期癌的血清指标的研究”、“中国生殖器疣HPV分布的全国多中心研究”等4篇专业论文；在国内核心期刊上发表20余篇专业论文。

王慧，女，1985年12月出生，湖北孝感人。2002年9月~2006年7月就读于北京石油化工学院信息与计算科学专业，获理学学士学位；2010年9月~2013年7月就读于山西医科大学流行病与卫生统计专业，获医学硕士学位；2013年9月至今就读于山西医科大学流行病与卫生统计专业，攻读博士学位。研究生期间主要研究高维数据的变量选择、二分类诊断试验中预测值的比较。

张韶凯，1985年11月出生。流行病与卫生统计学专业博士，2014年7月毕业于北京协和医学院/中国医学科学院肿瘤医院。研究方向为肿瘤的人群防治，主要包括肿瘤筛查、肿瘤的疾病自然史、肿瘤的生物标志物等。参与多项国际合作及全国多中心研究项目，以第一作者发表SCI论文3篇（IF=10.28），中文核心期刊论文7篇。多次参加国际国内学术会议，曾在国际会议中做口头报告并获得Young Investigator Award。Email：shaokaizhang@126.com

徐兵河，主任医师，教授，博士生导师；中国医学科学院北京协和医学院肿瘤医院内科主任，兼任中国抗癌协会乳腺癌专业委员会主任委员、临床肿瘤学协作专业委员会及临床化疗专业委员会常务委员、北京中西医结合学会肿瘤专业委员会副主任委员、中国老年学学会老年肿瘤专业委员会常务委员、中国医师协会肿瘤医师分会常务委员、国家药典委员会委员、国家食品和药品监督管理总局新药审评专家、卫生部合理用药专家委员会肿瘤组副组长、《国家中长期科学和技术发展规划纲要（2006~2020年）》“重大新药创制”科技重大专项论证委员会委员、国家科技重大专项课题评审专家、国家科学技术奖励评审专家、中华医学科技奖评审专家、国家自然科学基金评审专家、科技部创新人才推进计划评议专家、科技部国际合作重点项目计划同行评议专家、北京市科技进步奖评审专家、卫生部全国卫生专业技术资格考试专家委员会委员等，《中国肿瘤临床与康复》副总编辑，《The International Journal of Biological Markers》《Chinese Journal of Cancer Research》《中华内分泌外科杂志》《中华乳腺病杂志》《中华肿瘤防治杂志》《中国癌症杂志》《肿瘤防治研究》等二十多种国际、国内专业杂志编委。

长期从事肿瘤内科，特别是乳腺癌的临床综合治疗及相关基础研究，在乳腺癌的个体化治疗及药物基因组学研究方面造诣颇深。在国内较早提出乳腺癌的个体化治疗及率先开展基因单核苷酸多态与恶性肿瘤化疗敏感性关系的研究，研究成果对恶性肿瘤个体化治疗方案的选择产生了较大影响。先后主持完成了国家“863”重大科技专项、国家自然科学基金、国家“十五”攻关课题、教育部博士点基金优先发展项目等一系列国家及省部级的重大科研项目。在国内率先参加国际多中心临床研究，主持40多项国内外最主要的治疗乳腺癌新药的临床研究，在一项国际多中心临床研究中担任总负责人（PI），并在多个国际多中心临床研究中担任指导委员会（Steering Committee）委员。应邀在2011年美国圣安东尼奥国际乳腺癌年会上作大会报告。近10年来，应邀在国内外学术会议作大会报告60余次次，3次担任国际会议共同主席。2012年主办首届全国乳腺癌个体化治疗大会。2013年当选为国际晚期乳腺癌共识（ABC consensus）专家组成员。

在国内、国外发表文章230余篇，其中以第一作者或通讯作者在《Cancer Research》《Clinical Cancer Research》《Annals of Oncology》等杂志发表SCI论文30余篇。主编《乳腺癌》等专著和教材3本，参编专著14本。作为编委，参与组织和编写每年的《中国肿瘤临床年鉴》及《中国临床肿瘤教育专辑》。已培养20多位博士和硕士。荣获北京协和医学院优秀教师称号。以第一完成人身份，获得中国大学出版社协会优秀著作一等奖、2011年中国抗癌协会科技进步二等奖、北京市科技进步二等奖和中华医学科技三等奖等多项奖励。

林洪生，女，主任医师，博士生导师，中国中医科学院首席研究员，中国中医科学院广安门医院肿瘤科主任、学术带头人。长期从事中西医结合肿瘤临床与实验研究工作，先后参与了国家“六五”、“七五”、“八五”、“九五”科技支撑计划项目，主持完成了国家“十五”、“十一五”科技支撑计划课题，担任多项国家自然科学基金项目及国家中医药管理局项目。兼任中国中西医结合学会肿瘤专业委员会主任委员，中国癌症基金会中医肿瘤专业委员会主任委员，中国抗癌协会临床肿瘤学协作中心常务委员，世界中医药联合会肿瘤专业委员会副会长，《中华肿瘤杂志》《中国中西医结合外科杂志》《肿瘤研究与临床》《临床肿瘤学》等杂志编委。开发中药新药1项。以第一作者发表临床、教学与科学研究论文30余篇，主编《胃癌中西医综合治疗学》《中国百年百名中医临床家丛书——余桂清》，参加人民卫生出版社《肿瘤学》等书编著。特长是中西医结合治疗肺癌、乳腺癌、淋巴瘤等。

朴炳奎，朝鲜族，1937年1月出生，吉林省梅河口市人。主任医师、教授、博士生导师。1959年毕业于大连医科大学。1959年10月~1962年2月参加卫生部第三届西医离职学习中医班学习，1977年2月~1978年2月在中国医学科学院肿瘤医院内科进修，1979年4月~1982年4月在日本东京医科齿科大学第二内科及东京国立癌中心进修。曾任中国中医研究院广安门医院副院长兼肿瘤科主任。现任全国中医肿瘤医疗中心主任，兼任国家科学技术奖励委员会特邀评审员、国家食品药品监督管理局新药评审专家库成员、卫生部药品审评委员会委员、中国中西医结合肿瘤专业委员会主任委员、中国抗癌协会传统医学肿瘤专业委员会主任委员、中国抗癌基金中医肿瘤专业委员会副主任委员、中华肿瘤学会北京分会副主任委员、北京抗癌学会副理事长、中国中医药学会中药临床药理学会委员、中华肿瘤学会委员及《中华肿瘤杂志》编委、北京炎黄中医医院名誉院长、北京八珍堂肿瘤科主任等。享受国务院政府特殊津贴。

主要研究方向为扶正培本法治疗肿瘤的临床与实验研究。在科研工作中，1975~1976年在河北邯郸地区参加食管癌的普查及中药治疗食管癌的临床观察研究。1982~1984年参加猪苓多糖注射液治疗肺癌的临床观察研究，此项课题获中医研究院科技成果奖。1981~1985年参加“健脾益肾冲剂治疗Ⅲ期胃癌（术后）的研究”，此项课题获卫生部科技奖。1986~1990年主持研究的国家“七五”攻关课题“益气养阴清热解毒之剂治疗晚期原发性肺癌的临床与实验研究”获中国中医研究院及国家中医药管理局科技成果奖。研制出专治晚期肺癌的中成药“肺瘤平膏”，已取得生产批号。1991~1995年承担国家中医药管理局和国家“八五”攻关课题“肺瘤平系列药治疗晚期肺癌的临床与实验研究”。并承担了国家自然基金、首都发展基金及中国中医科学院创新工程多项科研课题。

先后出版《建国四十年中医科技成就》《中医诊疗常规》《东洋医学入门》（日本版）《糖尿病知识问答》等学术论著10部。在国内学术刊物，以及日本、韩国的学术刊物上发表论文50余篇。曾先后培养硕士6名、博士10名（外籍2名）和博士后1名。先后到日本、朝鲜、韩国、美国、新加坡、泰国、马来西亚等国进行二十多次学术访问，并在日本、韩国有一定声望。现担任国际东洋医学会理事、韩国庆熙大学客籍教授、暻园大学韩医科大学名誉教授、汉那病院顾问等，曾是韩国圆光大学校医疗院客籍教授、日本全体医学名誉会员等。（摘自：广安门医院网站及《中国中医研究院人物志》）

李建生，1940年10月生于河北省安国县，1958年入伍，1966年毕业于公安医学专科学校，在团卫生队先后担任调剂员、司药、军医。在中国中医研究院（现中国中医科学院）研究生班学习时，拜谢海洲、朱良春为师，潜心于鲜动物药研究，研制成功了现代抗癌鲜药——金龙胶囊和金水鲜胶囊，被国家药政部门批准为国药准字号药品。现任北京鲜动物药研制中心主任，北京建生药业有限公司董事长，北京五棵松中医门诊部主任，中国癌症基金会理事，中国癌症基金会鲜药学术委员会主任委员，中国中西医结合协会肿瘤专业委员会理事，老年医学会顾问。发表学术论文20余篇，编著有《鲜动物中药治疗癌症的探索》《癌症的治疗与康复》《现代中西医结合肿瘤学》《现代中医内科学》《鲜药图谱》《鲜药用动物图谱》《中国动物药现代研究》等。

李佩文，教授，主任医师，博士研究生导师。现任北京中日友好医院中西医结合肿瘤内科专业首席专家，全国老中医经验继承工作（师带徒）指导老师。兼任中国中医药研究促进会副会长及肿瘤专业委员会名誉主任委员，世界中医药研究联合会肿瘤专业委员会副会长，中国医师协会中西医结合肿瘤专家委员会指导委员会副主任，国家基本医疗保险药品目录中药组咨询专家，国家食品药品监督管理局新药评审委员，卫生部高级专业技术资格评审委员，中华医学会医疗事故技术鉴定专家，中央保健会诊专家，《中华癌症姑息医学杂志》《实用中西医结合临床》《医学理论与实践》《北京中医》《疑难病杂志》《中国中西医结合外科》《中华临床医药》等杂志副主编或编委。曾任第十届、十一届全国政协委员，农工民主党中央医工委委员，中国中西医结合学会肿瘤专业委员会及急症委员会副主任委员，中华中医药学会肿瘤专业委员会副主任委员，中国抗癌协会肿瘤传统医学委员会副主任委员，中国癌症基金会中医药肿瘤专业委员会副主任委员，中国老年学会老年医学会常务理事，中国保健科技学会专家委员会委员，北京中西医结合学会肿瘤专业委员会主任委员，北京医学会肿瘤专业委员会副主任委员。

长期应用中医及中西医结合方法开展肿瘤临床诊疗工作。对放、化疗患者应用中药减轻毒副反应，以扶正为主，兼顾祛邪，并探讨中药对放、化疗的增加疗效作用。对于放、化疗结束的患者，探讨中医的软坚散结、活血化瘀作用，以期达到控制肿瘤以及减少转移/复发机会，或者延长带瘤生存时间。对于中晚期的肿瘤患者，应用中药缓解症状，维持和提高生活质量，延长寿命。曾主持及参加多项科研课题，包括国家“八五”、“九五”、“十五”攻关课题、中医药管理局、卫生部及院级等课题。多项课题通过鉴定及获奖。获得1989年全国中医药科技成果二等奖，1990年国家科技进步三等奖，1995年3月美国旧金山第二届世界传统医学大会超人杯一等奖，1996年首届全国中医药学会肿瘤研讨会二等奖及银牌奖，1997年中医药管理局科技进步一等奖，1998年国家发明三等奖，1992年中华医学会组织的阿霉素研讨会一等奖，以及院级科技进步奖多项，曾被卫生部、中华中医药学会、北京市卫生局授予“临床科普首席专家”称号。主编专著18部，如《中西医临床肿瘤学》《恶性肿瘤术后治疗》等，并对防癌康复科普宣传工作做了一定尝试，主编《恶性肿瘤放化疗调护》《癌症病人吃什么》《饮食养生诗话》等科普读物。以第一作者在《中华肿瘤杂志》《中医杂志》《中西医结合杂志》《肿瘤防治研究》《中国肿瘤临床》《中国肿瘤》等杂志发表专业论文70余篇。享受国务院政府特殊津贴。

潘敏求，1941年出生，湖南浏阳人，1968年毕业于湖南中医学院。主任医师、博士生导师、国家老中医学术继承指导老师、国家有突出贡献专家，享受国务院特殊津贴专家。现任湖南省中医药研究院附属医院名誉院长、中医临床研究所名誉所长，世界中医联合会肿瘤专业委员会副会长、中国中西医结合肿瘤专业委员会副主任委员、中华中医药学会肿瘤分会副主任委员、中国癌症基金会中医肿瘤专业委员会副主任委员、中国老年学学会老年肿瘤专业委员会指导委员会委员、湖南省中医药学会肿瘤专业委员会主任委员、国家自然科学基金评审专家、中华中医药学会、中国中西医结合学会科学技术奖评审委员。

长期从事中医、中西医结合防治肿瘤与肝病的临床及实验研究，首先提出“瘀、毒、虚”是肿瘤、肝病的基本病机，创立了“健脾理气、化瘀软坚、清热解毒”治疗肝病的法则，发明了国家级第一个治疗肝癌的三类新药“肝复乐”。主持了多个国家级、省部级和厅级科研课题，获成果奖十余项，其中“肝复方治疗原发性肝癌的临床和实验研究”获国家中医药科技进步一等奖。临床工作中，以突出中医、中西医结合特色为其宗旨，在肿瘤的治疗及阻止肿瘤术后复发、转移，在抗放、化疗毒副反应方面形成了自己特有的和独到的治疗风格。主要著作有《中华肿瘤治疗大成》《中医内科治疗大成》《肿瘤特色方药》《中西医临床用药手册·肿瘤科分册》。

地址：湖南省长沙市麓山路58号 湖南省中医药研究院附属医院

邮编：410006，电话：0731-88857075，传真：0731-88854265

Email:panminqiu@ csco.org.cn

刘嘉湘，1934年出生，福建省福州市人。教授、主任医师，博士生导师，上海市名中医，全国老中医药专家学术经验继承班指导老师。现任上海中医药大学附属龙华医院终身教授，上海市中医肿瘤临床医学中心主任，全国中医肿瘤专科医疗中心主任。1950年毕业于福建军医医务学校医科，在军队从事西医工作；1956年考入上海中医学院医疗系，1962年本科毕业留校工作，先后师从沪上名医张伯臾、陈耀堂教授。历任上海中医药大学附属龙华医院肿瘤科主任、上海市中医药研究院肿瘤研究室主任，上海中医药大学中医内科学教授，博士生导师。国家中医药管理局全国中医肿瘤重点专科主任，兼任世界中医药学会联合会肿瘤专业委员会副会长，中华中医药学会肿瘤学会副主任委员，中国中西医结合学会肿瘤专业委员会副主任委员，中国抗癌协会传统医学专业委员会副主任委员，中国癌症基金会中医药专业委员会副主任委员，上海市中医药学会肿瘤分会主任委员，《肿瘤》《中药新药与临床药理》《实用中西医结合临床》《中国中西医结合外科杂志》《河南肿瘤学杂志》《上海中医药大学学报》等多种杂志编委。

从事中医药及中西医结合治疗恶性肿瘤的临床与科研、教学工作40余年，对中医扶正法治疗癌症研究有较深造诣。强调癌症的治疗要正确运用扶正祛邪的方法，倡导“扶正治癌”的学术思想，为扶正中药在免疫调节作用的研究方面做出贡献，总结了一套治疗恶性肿瘤经验和方法。擅长运用中医药及中西医结合方法治疗癌症，尤其以中医扶正法为主辨证治疗肺癌、胃癌、肝癌、肠癌、胰腺癌、乳腺癌、泌尿系统肿瘤、恶性淋巴瘤、脑瘤等各种肿瘤以及防治放、化疗的毒副反应。主持中医药治疗晚期原发性肺癌临床及实验研究课题先后5次列入国家“六五”、“七五”、“八五”、“九五”及“十一五”科技攻关项目，多次被列为国家自然科学研究基金和卫生部及上海市重大科研课题，获省部级科技成果奖14项。发明治疗肺癌中药新药金复康口服液、芪天扶正胶囊、中药外贴治疗癌痛的蟾乌巴布膏疗效显著，均已由药厂生产。发表学术论文108篇，主编著作5部，培养博士研究生及硕士研究生28名，师带徒7人。先后被评为全国卫生先进工作者（2次）、上海市劳动模范（2次）、上海市先进科技工作者；1992年获国务院颁发国家有突出贡献专家荣誉证书并享受国务院政府特殊津贴，2003年荣获上海市卫生系统最高荣誉奖——“上海市医学荣誉奖”，2004年上海市委、市政府授予“上海市优秀专业技术人才”称号。2008年获中国中西医结合学会授予“中国中西医结合肿瘤防治特殊贡献奖”，2009年3月荣获首届上海市抗癌协会“表彰为抗癌事业做出贡献的优秀专家”项目一等奖。

（来源：摘自“百度百科”和“好大夫在线”网站对刘嘉湘的介绍）

黄卉，女，1981年3月生，博士，副研究员。北京建生药业有限公司学术部副经理，主导公司的科研工作；兼任中国癌症基金会鲜药学术委员会副秘书长。2003年毕业于北京大学药学院，理学学士；2008年获中国医学科学院药物研究所药理学博士学位；2008年8月~2010年9月，国家人类基因组北方中心，博士后，主要研究方向为肿瘤药理学，包括重组蛋白表达、基因通路筛选、未知基因功能预测及研究、药物筛选及新药药理机制研究。

承担的科研项目或作为主要参与人参加的项目：（1）国家自然科学基金（No. 30572256），负责药物筛选及候选化合物的药理机制研究；（2）国家高技术研究发展计划（863）“十一五”重大专项资助课题（2006AA02A305），负责药理机制研究；（3）重点项目资助（2006AA020501），负责药理机制研究；（4）“重点新药创制”科技重大专项资助课题（2009ZX09503-004），负责药理机制研究。近3年发表论文4篇，参与专利申请1项。2011年获北京市优秀人才培养资助项目（金龙胶囊耐药逆转作用的研究）。

于世英，教授，主任医师，博士生导师。华中科技大学同济医学院附属同济医院肿瘤中心主任。中国抗癌协会常务理事，中国抗癌协会癌症康复与姑息治疗专业委员会主任委员，武汉肿瘤学会主任委员。

史鹤玲，女，1959年12月出生，北京市人。现任首都医科大学附属北京胸科医院综合科主任医师。1983年8月，毕业于北京第二医学院（今首都医科大学）医疗系大学本科，获学士学位；同年，北京结核病胸部肿瘤研究所医院（现名首都医科大学附属北京胸科医院）临床内科从事临床肿瘤内科工作至今。2002年晋升肿瘤内科主任医师。期间学习英语一年，参加医学、统计、疼痛姑息等相关医学培训等。

31年余始终从事胸部肿瘤、结核病、呼吸系统疾病的诊断、鉴别诊断与治疗工作，特别是对肺部肿瘤的诊断、鉴别诊断及个体化综合治疗有深入研究，对肺癌诊断、鉴别诊断、个体化多学科综合治疗，恶性胸腔积液、恶性心包积液、姑息康复、癌性疼痛的诊断和治疗有独到研究。在《中华医学杂志》《中国肺癌杂志》《北京医学》《中国肿瘤临床》等医学专业杂志发表论文30余篇。并多次在多届中国抗癌协会临床肿瘤学协作专业委员会（CSCO）大会、中国抗癌协会大会、中国肿瘤内科大会、全国癌症康复与姑息医学大会等学术会议宣读。有论文获得第七届中国肿瘤内科大会暨第二届中国肿瘤医师大会优秀论文三等奖，中国抗癌协会肿瘤临床化疗专业委员会2013年学术年会优秀论文三等奖，第九届全国癌症康复与姑息医学大会优秀论文三等奖。

社会兼职：卫生部第三类医疗技术临床应用能力技术审核专家委员会专家，中国抗癌协会北京抗癌协会癌症姑息治疗专业委员会常务委员，中国老年学学会老年肿瘤专业委员会执行委员会委员、姑息与康复分委会常务委员，国际疼痛学会中国分会（CASP）中华医学会疼痛学分会会员，中国抗癌协会临床肿瘤学协作专业委员会（CSCO）会员，中华医学会呼吸学会会员，中国抗癌协会会员，中国医师协会会员，北京抗癌协会肿瘤心理专业委员会第一届委员会委员，北京市通州区政协第四届、第五届委员会委员。

李宝兰，女，主任医师，博士研究生导师。首都医科大学附属北京胸科医院综合科主任。1983年毕业于北京医学院分院临床医疗系，长期从事内科临床工作。2006年在美国德州 M. D. Anderson 癌症中心进行为期半年的进修学习。1989年以来，主要从事专科疾病——胸部内科疾病的临床诊疗和科研，对胸部疾病尤其是肺癌的诊断、鉴别诊断、综合治疗、个体化治疗、靶向治疗及相关科研具有丰富的经验。研究方向为肺癌的基础与临床、肺癌的多学科综合治疗、肺癌的个体化治疗及肺癌的靶向治疗。自2001年以来，开展对肺癌血管生成及抗血管治疗的相关性研究。作为北京胸科医院国家临床药理基地抗肿瘤药物临床试验主要研究负责人之一，负责及参与了多项国内多中心临床研究。2002 年以来，作为硕士研究生导师培养硕士研究生6名，现为博士研究生导师。在《中华医学杂志》《中华结核呼吸杂志》《中国肺癌杂志》等核心期刊共发表论文40余篇。

学术兼职：中国老年学学会老年肿瘤专业委员会（CGOS）执行委员，首都医科大学肿瘤学系肺癌学组委员，北京市职业病鉴定、北京市医疗事故鉴定专家库成员，北京市劳动能力鉴定委员会医疗卫生专家，国家级继续教育项目评审专家，首发基金项目评审专家，《中国肺癌杂志》审稿专家，北京胸科医院胸部肿瘤多学科协作中心副主任委员，北京胸科医院临床试验专家委员会委员，北京胸科医院临床试验伦理委员会委员，美国临床肿瘤学会（ASCO）会员，中国抗癌协会临床肿瘤学协作专业委员会（CSCO）会员。

王少明，女，博士，中国医学科学院肿瘤医院助理研究员。2008 年毕业于华中科技大学同济医学院，2013 年毕业于北京协和医学院/中国医学科学院，获博士学位。方向研究：现场流行病学和临床流行病学。曾参与流行病学领域近20项国际、国内合作课题，目前致力于宫颈癌、食管癌和乳腺癌等多种癌症的防控项目。曾作为美国 FICRS-F 项目 2011～2012 年度国际交流学者赴美国国立卫生研究院（NIH）交流学习，在多项国际会议进行学术报告并获奖。已发表中、英文学术论文近30篇，其中SCI收录的英文论文12篇。E-mail：wangshaoming@ cicams.ac.cn

杨增和，1933 年2月出生，河南省林县（今林州市）人。司局级离休干部，职称：编审，北京抗癌乐园原园长，现任法人代表、党支部书记。

1948 年5月参加工作。1960 年毕业于中国人民大学国际政治系，留校任教 10 年。1971 年到《北京日报》社理论部担任编辑、记者。1977 年调中央机关参加起草《政府工作报告》《关于建国以来党的若干历史问题的决议》，以及党和国家领导人讲话。1982～1994 年，在中共中央文献研究室担任周恩来研究组组长，主持周恩来研究，主编《周恩来书信选集》《周恩来研究学术讨论会论文集》《怀念周恩来》等书，与人合著《社会主义政治学》《周恩来大事本末》，发表论文百余篇。于 1994 年离休。

1989 年不幸罹患唇癌，1991 年转移到颈部淋巴结。从此改变人生轨迹，成为社会上癌症患者组织起来群体抗癌的开拓者、北京抗癌乐园的领导者。

1998 年，担任北京抗癌乐园副园长、《抗癌乐园》杂志主编，杂志至今已编印 52 期，共约 250 万字。

2002 年 10 月，北京抗癌乐园注册为法人社团，出任法人代表兼园长。

2004 年，组织、领导评选“北京市抗癌明星和爱心家庭”，被评为“北京市抗癌明星”，成为首都癌症患者为生存而斗争的榜样。

2007 年，组织、领导举办“首都癌症患者迎奥运、建和谐，抗癌健身、送欢乐”大型活动，有 2500 多名患者参加，得到时任北京市委、市政府领导的关心和帮助，纳入奥林匹克文化节项目，成为奥运史上癌症患者参与奥运的创举和壮举。

2009 年，被联合国癌友康复协会、中国公益总会等组织授予“全球百名抗癌大师”荣誉称号。

2010 年 4 月 8 日，北京抗癌乐园首次举办了“中国群体抗癌与癌症康复研讨交流暨世界华人百名抗癌明星表彰大会”，全国近百个群体抗癌组织代表和 8 个国外抗癌组织代表参加了会议。

主编《再现生命的光彩——66 位战胜癌症的人》《癌症患者康复实录——赞中国特色抗癌之路》等书，审改的《抗癌健身法》和策划的《抗癌健身法教学演示》DVD 光盘，是癌症患者进行体疗和提高生存率的极好教材。

张立峰，1952 年 10 月出生。资深医学编辑、科普作家。1982 年 12 月毕业于北京医学院公共卫生系（今北京大学公共卫生学院）(77 级)。现任《中国肿瘤临床年鉴》编辑部负责人，《抗癌之窗》杂志编审，《中华医学百科全书》特约编审，北京大学医学出版社、中国协和医科大学出版社编辑。兼任中国癌症基金会鲜药学术委员会学术委员，北京抗癌乐园科普顾问，《世界中西医结合杂志》编委；亦曾为中国医药科技出版社、农业出版社以及《知识就是力量》《中医杂志》等数家杂志审稿。截至 2014 年 6 月底，经本人编辑、审稿出版的书籍、杂志累计已达 210 本、7561 万字（其中英文译著 1351 万字）。撰写出版医学专著 1 部，参加编写书籍 4 本，在《知识就是力量》《抗癌之窗》《抗癌乐园》《家庭医生报》《健康之家》《健康报》《中国中医药报》《中国人口报》《科学新生活》《内蒙古日报》等 30 多家报刊上发表科普文章 100 余篇，内容涉及医学、药学、中医药、养生保健、历史、考古、天文、地理、环境保护、教育诸学科，以及人物传记、新闻报道等。E-mail：zhanglf1952@126.com

（**说明**：以文章先后为序，部分作者的简介或照片未收到，故未列入其中。）

《中国肿瘤临床年鉴》编辑委员会

2014 年卷征稿函

《中国肿瘤临床年鉴》（以下简称《年鉴》）是中国癌症基金会主办的肿瘤医学专业方面的科技情报刊物，兼具学术性、科技性和情报性。《年鉴》创办于 1993 年，每年出版 1 卷。主要读者对象为肿瘤防治专业的临床、科研、流行病学、药品生产及经营、医药院校师生等相关方面人员；并可为领导层提供卫生工作决策的依据。本《年鉴》在国内外公开发行，它将成为肿瘤防治领域信息沟通的“桥梁”。

一年一度的《中国肿瘤临床年鉴》作为汇集肿瘤医学领域一年中发生的大事、进展、成果等资料的集大成者，本刊的宗旨是：报道当年癌症防治领域最新消息，反映当年癌症科研最新进展。因此，本卷《年鉴》征稿的内容包括：

1. 2014 年内您及您单位在肿瘤防治工作中取得的成果、进展、经验、总结。例如：有关肿瘤治疗的中、西医及中西医结合的成就；临床多中心协作研究的疾病报告；具有治疗有效率、生存时间等的临床资料；基于循证医学的肿瘤临床总结；肿瘤早诊早治暨肿瘤标志物的研究；肿瘤高发现场研究；肿瘤流行病学调查研究结果等。

2. 对 2014 年国内外肿瘤专业领域的现状、进展、发展趋势、展望等的综述、评述。

3. 推荐与评价 2014 年度内值得一读的肿瘤专业文献。肿瘤临床工作的探索与评述。

4. 2014 年度内的重要信息，包括您单位（个人）承办的全国性、地区性的重大肿瘤学科的活动报道（纪要）（请附照片）；获奖、创新、专利项目；新单位成立；新书出版等。

5. 与肿瘤防治工作相关的单位、团体的 2014 年大事记。

6. 本《年鉴》还可为各地肿瘤医院、肿瘤研究及防治机构、肿瘤药品及提高免疫力产品生产企业、与肿瘤相关的专利发明等提供介绍单位现状及发展、产品状况等的有偿服务。具体需求，如在《年鉴》中设立专栏等，请来编辑部面商。

鉴于您在肿瘤医学学术领域的造诣，现编辑委员会特向您、并通过您向您所在的单位特邀征集《年鉴》2014 年卷稿件。敬请在百忙之中拨冗命笔。您的大作将为本卷《年鉴》蓬荜增辉，同时也为中国的肿瘤防治事业“添砖加瓦”，在人类攻克癌魔的道路上留下您的“足迹”。如能赐稿，本编辑部将不胜感激之至！

来稿请发送电子邮件至：cfc2000@263.net 或 gaocq@126.com。

《中国肿瘤临床年鉴》编辑部地址：北京市朝阳区潘家园南里 17 号中国医学科学院肿瘤医院内公寓楼 203 号，邮政编码：100021。

本征稿函可以复印，并请协助转告您的同行。谢谢！

截稿日期：2015 年 3 月 31 日。（稿件要求请见附件）

中国癌症基金会《中国肿瘤临床年鉴》编辑委员会

2014 年 6 月　于北京

附件：

《中国肿瘤临床年鉴》2014年卷

稿件要求及注意事项

1. 稿件要求：来稿应具有科学性、逻辑性、实用性和概括性；论点鲜明，层次清楚，资料可靠，数据正确，文字精练通顺，打印工整。

交稿时请提供存有全部文稿内容的电子文档。

2. 打印要求：使用 Microsoft Word 软件（建议用 Word 2000 及以上版本）。

（1）字体：中文字体：宋体；英文字体：Times New Roman；正文字号：小四号。

（2）行间距：单倍行距。

3. 标题：文章标题小三号宋体，居中；一级标题（BT1）四号宋体加粗；二级标题（BT2）小四号黑体；三、四级标题（BT3、BT4）小四号。

编排法示例：

××××××（文章标题，居中）

作 者

BT1：一、××××（靠左，前面空2格，占一行）

BT2：（一）××××（靠左，前面空2格，占一行）

BT3：1. ××××（靠左，前面空2格；题名后空一格接正文。如下面还有 BT4，则可占一行）

BT4：（1）××××：（靠左，前面空2格；冒号后接正文）

夹在文内的序号用①；②；③……

4. 作者：作者应限于主要参加本文的写作、实验数据的采集，并能对文稿内容负责、解答有关问题的人员。署名一般不超过8人，对本文做出贡献的其他人员可在致谢栏或脚注内列出。多名作者的排列顺序应由供稿者自行商定。

作者姓名排在文章标题的下行，居中；多名作者姓名之间空一格，单字名者在姓与名之间空一格。

再下行居中排作者的单位、所在城市、邮政编码。

示例：

2006年我国肝胆胰肿瘤诊治进展

赵 平

中国医学科学院肿瘤医院　北京　100021

在该文首页的下方应加注：通讯作者：×××，通信地址、邮政编码、联系电话、E-mail。

5. 摘要与关键词：论述、综述、临床、研究性质的文章要有中文摘要和关键词，排在文章首页作者单位之下。摘要一般不超过500字，内容包括本文的目的、方法、结果、主要数据和结论。关键词3~10个，应从文题、摘要、正文中选取与本文研究或讨论的中心问题相关的和必要的词，应尽可能使用医学词表上的规范词。

6. 医学名词与药名：文章中的医学名词（含疾病名称）、术语应使用全国自然科学名词审定委员会公布的标准医学名词，未公布的名词应参照有关专业学会制定的标准；如某些标准医学名词现时尚未被广泛应用的，可仍沿用相应的旧名词。

文中的药品名称应使用《中华人民共和国药典》和药典委员会《药名词汇》中的标准药名（亦可参照《新编药物学》第17版中的药名）；药典中未收入的中药名以部颁标准为准。对于众所周知，并已习惯使用多年的药品商品名，可在第一次出现时，加括号附在标准药名之后，如地西泮（安定）。

药物的剂量、单位、用法应确保准确无误。

医药名词和机构名称应采用标准的全称，避免使用仅在本单位流通的和易混淆的简称。如采用公认的通用简称或外文缩写，应在第一次出现时使用全称，并用括号附上简称或缩写。

7. 计量单位和单位符号：文章中的计量单位一律采用国家法定计量单位。

物质的量和人体体液检验数据一律以升（L）作为基准单位（即分母），避免使用过去的mm^3、dl、ml、μl等作为分母。

物质的量浓度应采用国际制单位——摩尔（mol）及其分数单位毫摩尔（mmol）、微摩尔（μmol），不再使用过去的“克原子”、“克分子”、“当量”、“克当量”等术语。

时间单位可使用英文名称的标准缩写，如h（小时）、min（分）、s（秒）、d（天）等。

个别的非法定计量单位，如mmHg、mmH_2O依然在临床上被公众习惯使用，故在文中可沿用。

对于其他计量数值的单位，在最后定稿前将由编辑部编审进行全书统一。

8. 数字的用法：按照中华人民共和国国家标准GB/T 15835—1995《出版物上数字用法的规定》执行。定稿时将由编辑部编审进行统一校正。

9. 表和图：图表随文，图表的位置应与正文中所述相对应，一般应在同一页上。同一篇文章中的图、表，应按顺序编号。

（1）表格是正文的一种辅助形式，可以使文字表达繁复的内容起到一目了然的作用。表格一般采用三线表，表题在表上方，居中。表格的设计要科学合理，表内文字要简洁明了，数字准确无误。表与正文、图的内容应相符。

（2）图稿大小要合适，设计要美观，线条应光滑。图与正文间留一行空白。图题在图下居中。

图表力求少而精，凡是用文字已能说明的问题，则尽量不用表和图；反之，如使用表和图，文中就不要再重复其中的数据，只需阐述其主要发现即可。

（3）照片用黑白片，必须反差鲜明、清晰易辨。照片需提供电子版文档，像素不应低于1200×1600；并要注明“上”“下”方向。显微照片内应画长度标尺，如1μm。

10. 统计学符号按照中华人民共和国国家标准GB 3358/82中的有关规定书写。计数资料与计量资料使用的显著性检验方法应正确。统计学处理结果一般用 $*P>0.05$， $**P<$

0.05，***$P<0.01$三档表示。

11. 参考文献：所列参考文献必须是作者在撰写该文时引用和参阅过的文献，且以近几年的为主。一般只列公开出版的，而不列尚未出版或内部资料。

参考文献全部列于文章之后。按文中出现的次序编号，在右上角用方括号注明，如[1,2~5]。参考文献不得出错，作者须认真核对原文作者、题目、书刊名、年、卷、期、页码等。

参考文献的编排格式按有关出版社的要求。引用的文献有多位作者时，只列出前三位的姓名，其后加“等”（中文）、“他”（日文）、“et al.”（西文）。

参考文献编排法示例：

[书籍和专著] 编著者. 书名（全名）. 版次（第一版略）. 出版地：出版者，出版年：起止页码.

例：董志伟主编. 中国癌症研究进展⑧——中国癌症高发现场防治工作. 北京：北京大学医学出版社，2007：16-29.

[刊物] 作者. 文章题目. 期刊名，出版年，卷（期）：起止页码.

例：孙燕. 认识肿瘤. 抗癌之窗，2006，1（1）：7-9.

[论文集] 作者. 文章题目//论文集编者. 论文集名. 出版地：出版者，出版年：起止页码.

参考文献中，下一条与上一条的出处相同时，应重复列出，不能用“同上”、“同一出处”或类似的词。

12. 来稿请附第一作者和通讯作者的简介、近期照片和身份证号，作者简介内容：女性写性别、出生年月、最高学历、学位、职称、职务、专业、主要成就或业绩、今后研究方向等。

13. 文责自负，请留底不退稿。编辑部收到稿件后，将发送回复邮件。稿件若不符合“稿件要求”或编委提出修改意见的，退回作者修改。作者必须在规定的时间内完成修改。编辑部对来稿有删改权。经编委审稿讨论后有可能淘汰不合格的稿件。稿件刊登后赠送每位作者本期《年鉴》1本，编辑部将根据经费状况酌付作者稿酬。

《中国肿瘤临床年鉴》编辑部

2014年6月

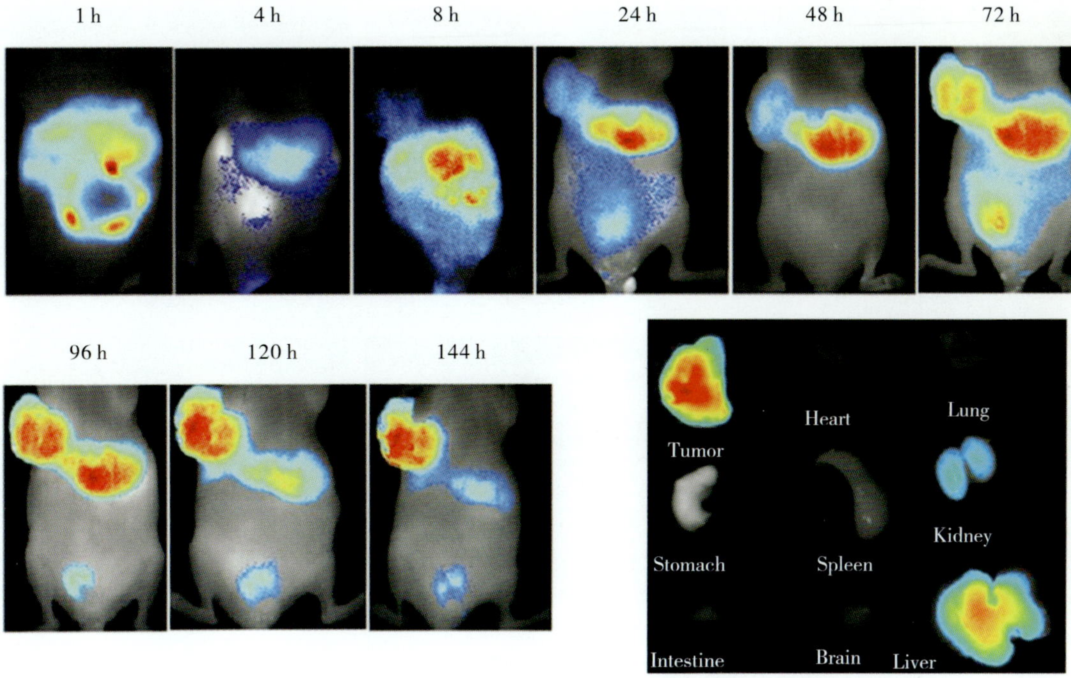

图 2　近红外荧光成像观察纳米粒子在胃癌荷瘤小鼠体内的实时分布

（箭头所指部位为肿瘤所在）

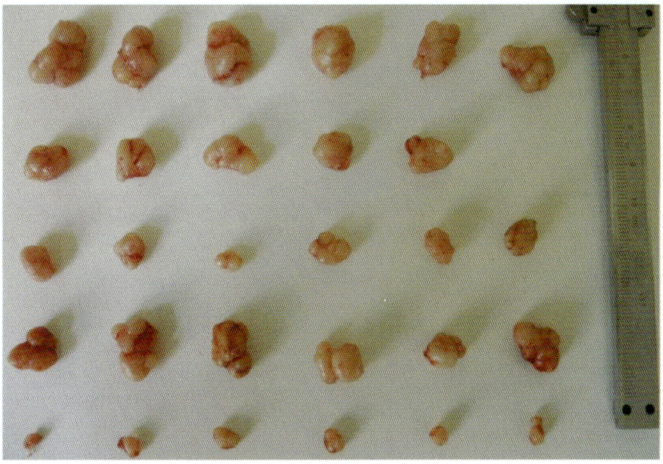

图 4　给药 21 天后各组肿瘤的实物照片

（正文见 59 页）

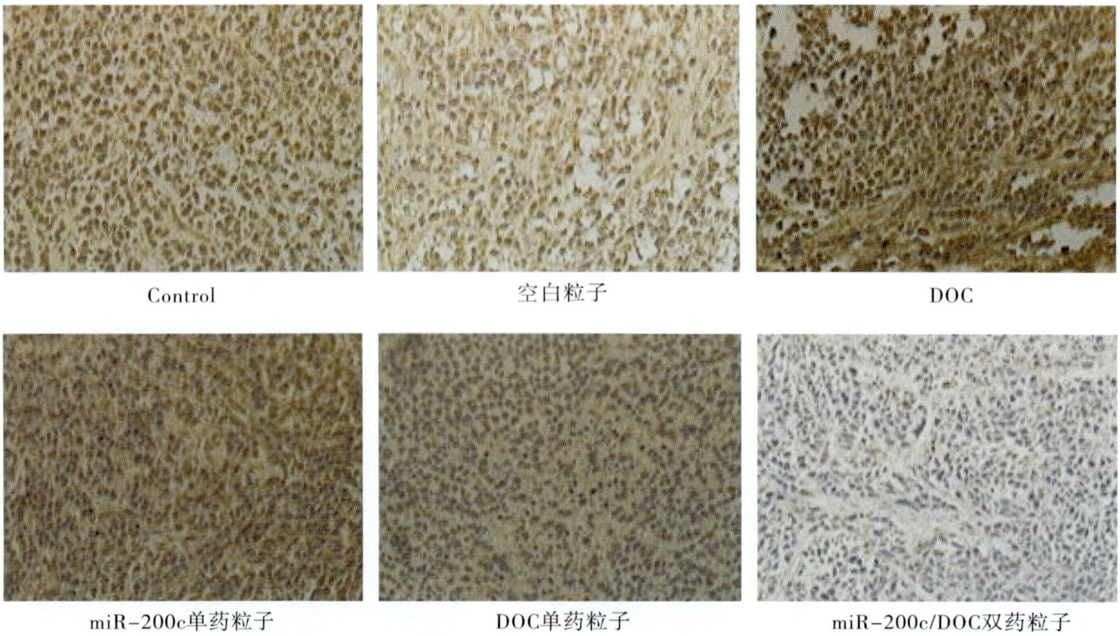

图5　各组肿瘤组织细胞增殖能力检测（PCNA 染色）

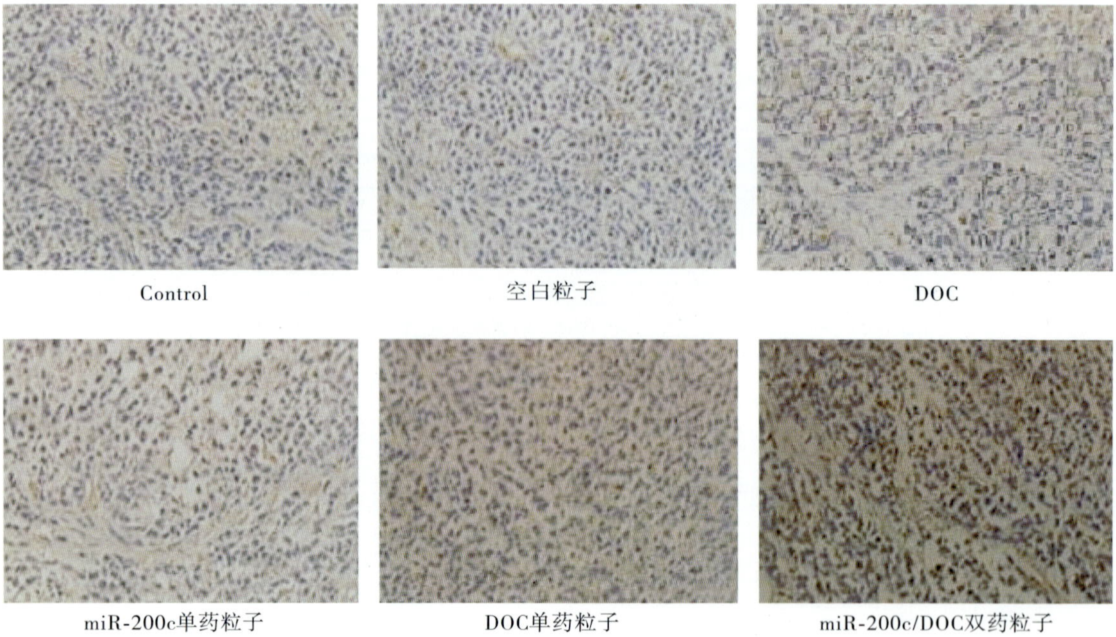

图6　各组肿瘤组织细胞凋亡情况检测（TUNEL 染色）

（正文见 59 页）

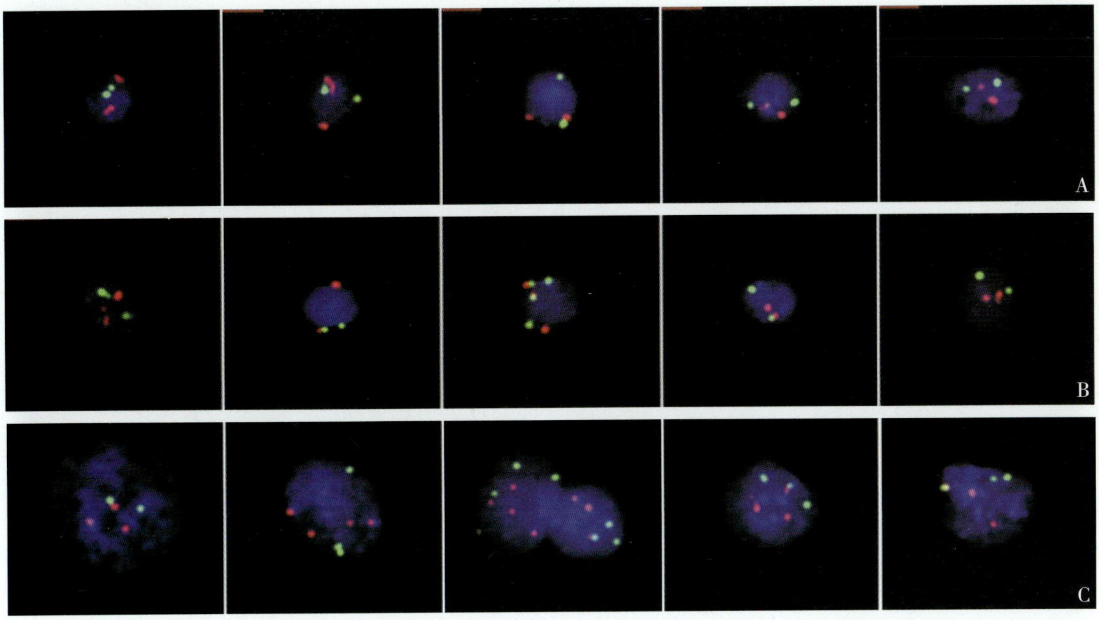

图1 一例胃中分化腺癌着丝粒探针双色 FISH 结果。A~C 分别为距肿瘤远端切缘处黏膜组织、癌旁 2cm 黏膜组织、肿瘤组织 Cen11（绿色）、Cen20（红色）FISH 合图。

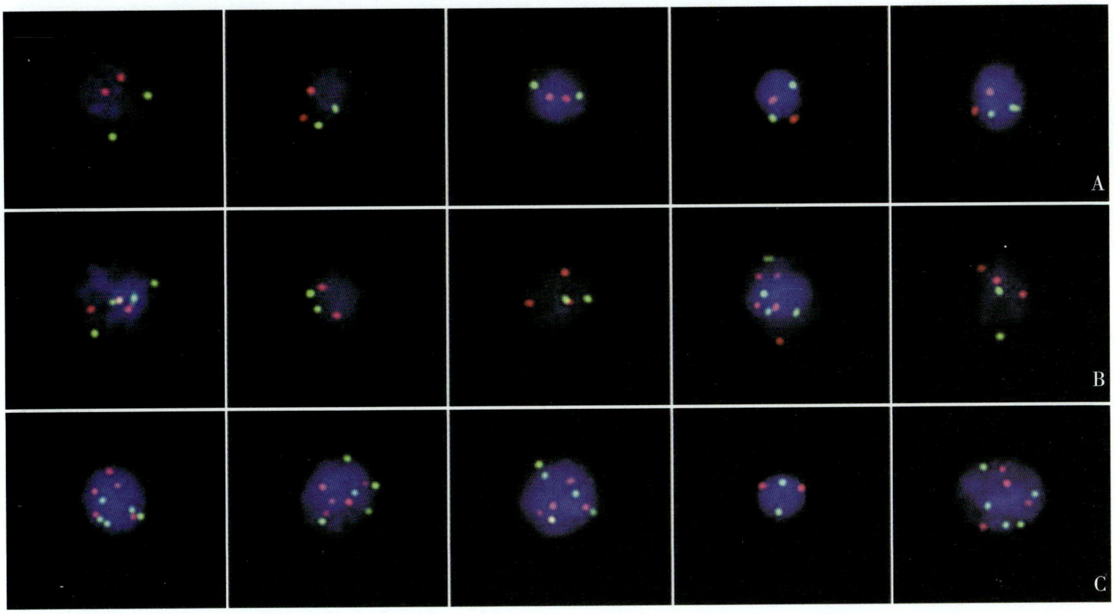

图2 一例胃低分化腺癌着丝粒探针双色 FISH 结果。A~C 分别为距肿瘤远端切缘处黏膜组织、癌旁 2cm 黏膜组织、肿瘤组织 Cen11（绿色）、Cen20（红色）FISH 合图。

（正文见 104 页）

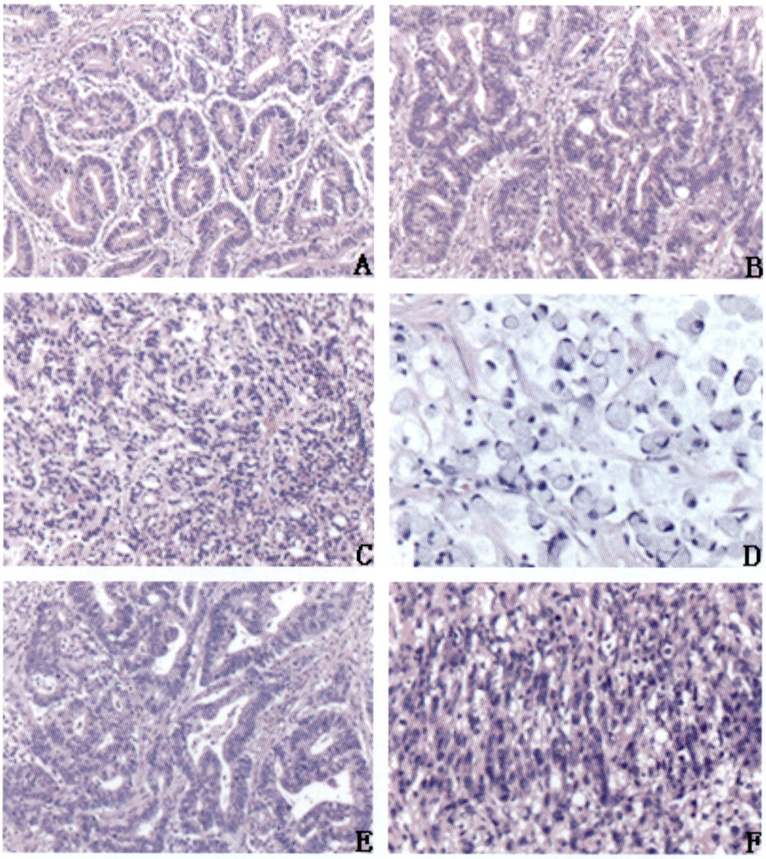

图 3　不同分化程度及 Lauren 分型的胃腺癌 HE 图像

A：高分化腺癌 HE×20；

B：中分化腺癌 HE×20；

C：低分化腺癌 HE×20；

D：印戒细胞癌 HE×40；

E：Lauren 分型：肠型腺癌 HE×20；

F：Lauren 分型：弥漫型腺癌 HE×40。

（正文见 104 页）

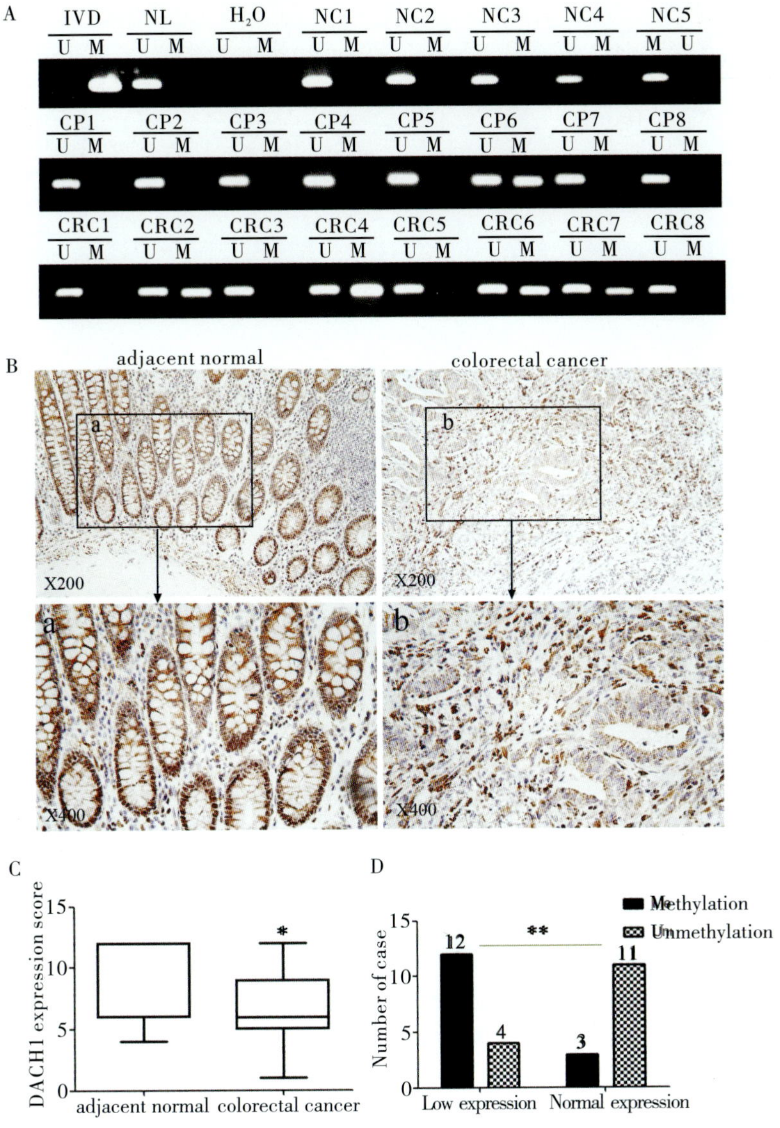

彩图 2　在结直肠癌组织中的甲基化及表达情况

（A）DACH1 在正常结肠组织（NC），结肠息肉（CP）和结肠癌组织（CRC）中的 MSP 结果。

（B）结直肠癌和癌旁组织中免疫组化（IHC）结果。（上：×200；下：×400）

（C）DACH1 表达水平分布箱图。水平线代表中位值；下线和上线分别代表 1/4 百分位数和 3/4 百分位数；在 30 例配对癌和癌旁组织中 DACH1 的表达有显著差异（＊：$P<0.05$）。

（D）在 30 对癌和癌旁组织中的 DACH1 甲基化和表达相关（＊＊：$P<0.01$）。

（正文见 122 页）

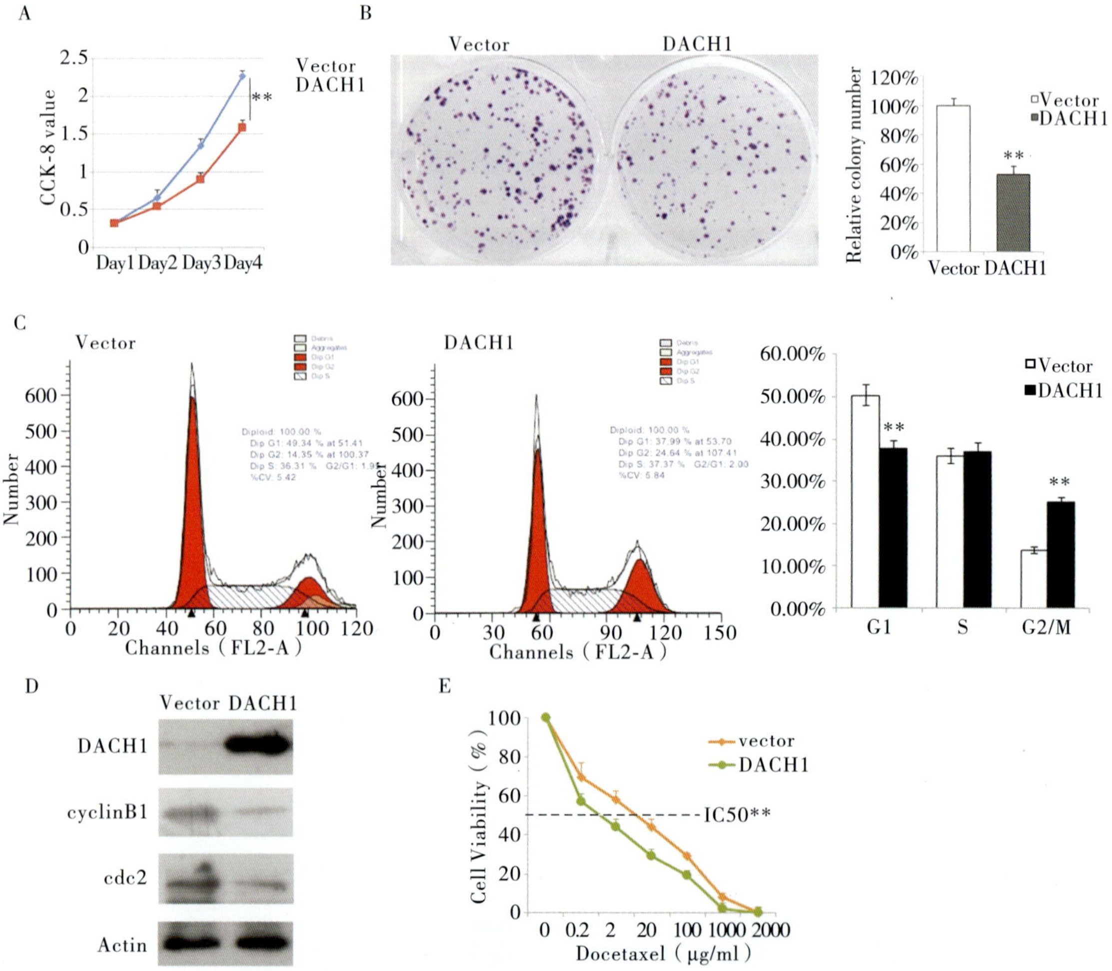

彩图 3　DACH1 对结肠癌细胞 HCT116 生长和细胞周期的影响

（A）利用 CCK-8 kit 细胞活性检测获得的 HCT116 经 DACH1 表达质粒或空载转染 96 小时生长曲线。

（B）在 DACH1 不表达和恢复表达的 HCT116 细胞中的克隆形成实验（＊＊：$P<0.01$）。

（C）细胞周期流式图（＊＊：$P<0.01$）。

（D）Western blot 结果。

（E）细胞活性检测 DACH1 恢复表达后 HCT116 细胞对多西他赛敏感性改变（＊＊：$P<0.01$）。

（正文见 123 页）

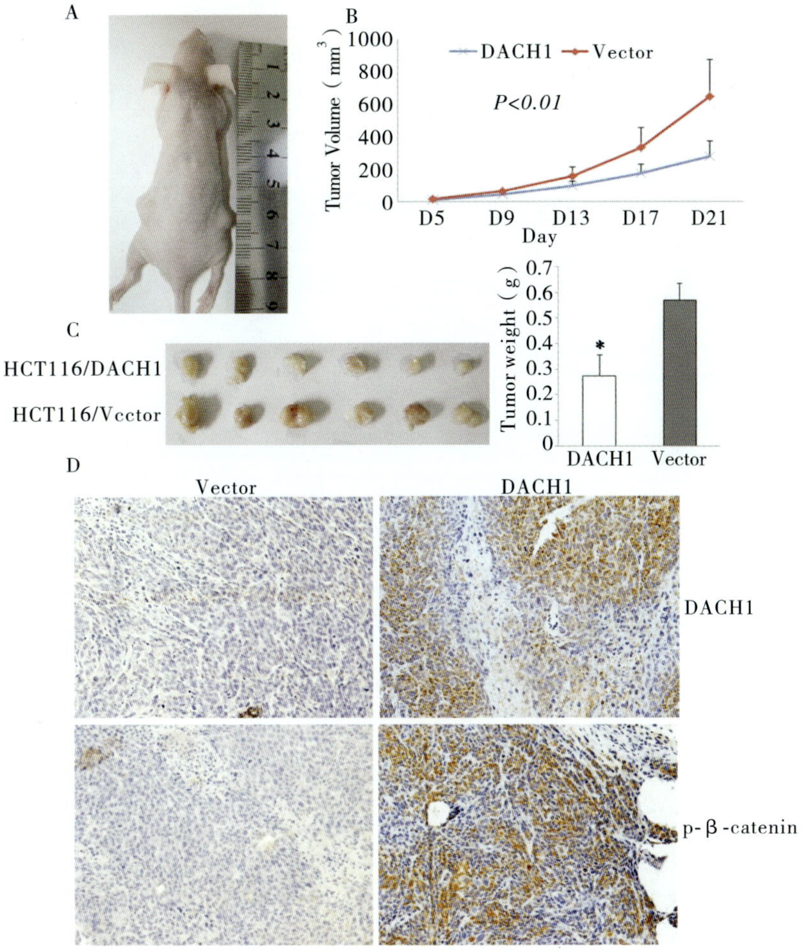

图6　DACH1 抑制体内肿瘤生长

（A）裸鼠皮下注射成瘤示意图（左：空载表达细胞皮下注射；右：DACH1 表达恢复细胞皮下注射）。

（B）DACH1 表达缺失和表达恢复细胞成瘤组的生长曲线。

（C）DACH1 表达缺失和表达恢复细胞成瘤组的瘤体重量差异。

（D）免疫组化（IHC）检测 DACH1 表达缺失和表达恢复细胞成瘤组的瘤体组织中 p-β-catenin 水平差异（×400）。

（正文见 124 页）

中国肿瘤界的“史记”

★收录肿瘤科研最新进展

★记载肿瘤领域重大信息

本届编辑部已编辑出版6卷

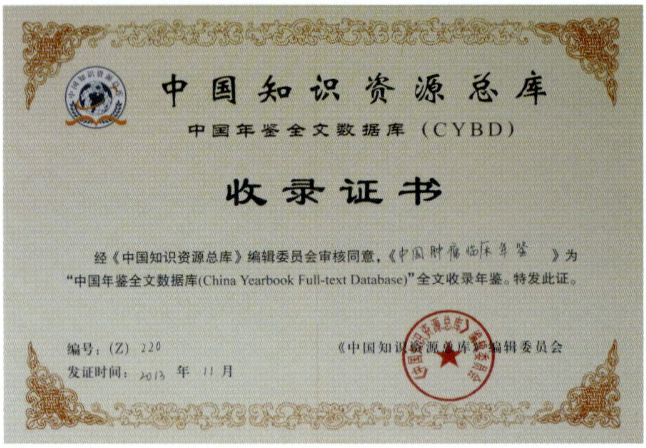

被“中国知识资源总库”正式收录

中国癌症基金会主办，1993年创刊

地址：北京市朝阳区潘家园南里17号 中国医学科学院肿瘤医院内公寓楼2层

邮编：100021

Tel：（010）67783659　　Fax：（010）67751676

http：//www.cfchina.org.cn　　E-mail：cfc2000@263.net

欢迎投稿，青史留名；欢迎订阅，收藏历史

（由北京建生药业有限公司资助出版）